Théories
des relations internationales
Contestations et résistances

Le CEPES

Fondé en 1991, le Centre d'études des politiques étrangères et de sécurité (CEPES) est un groupe de recherche de l'Université du Québec à Montréal et de l'Université Concordia. Les travaux principaux du Centre touchent l'impact de la fin de la guerre froide sur les politiques étrangères et de sécurité des puissances majeures, en particulier dans la région transatlantique. Il poursuit aussi trois autres mandats très importants: 1) publier et faire publier sur la politique étrangère et la sécurité; 2) contribuer à la formation et au financement des études des étudiants de maîtrise et de doctorat: 3) promouvoir le débat public sur les questions de sécurité et de politique étrangère.

Ouvrages publiés chez le même éditeur en coédition

Jocelyn COULON (dir.), *Guide du maintien de la paix*, publication annuelle depuis 2002.

Michel FORTMANN, Alex MACLEOD, Stéphane ROUSSEL (dir.), *Vers des périmètres de sécurité? La gestion des espaces continentaux en Amérique du Nord et en Europe*, coédition Gersi, 2003.

Alex MACLEOD, Evelyne DUFAULT, F. Guillaume DUFOUR (dir.), *Relations internationales. Théories et concepts*, 3ᵉ édition, revue et augmentée, 2008.

Alex MACLEOD, David MORIN (dir.), *Diplomaties en guerre. Sept États face à la crise irakienne*, 2005.

Sous la direction de

Alex Macleod et Dan O'Meara

Théories
des relations internationales
Contestations et résistances

CEPES
CENTRE D'ÉTUDES DES POLITIQUES
ÉTRANGÈRES ET DE SÉCURITÉ

Athéna
ÉDITIONS

Athéna éditions remercie le Conseil des Arts du Canada de l'aide accordée à son programme de publication et la Société de développement des entreprises culturelles du Québec (Sodec) pour le soutien accordé à son programme d'édition.

Gouvernement du Québec, « Programme de crédit d'impôt pour l'édition de livres », Gestion Sodec.

Page couverture   Bernard Langlois

Photo de la page couverture   iStockphoto

JZ
1305
T44
2010

Diffusion au Canada
Prologue
1650, boul. Lionel-Bertrand
Boisbriand (Québec)
J7H 1N7
Tél. : 450 434-0306
prologue@prologue.ca

En Suisse
Servidis
Chemin des Chalets
CH - 1279
Chavannes-de-Bogis Suisse
Tél. : +41 (0)22 960 95 25
coande@servidis.ch

En France
DNM
Distribution du Nouveau Monde
30, rue Gay Lussac
75005 Paris
Tél. : 01.43.54.49.02
www.librairieduquebec.fr
direction@librairieduquebec.fr

Athéna éditions
C.P. 48883
CSP Outremont
Outremont (Québec)
H2V 4V3
athenaeditions.net

Publié en coédition avec le Centre d'études des politiques étrangères et de sécurité (CEPES) de l'Université du Québec à Montréal et de l'Université Concordia

ISBN   978-2-922865-86-8
Dépôt légal – 3e trimestre 2010
Bibliothèque et Archives Canada
Bibliothèque et Archives nationales du Québec
Bibliothèque nationale de France
Imprimé au Canada

Avant-propos de la deuxième édition

AU COURS DES TROIS ANNÉES qui se sont écoulées depuis la publication de la première édition de cet ouvrage, il est devenu manifeste que la théorie des relations internationales a évolué suffisamment pour justifier une sérieuse mise à jour d'un ouvrage qui, à l'origine, visait à présenter une analyse approfondie des principaux courants théoriques de ce que Stanley Hoffmann traitait de « science sociale américaine ».

Nous voulions démontrer qu'il existait ce que nous appelions un « paradigme hégémonique », c'est-à-dire une façon dominante d'envisager la théorie et la recherche en Relations internationales, du moins aux États-Unis, et qui était fortement contestée, surtout dans d'autres régions du monde. Rien ne s'est passé depuis 2007 qui nous inclinerait à remettre en cause cette affirmation générale. Par contre, il y aurait des raisons de la nuancer quelque peu. En premier lieu, comme nous l'avions déjà constaté dans la première édition, l'approche que tout le monde considérait comme dominante, le réalisme, et surtout le néoréalisme, continue à souffrir d'un certain déclin, y compris à l'intérieur du paradigme hégémonique. Paradoxalement, il connaît aussi un certain renouveau, qui s'est affirmé de plus en plus au cours des dernières années de la décennie. Cela fait partie de ce que nous avions qualifié de résistance de la part des théories dites orthodoxes. En même temps, les approches critiques continuent à fleurir, en particulier dans le domaine des études de sécurité, tant aux États-Unis, qu'à l'extérieur. Ces tendances se reflètent dans la mise à jour de la plupart des chapitres originels et aussi dans les huit chapitres inédits que nous présentons dans cette nouvelle édition.

La structure générale de la deuxième édition

L'ajout de plusieurs nouveaux chapitres nous a obligés à remanier quelque peu la structure de notre première édition. Le livre commence, cette fois aussi, par un chapitre qui fait une présentation générale de la notion même de théorie en Relations internationales et analyse les divers aspects de la théorie que l'on retrouvera dans les autres chapitres. Le chapitre 2 examine l'évolution de ce champ dans la perspective de l'émergence du paradigme hégémonique. Le nouveau chapitre 3 aborde à la fois la question générale de la méthodologie en Relations internationales, et celle, plus particulière, du lien entre méthodologie, épistémologie et ontologie. Nous cherchons ainsi à souligner le rapport fondamental qui existe entre théorie et pratique de la recherche dans cette discipline.

Les chapitres 4, 5, 7 et 8 sont consacrés aux approches qui constituent le cœur du paradigme hégémonique, le réalisme classique, le néoréalisme, le libéralisme et le néolibéralisme. Le nouveau chapitre 6 analyse en détail une des tentatives les plus intéressantes des partisans du paradigme hégémonique de s'adapter aux défis lancés par la conjoncture née de l'après-guerre froide et l'émergence de nouveaux courants théoriques, celle du réalisme néoclassique. Le chapitre 9, lui aussi original, nous invite à concevoir le néoconservatisme américain, qui s'apparente aux approches traditionnelles, comme une théorie des relations internationales, malgré son style ultrapolémique et sa préoccupation presque exclusive avec la pratique de la politique étrangère.

Le chapitre 10 se penche sur la première théorie à contester les approches orthodoxes, le marxisme, et qui est souvent négligé dans les manuels consacrés aux théories des relations internationales. Avec le chapitre 11, nous présentons un courant qui ne fait partie ni du paradigme hégémonique ni des approches critiques, mais qui connaît une certaine renaissance depuis la fin de la guerre froide, celui de l'École anglaise. Au chapitre 12, nous rencontrons le courant théorique que l'on associe le plus à la première vague de contestations contemporaines des théories orthodoxes, le constructivisme, et qui s'est voulu un point de rencontre entre la contestation des critiques et la résistance des traditionnels, mais, dont la forme la plus pratiquée aux États-Unis, celle du constructivisme conventionnel, tend de plus en plus à faire partie du paradigme hégémonique.

Les onze chapitres qui suivent illustrent la grande diversité sur le plan épistémologique et ontologique des approches que l'on appelle «critiques» ou «alternatives». Cette partie du livre commence avec l'analyse de deux courants qui puisent leurs sources dans le marxisme, le néogramscisme (chapitre 13, un nouveau chapitre) et la Théorie critique inspirée par l'École de Francfort (chapitre 14, nouvelle version du chapitre originel). Ensuite, nous abordons le poststructuralisme, nom qui tend de plus en plus à remplacer celui de postmodernisme en théorie des relations internationales (chapitre 15), et le féminisme (chapitre 16). Le chapitre 17, autre nouveau texte, introduit une approche qui affirme de plus en plus sa présence en Relations internationales, la perspective postcoloniale. Les chapitres 18 et 19 proposent deux conceptions de la sociologie historique, la néowébérienne, présente aussi dans la première édition, et la néomarxiste, qui constitue un chapitre tout nouveau. Le chapitre 20, encore un nouveau chapitre, analyse un des apports récents de la sociologie française à la théorie des relations internationales, les travaux de Pierre Bourdieu. Les chapitres 21, 22 et 23 traitent tous de ce que l'on pourrait qualifier de théories transversales, puisqu'elles se concentrent sur des domaines assez précis, tout en étant elles-mêmes affectées par les débats et les développements qu'a connus la discipline des Relations internationales. Il s'agit de l'économie politique internationale (chapitre 21), des études de sécurité (chapitre 22) et du tournant éthique (chapitre 23) qui se fait de plus en plus sentir dans les débats sur la politique internationale. Enfin, le chapitre 24 propose, en guise de conclusion, à la fois une réflexion sous la forme d'un essai sur l'évolution du champ de la théorie des relations internationales et des points de repère qui aideront à évaluer et à comparer les différentes approches théoriques qui ont été traitées dans ce livre. La grille d'analyse présentée dans ce chapitre est reprise dans une annexe

qui l'applique à un grand nombre de ces approches et offre un outil de synthèse qui permettra au lecteur de se retrouver dans cette abondance particulièrement riche des théories des relations internationales.

Nous invitons le lecteur à consulter la section «Mode d'emploi» de l'avant-propos de la première édition pour quelques conseils sur la meilleure façon d'aborder cet ouvrage du point de vue pédagogique.

Remerciements

Cette mise à jour s'impose aussi à la suite des remarques de nos lecteurs et lectrices les plus assidus, nos étudiants, qui n'ont pas hésité à nous faire part de leurs critiques à l'égard de tel ou tel chapitre et des lacunes du livre. Nous espérons y avoir répondu dans cette nouvelle édition. Mais ils nous ont indiqué aussi leur satisfaction d'avoir accès à une discipline qui s'exprime encore avant tout en anglais. Leurs encouragements ont joué un rôle non négligeable dans notre décision de demander à nos coauteurs, et à quelques nouveaux auteurs, de participer à la production de cette deuxième édition.

En terminant, nous voudrions offrir nos remerciements à ceux et à celles qui nous ont permis de mener cette tâche à terme. D'abord, à nos coauteurs qui ont trouvé des moments libres dans un emploi du temps de plus en plus chargé pour réviser des textes déjà vieux de trois ans ou pour écrire un chapitre tout neuf. Dan O'Meara tient à remercier tout particulièrement le professeur Théodore Christakis, Directeur du Centre d'études sur la Sécurité internationale et les Coopérations européennes (CESICE) à l'Université Pierre Mendès-France, Grenoble, ainsi que le professeur Josiane Tercinet, Directeur scientifique de CESICE, pour leur invitation à passer quelques mois à Grenoble en tant que professeur invité au cours de la session d'hiver 2010, ce qui lui a permis de rédiger deux nouveaux chapitres pour la deuxième édition du présent livre. Enfin, nous ne pouvons passer sous silence le travail extraordinaire des éditeurs d'Athéna éditions, Andrée Laprise et Pierre Lhotelin, dont la douce discipline a fait en sorte que toutes les échéances ont été respectées.

Alex Macleod, Dan O'Meara, Montréal, août 2010

Avant-propos de la première édition

AU COURS DES VINGT DERNIÈRES ANNÉES, la théorie des relations internationales est devenue presque méconnaissable. L'époque où les textes de Carr, Morgenthau, Aron, Waltz ou Keohane et Nye étaient presque les seuls à être traités dans les cours ou dans les écrits sur le sujet est bel et bien révolue. De nos jours, tous ceux qui s'intéressent au champ des Relations internationales[1] se retrouvent devant une pléthore d'approches théoriques qui donne l'impression d'une discipline totalement fragmentée, divisée par des guerres intestines qui n'intéressent que les initiés. En plus, pour tout lecteur dont la langue maternelle n'est pas l'anglais, il s'agirait d'un domaine peu accessible sur le plan linguistique, qui le devient encore moins en raison de l'utilisation d'un jargon dont le sens semble changer selon la définition que lui donne l'auteur ou le groupe d'auteurs concernés.

Nous devons admettre que cette image de la théorie des relations internationales correspond largement à une certaine réalité de ce champ d'étude. Mais comme toute représentation de la réalité, elle cache une situation beaucoup plus complexe. En premier lieu, dans un domaine aussi contesté et controversé que les relations internationales, il serait étonnant que tout le monde interprète ce que l'on voit de la même façon. Les commentateurs perçoivent les événements à travers des positions nationales, partisanes ou idéologiques très différentes, de sorte que les notions d'objectivité ou de « fait pur » sont pour le moins aléatoires. Il n'y a aucune raison de croire que la situation soit très différente pour des spécialistes des Relations internationales. Par exemple, quand le président français Nicolas Sarkozy rencontre le pre-

mier ministre britannique Gordon Brown pour parler de l'avenir de la constitution européenne, au-delà de la question des rapports personnels entre les deux hommes, certains théoriciens vont voir la rencontre d'abord comme l'expression des rapports de force entre deux grandes puissances, d'autres s'attarderont sur sa signification pour la coopération entre les deux États et son importance pour l'avenir d'une grande institution internationale, et encore d'autres mettront l'accent sur la signification profonde du discours des deux hommes. Il ne suffit pas de dire que chacun y voit une partie de la réalité. Il y voit avant tout sa « réalité », c'est-à-dire ce qu'il considère comme l'aspect le plus important ou la signification profonde de cet événement. Autrement dit, il l'a interprété ou l'a perçu à travers une conception théorique, un cadre d'analyse, qui sous-tend sa vision des relations internationales.

La plupart des théoriciens n'hésitent pas à annoncer leurs couleurs et à rendre explicite leur approche théorique. Moins évidente est l'approche implicite qui sous-tend l'analyse d'un commentateur ou d'un éditorialiste car, dans la plupart des cas, ils n'en sont pas pleinement conscients. Comme monsieur Jourdain, ils feraient de la théorie sans le savoir. L'existence d'un grand nombre de théories divergentes, voire contradictoires, reflète ce pluralisme des interprétations de la politique internationale que nous rencontrons constamment dans les médias et dans les ouvrages populaires sur les affaires internationales.

Deuxièmement, qu'on le veuille ou non, la théorie se trouve en plein cœur de la discipline connue sous le nom de Relations internationales, sans qu'on lui reconnaisse toujours ce statut. Ainsi, nos universités offrent de nombreux cours sur l'histoire des relations internationales, sur les concepts fondamentaux des relations internationales, tels que la puissance, la guerre, la paix, sur le développement et la coopération internationale ou sur le droit international comme s'ils faisaient partie d'un programme général

---

1. Dans ce livre, nous avons adopté la pratique courante d'écrire *Relations internationales* avec un « R » majuscule quand il s'agit d'une référence au champ ou à la discipline et avec une minuscule pour toute référence aux rapports entre les acteurs internationaux.

où on doit réserver quand même une place spéciale, mais modeste, à l'étude de la théorie des relations internationales, qui, pour reprendre le commentaire d'un article du *Monde* sur l'état des Relations internationales en France, « rangerait la pensée en écoles contradictoires et stériles[2] ». Dans le meilleur des cas, on lui consacrera un cours entier, mais comme si elle constituait une matière en soi, distincte des préoccupations plus « pratiques » et largement athéoriques de l'étude générale des relations internationales. Nous rejetons cette conception de la place que l'on semble vouloir réserver à la théorie dans la discipline.

Troisièmement, la tendance à minimiser le rôle de la théorie dans l'enseignement des Relations internationales est accentuée dans les institutions francophones par la question de la langue. Même si nos étudiants ont de plus en plus de facilité à lire l'anglais, il n'empêche que presque tous les livres et les articles consacrés à la théorie des relations internationales sont encore rédigés dans cette langue, malgré le fait qu'il ne s'agisse plus d'une discipline dominée à outrance par les universités états-uniennes.

Enfin, l'impression d'une surabondance d'approches théoriques en Relations internationales est tout à fait fondée, surtout depuis la fin de la guerre froide. Le quasi-monopole états-unien sur la discipline a été brisé, et nous assistons à la montée de toute une gamme d'approches nouvelles qui remettent en cause non seulement l'ontologie des théories américaines (c'est-à-dire la conception de ce qui fait partie ou ne fait pas partie des Relations internationales), mais aussi leurs prémisses épistémologiques (l'acquisition et la vérification de la connaissance) et leurs présupposés normatifs (les valeurs sous-jacentes).

Cependant, même si la langue maternelle des partisans de ces nouvelles approches n'est pas toujours l'anglais, celui-ci est resté la *lingua franca* de la théorie des relations internationales, d'autant plus que le centre le plus actif des réflexions sur ces théories est la Grande-Bretagne. Il faut ajouter que le langage utilisé par certaines de ces nouvelles approches est parfois un peu hermétique, ce qui rend encore plus difficile la lecture de la version originale de ces textes.

Nous sommes très conscients depuis longtemps de cette situation, et donc de la nécessité d'offrir non seulement une synthèse critique des principales approches théoriques en Relations internationales, mais aussi une présentation de celles-ci qui permet de les comparer. Nous avons commencé à explorer cette idée au début des années 2000, avec un autre collègue, Philippe Le Prestre, qui donnait aussi un cours sur la théorie des relations internationales. Se consacrant de plus en plus à la recherche et à l'enseignement dans le domaine de l'environnement, en délaissant graduellement celui la théorie des relations internationales, celui-ci n'a pu continuer sa participation au projet.

Nous avons constaté rapidement que la préparation et la rédaction d'un ouvrage, qui voulait traiter en profondeur d'autant de courants théoriques, auraient exigé énormément de travail à deux, et surtout cela aurait considérablement retardé la parution d'un livre que nous considérions absolument nécessaire pour notre propre enseignement. Nous avons donc décidé de faire appel à une équipe formée essentiellement d'anciens étudiants ou d'anciens assistants de recherche, devenus dans plusieurs cas professeurs, et qui connaissent bien les difficultés qu'éprouvent les étudiants devant les concepts et les modes de raisonnement des théories en Relations internationales. Au cours de l'année 2004, l'équipe s'est réunie plusieurs fois pour répartir le travail et pour discuter de la direction générale que suivraient les divers chapitres et de leur structure générale.

Nous avons choisi le thème de « contestations et résistances » comme celui qui représente à nos yeux l'état actuel de la théorie des relations internationales. Au lieu de voir simplement un champ qui aurait évolué à travers trois grands débats, nous proposons une interprétation de l'histoire récente de la théorie en Relations internationales comme celle de l'émergence de ce que nous appelons un « paradigme hégémonique », c'est-à-dire une certaine façon commune de concevoir la discipline des Relations internationales elle-même et ses enjeux que partagent quatre courants, le réalisme classique, le néoréalisme, le libéra-

---

2. Gaidz Minassian, « La grande misère de l'étude des relations internationales », *Le Monde*, 22 octobre 2002.

lisme, le néolibéralisme, et qui a occupé presque toute la place dans la théorie des relations internationales aux États-Unis, du moins jusqu'à la fin de la guerre froide[3]. À partir du milieu des années 1980, cette vision avait commencé à être fortement contestée à la fois par les constructivistes aux États-Unis mêmes et par les partisans de diverses approches dites critiques, en particulier en Europe occidentale.

Ces contestations coïncidaient avec l'avènement de deux autres défis auxquels devaient faire face les théories dominantes: la fin de la guerre froide et la mondialisation. Ces deux phénomènes, chacun à sa façon, étaient en train de changer le système international dans lequel sont nées et ont grandi ces théories. Devant cette situation, ces dernières ont fait preuve d'une grande capacité de résistance. Pour répondre aux transformations du système, certains ont tout simplement affirmé que tout cela était provisoire, et que tout rentrerait dans l'ordre. D'autres ont cherché à adapter leurs concepts pour tenir compte de la nouvelle conjoncture. Toutefois, à long terme, ce sont les contestations des approches critiques qui posent les plus grands problèmes d'adaptation aux théories orthodoxes, puisqu'elles s'attaquent aux bases mêmes de ces dernières. Face à ce défi, la résistance a assumé ou bien une forme passive, qui consiste à faire semblant qu'il n'y a rien à débattre, surtout avec des approches qui, à leurs yeux, ne respectent pas les règles traditionnelles de la «science»; ou bien une forme plus active, comprenant notamment des tentatives de répliquer aux défis du constructivisme.

Comme l'indique le chapitre 12 (p. 258), le constructivisme n'a jamais constitué une théorie très homogène, et plusieurs adeptes de ce que l'on appelle le constructivisme conventionnel, de loin la version qui attire le plus d'adhérents aux États-Unis, se sont rapprochés des courants orthodoxes pour faire finalement partie de ce paradigme hégémonique en émergence. Nous assistons ainsi à une divergence

grandissante entre la pratique de la théorie des relations internationales aux États-Unis et en Europe, le Canada se trouvant une fois de plus dans une situation médiane.

* * *

Nous avons voulu rédiger avant tout un instrument pédagogique, accessible à tout étudiant ayant quelques connaissances des Relations internationales, mais peu familier avec la littérature dans le domaine de la théorie, et *a fortiori* avec la littérature de langue anglaise. Nous avons donc adopté un plan général commun pour chaque chapitre consacré à une approche ou courant en particulier. Nous avons demandé à chaque auteur de faire un bref historique de l'approche en question, de présenter ensuite les éléments essentiels de son épistémologie, de son ontologie et de sa normativité et de résumer les critiques principales qui lui sont adressées. Dans la mesure du possible, nous avons voulu introduire nos lecteurs directement à la littérature de la théorie des relations internationales en invitant les coauteurs à s'y référer abondamment, citations à l'appui. Chaque auteur a traduit en français les citations originales qui apparaissent dans son texte. Parfois, ils ont été contraints de traduire en français des concepts qui sont eux-mêmes des néologismes en anglais, ce qui était en soi un défi de taille. Chaque chapitre comprend aussi une définition des concepts clés associés à son approche. De cette façon, le lecteur trouvera parfois, à travers la lecture des différents chapitres, des définitions différentes pour un même concept, parce que nous avons tenu à mettre chaque concept, et donc son sens, dans le contexte précis de l'approche qui l'utilise. Ainsi, on remarquera que la notion d'anarchie n'a pas exactement la même signification pour un réaliste classique, un néoréaliste ou un constructiviste, pour ne pas parler d'un postmoderniste ou d'un féministe.

Enfin, nous savons qu'un des aspects de la théorie des relations internationales qui pose toujours problème est celui de s'en servir pour bâtir un cadre théorique en vue d'analyser une situation concrète. Nous avons donc invité nos auteurs à démontrer, dans un encadré qui paraît à la fin du chapitre, comment

---

3. Certes, il y a eu même dans les années 1970 une certaine contestation des approches orthodoxes par les partisans du marxisme, notamment ceux qui adhéraient à la thèse du système-monde associée à Immanuel Wallerstein, mais elle n'a jamais réussi à les ébranler sérieusement.

l'approche qu'ils présentent formulerait une problématique et construirait un cadre théorique autour d'une même question, celle de la guerre déclenchée contre l'Irak en mars 2003. Seuls les chapitres traitant de la théorie en général et des études de sécurité, et qui ne constituent pas des approches théoriques en soi, ont été exclus de cet exercice.

Mode d'emploi

Chaque chapitre de cet ouvrage a été rédigé pour qu'il puisse être lu indépendamment de tous les autres, avec des références à d'autres chapitres si des explications sont nécessaires. Cela dit, nous recommandons fortement la lecture des chapitres 1 et 2 avant d'entreprendre celle des autres, parce qu'ils fournissent le cadre général des chapitres suivants et indiquent ce qu'il faut chercher pour bien situer chaque approche présentée. Une fois qu'on a lu des chapitres sur quelques approches différentes, il serait très utile de se référer au chapitre 24, parce que l'on y trouve une grille d'analyse qui peut s'appliquer à toute théorie et servira de guide pour comparer les approches entre elles.

À la fin de presque tous les chapitres, le lecteur trouvera une liste des concepts clés et de leur définition. Nous vous conseillons de consulter cette liste avant de lire le chapitre pour mieux vous familiariser avec le vocabulaire de l'approche en question (voir la table des matières détaillée). La première fois qu'un concept contenu dans la liste des concepts clés apparaît dans le chapitre, il est imprimé en caractères gras. Enfin, pour permettre au lecteur d'approfondir ses connaissances de la matière présentée dans chaque chapitre, nous proposons une rubrique intitulée « Pour en savoir plus », où les auteurs suggèrent et commentent des ouvrages ou articles qu'ils considèrent particulièrement utiles.

La table des matières qui apparaît à la fin de l'ouvrage est exhaustive. Elle renferme également la liste des encadrés, schémas, tableaux et figures. Nous vous invitons à la consulter.

Pour alléger la lecture et pour éviter les notes de bas de page sans fin, nous avons adopté le système de référence dit de Harvard, où on indique le nom de l'auteur, la date de la publication du texte cité et la page où on trouvera la citation ou la référence (si nécessaire). On retrouvera la référence complète de tous les textes cités dans la bibliographie générale à la fin de l'ouvrage.

Les chapitres traitant d'une approche en particulier proposent un encadré où les auteurs l'appliquent à un cas concret, soit la guerre en Irak. Ces encadrés ne sont que des exemples d'application de la théorie, il ne faut en aucun cas conclure que l'approche en question peut analyser la situation uniquement de cette manière.

La plupart des chapitres contiennent aussi d'autres encadrés explicatifs, des tableaux ou des schémas qui servent à mieux comprendre l'approche ou de point de référence. Deux index complètent l'ouvrage. L'index onomastique renferme les noms des auteurs dont on discute les thèses. Quant à l'index thématique, il comprend tous les thèmes abordés dans l'ouvrage.

Remerciements

La préparation et la rédaction d'un ouvrage collectif est impossible sans l'apport et l'aide de beaucoup de personnes. Les deux directeurs tiennent à remercier en premier lieu les collègues et les étudiants qui ont accepté de rédiger un chapitre de cet ouvrage. Pour plusieurs d'entre eux, il s'agissait d'une première expérience de ce genre, et ils ont connu les difficultés que cela suppose, non seulement en termes des lectures à faire et des problèmes associés à la rédaction d'une synthèse à la fois concise et complète, mais surtout en termes de gestion de son temps, où il fallait concilier les exigences des responsables du livre avec celles de l'enseignement, de la préparation de la thèse, de la recherche, de la publication d'articles, de la présentation de communications et de la vie familiale.

Deuxièmement, nous voulons remercier Pauline Gélinas, tant pour sa traduction des chapitres 3, 10, 13 et 24 que Dan O'Meara a rédigés d'abord en anglais, que pour ses efforts pour rendre plus compréhensible la première version des annexes. Et un grand merci

Avant-propos de la première édition

à Frédérick Guillaume Dufour, Isabelle Masson et Catherine Voyer-Léger pour leur contribution à la traduction du chapitre 12.

Aucun ouvrage ne peut se passer de l'étape de la lecture critique par des personnes extérieures au projet. En plus d'une première lecture des textes parmi les membres de l'équipe, nous avons bénéficié des commentaires sur différents chapitres de collègues de diverses universités. Nous voulons donc remercier Micheline De Sèves, Francis Dupuis-Déri, Mark-David Mandel, Frédéric Mérand, Frédéric Ramel, Julian Schofield, Jean-Philippe Thérien et Marie-Joëlle Zahar de leurs remarques et de leurs judicieuses critiques qui ont contribué énormément à la bonification de notre manuscrit. Il va sans dire que la responsabilité du contenu de chaque chapitre appartient entièrement aux auteurs.

Nous voulons remercier tout particulièrement un groupe de lecteurs très exigeants, les étudiants des cours POL 5410 et POL 8301 de l'UQAM, consacrés entièrement à l'étude des théories des relations internationales et donnés à divers moments par Frédérick Guillaume Dufour, David Grondin, Alex Macleod, Dan O'Meara et Catherine Voyer-Léger, qui ont lu la plupart des chapitres du livre à différentes étapes dans leur évolution, et qui n'ont pas hésité à faire leurs propres critiques et à relever des passages tout simplement incompréhensibles. Comme cet ouvrage s'adresse d'abord aux futurs étudiants, ces commentaires ont été particulièrement précieux pour la rédaction de la dernière version de chaque chapitre.

Encore une fois, nous devons beaucoup à nos éditeurs chez Athéna éditions, Andrée Laprise et Pierre Lhotelin. Premièrement, ils ont su mettre sur nous et sur nos coauteurs la pression nécessaire pour faire respecter les échéances. Deuxièmement, leur travail de correction de chaque chapitre, assorti de demandes de clarification très pertinentes, a apporté une grande contribution à l'amélioration du manuscrit final. Enfin, ils ont fait d'excellentes suggestions pour la présentation de la matière des chapitres, élément absolument essentiel de tout ouvrage dont l'objectif principal est pédagogique.

Alex Macleod, Dan O'Meara
Montréal, juillet 2007

XIII

Qu'est-ce qu'une théorie des relations internationales ?

Alex Macleod et Dan O'Meara

Il n'existe aucune grande théorie unifiante des relations internationales, et il y a peu d'espoir que l'on réussisse à en construire
une. Je ne suis même pas sûr de ce à quoi cette théorie res-
semblerait (Schweller, 2003 : 311).

Parler de théorie dans un domaine aussi complexe et imprévisible que les Relations internationales semble une véritable gageure. Pourtant, si l'on y pense quelques instants, on se rend rapidement compte qu'au contraire, imaginer les Relations internationales sans aucun cadre de référence ou cadre théorique est aussi impensable. En fait, la théorie des relations internationales est partout. Chaque déclaration d'un dirigeant politique sur la situation internationale, chaque éditorial qui aborde la politique internationale dans nos quotidiens sous-entend une façon particulière de concevoir le monde. Par ailleurs, des livres à grand tirage traitant des relations internationales, tels que *Naissance et déclin des grandes puissances* de Paul Kennedy, *Le choc des civilisations* de Samuel Huntington ou *La fin de l'histoire* de Francis Fukuyama, ont eu une influence sur la vision populaire des relations internationales et ont atteint un public qui va bien au-delà de celui de leurs lecteurs en raison de la diffusion de leurs thèses dans les médias. Enfin, on retrouve dans la littérature populaire, au cinéma et à la télévision des livres, films et séries à grand succès qui confirment, quand ils ne contribuent pas à former, une image souvent assez simpliste des rapports entre les différents acteurs internationaux.

On n'a qu'à penser à cette véritable industrie du livre et du cinéma que constituent l'auteur Tom Clancy et son équipe de l'Op-Center, vouée aux louanges et à la justification de la puissance américaine, pour mesurer jusqu'où vont les tentatives d'influencer notre façon de concevoir le monde, donc de faire de la théorie des relations internationales.

Jusqu'au milieu des années 1980, le monde de la théorie des relations internationales était relativement simple. Celui-ci était dominé essentiellement par ce qui se passait chez les universitaires d'un seul pays, les États-Unis, où tout le débat sur cette discipline tournait autour des visions qui distinguaient les approches néoréalistes et néolibérales[1], et qui avait remplacé, dès la fin des années 1970, la domination du champ par le réalisme classique qui régnait en maître jusqu'alors. Malgré leurs différences, qui seront explorées plus en détail au chapitre 8, les tenants de ces deux approches partageaient les mêmes conceptions de ce que devait être une théorie des relations internationales, créant ainsi l'impression qu'il n'existait qu'une seule véri-

---

1. Dans ce livre, à moins d'indication contraire, les termes *néolibéralisme* et *néolibéraux* seront utilisés comme synonyme
de la théorie dite institutionnaliste et ne font pas référence à
la doctrine économique du même nom.

table théorie des relations internationales, dont le néoréalisme et le néolibéralisme n'étaient que des variantes.

La fin de la guerre froide, que l'on peut dater symboliquement à partir de la chute du mur de Berlin le 7 novembre 1989[2], signale le début d'une transformation dans ce domaine, un véritable décollage, qui change la nature du débat sur la théorie en Relations internationales, surtout en dehors des États-Unis. Trois facteurs distincts ont contribué à ce changement. Le premier est évidemment la fin de la guerre froide elle-même. La théorie dominante, qui mettait tellement l'accent sur la nature « scientifique » de ses recherches, a démontré les limites de sa capacité de prédiction en étant surprise par un événement qu'elle n'avait pas su prévoir (Gaddis, 1992-1993). Mais là n'était peut-être pas le plus important pour l'évolution de la théorie des Relations internationales. La fin de la guerre froide a transformé dramatiquement la façon de concevoir un monde qui ne se définissait plus par la division militaire et idéologique entre les États-Unis et l'Union soviétique.

On peut parler d'une transformation du système international, dont on ne saisissait pas nécessairement tout le sens, mais où des phénomènes négligés ou sous-estimés au cours de la guerre froide, tels que les luttes identitaires et les guerres intra-étatiques, occupaient de plus en plus les devants de la scène internationale. La fin de la guerre froide a accéléré aussi le débat sur la conception et la pratique de la sécurité, concept clé du néoréalisme, qui a mené à un renouveau total des études de sécurité. Il s'ouvrait ainsi de nouveaux champs à explorer qui entraient difficilement dans ceux que privilégiaient les approches traditionnelles.

Le deuxième facteur, l'émergence de la mondialisation, a élargi également la portée des Relations internationales pour aller au-delà des questions traditionnelles posées par les approches dominantes, notamment celles qui touchaient les causes des guerres et la coopération entre les États, et qu'elles considéraient comme formant le cœur de la discipline[3]. Ainsi la mondialisation a relancé les débats sur le rôle et la capacité de l'État, sur la notion de souveraineté, sur l'importance de la place occupée par d'autres acteurs internationaux et surtout sur la pertinence du maintien de la distinction entre extérieur et intérieur si fondamentale aux approches orthodoxes. Mais avant tout, la mondialisation a mis en relief l'importance des approches économiques en Relations internationales, et qui ont acquis le statut de sous-champ, sous le nom d'économie politique internationale (voir le chapitre 21).

Enfin, même si la fin de la guerre froide a créé des conditions qui ont favorisé une réflexion critique à l'égard des approches dominantes, réflexion qui puisait ses racines dans les travaux de ceux que l'on peut qualifier de pionniers de la *contestation* de ces approches. Ces derniers se distinguent très nettement des critiques antérieurs de la théorie dominante de l'époque, le réalisme classique, notamment les libéraux et les marxistes, dont les partisans de la théorie de la dépendance et de celle du système-monde ont été les figures de proue au cours des années 1970. Libéraux et marxistes remettaient en cause la vision plutôt réductrice des relations internationales des réalistes, en proposant de privilégier d'autres acteurs que les États, et questionnaient la **normativité** du réalisme, et en particulier son pessimisme et ses tendances à se satisfaire du *statu quo*. Les libéraux se contentaient

---

2. Nous insistons sur la nature purement symbolique de cette date, étant très conscients du fait que la fin de la guerre froide, que certains préfèrent dater à partir de la disparition de l'Union soviétique en décembre 1991, était le résultat d'un long processus.

3. La notion même de « discipline » suggère une forte cohérence et une unité autour de ce qui doit constituer la façon de concevoir la théorie des relations internationales, conception fortement contestée par les partisans des approches critiques. Ces derniers préfèrent parler de « champ » ou de « champ d'études » ou de « domaine », pour signifier à la fois la diversité des questions à étudier et le refus de limiter à l'avance la substance qui fait partie des Relations internationales. Des problèmes semblables se posent quand on parle d'« écoles de pensée », mais moins quand on évoque la notion moins contraignante de « courants ». Cela dit, pour éviter des redondances stylistiques, nous utiliserons tous ces termes, en réservant surtout celui de « discipline » pour parler de la conception de la théorie des relations internationales qui domine aux États-Unis.

de critiquer la conception réaliste de la matière des relations internationales du réalisme, c'est-à-dire son **ontologie**, et ses non-dits normatifs. Par contre, les marxistes s'attaquaient non seulement à l'ontologie et à la normativité du réalisme, mais aussi à sa façon de concevoir l'acquisition de la connaissance, son **épistémologie**.

Le premier coup dans cette nouvelle bataille contre l'orthodoxie naissante du début des années 1980 revient sans doute au politologue canadien Robert Cox (1986 [1981]: 207) qui déclarait, dans un article devenu célèbre, que la théorie « sert toujours quelqu'un et un objectif quelconque[4] ». Cox proposait la distinction entre les théories qui cherchent essentiellement à résoudre des problèmes dans le système international (« problem-solving theories ») en vue d'en assurer un meilleur fonctionnement, et les théories qu'il a appelées « critiques » et qui remettent en cause les fondements mêmes de la pratique des relations internationales. Contre le néoréalisme, Cox a proposé un cadre théorique fondé sur la pensée du marxiste italien Antonio Gramsci, notamment sa conception d'hégémonie. Il faut noter aussi les contributions de Richard Ashley (1984) et de James Der Derian (1987) qui ont présenté des travaux influencés par le postmodernisme, celle de Charles Beitz (1979) qui s'est concentré sur les questions d'éthique en relations internationales et celle des féministes telles que Jean Bethke Elshtain (1987) et Cynthia Enloe (1989). Enfin, John Ruggie (1983) a ouvert la voie vers le constructivisme, d'abord avec un article critique du néoréalisme et puis avec un article très remarqué sur les carences du néolibéralisme, rédigé avec Friedrich Kratochwil (Kratochwil et Ruggie, 1986). L'existence de ces différentes approches et l'augmentation des publications et des communications présentées dans des conférences qui s'en sont inspirées ont mené certains observateurs à parler des débuts d'une nouvelle ère en Relations internationales (Keohane, 1988 ; Lapid, 1989).

Comme nous le verrons dans cet ouvrage, les différentes approches théoriques qui ont *contesté* ce que nous appelons le **paradigme** hégémonique des Relations internationales (voir le chapitre 2) se sont développées surtout en dehors des États-Unis, tandis qu'à l'intérieur de ce pays on peut parler d'une véritable *résistance* de la part des partisans de l'approche dominante pour contenir le débat sur la théorie des relations internationales à l'intérieur de limites très précises. Nous analyserons plus longuement l'évolution des approches théoriques en Relations internationales dans le chapitre suivant. Dans celui-ci, nous examinerons les divers éléments qui constituent la base de la réflexion théorique dans ce domaine.

1. La notion de théorie en Relations internationales

Jusqu'aux années 1970, les questions touchant la nature de la théorie n'étaient presque jamais posées en Relations internationales. Dans la mesure où il existait des débats théoriques, ceux-ci concernaient ou bien des questions de **méthodologie** ou bien la nature des acteurs internationaux et leur comportement, c'est-à-dire l'ontologie[5]. C'est surtout l'ouvrage fondateur du néoréalisme, *Theory of International Politics* de Kenneth Waltz, publié en 1979, qui a lancé le débat théorique en Relations internationales, en proposant l'esquisse de ce qui se voulait une véritable approche scientifique de l'étude des relations internationales. Ce livre est dorénavant un texte de référence de la théorie en ce domaine. Que l'on soit pour ou contre, il est indéniable que la théorie des relations internationales n'a plus jamais été tout à fait la même après sa publication. Par la suite, la théorie des relations internationales est devenue un champ d'études de plus en plus éclaté et dont les approches contemporaines s'inspirent de plusieurs branches de la philosophie, et notamment celles-ci :

- l'épistémologie, qui réfléchit sur l'acquisition et la nature de la connaissance ;

---

4. « Theory is always *for* someone and *for* some purpose. »

5. La critique des « behavioralistes » pendant les années 1950 et 1960 de l'approche « traditionnelle » (le réalisme classique) tournait essentiellement autour de la méthodologie. Pour un bon résumé en français de la position behavioraliste, voir Singer (1987).

- la *philosophie des sciences*, qui se préoccupe surtout de la nature des sciences et des questions qui entourent la découverte scientifique;
- la *philosophie du langage*, qui touche les problèmes d'interprétation, de communication et de signification des mots;
- la *philosophie politique*, qui traite des grandes questions traditionnelles touchant la nature du politique et de la politique, telles que les fondements de l'autorité, de la légitimité, de l'obéissance, du pouvoir et de la puissance;
- la *morale* et l'éthique, qui posent des questions sur le bien-fondé moral des actions

Par ailleurs, certaines approches théoriques en Relations internationales empruntent leurs idées à la science économique, ou plus exactement à l'économie politique ou à la sociologie. Autrement dit, *la théorie des relations internationales*, au sens d'une théorie spécifique à la discipline qui couvrirait tous les domaines qu'elle touche, n'existe pas et ne peut exister. Cela n'a pas empêché certains spécialistes des Relations internationales de tenter de créer une théorie spécifique à leur discipline, notamment les néoréalistes et les néolibéraux, mais eux aussi ont dû chercher leurs concepts, leurs méthodologies et leurs méthodes ailleurs que dans cette discipline.

La théorie des relations internationales suivra dorénavant l'évolution des autres sciences, physiques et sociales qui, elles aussi, sont constamment en train de s'interroger sur la nature de leur champ d'études et sur la validité de leurs méthodes. C'est une des caractéristiques principales de la nouvelle étape dans le développement de la théorie des relations internationales. Comme dans le cas de toutes les autres sciences, naturelles ou humaines, l'ère de la certitude théorique est révolue, et les débats sur la nature même de la théorie, ce que l'on appelle la **métathéorie**, si longtemps absents dans les discussions en Relations internationales, y occupent aujourd'hui une place tellement importante que certains observateurs se plaignent que l'on néglige la substance même de ce champ d'études (Holsti, 2001; Griffiths et O'Callaghan, 2001).

4

On ne trouvera jamais une conception de la théorie qui satisfasse tout le monde, puisque chaque approche a sa propre idée de ce que doit être une théorie, de ce qu'elle doit étudier, de comment elle doit le faire et de l'objectif ultime qu'elle doit viser. Cela dit, la façon dont Scott Burchill nous invite à envisager le rôle des théories en Relations internationales est assez large pour rallier la plupart des théoriciens. Ainsi, selon Burchill (2001 : 13) :

> Les théories fournissent un ordre intellectuel dans la matière à étudier dans les relations internationales. Elles nous permettent de conceptualiser et de contextualiser et les événements du passé et ceux du présent. Elles nous fournissent aussi une gamme de manières d'interpréter des questions complexes. Les théories nous aident à orienter et à discipliner notre esprit face aux phénomènes déconcertants qui nous entourent. Elles nous aident à penser de façon critique, logique et cohérente.

2. Les éléments constituants d'une théorie des relations internationales

Si on peut trouver un accord autour de cette conception du rôle général de la théorie, il n'en est pas de même quand il s'agit de préciser ce que la théorie doit faire – doit-elle, voire peut-elle, fournir une **explication** ou simplement une **compréhension** d'un phénomène? Il n'existe non plus d'entente ni sur la matière même qui devrait constituer l'objet d'étude des Relations internationales, son ontologie, ni sur la manière générale d'acquérir la connaissance dans ce domaine, l'épistémologie, ni sur les valeurs, les principes et les normes qui sous-tendent toute théorie, la normativité, ni, enfin, sur la façon de mener une recherche sur les relations internationales, la méthodologie. Deuxièmement, au cœur de la division entre les approches théoriques qui font partie de ce que nous appelons le paradigme hégémonique des Relations internationales, et celles qui contestent ce dernier, on trouve une ligne de partage que plusieurs considèrent la plus fondamentale, celle qui sépare **positivisme** et **postpositivisme**. Troisièmement, on doit se demander dans quelle mesure il peut y avoir débat entre des courants théoriques apparemment si opposés, voire une certaine fusion entre différentes théories. C'est la question de la **commensurabilité** et de la *comparabilité* entre théories des relations internationales. Enfin, nous devons établir les rapports entre théorie et idéolologie. Nous reviendrons sur chacun de ces points, mais d'abord il faut délimiter la *portée* d'une théorie.

2.1 La question de la portée des théories

De façon générale, on peut distinguer entre les théories qui cherchent à expliquer ou à comprendre un domaine, les théories de portée générale (general theories), et celles qui limitent leur ambition à traiter d'une partie du domaine, les théories de portée moyenne (middle-range theories).

Si nous prenions cette classification à la lettre, on conclurait rapidement qu'il n'existe pas de théorie générale en Relations internationales. Ainsi, le réalisme, qui s'est présenté comme la première tentative d'offrir une véritable théorie générale des relations internationales, s'est défini comme une théorie de la politique internationale, ignorant tous les sujets « secondaires », tels que le commerce, la finance ou l'environnement. Hans Morgenthau (1960: 4-12) propose six principes du réalisme politique, tandis que Kenneth Waltz (1979: 26) choisit délibérément de formuler une théorie de la politique internationale et non pas une théorie des relations internationales en général. Waltz justifie ce choix en déclarant: « [i]soler un domaine est une condition préalable au développement d'une théorie qui explique ce qui se passe à l'intérieur de celui-ci ». Il répondait directement à ceux qui, comme Raymond Aron (1967), prétendaient que le domaine des relations internationales était beaucoup trop complexe pour pouvoir faire l'objet de la formulation d'une théorie de portée générale. Le débat sur les limites de la discipline ouvre inexorablement celui de son ontologie, que nous ne pouvons jamais trancher de façon définitive car, en dernière analyse, tout dépend de la manière de percevoir le monde et ce qui le constitue.

Les théories de moyenne portée[6] sont plus faciles à identifier parce qu'elles annoncent à l'avance sur quel aspect particulier des relations internationales elles ont l'intention de se concentrer. C'est, par exemple, le cas des diverses théories de la décision que l'on trouve en politique étrangère, comme la célèbre théorie de la politique bureaucratique de Graham Allison (1971), qui remettait en cause la conception de certains réalistes de l'État comme acteur rationnel et unitaire, ou la thèse de la paix démocratique, qui privilégie un seul facteur, la présence ou l'absence d'un régime démocratique, pour expliquer pourquoi certains États ne se font jamais la guerre. Une grande partie de la littérature théorique en Relations internationales, surtout les études de cas publiées dans les revues spécialisées, sont en fait des exemples de théories de moyenne portée.

2.2 Holisme et individualisme

Il ne faut pas confondre la question de la portée des théories avec celle de l'holisme et de l'individualisme. La différence entre ces deux façons de concevoir les relations internationales est fondamentale. Elle se situe avant tout au niveau de l'ontologie, mais elle a également des conséquences sur le plan épistémologique, puisqu'elle pose aussi le problème de la source d'explication de la discipline. On la retrouve en particulier sous deux formes en théorie des relations internationales: celle du débat entre agence et structure, mené en particulier par les constructivistes, et celle du problème du niveau d'analyse, soulevé surtout par les néoréalistes[7]. Essentiellement, une approche *individualiste*, connue aussi sous le nom d'**individualisme méthodologique**, met l'accent sur l'importance du rôle joué par les unités constituantes dans le fonctionnement du système, et prétend que le système est la somme de ses parties. On part donc des unités pour expliquer ou pour comprendre les relations internationales (une question épistémologique) et

---

6. Le sociologue américain Robert Merton (1967: 39) a défini les théories de moyenne portée comme des « théories qui se

situent entre les hypothèses de travail mineures mais nécessaires qui évoluent en abondance au cours de la recherche quotidienne et les efforts systématiques généraux pour développer une théorie générale qui expliquera toutes les uniformités observées du comportement social, l'organisation sociale et le changement social ».

7. Pour plus de détails sur le débat sur agence et structure, voir le chapitre 12. La question des niveaux d'analyse est traitée dans les chapitres 3, 5 et 24.

aussi pour souligner l'importance de leur place sur la scène internationale (une question ontologique). Par contre, une approche *holiste* prétend que le système a une existence en soi et agit selon des règles de fonctionnement qui lui sont propres. Il y a donc une différence qualitative profonde entre le système et ses parties constituantes. Dans les approches individualistes, les unités sont considérées ontologiquement antérieures au système (celui-ci est le résultat des interactions de celles-là), tandis que les approches holistes tendent à proclamer le contraire (le système existe indépendamment de ses unités constituantes et agit plus sur celles-ci qu'elles n'agissent sur lui).

2.3 Explication et compréhension

Pour un grand nombre de chercheurs en sciences sociales, surtout en Amérique du Nord, la théorie commence par une observation des faits, la démonstration d'un rapport entre cause et effet pour déboucher sur une explication qui pourrait être appliquée à des situations identiques ou, du moins, semblables, avec les mêmes résultats. On souligne donc l'existence de régularités, de similitudes entre diverses situations et la nécessité de simplifier la réalité pour saisir les traits communs qui sous-tendent des phénomènes. Dans de tels cas, on parlera d'une **théorie explicative**, qui passe normalement par la formulation d'hypothèses en vue d'expliquer un phénomène donné, suivie d'un processus de vérification fondé sur l'observation de faits concrets et de propositions de relations causales. Ces hypothèses seront ensuite présentées comme les bases d'une explication plausible, qui sera éventuellement remplacée par d'autres explications qui seront plus fondées, grâce à l'apport de nouveaux éléments découverts lors de la recherche ou au cours de l'évolution des événements.

6

Il s'agit donc d'une approche qui met l'accent sur l'*accumulation* des connaissances. L'objectif ultime de la théorie explicative serait dès lors la découverte de généralisations, voire de véritables lois. C'est la conception de la théorie que partagent la plupart des adhérents des approches qui font partie de ce que nous avons appelé le «paradigme hégémonique» en théorie des relations internationales.

Selon d'autres chercheurs, le monde est trop complexe, imprévisible et contesté pour que l'on puisse espérer réussir à formuler de telles généralisations. En outre, assimiler le monde social, celui du comportement des êtres humains, à celui qui fait l'objet des sciences physiques et croire que l'on peut procéder de la même façon dans les deux cas constitueraient une erreur grossière. Analyser de l'extérieur la composition d'un gaz n'est pas la même chose qu'étudier les causes d'une guerre entre deux États et l'impact de celle-ci sur les civils. Il ne suffirait pas de constater les «faits» de l'extérieur. Il faut aussi comprendre comment on en est arrivé là, en étudiant des facteurs tels que les rapports humains, les perceptions et les modes de pensées des divers acteurs.

Par ailleurs, d'après ces mêmes chercheurs, la séparation entre le sujet et l'objet serait tout simplement impossible à réaliser quand on étudie le monde social. On doit procéder plutôt par un questionnement des conceptions préalables, voire des préjugés, des expériences antérieures et des croyances que chaque chercheur ou observateur porte en lui et qui influent inévitablement sur sa perception de la réalité ainsi que sur ses choix analytiques. Autrement dit, on doit tenir compte du fait que chaque chercheur appartient directement ou indirectement à la réalité sociale qu'il étudie et qu'il interprète, et sur laquelle ses travaux peuvent exercer éventuellement une certaine influence.

Dans une telle vision, la théorie vise plus à *comprendre* et à interpréter qu'à *expliquer* les relations internationales. Elle met sérieusement en doute toute possibilité d'une observation «objective» d'un monde dont l'observateur lui-même fait partie intégrante. On parle alors de **théories constitutives**. Les partisans de cette conception de la théorie restent sceptiques devant la notion du cumul des connaissances en vue de formuler de meilleures théories générales, ce qui ne les empêche pas d'envisager la possibilité d'améliorer les connaissances de situations, de phénomènes ou d'événements particuliers. Ils mettent plutôt l'accent sur les processus de *production* de la connaissance. La plupart des approches critiques souscrivent à cette manière d'aborder la théorie.

Encadré 1.1 L'ontologie : un exemple concret

On peut illustrer la question de l'ontologie de la façon suivante : supposons qu'un biologiste, un architecte et un sociologue sont invités à entrer dans une salle de classe lors d'un cours. Le professeur invite chaque visiteur à décrire ce qu'il voit. Le biologiste notera probablement l'existence de plusieurs types d'organismes visibles et invisibles, agissant entre eux dans un environnement où le niveau d'humidité influe sur ces interactions. Un architecte décrira les dimensions spatiales, l'arrangement de la salle et la structure de cet espace physique, notamment les murs, les colonnes, le plafond, etc. Quant au sociologue, on peut s'attendre à ce qu'il fasse des commentaires sur la division des occupants humains de la salle entre au moins deux catégories sociales (professeur et étudiants), et les relations de pouvoir inégales entre eux. Chacun de ces professionnels aurait raison. Chacun verra ce que sa formation le pousse à voir. Chacun décrira le contenu, la forme et les rapports à l'intérieur de la salle de classe en termes des catégories ontologiques de sa propre discipline.

Supposons que nous invitons maintenant trois sociologues à entrer dans la même salle de cours : un marxiste, une féministe et un wébérien. Tous appartiennent au même domaine d'études et chacun verra des inégalités et des rapports de pouvoir. Pourtant chacun verra des inégalités et des rapports de pouvoir *différents*. Le marxiste mettra l'accent sur les origines sociales et les rapports de classes sociales ; la féministe soulignera les rapports de genre à l'intérieur de la salle ; tandis que le wébérien décrira sans doute les différences culturelles entre les occupants de la salle.

2.4 L'ontologie

Quand les observateurs examinent un champ particulier de l'action sociale, tel que celui des relations internationales, la première question qu'ils se posent est celle qui touche ce qu'ils *voient*. C'est une question *ontologique*. Dans sa définition première, l'ontologie est la philosophie de l'être ou de l'existence qui touche tous les domaines de l'activité humaine. Elle concerne tous les éléments qui constituent la nature même du domaine en question. Les débats autour de l'ontologie sont souvent féroces. Nous n'avons qu'à penser aux luttes entre et à l'intérieur des sectes chrétiennes sur la nature de la Trinité, entre Sunnites et Chiites ou entre divers courants marxistes sur la signification de l'évolution des classes sociales pour la lutte des classes pour nous en rendre compte.

Encore une fois, chacun aurait raison. Chacun verra les « faits sociaux » que les *présupposés ontologiques* de leur approche théorique leur indiqueront.

En Relations internationales, les débats ontologiques peuvent être aussi âpres (mais heureusement avec des conséquences moins dramatiques) et aussi insolubles qu'ailleurs et touchent des questions fondamentales telles que :

- Quelle est la « matière » des relations internationales en tant que domaine spécifique de l'action humaine ?

- Quelles sont les parties constituantes de cette « matière » et comment celles-ci sont-elles liées les unes aux autres et agissent-elles entre elles pour former le système global des relations internationales ?

- Quelles sont les propriétés, les formes et les propensions de ce système global et de ses parties constituantes ?

- Quelle est la conception du politique qui sous-tend les différentes théories des relations internationales ?

L'ontologie n'est donc pas une question de ce qui existe « objectivement », mais de ce qui existe d'après les théories qui sous-tendent notre conception du monde. Nous ne pouvons *savoir* lequel de ces présupposés théoriques est vrai et lequel est faux, justement parce que ce sont des présupposés, c'est-à-dire qu'ils se présentent pour nous comme allant de soi. Pour décider laquelle de nos théories des relations internationales se fonde sur les présupposés ontologiques les plus appropriés, ou examine les « faits sociaux » les plus pertinents, nous devons entrer dans le domaine de l'épistémologie.

2.5 L'épistémologie

Quand on examine les relations internationales, une deuxième question se pose : comment *sait*-on ce que l'on prétend *savoir* ? Ou, pour revenir aux *perceptions* de ce qui constitue la matière des Relations internationales (l'ontologie), comment *sait*-on que ce que l'on perçoit constitue une forme de connaissance adéquate dans ce domaine? Il s'agit d'une question épistémologique.

En français, le terme «épistémologie» possède au moins deux sens distincts. Le premier signifie l'étude critique des sciences, tandis que le second, emprunté à l'usage anglo-américain, concerne essentiellement la façon dont nous abordons les questions touchant la nature de la connaissance, son acquisition et les façons de l'évaluer. C'est cette deuxième conception qui prédomine en théorie des relations internationales. L'épistémologie pose les questions suivantes:

- Qu'est-ce que la connaissance?
- D'où viennent nos connaissances ou comment les produit-on?
- Comment peut-on vérifier le bien-fondé de nos connaissances?
- Est-il même possible ou imaginable que nous puissions atteindre la connaissance, et donc la vérité?

Nous devons commencer notre interrogation sur l'épistémologie par le sens que nous accordons à la notion même de «connaissance» dans ce contexte. Traditionnellement, la connaissance suppose un degré de certitude attachée à un énoncé ou à une croyance. Autrement dit, il y a une différence fondamentale entre la connaissance et une simple croyance. Pour être considérée comme constituant la connaissance, une croyance doit être non seulement vraie, mais doit aussi être justifiée selon un processus largement accepté. Comme on peut l'imaginer, il est plus facile d'affirmer de telles conditions pour fonder la connaissance que de se mettre d'accord sur la signification des termes «vrai» et «justifié». Cela nous oblige à nous poser des questions telles que: la vérité absolue existe-t-elle? Ou peut-on se contenter d'une approximation de celle-ci? Ou, encore, doit-on renoncer carrément à toute recherche de la vérité, puisqu'elle n'existe pas, ou du moins est très changeante? La réécriture constante de l'histoire, à la suite de la découverte de nouveaux «faits», d'une nouvelle

réflexion sur des faits connus ou simplement pour satisfaire les exigences des détenteurs du pouvoir de l'époque devrait nous mettre en garde contre l'espoir d'établir facilement une vérité définitive. Quant à la justification, dans la vie quotidienne elle peut revêtir plusieurs formes qui devraient nous conseiller au moins une certaine prudence à l'égard de ce que l'on considère comme de la connaissance, d'autant plus qu'elle fait souvent appel à une «autorité», telle qu'un livre, un expert reconnu, un professeur, le gouvernement, le dernier gourou à la mode, Internet, Fox News ou tout simplement une personne jugée «fiable».

La question de la conception de la vérité et la justification de celle-ci sous-tend toute approche épistémologique. Il existe trois grandes visions de la vérité en philosophie: la vérité comme *correspondance*; la vérité comme *cohérence*; et la conception *utilitariste* ou *pragmatiste* de la vérité.

Selon les tenants de la conception de la vérité comme correspondance, la vérité est établie du moment qu'il existe une correspondance stricte entre les faits et notre représentation de la réalité. Dans ce cas, la vérité semble posséder une valeur absolue: ou bien une croyance est fondée sur des faits vérifiables, et alors elle est vraie, ou bien elle ne l'est pas, et alors elle est fausse. Cette version de la vérité est de loin la plus répandue et la plus ancienne dans les sciences et dans la vie quotidienne. Elle est attirante parce qu'elle est apparemment simple et semble répondre de façon directe au besoin de «savoir la vérité». Elle affirme décrire la «réalité telle qu'elle est». Tous les problèmes commencent dès que l'on essaie de définir la réalité, qui dépend largement des perceptions des uns et des autres de celle-ci. Et quoi dire dans le cas de phénomènes qui ne sont pas visibles, et donc imperceptibles, ou seulement perceptibles indirectement, comme des atomes ou des structures? Mais la critique majeure de cette conception de la vérité est qu'elle ne nous permet pas de savoir ce que «correspondre à la réalité» veut dire. Par exemple, l'énoncé: «Paris est la capitale de la France» est vrai parce que Paris est effectivement la capitale de la France, c'est-à-dire que l'énoncé semble *correspondre* à un fait indiscutable, mais ce qu'il nous dit au fond est ceci: «l'énoncé

"Paris est la capitale de la France" est vrai si Paris est la capitale de la France » ou encore « l'énoncé "Paris est la capitale de la France" est vrai parce qu'il correspond au fait que Paris est la capitale de la France ». Tout en étant sans doute très justes, de telles affirmations tautologiques ne nous avancent pas beaucoup sur le chemin de la connaissance.

Pour les tenants de la vérité comme cohérence, il est impossible d'envisager une croyance et sa justification comme vérité indépendamment d'autres croyances, comme semblent le suggérer les partisans de la vérité comme correspondance. Toutes nos croyances s'insèrent forcément à l'intérieur d'un ensemble de croyances déjà préexistantes. Par exemple, pour reprendre l'exemple du paragraphe précédent, nous ne pouvons pas savoir que Paris est la capitale de la France, si nous ne savons pas préalablement ce qu'est une capitale, qui elle-même fait partie d'un ensemble qui s'appelle « villes », et ainsi de suite. La vérité d'une croyance dépend donc de sa *cohérence* par rapport à l'ensemble de croyances en question. Il s'agit, en fait, d'une vision holiste de la vérité. Comme on peut comprendre assez rapidement, si la vérité comme correspondance pose tout le problème de la perception des faits, qui peut différer non seulement d'un individu à l'autre, mais aussi d'une culture à l'autre, la vérité comme cohérence, tout en nous fournissant des conditions *nécessaires* pour évaluer la validité d'une croyance, ne nous permet pas de dire sur quoi nous nous fondons pour établir initialement la véracité ou la fausseté de l'ensemble des croyances auquel elle appartient. Elle ne remplit pas les conditions *suffisantes* pour produire de la connaissance. Ainsi, les adeptes des théories de la conspiration, si présentes dans la politique internationale, surtout de nos jours, fondent l'essentiel de leur prétention à la vérité sur l'idée que chaque élément de leur « théorie » se tient et confirme donc son hypothèse de base qui, elle-même, s'appuie sur la cohérence de toutes les pièces justificatives qui sont présentées. La circularité d'un tel raisonnement est évidente. Il suffit de réfuter sa prémisse initiale pour que toute la « théorie » proposée tombe comme un château de cartes.

Enfin, devant les difficultés à établir une vérité incontestable, la conception pragmatiste de la vérité propose une définition moins ambitieuse qui met l'accent sur l'utilité : est vrai ce qui marche, ce qui nous permet le mieux d'accomplir des choses. Il ne peut donc y avoir de vérité absolue. Selon un des pragmatistes contemporains les plus célèbres, l'Américain Richard Rorty (1931-2007), les pragmatistes voient la vérité comme « ce qui est bon à croire pour *nous* » et « il y a toujours place pour des croyances améliorées, puisque de nouvelles preuves ou de nouvelles hypothèses, ou tout un vocabulaire nouveau, peuvent se présenter » (Rorty, 1991 : 23 et 24. Italiques dans l'original). Pour des pragmatistes comme Rorty, une croyance devient alors vraie, dans la mesure où il existe, au sein d'une communauté ou d'un groupe, un consensus, un « accord intersubjectif » sur son utilité pour la communauté ou le groupe en question. En fait, la conception pragmatiste de la vérité, malgré une certaine souplesse qui serait particulièrement appropriée dans les sciences sociales, pose aussi de grands problèmes : comment » définir l'utilité ? Ne risque-t-on pas de tomber dans le relativisme, voire le nihilisme ? N'est-il pas dangereux de faire du consensus la jauge de la vérité ? Par exemple, jusqu'au XVIᵉ siècle, les scientifiques ont déclaré comme vérité, que l'on n'avait vraiment pas intérêt à contester, que le Soleil tournait autour de la Terre, idée que nous savons aujourd'hui manifestement fausse, en dépit d'un consensus très large parmi les experts de l'époque.

L'étude des relations internationales, du moins jusqu'aux années 1990, a été largement dominée par une épistémologie dite *empiriste*, qui prétend que la connaissance est fondée essentiellement sur l'expérience et l'observation comme source de la connaissance. Cette position épistémologique, qui s'appuie sur la notion de vérité comme correspondance, n'a jamais régné seule dans le domaine de la philosophie, de l'histoire et des sciences sociales, et est au cœur du débat entre positivistes et postpositivistes (voir la section 3). À prime abord, l'**empirisme** possède l'avantage d'être relativement simple. Il s'agit d'observer des faits et d'écarter tout ce qui n'est pas observable, exercice en fait complexe et contestable. Premièrement, l'observation se fait toujours dans le cadre de connaissances déjà établies chez l'observateur, d'où un problème de perception à partir de conceptions théoriques préconçues. L'observation brute et « objective » des faits sociaux n'existe tout simplement pas. Deuxièmement, en se limitant à l'observable, le chercheur ne peut que constater des corrélations entre des faits, ce qui restreint de beaucoup la capacité de proposer des hypothèses explicatives, plutôt que descriptives, car la corrélation ne constitue pas en soi un lien entre cause et effet. Heureusement, l'empirisme à l'état pur est peu pratiqué en Relations internationales, et se trouve tempéré par une deuxième grande tradition empirique, celle du **rationalisme.**

Les partisans d'une approche épistémologique fondée sur le rationalisme[8] prétendent que nos cinq sens ne suffiront jamais pour comprendre notre monde, d'autant plus que tout n'est pas observable. Il faut fonder la connaissance sur la logique, l'intelligence et la réflexion, c'est-à-dire sur une forme de raisonnement pour établir une relation entre cause et effet. Dans sa forme la plus pure, le rationalisme insiste sur la notion de l'existence d'une connaissance *a priori*, c'est-à-dire qui existe indépendamment de l'expérience ou de l'observation antérieure. Par exemple, la plupart des axiomes en mathématiques

ne sont pas fondés sur l'expérience, mais uniquement sur la réflexion et sur l'application de la logique. Mais appliquer un raisonnement qui convient parfaitement aux mathématiques n'est pas aussi facile à faire dans le monde social. Les rationalistes acceptent donc l'idée que nous acquérons toujours une certaine expérience de la vie à travers l'apprentissage du langage et l'éducation, et qui deviennent des acquis qui nous permettent de nous servir par la suite de nos facultés de raisonnement. Il s'agit donc d'une conception de l'épistémologie qui prétend que la connaissance se construit à partir d'un certain nombre de principes ou d'idées fondamentaux, et qui souligne d'abord le lien entre vérité et cohérence. Les problèmes du rationalisme en tant qu'épistémologie sont nombreux, notamment celui de la place de l'expérience, c'est-à-dire la connaissance fondée sur les perceptions de nos sens, dans la matière sur laquelle nous exerçons nos capacités de raisonner. Est-il en fait légitime de limiter le rôle de l'expérience dans la formulation de nos connaissances aux acquis que nous venons de présenter ? Le rationalisme tend à présumer que la raison, utilisée correctement sous forme de déductions à partir de principes généraux, nous apportera une seule conception de la réalité, sinon la raison pourrait nous induire en erreur, ce qui serait exclu. Pourtant, l'expérience nous montre que c'est loin d'être le cas. Enfin, le rationalisme est fondé sur une prémisse pour le moins discutable, celle qui suppose que tous les êtres humains raisonnent de la même façon.

Enfin, une troisième tradition épistémologique, qui voit la vérité surtout comme l'expression de ce qui est utile à la société ou à l'acquisition de la connaissance à un certain moment et le résultat d'un consensus, le **pragmatisme**, a toujours été présente en Relations internationales. Selon les pragmatistes, l'expérience, et donc la théorie, sont en constante évolution, et la théorie est toujours susceptible d'être revue et corrigée. Ainsi, selon Rorty (1991 : 24), la « connaissance », comme la « vérité », est

> simplement un compliment que l'on adresse aux croyances que nous pensons si bien justifiées que, pour le moment, toute justification supplémentaire est superflue. Une enquête sur la nature de la

---

8. Dans la littérature des Relations internationales, le terme « rationalisme » porte facilement à confusion parce qu'il peut revêtir plusieurs sens distincts. En plus du sens que nous lui donnons dans ce chapitre, il désigne aussi la croyance ferme dans la capacité de la raison humaine de comprendre tous les aspects de la vie partagée par les *philosophes*, scientifiques et écrivains du siècle des Lumières. Ces derniers s'opposaient au mysticisme, à l'irrationnel et à toute forme de connaissance fondée sur la seule autorité. C'est cette forme du rationalisme que dénonce le théoricien réaliste Hans Morgenthau (voir le chapitre 3). Robert Keohane a proposé, en 1988, une distinction, largement adoptée depuis, entre deux types de théories en Relations internationales, celles fondées sur le *rationalisme*, et qui correspondent *grosso modo* aux approches explicatives, et celles fondées sur le *réflectivisme*, et qui sont avant tout des théories constitutives ou interprétatives (voir le chapitre 2). Enfin, le courant théorique connu sous le nom d'École anglaise utilise le terme de « rationalisme » pour indiquer une vision des relations internationales qui affirme que l'existence de codes et de normes tempère les effets de l'état anarchique des relations internationales (voir le chapitre 11).

connaissance ne peut, selon cette vision, être qu'une présentation sociohistorique de la manière dont des peuples divers ont tenté d'arriver à une entente sur ce qu'il faut croire.

On trouve plusieurs variantes du pragmatisme en Relations internationales, qui se distinguent par l'ampleur de leur scepticisme devant des prétentions à découvrir la vérité. Chez certains réalistes, surtout les premiers réalistes classiques comme Carr et Morgenthau, on constate ce que l'on pourrait appeler un pragmatisme modéré, qui accepte l'idée que le scepticisme a ses limites et que leur version des relations internationales, sans être une vérité absolue, correspond assez bien au fonctionnement des relations entre États et constitue la meilleure base pour conduire une politique étrangère. Les poststructuralistes, par contre, partagent une vision du monde radicalement sceptique, qui questionne toute prétention à la vérité absolue, et qui déclare que la vérité ne peut jamais être autre chose que le résultat d'un consensus ou de l'imposition d'une idée par un groupe dominant. Le danger d'une telle position dans un champ aussi diversifié que les Relations internationales est la tentation du relativisme, où la connaissance serait fondée avant tout sur des choix, et où on accorde un rôle trop important aux « puissants », aux décideurs dans un domaine donné, et peu de place à ceux qui contestent le pouvoir de ces derniers à déterminer la vérité du jour.

Il va sans dire qu'il n'existe pas de version unique de quelque épistémologie que ce soit. Il serait donc préférable de parler d'épistémologies empiristes, rationalistes ou pragmatiques. Traditionnellement, l'empirisme a recours à une forme d'argumentation fondée sur l'**induction**, c'est-à-dire l'idée que l'on construit son raisonnement à partir de l'observation d'une situation, ou d'une relation de cause à effet, et ensuite on passe d'observation en observation (ou d'expérience en expérience) de cas semblables pour établir une vérité au sujet du phénomène étudié. La **déduction** est caractéristique du rationalisme, puisqu'il s'agit de déduire la vérité au sujet de cas précis à partir de prémisses de portée générale.

Toutefois, il est très important de ne pas confondre *empirisme*, qui est une position épistémologique, et la recherche **empirique**, c'est-à-dire une recherche qui se base sur l'étude d'un nombre de faits qui sont fondés sur notre propre expérience, et qui est une question essentiellement *méthodologique*. La réflexion rationaliste part souvent de la constatation de faits empiriques, mais rejette l'idée que toute connaissance doit se fonder uniquement sur l'expérience, et plus précisément sur l'expérience observée « objectivement ».

2.5.1 Fondationnalisme et antifondationnalisme

Les approches épistémologiques se divisent aussi entre celles qui se prétendent *fondationnalistes* et celles qui se déclarent *antifondationnalistes*. Une épistémologie est dite *fondationnaliste* dans la mesure où elle considère qu'il existe des prémisses indiscutables sur lesquelles on peut fonder la vérité d'une interprétation ou une explication des choses. Les *antifondationnalistes* rejettent l'existence d'un tel fondement. Par exemple, toute approche théorique qui se réclame de l'empirisme prétend que la vérité de la connaissance dépend étroitement de sa correspondance à la réalité observée. Autrement dit, l'étude objective de la réalité nous mène inexorablement à la vérité. Par contre, les poststructuralistes proclament leur **antifondationnalisme**, en partant de l'idée qu'il ne peut y avoir aucune grande théorie qui expliquerait le monde et qui permettrait de démontrer par le fait même la supériorité d'une théorie par rapport à une autre. La vérité serait donc essentiellement une question de pouvoir, ou de rapports de force. Le pragmatisme, dont se réclament certains partisans du réalisme classique, constitue une forme moins radicale du refus du **fondationnalisme**. Comme nous venons de le voir, les pragmatistes prétendent que la recherche de fondements à la connaissance, et donc à la vérité, est totalement inutile, et que la vérité est avant tout une question de ce qui fonctionne ou ne fonctionne pas et non pas d'une quelconque correspondance avec des faits établis de manière soi-disant objective.

2.6 La normativité

Les partisans des théories constitutives rappellent toujours que les analystes des relations internationales sont des êtres humains qui vivent dans des sociétés particulières, à des moments particuliers, dans une époque historique donnée. C'est le contexte social, politique et historique dans lequel se déroule toute réflexion théorique qui nous oblige à poser des questions sur le rapport entre l'observateur et les relations internationales. Ce faisant, nous soulevons le problème de l'aspect normatif de la théorie, de toute théorie, et qui touche les implications éthiques, morales, sociales, politiques ou idéologiques de voir le monde d'une façon particulière plutôt que d'une autre (par exemple en présumant que la classe sociale est plus significative que l'ethnie ou le genre) et de privilégier une approche épistémologique par rapport à une autre. Les questions normatives nous invitent à réfléchir sur les implications et les conséquences de nos choix théoriques et méthodologiques, que ce soit sur le plan personnel, sociétal, national ou international.

Effectivement, la plupart des théoriciens en Relations internationales sont très conscients de cet aspect de la théorisation. Par exemple, le père fondateur du réalisme américain, Hans Morgenthau, a consacré un chapitre entier de son livre de référence, *Politics among Nations* (1960: 233-259), à la « moralité internationale », où il établissait les principes de ce que l'on pourrait qualifier d'« éthique de la responsabilité ». Et la majorité des réalistes et des néoréalistes américains ont déclaré leur opposition à la décision du président Bush d'envahir l'Irak, en invoquant les principes du réalisme.

2.7 La méthodologie

Il faut faire très attention de ne pas confondre l'*épistémologie* et la *méthodologie*. L'épistémologie renvoie aux principes philosophiques concernant la façon générale d'acquérir et d'évaluer la connaissance, la méthodologie est subordonnée à l'épistémologie et chaque orientation épistémologique stipule sa propre définition de ce qui doit être la méthodologie.

De façon générale, il existe trois conceptions différentes quant à la nature et au rôle de la méthodologie en théorie des relations internationales (voir le chapitre 3). Les auteurs qui soutiennent une des

méthodes de recherches teintées de positivisme ont tendance à concevoir la méthodologie comme « des moyens structurés ou codifiés de façon systématique pour tester des théories » (Sprinz et Wolinsky-Nahmias, 2004: 4). Par contre, ceux qui demeurent peu convaincus par cette prétention largement américaine d'appliquer « la méthode scientifique » en Relations internationales soulignent la nécessité d'inscrire la méthodologie dans ses rapports avec l'ontologie et l'épistémologie. Selon cette conception, la méthodologie renvoie à l'ensemble des différents outils et techniques dont on se sert en vue d'acquérir, d'évaluer, et d'analyser la gamme des données jugées pertinentes par l'ontologie en question, ainsi que des moyens utilisés pour valider les conclusions issues de l'analyse de ces données. Conçue ainsi, la méthodologie est toujours assujettie à l'épistémologie, elle est au service de l'épistémologie. À ces deux orientations épistémologiques opposées s'ajoute celle du soi-disant réalisme-critique (à ne jamais confondre avec les théories réalistes des relations internationales – voir les chapitres 4 à 6). Les tenants de cette orientation épistémologique défendent une conception de la méthodologie qui renvoie à une gamme complexe de techniques, de règles, de procédures, d'abstractions logiques et de recherches empiriques qui permettent au chercheur d'acquérir et d'analyser les données liées à la construction sociale de la réalité, de manière à ce qu'il puisse formuler, examiner et peaufiner des hypothèses relatives aux structures sociales sous-jacentes.

En Relations internationales, on retrouve surtout quatre types généraux de méthodologie (voir le tableau 3.2, p. 54-55) : les approches quantitatives, pratiquées par certains empiristes ; le recours aux modèles formels qui, malgré leur nature essentiellement rationaliste, sont prisés avant tout par des partisans de l'empirisme ; l'utilisation de diverses méthodes qualitatives-chiffrables, telles que l'analyse de contenu, la méthode, qui sont favorisées par la grande majorité des chercheurs en Relations internationales aux États-Unis ; et une gamme de méthodes qualitatives-interprétatives favorisées par des approches postpositivistes.

2.8 Relations entre ontologie, épistémologie, normativité et méthodologie

Comme on le constate, établir des frontières étanches entre ontologie, épistémologie, normativité et méthodologie ne s'avère pas une tâche particulièrement simple, ni, en dernière analyse, très utile. Ainsi, le choix de notre épistémologie va affecter grandement le contenu et la forme (l'ontologie) du monde que nous souhaitons étudier. Par exemple, si nous adoptons une approche épistémologique fondée sur l'empirisme et qui, par définition, se limite aux faits « observables » et sur l'expérience, il est évident que nous aurons tendance à privilégier une vision des relations internationales qui met l'accent sur une unité politique territorialement définie (c'est-à-dire l'État) comme acteur principal du système international. Nous aurons de la difficulté à accorder de la place à des concepts plus abstraits, voire totalement construits, comme celui d'« identité nationale ». Heureusement, pour l'avancement du débat sur la théorie des relations internationales, personne n'épouse une position aussi radicalement empiriste, mais cette approche épistémologique tend néanmoins à limiter à l'avance ce que l'on peut considérer comme un objet légitime de recherche en Relations internationales.

De la même façon, notre manière de concevoir les différentes composantes des relations internationales influera directement sur notre épistémologie. Si nous pensons, par exemple, que l'acteur principal du système international est l'individu et que la théorie des relations internationales n'a jamais tenu suffisamment compte de différences structurelles entre la vie des hommes et celle des femmes, il serait surprenant que nous nous limitions à une approche épistémologique purement empiriste. Il ne nous semble pas nécessaire de souligner que tout choix ontologique ou épistémologique implique des questions normatives incontournables, même chez ceux qui prétendent se situer en dehors des faits observés[9].

Enfin, le cas de la méthodologie et des méthodes est encore plus évident. Par exemple, la tendance à utiliser des méthodes quantitatives est fortement liée à une épistémologie empiriste, et suppose une ontologie qui simplifie autant que possible la « réalité » des relations internationales et qui privilégie ce qui est le moindrement mesurable.

2.9 Théorie des relations internationales et idéologie

Pour la plupart des adeptes des théories traditionnelles, il ne faut jamais confondre théorie et idéologie. Ils la voient de façon négative, comme une vision du monde, une *Weltanschauung*, qui détermine toute interprétation des « faits » observés, et ne permet aucun débat, et encore moins le dialogue. La notion d'idéologie est souvent confinée au domaine de la politique, ce qui permet de l'exclure d'office de tout débat sérieux. Il n'est donc pas étonnant de trouver très peu de références à l'idéologie dans la littérature consacrée à la théorie des relations internationales et pratiquement aucune dans les manuels les plus répandus.

Pourtant, l'idéologie ressemble beaucoup à la théorie sur plusieurs points cruciaux. Comme la théorie, l'idéologie offre un cadre d'analyse qui permet d'interpréter, de comprendre, d'expliquer et de juger ce qui se passe dans le monde. Elle propose une manière de mettre de l'ordre dans les idées. Tout en reconnaissant ces caractéristiques de l'idéologie, la conception la plus répandue de cette dernière, autant dans le monde intellectuel que dans le grand public, est encore celle d'un système d'idées fermé, que l'on associe avant tout au dogmatisme (des autres, bien sûr !). Mais depuis quelques années, les idéologies sont devenues un objet d'études en soi, et sont vues de plus en plus comme une partie normale de la vie politique et sociale[10]. Selon Duncan Bell (2002 : 224),

---

9. Le problème de la normativité se pose autant dans le domaine des sciences naturelles que dans celui des sciences humaines et sociales. Les questions touchant l'objet de la recherche, les méthodes utilisées, les conséquences humaines et sociales possibles, l'utilisation des résultats, sans parler des sources de financement, sont toutes normatives. N'oublions pas qu'il y a encore des scientifiques, dont les recherches sont financées par des compagnies de tabac, qui prétendent que les conséquences de fumer sont nulles ou négligeables, malgré l'abondance de preuves démontrant le contraire.

10. Ainsi, depuis 1996, on publie en Grande-Bretagne une revue consacrée exclusivement à la recherche sur les idéologies politiques, le *British Journal of Political Ideologies*.

elles « tentent d'imposer une signification finie particulière sur des concepts qui sont en réalité ouverts à des interprétations souvent contradictoires et, ce faisant, leurs partisans tentent d'éliminer la possibilité de débats sur des interprétations alternatives potentielles du monde. » La situation est toutefois un peu plus complexe.

Tout d'abord, l'idéologie constitue un élément fondamental de la théorie. Peu de chercheurs accepteraient sans sourire l'intention annoncée par Andrew Moravscik (1997 : 513) de reformuler la théorie libérale « sous une forme *non idéologique* et non utopienne appropriée pour une science sociale empirique » (nos italiques). Toute théorie, qu'elle soit fondationnaliste ou non fondationnaliste, dispose nécessairement d'un ensemble de croyances fondamentales au sujet du monde non négociables, et dans ce sens ne peut échapper à l'idéologie. Pourtant, même si la ligne de démarcation entre idéologie et théorie est souvent très mince, elle existe. Ce qui les distingue en dernière analyse est le fait qu'une idéologie propose une série de croyances et de valeurs fondées mettant l'accent sur la cohérence interne de celles-ci. Elles vont de soi, et peuvent difficilement être réfutées même quand les faits semblent les contredire. Par contre, une théorie doit laisser la possibilité à la contestation, et être donc formulée de façon qu'elle demeure réfutable.

3. Positivisme et postpositivisme

Dans une version très répandue de l'évolution de la théorie des relations internationales, on désigne l'émergence d'une véritable ligne de démarcation particulière, qui se serait peu à peu affirmée depuis le début des années 1980, entre les approches théoriques qui se réclament du *positivisme* et celles qui rejettent ce dernier et que l'on classe *grosso modo* parmi les approches dites *postpositivistes*.

Souvent, on tend à confondre empirisme et positivisme, mais il serait important de séparer les deux concepts. Comme nous l'avons déjà indiqué, l'empirisme représente avant tout une épistémologie fondée sur l'idée que l'expérience ou nos cinq sens sont la seule source de la connaissance. Mais le positivisme va plus loin en voulant être la base d'une véritable

« science » des relations internationales. Tout en partageant la conception empiriste de l'acquisition des connaissances, le positivisme comprend aussi une approche méthodologique qui met l'accent sur la méthode des sciences naturelles, en particulier sur la formulation d'hypothèses empiriquement vérifiables ou falsifiables, la méthode inductive et l'élaboration de théories générales ou d'explications de portée générale. Sur le plan ontologique, il se limite à ce qui est observable, soit physiquement soit par inférence. En s'inspirant de la définition que propose Steve Smith (1996 : 16-17), on peut résumer les quatre prémisses principales du positivisme de la façon suivante :

- l'unité de la science, ou le naturalisme – les mêmes méthodologies s'appliquent dans le monde physique que dans le monde social ;
- la distinction entre faits et valeurs – les faits étant neutres et la connaissance scientifique étant indépendante des valeurs, y compris celles de l'observateur. On peut donc faire une distinction nette entre le sujet (l'observateur) et l'objet d'une recherche ;
- le monde social, tout comme le monde naturel, a des régularités que l'on peut découvrir à travers les théories ;
- la façon de déterminer la vérité d'une affirmation passe par une référence aux faits.

Une position aussi rigoureusement scientiste est caractéristique avant tout des approches néoréalistes et néolibérales en théorie des Relations internationales. Elle n'est pas partagée par les réalistes classiques, dont certains, comme Raymond Aron (1967) et Hans Morgenthau (1946), se sont même déclarés antipositivistes, tout en adhérant à une épistémologie essentiellement empiriste.

Malgré des différences importantes entre les diverses approches théoriques qui se réclament du postpositivisme, on peut discerner quelques caractéristiques qui les unissent. En premier lieu, leur approche théorique générale fait partie des théories constitutives, puisque celles-ci rejettent toute possibilité de séparation entre l'observateur et l'observé. Deuxièmement, sur le plan ontologique, elles ne reconnaissent pas les tentatives des positivistes et des réalistes de limiter le monde des relations internationales à celui où ne comptent que les États agissant dans un système international anarchique. Elles questionnent la séparation stricte entre l'intérieur et l'extérieur, typique du réalisme et des approches néoréalistes et néolibérales, et rejettent en particulier la notion d'acteur rationnel (c'est-à-dire l'idée d'un acteur qui fonctionnerait en termes de la raison dite instrumentale, qui se fonde uniquement sur le calcul des coûts et des bénéfices que rapporterait une action). Logiquement, même si, pour des raisons de convenance, elles utilisent le terme «relations internationales», la plupart d'entre elles préfèrent parler de «politique globale» pour souligner leur vision inclusive des rapports entre les divers acteurs sur la scène internationale. En particulier, les postpositivistes partagent une conception de la réalité comme une «construction sociale», c'est-à-dire l'idée que les données immuables et non problématisées si importantes dans le modèle ontologique des approches positivistes ne sont qu'une fiction faisant croire qu'il s'agirait d'un ordre naturel. La notion de construction sociale souligne au contraire le fait que cet ordre prétendument naturel n'existe que parce que les hommes l'ont imaginé tel quel. Derrière ce débat sur la nature de la réalité, on retrouve un vieux débat de fond sur les possibilités ou impossibilités de changement sur le plan des relations internationales.

Troisièmement, elles se veulent résolument normatives. Cette normativité s'exprime en particulier sous la forme de la *réflexivité*, la «réflexion théorique sur le processus même de la théorisation» (Neufeld, 1995 : 40). Les courants postpositivistes sont réflexifs, donc normatifs, dans la mesure où ils prétendent que le chercheur doit être conscient à la fois des présupposés normatifs de sa propre pensée, voire de ses préjugés, et des valeurs et des normes qui sous-tendent toute théorie. Ils refusent toute séparation entre valeurs et faits, ou entre théorie et pratique, et insistent sur le fait que toute analyse doit toujours tenir compte du contexte social. La *réflexivité* est au cœur de toutes les approches postpositivistes, puisqu'elle «nous amène à reconnaître qu'il faut questionner

l'existence même de standards objectifs pour évaluer des prétentions à la connaissance qui se trouvent en concurrence» (Neufeld, 1995 : 42). Elle pose en fait la question de la possibilité même de comparer les théories, celle de la commensurabilité.

4. Commensurabilité, synthèse et dialogue

Compte tenu des différences épistémologiques et ontologiques entre les diverses approches théoriques, il est très tentant de vouloir adopter, dans une même analyse, plusieurs approches à la fois pour expliquer ou interpréter des aspects différents du phénomène étudié, et qui ne semblent être traités de façon satisfaisante par aucune théorie seule. Il s'agit d'une opération très périlleuse, qui tend à ignorer le fait que des approches différentes se fondent souvent sur des épistémologies ou des ontologies qui sont foncièrement en contradiction les unes avec les autres. Cela dit, la question de la comparabilité entre des courants théoriques très différents, et donc de la possibilité de trouver des moyens pour évaluer ces théories, demeure entière (voir le chapitre 24).

Il est relativement facile de concevoir la possibilité de comparer et de mesurer, l'une contre l'autre, des théories qui partagent pour l'essentiel la même épistémologie, où le débat se limite à des différences épistémologiques surmontables ou à des querelles sur certains aspects de l'ontologie. C'est notamment le cas du fameux débat entre néoréalisme et néolibéralisme (voir le chapitre 8). Ce l'est déjà un peu moins quand il s'agit de différences plus profondes de nature ontologique, comme celles qui séparent libéraux et réalistes. La commensurabilité demeure possible, dans la mesure où tous sont d'accord sur les termes épistémologiques et ontologiques du débat. Le fait que la plupart des protagonistes restent sur leurs positions indique toutefois que c'est souvent plus qu'une simple bataille de faits ou de chiffres, mais il n'en demeure pas moins que le débat est possible.

Mais quand on fait face à des théories que tout sépare (épistémologie, ontologie et normativité), le débat devient plus ardu, surtout quand les uns et les autres refusent de reconnaître la légitimité même de la vision théorique de ceux d'en face. Dans ce cas, on doit parler d'une situation d'**incommensurabilité** entre approches théoriques. Le philosophe des sciences américain Thomas Kuhn (1922-1996) avance trois raisons qui peuvent expliquer ce dialogue impossible entre tenants d'approches théoriques fondamentalement différentes[11]. Premièrement, les partisans de théories concurrentes sont souvent en désaccord au sujet des problèmes qu'une théorie doit résoudre. Deuxièmement, quand une théorie cherche à remplacer une autre théorie, elle reprend une grande partie du vocabulaire et des concepts de celle-ci, mais souvent en y attachant un sens différent. Enfin, les partisans de théories concurrentes développent leurs activités dans des mondes différents (Kuhn, 1983 [1970] : 204-207). En réponse à ses critiques, Kuhn insiste sur le fait que l'incommensurabilité ne signifie pas que les partisans de théories rivales ne peuvent communiquer entre eux (269-277).

La référence à Kuhn, fréquente surtout dans les années 1970 et 1980 en théorie des relations internationales, ne doit pas nous faire oublier qu'il s'adressait avant tout aux sciences naturelles et rejetait l'idée que l'on pouvait appliquer son interprétation de l'évolution des sciences au domaine des sciences sociales. Il ne s'agit donc pas de l'adopter telle quelle. Même dans une version modifiée, qui met l'accent sur des différences ontologiques, épistémologiques ou normatives apparemment irréconciliables, la thèse de Kuhn nous éclaire sur les difficultés, pour ne pas dire le refus, de débat que l'on rencontre trop souvent en Relations internationales.

Cette situation a poussé certains observateurs à présenter la théorie des relations internationales comme un domaine dominé par des querelles de chapelle, que Kal Holsti (2001 : 84) décrit comme un état de quasi-guerre :

Des écoles de pensées assument parfois les caractéristiques d'un club exclusif ; à d'autres moments, elles peuvent ressembler à une bande. Il y a des rites d'entrée, il y a un panthéon de héros intellectuels, il y a un jargon distinct, et oui, même des revues et des maisons d'édition distinctes qui ne servent que certains groupes. Il y a aussi des vocabulaires de dénonciation distincts.

Malheureusement, Holsti exagère à peine, mais il ne dit pas toute l'histoire. Déclarer l'incommensurabilité peut être également une tactique pour distinguer entre les formes de théorie qui seraient légitimes, et celles qui ne le seraient pas. Ainsi, Robert Keohane (1988), partisan des approches positivistes, a classé les théories des relations internationales en deux catégories étanches, *rationalistes* ou *réflectivistes*, distinction qui correspond plus ou moins à la division entre théories explicatives et théories constitutives. Les partisans de ces dernières sont sommés de présenter un « ensemble de propositions au sujet du comportement ou une analyse empirique riche », sinon leur entreprise « reste plus l'expression d'une frustration compréhensible qu'un programme de recherche opérationnel » (Goldstein et Keohane, 1993 : 6). De son côté, Jim George (1994 : 11), sympathique aux théories critiques, présente le réalisme classique et le néoréalisme comme faisant partie de la même approche positiviste qui « continue à représenter comme *la* réalité des Relations internationales une image étroite, auto-affirmante et fermée sur elle-même du monde "là-bas" » qui aurait réduit la complexité de l'existence à une « image simpliste, universalisée du monde "réel", qui est fondamentalement détachée de l'expérience quotidienne d'une partie importante de ce monde ».

Malgré les tentatives de certains constructivistes d'ériger des ponts entre le positivisme et le postpositivisme, l'incommensurabilité demeure un fait presque incontournable. Mais la réalité de l'incommensurabilité ne signifie ni qu'il soit impossible de comparer et d'évaluer des approches théoriques, aussi différentes soient-elles les unes par rapport aux autres, ni que le dialogue entre elles soit interdit. Au-delà des comparaisons évidentes entre des épistémologies et

---

11. En fait, Kuhn parle de « paradigmes », et non pas de simples approches théoriques. Le concept de paradigme est beaucoup plus contraignant que celui d'approche théorique. Nous l'aborderons plus en détail dans le chapitre 2 où nous le définissons comme une « conception cohérente de la science et de la recherche commune qui unit tous ceux qui partagent une même approche théorique ».

des ontologies différentes, on peut comparer, évaluer et critiquer leur cohérence interne, leur logique, démontrer leurs prémisses normatives implicites ou explicites et les croyances idéologiques qui les soustendent.

5. Conclusion

À partir des caractéristiques de la théorie en Relations internationales que nous avons présentées dans ce chapitre, il devient évident que ce champ d'études partage avec la plupart des autres sciences sociales une diversité épistémologique et ontologique qui rend vaine toute tentative de formuler une théorie unique, une grande théorie de tout, qui pourrait satisfaire tout le monde. Le pluralisme, qu'il soit désiré ou non, est le trait principal de ce domaine. Cependant, comme nous le verrons dans le chapitre suivant, cet état de fait n'est pas nécessairement accepté par tous. Ou plutôt, si l'on admet volontiers qu'aucune théorie ne peut à elle seule « expliquer » les relations internationales ou la politique globale, cela n'a pas empêché les partisans des approches théoriques qui se pratiquent le plus aux États-Unis de vouloir circonscrire le débat théorique à l'intérieur de certains paramètres épistémologiques et ontologiques qui constituent les frontières d'un véritable paradigme hégémonique.

Pour en savoir plus

On trouvera une discussion des divers problèmes associés avec la théorie en sciences sociales en général, et donc en Relations internationales, dans Hollis, M., 1994, *The Philosophy of Social Science*, Cambridge : Cambridge University Press. Pour une excellente synthèse, très accessible, des questions générales touchant l'épistémologie, en français, on peut consulter Soler, L., 2000, *Introduction à l'épistémologie*, Paris : Éllipses.

Pour une introduction générale aux Relations internationales, aux questions métathéoriques de ce champ et aux diverses approches théoriques, les deux livres de base demeurent Hollis, M. et S. Smith, 1990, *Understanding and Explaining International Relations*, Oxford : Clarendon Press, et surtout les chapitres 2 et 3 pour une discussion des théories explicatives et constitutives, et Bayliss, J. et S. Smith (dir.), 2005, *The Globalization of World Politics: An Introduction* *to International Relations*, 3ᵉ édition, Oxford : Oxford University Press.

Burchill, S. et A. Linklater, 2005, « Introduction », dans S. Burchill *et al.*, *Theories of International Relations*, 3ᵉ édition, New York : St. Martin's Press, p. 1-27, proposent une introduction générale à la notion de la théorie en Relations internationales, tandis qu'on peut lire l'ouvrage de Smith, S., K. Booth et M. Zalewski, *International Theory: positivism and beyond*, Cambridge : Cambridge University Press, pour approfondir divers aspects des débats dans ce domaine, du moins tels qu'ils se posaient au milieu des années 1990. Le chapitre de S. Smith, « Positivism and beyond », est particulièrement utile pour avoir un survol général des questions soulevées par les auteurs qui remettent en cause les approches dites positivistes.

Les concepts clés en théorie des relations internationales

Antifondationnalisme: Approche générale à l'égard de l'épistémologie qui rejette l'idée que l'on peut établir des bases incontestables à la connaissance.

Commensurabilité: Une caractéristique des approches théoriques qui seraient mesurables ou comparables entre elles, et qui partagent des conceptions générales semblables de l'épistémologie, de l'ontologie et de la méthodologie.

Compréhension: Mode d'analyse qui souligne le fait que le chercheur fait partie intégrante du monde qu'il étudie et sur sa subjectivité et qui met l'accent sur le rôle de l'interprétation des phénomènes et reste sceptique devant la possibilité de formuler des généralisations causales.

Déduction: Mode de raisonnement qui part d'un énoncé ou d'un principe de portée universelle, pour arriver à une instance particulière de celui-ci. Le syllogisme de la logique traditionnelle est typique du raisonnement déductif, par exemple: 1) tous les hommes sont mortels; 2) Socrate est un homme; 3) donc, Socrate est mortel.

Empirique: Se réfère à toute connaissance ou recherche fondée sur l'expérience et l'observation. Il ne faut pas confondre *empirique* et empirisme.

Empirisme: Approche épistémologique qui prétend que toute connaissance doit être fondée uniquement sur l'expérience et sur l'observation.

Épistémologie: Branche de la philosophie qui s'intéresse à l'acquisition et à l'évaluation de la connaissance.

Explication: Mode d'analyse qui met l'accent sur la recherche empirique de la causalité, sur la séparation entre l'observateur et l'observé, et sur la nécessité de formuler des hypothèses vérifiables, qui pourront contribuer à l'élaboration de généralisations causales au sujet des phénomènes étudiés.

Fondationnalisme: Approche générale à l'égard de l'épistémologie qui prétend qu'il est possible d'établir des bases incontestables à la connaissance.

Holisme: Conception de la théorie qui prétend que le système a une existence en soi et agit selon des règles de fonctionnement qui lui sont propres. Elle fait donc une distinction qualitative profonde entre le système et ses parties constituantes.

Incommensurabilité: Caractéristique des approches théoriques qui n'auraient rien en commun, ni sur le plan épistémologique ni sur celui de l'ontologie, et qui rendrait impossible toute tentative de les comparer d'une manière utile.

Individualisme méthodologique: Une conception de la théorie qui met l'accent sur l'importance du rôle joué par les unités constituantes dans le fonctionnement du système, et prétend que le système est la somme de ses parties. On part donc des unités pour expliquer ou pour comprendre les relations internationales et aussi pour souligner l'importance de leur place sur la scène internationale.

Induction: Mode de raisonnement qui part d'un cas particulier, normalement sous la forme d'une hypothèse, pour aller vers un énoncé de portée générale. Le raisonnement inductif est typique de la méthode des sciences naturelles.

Métathéorie: Se réfère aux débats généraux sur la nature et les fondements de la théorie.

Méthodologie: Conception générale des types de techniques et de méthodes dont on se sert pour entreprendre une recherche.

Normativité: Concerne les normes, jugements de valeur ou présupposés idéologiques sous-jacents, souvent implicites et parfois non reconnus par le théoricien lui-même, qui accompagnent toute approche théorique.

Ontologie: De façon générale, la philosophie de l'être ou de l'existence. Se réfère aux éléments qui composent le champ d'étude d'une théorie donnée.

Positivisme: Conception des sciences sociales qui considère que celles-ci doivent être étudiées de la même manière que les sciences naturelles.

Postpositivisme: Conception des sciences sociales qui rejette toute tentative d'assimiler ces dernières aux sciences naturelles, et qui favorise les approches théoriques constitutives ou interprétatives.

Pragmatisme: Approche épistémologique qui met l'accent sur l'utilité de la connaissance et sur ses effets pratiques.

Rationalisme: Terme qui a plusieurs sens en Relations internationales. Dans ce chapitre, il se réfère à une approche épistémologique qui prétend que l'on doit fonder la connaissance d'abord sur l'intelligence et sur le raisonnement *a priori.*

Théorie constitutive: Approche théorique qui nie la séparation entre observateur et observé et qui met l'accent sur la compréhension et l'interprétation des phénomènes. Une théorie constitutive pose comme question principale: comment?

Théorie explicative: Approche théorique qui prétend trouver des relations causales et que l'on peut séparer observateur et observé, et qu'il est donc possible d'expliquer les phénomènes de l'extérieur. Une théorie explicative pose comme question principale: pourquoi?

Émergence d'un paradigme hégémonique

Alex Macleod

[I]l est peu sage, du point de vue de n'importe quel groupe de chercheurs en Relations internationales, qu'ils soient idéalistes ou réalistes, de promouvoir un discours hégémonique. Dans toute discipline, on fait avancer la recherche quand il y a des écoles de pensée en opposition les unes aux autres, et qui sont libres de se faire concurrence sur le marché des idées. Nous devrions tous encourager, dans nos départements et dans le champ plus large des relations internationales, le pluralisme et non pas le monopole (Mearsheimer, 2004 : 149).

Selon une tradition bien ancrée dans l'histoire de la théorie des relations internationales, l'évolution de la discipline, depuis la Deuxième Guerre mondiale, serait passée par une série de « grands débats ». Même si une division aussi nette entre les différentes étapes de la réflexion sur les relations internationales est hautement contestable, il n'empêche que c'est une façon commode pour comprendre comment la théorie s'est développée, et surtout pour rappeler que, malgré la prédominance de l'approche réaliste pendant les 25 premières années de l'après-guerre, on n'a jamais accepté l'idée d'une seule façon de penser les relations internationales. Lié à cette question de la conception de l'histoire de la théorie des relations internationales est le problème de leur classification, de leur rassemblement dans des typologies. Il y a toutefois une troisième façon de traiter l'évolution de la théorie des relations internationales, et c'est celle que nous privilégions dans cet ouvrage. Selon nous, il faut voir l'histoire de ce champ comme celle de l'émergence d'un paradigme, devenu hégémonique, du moins aux États-Unis, et par rapport auquel toutes les autres approches théoriques se sentent obligées de se situer.

1. Les « grands débats » de la théorie des relations internationales

Établir l'existence d'une histoire de la théorie des relations internationales peut être une façon d'affirmer non seulement la légitimité de la discipline elle-même, mais aussi, et peut-être surtout, la supériorité d'une approche théorique par rapport aux autres. Dans le premier cas, on remonte jusqu'aux Grecs pour démontrer que l'on peut situer l'évolution de la théorie des relations internationales dans celle, plus générale, de la pensée politique (voir, par exemple Olson et Groom, 1992, et Knutsen, 1997). Si on évite de présenter cette histoire sans tomber dans l'écueil de celle d'une évolution linéaire, cela peut être très utile pour rappeler la pérennité de certaines questions et de certaines façons de concevoir les relations internationales et surtout pour souligner l'importance de leur contexte sociopolitique et économique. Dans le deuxième cas, on se sert de l'histoire pour indiquer qu'une vision des relations internationales, celle du réalisme et de sa variante néoréaliste, puise ses racines dans une longue histoire, où on peut citer des auteurs tels que l'historien grec, Thucydide, qui écrivait au Vᵉ siècle avant Jésus-Christ, en passant par Machiavel et

Hobbes (Gilpin, 1986). De là à affirmer que le réalisme est éternel, donc forcément la seule façon légitime d'envisager les Relations internationales, il n'y a qu'un pas, que l'on a eu tendance à franchir un peu trop facilement.

Malgré ces réserves, Ole Wæver (2007 : 299) a sans doute raison de souligner le fait que la présentation de ces grands débats périodiques fait partie de la structure de la discipline des Relations internationales, et « correspond à une situation ayant un degré d'intégration relativement élevé mais loin d'être une structure hiérarchique et intégrée complète, où chaque morceau a sa place dans une architecture plus grande de connaissance collective ». Comme nous le verrons plus loin dans ce chapitre, les tentatives d'encadrer l'histoire des Relations internationales à l'intérieur d'une évolution sous forme de grands débats ont aussi pour conséquence de créer des paramètres qui donnent certaines limites aux débats théoriques. Il n'est donc pas étonnant, à une époque où les façons traditionnelles de concevoir la discipline se trouvent de plus en plus contestées, de constater qu'il n'existe plus de « grand débat unique » en théorie des relations internationales (Wæver, 2007 : 301).

Selon la version la plus répandue de l'histoire contemporaine de la théorie des relations internationales, celle-ci serait passée par trois grands débats. Le premier aurait opposé réalistes et idéalistes. Ainsi, l'idéalisme (qui ferait partie du libéralisme aujourd'hui) aurait dominé la réflexion sur les relations internationales et la pratique de celles-ci en Grande-Bretagne et aux États-Unis après la Première Guerre mondiale. En mettant l'accent sur les possibilités de coopération entre les États, la sécurité collective et les effets contraignants du droit international, au détriment d'une politique étrangère plus robuste et moins naïve, les idéalistes auraient créé des conditions qui auraient favorisé la montée des puissances fascistes et l'éclatement de la Deuxième Guerre mondiale. Les réalistes, impressionnés par cet échec, auraient donc cherché à imposer une conception qu'ils considéraient plus proche de la réalité des relations internationales, fondée sur une évaluation plus juste du rôle de la puissance en politique inter-

nationale. Ici n'est pas la place d'évaluer l'importance de l'influence de l'idéalisme sur le comportement des dirigeants de l'époque, mais on peut rester très sceptique sur l'existence d'un débat quelconque entre ces deux courants. En fait, si par « débat » on veut dire une confrontation entre représentants de deux positions, où chacun répond aux arguments de l'autre, ce premier grand débat n'a jamais eu lieu (Wilson, 1998 ; Ashworth, 2002). Il s'agit plutôt d'une attaque féroce de la part de ceux qui sont désignés comme les fondateurs de la théorie réaliste, notamment le Britannique E. H. Carr et l'Américain Hans J. Morgenthau, contre l'idéalisme d'avant-guerre et, dans le cas de Morgenthau, contre l'isolationnisme américain des années 1920 et 1930.

Vers la fin des années 1950, le réalisme classique aurait fait face à un deuxième débat, mené cette fois-ci par les *behavioralistes*, qui ne remettaient en cause ni l'ontologie ni l'épistémologie implicites du réalisme, mais avaient de sérieuses réserves sur le plan de la **méthodologie** et sur ce qu'ils considéraient comme le manque de « scientificité » des réalistes traditionnels (Bull, 1965 ; Kaplan, 1966 ; Singer, 1987). Les behavioralistes insistaient sur l'importance d'introduire les méthodes quantitatives dans l'étude des relations internationales. En fait, même si le réalisme gardait sa prédominance (que les behavioralistes ne remettaient nullement en cause, par ailleurs), il a dû subir, au cours des années 1960 et 1970, les attaques des partisans de deux autres courants, le libéralisme et le marxisme. Réalistes et libéraux se disputaient avant tout l'importance qu'il faudrait accorder à d'autres acteurs internationaux, notamment les forces transnationales et les institutions internationales. Selon les libéraux de l'époque, nous entrions dans une ère d'« interdépendance complexe » qui affectait sérieusement l'impact de l'anarchie sur les relations internationales, position que les réalistes rejetaient totalement (voir les chapitres 7 et 8).

De leur côté, les marxistes, surtout représentés par la théorie de la dépendance et celle du système-monde, mettaient l'accent sur le rôle de la lutte des classes en relations internationales et sur la marginalisation des pays en voie de développement (voir le chapitre 10). La contestation libérale du courant dominant touchait surtout des questions d'ontologie, et ignorait les problèmes d'épistémologie, sur lesquels les deux approches étaient largement d'accord, tandis que le marxisme posait la question des relations internationales dans des termes très différents, ce qui le mettait en dehors du débat libéral/réaliste. C'était l'époque du «débat entre les paradigmes» (*the interparadigm debate*) (Banks, 1985). Bien que personne ne nie l'existence de ces différends, il n'aurait pas duré assez longtemps pour mériter le titre de troisième débat, du moins dans l'histoire officielle[1]. Par contre, ce débat entre les paradigmes a eu le mérite de faire entrer le pluralisme une fois pour toutes dans un champ jusqu'alors dominé par une seule approche théorique, le réalisme.

Au cours de cet entracte dans la théorie des relations internationales, le néoréalisme de Kenneth Waltz, lancé avec la publication de *Theory of International Politics* en 1979, est venu réinstaller le réalisme sur de nouvelles bases épistémologiques et ontologiques. Ce faisant, le libéralisme s'est rénové aussi sous la forme de l'institutionnalisme néolibéral, ou tout simplement du néolibéralisme. De sorte qu'un nouveau débat, le «débat néo-néo», opposait dorénavant néoréalistes et néolibéraux (voir le chapitre 8).

En fait, les débats entre le réalisme classique et ses contestataires concernaient avant tout le statut du réalisme comme courant théorique dominant en Relations internationales. Ils constituaient à vrai dire un seul et même débat, à l'intérieur d'un même cadre

épistémologique, au sujet de l'ontologie des Relations internationales. Le débat néo-néo des années 1980, avec son insistance sur la nécessité d'établir la théorie des relations internationales sur des fondements épistémologiques **empiristes** et d'adopter un modèle théorique **positiviste**, représente le véritable deuxième débat de la discipline. C'est dans ce contexte que l'on peut parler du «troisième débat» entre positivistes et postpositivistes[2], entre **théories explicatives** et **constitutives**, et auquel est consacré l'essentiel de cet ouvrage.

Présenter l'évolution la plus récente de la théorie des relations internationales seulement en termes épistémologiques ne tient pas suffisamment compte d'un véritable virage sur le plan ontologique et que l'on pourrait appeler le tournant *sociologique* de la théorie des relations internationales. Il s'agit d'un rejet du caractère réducteur de l'ontologie du néoréalisme et du néolibéralisme, fondée essentiellement sur le modèle du *choix rationnel*[3]. Celui-ci postule une ontologie fondée sur des acteurs unitaires et rationnels – les États – qui poursuivent des objectifs selon la logique de la raison instrumentale, celui d'un égoïsme bien calculé basé sur les notions de coûts et bénéfices, et buts et moyens, en particulier celui du modèle du dilemme du prisonnier (voir le chapitre 4). Il n'est donc pas nécessaire, dans le cas du modèle du choix rationnel, de savoir ce qui se passe à l'intérieur des acteurs (essentiellement les États), par exemple les luttes entre groupes ou les différences idéologiques. Les tenants des approches sociologiques mettent l'accent sur des facteurs sociaux, et sur des notions telles que la culture et les valeurs, et prétendent que toute approche théorique qui fait abstraction de ces phénomènes demeure incomplète. Comme nous le verrons au chapitre 4, avec la tendance vers une relecture critique du réalisme classique, les tenants de cette dernière approche, plutôt réfractaires au modèle du choix rationnel, se sont joints, eux aussi, à cette ten-

---

1. Dans sa présentation de l'évolution des Relations internationales, Wæver (1996, 1997) qualifie le débat entre les paradigmes de «troisième débat», tout en reconnaissant qu'il s'agissait d'un "'débat' artificiellement construit, inventé principalement à des fins spécifiques de présentation, d'enseignement et d'introspection de la discipline» (1996: 161). À notre avis, compte tenu de son apport à l'ontologie des Relations internationales, et de sa contribution au déclin du réalisme classique, il constitue effectivement un moment suffisamment important pour justifier amplement ce nom. Toutefois, pour éviter toute confusion, nous maintiendrons ici la présentation traditionnelle des trois débats, d'autant plus que c'est à travers ceux-ci que la discipline des Relations internationales s'est structurée.

2. La notion d'un «troisième débat» au sens où elle est utilisée en théorie des relations internationales a été lancée par Yosef Lapid (1989).

3. En fait, il ne s'agit pas d'une véritable *théorie* au sens où nous l'avons définie au chapitre 1, mais plutôt d'un modèle du comportement humain.

dance vers une analyse plus sociologique des relations internationales.

2. À la recherche d'une typologie des courants théoriques

Les problèmes associés à l'écriture de l'histoire de la théorie des relations internationales se retrouvent dans les tentatives d'établir une typologie, ou même une simple classification des théories. Trop souvent, comme nous le verrons, les typologies servent non seulement de guide pour mieux comprendre ce qui distingue et ce qui rassemble les différentes approches théoriques, mais aussi de stratégie pour définir à l'avance les termes du débat théorique, c'est-à-dire ce qui constitue ou ne constitue pas une théorie légitime. Par ailleurs, au-delà de ces tentatives de dessiner les limites de la discipline, il y a des difficultés inhérentes dans tout effort pour combiner de façon satisfaisante des critères ontologiques et épistémologiques dans une même typologie.

Une façon relativement bien établie de catégoriser les théories en termes ontologiques est de les présenter sous la forme d'une relation triangulaire entre trois grands «paradigmes». Selon sa version originelle, les théories en Relations internationales appartiendraient à une variante sur le thème de trois grandes traditions: réalisme, pluralisme et structuralisme (Banks, 1985)[4]. Nous n'avons pas besoin de revenir sur le réalisme. Le pluralisme correspond aux approches libérales et transnationales, tandis que le structuralisme se réfère aux théories d'inspiration marxiste. Manifestement, cette vision de la théorie des relations internationales est de toute façon largement dépassée par les événements, puisqu'elle ne réserve aucune place ni pour les approches critiques ni pour le constructivisme. Pourtant, on la retrouve encore dans certains ouvrages (Olson et Groom, 1992;

Knutsen, 1997; Viotti et Kauppi, 1999). Finalement, on retrouve chez plusieurs auteurs une mise à jour de ce triptyque, où le structuralisme a été remplacé par les «approches radicales» (dont le constructivisme) (Walt, 1998) ou les «approches critiques» (Groom et Mandaville, 2001) ou tout simplement par le constructivisme (Battistella, 2009). Dans la plupart des cas, on élimine le postmodernisme, ou bien parce qu'il ne serait qu'une mode passagère qui a peu de chances de s'établir «au-delà des prédilections philosophiques de quelques chercheurs, normalement finlandais ou nordiques (?)» (Groom et Mandaville, 2001: 156) ou tout simplement parce qu'il «tombe manifestement en dehors de l'entreprise des sciences sociales» (Katzenstein, Keohane et Krasner, 1998: 38). Une division entre approches qui se réclament du modèle du choix rationnel et celles qui se veulent sociologiques refléterait sans doute plus fidèlement les tendances les plus récentes en théorie des relations internationales sur le plan ontologique, mais simplifie à outrance une situation très complexe.

Les systèmes de classification qui privilégient les aspects épistémologiques – par exemple, **explication/ compréhension/fondationnalisme/antifondationnalisme- positivisme/postpositivisme** – souffrent aussi du problème d'une simplification réductrice, puisqu'ils tendent à se présenter sous une forme binaire qui ne tient pas suffisamment compte des approches qui n'entrent dans les deux catégories choisies qu'au prix d'entorses à une réalité beaucoup plus complexe. Une des classifications binaires les plus citées est celle de Robert Keohane, et qui oppose les approches *rationalistes* à celles qu'il appelle *réflectivistes*. Les premières correspondent aux théories fondées sur la notion de choix rationnel, tandis que les adeptes des secondes «mettent l'accent sur l'importance de la réflexion pour [analyser] la nature des institutions et, en dernière instance, le caractère de la politique mondiale» (Keohane, 1988: 382). Tout en reconnaissant certaines faiblesses des approches rationalistes, Keohane (1988: 392) fustige les réflectivistes pour leur absence d'un

> programme de recherche réflectiviste clair qui pourrait être utilisé par ceux qui étudient la politique

---

4. Une version plus ancienne des «trois traditions» a été proposée par un des fondateurs de l'École anglaise, Martin Wight (1991: 7-8). Celui-ci distingue entre *réalistes*, qui mettent l'accent sur l'anarchie, *rationalistes*, qui mettent l'accent sur les échanges internationaux, et *révolutionnaristes*, qui insistent sur la notion de société internationale. Le moins que l'on puisse dire, c'est qu'il n'y a pas de consensus sur le sens et le contenu des trois traditions.

mondiale. [...] Tant que les chercheurs réflectifs, ou d'autres sympathiques à leurs arguments, n'auront pas esquissé un tel programme de recherche et n'auront démontré dans des études particulières qu'il saura éclairer des questions importantes de la politique mondiale, ils resteront à la périphérie du champ, largement invisibles pour la majorité des chercheurs empiriques, dont la plupart acceptent l'une ou l'autre version des prémisses rationalistes.

Cette citation, qui déclare, en fait, qu'il existe des limites à la recherche légitime, reflète très bien le mode de raisonnement de ce que nous appelons le paradigme hégémonique en théorie des relations internationales.

Doit-on donc, comme le suggèrent Griffiths et O'Callaghan (2001), abandonner toute tentative de classer les théories en Relations internationales? Position très tentante, mais un peu trop pessimiste. Il serait peut-être plus judicieux de rejeter toute typologie qui ne cherche qu'à restreindre le débat et de reconnaître que chaque typologie a ses limites, mais que certaines d'entre elles peuvent être utiles pour guider notre réflexion.

3. Le paradigme hégémonique

Quelle que soit la version de l'évolution du champ des Relations internationales que nous privilégions, une conclusion s'impose. Tout cela s'est passé, du moins jusqu'aux années 1990, d'abord et avant tout aux États-Unis. Ce n'est évidemment pas un hasard. Ce pays est devenu un véritable hégémon, au sens donné par le penseur marxiste Antonio Gramsci (1891-1937) pour désigner le mode de l'organisation et de l'exercice du pouvoir dans les démocraties libérales, et qui se compose d'une savante dose de coercition et de consentement, de sorte que les dominés vivent leur situation comme tout à fait naturelle et acceptable. Ainsi, selon le géographe américain John Agnew (2005: 1-2), elle représente plus que la domination, elle est:

l'engagement d'autres dans l'exercice de votre pouvoir en les convainquant, en les cajolant et en les contraignant à croire qu'ils veulent ce que vous voulez. Bien qu'elle ne soit jamais totale et que l'on y résiste souvent, elle représente le fait d'unir des gens,

des objets et des institutions autour de normes culturelles qui émanent et se répand au cours des années à partir de centres de pouvoir (situés dans des lieux distincts) occupés par des acteurs d'autorité.

Joseph Nye exprime une idée semblable quand il affirme que les États-Unis ont réussi à maintenir leur position de superpuissance, non seulement grâce à leur puissance matérielle, mais aussi parce qu'ils ont su se servir de ce qu'il appelle le *soft power*. Nye définit celui-ci comme une «manière indirecte d'exercer le pouvoir» où un pays réussit à obtenir les résultats qu'il désire sur le plan international «parce que d'autres pays veulent le suivre, en admirant ses valeurs, en émulant son exemple, en aspirant à atteindre son niveau de prospérité et d'ouverture». Il s'agit d'une forme de pouvoir qui «repose sur la capacité d'établir l'ordre du jour international d'une manière qui façonne les préférences des autres» et qui «coopte les gens plutôt que de les forcer» (Nye, 2002: 8-9).

C'est cette hégémonie américaine au sein du système international qui constitue le contexte que nous explorerons dans un premier temps. Nous nous interrogeons ensuite sur le sens qu'il faut accorder à la notion même de paradigme, avant d'aborder le thème central de cette section, l'émergence d'un paradigme hégémonique et les moyens qui lui permettent de maintenir sa position dominante. Enfin, nous analyserons les contestations de cette hégémonie, et leur incapacité d'offrir une opposition cohérente qui pourrait fonder les bases d'un paradigme de rechange.

3.1 Les Relations internationales: une discipline américaine?

Dans un article devenu célèbre, Stanley Hoffmann (1977) a expliqué que trois facteurs principaux ont contribué au développement des Relations internationales comme discipline américaine: les prédispositions intellectuelles, les circonstances politiques et les possibilités qu'offraient les institutions d'enseignement. Parmi les prédispositions intellectuelles, on trouve une confiance profonde dans l'idée que l'on peut résoudre tous les problèmes par la méthode scientifique. Sur le plan politique, il y avait une convergence entre le désir d'universitaires fascinés par le pouvoir d'être utiles et les besoins des décideurs au moment où le pays se trouvait dans le rôle de superpuissance à partir de 1945. Enfin, à la différence de l'Europe, l'éducation postsecondaire de masse était déjà un fait accompli, et les universités et les collèges possédaient de grands départements de science politique qui pouvaient servir de base pour lancer la discipline des Relations internationales. Les institutions consacrées à la recherche sur les relations internationales agissaient comme des relais entre le pouvoir et le monde universitaire, dont les universités représentaient le relais le plus important, parce qu'elles étaient assez flexibles. La liste des spécialistes universitaires qui ont participé directement à la formulation de la politique extérieure des États-Unis depuis 1945 est longue, et comprend des noms comme Henry Kissinger, Graham Allison, Joseph Nye, Zbigniew Brzezinski, Anthony Lake, Condoleeza Rice et Anne-Marie Slaughter.

À l'explication proposée par Hoffmann, on doit ajouter la tendance américaine, partagée à droite et à gauche, de présenter comme universelle une vision du monde et des solutions aux problèmes qui sont en fait profondément américaines et de tenir moins compte du point de vue des autres, y compris celui des alliés des États-Unis, quand on ne les ignore pas totalement. C'est ce que Chris Brown (2001 : 216) appelle le « paradoxe des Relations internationales américaines », et qui est au cœur de la division grandissante entre la théorie américaine des relations internationales et celle qui se développe ailleurs :

> Parce que la théorie dominante est universaliste, parce que, selon ce modèle, nous sommes tous potentiellement des gens qui font des choix rationnels [...] les spécialistes américains des sciences sociales acceptent mal l'idée que leurs théories soient ethnocentriques, et pourtant au moins une partie de l'incapacité de certains universitaires américains – et, bien sûr, il est important de ne pas trop généraliser – de comprendre des phénomènes divers tels que le nationalisme en Yougoslavie, la montée de l'Islam radical, la politique commerciale japonaise, les approches singapouriennes des droits de l'Homme et le ressentiment des Somaliens à l'égard de l'« aide » des étrangers, provient du fait que les divers groupes impliqués *ne* sont *pas* motivés par les mêmes choses qui motivent les personnes abstraites qui habitent les modèles du choix rationnel[5] (italiques dans l'original).

Cette foi dans l'universalisme d'un pays qui se voit comme une force de bien dans le monde, force trop souvent mal comprise, qui se manifeste dans les discours des dirigeants de ce pays, qu'ils soient républicains ou démocrates, est inculquée dès la petite enfance et renforcée au niveau de l'enseignement postsecondaire. Ainsi, comme l'a démontré Kim Nossal (2001 :1973), à partir d'une étude de quatorze des manuels de Relations internationales les plus utilisés dans les cours des universités et des collèges américains, on met souvent en relief la thèse de la stabilité hégémonique. Selon cette dernière, à certains moments dans l'histoire, « il y aura un pays qui, à cause de sa puissance extraordinaire et de son désir pour l'ordre, appliquera de façon altruiste ses énergies, ses ressources, et sa puissance à la création et au maintien d'un ordre mondial stable ». Le monde contemporain n'en connaîtrait que deux exemples, celui de la Grande-Bretagne au XIXᵉ siècle et celui des États-Unis depuis 1945.

L'auteur britannique Steve Smith (2002 : 68) a noté les conséquences de cette situation : « la domination d'une vision spécifique de la façon de créer la connaissance construit un monde spécifique des relations internationales, et [...] ce monde en est un qui est décidément ethnocentrique ». Une étude de l'influence des universitaires sur la pratique des relations internationales aux États-Unis apporte une confirmation **empirique** de cette affirmation. Selon Susan Peterson et ses collaborateurs (2005 : 60), un sondage, réalisé auprès de plus de 1000 enseignants dans des universités et collèges aux États-Unis, a montré que les chercheurs américains dans le domaine des Relations internationales « sont un groupe de personnes de vues relativement étroites, qui donnent à lire à leurs étudiants principalement des auteurs américains ». Les

---

5. Il va sans dire que des théoriciens qui ne partagent pas la vision dominante de la discipline ont toujours existé aux États-Unis, et ne craignent pas de s'affirmer, mais n'empêche qu'ils restent relativement marginalisés par rapport aux partisans des approches orthodoxes.

auteurs ajoutent que ce n'est pas étonnant, puisque « des Américains ont rédigé la plupart des manuels du champ et 9 des 10 revues les plus prestigieuses dans le champ sont publiés aux États-Unis » (62). Thomas Biersteker (2009 : 319) arrive à la même conclusion, à partir d'une analyse des listes de lectures obligatoires données aux étudiants des dix programmes de doctorat principaux en Relations internationales aux États-Unis. Cette étude démontre qu'en moyenne, 94 % des lectures assignées aux étudiants sont rédigées par des chercheurs « qui ont passé toute, ou presque toute, leur carrière aux États-Unis ».

3.2 La notion de paradigme

Dans le langage courant, un paradigme est défini comme un « modèle » ou un « idéal-type », mais en Relations internationales, cette notion sert surtout à décrire des approches théoriques en Relations internationales, et est devenue trop souvent simplement un synonyme de celle de théorie. John Vasquez (1998 : 22-23) exprime une position partagée par beaucoup de spécialistes de la discipline quand il définit un paradigme comme « les suppositions fondamentales que les chercheurs font au sujet du monde qu'ils étudient ». Cette définition plutôt vague pourrait s'appliquer à presque toute réflexion théorique le moindrement cohérente, et ne nous permet pas de saisir la nature du débat théorique contemporain en Relations internationales. Pourtant, l'idée de paradigme signifie plus qu'une théorie. C'est ce que suggère Steven Lamy (2005 : 207) quand il affirme que les paradigmes « définissent un champ d'études, limitent notre conception de la réalité et définissent un ordre du jour pour la recherche et pour la formulation de politiques publiques ».

C'est la conception de paradigme popularisée par le philosophe des sciences américain Thomas Kuhn (1922-1996) dans son livre célèbre, *La structure des révolutions scientifiques* (1983 [1970]), que retient la majorité des spécialistes de la théorie des relations internationales, même si elle est souvent interprétée de façon peu rigoureuse. Selon Kuhn (238), un paradigme, au sens sociologique qui nous intéresse ici, « représente tout l'ensemble de croyances, de valeurs

reconnues et de techniques qui sont communes aux membres d'un groupe donné ». Ce que Kuhn appelle la *science normale* se déroule selon le processus habituel de vérification et de falsification d'hypothèses à l'intérieur d'un même paradigme. Par contre, le véritable progrès scientifique s'opère par un changement de paradigme, provoquant ainsi une *révolution scientifique* et la mise en place d'un nouveau paradigme dominant. Selon Michael Nicholson (1992), il existerait en fait seulement deux véritables paradigmes du comportement social, et donc de la théorie des relations internationales. Le premier prétend que les êtres humains sont fondamentalement pareils. Leurs comportements varient selon les normes de la société dans laquelle ils vivent, mais en raison d'une similitude sous-jacente, on peut comprendre les règles qui les régissent. Le deuxième affirme que ces règles sont trop nombreuses pour qu'on puisse les comprendre. Le premier accepte la légitimité des généralisations, le deuxième la rejette. La distinction proposée par Nicholson rejoint celle de Keohane entre rationalistes et réflectivistes, et souffre des mêmes limites. Elle simplifie la réalité du débat en théorie des relations internationales et donne l'impression d'une cohérence et d'une unité dans les deux cas là où il n'y en a pas.

Le philosophe hongrois Imre Lakatos (1922-1974) rejette non seulement l'idée kuhnienne de révolution scientifique mais aussi, et surtout, sa vision sociopolitique de l'évolution de la recherche scientifique. Au concept de paradigme, Lakatos (1970) oppose celui de *programme de recherche scientifique*. La notion de programme de recherche est beaucoup moins large qu'un paradigme, terme que Lakatos n'utilise jamais d'ailleurs, puisque plusieurs programmes de recherche peuvent coexister à l'intérieur d'une même approche théorique générale. Un programme de recherche scientifique est fondé sur un *noyau dur*, comprenant ses prémisses de base, et qui est protégé par une *heuristique négative*, qui interdit au chercheur travaillant à l'intérieur d'un programme de recherche de contredire les prémisses de son noyau dur. Le programme de recherche dispose aussi de sa *ceinture protectrice d'hypothèses auxiliaires*, qui sont constamment vérifiées et révisées à la lumière d'apports nouveaux.

Quand un ensemble d'hypothèses auxiliaires vient remplacer celles qui sont déjà en vigueur, on se trouve face à un *changement de problème* à l'intérieur d'un même programme (*intra-programme problemshift*). Si nous réussissons à mettre de l'avant de nouvelles théories (des hypothèses confirmées) qui contredisent les prémisses du noyau dur, nous effectuons dès lors un « changement de problème » qui nous transporte en dehors du programme de recherche en question, un déplacement d'un programme vers un autre programme (*inter-programme problemshift*), créant ainsi un tout nouveau programme de recherche.

Enfin, Lakatos distingue entre des programmes *progressifs*, où les modifications présentées produisent des *faits nouveaux* et des programmes *dégénérescents*, qui ne créent aucun fait nouveau. La notion de fait nouveau n'a jamais été définie de façon satisfaisante par Lakatos, mais on s'entend en général sur l'idée que cela suppose que le ou les faits en question apportent plus qu'une simple nouvelle hypothèse pour tenir compte d'apparentes *anomalies* que le programme n'arrive pas à expliquer[6].

Il ne faut jamais oublier que Kuhn et Lakatos étaient tous deux préoccupés par les recherches dans les sciences de la nature, et que la prudence est de mise quand on transpose leurs travaux en sciences sociales. Il serait préférable de considérer leurs versions de l'évolution de la recherche essentiellement comme des analogies ou des images qui nous permettent de situer les débats théoriques en Relations internationales, et qui indiquent une façon de concevoir l'évolution de la réflexion dans ce domaine. La tentative de Lakatos de présenter une notion de programme de recherche semble plaire en particulier à ceux qui partagent une conception positiviste des relations internationales[7]. Selon Elman et Elman (2003b: 49), la conception lakatosienne de l'évolution de la science

s'attend à ce que les chercheurs soient tolérants, se présentant ainsi en contraste net avec le genre de confrontation du tout ou rien anticipée par Kuhn, pour qui la notion de « guerres de paradigmes » était un oxymore. Kuhn s'attend à ce qu'un seul paradigme soit dominant la plupart du temps. Par contre, Lakatos présume l'existence simultanée de plusieurs programmes de recherche.

Cette présentation de Lakatos comme un pluraliste sur le plan métathéorique et de Kuhn comme l'ennemi du pluralisme est pour le moins contestable. L'idée kuhnienne de paradigme met l'accent non seulement sur la notion de rupture au niveau métathéorique, mais aussi sur le fait que la science se conforme rarement à cette image d'une discipline dédiée uniquement à la recherche de la vérité pure, et qui fait encore partie des mythes modernes. Elle rappelle aussi que toute approche théorique qui aspire au statut de paradigme doit disposer d'un minimum de cohérence épistémologique et ontologique. Lakatos nous propose une vision alternative de l'évolution des théories, mais au fond elle ne contredit pas l'idée même de paradigme. Elle l'ignore tout simplement.

Kuhn lui-même reconnaît volontiers que les révolutions sont un événement relativement rare dans les sciences de la nature. On ne change pas de paradigme scientifique même tous les siècles. En théorie des relations internationales, elles sont pour tout dire inexistantes. De la même façon, Keohane (1986 [1983]: 161), partisan d'une vision lakatosienne de la science, admet que si « nous prenions littéralement toutes les exigences que [Lakatos] mettait de l'avant pour les programmes de recherche "progressistes", toutes les théories existantes – et peut-être toutes les théories concevables – échoueraient à l'épreuve ».

Présenter les approches théoriques en Relations internationales comme autant de programmes de recherche offre des critères pour les comparer et les évaluer du moment qu'elles appartiennent à une même façon générale d'envisager un même ensemble de problématiques. Donc comparer le programme de recherche néolibéral et celui du néoréalisme est non

---

6. Pour une discussion plus approfondie de la question de la définition des faits nouveaux, voir Elman et Elman, 2003b: 32-45.

7. Mais pas tous, loin de là. Par exemple, Schweller (2003: 312-313), et Walt (1997: 932), qui demande: « Pourquoi les spécialistes en sciences sociales devraient-ils accepter un modèle du progrès scientifique qui a été largement discrédité par les experts dans ce champ? »

seulement concevable, c'est aussi ce que font effectivement les protagonistes du débat néo-néo[8].

Par contre, le schéma lakatosien s'applique difficilement quand il s'agit de comparer des programmes qui ne partagent pas une même conception de l'épistémologie et de l'ontologie. Il peut nous aider à déterminer si tel programme est ou n'est pas progressif par rapport à un autre à l'intérieur d'un même paradigme, et nous proposer donc une analyse plus fine de ce que Kuhn qualifie de science normale. Il reste totalement muet sur l'existence ou l'inexistence de ce paradigme et sur l'impact qu'il pourrait avoir sur la pratique de la théorie des relations internationales.

3.3 Émergence d'un paradigme hégémonique en Relations internationales

Pour que nous puissions parler d'un paradigme qui exercerait une hégémonie sur la théorie des relations internationales, il faudrait déterminer ses limites et son contenu, établir l'étendue de sa domination sur le domaine et examiner les stratégies que ses tenants utilisent pour la maintenir.

À partir des années 1980, les débats sur la théorie des relations internationales aux États-Unis se passent d'abord et avant tout entre néolibéraux et néoréalistes. Il est vrai qu'avec la publication du célèbre article d'Alexander Wendt, « Anarchy is What States Make It » en 1992, le débat a semblé vouloir prendre un autre tournant, mais en fin de compte, le constructivisme de Wendt n'a pas bouleversé autant que prévu les paramètres du paradigme hégémonique, et a créé encore moins les conditions pour un changement de paradigme (voir le chapitre 12).

Tracer les contours d'un paradigme hégémonique de façon précise n'est pas tâche facile. Doit-on le limiter au célèbre « débat néo-néo », devenu, selon Ole Wæver (1996b : 162-164 ; 1997 : 18-19), la « synthèse néo-néo » ? Sur des questions théoriques fondamen-

tales, néolibéraux et néoréalistes sont totalement d'accord. Et c'est en ce sens que l'on doit parler de synthèse. En premier lieu, ils conçoivent la discipline de la même manière générale, c'est-à-dire dans une perspective positiviste. Deuxièmement, ils partagent largement la même épistémologie empiriste. Enfin, même s'ils ont des divergences ontologiques importantes, le débat est toujours possible, et les protagonistes peuvent espérer au mieux un certain rapprochement sur la plupart des points en litige, et au pire une entente tacite de ne pas pousser trop loin leurs désaccords. Néanmoins, limiter le paradigme hégémonique à ces deux approches positivistes en offrirait une interprétation trop étriquée.

Malgré ses faiblesses, la distinction de Keohane entre **rationalisme** et **réflectivisme** nous suggère une première démarcation plus appropriée entre le paradigme hégémonique et les approches qui n'en font pas partie. Sans nécessairement adopter tous les préceptes du positivisme, les approches rationalistes (au sens donné par Keohane) partagent toutes l'idée que les acteurs internationaux sont rationnels, au sens utilitariste du terme, celui de la recherche de la maximisation de ses intérêts et des meilleurs moyens pour atteindre cet objectif. Andrew Moravcsik (2003 : 202-203) trace les grands traits d'un tel paradigme ainsi : « dans un paradigme rationaliste, [...] nous devrions trouver des théories qui accordent une priorité sur le plan causal à la répartition des ressources (réalisme), des préférences (libéralisme), de l'information (institutionnalisme) et des croyances (la théorie épistémique ou constructiviste) ». Ce portrait correspond largement à celui qu'ont brossé deux auteurs réalistes dans des articles publiés dans une revue à grande diffusion, *Foreign Policy*, à six ans d'intervalle, et qui, tous deux, proposent une vision d'une discipline de « paradigmes en concurrence » (Walt, 1998), ou de « théories rivales » (Snyder, 2004), comprenant trois théories, le réalisme (y compris le néoréalisme), le libéralisme (y compris le néolibéralisme) et le constructivisme. Le constructivisme se trouve dans une situation relativement subalterne par rapport aux deux autres courants, qui tendent à le considérer plutôt comme complémentaire par rapport à leurs propres

---

8. Pour une défense du néolibéralisme comme programme de recherche selon la définition de Lakatos, voir Keohane (1989 [1983]) et Keohane et Martin (2003). Pour une vision lakatosienne du programme de recherche néoréaliste, voir Grieco (1995). Elman et Elman (2003a) présentent une excellente vue d'ensemble de l'utilisation du schéma de Lakatos en théorie des relations internationales.

préoccupations. Ce qui unit les partisans du paradigme hégémonique est donc leur conception rationaliste de la théorie des relations internationales, au sens défini par Keohane, et leur rejet des approches qu'il a qualifiées de réflectivistes (Smith, 2002 : 70-72). Ils sont largement majoritaires dans les programmes de Relations internationales aux États-Unis[9].

Au début des années 1990, c'était la synthèse néonéo et sa conception positiviste de la théorie des relations internationales qui constituaient le cœur de ce paradigme. Depuis quelques années, le débat entre ces deux courants a pratiquement disparu, pour céder la place à deux séries de controverse. La première se passe à l'intérieur du camp réaliste, et touche plusieurs questions, notamment la nature du système international à l'époque de la guerre froide, le concept de l'équilibre des puissances, l'opposition entre réalisme offensif et réalisme défensif et l'émergence du réalisme dit néoclassique. La seconde concerne essentiellement la querelle entre réalistes et libéraux au sujet de la thèse de la paix démocratique (voir les chapitres 4, 5, 6 et 7). Les constructivistes sont restés largement en dehors de ces débats, mais depuis quelques années, on assiste à des signes de dialogue, notamment avec certains réalistes qui reconnaissent l'importance du rôle que jouent les idées dans les relations internationales (Sterling-Folker, 2002 ; Barkin, 2003, 2010 ; Jackson, 2004)[10].

Le maintien du paradigme hégémonique est assuré par une domination presque exclusive de ses partisans du champ des Relations internationales aux États-Unis sur tous les plans. D'après un sondage réalisé en 2006 auprès des enseignants des Relations internationales aux États-Unis, sur les 25 noms que les répondants au questionnaire ont cités comme exerçant le plus d'influence dans le domaine, un seul n'est pas américain (Robert Cox), et seuls deux ne se situent pas à l'intérieur du paradigme dominant[11] (Maliniak *et al.*, 2007 : 17). Ensuite, l'instrument le plus important de diffusion et de contrôle de la connaissance dans la profession aux États-Unis, les revues universitaires, et notamment les plus prestigieuses d'entre elles, notamment *International Studies Quarterly*, *International Organization*, *International Security*, *World Politics*, *The American Political Science Review*, *Journal of Conflict Resolution* et *Security Studies*, accordent encore relativement peu de place aux articles qui ne respectent pas les règles du paradigme hégémonique, et publient presque exclusivement des articles rédigés par des auteurs résidant en Amérique du Nord[12] (Wæver, 1999a). Et les auteurs d'une analyse exhaustive, s'étendant sur 10 ans (1995-2004)

---

9. D'après un sondage réalisé en 2006 auprès des enseignants universitaires des États-Unis, 25 % des répondants se considèrent avant tout réalistes, 31 % libéraux et 19 % constructivistes. Soixante-dix pour cent d'entre eux se réclamaient d'une épistémologie positiviste, tandis que seulement 14 % s'identifiaient au postpositivisme (les chiffres pour le Canada sont respectivement de 48 % et 28 % (Maliniak *et al.*, 2007 : 34 et 37). Cette étude est une version actualisée de l'article de Peterson *et al.* (2005), et comprend une comparaison avec la situation au Canada. Selon la dernière mouture de cette étude, portant cette fois-ci sur l'enseignement des Relations internationales dans 10 pays, publiée en 2009, 65 % des répondants états-uniens se déclaraient positivistes, contre 43 % au Canada et 33 % au Royaume-Uni (Jordan *et al.*, 2009 : 37). Il n'est donc pas étonnant de constater avec Biersteker (2009 : 317) qu'en moyenne, 69 % des lectures obligatoires au niveau doctoral dans les dix programmes principaux en Relations internationales aux États-Unis sont d'orientation rationaliste (c'est-à-dire fondée sur le modèle du choix rationnel) et positiviste.

10. La question de la place qu'occupe le réalisme dans le paradigme hégémonique est complexe. Ainsi la grande majorité des réalistes classiques partagent une conception non positiviste de l'épistémologie et de la méthodologie, surtout la nouvelle génération de « réalistes réflexifs » (voir le chapitre 4) et en sont donc exclus. Par contre, les réalistes néoclassiques sont partagés entre positivistes (majoritaires) et non positivistes (voir le chapitre 6), et donc n'y appartiennent pas tous.

11. Les cinq premiers de la liste, dans l'ordre décroissant, sont Robert Keohane, Kenneth Waltz, Alexander Wendt, Samuel Huntington et John Mearsheimer.

12. Pour être juste, il faut ajouter que *International Studies Review*, revue sœur de *International Studies Quarterly* (publication principale de l'International Studies Association), est plus réceptive aux articles et aux débats qui sortent des limites du paradigme hégémonique et accepte plus facilement de publier les écrits d'auteurs non américains. En outre, depuis le printemps 2007, l'ISA publie aussi *International Political Sociology*, revue très orientée aux approches critiques en Relations internationales.

et sur trois des revues les plus cotées, *International Organization*, *International Studies Quarterly* et *World Politics*, notent que 88,2 % des auteurs des articles publiés provenaient des États-Unis (Breuning *et al.*, 2005 : 456)[13], et concluent que l'image du champ qui s'en dégage « démontre une vision plus étroite qu'éclectique » (460).

Il est vrai que la conférence annuelle de l'International Studies Association, l'association la plus importante de la discipline en Amérique du Nord, encourage la présentation de communications et l'organisation de séances couvrant tous les courants de la théorie des relations internationales et ne cesse d'accueillir des participants venant de l'extérieur des États-Unis, mais c'est d'abord la publication d'articles dans les revues qui comptent sur le plan professionnel – et dont la responsabilité reste encore fermement entre les mains de tenants des approches dominantes – qui reflète le mieux la tendance majoritaire des leaders d'opinion dans le domaine[14]. En outre, se faire publier dans les revues prestigieuses américaines est souvent considéré comme une condition *sine qua non* pour l'obtention de la permanence et pour l'avancement dans la carrière universitaire aux États-Unis, surtout dans les institutions de grande renommée. Cela constitue une incitation évidente à rester à l'intérieur du paradigme hégémonique pour tout jeune chercheur le moindrement ambitieux. Cette situation est renforcée, comme nous l'indique le politologue allemand Friedrich Kratochwil (2003 : 127), par une

13. Dans son analyse des articles publiés dans quatre grandes revues américaines en Relations internationales entre 1970 et 1995, Wæver (1999 : 57) parle d'une moyenne annuelle de 88,1 % d'articles publiés rédigés par des chercheurs résidant aux États-Unis. Une analyse de trois des revues principales américaines en Relations internationales (*International Organization, International Studies Quarterly* et *International Security*) entre 1970-2005 publiée en 2009, confirme le maintien de cette tendance (Wæver et Tickner, 2009 : 5).

14. On doit noter que l'association professionnelle de science politique aux États-Unis, l'American Political Science Association, qui a une très grande section en Relations internationales, reste résolument entre les mains des partisans du paradigme hégémonique et fait preuve de peu d'ouverture aux approches critiques, tout comme sa revue *The American Political Science Review*.

décision récente de certaines universités de refuser automatiquement de tenir compte de tout article publié dans des revues étrangères, décision d'autant plus « insidieuse et étroite que, comme leurs homologues américaines, ces revues adhèrent aux normes habituelles de l'évaluation des pairs, etc. ».

L'emprise de ce paradigme sur le débat américain en théorie des relations internationales est renforcée par une série de stratégies, conscientes ou inconscientes, qui marginalisent dans les faits toutes les autres approches théoriques qui contestent ou qui rejettent les termes de ce débat. Le premier type de stratégie, le plus direct, vise tout simplement l'exclusion des autres courants. Cette exclusion peut prendre plusieurs formes, notamment celle de l'indifférence totale à l'égard de ceux-ci – on n'y fait aucune allusion, le débat se fait comme s'ils n'existaient pas –, ou celle de l'exclusion explicite – sous le prétexte que l'on ne peut dialoguer avec ceux qui se sont mis délibérément en dehors du débat scientifique en choisissant de ne pas partager notre vision de la discipline. Une variante de cette dernière pratique est de prononcer l'**incommensurabilité** entre le paradigme et l'approche visée. La pratique de l'exclusion peut même aller jusqu'à l'exclusion professionnelle, comme nous le signale Kratochwil (2003 : 127), quand il dénonce la pratique de tel « personnage de proue » dans la discipline qui écrit des lettres non sollicitées pour influer sur des décisions touchant la permanence ou qui profite de sa position comme évaluateur d'un département pour empêcher l'engagement ou la promotion de « chercheurs non orthodoxes ». De son côté, Biersteker (2009 : 318-319) parle d'un processus de socialisation par le marché (de l'emploi) « qui assure que les candidats au doctorat sont élevés dans les grands textes de la discipline pour leur permettre de participer dans les débats centraux, et pour être vendables dans la discipline plus générale de la science politique ». Il ajoute que c'est aussi une des raisons pour lesquelles les constructivistes américains sont plus positivistes que leurs homologues européens. Il s'agit d'un « processus de diffusion graduelle qui assure que le positivisme rationaliste est reproduit à travers les Relations internationales américaines ».

Une deuxième stratégie consiste à présenter une distorsion de la position des autres pour mieux la ridiculiser. Par exemple, John Mearsheimer (1994-1995: 41-42), qui est loin d'être le seul à le faire, nous offre une description de la «théorie critique» qui comprend à la fois constructivistes, marxistes et postmodernistes, tous «susceptibles d'être assez intolérants à l'égard d'autres discours sur la politique internationale, surtout le réalisme», et unis dans leur tentative

> d'éliminer les idées qu'ils n'aiment pas, maximisant ainsi les perspectives que leur discours préféré triomphera. Dans cette vision, la pensée réaliste n'est pas seulement dangereuse, mais est l'obstacle principal auquel les théoriciens critiques doivent faire face dans leur effort d'établir un nouveau discours hégémonique plus pacifique.

Face à une présentation aussi peu nuancée de la théorie critique, Alexander Wendt (1995: 71) ne pouvait que répliquer qu'il serait difficile pour la plupart des tenants des théories critiques «de prendre au sérieux une discussion de leur programme de recherche si pleine de confusions, de demi-vérités et de méprises».

La troisième stratégie est celle de la récupération ou de la cooptation. Celle-ci peut prendre la forme d'un pluralisme de façade, où on laisse effectivement une certaine place aux écrits et aux présentations se trouvant en dehors du paradigme, mais sans engager de vrais débats métathéoriques avec ces derniers, soulignant implicitement ainsi leur place minoritaire dans la discipline. Ceux qui favorisent cette stratégie d'ouverture apparente exigent, cependant, que les contestataires restent à l'intérieur de limites assignées par les partisans de la théorie du choix rationnel, et fassent preuve de leur désir de contribuer à la construction d'un nouveau consensus. Le visage acceptable de la contestation est celui du constructivisme conventionnel, celui qui s'accommode du positivisme (voir le chapitre 12). Selon trois représentants bien connus des trois courants de ce que l'on pourrait appeler le nouveau consensus:

> Le cœur du projet constructiviste est d'expliquer des variations dans les préférences, les stratégies disponibles et la nature des joueurs, à travers le temps et l'espace. Le cœur du projet rationaliste est d'expliquer les stratégies, les préférences données, l'information et les connaissances courantes. Aucun de deux projets n'est complet sans l'autre (Katzenstein, Keohane et Krasner, 1999: 42).

De son côté, le néoréaliste Stephen Walt (1998: 45), qui reconnaît volontiers les limites du réalisme, affirme que «chacune de ces perspectives concurrentes [le réalisme, le libéralisme et le constructivisme] saisit des aspects importants de la politique mondiale. Notre compréhension serait appauvrie si notre réflexion se limitait à une seule d'entre d'elles». Il s'agit en fait d'une forme de cooptation qui constitue sans aucun doute la forme la plus subtile de la stratégie de *résistance* aux tentatives d'ébranler les fondements de l'édifice de la synthèse néo-néo[15]. Mais c'est une cooptation qui se réalise avec le consentement tacite des tenants de la forme de constructivisme qui domine aux États-Unis, tel que celui qui apparaît dans *Social Theory of International Politics* d'Alexander Wendt, où celui-ci déclare que sur le plan épistémologique, «je me suis mis du côté des positivistes» (1999: 90).

3.4 Les contestations du paradigme hégémonique

Dans ces conditions, toute contestation fondamentale de l'ontologie, et surtout de l'épistémologie, du paradigme hégémonique aux États-Unis mêmes est vouée à rester en périphérie du débat théorique. Cela ne veut pas dire qu'il n'y a aucune place pour la contestation dans ce pays, mais elle ne sera jamais très grande et ne permet aucun espoir de rivaliser sérieusement avec les approches théoriques du nouveau consensus.

À l'extérieur des États-Unis, à l'exception peut-être de la Grande-Bretagne, il n'a jamais existé de véritable tradition de théorie des relations internationales suffisamment distincte qui pouvait constituer un point

---

15. Le néoréaliste Charles Glaser (2003b: 408) décrit très bien cette stratégie quand il discute de l'idée de combiner le réalisme avec d'autres théories pour expliquer le comportement des États principaux. Cet auteur propose de «voir les théories comme *complémentaires* – se joignant de façon logique, chacune expliquant un élément central du comportement des États».

de ralliement de ceux qui ne se sentaient pas à l'aise avec le débat américain. Certes, les Britanniques avaient leur propre tradition réaliste, beaucoup plus axée sur l'histoire que le réalisme ou le néoréalisme américain, et il y a une « École anglaise » des Relations internationales qui met l'accent sur l'émergence d'une société internationale ayant des règles et des normes qui adouciraient le modèle plutôt sombre de l'anarchie internationale cher aux réalistes (voir le chapitre 11). Ailleurs, la théorie des relations internationales a connu des points forts, tels que le transnationalisme et les approches sociologiques en France, ou ses grands auteurs comme Raymond Aron en France, ou Johan Galtung en Norvège. Mais ces diverses contributions n'offraient pas de solutions de rechange cohérentes au consensus théorique américain qui, à quelques exceptions près, les ignorait totalement[16]. Ironiquement, les auteurs français qui ont servi d'inspiration aux contestataires sans doute les plus radicaux, les postmodernistes, n'ont jamais écrit sur la théorie des relations internationales, on pense en particulier à Michel Foucault et à Jacques Derrida, et ont été lus et interprétés à partir de traductions de leurs écrits et ont eu beaucoup plus d'influence en dehors de la France que dans leur propre pays[17].

Plusieurs facteurs ont sans doute créé un terrain assez fertile pour les approches alternatives à la synthèse néo-néo dans des pays comme le Canada, l'Australie, la Grande-Bretagne, l'Allemagne, les pays scandinaves et, dans une moindre mesure, la France. Premièrement, on n'y partage pas les mêmes certitudes universalistes que l'on retrouve aux États-Unis. Deuxièmement, ils ne ressentent pas la même pression qu'aux États-Unis de publier dans les grandes revues

« prestigieuses » américaines[18]. Troisièmement, il y a des lieux beaucoup plus réceptifs à la présentation et à la publication de textes offrant des visions critiques des Relations internationales. Par exemple, des revues comme *Millennium, Review of International Relations, The European Journal of International Relations* et *Alternatives* en Grande-Bretagne, *Cultures et conflits*, en France, et *Security Dialogue* en Norvège, et les conférences annuelles de la British International Studies Association et la conférence trisannuelle de la section des Relations internationales de l'European Consortium for Political Research, qui se réunit chaque fois dans un pays différent, laissent place aux débats sur toutes approches théoriques en Relations internationales[19].

Quatrièmement, le développement de nombreuses nouvelles universités en Grande-Bretagne dans les années 1970, 1980 et 1990, processus commencé dès les années 1960, la restructuration de la profession et de l'enseignement universitaire ailleurs en Europe, et le plus grand mouvement des étudiants eux-mêmes entre universités à travers l'Europe, grâce au programme *Erasmus*, ont augmenté les possibilités d'établir un plus grand pluralisme sur le plan de l'enseignement et de la recherche. La grande ouverture des universités britanniques envers l'embauche de jeunes professeurs provenant de partout dans l'Union européenne, d'Australie, du Canada et des États-Unis a renforcé la place de la Grande-Bretagne comme plaque tournante du débat théorique en Relations internationales en dehors des États-Unis. Enfin, la diffusion croissante de l'utilisation de la

---

16. Notons que dans un ouvrage publié en 1997 et consacré à l'avenir de la théorie des relations internationales, préparé par deux chercheurs scandinaves et entièrement rédigé par des Européens, on a présenté douze « futurs maîtres » de la discipline. Neuf de ces derniers étaient américains, dont la majorité appartenait au nouveau consensus (Neuman et Wæver, 1997).

17. Pour une analyse du processus de diffusion des idées de Foucault, Derrida et autres auteurs français associés au postmodernisme dans les sciences humaines et sociales aux États-Unis, voir Cusset (2003).

18. Cela ne veut pas dire que le fait de publier ou de ne pas publier des livres et des articles ne compte pas sur le plan de la carrière dans ces pays, bien au contraire, mais il y a, dans la plupart de leurs universités, une plus grande tolérance à l'égard de ce qui constitue une publication « légitime ».

19. Depuis 1998, il existe une revue consacrée aux Relations internationales et aux débats théoriques publiée, à Ljubljana, capitale de la Slovénie, le *Journal of International Relations and Development*, très réceptive à des articles fondés sur des approches critiques, ce qui indique un intérêt croissant pour ce champ d'études en Europe centrale et orientale. Depuis 2009, il est sous la direction d'un Américain, Patrick Thadeus Jackson, mais son orientation fondamentale n'a pas changé.

langue anglaise parmi les chercheurs facilite la communication, l'échange et le débat entre universitaires européens[20].

Les cas du Canada et de l'Australie sont plus complexes. De nombreux enseignants canadiens et australiens ont été formés aux États-Unis, et les universités américaines continuent à exercer une certaine attraction sur les étudiants de doctorat, surtout au Canada. Enfin, les rapports avec les États-Unis occupent une place fondamentale dans la politique étrangère de ces deux pays et exercent un grand intérêt pour les débats américains. Cela dit, les pressions conformistes sont moins fortes dans les universités canadiennes et australiennes, ce qui reflète une plus grande tolérance générale du pluralisme dans les deux pays. Dans ces conditions, il existe un espace beaucoup plus important pour des influences externes (Cox et Nossal, 2009).

Vers la fin des années 1990, Ole Wæver (1999a : 86) parlait de l'existence d'une transformation graduelle de la situation actuelle, dominée par un seul marché professionnel et cohérent dans le domaine des Relations internationales, celui des États-Unis, et l'existence d'un monde extérieur plus ou moins périphérique, vers celle où on trouverait, d'un côté, des États-Unis relativement isolés et, de l'autre, l'émergence de communautés universitaires européennes rassemblées autour de leurs propres centres indépendants. Nous n'en sommes pas encore là.

S'il est vrai qu'il existe une « École anglaise » en Relations internationales ou une « École de Copenhague » en études de sécurité, nous pensons que les débats sur la théorie des relations internationales en Europe dépassent de plus en plus les frontières internationales et que les universitaires tendent à se regrouper plus par courants théoriques

que par origine nationale ou lieu de résidence. Il faut cependant rester prudent. Toute l'Europe occidentale n'est pas devenue du jour au lendemain le centre des nouvelles approches en théorie des relations internationales. Le phénomène touche surtout les pays scandinaves et l'Allemagne. Par contre, comme l'ont démontré Sonia Lucarelli et Roberto Menotti (2002), l'Italie est restée assez imperméable à tous les débats théoriques de ce champ. C'est aussi le cas pour le reste de l'Europe du Sud, sauf pour la France où la théorie des relations internationales commence à s'établir comme champ d'études dans certaines institutions postsecondaires, mais sur des bases très différentes des États-Unis (Friedrichs, 2004 : 29-46 ; Friedrichs et Wæver, 2009).

Toutefois, nous aurions tort de limiter le monde des Relations internationales aux États-Unis et à l'Europe, comme nous le rappellent deux tendances récentes dans la discipline. D'un côté, les études postcoloniales (voir le chapitre 17) nous invitent à voir le monde d'un point de vue « subalterne », c'est-à-dire de l'extérieur du centre américano-européen. De l'autre, nous voyons l'émergence ce que l'on pourrait appeler les études « perspectivistes » (Tickner, 2003 ; Tickner et Wæver, 2009 ; Pellerin, 2010), et qui se concentrent sur la façon dont les Relations internationales, et donc la théorie des relations internationales, sont *perçues* et *conçues* en dehors des États-Unis.

4. Conclusion

Malgré les tentatives d'établir une histoire officielle de la théorie des relations internationales, il est évident que l'on peut difficilement accepter l'idée d'une histoire linéaire fondée sur une série de « grands débats », ou réduire les courants principaux à trois. D'abord, le premier débat entre idéalistes et réalistes n'a tout simplement pas eu lieu. Quant au second, entre penseurs classiques et partisans d'une tentative de rendre les Relations internationales plus « scientifiques », il a complètement ignoré les questions ontologiques et épistémologiques pour privilégier des questions de méthodologie. Pour être plus juste, on doit dire que cette situation reflétait le peu de réflexion dans cette discipline sur ces questions pourtant si fonda-

20. Néanmoins, cette image d'une Grande-Bretagne plus ouverte au pluralisme est contestée par Mearsheimer (2004) et Schmidt (2008) qui font remarquer que le réalisme (dans le cas de Mearsheimer) et les approches explicatives (dans le cas de Schmidt) trouvent aujourd'hui peu de place dans les universités britanniques. Pour une réplique à Mearsheimer, voir Mearsheimer *et al.* (2005), et à Schmidt, voir Smith (2008).

mentales au développement de toute science. Elles étaient tenues pour acquises. Ce n'est qu'avec l'avènement de ce que l'on appelle le troisième débat, celui qui opposait positivisme et postpositivisme, ou, pour reprendre la terminologie de Keohane, rationalisme et réflectivisme, que l'on peut parler de l'existence d'un véritable débat entre conceptions opposées de ce que devrait être le champ ou la discipline des Relations internationales.

Cette absence de débats sur les fondements métathéoriques de la théorie des relations internationales a créé une situation extrêmement favorable à l'émergence de ce que nous appelons le paradigme hégémonique au sein d'une communauté universitaire américaine déjà très réceptive à l'idée d'établir une véritable science des Relations internationales. En outre, l'inexistence d'un véritable contre-modèle à la conception américaine a permis à celle-ci de se développer de façon presque isolée du reste du monde et d'imposer des limites à ce qui pouvait faire légitimement partie de la discipline. On pouvait débattre sur les possibilités de la coopération internationale, sur la nature de l'anarchie ou sur les causes de la guerre, mais on ne pouvait poser des questions sur l'importance des identités sociales ou s'interroger sur la réalité de la souveraineté. On pouvait encore moins remettre en cause ni les fondements empiriques de la connaissance ni une certaine façon d'envisager et d'entreprendre la recherche. Ce sont ces limites sur ce qui constitue l'ontologie et l'épistémologie de la discipline et sur la façon de concevoir la recherche, de poser les questions qui définissent les paramètres d'un paradigme, et le seul digne de porter ce nom en Relations internationales.

Face aux adeptes de ce paradigme, qui a trouvé des moyens pour s'imposer et perdurer aux États-Unis à travers son contrôle de deux instruments fondamentaux, les revues universitaires et le recrutement et l'avancement professionnel dans les universités, les partisans d'autres approches ne font tout simplement pas le poids. Cela dit, adopter tel quel le modèle des révolutions scientifiques de Thomas Kuhn serait une erreur majeure. Il n'est pas vraiment pertinent pour définir le développement d'une science sociale comme les Relations internationales, car il n'y aura pas de remplacement d'un paradigme par un autre, même si le constructivisme a donné l'illusion du contraire pendant une courte période. La notion de paradigme est, par contre, utile en tant qu'analogie ou image pour décrire une situation particulière de la discipline, celle où les approches critiques ou contestataires tenteront de miner, de subvertir les approches traditionnelles, ou simplement de créer un espace de débat ou de dialogue. Cet espace semble très étroit aux États-Unis, il n'est donc pas étonnant qu'il trouve un terrain beaucoup plus propice ailleurs, en Europe occidentale, et, dans une moindre mesure, au Canada et en Australie.

❖ ❖ ❖

Pour en savoir plus

Sur la notion de paradigme, l'œuvre essentielle demeure Kuhn, T. S., 1983 [1970], *La structure des révolutions scientifiques*, Paris : Flammarion.

Et pour une présentation de la notion de « programme de recherche » et l'approche d'Imre Lakatos en théorie des relations internationales, l'ouvrage de référence est Elman, C. et M. F. Elman (dir.), 2003, *Progress in International Theory : Appraising the Field*, Cambridge et Londres : MIT Press, qui présente non seulement une excellente analyse du modèle de Lakatos, mais aussi des chapitres sur son utilisation (et son utilité) dans diverses approches théoriques.

Pour une introduction générale à l'histoire de la théorie des relations internationales, voir Knutsen, T. L., 1997, *A History of International Relations Theory*, 3e édition, Manchester : Manchester University Press.

Wæver, O. 1997, « Figures of international thought : introducing persons instead of paradigms », dans Neumann, I. B. et O. Wæver (dir.), *The Future of International Relations. Masters in the Making*, Londres : Routledge, p. 1-37, qui propose une vision beaucoup plus nuancée de l'histoire des Relations internationales à travers les « débats » et indique quelques pistes qui permettent de suivre l'émergence d'un paradigme dominant.

On trouvera une idée des difficultés d'établir un dialogue entre les tenants du paradigme hégémonique et ses contestataires dans le forum dirigé par le politologue allemand Hellmann, G., 2003, « Are Dialogue and Synthesis Possible in International Relations ? », *International Studies Review*, 5, 1, p. 123-153.

Pour l'analyse de la sociologie de la théorie des relations internationales en tant que « discipline américaine »,

voir Crawford, R. M. A. et D. S. L. Jarvis (dir.), 2001, *International Relations – Still an American Science ? Toward Diversity in International Thought*, Albany : State University of New York Press. On y retrouvera en particulier le célèbre article de Hoffmann, S., « An American Social Science : International Relations ».

Et pour la sociologie de la situation de la discipline et une comparaison entre l'Europe et les États-Unis, lire Wæver, O., 1999, « The Sociology of a Not So International Discipline : American and European Developments in International Relations », dans P. J. Katzenstein, R. O. Keohane et S. D. Krasner (dir.), *Exploration and Contestation in the Study of World Politics*, Cambridge : MIT Press, p. 47-87.

Wæver, O. 2007, « Still a Discipline After All These Debates ? » dans T. Dunne, M. Kurki et S. Smith (dir.), *International Theories : Discipline and Diversity*, Oxford : Oxford University Press, p. 288-308.

Pour une présentation de l'évolution du champ des Relations internationales en termes de l'émergence d'un paradigme hégémonique, lire Smith, S., 2002, « The United States and the Discipline of International Relations : "Hegemonic Country, Hegemonic Discipline" », *International Studies Review*, 4, 2, p. 67-85.

Enfin, on trouvera des études intéressantes sur l'évolution de la théorie des relations internationales en dehors des États-Unis dans Tickner, A. B. et O. Wæver (dir.), 2009, *International Relations Scholarship Around the World*, New York : Routledge et dans Pellerin, H. (dir.), 2010, *La perspective en Relations internationales*, Montréal : Athéna éditions.

▼

Concepts clés pour comprendre l'émergence du paradigme hégémonique

Antifondationnalisme: Approche générale à l'égard de l'épistémologie qui rejette l'idée que l'on peut établir des bases incontestables à la connaissance.

Compréhension: Mode d'analyse qui souligne le fait que le chercheur fait partie intégrante du monde qu'il étudie et sur sa subjectivité et qui met donc l'accent sur le rôle de l'interprétation des phénomènes et reste sceptique devant la possibilité de formuler des généralisations causales.

Empirique: Se réfère à toute connaissance ou recherche fondée sur l'expérience. Il ne faut pas confondre *empirique* et empirisme.

Empirisme: Approche épistémologique qui prétend que toute connaissance doit être fondée uniquement sur l'expérience ou l'observation, et donc seulement *a posteriori* (après les faits appréhendés à travers nos cinq sens).

Épistémologie: Branche de la philosophie qui s'intéresse à l'acquisition et à l'évaluation de la connaissance.

Explication: Mode d'analyse qui met l'accent sur la recherche empirique, sur la séparation entre l'observateur et l'observé et sur la nécessité de formuler des hypothèses vérifiables, qui pourront contribuer à l'élaboration de généralisations causales au sujet des phénomènes étudiés.

Fondationnalisme: Approche générale à l'égard de l'épistémologie qui prétend qu'il est possible d'établir des bases incontestables de la connaissance.

Incommensurabilité: Caractéristique des approches théoriques qui n'auraient rien en commun, ni sur le plan épistémologique ni sur celui de l'ontologie, et qui rendrait impossible toute tentative de les comparer d'une manière utile.

Méthodologie: Conception générale des types de techniques et de méthodes dont on se sert pour entreprendre une recherche.

Normativité: Concerne les normes, jugements de valeur ou présupposés idéologiques sous-jacents, souvent implicites et parfois non reconnus par le théoricien lui-même, qui accompagnent toute approche théorique.

Ontologie: De façon générale, la philosophie de l'être ou de l'existence. Se réfère aux éléments qui composent le champ d'étude d'une théorie donnée.

Paradigme: Conception cohérente de la science et de la façon de faire la recherche commune qui unit tous les membres d'une communauté scientifique.

Positivisme: Conception des sciences sociales qui considère que celles-ci doivent être étudiées de la même manière que les sciences naturelles.

Postpositivisme: Conception des sciences sociales qui rejette toute tentative d'assimiler ces dernières aux sciences naturelles, et qui favorise les approches théoriques constitutives.

Rationalisme: Terme qui a plusieurs sens en Relations internationales. Normalement, il s'agit d'une approche épistémologique qui prétend que l'on doit fonder la connaissance d'abord sur l'intelligence et sur le raisonnement *a priori*. Cependant, dans ce chapitre, il se réfère avant tout à la définition que Robert Keohane donne aux approches théoriques fondées sur la notion d'acteur rationnel et qui adoptent une approche épistémologique fondée sur l'empirisme.

Réflectivisme: Terme inventé par Robert Keohane pour qualifier les approches théoriques fondées sur l'interprétation, et qui mettent l'accent sur l'importance du rôle des idées et des croyances pour comprendre la politique internationale.

Synthèse néo-néo: Expression inventée par le politologue danois Ole Wæver pour indiquer les convergences épistémologiques et ontologiques entre le néoréalisme et le néolibéralisme.

Théorie constitutive: Approche théorique qui nie la séparation entre observateur et observé et qui met l'accent sur la compréhension et l'interprétation des phénomènes. Une théorie constitutive pose comme question principale: comment?

Théorie explicative: Approche théorique qui prétend que l'on peut séparer observateur et observé, et qu'il est donc possible d'expliquer les phénomènes de l'extérieur. Une théorie explicative s'interroge sur la causalité et pose comme question principale: pourquoi?

La méthodologie

Dan O'Meara
Traduit de l'anglais par *Pauline Gélinas*

La première chose à se demander à propos d'une méthode de recherche est si elle est ou non utile pour formuler les types de questions auxquelles on veut répondre (Leander, 2008 : 12).

Les méthodes sont certes importantes, mais leur importance ne devient tangible qu'à la condition qu'elles soient soutenues par de solides prétentions philosophiques tant sur le plan ontologique qu'épistémologique (Yeung, 1997 : 55).

De tous les enjeux en théorie des relations internationales avec lesquels les étudiants peinent à composer, celui qui suscite la plus vive anxiété est la **méthodologie** de recherche. Quel que soit leur degré de maîtrise du cadre conceptuel, de l'**ontologie**, de l'**épistémologie** et de la **normativité** de l'approche théorique qu'ils ont choisie, quand vient le moment d'opérationnaliser ladite théorie – c'est-à-dire d'effectuer une recherche empirique en utilisant les outils propres à cette théorie – même les étudiants les plus doués y parviennent difficilement. Nous ne pouvons nous rappeler le nombre de fois, tellement elles sont nombreuses, où nous avons dû dire à un candidat au doctorat ou à la maîtrise que la méthode de recherche qu'il se proposait d'utiliser était en porte-à-faux – quand ce n'était pas en totale contradiction ! – avec l'approche théorique et le cadre conceptuel décrits dans les premières pages de son travail de recherche. Nous avons également perdu le compte des thèses et mémoires dans lesquels la méthodologie utilisée était inadéquate pour supporter les conclusions amenées.

Presque toutes les questions soulevées lorsqu'on se demande « quelle(s) méthodologie(s) choisir » constituent un terrain de division chez les praticiens en

Relations internationales. Ces oppositions intellectuelles reflètent en partie la diversité des cultures intellectuelles aux États-Unis et en Europe de l'Ouest (voir l'encadré 3.2, p. 57). L'enjeu tient aux différences philosophiques et politiques profondes relatives à trois questions clés : 1) quels sont les éléments qui composent le domaine de l'activité sociale humaine connu sous le nom de *politique internationale* ou *relations de pouvoir mondiales* ? (l'ontologie) ; 2) comment les chercheurs en Relations internationales s'y prennent-ils pour acquérir et produire des connaissances ? (l'épistémologie) ; et 3) quel rôle la théorie et la recherche en Relations internationales jouent-elles dans la production, la reproduction et (potentiellement) le changement de la politique internationale et des relations de pouvoir mondiales (la normativité) ?

La littérature sur la méthodologie en Relations internationales n'est pas sans traduire ces divisions. Ainsi, certains auteurs affirment d'entrée de jeu qu'il n'est qu'une seule et unique méthode scientifique pour analyser les relations internationales (Harvey et Brecher, 2002 ; Moaz *et al.*, 2004 ; Sprinz et Wolinsky-Nahmias, 2004). D'autres élargissent le registre des méthodes possibles mais, au final, ils font la part belle presque exclusivement à l'orientation théorique et épistémologique qu'ils privilégient (Milliken, 1999; Ackerly *et al.*, 2004; Hansen, 2006; Pouliot, 2007; Klotz et Lynch, 2007; Klotz et Prakash, 2008). Nous ne connaissons nul ouvrage sur les méthodologies en Relations internationales qui fasse écho de manière rigoureuse et systématique à la variété des approches théoriques pour l'étude de la politique internationale et des relations de pouvoir mondiales.

1. Ontologie, épistémologie, normativité et méthodologie: trois perspectives

Les différentes théories des relations internationales peuvent être classées de maintes façons. Ici, nous opérons d'abord une distinction entre:

- les approches qui prétendent à l'**idéalisme ontologique** et à l'**antifondationnalisme épistémologique** (p. 11); et
- les approches qui se présentent comme relevant du **matérialisme ontologique** et du **fondationnalisme épistémologique.**

Puisque le but de ce chapitre est de mettre en lumière les façons selon lesquelles les approches théoriques articulent la manière d'acquérir la connaissance, il nous apparaît opportun de qualifier d'interprétives les approches idéalistes et antifondationnaliste. Quant aux approches matérialistes et fondationnalistes, les divergences entre les tenants de ces approches sont telles qu'elles nous forcent à les scinder en deux groupes distincts: les positivistes et les réalistes-critiques. Ce dernier courant s'est vu affubler d'une série d'autres étiquettes, comme le *réalisme-scientifique* (Wendt, 1987, 1999), le *réalisme-épistémique* (Campbell, 2007: 208)[1].

Ce chapitre présente une esquisse – nécessairement simplifiée – de la manière dont le positivisme, l'interprétisme et le réalisme-critique conçoivent, respectivement, la place et le rôle de la méthodologie dans la recherche sur les relations internationales (voir le tableau 3.1, p. 40).

1.1 La perspective positiviste

En tant que version la plus influente d'une épistémologie **empiriste** en sciences sociales occidentales, le positivisme accorde une attention particulière à la méthodologie. La perspective positiviste de l'acquisition de la connaissance repose sur une forme rigide du matérialisme ontologique, selon laquelle la «réalité» est antérieure à notre connaissance de la réalité et, de ce fait, extérieure à la théorie. Il arrive qu'un chercheur positiviste reconnaisse que «les concepts sont des théories de l'ontologie, [donc des] éléments constitutifs fondamentaux d'un phénomène» (Goertz, 2006: 5). Cependant, comme ils prétendent que l'ontologie va de soi, la majorité des positivistes ne questionnent jamais les postulats ontologiques sur lesquels repose le mode d'acquisition de la connaissance.

Le matérialisme ontologique rigide du positivisme produit une perspective fondationnaliste de la connaissance. Puisque les faits et les événements de la réalité «parlent d'eux-mêmes», les relations entre les diverses catégories de faits et d'événements peuvent être observées, mesurées et expliquées objectivement par des méthodes qui promeuvent «l'unité de toutes les sciences [naturelles et sociales]» (Singleton et Straits, 1999: 8). Une telle vision suppose que la normativité ne jouerait aucun rôle dans la recherche «scientifique» et rigoureuse. Selon les positivistes, le but de toute théorie est donc de générer des lois qui

1. Chacune de ces étiquettes renvoie à une compréhension générale de ce que sont l'ontologie et l'épistémologie, et la nature de leur interrelation. Ces étiquettes découlent des formes du réalisme-épistémologique proposées par Roy Bhaskar (1975 et 1979). Bien que l'étiquette «réalisme-épistémique» semble celle qui résume le plus parfaitement cette orientation, l'appellation «réalisme-critique» est de plus en plus répandue en science politique britannique (Furlong et Martin, 2010) et chez les chercheurs britanniques en Relations internationales (*Millennium*, 2007), d'où notre choix de la privilégier. Nous soulignons que le vocable «réalisme» dans cette dénomination n'a strictement rien à voir avec la théorie Réaliste des relations internationales. Pour éviter toute confusion dans le présent chapitre, lorsqu'il sera question des versions de la théorie des relations internationales liées par exemple à Morgenthau ou à Waltz, nous recourrons à la graphie avec un «R» majuscule (le Réalisme, la théorie Réaliste, les Réalistes), tandis que, lorsque nous ferons allusion à la compréhension de l'ontologie et de l'épistémologie qui découle de Bhaskar, nous utiliserons trait d'union et minuscule initiale (le réalisme-critique).

expliquent le fonctionnement de cette réalité préexistante :

> Les théories sont des *énoncés généraux qui décrivent et qui expliquent les causes* ou les effets des classes de phénomènes. Elles consistent en des *lois causales* ou des *hypothèses*, des explications et des conditions préalables. Les explications sont également composées de lois causales ou d'hypothèses, à leur tour composées de variables dépendantes et indépendantes (Van Evera, 1997 : 7-8. Nos italiques).

Cette évacuation de toute discussion de l'ontologie, de l'épistémologie et de la normativité fait en sorte que le positivisme donne une définition très étroite de ce qu'est la méthodologie. Selon un manuel méthodologique positiviste récent en Relations internationales, « *la méthodologie renvoie aux façons systématiques et codifiées de tester les théories* » (Sprinz et Wolinsky-Nahmias, 2004 : 4. Nos italiques).

Il faut souligner que la méthodologie demeure la force et la cible principales du positivisme. Une formation positiviste en Relations internationales crée des chercheurs dotés d'une expertise technique importante en méthodes quantitatives et formelles[2]. En contrepartie, ces chercheurs font preuve de peu ou prou d'habiletés à défendre les prémisses philosophiques et normatives de base de leur programme de recherche.

1.2 La perspective interprétive

Les interprétistes refusent toute forme de matérialisme ontologique et de fondationnalisme épistémologique. D'après eux, les phénomènes sociaux n'existent qu'à travers des systèmes de croyances et les modes d'acquisition de la connaissance. Le but de toute analyse sociale est donc d'élucider comment le monde social est construit à travers l'action réciproque des multiples formes d'**intersubjectivité**. Les interprétistes insistent pour situer la méthodologie à l'intérieur des postulats ontologiques et épistémolo-

---

giques de base qui sous-tendent une théorie ou une autre :

> La position épistémo-ontologique et la position méthodologique sont imbriquées l'une l'autre : ce qu'une théorie juge comme étant la connaissance scientifique et une réalité politique qui peut être investiguée a un effet sur ce que ladite théorie considère comme étant des méthodes scientifiques valables et, donc, sur la gamme des méthodes qui valent la peine d'être détaillées dans un manuel de méthodologie (Schwartz-Shea et Yanow, 2002 : 460).

D'autres commentateurs vont plus loin en insistant sur la co-constitution de l'ontologie et de l'épistémologie :

> Les affirmations ontologiques [...] sans justification épistémologique ne sont que dogmes [...] ; l'épistémologie est importante parce qu'elle détermine ce dont il est possible d'avoir la connaissance [...] Ni l'épistémologie ni l'ontologie ne précèdent l'autre ; par contre, les deux sont dans une interrelation inextricable (Smith, 1996 : 18).

Selon les interprétistes, la méthodologie dépend totalement de l'épistémologie et de l'ontologie dans un double sens : d'abord, une méthodologie cohérente ne peut interroger que des enjeux, des éléments et des objets mis en valeur par l'ontologie de la théorie dont la méthodologie est issue. Deuxièmement, l'épistémologie prescrit la gamme de méthodologies à laquelle le chercheur peut recourir : la méthodologie est toujours assujettie à l'épistémologie, et en dépend. *Chaque épistémologie donne sa bénédiction à certaines méthodologies, à l'exclusion d'autres.*

Pour les interprétistes, alors, la méthodologie renvoie à trois ensembles de techniques épistémologiquement déterminées, qui permettent au chercheur d'investiguer les façons dont toute forme de comportement social est structurée par les systèmes de croyances et les modes d'acquisition et de propagation de la connaissance : 1) les techniques permettant de collecter les données ontologiquement pertinentes ; 2) celles évaluant et analysant ces données ; et 3) celles validant les conclusions tirées de cette évaluation et de cette analyse.

Tableau 3.1
Ontologie, épistémologie, normativité et théorie : trois perspectives

Enjeu : les questions à poser	Positivisme	Interprétisme	Réalisme-critique
En quoi consiste le monde social ? Les faits et les événements « existent »-ils ? Si oui, existent-ils indépendamment de la connaissance que nous en avons ?	La réalité sociale existe objectivement et indépendamment de notre connaissance. Les faits et les événements sont les substances qui constituent la vie sociale.	La réalité sociale est construite à travers les idées et les significations que les groupes d'agents sociaux attribuent à la réalité. Les faits n'existent *pas* en soi : en tant que *faits sociaux*, ce sont des produits des pratiques représentationnelles intersubjectives, qui déterminent les limites du comportement social. Les événements sont compris comme étant l'issue de l'entrecroisement des pratiques représentationnelles.	La réalité sociale existe objectivement et indépendamment de notre connaissance. Les faits et les événements sont les effets des mécanismes causaux et génératifs sous-jacents et non observables tels que représentés par les compréhensions intersubjectives des agents sociaux de ces mécanismes sous-jacents.
Le statut épistémologique des faits et des événements : Les faits et les événements parlent-ils d'eux-mêmes ? L'observateur peut-il avoir une connaissance *directe* de leur nature et de leur dynamique ?	Oui. Les cinq sens de l'analyste lui donnent un accès direct aux faits et aux événements, qui peuvent être observés, notés, mesurés et donc analysés objectivement.	Non. Attribuer le statut de *fait social* à un phénomène est une conséquence directe du système de croyances de l'analyste et des pratiques de connaissances de sa discipline. Notre connaissance de tout fait social et de tout événement est toujours conditionnée par la culture et les pratiques représentationnelles.	Non. Les faits et les événements sont toujours filtrés à travers les lunettes culturelles de l'analyste, ce qui conditionne son interprétation des événements. L'observateur doit toujours être conscient que la sélection de ses sujets de recherche et la manière dont il effectue sa recherche sont façonnées par un conditionnement culturel.
Quel est le statut ontologique des mécanismes causaux et génératifs ?	Ils n'existent pas.	En tant que construits sociaux, ces mécanismes sont « ce que les communautés épistémiques en font », c'est-à-dire que, si un consensus professionnel dit qu'ils existent, une telle croyance confère un statut matériel réel à ce qui est en fait un construit social. L'intersubjectivité construit donc la « réalité » sociale.	Ils existent et sont l'objet principal de l'investigation scientifique.
Le statut épistémologique des mécanismes causaux et génératifs : L'investigation de ces mécanismes fait-elle avancer la connaissance scientifique du monde ?	Puisqu'ils n'existent pas, ils ne jouent aucun rôle dans l'acquisition de la connaissance.	L'idée que l'on puisse avoir une connaissance « scientifique » du monde social est illusoire. Cependant, la croyance répandue que la connaissance scientifique est possible finit par façonner la construction du domaine de la politique internationale. Comprendre ce domaine requiert une analyse de la manière dont le paradigme « scientifique » façonne le monde.	Les mécanismes causaux et génératifs sont l'objet principal de l'investigation scientifique.

a) La normativité influence-t-elle la capacité de l'analyste d'élaborer une connaissance adéquate du monde social ? b) La connaissance joue-t-elle un rôle dans la constitution du pouvoir ?	a) Non. La méthode scientifique oblige l'analyste à exclure toute normativité. b) Oui et non. Une compréhension scientifique de la manière dont le monde fonctionne rend les acteurs en mesure de prendre les meilleures décisions, mais la connaissance ne constitue pas le pouvoir.	a) Oui. La normativité façonne l'attitude de l'analyste à trois niveaux : i) sa conception de ce en quoi consiste le domaine social (ontologie) ; ii) sa conception de la manière de «connaître» le monde social (épistémologie) et sa sélection des techniques de recherche dans sa quête de connaissances (méthodologie) ; et iii) sa relation avec son objet d'analyse. b) Oui. La connaissance constitue directement le pouvoir.	a) Oui. La capacité de l'analyste à saisir les mécanismes causaux sous-jacents est toujours filtrée à travers son propre système de valeurs. b) Oui. La connaissance est une des voies par lesquelles les mécanismes causaux et génératifs se font entendre. Le but de la connaissance est de découvrir de tels mécanismes et ainsi rendre la vie sociale plus congruente par rapport aux structures sous-jacentes «réelles».
À quoi ressemble la théorie ?	Elle exprime des corrélations entre des faits et des événements dans des énoncés qui prennent la forme de lois. La corrélation indique la probabilité/ potentiel de la causalité.	Elle fusionne l'ontologie, l'épistémologie et la normativité dans une attitude à l'égard du monde et de notre manière de le comprendre. Elle fournit les outils pour saisir comment le domaine social est construit, et comment il change ou peut changer.	Elle explique les conditions à travers lesquelles les mécanismes causaux et génératifs produisent des faits et des événements.
Que vise le chercheur dans sa quête de connaissances ?	Découvrir les corrélations entre les événements et les exprimer dans des énoncés qui ressemblent aux lois, c'est-à-dire la théorie.	Examiner comment l'interaction entre les pratiques représentationnelles des agents sociaux et les pratiques de connaissances des agents du savoir façonnent le domaine social.	Découvrir les mécanismes causaux et génératifs qui produisent les événements, c'est-à-dire créer une théorie.
Dans quelle mesure le chercheur met-il l'accent sur la mise à l'épreuve de la théorie ou la création de la théorie ?	L'accent principal porte sur la mise à l'épreuve de la théorie.	La théorie ne peut être «testée» empiriquement ; elle ne peut qu'être interprétée et déconstruite. La création de la théorie est essentielle pour fournir les outils qui rendent le chercheur en mesure de comprendre comment la réalité sociale se construit.	L'accent principal porte sur la création de la théorie.

Source : Adapté de Saleh et augmenté (2009 : 153-154).

Ici, il importe de reconnaître que, bien que de nombreux interprétistes aient écrit sur la méthodologie (Milliken, 1999 ; Ackerly *et al.*, 2004 ; Hansen, 2006 ; Pouliot, 2007 ; Klotz et Lynch, 2007 ; Klotz et Prakash, 2008), les étudiants formés dans ces approches font montre d'une expertise méthodologique moindre que ceux formés par le positivisme. En revanche, une formation en théorie interprétive les rend plus sensibles aux postulats ontologiques, épistémologiques et normatifs qui sous-tendent les théories.

1.3 La perspective réaliste-critique

Le réalisme-critique fait écho à la prétention positiviste voulant que la réalité existe indépendamment de notre connaissance de cette réalité. Cependant, la version du matérialisme ontologique prônée par le réalisme-critique diffère radicalement de celle du positivisme. Les réalistes-critiques s'opposent farouchement au postulat de base du positivisme selon lequel la réalité est directement observable et mesurable. Tandis que les positivistes défendent une vision atomiste des phénomènes qui composent le monde et qu'ils refusent de s'interroger sur la structure interne de ces phénomènes, le réalisme-critique, lui, soutient que les objets qui constituent le monde social sont imbriqués les uns les autres et, qu'en raison de cette complexité, il devient nécessaire d'examiner la constitution interne de ces objets.

« L'investigation ontologique profonde » (Kurki, 2007 : 365) prônée par les réalistes-critiques présuppose que la réalité existe à deux niveaux distincts : une réalité telle qu'elle *apparaît* aux diverses catégories d'acteurs sociaux ; et une réalité non observable faite des multiples formes des « structures profondes » ou des structures sociales sous-jacentes, structures qui contraignent, rendent possible et façonnent l'action sociale. Cette vision de l'ontologie doit beaucoup à Marx, mais elle n'est pas pour autant marxiste. Elle découle du réalisme-épistémologique de Roy Bhaskar (ce que Bhaskar nomme le « réalisme scientifique ou « réalisme-critique »). Cette ontologie est par ailleurs influencée par la notion de **structuration** d'Anthony Giddens (1979 et 1987[1984] ; Wendt, 1987). Elle présume que ces structures profondes non observables

sont des préalables qui « produisent, génèrent, créent, contraignent, rendent possible, influencent ou conditionnent » l'action sociale (Kurki, 2007 : 366).

Cela signifie que le comportement humain ne révèle pas directement la réalité sous-jacente. Les structures sociales sous-jacentes ne s'en trouvent pas moins véhiculées par les interprétations et les compréhensions que les divers groupes d'agents sociaux ont de ces structures. Ces interprétations, intersubjectives, risquent d'avoir un impact notable sur lesdites structures sous-jacentes. En résumé, une ontologie réaliste-critique non seulement incorpore la notion de co-constitution de la structure et de l'agence, mais présume aussi que la réalité sociale est socialement construite à travers diverses interprétations des structures sous-jacentes.

Cette ontologie complexe détermine l'attitude épistémologique du réalisme-critique. À l'instar des positivistes, les réalistes-critiques recherchent les explications causales. Toutefois, puisqu'ils présument que les effets causaux et génératifs des structures sous-jacentes ne peuvent être directement observés ni mesurés, les réalistes-critiques soutiennent qu'« afin d'expliquer les relations entre les phénomènes sociaux, il faut identifier et comprendre la "réalité" externe et la construction sociale de cette réalité » (Furlong et Martin, 2010 : 205). Le but des réalistes-critiques est donc d'expliquer comment ces structures sociales sous-jacentes façonnent, contraignent et rendent possible le monde tel qu'il apparaît sous de multiples formes aux yeux des divers groupes d'agents sociaux.

Dans la perspective réaliste-critique, la méthodologie renvoie à une gamme complexe de techniques, de règles, de procédures, d'abstractions logiques et de recherches empiriques qui permettent au chercheur d'acquérir et d'analyser les données liées à la construction sociale de la réalité, de manière à ce qu'il puisse formuler, examiner et peaufiner des hypothèses relatives aux structures sous-jacentes.

Alexander Wendt (1987, 1999) fut le premier théoricien en Relations internationales à avoir explicitement adopté une telle approche ; bien que, comme moult chercheurs, il préfère l'étiquette de « réalisme-scientifique », il se distancie du réalisme-critique à maints égards. À ce jour, la formulation de théories des relations internationales selon le cadre du réalisme-critique demeure relativement rare (mais voir Patomäki, 2002 ; Patomäki et Wight, 2002 ; et *Millennium*, 2007).

D'aucuns soutiennent que l'analyse néogramscienne ainsi que les travaux de quelques féministes en Relations internationales correspondent en fait à l'attitude du réalisme-critique, du moins en ce qui a trait à leur ontologie et à leur épistémologie (Kurki, 2007 : 366). À l'instar du néogramscisme et du féminisme, d'autres théories des relations internationales partagent aussi implicitement la présomption ontologique que des structures sociales sous-jacentes déterminent le comportement humain. Par exemple, la version de la théorie Réaliste classique des relations internationales élaborée par Raymond Aron postule l'existence d'une structure sous-jacente non observable – l'anarchie internationale – qui détermine la politique internationale. Aron (1962) reconnaît également que l'interprétation que les décideurs politiques se font des effets de l'anarchie a un impact déterminant sur les conséquences de l'anarchie.

Il se trouve aussi des réalistes-critiques qui caractérisent leur perspective sur l'ontologie et la causalité comme étant « post-postpositiviste » (Patomäki et Wight, 2003) parce qu'elle cherche à combler les failles tant du positivisme que de l'interprétisme. Malgré des efforts en science politique (Saleh, 2009) et dans d'autres disciplines (Yeung, 1997) pour montrer les implications méthodologiques du réalisme-critique, la façon selon laquelle la méthodologie est abordée par les réalistes-critiques en Relations internationales reste rudimentaire. Un récent « Manifeste » du réalisme-critique dans cette discipline n'a d'ailleurs pu répondre que fort maladroitement à la question d'un constructiviste quant à la manière d'opérationnaliser la recherche réaliste-critique (Wight, 2007 : 385, note 23). Les sections 2.3 et 2.5 ci-après illustreront les conséquences méthodologiques qui découlent de l'adoption d'une perspective réaliste-critique.

C'était là un bref portrait de la place qu'occupe la méthodologie dans le lien entre l'ontologie et l'épistémologie au sein des trois grandes orientations épistémologiques. Les différences entre les perspectives positiviste, interprétiste et réaliste-critique sont si marquées en ce qui a trait à l'acquisition de la connaissance (voir le tableau 3.1, p. 40) qu'il serait illusoire de prétendre présenter toutes les méthodologies offertes à un chercheur en Relations internationales dans un espace aussi restreint que le présent chapitre. Nous nous attarderons plutôt ici à clarifier l'ensemble des étapes qu'un chercheur est tenu de franchir lorsque vient le temps de sélectionner les méthodologies appropriées à son projet de recherche, et ce, *sans égard à sa position théorique*. À chaque étape, le chercheur se trouve à une croisée des chemins où le positivisme, l'interprétisme et le réalisme-critique indiquent, chacun, une direction différente à suivre. La voie que le chercheur choisira à chacune de ces fourches rétrécira, chaque fois, les options méthodologiques qui restent à sa disposition pour la poursuite de sa recherche.

On peut illustrer ce dernier point par une comparaison entre les compétences, les techniques et les outils utilisés par un plombier et un menuisier. Ces artisans peuvent travailler sur un même chantier, mais ne feront jamais le même travail. Ils répondent, chacun, à des problèmes différents (ontologie) avec des connaissances et des habiletés distinctes (épistémologie) et chacun manœuvre avec un éventail d'outils propres à son métier (méthodologie). Ainsi, un plombier ne se servira pas de pentures pour réparer un conduit de lavabo, et nul menuisier n'utilisera une pince à griffe pour réparer une porte. De plus, les objets dans la boîte à outils de chacun ne servent pas de manière indifférenciée à n'importe quelle tâche. L'artisan choisit l'outil approprié à l'opération et aux opérations qu'il a à accomplir. Un menuisier ne clouera pas avec une scie pas plus qu'il ne sciera avec un tournevis. De la même manière, chaque théorie des relations internationales privilégie ses propres principes épistémologiques qui, à leur tour, fournissent au chercheur une « boîte à outils » de techniques (méthodologies) qui lui permettront d'interroger les

43

enjeux ontologiques tels qu'ils sont identifiés par la théorie en question. Le choix que fera l'analyste d'une méthodologie parmi l'ensemble des méthodologies mises à sa disposition par son orientation épistémologique dépendra de la tâche analytique à accomplir.

2. Les étapes pour choisir une méthodologie appropriée

2.1 Se situer par rapport la relation méthodologie-épistémologie-ontologie

Le choix méthodologique d'un chercheur se fait en fonction de sa vision de la place qu'occupe la méthodologie par rapport à la relation entre l'ontologie et l'épistémologie. Il est alors essentiel qu'il se familiarise avec la littérature théorique, et ce, pas uniquement avec celle d'une seule approche, mais avec l'ensemble des approches. Son but sera de comprendre comment sont construites les diverses approches théoriques, quels sont les présomptions et modes de raisonnement sur lesquels elles reposent; il devra saisir leur ontologique et leur stratégie épistémologique respective et être conscient de leurs implications normatives.

Quoiqu'en disent les adeptes d'une théorie ou d'une autre, il n'y a jamais un « bon » ou un « mauvais » choix théorique. La théorie est un construit intellectuel. Choisir entre les approches théoriques, décider quelles ontologie et épistémologie lui conviennent doit *être un processus* logique et conscient. Tout étudiant est soumis à la pression de se conformer aux choix et aux préjugés de ses professeurs et directeur de recherche, ainsi qu'au consensus paradigmatique du secteur de sa discipline ou de son pays. Il n'y a rien de mauvais non plus à se conformer à ces pressions, à la condition que le chercheur comprenne bien qu'on l'y encourage à travers toutes sortes de moyens directs, indirects et même cachés. Il lui incombe donc d'identifier ces moyens avant de décider comment y répondre.

Le but de l'exercice ici est de montrer l'importance pour le chercheur de clarifier les raisons pour lesquelles il privilégiera une approche plutôt qu'une autre. Un intellectuel honnête se distingue d'un idéologue ou d'un fanatique religieux sur trois points: a)

il admet que ses préférences ne reposent que sur des présomptions, qui ne sont pas la vérité incontestable, et, de ce fait, il reste *constamment* ouvert à la discussion, au débat, au rajustement, à la révision et même à la réfutation; b) il s'astreint à rendre ses présomptions claires et pour lui-même et pour ses lecteurs; c) il reste conscient que la socialisation, la formation et l'idéologie jouent un rôle important, si ce n'est décisif, dans le choix d'une approche plutôt qu'une autre.

2.2 Préciser le sujet de recherche

Toute recherche commence par un intérêt intellectuel. Un chercheur choisit un sujet qu'il aimerait examiner. La méthodologie lui fournit les outils nécessaires pour effectuer sa recherche et permet, à terme, à la communauté universitaire de juger de la valeur et de la pertinence des résultats de ladite recherche.

Préciser le sujet de recherche est une étape éminemment importante dans la sélection des outils méthodologiques. Plusieurs considérations entrent en ligne de compte. La première et plus banale concerne *la forme* et *l'ampleur* de la recherche, qui sont tributaires des *ressources* et du *délai* pour l'effectuer. Un projet de rédaction d'un article scientifique prendra moins de temps à réaliser et embrassera moins large qu'une thèse de doctorat. Cet énoncé peut sembler une lapalissade, mais les étudiants sont légions à nous proposer comme objet de recherche pour leur mémoire de maîtrise ou leur thèse des sujets si vastes qu'ils nécessiteraient des décennies à réaliser! Un sujet de recherche doit avant tout être d'une envergure réaliste et faisable, et tenir compte de la forme que prendra la présentation des résultats, de même que du temps et des ressources disponibles.

La seconde considération a trait au choix d'une orientation théorique. Le choix d'une théorie exclut, d'entrée de jeu, des façons d'aborder un sujet de recherche, et contraint le chercheur à s'orienter vers certaines autres. Par exemple, un chercheur qui choisit la théorie Réaliste pour analyser un aspect de l'invasion américaine de l'Irak en 2003 amorcera vraisemblablement sa recherche en se questionnant sur l'intérêt national des États-Unis et sur l'équilibre des puissances. Un féministe poststructuraliste amorcera le traitement de ce même enjeu probablement en questionnant l'impact qu'ont eu les attentats du 11 septembre sur la construction de la masculinité aux États-Unis.

2.3 Définir la ou les questions de recherche

La recherche commence par un intérêt intellectuel qui, lui, conduit à la définition d'un sujet de recherche, étape qui sera suivie par la formulation d'une ou de quelques questions auxquelles le chercheur souhaite répondre. L'étape initiale pour la transformation d'un sujet de recherche (p. ex.: l'invasion américaine de l'Irak) en question de recherche opérationnalisable consiste en une *revue détaillée et critique de la littérature pertinente*.

Cet exercice doit viser à identifier trois types d'éléments:

1. les silences, les lacunes, les erreurs, les inconsistances, les contradictions ou les problèmes de fait ou de démonstration chez les auteurs;

2. les méthodologies, les modes de raisonnement et de démonstration, les orientations théoriques implicites ou explicites des études existantes et, *surtout*, les façons selon lesquelles les postulats ontologiques, épistémologiques et normatifs de base de même que la démarche méthodologique modèlent les conclusions des articles et des ouvrages lus;

3. si les faits sociaux, les observations et les conclusions d'une recherche menée avec une approche théorique autre que la nôtre parviennent à ouvrir de nouvelles pistes d'enquête lorsqu'on les soumet à l'approche théorique que l'on a soi-même choisie.

Une telle revue critique de la littérature rend le chercheur en mesure de faire la lumière sur les enjeux à examiner dans son projet de recherche. Pour transformer ces enjeux en questions de recherche opérationnalisables, le chercheur doit ensuite prendre des décisions cruciales, notamment:

- *que veux-je apprendre ou découvrir? c'est-à-dire quels sont les enjeux particuliers à investiguer?*

- *quels concepts, parmi la gamme que mon approche théorique met à ma disposition, me seront les plus utiles dans l'examen de ces enjeux? Si la réponse à cette question est «aucun d'eux ne le serait», le chercheur doit alors se demander: est-ce que je préfère changer les enjeux à investiguer ou changer d'approche théorique?*

- *quelle est la forme la plus adéquate pour poser mes questions de recherche (hypothèses ou questions ouvertes ou* **rétroduction***)?*

La réponse donnée à cette dernière question aura un impact fondamental sur la gamme de méthodologies possibles pour le projet de recherche: «On ne peut dissocier les méthodes employées dans une étude de ses questions de recherche. Les méthodes servent un but [...]. La méthode que l'on choisit est en lien avec les questions que l'on pose» (Leander, 2008 : 12). Ici, les positivistes, les réalistes-critiques et les interprétistes fournissent des réponses différentes quant à la manière de poser la ou les questions de recherche.

2.3.1 La perspective positiviste – élaborer des hypothèses

Une approche positiviste insiste pour que les questions de recherche soient élaborées sous forme d'hypothèses – c'est-à-dire un énoncé qui postule soit un lien causal soit un degré élevé de corrélation entre divers types de phénomènes, que l'on appelle *variables* (l'action de ces phénomènes n'est pas constante, elle «varie»). Le phénomène, l'événement ou la situation que l'on veut expliquer est connu sous le vocable de *variable dépendante* (elle «dépend» de l'action d'autres variables). En règle générale, l'hypothèse est libellée de manière à postuler qu'un phénomène connu comme étant la *variable indépendante* a, d'une façon ou d'une autre, soit «causé» la variable dépendante, soit «révélé une forte corrélation» avec la variable dépendante. On peut aussi postuler que la connexion causale, ou la corrélation entre la variable indépendante et la variable dépendante, est produite par l'action de variables tierces (connues comme *variables intervenantes*). Par exemple, dans l'hypothèse suivante: «le Soleil produit la photosynthèse qui, à son tour, cause la croissance des végétaux» (Van Evera, 1997: 11), le Soleil est la variable indé-

Afin de tester une théorie, il faut procéder comme suit :

1. Énoncer la théorie qui sera testée.

2. Inférer des hypothèses à partir du cadre de cette théorie.

3. Soumettre ces hypothèses à un test : par expérimentation ou par observation.

4. Utiliser aux étapes 2 et 3 ci-dessus la définition des termes telle qu'elle est formulée par la théorie testée.

5. Éliminer ou contrôler les variables perturbantes qui ne sont pas incluses dans la théorie à tester.

6. Élaborer une série de tests rigoureux et distincts.

7. Se demander, lorsque la théorie ne passe pas le test, si elle a complètement échoué, s'il faut la rajuster ou la reformuler, ou rétrécir l'envergure de ses prétentions exploratoires.

Source : Waltz, 1979 : 13.

pendante ; la photosynthèse, la variable intervenante ; et la croissance des végétaux, la variable dépendante.

Les approches positivistes en Relations internationales s'appuient largement sur des techniques quantitatives et des modèles formels. Ainsi, elles promeuvent une stratégie épistémologique fondationnaliste qui repose sur un modèle de probabilités inductives-statistiques. Ce modèle conçoit la causalité comme une conjonction constante basée sur les degrés de corrélation entre les variables (Saleh, 2009 : 151) — on dit que A et B sont constamment conjoints si, chaque fois que A (variable indépendante) apparaît, on note une probabilité élevée (corrélation) que B (variable dépendante) se manifeste aussi[3]. Tel que cela est formulé par un éminent praticien du positivisme en Relations internationales :

> La meilleure façon de parvenir à une compréhension scientifique des conflits internationaux est par une théorisation explicite, soit verbale soit mathématique, fondée sur une logique axiomatique. De cette théorisation, il devient possible d'extraire des hypothèses ayant des référents empiriques. Cette étape est suivie de tests empiriques rigoureux (quantitatifs ou non), dans lesquels les prémisses et les procédures [de ces tests] sont rendues explicites (Mesquita, 1985 : 121).

Il arrive souvent que les étudiants qui optent pour les méthodologies positivistes ignorent la distinction entre les tests empiriques qui ont pour but de *vérifier* des hypothèses et ceux qui ont pour but de tenter de *falsifier* les hypothèses.

La **vérification** est une forme de test qui cherche à établir si les « faits » empiriques confirment les liens de causalité ou de corrélation postulés dans l'hypothèse. S'ils le font, on dit alors que l'hypothèse est vérifiée. Cependant, depuis la célèbre sortie de Karl Popper contre la méthodologie « vérificationniste » (1959 [1935]), les approches positivistes rigoureuses affirment que « la vérification des idées est le piège le plus dangereux en science, car cette démarche tend à négliger les contre-exemples, à repousser toute autre hypothèse et à dorer les paradigmes existants ». Le positivisme rigoureux postule que la connaissance « scientifique » ne peut être acquise qu'à travers « les efforts rigoureux visant à falsifier les hypothèses » (Thorp et Itaki, 1982 : 1073). La **falsification** cherche à infirmer le nœud causal ou la corrélation postulée dans l'hypothèse. S'il ne parvient pas à les infirmer, le chercheur ne peut pas affirmer que son hypothèse est validée ; tout au plus peut-il dire qu'elle reste à être infirmée et que, d'ici à ce que cela soit, l'hypothèse demeure « potentiellement valable ».

2.3.2 L'interprétisme – les questions ouvertes

Les interprétistes doutent sinon refusent que l'on puisse prétendre établir la causalité (et même les lois explicatives) en relations sociales humaines. Ils font preuve d'un scepticisme identique devant l'idée que la corrélation puisse être considérée comme un indice fiable de la probabilité de la causalité. Ils évacuent la terminologie des variables, qu'ils estiment forcément

---

3. Le positivisme admet également une forme de causalité orientée autour d'un modèle déterministe plutôt qu'un modèle de probabilité. Ce qu'on qualifie de modèle *déductif-nomologique* postule que, si A apparaît, B va « nécessairement » apparaître. En Relations internationales, ce modèle est cependant rarement utilisé.

polluées par les postulats de bases positivistes. De plus, ils rejettent – le qualifiant de métaphysique – le langage voulant qu'il existe des structures causales et des mécanismes génératifs «réels» (mais non observables). De là, les interprétistes choisissent, pour poser des questions de recherche, de recourir à des **questions ouvertes**.

Ces questions visent à examiner une gamme d'éléments et de processus observables aptes à contribuer au façonnement d'un événement ou d'un résultat. Plus particulièrement, les questions de recherche interprétistes doivent être formulées de manière à ce que l'analyste puisse voir comment les agents sociaux se représentent «le monde» à travers leurs compréhensions intersubjectives. L'interprétisme explore un large spectre de pratiques représentationnelles (culture, discours, actes de langage, texte, littérature, cinéma, etc.) à travers lesquelles se produit cette construction sociale de la réalité.

Les questions de recherche ouvertes commencent habituellement par les questions *quoi? comment? quand? lequel? qui? pourquoi?* Elles dépendent davantage de l'interprétation que de l'explication causale. Poser des questions de recherche ouvertes réduit, sinon élimine, la possibilité de recourir aux **méthodes quantitatives**. Comme nous le verrons dans la section 2.5, il serait cependant erroné de soutenir (à l'instar de Moore, 2007) que les positivistes déploient essentiellement des méthodes quantitatives et que les interprétistes se limitent aux **méthodes qualitatives**.

2.3.3 La perspective réaliste-critique – abstraction et «questions transcendantales»

Poser les questions de recherche dans le cadre du réalisme-critique est une opération fort complexe. L'attitude épistémologique du réalisme-critique oblige le chercheur à explorer les façons dont les groupes d'agents sociaux se représentent ce que le réalisme-critique présume être les effets causaux et génératifs indépendants de plusieurs structures sous-jacentes réelles, mais non observables. Le réalisme-critique «cherche à reconstituer les structures causales et leurs propriétés inhérentes sur la base de réflexions constantes [à la fois abstraites et empi-

riques] et sur la base de la **critique immanente**» (Yeung, 1997 : 57), c'est-à-dire une critique qui situe la source des erreurs imputées à un texte dans le système de croyances de la théorie qui a généré ce texte.

Plus encore, le réalisme-critique reconnaît différentes catégories de causes – par exemple, matérielle, agentielle et structurelle – et affirment que cette diversité produit une grande variété d'effets : «certaines causes peuvent "pousser et tirer", d'autres "contraindre et rendre possible"» (Kurki, 2007 : 366). Les questions de recherche doivent donc être postulées de manière à englober la variété des catégories de causes ainsi que les effets différents qui sont générés.

Le point de départ pour formuler les questions de recherche est une forme d'abstraction récurrente que les réalistes-critiques nomment *rétroduction*, c'est-à-dire «un mode d'inférence par lequel on explique les événements en postulant et en identifiant les mécanismes sous-jacents capables de les produire» (Sayer, 1992 : 107). Ainsi, lorsqu'il examine un phénomène particulier, l'analyste doit poser ce que certains appellent les «**questions transcendantales**» (Saleh, 2009 : 152 et 163). Ces questions ne réfèrent pas à un monde surnaturel, mais aux types de questions établies à partir d'abstractions susceptibles d'aider le chercheur à analyser les structures sous-jacentes non observables qui ont rendu possible un phénomène. La méthode réaliste-critique «doit faire abstraction *a posteriori* des mécanismes causaux et stipuler les circonstances contextuelle» (Yeung, 1997 : 57). Les questions de recherche sont posées de façon à faciliter non seulement l'abstraction relative aux structures causales et aux mécanismes génératifs hypothétiques, mais aussi la recherche empirique qui, à son tour, permet de peaufiner ces structures causales et génératives, voire de les infirmer.

2.4 Quels faits sociaux faut-il interroger ?

En dépit de leurs différences, les théories des relations internationales ont un même objectif : comprendre le monde dans lequel nous vivons. La maîtrise d'une théorie ou d'une autre facilite l'analyse des rapports extraterritoriaux de pouvoir, peu importe la manière dont ils sont conçus par les diverses théories. Toutes les théories en Relations internationales insistent sur la nécessité de procéder à une recherche empirique (bien que seulement quelques théories soient *empiristes* – la différence entre *empiriste* et **empirique** est grande, et ces deux termes sont trop souvent confondus – voir p. 11). Elles doivent donc être mises en application dans une recherche empirique détaillée. Pour ce faire, le chercheur doit d'abord préciser les faits sociaux à interroger, à analyser et à évaluer. Ici, il importe de souligner la différence entre «faits» et «faits sociaux».

Combien de fois par jour entendons-nous «ce sont des faits; c'est un fait incontestable; tablons sur les faits»? Ces énoncés présument que les «faits» existent à l'état pur sans égard à une théorie et, qui plus est, si nous nous astreignons à ne coller qu'aux «faits», il nous sera possible de parvenir à la «vérité» relativement au sujet que nous étudions. Vus ainsi, les «faits» sont conçus comme la matière première dont est constitué le «monde réel», un monde qui est indépendant des valeurs, des préférences, de l'idéologie, de la théorie et du savoir. Faisant sienne une telle présomption, l'analyste s'autorisera alors à évaluer une hypothèse en fonction de son degré de correspondance aux «faits». Le positivisme repose sur une telle conception ontologique des faits et sur la prétention que l'on peut évaluer la validité de toute théorie des relations internationales par de simples «tests empiriques» (Moravcsik, 2003 : 136). Il existe certes des «faits bruts» (Searle, 1995) qui échappent à toute agence humaine. Si on laisse un bol d'eau sous le Soleil, l'eau s'évaporera, qu'importe ce qu'on en pense ou comment on explique ce phénomène. Mais, ici, nous sommes dans le domaine de la nature et non dans celui de l'action sociale humaine.

La notion de «faits sociaux» s'oppose à celle de «faits» purs (Durkheim, 1988 [1895]). Elle présume qu'en ce qui concerne l'action sociale humaine, peu de faits bruts existent, dans le sens d'un phénomène ayant une signification et une force inhérente. La quasi-totalité de ce que les scientifiques sociaux appellent «les faits» sont en réalité des phénomènes qui n'acquièrent du sens et de la force qu'à travers nos systèmes de croyances, nos idéologies et nos théories.

En somme, ces faits sont socialement construits. Cela n'implique pas que le sens qu'on leur attribue soit arbitraire ou purement subjectif. Ces faits sociaux ont une réalité sociale cruciale, une force de contrainte réelle et parfois des conséquences fatales, mortelles, pour les humains qui habitent la réalité sociale en question.

Les faits sociaux demeurent cependant des construits sociaux qui, peu importe leur puissance ou leur force, peuvent être transformés au fur et à mesure que les êtres humains arrivent à une compréhension collective différente. Par exemple, un Russe qui, en 1946, aurait déclaré publiquement en URSS que le massacre en 1940 de vingt-deux mille intellectuels et officiels polonais avait été commis par les troupes soviétiques sous les ordres directs de Staline aurait vu sa vie abrégée dans l'heure. En 1960, une telle déclaration l'aurait conduit à l'emprisonnement plutôt qu'à l'exécution. En 2010, le président élu de la Russie s'est publiquement excusé auprès du gouvernement et du peuple polonais pour cettte atrocité. Ces excuses n'ont pas effacé les actions de Staline, mais la manière dont les autorités russes ont «redéfini» le massacre de Katyn a pavé la voie à une modification des relations russo-polonaises.

Toute recherche en Relations internationales implique l'analyse de faits sociaux. Même les approches qui refusent l'idée que les faits sont socialement construits ne font pas l'économie d'une telle analyse. Étant donné que les diverses théories des relations internationales ne privilégient pas l'examen des mêmes faits sociaux, une étape centrale dans l'élaboration d'une méthodologie de recherche est donc d'établir les catégories de faits sociaux à interroger.

Chaque théorie effectue sa propre détermination des faits sociaux pertinents à analyser. Par exemple, pour opérationnaliser le concept de «la puissance», les Réalistes, les néogramsciens et les féministes vont, chacun, interroger des faits sociaux fort différents. Le Réaliste explorera les indices politiques et économiques de la capacité d'un État par rapport aux autres États. Le néogramscien, lui, examinera comment les groupes de forces sociales (groupe A) déploient des idées, des capacités matérielles, des institutions afin d'établir une capacité de persuader, de séduire et parfois de forcer d'autres groupes de forces sociales (groupes B et C) que les valeurs, la vision et les intérêts proclamés par le groupe A incarnent ceux des groupes B et C. Quant à l'analyste féministe, il explorera la naturalisation discursive de l'idéologie et des intérêts masculinistes dans toutes les sphères de l'activité sociale.

Ces stratégies analytiques réalistes, néogramsciennes et féministes sont clairement irréconciliables. Chacune est directement issue de sa propre ontologie. *Une étape méthodologique cruciale oblige donc le chercheur à se demander en quoi consiste l'ontologie de la théorie choisie. L'ontologie stipule quels sont les faits sociaux pertinents* à étudier. L'analyste est tenu de chercher des données qui portent sur les éléments ontologiques privilégiés par l'approche théorique qu'il adopte.

L'ontologie indique non seulement les faits sociaux à analyser, mais également les dynamiques entre eux et au sein de chacun. Ainsi, les néoréalistes prétendront par exemple que le gain relatif de puissance chez un État produit nécessairement l'insécurité chez d'autres États, tandis que les institutionnalistes néolibéraux défendront l'idée que, dans certaines circonstances, un tel gain peut, au contraire, accroître la coopération entre ces États. Bien que le néoRéalisme et l'institutionnalisme néolibéral déploient des stratégies épistémologiques et des méthodologies quasi identiques, leur ontologie respective pose des dynamiques différentes en ce qui a trait à l'action réciproque des éléments qui constituent le monde, selon eux. Ces deux approches vont donc interroger des faits sociaux légèrement distincts.

De plus, les façons selon lesquelles l'ontologie décrit les dynamiques entre les catégories de faits sociaux placent le chercheur devant deux autres décisions cruciales concernant les types de faits sociaux pour lesquels il doit chercher des données : 1) déterminer les unités d'analyse (concepts) à déployer ; et 2) établir le niveau d'analyse à appliquer. L'ontologie prescrit le niveau d'analyse où le chercheur est tenu

de collecter ses données, à savoir au niveau du système lui-même (la « troisième image » de Waltz, voir p. 91-92), au niveau des unités qui constituent le système dans sa globalité (« deuxième image ») ou au niveau des agents sociaux qui opèrent à l'intérieur de cette unité (« première image »).

2.5 Techniques et sources de collecte des données

Une fois qu'il a établi la gamme de faits sociaux pour lesquels il collectera des données, le chercheur doit délimiter les techniques qu'il déploiera pour ce travail ainsi que les sources potentielles où il puisera des données. Puisque les ressources seront certes multiples et d'une fiabilité variable, il doit établir des critères pour évaluer et prioriser les données. Ce qui est en jeu ici est une question parmi les plus fondamentales à laquelle un chercheur doit répondre au cours de sa recherche empirique : *qu'est-ce qui me permettra d'établir la preuve ?* ou *qu'est-ce qui me servira d'indice témoignant de l'« acceptabilité » des faits sociaux que j'ai choisis d'interroger ?*

Prenons par exemple le concept Réaliste de la *puissance*. Supposons qu'en 1939, un Réaliste ait voulu s'interroger sur la puissance relative de la France et de l'Allemagne. Il est fort probable qu'il se serait contenté de calculer l'effectif des forces armées de chacun de ces États et de mesurer le degré de modernité de leur équipement militaire. Un tel calcul lui aurait permis de conclure, comme l'ont fait les gouvernements britannique et français de l'époque, que la France était plus puissante que l'Allemagne nazie. Mais, comme le démontre la magistrale analyse du Réaliste Raymond Aron (1962 : 74), il aurait fallu prendre en compte dans ce calcul d'autres indices qui montrent la « réelle » puissance relative de ces pays, notamment le degré de cohésion sociale au sein de chacune de ces sociétés ainsi que la capacité stratégique et tactique des états-majors. Cet exemple montre bien l'importance de différencier, d'une part, les faits sociaux et, d'autre part, ce qui est un « indice adéquat » concernant ces faits sociaux.

Bien que cela puisse sembler contradictoire, les étapes de collecte, d'évaluation et d'analyse sont fortement imbriquées les unes les autres, même s'il est acquis que la collecte de données précède les deux autres étapes. En effet, un chercheur ne se lance pas dans une collecte de données à l'aveugle ; la nature et le spectre des données à collecter ne sont pas arbitraires. Une recherche méthodologiquement cohérente de données s'effectue *toujours* en fonction des règles et des procédures stipulées par la méthodologie choisie pour évaluer et analyser lesdites données.

Il est donc peu probable qu'un chercheur ayant l'intention de recourir à un modèle statistique se lance dans des entrevues ouvertes et détaillées, puisque les données issues de telles entrevues sont ardues à codifier et à quantifier[4]. De la même façon, un chercheur explorant la généalogie de discours masculinistes de la puissance ne s'embarquerait pas dans des sondages d'opinion publique. Les modes de collecte de données doivent être en adéquation avec les modes d'analyse et d'évaluation choisis. Bien que, dans l'élaboration de sa méthodologie, le chercheur doive concurremment décider du mode de collecte de ses données et des méthodes pour leur évaluation et leur analyse, ces opérations seront, pour les seules fins de l'exposé ici, présentées comme des étapes distinctes et successives. Aussi, la gamme de techniques de collecte de données est si vaste que ce chapitre n'essaiera pas d'en esquisser (voir la figure 3.1 et le tableau 3.2, p. 52, 54). Elles sont conventionnellement divisées en deux grandes catégories, à savoir les méthodes qualitatives et les méthodes quantitatives (Mahoney et Goertz, 2006 ; Moore, 2007). Nous discuterons d'abord de cette séparation, puis indiquerons en quoi elle est non seulement inadéquate, mais qu'elle risque d'induire en erreur.

Les méthodes quantitatives en sciences sociales cherchent «la certitude et la rigueur des sciences naturelles». Elles obligent les chercheurs à traduire «des concepts, des variables ou des situations en formes quantitatives» (Moore, 2007 : 5). Une telle démarche suppose que :

> Les mathématiques fournissent un langage précis qui nous permet de décrire les éléments clés d'un problème. Elles constituent une machinerie déductive puissante qui prolonge le pouvoir logique de nos théories, et constituent un moyen important pour élargir notre compréhension et interprétation du monde [et] pour enrichir notre analyse de la politique internationale (Snidal, 2004 : 227).

Les méthodologies quantitatives emploient des procédures standardisées d'«observation et de mesure des occurrences de phénomènes politiques» (John, 2002 : 218). Elles dépendent largement d'inférences statistiques pour «agréger l'information tirée d'un très grand nombre de cas» (ce qu'on nomme les **études de grande échelle** [*large N studies*]), ce qui permet d'extraire «des inférences concernant la réalité, basées sur les données et sur les lois de la probabilité» (Braumoeller et Sartori, 2004 : 129-30).

Plutôt que d'opérer des généralisations à partir d'un grand nombre de cas, les méthodes qualitatives, elles, explorent en détail des situations ou des cas particuliers (ce qu'on nomme les **études de petite échelle** [*small N studies*]). Selon cette conception conventionnelle, les méthodes qualitatives déploient ce que Clifford Geertz (1973) appelait la «**description dense**» (*thick description*), c'est-à-dire des efforts «pour expliquer ou comprendre non seulement le comportement d'acteurs, mais aussi le contexte dans lequel ces comportements surviennent, et le sens attribué aux comportements par l'acteur lui-même et par d'autres acteurs qui se retrouvent dans le même contexte, ainsi que par ceux qui observent l'action» (Moore, 2007 : 3). Les méthodes qualitatives produisent «des comptes rendus basés sur les mots», qui deviennent les données à analyser, susceptibles d'être analysées de l'une ou l'autre des deux façons suivantes :

> Les données basées sur les mots peuvent être transformées en données numériques (par exemple, dans les sondages) afin de leur appliquer les méthodes d'analyses statistiques ; ou bien les mots peuvent conserver leurs statuts de preuve/indice afin de leur

---

4. Les tenants des méthodes statistiques ne sont pas tous d'accord avec cet énoncé. Lors d'une table ronde sur la pédagogie innovatrice en octobre 2009 de la North-East Conference de l'International Studies Association, les deux directeurs du présent ouvrage ont entendu un fervent défenseur des méthodes quantitatives rejeter, par une déclaration laconique, l'idée qu'il y a des éléments du comportement humain qui ne peuvent être mesurés : «Je peux tout codifier.»

appliquer des modes d'analyses orientés sur les mots. Dans ce dernier cas, les données tirées des observations, des expériences de vie, des entrevues et des documents sont normalement rédigées sous forme de notes de recherche, qui deviennent, par la suite, la matière première de la construction d'études de cas, d'histoires, de l'observation-participante ou d'autres types de comptes rendus (Schwartz-Shea et Yanow, 2002 : 460-461).

Cette citation illustre la façon selon laquelle la distinction conventionnelle entre les méthodes quantitatives et les méthodes qualitatives est hautement politisée en science politique en général et en Relations internationales en particulier (Barkin, 2008 : 211).

À partir de l'assaut behavioraliste des années 1950 et 1960 sur ce qu'ils appelaient les méthodes « traditionnelles » du Réalisme et du libéralisme en Relations internationales, les adeptes de la ligne dure des analyses quantitatives ont cherché à discréditer – la taxant de « non scientifique » – la soi-disante analyse descriptive basée sur l'histoire diplomatique et la philosophie (Kaplan, 1966 ; Singer, 1969). Bien qu'il se soit soldé par un match nul (voir p. 20), ce « deuxième débat » en théorie des relations internationales a eu un effet très important : il a obligé tant les Réalistes que les libéraux à abandonner les méthodes basées sur l'interprétation historique, et à adopter des méthodes hautement formalistes et ultimement quantifiables, principalement la théorie des jeux (Waltz, 1979 ; Axelrod, 1984 ; Keohane, 1984). Tout le fameux débat néo-néo des années 1980 tournait autour d'une interprétation méthodologique de la théorie des jeux : est-il valable de tirer des conclusions du seul jeu du dilemme du prisonnier, comme le prétendaient les néoréalistes ; ou les jeux répétés (itératifs) entraînent-ils des conclusions différentes quant au comportement de l'État soumis à la logique de l'anarchie ? (Axelrod et Keohane, 1986 ; voir p. 158)

Une autre facette de la politisation de la recherche qualitative s'est fait jour dans ce qui est probablement le texte méthodologique le plus influent rédigé par des politologues ces vingt dernières années. L'ancienne vedette behavioraliste Sydney Verba et celui qui a transformé le libéralisme classique d'abord en théorie transnationale et ensuite en théorie néolibérale institutionnaliste, Robert Keohane (voir les chapitres 7 et 8) ont collaboré à la production d'un manuel dédié à l'élaboration de la « meilleure façon » d'effectuer la recherche qualitative, mais exclusivement *à l'intérieur d'un paradigme positiviste* (King, Keohane et Verba, 1994 : 39 *et passim*). Ce faisant, ils ont élevé les méthodes qualitatives au même niveau de prétention « scientifique » dont se targuent les spécialistes des analyses quantitatives. À l'instar de la recherche quantitative, leur version de la recherche qualitative met l'accent sur les liens causaux d'une manière telle qu'ils puissent être mesurés empiriquement. L'ouvrage de King, Keohane et Verba balaie du revers de la main toute discussion sur l'ontologie et l'épistémologie (*ibid.* : 6). Il ne présente pas même les méthodes non positivistes de conduction et de validation des recherches qualitatives. Cela signifie que, pour ces auteurs, ces méthodes ne sont ni pertinentes ni légitimes.

Toute la politisation autour des méthodes qualitatives dissimule le fait qu'il existe en réalité deux attitudes épistémologiques et méthodologiques distinctes par rapport aux comptes rendus basés sur les mots des méthodologies qualitatives :

Ceux qui favorisent les prémisses positivistes voient le langage (avec ses sens multiples et imprécis) comme le fléau de la « science sociale » ; pour eux, la meilleure façon de « traiter » les mots est de les convertir en nombres pour les fins de l'analyse. Par opposition, ceux qui favorisent les prémisses interprétives voient le langage comme partie intégrante de la « science sociale » et promeuvent des méthodes interprétives de collecte et d'analyse des données qui essaient de rendre compte du contexte ambigu et diversifié de la vie sociale (Schwartz-Shea et Yanow, 2002 : 481).

Il importe de distinguer deux catégories de méthodes qualitatives. Dans un premier temps, ce qu'on peut appeler les méthodes *qualitatives-chiffrables* mènent la recherche « à petite échelle » (*small-N research*), tout en adaptant les standards d'observation, d'objectivité et de causalité du positivisme » (Vromen, 2010 : 256). Dans un deuxième temps, les méthodes *qualitatives-interprétatives* cherchent « à comprendre

Figure 3.1
Lier l'ontologie, l'épistémologie et la méthodologie

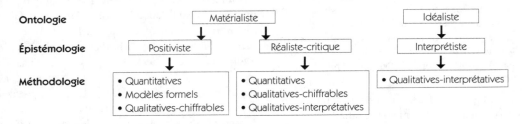

Source: Adapté de Furlong et Marsh (2010 : 186).

comment les membres d'une communauté sociale, à travers leur participation dans un processus social, "jouent" des réalités particulières et leur donnent un sens ; et à montrer comment ces compréhensions, ces croyances et les intentions des membres de la communauté façonnent leur action sociale » (Orlikowski et Baroudi, 1991 : 13). De telles méthodes « explorent les expériences subjectives des gens et le sens que ceux-ci donnent à leurs expériences » (Devine, 2002 : 199) en situant ces expériences et ces compréhensions dans leur contexte social, historique, normatif et biographique. La figure 3.1 montre que la conception que le chercheur se fait du lien entre ontologie et épistémologie détermine le type de méthodologies qu'il pourra utiliser : quantitatives, modèles formels, qualitatives-chiffrables ou qualitatives-interprétatives.

Notre examen du positivisme et de l'interprétisme montre bien pourquoi ces deux orientations limitent leurs options méthodologiques. Voyons maintenant pourquoi le réalisme-critique embrasse, lui, toutes les options disponibles, s'autorisant l'utilisation à la fois des méthodes quantitatives et celle des deux catégories de méthodes qualitatives.

Le but de toute méthode réaliste-critique est de « conceptualiser l'essence, le pouvoir et les mécanismes [causaux] véritables d'un phénomène ». Pour ce faire, l'abstraction récurrente (itérative) permet de « différencier les relations entre les phénomènes ou les événements qui sont externes/incidentes/contingentes de celles qui sont internes/essentielles/nécessaires » (Yeung, 1997 : 58). Dans un tel exercice, l'analyste peut user de méthodes qualitatives-chiffrables et même de méthodes quantitatives pour indiquer l'action externe et contingente entre les phénomènes. Par exemple, on déploiera l'inférence statistique pour mettre en lumière une corrélation entre le niveau de chômage et le niveau de violence dans une société. Cela ne veut pas dire que le chômage cause la violence. Les deux formes de recherche qualitative sont ici nécessaires au chercheur s'il veut élaborer d'autres hypothèses sur les mécanismes causaux et génératifs qui engendrent la violence sociale.

2.6 Les techniques d'évaluation, d'analyse et de validation des données

Comme nous venons de le voir, les techniques d'évaluation, d'analyse et de validation des données dépendent directement du type de données recherchées et des modes de collecte de données. Cependant, peu importe les techniques utilisées, les données ne révèlent rien en soi ; elles ne sont que la matière première brute qui doit être traitée. Toute donnée brute a besoin d'être soumise à une série d'étapes analytiques qui, prises ensemble, vont déterminer quelles conclusions le chercheur peut tirer de ses recherches et comment la communauté intellectuelle jugera de la pertinence et de la validité de ces conclusions. Bien que chaque méthodologie stipule ses propres techniques, règles et procédures – et ce, sans égard à l'approche théorique adoptée –, les données doivent toujours être successivement :

- catégorisées, classifiées, référencées en fonction des liens entre elles et, selon certains, codifiées à deux niveaux : d'abord en fonction des dimensions et des propriétés que le chercheur attribue pour chaque catégorie de données ou type de cas, puis en fonction des relations qu'il établit entre chaque catégorie de données et entre chaque type de cas ;

- évaluées (juger du poids à attribuer à chaque catégorie de données) et analysées (explorer les liens entre les catégories de données) ;

- validées (le chercheur doit établir les procédures qui, de un, lui permettront de montrer que ses conclusions constituent une connaissance adéquate de son sujet de recherche et, de deux, permettraient à d'autres chercheurs d'arriver à des conclusions semblables s'ils suivaient sa démarche).

Cette interdépendance entre les phases de collecte et d'analyse des données tout comme l'importance capitale des étapes de catégorisation, de classification et de codification des données sont bien illustrées dans cette citation qui expose la manière dont une méthodologie quantitative et des méthodologies qualitatives pourraient être déployées pour prendre le pouls de l'opinion publique américaine relativement à la guerre en Irak. Ainsi

[Le chercheur qui déploie une approche quantitative] peut effectuer un sondage à grande échelle (*large N survey*) de la population américaine avec un échantillon (« N ») de quelque 10 000 personnes. Ensuite, en se basant sur un échantillonnage de probabilités, il pourra poser cinq, dix, voire des douzaines de questions, portant notamment sur des données personnelles et démographiques des répondants. Utilisant une petite marge d'erreur et un intervalle de confiance d'environ ,01 afin d'assurer l'exactitude, il pourra ensuite faire traiter ces données par le logiciel statistique SPSS et entreprendre une série de corrélations ou de régressions pour déterminer les variables qui sont en corrélation avec d'autres variables que le chercheur juge importantes ou celles qui « causent » ou ont un quelconque impact sur ces autres variables. Une approche qualitative, elle, va plutôt déployer

un petit échantillon (*small-N approach*) pour effectuer par exemple des entrevues détaillées, ouvertes et non structurées. [Au lieu de poser des questions chiffrables ou fermées comme le ferait une méthode quantitative], le chercheur entreprend une conversation avec ses répondants et élabore ses questions au fil de cette conversation. Il offre à ses répondants la liberté d'expliquer leurs opinions par le menu. Le chercheur pourrait par ailleurs choisir de constituer un groupe témoin (*focus group*) dans lequel les participants discuteraient librement de leurs opinions sur cette guerre. Le chercheur pourrait aussi effectuer une analyse de contenu des discours des membres du Congrès ou d'éditoriaux pour déterminer si l'opinion publique est en train de changer de courant. Il pourrait également comparer des cas impliquant des habitants de différentes régions des États-Unis, de croyances religieuses diverses, de niveaux de revenus différents, etc. (Moore, 2007 : 5-6).

3. Conclusion : la méthodologie et la production de la connaissance

Une fois qu'il a complété les étapes que l'on vient d'esquisser, le chercheur doit alors trancher : *quelle méthodologie ou quelle combinaison de méthodologies puis-je déployer dans mon projet de recherche ?* Le tableau 3.2, page suivante, présente une liste schématique des méthodologies potentielles (cette liste n'est nullement exhaustive), catégorisées selon deux grands axes : a) l'orientation théorique en Relations internationales et b) les méthodes quantitatives/modèles formels, les méthodes qualitatives-chiffrables et les méthodes qualitatives-interprétatives. (Pour plus de détails sur le fonctionnement de ces méthodes, voir la section « Pour en savoir plus » à la fin du chapitre.)

La méthodologie est un élément déterminant de tout projet de recherche. Les diverses théories des relations internationales privilégient, chacune, des méthodologies différentes. Un enjeu central des querelles théoriques en Relations internationales tient à cette question : « Comment peut-on prétendre avoir acquis une connaissance adéquate d'un aspect des rapports de pouvoir mondiaux et des conflits internationaux ? »

Tableau 3.2
Quelques options méthodologiques selon des approches théoriques

Orientation théorique	Méthodologies disponibles en fonction de la théorie choisie*		
	Quantitatives et modèles formels	Qualitatives	
		Chiffrables	Interprétatives
Réalisme classique	- Ne s'applique pas	- Méthode étude de cas - Analyse des codes opératoires	- Études comparatives - Analyse historique - Herméneutique - Recherche documentaire
Néoréalisme	- Théorie des jeux - Choix rationnel	- Méthode étude de cas	- Ne s'applique pas
Réalisme néoclassique	- Choix rationnel - Modèles économétriques	- Méthode étude de cas - Processus de dépistage (*process tracing*) - Analyse de contenu - Profilage de personnalité politique - Analyse des codes opératoires	- Recherche documentaire
Libéralisme classique	- Choix rationnel	- Méthode étude de cas	- Analyse institutionnelle comparative - Analyse historique - Recherche documentaire
Institutionnalisme néolibéral	- Théorie des jeux - Choix rationnel - Inférence statistique - Modèles économétriques	- Méthode étude de cas - *Path dependency analysis*	- Ne s'applique pas
Marxisme	- Ne s'applique pas	- Théorie des jeux (peu utilisée) - Analyse multisectorielle	- Analyse de classe
Constructivisme	- Ne s'applique pas	- Méthode étude de cas - Analyse du contenu - Profilage de personnalité politique - *Agent-based modelling* - Analyse pragmatique - Processus de dépistage (*process tracing*) - Analyse des codes opératoires	- Analyse de discours - Analyse contre-factuelle - Représentations historiques - Déconstruction
Néogramscisme	- Ne s'applique pas	- Analyse multisectorielle	- Analyse sociohistorique-culturelle
Théorie critique	- Ne s'applique pas	- Ne s'applique pas	- Herméneutique - Analyse de discours - Analyses culturelles

Poststructuralisme	- Ne s'applique pas	- Ne s'applique pas	- Double lecture - Analyse de discours - Analyse textuelle - Généalogie - Déconstruction - Analyses culturelles - Ethnographie
Féminisme	- Analyse de régression	- Analyse du contenu	- Analyse de discours - Analyse textuelle - Déconstruction - Histoire orale - Analyse institutionnelle comparative - Ethnographie - Récits de vie - Observation-participante
Postcolonialisme	- Ne s'applique pas	- Ne s'applique pas	- Analyse de discours - Généalogie - Déconstruction - Analyses culturelles - Ethnographie - Histoire orale - Observation-participante

* Cette liste n'est pas exhaustive.

À ce propos, les positivistes affirment que les méthodologies *standardisées* fournissent la voie royale, et que la fiabilité de nos prétentions à la connaissance dépend des méthodes, des règles et des procédures que nous déployons pour les tester empiriquement. La méthodologie serait la carte d'atout en ce qu'elle fournit à l'analyste les moyens d'évaluer les degrés de correspondance entre sa prétention abstraite à la connaissance et la « réalité » empirique.

La position interprétiste, elle, affirme que les procédures positivistes qui cherchent à mesurer les degrés de correspondance avec la « réalité » révèlent somme toute bien peu de choses, puisque la notion même de « réalité » est une prétention à la connaissance et que la méthodologie est partie intégrante de la réalité à examiner. Les interprétistes jugent impossible que l'on puisse « connaître » quoi que ce soit à moins que l'on commence par interroger les prémisses ontologiques et épistémologiques qui sous-tendent toute prétention à la connaissance. Selon eux, la méthodologie n'est pas le maître, mais plutôt le serviteur des efforts visant à explorer la manière dont les collectivités d'êtres humains parviennent à construire, à reproduire et, de temps en temps, à transformer leurs relations sociales.

Pour leur part, bien qu'ils soient d'accord avec les positivistes quant à l'existence d'une réalité indépendamment de toute prétention à la connaître, les réalistes-critiques partagent aussi la vision interprétiste à l'effet qu'aucun chercheur ne peut acquérir une connaissance du monde s'il n'a pas d'abord interrogé sa propre ontologie et s'il ne l'a pas située dans des stratégies épistémologiques explicites. Ils jugent cependant que la position interprétiste fait preuve d'« empirisme linguistique », en ce sens qu'elle refuse d'examiner la causalité sous-jacente et que, par conséquent, ses analyses demeurent exclusivement au niveau des pratiques représentationnelles « observables » de diverses catégories d'agents sociaux (Wight, 2007 : 380).

Il existe très peu de points de contact entre ces trois positions. Choisir une méthodologie, tout comme choisir une approche théorique, constitue une entreprise sérieuse et complexe. Ce n'est pas une chose que l'on peut entreprendre à la légère et encore

moins évacuer d'un projet de recherche. Les théories des relations internationales existent pour rendre le monde compréhensible. L'apprentissage de ces théories nous oblige également à apprendre les méthodologies privilégiées par chacune d'elles.

Si les analystes en Relations internationales souhaitent quitter le domaine purement abstrait de la théorie et examiner en détail comment les groupes collectivement organisés se comportent par rapport à leurs relations extraterritoriales, la méthodologie est l'outil essentiel pour traduire la théorie en analyse concrète du monde « réel ». Un programme de recherche empirique exige, avant tout, de choisir une ou un groupe de méthodologies appropriées et cohérentes.

Encadré 3.2
Deux solitudes méthodologiques
La « science » américaine vs le pluralisme européen

Le tout premier département de Relations internationales à ouvrir ses portes dans une université fut celui du campus Aberystwyth de l'Université of Wales en 1919, suivi, la même année, de celui du School of Foreign Service de l'Université Georgetown à Washington D.C., puis de celui de la London School of Economics (LSE) en 1920. Le premier programme de doctorat en Relations internationales fut offert, lui, à partir de 1927 par le Haut institut d'études internationales fondé à Genève. Quant au premier programme de maîtrise dans cette discipline, il est né l'année suivante à l'Université de Chicago.

De profondes divergences de vues sont vite apparues à l'intérieur de cette nouvelle discipline entre les chercheurs d'Europe de l'Ouest et ceux des États-Unis. La préoccupation principale des universitaires d'Aberystwyth, de la LSE et de Genève a été, dès le départ, d'analyser les façons d'éviter une nouvelle guerre dévastatrice et de gérer les conflits internationaux de manière à consolider la paix. Aux États-Unis, par contre, l'étude de la politique internationale visait essentiellement à répondre aux besoins changeants de la politique étrangère américaine. Et ces différences se sont accentuées au lendemain de la Deuxième Guerre mondiale. Aux États-Unis, la montée rapide des Relations internationales en tant que champ d'études a été marquée par trois phénomènes largement absents en Europe occidentale :

- la discipline des Relations internationales entretenait des liens étroits avec la science politique américaine et a été grandement influencée par les préoccupations méthodologiques de la science politique telle que pratiquée aux États-Unis ;

- comme ce fut le cas dans toutes les sciences sociales aux États-Unis, la méthodologie en Relations internationales s'est trouvée radicalement transformée par l'arrivée, à partir de la fin des années 1930, d'immigrés d'Europe centrale, fuyant Hitler puis Staline. Formés dans des traditions philosophiques et méthodologiques austro-germaniques (voir encadré 24.3 p. 521), leur expérience du totalitarisme nazi et communiste s'est traduite par une hostilité face à toute forme de pensée qui tend à systématiser. La vaste majorité de ces immigrés défendaient des approches d'acquisition de la connaissance reposant sur diverses formes d'**individualisme méthodologique** (Udehn, 2001). La théorie Réaliste en Relations internationales, le behavioralisme, la théorie des jeux, les modèles du choix rationnel, l'économétrique et le néoconservatisme ont tous été

développés par ces intellectuels ou par les étudiants qu'ils ont formés. En Europe de l'Ouest, par contre, de telles méthodes et modes de pensée ont eu un impact limité et n'ont jamais évincé les traditions pluralistes ;

- dans ce contexte de nouveau consensus autour de l'individualisme méthodologique, les Relations internationales d'après-guerre aux États-Unis se sont attachées principalement à renverser les cultures isolationnistes de longue date et à fournir une feuille de route pour guider la politique étrangère américaine pendant la guerre froide. Un culte de la « science » a été vu comme « la » solution pour résoudre la plupart des problèmes (mais voir Morgenthau, 1946). La discipline des relations internationales en Europe de l'Ouest, par contre, s'est beaucoup moins préoccupée des besoins de la politique étrangère des États pour se concentrer sur une construction coopérative d'un nouvel ordre européen, sur les moyens d'éviter la guerre et, de plus en plus, sur la nécessité de comprendre la source et les conséquences de l'hégémonie américaine.

L'hégémonie américaine a eu un impact ironique sur une forme de science sociale largement importée aux États-Unis par les émigrés européens : elle a produit un « isolationnisme » intellectuel, souvent empreint de suffisance.

L'hégémonie autorise les politologues américains à négliger les débats qui ont lieu dans d'autres pays. Cela est particulièrement vrai dans le sous-champ de la méthodologie, là où un écart aussi large que l'océan Atlantique sépare les méthodologues américains de leurs pairs britanniques (Saleh, 2009 : 142).

Les chercheurs européens en Relations internationales sont, eux, bien au fait des pratiques théoriques et méthodologiques américaines. Leurs homologues aux États-Unis font souvent preuve d'une ignorance crasse des tendances dans la pensée et les pratiques européennes (*ibid.*). L'écart entre les cultures européenne et américaine en Relations internationales trouve écho dans deux autres indicateurs.

D'abord, de récents sondages auprès des professeurs en Relations internationales à l'œuvre dans dix pays, pour la plupart anglophones, dispersés sur cinq continents ont révélé qu'« un fort pourcentage de chercheurs américains (64 % en 2004, 70 % en 2006 et 65 % en 2008) se définit en tant que positiviste », tandis que la majorité des chercheurs en Relations internationales au Royaume-Uni, au Canada, en Australie, en

Nouvelle-Zélande et en Afrique du Sud « se sont qualifiés soit de non-positivistes soit de postpositivistes » (Jordan *et al.*, 2009 : 6 et 7). Fait tout aussi révélateur, lorsqu'on a demandé à ces mêmes professeurs d'identifier « les quatre intellectuels dont les travaux ont le plus influencé vos propres recherches », les Américains ont très largement choisi de nommer des positivistes, alors que, dans la plupart des autres pays, ce sont principalement des chercheurs non positivistes ou postpositivistes qui ont été cités (Jordan *et al.*, 2009 : 47).

Il va sans dire que ces différences trouvent aussi écho dans les manuels de méthodologie. Une étude, entreprise au début des années 2000, des quatorze manuels de méthodologie alors les plus récents en science politique américaine (dont deux rédigés par d'éminents chercheurs en Relations internationales) a révélé :

> Un consensus posant le positivisme comme « le » mode de recherche scientifique en science politique (et social) ; ce consensus est soit énoncé explicitement, soit suggéré à travers divers moyens structurels et rhétoriques. Les méthodes interprétives de collectes et d'analyse des données sont plus ou moins entièrement évacuées [...] la méthode textuelle adoptée par ces manuels affirme que « la recherche empirique » ou « la meilleure recherche » est la recherche quantitative [...] À travers ce qu'ils discutent et ce qu'ils omettent, ces textes laissent entendre que la science politique se réduit à ce que font les américanistes behavioralistes (Schwartz-Shea et Yanow, 2002 : 476).

Étant donné la dépendance des Relations internationales américaines par rapport à la science politique aux États-Unis, il suffirait de remplacer les mots « science politique » par les mots « Relations internationales » dans la citation ci-dessus pour illustrer la façon dont les Relations internationales américaines orthodoxes promeuvent sans équivoque le positivisme comme la seule « science » acceptable. Cela ressort également de plusieurs ouvrages récents consacrés à la méthodologie en Relations internationales (Harvey et Brecher, 2002 ; Moaz *et al.*, 2004 ; Sprinz et Wolinsky-Nahmias, 2004).

Les Américains Sprinz et Wolinsky-Nahmias remarquent, avec raison, que le traitement explicite des problèmes méthodologiques en Relations internationales demeure relativement rare et ils annoncent leur intention de « combler cette lacune » par une discussion des « enjeux méthodologiques centraux » qui ont émergé ces dernières décennies de ce qu'ils appellent les « sous-champs substantiels des recherches en Relations internationales » (2004 : 2). Ils le font en se limitant à trois types de méthodologie : la méthode études de cas ; les méthodes quantitatives et les modèles formels. Ce faisant, ils évacuent de ce qu'ils appellent la « recherche en Relations internationales » tous les nouveaux domaines de recherche ouverts par

les approches interprétives, en prétendant, à tort, que ces approches n'ont pas « réellement élaboré leur propre méthodologie » (Sprinz et *ibid.* : 5).

Le manque d'écho que trouve ce monothéisme épistémologique et méthodologique américain en Europe est bien illustré dans les trois éditions d'un manuel de méthodologie en science politique britannique, largement diffusé (Marsh et Stoker, 1995, 2002 et 2010). Dans ce manuel, la méthodologie est clairement placée dans le contexte des théories et des enjeux politiques. L'édition de 2002 commence par une discussion de l'ontologie et de l'épistémologie tout en insistant sur leur interrelation (Marsh et Furlong, 2002 : 18). Les théories et les méthodes abordées dans ce manuel vont du behavioralisme et du choix rationnel à la psychologie politique, au féminisme, en passant par la théorie interprétive, le marxisme et la théorie normative, et en incluant également des chapitres sur les enjeux métathéoriques, les méthodes comparatives, de même que la question de la structure et de l'agence. Les directeurs de cette publication n'ont en aucune façon tenté de valoriser une méthode plus qu'une autre ; et les étudiants sont encouragés à se familiariser avec l'ensemble des approches avant de sélectionner une stratégie épistémologique et les méthodologies qui en découlent. Le contraste avec l'approche de Sprinz et Wolinsky-Nahmias ou avec la bible méthodologique en science politique américaine (King *et al.*, 1994) est non seulement saisissant, mais révélateur.

Ces différences d'attitude quant au rôle de la méthodologie dans l'acquisition de la connaissance ressortent également des revues scientifiques européennes et américaines en Relations internationales. En se basant sur leur propre analyse de tous les articles publiés entre 1975 et 2000 dans six « revues [américaines] les plus influentes dans le champ des relations internationales[1], Sprinz et Wolinsky-Nahmias affirment que les chercheurs en Relations internationales « donnent de plus en plus d'importance à l'analyse systémique [quantitatives et modèles formels] des processus politiques et des événements mondiaux », tout en soulignant que « peu de chercheurs en Relations internationales déploient la recherche multiméthode » (*ibid.* : 6 et 7).

Ces assertions tranchantes de méthodologues américains se fondent sur l'examen de revues exclusivement américaines. Ce que fait le reste du monde ainsi que les méthodes mises en valeur par les analyses publiées dans les revues de prestige en Relations internationales en Europe et ailleurs n'ont pas « mérité » d'être inclus dans la catégorie de ce que Sprinz

---

1. *American Political Science Review, International Organisation, International Security, International Studies Quarterly, Journal of Conflict Resolution, World Politics.*

et Wolinsky-Nahmias appellent «les chercheurs en Relations internationales». De plus, ces derniers négligent ce que l'on pourrait considérer comme la *vraie* «variable indépendante» qui explique la prépondérance des recherches quantitatives publiées par les six revues précitées : les politiques éditoriales de ces revues. Le biais positiviste de longue date de ces revues atteint un point tel qu'il y a plus d'une décennie, les rédacteurs de l'*International Organisation* ont déclaré qu'ils ne publieraient pas de recherches poststructuralistes ni d'autres articles qu'ils jugeraient «hors du champ des sciences sociales [positivistes]» (Katzenstein *et al.*, 1998b : 678).

Bien que nous ne connaissions aucune étude de contenu des revues européennes en Relations internationales comparable à celle de Sprinz et Wolinsky-Nahmias, les listes des cinquante articles les plus lus, publiés respectivement

dans deux des plus influentes et prestigieuses revues européennes en Relations internationales – *The European Journal of International Relations* et *Millennium : Journal of International Studies* – révèlent la prépondérance des recherches basées sur les méthodes interprétives et une absence frappante des études basées sur les méthodes quantitatives ou sur les modèles formels (*EJIR*, 2010 ; *Millennium*, 2010). Dans la même veine, la *Cambridge Review of International Affairs* affiche comme politique éditoriale qu'elle «s'engage à publier une diversité d'approches et de méthodes, et qu'elle encourage les chercheurs à soumettre leur contribution *multi-* et *inter-*disciplinaire». Évidemment, les «chercheurs en Relations internationales» qui publient dans ces revues européennes ne «font» pas les mêmes choses que ceux qui publient dans les revues américaines mises en valeur par Sprinz et Wolinsky-Nahmias.

Pour en savoir plus

A. Général

A.1. Des méthodologies orientées vers le positivisme :

King, G., R. Keohane et S. Verba, 1994, *Designing Social Enquiry : Scientific Inference in Qualitative Research*, Princeton : Princeton University Press. Ouvrage considéré aux États-Unis comme le manuel de base, surtout en ce qui concerne la façon de déployer des méthodes qualitatives de manière «scientifique». Voir Sprinz, D. F. et Y. Wolinsky-Nahmias (dir.), 2004, *Models, numbers, and cases : methods for studying international relations*, Ann Arbor : University of Michigan Press) pour un survol de l'ensemble de ce que les responsables du volume considèrent des méthodologies «scientifiques» en Relations internationales et des illustrations de la manière dont ces méthodes s'appliquent aux études de sécurité, aux études environnementales internationales et en économie politique internationale.

Choix rationnel : Pour une introduction utile, voir, Snidal, D., 2002, «Rational Choice and International Relations», dans Carlsnaes, W. et T. Risse, *Handbook of International Relations*, Londres : Sage, p. 73-94. Une discussion et une mise en application plus élaborées sont présentées dans l'ouvrage classique de Mesquita, Lalman, B. de B. et D. Lalman, 1992, *War and Reason : Domestic and International Imperative*, New Haven : Yale University Press.

Théorie des jeux : Pour une introduction générale succincte (128 pages) du modèle et de sa mise en application dans plusieurs disciplines, voir Eber, N., 2006, *Le dilemme du prisonnier*, Paris : La Découverte. La meilleure exposition de cette approche en Relations internationales demeure Rapoport, A., 1974. *Fights, Games, and Debates*. Ann Arbor : University of Michigan Press. Parmi les études les plus influentes faites selon ce modèle, voir l'œuvre néolibérale classique de Axelrod, R., 1984, *The Evolution of Cooperation*, New York : Basic Books.

Les modèles formels : Une bonne discussion et bibliographie dans Sprinz, D. F. et Y. Wolinsky-Nahmias (dir.), 2004, *Models, numbers, and cases : methods for studying international relations*, Ann Arbor : University of Michigan Press.

La méthode d'études de cas : George, A. L. et A. Bennett, 2005, *Case Studies Research and Theory Development in the Social Sciences*, Cambridge : MIT Press. Corédigé par le chercheur (A. L. George) qui a donné ses lettres de noblesse à cette méthode en Relations internationales ; il s'agit du manuel de base de cette méthodologie.

Processus de dépistage (*process-tracing*) : George, A. L. et T. McKeown, 1985, «Case Studies and Theories of Organizational Decision-Making», dans Coulam, R. et R. Smith (dir.), *Advances in Information Processing in Organizations,* Tome 2, Greenwich: JAI Press, p. 21-58. Voir également George, A. L., et A. Bennett, 2005, *Case Studies Research and Theory Development in the Social Sciences,* Cambridge: MIT Press.

A.2. Des méthodologies interprétives

Pour un excellent survol, voir Moore, C. et C. Farrands (dir.), 2010, *International Relations Theory and Philosophy: Interpretive Dialogues,* Londres: Routledge. Voir également Denzin, N. K. et Y. S. Lincoln (dir.), 1994, *Handbook of Qualitative Research* Thousand Oaks: Sage, et surtout les chapitres suivants: Guba, E. G. et Y. S. Lincoln, «Competing Paradigms in Qualitative Research», p. 105-117; Schwandt, T. A., «Constructivist, Interpretivist Approaches to Human Inquiry», p. 118-137; et Kincheloe, J. L. et P. L. McLaren, «Rethinking Critical Theory and Qualitative Research», p. 138-157.

Analyse du discours: Pour une introduction et un bref historique de cette méthode, voir Mazière, F., 2005, *Analyse du Discours,* Que sais-je? n° 3735 , Paris: PUF. Voir également, Guilhaumou, J., 2002, «Le corpus en analyse du discours: perspective historique», *Corpus,* 1, [http://corpus.revues.org/index8.html]. Pour un manuel en anglais, voir G. Brown et G. Yule, 1983, *Discourse analysis,* Cambridge: Cambridge University Press. Pour sa mise en application en Relations internationales, voir Milliken, J., 1999, «The Study of Discourse in International Relations: A Critique of Research and Methods», *European Journal of International Relations,* 5, 2, p. 225-254.

B. Sur les méthodes aptes à une approche théorique particulière

Réalisme classique: Vasquez, J. A., 1998, *The Power of Power Politics: From Classical Realism to Neotraditionalism,* Cambridge: Cambridge University Press. Excellent guide sur la manière d'opérationnaliser le réalisme.

Libéralisme: Udehn, L., 2001, *Methodological Individualism: Background, history and meaning,* Londres: Routledge. Cet ouvrage présente une bonne introduction à l'orientation méthodologique globale de toutes les formes du libéralisme. Voir également, Petroni, A. M., 2001, «L'individualisme méthodologique», *Journal des Économistes et des Études humaines,* 2, 1 [www.libres.org/francais/articles/method/petroni21c.htm].

Constructivisme: Pour un survol fort intéressant, voir Klotz, A. et C. Lynch, 2007, *Strategies for Research in Constructivist International Relations,* Armonk/Londres, M. E. Sharpe. Klotz a poussé plus avant sa

présentation des méthodologies constructivistes dans Klotz, A. et D. Prakash, 2008, *Qualitative Methods in International Relations: A Pluralist Guide,* Basingstoke: Palgrave Macmillan.

Marxisme: Pour une introduction générale et accessible des principaux enjeux dans la détermination d'une méthode marxiste, voir Little, D., s.d, «Marxism and Method», [www-personal.umd.umich.edu/~delittle/Marxism%20and%20Method%203.htm]. Une discussion plus complexe est présentée par Nowak, L., 1976, «On some interpretation of the marxist methodology», *Journal for the General Philosophy of Science,* 7, 1, p. 141-183. John Elster présente une analyse fort controversée dans le chapitre «Marxist Methodology», de son ouvrage *An Introduction to Karl Marx,* Cambridge: Cambridge University Press, 1986, p. 21-40.

Néogramscisme: Le texte méthodologique de base est celui de Cox, R. W., 1983, «Gramsci, Hegemony and International Relations: An Essay in Method», *Millennium,* 12, 2, p. 162-175. Voir également Bieler, A. et A. D. Morton, 2003b, «Theoretical and Methodological Challenges of neo-Gramscian Perspectives in International Political Economy», *International Gramsci Society Online Article,* [www.international-gramscisociety.org/resources/online_articles/articles/bieler_morton.shtm]

Poststructuralisme: Hansen, L., 2006, *Security as Practice: Discourse Analysis and the Bosnian War,* New York: Routledge. Une excellente présentation sur la façon d'opérationnaliser cette théorie.

Féminisme: Ackerly, B. A., M. Stern et J. True, 2004, *Feminist Methodologies for International Relations,* Cambridge/New York: Cambridge University Press. Pour un plaidoyer qui vise à intégrer les méthodes quantitatives à l'arsenal méthodologique féministe, voir Caprioli, M., 2004, «Feminist IR Theory and Quantative Methodology: A Critical Analysis», *International Studies Review,* 6, p. 653-259.

L'approche bourdieusienne: Grillier, R., 1996, «The Return of the Subject: The methodology of Pierre Bourdieu», *Critical Sociology,* 22, 1, p. 3-28. L'article expose les fondements méthodologiques de la pensée de Bourdieu, tout en gardant un point de vue critique. Voir également Laberge, Y., 2007, «Pierre Bourdieu: La méthodologie, l'épistémologie, l'interdisciplinarité», *Revue canadienne de science politique,* 40, 3, p. 759-767.

Concepts clés en méthodologie

Antifondationnalisme: Attitude épistémologique qui rejette l'idée que l'on puisse établir des bases incontestables à la connaissance.

Choix rationnel: Approche méthodologique qui insiste pour que toute explication des faits et des événements se fonde sur les objectifs imputés à des acteurs individuels et à leurs capacités de les réaliser, tout précisant les contraintes auxquelles ces acteurs sont soumis.

Critique immanente: Critique qui situe la source des erreurs imputées à un texte dans le système de croyances de la théorie qui a généré ce texte (élément clé du processus de rétroduction prôné par le réalisme-critique).

Description dense (*thick description*): Mode d'analyse qui vise à «expliquer ou à comprendre le comportement d'acteurs, le contexte dans lequel ces comportements surviennent et le sens attribué au comportement par l'acteur lui-même et par d'autres acteurs qui se retrouvent dans le même contexte, ainsi que par ceux qui observent l'action» (Moore, 2007: 3).

Empirisme: Approche épistémologique qui prétend que toute connaissance doit être fondée uniquement sur l'expérience, et donc seulement *a posteriori* de toute action.

Empirique: Ce qui peut être perçu par l'un ou l'autre de nos cinq sens.

Épistémologie: Ensemble des prémisses, des principes, des règles et des procédures utilisées pour l'acquisition et l'évaluation de la connaissance: tout ce qui nous permet de répondre à la question «comment le sait-on?»

Études de grande échelle (*large N studies*): Étude basée sur un nombre très élevé de cas, de sujets ou de situations pouvant être analysés par des méthodes quantitatives ou des modèles formels.

Études de petite échelle (*small N studies*): Étude basée sur un nombre restreint de cas, de sujets ou de situations pouvant être analysés par des méthodes qualitatives-chiffrables ou qualitatives-interprétatives.

Falsification: Conception positiviste de la «bonne» façon de tester empiriquement une hypothèse, la falsification cherche à infirmer le nœud causal ou la corrélation postulée par l'hypothèse. S'il ne parvient pas à infirmer ce nœud ou cette corrélation, le chercheur ne peut pas affirmer que l'hypothèse est validée; tout au plus peut-il dire qu'elle reste à être infirmée et que, d'ici à ce que cela soit, l'hypothèse demeure «potentiellement valable».

Fondationnalisme: Attitude épistémologique qui prétend qu'il est possible d'établir des bases incontestables de la connaissance.

Hypothèse: Une hypothèse postule une relation entre des variables indépendantes, intervenantes et dépendantes (voir les définitions de ces trois variables).

Idéalisme ontologique: Le point de vue selon lequel la «réalité» sociale est mise en place, maintenue et changée par et à travers les actions conscientes des agents humains dans le cadre de leurs compréhensions partagées d'eux-mêmes, de leur place dans le monde social et de leurs relations avec d'autres agents humains. N'étant que l'inverse du matérialisme ontologie, l'idéalisme n'est à confondre ni avec le sens commun du mot – rêver d'un monde meilleur – ni avec la caractérisation péjorative faite par la théorie réaliste des courants dits wilsonniens en Relations internationales.

Individualisme méthodologique: «Une attitude épistémologique qui explique tout phénomène social en tant que produit d'une agrégation de décisions individuelles, décisions prises en terme "des caractéristiques, des objectifs et des croyances des individus"» (Elster, 1982: 453).

Intersubjectivité: L'ensemble des compréhensions et des représentations mentales collectivement partagées par les agents sociaux, et à travers lesquelles ces agents se définissent eux-mêmes, c'est-à-dire qu'ils définissent leur place dans le monde, leurs relations avec les autres agents sociaux, les choix qui s'offrent à eux, les modes de raisonnement et les calculs stratégiques à partir desquels ils fondent leurs actions

Matérialisme ontologique: Point de vue selon lequel la «réalité» sociale existe indépendamment et à l'extérieur de la conception humaine de cette «réalité» – ou que cette «réalité sociale» peut être analysée comme si elle existe. À l'inverse de l'idéalisme, le matérialisme n'est à confondre ni avec l'approche épistémologique marxiste connue comme le *matérialisme historique* ni avec l'acception commune du mot, soit une inclination pour la jouissance de biens matériels.

Méthodes qualitatives: Méthodologies qui déploient des procédures standardisées d'«observation et de mesure des occurrences de phénomènes politiques» (John, 2002: 218). Elles dépendent largement d'inférences statistiques pour «agréger l'information tirée d'un très grand nombre de cas» (ce qu'on nomme les études de grande échelle [*large N studies*]), ce qui permet d'extraire «des inférences concernant la réalité basée sur les données et sur les lois de la probabilité» (Braumoeller et Sartori, 2004: 129-30).

Méthodes quantitatives : Méthodologies qui visent à explorer en détail des situations ou des cas particuliers (ce qu'on nomme les études de petite échelle [*small N studies*]). Les méthodes qualitatives cherchent à « expliquer ou à comprendre non seulement le comportement d'acteurs, mais aussi le contexte dans lequel ces comportements surviennent » (Moore, 2007 : 3). Elles produisent « des comptes rendus basés sur les mots », qui deviennent les données à analyser soit en les transformant en nombres (méthode qualitative-chiffrable) soit en interprétant ces comptes rendus (méthode qualitative-interprétative).

Méthodologie : Les techniques, les procédures et les règles que le chercheur déploie pour collecter, évaluer, analyser et valider des données empiriques.

Normativité : Concerne les normes, les jugements de valeur ou les présupposés idéologiques sous-jacents – souvent implicites et parfois non reconnus par le théoricien lui-même – qui accompagnent toute approche théorique.

Ontologie : Se réfère aux éléments (structures, institutions, acteurs, groupes, phénomènes, etc.) qui composent le champ d'études d'une théorie donnée, ainsi qu'à leurs propriétés et aux dynamiques entre eux.

Positivisme : Conception des sciences sociales qui considère que celles-ci doivent être étudiées de la même manière que les sciences naturelles.

Postpositivisme : Conception des sciences sociales qui rejette toute tentative d'assimiler ces dernières aux sciences naturelles, et qui favorise les approches théoriques constitutives ou interprétives.

Questions de recherche ouvertes : Questions qui, au lieu de viser un résultat unique ou une forme particulière de causalité, admettent la possibilité de plusieurs résultats ; elles explorent également les processus qui contribuent au façonnement d'un phénomène, d'un événement ou d'une situation.

Questions transcendantales : Questions reposant sur une abstraction susceptible de permettre au chercheur d'investiguer les structures sous-jacentes non observables qui ont rendu possible un phénomène.

Rétroduction : Point de départ de la méthodologie réaliste-critique, la rétroduction est une forme d'abstraction « par laquelle on explique les événements en postulant et en identifiant les mécanismes sous-jacents capables de les produire » (Sayer, 1992 : 107).

Structuration : La théorie de la structuration « repose sur l'idée que le structurel est toujours à la fois habilitant et contraignant de par la nature même des rapports qui lient nécessairement le structurel et l'action ainsi que l'action et le pouvoir » (Giddens, 1987 [1984] : 226). Dans cette perspective « une société consiste en un ensemble de ressources et de règles récursivement engagées dans l'action par laquelle se reconnaissent ses contraintes structurelles et l'action et le pouvoir de ses propres acteurs » (Hamel, 1997 : §46).

Structures profondes : Notion ontologique réaliste-critique des mécanismes causaux sous-jacents qui sont présumés contraindre et façonner la réalité observable.

Vérification : Forme de test qui cherche à établir si les « faits » empiriques confirment les liens de causalité ou de corrélation postulés dans l'hypothèse. S'ils le font, on dit alors que l'hypothèse est vérifiée. Cependant, les approches positivistes rigoureuses affirment que « la vérification des idées est le piège le plus dangereux en science, car cette démarche tend à négliger les contre-exemples, à repousser toute autre hypothèse et à dorer les paradigmes existants » (Thorp et Itaki, 1982 : 1073).

Variable : Concept susceptible d'avoir des valeurs chiffrables, par exemple « le degré de la démocratie dans un pays » ou « la portion de votes acquis par un parti à une élection » (Van Evera, 1997 : 10).

Variable dépendante : Élément d'une hypothèse qui représente le phénomène, l'événement ou la situation que l'on veut expliquer. Par exemple, dans l'hypothèse « l'alphabétisation entraîne la démocratie » : le degré de démocratie est la variable dépendante (Van Evera, 1997 : 11).

Variable indépendante : Élément d'une hypothèse qui d'une façon ou d'une autre cause, détermine ou conditionne l'action d'une variable dépendante. Par exemple, dans l'hypothèse « l'alphabétisation entraîne la démocratie » : le degré d'alphabétisation est la variable indépendante (Van Evera, 1997 : 10).

Variable intervenante : Variable tierce qui intervient entre la variable indépendante et la variable dépendante. Par exemple, dans l'hypothèse suivante : « le Soleil produit la photosynthèse qui, à son tour, cause la croissance des végétaux » (Van Evera, 1997 : 11), le Soleil est la variable indépendante ; la photosynthèse, la variable intervenante ; et la croissance des végétaux, la variable dépendante.

Le réalisme classique

Alex Macleod

Le réalisme est une famille d'idées querelleuse et dysfonctionnelle (Booth, 2004 : 352).

Dans les débats actuels touchant la gouvernance globale, le réalisme fournit une mine d'or intellectuelle riche pour ceux qui sont sceptiques à l'égard du cosmopolitanisme et ses projets de réforme internationale (Scheuerman, 2009 : 1).

Il n'y a pas de doute : non seulement le réalisme s'est établi comme l'approche théorique dominante des Relations internationales pendant les trois premières décennies qui ont suivi la Deuxième Guerre mondiale, mais il a défini également les contours mêmes de la discipline. Tout le débat sur la théorie des relations internationales depuis 1945 s'est fait à partir des questions soulevées par le réalisme et en suivant sa conception générale des rapports entre les acteurs du **système international**. Il constitue donc la pierre angulaire de ce que nous avons présenté dans le chapitre précédent comme le paradigme hégémonique de la théorie des relations internationales, c'est-à-dire le cadre à l'intérieur duquel a lieu le débat en théorie des relations internationales, du moins aux États-Unis, depuis la fin de la guerre froide.

Le réalisme a beaucoup évolué depuis cette époque. Après avoir tenu le haut du pavé jusqu'aux années 1970, il a été fortement contesté par d'autres approches, certaines inspirées par le libéralisme et d'autres par le marxisme. On peut parler dès lors d'une véritable crise du réalisme qui a provoqué une tentative de le redéfinir à la fois sur le plan épistémologique et sur celui de l'ontologie, tentative qui a pris

le nom de néoréalisme ou de réalisme structurel (voir le chapitre 5). Les différences entre les deux formes de réalisme sont suffisamment importantes pour qu'il soit nécessaire de distinguer clairement entre elles. La première est connue aujourd'hui sous le nom de réalisme *classique* ou *traditionnel*. Pour éviter toute confusion, nous utiliserons le terme de réalisme classique ou celui de réalisme tout court quand nous parlerons de ce premier type de réalisme, celui qui fera l'objet de ce chapitre.

Après avoir présenté brièvement l'historique et la nature floue de ce que Kenneth Waltz (1990) a appelé la *pensée* réaliste, et qu'il opposait à sa *théorie* néoréaliste, nous essayerons de cerner l'épistémologie, forcément toujours présente, mais rarement de façon explicite, pour entrer dans le cœur du réalisme, sa conception du monde des relations internationales, son ontologie. Nous analyserons ensuite l'éthique réaliste. Et dans une dernière section, nous présenterons les tentatives de renouveler le réalisme dans la foulée de l'après-guerre froide. Nous conclurons avec quelques réflexions sur les forces et les faiblesses de cette approche.

1. Historique

Il faut le reconnaître, le réalisme classique souffre d'un problème d'image. En voulant présenter le monde « tel qu'il est », il est souvent synonyme de cynisme aux yeux des non-initiés. On le confond trop facilement avec la *Realpolitik*, cette doctrine qui n'a pour règle de conduite en politique internationale que la *raison d'État*. Pire, le réalisme est souvent perçu comme une vision du monde qui favoriserait le recours à la guerre ou à l'intervention armée pour défendre ou promouvoir les intérêts de l'**État**. Même si le réalisme met la question de la **puissance** au centre de ses préoccupations, comme nous le verrons, analyser le phénomène de la puissance et prôner l'utilisation de la force ne signifient pas du tout la même chose. Ce sont sans doute les attaques des réalistes contre ce qu'ils appelaient l'« idéalisme » de l'entre-deux-guerres, leur méfiance à l'égard des institutions internationales et le pessimisme et le scepticisme qui caractérisent souvent leurs écrits qui créent l'impression d'un manque total de sensibilité envers les grands maux de ce monde.

Et pourtant, quand on regarde de plus près, les réalistes sont eux-mêmes aussi coupables d'idéalisme à leur manière que ceux qui doivent essuyer leurs assauts. Martin Griffiths (1992 : 4) parle de l'« idéalisme nostalgique » de Morgenthau, tandis que Stefano Guzzini (1998 : 1) nous invite à voir l'histoire de la pensée réaliste comme la « tentative, vouée chaque fois à l'échec, de traduire les maximes de la pratique de la diplomatie européenne du XIXᵉ siècle en des lois plus générales d'une science sociale américaine ». Enfin, selon Joel Rosenthal, « analyser la puissance et les rapports de puissance était un moyen pour les réalistes de traiter à la fois les réalités brutales du monde politique et leurs propres idées sur comment le monde *devrait* être » (1991 : 37-38. Italiques dans l'original). Comme ces trois auteurs l'indiquent, malgré ses prétentions de présenter « objectivement » le fonctionnement du monde des relations internationales sans fard, le réalisme est, malgré lui, également une construction sociale qui nous propose une série de prescriptions pour une politique étrangère où la prudence doit toujours prévaloir sur l'aventu-

risme ou sur le risque mal calculé. Cet aspect idéaliste du réalisme s'affirme de la façon la plus explicite dans sa conception de l'éthique internationale.

Adversaires et partisans du réalisme s'entendent pour nier toute aspiration de ce dernier à être une théorie générale des relations internationales. Pour Jack Donnelly (2000 : 74), critique de cette approche, nous sommes obligés de voir le réalisme comme un « *ensemble* de modèles théoriques souvent contradictoires, liés de façon plus ou moins lâche et fondés sur des postulats préthéoriques partagés » (souligné dans l'original). Donnelly fonde son argumentation sur la « multiplicité et l'invariabilité inéluctables » des mobiles des États, et rejoint ainsi le réaliste Raymond Aron (1984 : 29), toujours sceptique devant l'idée d'élaborer des lois générales des relations internationales, quand celui-ci déclare que « faute d'un objectif univoque de la conduite diplomatique, l'analyse rationnelle des relations internationales n'est pas en mesure de se développer en une théorie générale ». Ainsi, il se moque de la tentative de Morgenthau de faire de la puissance le but unique des individus, des partis ou des États, et déclare que « ce n'est pas là une théorie au sens scientifique mais une philosophie ou une idéologie […], une telle proposition ne se prête pas à la falsification et ne peut être considérée même comme une hypothèse scientifique » (Aron, 1967 : 843).

Même certains partisans les plus convaincus du réalisme doutent de ses prétentions à la scientificité. Selon Barry Buzan (1996 : 51), le réalisme « n'a pas été, et possiblement ne sera jamais, ni une approche scientifique unique ni une théorie cohérente unique », tandis que Robert Gilpin (1996 : 6) déclare que le réalisme est essentiellement une « position philosophique » et « n'est pas une théorie scientifique qui est sujette au test de la falsifiabilité et ne peut donc être ni prouvée ni réfutée ». Il serait en fait un « programme de recherche qui contient un noyau central de prémisses à partir desquelles on peut développer une variété de théories et d'explications » (Mastanduno, 1999 : 139). Nous laissons le mot de la fin à un des critiques les plus sévères du réalisme classique, Kenneth Waltz (1990 : 26), pour qui les partisans de ce dernier « n'ont pas réussi à franchir le pas fatidique [qui leur aurait permis d'aller] au-delà du développement de concepts et vers la formulation d'une théorie reconnaissable ».

Beaucoup de réalistes aiment établir une continuité dans l'histoire des Relations internationales qui remonterait à l'historien grec Thucydide, né au Vᵉ siècle avant Jésus-Christ, et qui puiserait ses racines philosophiques chez des auteurs aussi divers que Machiavel, Hobbes, Rousseau et Clausewitz. Cette continuité confirmerait la pérennité de la vision réaliste de la théorie des relations internationales, et donc implicitement la justesse de celle-ci et sa prétention à être *la* théorie des relations internationales. Cependant, comme nous l'avons déjà vu au chapitre 2, l'histoire du réalisme dans les Relations internationales contemporaines commence vraiment avec les attaques contre l'« idéalisme » de l'entre-deux-guerres menées par des auteurs comme le théologien américain Reinhold Niebuhr et l'historien britannique E. H. Carr, et prend son envol avec les écrits et les enseignements de Hans Morgenthau. Ce dernier résume bien la version réaliste de l'histoire de la théorie des relations internationales comme :

l'histoire d'un combat entre deux écoles qui s'opposent fondamentalement dans leur conception de la nature de l'homme, de la société et de la politique. L'une croit que l'on peut réaliser dès maintenant un ordre rationnel et moral, fondé sur des principes abstraits et universellement valables. Elle tient pour acquis la bonté et la malléabilité infinie de la nature humaine, et attribue l'incapacité de l'ordre social d'être à la hauteur des normes rationnelles à l'ignorance et à l'incompréhension, à des institutions sociales désuètes, ou à la perversion de certains individus ou groupes isolés. Elle fait confiance à l'éducation, à la réforme et à l'utilisation sporadique de la force pour remédier à ces défauts.

L'autre école croit que le monde, aussi imparfait soit-il du point de vue rationnel, est le résultat de forces inhérentes à la nature humaine. Pour améliorer le monde, il faut travailler avec ces forces, et non pas contre elles. Comme, par sa nature, le monde en est un d'intérêts opposés et de conflits entre ces derniers, on ne peut jamais réaliser complètement les principes moraux, mais au mieux s'y approcher par un équilibre toujours précaire entre les intérêts et le

règlement toujours précaire des conflits. Cette école voit donc dans un système de freins et de contrepoids un principe universel pour toutes les sociétés pluralistes. Elle fait appel au précédent historique plutôt qu'à des principes abstraits, et vise la réalisation du moindre mal plutôt que celle du bien absolu (Morgenthau, 1960 : 3-4).

La plupart des observateurs seraient d'accord avec Guzzini sur le fait que Morgenthau, grâce surtout à son ouvrage le plus connu, *Politics Among Nations* (paru en six éditions entre 1948 et 1985), a défini « les frontières paradigmatiques de la discipline » des Relations internationales (Guzzini, 1998 : 27). Dès le premier chapitre de son grand ouvrage, Morgenthau annonce les « six grands principes du réalisme politique » qui sont devenus une sorte de *credo*, une référence fondamentale du réalisme classique, qui établit l'essentiel de son épistémologie, de son ontologie et de son éthique (voir l'encadré 4.1) D'entrée de jeu, Morgenthau définit le réalisme comme une théorie du politique et du diplomatique, et néglige délibérément l'économique et le social. C'est d'ailleurs cette vision ontologique des Relations internationales qui a été adoptée par la plupart des réalistes, y compris Kenneth Waltz, du moins jusqu'à la tentative de Robert Gilpin (1975, 1987) d'introduire une économie politique internationale réaliste.

L'impact de Morgenthau sur la pensée réaliste est énorme, mais il n'a jamais réussi à imposer une version unique, qui aurait pu constituer un véritable paradigme. Avant tout, les six principes « reflétaient l'humeur intellectuelle de l'époque » (Burchill, 2001 : 80). Cela dit, Morgenthau a esquissé la direction vers laquelle la pensée réaliste se dirigerait dorénavant, surtout aux États-Unis, et est devenu l'auteur par qui partisans et adversaires du réalisme se définissent. Comme nous le verrons dans la prochaine section, il est possible de tracer les lignes d'un consensus réaliste minimal qui s'est développé au cours des vingt-cinq années qui ont suivi la publication de la première édition de *Politics Among Nations*. Mais un consensus minimal sur une certaine façon d'envisager les relations entre États ne suffit pas en soi pour établir les fondements solides d'un véritable paradigme.

Encadré 4.1
Les six principes du réalisme politique selon Hans Morgenthau

1. « Le réalisme politique croit que la politique, comme la société en général, est gouvernée par des lois objectives qui ont leurs racines dans la nature humaine. »

2. « Le principal poteau indicateur qui aide le réalisme politique à trouver sa voie à travers le domaine de la politique internationale est le concept d'intérêt défini en termes de puissance. »

3. « Le réalisme ne dote pas son concept clé d'intérêt défini comme puissance d'une signification fixée une fois pour toutes. »

4. Le réalisme est « conscient de l'inéluctable tension entre l'impératif moral et les exigences de l'action politique réussie ».

5. « Le réalisme politique se refuse à identifier les aspirations morales d'une nation particulière avec les lois morales régissant l'univers. »

6. « La différence entre le réalisme politique et les autres écoles de pensée est réelle et profonde. »

Source: Morgenthau, 1960: 4-12

---

2. Épistémologie

Les réalistes classiques n'ont jamais exploré en profondeur la question de l'épistémologie. Il n'est donc pas étonnant que l'on retrouve chez eux un mélange d'approches épistémologiques plutôt qu'une vision précise sur ce sujet. La conception des réalistes classiques de l'acquisition de la connaissance est marquée par le pessimisme, le scepticisme et la méfiance à l'égard du rationalisme des philosophes du XVIIIᵉ siècle, qui croyaient que la raison humaine était capable de tout comprendre. Ironiquement, l'adoption d'une telle position devrait rapprocher ces partisans de la théorie explicative du camp des antifondationnalistes, sauf qu'ils proposent en même temps une ontologie clairement fondée sur des prémisses, à leurs yeux non discutables, position que rejette l'antifondationnalisme.

Selon Morgenthau (1946: 5), cette philosophie rationaliste a tout simplement mal compris « la nature de l'homme, la nature du monde social et la nature de la raison elle-même ». Le corollaire de ce rejet du rationalisme est le refus de traiter le monde social comme celui des sciences naturelles, et donc de l'idée qu'il existe « une vérité, la vérité de la science, et en la connaissant l'homme saurait tout » (126). Contrairement aux principes de la science, qui sont « toujours simples, cohérents et abstraits », le monde social est « toujours compliqué, incongru et concret.

Appliquer ces premiers à ce dernier est ou bien futile [...] ou bien fatal » (10).

Pourtant, dans le premier de ses « six principes du réalisme », Morgenthau parle des « lois objectives » qui gouverneraient la politique et la société, ce qui semble indiquer qu'il favorise une approche scientiste envers l'étude des relations internationales. Il déclare même que le réalisme croit en « la possibilité de distinguer en politique entre la vérité et l'opinion — entre ce qui est vrai objectivement et rationnellement, soutenu par la preuve, et ce qui n'est que jugement subjectif, divorcé des faits tels qu'ils sont et fondé sur le préjugé et la tendance à prendre ses désirs pour la réalité » (Morgenthau, 1960: 4). Manifestement, il y a une certaine ambivalence chez lui au sujet de l'empirisme. On doit parler, dans son cas, plus d'une vague aspiration vers le scientisme que d'une tentative soutenue de mettre les Relations internationales sur la voie du positivisme[1].

---

1. Cela dit, pour certains auteurs, Morgenthau est un des pères du positivisme en Relations internationales. Par exemple, Hollis et Smith (1991: 10) prétendent que son approche réaliste « tentait de créer une science des relations internationales. Cela en faisait une façon essentiellement *positiviste* d'analyser les événements, puisqu'elle dépendait d'une notion de forces sous-jacentes qui produisaient le comportement. » Ils signalent toutefois aux lecteurs qu'ils devraient être conscients « qu'il y a plus de place pour la contestation [de cette interprétation] que le suggère notre esquisse » (nos italiques). Pour notre part, les aspirations vaguement empiristes de Morgenthau ne suffisent pas pour le considérer

Quand on regarde de plus près la conception de la théorie de Morgenthau, on se rend compte que son approche épistémologique est avant tout *pragmatique*. On ne doit pas juger une théorie par « un quelconque principe préconçu et abstrait ou un concept sans aucun lien avec la réalité, mais par son but : apporter de l'ordre et du sens à une masse de phénomènes, qui, sans elle, resteraient isolés et incompréhensibles ». Elle doit satisfaire une épreuve empirique et une épreuve logique : « Les faits tels qu'ils sont se prêtent-ils à l'interprétation que la théorie leur a donnée, et les conclusions auxquelles la théorie arrive découlent-elles avec une nécessité logique de ses prémisses ? » (Morgenthau, 1960 : 4)

Bien qu'ils insistent sur les leçons de l'expérience et sur les besoins de fonder l'analyse sur les faits, tous les auteurs des « grands classiques » du réalisme puisent leurs données historiques dans l'histoire politique et diplomatique et dans l'actualité, deux domaines où règnent l'interprétation et l'intuition. Ainsi, Aron (1984 : 16) déclare qu'« en allant de la théorie formelle à la détermination des causes, puis à l'analyse d'*une conjoncture précise* » il espère « illustrer une méthode, applicable à d'autres objets, montrer à la fois les limites de notre savoir et de nos choix historiques » (nos italiques). Il s'agit d'un procédé typiquement déductif. C'est vrai aussi de Morgenthau, du moins dans sa conception générale de la construction de la théorie, puisque dès son premier principe du réalisme politique, il annonce que la « politique, comme la société en général, est gouvernée par des lois objectives ».

Enfin, en dépit de son rejet du rationalisme du siècle des Lumières – position que ne partagent pas tous les réalistes classiques, notamment Raymond Aron – Morgenthau, comme tous les autres réalistes, ne peut s'empêcher d'énoncer un certain nombre de postulats *a priori* (qui précèdent donc l'expérience et ne se prêtent pas à la réfutation), des données immuables, sur lesquels se construit l'essentiel de sa

---

comme un partisan du positivisme, et encore moins de la conception des méthodologies associées avec le positivisme en Relations internationales.

théorie, et que nous retrouverons dans l'ontologie du réalisme.

3. Ontologie

Une des forces apparentes du réalisme classique serait l'accord général entre ses partisans sur ce qui constitue l'essentiel du monde des relations internationales. Mais quand nous regardons de plus près, nous nous rendons compte qu'il existe aussi suffisamment de divergences profondes sur des points fondamentaux pour que nous puissions parler de réalisme*s*, même parmi les réalistes classiques. Tout au plus, on peut parler d'un consensus minimal qui dote le réalisme d'une grande souplesse qui est à la fois sa plus grande force, puisqu'il semble toujours capable d'apporter une réponse à ses détracteurs, mais aussi sa plus grande faiblesse pour ceux qui voudraient en faire *la* théorie des relations internationales.

Au risque de trop simplifier une situation assez complexe, on peut distinguer d'abord entre réalistes *individualistes* et réalistes *systémistes*. Selon les premiers, on doit partir de l'analyse des acteurs qui constituent ensemble le système international, c'est-à-dire les États. Selon certains d'entre ces derniers, notamment Morgenthau (1946, 1960) et Niebuhr (1932), les États représentent essentiellement une extension de la nature humaine, qui est foncièrement mauvaise. Selon les *systémistes*, par contre, on doit expliquer les relations interétatiques par la nature du système international lui-même, sans toutefois ignorer l'impact de la nature des régimes politiques sur le fonctionnement du système. Le théoricien français Raymond Aron (1972 : 202), pour qui les « modalités, constantes à travers l'histoire, de l'organisation politique de l'humanité suffisent à expliquer la précarité de la paix et la fréquence des guerres », est un des représentants les mieux connus de cette conception des relations internationales. Certains systémistes, tels que Robert Gilpin (1981) et A. F. K. Organski (1958), soulignent la nature cyclique de l'évolution des relations internationales, qui deviennent dès lors une forme de tragédie, ayant une logique implacable dont on ne peut jamais s'échapper. Cette idée a été reprise notamment par l'historien britannique Paul

Kennedy dans son livre *Naissance et déclin des grandes puissances*.

Enfin, il ne faut jamais perdre de vue le fait que le réalisme contemporain a été fondé par des penseurs et des historiens motivés en premier lieu par un désir d'apporter de l'ordre dans la conduite de la politique étrangère, surtout dans le cas des États-Unis et de la Grande-Bretagne. Le réalisme classique est donc autant un plaidoyer et un guide pour une bonne politique étrangère qu'une réflexion sur la nature des relations internationales. C'est d'ailleurs une des grandes ironies du réalisme américain qu'à quelques exceptions près, notamment celles de la présidence de Richard Nixon, fortement marquée par la présence d'Henry Kissinger, et de George Bush père, la politique étrangère des administrations américaines a souvent oscillé entre le libéralisme internationaliste et le libéralisme interventionniste. Des expressions telles que l'« empire du mal », l'« axe du mal », « notre mission » ne font pas partie du langage du réalisme.

Dans ses « six principes du réalisme politique », Morgenthau proposait une ontologie plutôt vague, qui se résumait en fait en trois idées centrales : l'autonomie du politique par rapport aux autres phénomènes sociaux ; l'immuabilité de la nature humaine ; le concept d'**intérêt national**, défini en termes de puissance, comme guide du comportement des États, concept qui n'a pas de « signification fixée une fois pour toutes ». Il serait cependant injuste de limiter l'ontologie de Morgenthau à ces quelques traits. Manifestement, le monde de Morgenthau était habité par des États, seuls acteurs internationaux significatifs, qui évoluent dans un système anarchique et qui doivent suivre leur intérêt national, défini en termes de puissance. La notion d'intérêt national, objet d'une critique féroce de la part d'Aron (1984 : 28-29), suppose que les États, ou du moins leurs dirigeants, agissent comme des acteurs rationnels. C'est quand nous essayons de définir avec précision les concepts de cette ontologie que nous nous rendons compte des difficultés inhérentes à toute tentative d'ériger le réalisme classique en paradigme.

68

Un échantillon des diverses versions des « principes fondamentaux » du réalisme suffira pour démontrer que, malgré des traits semblables entre elles, des divergences ontologiques profondes entre réalistes demeurent, et que nous pouvons tout au plus indiquer les concepts clés qui pourraient faire partie d'un consensus réaliste, concepts dont le sens et la définition peuvent varier d'un auteur à l'autre.

On peut diviser les tentatives de définir les concepts fondamentaux du réalisme entre celles qui offrent une interprétation minimaliste de son ontologie, en la résumant en quelques notions essentielles, et celles qui proposent une vision plus étayée. Parmi les interprétations minimalistes, on trouve celle de Robert Gilpin (1996 : 7-8), qui met de l'avant les trois idées : 1) la primauté de ce qu'il appelle les « groupes de conflit » parmi les acteurs internationaux ; 2) ces groupes sont motivés en premier lieu par leur intérêt national, en particulier la **survie** ; 3) « dans un monde caractérisé par l'**anarchie** politique et les intérêts concurrentiels, la puissance et les relations de puissance sont le trait fondamental des affaires internationales et de la vie politique en général ».

Selon le néolibéral Robert Keohane (1986b : 164-165), le réalisme se fonde sur un « noyau dur » de trois postulats : 1) le postulat stato-centré, les États sont les acteurs les plus importants de la politique mondiale ; 2) le postulat de la rationalité, qui présume que l'on peut analyser la politique mondiale comme si les États étaient des acteurs unitaires et rationnels ; 3) le postulat de la puissance, qui prétend que les États cherchent la puissance, c'est-à-dire la capacité d'influencer les autres et les ressources qui leur permettent d'exercer de l'influence, et calculent leurs intérêts en termes de puissance (et de pouvoir).

Enfin, John Vasquez (1998 : 37), critique du réalisme, prétend lui aussi que celui-ci repose sur trois postulats : 1) les États-nations ou ceux qui y prennent les décisions sont les acteurs les plus importants pour comprendre les relations internationales ; 2) il existe une distinction nette entre politiques interne et internationale ; 3) les relations internationales sont la lutte pour la puissance et la paix. Comprendre comment et pourquoi elle se produit, et suggérer des moyens pour la réguler constituent l'objectif de la discipline.

Parmi ceux qui proposent un schéma plus extensif, nous citerons Joseph Grieco, John Mearsheimer, deux néoréalistes déclarés, et Dario Battistella. Pour Grieco (1988 : 488), le réalisme comprend cinq propositions : 1) les États sont les acteurs principaux des affaires mondiales ; 2) l'environnement international punit sévèrement les États qui négligent la protection de leurs intérêts vitaux ou qui poursuivent des objectifs qui dépassent leurs moyens ; les États agissent comme des agents unitaires et rationnels ; 3) la force principale derrière les mobiles et les actions des États est l'anarchie internationale ; 4) les États sont préoccupés par la puissance et la **sécurité**, prédisposés au conflit et à la concurrence, et souvent ne coopèrent pas, même face à des intérêts communs ; 5) les institutions internationales n'affectent que marginalement les perspectives de coopération.

Mearsheimer (1994/95 : 10-12) présente ce qu'il appelle «la vision pessimiste du fonctionnement du monde du réalisme» qui peut être déduite à partir des cinq prémisses au sujet du système international : 1) le système international est anarchique, au sens où il n'y a aucune autorité centrale au-dessus des États ; 2) les États possèdent tous une capacité militaire offensive qui leur donne le nécessaire pour faire du mal et possiblement pour se détruire ; 3) les États ne peuvent jamais être certains des intentions des autres États ; 4) le mobile fondamental qui anime les États est la survie ; 5) les États agissent selon une rationalité instrumentale. Ensemble ces cinq prémisses «peuvent inciter les États à penser et parfois à agir de façon agressive», ce qui résulte en trois modes de comportement, que l'on peut considérer comme trois prémisses secondaires du réalisme vu par Mearsheimer : a) dans le système international, les États se craignent ; b) chaque État cherche à assurer sa propre survie ; c) les États cherchent à maximiser leur position de puissance relative par rapport à d'autres États.

Battistella (2009 : 123-125) adopte une approche semblable en distinguant ce qu'il appelle les quatre propositions principales et les quatre propositions

secondaires du réalisme. Les premières comprennent : 1) l'état d'anarchie des relations internationales est synonyme d'état de guerre ; 2) les acteurs principaux des relations internationales sont les groupes de conflits, qui sont essentiellement les États-nations organisés territorialement depuis l'existence du système interétatique westphalien ; 3) les États-nations sont des acteurs rationnels, qui cherchent à maximiser leur intérêt national défini en termes de puissances ; 4) l'**équilibre des puissances** est le seul moyen de régulation susceptible d'assurer une stabilité et un ordre internationaux toujours précaires. De ces propositions principales, on peut déduire les quatre idées secondaires : a) le recours à la guerre est un moyen légitime de la politique extérieure, qui ne peut être jugée selon les critères éthiques applicables aux individus ; b) les organisations internationales et les entités non étatiques ne sont pas des acteurs internationaux autonomes ; c) la politique extérieure prime sur la politique intérieure ; d) l'existence et l'effectivité du droit international et des institutions de coopération dépendent de leur conformité aux intérêts des États les plus puissants.

Comme ces différentes versions de l'essence du réalisme l'indiquent, il serait très difficile d'en distiller un consensus autour de propositions sur lesquelles tous les réalistes classiques pourraient s'entendre, et qui formeraient la matrice ontologique, le dénominateur commun minimal, du réalisme classique. Dans ce qui suit, nous tâcherons de distinguer les points que l'on trouve dans la plupart des textes des réalistes classiques et de présenter les débats et les critiques qu'ils ont suscités.

3.1 Une approche de la politique internationale

La plupart des réalistes classiques parlent spécifiquement du réalisme *politique*, et excluent donc automatiquement les questions concernant l'économie, le commerce ou les classes sociales de leur analyse. D'autres, comme Carr ou Aron[2], conscients pourtant

---

2. Nous sommes très conscients du fait que ni Carr ni Aron ne peuvent être classés simplement comme des réalistes classiques. Carr était avant tout un historien très influencé par le marxisme, et qui insistait, même dans le texte que l'histoire officielle cite toujours comme un des ouvrages fondateurs

de l'importance d'autres dimensions des relations internationales, privilégient les aspects politiques des rapports entre les États ou bien implicitement, comme dans le cas du premier, ou bien plus explicitement dans le cas du second. Ainsi, Aron (1984 : 113-119) distingue entre ce qu'il appelle le système international, «l'aspect interétatique de la société à laquelle appartiennent les populations, soumises à des souverainetés distinctes», et qui est relativement autonome par rapport à la société transnationale, qui, elle, est celle des échanges commerciaux, des migrations, etc. La préoccupation de la politique internationale reflète l'importance que les réalistes classiques attachent à la politique étrangère dans son sens traditionnel, celui du domaine de la *high politics*, de la diplomatie et de la sécurité. Cette restriction sur ce qui doit constituer l'objet d'étude des relations internationales est particulièrement visée par les critiques libérales et marxistes de l'ontologie réaliste.

3.2 La séparation entre système politique intérieur et système international

Pour les réalistes, l'autonomie de la politique internationale par rapport à la politique intérieure est une condition fondamentale pour la création d'une discipline des Relations internationales. En fait, toutes les prémisses du réalisme classique et du néoréalisme découlent de ce postulat. Cela ne veut pas dire que les réalistes classiques ne s'intéressent pas à ce qui se

passe à l'intérieur des États, mais plutôt que la politique internationale évolue dans une situation très différente de la politique intérieure, celle de l'anarchie. Les règles de conduite qui régissent la politique intérieure ne s'appliquent plus, ou plus de la même façon, dans les relations entre États. Aron (1967 : 846) se distingue de nouveau parmi les réalistes classiques en affirmant que les «régimes intérieurs des acteurs collectifs constituent une des variables du système international et l'homogénéité ou l'hétérogénéité du système dépend de la parenté ou de l'opposition entre les régimes intérieurs des différents acteurs». Il les rejoint cependant en insistant sur la distinction entre les règles de fonctionnement des régimes internes et ceux du système international.

3.3 La nature anarchique des relations internationales

La question de la nature des relations entre les acteurs du système international, qui n'est même pas abordée dans la plupart des schémas que nous avons cités plus haut, est considérée comme une donnée immuable par tous les réalistes classiques. Elle est le contexte implicite dans lequel se passent les relations internationales, et dont découle notamment la conception réaliste des rapports fondamentalement conflictuels entre les acteurs internationaux. Cette anarchie ne signifie nullement une situation de chaos, mais tout simplement l'idée qu'il n'existe pas d'autorité centrale qui régisse les relations entre États souverains, capable d'imposer sa volonté de façon légale sur ces derniers. Tout en étant l'état de la nature tel qu'il a été dépeint par Hobbes et Rousseau, l'anarchie est aussi un ordre international. La plupart des réalistes souscriraient sans doute à la description de cet ordre proposé par Raymond Aron (1972 : 204) quand il prétend que l'histoire

> a progressivement fait surgir de l'anarchie, propre à tous les systèmes internationaux, un ordre incertain, favorable à la limitation des conflits armés, soumis à une oligarchie camouflée sous une phraséologie démocratique.

> Cet ordre résulte d'abord d'une quasi-réglementation de la violence interétatique, réglementation originale comme la conjoncture historique elle-même.

du réalisme moderne, sur le fait qu'il fallait aller au-delà de la «stérilité» du réalisme et de la «naïveté» de l'idéalisme (Carr, 1946 : 12). Par son insistance sur la nécessité d'aller au-delà des apparences, Carr peut être considéré comme un des précurseurs de la théorie critique. Aron était à la fois sociologue, philosophe et commentateur politique, auteur d'un des plus grands classiques de la théorie des relations internationales rédigés en français, et qui rejetait les prétentions scientistes des réalistes américains, en particulier l'idée de fonder l'analyse du comportement des États sur la notion de l'intérêt national. Tout en gardant à l'esprit ces réserves, nous reconnaissons que ces deux auteurs appartiennent tout de même en grande partie à la tradition réaliste, dans la mesure où ils rejetaient toute forme d'utopisme, et partageaient le pessimisme caractéristique de la plupart des réalistes classiques. En outre, Aron et, dans une moindre mesure, Carr acceptaient l'essentiel de l'ontologie du réalisme, notamment les États comme les acteurs principaux d'un système international essentiellement anarchique.

Un des modèles qui a été utilisé pour illustrer et confirmer les conséquences de l'anarchie pour le comportement des États est celui du dilemme du prisonnier. Ce dernier appartient à la théorie des jeux, développée par des mathématiciens rattachés à la RAND Corporation au cours des années 1940 et 1950, en vue de simuler les options de la stratégie nucléaire, et adoptée ensuite en science économique[3]. Les réalistes se sont servis du dilemme du prisonnier pour démontrer que malgré les avantages de la coopération, dans un contexte d'anarchie où règne la méfiance des uns à l'égard des autres, les États n'auront d'autre choix que de suivre non pas la voie qui maximisera leurs propres bénéfices, mais celle qui minimisera leurs coûts.

Selon la version classique de ce dilemme, deux criminels, Dupont et Smith, soupçonnés d'avoir participé au même crime, sont arrêtés. Ne disposant pas de preuve suffisante pour les faire condamner pour ce crime, passible de trois ans de prison, la police propose de les inculper tous les deux pour un méfait secondaire, pour lequel elle a déjà assez de preuves, mais passible seulement d'un an de prison. Ce qui sera leur sentence s'ils se taisent tous les deux. Elle décide cependant de les interroger séparément, et de leur faire la même offre : celui qui accepte de témoigner contre l'autre sera libéré, et son partenaire écopera d'une sentence de trois ans. Par contre, si les deux avouent leur crime, chacun passera deux ans en prison. Ils ne peuvent communiquer entre eux, et chacun doit donc se décider sans connaître la décision de l'autre. Chacun sait que l'autre a reçu la même offre. On considère la décision de se taire comme de la coopération (entre prisonniers) et celle de témoigner ou d'avouer comme de la désertion (de l'un par rapport à l'autre), les coûts et les bénéfices pour chacun en termes des sentences possibles se présentent comme suit, où le premier chiffre dans chaque cellule correspond au résultat du choix stratégique de Dupont.

Manifestement, la solution la plus rentable pour Dupont serait de déserter (témoigner), mais à condi-

<hr />

3. En comptant le dilemme du prisonnier, il existe en tout 78 types de jeu comprenant deux personnes et deux stratégies (Poundstone, 1992 : 129).

Tableau 4.1
Dilemme du prisonnier

Dupont \ Smith	coopérer (se taire)	déserter (témoigner/ avouer)
coopérer (se taire)	CC 1 an, 1 an	CD 3 ans, 0 an
déserter (témoignage/avouer)	DC 0 an, 3 ans	DD 2 ans, 2 ans

C = coopération
D = désertion

Adapté de Poundstone (1992 : 118).

tion que Smith n'en fasse pas autant, ce qui semble peu probable (choix DC). Malheureusement pour eux, comme aucun des deux ne peut être absolument sûr du choix de l'autre, l'incitation à coopérer, c'est-à-dire de se taire tous les deux, ce qui leur donnerait tout de même à chacun son deuxième meilleur choix, est minimale (choix CC). Ils opteront donc, comme acteurs rationnels, et en absence de toute information sur la décision prise par l'autre, pour leur troisième meilleur choix, celui d'avouer tous les deux – la désertion mutuelle (choix DD) – ce qui leur assure quand même plus de bénéfices (un an de moins en prison) que si l'un ou l'autre restait seul à ne pas témoigner. C'est ainsi que chacun résout le dilemme, même si une meilleure solution, plus rentable pour les deux, existe. Chacun des deux prisonniers est pleinement conscient de tous les avantages rattachés à la coopération, mais la logique de la situation les obligerait tous les deux à déserter, à choisir la solution la moins mauvaise, et la seule option absolument sûre. Autrement dit, face aux incertitudes de la coopération, on choisit la sécurité. Au lieu de chercher la solution optimale de ce dilemme, l'homme rationnel préférera toujours éviter le pire.

L'analogie avec le comportement des États évoluant dans les conditions d'anarchie qui caractérisent le système international est évidente. Pour le réaliste, la coopération serait naturellement préférable à la désertion et profiterait à tout le monde, mais elle est tout simplement impossible à réaliser. Cependant, tout le monde n'arrive pas à la même conclusion en ce qui concerne les leçons du dilemme du prisonnier. Les institutionnalistes néolibéraux, comme nous le verrons au chapitre 8, en tireront des conclusions très différentes, qui démontreraient que la coopération est non seulement souhaitable mais qu'elle est aussi tout à fait réalisable.

Une version de ce modèle particulièrement importante pour le réalisme est le **dilemme de la sécurité**, lancé par John Herz (1950). Selon celui-ci, chaque État se méfie de ses semblables et ne peut compter que sur ses propres moyens pour assurer sa survie, et donc sa sécurité, dans un système international anarchique. Il s'ensuit que chaque démarche pour renforcer sa propre défense sera perçue comme une menace potentielle par les autres États, qui se verront obligés à leur tour à prendre des mesures pour se protéger contre cette menace, et ainsi de suite. La question du dilemme de la sécurité, réel ou appréhendé, est au cœur des débats entre réalistes et leurs critiques.

Raymond Aron introduit quelques nuances dans cette image plutôt sombre des relations internationales, fondée sur une vision assez simpliste de la nature humaine. Il propose une distinction fondamentale entre systèmes internationaux *homogènes* et *hétérogènes*. Les systèmes homogènes sont « ceux dans lesquels les États appartiennent au même type, obéissent à la même conception de la politique » et seraient relativement stables, tandis que les systèmes hétérogènes sont ceux où « les États sont organisés selon des principes autres et se réclament de valeurs contradictoires » et souffriraient d'une instabilité inhérente (Aron, 1984: 108-110). Aron introduit ainsi la notion de l'existence de sous-systèmes, ayant chacun sa propre logique, à l'intérieur du système global. Comme nous le verrons au prochain chapitre, l'attribution de la stabilité ou de l'instabilité internationale à la nature des valeurs partagées par les acteurs du système, et sa préférence pour une analyse qui met l'accent sur la logique des sous-systèmes plutôt que sur celle de la logique du système global, mettront Aron directement en contradiction avec les néoréalistes, pour qui l'anarchie est beaucoup plus qu'une

simple condition des rapports interétatiques. Elle est une structure qui régit toutes les relations entre les acteurs internationaux.

3.4 *Les acteurs principaux du système international*

Conformément à sa vision cyclique de l'histoire des relations internationales, Robert Gilpin (1996: 7) prétend que celles-ci se sont toujours passées entre des « groupes de conflit », dont la nature « a cependant changé au cours des millénaires en réponse aux développements économiques, technologiques et autres ». Cette notion de « groupes de conflit » serait sans doute contestée par plusieurs réalistes, à commencer par Aron, parce qu'elle implique que la tendance vers le conflit viendrait de l'intérieur du groupe, qu'elle serait inhérente, plutôt qu'une conséquence de la condition anarchique des relations internationales. Il n'empêche que tous s'entendent sur l'idée que ces relations sont conduites par des unités sociopolitiques autonomes organisées sur une base territoriale et que depuis les débuts du système westphalien, donc depuis le milieu du XVIIᵉ siècle, l'État est devenu l'unité sociopolitique de base du système international, du moins pour le moment[4]. Cela ne signifie pas qu'il n'existe pas d'autres acteurs dans le système, à commencer par les organisations internationales, mais elles sont incapables de mener une action autonome. Elles dépendent de la volonté des États et donc du rapport de force entre ces derniers.

4. Cependant, Morgenthau (1960: 10) ne voyait rien d'éternel dans l'existence de l'État: « Rien dans la position réaliste ne milite contre la supposition que la division actuelle du monde politique en États-nations sera remplacée par des unités d'un caractère très différent, plus en accord avec les potentialités technologiques et les exigences morales du monde contemporain. » E. H. Carr (1946: 231) est allé encore plus loin. Tout en ayant déclaré dans la première édition de son livre que les unités de groupe survivraient sous une forme quelconque comme les dépositaires de la puissance politique, il a reconnu, dans la préface de la deuxième édition de *The Twenty Years' Crisis*, que la « conclusion semble s'imposer maintenant [en 1946] à tout observateur neutre que le petit État-nation est maintenant dépassé ou en train de l'être et qu'aucune organisation internationale opérationnelle ne peut être bâtie sur l'adhésion d'États-nations » (Carr, 1946: viii). Par contre, pour Aron (1984: 395), l'État-nation était « bien loin d'être historiquement dépassé ».

3.5 La souveraineté nationale

La souveraineté est la caractéristique *sine qua non* des États dans le schéma réaliste. Cette souveraineté est avant tout une qualité juridique qui présume que chaque État, en tant qu'unité sociopolitique territoriale, est géré par une entité politique qui détient, pour reprendre la formule consacrée de Max Weber, le monopole de l'exercice de la violence légitime sur un territoire dont les frontières sont reconnues légalement, ou implicitement, par les autres membres du système international. Aucun réaliste ne croit possible de changer facilement cette situation. Pour Raymond Aron (1972 : 202), envisager la transformation d'un système d'États jouissant de la souveraineté nationale en une « souveraineté mondiale unique » était impensable, puisqu'elle serait « mutation *de* l'histoire et non pas mutation *dans* l'histoire » (souligné dans l'original). À peine moins pessimiste, Morgenthau (1960 : 539) pensait que l'État mondial était à la fois inaccessible et pourtant « indispensable pour la survie du monde », tant que l'on n'aurait pas créé les conditions préalables à une paix permanente. Quant à E. H. Carr (1946 : 230-232), il prévoyait seulement que le concept de souveraineté deviendrait de plus en plus flou. En fait, au-delà de ce refus de contempler la possibilité de la fin de la souveraineté, la théorie réaliste fait du respect de la souveraineté nationale un véritable principe du bon fonctionnement du système international, qui comprend en premier lieu la non-ingérence par un État dans les affaires d'un autre, à moins que celui-ci ne menace de façon claire et indiscutable les intérêts nationaux fondamentaux du premier.

3.6 L'État, acteur rationnel

Pour Buzan, (1996b : 54-55) « toute la logique de la politique de la puissance [du réalisme] repose sur le postulat de la rationalité », et sans ce postulat « il n'y aucune façon évidente de modeler le comportement des acteurs, et sans modèles il n'y a pas de chemin évident vers la théorie cohérente ». Cette interprétation du réalisme est contestée par Miles Kahler (1999 : 284), qui prétend que le « rapport du réalisme classique au modèle rationnel du comportement des

États est plus ténu que les réalistes modernes ne veulent le reconnaître » et émet des doutes semblables sur l'importance de la notion de choix rationnel pour la théorie néoréaliste de Kenneth Waltz. Randall Schweller (2003 : 284), en s'appuyant sur les écrits de Morgenthau et de Waltz, abonde dans le même sens. Raymond Aron (1984 : xiii) avouera dans la préface de la dernière édition de *Paix et guerre* qu'il a eu tendance à surestimer la rationalité des acteurs et à sous-estimer ce qu'il appelle l'« envers » de l'action extérieure, les changements socio-économiques et la psychologie individuelle des décideurs.

Cela dit, dans la mesure où certains réalistes, à l'instar de Robert Gilpin, ont mis la rationalité du comportement des États au centre de leur approche théorique, ils sont unis par une conception purement instrumentale de la rationalité, qui met l'accent sur le calcul des coûts et des bénéfices matériels et moraux d'une action[5]. Les États deviennent dès lors des « acteurs unitaires et rationnels », ce qui nous permet d'ignorer les mobiles individuels des dirigeants ou des luttes entre individus, ministères ou factions de partis dans l'élaboration de la politique étrangère puisque le résultat de ces différentes contributions sera un comportement international compatible avec les principes de la rationalité instrumentale.

3.7 La puissance

Pour tous les réalistes, les relations interétatiques sont avant tout des rapports fondés sur la puissance, et principalement la puissance militaire. Carr (1946 : vii) a reconnu que l'objectif principal de *The Twenty Years' Crisis* a été de « contrer le défaut manifeste et dangereux de presque toute la pensée, à la fois universitaire et populaire, au sujet de la politique internationale dans les pays de langue anglaise de 1919 à 1939 – *la négligence presque totale du facteur de la puissance* » (nos italiques). Tout en déclarant que la puissance en politique internationale peut être séparée entre puissance militaire, puissance économique

73

---

5. Ainsi, Gilpin (1981 : x) définit la rationalité de la façon suivante : « les individus cherchent à maximiser, ou du moins à satisfaire, certaines valeurs ou certains intérêts au coût le plus bas possible pour eux-mêmes ».

et ce qu'il appelle le pouvoir sur l'opinion publique, comme la plupart des réalistes, il considère cependant que « [d]ans son essence, la puissance est un tout indivisible » (1946 : 108).

Morgenthau et Aron sont également frappés par la persistance de la puissance comme trait fondamental de la politique internationale. Tous les deux distinguent entre « puissance » et « force », mais pas de la même façon. Une partie de la différence est purement linguistique, et reflète les deux sens de « pouvoir » et « puissance » que le français donne au seul concept anglais de *power*. Morgenthau (1960 : 28-29) définit *power* simplement comme « le contrôle de l'homme sur l'esprit et les actions d'autres hommes », mais distingue entre *political power* (le pouvoir), « les relations réciproques de contrôle parmi les détenteurs de l'autorité publique et entre ces derniers et le peuple en général » et la force dans le sens de l'exercice de la violence physique, qu'il qualifie d'« abdication du pouvoir politique en faveur de la puissance militaire ou pseudo-militaire ». Malheureusement, la distinction entre pouvoir et puissance est moins nette chez Morgenthau quand il s'agit de définir le rôle de la puissance/pouvoir dans les relations internationales : « L'aspiration à la puissance étant l'élément distinctif de la politique internationale, *comme de toute politique*, la politique internationale est forcément une politique de puissance. » (Nos italiques.) Une autre source de différence entre les deux hommes est la place que la puissance occupe dans leur conception des relations internationales. Comme nous l'avons déjà constaté, Morgenthau perçoit la recherche de la puissance comme l'objectif premier de la politique étrangère de tous les États. C'est une idée qu'Aron rejette vigoureusement. En outre, chez Morgenthau (1960 : 32-33), la politique de la puissance est un trait permanent de la politique internationale, et résulte de propensions biopsychologiques et non pas de simples arrangements et d'institutions sociales. Aron (1972 : 201-202), très méfiant à l'égard de toute forme d'explication monocausale, prétend que « les modalités, constantes à travers l'histoire, de l'organisation politique de l'humanité suffisent à expliquer la précarité de la paix et la fréquence des guerres ».

Pour Aron (1984 : 58), très conscient de la distinction entre pouvoir et puissance, cette dernière est « la capacité de faire, produire ou détruire » et plus précisément, sur le plan de la politique internationale, « la capacité d'une unité politique d'imposer sa volonté aux autres unités ». Elle n'est pas « un absolu mais une relation humaine ». Par ailleurs, il distingue entre la puissance défensive, « la capacité d'une unité politique de pas se laisser imposer la volonté des autres », et la puissance offensive, « la capacité d'une unité politique d'imposer aux autres sa volonté ». Il refuse de limiter la notion de puissance à la force militaire, d'autant plus qu'à son avis, les relations entre États ne sont pas normalement l'« expression pure et simple de rapports de force » (1984 : 79). Donc, si Aron accepte le conflit et la guerre comme des aspects normaux des relations internationales, il ne semble pas partager la vision de Morgenthau d'un système continuellement soumis aux lois de la politique de la puissance. Si la puissance est inhérente à toute lutte politique, l'exercice du pouvoir est institutionnalisé et ne peut donc s'exercer qu'à l'intérieur d'une unité politique, tandis que la politique internationale se passe dans un contexte anarchique où tous les rapports entre les acteurs sont fondés sur la seule puissance.

Enfin, même si Morgenthau (1946 : 193) met le concept de puissance au cœur de sa théorie des relations internationales, il n'en condamne pas moins les effets de la volonté de puissance, qui n'a malheureusement pas de limite, à cause de la nature humaine. Il n'est donc pas du tout un avocat qui plaide en faveur du recours à la force pour régler les différends entre États si on peut l'éviter. La politique de la puissance est une « perversion aveugle et naïve du sens moral », car elle refuse de reconnaître la nature fondamentalement corrompue du pouvoir (199-200). Comme nous ne pouvons espérer abolir la volonté de puissance, il faut donc trouver des moyens pour en réduire la portée, notamment par l'équilibre des puissances, et par la pratique d'une éthique internationale qui tient compte de cette réalité incontournable.

3.8 L'intérêt national

La question de ce qui motive les États, en dernière analyse, est un grand sujet de débat parmi les réalistes. Dans son deuxième principe du réalisme politique, Morgenthau déclare que les États poursuivent leur intérêt national, défini en termes du maintien et de l'expansion de leur puissance (et de leur pouvoir). Agir pour défendre ou promouvoir l'intérêt national est en soi une action rationnelle.

Cette position est ridiculisée par Aron (1984: 101), qui ne voit pas comment on peut donner une définition satisfaisante de l'intérêt national et encore moins une définition de cette idée comme la maximisation de la puissance, car la « pluralité des objectifs concrets et des objectifs ultimes interdirait une définition rationnelle de l'"intérêt national" ». La notion de l'intérêt national, telle qu'elle est conçue par Morgenthau, n'est rien de moins qu'une « pseudo-théorie » (Aron, 1967: 847). Quant à la question de la maximisation de la puissance, elle « constitue bien l'ambition de certains hommes ou de certains peuples: elle n'est pas en elle-même un objectif rationnel » (Aron, 1984: 100). Toutefois, Aron (19), si sceptique devant la possibilité de définir un objectif primordial qui serait commun à tous les États, affirme que la politique, dans le cas des relations entre États, semble signifier « la simple survie des États face à la menace virtuelle que crée l'existence d'autres États » et que le premier objectif que l'unité politique peut viser est la survie, donc la sécurité (82).

Gilpin adopte une position semblable et constate que les « objectifs et les politiques étrangères des États sont décidés principalement par les intérêts de leurs membres dominants ou coalitions gouvernantes », et que parmi ces objectifs se trouvent ceux qu'un État considère comme ses « intérêts vitaux et pour lesquels il est prêt à faire la guerre ». Gilpin (1981: 19, 25) reconnaît que le concept d'« intérêt vital » est imprécis, mais affirme que « chaque État considère que la défense de certains intérêts est d'une importance primordiale pour sa sécurité ».

Malgré le débat autour de la question de l'intérêt national, la survie de l'État est un point qui peut rallier tous les réalistes. À prime abord, il s'agit d'une banalité: quel État ne se préoccuperait pas de sa survie, question existentielle par excellence? En fait, la question n'est pas aussi simple. En premier lieu, on doit se demander jusqu'où les dirigeants d'un État sont prêts à aller pour défendre la survie de celui-ci, que ce soit sous sa forme actuelle (accorder la sécession pour éviter une guerre civile, par exemple) ou en se laissant absorber par un autre État, comme dans le cas de l'Allemagne de l'Est, ou même d'une superpuissance qui accepte de disparaître tout simplement de la carte politique, comme l'Union soviétique en 1991. Ensuite, derrière le problème de la survie se trouve celui de la sécurité, et les débats sur sa définition exacte et sur les meilleurs moyens pour l'assurer.

3.9 Des relations interétatiques potentiellement conflictuelles

L'idée de la conflictualité inhérente dans les relations entre États que postulent tous les réalistes provient directement de leur conception de l'anarchie du système international. Que ce soit sous la formule modérée d'Aron (1984: 1965): « les relations interétatiques sont des relations sociales que commande le recours, *possible et légitime*, à la force » (souligné dans l'original), ou celle, plus robuste de Morgenthau (1960: 38): « Toute l'histoire démontre que les nations actives en politique internationale sont continuellement en train de se préparer pour participer activement à la violence organisée sous forme de guerre ou de s'en remettre », ils pensent tous que le conflit et le recours à la force constituent des activités normales et légitimes en relations internationales.

3.10 L'équilibre des puissances

Traditionnellement, l'idée de l'équilibre des puissances est associée à la vision réaliste des relations internationales, pourtant il s'agit d'un concept très contesté chez les réalistes classiques. Essentiellement, l'équilibre des puissances[6] serait un moyen pour per-

---

6. Nous traduisons l'expression anglaise *balance of power* par *équilibre des puissances*, bien qu'elle signifie en fait un équilibre de *la* puissance entre deux ou plusieurs acteurs internationaux et non pas un équilibre entre *les* puissances, c'est-à-dire entre les États.

mettre aux États d'assurer leur survie, et le maintien de l'ordre et de la stabilité du système international, et donc une situation de paix relative. Pour créer une situation d'équilibre des puissances, les États forment des alliances ou renforcent leur propre puissance militaire pour contrer, et équilibrer, la puissance d'un autre État ou d'une coalition d'États qui pourraient devenir trop forts, voire dominants sur le plan régional ou global. Selon Nick Rengger (2000 : 57), le concept de l'équilibre des puissances, «demeure au cœur de la conception réaliste de la politique internationale», tandis que pour Dunne et Schmidt (2005 : 164), il est «un des mécanismes cruciaux que les réalistes à travers l'histoire ont considérés comme essentiels pour préserver la liberté des États», et Battistella (2003 : 112) le cite parmi une de ses quatre propositions principales du réalisme. Enfin, selon Waltz (1979 : 117) : «S'il y a une théorie spécifiquement politique de la politique internationale, c'est bien la théorie de l'équilibre des puissances.»

Il est vrai que l'on retrouve une évaluation positive de l'équilibre des puissances chez beaucoup de réalistes, et notamment chez les historiens britanniques, mais il a reçu un accueil plutôt mitigé parmi les fondateurs du réalisme classique. E. H. Carr n'en parle presque pas, et même un réaliste aussi préoccupé par la stabilité internationale qu'Henry Kissinger (1957 : 6) reconnaît que «l'équilibre des puissances ne fait que limiter la portée d'une agression mais ne l'empêche pas», et le voit surtout comme «l'expression classique de la leçon de l'histoire selon laquelle aucun ordre n'est sauf sans sauvegardes physiques contre l'agression» (318). Aron (1984 : 133), qui préfère parler de «l'équilibre des forces» – parce que ces dernières seraient plus mesurables que la puissance – arrive à la conclusion que, sauf pour l'Angleterre, rien ne nous permet de croire que «la sauvegarde de l'équilibre et du système [est] l'objectif unique, ou du moins le souci prédominant des États» (139). Cela dit, Aron demeure plutôt ambivalent à l'égard de cette notion. Il refuse de souscrire à la théorie de l'équilibre des puissances comme explication du comportement diplomatique (140), ce qui ne l'empêche pas d'en faire un objectif de politique étrangère et de prétendre que

«la survie des unités politiques dépend, en dernière analyse, de l'équilibre des forces» (568).

On retrouve une ambivalence semblable chez Morgenthau, qui consacre plus de soixante pages de son *Politics Among Nations* au concept de l'équilibre des puissances, pour arriver finalement à la conclusion qu'il s'agit d'un beau principe[7], mais qui fonctionne mal. Morgenthau (1960 : 167) commence par constater que :

L'équilibre international des puissances n'est qu'une manifestation particulière d'un principe social général auquel toutes les sociétés composées d'un nombre d'unités autonomes doivent l'autonomie de leurs composantes ; l'équilibre des puissances et les politiques qui cherchent à le conserver ne sont pas seulement inévitables mais sont un facteur essentiel de stabilisation dans une société de nations souveraines ; l'instabilité de l'équilibre international des puissances n'est pas due aux défauts du principe mais aux conditions particulières sous lesquelles le principe doit fonctionner dans une société de nations souveraines.

En plus, l'équilibre des puissances est un développement «naturel et inévitable» de la lutte pour la puissance et est «aussi vieux que l'histoire politique elle-même» (187).

Malgré son adhésion apparente à l'idée de la pérennité de l'équilibre des puissances, Morgenthau (204-223) souligne ses trois faiblesses en tant que principe directeur de la politique internationale : 1) son incertitude – il est difficile de mesurer de façon satisfaisante les différentes composantes de la puissance ; 2) son manque de réalité – «non seulement l'incertitude de tous les calculs de la puissance rend l'équilibre des puissances incapable de toute application pratique, mais elle mène à sa négation même dans la pratique» (210), l'équilibre des puissances est à l'origine de la plupart des guerres livrées depuis la naissance du système étatique actuel, et il «assume une réalité et

---

7. D'ailleurs, Morgenthau (1960 : 167) reconnaît qu'il utilise quatre conceptions distinctes de ce concept dans son livre : comme une politique visant un certain état de fait ; comme un état de fait réel ; comme une répartition plus ou moins égale de la puissance ; comme toute répartition de la puissance. Cela indique ses propres réserves au sujet de son utilité.

une fonction qu'il n'a pas, et tend donc à masquer, rationaliser et justifier la politique internationale telle qu'elle est » (215) ; 3) ses insuffisances – il aura fallu l'existence de ce que Morgenthau appelle le « consensus moral du système étatique moderne » (220) pour que l'équilibre des puissances puisse se faire accepter comme le cadre des relations internationales, et sans ce consensus, « l'équilibre des puissances est incapable de remplir ses fonctions pour la stabilité internationale et l'indépendance nationale » (222). En fait, avec cette idée d'un consensus, moral, Morgenthau introduit un degré de ce que les constructivistes vont appeler l'« intersubjectivité », présente aussi dans la notion de « système homogène » d'Aron, qui met l'accent sur l'importance de valeurs partagées pour maintenir un système international, ce qui modère considérablement l'image plutôt sombre d'un système anarchique soumis à la seule loi de la jungle que nous proposent certaines versions du néoréalisme.

Enfin, Morgenthau (1960 : 346-364) examine le « nouvel équilibre des puissances » à une époque où le consensus moral qui sous-tendait autrefois le système de l'équilibre des puissances a été détruit, et constate que sous la guerre froide, celui-ci a subi trois changements structurels qui nuisent considérablement à son fonctionnement. Premièrement, on a réduit de façon dramatique le nombre de joueurs, et on a remplacé un système multipolaire par un système bipolaire avec, comme résultat, la disparition de la souplesse de l'équilibre des puissances et de son influence modératrice sur les aspirations des protagonistes principaux ainsi que la perte d'une grande partie de la liberté de mouvement des acteurs mineurs. Deuxièmement, aucun État ne joue le rôle de responsable de l'équilibre que remplissait autrefois la Grande-Bretagne. Troisièmement, la frontière coloniale qui absorbait les énergies des grandes puissances d'autrefois a disparu. Écrivant au milieu de la guerre froide, Morgenthau ne croyait plus dans les bienfaits de l'équilibre des puissances, et prédisait que l'avenir du système international ne dépendrait pas de la « mécanique de l'équilibre des puissances mais des forces morales et matérielles qui se servent de cette mécanique pour réaliser leurs objectifs » (1960 : 363).

4. Normativité

Comme les réflexions de Morgenthau sur l'avenir de l'équilibre des puissances nous le laissent entrevoir, le réalisme classique est très imprégné d'idées sur la façon dont on devrait agir en politique internationale. Pour la plupart des réalistes, cette action devrait être orientée vers le souci de la stabilité et le maintien du système international. Il serait donc « le foyer naturel de ceux qui s'inclinent vers l'idéologie conservatrice » (Buzan, 1996 : 55). Le réalisme appartient à la catégorie de ce que Robert Cox appelle *problem-solving theories*, mais tous les réalistes n'y appartiennent pas au même degré. À un bout de l'échelle, il y a ceux chez qui le maintien du *statu quo* est la préoccupation principale. Par exemple, Kissinger (1957 : 6) se soucie de la montée de « puissances révolutionnaires » pour qui « ce n'est pas l'ajustement de différences à l'intérieur d'un système donné qui est l'enjeu, mais le système lui-même ». Celles-ci font partie des États insatisfaits de l'ordre international existant, et donc représenteraient une menace constante pour sa stabilité. Morgenthau, par contre, demeure très conscient des carences du système. Il est préoccupé par les effets négatifs de la rivalité entre les deux superpuissances de la guerre froide, et croit que le changement est absolument nécessaire pour assurer la survie du monde. Il met en garde ceux qui confondraient stabilité et *statu quo* : « Le problème n'est pas comment préserver la stabilité face à la révolution, mais comment créer la stabilité à partir de la révolution » (Morgenthau 1969 : 21). Et, dans une phrase qui n'a rien perdu de son actualité, il souligne les dangers pour les États-Unis de s'opposer systématiquement aux mouvements révolutionnaires dans le monde, en rappelant que « nous nous transformerons dès lors en la puissance antirévolutionnaire en soi […] et nous nous trouverons en train de défendre un *statu quo* que nous savons injuste et en fin de compte indéfendable » (28). Enfin, Carr (1946 : 222), très influencé par le marxisme, abonde dans le même sens, et déclare que « la défense du *statu quo* […] se terminera par la guerre aussi sûrement que le conservatisme rigide se terminera par la révolution » et que la question fondamentale de la moralité internationale doit être d'« établir des méthodes de changement pacifique ».

Comme nous l'avons souligné au début de ce chapitre, ce serait une erreur de réduire le réalisme à la *Realpolitik* ou à la *raison d'État*, doctrines qui prétendent que toute action en politique internationale doit être jugée exclusivement en fonction de sa contribution à l'avancement des intérêts d'un État et sans égard à toute autre règle morale. Carr (1946 : 93), qui n'hésitait pas à pourfendre l'utopisme, qu'il dénonce comme une « fraude creuse et intolérable », dénonçait aussi les dangers de cette forme de « réalisme pur » :

> Dans le domaine de l'action, le réalisme tend à mettre l'accent sur la force irrésistible des forces existantes, le caractère inévitable des tendances existantes, et à insister sur l'idée que c'est en les acceptant et en s'adaptant à ces forces et tendances que nous faisons preuve de la sagesse la plus élevée. Sans doute on peut pousser une telle attitude, bien qu'on l'avance au nom de la pensée « objective », au point où elle finit par rendre stérile la pensée et empêcher l'action (Carr 1946 : 10).

Il existe donc une éthique réaliste, mais celle-ci ne peut être une éthique abstraite et universaliste. La plupart des réalistes classiques souscriraient au cinquième principe du réalisme politique de Morgenthau (1960 : 11) et à son refus d'« identifier les aspirations morales d'une nation particulière avec les lois morales régissant l'univers », et à son rappel que « [t]outes les nations sont tentées […] d'habiller leurs propres aspirations et actions particulières dans les buts moraux de l'univers ». Carr (1946 : 79) est encore plus tranchant et affirme que les « théories de moralité internationale sont le produit de la nation ou du groupe de nations dominant ». Quant à George Kennan (1951 : 87), il dénonce l'« approche légaliste moraliste » de la politique étrangère américaine de la première moitié du XXᵉ siècle, fondée sur le désir d'éliminer la guerre et la violence, mais qui, en fait, « rend la guerre plus longue, plus terrible et plus destructive pour la stabilité politique que les mobiles plus anciens de l'intérêt national. Une guerre livrée au nom de grands principes moraux n'a pas de fin rapide autre qu'une forme de domination totale. »

Le corollaire de cette conception de la moralité internationale est la distinction entre éthique individuelle et moralité internationale commune à tous les réalistes. On ne peut juger les actions des États selon les mêmes critères que les actes des individus. Carr (1946 : 157-161) offre quatre raisons pour justifier cette position : on peut difficilement assigner aux États des émotions, qui jouent un rôle si important dans la moralité individuelle ; l'homme de la rue attend de l'État certains comportements qu'il jugerait immoraux chez un individu ; l'État a un droit d'autoconservation qui précède les obligations morales ; enfin, sur quelle base peut-on fonder une moralité véritablement internationale ?

Si les réalistes se méfient des grands principes universels, ils ne sont pas moins préoccupés par les besoins d'une éthique fondée sur (et limitée par) leur vision ontologique d'un système international d'États qui respecte le principe de la souveraineté, et donc sur la notion des obligations des États envers les autres États et envers eux-mêmes. Dans ces conditions, la morale qui doit guider le comportement des États repose sur une notion fondamentale : l'exercice de la responsabilité.

L'idée de la responsabilité concerne d'abord l'exercice de la puissance, et en particulier le recours à la force. Reconnaître la primauté de la puissance dans les rapports interétatiques ne signifie nullement que les réalistes classiques acceptent, et encore moins préconisent, l'usage aveugle de celle-ci. Comme nous le rappelle Michael Williams (2005 : 7), le réalisme recherche « une politique des limites qui reconnaît les dimensions destructives et productives de la politique, et qui maximise ses possibilités positives tout en minimisant son potentiel destructif ». Pour Morgenthau, la puissance est un mal en soi, même un mal nécessaire, mais un mal qu'il faut dompter. Par exemple, dans le domaine des armes nucléaires, il a toujours manifesté sa méfiance à leur égard, et son hostilité contre une politique d'expansion de la capacité nucléaire et l'intégration de ces armements dans les forces conventionnelles. Comme la plupart des réalistes de l'époque, il rejette toute idée d'une défense antimissile, car «elle ne vaudrait pas la peine si elle n'approchait pas d'une efficacité de 100 pour cent», ce qui lui semble impensable (Morgenthau, 1969: 229-230). Pour lui, l'intervention militaire ne peut se justifier que dans la mesure où on peut démontrer de façon indiscutable que les intérêts nationaux des États-Unis sont en jeu. Et même dans un tel cas, il n'y a aucune raison de faire une démonstration de force excessive. Il ne faut surtout pas confondre principes abstraits et intérêts nationaux. C'est selon ce précepte que Morgenthau est devenu un des critiques les plus féroces des deux grands échecs militaires de la politique d'intervention des États-Unis des années 1960, la tentative d'invasion de Cuba à la Baie des Cochons en 1961 et la guerre au Viêt-nam (1965; 1969: 111-156).

L'utilisation responsable de la puissance est étroitement liée à un deuxième principe de moralité internationale réaliste, l'éthique de la responsabilité. C'est le sociologue allemand Max Weber qui a inspiré les réalistes classiques sur ce point. C'est ce que nous rappelle Aron (1983: 80), qui affirme que Weber lui a appris «la responsabilité de chacun, non pas tant la responsabilité de ses intentions que celle de ses choix». Weber fait une distinction entre deux types d'éthique. D'un côté, il y a l'éthique de la *conviction*, fondée sur une conception abstraite du bien et du mal, et qui soumet toute action à cette vision de la morale, quelles qu'en soient les conséquences. De l'autre, on trouve l'éthique de la *responsabilité*, qui tient compte à l'avance de l'impact et des suites possibles des actes posés. Weber (1963 [1919]: 206-207) nous trace un portrait des deux qui indique clairement de quel côté son cœur penche:

> Lorsque les conséquences d'un acte fait par pure conviction sont fâcheuses, le partisan de cette éthique n'attribuera pas la responsabilité à l'agent, mais au monde, à la sottise des hommes ou encore à la volonté de Dieu qui a créé les hommes ainsi. Au contraire, le partisan de l'éthique de responsabilité comptera justement avec les défaillances communes de l'homme, […] et il estimera ne pas pouvoir se décharger sur les autres des conséquences de sa propre action pour autant qu'il ait pu les prévoir.

Toutefois Weber ne pense pas que les deux éthiques soient contradictoires, «mais qu'elles se complémentent l'une et l'autre». Une position qui trouve largement écho chez Morgenthau (1960: 10), qui définit la conception réaliste de la morale de la façon suivante: «Il ne peut y avoir de moralité politique sans prudence; c'est-à-dire sans considération des conséquences politiques d'une action apparemment morale. Le réalisme considère donc que la prudence – le fait de peser des conséquences d'actions politiques possibles – est la vertu suprême en politique.»

5. Vers le renouveau du réalisme classique?

Dans un article délibérément provocateur, deux auteurs libéraux, Jeffrey Legro et Andrew Moravcsik (1999: 5), demandaient s'il existait encore des réalistes et annonçaient que le réalisme, «le paradigme le plus prééminent en Relations internationales», était en difficulté. Pourtant, presque simultanément, des tenants du réalisme pouvaient proclamer que le «réalisme demeure le cadre général le plus puissant pour comprendre les relations internationales» (Walt, 1998: 43) ou que le «réalisme reste le programme de recherche dominant en Relations internationales, non pas parce qu'il est parfait, mais parce que, malgré toutes ses imperfections, il offre encore la description la plus puissante de la façon dont fonctionne le monde» (Desch, 1999: 180), tandis qu'un des auteurs réalistes les plus en vue de l'après-guerre froide, John Mearsheimer (2002; 2004), se plaignait amèrement de l'intolérance des universitaires américains et britanniques face au réalisme.

Nous verrons qu'il faudrait nuancer toutes ces affirmations. On doit toutefois reconnaître qu'au lendemain de la fin de la guerre froide, l'avenir du réalisme classique ne s'annonçait pas très rose. En plus des attaques de ceux qui ironisaient sur l'incapacité générale des approches réalistes d'expliquer de façon convaincante la fin de la guerre froide (Gaddis, 1992/1993; Lebow, 1994), le réalisme classique s'était vu largement supplanter par le néoréalisme comme la variante dominante de la famille réaliste au cours des années 1980 et devait maintenant faire face au défi du libéralisme et, dans une moindre mesure, à celui du constructivisme.

En fait, si le réalisme (réalisme classique, néoclassique et néoréalisme confondus) ne peut plus prétendre occuper de nos jours sa position antérieure en Relations internationales, on annonce un peu trop vite sa disparition, du moins aux États-Unis. D'après une étude d'un des indicateurs principaux de l'état de la discipline, publiée en 2005, la publication d'articles dans les quatre revues les plus prestigieuses (Walker et Morton, 2005 : 352)[8], le pourcentage du nombre d'articles reflétant un point de vue réaliste publiés entre 1990 et 2000 est tombé à 38 % du total, comparé à 61 % pour les années 1980-1990. Les chiffres concernant l'engagement personnel des universitaires envers les approches théoriques sont encore plus révélateurs. Selon un sondage réalisé auprès des enseignants de Relations internationales dans dix pays, publié en 2009, seulement 21 % des enseignants des États-Unis déclaraient adopter surtout une approche réaliste, contre 20 % pour l'approche libérale et 17 % pour le constructivisme (Jordan *et al.*, 2009 : 31).

Dans ces conditions, le réalisme se vit obligé de faire du surplace, et prendre ainsi le risque de péricliter à long terme, ou de chercher à se renouveler pour survivre. Choisir cette deuxième option posait quelques problèmes pour les néoréalistes à qui, comme le dit bien Randall Schweller (2003 : 315), il ne reste plus rien à faire « que Waltz n'a pas déjà accompli ». Ils se sont toutefois lancés dans un débat qui a clarifié une des différences majeures entre réalistes, la distinction entre réalistes *offensifs* et réalistes *défensifs*, et que nous traiterons au chapitre 5. Les réalistes classiques, qui avaient résisté à l'appel des néoréalistes en faveur de l'adoption d'une épistémologie plus positiviste et d'une ontologie plus parcimonieuse, se trouvaient beaucoup mieux placés pour relever le défi. Les

tentatives de ces réalistes de gérer la nouvelle donne de la discipline ont emprunté, essentiellement trois chemins distincts

La première voie, celle du réalisme *néoclassique*, est sans aucun doute celle qui a attiré la majorité des chercheurs qui appartiennent à ce que l'on peut qualifier de nouvelle génération du réalisme. Elle a donné naissance à un véritable nouveau courant réaliste qui tente de faire une sorte de synthèse entre le néoréalisme et le réalisme classique. Nous l'analyserons en détail au chapitre 6. La deuxième, celle d'un rapprochement avec le constructivisme dit conventionnel, est plus récente et encore très minoritaire. Enfin, une troisième voie, sans doute la plus fructueuse, a été celle de proposer une nouvelle lecture des textes fondateurs du réalisme classique.

Malgré des tentatives ponctuelles de la part de certains réalistes de répondre au défi constructiviste, souvent sur un ton plutôt polémique (notamment Mercer, 1995 ; Desch, 1998 ; Sterling-Folker, 2000 ; Copeland, 2000), on ne peut parler d'une tentative sérieuse de rapprochement ou de synthèse entre les deux approches avant 2002. Dès ce moment, on parlera de plus en plus de la possibilité de l'émergence d'une forme de constructivisme réaliste, ou bien d'une ouverture à l'ontologie du constructivisme et aux questions qu'il soulève de la part de certains réalistes (Sterling-Folker, 2002a, 2002b, 2004a), ou comme une invitation au dialogue lancée par certains constructivistes (Jackson et Nexon, 2004 ; Bially Mattern, 2004) ou comme une véritable tentative de synthèse entre les deux approches (Farrell, 2002 ; Barkin, 2003, 2004, 2010). Il reste à voir si cette deuxième voie, qui est repoussée ou simplement boudée par la plupart des réalistes, peut aller aussi loin que ses partisans le souhaitent.

Le mouvement en faveur de la relecture des écrits des fondateurs du réalisme classique a commencé dès la fin de la guerre froide, et s'est intensifié au cours des années 2000. Il a touché surtout deux auteurs, E. H. Carr et Hans Morgenthau, et, dans une moindre mesure Raymond Aron (Frost, 1997, 2006 ; Maspoli, 2001 ; Davis, 2009). Pendant que les réalistes néoclassiques et constructivistes cherchent à mettre sur pied

---

8. Les revues sélectionnées sont : *International Studies Quarterly*, *International Organization*, *World Politics*, *Journal of Conflict Resolution*. Ce choix ne comprend ni *International Security*, ni *The American Political Science Review*, ni *Security Studies*, trois bastions du réalisme, ce qui conduit à des conclusions qui tendraient à sous-évaluer la publication d'articles de tendance réaliste.

un nouveau programme de recherche et à repenser l'ontologie du réalisme, ceux et celles qui proposent une relecture du réalisme classique s'intéressent surtout à celui-ci en tant que théorie politique, c'est-à-dire une réflexion sur la nature des relations internationales, et sur les rapports entre l'externe et l'interne (Walker, 1993 ; Schmidt : 2002)[9]. On peut classer ces relectures en trois grandes catégories : 1) celle des réalistes orthodoxes ; 2) celle des sympathisants du réalisme classique, mais très ouverts au dialogue avec les autres approches antipositivistes, que Brent Steele (2007) appelle les « réalistes réflexifs », et qui prétendent « récupérer la dimension critique du réalisme » (Cozette, 2008) ; 3) celle des partisans des diverses théories critiques. Ces deux derniers groupes se confondent souvent.

Pour les réalistes orthodoxes, il s'agit surtout de réaffirmer la continuité de la tradition réaliste et sa pertinence pour l'analyse de la conjoncture actuelle (Miller, 1991 ; Meyer, 2003 ; Mearsheimer, 2004, 2005). On n'y trouve aucune tentative de réinterpréter les textes des grands maîtres. Dans le cas des réalistes réflexifs et les théoriciens critiques, le but est tout autre. Il s'agit avant tout de révéler la richesse et la complexité du réalisme classique et de démontrer que trop souvent il est interprété d'une façon trop superficielle, y compris par ses propres adeptes. Pour les deux il y a une cible commune, le positivisme et surtout le néoréalisme de Kenneth Waltz.

En fait, dès le début des années 1980, le théoricien critique Richard Ashley (1981, 1984) a comparé le réalisme classique favorablement par rapport au néoréalisme, sans être gagné pour autant à ses thèses. Par contre, le poststructuraliste Jim George (1994) dénonce Morgenthau et Carr comme des précurseurs du positivisme. Enfin, Sean Molloy (2006 : 150),

autre postructuraliste, offre une image beaucoup plus nuancée, et conclut son analyse du réalisme classique en affirmant que manifestement « le réalisme est en train de percer les barrières paradigmatiques et d'engager à la fois les défis théoriques et les réalités de la politique internationale. » Pour sa part, Andrew Linklater (1997, 2000) un des fondateurs de la Théorie critique (voir le chapitre 14) en Relations internationales, n'hésite pas à placer Carr dans la tradition de cette approche.

On trouvera dans les analyses des réalistes réflexifs plusieurs références à l'épistémologie et de la méthodologie antipositivistes de Morgenthau et Carr (Jones, 1998 ; Dunne, 2000 ; Lebow, 2003 ; Turner et Mazur, 2009) et presque tous font allusion aux interprétations trop restrictives que les lectures traditionnelles font de leur ontologie, mais la question qui semble les préoccuper le plus est la conception de ces deux auteurs de l'éthique de la politique internationale. Ils cherchent à démontrer non seulement que Morgenthau et Carr n'avaient pas une vision amorale, ou machiavélique, de la morale internationale mais, au contraire, qu'ils avaient un sens très profond de l'éthique en politique internationale. Les interprètes des écrits de Morgenthau ont éprouvé peu de difficultés à trouver dans ses nombreux écrits des raisons pour défendre l'idée d'un grand sens de la moralité internationale chez cet auteur au-delà de la distinction entre « éthique de la responsabilité » et « éthique de la conviction » (Murray, 1966 ; Wong, 2000 ; Bain, 2000 ; Williams, 2004 ; Williams, 2005 ; Shilliam, 2007 ; Cozette, 2008 ; Scheuerman, 2009). Le cas de Carr est un peu plus complexe, d'autant plus qu'on le juge essentiellement sur un livre, *The Twenty Year's Crisis*, qu'il n'a jamais lui-même considéré comme un livre de théorie des relations internationales. Même Morgenthau (1948 : 134), dans une recension de quatre ouvrages de Carr sur la politique internationale (dont *The Twenty Year's Crisis*), ne pouvait s'empêcher de juger que celui-ci a seulement « une notion très vague de ce qu'est la moralité. L'équation philosophiquement intenable entre utopie, théorie et moralité, qui est à la base du livre *The Twenty Year's Crisis* mène nécessairement à une conception

---

9. C'est particulièrement le cas pour Morgenthau qui aurait été influencé par plusieurs penseurs politiques, notamment Aristote (Lang, 2004, 2007), saint Augustin (Murray, 1996), Nietzsche (Frei, 2001) et Carl Schmitt (Scheuerman, 1999, 2007, 2009 ; Pichler, 1998). L'autre source intellectuelle de la pensée politique et l'épistémologie de Morgenthau souvent le plus souvent mentionnée est le sociologue allemand Max Weber (Barkawi, 1998, Pichler, 1998, Scheuerman, 2009, Turner et Mazur, 2009)

relativiste et instrumentaliste de la moralité.» Cette opinion, qui est celle de la plupart des critiques de Carr, est fortement contestée par ses défenseurs. Ainsi, pour Linklater (1997 : 333), farouche partisan de l'interprétation critique de Carr, on trouve chez ce dernier un «appel sobre à la nécessité pratique [qui] était accompagné d'un engagement envers des idéaux d'une grande valeur morale.» Il résume assez fidèlement la position des réalistes réflexifs à l'égard de Carr (Howe, 1994 ; Rich, 2000 ; Dunne, 2000).

Cette résurgence du réalisme classique par la relecture représente une voie prometteuse pour l'avenir de la théorie des relations internationales dans la mesure où elle encourage le débat entre les approches dites traditionnelles et les approches critiques plus récentes.

6. Conclusion : forces et faiblesses du réalisme classique

Malgré l'affirmation de Stefano Guzzini (1998 : 211) selon laquelle le réalisme aurait disparu en tant que «catégorie cohérente» au cours des débats métathéoriques des années 1990, comme nous venons de le voir, il fait preuve d'une capacité de perdurer, voire de se renouveler, assez remarquable. Sa force principale réside sans doute dans sa simplicité, comme instrument d'analyse, et comme théorie opératoire capable d'expliquer ce qui semble être, du moins à prime abord, le comportement habituel des États, ou du moins les plus importants d'entre eux. Ensuite, le réalisme serait une approche propre aux Relations internationales, qui permettrait d'établir les bases d'une véritable discipline distincte. Enfin, il proposerait un guide pour la pratique des relations entre États. Il est donc aussi une théorie de politique étrangère.

Ces points apparemment forts sont aussi une source de plusieurs faiblesses. Celles-ci sont d'abord d'ordre épistémologique. Le réalisme ne s'est jamais penché de façon sérieuse sur les problèmes de l'acquisition des connaissances. Il s'est contenté d'affirmer son attachement à une connaissance fondée sur l'expérience, sur les «faits», sans jamais s'interroger sur les problèmes associés à la définition et aux perceptions de l'expérience et des faits. Malgré les pré-

tentions empiristes, même positivistes de certains réalistes classiques, la plupart d'entre eux sont restés attachés à une épistémologie vaguement pragmatique, marquée par un grand scepticisme.

Mais c'est sans doute sur le plan ontologique que le réalisme a éveillé le plus de critiques. En optant pour une ontologie relativement simple d'un monde d'États souverains évoluant dans un système international anarchique, les réalistes classiques ont évité de répondre à une série de questions gênantes : est-il légitime de restreindre les relations internationales à la politique internationale et, de toute façon, doit-on rester avec une notion du politique définie uniquement en termes de conflit ? Peut-on vraiment limiter les acteurs internationaux aux seuls États ? Ces derniers se comportent-ils vraiment selon le modèle de l'acteur rationnel ? Quel est le sens que l'on peut donner aujourd'hui à la souveraineté ? Le système international est-il aussi anarchique que les réalistes le dépeignent ? Qu'est-ce que la puissance ? Comment doit-on envisager le changement international, surtout dans un système qui maintiendrait toujours les mêmes caractéristiques ? Toutes ces questions seront reprises par les critiques et les adversaires du réalisme classique.

Enfin, on peut discuter de ses choix normatifs. En particulier, on peut s'interroger sur ses tendances conservatrices et ses préférences pour le maintien du *statu quo*, encore qu'il faille nuancer quelque peu ce jugement. À l'instar de Carr et de Morgenthau, ils sont conscients aussi des dangers de vouloir préserver un ordre international injuste. Mais, tout en proposant une éthique de la responsabilité, qui a comme qualité première de questionner les mobiles des États qui prétendent agir au nom de la moralité internationale, et des principes «universels» de la démocratie et de la liberté, les réalistes classiques esquivent des questions plus sensibles, telles que le comportement à adopter à l'égard de massacres, surtout ceux de nature ethnique ou de crimes contre l'humanité. Avec raison, ils nous mettent en garde contre les croisades au nom de grands principes qui sont souvent invoqués pour justifier l'intervention militaire contre des États où les droits les plus élémentaires sont bafoués. Par contre, ils ne nous indiquent pas comment nous pouvons éviter les pièges du relativisme et de l'inaction qui guettent une application stricte du respect de la souveraineté nationale, trop souvent invoquée pour éviter des regards considérés trop indiscrets.

En dépit de ses faiblesses, le réalisme classique demeure incontournable dans toute histoire de la théorie des relations internationales. Il fait incontestablement partie du paradigme hégémonique qui continue à encadrer la discipline aux États-Unis; mais ne constitue pas pour autant un paradigme en soi, car il lui manque beaucoup trop de rigueur sur les plans épistémologique, ontologique et méthodologique. Ce sont ces failles que le néoréalisme a tenté de corriger, comme nous le verrons au prochain chapitre. Mais cette souplesse a permis aussi au réalisme de chercher des nouvelles voies et de résister ainsi mieux que le néoréalisme aux défis empiriques et théoriques de l'après-guerre froide.

❖ ❖ ❖

Pour en savoir plus

Pour une introduction générale et accessible au réalisme classique, vu par un de ses partisans, voir: Gilpin, R. G., 1996, « No One Loves a Political Realist », dans B. Frankel (dir.), *Realism: Restatements and Renewal*, Londres et Portland: Frank Cass, p. 3-26. Une défense assez vigoureuse des thèses réalistes.

Ensuite, il faut bien sûr lire les grands classiques:

Carr, E. H., 1946, *The Twenty Years' Crisis 1919-1939: An Introduction to the Study of International Relations*, 2ᵉ édition, Londres: Macmillan and Company. Livre relativement court, mais dense, et qui constitue une critique féroce des idéalistes de l'entre-deux-guerres.

Morgenthau, H. J., 1978, *Politics among Nations: The Struggle for Power and Peace*, 5ᵉ édition, New York: McGraw-Hill. La dernière édition du livre le plus connu et le plus cité parmi les ouvrages rédigés par le père fondateur du réalisme américain, et parmi tous les livres du réalisme classique.

Aron, R., 1984, *Paix et guerre entre les nations*, 8ᵉ édition, Paris: Calmann-Lévy. Le livre clé du théoricien réaliste français le plus connu.

Kennan, G. F., 1951, *American Diplomacy 1900-1950*, Chicago: Chicago University Press. Un ouvrage court, facile d'accès, rédigé par un diplomate expérimenté, ayant une bonne connaissance pratique de la politique étrangère des États-Unis, et critique des tendances idéalistes et moralistes de cette dernière.

Pour une vision plus critique du réalisme (et du néoréalisme), consulter:

Donnelly, J., 2000, *Realism and International Relations*, Cambridge: Cambridge University Press. Très bonne introduction critique aux grands thèmes du réalisme classique et du néoréalisme, et à la pensée de certains de ses auteurs les plus connus.

Guzzini, S., 1998, *Realism in International Relations and International Political Economy: The Continuing Story of a Death Foretold*, Londres: Routledge. Livre particulièrement intéressant pour son traitement critique des questions posées par le réalisme et le néoréalisme du point de vue de la théorie des relations internationales.

Vasquez, J. A., 1998, *The Power of Power Politics: From Classical Realism to Neotraditionalism*, Cambridge: Cambridge University Press. Excellente introduction à l'histoire du réalisme et à ses forces et faiblesses sur le plan épistémologique, vues par un partisan non réaliste du paradigme dominant.

Pour un aperçu du débat entre réalistes et constructivistes, on peut lire le dossier préparé par Patrick Thaddeus Jackson intitulé « Bridging the Gap: Toward a Realist-Constructivist Dialogue » et publié dans l'*International Studies Review*, 6, 2, 2004, p. 337-352.

Pour une introduction à la relecture des écrits fondateurs du réalisme classique voir:

Williams, M. C., 2005, *The Realist Tradition and the Limits of International Relations*, Cambridge: Cambridge University Press. Interprétation très nuancée de la tradition realiste à travers la relecture de trois de ses auteurs les mieux connus par un « réaliste réflexif ».

Molloy, S., 2006, *The Hidden History of Realism*, Londres: Palgrave, MacMillan. Une lecture postmoderne assez sympathique au réalisme classique.

Les réalistes classiques face à la guerre en Irak

Pour l'écrasante majorité des réalistes classiques américains, la décision de déclarer la guerre à Saddam Hussein a été non seulement une erreur politique, mais elle a constitué aussi une atteinte aux principes moraux de l'éthique de la responsabilité.

Selon les préceptes du réalisme, une intervention militaire contre un autre État souverain doit être justifiée par l'existence d'une menace clairement établie contre les intérêts nationaux de l'État agresseur. L'administration Bush n'a jamais réussi à démontrer que le régime irakien, affaibli par la guerre du Golfe et par plus de dix ans de sanctions internationales, menaçait sérieusement les intérêts nationaux des États-Unis. Elle n'a jamais établi de façon convaincante que l'Irak possédait des armes de destruction massive ou qu'il menaçait vraiment l'équilibre des puissances régional. Quant à l'existence de prétendus liens entre le régime laïque de Saddam Hussein et les fondamentalistes islamistes d'Al-Qaïda, et qui aurait justifié des représailles contre les responsables des attentats du 11 septembre, il s'agit d'une hypothèse totalement invraisemblable.

En déclenchant cette guerre, conformément à des objectifs hautement idéologiques, les États-Unis ont porté un grand préjudice à leurs intérêts fondamentaux. Premièrement, ils ont pris le risque d'aggraver l'instabilité endémique d'une région vitale à la sécurité internationale en intervenant dans un État qui, dans le pire des cas, aurait éclaté entre ses trois groupes ethniques principaux (Chiites, Sunnites et Kurdes) à la suite d'une guerre civile. Dans le meilleur des cas, on pouvait s'attendre à un effondrement militaire et économique de cet État clé, ce qui mettrait en péril l'équilibre précaire entre les principales puissances de la région, notamment l'Iran, la Syrie et l'Arabie saoudite.

Deuxièmement, en entreprenant cette action, le gouvernement américain sous-évaluait la puissance du nationalisme dans une région qui a longtemps souffert des affres de l'impérialisme occidental et qui éprouve un grand ressentiment contre l'appui inconditionnel des États-Unis au pays perçu par toutes les populations de la région comme la source des maux du Moyen-Orient, Israël. Ce nationalisme ne pouvait que prendre la forme d'un plus grand soutien à l'islamisme, et à sa lutte contre toute influence occidentale, en particulier celle des États-Unis.

Troisièmement, en déployant leurs troupes en Irak, les États-Unis risquaient de nuire à leurs efforts de guerre contre la force qui menaçait vraiment les intérêts américains, le régime des Talibans en Afghanistan, considéré comme responsable des attentats du 11 septembre.

Quatrièmement, lancer une guerre contre un pays musulman à une époque où l'islamisme ne cesse de se renforcer, ne pouvait qu'augmenter les dangers d'autres attentats terroristes sur le territoire même des États-Unis ou sur celui de leurs alliés.

Enfin, en dénonçant aussi vigoureusement le refus des États alliés traditionnels des États-Unis, notamment la France et l'Allemagne, d'appuyer cette guerre, et d'avoir mis en doute sa légalité, et en les menaçant de représailles, le gouvernement de George W. Bush n'a pas hésité à mettre en danger ses relations avec des pays amis, et à ébranler l'unité d'une des alliances les plus importantes pour la défense de la position américaine dans le monde, l'OTAN.

Pour les réalistes, la guerre en Irak représente une forme d'interventionnisme libéral, dont la plupart des gouvernements américains se sont montrés beaucoup trop friands, et qui constitue un exemple de l'éthique de la conviction et non pas de l'éthique de la responsabilité, qui doit être le fondement moral de toute politique étrangère réaliste. En proclamant que son objectif était de remplacer la dictature de Saddam Hussein par un régime démocratique, sans aucun égard ni à la faisabilité d'une telle entreprise ni à ses répercussions probables sur la région, le gouvernement Bush a adopté une version de la thèse de la paix démocratique, qui prétend que les régimes démocratique ne se font pas la guerre, et dont le bien-fondé, aux yeux des réalistes, est encore loin d'être démontré.

En somme, selon un tenant américain du réalisme bien connu, Zbigniew Brzeziniski (2002), une intervention de ce genre, qui ne peut que porter atteinte à la réputation des États-Unis, comporte toujours le risque de nuire au fonctionnement même du système international : « En dernière analyse, ce qui est en jeu est quelque chose de beaucoup plus grand que l'Irak. C'est le caractère du système international et le rôle qu'y joue celui qui est de loin son État le plus puissant. Ni la Maison-Blanche ni le peuple américain ne devraient négliger le fait que, quoi qu'il arrive, les ennemis des États-Unis feront tout ce qui est possible pour les présenter comme un gangster global. Pourtant, sans la présence d'un policier respecté et légitime, la sécurité globale pourrait se trouver sérieusement en danger. L'Amérique doit donc faire très attention au moment de décider quand, dans quelles circonstances et comment elle agit en prenant l'initiative du recours à la force. »

Les concepts clés du réalisme classique

Acteur international : Pour les réalistes, les acteurs principaux du système international sont les États, conçus comme étant unifiés, personnifiés, égoïstes et rationnels. Les autres acteurs internationaux, tels que les institutions, sont subordonnés aux intérêts des États, et n'auraient donc pas de capacité d'agir de façon autonome par rapport à ces derniers.

Anarchie : Terme utilisé pour indiquer une absence d'autorité centrale, et s'applique chez les réalistes à la nature du système international. L'anarchie constitue l'environnement à l'intérieur duquel se passent les relations internationales.

Dilemme de la sécurité : Un effet de l'anarchie, où toute tentative d'un État de prendre des mesures pour se défendre risque d'être interprétée comme une menace potentielle par d'autres États, qui se voient obligés, à leur tour, de s'armer pour se défendre contre cette menace appréhendée, créant ainsi un cycle vicieux de défense et de contre-défense, et donc un dilemme apparemment insoluble : comment assurer sa survie sans éveiller automatiquement les craintes des autres et provoquer ainsi une course aux armements ?

Équilibre des puissances : Une situation où aucun État ou alliance d'États ne se trouve dans une position de domination par rapport aux autres. Un équilibre des puissances peut être global ou régional. L'équilibre des puissances est une condition désirable du système international et souvent un objectif de la politique étrangère des grandes puissances.

État : Un État est une entité territoriale peuplée, ayant des frontières reconnues, gérée par un gouvernement disposant d'un monopole sur l'exercice de la violence légitime et légale sur ce territoire, et qui jouit de la souveraineté.

Intérêt national : Les États sont motivés avant tout par la défense de l'intérêt national, qui est considéré souvent comme une donnée fixe, quelle que soit la nature ou l'idéologie du gouvernement en place. D'après plusieurs réalistes classiques, notamment Morgenthau, cet intérêt national est présenté comme étant la maximisation de la puissance/du pouvoir d'un État vis-à-vis des autres États.

Puissance : La capacité physique de faire prévaloir les positions et les objectifs d'un acteur au sein du système international, et par rapport à d'autres acteurs internationaux. D'après les réalistes classiques, tout facteur de puissance – forces armées, économie, finance, ressources naturelles, niveau d'éducation de la population, le degré de cohésion sociale, voire la compétence stratégique du *leadership* politique et militaire – tend à être évalué d'abord en fonction de sa contribution au renforcement ou au maintien de la puissance militaire. Le mot *power* en anglais signifie à la fois *puissance* et *pouvoir*, la capacité morale et légitime de faire prévaloir ses positions, et comprend, entre autres, l'influence.

Sécurité : Une préoccupation fondamentale de tous les États. Pour les réalistes, la sécurité veut dire avant tout assurer la défense militaire de l'État contre des menaces de nature militaire.

Souveraineté : Le droit légitime, donc reconnu explicitement ou implicitement par tous les autres acteurs internationaux, de tout État de contrôler seul tout ce qui se passe à l'intérieur de ses frontières nationales et d'agir de façon autonome sur le plan international dans la défense de ses intérêts vitaux. La souveraineté est donc un des traits qui définissent les États. Le respect de la souveraineté constitue une des règles principales du fonctionnement du système international.

Survie : La préoccupation première de tous les États dans le système international est la survie, son existence en tant qu'État souverain.

Système international : Un système est un ensemble dont les parties constituantes sont liées entre elles, de sorte que ce qui affecte une des parties peut avoir un effet sur le fonctionnement de tout le système. Pour les réalistes, il existe un système international anarchique dont les parties constituantes sont avant tout les États. En l'absence de toute autorité centrale disposant d'un monopole de la violence légitime pour imposer de l'ordre, les relations entre ces derniers sont régies principalement par des rapports de force. Le concept de système interétatique est synonyme de système international.

Le néoréalisme

Alex Macleod

Un jour quelqu'un créera peut-être une théorie unifiée de la politique interne et externe [...]. Ceux qui étudient la politique internationale feront bien de se concentrer sur des théories de la politique interne et de la politique externe distinctes jusqu'à ce que quelqu'un trouve un moyen de les unir (Waltz, 1986 : 340).

Comme nous l'avons vu au chapitre précédent, après avoir subi les assauts des *behavioralistes* contre ses imprécisions épistémologiques et méthodologiques pendant les années 1960, le réalisme classique est entré en crise profonde au cours des années 1970. Les partisans des diverses approches pluralistes – libérales, transnationalistes et interdépendantistes – et des théories marxisantes, notamment celles de la dépendance et du système-monde, remettaient en cause non seulement son ontologie stato-centrée, mais aussi sa normativité conservatrice. En publiant *Theory of International Politics* en 1979, Kenneth Waltz a cherché non seulement à relancer le réalisme mais aussi, et surtout, à lui fournir les bases d'une cohérence théorique qui lui avait largement fait défaut jusqu'alors. Par contre, comme nous le verrons dans la dernière section de ce chapitre, le néoréalisme, dont un des concepts principaux est la tendance naturelle du **système international** à établir un équilibre entre les grandes puissances, a éprouvé quelques difficultés à s'adapter à l'ère de l'**hégémonie** américaine qui perdure depuis la fin de la guerre froide.

1. Historique

Avec la publication de *Theory of International Politics*, le néoréalisme[1] est né, et le débat en théorie des

1. Dans *Theory of International Politics*, Waltz ne donne aucun nom à son approche. Il a écrit ce livre comme s'il allait de soi qu'il n'y avait qu'une seule façon de concevoir les relations internationales, celle du réalisme – pratiquement toutes ses références à la discipline concernent des auteurs réalistes. En omettant délibérément de faire procéder son titre par l'article défini *the*, Waltz semble vouloir transmettre l'idée que théorie des relations internationales et réalisme sont pratiquement synonymes. D'après Ole Wæver (1997 : 31n19), c'est Robert Cox qui aurait lancé l'étiquette de « néoréalisme » deux ans après la publication de *Theory of International Politics*, mais pour définir le « nouveau » réalisme américain né après 1945 (1986 [1981] : 211), et non pas les travaux de Waltz. Ce serait en fait Richard Ashley qui aurait utilisé pour la première fois ce mot au sens qu'il a pris aujourd'hui (Ashley, 1984). On remarquera, cependant, que John Ruggie a parlé aussi de « néoréalisme » dans une recension devenue célèbre du livre de Waltz, plus d'un an avant Ashley (Ruggie, 1983). Ce terme faisait donc déjà partie du vocabulaire de la théorie des relations internationales moins de cinq ans après la publication de *Theory of International Politics*. De son côté, Keohane a lancé le nom de « réalisme structurel » (1986). Les termes de « néoréalisme », de « réalisme structurel » et de « structuro-réalisme » sont devenus interchangeables. Pour éviter toute confusion, nous parlerons uniquement de « néoréalisme » dans ce chapitre.

relations internationales prend un tournant décisif. Dorénavant, toute intervention dans ce débat tendra à se définir explicitement ou implicitement par rapport au néoréalisme. En fait, le nouveau réalisme de Waltz était le résultat de plus de vingt-cinq ans de réflexion sur les Relations internationales et sur le réalisme. On trouve déjà plusieurs aspects de sa façon de concevoir les relations internationales dans ses travaux antérieurs, et que nous analyserons en détail plus loin. Ainsi dans *Man, the State and War*, publié en 1959, à partir de sa thèse de doctorat, soutenue en 1954, Waltz introduit la notion de **niveaux d'analyse** des relations internationales, qu'il appelait à l'époque les trois « images » des relations internationales. En 1964, il explore la question de la **bipolarité** dans un article très remarqué, « The Stability of a Bipolar World ». Enfin, il présente l'essentiel de sa vision de la théorie des relations internationales et du nouveau réalisme dans un chapitre de livre paru en 1975, et intitulé « Theory of International Relations ».

Pour certains observateurs, partisans ou adversaires du néoréalisme, celui-ci n'est qu'une simple variante de la famille réaliste (Gilpin, 1986 ; Grieco, 1988 ; George, 1994), mais même une lecture superficielle du réalisme de Waltz et des auteurs qui s'en inspirent démontre clairement qu'il s'agit d'une conception des relations internationales qui se distingue très nettement du réalisme classique, du moins sur les questions ontologiques, et un peu moins sur le plan épistémologique. Par contre, au niveau de la normativité, les ressemblances familiales restent très fortes. Enfin, même si les écrits de Waltz demeurent *la* référence du néoréalisme, d'autres auteurs ont contribué à l'évolution de la théorie néoréaliste pour la nuancer, et parfois même pour la contredire sur des points importants. On pense notamment aux travaux de Robert Gilpin, Stephen Krasner, Joseph Grieco et Stephen Walt.

2. Épistémologie

Sur le plan de l'épistémologie proprement dite, le néoréalisme, du moins à ses débuts, innove plus par ses tentatives de mettre de l'ordre dans la manière plutôt floue de concevoir la connaissance des réalistes classiques que par une vision très fouillée de ce qui pourrait être l'épistémologie résolument empiriste et positiviste que l'on tend à associer avec les recherches qui s'inspirent du néoréalisme. Sur le plan épistémologique, son plus grand mérite est sans doute d'avoir ouvert la question de la *métathéorie*, la réflexion générale sur la nature de la théorie qui était restée largement absente du débat en théorie des relations internationales jusqu'alors, mais qui y occupe de plus en plus de place depuis les années 1980.

Waltz suit Aron (1967) en déclarant que la première condition à satisfaire pour formuler une théorie est de délimiter son champ. C'est plus qu'une simple question d'ontologie. Sans une idée claire de ce qui fait partie ou ne fait pas partie de sa discipline, selon Waltz, la théorie est impossible. Par contre, il rejette la position d'Aron selon laquelle les relations internationales seraient beaucoup trop complexes pour que l'on puisse en faire une théorie générale. Pour lui, une telle affirmation passe à côté du problème, car précisément « la théorie est un moyen pour traiter de la complexité » (1990a : 27). Il reconnaît volontiers, toutefois, que la notion de « relations internationales » couvre énormément d'aspects des rapports entre **États**, trop pour que l'on puisse espérer en faire une véritable théorie générale. Une théorie est « un portrait, formé mentalement, d'un champ ou d'un domaine d'activité délimité » et « isole un domaine de tous les autres pour que l'on puisse le traiter intellectuellement. Isoler un domaine est une condition préalable pour développer une théorie qui expliquera ce qui se passe à l'intérieur de celui-ci » (1979 : 8). Il choisit donc de construire une théorie de la *politique* internationale, et qui se distingue très clairement, comme nous le verrons, d'une théorie de la politique étrangère, caractéristique du réalisme classique.

Waltz ne s'intéresse pas à la recherche de lois générales de la politique internationale, car, selon lui, les lois ne sont pas des théories, et les sciences sociales ne tentent pas d'en formuler (1979 : 6). Il propose plutôt une conception *instrumentaliste* de la théorie. Il ne s'agit pas de démontrer qu'une théorie est vraie ou fausse, mais de la juger selon son utilité, car elle est une « construction intellectuelle par laquelle nous sélectionnons des faits et les interprétons. Le défi est de s'arranger pour que la théorie étudie les faits par des façons qui permettent l'explication et la prédiction » (1990a : 22). Les théories sont utiles non seulement parce qu'elles peuvent nous aider à « comprendre, expliquer et parfois prédire la tendance des événements », mais aussi parce qu'elles nous aident à « comprendre comment un système fonctionne » (31). Il faut chercher dans une théorie sa puissance explicative, ce qui est possible « en s'éloignant de la "réalité", et non pas en restant proche d'elle », sinon on fait de la description et non pas de l'explication (1979 : 7). En dernière analyse, l'ultime critère pour juger si une théorie est bonne est son succès « à expliquer, non à prédire » (1997 : 916).

La notion de sélection comme caractéristique première d'une théorie est fondamentale pour Waltz. Une théorie est fondée sur des présupposés « qui sont des simplifications du monde et sont utiles seulement parce qu'ils le sont » (1990a : 27). Donc la première qualité d'une théorie, c'est sa *parcimonie*.

À prime abord, la conception waltzienne de la théorie paraît beaucoup plus positiviste que celle des réalistes classiques[2]. Ainsi, elle met l'accent sur les notions d'explication et de prédiction, de « régularités et de répétitions ». Par contre, Waltz rejette toute conception empiriste, ce qu'il appelle l'« illusion inductiviste », dont seraient coupables les réalistes classiques. L'induction serait une croyance selon laquelle :

> La vérité est gagnée et l'explication est réalisée à travers l'accumulation de plus en plus de données et la vérification de plus en plus de cas. Si nous ramassons de plus en plus de données et établissons de plus en plus d'associations, cependant, nous ne trouverons pas en fin de compte que nous savons quelque chose. Nous finirons simplement par avoir de plus en plus de données et de plus grands ensembles de corrélations. Les données ne parlent jamais d'elles-mêmes.

L'observation et l'expérience ne mènent jamais directement à la connaissance des causes (1979 : 4).

Malgré sa méfiance à l'égard de l'induction, et son affirmation que le néoréalisme est « plus fortement déductif » que le réalisme classique (33), Waltz reconnaît que l'induction et la déduction[3] sont nécessaires pour bâtir une théorie : « La déduction peut donner des réponses certaines, mais rien de nouveau [...]. L'induction peut donner de nouvelles réponses, mais rien de certain [...]. L'induction et la déduction sont indispensables dans la construction d'une théorie » (11).

Waltz conçoit la construction des théories comme un processus qui commence par l'énonciation d'un nombre de prémisses. Ces dernières sont elles-mêmes le fruit de l'intuition, une des sources de la connaissance de toute épistémologie rationaliste : « On ne peut dire ni comment arrive l'intuition ni comment naît l'idée. On peut dire sur quoi elles vont porter. Elles porteront sur l'organisation du contenu. Elles transmettront un sens des relations non observables des choses » (1979 : 9). C'est là l'essence de la théorie. Elle met de l'ordre, et elle simplifie la réalité, avec l'objectif de « tenter de trouver la tendance centrale parmi une confusion de tendances, de sélectionner le principe moteur bien que d'autres principes existent, de chercher les facteurs essentiels où de nombreux facteurs sont présents » (1979 : 10).

Enfin, il se rend compte que la vérification des théories en relations internationales ne peut se soumettre à la célèbre épreuve de la *falsifiabilité* que le philosophe Karl Popper avait préconisée pour les sciences naturelles (Popper, 1973 [1934]). Selon ce principe, au lieu de chercher des cas qui *confirment* une théorie, il faut chercher des cas qui pourraient l'*infirmer*. Ce n'est qu'à la suite d'une telle épreuve que l'on peut accepter ou rejeter une hypothèse ou

---

2. Waltz (1997 : 913) identifie le positivisme à l'empirisme, et déclare qu'à l'extrême « les positivistes croient qu'il est possible de comprendre directement la réalité, sans le bénéfice de la théorie. La réalité est tout ce que nous observons directement. » C'est une position qu'il rejette totalement.

3. Rappelons que l'induction suppose la construction de la théorie par la formulation d'hypothèses à partir d'études de cas ou d'instances singulières qui permettraient la formulation de nouvelles hypothèses jusqu'à ce que l'on puisse construire une théorie de portée plus générale, tandis que la déduction suppose tirer des conclusions à partir de propositions générales.

une théorie. Pour Waltz, cette approche est beaucoup trop exigeante (1979: 123)[4], mais il reconnaît que l'on peut être tenté de choisir uniquement des cas qui confirment notre hypothèse et d'éviter ainsi ceux qui pourraient la contredire. Pour contourner ce problème, il suggère de procéder «en choisissant des cas difficiles – des situations, par exemple, où les parties ont de fortes raisons de se comporter contrairement aux prédictions de sa théorie» (1979: 123). Si une hypothèse ne réussit pas une épreuve, il ne faut pas la rejeter automatiquement, comme nous le propose Popper. Il faut se demander si elle a échoué totalement, si elle peut être réparée ou «nécessite que l'on réduise la portée de ses prétentions explicatives» (13). Cela dit, il nous avertit que même si une théorie passe toutes les étapes de la vérification, sa crédibilité dépendra de la variété de ces épreuves et de leurs difficultés, et qu'«aucune théorie ne peut jamais se révéler vraie» (14). La validation ou la falsification d'une théorie dépend autant de «comment on interprète la théorie que de ce qui s'est passé» (1997: 916). On est encore assez loin de l'idéal positiviste.

4. Manifestement Waltz n'a jamais été à l'aise avec la notion de falsifiabilité. Dans *Theory of International Politics*, il mentionne la falsifiabilité comme un des moyens, parmi d'autres, de tester une théorie (1979: 124). Sept ans plus tard, il annonce vouloir corriger l'impression qu'il aurait pu donner dans le premier chapitre de son livre qu'il était «un falsificationniste naïf» (le terme utilisé par le philosophe Imre Lakatos pour caractériser la position de Popper) et déclare qu'il s'écarte de Popper, «qui insiste sur le fait que seulement les efforts de falsifier une théorie comptent comme des épreuves légitimes» et que les «[t]entatives de falsifier des théories sont aussi problématiques que celles de les confirmer» (1986: 334). Enfin, en 1997, il écrit qu'il est d'accord avec Lakatos quand celui-ci rejette «la notion que les épreuves peuvent falsifier les théories» et note que «la falsification est insoutenable» (Waltz, 1997: 914). Hans Mouritzen (1997: 74), dans sa présentation de l'œuvre de Waltz, prétend, néanmoins, que la philosophie des sciences qui sous-tend tacitement celle-ci est celle de Popper, sauf pour le falsificationnisme. C'est une interprétation pour le moins discutable, d'autant plus que le falsificationnisme est un des concepts clés de l'épistémologie de Popper. D'ailleurs, Waltz (1979: 11) traite l'approche hypothético-déductive étroitement associée avec Popper de «forcément stérile».

En fin de compte, Waltz se distingue des réalistes classiques surtout par son désir de clarifier beaucoup plus ce qui constitue une vraie théorie de la politique internationale, et en précisant à quoi doit servir la théorie. On voit dans son approche théorique des éléments de positivisme, mais c'est surtout lors du débat entre néoréalistes et néolibéraux, où il ne joue lui-même qu'un rôle indirect en tant que référence incontournable, que le positivisme, et l'empirisme qui l'accompagne, se développe de façon importante. C'est ici que l'on constate qu'en dépit de ses tentatives d'apporter clarté et rigueur à la théorie réaliste, et donc à la théorie des relations internationales tout court, Waltz est loin d'avoir réussi.

La différence majeure entre lui et les réalistes classiques sur le plan épistémologique se trouve dans les tendances plus inductives de ces derniers et la volonté déductive du premier. Et encore, comme Waltz le reconnaît lui-même implicitement, il s'agit plus d'une différence de degré que d'une différence de fond. Il a surtout rendu très explicite ce que les réalistes classiques tendaient à laisser implicite. Comme nous l'avons vu au chapitre 4, Morgenthau croyait aussi qu'il ne fallait pas juger une théorie par «un quelconque principe préconçu et abstrait ou un concept sans aucun lien avec la réalité, mais par son but: apporter de l'ordre et du sens à une masse de phénomènes, qui, sans elle, resteraient isolés et incompréhensibles» (1960: 3). On trouve également chez ces deux auteurs une épistémologie qui mélange pragmatisme et rationalisme, et qui ne peut épouser toutes les exigences du positivisme. Enfin, et c'est sans doute la faille la plus importante de l'épistémologie waltzienne, toute la théorie néoréaliste est fondée sur un ensemble de présupposés qui ne se prêtent à aucune discussion. Les quelques hypothèses que Waltz nous propose dans *Theory of International Politics* se transforment rapidement en une série d'affirmations fondées sur une lecture sélective de l'histoire. Il nous invite à rejeter la vérification par la falsification et à nous concentrer sur la confirmation en choisissant d'examiner des «cas difficiles», mais avoue que «nous pouvons presque toujours trouver des exemples qui apportent une confirmation si nous cherchons d'assez près » (Waltz, 1979 : 127). Autant dire que nous ne pourrons jamais falsifier le néoréalisme et le remplacer par une théorie plus convaincante, ou plus utile car, pour reprendre l'expression de Stefano Guzzini (1998 : 129), Waltz peut toujours déplacer les poteaux des buts.

3. Ontologie

Comme nous venons de le voir, préciser exactement les fonctions et le contenu d'une théorie de la politique internationale est un aspect crucial de la vision néoréaliste de la discipline. Les réalistes classiques se sont rarement préoccupés de ce genre de considération. Mais comme Waltz lui-même le souligne, c'est avant tout sur le plan ontologique que le néoréalisme peut prétendre vraiment innover par rapport à ses prédécesseurs.

3.1 La politique internationale

Pour Waltz, la construction d'une théorie des relations internationales commence obligatoirement par la délimitation claire des frontières de la discipline. À l'instar des réalistes classiques, il nous offre une théorie de la *politique* internationale en particulier, et non pas des *relations* internationales en général. Il ne s'écarte donc pas des préoccupations traditionnelles du réalisme, telles que les relations politiques entre États, la notion de **puissance**, les causes des guerres et les conditions de la paix. Là où le néoréalisme se distingue des réalistes classiques, à son avis, c'est en séparant clairement la politique intérieure de la politique internationale, et en le faisant, il « établit l'*autonomie* de la politique internationale et rend ainsi possible une théorie » de cette dernière (Waltz, 1990a : 29. Nos italiques). La politique nationale est « le domaine de l'autorité, de l'administration et du droit », tandis que la politique internationale est celui de « la puissance, de la lutte et de l'accommodement » (1979 : 113). C'est non seulement une vision étroite de la politique, autant intérieure qu'internationale – depuis quand la puissance, la lutte et l'accommodement ne font pas partie de la politique intérieure ? – mais cela suppose aussi, et avant tout, une séparation nette entre les deux qui est de moins en moins justifiée. Nous n'avons qu'à prendre l'exemple de la politique de sécurité, domaine traditionnel de la politique internationale, pour nous rendre compte qu'il devient presque impossible de tracer une ligne nette entre intérieur et extérieur. En outre, essayer de tracer une démarcation qui distinguerait la politique pure des autres domaines, notamment l'économie, est devenu une position difficilement soutenable.

3.2 Le niveau d'analyse

La notion de niveau d'analyse n'est pas nouvelle en Relations internationales. Comme nous l'avons vu, Waltz lui-même avait abordé le sujet dans son premier livre *Man, the State and War*, paru en 1959, en présentant ce qu'il appelle les trois « images » des relations internationales. La première, l'individu, explique les relations internationales à partir de la nature humaine. La seconde nous les explique en analysant la nature interne des **unités** du système international, c'est-à-dire les États. Enfin la troisième, celle du système, agit elle-même selon une logique qui lui est propre. Sans surprise, Waltz opte pour des explications qui se situent au niveau de la troisième image. Deux ans plus tard, David Singer (1961) parlera plus spécifiquement du problème du choix entre deux niveaux d'analyse ou d'explication des relations internationales, celui des États et celui du système. Enfin, avec la publication de *Theory of International Politics*, Waltz tranche la question en déclarant que seule une approche qui isole le système de ses unités constituantes peut nous offrir une théorie de la politique internationale permettant de jeter les bases d'une discipline distincte.

Autrement dit, le système est beaucoup plus que la simple somme de ses parties. Il a une existence en soi. Selon Waltz, le fait de brouiller la distinction entre les différents niveaux d'un système « a été l'empêchement principal au développement de théories au sujet de la politique internationale » (1979 : 78). Les réalistes classiques, en préférant situer leur niveau d'analyse à celui des États, sont accusés de « réductionnisme », c'est-à-dire de faire dépendre le fonctionnement du système de l'action de ses unités et non le contraire. Pour lui, il est impossible de comprendre la politique internationale « simplement en regardant à l'intérieur des États» (1979: 65). Une théorie de la politique internationale se veut donc résolument *holiste*.

3.3 Le système international

Selon Waltz, l'idée de concevoir la politique internationale comme un système ayant une structure définie de façon rigoureuse constitue la «différence fondamentale par rapport au réalisme traditionnel» du néoréalisme (1990a: 30). Pour lui un système est:

> un ensemble d'unités réagissant réciproquement entre elles. À un niveau, un système consiste en une structure, et la structure est la composante au niveau du système qui rend possible de penser aux unités comme formant un ensemble plutôt qu'un simple assemblage. À un autre niveau, le système est constitué d'unités qui réagissent entre elles (1979: 40).

En proposant une interprétation systémique de la politique internationale, le néoréalisme met l'accent sur l'étude du comportement plutôt que sur celle des mobiles des **acteurs internationaux**. Une analyse plus «objective» du fonctionnement du système international que celle que nous offre le réalisme classique deviendrait alors possible.

3.3.1 La structure du système international

D'après Waltz, une structure est définie «par la manière dont ses parties sont arrangées» et est un concept «fondé sur le fait que les unités juxtaposées et combinées de façons différentes et dans l'interaction produisent des résultats différents» (1979: 81, 82). Elle est constituée de trois éléments: un **principe ordonnateur**, la similitude fonctionnelle entre les unités et la répartition des **capacités** entre ces dernières (1979: 100-101). Nous analyserons d'abord ces trois aspects de la structure du système, pour discuter ensuite des problèmes que pose cette notion.

En premier lieu, le principe ordonnateur de la structure détermine comment les parties du système sont organisées entre elles, et régit leurs rapports et leurs interactions. Pour Waltz, il y a essentiellement deux principes ordonnateurs en politique, celui de la hiérarchie, où il existe une autorité supérieure reconnue par les membres du système, et celui de l'**anarchie**, où aucune autorité supérieure ne peut exercer légalement sa volonté contre un membre du système si celui-ci ne le veut pas. Dans une telle situation, le «**self-help**», le fait que chacun ne puisse compter que sur ses propres moyens pour se défendre, est «nécessairement le principe d'action» (1979: 111). Chez les réalistes classiques, l'anarchie représente avant tout le contexte dans lequel se passent les rapports entre États, tandis que chez les néoréalistes, l'anarchie est beaucoup plus que cela. Elle définit ce que Ruggie (1983: 266) appelle la «structure profonde» du système international.

Cependant, comme nous le rappelle Donnelly, la distinction entre hiérarchie et anarchie n'est pas aussi tranchée en politique internationale que voudrait nous le faire croire Waltz, et il faudrait tenir compte des situations où on trouve à la fois des éléments d'anarchie et de hiérarchie. Par exemple, les membres de l'Union européenne ne sont plus juridiquement libres de décider de tout ce qui se passe à l'intérieur de leurs frontières (Donnelly, 2000: 85-87).

Deuxièmement, les néoréalistes insistent sur ce qu'ils appellent la similitude fonctionnelle entre les unités du système. Comme les réalistes classiques, les néoréalistes considèrent que seuls les États constituent de véritables acteurs autonomes à l'intérieur du système international, mais à la différence des premiers, les néoréalistes sont beaucoup plus attachés à l'idée d'acteur unitaire et rationnel[5] et considèrent que ce qui se passe à l'intérieur des États n'est nullement pertinent pour la formulation d'une théorie de la politique internationale. Ils vont beaucoup plus loin que les réalistes classiques en prétendant que la logique de l'anarchie fait que les États sont *fonctionnellement* semblables. Cela ne signifie évidemment pas que les États sont pareils sur le plan de leur puissance ou, pour utiliser le terme de Waltz, de leurs capacités. Mais en raison de la «logique» de l'anarchie, les États sont tous obligés d'entreprendre les mêmes tâches, puisqu'il n'existe pas d'autorité supérieure pour imposer une répartition des tâches

---

5. En fait, Waltz lui-même reconnaît que l'État «n'est pas un acteur unitaire et réfléchi. J'ai présumé qu'il l'était seulement afin de construire une théorie» (1986: 339). Pour une analyse de la conception néoréaliste de l'État, voir Hobson (2000: 19-44) et Buzan, Jones et Little (1993: 116-119).

ou des fonctions entre les unités qui font partie du système comme cela se passe en politique intérieure[6] : « l'anarchie comprend des relations de coordination entre les unités d'un système, et cela implique leur similitude » (Waltz, 1979 : 93). Prétendre que les États sont des unités semblables revient à dire qu'ils se ressemblent parce qu'ils sont des « unités politiques autonomes », ou tout simplement qu'ils sont souverains, c'est-à-dire que chaque État « décide pour lui-même comment il fera face à ses problèmes internes et externes, y compris la décision de chercher ou de ne pas chercher l'aide des autres et ce faisant de limiter sa liberté en prenant des engagements à l'égard de ces derniers » (Waltz, 1979 : 96).

On peut s'interroger, cependant, sur les bases empiriques d'une telle affirmation. Très souvent les réalités des rapports de force entre grandes et petites puissances, pays industrialisés et pays en voie de développement démentent dans les faits cette image d'égalité fonctionnelle dont parle Waltz[7]. Quant à la question de la souveraineté, même s'il tente de se couvrir en déclarant que le fait d'abandonner une partie de sa liberté d'action est un acte de souveraineté, il n'en est pas moins vrai que la pratique de celle-ci est de plus en plus restreinte par des engagements, volontaires ou non, sur lesquels il est difficile de revenir. Pour être souverain au sens de Waltz, un État doit être ou bien très puissant ou bien isolé complètement des autres membres du système international.

Écrit dans les années 1970, *Theory of International Politics* ne pouvait négliger un des grands sujets ontologiques de l'époque, la montée des forces transnationales et des acteurs non étatiques. Waltz admet leur existence, mais fait remarquer, avec une certaine justesse, que les partisans du transnationalisme n'ont développé aucune théorie distincte et se sont conten-

tés de s'appuyer sur des théories existantes[8]. Pour lui, les mouvements transnationaux font partie des *processus* qui se déroulent à l'intérieur de la structure du système et non de la structure elle-même. Le questionnement du stato-centrisme reflète simplement la difficulté qu'éprouvent les politologues à « garder clairement et constamment dans leur esprit la distinction entre structures et processus » (1979 : 95). Waltz se montre particulièrement sceptique à l'idée de faire des compagnies multinationales des acteurs à part entière du système international. D'abord, le terme même de « multinationale » serait trompeur, car plus de la moitié des plus grandes d'entre elles sont en fait américaines, et contrairement à l'image populaire d'un « monde où l'activité économique est devenue transnationale, avec des frontières nationales hautement perméables et des hommes d'affaires en train de prendre des décisions sans même penser à elles », il est raisonnable de supposer qu'en prenant leurs décisions « la perspective américaine dominera » (1979 : 151). Autrement dit, la réalité du transnationalisme peut influer sur la forme des interactions internationales, mais elle ne change strictement rien au fonctionnement de la structure du système international.

Troisièmement, si, selon les néoréalistes, les États se ressemblent tous sur le plan des fonctions qu'ils remplissent, ces derniers se distinguent très nettement les uns des autres en ce qui concerne leurs capacités : « Les États se ressemblent dans les tâches auxquelles ils font face, mais non pas dans leur capacité de les accomplir » (1979 : 96). Il s'agit de la façon des néoréalistes de concevoir le problème de la puissance, concept que Gilpin (1981 : 13) reconnaissait volontiers comme « un des plus gênants dans le domaine des relations internationales ». Pour ce dernier, la puissance signifie « les capacités militaires, économiques et technologiques des États » (1981 : 13), et c'est cette définition que l'on associe le plus fréquem-

---

6. On peut penser, par exemple, à la division fonctionnelle en politique intérieure entre le pouvoir législatif, exécutif et judiciaire qui caractérise, à des degrés différents, les démocraties libérales.

7. On pense aux États déliquescents qui sont incapables de remplir toutes les fonctions d'un État moderne, ou à la division effective entre pays fournisseurs de matières premières et pays consommateurs.

8. Comme nous le verrons au chapitre 8, les théoriciens américains du transnationalisme et de l'« interdépendance complexe », Robert Keohane et Joseph Nye (1977), ont toujours proclamé qu'ils cherchaient avant tout à améliorer le réalisme et non pas à le supplanter.

ment au néoréalisme. Waltz semble abonder dans le même sens quand il déclare que, pour être politiquement pertinent, il faut définir la puissance « en termes de la répartition des capacités », mais ajoute que « l'on ne peut déduire la portée de sa puissance à partir de résultats que l'on peut ou ne peut obtenir » (1979 : 192). Pour lui, la puissance est simplement la « capacité conjuguée d'un État » (1990a, 36).

En introduisant la notion de capacités, Waltz a voulu souligner la différence entre la conception néoréaliste de la puissance et celle des réalistes classiques, qui, comme Morgenthau, prétendaient que les États étaient mus par un désir de maximiser leur puissance militaire, désir né de la nature foncièrement mauvaise de l'homme. Les réalistes classiques perçoivent la puissance comme une fin en soi, les néoréalistes la voient comme « un moyen possiblement utile » et dont la répartition et les changements dans cette répartition « aident à définir les structures et les changements » dans ces dernières (Waltz, 1990a : 36). Il va à l'encontre de Morgenthau (1960 : 28-29) qui, on s'en souviendra, définissait la puissance comme « le contrôle de l'homme sur l'esprit et l'action des autres hommes ». Pour Waltz, l'utilisation de la puissance signifie plutôt « appliquer ses capacités dans une tentative de changer le comportement d'un autre de certaines manières » (1979 : 191). Les capacités comprennent la taille de la population et du territoire, la possession de ressources naturelles, la capacité économique, les effectifs militaires, la stabilité politique et la compétence. Le rang d'un État dans le système international dépend de son score dans *tous* ces domaines (1979 : 131. Italiques dans l'original). Par contre, l'utilisation de la force veut dire simplement intervenir pour imposer sa volonté, le plus souvent par des moyens militaires. Elle a ses limites, et le recours à la force signale souvent que les moyens normaux ne fonctionnent plus, que la puissance a subi un échec.

La répartition des capacités à travers le système international n'est jamais égale. Elle permet de distinguer entre les États forts et les États faibles. Un agent est puissant, et donc fort, « dans la mesure où il influe sur les autres plus que les autres n'influent sur lui » (1979 : 192). Cette division entre faibles et forts mène Waltz, comme la plupart des réalistes classiques, à prétendre que ce sont les grandes puissances qui déterminent seules la nature du système : la « théorie, comme l'histoire, de la politique internationale est écrite en termes des grandes puissances d'une époque » (1979 : 72).

Waltz ne se contente pas de constater l'importance primordiale des grandes puissances, et donc de l'inégalité de la répartition des capacités. Il s'en sert pour fonder un des concepts clés du néoréalisme, celui de la **polarité**. Les grandes puissances d'une époque construisent autour d'elles des centres ou pôles de puissance, qui constituent un des éléments fondamentaux de la définition de la structure du système international. Il y aurait essentiellement trois modèles possibles de polarité : l'**unipolarité**, définie par la domination d'une seule puissance ; la bipolarité, caractérisée par l'existence de deux grandes puissances de taille assez semblables ; et la **multipolarité**, où il y a plus de deux centres de puissances dans le système. À l'encontre de réalistes classiques, comme Morgenthau et Kissinger, qui croyaient aux avantages de la multipolarité, Waltz annonce une forte préférence pour un système international bipolaire, celui de la guerre froide, parce que celui-ci aurait fait preuve d'une grande stabilité[9] et aurait assuré une longue période de paix relative, du moins entre les superpuissances.

La bipolarité serait plus stable, et donc plus favorable à la paix en raison de « la simplicité des relations dans un monde bipolaire » que la multipolarité ou l'unipolarité, ce qui réduit de beaucoup les incertitudes dans le système international, et diminue donc le danger de l'éclatement d'une guerre majeure (Waltz, 1979 : 174). En situation de bipolarité, les superpuissances ont toutes les deux un intérêt dans le maintien d'un système où chacune y trouve des bénéfices, où chacune « ne peut perdre lourdement que dans une guerre avec l'autre » (1979 : 172). On notera cependant que Waltz lui-même, tout comme d'autres néoréalistes tels que John Mearsheimer,

---

9. La stabilité du système international signifie deux choses : celui-ci reste anarchique et il n'y a aucune variation importante dans le nombre de parties principales qui le composent (Waltz, 1979 : 162).

introduit dans son évaluation des bienfaits de la polarité un élément non structurel de taille, l'impact positif des armes nucléaires sur le comportement des deux superpuissances (1990b, Mearsheimer, 1990). On peut se demander si, en dernière analyse, ce dernier facteur n'a pas contribué autant que la structure bipolaire à cette période de non-guerre entre les superpuissances, période qu'Aron caractérisait si bien comme « paix impossible, guerre improbable ». Enfin, si Waltz reconnaît que dans le passé le système international a connu une certaine stabilité en situation de multipolarité, l'unipolarité semble être la moins stable des configurations, car un État tout-puissant est un « danger potentiel pour les autres », même s'il croit agir « pour la cause de la paix, de la justice et du bien-être dans le monde » (1997 : 915-916).

Malgré la « logique impressionnante » de ce raisonnement en faveur de la bipolarité, Gilpin est loin d'être convaincu et affirme que, contrairement à ce que prétend Waltz, la « bipolarisation d'un système international multipolaire en deux blocs hostiles est extrêmement dangereuse, car elle crée une situation de somme nulle[10] » (1981 : 89). En particulier, il questionne l'idée de la stabilité de la bipolarité, la préoccupation principale de Waltz. Un des facteurs perturbateurs le plus probable de la stabilité du système international est l'arrivée d'un État devenu récemment puissant. La multipolarité peut faire les ajustements nécessaires beaucoup plus facilement que la bipolarité, d'autant plus, comme le prétend Waltz lui-même, que les systèmes tripolaires seraient les plus instables de tous (Gilpin, 1981 : 91).

Le néoréalisme cherche à établir une certaine causalité entre la structure du système international et le comportement des unités qui la constituent. La structure impose sa logique sur le comportement des unités. Mais Waltz se défend de toute forme de déterminisme. Une structure est « un ensemble de conditions contraignantes » qui « agit comme un sélecteur » (1979 : 73). Les structures « forment et poussent. Elles ne déterminent pas les comportements et les résul-

tats, non seulement parce que les causes au niveau des unités et des structures agissent les unes sur les autres, mais aussi parce qu'il est possible de résister avec succès aux tentatives de former et de pousser des structures » (1986 : 343). Elles n'agissent donc pas directement sur le comportement des États, mais à travers deux mécanismes, la socialisation et la concurrence.

La socialisation est le processus par lequel les États apprennent à agir comme des États, elle « limite et façonne le comportement », tandis que la concurrence « incite les acteurs à adapter leurs façons de faire aux pratiques les plus socialement acceptables et qui ont le plus de succès » (1979 : 76-77). Évidemment tout acteur est libre d'ignorer ces contraintes, et d'agir à sa guise, mais il sera pénalisé car « l'arène internationale en est une de concurrence où les moins habiles doivent payer le prix de leur ineptie » (1986 : 331). Il reconnaît que toute théorie de la politique internationale « a aussi besoin d'une théorie de la politique interne, puisque les États influent sur la structure du système au moment même où celle-ci influe sur eux » (331). On peut comprendre la politique internationale seulement « si les effets de structure sont *ajoutés* aux explications au niveau des unités du réalisme traditionnel » (1990a : 34. Nos italiques) et qu'il faut « dire davantage sur le statut et le rôle des unités dans la théorie néoréaliste » (37). Malgré lui, il admet que l'on ne peut évacuer aussi facilement la question de l'agence, qu'une théorie des relations internationales a tout de même besoin d'inclure l'agence *et* la structure.

3.4 L'équilibre des puissances

 Le concept de l'**équilibre des puissances** est une idée clé du néoréalisme, au point où certains appellent celui-ci tout simplement la « théorie de l'équilibre des puissances » (Kapstein et Mastanduno, 1999). Waltz lui-même a déclaré celle-ci *la* « théorie spécifiquement politique de la politique internationale » (1979 : 117). Selon lui, les États, pour survivre, disposent de deux stratégies distinctes : le **bandwagoning**, la tendance à s'allier avec l'État ou groupe d'États le plus fort et le plus menaçant[11], et l'**équilibrage**

---

10. Dans la théorie des jeux, un jeu à somme nulle en est un où le gain d'un joueur représente une perte équivalente pour son adversaire.

11. L'expression de « to join the bandwagon » est associée aux assemblées (*conventions*) politiques américaines où on

(*balancing*), la recherche d'une plus grande sécurité, qui peut prendre la forme de l'équilibrage externe en s'alliant avec d'autres États, ou celle de l'équilibrage interne en augmentant ses propres capacités en vue de contrer ou d'équilibrer la puissance de l'État ou groupe d'États qui semble le plus menaçant. L'équilibrage constitue une stratégie ou un comportement, voire une tendance naturelle vers un équilibre, qui *peut* résulter dans la création d'un équilibre des puissances, mais sans nécessairement réussir à en établir un. Chez les réalistes classiques, l'équilibre des puissances est avant tout un objectif de politique étrangère. Chez les néoréalistes, par contre, il est une conséquence naturelle de la structure anarchique du système international. La théorie de l'équilibre des puissances « ne nécessite aucune présomption de rationalité ni de fermeté de volonté de la part de tous les acteurs » (Waltz, 1979 : 118). En 1979, il affirmait qu'« une fois perturbé, l'équilibre sera redressé d'une façon ou d'une autre. Les équilibres des puissances se forment de façon récurrente » (128).

La théorie de l'équilibre des puissances telle qu'elle est formulée par Waltz est fondée sur une prémisse pour le moins discutable : les capacités des États représenteraient automatiquement une menace pour tous les autres États. Conformément à sa conception structuraliste de la politique internationale, la logique de l'anarchie suppose que chaque État se méfie et doit toujours se méfier des capacités (c'est-à-dire de la puissance) des autres. Tout allié peut se transformer en ennemi. Comme, selon les néoréalistes, le premier souci des États est le maintien de leur position dans le système, face à un choix, les États de moindre importance se rallieront normalement du côté du plus faible, parce c'est le plus fort qui les menace. « Les États peuvent rarement faire de la maximisation de la puissance leur but. La politique internationale est une affaire trop grave pour cela » (Waltz, 1979 : 127).

La thèse de Waltz ne tient compte ni des *intentions* ni des *perceptions* des intentions des autres, et pourtant c'est un élément fondamental de la politique internationale, comme le rappellent non seulement les libéraux et les constructivistes, mais aussi les réalistes classiques[12]. Pour pallier cette lacune, Walt propose de remplacer l'équilibre des puissances par l'équilibre des menaces. Au lieu de réagir à des déséquilibres de la puissance, la théorie de l'équilibre des menaces « prédit que quand il y a un déséquilibre des menaces (soit quand un État ou une coalition paraît particulièrement dangereux), les États formeront des alliances ou augmenteront leurs efforts internes pour réduire leur vulnérabilité » (Walt, 1987 : 263). Toutefois, bien qu'il affirme que sa théorie devrait être considérée avant tout « comme un raffinement de la théorie de l'équilibre des puissances » (263), il y introduit en fait un facteur non structurel, puisque la menace est toujours une question de perception, du moins dans l'élaboration de la décision politique, qui contredit la vision waltzienne des relations internationales. Manifestement, Waltz n'apprécie pas cette tentative de raffiner sa théorie. Il voit la notion de l'équilibre des menaces non pas comme « le nom d'une nouvelle théorie mais [comme] partie d'une description de la façon dont pensent les décideurs de la politique étrangère quand ils prennent des décisions au sujet d'alliances » (1997 : 916). Il serait passé simplement de la *théorie* de la politique internationale à l'*application* de la politique étrangère (c'est lui qui souligne), et n'apporte donc rien de nouveau à la première.

3.5 L'intérêt national

Comme nous venons de le voir, Waltz, et les néoréalistes en général, rejettent la conception de l'**intérêt national** proposée par Morgenthau, celle de la maximisation de la puissance. En fait, la notion d'intérêt national reste relativement peu développée chez les néoréalistes. Waltz part du principe que les États fondent leur comportement sur la survie, qui est « une condition préalable pour atteindre tout objectif » qu'ils pourraient avoir, mais qui n'exclut pas la possibilité

---

désigne les candidats aux élections, et signifie la décision de la part des indécis et des partisans de candidats éliminés de se joindre au camp du candidat qui semble avoir les meilleures chances d'emporter l'investiture du parti.

12. Waltz (2002 : 64) apporte quelques qualifications à l'impression d'automaticité de sa théorie de l'équilibrage, quand il affirme que celui-ci « est une stratégie de survie, un moyen de tenter d'assurer le mode de vie autonome d'un État. »

que certains États puissent persister à poursuivre des objectifs « qu'ils valorisent plus que leur survie ». Mais au-delà de ce mobile, leurs objectifs peuvent varier de façon infinie (1979: 91-92). Cela dit, pour lui, agir en fonction de l'intérêt national signifie qu'un État cherche à satisfaire ses besoins de **sécurité** (1979: 134). Gilpin n'est même pas prêt à aller jusque-là, et déclare que non seulement la puissance et la sécurité ne sont pas les seuls buts de l'État, mais elles sont rarement les buts suprêmes, et qu'en présence d'une multiplicité d'objectifs, souvent contradictoires, un État « doit peser les coûts et les bénéfices d'étendre sa puissance contre ceux d'autres buts sociaux désirables » (1981: 95). Enfin, pour Mearsheimer (1994/95: 11), qui n'hésite jamais à aller à l'essentiel, cette recherche de la sécurité, ou de la simple survie, est motivée, non pas par le désir de maximiser la puissance, comme le proclame la majorité des réalistes classiques, mais par la crainte, sentiment fondé sur le fait que « dans un monde où les États ont la capacité de s'attaquer, et pourraient être motivés pour le faire, tout État décidé à survivre doit au moins se méfier des autres États et hésiter à leur faire confiance ».

3.6 *Interdépendance et coopération*

Comme nous le verrons au chapitre 6, l'interdépendance et la coopération entre États dans un système anarchique sont deux grands sujets de débats entre néoréalistes et néolibéraux. Mais ce sont aussi des problèmes sur lesquels les néoréalistes ne s'entendent pas tous non plus. En cherchant à répondre aux théories de l'interdépendance et de la coopération lancées, entre autres, par Keohane et Nye (1977), Waltz prend le contre-pied de ceux qui prétendent que nous vivons dans un monde de plus en plus interdépendant, où la coopération entre États est facilitée grâce aux institutions internationales.

Waltz dénonce le mythe de l'interdépendance, qui « cache les réalités de la politique internationale et affirme une fausse croyance au sujet des conditions qui promeuvent la paix » (1979: 158)[13]. Ceux

qui perçoivent l'interdépendance comme un facteur de paix commettent deux erreurs. Premièrement, ils se trompent en la voyant comme une forme de « sensibilité », c'est-à-dire que les États sont de plus en plus affectés par les développements chez les autres et doivent s'y adapter, ce qui les rapprocherait. L'interdépendance dans ce sens signifie l'intimité et « augmente la perspective de conflits occasionnels ». Et si elle augmente à une vitesse qui dépasse le développement du contrôle central, « alors l'interdépendance accélère l'occurrence de guerre » (1979: 138). L'idée de la paix par l'interdépendance « mène à une interprétation économique du monde », qui ignore l'importance de l'inégalité, qui est au cœur de la politique internationale. On ne peut prendre comme unité d'analyse un « monde de nations marqué par de grandes inégalités » (1979: 142-143). Il propose plutôt une définition « politiquement plus pertinente » de ce concept, où l'interdépendance signifie que les parties sont « mutuellement dépendantes » et interdépendantes « si le coût de rompre leurs relations ou de diminuer leurs échanges sont à peu près égaux pour chacune d'elles (1979: 143). Avec Waltz, la notion d'interdépendance comprend l'interdépendance non seulement en termes économiques et commerciaux, mais aussi, et on dirait surtout, en termes militaires.

La deuxième erreur des partisans de l'interdépendance est leur vision réductionniste du monde. Ils conçoivent l'interdépendance uniquement au niveau des unités et ne voient pas ce qu'elle veut dire du point de vue de la structure. Dans le monde waltzien, l'interdépendance entre des « unités semblables » est relativement limitée, car elle est une « relation entre égaux » et est « réduite par la disparité des capacités nationales » (1979: 144). En plus, le degré d'interdépendance entre États évolue avec la structure du système qui, elle, se modifie avec tout changement dans la répartition des capacités. Comme l'interdépendance est une relation entre égaux, elle diminue au fur et à mesure que les différences dans la répartition des capacités augmentent. Mais, comme toujours chez cet auteur, la nature du système se définit d'abord par rapport aux grandes puissances. C'est la situation qui prévaut entre elles qui décide si l'interdépendance est

---

13. Waltz reprend en fait l'essentiel des arguments sur l'interdépendance qu'il avait déjà développés presque dix ans auparavant (Waltz, 1970).

plus ou moins « étroite ». Le système sera interdépendant de façon plus ou moins serrée selon le degré de dépendance entre les grandes puissances. Et l'interdépendance économique et militaire tend à diminuer avec une réduction du nombre de celles-ci. Donc, la bipolarité, situation où les deux superpuissances sont les plus autonomes, d'une part, l'une vis-à-vis de l'autre et, d'autre part, les deux par rapport aux autres États, devient la meilleure des situations, et crée les conditions qui favorisent le mieux la stabilité du système et la paix internationale.

Compte tenu de sa vision de l'interdépendance, il n'est pas étonnant de constater que Waltz n'est pas très optimiste à propos des possibilités de coopération entre les unités du système. En fait, il consacre peu de place à cette question, et se contente d'affirmer que la coopération est très difficile à réaliser parce que les États vivent dans un système de *self-help* où « les considérations de sécurité subordonnent le gain économique à l'intérêt politique » (1979 : 107). Dans ces conditions, la coopération devient difficile pour deux raisons : la crainte de la dépendance et la préoccupation avec les **gains relatifs**. Waltz applaudit Mearsheimer (1994/95 : 6) quand celui-ci affirme que « les institutions sont fondamentalement un reflet de la répartition de la puissance dans le monde. Elles sont fondées sur les calculs égoïstes des grandes puissances, et elles n'ont aucun effet indépendant sur le comportement des États. »

Un des aspects les plus importants du débat des néoréalistes avec les néolibéraux sur la coopération concerne la nature des gains provenant de toute négociation entre États. Il s'agit d'une des contributions les plus originales des néoréalistes au débat en théorie des Relations internationales. Waltz a ouvert le bal en affirmant que dans une situation d'anarchie, les États sont obligés de se demander, lorsqu'ils entrent en relation avec d'autres États, « non pas "Est-ce que nous y gagnerons tous les deux ?" mais "Qui gagnera davantage ?" » (1979 : 105). Mais c'est surtout Joseph Grieco (1988) qui a développé ce thème et qui a formulé les termes du débat. Selon lui (487) les États sont, par nature, des « positionalistes », c'est-à-dire qu'ils sont toujours en train de se mesurer les uns par rapport aux autres. Il en résulte ce qu'il appelle le problème des gains relatifs :

> Les États s'inquiètent du fait que l'ami d'aujourd'hui peut être l'ennemi de demain dans une guerre, et craignent que les gains qui donnent un avantage à l'ami dans le présent ne puissent produire un ennemi *potentiel* dangereux dans l'avenir. En conséquence, les États doivent porter une attention sérieuse aux gains des partenaires (souligné dans l'original).

Grieco met les craintes que suscitent les gains relatifs dans le contexte de l'intérêt suprême de tous les États, la survie, et qui les rend sensibles à « toute érosion de leurs capacités relatives, qui sont la base ultime pour leur sécurité et leur indépendance dans un contexte international anarchique où c'est chacun pour soi ». Donc le « but fondamental des États dans n'importe quelle relation est d'empêcher d'autres de réaliser des avances dans leurs capacités relatives » (1988 : 498). La préoccupation avec les gains relatifs serait ainsi un empêchement incontournable à la coopération entre États à long terme dans le système international.

Comme dans le cas de l'équilibre des puissances, une grande partie de la portée de la thèse des gains relatifs dépend de ce que l'on entend par « à long terme ». Il n'est pas difficile de trouver des exemples de coopération, tels que l'Union européenne, où le souci des gains relatifs n'est jamais loin de la surface dans chaque négociation entre ses membres, mais sans que cela empêche la négociation, le compromis et la signature d'ententes. Ces exemples nous incitent à nous poser deux autres questions. Premièrement, supposons que la thèse des gains relatifs soit bien fondée, jusqu'où les États sont-ils prêts à aller dans la poursuite de tels gains ? Autrement dit, n'existe-t-il pas très souvent un point où la préoccupation des gains des autres cède le pas sur le désir de coopérer et d'arriver à une solution qui satisfasse tous ceux concernés[14] ?

---

14. Waltz lui-même apporte quelques qualifications à la notion de gains relatifs. Il reconnaît que même si les États, préoccupés avant tout par leur sécurité, valorisent les gains relatifs, en dernière analyse, « avec des États qui se sentent très sûrs de leur sécurité ou de leur insécurité, la recherche des gains absolus peut prévaloir sur celle de gains relatifs » (1997 : 915). Par ailleurs, il prétend que la question des gains rela-

Cela nous semble l'objectif de toute négociation, que ce soit en politique intérieure ou dans les relations interétatiques. D'ailleurs, invoquer les trop grands gains relatifs de l'autre sert souvent de prétexte pour éviter d'arriver à un compromis que l'on n'a jamais souhaité de toute façon. Deuxièmement, comme le souligne Donnelly, il ne faut pas confondre la poursuite de gains relatifs et la concurrence entre partenaires pour obtenir la meilleure répartition possible des gains disponibles et non pas forcément un gain relatif par rapport aux autres, et donc le maximum de gains absolus (2000 : 59).

Tous les auteurs que l'on associe au néoréalisme ne sont pas aussi pessimistes que Waltz sur les difficultés de la coopération entre les États. Certains d'entre eux, notamment Gilpin, voient la possibilité de la coopération sous une condition précise, celle de la stabilité hégémonique. Empruntée à l'historien économique Charles Kindleberger (1973, 1976), la thèse de la stabilité hégémonique est assez simple, mais très américano-centrique. Elle prétend que la coopération internationale dépend de l'existence d'une puissance dominante qui agit comme une force stabilisatrice, c'est-à-dire un hégémon, capable à la fois d'imposer sa vision des relations internationales et de faire preuve d'une certaine générosité en s'assurant que le système marche non seulement dans son propre intérêt, mais surtout dans celui du fonctionnement du système dans son ensemble. Quand un tel hégémon n'est pas là, parce que le système est en transition, comme dans les années 1930, ou qu'il n'est plus capable d'exercer son hégémonie, une instabilité économique et politique en résultera, au détriment de tous les participants. Ces derniers tendront dès lors à adopter des politiques égoïstes et protectionnistes, et donc contraires à la coopération. Mais il ne suffit pas qu'une puissance soit hégémonique, il faut aussi qu'elle soit politiquement et économiquement libérale. Manifestement, un seul État contemporain correspond à ce portrait-robot, les États-Unis. Selon un

des plus chauds partisans de la théorie de la stabilité hégémonique :

> Les États-Unis ont assumé des responsabilités de direction parce qu'il a été dans leur intérêt économique, politique et même idéologique de le faire, ou, du moins, ils ont cru que c'était le cas. Pour assurer leurs intérêts à long terme, les États-Unis ont accepté de payer les coûts à court terme et les coûts supplémentaires du soutien du système international économique et politique (Gilpin, 1987 : 88).

Cette thèse reste réaliste (et néoréaliste) dans sa conception générale du système international, dans la mesure où les États demeurent les acteurs principaux du système, sont mus par leurs intérêts égoïstes et que le fonctionnement du système dépend toujours de rapports de puissance. Mais en même temps, elle s'éloigne quelque peu du néoréalisme politique, en y introduisant un élément de hiérarchie, que Waltz rejette vigoureusement.

Waltz lui-même n'a jamais adhéré à la thèse de la stabilité hégémonique, que la plupart des auteurs considèrent comme une version économique du néoréalisme. La problématique centrale de cette thèse est celle de la résolution de la question de l'action collective en faveur du bien public sous l'anarchie. Un bien public ou collectif est défini par son indivisibilité – tout le monde y a accès – et sa non-exclusivité – on ne peut empêcher personne d'y avoir accès[15]. Cet exemple de la coopération rencontre deux difficultés, selon Waltz, celle de faire supporter les coûts à tout le monde et celle des personnes qui profitent du bien en question sans contribuer à ses coûts, le problème du « passager clandestin » (*free-rider*) (1979 : 196). Conformément à sa conception du système international, l'analyste prétend que moins il y a de grandes puissances et plus il existe d'inégalités entre celles-ci et les autres États, plus il est probable que les grandes puissances agiront pour le bien du système et qu'elles participeront à la gestion des États moins importants (1979 : 198). Cependant, toujours méfiant à l'égard de tout excès de puissance, il ne croit pas dans la bienveillance d'une quelconque puissance hégémonique,

---

tifs est importante dans des situations de concurrence, mais que les gains absolus « deviennent plus importants au fur et à mesure que la concurrence diminue » (1979 : 195).

15. Un exemple typique d'un bien collectif qui respecte ces deux conditions est le trottoir d'une voie publique.

car on ne peut «présumer que les dirigeants d'une nation supérieure sur le plan de la puissance définiront toujours des politiques avec sagesse, imagineront des tactiques avec finesse et appliqueront la force avec patience» (1979 : 201).

Waltz refuse de voir dans la thèse de la stabilité hégémonique une alternative à l'idée de l'équilibre des puissances. Il accepte l'idée que l'on puisse lier la paix parfois à la présence d'une puissance hégémonique et parfois à l'équilibre des puissances. Tenter de choisir entre les deux notions est une erreur, car les autres pays vont toujours essayer d'atteindre l'équilibre contre un autre qui cherche ou atteint la prépondérance : «L'hégémonie mène à l'équilibre» (1993 : 77). Encore une fois, il a réussi, du moins à ses yeux, à détourner une menace potentielle pour la crédibilité de sa théorie.

3.7 Le changement dans la permanence

La critique la plus fréquemment rencontrée à propos du néoréalisme serait son incapacité d'expliquer tant les origines que le changement du système international. Robert Cox ne constate qu'une évidence quand il souligne que ce genre d'approche est «non historique ou ahistorique, puisque, en effet, elle affirme un présent continu» (1986 : 209). Waltz semble donner raison à ses critiques quand il écrit qu'à l'intérieur d'un système, «une théorie explique des récurrences et des répétitions et non le changement» (1979 : 69). En fait, le néoréalisme n'esquive pas totalement le problème du changement. Simplement, il est incapable de l'envisager en dehors de certains paramètres, ceux qu'impose le principe ordonnateur de tout système international, l'anarchie. Tout changement se passe au niveau de la structure. Autrement dit, un changement *de* système n'est pas possible.

Pour Waltz, et la plupart des autres néoréalistes, un changement de structure a lieu quand il y a un changement dans la répartition des capacités à travers les unités du système, par exemple, dans le passage de la bipolarité à la multipolarité. Le changement structurel commence donc à l'intérieur des unités, «puis les causes au niveau des unités et les causes structurelles agissent entre elles» (1993 : 49). Il ne définit pas

exactement la nature de ces «causes structurelles», mais ce qu'il dit sur les causes au niveau des unités est instructif. Il s'agit de l'acquisition de ressources, donc de capacités, de la part d'un État, mais aussi d'une certaine volonté de la part des dirigeants et de la société. Ainsi, il notait, en 1986, que le Japon avait la capacité de devenir une grande puissance, mais non le désir de le faire (1986 : 343). Mais le refus de devenir une grande puissance est une «anomalie structurelle» et à un moment donné «le statut international des pays croît en même temps que leurs ressources» (1993 : 66). Encore une fois, il ne peut évacuer totalement la question de l'agence, c'est-à-dire le rôle joué par les acteurs, de sa théorie structurelle de la politique internationale.

Gilpin arrive à des conclusions semblables. Sa conception des relations internationales tient pour acquis que «la nature fondamentale des relations internationales n'a pas changé au cours des millénaires. Les relations internationales continuent à être une lutte récurrente pour la richesse et la puissance entre des acteurs indépendants dans un système anarchique» (Gilpin, 1981 : 7). Selon lui, il y a essentiellement trois types de changements internationaux : 1) le changement du système, qui est défini par un changement dans la nature des acteurs ou des entités qui constituent un système international ; 2) le changement systémique, qui implique un changement dans la gouvernance du système, caractérisé par des transformations à l'intérieur du système, notamment dans la répartition de la puissance, la hiérarchie du prestige et les règlements et droits incorporés dans le système ; 3) le changement d'interactions, c'est-à-dire dans le mode des interactions entre les acteurs du système (1981 : 40-44). La notion de changement *de* système, de principe ordonnateur, pour reprendre les termes de Waltz, n'entre même pas dans le schéma de Gilpin. En fait, Gilpin (1981 : 93) se concentre surtout sur le deuxième type de changement, et son explication de celui-ci est pratiquement la même que celle de Waltz :

> C'est le développement différentiel ou inégal de la puissance entre les États dans un système qui encourage des efforts de la part de certains États à changer le système pour faire avancer leurs propres intérêts [...]

les changements dans la puissance relative parmi les acteurs principaux du système sont des précurseurs du changement politique.

La décision de profiter de ces conditions pour effectuer le changement dépend du caractère de la société de l'État en question. Mais Gilpin va plus loin, en prétendant qu'à travers l'histoire, le moyen principal pour régler le problème du déséquilibre entre la structure du système et la répartition de la puissance est la guerre, et notamment ce qu'il appelle la guerre «hégémonique», qui «détermine qui gouvernera le système international et les intérêts de qui seront servis principalement par le nouvel ordre international» (Gilpin 1981 : 198)[16].

4. Normativité

À prime abord, la notion d'une éthique néoréaliste pourrait paraître un oxymore, puisque le néoréalisme se veut avant tout une théorie structurelle qui laisse peu de marge de manœuvre aux **acteurs internationaux** que sont les États[17]. Comme nous le verrons dans un instant, il y a lieu de nuancer cette évaluation, car les écrits de Waltz sont remplis de réflexions sur la façon dont ces acteurs, et en particulier les grandes puissances, devraient se comporter.

Sur le plan normatif, il n'y a aucun doute que la vision théorique de Waltz et de tous les néoréalistes fait partie des *problem-solving theories*, défenderesses du *statu quo*, dénoncées par Cox et qui prennent «le monde tel qu'elles le trouvent, avec les rapports sociaux et de pouvoir existants et les institutions à l'intérieur desquelles ils sont organisés, comme le cadre donné pour l'action» (1986 : 208). Et Waltz lui-même reconnaît que son approche systémique ne s'intéresse pas de savoir si des États sont «révolutionnaires ou légitimes, autoritaires ou démocratiques, idéologiques ou pragmatiques» (1979 : 99). La théorie waltzienne est donc foncièrement conservatrice, dans la mesure où son auteur insiste sur son statut de simple observateur de la politique internationale, ce qui est consistant avec sa conception de la théorie. En outre, il refuse d'envisager la possibilité de changements profonds dans le fonctionnement du système international. Cependant, sur le plan idéologique, il appartient plutôt à la tradition libérale américaine, surtout dans le domaine de la politique étrangère (Rosenberg et Halliday, 1998 : 373-377 ; Waltz, 1991).

En dépit de son refus de formuler une théorie de la politique étrangère, Waltz ne peut s'empêcher de se prononcer sur l'exercice de celle-ci, et surtout sur la pratique de la politique étrangère américaine. Ainsi, il dénonce l'interventionnisme libéral américain, en notant que «l'intervention, même pour des fins méritoires, crée souvent plus de mal que de bien», que le désir d'étendre la démocratie peut promouvoir la guerre contre les États non démocratiques, et que «nous ne pouvons même pas dire vraiment que la diffusion de la démocratie apportera une réduction nette dans la quantité de guerres dans le monde» (2003 : 37). Comme le souligne Andrew Linklater (1995 : 256), quand le néoréalisme dénonce une politique étrangère où la poursuite d'objectifs idéologiques remplace une «évaluation sobre des intérêts de sécurité et des objectifs nationaux réalisables», il «porte un équilibre aux politiques étrangères excessivement idéologiques ou xénophobes qui empêchent le développement de la coopération et la communauté».

On peut retrouver la clé de l'éthique de la politique internationale de Waltz dans ses thèses sur l'équilibre des puissances. Celles-ci s'avèrent être finalement beaucoup plus qu'une simple observation sur les tendances naturelles du système international. Elles établissent aussi une condition nécessaire pour la paix et la stabilité internationale. «La paix est maintenue par un équilibre délicat entre les limites

---

16. Waltz se contente de constater que les «guerres qui éliminent suffisamment de grandes puissances rivales sont des guerres qui transforment le système», mais que dans l'histoire moderne, seule la Deuxième Guerre mondiale correspond à cette définition (1979 : 199).

17. C'est une vision apparemment partagée par beaucoup de néoréalistes aussi. Ainsi, selon Mearsheimer (1994/95 : 48, n. 182), «le réalisme n'est pas une théorie normative, [...], et il ne fournit aucun critère pour porter un jugement moral. Plutôt, le réalisme cherche simplement à expliquer comment fonctionne le monde. Presque tous les réalistes préféreraient un monde sans concurrence au sujet de la sécurité et sans guerre, mais ils croient que ce but est irréaliste, étant donné la structure du système international.»

internes et externes. Les États ayant un excès de puissance sont tentés de s'en servir, et les États plus faibles craignent qu'ils ne le fassent» (Waltz, 2003 : 37). La modération dans le comportement des États ne peut être assurée que par l'équilibre des puissances. Pour l'analyste qui a déjà déclaré qu'il se méfiait de la puissance hégémonique «parce qu'il est si facile d'en abuser» (1986 : 341), il faut déplorer l'unipolarité américaine de l'après-guerre froide, car la «dominance militaire conventionnelle et stratégique américaine pousse les autres pays à agir. L'arrogance est l'associée de la dominance» (2003 : 64). Il ne se contente pas de souhaiter le retour vers l'équilibre des puissances, il dénonce aussi les politiques qui découlent de l'absence de cet équilibre, car «la puissance sans équilibre constitue un danger, même quand c'est la puissance américaine qui est hors d'équilibre» (Waltz, 1991 : 670). Manifestement, le structuralisme théorique n'interdit pas un certain activisme politique.

5. Le néoréalisme dans l'après-guerre froide

Il est évident qu'une théorie qui avait tant misé sur les bienfaits relatifs de la bipolarité devait réfléchir sur son avenir à une époque qui se définissait justement par la fin de la bipolarité. Implicitement, Waltz et ses disciples étaient convaincus d'avoir produit un cadre d'analyse qui avait dit tout ce qu'il fallait sur la structure et le fonctionnement de la politique internationale. Les nombreux articles et chapitres de livre publiés par l'analyste après la fin de la guerre froide confirment largement cette impression.

Il y a eu certes des tentatives de renouveler le néoréalisme et d'élargir ses horizons. Les politologues britanniques Barry Buzan, Charles Jones et Richard Little (1993 : 6) ont déclaré ne pas être «totalement satisfaits de Waltz» et avoir trouvé des «lacunes dans sa logique, son épistémologie et sa conceptualisation du champ». Ils ont donc fait une «tentative systématique de reconstruire le réalisme structurel sur des lignes beaucoup plus ouvertes que le projet de Waltz, et de commencer à étendre son cadre logique vers l'extérieur pour établir des liens avec d'autres domaines de la théorie des relations internationales.» Ce projet ambitieux, qui a dépassé les limites habituelles du

néoréalisme pour aborder des questions telles que le débat entre agence et structure et la notion de l'État, a été totalement ignoré par le maître lui-même et n'a eu aucun lendemain. Une proposition de se servir du néoréalisme pour construire une théorie de politique étrangère (Elman, 1996) a rencontré également une fin de non-recevoir de la part de Waltz (1996) et n'a pas connu non plus beaucoup de succès.

Malgré ces rebuffades, il serait faux de conclure que le néoréalisme est resté figé devant les transformations qu'a connues le système international depuis la chute du mur de Berlin. Il y a eu, et continue à y avoir, des débats, souvent passionnés, entre néoréalistes et réalistes néoclassiques, d'une part, et à l'intérieur du néoréalisme, d'autre part, et qui servent à clarifier les concepts clés de cette approche. Ces débats démontrent un grand désir d'adapter le néoréalisme à la nouvelle donne de l'après-guerre froide, mais sans sortir vraiment des paramètres déjà établis par *Theory of International Politics*. Paradoxalement, ce renouveau d'une théorie de la politique internationale reflète aussi une grande préoccupation face à la direction de la politique étrangère des États-Unis, l'influence de ceux-ci dans le monde et leur impact sur le fonctionnement du système international. Il n'est donc pas étonnant que ces débats se passent exclusivement entre chercheurs américains. Deux questions ont retenu surtout l'attention des néoréalistes et ont soulevé les discussions les plus âpres : les transformations de l'équilibre des puissances à l'époque de l'unipolarité et la distinction entre réalistes défensifs et réalistes offensifs.

5.1 Le débat sur l'équilibre des puissances

Dans un article qui a connu beaucoup de résonance dans les premiers mois après la chute du Mur, Mearsheimer (1990 : 7) mettait tout le monde en garde contre un excès d'optimisme au sujet de l'après-guerre froide et parlait des dangers pour la sécurité internationale si les deux superpuissances devaient retirer leurs forces militaires de l'Europe. Le système bipolaire deviendrait multipolaire et «souffrirait des problèmes communs aux systèmes multipolaires et serait donc sujet à l'instabilité». Quelques mois plus tard, avant même la dissolution officielle de l'Union soviétique, le commentateur politique Charles Krauthammer (1990/91) annonçait que nous entrions dans le «moment unipolaire».

La plupart des observateurs ont retenu cette analyse, remettant ainsi en cause la notion de l'équilibre des puissances, du moins dans sa version néoréaliste. Dorénavant, les débats à l'intérieur du néoréalisme et entre réalistes classiques et néoclassiques et néoréalistes se concentreraient sur l'actualité de ce concept fondamental du néoréalisme et sur ce que l'on pourrait appeler l'énigme de l'équilibrage qui n'a jamais eu lieu. On y trouvera essentiellement deux grands débats. Le premier concerne la nature exacte de cette nouvelle situation et sa durée probable. Le deuxième soulève la question de l'avènement d'un nouveau type d'équilibrage provoqué par la persistance de l'unilatéralisme américain, en particulier depuis l'arrivée au pouvoir des néoconservateurs en 2001.

La notion d'unipolarité, c'est-à-dire l'idée qu'il n'existe qu'une seule superpuissance sans aucune rivale sérieuse, est acceptée presque universellement par les réalistes néoclassiques et les néoréalistes. Huntington (1999: 36) propose, cependant, une petite nuance à ce tableau, et parle plutôt de l'existence d'un «système uni-multipolaire» où le «règlement des problèmes internationaux clés exige une décision de la part de la seule superpuissance, mais toujours en collaboration avec une combinaison des autres États principaux; toutefois, la seule superpuissance peut opposer son veto à des décisions sur des questions clés par des alliances avec d'autres États». Il note que malgré cette situation, où les États-Unis ne disposent pas d'une domination totale, ces derniers agissent souvent comme s'ils étaient omnipuissants et soulèvent beaucoup d'opposition de la part d'autres États. Huntington prévoit l'émergence éventuelle d'un système multipolaire où les puissances majeures de chaque région assumeront la responsabilité de maintenir l'ordre dans leur région. Cette transformation de l'unipolarité en multipolarité est partagée par des néoréalistes traditionnels comme Waltz (2002) et Layne (1993) qui prétendent que le système lui-même

demeure foncièrement le même et qu'il fonctionne toujours de la même façon. Ainsi, vingt-trois ans après la parution de *Theory of International Politics*, Waltz (2002: 52) pouvait annoncer que l'unipolarité se présente comme «la moins durable des configurations internationales». La théorie de l'équilibre des puissances permettait de prédire qu'un «nouvel équilibre des puissances se formera mais sans dire combien de temps il lui faudra. Ceux qui parlent du moment unipolaire ont raison. De notre perspective, un nouvel équilibre est en train d'émerger lentement; vu d'un point de vue historique, il viendra en l'espace d'un battement des paupières» (Waltz, 2002: 54).

Par la suite Layne (2006b: 10) a reconnu que Waltz et les autres néoréalistes se sont trompés, non pas sur l'évolution du système international vers un nouvel équilibre des puissances, mais sur la rapidité du processus, et cela pour trois raisons: 1) ils ont sous-estimé la «dualité de la puissance américaine», c'est-à-dire le fait que les autres puissances majeures subiraient à la fois des pressions pour s'aligner sur les États-Unis et pour créer un équilibre contre ces derniers; 2) ils n'ont pas prévu que presque tous ceux qui auraient pu participer à un contre-équilibre allaient connaître des problèmes internes qui affaibliraient leur capacité à faire un équilibre contre les États-Unis; 3) ils n'ont pas compris que créer un équilibre contre un hégémon existant serait plus difficile que de s'opposer à un hégémon montant.

D'autre chercheurs, notamment Wohlforth (1999; 2002), Brooks et Wohlforth (2002) et Mastanduno (1999) prétendent que l'unipolarité ne se transformera pas de sitôt en un système multipolaire et que l'absence de toute tendance vers le rétablissement d'un équilibre des puissances n'est pas un mystère. D'après Wohlforth, les États-Unis sont simplement trop puissants et les conditions qui favoriseraient l'émergence d'une coalition qui pourrait présenter un contre-équilibre n'existent pas et rien n'indique qu'elles existeront dans un avenir prochain. Ainsi les «États-Unis pourraient probablement subir un déclin relatif aux autres grandes puissances pendant plusieurs décennies sans mettre en danger leur capacité à continuer dans leur rôle stratégique actuel dans la politique mondiale » (Wohlforth, 2002 : 117). Mastanduno (1999 : 148) arrive à des conclusions semblables. Se fondant sur la logique de la thèse de l'équilibre des menaces de Walt, il affirme que les États-Unis continueront à adopter des politiques rassurantes à l'égard des États partisans du *statu quo* international (c'est-à-dire la plupart des grandes puissances actuelles), dans le but de renforcer chez eux la « conviction qu'ils sont en sécurité et n'ont pas besoin d'augmenter de façon significative leurs capacités militaires et de contester l'ordre existant ». Devant un tel raisonnement, Waltz (2002 : 54) réplique en ironisant au sujet de ceux qui « croient que les États-Unis sont si gentils que, malgré les dangers du déséquilibre de la puissance, d'autres ne ressentent pas la peur qui les inciterait à l'action ». Manifestement, Waltz n'est nullement convaincu par la thèse de l'hégémon qui vous veut du bien si souvent exprimée dans les écrits des partisans de la durabilité de l'unipolarité américaine.

Le scepticisme à propos des bonnes intentions de la politique étrangère américaine retrouve un certain écho dans une nouvelle version de la théorie de l'équilibrage qui a fait surface avec l'arrivée à la présidence de George W. Bush. Ainsi, en réponse directe à l'analyse de Wohlforth, Walt (2002 : 128-129) évoque deux problèmes. Premièrement, elle ne tient pas compte du fait que des « États secondaires pourraient essayer de mettre des limites aux États-Unis sans s'engager dans des efforts directs de construction d'une coalition favorable à un rééquilibrage ». Deuxièmement, elle ne considère pas l'idée que la « propension à s'équilibrer contre les États-Unis pourrait être affectée par les forces militaires spécifiques que les États-Unis acquièrent ou par les façons dont les États-Unis choisissent de s'en servir ». Autrement dit, l'analyse de Wohlforth repose sur l'hypothèse que ce pays continuera à suivre la même politique, et que toutes les grandes puissances continueront à l'accepter. Les critiques de Walt ont été reprises par d'autres chercheurs qui, tout en étant d'accord avec l'idée que nous ne nous trouvons pas devant l'émergence d'un équilibre des puissances classique à l'ère de l'unipolarité, prétendent que la politique internationale de l'administration Bush est en train de susciter une forme d'**équilibrage indirect** (*soft balancing*) de la part de plusieurs puissances majeures de « deuxième rang ». Celles-ci sont des « États qui possèdent les capacités existantes ou potentielles à s'engager dans la construction d'une coalition d'un équilibre des puissances contre les États-Unis » mais qui « ont renoncé à l'équilibrage militaire parce qu'ils ne craignent pas de perdre leur souveraineté ou leur sécurité existentielle face à l'hégémon régnant » (Paul, 2005 : 46 et 47).

Plusieurs réalistes, notamment T. V. Paul (2004, 2005), Robert Pape (2005) et Walt (2005) ont adopté la notion d'équilibrage indirect comme outil pour analyser les conséquences de la politique étrangère de l'administration de George W. Bush et pour mettre en garde contre les dangers de l'unilatéralisme. Ils constatent, avec Pape (2005 : 9), que la « stratégie d'unilatéralisme agressif de Bush est en train de changer la réputation d'intentions bienveillantes dont jouissent les États-Unis depuis si longtemps et a donné à d'autres puissances majeures des raisons de craindre leur puissance ». Toujours selon Pape (2005 : 11), il ne faut pas faire l'erreur de confondre unipolarité et hégémonie. La première n'est pas la situation de prédominance totale que constitue l'hégémonie, et serait dans les faits un système d'équilibre des puissances, car pour éviter toute possibilité d'équilibrage, « l'État principal du système aurait besoin d'être plus fort que toutes les puissances de deuxième rang agissant en tant que membres d'une coalition de contre-équilibrage cherchant à contenir le dirigeant unipolaire » (Pape, 2005 : 11). C'est justement l'existence de cette volonté de former une telle coalition, même tacite, que mettent en doute les adversaires de la thèse de l'équilibrage, et qui est son talon d'Achille.

Selon Paul (2004 : 14), l'équilibrage indirect « comprend la construction de coalitions non offensives tacites afin de neutraliser une puissance montante ou potentiellement menaçante ». À la différence de l'équilibrage direct (*hard balancing*), qui suppose des démarches telles que la formation d'alliances militaires (équilibrage externe) ou le renforcement des capacités militaires (équilibrage interne), l'équilibrage indirect cherche avant tout à mettre des limites sur l'exercice de la puissance de la part de l'État ou de la coalition d'États visés, en se servant de moyens non militaires. Ceux-ci comprennent notamment le refus de laisser utiliser son territoire pour faire avancer des opérations militaires, le recours à des institutions internationales pour retarder ou entraver des actions militaires et le renforcement de sa puissance économique face à la puissance unipolaire, par exemple à travers la création ou l'extension de blocs commerciaux (Pape, 2005 : 36-37).

Le but de l'équilibrage indirect n'est donc pas de mettre en place un équilibre des puissances classique, mais plutôt celui d'envoyer un message à la puissance dominante que l'exercice de l'hégémonie a ses limites. Si on refuse de tenir compte de ce message, toujours selon les partisans de la thèse de l'équilibrage indirect, les conséquences peuvent être assez graves, allant jusqu'à la transformation possible de l'équilibrage indirect en équilibrage direct, processus qui commencerait probablement, d'après Pape (2005 : 41-42), par le transfert de technologies vers des adversaires reconnus des États-Unis.

Sans surprise, ceux qui prévoient la durabilité de l'unipolarité contestent cette thèse. Pour Lieber et Alexander (2005 : 109), il s'agit de « beaucoup de bruit pour rien ». L'équilibrage indirect constitue un concept difficile à définir et à opérationnaliser, et décrit un comportement identique à la « friction diplomatique normale ». Ils affirment même (133) que les autres puissances majeures ne sont pas en train de s'équilibrer contre la puissance des États-Unis dans le monde de l'après-11 septembre « parce qu'elles veulent que les États-Unis réussissent à vaincre ces menaces partagées [la prolifération nucléaire et le terrorisme global] ou sont ambivalentes, mais comprennent qu'elles ne sont pas visées ». Sans aller jusqu'à affirmer l'existence d'un accord profond de la part des autres grands États avec les orientations de la politique étrangère américaine, Brooks et Wohlforth (2005a) expriment un scepticisme semblable à l'égard de l'idée de l'existence d'un équilibrage indirect. Ils reconnaissent volontiers que certains États prennent parfois des mesures qui finissent par contrer les ambitions des États-Unis, mais n'ont rien trouvé qui per-

mettrait de croire que les « actions coordonnées des autres puissances majeures obligeront les États-Unis à se restreindre » (75). Selon eux, chaque exemple d'équilibrage indirect cité par ses partisans peut être expliqué autrement, par l'action diplomatique et politique normale, et ils concluent qu'une des raisons principales pour lesquelles des États peuvent chercher des capacités plus importantes n'est pas celle de contrer la puissance américaine, « mais plutôt pour être dans une meilleure position pour négocier au sujet des réponses appropriées aux défis à la sécurité provenant d'autres États et acteurs » (105).

La thèse de l'équilibrage indirect représente incontestablement une tentative intéressante d'expliquer le comportement de certains grands États, tels que la France, la Russie et la Chine, qui ne sont prêts à accepter ni les objectifs ni les conséquences de la politique étrangère américaine des premières années du XXIᵉ siècle. Par contre, il semble trop tôt pour conclure que nous sommes devant une tendance concertée, plutôt que devant une série d'incidents ou d'actions distincts allant dans un même sens, ou pour annoncer que c'est simplement « business as usual ».

5.2 Réalistes défensifs contre réalistes offensifs

Selon Walt (1998 : 37), la distinction entre réalisme défensif et réalisme offensif serait le « développement conceptuel le plus intéressant à l'intérieur du paradigme réaliste » de l'époque actuelle. La plupart des réalistes sont du même avis. Et, comme le soulignent Annette Freyberg-Inan (2004 : 77) et Sean Lynn-Jones (1998 : 159), la différence entre les deux nous aide à comprendre pourquoi les réalistes arrivent souvent à des évaluations très différentes d'un même phénomène, comme l'illustre le débat sur l'équilibrage indirect que nous venons d'aborder.

Essentiellement, le clivage entre les deux courants se concentre autour de la conception de la sécurité des États et les moyens pour l'atteindre. Les réalistes défensifs prétendent que la sécurité est relativement abondante dans le système international, que les États doivent agir comme si le conflit était possible et non probable (Brooks, 1997 : 446), et donc aucun État n'a raison de poursuivre une politique de maximisation de la puissance. Les réalistes offensifs affirment, au contraire, que la sécurité est une denrée rare, qu'il faut agir comme si l'agression était toujours probable, et que la seule façon d'assurer sa propre sécurité est de mener une politique extérieure qui met l'accent sur la maximisation de la puissance, donc sur la nécessité d'être toujours prêt à assumer une position offensive. Au fond, les deux courants reflètent en grande partie le degré de pessimisme qui sous-tend les différentes conceptions réalistes du monde, les réalistes offensifs étant profondément pessimistes, que ce soit à cause de leur vision de la nature humaine ou de leur perception des effets structurants de l'anarchie.

Ces différences transcendent en grande partie celles qui distinguent le réalisme classique et néoclassique du néoréalisme. Pourtant certains auteurs semblent associer le réalisme défensif au néoréalisme et le réalisme offensif au réalisme classique ou néoclassique (Brooks, 1997 ; Zakaria, 1998). Mearsheimer (2007 : 77) complique encore les tentatives de distinguer entre les deux, quand il affirme que les réalistes défensifs «doivent combiner des théories qui privilégient le niveau de la politique interne et celles qui privilégient le niveau du système pour expliquer comment fonctionne le monde», tandis que les réalistes offensifs «tendent à compter exclusivement sur des arguments structurels pour expliquer la politique internationale[18]». Comme nous le verrons, la correspondance entre réalisme défensif et néoréalisme, d'un côté, et réalisme offensif et réalisme classique ou néoclassique, de l'autre, est loin d'être aussi nette. Ainsi, si Walt, représentant bien connu du néoréalisme, est cité comme un réaliste défensif, celui qui est considéré comme l'auteur dominant de la nouvelle génération du néoréalisme, Mearsheimer, proclame haut et fort son adhésion au réalisme offensif. Par contre, Jack Snyder, vu comme un des fondateurs du réalisme néoclassique, se situe bien dans le camp des réalistes défensifs, ce que lui reproche très vigoureusement un autre fondateur du réalisme néoclassique, Fareed

Zakaria (1992, 1998), qui ne cache pas ses sympathies pour le réalisme offensif.

En fait, ce nouveau débat apporte un correctif inopiné au néoréalisme de Waltz. C'est Mearsheimer lui-même qui annonce que le réalisme offensif est principalement une «théorie», qui «explique comment les grandes puissances se sont comportées dans le passé et comment elles se comporteront probablement à l'avenir.» Mais, il ajoute qu'elle est aussi une «théorie prescriptive», car les «États *devraient* se comporter selon les dictées du réalisme offensif, parce qu'il indique la meilleure façon de survivre dans un monde dangereux» (2001 : 11. Souligné dans l'original). Malgré les exhortations de Waltz, le néoréalisme, qu'il soit défensif ou offensif, est entré dans le débat normatif sur l'orientation que devrait prendre la politique étrangère des États-Unis.

La distinction entre les deux courants a été formulée pour la première fois par Snyder (1991 : 12) qui faisait état de deux réalismes, l'un, qu'il appelait «agressif» et qui «affirme que l'action offensive contribue souvent à la sécurité» et l'autre, «défensif», qui prétend que cette action «n'y contribue pas». En fait, le débat puise ses racines dans la notion de l'**équilibre entre l'offensive et la défense** (*offense-defense balance*) lancée séparément par deux auteurs, George Quester (1977) et Robert Jervis (1978), au cours de la guerre froide. Selon Jervis (187), l'auteur le plus cité dans ce contexte :

> quand les armes défensives diffèrent des armes offensives, un État peut avoir plus de sécurité sans que les autres se sentent moins en sécurité. Et quand la défense a l'avantage sur l'offensive, une grande augmentation de la sécurité d'un État ne diminue que légèrement celle des autres, et les puissances favorables au *statu quo* peuvent toutes jouir d'un haut niveau de sécurité et s'échapper dans une grande mesure de l'état de nature.

D'après Lynn-Jones (2004 : xii), les différentes théories qui s'inspirent de cette thèse, connue sous le nom de la théorie de l'offensive et de la défense (*offense-defense theory*), offrent une contribution important au néoréalisme. Elles lui permettraient d'expliquer une plus grande variété dans les compor-

---

18. Par contre, pour Glaser (2003a : 267), le réalisme défensif est l'«extension logique du réalisme structurel développé par Kenneth Waltz».

tements des États que les changements dans la répartition des capacités. Stephen Van Evera (1998) abonde dans le même sens – confirmant ainsi l'intégration de la perception dans la théorie néoréaliste – et prétend que les «changements dans l'équilibre entre l'offensive et la défense – vrais ou perçus – ont un grand effet sur le risque de guerre. L'équilibre réel entre l'offensive et la défense a des effets marqués; les effets *perçus* de l'équilibre entre l'offensive et la défense sont encore plus grands» (6. Nos italiques). Glaser et Kaufmann (1998) prétendent même qu'il est possible de le mesurer et de proposer des moyens pour le faire.

La thèse de l'équilibre entre l'offensive et la défense constitue le pilier du réalisme défensif. Il n'est donc pas étonnant qu'elle soit totalement rejetée par les réalistes offensifs. Pour le néoréaliste Mearsheimer (2001: 417, n. 28), l'équilibre entre l'offensive et la défense est un «concept amorphe que les chercheurs et les décideurs trouvent particulièrement difficile à mesurer et à définir» et qu'il existe «peu de preuves que la défense a toujours un avantage écrasant par rapport à l'offensive». De son côté, le réaliste néoclassique Randall Schweller (2003: 345) traite l'équilibre entre l'offensive et la défense de «concept théorique discutable au sujet duquel il n'y a aucun consensus à propos de sa définition, de sa conceptualisation, de son opérationnalisation ou de la façon de le mesurer et qui a échoué à la plupart des épreuves empiriques».

Au-delà du différend sur l'utilité du concept de l'équilibre entre l'offensive et la défense, deux thèmes dominent le débat entre réalistes défensifs et offensifs: la nature du **dilemme de la sécurité** et l'hégémonie (américaine) comme objectif de la politique étrangère. La logique de la thèse de l'équilibre entre l'offensive et la défense telle qu'elle a été formulée par Jervis conduit à conclure que si l'on ne peut jamais espérer éliminer totalement le dilemme de la sécurité, on peut réduire beaucoup son intensité si les États poursuivent une politique qui met l'accent sur la défense par rapport à l'offensive. Formulée autrement, cette proposition signifie, selon Glaser (2003a: 270-271), que réalistes défensifs et offensifs diffèrent sur la question de la maximisation de la puissance. Les premiers reconnaissent volontiers que parfois les États doi-

vent tenter de maximiser leur puissance, mais affirment qu'un tel comportement augmente le dilemme de la sécurité. Pour Schweller (1996), le dilemme de la sécurité est un faux problème. La recherche de la maximisation de la puissance, et donc l'agressivité, est inhérente au comportement des États. On ne doit donc pas en chercher la source dans la structure du système international, même si celle-ci peut y contribuer, car les «intérêts, les valeurs et les croyances stratégiques sont, dans beaucoup de cas, aussi importants que les déséquilibres de la puissance ou des menaces pour déterminer comment les États choisissent leur camp et pourquoi ils font la guerre» (108). Le (néo) réaliste offensif, Mearsheimer (2001: 3), arrive à une conclusion semblable, mais par un raisonnement très différent, en affirmant que la «structure du système international oblige des États qui ne cherchent qu'à être en sécurité à agir néanmoins de façon agressive les uns à l'égard des autres». C'est une situation qu'il qualifie de «tragédie de la politique des grandes puissances», car ces dernières même si elles n'ont aucune raison de se battre «n'ont d'autre choix que de poursuivre la puissance et de tenter de dominer les autres États du système.»

Sur la question de l'hégémonie, on assiste à une véritable convergence entre les deux courants, du moins dans leurs conclusions sinon dans leur argumentation. Mearsheimer (2001: 40-41) définit un hégémon comme un «État tellement puissant qu'il domine tous les autres États dans le système. Aucun autre État n'a la capacité militaire de lui livrer un combat sérieux. Essentiellement, un hégémon est la seule grande puissance du système.» C'est une définition que pourront accepter la plupart des réalistes. Mais cette quête de l'hégémonie, qui peut réussir sur le plan régional, est condamnée quand elle vise l'hégémonie globale, car les difficultés à projeter la puissance à travers les océans sur le territoire d'une autre grande puissance rivale sont insurmontables. «En bref, il n'y a jamais eu d'hégémon global, et il est peu probable qu'il y en ait un dans un avenir proche.» De leur côté, les réalistes défensifs prétendent que les politiques qui cherchent à atteindre une position hégémonique ne peuvent jamais réussir, puisqu'elles susciteront toujours des actions de contre-équilibrage des autres grandes puissances (Layne, 2006a : 19-22).

En fin de compte, si réalistes défensifs et offensifs divergent profondément dans leur diagnostic du comportement des États, leurs prescriptions se rapprochent beaucoup. Ils concluent, tout comme les participants des deux côtés du débat sur l'équilibrage indirect, que les États-Unis doivent abandonner toute velléité de politique agressive à l'égard des autres acteurs du système international. En même temps, en s'impliquant dans les questions touchant la politique étrangère, les partisans des deux courants ont amené le néoréalisme là où son fondateur avait toujours refusé d'aller.

6. Conclusion : forces et faiblesses du néoréalisme

Pour le meilleur et pour le pire, *Theory of International Politics* est devenu une référence incontournable dans tout débat sur la théorie des relations internationales. Depuis sa publication, il faut reconnaître que le champ des Relations internationales n'est plus du tout le même. Il n'a pas innové autant que certains l'ont prétendu, mais il a obligé chacun à se positionner. Il a le mérite d'avoir légitimé le débat métathéorique en Relations internationales, surtout en rendant explicite ce qui était jusqu'alors largement implicite dans l'épistémologie de la discipline, notamment chez les réalistes classiques. Il a porté également une plus grande rigueur dans la conception de l'ontologie du réalisme. Mais tout en apportant une rigueur et une clarté apparentes, Waltz ne pouvait éviter d'attirer énormément de critiques.

Sur le plan épistémologique, Waltz s'est vu reprocher une conception de la théorie passablement confuse, dans la mesure où elle semble à la fois favorable au positivisme en tant que vision générale de la théorie scientifique et hostile à l'empirisme, qui en est une des caractéristiques fondamentales. En déclarant l'interdépendance entre théorie et faits, et en refusant la correspondance entre faits et vérité, l'approche épistémologique et méthodologique de Waltz ne répond qu'à trois des quatre prémisses du

positivisme proposées par Steve Smith[19]. Dans ce sens on pourrait dire que Waltz nous offre une forme de positivisme non achevée.

Cependant, c'est sans aucun doute sur la question de l'ontologie de la théorie de la politique internationale que Waltz a suscité le plus d'opposition. Nous avons déjà relevé plusieurs des problèmes que pose l'ontologie de Waltz et nous n'y reviendrons pas. Nous soulignerons seulement quatre des lacunes majeures de la vision du monde de la politique internationale de Waltz, et qui sous-tendent une grande partie de ses faiblesses ontologiques.

En premier lieu, malgré ses prétentions à nous proposer une théorie générale de la politique internationale, Waltz nous offre essentiellement une théorie générale de la politique internationale telle qu'elle est pratiquée par les superpuissances et les puissances qui peuvent aspirer à ce titre, comme si tout ce qui se passe en dehors de ces dernières sur le plan international n'avait aucune signification.

Deuxièmement, on ne retrouve pas chez Waltz une analyse convaincante des rapports entre la structure et les unités qui la composent. Tout en refusant une conception purement déterministe des effets de la structure sur les unités, Waltz est peu loquace sur la façon dont celles-ci agissent pour transformer le système international. Il fait allusion à la nécessité d'introduire l'agence dans sa théorie en insistant sur le fait que la source du changement international se trouve dans les unités, puis se limite à nous dire qu'il s'agit d'un mélange de ressources matérielles, de capacités et de volonté. Pourtant, on peut difficilement réduire l'effondrement de l'URSS à un changement dans la répartition des capacités dans le système international. C'est cette absence d'analyse détaillée des rapports entre structure et unités qui sous-tend une troisième lacune de l'ontologie néoréaliste, le manque d'une véritable explication du changement dans le système international. Waltz se défend sur ce

---

19. Ces prémisses sont : l'unité de la science ; la distinction entre faits et valeurs ; le monde social comme le monde naturel a des régularités que l'on peut découvrir à travers les théories ; la façon de déterminer la vérité d'une affirmation passe par une référence aux faits (Smith, 1996 : 16-17).

point en prétendant que l'on ne peut envisager aucun autre type de changement que celui qui touche la structure du système. Et sur ce point il est appuyé par Gilpin.

Une partie du problème réside dans une quatrième insuffisance de l'ontologie waltzienne, sa façon de concevoir le système international et son principe ordonnateur. Selon Waltz, le système ne peut être régi que par l'un ou l'autre de deux principes ordonnateurs, celui de l'anarchie ou celui de la hiérarchie. Rien ne peut exister entre les deux, ou en dehors d'elles. Personne ne contestera l'ampleur de la place qu'occupe l'anarchie comme forme de gouvernance du système international, mais l'anarchie n'est plus ce qu'elle était. Les règles contraignantes de l'Union européenne pour tous ses membres dans certains domaines, et pour quelques-uns dans d'autres secteurs, mettent de véritables freins sur l'exercice de la souveraineté. On pense en particulier à l'euro, qui n'est contrôlé par aucun État souverain. L'Organisation mondiale du commerce a aussi le potentiel de limiter la souveraineté des États beaucoup plus que certains des plus puissants d'entre eux le souhaiteraient. Quant au phénomène de la mondialisation, il est à peine effleuré dans les écrits d'après-guerre froide de Waltz[20]. Celui-ci répondrait sans doute qu'il s'agit purement de questions de processus, et que la structure du système demeure essentiellement anarchique *en dernière analyse*. Tout devient alors une question de savoir jusqu'où on doit mettre la limite de cette dernière analyse. Le moins que l'on puisse dire est que la question doit être posée, et la réponse n'est pas tout à fait aussi simple que voudraient nous le faire croire les partisans du néoréalisme.

Cela dit, on aurait pu penser qu'avec la fin de la guerre froide, une théorie qui prétendait avoir pratiquement dit tout ce qu'elle avait à dire sur le fonctionnement du système international éprouverait beaucoup de difficulté à se renouveler. S'il n'en avait tenu qu'à Waltz, il aurait fallu laisser au temps de rétablir, à plus ou moins longue échéance, un nouvel équilibre des puissances et tout aurait fonctionné comme avant après l'interlude unipolaire. Les débats sur les transformations de l'équilibre des puissances et sur les versions offensive et défensive du réalisme ont indiqué qu'il était possible de faire évoluer le néoréalisme, bien qu'à l'intérieur de paramètres assez restreints. Mais ces débats ont été inspirés avant tout par l'avènement d'une nouvelle génération de néoréalistes, insatisfaits des analyses qu'offrait leur approche de la conjoncture de l'après-guerre froide et par le retour en force du réalisme classique sous sa forme néoclassique. Ils ont été peu touchés par le défi des nouvelles approches postpositivistes. Le renouveau du néoréalisme a en fait renforcé le caractère foncièrement national du débat en théorie des relations internationales aux États-Unis.

---

20. La mondialisation est vue par Waltz (1999) comme une nouvelle version de l'interdépendance, mais dont les effets sont pratiquement les mêmes que ceux qu'il a analysés dans *Theory of International Politics*.

❖ ❖ ❖

Pour en savoir plus

Il faut évidemment commencer par la lecture du livre fondateur de cette approche, celui de Waltz, K. N., 1979, *Theory of International Politics*, Reading: Addison-Wesley.

La meilleure introduction au néoréalisme et aux débats qui l'entourent est Keohane, R. O. (dir.), 1986, *Neorealism and its Critics*, New York: Columbia University Press. On y trouve les quatre chapitres les plus importants de *Theory of International Politics*, quatre articles critiques, allant du néolibéralisme au postmodernisme, en passant par la théorie critique néogramscienne et les débuts du constructivisme, et une réponse de Waltz à ses critiques.

Pour la variante économique du néoréalisme, il faut lire aussi Gilpin, R. G., 1981, *War and Change in World Politics*, Cambridge et New York: Cambridge University Press.

Sur la question de l'équilibre des menaces comme alternative à la théorie de l'équilibre des puissances telle qu'elle est présentée par Waltz, il faut absolument lire Walt, S. M., 1987, *The Origins of Alliances*, Ithaca: Cornell University Press.

Enfin, on trouvera une des meilleures analyses critiques du néoréalisme chez Guzzini, S., 1998, *Realism in International Relations and International Political Economy: The Continuing Story of a Death Foretold*, Londres: Routledge, qui propose une comparaison très intéressante entre les apports de Waltz et ceux de Gilpin à cette théorie.

Pour une introduction générale aux débats sur le néoréalisme depuis la fin de la guerre froide, voir Frankel, B. (dir.), 1996, *Realism: Restatements and Renewal*, Londres et Portland: Frank Cass.

Pour la question des gains relatifs, voir Baldwin, D. A. (dir.), 1993, *Neorealism and Neoliberalism: The Contemporary Debate*, New York: Columbia University Press.

On trouvera d'excellentes présentations des débats sur les questions touchant la nature du système international depuis la fin de la guerre froide, l'hégémonie et l'évolution de l'équilibre des puissances dans:

Kapstein, E. B. et M. Mastanduno (dir.), 1999, *Unipolar Politics: Realism and State Strategies After the Cold War*, New York: Columbia University Press.

Vasquez, J., 2003, *Realism and the Balancing of Power: A New Debate*, Upper Saddle River: Prentice Hall.

Ikenberry, G. J. (dir.), 2002, *America Unrivaled: The Future of the Balance of Power*, Ithaca et Londres: Cornell University Press.

Paul, T. V., J. J. Wirtz et M. Fortmann, 2004, *Balance of Power: Theory and Practice in the 21st Century*, Stanford: Stanford University Press.

Pour les débats entre réalistes défensifs et réalistes offensifs, voir, pour les premiers, Glaser, C. L., 1997, « The Security Dilemma Revisited », *World Politics*, 50, 1, p. 371-400; Taliaferro, J. W., 2000/01, « Security Seeking Under Anarchy: Defensive Realism Revisited », *International Security*, 25, 1, p. 128-161.

Pour les derniers, Zakaria, F., 1998, *From Wealth to Power: The Unusual Origins of America's World Role* Princeton: Princeton University Press; Mearsheimer, J. J., 2001, *The Tragedy of Great Power Politics*, New York: W. W. Norton.

Le livre de Brown, M. E., O. R. Coté Jr., S. M. Lynn-Jones et S. E. Miller (dir.), 2004, *Offense, Defense, and War*, Cambridge: MIT Press présente une anthologie très complète sur le débat sur l'équilibre entre l'offensive et la défense.

▼

Encadré 5.1
Les principales différences ontologiques entre le néoréalisme et le réalisme classique

1. *Le comportement des États*: chez les néoréalistes, le comportement des États est largement déterminé par la pression des structures du système international. Les réalistes classiques voient dans la nature humaine, dominée, pour certains d'entre eux, par la volonté de puissance, ou par le simple esprit de concurrence chez d'autres, la source première du comportement des États.

2. *Le niveau d'analyse*: le néoréalisme se veut une théorie de la politique internationale, qui privilégie le système international dans son ensemble comme unité d'analyse. La plupart des réalistes classiques choisissent d'étudier le système international à partir de ses unités constituantes, les États.

3. *La conception de l'anarchie*: pour les néoréalistes, l'anarchie est le principe ordonnateur de la structure du système international. Pour les réalistes classiques, l'anarchie est avant tout le contexte, ou l'environnement, à l'intérieur duquel les relations entre les États se passent.

4. *L'équilibre des puissances*: selon les néoréalistes, il est une situation vers laquelle tend toujours le système international. Il est donc un effet de structure. Pour les réalistes classiques, il s'agit surtout d'une situation souhaitable vers laquelle doit tendre la politique étrangère des États.

5. *La polarité*: les néoréalistes expriment une préférence nette pour un système international bipolaire, qu'ils considèrent comme celui qui assure le mieux la stabilité du système. Les réalistes classiques sont convaincus que c'est la multipolarité qui crée les meilleures conditions de stabilité du système.

6. *La puissance*: les néoréalistes mesurent la puissance des États essentiellement en termes de leurs capacités matérielles, et la répartition des capacités est à la base de la polarité du système. Les réalistes classiques tiennent beaucoup plus compte des aspects psychologiques de la puissance, et la voient surtout comme un attribut relatif résultant des interactions entre les États.

7. *La nature des États*: pour les néoréalistes, les États sont des unités fonctionnellement semblables, et une théorie de la politique internationale n'a pas à s'intéresser à ce qui se passe sur le plan de leur politique interne. Les réalistes classiques affirment que la nature des États influe beaucoup sur leur comportement dans le système international.

8. *L'intérêt primordial des États*: les néoréalistes considèrent que l'intérêt principal des États est la recherche de la sécurité. La plupart des réalistes classiques prétendent que les États poursuivent avant tout la maximisation de leur puissance.

Les néoréalistes et la guerre en Irak

Une analyse néoréaliste de cette guerre peut revêtir plusieurs formes. Une première concerne le bien-fondé du choix de faire la guerre quand il y a d'autres options. Une deuxième met cette guerre dans le cadre plus large du comportement international des grandes puissances.

Pour la première approche, nous reprenons un article désormais célèbre, publié dans la prestigieuse revue *Foreign Policy*, où le réaliste offensif John Mearsheimer s'est joint au réaliste défensif Stephen Walt (2003) pour dénoncer les préparatifs d'une guerre préventive contre Saddam Hussein. Dans ce texte, les deux auteurs affirmaient qu'un examen de ses actions passées démontrait que Saddam Hussein, «bien que cruel et calculateur» était tout à fait susceptible à la dissuasion et nullement l'être irrationnel dépeint par les partisans de cette guerre (50-51). Rien ne permettait de croire qu'il se servirait d'armes de destruction massive (en supposant qu'il en possède) contre les États-Unis, d'autant plus qu'il savait que ces derniers pouvaient s'en servir contre lui. Tout indiquait qu'il était tout à fait possible de «contenir» l'Irak, même armé de missiles nucléaires. Quant à l'idée que Saddam pouvait donner des armes nucléaires à Al-Qaïda, ou à un autre groupe terroriste, premièrement il n'y avait pas la moindre preuve d'un lien entre le dictateur irakien et de tels groupes; deuxièmement, il ne pouvait penser qu'un tel transfert resterait secret; troisièmement, il était peu probable qu'il donnât à ben Laden des armes qu'il cherchait à acquérir depuis vingt ans; enfin, remettre de telles armes à Al-Qaïda serait très risqué, parce qu'il perdrait tout contrôle sur elles et sur leur utilisation, possiblement contre lui-même.

Mearsheimer et Walt prônaient donc une politique d'endiguement à l'égard de l'Irak de Saddam Hussein et soulignaient que ce serait une guerre choisie par l'administration Bush et nullement inévitable: «Même si une telle guerre se déroule bien et a des conséquences positives à long terme, elle aura été inutile Et si elle va mal – que ce soit sous la forme d'un grand nombre de victimes américaines, d'un nombre important de morts civils, d'un risque plus élevé de terrorisme ou d'une plus grande haine des États-Unis dans le monde arabe et islamique – alors ses architectes seront considérés encore plus responsables» (59).

Dans un deuxième temps, nous pouvons voir cette guerre comme une démonstration d'une idée partagée par les réalistes défensifs et offensifs, selon laquelle la poursuite de l'hégémonie extrarégionale est une politique vouée à l'échec. Pour les premiers, toute tentative d'atteindre une position hégémonique en dehors de sa région géographique sans le consentement des intéressés ne peut que susciter un mouvement vers la création d'un contre-équilibre. Nous assistons à une telle évolution dans les diverses instances d'équilibrage indirect dont nous sommes témoins depuis août 2002, que ce soit le refus de la France et de l'Allemagne d'appuyer les États-Unis au Conseil de sécurité, les défis de l'Iran, surtout dans le domaine nucléaire, et la tiédeur du soutien russe dans ce dossier.

Du point de vue des réalistes offensifs, la guerre démontre clairement que l'hégémonie est tout simplement un objectif impossible à réaliser, que la doctrine de la capacité des États-Unis de mener une guerre sur deux fronts qui date des années 1990 ne tient pas, et que les États-Unis ne peuvent agir de cette façon seuls, ni en Irak ni en Afghanistan. En dernière analyse, en cherchant à établir une hégémonie illusoire, les États-Unis prennent le risque de succomber aux conséquences du phénomène que Paul Kennedy (1991) appelait la «surexpansion impériale», c'est-à-dire la tendance à investir dans des aventures outre-mer qui dépassent les capacités de l'État concerné, ce qui diminuera à la longue leur sécurité, tout le contraire du but recherché.

Le néoréalisme

Acteur international : Un acteur international est tout participant qui joue un rôle significatif dans le fonctionnement du système international. Pour les néoréalistes, les acteurs principaux du système sont les États.

Anarchie : Terme utilisé pour indiquer une absence d'autorité centrale, et s'applique à la nature du système international. Chez les néoréalistes, l'anarchie est le principe ordonnateur du système international.

Bandwagoning : La tendance des États à chercher à assurer leur sécurité en se joignant à l'État ou à la coalition d'États plus forts et plus menaçants.

Bipolarité : Situation où il existe une répartition plus ou moins égale des capacités entre deux États ou deux coalitions d'États qui dominent le système international. C'est, selon les néoréalistes, la forme de polarité qui assure la plus grande stabilité du système.

Capacités : Les attributs matériels d'un État contribuent à maintenir ou à renforcer son aptitude à se défendre militairement. Chez les néoréalistes, ce sont ces capacités qui constituent la puissance d'un État.

Dilemme de la sécurité : Un effet structurel de l'anarchie, où toute tentative de la part d'un État de prendre des mesures pour se défendre risque d'être interprétée comme une menace potentielle par d'autres États, qui se voient obligés, à leur tour, de s'armer pour se défendre contre cette menace appréhendée, créant ainsi un cercle vicieux de défense et de contre-défense, et donc un dilemme apparemment insoluble : comment assurer sa survie sans éveiller automatiquement les craintes des autres et provoquer ainsi une course aux armements ?

Équilibrage : Concept qui décrit la tendance des États à établir un équilibre des puissances en se joignant à un État ou à une coalition d'États. Un équilibrage peut prendre ou bien une forme *externe*, qui implique la recherche d'alliances formelles ou informelles avec d'autres États, ou bien une forme *interne*, où un État renforce et augmente ses capacités militaires face à un autre État ou coalition d'États.

Équilibrage indirect : Stratégie qu'adoptent les autres puissances majeures en situation d'unipolarité et qui consiste à prendre des mesures non militaires pour limiter l'exercice de la puissance de la part de l'État dominant.

Équilibre des puissances : Une situation où aucun État ou alliance d'États ne se trouve dans une position lui permettant de dominer le système et donc les autres États. Pour les néoréalistes, l'équilibre des puissances n'est pas un choix de

politique étrangère, mais une tendance naturelle du système international. Donc tout équilibre des puissances rompu se redressera automatiquement à un moment donné.

Équilibre entre l'offensive et la défense : Thèse (aussi connue sous le nom de la théorie de l'offensive et la défense) qui prétend que quand les armes défensives prédominent par rapport aux armes offensives, le dilemme de la sécurité devient beaucoup moins aigu, et le conflit beaucoup moins probable.

État : Entité territoriale qui jouit de la souveraineté, c'est-à-dire du droit, reconnu par tous les autres acteurs internationaux, de gérer comme bon lui semble son territoire et la vie de sa population, et de participer pleinement au fonctionnement du système international. Selon la conception néoréaliste, les États sont les seuls acteurs qui comptent vraiment dans le système international. Ils sont fonctionnellement semblables, c'est-à-dire qu'ils doivent tous remplir les mêmes tâches à l'intérieur du système, et ne se distinguent entre eux que par leurs capacités. Les néoréalistes ne s'intéressent donc pas à ce qui se passe à l'intérieur des États et les considèrent comme des acteurs unitaires, égoïstes et rationnels.

Gains relatifs : Concept fondamental du néoréalisme qui prétend que dans toute leur relation avec d'autres, les États sont préoccupés par les gains relatifs que les autres États, amis ou adversaires, peuvent obtenir par rapport à eux-mêmes dans le système international. Cette préoccupation constitue un obstacle à la coopération internationale.

Hégémonie : Pour la plupart des réalistes et néoréalistes, l'hégémonie est une situation où un État est tellement puissant par rapport aux autres qu'il domine sans rival, ou bien une région particulière ou bien le système international tout entier.

Intérêt national : En tant qu'acteurs rationnels, les États sont motivés avant tout par la défense de l'intérêt national, qui est considérée comme une donnée fixe. Chez les néoréalistes, cet intérêt national est la sécurité.

Multipolarité : Situation où au moins trois États ou coalition d'États forment des pôles de concentration de puissance dans le système international. Les néoréalistes la considèrent comme une situation potentiellement instable, mais tout de même préférable à celle de l'unipolarité.

Niveau d'analyse : Concept fondamental du néoréalisme, selon lequel on peut analyser les relations internationales du point de vue de trois niveaux distincts (ou trois « images ») : celui de l'individu (premier niveau ou première image) ; celui de l'État (deuxième niveau ou deuxième image) ; et celui du

➡ système international (troisième niveau ou troisième image). Pour les néoréalistes, seule l'analyse au niveau du système international permet de construire une véritable discipline des Relations internationales distincte des autres disciplines en sciences sociales.

Polarité : L'expression la plus importante de la répartition des capacités entre les unités du système international. Celle-ci crée des centres ou pôles de puissance, qui déterminent comment fonctionnera le système à un moment donné. Pour la plupart des néoréalistes, l'existence de plusieurs pôles, la multipolarité, peut être une source d'instabilité, tout comme un seul pôle, l'unipolarité, qui représente, toutefois, à leurs yeux, la situation la moins souhaitable. Selon les néoréalistes, une situation de bipolarité entre deux États ou groupe d'États de puissance plus ou moins égale crée les meilleures conditions de stabilité pour le système.

Principe ordonnateur : Tout système politique est régi par un principe ordonnateur, qui détermine comment fonctionne sa structure. Le principe ordonnateur du système international est l'anarchie, tandis que la hiérarchie caractérise la structure politique interne des États.

Puissance : La disposition physique de faire prévaloir les positions et les objectifs d'un acteur dans le système international en général, et par rapport à d'autres acteurs internationaux en particulier. Les néoréalistes mesurent la puissance d'un État en termes de ses capacités matérielles.

Sécurité : Selon les néoréalistes, il s'agit de la préoccupation fondamentale de tous les États, et signifie avant tout assurer la défense militaire de l'État contre des menaces de nature militaire.

***Self-help* :** Terme qui veut dire littéralement «aider soi-même», et qui signifie que les États existent dans une situation d'anarchie où, en dernière analyse, ils ne peuvent compter que sur leurs propres moyens pour survivre.

Structure : La structure du système international est définie par l'organisation de ses parties et est constituée de trois éléments : un principe ordonnateur, la différence fonctionnelle entre les unités et la répartition des capacités entre les unités. Comme il considère qu'il n'y a aucune différence fonctionnelle entre les unités agissant dans le système international, le néoréalisme ne retient que la première et la troisième composante de la structure.

Système international : Chez les néoréalistes, le système international est défini comme un ensemble formé d'une structure et d'unités qui réagissent réciproquement entre elles. Il représente le niveau d'analyse le plus approprié pour étudier la politique internationale.

Unipolarité : Situation où un seul État domine le système international, et contre lequel aucune autre puissance majeure ou coalition de puissances majeures ne peut ou ne veut s'engager dans le processus de l'équilibrage. Pour la plupart des néoréalistes, l'unipolarité constitue une situation instable et qui évoluera éventuellement vers la multipolarité.

Unité : Les unités, c'est-à-dire les États souverains, constituent l'élément de base du système international selon les néoréalistes.

Le réalisme néoclassique

Alex Macleod

> Le *néo* dans *néoclassique* ne signifie surtout donc pas un retour, à une date ultérieure, à la pensée pré-néoréaliste, mais plutôt une tentative d'intégrer quelques-unes des perspectives épistémologiques de notre discipline et d'autres disciplines des sciences sociales des décennies récentes dans une ontologie acteur-centrée si typique de la pensée réaliste classique (Freyberg-Inan *et al.*, 2009 : 6).

L'étiquette « réalisme néoclassique » est entrée dans le vocabulaire de la théorie des relations internationales à la suite de la publication d'une recension de livres de cinq auteurs réalistes de Gideon Rose dans la revue *World Politics* en octobre 1998. Elle fut adoptée immédiatement et, en peu de temps, le réalisme néoclassique s'est établi comme un nouveau courant qui affirme réaliser la synthèse entre le réalisme classique et le néoréalisme, ou du moins apporterait un correctif nécessaire à ce dernier, par des chercheurs qui ne sentaient pas à l'aise avec les contraintes d'un néoréalisme qui s'adaptait mal au **système international** de l'après-guerre froide. Donc, contrairement au néoréalisme qui, on se souvient, se veut une théorie du fonctionnement du système international dans son ensemble, le réalisme néoclassique, comme le réalisme classique, se présente avant tout comme une théorie de la politique étrangère. Rose (1998 : 146) définit ainsi les caractéristiques de cette nouvelle école :

> Elle intègre à la fois des variables externes et internes, en actualisant et en systématisant certaines perceptions tirées de la pensée réaliste classique. Ses adeptes prétendent que la force motrice derrière la portée et l'ambition de la politique étrangère d'un pays est d'abord et avant tout la place qu'il occupe dans le système international, et spécifiquement ses capacités de puissance matérielles relatives. C'est pour cela qu'ils sont réalistes. En outre, ils prétendent, cependant, que l'impact de telles capacités de puissance sur la politique étrangère est indirect et complexe, parce qu'il faut traduire les pressions systémiques à travers des variables au niveau de l'unité [l'État]. C'est pour cela qu'ils sont néoclassiques.

Rose ne prétendait nullement fonder un nouveau courant, mais cherchait simplement à constater l'émergence d'une tendance générale dans le camp du réalisme qui se dessinait très clairement depuis la fin de la guerre froide et qui puisait ses racines dans un certain nombre de textes apparus dans les années 1970 et 1980.

À travers notre analyse des traits épistémologiques et ontologiques du réalisme néoclassique, nous chercherons à démontrer que, malgré ce que proclament plusieurs de ses partisans, cette nouvelle approche ne représente ni une synthèse entre le réalisme classique et le néoréalisme ni le prochain stade du néoréalisme, mais bel et bien une rupture avec ce dernier, un nouveau courant de la famille réaliste. En conclusion, nous résumerons l'essentiel de notre argumentation en offrant une comparaison entre les caractéristiques principales des trois grands courants du réalisme politique en Relations internationales.

1. Historique

Contrairement au néoréalisme et au réalisme classique, le réalisme néoclassique ne dispose pas de textes fondateurs qui servent de référence à ses adeptes ou à ses critiques. Il n'existe pas l'équivalent réaliste néoclassique de *Theory of International Politics* ou de *Politics Among Nations*, et l'on doit se contenter de quelques articles et ouvrages qui proposent une synthèse générale de cette approche (voir notamment Rose : 1998 ; Schweller : 2003 ; Rathbun : 2008 ; Lobell *et al.* : 2009 ; Sterling-Folker : 2009b). Comme l'indique l'article de Rose, le réalisme néoclassique s'est établi peu à peu, et ses auteurs ont pris graduellement conscience d'une évolution commune chez de nombreux réalistes. C'est pour cette raison que l'on peut parler de l'émergence d'une véritable tendance qui s'est développée de façon non concertée, et qui ne cesse d'attirer des adeptes. C'est aussi pour cette raison que l'on doit parler d'une « diversité de *théories* néoclassiques » plutôt que d'une seule théorie cohérente partagée par tous ses partisans (Taliaferro *et al.*, 2009 : 10. Italiques dans l'original). Ces derniers ne s'entendent même pas sur ses rapports avec le réalisme classique et le néoréalisme.

Ainsi, pour Jeffrey Taliaferro (2000/1 : 132) « le néoréalisme et le réalisme néoclassique sont complémentaires », position largement partagée par Randall Schweller (2003)[1] et Christopher Layne (2006a ; 2009), tandis que Brian Rathbun (2008 : 296) présente le réalisme néoclassique comme « la prochaine génération du réalisme structurel ». Par contre, Hans Mouritzen (2009 : 165) prétend que l'objectif du réalisme néoclassique est de « minimiser, ou même, d'abolir la préférence waltzienne pour une explication systémique » et de « moderniser le réalisme classique plutôt que le

néoréalisme ». Enfin, Jennifer Sterling-Folker (2009b : 207-209) souligne le manque de cohérence du projet réaliste néoclassique, sans toutefois le déplorer, mais reconnaît que malgré leurs différences, ceux et celles qui s'en réclament partagent au moins deux choses : une même insatisfaction avec le néoréalisme de Kenneth Waltz et leur appartenance à la tradition réaliste.

Incontestablement, le réalisme néoclassique est né d'un constat généralisé des insuffisances du néoréalisme dans le nouveau contexte de la fin de la guerre froide. Cependant, au cours des années 1970 et 1980, plusieurs auteurs avaient déjà insisté sur la nécessité de porter plus d'attention au jeu entre les facteurs internes et les effets de **structure** dans l'analyse des comportements des **États**. Peter Gourevitch, dans un article qui eut beaucoup d'influence à l'époque, affirmait que le « système international n'est pas seulement une conséquence de la politique et des structures internes mais les crée [...] Les relations internationales et la politique interne sont donc tellement interreliées qu'il faudrait les analyser simultanément, et comme des ensembles » (1978 : 911). Dix ans plus tard, Robert Putnam (1988 : 433) proclama la nécessité de dépasser le simple constat de l'influence réciproque des facteurs internes et externes sur la formulation de la politique étrangère et de chercher des théories qui « intègrent les deux sphères, en expliquant les domaines où les deux s'entremêlent ».

Mais c'est au cours des années 1990 que l'on peut parler de l'émergence d'un nouveau courant réaliste avec la publication d'une pléthore de livres et d'articles scientifiques allant tous dans le même sens, celui qui s'éloigne du « modèle néoréaliste plus austère, plus rigoureux de la politique internationale pour aller vers le cadre analytique plus riche du réalisme traditionnel » (Schweller et Priess, 1997 : 23). Parmi les pionniers de ce courant, on doit mentionner les travaux de Jack Snyder (1991), Fareed Zakaria (1992, 1998), William Wohlforth (1993, 1994/1995), Jennifer Sterling-Folker (1997), Thomas Christensen (1996) et Randall Schweller (1993 ; 1998).

---

1. Tout en affirmant que les deux approches sont complémentaires, Schweller n'hésite pas à déclarer dans ce même texte (313) : « Waltz a dit de façon brillante tout ce que que l'on peut d'utile sur le néoréalisme ; on ne peut d'aucune manière améliorer ou amender la théorie de Waltz sans violer sa nature structuro-systémique. »

À travers la lecture de ces textes précurseurs, on constate que leurs auteurs partageaient un certain nombre d'idées qui allaient devenir le fond commun du réalisme néoclassique. Premièrement, ils reconnaissaient tous l'apport du néoréalisme, et particulièrement son insistance sur l'influence des structures du système international sur le comportement des États. Deuxièmement, ils étaient très conscients des insuffisances du réalisme pour expliquer de façon convaincante la fin de la guerre froide. Troisièmement, ils s'accordaient tous sur la nécessité de réserver une place fondamentale dans toute nouvelle théorisation du réalisme aux facteurs de politique interne. Quatrièmement, ils s'entendaient sur la permanence des grands thèmes traditionnels de l'ontologie du réalisme classique. Enfin, le nouveau réalisme en devenir serait avant tout une théorie de politique étrangère[2].

Six ans après la publication de l'article de Rose déclarant l'émergence d'un nouveau courant réaliste, un des tenants de celui-ci pouvait affirmer que les réalistes néoclassiques étaient maintenant unis par « un fil analytique commun mais implicite qui accepte la prétention du néoréalisme voulant que l'**anarchie** et la polarité soient importantes sur le plan de la causalité, mais les considère grandement sous-déterminants en tant qu'explication » (Sterling-Folker, 2004b : 1). Ils seraient donc en train de synthétiser le systémique et l'interne dans une théorie unique, qui accorde un certain effet causal au premier, tout en insistant sur le fait que « les pressions systémiques sont filtrées à travers des variables intermédiaires internes pour produire des comportements de politique étrangère » (Schweller, 2006 : 6).

2. Épistémologie et méthodologie

Comme nous l'avons vu dans les chapitres 3 et 4, la question de l'épistémologie constitue une des grandes différences entre le réalisme classique et le néoréalisme. Le premier se caractérise avant tout par un certain éclectisme où se mélangent empirisme, rationalisme et pragmatisme. Le réalisme classique reste essentiellement non positiviste. Par contre, le néoréalisme de Waltz se voulait beaucoup plus rigoureux sur le plan épistémologique. Cependant, malgré l'objectif annoncé par plusieurs tenants du réalisme néoclassique de vouloir apporter surtout un correctif nécessaire au néoréalisme, on doit constater que c'est l'éclectisme du réalisme classique qui domine aussi l'épistémologie réaliste néoclassique.

En fait, la plupart des textes se réclamant explicitement du réalisme néoclassique passent sous silence la question de l'épistémologie, comme s'il s'agissait d'une question déjà résolue. Mais comme le reconnaît volontiers Sterling-Folker (2009b : 209), le « réalisme néoclassique ne représente pas une position méthodologique ou épistémologique organisée concernant la façon de connaître ou d'étudier les phénomènes des relations internationales », et qu'il existe des chercheurs réalistes néoclassiques positivistes et non positivistes. Sterling-Folker elle-même rejette explicitement le positivisme et décrit sa propre version du réalisme néoclassique comme étant ni « *cohérente, prédictive, productive,* ni *progressive* » (207. Italiques dans l'original). Cela dit, la préférence méthodologique de tous les réalistes néoclassiques pour des études de cas tend à les mettre dans le camp des empiristes.

Dans leur synthèse du réalisme néoclassique, Taliaferro *et al.* (2009 : 23) déclarent que presque toutes les applications du réalisme néoclassique « entraînent des tentatives de formuler des hypothèses vérifiables, de spécifier les prédictions ou les implications observables de ces hypothèses, et enfin de tester la puissance explicative relative du réalisme néoclassique et des hypothèses alternatives contre les preuves empiriques ». Malgré cette déclaration d'attachement au positivisme, Taliaferro *et al.* (2009 : 21) indiquent clairement qu'il s'agit d'un positivisme assez *mou*, car

---

2. Selon une des figures de proue du réalisme néoclassique, Randall Schweller (2003 : 321), la distinction entre théories de politique internationale et théories de politique étrangère « entrave les occasions de faire des progrès dans le domaine de la connaissance ; en outre, elle est insoutenable pour des raisons de logique, et a été une source principale de confusion au sujet de l'évaluation et de la vérification des théories ».

il «cherche à expliquer la variation dans les politiques étrangères du même État au cours du temps ou à travers des États différents faisant face à des contraintes externes similaires» et non pas à expliquer des constantes ou des récurrences au niveau du système. Et il précise qu'une hypothèse réaliste néoclassique «pourrait expliquer les réponses diplomatiques, économiques ou militaires probables d'États particuliers à des exigences du système, mais il ne peut expliquer les conséquences de ces réponses».

Les choix méthodologiques des réalistes néoclassiques confirment largement cette interprétation de leur positivisme. Ils préfèrent de loin une méthodologie fondée sur des méthodes qualitatives, notamment celle des études de cas et des exemples historiques, à celle des méthodes quantitatives ou de la modélisation abstraite que l'on associe aux néoréalistes et aux néolibéraux[3].

3. Ontologie

Comme nous l'avons constaté dans la section précédente, à quelques rares exceptions près, le réalisme néoclassique s'éloigne passablement du positivisme épistémologique et méthodologique rigoureux caractéristique des recherches néoréalistes. L'analyse de l'ontologie du réalisme néoclassique confirme cette vision d'une approche qui s'éloigne sensiblement des principes de base du néoréalisme.

On se rappellera que la théorie néoréaliste se fonde sur l'idée que la politique internationale se déroule avant tout au niveau d'un système qui se définit par sa structure, qui est composée de trois éléments fondamentaux : son principe ordonnateur (l'anarchie), la similitude fonctionnelle entre ses **unités** constituantes (les États) et la répartition des capacités matérielles entre ces unités. Sans être totalement déterminante, la structure du système possède toutefois sa logique propre, qui induit les États à agir pour assurer leur survie. Les États qui choisissent d'ignorer les impé-

ratifs de cette logique le font à leurs risques et périls. Le néoréalisme, en tant que théorie systémique ne cherche pas à savoir ce qui se passe à l'intérieur de la «boîte noire» des États, et rejette l'idée qu'il puisse devenir une théorie de la politique étrangère (Waltz : 1996).

Les réalistes néoclassiques adoptent une définition minimaliste du réalisme, qui se résume en trois points : la politique internationale se passe entre des groupes, les relations entre ceux-ci sont fondamentalement conflictuelles et que la **puissance** est un trait essentiel de la politique internationale (Schweller, 2003 : 325 ; Taliaferro *et al.*, 2009 : 14-15).

Selon Jeffrey Taliaferro (2005 : 40), le réalisme néoclassique se distingue du modèle néoréaliste sur deux éléments très importants. Premièrement, les deux approches ont des objectifs différents. Tandis que le néoréalisme se préoccupe des résultats du comportement des États, le réalisme néoclassique s'intéresse aux stratégies de ces derniers. Deuxièmement, pour les néoréalistes, il y a un lien de causalité direct entre les variables du système et le comportement des États. Pour les réalistes néoclassiques, le rapport entre les effets de structure et les choix en politique étrangère est beaucoup plus complexe. On ne peut ignorer l'influence de ce qui passe à l'intérieur des États sur la formulation de la politique étrangère.

Mais les différences entre les deux approches vont en fait beaucoup plus loin. Dans un premier temps, nous examinerons les divergences entre celles-ci sur le plan de la conception du système international et de ses effets. Ensuite, nous étudierons le domaine où néoréalistes et réalistes néoclassiques diffèrent le plus nettement, celui de l'impact de ce qui se passe à l'intérieur de la «boîte noire» sur le comportement des États. Enfin, nous verrons comment les réalistes néoclassiques conçoivent les rapports entre le système international et ses unités.

Au cœur de la conception néoréaliste du système international contemporain se trouve le principe ordonnateur de l'anarchie, l'absence d'une autorité suprême capable de gérer les relations entre les États. L'anarchie détermine la nature des rapports entre ces

---

3. Il existe toutefois quelques tentatives d'utiliser des méthodes quantitatives pour faire des recherches dans le cadre du réalisme néoclassique, mais elles restent encore très minoritaires. Voir notamment Brawley (2009) et Devlen et Özdamar (2009).

derniers et régit leur comportement. Les réalistes néo-classiques s'approchent beaucoup plus de la vision des réalistes classiques de l'anarchie, et la voient essentiellement comme une «condition permissive, plutôt qu'une force causale indépendante» (Taliaferro *et al.*, 2009: 7), comme un environnement, une source de menace potentielle à la survie des acteurs internationaux (Sterling-Folker, 1997: 17). Mais en dernière analyse, ce sont ces derniers «qui doivent faire les évaluations et les choix nécessaires pour leur survie» (*ibid.*). Les acteurs principaux du système international contemporain sont des groupes de conflit[4], qui assument la forme d'États dans le système international contemporain (Schweller, 2003: 325; 2009: 237-238; Sterling-Folker, 2009a: 109; Taliaferro, 2006: 480; Taliaferro *et al.*, 2009: 14). Ce ne sont nullement des acteurs unitaires et plusieurs réalistes néoclassiques contestent leur caractère rationnel (Schweller, 2003: 324; Taliaferro, 2000/01: 156; Sterling-Folker, 2009b).

Comme nous l'avons vu dans les deux chapitres précédents, la question de la **rationalité** des acteurs du système international a toujours divisé les réalistes. Puisque les réalistes néoclassiques insistent sur l'importance des facteurs internes des États dans la formulation de leur politique étrangère, la notion de rationalité devient assez floue. L'image de dirigeants rationnels en train de prendre en toute connaissance de cause des décisions conformes aux intérêts objectifs de leur État ne correspond guère à la réalité. Dans les faits, ils doivent prendre leurs décisions non seulement en fonction des contraintes du système international et des intérêts de leur État, tels qu'ils les perçoivent, mais aussi en tenant compte des pressions internes et de leurs propres intérêts, notamment celui de garder le pouvoir. Les réalistes néoclassiques, même quand ils acceptent le postulat de la rationalité (voir, par exemple Devlen et Özdamar, 2009) ne peuvent se satisfaire de la conception simplifiée de la rationalité, fondée sur le calcul des coûts et bénéfices

ou sur l'utilité anticipée, des adeptes du modèle du choix rationnel[5].

En mettant l'accent sur le rôle joué par les facteurs internes, les réalistes néoclassiques s'éloignent considérablement de la position des néoréalistes dans leur conception de l'**équilibre des puissances** (voir le chapitre 4). Pour les réalistes néoclassiques, deux idées que le néoréalisme associe à l'équilibre des puissances doivent être rejetées: celle d'une tendance inhérente au système international, et celle qui oblige tout État qui se sent en danger à s'allier avec d'autres États *contre* l'État ou les États qui semblent représenter la plus grande menace. D'après Schweller (1994, 2004, 2006), l'équilibrage (*balancing*) au sens où l'entendent les néoréalistes n'est qu'une des stratégies parmi d'autres qui s'offrent aux États qui se sentent en danger. Mais il en existe aussi d'autres, telles que le *bandwagoning* (une alliance avec l'État ou l'alliance d'États les plus forts et les plus menaçants) ou ce qu'il appelle le sous-équilibrage (*underbalancing*), c'est-à-dire une situation où un État «ne cherche pas l'équilibre ou le fait de façon inefficace en réponse à un agresseur dangereux et impossible à satisfaire» (2006: 10). Toujours selon Schweller, l'histoire nous fournit des exemples de chaque type de comportement, et ce n'est qu'en analysant les facteurs internes que l'on pourra comprendre pourquoi un État a préféré une option plutôt qu'une autre. Ce faisant, Schweller rompt avec le réalisme classique de Morgenthau, qui prétendait que les États étaient toujours guidés par l'idée de l'**intérêt national**, défini par la poursuite de la puissance, et avec le néoréalisme qui se contentait de constater que les États cherchent avant tout à assurer leur survie.

Mais c'est justement la question du rôle joué par les facteurs internes dans la formulation de la politique étrangère qui pose au réalisme néoclassique son plus grand dilemme ontologique: quels facteurs doit-on privilégier? On a le choix entre deux options fondamentales: celle de la parcimonie et celle de la complexité. Dans le premier cas, il s'agit de réduire au maximum le nombre de variables dont il faut

▲

---

4. Ce concept a été inventé par Gilpin (1996: 7-8) pour souligner la pérennité du réalisme.

5. Pour une défense vigoureuse de la compatibilité entre la notion de rationalité et le réalisme, voir James 2002 et 2009.

tenir compte, et de les identifier à l'avance. Une telle approche présente l'avantage de permettre de faire des généralisations et des comparaisons. Mais la parcimonie ne fournit pas forcément des explications très complètes. En optant pour la complexité, on introduit d'autres variables, selon les besoins. On court alors le risque de présenter des explications *ad hoc* qui valent uniquement pour le cas étudié, ce qui irait à l'encontre même des objectifs des théories appartenant au paradigme hégémonique[6]. La plupart des chercheurs réalistes néoclassiques semblent avoir choisi la parcimonie en privilégiant deux facteurs internes, l'État et les **perceptions** des décideurs. Toutefois, tous ne se limitent pas à ces deux variables. Par exemple, Jack Snyder (1991: 17-19) insiste sur l'importance du rôle qu'y jouent les idéologies et les luttes entre groupes politiques. Pour sa part, Norrin Ripsman (2009) propose les premiers pas vers la construction d'une théorie du rôle joué par les groupes d'intérêts dans la formulation de la politique étrangère, tandis que Colin Dueck (2009) élabore un modèle où les luttes de pouvoir et d'influence internes occupent une place de choix dans le processus de prise de décision. Enfin, Balkan Devlen et Özgür Özdamar (2009) mettent l'accent sur les croyances des dirigeants, la logique de la survie politique de ces derniers, et les questions touchant l'identité des grands groupes. La plupart des réalistes néoclassiques semblent avoir résolu ce dilemme en tentant d'intégrer ces différents éléments apparemment *ad hoc* dans les deux variables principales.

Le choix d'accorder la priorité à l'État et aux perceptions des décideurs n'est pas fortuit. En tant que réalistes, les néoclassiques soulignent la place primordiale que la puissance occupe dans les rapports entre les acteurs du système international. Comme nous le verrons, l'État, ou plus précisément les structures et les capacités d'extraction de celui-ci, et les perceptions des décideurs, sont indissociables de la conception réaliste néoclassique de la puissance.

On trouve dans les divers courants du réalisme essentiellement deux visions distinctes de la puissance[7]. Dans les deux cas, on s'entend pour dire que la puissance d'un État se situe surtout au niveau matériel, avant tout militaire, économique et démographique. La conception réaliste classique de la puissance est avant tout *relationnelle*, c'est-à-dire «un processus d'interaction par lequel un État est capable d'exercer une influence sur les actions d'un autre État» (Schmidt, 2005: 530), et qui met l'accent sur une volonté de puissance ou de domination qui résiderait dans la nature humaine ou dans la nature des États et qui pousserait ces derniers à chercher toujours à augmenter leur puissance. Chez les néoréalistes, la puissance est vue comme un ensemble de ressources, surtout matérielles, que possède un État. Ce sont ces capacités physiques qui déterminent la place que les États occupent dans le système. La conception des réalistes néoclassiques de la puissance s'approche de celle des néoréalistes, dans la mesure où ils prétendent que les États se soucient surtout de leur puissance *relative* par rapport aux autres États. Mais les ressemblances s'arrêtent là. Pour les néoréalistes, cette puissance relative est une donnée objective du système. Chez les réalistes néoclassiques, si les ressources elles-mêmes existent objectivement, l'évaluation de leur contribution à la puissance d'un État est subjective, et dépend de la perception des dirigeants. Les réalistes néoclassiques reconnaissent que les États sont limités dans leur liberté d'action par des contraintes structurelles, mais affirment que ces effets de structure ne suffisent pas seuls pour expliquer pourquoi les États se préoccupent tant de leur puissance relative. Schweller (2004: 164) résume bien cette position de la façon suivante:

> des processus politiques internes complexes agissent comme des courroies de transmission qui canalisent, médiatisent et (re)dirigent les politiques en réponse aux forces externes (avant tout des changements dans

---

6. C'est notamment ce que lui reprochent des néoréalistes comme Patrick James (2009: 45) pour qui le réalisme néoclassique fait partie de «la prolifération éparpillée et peu prometteuse de théories qui opèrent au niveau interne – une voie presque sûre vers la dégénérescence paradigmatique». On trouve des arguments semblables dans la critique libérale du réalisme néoclassique proposée par Legro et Moravcsik (1999).

7. Pour une excellente analyse des diverses conceptions réalistes de la puissance voir Schmidt (2005).

la puissance relative). Ainsi les États réagissent souvent différemment à des pressions systémiques et à des occasions semblables, et leurs réponses peuvent être motivées moins par des facteurs agissant au niveau du système que par des facteurs internes.

Toute la conception du réalisme néoclassique de l'État tourne autour de la puissance, mais il prétend pallier les lacunes du réalisme classique et du néoréalisme en offrant une «conception plus complète de l'État en spécifiant comment les impératifs systémiques se traduiront probablement, par le moyen de la puissance étatique, en politiques étrangères ou de sécurité réelles» (Taliaferro, 2006 : 468). C'est Fareed Zakaria (1998 : 3) qui créa le concept de **puissance étatique** pour indiquer la «portion de la puissance nationale que le gouvernement peut extraire à ses propres fins et [qui] reflète la facilité avec laquelle les décideurs principaux peuvent atteindre leurs objectifs». Il reflète bien une conception restreinte de l'État.

En affirmant que les États ne sont pas des unités identiques, les réalistes néoclassiques se distinguent des néoréalistes. Mais contrairement aux libéraux, en particulier des théoriciens de la paix démocratique, ou aux néoconservateurs, ils ne se préoccupent guère de la nature (démocratique ou non démocratique) du régime en tant que tel, sauf si elle influe sur la capacité des dirigeants de formuler et d'appliquer leur politique étrangère. Toute la conception de l'État réaliste néoclassique se résume de la façon suivante : «Quand les États croissent sur le plan de la puissance vis-à-vis de la société, un pays augmente sa puissance, même si le niveau total des ressources reste constant. Cela change sa puissance relative et affecte son comportement sur le plan de la politique étrangère» (Rathbun, 2008 : 302).

Pour les réalistes néoclassiques, l'État est représenté avant tout par son «exécutif de sécurité nationale, comprenant le chef du gouvernement et les ministres responsables de la formulation de la politique de sécurité externe» (Taliaferro *et al.*, 2009 : 25). Il est perçu comme étant relativement autonome par rapport à la société, bien qu'il soit souvent obligé de négocier avec les divers acteurs politiques qui la composent. Ce qui compte dans la vision réaliste néoclassique de l'État est la relation entre celui-ci et la société. Au cœur de cette relation on trouve l'idée de la puissance étatique. Celle-ci est constituée essentiellement de deux éléments : la capacité d'extraire les ressources matérielles – militaires, économiques, financières, démographiques – nécessaires pour mener leurs objectifs en politique étrangère et d'assurer la sécurité du territoire et de la population de l'État ; la capacité de mobiliser les appuis dans la société en faveur de ces mêmes objectifs. La structure de l'État et la forme de gouvernement déterminent en grande partie la force de cette puissance étatique.

Toutefois, comme nous l'avons déjà noté, les réalistes néoclassiques rejettent l'idée d'un État unitaire et rationnel. En premier lieu, ils reconnaissent qu'il y a toujours des luttes à l'intérieur de toute société autour de la question de l'allocation des ressources, et qui affecteront les décisions des dirigeants en politique étrangère. Deuxièmement, ils accordent une grande place au rôle que jouent des forces idéationnelles dans la capacité de mobilisation des dirigeants, notamment le nationalisme, l'idéologie et l'identité étatique.

Rathbun (2008 : 303) reproche à plusieurs auteurs réalistes leur «utilisation très limitée des idées» dans leur présentation du processus d'élaboration de la politique étrangère. C'est une critique qui semble largement méritée aussi chez les réalistes néoclassiques. Ainsi, Taliaferro voit dans le nationalisme, du moins celui qui est généré par l'État, un facteur qui favorise la cohésion sociale, renforçant ainsi la puissance étatique, tandis que l'idéologie peut y contribuer de façon positive ou négative (2006 : 491-494). Schweller (2009) cite la capacité de l'idéologie de mobiliser la population derrière ses dirigeants de certains pays européens entre les deux guerres mondiales. Ce sont des visions fondamentalement instrumentalistes de la place que l'on doit accorder aux idées dans l'analyse de la politique étrangère, qui semblent ignorer, par exemple, comment le nationalisme de groupes minoritaires peut affaiblir la puissance étatique. Pourtant, comme l'indique Rathbun (2008 : 2008), il n'y a aucune raison inhérente qui obligerait le réalisme néoclassique à se limiter à des conceptions aussi restreintes.

Le débat sur la notion d'identité étatique, lui-même une composante du nationalisme pour les réalistes néoclassiques, nous permet d'apprécier cette affirmation. Pour des chercheurs réalistes néoclassiques positivistes comme Devlen et Özdamar (2009: 143), il est particulièrement important de maintenir ce qu'ils appellent l'«identité de grand groupe» (autrement dit, l'identité étatique), car «elle est un des piliers du régime», donc un élément de la puissance étatique. C'est une donnée, assez fixe, qui n'a pas besoin d'être analysée en profondeur. Pour Schweller (2009: 230), les identités comptent beaucoup, car elles «déterminent dans une large mesure si un État veut et peut mobiliser en faveur de l'expansion». Mais dans ces deux cas, il n'y a aucune tentative de développer une véritable théorie réaliste néoclassique de l'identité. Cette tâche revient à Sterling-Folker (2009a), plus ouverte comme on l'a vu au chapitre 4, aux idées constructivistes. Pour elle, les identités collectives «ne sont jamais fixes» et restent «un processus continu» (115). Prenant le contre-pied des tenants du modèle du choix rationnel, Sterling-Folker va jusqu'à déclarer (109) que l'identité nationale «n'est pas une simple barrière inconsciente et irrationnelle à des solutions universellement meilleures: elle est l'essence de la politique elle-même». À l'appui de cette affirmation, elle cite l'exemple des relations entre la Chine et Taïwan, où l'augmentation de l'interdépendance commerciale qui, malgré les prédictions de la théorie libérale, ne contribue nullement à réduire les tensions entre les deux États sur le plan de la sécurité. L'analyse des préoccupations identitaires nous permet d'élucider, du moins en partie, ce paradoxe apparent[8].

Le deuxième facteur de politique interne privilégié par les réalistes néoclassiques, celui de la perception des décideurs, a donné lieu à moins de débat. Sans doute parce qu'il s'agit d'une notion déjà bien établie chez les réalistes, notamment avec la publication du livre de Robert Jervis, *Perception and Misperception in International Politics* (1976), et celui de Stephen Walt, *The Origins of Alliances* (1987), sans parler de la vaste littérature sur la conception des rôles en politique étrangère (voir Le Prestre, 1997). Mais encore une fois, comme dans le cas de l'État, la notion de perception demeure une idée sous-développée chez les réalistes néoclassiques. Pour beaucoup d'entre eux, il s'agit d'une donnée implicite, ou bien le résultat des diverses luttes politiques à l'intérieur de la société, ou bien le simple fait des dirigeants. Elle fait rarement l'objet d'une analyse en profondeur.

Devlen et Özdamar (2009: 137-138) admettent volontiers que le réalisme néoclassique a encore quelques lacunes à ce sujet, en particulier en ce qui concerne la façon dont les croyances des dirigeants agissent sur leur comportement, la façon de mesurer ces croyances et les facteurs qui affectent l'évaluation des dirigeants des défis en politique étrangère. On pourrait ajouter à cette liste d'autres problèmes liés à l'idée même de la perception, notamment celui de savoir quelle est la véritable perception de toute personne d'une situation – peut-on se fier uniquement à ses déclarations et à ses écrits pour connaître sa véritable perception? – quel est l'impact des rapports de force entre les membres du groupe dirigeant, le rôle des leaders d'opinion (commentateurs des médias, chefs de groupes de pression, etc.) sur la perception des dirigeants?

Les réalistes néoclassiques pensent contourner ces problèmes dans une certaine mesure en traitant la perception comme une variable indépendante, une donnée n'ayant pas besoin d'être expliquée. Ils se concentrent presque uniquement sur le rapport entre la perception et leur concept central, celui de la puissance relative. Rose (1998: 147) résume très succinctement cette position de la façon suivante: «Les choix en politique étrangère sont faits par de réels dirigeants et élites politiques, et donc ce sont leurs perceptions de la puissance relative qui comptent, non simplement des quantités relatives de ressources ou de forces existantes.» C'est le refus de tenir compte

---

8. Sterling-Folker ne néglige pas le rôle joué par les intérêts stratégiques des États-Unis dans la région et les débats à ce sujet à l'intérieur de ce pays. Fidèle à son orientation réaliste, elle conclut (2009a: 138) que le «lien entre la concurrence intra-groupe et la politique de l'identité est la force motrice derrière l'interdépendance».

de la perception qui expliquerait, par exemple, selon les réalistes néoclassiques, l'erreur des néoréalistes sur la question de l'équilibre des puissances, car, « [d]ans la mesure où les dirigeants perçoivent mal la vraie répartition des capacités, leur comportement ne se conformera pas aux prédictions de la théorie de l'équilibre des puissances » (Schweller, 2003 : 337).

En accordant la possibilité de choisir la politique à suivre, à l'intérieur des contraintes du système international, les réalistes néoclassiques introduisent leur propre vision de la relation entre l'agence et la structure. Tous s'entendent pour dire que les effets du système sur la formulation de politique étrangère passent par le filtre des deux variables de politique interne que nous venons d'analyser, et que ces effets peuvent prendre du temps avant qu'ils se reflètent dans la politique étrangère de l'État concerné. Cependant, il y a des nuances d'appréciation entre ceux qui voient dans le réalisme néoclassique un tout nouveau courant, et ceux qui le considèrent avant tout comme la nouvelle génération du néoréalisme. Selon les tenants du nouveau courant tels que Sterling-Folker (2004b) ou Dueck (2009), le réalisme néoclassique crée un pont entre les différents niveaux d'analyse, en particulier entre le deuxième (l'unité) et le troisième (le système) : « Tandis que le système international impose certaines pressions sur tous les pays, on ne peut expliquer le comportement sur le plan de la politique étrangère qu'en y insérant des variables spécifiques aux unités » (Dueck, 2009 : 141). De leur côté, les partisans du néoréalisme revu et corrigé suivent Taliaferro (2006 : 467) quand celui-ci affirme que la nature concurrentielle du système encourage les États à émuler les pratiques politiques, militaires et technologiques qui ont réussi aux puissances dirigeantes, mais des variables internes restreignent les capacités des États à répondre aux impératifs systémiques.

4. La normativité

À première vue, le réalisme néoclassique porte peu les débats sur les aspects normatifs de la politique internationale que l'on ne trouve pas déjà dans la littérature réaliste dont nous en avons discuté dans les deux chapitres précédents. Schweller (2009 : 248)

caractérise la nature essentiellement conservatrice du réalisme quand il le décrit comme une « théorie ou philosophie politique cynique et largement pessimiste qui demande pourquoi les choses restent en l'état, pourquoi les guerres et les conflits persisteront et pourquoi la lutte pour le pouvoir et le prestige continuera », et qui serait dépourvue « de contenu normatif (c'est-à-dire, l'idéalisme, l'utopisme, les principes moraux et le "on devrait" par opposition à l'état de fait) qui en ferait une plateforme politique efficace à une époque de participation politique de masse ». Le moins que l'on puisse dire, c'est qu'il s'agit d'une vision très courte de la normativité réaliste, qui semble confondre cynisme et scepticisme. C'est ce dernier qui caractérise avant tout la théorie réaliste en général, et le réalisme néoclassique en particulier.

Si la plupart des réalistes néoclassiques sont avares de commentaires explicites sur l'ordre mondial ou sur le comportement que devraient adopter les États, cela ne signifie pas pour autant qu'ils n'aient pas de préférences normatives ou éthiques. Par exemple, la lecture de leurs écrits indique une préférence implicite pour le système international multipolaire et, à l'exception notable d'auteurs comme William Wohlforth (1999 ; 2009) ou Stephen Brooks (Brooks et Wohlforth, 2005b ; 2008), le rejet du maintien de toute forme de primauté américaine. Faisant écho à Waltz, Rathbun (2008 : 317), dans une allusion à peine voilée à la politique du gouvernement de George W. Bush, déclare que le réalisme néoclassique « démontre que quand on ignore les contraintes systémiques, il en résulte des échecs sur le plan de la politique étrangère ». Une telle affirmation laisse supposer que la logique structurelle du système international est foncièrement souhaitable en soi, et finira toujours par s'imposer.

Les réalistes néoclassiques partagent avec tous les autres réalistes deux idées communes sur la moralité en politique internationale : celle de la nécessité d'adopter une éthique internationale conséquentialiste et la méfiance à l'égard de toute prétention à l'existence d'une moralité internationale universelle. Sterling-Folker présente bien ces deux positions, mais en les formulant un peu différemment. Partant du constat que le tribalisme constitue le cœur de la pensée réaliste (2004a; 2004b; 2009a), elle insiste, comme nous l'avons vu dans la section précédente, sur l'importance à accorder au rôle de l'identité collective en politique internationale. C'est un élément du processus de différentiation entre les sociétés et donc entre les États, dont les réalistes doivent tenir compte et qu'ils opposent aux tendances universalistes du libéralisme. Selon Sterling-Folker (2004a: 342), la moralité libérale n'est rien moins qu'

> un construit social et historique qui dépend en fin de compte de la puissance relative de ces tribus qui l'ont créée et l'ont promue. Et en refusant de reconnaître la réalité du tribalisme, la société et l'État américains sont «totalement incapables de comprendre non seulement que certaines différences sont irréconciliables mais aussi que la poursuite de leurs propres intérêts tribaux [...] n'est pas la même chose que la réalisation des valeurs libérales à la base de leur propre existence.

Ce sont des positions tout à fait conformes au cinquième des six principes du réalisme politique de Hans Morgenthau, selon lequel celui-ci «se refuse à identifier les aspirations morales d'une nation particulière avec les lois morales régissant l'univers».

5. Conclusion: émergence d'un nouveau courant réaliste?

Il n'y a pas de doute que le réalisme néoclassique a apporté un nouveau souffle à une approche longtemps dominante en théorie des relations internationales, mais qui était en perte de vitesse après la fin de la guerre froide. Une fois que Rose avait identifié les traits dominants de ce nouveau courant, celui-ci a été accueilli avec enthousiasme par beaucoup de réalistes qui avaient déjà commencé à remettre en cause le néoréalisme. Pour Sterling-Folker (2009b: 195), par exemple, le réalisme néoclassique est devenu «une des avenues les plus prometteuses pour le réalisme contemporain, tandis que pour Schweller (2003: 344-345), il est «essentiellement le seul spectacle en ville pour la génération actuelle de réalistes et pour celle qui suivra». On semble avoir enfin trouvé le moyen de combiner les deux grands courants historiques du réalisme:

Les partisans du réalisme néoclassique s'inspirent de la rigueur et des apports théoriques du réalisme (ou réalisme structurel) de Kenneth N. Waltz, Robert Gilpin, et d'autres, sans sacrifier les apports pratiques au sujet de la politique étrangère et de la complexité de la diplomatie que l'on trouve dans le réalisme classique de Hans J. Morgenthau, Henry Kissinger, Arnold Wolfers et d'autres (Taliaferro *et al.*, 2009: 4).

Comme nous l'avons vu dans ce chapitre, pour beaucoup des partisans, probablement la majorité, de ce nouveau courant, celui-ci constitue avant tout un prolongement logique, la prochaine étape, du néoréalisme ou un complément nécessaire à celui-ci. Et comme Taliaferro (2006: 482), ils ne voient aucune raison déductive qui empêcherait le réalisme d'«incorporer des variables au niveau des unités tout en gardant la primauté causale aux variables structurelles». Manifestement, une telle opération est conceptuellement possible, mais on peut se demander si ce qui en résulte ne dépasse pas les limites du néoréalisme et que nous assistons en fait à l'émergence d'un véritable nouveau courant réaliste.

Nous tenterons de répondre à cette question à l'aide du tableau 6.1, qui propose une comparaison entre les trois grands courants réalistes sur cinq points fondamentaux. Le premier concerne la question du niveau d'analyse. Les réalismes classique et néoclassique sont des théories de politique étrangère, où une connaissance de ce qui se passe au deuxième niveau (celui de l'unité, l'État) est essentielle pour comprendre le comportement des États et son impact sur le fonctionnement du système international[9]. Le néoréalisme, par contre, se veut une théorie du système international, et se place au troisième niveau d'analyse. Il se préoccupe peu de ce qui se passe au niveau des unités. Pour Waltz (1996; 1997), il ne peut jamais être question de confondre les deux niveaux. Une théorie systémique de la politique internationale ne peut être modifiée pour devenir une théo-

---

9. Certains réalistes classiques comme Morgenthau et Niebuhr commencent au premier niveau (la nature de l'individu), mais ce n'est pas le cas de tous les réalistes classiques (voir le chapitre 4). Ils s'intéressent au système international en tant qu'ordre international qui peut être menacé par les actions d'États dits révisionnistes.

Tableau 6.1
Comparaison entre le réalisme classique, le néoréalisme et le réalisme néoclassique

Courant du réalisme	Niveau d'analyse	Épistémologie/ Méthodologie	Rapport agence/structure	Rôle accordé à la puissance	Conception de l'équilibre des puissances
Réalisme classique	L'individu, l'unité (l'État) (premier et deuxième). Une théorie de la politique étrangère.	Mélange de pragmatisme, d'empirisme et de rationalisme. Non positiviste. Inductive. Études de cas. Récits historiques.	Les unités évoluent dans un système anarchique (structure), un environnement « permissif » qui accorde une assez large autonomie d'action aux décideurs (agents).	Conception relationnelle de la puissance, où les États utilisent l'ensemble de leurs ressources matérielles et morales pour défendre ou améliorer leur place dans le système international.	L'équilibre des puissances est un objectif politique hautement souhaitable, mais demeure un choix de politique étrangère parmi d'autres.
Néoréalisme	Le système (troisième). Une théorie du système international.	Empiriste. Positiviste. Déductive. Études de cas. Méthodes quantitatives. Formulation de modèles fondés sur la notion du choix rationnel.	Les unités, fonctionnellement semblables, évoluent dans un système anarchique (structure), qui façonne leur comportement international. Les décideurs (agents) disposent de très peu d'autonomie d'action.	La structure du système international dépend de la répartition de la puissance, définie en termes des capacités physiques des unités.	Le système international tend toujours vers le maintien ou la restauration d'un l'équilibre global entre les grandes puissances
Réalisme néoclassique	L'unité (l'État) et le système (deuxième et troisième). Une théorie de la politique étrangère.	Fortes tendances empiristes. Partagé entre positivistes et non positivistes. Déductive. Études de cas et méthodes qualitatives.	Les unités évoluent dans un système anarchique (structure), qui établit les paramètres à l'intérieur desquels les décideurs (agents) disposent d'une certaine autonomie d'action.	La puissance est à la base des rapports entre les unités du système, préoccupées par leur puissance relative et la répartition de la puissance au niveau du système.	L'équilibre des puissances est un choix politique des décideurs et dépend de leur perception de la puissance relative de leur unité.

Inspiré du tableau 1.1 de Taliaferro *et al.*, « Introduction : Neoclassical realism, the state, and foreign policy », 2009 : 20.

rie de politique étrangère. Dès lors, son objectif est de découvrir les constantes du système international et comment celles-ci affectent le comportement des États. Le réalisme néoclassique a un objectif très différent. Il veut expliquer les similitudes ou les différences dans la politique étrangère des États dans l'espace ou dans le temps. Il ne cherche pas à expliquer les conséquences récurrentes possibles de ces politiques pour le système international.

Sur le plan épistémologique et méthodologique, on constate que le réalisme néoclassique se place entre l'éclectisme qui caractérise le réalisme classique

et la recherche de la rigueur empiriste et les tendances positivistes du néoréalisme. Malgré les prétentions positivistes et quantitativistes de certains auteurs réalistes néoclassiques, la grande majorité d'entre eux partage la préférence des réalistes classiques pour des études de cas et des méthodes qualitatives. Certes, il y a une différence importante entre les deux, dans la mesure où les réalistes néoclassiques abordent les études de cas dans un esprit résolument déductif et systématique, qui contraste avec l'approche beaucoup plus inductive des réalistes classiques.

C'est sur le plan ontologique que les courants réalistes devraient se ressembler le plus. Après tout, c'est l'ontologie qui leur donne un « air de famille ». C'est un domaine où le néoréalisme a cherché à renouveler le réalisme en lui donnant plus de rigueur. Une comparaison entre les trois courants sur trois éléments ontologiques clés nous permettra de constater encore une fois qu'il s'agit de trois formes distinctes du réalisme : le rapport agence/structure, la nature de la puissance et la conception de l'équilibre des puissances.

Tous les trois s'entendent pour dire que la caractéristique principale du système international est l'anarchie. Mais l'accord s'arrête là. Chez les néoréalistes, l'anarchie est le principe ordonnateur du système international, qui impose sa logique sur le comportement des unités, les États. On accorde très peu de place au rôle de l'agence. Les réalistes classiques voient l'anarchie surtout comme un environnement, un contexte, qui laisse aux unités une assez grande autonomie dans leur choix en politique étrangère. L'agent est relativement libre, mais doit tenir tout de même compte des contraintes inhérentes au système, notamment la volonté de puissance des autres. Les néoclassiques penchent plutôt vers une vision du système international comme un environnement ou un contexte contraignant, qui laisse aux unités une certaine marge de manœuvre en politique étrangère, mais dont la logique finira toujours par prendre le dessus. En outre, toujours chez les réalistes néoclassiques, le système politique interne crée aussi des paramètres, voire des contraintes structurelles, qui limitent l'autonomie d'action des dirigeants. Les chercheurs réalistes néoclassiques doivent procéder au cas par cas pour déterminer dans quelle mesure les structures internes et les structures externes influent sur la formulation de la politique étrangère et sur le comportement effectif d'un État donné.

En tant que réalistes, les trois courants mettent la notion de puissance au cœur de leur conception des relations entre les acteurs internationaux. Et encore une fois, des différences assez importantes se manifestent. La conception des réalistes classiques de la puissance est avant tout relationnelle. Elle est l'ensemble des ressources matérielles et morales dont se sert un État pour faire prévaloir ses intérêts dans le système international. Les néoréalistes mesurent la puissance avant tout en termes de capacités physiques des États. Celles-ci constituent toujours une menace potentielle pour les autres États. La répartition de la puissance entre eux occupe une place centrale dans la vision néoréaliste de la structure du système international. Elle est donc une donnée *objective*. Les réalistes néoclassiques tendent vers la conception matérielle de la puissance des néoréalistes mais, en tant que théoriciens de la politique étrangère, ils prétendent que les États (ou plutôt leurs dirigeants) sont surtout guidés par leur perception de leur puissance relative. La répartition de la puissance devient donc une donnée *subjective*.

Enfin, les trois courants se distinguent sur leur façon de voir l'équilibre des puissances. Pour les réalistes classiques, celui-ci représente un objectif que tous les États qui souhaitent le maintien de l'ordre mondial existant devraient poursuivre, ou bien par une politique d'équilibrage ou par la pratique du *bandwagoning*. Mais dans tous les cas, il s'agit d'un choix de politique étrangère et non pas d'une nécessité imposée par la logique de l'anarchie. Les réalistes classiques expriment une nette préférence pour un équilibre multipolaire. Les néoréalistes se soucient de l'équilibre entre les grandes puissances et le voient comme le résultat d'une tendance naturelle du système international. Il ne dépend pas de la volonté des États, autrement dit de choix de politique étrangère. La bipolarité représente pour eux la meilleure garantie de stabilité mondiale, définie par l'absence de conflit armé direct entre les deux grandes puissances dominantes. Ils reconnaissent toutefois que le monde de l'après-guerre-froide évolue inévitablement vers la multipolarité. Encore une fois, les réalistes néoclassiques se distinguent des néoréalistes et se rapprochent des réalistes classiques en voyant l'équilibre des puissances comme une situation souhaitable mais qui serait le résultat du choix délibéré des États, en fonction de leur perception de la répartition de la puissance relative dans le système international. Ayant émergé après la fin de la guerre froide, le réalisme néoclassique ne partage pas la nostalgie néoréaliste d'un monde bipolaire et favorise implicitement un monde multipolaire.

Ce petit exercice de comparaison montre que le réalisme néoclassique se distingue suffisamment des deux autres courants réalistes pour n'être considéré ni comme une simple extension de l'un ou de l'autre ni comme une synthèse, qui serait d'ailleurs peu crédible, des deux. Depuis 1998, le réalisme néoclassique est devenu ce que ses partisans se plaisent à appeler un programme de recherche. Mais comme ces derniers le reconnaissent volontiers (Taliaferro, 2006: 494-495; Ripsman *et al.*, 2009: 292-299), il y a encore du chemin à faire.

❖ ❖ ❖

Pour en savoir plus

L'ouvrage de loin le plus complet sur le réalisme néoclassique est celui de Lobell, S. E., N. M. Ripsman et J. W. Taliaferro (dir.), 2009, *Neoclassical Realism, the State and Foreign Policy*, Cambridge: Cambridge University Press. Il est le seul à être consacré entièrement au réalisme néoclassique et ses contributeurs offrent un bon éventail des nuances de cette approche.

Pour une synthèse des idées clés du réalisme néoclassique, voir Rose, G., 1998, « Neoclassical Realism and Theories of Foreign Policy », *World Politics*, 51, 1, p. 144-172, le texte qui a donné le nom à cette approche. Voir aussi Schweller, R. L., 2003, « The Progressiveness of Neoclassical Realism », dans Elman, C. et M. F. Elman (dir.), *Progress in International Theory: Appraising the Field*, Cambridge et Londres: The MIT Press, p. 311-347, et Taliaferro, J. W., S. E. Lobell et N. M. Ripsman, 2009, « Introduction: Neoclassical realism, the state, and foreign policy », dans Lobell, S. E. *et al.*, *Neoclassical Realism, the State and Foreign Policy*, p. 1-41.

La position selon laquelle le réalisme néoclassique est un avant tout une extension logique du néoréalisme est bien défendue dans Rathbun, B., 2008, « A Rose by Any Other Name: Neoclassical Realism as the Logical and Necessary Extension of Structural Realism », *Security Studies*, 17, p. 294-321, et dans les travaux de J. W. Taliaferro, notamment, 2000/01, « Seeking Security under Anarchy: Defensive Realism Revisited », *International Security*, 25, 3, p. 128-161, et 2006, « State Building for Future Wars: Neoclassical Realism and the Resource Extractive State », *Security Studies*, 15, 3: 464-495. Tandis que les travaux de J. Sterling-Folker représentent un réalisme néoclassique plus proche du réalisme classique, en particulier « Neoclassical realism and identity: peril despite profit across the Taiwan Strait », dans Lobell, S.E. *et al.*, *Neoclassical Realism, the State and Foreign Policy*, p. 99-138, et « Forward Is as Forward Does: *Assessing Neoclassical Realism from a Traditions Perspective* », dans Freyberg-Inan A., E. Harrison et P. James (dir.), *Rethinking Realism in International Relations: Between Tradition and Innovation*, Baltimore: The Johns Hopkins University Press, p. 191-218.

Legro, J. et A. Moravscik, 1999, « Is Anybody Still a Realist? », *International Security*, 24, 2, p. 5-55 propose une des premières critiques ontologiques et épistémologiques du réalisme néoclassique. Rédigé d'un point de vue libéral.

Une analyse réaliste néoclassique de la guerre en Irak

Pour expliquer la décision de l'administration Bush de lancer une guerre contre l'Irak et les conséquences de celle-ci pour la politique étrangère des États-Unis, il faut d'abord la situer dans le double contexte de la politique interne de ce pays et celui de la structure du système international de l'époque.

Lors de la campagne présidentielle de 2000, le candidat républicain, George W. Bush, prônait le retour à une politique étrangère réaliste fondée uniquement sur les intérêts nationaux. Pendant la première année de son administration, Bush, appuyé par sa conseillère en sécurité internationale, Condoleeza Rice, a largement pratiqué une forme de réalisme, marquée par une grande méfiance à l'égard des institutions internationales. Les événements du 11 septembre 2001 ont mis fin à cette politique. Ils ont modifié le rapport des forces idéologiques à l'intérieur du gouvernement en faveur d'une coalition d'ultraconservateurs et de néoconservateurs, ce qui a profondément marqué les perceptions du président de la conjoncture internationale. Le terrorisme international en général, et celui du fondamentalisme islamiste en particulier, étaient présentés comme la menace principale à la sécurité internationale et à la sécurité nationale des États-Unis.

Le système international était perçu par l'administration comme un système unipolaire, où aucun autre État ou groupe d'États n'était capable de faire le contrepoids à la puissance américaine. Les États-Unis étaient un «hégémon bienveillant», et seul État capable d'assurer la stabilité de l'ordre mondial. Dans l'intérêt de cette dernière et de la protection de la sécurité nationale, il était impératif que les États-Unis maintinssent leur position de primauté dans le système international.

Dans ce monde menacé par le terrorisme international, l'administration américaine craignait en particulier le danger de la prolifération des armes de destruction massive à des États qui parrainaient le terrorisme et susceptibles de donner de tels armements à des groupes terroristes transnationaux. Aux yeux des dirigeants américains, l'Irak incarnait toutes les grandes menaces qui planaient sur la sécurité internationale. D'abord, c'était un État dirigé par un dictateur sanguinaire, Saddam Hussein, qui n'avait cessé de défier les résolutions de l'ONU depuis la guerre de 1991. Disposant des forces armées les plus importantes du Moyen-Orient, il constituait une menace constante pour la stabilité régionale et pour la sécurité d'alliés des États-Unis comme l'Arabie Saoudite, et surtout pour leur allié le plus sûr, et unique État démocratique de la région, Israël. L'Irak avait utilisé des armes chimiques contre ses propres citoyens dans la guerre avec l'Iran, donc on pouvait croire qu'il se servirait encore une fois d'armements de destruction massive à l'avenir. Tout semblait indiquer qu'il était en train de développer de nouveau de telles armes, y compris la bombe nucléaire, malgré les interdictions des Nations unies. Sans aucun doute, l'Irak n'hésiterait pas à les fournir à des groupes terroristes, mettant directement en danger la sécurité internationale. Il fallait agir non seulement pour neutraliser une telle menace, mais aussi pour remplacer le régime autoritaire de Saddam Hussein par un système démocratique, ce qui aurait des conséquences positives de longue durée pour la paix régionale.

Ces perceptions de la menace irakienne permettaient de justifier une intervention militaire contre l'Irak. La puissance étatique des États-Unis en fournissait les moyens, puisqu'ils avaient accès à des ressources matérielles et militaires énormes et pouvaient mobiliser la population et le Congrès pour soutenir le gouvernement quand il déclarait que la sécurité nationale était en danger.

À cause de la structure unipolaire du système international, les États-Unis pouvaient se permettre d'agir seuls, avec ou sans l'autorisation des Nations unies. Toutefois, l'unipolarité ne créait que des conditions qui rendaient cette intervention militaire possible. Elle ne l'imposait pas. La guerre contre l'Irak était donc une guerre de choix et non pas une guerre de nécessité, quoi qu'en ait dit le gouvernement de George W. Bush.

L'échec des tentatives des États-Unis en vue de faire accepter la légitimité d'une intervention militaire contre l'Irak au Conseil de sécurité, les recherches infructueuses pour trouver les preuves de la production d'armements de destruction massive et les difficultés rencontrées par les forces militaires américaines lors de l'occupation de ce pays ont démontré les limites de la puissance américaine, même dans un système unipolaire.

Les dirigeants américains ont commis des erreurs de perception, à la fois de la réalité irakienne et des contraintes du système international, et qui les ont amenés à prendre des mesures aux conséquences négatives lourdes pour la puissance relative des États-Unis. Certes, ils demeurent l'unique superpuissance, mais l'unipolarité n'est plus ce qu'elle était. Avec les insuccès de la guerre en Irak et les problèmes pour vaincre les Talibans en Afghanistan, la prétention selon laquelle les États-Unis pouvaient mener la guerre sur deux fronts en même temps est sérieusement mise en doute. Le prestige des États-Unis a reçu un coup qui a affaibli sa capacité d'imposer sa volonté sur le système international, et donc sa puissance relative. La montée fulgurante de la Chine, l'émergence du groupe dit BRIC (Brésil, Russie, Inde et Chine), les défis de l'Iran aux pays occidentaux sur la question du développement du nucléaire, la création de l'UNASUR (Union des nations de l'Amérique du Sud), qui exclut délibérément toute présence étatsunienne, représentent autant de signes du déclin de la puissance relative des États-Unis.

Les concepts clés du réalisme néoclassique

Anarchie : Terme utilisé pour indiquer une absence d'autorité centrale, et s'applique à la nature du système international. Chez les réalistes néoclassiques, l'anarchie est avant tout l'environnement – donc une condition permissive et non pas une force causale – dans lequel vivent les États.

Équilibre des puissances : Une situation où aucun État ou alliance d'États ne se trouve dans une position de domination par rapport aux autres. Un équilibre des puissances peut être global ou régional. Pour les réalistes néoclassiques, contrairement aux néoréalistes, l'équilibre des puissances régional ou global est un choix de politique étrangère, non pas une tendance inhérente au système international.

État : Acteur principal du système international contemporain. À la différence des néoréalistes, les réalistes néoclassiques ne considèrent pas que les États constituent des unités identiques. L'État jouit d'une certaine autonomie par rapport à la société, et est représenté avant tout par les responsables de la formulation de sa politique étrangère et de sécurité.

Groupes de conflit : Des groupes sociaux créés en vue de protéger leurs membres et qui sont toujours en situation de concurrence, et donc de conflit potentiel, avec des groupes semblables. Pour les réalistes néoclassiques, les acteurs principaux du système international ont toujours été des groupes de conflits occupant ou contrôlant un territoire. Les groupes de conflit du système international contemporain sont les États.

Intérêt national : Selon les réalistes néoclassiques, les intérêts nationaux ne sont pas une donnée fixe. Il s'agit des objectifs primordiaux poursuivis par un État pour assurer sa place dans le système international et sont définis par ses dirigeants.

Perception : La perception des dirigeants de la puissance relative de leur État et un des facteurs internes fondamentaux qui contribue à l'élaboration de la politique étrangère.

Puissance : Comme tous les réalistes, les réalistes néoclassiques acceptent que les relations entre les acteurs internationaux sont avant tout des rapports de puissance. Toutefois, il s'agit d'un concept relationnel et relatif, qui dépend de l'évaluation des dirigeants d'un État sur la capacité (surtout matérielle) dont celui-ci dispose pour faire prévaloir ses positions et ses objectifs par rapport à d'autres acteurs internationaux.

Puissance étatique : Capacité des dirigeants d'un État d'extraire ou de mobiliser des ressources pour atteindre leurs objectifs de politique étrangère.

Rationalité : Si les réalistes néoclassiques s'entendent avec les autres réalistes sur le fait qu'agir de façon rationnelle signifie agir en fonction de ses intérêts nationaux et en vue de maximiser ses bénéfices et de minimiser ses pertes, ils ne considèrent pas que les États sont nécessairement des acteurs unitaires et rationnels.

Structure : Notion que l'on associe surtout au néoréalisme, qu'il définit par l'organisation de ses parties. Celle-ci est constituée de trois éléments : un principe ordonnateur (anarchie ou hiérarchie), la différence fonctionnelle entre les unités et la répartition des capacités matérielles entre les unités. La conception réaliste néoclassique de la structure retient ces trois caractéristiques, mais en leur donnant un sens très différent. Le principe ordonnateur devient un environnement contraignant, les unités sont différenciées, et disposent d'une certaine autonomie, et les capacités matérielles deviennent un élément fondamental de la puissance plutôt que l'expression même de la puissance d'un État.

Système international : Les réalistes néoclassiques ont adopté la définition néoréaliste du système international d'un ensemble formé d'une structure et d'unités qui réagissent réciproquement entre elles. Ils rejettent toutefois l'idée que le système international détermine seul le comportement des États.

Unité : Comme chez les néoréalistes, les réalistes néoclassiques conçoivent le système international contemporain comme un ensemble constitué d'unités fondamentales, les États, mais contrairement aux premiers, ils leur accordent une certaine autonomie d'action. Les réalistes néoclassiques ne considèrent pas les unités comme étant fonctionnellement semblables.

Le libéralisme classique

Stéphane Roussel et Dan O'Meara

> Il n'y a pas de description canonique du libéralisme (Doyle, 1986 : 1152).

Le libéralisme est une doctrine politique et économique très éclectique[1]. Dès ses débuts au XVIIᵉ siècle, il comporte des dimensions internationales, mais on ne peut parler de l'émergence de véritables théories libérales des relations internationales qu'au lendemain de la Première Guerre mondiale. L'ordre international que l'on tente alors de mettre en place s'inspire très clairement des idées libérales.

Toutefois, incapables de formuler un programme clair pour contrer la menace posée par les États révisionnistes comme l'Allemagne, le Japon et l'Italie, les idées libérales firent l'objet de critiques sévères de la part d'auteurs comme Reinhold Niebuhr (1932), E. H. Carr (1946 [1939]) et Hans Morgenthau (1946, 1973 [1948]). Cet épisode, souvent considéré comme le «premier grand débat» en théorie des Relations internationales, se serait terminé par une nette victoire des réalistes[2]. Il faut attendre les années 1970,

avec l'émergence du **transnationalisme**, et les années 1980, avec l'avènement de la théorie de la paix démocratique, pour que le libéralisme participe de nouveau aux débats théoriques en Relations internationales.

L'aspect très diffus du libéralisme reflète en grande partie la diversité des solutions que peut inspirer la philosophie libérale. Selon les variantes, les auteurs mettront l'accent sur les instruments juridiques (les droits des individus et ceux des États), les échanges et la communication, l'organisation du régime politique (qui doit être démocratique) ou encore les institutions guidant les relations entre gouvernements. Ces différents facteurs, qui peuvent eux-mêmes se décliner en un grand nombre de variables, ont donné naissance à un large éventail de courants et de théories spécifiques. Enfin, pour ajouter à la confusion, cette approche s'est vue attribuer de nombreuses étiquettes, selon le lieu et le moment (utopisme, **idéalisme**, transnationalisme, pluralisme[3], etc.), étiquettes

---

1. Le mot «approche» sera employé pour parler de l'ensemble de la constellation libérale, alors que le mot «théorie» indique les courants ou les programmes de recherche spécifiques au sein de cette approche.

2. Il convient cependant de noter que certains auteurs commencent à remettre en question cette interprétation et vont parfois même jusqu'à questionner l'existence d'un véritable débat théorique, du fait du caractère unidirectionnel et *a posteriori* de cette confrontation (voir le chapitre 2 de cet ouvrage; Wæver 1997: 9-10).

3. Selon Richard Little (1996: 68), le terme «pluralisme» est une des plus récentes étiquettes employées pour décrire le camp libéral et a d'ailleurs été développé par les tenants d'autres écoles en Relations internationales à des fins «pédagogiques», pour clairement différencier les libéraux des deux autres écoles de la fin des années 1970: le réalisme et le marxisme.

qui, dans d'autres contextes, servent à désigner des courants ou des théories spécifiques.

Une autre source de confusion réside dans l'évolution récente de certaines variantes du libéralisme. Ainsi, s'il est indiscutable que la théorie institutionnaliste *néo*libérale puise ses origines dans le libéralisme (origine dont des traces subsistent), elle a graduellement adopté, au cours des années 1980, certains postulats plus près du réalisme que du libéralisme, si bien qu'elle peut difficilement être considérée aujourd'hui comme une variante de ce dernier. Le néolibéralisme fera donc l'objet d'un chapitre distinct dans cet ouvrage.

Ce chapitre vise d'abord à identifier les contours et le contenu de cette constellation d'apparence très diffuse. Après avoir tracé un bref historique de l'émergence de la théorie libérale, nous chercherons à identifier les postulats les plus répandus parmi les théories dites libérales. Par la suite, nous décrirons les principales variantes du libéralisme en Relations internationales. Enfin, nous verrons comment deux des principales théories libérales, soit la paix démocratique et le libéralisme « non idéologique », ont évolué à travers les débats théoriques depuis les années 1980; alors que quelques figures prédominantes du transnationalisme ont finalement rejoint le camp des néolibéraux, certains tenants de la paix démocratique ont trouvé dans le constructivisme un second souffle théorique.

1. Historique

Les racines de la conception libérale des relations internationales remontent au XVIIe siècle. Elles se voient surtout dans la réflexion de plusieurs penseurs européens sur la société qui émergeait de la dissolution du féodalisme, de la Réforme et des guerres provoquées par les monarchies absolues. Préoccupés par la nécessité de restreindre le pouvoir absolu et par le besoin d'établir les conditions de la liberté individuelle qui vont favoriser le progrès, ces penseurs ont jeté les quatre axes principaux qui distinguent la vision libérale des rapports extraterritoriaux – la primauté du droit international, la constitution politique, la méthode scientifique et l'organisation capitaliste de l'économie.

1.1 Le droit international

Le juriste néerlandais Hugo Grotius (1583-1645) va laïciser la conception médiévale du droit naturel en insistant sur le fait que ses **normes** ne sont pas issues directement de la volonté de Dieu mais émanent du caractère sociable de l'Homme. Théoricien de la « guerre juste », Grotius va ajouter une nouvelle forme du droit à celle du droit naturel. Selon son concept du « droit des gens » (*iuris gentium* – parfois traduit comme « droit des nations »), les États et les princes sont tous soumis aux mêmes règles de conduite dans leurs relations réciproques. Autrement dit, ce n'est pas un état de nature (l'**anarchie** pure) qui règne entre les États souverains (comme le prétend Hobbes, par exemple), mais plutôt un système de droit qui limite la liberté des États d'aller en guerre et qui dicte également les règles de conduite lors de l'éclatement d'une guerre « juste ».

Le philosophe anglais, John Locke (1637-1704) souligne la nature double du droit des gens – à la fois un droit positif entre les États et une perspective éthique à réaliser dans les rapports entre les **sociétés civiles**. Sa conception est reprise par le philosophe français Montesquieu (1689-1755). En 1789, le penseur anglais Jeremy Bentham (1748-1832) va créer un nouveau concept, celui du *droit international*, comme une jurisprudence pour régler les rapports entre les États (Bentham, 1962 [1789]).

Pour sa part, le philosophe allemand, Emmanuel Kant (1724-1804) refuse que le droit des rapports entre les peuples soit limité aux États, ce qui signifierait que les relations entre les peuples disparaissent en tant que catégorie juridique. Kant propose donc d'ajouter au droit des gens une nouvelle forme de droit attachée aux individus, le *droit cosmopolitique*. En effet, chacun des trois « articles définitifs » de son projet de paix perpétuelle correspond à l'un des « niveaux » juridiques nécessaires à sa construction : droit public, droit des gens et le droit cosmopolitique (voir l'encadré 7.1).

Encadré 7.1 Les trois articles définitifs du *Projet de paix perpétuelle* de Kant

La pensée de Kant s'inscrit dans la ligne hobbesienne, du moins au sens où, pour Kant, l'état de nature est «un état de guerre, sinon toujours une ouverture d'hostilités cependant une menace permanente d'hostilités» (2002 [1795]: 27). Néanmoins, Kant postule que ce qui distingue l'Homme des bêtes et qui le rend apte à déterminer en quoi consiste la bonne conduite tant au niveau pratique qu'au niveau éthique est la *raison*. Alors, l'empêchement principal à l'établissement de la paix n'est pas le caractère belliqueux de l'Homme mais plutôt le fait qu'il ne se sert pas de la raison devant les situations potentiellement conflictuelles. Selon Kant, la raison se réalise dans *le droit*. Son projet pour la paix perpétuelle repose sur l'idée que l'état de paix entre les hommes «doit donc être *institué*» (27. Souligné dans l'original). Pour Kant, les hommes sont devant le devoir éthique de réaliser la paix conformément à la raison. La paix perpétuelle se fondera sur trois conditions :

1. «*Dans tout État la constitution civile doit être républicaine*» (27-41): «Or, la constitution républicaine, outre la limpidité de son origine puisqu'elle est issue de la source pure qu'est la notion de droit, présente encore la perspective de la conséquence que nous désirons, à savoir la paix perpétuelle; en voici la raison. Si (et il ne peut en être autrement dans cette constitution) l'assentiment des citoyens est exigé pour décider s'il y aura ou non la guerre, il sera tout naturel que, du moment qu'il leur faudrait décider de supporter tous les maux de la guerre [...] ils réfléchiront mûrement avant d'entreprendre un jeu aussi pernicieux; tandis qu'au contraire dans une constitution où le sujet n'est pas républicain, la guerre est la chose du monde qui demande le moins de réflexion, parce que le souverain n'est pas membre, mais possesseur de l'État et que la guerre ne lui cause pas le moindre dommage [...] il peut donc la décider pour des causes futiles comme une sorte de partie de plaisir» (35).

2. «*Les droits des gens doivent être fondés sur un fédéralisme d'États libres*» (43-53): «Des États en relations réciproques ne peuvent sortir de l'état anarchique, qui n'est autre chose que la guerre, d'aucune autre manière rationnelle qu'en renonçant, comme des particuliers, à leur liberté barbare (anarchique), en se soumettant à des lois publiques de contrainte, formant ainsi un *État des nations (civitas gentium)* qui (s'accroissant, il est vrai, constamment) engloberait finalement tous les peuples de la terre» (51. Souligné dans l'original).

3. «*Le* droit cosmopolitique *doit se restreindre aux conditions d'une* hospitalité *universelle*» (55-61): «Comme dans les articles précédents, il est ici question non pas de philanthropie, mais du *droit*. *Hospitalité* signifie donc le droit qu'a l'étranger, à son arrivée dans le territoire d'autrui, de ne pas y être traité en ennemi [...] le droit qu'a tout homme de se proposer comme membre de la société, en vertu du droit de commune possession de la surface de la terre sur laquelle, en tant que sphérique, ils ne peuvent se disperser à l'infini; il faut donc qu'ils se supportent les uns à côté des autres, personne n'ayant originairement le droit de se trouver à un endroit de la terre plutôt qu'à un autre (55. Souligné dans l'original). «Or, les relations (plus ou moins étroites ou larges) prévalant désormais communément entre les peuples de la terre, en sont au point qu'une violation du droit en *un seul* lieu est ressenti *partout* ailleurs, il s'ensuit que l'idée d'un droit cosmopolitique n'apparaît plus comme une manière chimérique et exagérée de concevoir le droit, mais comme un complément nécessaire au code non écrit du droit public et du droit du gens, afin de réaliser le droit public de l'humanité en général et par la suite la paix perpétuelle dont on peut se flatter de se rapprocher sans cesse qu'à cette condition» (61. Souligné dans l'original).

1.2 La constitution politique

La conception libérale de la constitution politique est en rupture avec la vision hobbesienne du contrat social. Selon le philosophe par excellence tant de la deuxième révolution anglaise que de la révolution américaine John Locke, pour qu'un gouvernement soit légitime, son pouvoir doit reposer sur deux conditions : 1) qu'il obtienne le consentement de ceux qu'il gouverne ; 2) qu'il protège les trois droits inhérents (*natural rights*) de chaque **individu** – soit sa vie, sa liberté et sa propriété.

Inspiré par la révolution française, Kant insiste dans son *Projet de la paix perpétuelle* sur le fait que la seule forme du gouvernement qui correspond à la raison et qui serait en mesure de contraindre la nature belliqueuse de l'Homme est celle d'une république. Selon lui, une fédération des républiques est également essentielle pour bâtir la paix perpétuelle.

Ces trois articles de Kant demeurent le noyau dur de la vision libérale des relations internationales (voir l'encadré 7.1).

1.3 La méthode scientifique

Les grands penseurs qui ont contribué à l'émergence de la pensée libérale ont tous eu le souci d'établir un mode de réflexion fondé sur la raison. Cependant, l'œuvre de la plupart d'entre eux repose sur la spéculation quant à la nature humaine. Ce n'est qu'avec l'apparition, en 1740, du *Traité de la nature humaine* du philosophe écossais David Hume que le libéralisme s'est doté de sa propre épistémologie, celle de l'*empirisme* (voir le chapitre 1).

La grande rupture qu'effectua Hume dans la pensée libérale est d'avoir insisté sur le fait que toute connaissance se fonde sur l'expérience des sens. Ce n'est qu'à travers l'observation et l'expérience que nous pouvons prétendre connaître le monde. L'importance de cette notion pour l'élaboration de la méthode expérimentale est évidente. Ce qui distingue la variante libérale d'autres formes d'empirisme est une notion qui remonte à Locke et qui sera élaborée par la suite dans la pensée économique libérale, l'idée que l'expérience et les intérêts des propriétaires se confondent avec ceux de l'humanité entière.

1.4 L'organisation capitaliste de l'économie

Une grande transformation de la pensée économique s'est produite dans les cent ans qui ont séparé la deuxième révolution anglaise (1688) de la révolution française (1789). Malgré sa vision de la primauté que la nature humaine accorde à la propriété privée, la conception économique de Locke demeure plus mercantiliste que capitaliste[4] – d'où l'importance pri-

mordiale qu'il accorde à la nécessité de constituer un empire afin qu'une nation s'enrichisse. Cette vision a été incorporée dans la politique des deux républiques célébrées par Kant comme l'incarnation de la constitution politique nécessaire à la construction de la paix perpétuelle – les États-Unis et la France. Mais c'est au cours de l'année même de la *Déclaration de l'indépendance américaine*, 1776, qu'est apparu l'ouvrage qui va sous-tendre toute vision économique libérale – *Recherche sur la nature et les causes de la richesse des nations* de l'économiste écossais Adam Smith (1723-1790).

L'ouvrage de Smith se classe parmi les plus influents jamais publiés, et est original sur au moins cinq points. Premièrement, Smith a transformé l'économie politique en science économique : il est le premier à avoir théorisé l'économie comme ayant une dynamique propre et autonome, totalement séparée de la politique et de la société. Deuxièmement, Smith a refusé toute notion d'échange inégal en insistant sur la liberté et l'égalité de tout individu devant le marché. Ainsi, pour lui, le marché libre est l'institution sociale qui incarne et qui garantit la liberté. Smith défend l'idée que la poursuite de l'intérêt privé par chaque individu aboutit, par l'entremise d'une « main invisible », au bien-être de tous. Cela implique, quatrièmement, que désormais la réalisation du bonheur passe par le marché plutôt qu'à travers la pratique de la citoyenneté (comme le prétendent Rousseau et Kant). Cinquièmement, la raison pure vantée par les philosophes des Lumières devient, chez Smith, la **rationalité** instrumentale, et l'empirisme d'Hume s'est transformé en épistémologie *rationaliste* (voir le chapitre 1). La pensée de Smith marque alors le moment clé dans la dépolitisation et la naturalisation du discours libéral.

2. Les postulats libéraux

L'élément central qui unit l'ensemble des théories dites « libérales » est une volonté d'appliquer aux relations internationales les principes inspirés de la philosophie du même nom, qui guident les rapports politiques, économiques et sociaux entre individus vivant au sein d'États libéraux (Doyle, 1997 : 207 ;

---

4. Deux principes distinguent la pensée économique des mercantilistes de celle des capitalistes. D'abord, le mercantilisme estime que le stock total des richesses du monde est limité et, donc, que la seule façon de s'enrichir est de profiter d'un système d'échange inégal des biens. Par contre, la théorie capitaliste insiste sur la possibilité de l'accumulation à l'infini de la richesse à travers le réinvestissement de profits (voir le chapitre 21). Ensuite, les théories mercantilistes soutiennent que la politique économique de l'État vise le maintien d'un certain niveau de bien-être de tous les membres de sa nation.

Battistella, 2006 : 155). Parmi ces principes figurent la liberté, la démocratie représentative, la primauté du droit (et en particulier des droits individuels), la propriété privée, la libre compétition économique et le règlement pacifique des différends, souvent par l'entremise d'institutions. La transposition de ces principes au niveau international est considérée comme la solution à une grande variété de problèmes, dont ceux de la guerre, de la pauvreté et de l'oppression. Au-delà de cette conformité avec les valeurs et les principes de la philosophie libérale, il est possible d'identifier un ensemble de postulats ontologiques et épistémologiques autour desquels gravite la constellation des théories libérales en Relations internationales, et surtout ses plus récentes incarnations, formulées depuis les années 1970. Cette liste s'avère cependant plus un idéal-type qu'un critère absolu, puisqu'aucune de ces théories libérales n'adhère parfaitement à l'ensemble de ces postulats. Il est peut-être plus juste de dire qu'une théorie peut être qualifiée de « libérale » lorsqu'elle respecte une *majorité* de ces postulats.

2.1 Ontologie

Pour les libéraux, le système international est anarchique, mais ce trait contribue à masquer l'existence d'une communauté humaine sous-jacente. Ils reconnaissent que la société internationale est composée d'États souverains égoïstes et que cette situation entraîne des conséquences parfois catastrophiques, comme la guerre et l'absence de **coopération**. Ces problèmes découlent principalement du choc des intérêts particuliers des acteurs, choc que rien ne vient atténuer dans cet environnement anarchique. Les libéraux estiment toutefois que la division du monde en entités souveraines fait oublier certaines aspirations que partagent tous les êtres humains, telles que la quête de paix et de prospérité.

Ce postulat de la « communauté humaine » a plusieurs corollaires, dont deux méritent d'être signalés ici. Premièrement, les solutions aux problèmes posés par l'anarchie doivent être fondées sur les éléments qui soudent cette communauté humaine. Par exemple, les libéraux estiment que les êtres humains sont collectivement raisonnables et donc qu'ils aspi-

rent à la paix. Un ordre international établi sur les principes démocratiques (primauté du droit, respect des droits humains et égalité des citoyens devant la loi) serait plus pacifique, car il refléterait la volonté de la majorité. De même, les libéraux postulent que les humains aspirent à la prospérité et au bien-être. Le commerce, qui répond à ces besoins, est ainsi perçu comme un moyen de réduire les risques de guerre, puisqu'il tisse des liens d'interdépendance entre les nations. Deuxièmement, l'idée de communauté humaine est à l'origine du caractère universel des propositions libérales. Ainsi, la démocratie et le libre-échange sont considérés comme des formes d'organisation qui sont valables pour toutes les sociétés, sans égard à leurs particularités culturelles ou sociales.

Conformément aux principes de la philosophie libérale classique, qui place l'individu (le citoyen) au centre de ses préoccupations, l'ontologie des théories libérales se fonde d'abord sur la prédominance de l'individu comme sujet des relations internationales. Toutefois, il est relativement rare que cet acteur joue un rôle déterminant dans les rapports internationaux. Il faut plutôt chercher du côté des groupes qui *représentent* les intérêts des citoyens, que ce soit les acteurs sociaux ou privés, les organisations transnationales ou encore les gouvernements nationaux et les organisations internationales. Contrairement aux réalistes et aux néolibéraux, qui adoptent une position résolument stato-centrée, les libéraux considèrent qu'il existe une pluralité d'acteurs qui participent aux relations internationales (Zacher et Matthew, 1994 : 118 ; Moravcsik, 1997 : 516-517 ; Battistella, 2006 : 175-178).

Le corollaire du postulat précédent est que les dynamiques de la *politique intérieure* jouent un rôle central dans la formulation des **préférences** et des objectifs de l'État. Dans un État démocratique, les politiques adoptées, y compris en politique étrangère, reflètent les intérêts de la majorité, ou du moins un compromis entre les diverses parties intéressées (Moravcsik, 1997 : 518-520). Toutefois, cette prédominance ne signifie pas que la politique intérieure soit la seule source des politiques ; la **société civile** étant exposée aux flux transnationaux, l'État l'est également. De même, les institutions internationales contribuent au façonnement des préférences de l'État au sens où le respect des normes, des principes et des règles de ces institutions constitue autant de balises au comportement des gouvernements (Moravcsik, 1997 : 520-524). Ce comportement est donc déterminé par une combinaison de facteurs internes et externes.

À l'inverse des réalistes, pour qui les intérêts des États s'articulent autour de leur instinct de survie, les libéraux affirment que la diversité et la fluidité des rapports politiques ne permettent pas d'établir une hiérarchie définitive parmi les *intérêts* de la multitude d'acteurs politiques qui contribuent à la prise de décision (Krasner, 1996 : 110). De plus, les préférences évoluent également avec le temps. Toutefois, cette conception pluraliste des intérêts demeure relative, dans la mesure où les libéraux estiment que les intérêts des acteurs s'articulent généralement autour des aspirations attribuées à la philosophie libérale : paix, prospérité et bien-être. Ils reconnaissent cependant que des acteurs puissent dévier de cette philosophie et refuser d'agir en fonction des principes du libéralisme. Ces comportements déviants sont alors source de tensions et de conflits.

Même si les préférences et les intérêts ne sont pas fixes ou dictés par la rationalité, les libéraux postulent que les acteurs adoptent un comportement rationnel dans la poursuite de leurs objectifs. Leur comportement est ainsi déterminé par un calcul des coûts et des bénéfices de chacune des actions possibles, dans le but de maximiser leurs gains.

2.2 Épistémologie

Le libéralisme est une philosophie résolument optimiste. Il repose sur une conception *progressiste* de l'Histoire, puisqu'il se fonde sur le postulat que l'humanité, ayant la capacité de comprendre son environnement grâce à la raison et d'apprendre de ses erreurs, évolue vers un avenir meilleur, au fur et à mesure que sont appliqués les préceptes libéraux (Puchala, 2003 : 189-213). La croissance du nombre de démocraties et d'organisations internationales ou encore la multiplication des échanges sont autant de facteurs favo-

risant une paix globale qui représentent des exemples d'indicateurs de ce progrès. Même s'ils admettent que l'humanité traverse parfois des périodes de régression temporaires, ils estiment que, dans l'ensemble, elle évolue sur la voie du progrès. Cette vision de l'Histoire, qui tranche avec les conceptions cycliques ou relativistes, explique pourquoi certains auteurs vont jusqu'à annoncer que le triomphe du libéralisme à l'issue de la guerre froide marque la « fin de l'Histoire » (Fukuyama, 1992).

Ce postulat est un héritage lointain de la grande confiance que les penseurs à l'origine de cette approche, comme Kant ou Rousseau, plaçaient dans la nature humaine, qu'ils estimaient fondamentalement bonne et animée d'une raison suffisamment forte pour supplanter les passions destructrices. Il est également le résultat de leur foi en les progrès scientifiques et technologiques, qui améliorent la condition humaine (Zacher et Matthew, 1994 : 109-110, 117).

Traditionnellement, les penseurs libéraux ont eu tendance à s'appuyer sur une épistémologie rationaliste, c'est-à-dire qu'ils procédaient à une réflexion sur le monde fondée sur une série de principes *a priori*, par exemple les trois « articles définitifs » du *Projet de paix perpétuelle* de Kant, principes qui se retrouvent à la base de plusieurs versions de libéralisme en Relations internationales (voir l'encadré 7.1).

Par contre, les libéraux contemporains, du moins aux États-Unis, tendent à avoir recours à une épistémologie *empiriste*, fondée exclusivement sur l'observation et l'expérience. Très souvent, ils adoptent une démarche scientifique inspirée du positivisme. Ils croient en une vision unifiée de la science, c'est-à-dire que le monde social peut être étudié à l'aide de méthodes semblables à celles utilisées en sciences naturelles. Ils cherchent à expliquer les phénomènes politiques par des relations de cause à effet mesurables et à l'aide d'indicateurs clairement observables et quantifiables. Ils souhaitent en tirer des généralisations pouvant décrire et prédire objectivement les relations internationales. Ils demeurent donc cohérents avec eux-mêmes dans la mesure où la raison est à la fois conçue comme un facteur expliquant les motivations des acteurs et un moyen privilégié pour accéder à la connaissance.

Ce recours au positivisme s'est voulu en bonne partie une réponse aux critiques formulées, tout au long du XXᵉ siècle, par les réalistes contre leur vision optimiste. En fait, le déplacement épistémologique des libéraux (et des néolibéraux) vers un positivisme de plus en plus proche de celui prôné par les néoréalistes a incité certains de leurs critiques à désigner toutes ces approches sous l'étiquette de « néo-utilitarisme » (Ruggie, 1998 : 9-11), au sens où les acteurs agissent uniquement en fonction de la raison instrumentale et non pas dans le sens strictement épistémologique du mot « rationalisme ».

2.3 Les dimensions normatives

Sur le plan normatif, les projets libéraux sont plus ambitieux que ceux des réalistes, mais demeurent moins radicaux que ceux qui peuvent être associés au marxisme ou aux approches critiques. Les réalistes estiment généralement qu'il est impossible de changer la nature des relations internationales dans un avenir prévisible, si bien que leur apport normatif est conservateur et prudent, et vise avant tout à assurer la stabilité du système international et à réduire l'incidence et les conséquences des conflits. Les approches critiques, pour leur part, estiment que des changements sont souhaitables et possibles, mais nécessitent une transformation radicale des fondements de l'ordre international.

Pour les libéraux, qui croient aussi à la possibilité de résoudre les problèmes qui affectent le système international, comme la guerre ou la pauvreté, ce sont des réformes, et non des révolutions, qui doivent présider à l'évolution de l'humanité. Les théories libérales sont ainsi explicitement normatives, au sens où elles offrent un programme d'action relativement bien défini pour mener ces réformes.

Comme nous le verrons plus loin, les réformes proposées par les libéraux varient selon les théories, mais sont généralement complémentaires ou, à tout le moins, compatibles. Ces dimensions normatives sont déjà très présentes dans les premiers travaux des fondateurs du libéralisme.

Toutefois, cette dimension normative si présente s'est parfois avérée un boulet pour ceux qui voient dans le libéralisme les fondements d'un modèle explicatif. Ainsi, pour asseoir leur crédibilité, certains libéraux ont tenté de se débarrasser des étiquettes « idéaliste » ou « utopiste » que leur attribuaient leurs rivaux depuis les années 1930. Ainsi, la synthèse proposée par Moravcsik (décrite plus loin) – peut-être la plus en vue de celles élaborées récemment – commence d'abord par un plaidoyer en faveur d'une formulation « non idéologique » et « non utopique » du libéralisme (1997 : 513-514).

En somme, le libéralisme est partagé entre des fondements philosophiques foncièrement normatifs et le désir de certains de ses défenseurs contemporains de développer un programme de recherche plus rigoureux, plus « scientifique ». L'éclectisme qui en découle a amené le développement de plusieurs théories libérales dont les formes et les tendances témoignent de la diversité et de l'hétérogénéité de l'approche libérale.

3. Les principaux courants libéraux

En dépit de quelques tentatives de synthèse sur lesquelles nous reviendrons plus loin, il n'existe pas « une » théorie libérale à proprement parler, mais bien plusieurs, toutes fondées sur ces postulats ou sur une majorité d'entre eux. En fait, chaque théorie met l'accent sur un facteur différent (les échanges, le type de régime politique, etc.), sans toutefois écarter les autres. En simplifiant, il est possible d'identifier quelques courants, qui eux-mêmes se subdivisent en théories spécifiques. Six de ces courants, qui recoupent ceux fréquemment mentionnés dans la documentation (Keohane, 1990b ; Zacher et Matthew, 1994 : Doyle, 1997 ; Moravcsik, 1997 ; Battistella, 2006)[5], seront évoqués ici : l'institutionnalisme, le fonctionnalisme, le républicanisme, l'internationalisme libéral, le pacifisme commercial et le transnationalisme.

3.1 Le courant institutionnaliste

Fondé sur les réflexions d'auteurs classiques tels que Locke et Bentham, ce courant repose sur l'idée que

---

5. Cette classification ne fait pas l'unanimité. On la comparera avec celle de Dunne (2005).

les comportements déviants et les imperfections de la société internationale peuvent être corrigés par des mécanismes de régulation institutionnalisés (Doyle, 1997 : 213-229). Cette logique mènera d'abord à l'élaboration de propositions visant à établir un droit international effectif. Avant même la Première Guerre mondiale, ceux que l'on nommait alors les « idéalistes » pousseront l'idée plus loin, en proposant la création d'institutions internationales dotées de pouvoirs de coercition (par exemple, le principe de **sécurité collective** devait remplacer la diplomatie secrète et le système de l'équilibre des puissances) (Burchill et Linklater, 2005 : 7 ; Zacher et Matthew, 1994 : 115), voire d'un gouvernement mondial (Suganami, 1980). Par la suite, ce courant donnera lieu à la naissance d'une série de théories dont l'objet ne sera pas seulement de mettre un terme au problème de la guerre, mais aussi de favoriser la coopération et de réguler l'ensemble des rapports internationaux. Sur le plan pratique, ces idées ont contribué à la création d'organisations internationales, en particulier celles chargées de mettre en œuvre le principe de sécurité collective, comme la Société des Nations (SDN – 1920-1946) et les Nations unies (ONU – 1945).

Le courant institutionnaliste peut être associé au droit international, bien que le libéralisme soit loin d'être la seule source d'inspiration de celui-ci. Toutefois, les institutionnalistes se sont intéressés surtout à la structure, au fonctionnement et aux rôles des organisations internationales ainsi qu'à leur impact sur le comportement des États, et donc à leur contribution à la coopération internationale.

Le libéralisme institutionnel est surtout connu pour être à la source d'une succession de théories qui, entre les années 1940 et 1980, ont porté sur la coopération institutionnalisée, telles que le **fonctionnalisme** et le **néofonctionnalisme**. Ces théories influenceront les premières phases du processus d'intégration européenne, lequel les inspirera à son tour (Pentland, 1990 ; Smouts, 1987).

3.2 Le fonctionnalisme et le néofonctionnalisme

La version la plus élaborée de la théorie fonctionnaliste des relations internationales a vu le jour pendant la Deuxième Guerre mondiale (Groom et Taylor, 1975). Selon le « Plan pour la paix soutenable » proposé par le Britannique d'origine roumaine David Mitrany (1888-1975), faute de l'élimination des frontières politiques par la force, la seule façon de prévenir l'éclatement de la guerre serait la surimposition d'une « toile » de plus en plus répandue d'activités et d'agences internationales à travers lesquelles les nations du monde seraient graduellement incorporées et intégrées (Mitrany, 1943). En commençant avec la coordination des activités d'institutions qui exercent les fonctions semblables (par exemple dans le domaine du transport), une démarche en quatre étapes devrait aboutir à la mise en place d'une autorité politique d'envergure mondiale pour superviser cette « toile » d'institutions fonctionnelles.

Fondé sur la présomption de la logique intégrante des fonctions sociales, le plan de Mitrany restait largement abstrait. Cependant, sa conviction que la fonctionnalité serait déterminante dans les rapports d'après-guerre va trouver écho dans la politique étrangère du Canada pendant les années 1940[6]. Le fonctionnalisme a également contribué au climat intellectuel dans lequel la coopération européenne a pris son essor au début des années 1950.

Mais le contraire s'est produit aux États-Unis. L'avènement de la guerre froide ainsi que la dénonciation réaliste des idées libérales, qui aurait créé un climat de « capitulation » devant l'agression allemande, mettaient les libéraux américains sur la défensive. Abandonnant la théorie normative, la grande majorité d'entre eux ont effectué un virage vers la « science » et les études purement empiristes.

Une série d'études portant sur le processus d'intégration européenne dans les années 1950 et 1960 ont donné naissance à l'approche dite néofonctionnaliste.

---

6. Le premier ministre canadien William Lyon Mackenzie King (1874-1950), voulait que les institutions internationales de l'après-guerre soient bâties sur des fondements fonctionnels. Comme le Canada était le principal fournisseur d'une gamme importante de matières premières aux Alliés, cette interprétation canadienne du fonctionnalisme est considérée par certains comme le précurseur de la thèse de la puissance moyenne (Miller, 1980 ; Simpson, 1999 : 78-80).

Telle qu'elle fut systématisée par Ernst Haas (1958, 1964 et 1967), cette approche s'est penchée surtout sur la notion d'«effet de débordement» (*spill-over effect*) ou «d'effet d'entraînement» (*knock-on effect*). Empruntées de la pensée de l'économiste anglais John Maynard Keynes, ces notions affirment que la coopération dans un domaine entraînerait inévitablement des effets qui renforcent la coopération dans d'autres domaines. Le développement de la coopération amènerait un renforcement de la représentation des intérêts au niveau supranational, ce qui aurait pour conséquence, à terme, le transfert progressif des compétences du niveau national au niveau supranational. Les néofonctionnalistes estimèrent que la dynamique de l'intégration européenne en viendrait à échapper aux États.

Hass, la figure de proue du néofonctionnalisme, fut le professeur de deux jeunes libéraux, Robert O. Keohane et Joseph S. Nye. Tout comme leur maître, vers la fin des années 1960, Keohane et Nye vont constater l'échec apparent de plusieurs projets d'intégration internationale (Nye, 1970). Ils se lancent par la suite dans la grande tâche de mettre à jour la théorie libérale des relations internationales, ce qui va donner lieu d'abord au transnationalisme, puis à l'institutionnalisme néolibéral.

3.3 Le républicanisme

Le courant républicain de la pensée libérale en relations internationales repose sur le premier «article définitif» du modèle de la paix perpétuelle proposé par Kant, et selon lequel les institutions républicaines (l'équivalent actuel des démocraties libérales) constituent une solution au problème de la guerre. Ces institutions garantissent que les décisions du gouvernement reflètent la volonté de la majorité de la population, considérée comme intrinsèquement raisonnable et pacifique. Les électeurs n'ont, en effet, pas intérêt à élire un gouvernement qui mettra leur sécurité et leurs biens en péril. Ce faisant, Kant rompt avec la vision traditionnelle des États, agissant de façon unitaire comme un individu et personnifiés par le souverain.

Selon Kant, les «républiques», en se reconnaissant mutuellement comme légitimes, tendent à se regrouper au sein d'une fédération et à renoncer à la guerre entre elles. La promotion de la démocratie dans le monde devrait donc pacifier les relations internationales. C'est toutefois l'existence de régimes non démocratiques qui peut s'avérer source de conflits internationaux. Longtemps négligées, ces idées sont à l'origine de la théorie contemporaine de la «paix démocratique» examinée en détail plus loin.

3.4 L'internationalisme libéral

Même si les idées de l'internationalisme libéral ont été développées par des penseurs et des universitaires au cours de l'entre-deux-guerres, ce sont surtout les Quatorze points d'un nouvel ordre mondial proposés par le président Wilson pendant la Première Guerre mondiale qui, du moins dans l'esprit populaire, constituent les bases du courant fondateur de l'approche libérale contemporaine en Relations internationales. Dans un discours prononcé devant le Sénat américain en janvier 1918, Woodrow Wilson proposait notamment les cinq principes suivants qui devaient guider les relations entre États dans l'après-guerre :

- des conventions de paix publiques, ouvertement conclues après lesquelles il n'y aura pas d'accords internationaux privés d'aucune sorte, mais une diplomatie qui agira toujours franchement à la vue de tous ;

- une liberté absolue de navigation sur les mers en dehors des eaux territoriales, aussi bien en temps de paix qu'en temps de guerre ;

- la suppression, dans la mesure du possible, de toutes les barrières économiques ; établissement de conditions commerciales égales entre toutes les nations consentant à la paix et s'associant pour le maintenir ;

- des garanties que la quantité des armements nationaux sera réduite à celle absolument nécessaire pour assurer la sécurité du pays ;

- une association générale des nations devant être formée d'après des conventions spéciales, dans le but de fournir des garanties mutuelles d'indépendance politique et d'intégrité territoriale aux grands comme aux petits États.

À partir de ces cinq principes, on voit bien l'essentiel d'un nouvel ordre mondial qui aurait corrigé les tares de l'ancien : diplomatie ouverte et transparente, liberté de navigation et de commerce, une politique d'armement strictement défensive, autodétermination et création d'une institution internationale, composée d'États. D'autres présidents américains épouseront la vision wilsonnienne des relations internationales (Mead, 2002), comme Franklin D. Roosevelt (qui, en janvier 1941, énonce les quatre grandes libertés auxquelles aspirent les êtres humains et dont les idées inspirent la Charte de l'Atlantique quelques mois plus tard) et Bill Clinton (dont le discours sur l'État de l'Union de janvier 1994 place la démocratie au cœur de l'ordre international). La « Doctrine de la communauté internationale » du premier ministre britannique Tony Blair est le manifeste le plus récent et le plus éloquent de ce courant (Blair, 1999).

3.5 Le pacifisme commercial

Ce courant est basé sur l'hypothèse, largement répandue chez les économistes libéraux tels qu'Adam Smith, Richard Cobden (1804-1865), John Hobson (1858-1940) et Joseph Schumpeter (1883-1950), selon laquelle le commerce (et surtout le libre-échange entre les nations) est non seulement un facteur de prospérité et de bien-être, mais également de paix. Deux lignes argumentaires appuient cette conclusion. D'une part, plusieurs auteurs ont repris les idées de Montesquieu et Kant sur l'effet pacificateur du commerce. En favorisant les échanges commerciaux entre les nations, des liens étroits se tissent entre celles-ci. Les occasions de bénéficier mutuellement de ces échanges sont donc multipliées et les coûts associés à la guerre le sont tout autant. Les divisions entre les États s'estompent au fur et à mesure que l'économie libérale mondiale se développe. En 1910, Norman Angell, dans un pamphlet anti-guerre qui lui valut le prix Nobel de la Paix en 1933, insiste sur la futilité et l'irrationalité de la guerre dans un contexte où la production industrielle et les échanges peuvent satisfaire aux besoins de l'humanité bien plus que n'importe quelle politique de conquête, et où le coût des appareils militaires devient prohibitif (Angell, 1910 ; Mueller, 1989 : 27-29). Plus récemment, certains se sont inspirés de ce type de raisonnement pour affirmer que l'État marchand était en train de remplacer l'État guerrier (Rosecrance, 1986).

D'autre part, l'interdépendance économique, qui est souvent perçue comme une conséquence d'échanges économiques soutenus, constitue à son tour un facteur de paix. Les États commerçants n'auraient, en effet, aucun intérêt à entrer en guerre avec les sociétés dont les circuits commerciaux, financiers et de production sont étroitement imbriqués aux leurs, puisque c'est l'économie de chacun des partenaires qui s'en ressentirait. Le libre-échange, qui est une politique pouvant hâter ou renforcer l'émergence d'une telle situation d'interdépendance, est de ce fait considéré comme un moyen efficace de favoriser la paix.

Toutefois, certains, comme Hobson, insistent sur la nécessité d'encadrer ces rapports par des institutions, une position qu'ils partagent avec les institutionnalistes (Battistella, 2006 : 167-168). Bien que controversée (Barbieri, 2002), la théorie de l'interdépendance commerciale demeure encore très répandue (Mansfield et Pollins, 2003)[7]. Très proche de la théorie de l'**interdépendance complexe**, elle se distingue par le caractère plus restreint de son champ d'investigation, qui se limite aux effets pacificateurs du commerce.

---

7. L'Organisation mondiale du commerce (OMC) est d'ailleurs fondée sur ce principe. Il est ainsi mentionné, à titre de premier avantage justifiant son existence, que « la paix est en partie la résultante de deux des principes fondamentaux du système commercial : favoriser la liberté des échanges et offrir aux pays un moyen constructif et équitable de régler les différends portant sur les questions commerciales. La paix résulte aussi de la confiance et de la coopération que le système engendre et renforce sur le plan international » (OMC, 2003).

3.6 Transnationalisme et interdépendance complexe

Les concepts de transnationalisme et d'interdépendance complexe sont les plus connus parmi ceux qui composent le courant que Nye appelle le «libéralisme sociologique» (1988 : 246). Héritiers du fonctionnalisme et du néofonctionnalisme, ils sont également à l'origine de réflexions subséquentes de certains néolibéraux, qui mettent l'accent sur la coopération et les régimes internationaux (voir Pentland, 1990 ; Smouts, 1987 ; Taylor, 1990).

Robert Keohane et Joseph Nye sont les principaux partisans de l'approche «transnationaliste» (Keohane et Nye, 1972 ; 1974 ; 1977 ; 1987 ; 1989 ; 2001 ; Fox, Hero et Nye, 1976)[8]. Leur notion du transnationalisme peut être résumée comme suit :

> La société internationale n'est pas faite de la coexistence des États dotés chacun d'intérêts spécifiques et homogènes ; elle est faite de l'ensemble des rapports noués entre les hommes, les idées et les organisations, par-delà les barrières étatiques ; elle est animée par la multiplicité des intérêts personnels et collectifs, lesquels se mettent en rapport les uns avec les autres, directement et transversalement. La société internationale n'est pas internationale, elle est transnationale (Huntzinger, 1987 : 91).

Le transnationalisme est ainsi fondé sur plusieurs des postulats libéraux, tels l'optimisme et la confiance en la capacité des humains à réduire les effets négatifs de l'anarchie (et notamment de trouver une solution définitive au problème de la guerre), la pluralité des acteurs ainsi qu'une conception progressiste de l'Histoire. Le transnationalisme remet par ailleurs en question certains postulats du réalisme, notamment ceux voulant que l'État soit le seul acteur sur la scène internationale, que les rapports internationaux soient principalement composés de rapports intergouvernementaux, que les États se comportent comme des acteurs unitaires et homogènes, et que leur «intérêt national» puisse être réduit à un ensemble homogène et cohérent.

Issue de l'évolution de l'approche transnationaliste, la notion de «l'interdépendance complexe» est ouvertement née d'une réaction au réalisme. Le rôle grandissant des individus, des forces transnationales et des organisations internationales, l'importance croissante des questions économiques ainsi que la défaite américaine au Viêt-nam ont tous contribué à remettre le réalisme en question, en particulier l'axiome selon lequel la force est le moyen ultime de règlement des conflits dans le système international (Pentland, 1990 : 185).

L'interdépendance est conçue comme l'influence mutuelle entre deux États découlant du grand nombre de transactions qui s'établissent entre eux. Le degré d'interdépendance dépend de la qualité et de l'importance de ces transactions. Il y a interdépendance là où il y a des transactions significatives et réciproques. L'interdépendance se caractérise par la multiplicité des canaux et des échanges, la multiplication des domaines d'actions, qui ne peuvent plus être hiérarchisés ni classés en fonction d'une appartenance au domaine de la politique intérieure ou extérieure, et la diminution généralisée de l'usage de la force, qui n'est plus un moyen approprié pour résoudre les différends entre États dans une grande variété de domaines (économique, environnemental, etc.).

L'une des conséquences de ce phénomène est d'entraîner une réduction de l'autonomie de l'État. «L'augmentation de l'interdépendance diminue l'efficacité des politiques purement nationales dans la plupart des domaines, que ce soit la croissance économique, la résorption du chômage, le développement industriel, etc.» (Smouts, 1987 : 157). Une autre conséquence logique est que la «puissance» (et surtout la puissance militaire), qui est au cœur de la pensée réaliste, n'est plus considérée comme une valeur fongible, c'est-à-dire comme une ressource que ses détenteurs peuvent transformer en influence

---

8. L'évolution de la théorie et de ses maîtres à penser est en fait bien plus complexe. Les positions et les ambitions affichées dans l'ouvrage de 1977 sont déjà plus orthodoxes que dans les publications antérieures annonçant la transition de ~~Keohane~~ vers ce qui deviendra, au début des années 1980, le néolibéralisme. Même si la transition s'est faite de façon assez progressive, Keohane continuera de prendre ses distances par rapport au contenu épistémologique et ontologique du libéralisme (Suhr, 1997 : 93 et 112).

dans n'importe quel champ d'activité. Cette remise en question permettra plus tard à Nye de formuler le concept de **soft power**. Cette notion est fondée sur l'idée selon laquelle un État peut exercer une influence internationale significative par des moyens autre que matériels (comme la puissance militaire ou économique, dite *hard power*), comme son rayonnement ou attrait culturel ou idéologique. Il s'agit donc d'un pouvoir de persuasion ou de séduction plus que de coercition ou de dissuasion (Nye, 1990 et 2004).

Les idées associées au transnationalisme et à l'interdépendance complexe auront une grande influence chez certains théoriciens français des relations internationales, qui développeront la branche française du transnationalisme – ce qui explique sans doute l'attention que reçoit ce courant dans les manuels français. Au cours des années 1970 et 1980, Marcel Merle explorera le concept de « forces transnationales ». Selon lui, les relations internationales sont en fait le résultat de l'interaction d'un large éventail d'acteurs de natures variées, dont les rapports sont soumis aux contraintes posées par un certain nombre de « facteurs » comme la géographie, les idéologies, la culture ou l'économie (Merle, 1974 et 1985). Plus récemment, le concept sera repris pour étudier les enjeux des relations internationales dans le contexte de l'après-guerre froide (Badie et Smouts, 1999).

Si l'un des fondateurs du transnationalisme, Robert Keohane, s'éloignera ultérieurement des postulats associés au libéralisme, cette rupture n'est pas encore apparente à l'époque de ses travaux sur l'interdépendance complexe. La théorie présente, en effet, de nombreux liens avec les idées libérales classiques. Elle peut être considérée comme le pendant moderne du

> paradigme de la communauté universelle fondée sur les rapports humains et sociaux, sur la prédominance du social sur le politique, sur l'importance des activités individuelles dans la formation du tissu international [...]. Il y a une continuité d'esprit entre Vitoria, Kant, Adam Smith et l'école contemporaine du transnationalisme (Huntzinger, 1987 : 95).

Malgré ces remises en question, il est possible de déceler dans le concept d'interdépendance com-

plexe quatre idées qui annoncent la transition de Keohane vers le néolibéralisme, et donc de son rapprochement vers le néoréalisme. Premièrement, malgré les références aux acteurs non étatiques, l'État demeure l'acteur principal de la politique mondiale. Deuxièmement, l'interdépendance complexe crée des conditions qui favorisent et peuvent même provoquer la coopération, mais ne l'assurent pas. Troisièmement, bien que l'on prétende que la hiérarchie entre le domaine de la sécurité et celui des autres secteurs de l'activité externe des États tend à s'estomper, l'idée qu'il existe des domaines plus favorables à la coopération que d'autres demeure valable. Quatrièmement, on accorde une place importante au rôle des régimes internationaux qui sont définis comme des « réseaux de règles, normes et procédures qui régularisent le comportement et en contrôlent les effets » (Keohane et Nye, 1977 : 19). En ce sens, la notion de l'interdépendance complexe annonce la théorie des régimes, laquelle marque clairement le passage du libéralisme vers le néolibéralisme (voir le chapitre 8).

4. Le renouveau du libéralisme dans l'après-guerre froide

Les grands débats théoriques en Relations internationales depuis la fin des années 1980 ont laissé leurs traces sur les variantes du libéralisme. Un nombre important d'auteurs libéraux ont pris le virage vers la synthèse « néo-néo » (soit la convergence entre le néolibéralisme et le néoréalisme – voir le chapitre 8) ; d'autres se sont montrés plus ouverts à l'influence des nouveaux courants théoriques, et surtout à une version du constructivisme. Il nous semble que trois tendances caractérisent l'analyse libérale des relations internationales depuis la chute du mur de Berlin.

4.1 La paix démocratique

L'émergence du néolibéralisme au cours des années 1980 a, un temps, éclipsé le libéralisme, en particulier dans les débats sur l'impact des institutions internationales. Les libéraux disposaient cependant d'un autre cheval de bataille, grâce auquel ils ont pu lancer un nouveau débat : leur programme de recherche sur l'impact des types de régimes politiques intérieurs sur les relations entre États.

Depuis les années 1960, et en particulier au cours des années 1980[9], certains chercheurs en Relations internationales accumulent des observations étonnantes qui remettent en question plusieurs postulats du réalisme et du néoréalisme. Deux observations, apparemment contradictoires, doivent être expliquées simultanément. D'une part, les États dont le régime politique est conforme aux valeurs démocratiques libérales n'entrent jamais (ou, du moins, très rarement) en guerre les uns contre les autres. D'autre part, les démocraties peuvent se montrer autant, sinon plus agressives que n'importe quels autres types de régimes politiques dans leurs rapports avec des États non démocratiques ou non libéraux. Bref, elles semblent plus pacifiques lorsqu'elles interagissent entre elles, mais plus belliqueuses dans leurs interactions avec les régimes autoritaires (Dixon, 1993 : 44)[10].

Il y a de nombreuses définitions de ce qu'est la démocratie libérale, ce qui peut avoir un effet sur les résultats des études (ce que ne manquent pas de souligner les critiques de la théorie de la paix démocratique, comme nous le verrons plus loin). Dans le cadre de ce chapitre, elle sera définie comme étant un système de gouvernement dans lequel les dirigeants élus doivent rendre compte de leurs décisions aux citoyens et qui fonctionne conformément à un certain nombre de principes, comme le respect de la liberté d'expression et de croyance, l'existence d'une opposition institutionnalisée et d'un pouvoir judiciaire indépendant ainsi qu'une libre compétition économique. Pour être considéré comme une démocratie, un État doit avoir vécu au moins un changement de l'équipe dirigeante à la suite d'élections libres et justes.

Depuis les années 1980, les observations qui semblent étayer l'existence d'une paix séparée entre les États libéraux n'ont cessé de s'accumuler, tant en termes statistiques que qualitatifs, au point où, dès 1988, Jack Levy se sentait en droit d'affirmer, dans une citation abondamment reprise depuis, que l'absence de guerre entre démocraties était ce qui, en Relations internationales, s'approchait le plus du statut de « loi empirique » (1988 : 662). La fin de la guerre froide, et les progrès de la démocratie qui l'ont suivie, ont largement contribué à nourrir l'intérêt pour ce phénomène en fournissant un matériel abondant permettant de tester différentes hypothèses (Fortmann, 2000)[11].

La première tâche des tenants de la paix démocratique est d'expliquer *pourquoi* les démocraties ne se font apparemment pas la guerre entre elles. L'explication généralement avancée trouve son origine dans le *Projet de paix perpétuelle* de Kant. Ainsi, alors qu'il n'existait encore que deux toutes jeunes « républiques » (la France et les États-Unis), Kant prédisait déjà le comportement de cette nouvelle catégorie d'États (Blin, 2001).

Dans la version contemporaine de la théorie de la paix démocratique, deux types d'hypothèses s'affrontent (Dixon, 1993 : 44 ; Russett, 1993 : 30-42 ; Gleditsch et Hegre, 1997 ; Henderson, 2002 : 3-14 ; Battistella, 2006 : 504-513). Le premier type est parfois appelé « structuraliste », parce qu'il met l'accent sur les contraintes qu'imposent les *structures politiques* et

9. Longtemps oubliée, l'hypothèse de la paix démocratique a effectivement été « redécouverte » au XXᵉ siècle par des auteurs tels que Clarence Streit (1938), Quincy Wright (1942), Dean Babst (1964) et, plus récemment, Rudolf Rummel (1983). Toutefois, les principaux animateurs de cette théorie seront Michael W. Doyle (1983, 1986, 1999, 2000) et Bruce Russett (1989, 1990, 1993) qui, les premiers, chercheront à expliquer la corrélation entre le type de régime politique et le comportement international (Battistella, 2003 : 472-481 ; Dixon, 1993 : 44).

10. Certains tenants de la théorie de la paix démocratique contestent cependant cette deuxième observation et estiment que les démocraties sont plus pacifiques *en général* que les États non démocratiques (Benoit, 1996 ; Rummel, 1995).

11. Selon Fred Chernoff (2004), le programme de recherche généré par le phénomène de la paix démocratique représente un excellent exemple de « progrès scientifique » en théorie des relations internationales. La variable « démocratie » a donné lieu à des programmes de recherche très féconds puisqu'elle a été appliquée à d'autres phénomènes, tels les alliances (Doyle, 1983 : 217 ; Doyle, 1986 : 1156 ; Dixon, 1993 : 45 ; Siverson et Emmons, 1991), l'efficacité de ces alliances (Choi, 2003), l'impact de la dégradation de l'environnement sur la sécurité des États (Dalby, 1998 ; Gleditsch, 1997), la gestion des conflits (Dixon, 1993), le comportement en période de crise (Rioux, 1998 et 1999), les dépenses militaires (Fordham et Walker, 2005) ou encore la coopération en matière de sécurité (Risse-Kappen, 1995).

les *institutions internes,* ou encore «monadique», car elles sont fondées sur les caractéristiques internes de l'État étudié, sans référence à celles des autres États avec qui celui-ci est en relation. Ces hypothèses étudient d'abord les contraintes sur la prise de décision (imputabilité, division des pouvoirs, mode de désignation et de révocation du chef de l'exécutif, etc.), qui limitent la capacité des dirigeants à prendre des décisions aussi potentiellement catastrophiques que celle de déclarer la guerre (Kant, 2002 [1795]: 35; Doyle, 1983: 229). Elles tiennent également compte des mécanismes et des droits qui permettent à la société civile d'exprimer éventuellement un désaccord sur les politiques menées par les dirigeants: élection, présence d'une opposition institutionnalisée, liberté d'expression individuelle et de presse, droit d'association. Ces contraintes, généralement très importantes dans les États libéraux, exercent un effet cumulatif dans une querelle opposant des démocraties, ce qui réduit le risque que le conflit dégénère en affrontement armé (Morgan et Campbell, 1991; Morgan et Schwebach, 1992; Owen, 1997). L'une des faiblesses de ce premier type d'hypothèse est que ces contraintes ne sont pas nécessairement l'apanage des démocraties libérales, ce qui rend plus difficile leur vérification.

Le second courant, de loin le plus en vogue, appelé «interactionniste» (ou encore «dyadique», puisque l'explication se situe dans les *relations* entre au moins deux États), se réfère plutôt à ce qui se produit lorsque se rencontrent des démocraties libérales, mais qui ne survient pas dans d'autres dyades (entre un État libéral et un État non libéral ou entre deux États non libéraux). Il met l'accent sur le rôle des valeurs, des idées et des normes libérales transnationales comme facteur de stabilité et de cohésion en relations internationales. Plusieurs hypothèses, complémentaires les unes par rapport aux autres, ont été avancées. Premièrement, en raison de la communauté de valeurs, les sociétés démocratiques se perçoivent mutuellement comme étant raisonnables, prévisibles et ayant des intentions pacifiques. Il y aurait donc, entre les démocraties, un préjugé favorable et des attentes de réciprocité, ce qui ne serait pas le cas avec

les États non démocratiques (Owen, 1997: 38-39). Deuxièmement, ces États appliquant, au niveau interne, un droit semblable, ils sont enclins à l'utiliser aussi dans leurs relations mutuelles. Ce droit prescrit notamment la résolution pacifique des conflits et prévoit l'existence de mécanismes d'arbitrage et de négociation (Dixon, 1993 et 1994; Roussel, 2004). Troisièmement, l'absence de guerre découle de l'application du droit à la souveraineté et de la non-intervention, qui serait le fondement du droit international entre les républiques (Kant, 2002 [1795]: 45-53; Doyle, 1983: 213 et 230). Quatrièmement, les démocraties, dans leurs relations mutuelles, créent des institutions internationales (règles, normes, principes, processus de prise de décision) qui reflètent les idées libérales: égalitarisme, non-ingérence, non-intervention, consultation, etc. (Burley, 1993; Risse-Kappen, 1995; Roussel, 2004). Enfin, cinquièmement, selon l'article III du *Projet* de Kant, la démocratie favorise le commerce et les échanges et donc l'établissement de liens transnationaux, qui sont eux-mêmes facteurs de paix et de stabilité (Kant, 2002 [1795]: 57-61; Doyle, 1983; 1986: 1161; 1997: 283).

Les hypothèses dyadiques sont nettement plus répandues que celles de niveau monadique. Le problème avec ces dernières est qu'elles ne parviennent pas à expliquer pourquoi les États démocratiques demeurent, malgré leurs contraintes politiques internes, aussi agressifs vis-à-vis des États non démocratiques. La solution, pour certains de leurs tenants, a été de s'appuyer sur l'observation selon laquelle les États libéraux sont plus pacifiques en général. D'autres auteurs estiment, cependant, que les deux types d'hypothèses sont nécessaires pour rendre compte des observations, et proposent diverses façons de les réconcilier au sein d'une même approche (Russett, 1993; Owen, 1997).

Bien entendu, la théorie de la paix démocratique, toutes variantes confondues, fera l'objet de vives critiques (Battistella, 2006: 514-522). Une première série de critiques porte sur la validité des données qui étayent la théorie, et donc sur la réalité du phénomène de la paix démocratique. Dans cette catégorie se retrouvent les commentaires qui traitent de la définition de « guerre » et de « démocratie ». Le recours à des définitions moins rigides de ces concepts a permis à certains de trouver des cas apparents de guerres entre démocraties libérales, comme la Première Guerre mondiale (Waltz, 1993 : 78). D'autres attaqueront la solidité de la corrélation observée grâce aux statistiques, soit en dénonçant le nombre trop limité de cas existants (Mearsheimer, 1990 : 50-51), soit en s'en prenant aux modèles statistiques eux-mêmes (Spiro, 1994 ; Henderson, 2002). La plupart de ces auteurs ne manqueront d'ailleurs pas de souligner que d'autres modèles théoriques peuvent tout aussi bien expliquer ce qui reste des observations qui semblent étayer l'absence de guerre entre démocraties libérales, que ce soit par l'équilibre des puissances ou des variantes de la stabilité hégémonique (Mearsheimer, 1990 ; Waltz, 1993 ; Layne, 1994 ; Thompson, 1996).

Une seconde catégorie de critiques touche aux limites de cette « paix démocratique ». La démocratie ne semble pas être une solution à tous les types de conflits, ni un moyen de mettre fin à toutes les formes de violence politique organisée. Depuis la fin de la guerre froide, la grande majorité des conflits sont des guerres civiles ou des conflits intra-étatiques. Or, la démocratie n'est pas aussi efficace pour limiter ce genre de conflit, dont plusieurs se produisent dans des États dont les gouvernements ont été élus. Plus encore, l'absence de guerre ne signifie pas une absence complète de violence interétatique. Ainsi, si les démocraties libérales semblent avoir abandonné la guerre comme moyen de résoudre les conflits dans leurs relations mutuelles, elles n'ont pas renoncé aux autres formes d'interventions militaires (Kegley Jr. et Hermann, 1995 ; Tures, 2002).

Une troisième catégorie de critiques découle des aspects normatifs de la théorie. Avec la fin de la guerre froide et le déferlement de ce qui semble être une vague de démocratisation en Amérique latine et en Asie, de plus en plus de dirigeants politiques et de chercheurs voient dans les progrès de la démocratie une clef pour la paix et la stabilité mondiale. Elle devient ainsi un objectif à atteindre ou, à tout le moins, une tendance à encourager. Dès le milieu des années 1990, cependant, des voix s'élèvent pour signaler certains risques associés au processus de démocratisation. En 1995, Mansfield et Snyder lancent un pavé dans la mare en affirmant qu'un État en période de transition est plus susceptible d'entrer en guerre qu'un État non démocratique (1995 ; Wolf, Weede, Enterline, Mansfield et Snyder, 1996, 2002). À court terme, il y a risque d'effets pervers, dont celui d'obtenir le résultat inverse de celui attendu.

Enfin, les auteurs néomarxistes et critiques ne manquent pas de souligner que, outre le fait que ce modèle favorise le maintien et le développement de l'ordre international capitaliste, il évite soigneusement d'aborder la question des rapports inégaux, des politiques impérialistes et néocolonialistes, et des interventions destinées à les mettre en œuvre. Ainsi, la théorie de la paix démocratique ne peut expliquer les nombreuses interventions plus ou moins directes des États-Unis visant à renverser des gouvernements démocratiquement élus (Iran, 1953 ; Guatemala, 1954 ; Brésil, 1964 ; Chili, 1973, etc.), ou encore à soutenir des dictatures considérées comme des alliés.

4.2 Le libéralisme « non idéologique »

Sur le plan théorique, les tentatives de synthèse des différentes variantes du libéralisme ont été plus rares. Toutefois, ces travaux demeurent de portée limitée, car ils consistent davantage en des croisements de corrélations qu'en une véritable synthèse des différentes hypothèses libérales.

C'est à ce problème de la « théorie unifiée » que s'est attaqué Andrew Moravcsik (1997). Si la défense du libéralisme chez les tenants de la thèse de la paix démocratique se fonde sur les données empiriques, le projet de Moravcsik est beaucoup plus ambitieux. Sa refonte de la théorie libérale de façon « non idéologique et non utopique » vise rien de moins qu'une synthèse théorique à la base d'une démonstration « appropriée à la science sociale empirique » du bien-fondé des postulats ontologiques libéraux par rapport à ceux du néoréalisme et d'autres approches (Moravcsik, 1997 : 513). Cette première tentative depuis les années 1930 (au moins aux États-Unis) de rétablir la prédominance du libéralisme en Relations internationales a provoqué un débat intéressant avec ceux parmi les réalistes qui reconnaissent les limites de l'ontologie du réalisme classique et du néoréalisme, mais qui préfèrent la rendre plus précise plutôt que de la réfuter (Schweller, 1997; Rose, 1998; Feaver *et al.*, 2000).

Voulant que le libéralisme soit fondé sur «les postulats fondamentaux des sciences sociales», Moravcsik défend la supériorité de celui-ci par rapport au réalisme, en se basant sur trois postulats ontologiques. D'abord, il préconise *la primauté des acteurs sociaux rationnels*, tout en rejetant l'idée d'une harmonie d'intérêts entre eux (1997: 516). L'action internationale de chaque État s'explique ainsi davantage par le jeu des acteurs sociaux que par l'existence d'un improbable «intérêt national» que des dirigeants rationnels tenteraient de faire valoir.

La définition des intérêts particuliers de ces acteurs sociaux se fait en des institutions politiques et va générer les conditions sociales qui favorisent soit le conflit, soit la coopération entre eux. Trois facteurs sont déterminants dans l'émergence des conflits: les croyances fondamentales divergentes, la rareté des ressources et l'accès inégal au pouvoir politique.

Cette notion de la primauté des intérêts internes amène, deuxièmement, à une redéfinition de l'État: «l'État n'est qu'une institution représentative constamment sujette à être prise et reprise, construite et reconstruite, par des coalitions d'acteurs sociaux» internes (Moravcsik, 1997: 518). L'État n'est donc pas un acteur autonome (comme le prétend le néoréalisme), mais plutôt «une courroie de transmission» de ces intérêts internes. Une double conclusion importante émerge de cette reconceptualisation de l'État. D'abord, les «préférences» établies dans la politique étrangère de l'État sont issues du pouvoir social des acteurs internes; ce qui implique que la *forme et la nature* de l'État détermine le comportement de celui-ci en politique internationale[12]. Autrement dit, les États sont *fonctionnellement différents* plutôt que

fonctionnellement semblables, comme le prétend le néoréalisme (Moravcsik, 1997: 518).

Le troisième postulat ontologique de Moravcsik porte sur la nature du système international. Tout en acceptant que ce système constitue «une contrainte incontournable» aux actions des États, cette contrainte découle de l'action réciproque des préférences de l'ensemble d'États (qui sont, à leur tour, issues du jeu des intérêts internes). Ainsi, il rompt tant avec la notion néoréaliste qui affirme que les effets contraignants du système vont toujours dans le sens d'un conflit fondamental entre les préférences des États qu'avec celle de l'institutionnalisme néolibéral qui prétend que ces préférences sont partiellement convergentes. Selon lui, le système international est interdépendant plutôt qu'anarchique, au sens où «chaque État cherche à réaliser ses propres préférences sous la contrainte toujours variante des préférences d'autres États» (1997: 520). La capacité de chaque État de réaliser ses préférences dépend donc de la configuration des préférences de l'ensemble des États.

Conçue ainsi, la contrainte systémique est susceptible de changer au fur et à mesure que les préférences des États varient en fonction de la pression exercée par les acteurs internes. L'effet contraignant de l'action réciproque des préférences nationales peut, donc, aboutir à trois «situations stratégiques» distinctes. Là où les préférences des États sont fondamentalement opposées (une situation des préférences à somme nulle), l'effet contraignant du système leur impose des rapports tendus et conflictuels (par exemple, au Moyen-Orient). Par contre, dans une situation où certaines préférences des États se trouvent en opposition directe, tandis que d'autres sont davantage compatibles les unes avec les autres (ce que Moravcsik appelle une situation de «préférences mélangées»), la logique systémique incite à la négociation. Une telle situation stratégique crée également la possibilité que les États puissent coordonner les ajustements dans leurs politiques respectives afin d'éviter les conflits (la situation actuelle entre les États-Unis, la Russie et la Chine, par exemple). Finalement, lorsque les préférences sont plus au moins en harmonie et

---

12. Moravcsik donne ainsi raison à la thèse de la paix démocratique. Ce qui permet aux États démocratiques d'établir la paix permanente entre eux, c'est leur *forme et leur nature* démocratique.

que la politique externe de chaque État ne nuit pas à celle d'autres, les conflits brillent par leur absence, comme en Europe occidentale depuis cinquante ans (Moravcsik, 1997 : 520-521)[13].

Ces trois postulats ontologiques sont vus par Moravcsik comme étant à la base de trois variantes de la théorie libérale en Relations internationales. Le libéralisme « idéationnel » est axé sur la compatibilité entre les préférences nationales en ce qui concerne les biens collectifs tels que la régulation socio-écono-mique, les institutions politiques légitimes et l'unité nationale. La variante « commerciale » du libéra-lisme donne priorité à l'analyse des avantages issus des transactions économiques frontalières. Enfin, le libéralisme « républicain » prend comme objet d'analyse l'impact des formes de représentation d'in-térêts internes sur l'action internationale des États (Moravcsik, 1997 : 526).

En prônant une vision résolument positiviste des Relations internationales, Moravcsik affirme que le but de toute théorie consiste à établir un rapport de cause à effet dans le façonnement du « monde réel de la politique internationale » (2003 : 134). La vali-dité respective des facteurs causaux identifiés par les variantes du libéralisme se démontrerait à travers les tests empiriques objectifs. C'est dans ce sens qu'il pré-tend que sa refonte « non idéologique » de la théorie libérale en Relations internationales offre la meilleure voie d'une synthèse théorique, synthèse qui serait « réelle plutôt que métaphysique » (2003 : 131).

4.3 Vers une synthèse entre le libéralisme et le constructivisme ?

Le feu nourri de critiques a certainement contribué à tempérer la confiance des défenseurs de la théorie de la paix démocratique, mais celle-ci bénéficiera rapidement d'un second souffle dans les années 1990 avec l'émergence du constructivisme (voir le chapitre 12). Les hypothèses libérales, qui sont bien souvent fondées sur l'idée d'une communauté de valeurs et de

normes entre les acteurs, sont naturellement récep-tives aux théories qui accordent de l'importance aux idées, à l'intersubjectivité et aux éléments constituant l'identité, comme chez les constructivistes. C'est ainsi que plusieurs auteurs étudiant la paix démocratique (Risse-Kappen, 1995b ; Owen, 1997 ; Peceny, 1997 ; Roussel, 2004), ou l'une ou l'autre de ses manifes-tations, comme la coopération entre démocraties (Risse-Kappen, 1995a, 1996, 2007), se sont appuyés sur une logique constructiviste pour établir leur démonstration.

Le courant interactionniste (ou dyadique) de la paix démocratique est particulièrement sujet à l'in-fluence du constructivisme. Fondée sur la notion d'intersubjectivité, l'analyse constructiviste peut effectivement rendre compte du caractère privilégié des rapports entre sociétés démocratiques. Selon les tenants de cette synthèse libérale/constructiviste, la paix démocratique ne fonctionne que si les socié-tés en cause se reconnaissent mutuellement comme étant des démocraties (ce qui élimine le problème de la définition objective de la démocratie) et que si elles se prêtent réciproquement des intentions paci-fiques (Owen, 1997). Plusieurs mécanismes peuvent ainsi expliquer l'émergence d'une telle relation de confiance, mécanismes liés soit aux échanges fré-quents soit à un processus d'internationalisation des normes libérales (Roussel, 2004).

Alexander Wendt (1995 ; 1996 : 55), qui a large-ment contribué à populariser le constructivisme conventionnel dans les années 1990, a développé cette synthèse en empruntant lui-même au libéralisme cer-taines hypothèses pour expliquer la formation d'une identité commune entre certains États. Ainsi, cette identité découlerait en grande partie d'une conver-gence des valeurs transnationales et de la formation d'une relation d'interdépendance.

Pourtant, certains problèmes limitent les possibi-lités d'une véritable synthèse libéralisme/construc-tivisme. Le plus important est peut-être l'opposi-tion entre les prétentions universelles des libéraux et la mise en contexte socioculturelle à la base du constructivisme. Les premiers postulent que les prin-

---

13. Le constructiviste conventionnel le plus connu, Alexan-der Wendt, fait écho à cette vision dans sa propre notion des trois formes d'anarchie internationale – hobbesienne ; lockéenne ; kantienne (voir le chapitre 12).

cipes à la base du libéralisme (comme la démocratie ou l'économie de marché) sont intrinsèquement porteurs de paix et de stabilité, propices au développement et à la prospérité, et garants de l'épanouissement des individus (Richardson, 2001 : 72). De plus, ils présument que ces retombées positives sont universelles, dans la mesure où elles sont à la portée de toute société, quel que soit le contexte culturel ou historique, et que le progrès passe inévitablement par la dissémination de ces principes à l'ensemble du système international. L'effondrement des régimes socialistes semble avoir confirmé leur intuition, ce qui a donné lieu à de présomptueuses déclarations sur le triomphe du libéralisme à l'effet que « la démocratie libérale pourrait bien constituer "le point final de l'évolution idéologique de l'humanité" et la "forme finale de tout gouvernement humain" » (Fukuyama, 1992 : 11). L'application sans égard au contexte de ces valeurs que la théorie économique néolibérale présente comme étant universelles semble donc indiquer que les libéraux n'adopteront pas le constructivisme à n'importe quel prix, surtout celui d'abandonner leurs prétentions universalistes.

5. Conclusion

Le prétendu caractère universel des préceptes libéraux est de plus en plus contesté. Ainsi un nombre grandissant de mouvements dans le monde s'opposent à ce qu'ils décrivent comme une forme de néocolonialisme où on remet en question d'autres formes d'organisations ou d'autres philosophies pour mieux imposer un mode de pensée occidental. L'ensemble de la philosophie libérale ne serait donc pas le reflet de valeurs foncièrement humaines, mais plutôt celui d'un projet de la modernité telle que celle-ci est conçue en Occident. Comme telle, la philosophie libérale mériterait ainsi d'être mise en contexte avant de la promouvoir pour l'ensemble de l'humanité. Cette philosophie, malgré ses vertus apparentes ou espérées, pourrait au contraire s'avérer dangereuse puisqu'elle génère une perspective ahistorique du monde, qui favorise l'individualisme, et est trop axée sur le court terme, donc écologiquement myope (Gill, 1995 : 1).

Bref, les libéraux, drapés des vertus qu'ils prêtent à leurs principes·politiques et confortés par l'optimisme que ceux-ci véhiculent, sont accusés de ne pas être toujours capables de saisir les conséquences des choix politiques qu'ils préconisent. Pire, certains craignent que les prétentions de certains théoriciens à faire de ce modèle une théorie « non idéologique » et « non utopique » n'accentuent cette myopie en la coupant de la philosophie qui dicte ses postulats, et donc en réduisant sa capacité d'autocritique (Franceschet et Long, 2000 ; Long, 1995).

Le caractère très diffus et les contours incertains de la constellation des théories libérales ne peuvent que conforter ses détracteurs, qui y voient faiblesse, incohérence et dispersion et expliquent certainement en partie la plus grande popularité des modèles réalistes auprès des chercheurs pour qui simplicité et parcimonie sont des preuves de scientificité. La plus belle preuve n'est-elle pas que certains, parmi les principaux défenseurs du transnationalisme, ont fini par reprendre à leur compte les postulats néoréalistes pour donner naissance au néolibéralisme, tandis que d'autres, les partisans de la paix démocratique, ont dû appeler les constructivistes en renfort ?

En fait, on oublie souvent que, en dépit de cette apparente dispersion, les théories et les hypothèses libérales gravitent autour d'un noyau bien identifié et relativement cohérent de postulats et de principes philosophiques, qui confèrent à cette approche non seulement la capacité d'expliquer certains phénomènes internationaux laissés dans l'ombre par le modèle réaliste (comme l'intégration ou l'absence de guerre entre États démocratiques), mais lui inspirent aussi un code moral et un projet politique qui font défaut à ses rivaux. Les libéraux peuvent ainsi se poser en réformateurs en regard du conservatisme des réalistes. Et malgré des critiques souvent justifiées, la dimension normative du libéralisme peut ainsi se révéler la force de cette approche.

Ce même héritage philosophique devient cependant une cible et une faiblesse lorsqu'il est observé par l'extrémité critique de la lorgnette. Le libéralisme est alors perçu comme un discours encourageant le maintien et la reproduction de l'ordre établi, ordre qui permet les inégalités, l'exploitation et la domination des plus riches sur les moins nantis. Là où les libéraux voient paix et prospérité, les critiques perçoivent conservatisme et justification des échanges inégaux. De ce point de vue, le libéralisme appartient, tant sur le plan normatif qu'épistémologique, au même univers que le réalisme.

L'un des principaux défis auxquels font face les libéraux dans les années 2010 est probablement celui de répondre aux auteurs critiques – ce qu'ils ont omis de faire jusqu'à présent – plutôt que de confronter le réalisme. Tout comme ce fut le cas pour les idéalistes des années 1920 et les théoriciens de l'intégration des années 1950 et 1960, les libéraux contemporains peuvent être victimes des soubresauts du système international. Comme le démontre l'encadré sur la guerre en Irak, l'intervention de la coalition anglo-américaine a été justifiée par un discours libéral ; elle rend le libéralisme coupable par association aux yeux des opposants à cette guerre. Comme l'impuissance de la Société des Nations dans les années 1930, ou encore les longs blocages dans le processus d'intégration européenne dans les années 1960-1970, l'échec d'un processus de démocratisation mal géré, additionné à une mondialisation sauvage de l'économie, pourraient donner raison tant aux analystes critiques qu'aux réalistes, qui, on l'oublie trop souvent, ont tous condamné l'invasion de l'Irak. Ces phénomènes pourraient donc ternir à nouveau et pour longtemps la valeur du discours libéral.

❖ ❖ ❖

Pour en savoir plus

Brown, M. E., S. M. Lynn-Jones et S. E. Miller (dir.), 1996, *Debating the Democratic Peace*, Cambridge : MIT Press. Série d'articles publiés dans *International Security* étayant ou critiquant la théorie de la paix démocratique.

Doyle, M. W., 1997, *Ways of War and Peace*, New York : Norton, p. 205-311. Une revue de la contribution des auteurs classiques comme Adam Smith, John Locke et Emmanuel Kant dans l'émergence du libéralisme. Doyle présente également les différentes variantes de cette approche (institutionnalisme, internationalisme et libéralisme commercial).

Dunne, T., 2005, « Liberalism », dans J. Baylis et S. Smith (dir.), *The Globalization of World Politics*, 3e édition, Oxford : Oxford University Press, p. 185-203. Recueil pédagogique anglophone par excellence en théorie des Relations internationales. Dunne offre une présentation des principaux préceptes et concepts du libéralisme.

Moravcsik, A., 1997, « Taking Preference Seriously : A Liberal Theory of International Politics », *International Organization*, 51, 4, p. 513-553. L'une des tentatives de synthèse du libéralisme les plus élaborées et les plus systématiques de cette approche.

Richardson, J. L., 2001, *Contending Liberalisms in World Politics : Ideology and Power*, Boulder/Londres : Lynne Rienner. Dans une perspective historique, ce livre présente les différents principes qui constituent les multiples variantes du libéralisme.

Smouts, M.-C., 1987, « L'organisation internationale : Nouvel acteur sur la scène mondiale ? », dans B. Korany (dir.), *Analyse des relations internationales. Approches, concepts et données*, Montréal : Gaëtan Morin, p. 147-166. Bien qu'il date, ce texte est l'un des rares en français à offrir un survol de l'évolution des théories institutionnalistes de 1940 jusqu'au milieu des années 1980.

Zacher, M. W. et R. Matthew, 1994, « Liberal International Theory : Common Threads, Divergent Strands », dans C. Kegley (dir.), *Realism and the Neoliberal Challenge. Controversies in International Relations*, New York : St-Martin's, p. 107-150. Le chapitre de Zacher et Matthew traite du développement de la pensée libérale jusqu'à la Deuxième Guerre mondiale, pour ensuite passer en revue les différents courants libéraux auxquels elle a donné naissance.

L'offensive libérale contre l'Irak

L'intervention militaire d'une coalition de volontaires, avec à leur tête les États-Unis et la Grande-Bretagne, contre l'Irak en mars 2003 représente un cas d'imposition par la force de la paix libérale.

Pour les libéraux, la prolifération des régimes libéraux entraîne inévitablement une plus grande stabilité et une plus grande sécurité internationales, du moins en ce qui concerne les guerres entre démocraties elles-mêmes. L'imposition des valeurs et des modes de vie libéraux sur des États non libéraux permettrait ainsi d'assurer la sécurité de la communauté internationale dans son ensemble. Cette volonté d'imposition peut signifier le recours préventif (ou préemptif) à la force militaire contre des régimes non démocratiques menaçant la sécurité de leurs voisins, puisque seul un changement des motivations idéologiques de ces États peut garantir le caractère pacifique de leurs intentions.

C'est en ce sens que la guerre en Irak représente un cas de mise en œuvre de la théorie libérale. Le caractère libéral de la guerre en Irak se situe sur deux plans : celui des intentions des États-Unis et de la Grande-Bretagne d'intervenir militairement contre le régime de Saddam Hussein ; et celui des conséquences de cette guerre pour l'Irak et sa population.

Premièrement, les motifs qui ont conduit Washington et Londres à privilégier le recours à la force contre l'Irak étaient d'ordre idéologique. Il s'agissait d'une offensive visant à renverser le régime de Saddam Hussein afin de le remplacer par un gouvernement démocratiquement élu (Miller, 2004). La stratégie de guerre préemptive, caractérisant la Doctrine Bush (États-Unis, 2002), vise ainsi à imposer un régime libéral là où un « État voyou » pourrait menacer la sécurité régionale, voire internationale, par ses actions belliqueuses, le non-respect de ses obligations internationales, de même que par les violations répétées des droits de l'Homme à l'égard de sa population.

L'Irak défiait la communauté internationale depuis 1991, alors qu'elle fut contrainte, militairement, de se retirer du Koweït. Plusieurs résolutions du Conseil de sécurité (UNSCR 687, 707 et 1441 par exemple) exigeaient de Bagdad l'arrêt de ses programmes de développement d'armes de destruction massive (ADM). La communauté internationale imposa d'ailleurs une série de contraintes à l'Irak, dont un embargo économique sur ses exportations de pétrole, une zone d'exclusion au Nord afin de protéger la minorité kurde, victime de répression ethnique, le démantèlement de ses capacités de production et de ses stocks d'ADM sous la supervision d'inspecteurs internationaux, par exemple.

Le refus de l'Irak de collaborer avec la communauté internationale, conjugué à son passé belliqueux (menaces ou agressions contre Israël, la Turquie, l'Iran et le Koweït, production d'armes chimiques et biologiques, utilisation de ces armes contre les Kurdes irakiens, répression politique et religieuse des Chiites), permettaient ainsi de croire que Bagdad représentait une menace régionale pour le Moyen-Orient, de même qu'une menace pour sa propre population. La possibilité que l'Irak puisse vendre des ADM à des groupes terroristes souhaitant mettre en péril la sécurité de plusieurs nations occidentales devait également être prise en considération. L'adoption d'une stratégie de guerre préemptive fut donc privilégiée, afin d'instaurer un gouvernement démocratique évoluant dans une économie de libre marché et respectant les droits de l'Homme ainsi que les règles internationales.

Deuxièmement, les conséquences de la guerre en Irak auraient permis de croire au succès de l'entreprise militaire contre le régime de Saddam Hussein (Bluth, 2004). L'intervention militaire mit fin à l'embargo économique, qui faisait davantage souffrir la population irakienne que le régime de Hussein lui-même, de rétablir la production et la vente de pétrole afin d'assurer la prospérité du pays et de réduire la pauvreté de la population irakienne, ainsi que d'enclencher un processus de démocratisation (Ignatieff, 2004). Ce dernier permit un retour de l'Irak au sein de la communauté internationale, un respect plus grand des droits de l'Homme, la reconnaissance des droits politiques des Kurdes et des Chiites ; bref, elle ouvrit la voie à une nouvelle culture démocratique en Irak en favorisant l'instauration d'un climat de compromis (Laïdi, 2005).

La guerre contre l'Irak en fut donc une morale et idéologique, visant à imposer les valeurs libérales à un État dont la nature belliqueuse constituait une menace croissante pour la communauté internationale, et une menace immédiate pour sa propre population (Bluth, 2004 : 880).

Le libéralisme classique

Anarchie : Système caractérisé par l'absence d'autorité centrale capable de réguler les relations entre les acteurs.

Coopération : Processus par lequel deux ou plusieurs acteurs harmonisent leurs politiques de manière à faciliter l'atteinte d'un objectif commun.

Idéalisme : Terme, employé surtout par les réalistes, qui désigne les approches qui, au cours de la première moitié du XXᵉ siècle, prônaient une réforme du fonctionnement du système international.

Individu : Tous les groupes sont composés de personnes qui peuvent être étudiées selon leurs propres caractéristiques. Ils représentent donc la plus petite unité d'analyse possible. Selon une perspective individualiste, les groupes (États, société civile, organisations non gouvernementales) ne sont que des modes de représentation des intérêts d'une somme d'individus. Les libéraux conçoivent l'individu comme un acteur rationnel.

Interdépendance complexe : Une dépendance mutuelle dans le cadre de « situations caractérisées par des effets réciproques entre pays ou entre acteurs de différents pays », que ces effets soient bénéfiques ou néfastes (Keohane et Nye, 1977 : 7). Il s'agit donc d'une situation dans laquelle les décisions et les actions d'un État ont un impact sur les autres acteurs du système. L'interdépendance complexe représente un état du système international, plus idéal que réel, caractérisé par l'existence de multiples liens et relations interétatiques, transgouvernementaux et transnationaux, établis de manière formelle ou informelle. En situation d'interdépendance complexe, il n'existe pas de hiérarchie des enjeux sur la scène internationale ; la sécurité militaire ne domine donc pas nécessairement l'ordre du jour, et la force militaire n'est pas un des moyens employés par les États dans leurs relations avec les autres membres du système (21-25).

Normes : Standard de comportement social qui distingue ce qui est acceptable de ce qui ne l'est pas.

Préférences : Ensemble des choix, conscients ou non, qui déterminent la nature des intérêts d'un acteur, c'est-à-dire ce qui est considéré comme désirable pour ce dernier. Selon les perspectives, les préférences peuvent être fixes parce que liées à la nature ou l'identité d'un acteur (par exemple, tous les États cherchent à accroître leur puissance), soit variables et subjectives, parce que chaque acteur présente des caractéristiques qui lui sont propres et qu'il est réputé avoir la capacité de faire ses choix en fonction de ces caractéristiques.

Rationalité : Capacité d'un acteur de faire des calculs coûts/bénéfices pour déterminer le meilleur moyen de valoriser ses intérêts. La rationalité suppose que les acteurs ont conscience de leurs intérêts.

Sécurité collective : Pacte entre les États qui renoncent à l'usage individuel de la force dans leurs relations mutuelles et s'engagent à réagir collectivement contre quiconque parmi les signataires violerait cette règle. À ne pas confondre avec la « défense collective », qui est une alliance contre une menace posée par une tierce partie.

Société civile : Ensemble des individus et des groupes (organisations, partis politiques, associations, etc.) qui les représentent hors de l'État et de ses institutions.

***Soft power* :** Si, de manière générale, la puissance se définit comme la capacité qu'a un acteur d'atteindre ses buts, le *soft power*, quant à lui, peut être défini comme « la capacité d'atteindre ses buts par attrait (*attraction*) plutôt que par la coercition ou l'utilisation de paiements » (Nye, 2004 : x). Nye poursuit en expliquant que le « *soft power* naît de l'attrait envers la culture, les idéaux politiques et les politiques d'un pays ».

Transnationalisme : École de pensée selon laquelle la société internationale est composée, non seulement de rapports interétatiques, mais aussi de relations entre diverses autres formes d'organisations et d'individus, de sorte que les rapports mondiaux ne seraient pas internationaux, mais plutôt transnationaux.

Le néolibéralisme
et la synthèse « néo-néo »

Marie-Eve Desrosiers et Justin Massie

> Les théories réalistes qui cherchent à prédire le comportement
> des États sur le plan international en se basant uniquement sur
> les intérêts et la puissance sont importantes mais insuffisantes
> pour comprendre la politique internationale. Il faut les com-
> pléter, mais non pas les remplacer, par des théories qui met-
> tent l'accent sur l'importance des institutions internationales
> (Keohane, 1984 : 14).

Tout comme beaucoup de concepts en science politique et en Relations internationales, le terme « néolibéralisme » prête à confusion. Cette appellation a, au
fil des débats dans ce domaine, fini par revêtir plusieurs significations. Afin de clarifier ce dont il sera
question dans ce chapitre, il importe tout d'abord de
différencier le néolibéralisme économique du néolibéralisme tel qu'employé en Relations internationales. Le premier, dont on entend souvent parler dans
les médias, est une doctrine économique qui prône
notamment la libéralisation des échanges et le libre
jeu du marché. Le néolibéralisme tel qu'il est employé
en théorie des relations internationales est, quant à
lui, un courant bien précis qui tire ses origines philosophiques du libéralisme (exposé au chapitre 7), mais
qui s'en distingue par l'adoption de plusieurs postulats ontologiques et épistémologiques néoréalistes. Il
importe enfin de préciser que l'approche théorique
qu'est le néolibéralisme est aussi parfois appelée « institutionnalisme néolibéral ».

L'objectif de ce chapitre est triple : il s'agit 1) de
présenter en détail le courant théorique que constitue le néolibéralisme en Relations internationales ;
2) d'exposer les principales critiques formulées à

son égard ; et 3) de cerner les tentatives actuelles de
réponse à ces critiques et les tendances théoriques qui
en découlent.

Pour ce faire, nous présenterons l'émergence du
néolibéralisme en distinguant ses principaux éléments de continuité et de rupture vis-à-vis du libéralisme classique. Ensuite, nous exposerons les
caractéristiques ontologiques du néolibéralisme, ses
fondements épistémologiques, la méthodologie
lui étant généralement associée ainsi que son cadre
normatif. En raison de la similarité de ces éléments
avec ceux qui caractérisent le néoréalisme, particulièrement en ce qui a trait à son épistémologie, nous
signalerons par la suite les principales différences qui
distinguent les deux approches théoriques. La proximité théorique entre les approches néoréaliste et néolibérale et la synthèse « néo-néo » qui en découle ont
soulevé de vives critiques ; nous en exposerons certaines qui s'adressent plus spécifiquement au néolibéralisme. En regard des réponses que les néolibéraux
ont fournies à ces critiques, nous constaterons que le
néolibéralisme évolue vers un rapprochement tant
vers le néoréalisme que le constructivisme conventionnel. Il contribue ainsi à la construction d'un nou-

veau paradigme dominant la théorie des relations internationales[1].

1. Historique

L'approche néolibérale puise ses racines intellectuelles dans la longue tradition philosophique libérale. En revanche, bien qu'elle vise à confronter le néoréalisme, elle s'appuie également sur l'essentiel des postulats réalistes, au point d'être présentée comme la « demi-sœur du réalisme » (Keohane et Martin, 2003 : 81). Même Robert Keohane, l'un des pères fondateurs du néolibéralisme, ne s'identifie pas clairement au courant libéral : il estime plutôt que l'approche théorique qu'il développe repose autant sur des préceptes réalistes que libéraux (1990b) et se qualifie ainsi d'« institutionnaliste » (1984).

Même s'il est aujourd'hui très proche du néoréalisme, le néolibéralisme trouve ses origines dans les idées libérales qui, depuis la Deuxième Guerre mondiale, ont influencé la réflexion sur la **coopération** et les **institutions** internationales. Plusieurs écoles théoriques ont tenté de rendre successivement compte de ces phénomènes mais ont été abandonnées faute de résultats probants (Smouts, 1987 ; Pentland, 1990) (voir l'encadré 8.1). Ainsi, dans les années 1940, David Mitrany (1943) a élaboré une théorie fonctionnaliste qui prédisait la prise en charge graduelle par les organisations internationales des fonctions non politiques assumées par l'État, jusqu'au dépassement de celui-ci. L'échec des prédictions fonctionnalistes a entraîné, dans les années 1950 et 1960, un mouvement vers les théories de l'intégration et le néofonctionnalisme de la part d'auteurs tels qu'Ernst Haas et Joseph Nye. Ces modèles se révélèrent bientôt tout aussi inadéquats, ce qui incita Nye (1965), en compagnie d'autres chercheurs comme Keohane, à formuler dans les années 1970 de nouvelles hypothèses fondées sur les concepts de transnationalisme (Keohane et Nye, 1971) et d'interdépendance (Keohane et Nye, 1977). Ces travaux sont directement à l'origine du néolibéralisme, et plus particulièrement des notions d'interdépendance complexe et de régimes internationaux.

1.1 Contexte et développement de l'approche néolibérale

C'est dans un contexte de déclin de la puissance américaine que se développe le néolibéralisme, mais également dans un contexte où la théorie en relations internationales est largement dominée par le réalisme et le néoréalisme. Estimant que ces théories n'étaient pas en mesure d'expliquer pourquoi les États coopèrent entre eux et développent des institutions internationales pour ce faire, les néolibéraux ont tenté de développer un cadre analytique capable de décrire ces phénomènes.

L'émergence du néolibéralisme en Relations internationales date du milieu des années 1980, avec la publication de *After Hegemony* de Keohane (1984) et de *The Evolution of Cooperation* de Robert Axelrod (1984). Le développement du néolibéralisme fait ainsi suite à la publication de *Theory of International Politics* de Kenneth Waltz (1979). Il se voulait une réponse au néoréalisme (ou réalisme structurel) de ce dernier et, d'une façon plus générale, à la prédominance théorique de la politique de la puissance, incarnée par le réalisme et le néoréalisme.

Le néolibéralisme se constitue comme une véritable approche théorique grâce à ses travaux sur les **régimes**, les institutions et la coopération internationale. L'objectif était de proposer une solution de rechange à la thèse de la stabilité hégémonique, théorie inspirée des travaux de Charles Kindleberger (1973 ; 1976). Celle-ci prétend que la coopération internationale dépend de l'existence d'une puissance stabilisatrice – d'un hégémon – capable à la fois d'imposer sa vision des relations internationales et de faire preuve d'une certaine bienveillance en voyant au bon fonctionnement du système dans son ensemble, quoique tout en veillant par le fait même à ses propres intérêts. En l'absence d'un tel hégémon, une période d'instabilité économique et politique s'installe, au détriment de tous. Les États tendent, dès lors, à adopter des politiques égoïstes et protectionnistes, donc contraires à la coopération.

---

1. Voir à ce sujet le chapitre introductif du présent ouvrage. Notons que la prépondérance du paradigme rationaliste se retrouve surtout dans la littérature américaine.

Encadré 8.1 Les courants précurseurs du néolibéralisme

Le fonctionnalisme est une théorie élaborée au cours des années 1940 par David Mitrany (1943) qui constate l'impuissance des États à faire face aux défis économiques et sociaux contemporains. Pour dépasser cette incapacité, il propose la création d'organisations internationales dans les divers domaines où ces besoins se font sentir. Il s'agit d'un phénomène d'intégration fonctionnelle, ou technique. Mitrany considère également que la multiplication du personnel attaché à ces institutions contribuera à assurer le déclin de l'État et à augmenter l'intégration technique. Il postule que le dépassement des souverainetés sera opéré « par la bande », par le biais de ces institutions fonctionnelles qui se substitueront graduellement aux États. L'intégration politique suivra l'intégration socio-économique. Ce processus, cumulatif et autoreproducteur, mènera ultimement à l'établissement d'une paix durable, l'interdépendance des sociétés étant devenue si dense que tout conflit armé serait devenu impossible.

Le néofonctionnalisme est né du succès partiel du fonctionnalisme et de l'approfondissement de la Communauté économique européenne, qui incitent plusieurs chercheurs, au cours des années 1950 et 1960, à tenter d'affiner et d'adapter la théorie de Mitrany. Parmi ces derniers se trouvent Ernst Haas, qui propose une analyse dite néofonctionnaliste et qui met au cœur de son approche le concept d'intégration politique, qu'il définit comme « le processus par lequel on convainc des acteurs politiques vivant dans des situations nationales distinctes de diriger leur appartenance, leurs attentes et leurs activités politiques vers un nouveau centre, dont les institutions disposent d'une juridiction sur des États nationaux déjà

existants ou exigent une telle juridiction » (Haas, 1968 : 16). Les néofonctionnalistes misent sur le phénomène de « débordement » (*spillover*), propulsé par des acteurs non étatiques (les élites économiques, groupes de pression, etc.), où l'intégration dans un domaine entraîne une demande d'intégration dans un autre domaine.

Le transnationalisme est une école de pensée, développée notamment par Robert Keohane et Joseph Nye (1971), qui prétend que la société internationale est composée, outre des rapports interétatiques, de relations entre diverses autres formes d'organisations et d'individus. De ce fait, elle n'implique pas la coexistence d'États aux intérêts spécifiques et homogènes, mais plutôt une multitude d'intérêts personnels et collectifs qui interagissent directement et transversalement (Huntzinger, 1987 : 91). Pour ses tenants, les rapports mondiaux ne sont pas internationaux, mais plutôt transnationaux.

Les théories de l'intégration affirment que la paix et la prospérité sont possibles lorsque des États souverains abandonnent volontairement une partie de leur souveraineté au profit d'une communauté supranationale mieux en mesure de répondre aux besoins des États. L'étude de Donald Puchala (1981) constitue une bonne introduction à ce courant théorique. L'auteur passe en revue l'évolution du courant intégrationniste de ses débuts, de la fin de la Deuxième Guerre mondiale au début de la décennie 1980, et en évalue l'influence sur la discipline des Relations internationales. Par ailleurs, le fonctionnalisme et le néofonctionnalisme sont aussi des théories de l'intégration.

Or, pour les néolibéraux, la thèse de la stabilité hégémonique n'explique pas pourquoi, malgré le déclin de la puissance américaine, la coopération internationale persiste. En effet, les événements internationaux des années 1970 amenèrent plusieurs, notamment Robert Keohane (1984), à suggérer que les États-Unis, superpuissance de l'Occident, étaient en période de déclin. Ce déclin relatif de l'hégémonie américaine était associé à l'essor économique du Japon et de l'Europe, à la création d'un cartel international régulant le prix du pétrole (l'OPEP), à l'atteinte de la parité nucléaire par l'Union soviétique ainsi qu'à la défaite au Viêt-nam et à la fin du système monétaire de Bretton Woods. Face à ce déclin, Keohane lance le débat sur la possibilité de coopération inter-

nationale en l'absence d'une puissance hégémonique stabilisatrice.

Pour les néolibéraux, les intérêts égoïstes et rationnels des États ne les empêchent pas d'avoir des intérêts communs. Ces derniers peuvent se traduire par l'établissement de régimes internationaux pouvant perdurer malgré l'absence d'un hégémon. Ainsi, la complexité des relations internationales amène les néolibéraux à rejeter l'idée selon laquelle les interactions des États aboutissent naturellement à une situation de conflit, ou encore que les intérêts des États sont par essence antagonistes. Au contraire, la coopération internationale est possible et les États peuvent avoir des intérêts tant convergents que divergents.

L'existence de régimes internationaux en l'absence de puissance hégémonique le prouve.

Cette importance des régimes pour les néolibéraux a d'ailleurs donné naissance à un courant particulier : la théorie des régimes. Celle-ci s'appuie sur la définition de régime proposée par Stephen Krasner (1983 : 2), soit « un ensemble de principes, de normes, de règles et de processus décisionnels implicites ou explicites autour desquels les attentes d'acteurs convergent dans un domaine spécifique des relations internationales ». Les régimes constituent ainsi des sources d'ordre dans un environnement international anarchique en ce qu'ils régissent, à des degrés variables, le comportement des États.

En effet, la théorie des régimes postule que la nature anarchique du système international incite les États à institutionnaliser leurs rapports avec leurs homologues dans certains domaines d'intérêts communs. L'édification d'un régime leur permet de coopérer par l'entremise d'un cadre régulé et d'atteindre des objectifs autrement inaccessibles dans un environnement anarchique. Les régimes sont donc le résultat de calculs utilitaires de la part d'acteurs étatiques rationnels et de conjonctures particulières. Lorsque des États ont des intérêts convergents, la coopération s'avère parfois plus profitable que la confrontation, car les coûts de l'autarcie (*self-reliance*) s'avèrent trop élevés par rapport aux bénéfices possibles de la coopération. Après un calcul des coûts et des bénéfices, les États en arrivent parfois à la conclusion que la coopération institutionnalisée représente un meilleur moyen de parvenir à leurs objectifs.

Le cadre institutionnel que fournissent les régimes permet aux États d'atteindre plusieurs objectifs : 1) en limitant les coûts de transactions entre eux ; 2) en créant une structure qui favorise des négociations ordonnées ; 3) en favorisant l'établissement de liens entre différents enjeux et régimes ; 4) en facilitant la circulation de l'information, et surtout d'une information de meilleure qualité ; 5) en favorisant les échanges réguliers entre les États ; 6) en mettant l'accent sur le respect des règles et de la réputation ; enfin, 7) en promouvant le principe de réciprocité généralisée (Keohane, 1984). L'établissement de régimes réduit

ainsi l'incertitude dans les relations entre États et apporte une plus grande prévisibilité du comportement des acteurs. Ceux-ci ont dès lors intérêt à participer aux régimes puisque, même s'ils peuvent signifier une perte de gains à court terme, ils favorisent néanmoins l'établissement de relations bénéfiques à long terme.

L'institutionnalisation des rapports interétatiques, bien que profitable à long terme, réduit la marge de manœuvre des États (Keohane, 1984 : 108). Elle constitue un cadre auquel les États doivent se conformer en fixant des normes, des principes, des règles et des procédures devant être respectées. La mise en place d'un régime tend également à limiter les risques de désertion des États. Plus un régime s'institutionnalise et élargit ses champs d'action, plus la non-coopération devient coûteuse. L'établissement de liens entre les acteurs et les enjeux augmente la capacité de ses membres de recourir à des représailles contre un État contrevenant au régime et donc de punir sa défection.

C'est en développant la théorie des régimes que le néolibéralisme a su s'imposer. L'objectif de ses fondateurs étant d'élaborer une théorie capable d'expliquer la présence de coopération internationale en l'absence d'hégémon, ils ont pour ce faire construit une théorie dont les similitudes avec le néoréalisme sont telles que plusieurs se questionnent sur la nature *libérale* du néolibéralisme.

1.2 Que reste-t-il de libéral chez les néolibéraux ?

L'évolution du transnationalisme vers la théorie des régimes marque le rapprochement entre le néolibéralisme et le néoréalisme. Pourtant, le néolibéralisme n'a pas été entièrement dépouillé de son héritage libéral au cours de ce processus. Il véhicule en effet certains postulats qui sont d'inspiration nettement plus libérale que réaliste. Quatre d'entre eux, qui rappellent la conception sous-jacente de l'être humain de la théorie libérale (voir le chapitre 7), méritent d'être rappelés ici.

En premier lieu, le néolibéralisme témoigne d'un certain optimisme à l'égard de la nature humaine, en particulier dans sa capacité à surmonter, notamment par l'apprentissage, les conflits et les rivalités. Ses tenants reconnaissent ainsi la propension humaine à la paix (Puchala, 2003: 189-213). Cet optimisme conduit les néolibéraux à adopter, en second lieu, une conception progressiste de l'Histoire, et non pas la vision cyclique ou anhistorique des réalistes (Keohane, 1989b: 11). Les États apprennent de leurs erreurs et progressent, comme en témoignent l'émergence et la multiplication des institutions internationales, arènes d'échanges et de collaboration. En troisième lieu, les néolibéraux accordent une grande valeur aux institutions et aux échanges comme facteurs de stabilité. Quatrièmement, ils ont hérité de la souplesse des libéraux quand il s'agit de définir les enjeux et des acteurs en relations internationales. Ainsi, comme ces derniers, ils considèrent que les différents domaines d'action (sécurité, économie, environnement, etc.) ont tous une importance égale (Keohane et Nye, 1993: 5). Pour Keohane et Martin (1995: 43), par exemple, le néolibéralisme s'applique et demeure pertinent tant pour les grandes questions traditionnelles de la politique étrangère (*high politics*), notamment la sécurité, que pour celles qui étaient qualifiées autrefois de secondaires (*low politics*), par exemple le commerce ou la culture. Enfin, bien que, comme les néoréalistes, ils affirment que l'État demeure l'acteur dominant en relations internationales, les néolibéraux reconnaissent l'existence et l'importance d'autres types d'acteurs et en particulier de ces lieux d'échanges entre États que sont les institutions.

Toutefois, les éléments de rupture entre le libéralisme et le néolibéralisme sont plus nombreux que les éléments de continuité. Dans sa volonté de confronter le néoréalisme de Waltz sur son propre terrain, le néolibéralisme en est venu à abandonner bon nombre de préceptes libéraux au profit de prémisses réalistes. Comme nous le constaterons dans les sections qui suivent, les fondements du néolibéralisme s'apparentent beaucoup plus à ceux du néoréalisme qu'à ceux du libéralisme.

2. Les principaux éléments du néolibéralisme

L'objectif principal des néolibéraux est d'élaborer une théorie capable de répondre au néoréalisme tel qu'il est formulé par Kenneth Waltz (Krasner, 1983; Lipson, 1993; Keohane, 1986) qui s'est imposé comme référence incontournable de la discipline des Relations internationales (voir le chapitre 4). Le projet néolibéral tente ainsi de confronter le néoréalisme sur des bases ontologiques et épistémologiques similaires, et parfois même identiques, en montrant de façon empirique que les effets structurants de l'anarchie n'empêchent pas la coopération interétatique. La stratégie des néolibéraux est donc d'invalider les hypothèses néoréalistes en utilisant leurs prémisses, mais en proposant un raisonnement qui mène à des résultats différents, sinon diamétralement opposés. Pour les néolibéraux, la coopération internationale est possible non seulement au sein des institutions internationales, mais également entre des États aux intérêts convergents. Les prochaines sections élaboreront sur l'ontologie, l'épistémologie, la méthodologie et le cadre normatif du néolibéralisme.

2.1 L'ontologie

Bien qu'il estime important de considérer les caractéristiques internes de l'État (régime politique, culture politique, système économique, etc.), le néolibéralisme demeure une théorie systémique ou holiste[2]. Il consiste à analyser des caractéristiques du système international et à évaluer les effets de sa structure anarchique sur le comportement des États.

C'est d'ailleurs sur l'analyse de ces effets que porte le principal contentieux entre le néolibéralisme et le néoréalisme. Plutôt que de considérer que la structure anarchique du système entraîne inévitablement des conflits entre les États et que la coopération est

2. Par rapport à la dialectique agence/structure en Relations internationales, le néolibéralisme, malgré son holisme et son structuralisme, insiste sur la nécessité d'ouvrir la boîte noire de l'État et admet que l'apprentissage peut, en certaines circonstances, amener les États à modifier leurs comportements, voire à abandonner une partie de leur souveraineté. En ce sens, il ouvre la porte à l'agence tout en accordant une importance prépondérante à la structure.

donc rare et difficile à réaliser (comme le soutient le néoréalisme), le néolibéralisme estime plutôt que la coopération internationale est possible et même fréquente, et ce, malgré la nature anarchique du système international. En effet, s'inspirant de la théorie microéconomique, les néolibéraux affirment que, dans un environnement international anarchique où aucune force supranationale ne peut contrer la propension des États à agir en fonction de leurs propres intérêts, les États tendront à tricher ou à violer leurs promesses puisqu'ils ne savent pas si leurs rivaux respecteront les ententes conclues. Par exemple, si l'État X conclut une entente avec l'État Y en vue de libéraliser un secteur de leur économie, X n'a aucune assurance que Y respectera ses engagements et qu'il ne profitera pas de cette décision pour envahir son marché national. Ainsi, puisque la tricherie et le manque de confiance inhibent la coopération, il faut trouver des mécanismes qui puissent faire en sorte que les États ne craignent pas la défection de leurs homologues (Little, 2001 : 378). Cette situation nécessite donc l'élaboration de solutions collectives afin de contourner les politiques compétitives des États qui sont à la base du dilemme de la sécurité[3] et de la tricherie (*id.*). Voilà précisément le défi des néolibéraux.

Pour surmonter ce défi, les néolibéraux retournent au dilemme du prisonnier (voir le chapitre 4) et en réinterprètent les conséquences. Ils postulent que la coopération représente la situation optimale du dilemme du prisonnier, puisque les États qui coopèrent en tireront mutuellement des bénéfices. Ce qui empêche la coopération n'est donc pas nécessairement la nature anarchique du système, mais plutôt la crainte qu'ont les États des comportements de leurs rivaux. Pour Keohane (1984), les néoréalistes exagèrent les contraintes qu'impose la structure anarchique du système international aux États, surtout parce qu'ils interprètent et appliquent mal le dilemme du

prisonnier. En effet, ceux-ci tendent à ne prendre en compte qu'un jeu «non réitératif», c'est-à-dire un jeu qui ne se joue qu'une seule fois. Or, lorsque les interactions se multiplient, et donc que le jeu est joué à de multiples reprises, les acteurs ont alors la possibilité d'apprendre des coups précédents et d'adapter leurs stratégies en vue d'atteindre une situation optimale. Les réflexes compétitifs des États peuvent donc être modérés s'ils viennent à être persuadés, par l'entremise de contacts répétés avec leurs homologues, que ceux-ci ne tricheront pas. S'ils entrent en interaction de manière répétée (s'ils jouent le même jeu à plusieurs reprises), un sentiment de confiance peut, à long terme, se développer entre les acteurs du système international. La stratégie des joueurs est également différente lorsque la perspective de coopération est à long terme. On peut vouloir éviter les «coups bas» pour ne pas subir la vengeance de l'autre au prochain coup.

De surcroît, cette confiance peut se concrétiser grâce aux **institutions** internationales, généralement réunies au sein de **régimes** internationaux. Elles facilitent la coopération parce qu'elles fournissent des informations aux acteurs, réduisent les coûts de transaction (c'est-à-dire les coûts liés au démarrage d'un processus de coopération), facilitent l'établissement de liens entre différents domaines d'activité, rendent les engagements des acteurs plus crédibles en les formalisant et limitent les craintes en ce qui a trait aux comportements futurs des autres États (Keohane et Martin, 1995). Elles ont aussi comme effet de permettre aux États de distinguer les bénéfices à long terme de la coopération et donc d'aller au-delà des avantages à court terme que génère une action unilatérale. Fondées sur des principes de transparence et de réciprocité, les institutions offrent des solutions optimales aux États pour la gestion de leurs interactions (Axelrod, 1984). Ainsi, malgré l'environnement anarchique, ils disposent d'instruments leur permettant d'anticiper le comportement de leurs partenaires, de réduire l'incertitude et donc de dépasser leur méfiance endémique (Axelrod et Keohane, 1993 [1985] : 226 ; Keohane, 1983 : 148-149).

3. Une autre critique formulée quant à l'emploi du dilemme du prisonnier pour étayer les thèses en Relations internationales est celle de Robert Jervis. Jervis indique, en effet, que différentes situations en relations internationales tendront plutôt à ressembler au jeu de *Stag Hunt* ou encore de *Chicken*, deux jeux ayant des potentiels différents en termes de coopération (Jervis, 1978).

Au niveau ontologique, les néolibéraux privilégient donc une approche stato-centrée modérée : quoiqu'ils considèrent les institutions internationales comme objet d'analyse, celles-ci ne constituent pas des acteurs en soi, mais bien des arènes d'échange, un médium par lequel les États interagissent. L'État continue donc, dans l'approche néolibérale, de jouer un rôle prépondérant dans les rapports internationaux (Keohane et Nye, 1977). En d'autres mots, le néolibéralisme abandonne partiellement le postulat libéral du pluralisme des acteurs pour se concentrer sur l'État, à l'instar des néoréalistes, tout en ouvrant la porte à l'étude des normes et des institutions internationales, telle qu'elle est entreprise par certains constructivistes rationalistes (voir le chapitre 9)[4].

Le néolibéralisme repose également sur des prémisses semblables à celles du réalisme et du néoréalisme en ce qui a trait aux caractéristiques des États. Il postule que ceux-ci sont rationnels, utilitaristes et égoïstes, et agissent en fonction de la maximisation de leurs intérêts nationaux (Keohane, 1989 [1983] : 151). Le néolibéralisme se distance ainsi de plusieurs des postulats du libéralisme classique, jugés utopiques par Keohane (1984 : 59, note 2). Les grands idéaux, dont ceux de la paix libérale (démocratie, libre commerce et ouverture des frontières), n'ont ainsi pas leur place dans l'étude d'un environnement où prédominent les intérêts nationaux et la notion de l'«action rationnelle et égoïste[5]». Il est à noter toutefois que bien qu'il adopte les postulats de la rationalité et de l'égoïsme des États pour des raisons de simplicité, d'élégance et de clarté, ainsi que pour attaquer les néoréalistes sur leur propre terrain, Keohane concède que ces pos-

tulats sont problématiques. Il leur préfère la notion de la **rationalité limitée** («bounded rationality»), plus représentative de la réalité. Dans les faits, les comportements parfaitement rationnels sont impossibles puisque le monde est trop complexe. Devant cette complexité, les acteurs ne peuvent prendre en compte l'ensemble de l'information qui s'offre à eux. Ils ont une capacité cognitive limitée de traiter toute cette information. Il en résulte que les États ont plutôt tendance à adopter une stratégie de «satisficing» (et non «satisfying»), ou de suffisance (et non de satisfaction) : «ils économisent sur l'information en ne cherchant que jusqu'à ce qu'ils trouvent une option qui soit au-dessus du niveau de suffisance – leur niveau d'aspiration» (Keohane, 1984 : 112).

C'est à la suite d'un calcul des coûts et des bénéfices, en fonction de leurs intérêts nationaux plutôt qu'en fonction de grands idéaux, que les États choisissent de coopérer. La coopération n'est possible que lorsque deux États ou plus ont un avantage à collaborer (Keohane et Martin, 1995 : 39). La **coopération** se distingue ainsi de l'harmonie, au sens où les intérêts des États peuvent tout de même diverger autour d'autres enjeux que ceux dont fait l'objet la coopération, alors que l'harmonie implique que l'ensemble des intérêts soit partagé par ces États. La coopération, telle qu'elle est envisagée par les néolibéraux, comprend donc un mélange d'intérêts conflictuels *et* complémentaires entre deux États (Axelrod et Keohane, 1993 [1985] : 226).

Par ailleurs, la coopération internationale dépend de la perception qu'ont les États de leur intérêt à coopérer ensemble en fonction des bénéfices qu'ils pourront en tirer. En effet, selon Axelrod et Keohane (1993 [1985] : 229), «les perceptions définissent les intérêts. Donc, pour comprendre le degré de mutualité des intérêts [entre États] (ou pour favoriser cette mutualité) il faut comprendre le processus par lequel les intérêts sont perçus et les préférences déterminées». Le néolibéralisme ouvre ainsi la porte à une prise en considération des facteurs idéels (perceptions, idées, valeurs, normes, etc.). Il «examine autant les forces matérielles que les compréhensions subjectives des êtres humains» (Keohane, 1989 : 2). Il estime effec-

---

4. Pour Keohane (1984), par exemple, le système international témoigne du principe *constitutif* de la souveraineté et de la norme de «self-help», tout autant que de la présence d'intérêts mutuels, de relations de pouvoir et d'institutions internationales. Ces considérations pourraient se révéler complémentaires à certaines études constructivistes sur les normes et leur internalisation par les agents.

5. Les néolibéraux se distancent par exemple de la vision de la sécurité de certains libéraux classiques qui affirment que le commerce permettra de surmonter les problèmes inhérents au dilemme de la sécurité, qu'il rendra la guerre trop coûteuse et que les organisations internationales remplaceront le «self-help» des États (Nye, 1988 : 238). Voir le chapitre 7.

tivement que « même en politique internationale, les êtres humains tissent des toiles de significations » et que, conséquemment, chaque pratique de coopération entre les États « affecte les croyances, les règles et les pratiques qui forment le contexte pour les actions futures. Chaque action doit donc être interprétée comme étant imbriquée dans une série de telles actions et de leurs résidus cognitifs et institutionnels subséquents [...] » (Keohane 1984 : 56-57). Keohane insiste d'ailleurs sur l'importance des institutions dans ce cadre, institutions au sein desquelles pourront s'enraciner ces perceptions, idées, valeurs et normes. Il indique ainsi que « [p]our comprendre la coopération internationale, il est donc nécessaire de comprendre que les institutions et les règles ne reflètent pas uniquement, mais influencent aussi les faits en relations internationales » (Keohane 1984 : 56-57). Autrement dit, le néolibéralisme pose l'hypothèse que les institutions favorisent la coopération entre autres parce qu'elles affectent la perception des motivations et des intérêts des États les uns vis-à-vis des autres, et peuvent même favoriser l'empathie de la part des acteurs internationaux, c'est-à-dire une prise en compte des intérêts des autres dans le calcul de ses propres intérêts (Keohane 1984). Pour Keohane, les institutions jouent donc un rôle dans la constitution des intérêts étatiques et non pas uniquement un rôle de régulation des intérêts et des comportements des États (1989 : 5-6). Il ne s'agit toutefois que d'une ouverture partielle aux facteurs idéels puisque les néolibéraux ne poussent pas leur analyse au point de tenter d'en comprendre l'origine. Ainsi, ils auront tendance, malgré tout, à se pencher sur leurs effets de régulation plutôt que sur leurs processus de constitution et de transformation.

Par ailleurs, la conception néolibérale des intérêts découle d'une vision particulière des interactions entre les États. À la différence des néoréalistes, les néolibéraux croient que les États, lorsqu'ils interagissent, sont davantage motivés par une tentative de maximiser leurs **gains absolus** plutôt que leurs **gains relatifs**. Dans cette perspective, ils évaluent les bénéfices nets qu'ils tireront de la coopération plutôt que de tenir compte des gains que pourraient aussi obtenir leurs homologues en contrepartie. Pour les néolibéraux, les États se soucient donc peu des bénéfices que peuvent soutirer leurs rivaux lorsqu'ils font leurs choix politiques, mais tendent au contraire à prioriser leur propre bien-être avant tout.

En définitive, pour les néolibéraux, la coopération internationale est possible dans un système anarchique, mais seulement lorsque 1) des intérêts convergents entourant un enjeu existent entre deux ou plusieurs États et 2) lorsque ceux-ci cherchent à maximiser leurs gains absolus[6]. L'institutionnalisation des rapports de coopération, et les bénéfices qui en découleront pour tous, renforceront en retour l'intention des États d'identifier entre eux des intérêts communs et de poursuivre des stratégies visant à maximiser leurs gains absolus.

2.2. L'épistémologie

À l'instar du néoréalisme, le néolibéralisme adopte une épistémologie et une méthodologie positivistes. Les deux approches privilégient l'analyse empirique et l'observation rigoureuse des phénomènes internationaux identifiables, selon une conception de la science empruntée aux sciences naturelles. De ce fait, le néolibéralisme tente de formuler une théorie « scientifique » des relations internationales et d'en prouver la validité par l'entremise de faits observables. Il adopte ainsi un modèle scientifique hypothético-déductif. Toutefois, l'objectif de scientificité des néolibéraux les éloigne d'une représentation fidèle de la réalité observée et ce, malgré l'empirisme qu'ils préconisent. En effet, la complexité des rapports internationaux amène les néolibéraux à devoir développer une

---

6. Pour Lamy (2001 : 214), cette situation fait que le néolibéralisme s'attarde davantage et demeure plus pertinent vis-à-vis d'enjeux où les intérêts mutuels et les gains absolus sont facilement identifiables (ouverture des marchés, règles environnementales, droits humains, etc.) et où les règles des institutions internationales sont respectées. Conséquemment, vis-à-vis d'autres enjeux, surtout de nature militaire, où les gains des autres sont souvent perçus comme un jeu à somme nulle, le néolibéralisme se révèle moins pertinent.

7. Le modèle hypothético-déductif repose sur l'affirmation explicite d'hypothèses de recherche et sur la démonstration de ces hypothèses grâce à l'observation de faits empiriques qui les valideront ou les infirmeront.

approche s'appuyant sur des postulats et des *a priori*. Leur approche est dès lors *abstraite* plutôt que parfaitement représentative de la multitude de facteurs qui peuvent expliquer le comportement des États. Ce fait est reconnu par les néolibéraux. Ceux-ci affirment cependant privilégier l'abstraction à la complexité pour des raisons de parcimonie et de clarté. C'est en ce sens que Keohane 1986 : 25-26, n 7) affirme que le néolibéralisme n'est pas naïf en ce qu'il juge que la réalité sociale ne peut pas être parfaitement connue. Il admet ainsi qu'il est impossible d'établir des lois universelles déterminant les relations internationales (Keohane, 2000 : 127). Il adopte néanmoins les postulats positivistes afin d'ériger un programme de recherche certes incapable de traduire la complexité de l'environnement international, mais suffisamment rigoureux et scientifique pour être validé ou invalidé empiriquement.

Par conséquent, le néolibéralisme abonde dans le sens du néoréalisme en postulant sa capacité d'explication et de prédiction du comportement des États sur la scène internationale. Robert Keohane a d'ailleurs insisté sur le rapprochement épistémologique entre les deux approches lors d'une célèbre présentation en tant que président de l'International Studies Association (Keohane, 1988). Pour lui, il existe deux types de théories en Relations internationales, celles qui adoptent une approche « rationaliste », et celles qui sont « réflectivistes », donc qui font surtout de l'interprétation plutôt que de l'analyse empirique. Puisque néolibéraux et néoréalistes adoptent l'approche rationaliste, ce qu'il reste en matière de débat entre les deux courants est de nature empirique plutôt qu'épistémologique.

Comme il fut soulevé au chapitre 5, les problèmes de la correspondance entre théorie et faits concernent peu le néoréalisme. Waltz fait appel aux faits pour illustrer sa théorie, mais il demeure très sélectif dans ceux qu'il retient pour appuyer ses thèses. Les néolibéraux obligeront les néoréalistes à être plus empiristes puisqu'ils cherchent à comprendre « les anomalies auxquelles fait face la théorie réaliste en bâtissant sur, mais en dépassant, ce qu'il a en commun avec le

réalisme » et en s'appuyant sur « l'essence des institutions, et comment elles fonctionnent » (Keohane et Martin, 2003 : 78). Ce faisant, le néolibéralisme aurait, selon certains, emprunté plus ou moins le chemin proposé par le philosophe des sciences, Imre Lakatos (voir le chapitre 2) :

> Il [le néolibéralisme] réaffirma le noyau du programme de recherche réaliste ; identifia et souligna les anomalies confrontant le réalisme ; proposa une nouvelle théorie pour résoudre ces anomalies ; identifia une implication clé de sa théorie, qu'il était possible d'observer ; et chercha à vérifier des hypothèses fondées sur cette implication théorique, en cherchant de nouveaux faits (Keohane et Martin, 2003 : 73).

En réponse à ceci, les néoréalistes affirment que les néolibéraux offrent une lecture très contestable des faits et que la lecture néoréaliste lui est préférable (Grieco, 1993 : 304-309). Il ne s'agit pas d'arbitrer ici entre les deux courants sur cette question, mais plutôt de souligner que l'interprétation et la lecture des données empiriques deviennent un aspect fondamental du débat entre néolibéraux et néoréalistes, bien que cette question soit une caractéristique qu'ils partagent.

2.3. La méthodologie

En plus d'être l'un des pères fondateurs du néolibéralisme, Robert Keohane est également l'un des auteurs de Designing Social Inquiry, un ouvrage culte en matière de méthodologie de la science politique et des Relations internationales américaines (King, Keohane et Verba, 1994). Proposant une approche « scientifique », cet ouvrage – souvent surnommé KKV – développe les bases d'une recherche objective en sciences sociales permettant tant de manière quantitative que qualitative de produire de « justes déductions descriptives et causales » (King, Keohane et Verba, 1994 : 3). Cet incontournable ouvrage de méthodologie ne fait pas que des émules étant donné son penchant pour la scientificité en sciences sociales. La vision de KKV reflète toutefois bien les préceptes méthodologiques du courant dominant en Relations internationales, le fameux mainstream, et des tenants du néolibéralisme.

Nombre d'adeptes d'une méthodologie rigoureuse insistent sur l'importance de choisir la méthodologie de manière à refléter et respecter l'ontologie et l'épistémologie adoptées (Hall, 2000). La méthodologie néolibérale ne cherche pas à faire exception à cette règle. Les méthodes de recherche des néolibéraux complémentent ainsi la conception néolibérale du monde et de la nature des Relations internationales (ontologie), ainsi que les conditions du savoir néolibéral par rapport à ce monde (épistémologie). Deux éléments clé des cadres méthodologiques néolibéraux découlant de leur fidélité à l'ontologie et l'épistémologie néolibérales sont 1) le développement d'hypothèses, puis d'explications causales permettant d'identifier la ou les cause(s) d'un effet, et 2) le développement d'un cadre méthodologique (hypothèse et données) pouvant être reproduit par d'autres chercheurs en vue d'en vérifier la falsifiabilité. Du point de vue des hypothèses et des explications développées, les néolibéraux accordent beaucoup d'importance à l'identification de relations de cause à effet. Ils croient en effet à la possibilité et à la nécessité d'isoler les causes de leur effet dans un monde de faits sociaux. En fait, pour de nombreux analystes des théories dominantes en Relations internationales, une explication, de même qu'une théorie, s'établissent à partir d'hypothèses causales ou de lois causales (Van Evera, 1997 : 8). Il en découle que, de manière générale, un bon cadre méthodologique néolibéral se doit d'émettre des hypothèses de nature causale, ainsi qu'expliciter clairement ses variables indépendantes (causes) et dépendantes (effets).

Un bon cadre méthodologique néolibéral doit également permettre sa falsification. La vision de la science sous-tendant le concept de falsification maintient que la connaissance progresse à force de falsifier, c'est-à-dire, d'infirmer les hypothèses, les principes et les théories. En effet, à force d'éliminer des pistes non plausibles ou non valides, nous nous rapprochons ainsi, selon cette perspective, de plus en plus de la connaissance « véridique ». Il est alors essentiel, d'un point de vue scientifique, que les hypothèses et les explications développées puissent être soumises à la falsification[8]. En d'autres mots, les hypothèses et les explications émises dans un cadre méthodologique néolibéral doivent être édictées de manière à pouvoir être clairement infirmées ou validées. L'idée de falsification peut être poussée encore plus loin. Afin de favoriser ce processus de falsification, la reproductibilité des résultats de recherche devient importante. Ainsi, afin d'infirmer ou de valider les résultats d'une analyse, ses hypothèses, ses méthodes et ses données doivent pouvoir être reproduites par d'autres chercheurs. Les hypothèses et les méthodes employées doivent ainsi être clairement énoncées de manière à ce que si d'autres analystes souhaitent vérifier les résultats de cette analyse (en l'appliquant au même cas ou à d'autres cas d'étude, par exemple), ils puissent reprendre ces mêmes hypothèses et méthodes et vérifier s'ils arrivent (validation) ou non (falsification) aux mêmes conclusions.

En ce qui à trait aux méthodes propres au néolibéralisme, elles se distinguent, à l'instar d'autres cadres méthodologiques, entre les approches quantitatives et celles qualitatives. Différents néolibéraux choisissent en effet l'une ou l'autre de ces approches selon le type de questions auquel ils tentent de répondre et le type de résultats souhaités[9]. En effet, certaines problématiques se prêtent plus facilement à une vérification par l'entremise de méthodes quantitatives (données et méthodes statistiques), alors que d'autres sont plus aisément étudiées à l'aide de méthodes qualitatives (description en profondeur (*thick description*), analyse historique, étude de cas unique ou comparaison, analyse de discours, etc.). À titre d'exemple, une analyse quantitative de nature néolibérale pourrait évaluer la prégnance d'une norme en mesurant l'évolution du nombre d'actions soutenant cette norme à travers le temps. Une analyse qualitative, quant à elle, pourrait prendre la forme d'études de cas en profondeur d'acteurs se conformant à un régime

---

8. Des énoncés tautologiques ou métaphoriques ne peuvent être scientifiques, par exemple (Delanty, 1997 : 32).

9. Selon *Designing Social Inquiry*, il n'y a pas de différence fondamentale entre les méthodes quantitatives ou qualitatives (King, Keohane et Verba, 1994 : 3). Quoique leurs styles diffèrent, elles découlent de la même logique de quête de déductions causales ou descriptives valides.

afin de comprendre leurs motivations. De nombreux outils méthodologiques s'offrent donc aux néolibéraux. Toutefois, tout comme leur méthodologie doit respecter leur ontologie et leur épistémologie, les méthodes de recherche appropriées seront celles qui tiendront compte de la question de recherche étudiée et des résultats recherchés.

2.4 Les dimensions normatives

Bien que les néolibéraux affirment adopter une approche scientifique et s'opposent par le fait même à l'inclusion de principes normatifs dans l'analyse, plusieurs éléments normatifs sous-tendent néanmoins leur approche. Ils entretiennent un préjugé favorable à la coopération et une présomption des bienfaits de la coopération internationale. Ainsi, Keohane promeut le « changement pacifique » et considère que les « institutions internationales, les règles et les modes de coopération […] fournissent un point de mire naturel pour l'intérêt des chercheurs et aussi une préoccupation pour les politiques publiques » (Keohane, 1989c : 66). Les néolibéraux admettent ainsi ouvertement leur préférence pour la coopération et estiment que le bien-être de l'humanité dépend de celle-ci et de l'institutionnalisation des rapports interétatiques. Les institutions et les régimes qui en découlent contribuent donc, selon eux, à l'amélioration du bien-être de l'humanité en ce qu'ils promeuvent la mondialisation, le bien commun et un ordre international libéral (Little, 2001 : 371).

Parce qu'il tente de formuler des solutions visant le bon fonctionnement des relations internationales selon *sa* vision d'un système optimal, le programme de recherche du néolibéralisme ne remet donc pas en question la nature et les fondements de ces relations. Il a donc pour effet de reproduire une certaine vision du monde en la réifiant et en la légitimant. L'approche néolibérale est ainsi foncièrement conservatrice ; elle n'est pas porteuse de changement et, au contraire, reproduit les relations de pouvoir, les inégalités existantes ainsi que les manières de voir et de faire établies. En d'autres mots, le néolibéralisme prône le *statu quo* autant en ce qui a trait à la nature libérale de

l'économie mondiale qu'à la répartition actuelle de la puissance entre les États.

3. Rapprochement et divergences : la synthèse néo-néo

Avec la reconnaissance de la nature anarchique du système international, Keohane et Martin identifient cinq éléments communs au néolibéralisme et au néoréalisme : 1) les États sont les acteurs principaux des relations internationales ; 2) ils agissent et se comportent comme s'ils cherchaient à maximiser leur utilité rationnelle ; 3) ils poursuivent des intérêts égoïstes ; 4) aucune force externe n'existe pour leur imposer des accords ; et 5) parce qu'ils fonctionnent dans un environnement où l'information est rare, les États sont incités à la fois à obtenir plus d'information sur les actions des autres États et à rehausser leur propre crédibilité[10] (Keohane et Martin, 2003 : 98 ; voir également Keohane, 1988).

De plus, parce qu'ils partagent une même approche rationaliste, une même conception de la science sociale et se penchent sur des problèmes de nature similaire, le néolibéralisme et le néoréalisme forment maintenant ce que plusieurs qualifient de « synthèse néo-néo » (Wæver, 1996b : 163). Cette convergence théorique est visible tant au niveau ontologique qu'épistémologique. Les principaux éléments de dissension entre les deux approches s'articulent plutôt autour de litiges conceptuels ou empiriques. Les plus importants méritent d'être soulevés.

La conception néolibérale de l'anarchie. Pour les néolibéraux, il serait erroné de concevoir l'anarchie comme le fait le néoréalisme (Lipson, 1993 ; Milner, 1993). Elle ne signifie pas que la scène internationale est un monde désordonné de lutte de tous contre tous. Axelrod et Keohane (1993 : 226) indiquent d'ailleurs que

163

de dire que les relations internationales sont anarchiques n'implique pas qu'elles sont complètement dénuées d'organisation. Les relations entre acteurs peuvent être soigneusement structurées autour de

---

10. Pour une présentation détaillée des divergences et des similarités entre le néoréalisme et le néolibéralisme, voir Baldwin (1993).

certains enjeux, mais être plus déstructurées pour certains autres. [...] L'anarchie, définie comme l'absence d'un gouvernement commun, demeure une constante, mais le degré de structure dans les interactions, et les façons dont elles sont structurées, varient.

L'anarchie n'est donc pas synonyme d'absence de comportements coopératifs.

La coopération internationale. De leurs différends sur la notion d'anarchie découlent donc des visions antagonistes quant aux possibilités de coopérer dans le système international. Les néolibéraux et les néoréalistes ne s'entendent pas sur les effets de l'anarchie sur le degré, l'intensité et la durée des relations de coopération. Les néoréalistes estiment que la coopération entre les États est difficile à établir et encore plus à maintenir (Grieco, 1993) en raison de l'absence d'une puissance hégémonique capable de l'imposer et de la propension des États à vouloir maximiser leurs gains relatifs. Dans cette perspective, la coopération est de courte durée puisqu'elle dépend des politiques compétitives des États. Bien qu'ils n'écartent pas complètement les rapports de puissance (Hasenclever, Mayer et Rittberger, 1997 : 4), les néolibéraux sont plus optimistes à l'égard de la coopération interétatique que les néoréalistes : elle est en effet possible, et surtout plus durable, puisque les États, à force d'interagir, peuvent en apprendre les bénéfices.

L'impact des institutions et des régimes internationaux. Les néoréalistes considèrent les institutions et les régimes (termes pratiquement interchangeables pour les néolibéraux) comme un épiphénomène des relations de puissance. Ils ne sont que le reflet des intérêts d'une puissance hégémonique. Ils sont ainsi voués à n'être que temporaires et ne peuvent avoir, par eux-mêmes, qu'un effet limité sur les relations entre États (Grieco, 1988 : 485). Les néolibéraux accordent quant à eux beaucoup plus d'importance aux institutions et aux régimes. En l'absence d'une autorité internationale, ils constituent un outil fondamental pour favoriser la coopération entre les États (McLaughlin, Mitchell et Hensel, 2007). Alors que les néoréalistes postulent que dans un système de *self-help*, les institutions ne peuvent empêcher les luttes entre les États, les néolibéraux estiment que les insti-

tutions peuvent limiter les comportements belliqueux en favorisant la transparence et un plus grand partage d'information. Cela accroît les conséquences d'une réaction offensive (en augmentant ses coûts) et réduit de ce fait le désir d'adopter un comportement offensif (Jervis, 1999 : 58). En outre, pour les néolibéraux, les institutions et les régimes sont beaucoup plus faciles à établir que ne le laissent entendre les néoréalistes.

La conception divergente du néolibéralisme et du néoréalisme vis-à-vis des institutions et des régimes internationaux n'est toutefois pas considérée par les néolibéraux comme un élément de rupture vis-à-vis du néoréalisme :

> Puisque l'utilisation de la puissance peut faciliter la construction de régimes, cette approche [le néolibéralisme] doit être vue comme complémentaire à l'insistance sur l'autorité hiérarchique, plutôt qu'en contradiction avec celle-ci. Les régimes n'imposent pas des règles dans un sens hiérarchique, mais elles changent bien les modes de coûts de transaction et fournissent de l'information aux participants, de sorte que l'on diminue l'incertitude (Axelrod et Keohane, 1993 : 110).

Pour les néolibéraux, la nature du système international demeure donc anarchique et soumise à la répartition relative de la puissance, soit exactement comme le conçoivent les néoréalistes, mais les institutions et régimes peuvent aider à tempérer les effets de cette structure.

Les priorités et les objectifs de l'État. Les néolibéraux ont une vision plus nuancée des intérêts des États. Quoiqu'ils reconnaissent que la sécurité, une priorité chez les néoréalistes, demeure un enjeu important pour les États, les néolibéraux estiment que leurs intérêts ne se limitent pas à celle-ci. Bon nombre de néolibéraux étudient par exemple les enjeux liés à l'économie politique internationale puisque, selon eux, les États cherchent à maximiser leur puissance *et* leur prospérité. Une des questions prédominantes du néolibéralisme est ainsi de trouver des solutions aux imperfections du marché (Burchill, 2001a : 18) afin que chacun des partenaires tire des bénéfices optimaux dans leurs échanges internationaux.

Encadré 8.2 Les enjeux principaux du débat néo-néo

1. Les deux sont d'accord sur le fait que le système international est anarchique, mais ne s'entendent ni sur ce que cela signifie exactement ni sur son importance.

2. Néolibéraux et néoréalistes considèrent les États comme les acteurs principaux du système international, et qu'il s'agit d'acteurs rationaux et unitaires. Cependant, de plus en plus les néolibéraux s'interrogent sur le rôle de la politique intérieure dans la formulation des préférences des États.

3. Les deux s'entendent sur le fait que la coopération soit possible. Mais les néoréalistes considèrent qu'elle est beaucoup plus difficile à atteindre que les néolibéraux.

4. Ils se distinguent sur l'importance à accorder aux gains absolus et aux gains relatifs comme obstacle à la coopération.

5. Les néoréalistes mettent l'accent sur les capacités des États, tandis que les néolibéraux soulignent les intentions des États.

6. Néolibéraux et néoréalistes diffèrent sur l'importance qu'il faut accorder à la montée des institutions internationales, et en particulier les régimes, à leur contribution à la coopération internationale et à leur impact sur la nature des relations internationales.

7. Les deux approches débattent de la fongibilité de la puissance, c'est-à-dire de sa transférabilité d'un domaine à un autre. Les néoréalistes ont plus tendance que les néolibéraux à croire que oui.

D'après Baldwin (1993 : 4-8, 20-22).

Les gains relatifs et les gains absolus. Pour les néoréalistes, les États se préoccupent principalement de leurs gains relatifs. Pour eux, l'incertitude engendrée par l'anarchie du système international alimente la crainte que l'allié d'aujourd'hui puisse devenir l'ennemi de demain (Grieco, 1988). Si un changement de donne fournit un avantage à un autre acteur, risquet-il de devenir une menace ? Les néolibéraux considèrent quant à eux que les préférences des États sont fondées sur l'évaluation de leur propre bien-être et non sur celui des autres (Keohane, 1984 : 66). Les néoréalistes surestiment donc la peur : les États se préoccupent en fait davantage de maximiser leurs bénéfices absolus, indépendamment de leurs implications pour les bénéfices des autres acteurs du système, et ce, parce que les États partagent des intérêts convergents (Stein, 1993 [1982]).

❧ Le débat entre néolibéraux et néoréalistes a toutefois évolué vers des positions moins tranchées au cours des années 1990 : les tenants des deux approches concèdent que les deux types de gains motivent les actions des États, mais que la prédominance des uns ou des autres sera fonction de l'intensité du dilemme de la sécurité (Powell, 1994 : 335). Ainsi, Keohane affirme que les gains relatifs constituent des facteurs importants de motivation pour les États, mais seulement lorsque les gains obtenus risquent, à terme, de modifier les relations de puissance, ou lorsqu'il est probable que les gains obtenus en termes de puissance puissent être utilisés contre l'État en question (Keohane, 1993 : 275). Lorsque peu d'intérêts convergents existent entre des États, ceux-ci auront tendance à vouloir maximiser leurs gains relatifs, comme le postulent les néoréalistes. Cependant, lorsque ces mêmes acteurs étatiques partagent des intérêts communs, alors ils ne prendront en considération que leurs gains absolus (Keohane, 1989 : 16). L'enjeu actuel du débat porte dès lors sur l'identification des conditions qui feront en sorte que les gains relatifs et absolus seront priorisés par les États dans la détermination de leurs intérêts.

Par ailleurs, deux autres débats se déroulent parallèlement à ceux énumérés jusqu'à présent. Il s'agit, d'une part, du débat entre les capacités et les intentions des États. Alors que les néoréalistes affirment que les États se préoccupent principalement des capacités des autres (Grieco, 1988), les néolibéraux considèrent que les États prennent également en considération leurs intentions (Keohane, 1993). Qu'il y ait asymétrie dans les capacités des États n'est problématique qu'en fonction des intentions (bienveillantes ou malveillantes) de ceux-ci. De plus, les deux approches débattent de la **fongibilité** (ou non) de la puissance, c'est-à-dire de savoir si celle-ci est transférable d'un domaine à l'autre, les néoréalistes affirmant que oui, les néolibéraux tendant à croire le contraire (Baldwin, 1993 : 20-22). L'enjeu principal du débat sur la fongibilité est de déterminer si, en coopérant, les États permettront à leurs partenaires d'accroître leur puissance respective dans d'autres domaines que celui faisant l'enjeu de la coopération. En d'autres mots, il s'agit d'évaluer si les États risquent de donner aux autres, par inadvertance, les moyens d'accroître leur puissance dans d'autres domaines, ce qui pourrait avoir des conséquences fâcheuses pour leur propre sécurité.

En définitive, malgré les divergences soulevées, le néolibéralisme et le néoréalisme évoluent vers une complémentarité théorique et contribuent à la formulation d'un véritable paradigme commun, compte tenu de leur proximité ontologique et épistémologique, de même que de la nature relativement pointue de leurs divergences empiriques. Toutefois, les efforts en vue d'un rapprochement viennent essentiellement des auteurs néolibéraux. Les partisans du néoréalisme se sont montrés beaucoup moins ouverts à l'idée d'une synthèse ; ils sont pratiquement tous demeurés convaincus de la supériorité de leur approche. Pour Waltz (2003 : 49), par exemple, le néolibéralisme « n'a jamais été une alternative au réalisme », alors que pour Grieco (1993 : 335), le « réalisme restera sans doute l'approche dominante tant qu'il n'y aura pas d'autorité mondiale centralisée ».

Chez les néolibéraux, c'est à Keohane (1989b : 15) que l'on doit l'essentiel des efforts de synthèse. Celui-ci prétend d'ailleurs que le néolibéralisme subsume le néoréalisme. Ses efforts en vue de formuler une approche théorique qui rejoint sur plusieurs points le néoréalisme font dire à Wæver que le néolibéralisme et le néoréalisme « s'entendent sur 90 pour cent [des enjeux], le reste étant essentiellement une question empirique » (1996b : 166). Cette évolution au sein de la discipline des Relations internationales a permis la constitution d'un paradigme hégémonique qui, depuis les dernières années, tend également vers l'intégration des propositions de certains constructivistes plus conventionnels. Avant d'élaborer sur les principaux éléments de ce rapprochement, il convient

d'abord de présenter, sommairement, les principales critiques, essentiellement celles des constructivistes, à l'égard du néolibéralisme.

4. Critiques des constructivistes

Le débat qui s'est ouvert dans les années 1980 sur le néolibéralisme, mais principalement sur la synthèse néo-néo, a foncièrement remis en question les fondements de la discipline. Ce débat, opposant les différentes approches rationalistes aux « réflectivistes », comprenant les constructivistes, la Théorie critique, les postmodernistes et certains féministes et néomarxistes, s'est développé devant le manque de réflexivité de la part des approches prédominantes (voir le chapitre 2). De façon générale, les réflectivistes remettent en question le consensus qui règne à l'égard des principaux concepts et des fondements de ce champ d'études, éléments qui sont tenus pour acquis par les approches traditionnelles, dont le néolibéralisme.

Ces remises en question touchent autant l'ontologie que l'épistémologie, la normativité et la méthodologie. Dans cette section, nous ne présenterons que quelques-unes des principales critiques ontologiques et épistémologiques adressées à la synthèse néo-néo par les constructivistes, et plus particulièrement celles dirigées contre le néolibéralisme. La distinction entre les critiques de nature ontologique et épistémologique est cruciale, car les réponses du néolibéralisme à chacune d'elles sont d'un ordre fort différent : autant le néolibéralisme s'est ouvert à certaines critiques de nature ontologique, autant il a rejeté catégoriquement celles de nature épistémologique.

4.1 Critiques ontologiques

Dans *Constructing the World Polity*, le constructiviste John Ruggie (1998) formule plusieurs critiques à l'égard du néolibéralisme. Fondamentalement, les néolibéraux, comme les néoréalistes d'ailleurs, conçoivent les relations internationales comme un univers anarchique composé d'entités étatiques égoïstes et rationnelles, dont l'identité est souvent tenue pour acquise et fixe, et dont les intérêts sont principalement matériels.

Ces postulats imposent des limites importantes à l'analyse néolibérale des relations internationales. Pour bon nombre d'auteurs, le simple fait de partir du postulat de l'anarchie du système international constitue une erreur fondamentale qui amène les néolibéraux à adopter une vision biaisée, sinon erronée des relations internationales. Ce point a d'ailleurs fait l'objet d'un article important d'Alexander Wendt (1992), «Anarchy is What States Make of It», dans lequel il estime que la nature du système international est construite par les actions des États en fonction de la conception même qu'ils se font de la nature du système. En conservant l'anarchie comme point de départ à l'analyse, le cadre néolibéral ne peut que tomber dans une logique de reproduction du système, au détriment de pouvoir concevoir sa transformation (Kratochwil et Ruggie, 1986) ou de le penser autrement.

D'autres postulats néolibéraux posent problème. Entre autres, les néolibéraux ne tiennent pas compte du processus de formation des identités et des intérêts des États. Ces facteurs sont plutôt traités de façon exogène. Par exemple, bien que Keohane (1984 : 156-157) estime que les idées sont au cœur du processus de définition des intérêts des États, les préférences de ces derniers sont néanmoins conçues comme rationnelles, égoïstes et principalement matérielles, sans qu'aucune attention ne soit accordée à la façon dont l'identité d'un acteur peut influer et même constituer les intérêts et, ultimement, les dynamiques internationales. De plus, les néolibéraux ne tiennent pas compte du fait que d'autres facteurs normatifs, internes ou externes aux États, peuvent constituer ou réguler leurs comportements. Dans cette perspective, Ruggie (1986) critique le fait que le néolibéralisme ignore le rôle causal des facteurs idéels, comme la culture et les valeurs. Par ailleurs, bien que Keohane reconnaisse cette possibilité, les néolibéraux négligent la fonction constitutive des règles et des normes puisqu'ils se penchent principalement sur leur fonction de régulation des comportements des États par les institutions. L'impact de ces facteurs idéels est donc soumis à la logique des intérêts de l'État : ils ne sont qu'un outil pour contrôler la nature de celui-ci. La conception des relations internationales qu'adop-tent les néolibéraux, particulièrement en fonction du rôle limité qu'ils attribuent aux facteurs idéels, les amène donc à privilégier une ontologie matérialiste. Cette conception a fait l'objet de vives critiques par les constructivistes, qui estiment que les dimensions idéelles des rapports internationaux sont essentielles pour expliquer fidèlement les comportements des États. L'approche néolibérale est donc considérée comme trop simpliste vis-à-vis de la nature complexe, changeante et contradictoire des rapports mondiaux.

De manière similaire, les néolibéraux font peu de cas des facteurs politiques internes aux États comme déterminants de leurs préférences. Certes, Keohane (1984 : 27-30) affirme, à l'instar des libéraux classiques, que les différences de comportement des États résultent, entre autres, des différences entre leurs caractéristiques internes. Mais il n'en demeure pas moins qu'il traite l'État comme un acteur rationnel et unitaire agissant de façon utilitaire et égoïste dans ses rapports avec les autres États. De ce fait, le néolibéralisme représente une approche théorique pratiquement incapable de cerner le rôle et l'importance des acteurs non étatiques (telles que les multinationales) dans les rapports internationaux, de même que les motivations éthiques (celles qui pourraient dicter les politiques d'aide publique au développement, par exemple) dans la politique étrangère des États (Little, 2001 : 217).

4.2 Critiques épistémologiques

Friedrich Kratochwil et John Ruggie (1986 : 764-770) soulèvent trois des problèmes épistémologiques du néolibéralisme. Premièrement, le positivisme de l'approche néolibérale contredit son ontologie. Ainsi, en affirmant que les régimes internationaux sont fondés sur la convergence des attentes entre les États et l'interprétation que font chacun d'entre eux des intentions des autres, les néolibéraux introduisent la notion d'intersubjectivité comme élément constitutif primordial à l'existence même des régimes. Mais une «épistémologie positiviste ne peut simplement s'accommoder d'une ontologie aussi intersubjective», une contradiction qui semble avoir été peu abordée dans la littérature consacrée aux régimes (765).

Une deuxième série de problèmes concerne le modèle d'explication associé avec le positivisme. Celui-ci repose normalement sur une condition initiale, accompagnée d'une loi de couverture[11], qui, ensemble, permettent de faire des hypothèses ou des prédictions. Toutefois, un tel modèle s'applique mal à des concepts fondamentaux à la théorie des régimes, tels que les normes. Premièrement parce qu'on ne peut les considérer comme étant causales : « les normes peuvent "orienter" le comportement, elles peuvent "inspirer" le comportement, elles peuvent "justifier" le comportement, elles peuvent exprimer "des attentes réciproques" à propos du comportement, ou on peut les ignorer. Mais elles ne constituent pas une cause au sens où une balle dans le cœur cause la mort » (767). Ensuite, on ne peut réfuter une norme en présentant des cas qui la contredisent. Ainsi, le fait qu'une partie de la population viole une norme, par exemple le respect des limites de vitesse sur les routes, ne signifie ni qu'une telle norme n'existe pas ni qu'elle n'est pas valable. Autrement dit, la notion de norme ne se prête pas à une recherche fondée sur une épistémologie positiviste.

Troisièmement, les néolibéraux postulent que plus les normes, les principes, les règles et les procédures d'un régime sont cohérents entre eux, plus solide sera le régime. Cela est fondé sur l'idée qu'il est possible de séparer les buts (exprimés par les principes et les normes) et les moyens (exprimés par les règles et les procédures) afin d'en dégager la cohérence. Or, pour Kratochwil et Ruggie, les buts sont inséparables des moyens dans la mesure où les seconds *constituent* les premiers : les moyens limitent et définissent les buts. Par leurs pratiques et les moyens qu'ils mettent à la disposition des régimes, les États ne font donc pas que reproduire les structures des régimes ; ils contribuent à leur transformation et à leur évolution (Kratochwil et Ruggie, 1986 : 770).

Ces trois problèmes soulevés par Kratochwil et Ruggie rappellent les problèmes fondamentaux que pose le positivisme adopté par le néolibéralisme. En effet, l'approche néolibérale s'appuie sur le naturalisme, l'objectivisme et l'empirisme. D'abord, ils estiment que les énormes différences qui existent entre les univers naturel et social ne permettent pas d'appliquer les méthodes d'analyse des sciences naturelles aux sciences sociales, comme le prétend le naturalisme. Il n'y a pas de lois générales et universelles qui puissent être appliquées à l'être humain puisqu'il s'agit d'un sujet conscient et agissant, se faisant sa propre interprétation de son monde – ce qui n'est pas le cas des objets d'étude en sciences naturelles. Pour le comprendre, il ne peut pas être simplement observé. Il est nécessaire de connaître ses perceptions, ses points de vue, ses croyances, ses valeurs, etc.

En outre, les réflectivistes et certains constructivistes rejettent l'objectivisme du néolibéralisme, c'est-à-dire la prétendue capacité de l'observateur à étudier de manière neutre et détachée le monde social qui l'entoure. L'analyste ne pourra jamais réussir à s'isoler du monde social qu'il habite et ne pourra donc jamais y poser un regard neutre. Il sera toujours prisonnier de ses croyances, ses valeurs et ses points de vue. Ces derniers influenceront toujours ses choix, ses priorités, son approche et sa vision, qu'il en soit conscient ou non.

Enfin, plusieurs critiquent son empirisme qui postule que seule l'observation permet d'appréhender la réalité. Pour les tendances les plus strictes de l'empirisme, seuls les énoncés se rapportant à des objets directement observables et mesurables peuvent permettre de connaître un phénomène. Ceux portant sur ce qui n'est pas observable ne constituent donc pas des apports probants (Smith, 1996 : 19). L'empirisme n'a toutefois pas été appliqué de façon aussi radicale par les néolibéraux. Ils se sont penchés sur certains phénomènes sociaux qui sont difficilement observables et mesurables, comme les régimes, par exemple. Cependant, l'empirisme continue de dicter la manière d'étudier des phénomènes tels que l'effet des institutions ou la coopération internationale : il s'agit de l'observation rigoureuse de faits qui laisse de

---

11. Concept qui signifie « un énoncé général constant ou fréquent, entre deux catégories d'événements. Quand le lien est constant, on parle de loi causale, quand le lien est fréquent, on parle de loi probabiliste » (Gagnon et Hébert, 2000 : 212).

côté les aspects plus difficilement saisissables des phénomènes (les idées et les motivations des États, par exemple). L'empirisme limite donc non seulement les aspects, de la réalité sociale que l'on peut étudier, mais même ce qu'il permet d'étudier se trouve limité à ce qui se vérifie par l'observation (Smith, 1996: 19).

En somme, le néolibéralisme néglige la nature constitutive du monde social en raison de ses postulats ontologiques et épistémologiques. Parmi les auteurs qui ont formulé ces critiques se trouvent les constructivistes. Cependant, étant eux-mêmes divisés sur le plan épistémologique, certains constructivistes conventionnels, qui partagent le rationalisme du courant dominant, ont permis aux néolibéraux d'amorcer un rapprochement. Dans cette tentative de rapprochement, les néolibéraux ont toutefois pris soin d'éviter de se plier aux critiques remettant en question leurs postulats positivistes.

5. Réponses aux critiques

Le néolibéralisme contribue à la création d'un paradigme dominant en Relations internationales dans la mesure où il repose tant sur des fondements réalistes que libéraux et qu'il préconise un rapprochement avec le néoréalisme et le constructivisme conventionnel. En effet, bien que ses tenants aient choisi d'écarter les critiques d'ordre épistémologique des constructivistes, l'approche néolibérale a répondu à certaines de leurs critiques ontologiques.

5.1 Pour une étude scientifique du monde social

Robert Keohane (1988) critique les approches réflectivistes en affirmant qu'elles n'ont pas su développer de programme de recherche cohérent capable de confronter les apports scientifiques du néolibéralisme. Il estime néanmoins qu'une synthèse des approches rationalistes et réflectivistes est possible, mais que celle-ci devra se faire sur les bases épistémologiques positivistes. Il exige donc des réflectivistes l'élaboration de théories démontrables, sans lesquelles ils risquent d'être relégués en marge de la discipline des Relations internationales:

> Malheureusement, les chercheurs réflectivistes ont été lents à articuler ou à tester des hypothèses. Sans, soit un ensemble de propositions bien définies, soit

une analyse empiriquement riche, la critique réflectiviste demeure davantage l'expression d'une frustration compréhensible qu'un programme de recherche (Goldstein et Keohane, 1993: 6).

Cette réaction est en soi paradoxale puisqu'elle demande aux réflectivistes d'affronter le néolibéralisme en termes positivistes, alors que ce sont précisément ces termes qu'ils contestent.

Keohane révèle donc que les critiques d'ordre épistémologique ont non seulement eu peu d'impact, mais ont même été pratiquement ignorées par les néolibéraux. Cela s'explique néanmoins par le fait que l'objectif initial et la raison d'être du néolibéralisme sont de formuler une approche théorique «scientifique» fondée sur l'observation et l'accumulation d'observations et capable de confronter le néoréalisme sur les mêmes bases épistémologiques positivistes.

5.2 L'ouverture partielle aux idées

Comme nous l'avons souligné précédemment, le néolibéralisme ouvre la porte à la rationalité imparfaite des acteurs et à l'intersubjectivité. Keohane (1984) estime effectivement que le manque d'information empêche les États d'agir de façon parfaitement rationnelle, et donc de maximiser leur utilité. Il considère également que l'étude du contexte intersubjectif est nécessaire à une meilleure explication des comportements des États (Keohane, 1989).

Certains néolibéraux vont au-delà de l'ouverture proposée au cours des années 1980. Goldstein et Keohane (1993: 3) abordent directement l'influence des idées en tant que «feuilles de route» pour les comportements des acteurs[12]. Les auteurs estiment que les idées, autant que les intérêts, ont des effets de causalité sur le comportement humain. Ils admettent

---

12. Par contre, pour nombre de réflectivistes, il s'agit d'une intégration superficielle des facteurs idéels. Leur impact demeure limité et loin de l'effet constitutif que leur attribuent les réflectivistes. Theo Farrell (2002: 50) explique en effet que «pour les constructivistes et les culturalistes, les idées ne sont pas uniquement des règles ou des "feuilles de route" pour l'action, elles opèrent plutôt "à fond" pour véritablement façonner les acteurs et les actions en politique internationale».

en outre que les préférences des États sont le reflet des identités des groupes et des individus qui les composent (Keohane et Martin, 2003).

Malgré l'incorporation de facteurs idéels (dont les normes, les valeurs et les identités) au sein de l'approche néolibérale, celle-ci ne rejette pas les fondements rationalistes qui la sous-tendent : elle réaffirme que les êtres humains se comportent de façon égoïste et rationnelle (Goldstein et Keohane, 1993 : 5) et reconnaît que tant la conscience (les idées) que les faits matériels (les intérêts) déterminent leur comportement. Les idées sont ainsi liées de manière complexe avec les intérêts des acteurs (Keohane, 2000 : 126). L'objectif du néolibéralisme n'est pas d'évaluer jusqu'à quel point les idées déterminent le comportement, mais plutôt d'étudier comment les idées sont liées aux faits matériels pour occasionner des changements de comportements observables (Keohane, 2000 : 130). Il ouvre ainsi partiellement son cadre ontologique, sans remettre en question ses postulats épistémologiques, garants de la scientificité des résultats.

Cela crée une certaine complémentarité entre les néolibéraux et les constructivistes conventionnels qui, à l'instar d'Adler, estiment que le constructivisme ne se fonde pas sur une épistémologie postpositiviste, mais seulement sur une ontologie interprétative (Adler, 1997 : 326 ; voir également Katzenstein, 1996 ; Checkel, 1998 ; Wendt, 1999 ; Fearon et Wendt, 2002)[13]. Par exemple, Goldstein et Keohane (1993) traitent des impacts des identités sur les comportements dans le système international, sans toutefois se pencher sur la provenance de ces identités. En d'autres mots, ils tentent d'évaluer les effets régulateurs des préférences plutôt que d'en identifier l'origine. Les constructivistes, de leur côté, se penchent plutôt sur les processus de formation des identités et sur leur rôle dans la constitution du système et des acteurs. Le néolibéralisme est ainsi complémentaire au constructivisme dans la mesure où il pose principalement la question du *pourquoi*, c'est-à-dire de

la causalité, alors que les constructivistes préfèrent le *comment*, ou les questions de nature constitutive.

Cette complémentarité entre les approches néolibérales et constructivistes a donné lieu à des variantes de la théorie des régimes portant sur la formation et le renforcement des institutions internationales. Par exemple, certains néolibéraux ont développé la théorie des « communautés épistémiques », qui utilise les notions d'idées et de connaissance, soit des concepts très proches de ceux utilisés par les constructivistes (Adler et Haas, 1992 ; Hasenclever, Mayer et Rittberger, 1997)[14]. Enfin, certains néolibéraux ont entamé un dialogue avec d'autres écoles théoriques qui présenteraient certains traits communs avec le constructivisme, comme l'École anglaise des Relations internationales (Evans et Wilson, 1992 ; Buzan, 1993) (voir le chapitre 8)[15].

En définitive, il existe actuellement un dialogue bien entamé et même un mouvement de convergence à double sens entre certains penseurs constructivistes et néolibéraux, dont les apports théoriques se renforcent mutuellement, en particulier certains éléments ontologiques. Toutefois, ces commentaires ne valent que pour les constructivistes dits « conventionnels » (ou modérés), dans la mouvance des travaux de Wendt et d'Adler.

5.3 Le néolibéralisme contemporain

Les néolibéraux se penchent actuellement sur les effets de la mondialisation sur des enjeux tels que la gouvernance globale et les institutions internatio-

13. Keohane et Martin (1995 : 39, n 2) affirment par exemple que les travaux de Wendt énoncent des arguments dont plusieurs néolibéraux accepteraient les termes.

14. Peter Haas (1992 : 369) définit une communauté épistémique comme « [u]n réseau de professionnels qui dispose d'une expertise dans un domaine particulier et qui prétend faire autorité sur la connaissance touchant aux décisions politiques dans cette sphère d'activité ». Les auteurs qui étudient les communautés épistémiques se penchent donc sur « le rôle que jouent les réseaux d'expertise – les communautés épistémiques – dans l'articulation des relations de cause à effet dans le cadre de problèmes complexes, dans l'identification des intérêts des États, dans l'articulation des enjeux du débat collectif, dans la proposition de politiques spécifiques ainsi que dans l'identification des points saillants de la négociation ».

15. Timothy Dunne (1995) n'a d'ailleurs pas hésité à qualifier l'École anglaise de précurseur du constructivisme en Relations internationales.

nales. Graham Allison (2000) étudie, par exemple, l'impact de la mondialisation sur les menaces à la sécurité mondiale que sont le terrorisme, les pandémies et le trafic de la drogue. Il postule que les régimes internationaux permettent de mieux contrer ces menaces puisqu'ils assurent la coordination des politiques des États et que seules des mesures multilatérales leur permettront de garantir leur sécurité.

Keohane (2002) abonde dans le même sens dans son analyse des rapports internationaux post-11 septembre 2001. À la suite des attentats terroristes contre New York et Washington, une très large coalition d'États s'est créée autour d'institutions internationales et régionales, dont l'ONU et l'OTAN. De nombreuses résolutions du Conseil de sécurité ont été adoptées en vue de freiner les capacités de financement des groupes terroristes. Également, l'OTAN a, pour la première fois de son histoire, invoqué l'article V du Traité de l'Atlantique Nord, qui consacre le principe de défense collective. Cet article stipule qu'une attaque armée contre l'un des membres de l'Alliance atlantique représente une attaque contre chacun de ses membres et qu'en conséquence, ils assureront la défense de l'État attaqué par tous les moyens nécessaires, y compris la force militaire.

Avec la croissance des menaces globales et de la mondialisation, les néolibéraux estiment que les institutions internationales joueront un rôle accru dans les décennies à venir afin d'en assurer la gestion multilatérale (Keohane, 2002; Nye, 2002). Les institutions croîtront en nombre et en qualité, et feront comprendre aux États qu'il est préférable de trouver des solutions collectives aux enjeux de sécurité (Goldstein *et al.*, 2001; Keohane et Nye, 2001; Nye, Satoh et Wilkinson, 2003).

L'importance de la coopération institutionnalisée depuis la fin de la guerre froide a ainsi amené plusieurs à tenter de raffiner les éléments de convergence entre le néoréalisme et le néolibéralisme – poussant encore plus loin la synthèse néo-néo – par le développement de ce qui est nommé l'«équilibrage indirect» (*soft-balancing*). Le néoréalisme prédit en effet que les États cherchent soit à faire contrepoids à la puissance

prépondérante (*balancing*) afin d'accroître leur puissance relative, notamment par l'acquisition d'armes nucléaires et la contraction d'alliances, soit à se rallier (c'est-à-dire à coopérer) avec elle (*bandwagoning*) afin de maintenir leur position dans le système (Waltz, 1979: 126-127) ou encore leur autonomie (Waltz, 2002: 64). Le néoréalisme prédit donc que l'unipolarité américaine post-guerre froide est inévitablement éphémère: d'autres États s'allieront afin de contrer la puissance prépondérante des États-Unis (Krauthammer, 1990-91). Or, en l'absence d'un rival ou d'une alliance rivale à la puissance américaine, certains analystes ont tenté d'expliquer pourquoi certains États, dont les membres de l'Union européenne, tentent de contrer la puissance américaine non pas par l'augmentation de leurs ressources militaires dirigées contre elle ou par la formation d'alliances rivales, mais en s'y associant par l'entremise d'une stratégie d'équilibrage institutionnel (*institutional balancing*). Il s'agit d'encadrer l'action internationale américaine à l'intérieur d'institutions régionales ou internationales, dans le but d'éviter toute action unilatérale américaine (dont le recours à la force militaire contre un tiers parti), et ainsi d'accroître son influence auprès de Washington. De telles stratégies d'équilibrage indirect, par l'entremise d'institutions telles que l'OTAN, le Conseil de sécurité des Nations unies et l'ASEAN, permettent également d'utiliser celles-ci afin de minimiser les menaces et les pressions exercées par les puissances dominantes (Kai, 2008). Le développement des théories de l'équilibrage indirect contribuent donc au raffinement de la distinction entre coopération et rivalité, un enjeu central dans le débat actuel entre néolibéraux et néoréalistes[16].

16. La littérature à ce sujet abonde, notamment depuis la publication d'un numéro spécial de *International Security* consacré à ce sujet (été 2005). Voir par exemple Pape (2005). L'idée selon laquelle l'OTAN constitue une forme de contrepoids à la puissance américaine est très discutée (et discutable). Galia Press-Barnathan (2006 : 273) affirme par exemple que «l'idée de contrepoids à l'intérieur d'une alliance est un oxymore».

6. Conclusion

Le programme de recherche néolibéral s'est développé sur certaines bases philosophiques du libéralisme classique ainsi que sur l'épistémologie et l'ontologie réalistes afin de pouvoir concurrencer le néoréalisme de Waltz sur son propre terrain. Par la suite, il a intégré à son approche certains éléments ontologiques du constructivisme. Il en a résulté, au cours des années 1990, une convergence théorique constituant, à terme, un paradigme hégémonique. Les termes de ce qui est jugé acceptable et scientifique en Relations internationales sont d'ailleurs explicites dans un article réunissant un constructiviste conventionnel, un néolibéral et un réaliste notoires : Katzenstein, Keohane et Krasner (1998b).

En revanche, avec l'émergence de nouvelles approches critiques, de nombreux éléments qui forment la base du néolibéralisme ont été vivement critiqués. Compte tenu de ces critiques et de la popularité du programme de recherche rival de certains constructivistes conventionnels, dont l'objectif est de formuler une théorie respectant l'épistémologie positiviste, on peut s'interroger sur l'avenir du programme de recherche néolibéral. Celui-ci saura-t-il s'ouvrir aux approches alternatives afin de se donner un nouveau souffle ?

À l'heure actuelle, deux tendances se dessinent, mais n'offrent toutefois que peu d'espoir. D'une part, la proposition de Keohane et de Martin (2003), de s'attarder aux préférences des acteurs étatiques, en se penchant plus particulièrement sur les individus et les groupes, les idées et les identités des États, apparaît de bon augure, mais insuffisante. Bien que l'étude des institutions internationales et de leurs effets sur le comportement des États soit de première importance pour une meilleure compréhension des relations internationales, la poursuite d'une approche théorique qui n'aborde pas la nature constitutive des idées et des intérêts ne permettra pas aux néolibéraux de répondre adéquatement aux nombreuses critiques qui leur sont adressées en ce sens.

D'autre part, certains néolibéraux et constructivistes conventionnels, se sentant de plus en plus gênés par les limites du rationalisme, préfèrent aujourd'hui s'attarder davantage à l'étude de certains enjeux spécifiques de la politique internationale plutôt que de contribuer aux débats théoriques conflictuels et aux guerres de clans en Relations internationales (Wæver, 1996b : 167). Si la tendance se poursuit, l'éclectisme et le pragmatisme théorique et méthodologique que cette approche analytique implique risquent peut-être de contribuer à la dégénérescence du programme de recherche néolibéral.

Pour en savoir plus

Axelrod, R. et R. O. Keohane, 1993, «Achieving Coope-ration under Anarchy: Strategies and Institutions», dans D. A. Baldwin (dir.), *Neorealism and Neoli-beralism: The Contemporary Debate*, New York: Columbia University Press, p. 85-115. Pièce maîtresse du néolibéralisme, cet article élabore la notion de coopération en précisant les conditions où elle est possible dans un environnement international anar-chique.

Baldwin, D. A., 1993, «Neoliberalism, Neorealism and World Politics», dans D. A. Baldwin (dir.), *Neorealism and Neoliberalism: The Contemporary Debate*, New York: Columbia University Press, p. 3-25. Il s'agit d'une excellente présentation du débat néo-néo, des éléments de synthèse autant que des éléments de débats.

Hasenclever, A., P. Mayer et V. Rittberger, 1997, *Theories of International Regimes*, Cambridge: Cambridge Uni-versity Press. Les auteurs proposent une théorie des régimes internationaux intégrant des éléments onto-logiques constructivistes et néolibéraux.

Kegley, C. W. Jr. (dir.), 1995, *Controversies in International Relations Theory: Realism and the Neoliberal Chal-lenge*, New York: St. Martin's Press. Cet ouvrage col-lectif traite des approches de la synthèse néo-néo, des contentieux entre les néoréalistes et les néolibéraux ainsi que de certaines thématiques étudiées par les néolibéraux.

Keohane, R. O., 1984, *After Hegemony: Cooperation and Discord in the World Political Economy*, New York: Columbia University Press. Ouvrage canonique du néolibéralisme, il développe la théorie néolibérale des régimes internationaux et présente les grandes lignes de ce que deviendra le programme de recherche néo-libéral.

Keohane, R. O., 1989, «Neoliberal Institutionalism: A Perspective on World Politics», dans R. O. Keohane, *International Institutions and State Power: Essays in International Relations Theory*, Boulder: Westview, p. 1-20. Keohane y définit les contours ontologiques et épistémologiques du programme de recherche néo-libéral.

Keohane, R. O. et J. S. Nye Jr., 2001, *Power and Inter-dependence: World Politics in Transition*, 3e édition, Boston: Little Brown. Réédité pour une troisième fois en 2001, cet ouvrage porte sur la notion «d'in-terdépendance complexe» qu'il applique à des enjeux contemporains des relations internationales.

Krasner, S. D. (dir.), 1983, *International Regimes*, Ithaca: Cornell University Press. Cet ouvrage collectif dirigé par Stephen Krasner a largement contribué à popula-riser le concept de «régime international». Les auteurs qui s'y côtoient offrent plusieurs perspectives (dont certaines très critiques) sur ce concept et en proposent différents usages, soit comme variable indépendante ou intermédiaire.

La guerre en Irak selon les néolibéraux

Le néolibéralisme s'oppose, par définition, à l'usage unilatéral de la force militaire sur la scène internationale. Il privilégie les interventions multilatérales puisqu'elles reflètent les intérêts mutuels des États à coopérer afin de contrer des menaces d'une nature si complexe et globale que seules des mesures de cet ordre permettent de les vaincre.

Confrontés à la crise irakienne de 2003, les néolibéraux se sont explicitement affichés contre l'intervention militaire américano-britannique (Nye, 2002-2003 ; 2003 ; Buchanan et Keohane, 2004 ; Grant et Keohane, 2005). De façon générale, ils estiment que la stratégie unilatérale des États-Unis, telle qu'elle est formulée dans *The National Security Strategy of the United States of America* (2002), risque d'accroître les tensions internationales plutôt que de les réduire. Ils proposent alors d'encadrer et de contraindre l'exercice de la puissance américaine au sein d'institutions internationales.

La Charte des Nations unies interdit, en effet, l'usage de la force militaire contre un autre État à moins qu'il ne soit approuvé par le Conseil de sécurité (articles 39, 42, 48) ou en cas d'autodéfense contre une attaque militaire (article 51). L'administration Bush a affirmé que son droit à l'autodéfense incluait l'usage préventif de la force militaire (États-Unis, 2002). Cette doctrine doit être rejetée, selon les néolibéraux, parce qu'elle s'appuie sur une évaluation uniquement américaine de la menace, sans dispositions garantissant la fiabilité et la responsabilité de l'État, et sans considérations des intérêts des autres. Cette doctrine peut donc mener à des abus.

Ce n'est, dès lors, pas tant l'usage préventif de la force militaire en Irak qui est dénoncé par les néolibéraux, que son caractère unilatéral. Pour Buchanan et Keohane (2004), le recours à des actions militaires avant que la menace soit imminente peut être justifié, mais uniquement à condition d'être soumis à une forme institutionnalisée d'imputabilité et de responsabilité internationales. En effet, l'établissement d'un cadre institutionnel régulé par des règles internationales protégeant les droits de la personne est nécessaire pour baliser l'usage préventif de la force armée sur la scène internationale.

La création d'un tel cadre institutionnel accroîtrait l'échange d'information et l'établissement d'une confiance entre les acteurs, ce qui favoriserait une conduite responsable des États. En effet, l'institutionnalisation des politiques des États assurerait un respect mutuel entre les acteurs puisqu'elle suppose une justification des motivations à l'origine de tel ou tel comportement de ceux-ci sur la scène internationale.

En augmentant le nombre d'adhérents et en tenant compte de la diversité des intérêts de ceux-ci, l'institutionnalisation du recours à la force militaire en garantirait une plus grande responsabilité internationale, limitant de ce fait les attitudes arrogantes et unilatérales.

Plutôt que de simplement critiquer l'attitude de l'administration Bush lors de la crise irakienne de 2003, les néolibéraux se sont attardés à proposer des modèles institutionnels capables de mieux régir l'usage de la force militaire par les États. Buchanan et Keohane (2004) ont ainsi proposé un régime d'imputabilité cosmopolite (*cosmopolitan accountability regime*), alors que Grant et Keohane (2005) ont exposé sept modèles d'imputabilité internationale. Chaque proposition repose sur un même objectif : empêcher les abus de pouvoir et limiter la prépondérance de la puissance américaine par l'établissement des normes et des règles internationales capables d'assurer l'imputabilité des actions militaires à l'étranger, de contrer le recours unilatéral à la force militaire et de favoriser la coopération multilatérale.

Par ailleurs, Joseph Nye estime que Washington devrait miser sur l'institutionnalisation de normes libérales internationales plutôt que sur l'usage de moyens coercitifs pour atteindre ses objectifs politiques (Nye, 2002-2003 ; 2003 ; 2004). Les États-Unis doivent ainsi miser sur leur *soft power* (incluant, entre autres, la culture et les valeurs politiques, dont le respect des droits de l'Homme et la démocratie) au détriment de la puissance coercitive (*hard power*). Le premier modèle mise sur l'attrait du modèle sociétal américain, capable d'amener les autres États à désirer précisément ce que Washington souhaite, et ce, sans recours à la force. Le second met l'accent sur les ressources militaires américaines et ses capacités coercitives.

En se servant davantage de leur *soft power*, les États-Unis pourront établir un ensemble de règles et de normes internationales qui leur sont favorables et ainsi réduire la propension d'autres États à vouloir faire contrepoids à la puissance américaine, voire à menacer sa population. En effet, la stratégie optimale est de délaisser l'arrogance et une vision étroite des intérêts nationaux pour plutôt se concentrer sur des efforts de collaboration et de coopération. En adoptant des politiques plus modestes et en tenant compte des intérêts de leurs partenaires, les États-Unis seront plus en mesure d'influencer l'ordre du jour politique de ceux-ci et de les amener à agir en conformité avec les objectifs américains (Nye, 2003 : 74). En d'autres mots, plus les États-Unis feront usage de leur *soft power*, plus ils augmenteront la volonté des autres de collaborer avec eux. Inversement, pour les autres membres de la communauté internationale, soumettre la puissance américaine à l'influence multilatérale permettra de réduire la prépondérance des États-Unis sur la scène internationale, et d'ainsi limiter les caprices américains tout en laissant plus de place aux autres États dans la prise de décisions internationales (Nye, 2002-2003 : 559).

Concepts clés du néolibéralisme

Anarchie: L'anarchie signifie absence d'un gouvernement mondial ou d'une autorité politique centrale régissant les relations internationales. Les néolibéraux partagent ce dernier postulat avec les néoréalistes, mais divergent quant aux conclusions à en tirer. Par exemple, les États parviennent, selon les néolibéraux, en dépit de ce contexte défavorable, à coopérer plus fréquemment que ne le croient les néoréalistes.

Coopération: Un processus d'ajustement des politiques des acteurs en fonction des préférences réelles ou anticipées des autres afin de profiter de bénéfices mutuels et de résultats acceptables pour chacune des parties. Elle ne représente donc ni une harmonie d'intérêts entre les acteurs ni un objectif moral, mais bien une stratégie pour promouvoir les intérêts communs ou convergents des États.

Fongibilité: La facilité avec laquelle certains attributs ou capacités d'un acteur dans un domaine peuvent être transférés à un autre domaine. Souvent, en Relations internationales, le concept est appliqué à la puissance d'un État. Il s'agit alors de se demander si la puissance d'un État dans un domaine, ou son avantage dans celui-ci, peut lui conférer de la puissance ou un avantage dans un autre, de l'économique au militaire, par exemple.

Gains absolus et gains relatifs: Les gains absolus sont ceux qu'obtient un État indépendamment de ceux que font les autres acteurs du système. Les gains relatifs sont les gains que fait un État par rapport aux autres, c'est-à-dire calculés en fonction des bénéfices qu'obtiennent ses homologues. Si l'on présume que les États se soucient d'abord de l'amélioration de leur bien-être et de leur prospérité, alors on considérera qu'ils accordent plus d'attention aux gains absolus. À l'inverse, si l'on postule que les États perçoivent les autres acteurs comme des rivaux ou des compétiteurs, alors on estimera qu'ils se préoccupent plus des gains relatifs.

Institution: Il s'agit de règles et de pratiques persistantes (formelles ou informelles) qui prescrivent des rôles, contraignent l'activité et façonnent les attentes des acteurs. Pour Keohane et Martin, les institutions constituent les régimes. La notion d'institution comprend donc celle d'organisation internationale, mais toutes les institutions internationales ne prennent pas nécessairement la forme aussi structurée, formelle et bureaucratique d'une organisation internationale.

Interdépendance complexe: Selon Keohane et Nye (1977: 7), le concept d'interdépendance signifie une dépendance mutuelle dans le cadre de «situations caractérisées par des effets réciproques entre pays ou entre acteurs de différents pays», que ces effets soient bénéfiques ou néfastes. Il s'agit donc d'une situation dans laquelle les décisions et les actions d'un État ont un impact sur les autres acteurs du système. L'interdépendance complexe représente quant à elle un état du système international, plus idéal que réel, caractérisé par l'existence de multiples liens et relations interétatiques, transgouvernementaux et transnationaux, établis de manière formelle ou informelle. En situation d'interdépendance complexe, il n'existe pas de hiérarchie des enjeux sur la scène internationale; la sécurité militaire ne domine donc pas nécessairement l'ordre du jour, et la force militaire n'est pas un des moyens employés par les États dans leurs relations avec les autres membres du système.

Rationalité limitée (*bounded rationality*): Ce concept se veut une réponse à la théorie du choix rationnel, qui postule que les acteurs ordonnent leurs préférences afin de choisir une solution optimale. L'information à prendre en compte pour atteindre un choix optimal est énorme. En réalité, donc, les acteurs sont limités quant à leur capacité cognitive de prendre en compte toute l'information à laquelle ils ont accès. Ils ont tendance à s'en remettre à une stratégie de *satisficing* ou de suffisance, en traitant uniquement l'information qui leur permet d'atteindre une solution acceptable.

Régimes: Un «ensemble de principes, de normes, de règles et de processus décisionnels implicites ou explicites autour desquels les attentes d'acteurs convergent dans un domaine spécifique des relations internationales» (Krasner, 1983: 2).

Soft Power: Si de manière générale la puissance se définit comme la capacité matérielle (militaire, économique, financière, etc.) dont dispose un acteur pour atteindre ses buts, le *soft power*, quant à lui, est «la capacité d'atteindre ses buts par attrait (*attraction*) plutôt que par la coercition ou l'utilisation de moyens financiers». Le «*soft power* naît de l'attrait de la culture, des idéaux politiques et des politiques d'un pays» (Nye, 2004: x).

Le néoconservatisme

Frédérick Gagnon et Guillaume Mascotto

Ils doivent nous attaquer pour survivre, comme nous devons les détruire pour réaliser notre mission historique (Ledeen, 2003 : 213).

Dans leur ouvrage intitulé *The Right Nation* (2004), Adrian Wooldridge et John Micklethwait écrivent que la société américaine est plus conservatrice que les autres sociétés occidentales. Ce n'est certainement pas un hasard si les sondages menés par des instituts comme Gallup et le Pew Research Center montrant que les Américains se disant « conservateurs » (*conservative*) dépassent désormais en nombre ceux qui se disent « progressistes » (*liberal*). De tels sondages ne dévoilent cependant pas toute la vérité sur le conservatisme aux États-Unis. Pour bien saisir la complexité de la droite dans ce pays, il est effectivement essentiel de parler de conservatismes (au pluriel) et non de conservatisme (au singulier). Même si les partis démocrate et républicain donnent parfois le sentiment que le marché des idées politiques aux États-Unis est un duopole opposant la gauche (démocrate) à la droite (républicaine), le foisonnement des courants de pensée politiques est probablement aussi important dans ce pays que celui des entreprises privées ou des églises. Il y existe ainsi des dizaines de formes de conservatismes, comme le conservatisme fiscal, animé par ceux qui croient au sacro-saint principe de l'équilibre des budgets gouvernementaux, le conservatisme moral et religieux, dont les tenants tentent de protéger les valeurs traditionnelles des Américains sur des enjeux comme le mariage gai et l'avortement, ou encore les libertariens, qui militent pour la réduction, voire la disparition de l'État au profit d'une coopération libre et volontaire entre les individus.

Parmi ces conservatismes, le néoconservatisme est probablement celui qui a le plus à dire à propos des relations internationales. Comme on le verra dans ce chapitre, le néoconservatisme ne pourrait cependant pas être qualifié de théorie explicative, car le but premier de ses tenants n'est pas d'observer le monde de l'extérieur et d'identifier des relations causales permettant d'expliquer les évolutions au sein du système international (comme le feraient des positivistes comme le néoréaliste Kenneth Waltz). Le néoconservatisme ne pourrait pas non plus être qualifié de théorie constitutive, car il ne vise pas à remettre en cause les fondements mêmes de la pratique des relations internationales ou l'objectivité des chercheurs en relations internationales (comme le feraient des postpositivistes par exemple le théoricien néogramscien Robert Cox – voir le chapitre 13).

Les néoconservateurs disent certes comprendre certains mécanismes qui régissent les relations internationales et savoir quel comportement les États-Unis devraient adopter dans le monde. À ce titre, leurs contributions sont, comme celles de la plupart des théoriciens des relations internationales, teintées d'une certaine ontologie, épistémologie et normativité qu'il s'agira ici de mettre en lumière. Les néoconservateurs s'inspirent même de certaines théories des relations internationales pour étayer leurs arguments, comme la théorie de la paix démocratique. Or, ils doivent surtout être vus comme des acteurs tentant d'influencer concrètement la politique étrangère américaine, et non comme des théoriciens cherchant avant tout à contribuer à la connaissance en développant les outils les plus appropriés pour expliquer ou comprendre les évolutions au sein du système international. Ils sont fortement portés sur l'action politique (*policy oriented*) et leur premier désir est de se placer dans la position du conseiller du Prince pour convaincre les décideurs d'adopter leur vision du monde.

Pour ces raisons, il est sans doute juste d'affirmer que le néoconservatisme se situe plus près de la frontière de l'idéologie que de celle de la théorie. Les néoconservateurs abordent certes des thèmes semblables à ceux qui intéressent les théoriciens des relations internationales (par exemple la puissance, la diffusion de la démocratie ou encore l'unipolarité). Cela dit, ils ne démontrent pas vraiment d'intérêt à participer aux débats dans le champ de la théorie des relations internationales, ni à tester la validité ou à prouver méthodiquement la véracité de leurs arguments. Bien au contraire, ils sont convaincus de détenir le monopole de la vérité à propos des relations internationales, découragent la réflexion critique à propos de leurs idées et affirment que leur vision du monde n'a pas besoin d'être vérifiée tellement elle relève de l'évidence. Empreints d'un tel dogmatisme, les néoconservateurs cherchent donc avant tout à imposer aux Américains leurs idées, opinions et convictions à propos des relations internationales et de la politique étrangère américaine.

Comme on le verra dans ce chapitre, la vision néoconservatrice des relations internationales se caractérise aujourd'hui par une tendance à voir le monde comme un environnement dans lequel le « bien » doit affronter le « mal », une faible tolérance pour la diplomatie, une prédisposition à recourir à la force militaire de manière unilatérale, un dédain pour les organisations et institutions multilatérales et une forte préoccupation à l'égard du Moyen-Orient (Clarke, 2009). Afin de mieux saisir cette perspective, il s'agira ici de procéder en trois temps. Nous proposerons d'abord un bref historique du néoconservatisme en faisant un survol des principaux acteurs qui ont contribué à son développement. Ensuite, nous nous pencherons sur l'ontologie, l'épistémologie et la normativité des néoconservateurs. Enfin, nous conclurons en faisant une courte présentation de quelques critiques adressées aux néoconservateurs.

1. Historique

Le terme « néoconservateur » a été utilisé pour la première fois en 1973, dans un article publié par Michael Harrington dans la revue de gauche *Dissent* (Ross, 2007). Plusieurs auteurs se sont penchés sur l'histoire du néoconservatisme depuis, mais bien peu s'entendent sur ce qu'il représente réellement ainsi que sur la trajectoire qu'il a empruntée au fil du temps (voir, à titre indicatif, I. Kristol, 1983, 1995, 2004; Erhman, 1995; Gerson, 1996; North, 2003; Legaré-Tremblay, 2005; Stelzer, 2004; Aronowitz, 2007; Vaïsse, 2008; Heilbrunn, 2008). Le néoconservatisme a ainsi été dépeint de diverses manières, c'est-à-dire comme une idéologie, un mouvement, une tendance, une sensibilité, une école de pensée, une philosophie ou, comme le propose Irving Kristol (2004), une « persuasion ».

Selon Kristol, que l'on présente souvent comme le « parrain » du néoconservatisme, les néoconservateurs n'étaient au départ qu'une douzaine de chercheurs et intellectuels gravitant autour de la revue *Public Interest* (fondée par Daniel Bell et Kristol lui-même en 1965) et publiant également régulièrement dans *Commentary* (dirigée par le néoconservateur Norman Podhoretz de 1959 à 1995). Kristol, Bell, mais aussi Nathan Glazer, Irving Howe et Seymour

Martin Lipset, avaient été étudiants trotskystes au City College de New York au milieu des années 1930 et sont donc issus de la gauche socialiste américaine (Goldberg, 2003 ; Legaré-Tremblay, 2005). Ces intellectuels, opposés à un autre groupe d'étudiants de City College qui admiraient Staline, deviendront progressivement « désillusionnés » à propos de la gauche et des politiques d'interventionnisme d'État (Kristol, 1983 : 79).

Ils le feront bientôt savoir par des recherches et des essais soulignant les impasses et les effets pervers des programmes sociaux de redistribution (assurance vieillesse, assurance médicale, etc.) prévus dans le cadre du *New Deal* de Franklin Delano Roosevelt ou encore des mesures de lutte contre la pauvreté, la criminalité et la discrimination raciale, reliées au projet de la « Grande Société » (*Great Society*) du président Lyndon Johnson (Vaïsse, 2008 : 16 ; North, 2003). Ainsi, les premiers néoconservateurs, qui n'en portaient pas encore le titre, s'intéressaient surtout aux questions de politique intérieure : ils déploraient la dérive vers la gauche des décideurs américains et du parti démocrate et constataient les limites de l'État-providence, qui ne pouvait à leurs yeux régler tous les rêves égalitaristes des « progressistes » (*liberals*) (Vaïsse, 2008 : 17).

Le mouvement de la contre-culture américaine et l'opposition à la guerre du Viêt-nam, durant les présidences de Johnson et de Richard Nixon, conduiront toutefois les néoconservateurs à accorder plus d'attention aux relations internationales. En effet, comme l'explique Jeane Kirkpatrick (2004 : 239), néoconservatrice qui fut ambassadrice américaine à l'ONU durant la présidence de Ronald Reagan, les critiques de la gauche à l'endroit de la Maison-Blanche sur la question du Viêt-nam sont vite devenues l'un des points de ralliement des néoconservateurs. À leur avis, le mouvement de la contre-culture et le mouvement antiguerre véhiculaient des idées erronées et irresponsables à propos des États-Unis, soit que les Américains formaient une « société malade » (*sick society*), raciste, matérialiste et impérialiste et que Washington faisait fausse route en tentant de prévenir l'expansion du communisme dans le monde

(Kirkpatrick, 2004 : 239). Les néoconservateurs de cette période rejetaient cette attitude du revers de la main. Irving Kristol (2004 : 36) résume bien la pensée néoconservatrice à cet égard quand il écrit que les États-Unis « se sentiront toujours obligés de défendre, si possible, une nation démocratique contre les attaques de nations non démocratiques ». Aux yeux de nombreux néoconservateurs, la guerre du Viêt-nam n'était donc peut-être pas un succès incontestable, mais elle n'était pas aussi condamnable que le laissait croire l'aile gauche du parti démocrate, que l'on appelait la « nouvelle gauche » à l'époque.

Les néoconservateurs voient donc d'un mauvais œil la candidature démocrate de George McGovern à l'élection présidentielle de 1972, candidat préféré du mouvement antiguerre (Vaïsse, 2008 : 17). Selon eux, McGovern et ses partisans promeuvent une « « culture d'apaisement » caractérisée par un « manque de cran » devant la menace communiste » (Legaré-Tremblay, 2005 : 9). Les néoconservateurs invitent au contraire les démocrates à rejeter cette tendance isolationniste ainsi que la volonté de McGovern de réduire les engagements américains à l'étranger. Parallèlement, ils prônent un retour du parti démocrate à « sa tradition de l'endiguement musclé et de la défense des démocraties dans le monde » (Vaïsse, 2008 : 18). Convaincus que seule une politique de fermeté à l'égard de l'URSS peut empêcher celle-ci de gagner du terrain aux dépens des États-Unis, les néoconservateurs s'opposeront bientôt à la politique de « Détente » avec Moscou telle qu'elle était menée par les républicains Henry Kissinger et Richard Nixon et le démocrate Jimmy Carter. Durant cette période, plusieurs néoconservateurs admireront le sénateur Henry Scoop Jackson, démocrate faucon de l'État de Washington qui attaquera de front la Maison-Blanche pour ses accords de contrôle des armements (traités SALT, ABM, SALT II, etc.) et sa mollesse à l'endroit de Moscou (*Ibid.* : 19).

Parmi ceux qui œuvrent alors dans l'entourage du sénateur Jackson, des néoconservateurs comme Richard Perle, Paul Wolfowitz et Douglas Feith occuperont plus tard des postes d'influence au sein de l'administration de George W. Bush (*Ibid.*). Ces individus, dont plusieurs ont fait leurs premières armes au sein du gouvernement durant la présidence de Ronald Reagan, s'intéressent presque exclusivement aux questions de politique extérieure. Certains d'entre eux, dont Wolfowitz, ont suivi les cours de Leo Strauss, professeur de science politique de l'Université de Chicago qui croyait que les grands esprits du passé (Platon, Aristote, Cicéron, etc.) fournissent les meilleurs outils intellectuels pour comprendre les problèmes politiques et philosophiques d'aujourd'hui (Weinstein, 2004 : 207). Strauss n'a jamais accordé beaucoup d'attention à la politique étrangère des États-Unis, ni aux relations internationales (Strauss, 1965 ; 1978 et 2000). Cela dit, des néoconservateurs comme Irving Kristol se sont intéressés à ses idées, comme son scepticisme à l'égard du principe des Lumières selon lequel la vérité rend les hommes « libres » ou encore sa croyance voulant que la vulgarisation de la connaissance risquât d'attiser les passions populaires et le chaos politique (Kristol, 1995 : 8-9). Certains critiques du neoconservatisme, dont le postructuraliste Jim George (2005 : 181), prétendent d'ailleurs que les néoconservateurs croient, comme Strauss, au principe du « mensonge noble » (*noble lie*), selon lequel l'élite philosophique ou les dirigeants politiques doivent parfois, un peu comme ce fut le cas à propos des prétendues armes de destruction massive en Irak, manipuler la vérité et alimenter certains mythes pour assurer le bien-être de la société. Il serait toutefois exagéré d'affirmer que les néoconservateurs contemporains suivent la pensée de Strauss comme une bible ou que Strauss a directement et concrètement influencé certaines décisions de George W. Bush.

À partir des années 1970, les néoconservateurs développent tout de même d'autres idées à « résonance straussienne », comme en témoigne, par exemple, leur grande admiration à l'égard de la culture politique et des valeurs américaines. Les néoconservateurs sont absents du pouvoir durant les présidences de George H. W. Bush (qui conduit une *realpolitik* à la Kissinger) et de Bill Clinton (dont les accents moraux plaisent tout de même à certains néoconservateurs comme Joshua Muravchik et Ben Wattenberg) (Vaïsse, 2008 :

20). Cela dit, ils pourront, durant cette période, s'appuyer sur de nombreux outils pour diffuser leur pensée et former la relève, dont des *think tanks* comme la Heritage Foundation (fondée en 1983) et l'American Enterprise Institute (fondée en 1943), ou encore des revues comme le *Weekly Standard* (lancée en 1995 par Fred Barnes et William Kristol, fils d'Irving Kristol).

Contrairement aux premiers néoconservateurs, qui étaient démocrates et œuvraient surtout dans les milieux universitaires de villes comme New York, cette nouvelle génération est républicaine et habite Washington. Qui plus est, elle est beaucoup plus tournée vers l'action politique et tente ouvertement d'influencer les politiques gouvernementales (North, 2003). En 1997 par exemple, William Kristol et Donald Kagan fondent un *think tank* nommé le *Project for the New American Century* (PNAC), situé à Washington et qui deviendra en quelques années l'un des phares idéologiques du néoconservatisme.

Dans sa déclaration de principes, le PNAC proposait l'adoption d'une politique étrangère néo-reaganienne qui « combine force militaire et clarté morale » et qui vise, par exemple, l'augmentation du budget militaire, la lutte contre les régimes hostiles aux valeurs des États-Unis et la promotion d'un ordre international fondé sur ces mêmes valeurs (PNAC, 1997). Les signataires de cette déclaration sont, entre autres, Dick Cheney, Francis Fukuyama, Donald Kagan, Normand Podhoretz, Donald Rumsfeld et Paul Wolfowitz. En 1998, le PNAC fait parvenir une lettre au président Bill Clinton lui demandant de renverser le régime de Saddam Hussein (PNAC, 1998). Parmi les dix-huit signataires de cette lettre, plusieurs se sont vus offrir des postes au sein de l'administration de George W. Bush. Ils profiteront des événements tragiques du 11 septembre 2001 pour convaincre Bush de mettre en œuvre une politique semblable à celle qu'ils promouvaient déjà au début des années 1990.

En effet, dans le *Defense Planning Guidance*, document stratégique du Pentagone rédigé en 1992 par Paul Wolfowitz avec l'aide de Lewis « Scooter » Libby, les néoconservateurs esquissaient une nouvelle géo-stratégie basée sur l'omnipotence des États-Unis dans le monde et plus spécifiquement sur le concept de la préemption militaire, qui consiste à se protéger d'un ennemi en le neutralisant avant qu'il n'attaque les États-Unis ou leurs alliés (Halper et Clark, 2004 : 12)[1]. Bien que connu des stratèges issus de la guerre froide sous le nom plus esthétique de *preemptive strike*, ce concept n'avait, jusque-là, jamais été mis en œuvre concrètement par Washington. Or, Wolfowitz insistait sur la nécessité de le faire pour empêcher d'autres États de développer des armes nucléaires ou d'y avoir recours contre les États-Unis. Le document postule aussi que l'Irak est un État hostile que Washington doit absolument neutraliser par une attaque préemptive. Une description de l'ontologie des néoconservateurs permettra de mieux saisir pourquoi des individus tel Paul Wolfowitz voyaient l'Irak de Saddam Hussein comme une menace.

2. Ontologie

Le néoconservatisme a été décrit de plusieurs manières par ceux qui ont cherché à le situer dans le champ de la théorie des relations internationales. Il a, entre autres, été qualifié « d'impérialisme libéral » (*liberal imperialism*), « d'hyperréalisme » (*hyperrealism*), de « réalisme de ligne dure » (*hard-line realism*), de « réalisme démocratique » (*democratic realism*) ou encore de « wilsonisme musclé » (*hard wilsonianism*) (Rapport, 2008 : 258). Une telle confusion tient sans doute au fait que le néoconservatisme conjugue les présupposés ontologiques d'approches généralement contradictoires, et ce, à commencer par le réalisme et le libéralisme (Rapport, 2008 ; Macleod, 2008 : 7 ; Legaré-Tremblay, 2005 ; 4).

2.1 Des similitudes avec le réalisme

Les néoconservateurs partagent dans une certaine mesure le pessimisme de la vision réaliste des relations internationales[2]. En effet, pour eux, le système international est caractérisé par un « état de nature » (à la Hobbes) où la compétition interétatique prime et où les menaces à la sécurité nationale américaine pullulent. Comme l'écrit Robert Kagan (2003 : 1) : « Les États-Unis sont embourbés dans l'histoire, exerçant leur puissance dans un monde hobbésien et anarchique où ils ne peuvent compter sur le droit international et où la défense et la promotion d'un ordre libéral dépendent encore du recours à la force militaire. » À la lumière de tels propos, il appert que le néoconservatisme met de l'avant une vision matérialiste de la « réalité » sociale, c'est-à-dire l'idée selon laquelle les réalités du système international préexistent à nos efforts pour la comprendre et est indépendante des idées que nous nous en faisons.

Dès lors, le néoréaliste offensif John Mearsheimer est peut-être l'un des principaux critiques des néoconservateurs et leur a reproché de faire fausse route sur la guerre en Irak (Mearsheimer, 2005 ; Schmidt et Williams, 2008). Cela dit, la vision néoconservatrice de la nature du système international ressemble à celle de Mearsheimer (2001) sur au moins un point : comme lui, les néoconservateurs sont convaincus que la politique internationale est une « affaire dangereuse » et que les États-Unis font constamment l'objet de menaces. Cette conviction paraît encore une fois profonde chez Robert Kagan (2008), qui juge la Russie et la Chine ennemies des États-Unis, en compétition avec la superpuissance américaine. En plus d'illustrer une autre similitude entre l'ontologie des réalistes et des néoconservateurs, c'est-à-dire leur tendance à croire que les États et les grandes puissances sont les principales unités de base des relations internatio-

---

1. La prévention implique la neutralisation d'une menace avant qu'elle se manifeste, et ce, avant même que nous soyons certains de son imminence. En revanche, la préemption requiert que la menace soit tangible et imminente avant d'agir pour la neutraliser (*i.e.* agir car l'autre va le faire avant). Ainsi, dans les mots de Blin (2004 : 88) : « La confusion sémantique qui mélange les concepts de préemption et de prévention tient au fait que la stratégie [de la Doctrine Bush] se définit au départ comme une stratégie préemptive, mais qu'elle est appliquée dans la réalité comme une stratégie préventive. »

2. Comme on le verra plus bas, le pessimisme des néoconservateurs a cependant ses limites, car ils sont résolument optimistes quant à la capacité des États-Unis de changer le monde en forçant les États non démocratiques à embrasser les valeurs américaines. Certains pourraient certainement voir ici une contradiction dans l'ontologie néoconservatrice.

nales, les craintes de Kagan à propos de la Russie et de la Chine démontrent que les néoconservateurs croient que la dynamique de l'action réciproque des États est caractérisée par un constant risque de conflit.

Tout comme les réalistes, les néoconservateurs accordent peu d'importance aux organisations et aux institutions internationales comme l'ONU, car ils ne croient pas qu'elles peuvent pallier les problèmes reliés à la nature hobbésienne du système international. À leur avis, plusieurs membres de ces organisations, comme l'URSS durant la guerre froide ou encore la Chine, Cuba et l'Iran aujourd'hui, en font des lieux inhospitaliers et hostiles aux valeurs et aux intérêts américains (Legaré-Tremblay, 2005 ; 4). Robert Kagan et William Kristol déplorent ainsi que l'ONU permette à la fois à des États tyranniques et à des États démocratiques de disposer d'un siège à New York (2000 : 4). Il est inconcevable qu'un pays non démocratique comme la Chine soit en mesure de bloquer la mise en œuvre des politiques américaines grâce au vote dont elle dispose au Conseil de sécurité. Les néoconservateurs croient aussi que l'ONU n'est ni un outil efficace ni suffisant pour transformer les régimes tyranniques dans le monde.

Ils ne sont pas contre toute forme de multilatéralisme, mais ont une propension certaine à l'unilatéralisme, car ils estiment que les organisations internationales comptent en leur sein plusieurs dirigeants qui ne comprennent pas les intérêts nationaux des États-Unis et qui, par le fait même, empêchent le gouvernement américain de réaliser ses «devoirs». Les néoconservateurs croient par conséquent que les États-Unis peuvent travailler de concert avec les autres nations, mais que Washington doit, en même temps, s'assurer d'occuper une place prépondérante au sein des institutions multilatérales et de la communauté internationale. Durant la présidence de George W. Bush, John Bolton, qui a, entre autres, occupé le poste d'ambassadeur des États-Unis à l'ONU, affirmait même que cette organisation ne peut réellement se substituer à la communauté internationale qui, elle, peut seulement être menée par l'unique superpuissance du monde, c'est-à-dire les États-Unis (cité dans Watson, 2005). Ainsi, selon la vision néoconservatrice, aucun acteur international ne devrait dicter une ligne de conduite à Washington, car les dirigeants américains sont les mieux placés pour déterminer les intérêts nationaux des États-Unis et identifier les menaces à la sécurité des Américains.

Durant la guerre froide, le principal ennemi visé par les néoconservateurs était l'URSS, et ce, parce qu'elle cherchait selon eux à imposer au reste du monde un modèle idéologique entrant en concurrence directe avec le modèle américain. Après le 11 septembre 2001, les néoconservateurs se concentrèrent cette fois sur la région du Moyen-Orient et visèrent des «États voyous» qui, comme l'Irak et l'Iran, font partie de ce que George W. Bush appelle un «Axe du mal» appuyant des organisations terroristes comme Al-Qaïda et développant des armes de destruction massive. Pour certains néoconservateurs, la guerre contre ces acteurs est l'équivalent d'une «Quatrième Guerre mondiale» (*World War IV*) contre «l'**islamofascisme**» (*Islamofascism*) et les États-Unis ne doivent pas répéter les erreurs des alliés qui, durant les années 1930, avaient adopté une politique d'apaisement à l'égard d'Hitler (Podhoretz, 2007). Ainsi doivent-ils, par exemple, attaquer l'Iran le plus tôt possible pour l'empêcher de se doter de l'arme nucléaire, d'attaquer des alliés comme Israël et de dominer le Moyen-Orient.

Comme le démontrent de tels arguments, les néoconservateurs estiment donc que le 11 septembre 2001 a rendu encore plus pertinente leur vision pessimiste des relations internationales. Selon eux, les attaques de New York et de Washington prouvent que les États-Unis doivent renouer avec l'idée d'un État de sécurité nationale (*National Security State*), c'est-à-dire un État qui se préoccupe avant tout de sa survie, qui ne baisse jamais sa garde et qui reste toujours vigilant devant les dangers. Le 11 septembre 2001 démontre aussi les dangers inhérents à la mondialisation, c'est-à-dire la dispersion des risques, la démultiplication des sources perturbatrices et le caractère difficilement identifiable des nouveaux ennemis des États-Unis. Ils croient ainsi à une espèce de *dédoublement* du système international entre un système interétatique et un système transnational. Ce dédoublement aurait pour effet l'érosion de la frontière classique entre le local et le global et, partant, la nécessité de mener une guerre contre la terreur à la fois sur le territoire des États-Unis (grâce, par exemple, aux mesures de surveillance prévues dans le cadre du *U.S.A. Patriot Act*) et à l'extérieur du pays (au moyen d'interventions militaires contre les responsables du 11 septembre 2001 et les États qui les appuient).

Ainsi, si l'on emprunte le concept du théoricien critique, Ulrich Beck (2003), on peut dire que les néoconservateurs croient à l'idée de mener une guerre «glocale», c'est-à-dire qui transcende les frontières géographiques des États-Unis. Au cœur de cette vision se retrouve, certes, l'appréhension du terrorisme comme un phénomène transnational. Or, les néoconservateurs conservent aussi, dans l'après-11 septembre, une vision stato-centrée des relations internationales, car ils affirment que le terrorisme ne peut se soutenir et s'opérer sans une base offerte par des États antidémocratiques et tyranniques qui ont prétendument un intérêt à soutenir technologiquement et financièrement la nébuleuse terroriste pour frapper les États-Unis (Oliver, 2007 : 37). D'où il appert que l'une des meilleures solutions aux facteurs perturbateurs pour la stabilité et la sécurité mondiales est celle du renversement de ces régimes par l'action préemptive, prévue dans le *Defense Planning Guidance* décrit plus haut. Au centre de cet argument se trouve la certitude que les «États voyous» faisant partie de «l'Axe du mal» sont prêts à tout pour attaquer les États-Unis. Ici encore, la vision néoconservatrice rappelle le pessimisme des réalistes et leur idée que les États (-Unis) font constamment l'objet de menaces.

2.2 Des similitudes avec le libéralisme

Il ne faudrait cependant pas exagérer les similitudes entre le réalisme et le néoconservatisme, d'une part parce que les néoconservateurs se sont souvent opposés aux figures de proue et aux dirigeants à tendance réaliste (John Mearsheimer, Henry Kissinger, Richard Nixon, George H. W. Bush et autres), mais aussi, d'autre part, parce que plusieurs présupposés ontologiques des néoconservateurs sont résolument optimistes. D'entrée de jeu, les néoconservateurs

estiment, par exemple, que les États-Unis peuvent, en vertu de certaines actions, atténuer les méfaits de l'anarchie du système international et, donc, changer la nature de ce système et le pacifier. Ils croient ainsi à la force de l'agence et non pas à l'immuabilité de la structure. C'est ce qu'expliquent William Kristol et Robert Kagan (2004 : 64) quand ils affirment que les États-Unis ont une responsabilité qui s'étend à l'échelle mondiale (*global responsibility*), c'est-à-dire celle de préserver et d'étendre un ordre international qui cadrerait avec les valeurs et les intérêts américains. Contrairement aux réalistes, les néoconservateurs ne définissent donc pas l'intérêt national uniquement en termes matériels ou de puissance. Tel qu'indiqué plus haut, leur vision de la réalité sociale s'apparente en partie au matérialisme des réalistes, car ils croient, par exemple, que l'anarchie du système international est une vérité incontournable des relations internationales. Cela dit, on retrouve aussi les traces d'une vision idéaliste chez les néoconservateurs[3] : dans leur esprit, la définition de l'intérêt national doit non seulement reposer sur les considérations stratégiques purement matérielles (protection des frontières géographiques, maximisation de la puissance militaire, etc.), mais aussi viser l'exportation des valeurs américaines et la défense du bien contre le mal à l'échelle internationale. Un tel «mariage» entre considérations stratégiques et valeurs morales illustre la tendance néoconservatrice à partager l'insistance des libéraux sur la primauté de l'idée de liberté et la primauté des droits de l'Homme. Pour Lawrence Kaplan et William Kristol (2003), une telle définition de l'intérêt national est essentielle si les États-Unis veulent garantir le respect de la dignité humaine à travers le monde.

Dans la foulée du président Woodrow Wilson, les néoconservateurs croient donc essentiel de rendre le monde «plus sûr pour la démocratie» (*safe for democracy*), et ce, en diffusant la vision et les principes américains aux quatre coins de la planète. Sur ce plan, la vision néoconservatrice s'apparente encore une fois plus à celle des libéraux qu'à celle des réa-

---

3. Nous parlons ici d'idéalisme dans son sens ontologique, pour décrire la vision néoconservatrice de la réalité sociale, et non d'idéalisme au sens théorique et utopiste du terme.

listes, qui postulent souvent que les États doivent faire preuve de prudence, limiter les engagements extérieurs et se contenter de préserver l'équilibre des puissances. William Kristol et Robert Kagan (2004: 64) reprochent d'ailleurs à des réalistes comme Henry Kissinger d'avoir une vision trop «scientifique» de l'intérêt national. Selon eux, on ne peut déterminer la nature de l'intérêt national uniquement sur la base de calculs à propos de la puissance matérielle des États; les États-Unis doivent plutôt l'établir en fonction de leurs valeurs. Ils jugent que les valeurs morales américaines sont identiques à l'intérêt de sécurité nationale des États-Unis (Kristol et Kagan, 2000: 13-23).

Suivant cette logique, les néoconservateurs ne voient pas nécessairement tout État développant son arsenal militaire comme une menace; ils croient plutôt que les «adversaires» des États-Unis sont les acteurs étatiques et non étatiques qui promeuvent des valeurs en contradiction avec celles des États-Unis (Halper et Clark, 2004: 12). Selon Kagan (2008: 71), au XXIe siècle, le monde se caractérise par des «vérités compétitives», d'où la nécessité pour les États-Unis et leurs alliés de créer un «concert des démocraties», afin de forger un consensus qui donne priorité à la protection des valeurs libérales et des principes démocratiques (*Ibid.*: 97). Cette forme d'osmose entre considérations stratégiques et morale/moralité témoigne d'une certaine fusion entre les ontologies réaliste et libérale. Or, contrairement aux néoréalistes comme Mearsheimer et Waltz, les néoconservateurs accordent une importance considérable aux caractéristiques personnelles des individus qui dirigent les États ainsi qu'à la nature des régimes politiques de ces mêmes États. C'est effectivement sur ces bases que les néoconservateurs font la distinction entre les «bons» et les «mauvais» États du système. Les néoconservateurs jugent en ce sens que des variables telles l'histoire politico-militaire d'un État, son système politique (libre ou autocratique/totalitaire) ou même la personne qui gouverne l'instance politique centrale doivent être prises en compte dans l'analyse de la politique étrangère, car elles donnent une idée du comportement que les États adopteront dans le monde.

En pratique, la tendance des néoconservateurs à centrer l'analyse sur les régimes et les individus derrière les rênes des États est évidente quand on les voit diaboliser les dirigeants de pays non démocratiques comme Fidel Castro de Cuba, Mahmoud Ahmadinejad en Iran, Saddam Hussein en Irak, Hugo Chavez au Venezuela et Kim Jong-Il en Corée du Nord. Ainsi, même si des néoconservateurs comme Robert Kagan adhèrent à une vision holiste des relations internationales quand ils affirment que l'anarchie du système influence le comportement des États, la plupart des néoconservateurs partagent aussi une vision individualiste des relations internationales.

Cette focalisation sur l'agence et la nature des régimes politiques porte les néoconservateurs à croire que les dirigeants américains doivent à tout prix (et peuvent sans grande difficulté) établir une distinction claire entre les «amis» et les «ennemis» (I. Kristol: 2004, 36). À ce titre, ils font non seulement une distinction entre les «bons» et les «mauvais» États, mais prescrivent aux décideurs de voir les États démocratiques comme des «alliés» et la plupart des régimes autocratiques ou totalitaires comme des «adversaires»[4]. Pour Irving Kristol (*ibid.*), il était par exemple inconcevable de définir l'URSS comme un «ami» ou un possible allié pendant la guerre froide, et ce, pour la simple et bonne raison qu'elle était une dictature et qu'elle incarnait des valeurs contraires aux valeurs américaines. En martelant de la sorte l'idée que les valeurs américaines sont supérieures aux valeurs concurrentes, les néoconservateurs dévoilent une autre

---

4. Il existe plusieurs imprécisions et contradictions dans la définition néoconservatrice des régimes autocratiques et totalitaires. En effet, les néoconservateurs indiquent que les États-Unis doivent viser des États comme l'Irak, l'Iran et la Corée du Nord, mais restent souvent silencieux à propos d'États non démocratiques, mais alliés, comme l'Arabie Saoudite. À ce propos, Jeane Kirkpatrick (1979) distinguait les dictateurs amis et ennemis ou, en d'autres termes, les autocraties capitalistes dirigées par des leaders de droite (par exemple, l'Indonésie de Suharto et le Nicaragua de Somosa) et les autocraties communistes (le Nicaragua des Sandinistes). Selon cette vision, les premières posent moins problème pour Washington que les deuxièmes, parce que plus susceptibles d'embrasser les valeurs démocratiques à terme.

facette de leur ontologie, c'est-à-dire leur admiration sans bornes à l'égard du modèle américain et leur conviction qu'un patriotisme exacerbé doit guider la politique étrangère du pays. Le néoconservatisme prétend être typiquement américain au sens où il est imbibé du même optimisme qui anime la majorité des individus aux États-Unis : « le néoconservatisme mise sur l'espoir et nous incite à porter notre regard sur l'avenir ; il rejette la nostalgie et son ton est moins lugubre que celui du conservatisme traditionnel » (I. Kristol : 2004, 34)[5].

Cet optimisme repose, par exemple, sur leur certitude que le modèle américain a prouvé sa capacité à garantir le bonheur et le bien-être des Américains et, plus important encore, que les valeurs américaines de la démocratie, des droits de l'Homme et de la liberté sont des valeurs universelles, un peu comme l'annonçait Francis Fukuyama (1992), dans son ouvrage sur *La fin de l'histoire*. Ce dernier finira certes par critiquer l'administration de George W. Bush en raison des difficultés de la guerre en Irak (Fukuyama, 2006a ; 2006b). Or, il n'en demeure pas moins convaincu que les États-Unis ont le devoir de promouvoir la démocratie dans le monde (Fukuyama et Garfinkle, 2006).

À ce titre, la vision des néoconservateurs rejoint celle des libéraux et, plus particulièrement, des tenants de la théorie de la paix démocratique, pour qui l'une des particularités du système international est la tendance des États, dont le régime est conforme aux valeurs démocratiques libérales, à ne jamais entrer en guerre les uns contre les autres. Suivant cette logique, les néoconservateurs jugent non seulement essentiel de procéder à des changements de régime dans des pays comme l'Irak, l'Iran et la Corée du Nord, mais aussi de participer à la démocratisation après coup, pour permettre aux « forces inéluctables du progrès humain de parfaire leur magie » (Kagan, 2008 : 6). Bien entendu, ils ne s'entendent pas toujours sur les efforts que les États-Unis devraient consentir à

la reconstruction (*nation-building*) de pays comme l'Irak. Cela dit, leur croyance sans bornes en la nature « universelle » des valeurs américaines les a souvent poussés à croire que les Irakiens adopteraient naturellement le modèle américain aussitôt Saddam Hussein chassé du pouvoir. Comme l'explique Mearsheimer dans sa critique des néoconservateurs (2005), ces derniers vont même plus loin en défendant une forme de « théorie des dominos » inversée et en affirmant que démocratiser l'Irak incitera les Iraniens, les Nord-Coréens, les Palestiniens, les Syriens et autres à imiter les Irakiens et à demander des changements dans leur pays. Des néoconservateurs comme William Kristol (2004) et Fukuyama (2006a ; 2006b) ont donc reproché à l'administration Bush, et particulièrement au secrétaire à la Défense Donald Rumsfeld, de ne pas investir suffisamment de ressources pour reconstruire l'Irak après le renversement de Saddam Hussein.

Les néoconservateurs partagent ainsi une autre facette de l'ontologie des libéraux dans la mesure où ils croient que la consolidation de la paix, le développement socio-économique et la bonne gouvernance dans ces États découleront inéluctablement de leur démocratisation rapide (Oliver, 2007 : 37). Ainsi, l'apparition de réseaux terroristes transnationaux, le danger associé à la prolifération des armes de destruction massive, les abus envers les droits de l'Homme et les conflits intraétatiques sont, selon eux, avant tout attribuables à un manque de gouvernance (démocratique) étatique, d'où l'impératif d'encadrer les « États déliquescents » (*failed states*) pour les aider à se doter d'institutions démocratiques (Fukuyama, 2005 : 144-152).

2.3 Exceptionnalisme américain, « destinée manifeste » et impérialisme

Cette conviction, les néoconservateurs la doivent en partie à leur croyance au mythe de « l'exceptionnalisme américain », c'est-à-dire à l'idée qui consiste à dire que les États-Unis sont un pays qualitativement différent et meilleur que tous les autres (Lipset, 1996 : 18). Évidemment, croire en l'exceptionnalisme ne veut pas nécessairement dire que l'on est convaincu de la perfection des États-Unis. Lipset (14) révèle

---

5. Encore une fois, on remarque ici la contradiction entre le pessimisme et l'optimisme des néoconservateurs : ils croient que le système international est anarchique, mais que les États-Unis peuvent pacifier le monde en y imposant un ordre libéral et démocratique.

cependant sa vénération à l'égard des valeurs, des institutions politiques et de l'histoire des États-Unis quand il écrit qu'il est fier d'être américain et que la «main de la Providence» (*hand of providence*) a probablement fait cadeau à son peuple des plus grands esprits, comme George Washington, Abraham Lincoln et Franklin Delano Roosevelt.

Un tel patriotisme pousse les néoconservateurs à croire à un autre mythe, celui de la «destinée manifeste», qui prétend que les États-Unis ont pour mission originelle de répandre leurs valeurs dans le monde (Stephanson, 1995): l'Amérique «ne doit pas seulement être le policier ou le shérif du monde, elle doit être son phare et son guide» (Kristol et Kagan, cités dans Frachon et Vernet, 2004: 37). Ici, les néoconservateurs rejettent donc la conviction des réalistes voulant qu'aucun État n'incarne la moralité universelle. Ils jugent même que les États-Unis doivent adopter des politiques à saveur impérialiste: «les néoconservateurs croient que les États-Unis doivent jouer un rôle impérial dans la mise en œuvre d'un ordre mondial pacifique» (Stelzer 2004: 18). Cela dit, l'empire auquel pensent les néoconservateurs ne ressemble pas à celui des grandes puissances européennes du passé. Le but des États-Unis n'est pas de mettre la main sur de nouveaux territoires, mais simplement d'étendre leurs idées au reste du monde (Frachon et Vernet, 2004: 37). C'est notamment pourquoi Robert Kagan (1998: 26) affirme que les États-Unis sont un «empire bienveillant» et que l'hégémonie américaine est «bonne pour une vaste proportion de la population». Pour eux, les États-Unis sont désormais bien positionnés pour remplir la tâche qui leur incombe depuis leur naissance, c'est-à-dire bâtir un monde à leur image. Ils voient cette tâche comme une obligation morale, dénoncent le fait d'y renoncer comme de la pure «lâcheté et du déshonneur» et estiment, par conséquent, que les États-Unis sont un État différent des autres; une nation clairvoyante qui sait ce qui est bon pour le reste du monde et qui a le devoir d'utiliser tous les moyens pour pacifier les relations internationales.

2.4 «How I Learned to Stop Worrying and Love the Bomb»

Parce qu'ils jugent essentiel de préserver cette hégémonie «bienveillante», les néoconservateurs «aiment la bombe», pour reprendre le sous-titre du célèbre film de Kubrick, *Le docteur folamour*, et accordent une grande importance à la force militaire. Ils militent pour l'augmentation des dépenses militaires, la modernisation des forces armées américaines ou encore la construction du bouclier antimissile, afin de dissuader des pays comme la Russie, la Chine, l'Iran et la Corée du Nord de rivaliser avec les États-Unis. Comme l'explique John Mearsheimer (2005), les néoconservateurs croient que les États-Unis peuvent régner sur le monde s'ils prouvent à leurs adversaires qu'ils ont la volonté et le potentiel militaire nécessaires pour attaquer n'importe qui n'importe quand. Convaincus que la chute de l'URSS a engendré l'unipolarité du système international et conféré aux États-Unis le statut d'unique superpuissance du monde (Krauthammer, 1990), ils jugent essentiel de consolider l'hégémonie américaine une fois pour toutes. Ils voient aussi d'un bon œil de développer la puissance militaire parce qu'ils estiment qu'elle est souvent un outil plus efficace que la diplomatie pour démocratiser les pays totalitaires et autoritaires. Ils militent pour une politique étrangère musclée afin de créer «une Amérique forte capable de projeter sa puissance rapidement et avec des effets dévastateurs dans les régions instables du monde […] comme si l'instabilité et la violation des droits civils dans ces régions constituent des menaces imminentes qui nous affectent directement» (Kristol et Kagan, 2000: 16-17). Les néoconservateurs sont donc peut-être des wilsoniens, comme nous l'avons mentionné plus haut, mais leur wilsonisme s'apparente plutôt à ce que le chercheur français Pierre Hassner qualifie de «wilsonisme botté» (cité dans Legaré-Tremblay, 2005) ou, en d'autres termes, de wilsonisme appuyé par la force militaire (Frachon et Vernet, 2004: 37), un «wilsonisme avec du mordant» (*Wilsonianism with teeth*) (Mearsheimer, 2005).

3. Épistémologie

Alors que l'ontologie des néoconservateurs est relativement facile à identifier, leur épistémologie l'est beaucoup moins. En effet, la plupart d'entre eux qui s'intéressent aux relations internationales ne se qualifient pas de théoriciens et n'indiquent donc jamais systématiquement d'où viennent leurs connaissances à propos du système international ou encore comment vérifier le bien-fondé de ces mêmes connaissances. Il ne semble cependant pas erroné d'affirmer que les néoconservateurs ont un penchant fondationnaliste. Comme le démontre leur ontologie, ils sont effectivement convaincus qu'il existe des prémisses relativement indiscutables sur lesquelles on peut fonder la vérité d'une interprétation ou l'explication des choses quand ils affirment, par exemple, qu'une démocratie libérale est un meilleur système qu'une dictature, que les valeurs américaines sont bonnes pour le monde ou encore que diffuser les valeurs démocratiques libérales permettra de pacifier le système international. Mus par leur confiance à l'égard de tels principes, ils n'ont d'ailleurs jamais caché leur opposition aux approches antifondationnalistes ou à ce qu'ils appellent le « relativisme ».

À l'instar de Leo Strauss, les néoconservateurs croient effectivement à l'idée de la « clarté morale » (Zuckert et Zuckert, 2006). Selon eux, en tentant de démontrer que l'on peut interpréter un seul et même événement de plusieurs manières, les relativistes ont contribué à l'affaiblissement moral des démocraties libérales en invitant les individus à croire que l'on pouvait mettre sur un même pied d'égalité des acteurs ou des phénomènes forts différents, comme l'URSS et les États-Unis ou encore le totalitarisme et la démocratie (Frachon et Vernet, 2004 : 67). Les néoconservateurs implorent donc les Américains et leurs dirigeants d'établir une ligne de démarcation nette entre les « bonnes » et les « mauvaises » alternatives qui s'offrent à eux.

Ils ne sont pas les plus volubiles quand vient le temps d'expliquer sur quelles bases ils distinguent le « bien » et le « mal ». Or, certains d'entre eux expliquent que tous les humains ont certains besoins

fondamentaux, comme celui d'être libres et de ne pas vivre dans la peur d'être torturés par leur gouvernement (Boot, 2004 : 50 ; Kristol et Kagan, 2004). Il ne semble pas faux d'affirmer que de tels propos illustrent le penchant rationaliste des néoconservateurs. En effet, ceux-ci présentent souvent leurs idées à propos de la nature humaine et des relations internationales comme des vérités qui vont de soi, font sens, sont logiques et, donc, n'ont pas besoin d'être prouvées empiriquement. C'est du moins le cas de Fukuyama (2007 : 54, cité dans Rapport, 2008 : 268), qui dépeint un peu comme une évidence le fait que tous les individus de la planète ont les mêmes désirs et veulent, par exemple, vivre dans un pays où le niveau de vie est élevé.

Malgré cette tendance rationaliste, les néoconservateurs donnent parfois le sentiment de pencher pour une certaine forme d'empirisme. En effet, ils recourent ici et là à des exemples comme l'URSS, la Chine, l'Iran, l'Irak et la Corée du Nord et, donc, à des observations de ce qu'ils jugent être des faits empiriques pour prouver certaines « vérités », comme celle voulant que les pays qui n'embrassent pas les valeurs démocratiques libérales traitent moins bien leurs citoyens que des pays comme les États-Unis. À ce titre, Kristol et Kagan (2004 : 71) avouent, par exemple, ne pas être surpris de voir une dictature comme la Chine réprimer les membres d'organisations comme le Falun Gong.

S'ils s'appuient sur de tels faits (observables) pour donner du poids aux « vérités » auxquelles ils croient, les néoconservateurs ne le font toutefois jamais systématiquement. On ne peut, par conséquent, les qualifier d'empiristes au sens strict du terme. En effet, ils trouvent certes à gauche et à droite des exemples prouvant la pertinence de leurs arguments, mais ils ne se lancent jamais dans une réelle entreprise théorique qui consisterait, par exemple, à recourir à un grand nombre de cas pour mesurer rigoureusement le lien de causalité entre la nature des régimes (démocratiques ou totalitaires) et le comportement de ces régimes dans le monde ou à l'égard de leurs citoyens. Pour cette raison, et parce que les néoconservateurs ne nuancent jamais leurs propos en faisant preuve d'honnêteté intellectuelle et en parlant, par exemple, des mauvais agissements des démocraties libérales ou des possibles bienfaits des régimes autoritaires, plusieurs chercheurs tendent à les voir avant tout comme des idéologues ou des « architectes du pouvoir » relativement dogmatiques, et non comme de véritables théoriciens des relations internationales (Debrix, 2007 ; Macleod, 2008). Chose certaine, les néoconservateurs rejettent clairement l'épistémologie pragmatiste, car celle-ci, en stipulant que la théorie et les vérités à propos du monde sont toujours susceptibles d'être modifiées, s'apparente au relativisme contre lequel ils s'insurgent (Macleod, 2008 : 20).

4. Normativité

Si l'épistémologie des néoconservateurs demeure assez floue, leur normativité, par contre, est très explicite. Tel que nous l'avons mentionné précédemment, les néoconservateurs cherchent à influencer la vision des relations internationales des Américains. Pour ce faire, ils mettent l'accent sur une multitude de thèmes, comme l'importance d'un patriotisme/nationalisme fort, l'interventionnisme militaire musclé (Legaré-Tremblay, 2005 : 13) dans le but de préserver la nation (et, par extension, le monde) de menaces endémiques, et la mise de l'avant des mythes fondateurs américains, notamment la notion du « bien contre le mal » et de la destinée manifeste. En outre, ils adhèrent clairement à une vision manichéenne/dualiste du monde qui les pousse à croire qu'ils possèdent le monopole de la vertu et qui les incite à faire preuve d'intransigeance à l'égard des acteurs du débat politique américain qui ne partagent pas leur point de vue. Comme l'expliquent Halper et Clark (2004 : 11), les néoconservateurs sont « fortifiés par la conviction qu'eux seuls possèdent la vertu morale et que tout désaccord envers cette vertu équivaut à du défaitisme ». Ils croient aussi que le propre de la nature humaine est de choisir entre le bien et le mal et, surtout, de lutter contre le mal à tout prix (*Ibid.*).

Selon cette vision, ceux qui s'opposent à une « bonne » politique comme la consolidation de l'hégémonie des États-Unis ont « tort », voire représentent eux-mêmes une menace à la sécurité et la paix mondiale, puisque seule l'hégémonie américaine permet de dissuader les autres États de se lancer en guerre contre les États-Unis (Kristol et Kagan, cité *ibid.*). À l'aide de tels arguments et mises en garde, les néoconservateurs tentent visiblement de créer une hiérarchie entre leur (bon) discours et le (mauvais) discours de ceux qui privilégient des politiques différentes des leurs. Ils s'appuient sur un discours alarmiste pour discréditer les positions de leurs adversaires et les faire paraître absurdes, anormales, taboues ou irrationnelles. Après le 11 septembre 2001, les néoconservateurs ont d'ailleurs souvent noté qu'il était impératif de poursuivre l'offensive contre le terroristes et les « États voyous » pour protéger la sécurité nationale et, surtout, que faire autrement serait dangereux et antipatriotique.

Par ailleurs, le néoconservatisme semble être axé sur une forme de volontarisme politique. La pensée néoconservatrice s'apparente à une forme de *trotskysme de droite* au sens où leur credo politique est transformation du monde – sorte de révolution permanente, seulement dans leur cas, il s'agit d'une révolution démocratique – par la diffusion et l'instauration (par la force si nécessaire) à l'échelle planétaire des principes et valeurs américaines (Blin, 2004). L'esprit « révolutionnaire » de l'idéologie néoconservatrice ne peut être plus clairement énoncé que par Michael Ledeen : « La grande révolution démocratique du dernier quart du XVIIIe siècle fut marquée par l'Amérique et le XXe siècle a montré l'incroyable force de nos énergies révolutionnaires […] Nous *faisons la guerre totale*, car nous combattons au nom d'une idée » (cité dans Andersen et Aagaard, 2005 : 50. Nos italiques).

Cette urgence d'agir et leur volonté de diffuser la démocratie avec tous les moyens du bord témoignent de leur adhésion à la théorie éthique du déontologisme, qui, comme l'explique Max Weber, affirme que les actions humaines doivent être jugées selon leur conformité à certains devoirs et obligations, par exemple celui de diffuser la démocratie et les valeurs américaines (Macleod, 2008 : 17). À l'inverse, le conséquentialisme soutient que les conséquences d'une action doivent constituer le fondement de tout

Encadré 9.1 La stratégie de sécurité nationale de 2002 de George W. Bush
Quand le néoconservatisme guide les politiques officielles de Washington

Après le *Defense Planning Guidance* de 1992, la première formulation officielle de la *Weltanschauung* néoconservatrice se trouve dans la Stratégie de sécurité nationale de 2002 (NSS). Il s'agit d'une version édulcorée du projet néoconservateur qui lie subtilement le danger des nouvelles menaces – prolifération des armes de destruction massive, terrorisme islamique, « États voyous » ainsi que nouveau totalitarisme – avec la défense des valeurs américaines. Dès le début du texte, l'administration Bush laisse entendre que la cause des États-Unis de vaincre le mal s'inscrit dans une cause historique et universelle contre les ennemis de leurs valeurs :

> Les grandes luttes du XXe siècle entre la liberté et le totalitarisme prirent fin avec la victoire décisive des *forces de la liberté* – ainsi que d'un seul modèle viable de réussite nationale, celui de la liberté, de la démocratie et de la libre entreprise. Ces valeurs de la liberté sont *justes pour toute personne*, dans toute société – et le *devoir de protéger ces valeurs contre leurs ennemis* constitue une vocation commune des peuples épris de liberté à travers le monde et à travers les âges (NSS, 2002 : 3. Nos italiques).

Ensuite, l'objectif de la stratégie est défini avec un flou esthétique. Élaboré en trois points, l'objectif est la défense, la préservation et l'extension de la paix mondiale par le combat contre la tyrannie et le terrorisme ainsi que par la démocratisation des régimes hostiles aux intérêts américains : « Nous défendrons la paix en combattant les tyrans et les terroristes. Nous préserverons [...] et propagerons la paix en encourageant la formation de sociétés libres sur tous les continents » (3).

Aussi le texte tente-t-il déjà de relier la menace terroriste à celle des armes de destruction massive en mettant l'accent sur le danger de la collusion entre les régimes tyranniques et les réseaux terroristes : « L'Amérique demandera des comptes aux nations qui sont compromises par la terreur, notamment celles qui abritent des terroristes – car *les alliés de la terreur sont les ennemis de la civilisation* » (4. Nos italiques).

En faisant ainsi allusion aux terroristes et aux tyrans, cette stratégie met indirectement l'accent sur des régimes comme l'Irak, accusé d'être à la fois tyrannique, de vouloir se doter d'armes de destruction massive et de supporter le terrorisme : « Le danger le plus grave auquel notre nation fait face se situe à la croisée du radicalisme et de la technologie. Nos ennemis ont ouvertement déclaré qu'ils sont à la recherche d'armes de destruction massive et les preuves recueillies indiquent qu'ils le font avec détermination » (4). Quelques lignes plus loin, le texte souligne l'impératif pour les États-Unis de se protéger contre d'éventuelles attaques nucléaires en provenance de ces « États voyous », et ce, au moyen d'un bouclier antimissile et en agissant préemptivement pour neutraliser ces menaces (4). Ici, le texte explicite davantage la nécessité de l'action préemptive : « Dans le monde nouveau dans lequel nous venons d'entrer, la seule voie vers la paix et la sécurité est la voie de l'action [...] Afin de prévenir les actes hostiles de nos ennemis, les États-Unis agiront, si nécessaire, préventivement » (4 ; 15).

Ensuite vient un passage à propos de la transformation des régimes hostiles aux intérêts américains et de la diffusion des valeurs américaines dans le monde : « Les États-Unis utiliseront ce moment opportun pour étendre les bienfaits de la liberté à travers la planète. Nous nous emploierons à porter l'espoir de la démocratie, du développement, des marchés libres et du libre-échange aux quatre coins du monde » (4). Le texte se termine en annonçant que les États-Unis seront amenés à jouer un rôle de premier plan dans ce combat mondial contre la terreur au nom de la liberté, non seulement par la force des choses, mais également par un sens du devoir :

> Tout au long de l'histoire, la liberté fut menacée par la guerre et la terreur [...] Aujourd'hui, l'humanité a l'occasion de consolider le triomphe de la liberté sur ses ennemis. Les États-Unis acceptent *la responsabilité* de mener cette grande mission (4. Nos italiques).

En définitive, ce texte rompt avec la stratégie d'endiguement en vigueur durant la guerre froide qui combinait dissuasion nucléaire et persuasion diplomatique. Nous remarquons également l'introduction de nouveaux concepts chers aux néoconservateurs dont les plus prééminents sont la guerre préemptive et le changement (renversement) de régimes tyranniques. Aussi, bien que la stratégie insiste sur la création d'un équilibre des puissances favorable à la liberté (*balance of power that favors freedom*) pour assurer une paix mondiale durable et qu'elle ne renie pas explicitement l'ONU, en lisant entre les lignes, il semble que ce genre de stratégie vise plutôt à *imposer* une paix par la force (Blin, 2004 : 112). D'autant plus qu'elle met l'accent sur la possibilité pour les États-Unis d'élargir leur champ d'action à l'extérieur des institutions internationales (elles-mêmes promues par Washington) et des coalitions *ad hoc* (*coalitions of the willing*) pour défendre la cause américaine.

* Certaines des traductions de la *National Security Strategy of 2002* sont tirées ou inspirées de celles de Blin (2004 : 109-111).

jugement moral à propos de ladite action. Dans le cas qui nous intéresse, le déontologisme des néoconservateurs fait en sorte qu'ils sont prêts à diffuser leurs principes, et ce, sans égard aux effets que leurs actions pourraient avoir sur les autres acteurs du système international ou encore sur les populations civiles qui subissent les « dommages collatéraux » des interventions militaires américaines.

En lien avec cette idée, une autre caractéristique déterminante du néoconservatisme est que ses tenants semblent parfois prêts « à outrepasser les valeurs qu'ils sont censés défendre pour atteindre leurs objectifs » (Blin, 2004: 65). L'exemple de la torture semble particulièrement probant à ce titre. En effet, des néoconservateurs dénoncent les régimes qui maltraitent les gouvernés, mais ne voient pas nécessairement un problème éthique à ce que les autorités américaines interrogent les terroristes en recourant à des méthodes qui vont à l'encontre des droits de l'Homme. Un peu à la manière du personnage de Jack Bauer dans la très populaire télésérie américaine *24*, Krauthammer (2005) écrit à ce propos que c'est un « devoir moral » de « pendre un terroriste par les pouces » si cela peut permettre à l'État américain de savoir à quel endroit se trouve une bombe nucléaire qui pourrait tuer un million d'Américains.

5. Critiques et conclusion

Si la stratégie de sécurité nationale de 2002 et la guerre en Irak illustrent la forte influence du néoconservatisme sur la politique étrangère américaine après le 11 septembre 2001, la vision des relations internationales des néoconservateurs a également fait l'objet de vives critiques ces dernières années. Des auteurs réalistes comme Mearsheimer (2005) ont déploré la naïveté du néoconservatisme, affirmant, par exemple, qu'une intervention militaire en Irak pousserait les autres « États voyous » comme l'Iran et la Corée du Nord à se braquer davantage contre les États-Unis, et non à renoncer à l'arme nucléaire, comme le prédisaient les néoconservateurs. Pour Robert W. Tucker et David C. Hendrickson (2004), deux chercheurs du Council on Foreign Relations, en dénigrant le droit international, les néoconservateurs ont contribué

à miner la légitimité des États-Unis aux yeux de la communauté internationale. L'ultraconservateur Pat Buchanan va sensiblement dans le même sens quand il affirme que l'arrogance et l'attitude belliqueuse des néoconservateurs ont compromis les bonnes relations des États-Unis avec les alliés. Pour le chercheur critique François Debrix (2005), l'idéologie néoconservatrice est surtout néfaste parce qu'elle a conditionné les Américains à accepter des politiques violentes et une guerre sans fin contre des ennemis que les décideurs n'ont même plus besoin d'identifier concrètement, ce qui nuit aux perspectives de paix dans des régions comme le Moyen-Orient.

En dépit de telles critiques et de la mise en œuvre par Barack Obama d'une politique étrangère aux antipodes de celle prônée par les néoconservateurs, il ne fait aucun doute que le néoconservatisme demeure encore aujourd'hui une force non négligeable dans le marché des idées à propos de la politique étrangère des États-Unis et des relations internationales. En effet, plusieurs continuent à participer aux débats politiques en commentant les enjeux sur des réseaux comme *Fox News*, en publiant leurs réflexions dans des revues comme *The Weekly Standard*, en réalisant des recherches dans des *think tanks* comme l'American Enterprise Institute et la Heritage Foundation ou encore en participant aux audiences publiques au sein des commissions et des sous-commissions parlementaires au Congrès.

Même s'ils s'intéressent peu aux débats qui animent les chercheurs dans le champ de la théorie des relations internationales, leur vision soulève tout de même plusieurs questions dignes d'intérêt. En effet, l'exemple du néoconservatisme révèle le poids qu'exercent certains mythes chauvins, comme celui de l'exceptionnalisme et de la destinée manifeste, ou encore certaines théories, comme celle de la paix démocratique, sur le comportement international de la superpuissance américaine. Le cas des néoconservateurs illustre aussi à quel point les acteurs politiques n'hésitent pas à s'appuyer sur des discours alarmistes pour construire les menaces, sécuriser les enjeux et, ainsi, convaincre la population d'appuyer la mise en œuvre de mesures de sécurité extraordinaires (Waever, 1995). Surtout, les politiques prônées par les néoconservateurs ont de quoi intéresser les chercheurs critiques qui se donnent pour mission de déconstruire les discours dominants et les oppositions binaires qui structurent notre langage et la manière dont nous avons tendance à définir les acteurs et les phénomènes internationaux. En effet, qu'est réellement un « État voyou » quand on constate que les États-Unis ont, depuis 1945, lancé un plus grand nombre d'interventions (certains diraient agressions) militaires que pratiquement tous les États dénoncés par les néoconservateurs ? Et que sont finalement le « bien » et le « mal » quand les néoconservateurs ne jugent pas immoral de recourir à la violence militaire pour tuer autrui au nom de leurs principes ?

❖ ❖ ❖

Pour en savoir plus

Écrits néoconservateurs :

Kagan, R., et W. Kristol (dir.), 2000, *Present Dangers: Crisis and Opportunity in American Foreign and Defense Policy*, New York : Encounter. Ouvrage collectif rassemblant les points de vue d'une dizaine de néoconservateurs, dont plusieurs membres du *Project for the New American Century*, à propos de la politique étrangère américaine.

Kristol, I., 1995, *Neoconservatism – The Autobiography of an Idea*, New York : The Free Press. Celui que l'on qualifie souvent comme le « parrain » des néoconservateurs expose sa philosophie sur des enjeux comme la race, la sexualité et la famille, discute du mouvement de la contre-culture et de sa vision de la guerre froide.

Kristol, W. et R. Kagan, 1996, « Toward a Neo-Reaganite Foreign Policy », *Foreign Affairs*, 95, 4, p. 18-32. Publication de référence sur la nouvelle conception de politique étrangère (buts et fondements) néoconservatrice nous laissant entrevoir un lien entre la Doctrine Bush et le mouvement néoconservateur.

Kaplan, L. et W. Kristol, 2003, *The War Over Iraq : Saddam's Tyranny and America's Mission*. San Francisco : Encounter Books, 2003. Reprenant plusieurs idées développées dans le *Defense Planning Guidance* (1992), Kristol et Kaplan définissent plus clairement ce qui doit être entendu par le « mariage » entre les valeurs morales et l'intérêt national des États-Unis.

Stelzer, I. (dir.), 2004, *The Neocon Reader*, New York : Grove Press. Ouvrage collectif rassemblant quelques-unes des principales contributions de grandes figures du néoconservatisme.

White House, 2002, *The National Security Strategy of the United States*, Washington D.C. Document de stratégie de sécurité nationale rendu public en 2002 par la Maison-Blanche et dont la philosophie correspond à plusieurs égards à la pensée néoconservatrice.

Essais et critiques à propos du néoconservatisme :

Halper, S. et J. Clarke, 2004, *America Alone : the Neo-Conservatives and the Global Order*, New York : Cambridge University Press. Référence incontournable. Les auteurs relatent l'histoire du mouvement et fournissent un excellent tour d'horizon des idées néoconservatrices et de leur influence sur les politiques de George W. Bush.

Vaïsse, J., 2008, *Histoire du néoconservatisme aux États-Unis : le triomphe d'une idéologie*, Paris : Odile Jacob. Excellente contribution francophone sur le néoconservatisme, cet ouvrage retrace les trois âges du néoconservatisme.

La vision néoconservatrice de la guerre en Irak

Dans la vision néoconservatrice, la question de l'Irak reste encore et a toujours été une «affaire inachevée». En effet, à la suite de l'Opération Tempête du désert (*Desert Storm*) en janvier 1991, plusieurs néoconservateurs ont critiqué la décision de l'administration de George H. W. Bush de stopper l'offensive militaire à moins de 240 km de Bagdad. Pour eux, il ne suffisait pas de repousser les forces irakiennes hors du Koweït et de sécuriser les puits de pétrole ; il fallait également profiter de l'écrasante force de la coalition internationale (et du *momentum* créé en Occident et aux États-Unis) pour envahir l'Irak, destituer son dirigeant perçu comme un «tyran» et, ainsi, instaurer dans ce pays un régime libre et démocratique. De plus, une telle stratégie aurait pu servir d'autres objectifs politiques plus vastes tels la pacification *totale* du Moyen-Orient par l'instauration *et* la consolidation de la démocratie libérale dans la région.

Déjà au début des années 1990, Paul Wolfowitz et Lewis «Scooter» Libby avaient, dans un document de stratégie rédigé au Pentagone (le *Defense Planning Guidance*), fait mention de l'Irak comme d'un État hostile aux États-Unis suspecté d'avoir des intentions hégémoniques régionales et qu'il fallait absolument neutraliser par une attaque préemptive. Dès 1998, les membres du *think tank* néoconservateur, *Project for the New American Century*, avaient déclaré dans une lettre au président Bill Clinton que les États-Unis se devaient d'en «finir» (*finish the job*) avec le régime tyrannique de Saddam Hussein. En raison de la «*magnitude de la menace*, la politique actuelle, qui dépend de la fidélité de nos alliés et de la coopération de Saddam Hussein, est *dangereusement inadéquate*». Ils poursuivaient en affirmant que la «*seule stratégie* qui soit acceptable est celle qui puisse *éliminer* la possibilité que l'Irak soit capable d'utiliser ou de menacer d'utiliser des armes de destruction massive». Plus encore, cette lettre était très claire quant aux moyens de mettre en œuvre cette stratégie :

«À court terme, étant donné l'inefficacité de la persuasion diplomatique [cette stratégie implique] une volonté d'entreprendre une *action militaire*. À long terme [cette stratégie implique] la *destitution* de Saddam Hussein et le *renversement* de son régime. Cela doit être l'objectif de la politique étrangère américaine» (PNAC, 1998. Nos italiques).

Les néoconservateurs ont ainsi profité des attentats du 11 septembre 2001 pour relier la «vieille» menace irakienne à celle du terrorisme international. Plusieurs discours du président George W. Bush servant à justifier l'intervention en Irak ont permis à la Maison-Blanche de dépeindre l'Irak comme une menace, c'est-à-dire comme un État faisant partie d'un «Axe du mal» qui appuyait le terrorisme. À cet égard, les néoconservateurs revinrent constamment sur le «fait» que l'Irak possédait des armes de destruction massive et sur la nécessité d'opter pour l'action préemptive comme *ultima ratio* pour préserver la sécurité internationale. D'ailleurs, le livre *Present Dangers*, publié en 2000, porte en lui les prémisses de l'invasion de l'Irak. En effet, les auteurs affirment que lorsqu'ils sont confrontés à des régimes tyranniques comme l'Irak, les États-Unis devraient (et auraient dû en 1991) opter pour une stratégie de «transformation» et non pas de coexistence pacifique : «[Une telle stratégie] aurait dû viser le déploiement des troupes américaines jusqu'à Bagdad pour renverser Saddam Hussein et aurait dû permettre de garder ces troupes en Irak jusqu'à l'instauration d'un nouveau régime dans ce pays» (Kristol et Kagan, 2000 : 19).

Ainsi, dans la vision néoconservatrice, l'invasion de l'Irak constituait une continuation de deux objectifs centraux prédéfinis : 1) préserver un point d'ancrage au Moyen-Orient ; 2) utiliser le changement de régime de Saddam Hussein comme pilier de la révolution démocratique dans la région.

Le néoconservatisme

Axe du mal : Inventée par David Frum et utilisée pour la première fois par le président George W. Bush dans son discours sur l'état de l'Union de janvier 2002, cette expression servait à décrire les gouvernements qui, selon la Maison-Blanche, développaient des armes de destruction massive ou appuyaient le terrorisme et des organisations comme Al-Qaïda. Le président Bush a ainsi indiqué que l'Irak, l'Iran et la Corée du Nord faisaient partie de cet «axe».

Changement ou renversement de régime : Ce concept se fonde sur l'idée que la politique étrangère d'un État reflète la nature de son régime politique. Il se fonde également sur l'idée que les régimes non démocratiques, puisque répressifs à l'égard des populations qu'elles gouvernent, opteraient *ipso facto* pour une politique répressive à l'externe. Même si certains néoconservateurs comme Jeane Kirkpatrick font la distinction entre les dictatures alliées et ennemies des États-Unis, la plupart d'entre eux croient que les États-Unis devraient adopter des politiques favorisant des changements de régimes dans les pays non démocratiques.

Démocratisation : Corollaire du concept de «changement de régime», la notion néoconservatrice de la démocratisation se fonde sur l'idée que la consolidation de la paix ainsi que le développement socio-économique et de la bonne gouvernance dans les États antidémocratiques et tyranniques découlent inéluctablement de leur démocratisation rapide (Oliver, 2007 : 37). Ainsi, l'apparition de réseaux terroristes transnationaux, le danger associé à la prolifération des armes de destruction massive, les abus envers les droits de l'Homme et les conflits intraétatiques seraient tous attribuables à un manque de gouvernance (démocratique) étatique. D'où l'impératif d'encadrer ces États en intervenant préemptivement (c.-à-d. en renversant leurs régimes) afin de pallier rapidement le manque de gouvernance étatique à la base des tumultes internationaux (Fukuyama, 2005 : 144-152).

Hégémonie bienveillante : La vision néoconservatrice de la position des États-Unis dans la structure des relations internationales non seulement en tant que «shérif» maintenant l'ordre, mais également en tant que «guide» provoquant le changement (Kaplan et Kristol, 2003 : 121). Les actions *hégémoniques* des États-Unis sont ainsi qualifiées de *bienveillantes*, car elles ne sont pas motivées par la force matérielle, mais bien par des valeurs dépeintes comme des vérités universelles, donc servant la cause de l'humanité (Ataka et Caballero, 2006 : 2).

Intérêt national américain : Les principes, les valeurs morales et les croyances américaines sont identiques à l'intérêt de sécurité nationale des États-Unis (Harper et Clark, 2004 : 17-18 ; Kristol et Kagan, 2000 : 13-23). Cela signifie que la distinction entre la nécessité et le choix, c'est-à-dire entre considérations géostratégiques et considérations morales (relativement aux valeurs américaines), n'est plus nécessaire pour définir l'intérêt national américain.

Islamofascisme : Néologisme qui amalgame par analogie certaines caractéristiques idéologiques de l'extrémisme islamique du début du XXIe siècle à celles des partis politiques fascistes d'Europe du milieu du XXe siècle. Il s'agit, pour les néoconservateurs, de voir une forme de symbiose entre la branche «extrémiste» de l'islam et l'idéologie fasciste.

Préemption : Contrairement à la prévention qui implique la neutralisation d'une menace avant qu'elle se manifeste, et ce, avant même que nous soyons certains de son imminence, la *préemption* requiert que la menace soit tangible et imminente avant d'agir pour la neutraliser. Autrement dit, il s'agit d'agir d'emblée avant que l'autre le fasse (Blin, 2004 : 88 ; Brzezinski, 2004 : 36-37).

Projet Grand Moyen-Orient : Terme employé par l'Administration Bush pour désigner un projet (dessein) géostratégique visant la démocratisation complète et révolutionnaire de l'Afrique du Nord, du Moyen-Orient et de l'Asie Centrale par l'entremise du renversement de régimes tyranniques. Les néoconservateurs voyaient l'Irak comme la rampe de lancement de cette révolution.

Unipolarité : À la suite de la dissolution de l'URSS, les États-Unis étaient finalement positionnés pour remplir la tâche qui leur incombait depuis leur naissance, c'est-à-dire bâtir un monde qui reflète les valeurs américaines. Les États-Unis doivent donc mener une politique interventionniste pour façonner l'environnement international et prévenir l'émergence de nouvelles menaces dans le monde et, surtout, la montée en puissance ou la résurgence d'un hégémon régional pouvant dominer l'Eurasie. Aux yeux des néoconservateurs, l'unipolarité est donc nécessaire pour garantir la paix mondiale et maintenir un ordre international à l'image des États-Unis.

La théorie marxiste*

Dan O'Meara
traduit de l'anglais par *Pauline Gélinas*

Enfermez cinq marxistes dans une même pièce et, en quelques heures seulement, vous aurez sept partis politiques offrant, chacun, une pléiade de tendances.

De 1917 à 1990, nous avons appris, nous les Russes, que tout ce que Marx a écrit à propos du socialisme était un mensonge. Depuis 1991, nous avons compris que tout ce qu'il a écrit au sujet du capitalisme était vrai!

Ces deux blagues illustrent trois aspects de la contribution de la théorie marxiste à la compréhension des rapports politiques mondiaux. D'abord, de toutes les théories sociales, le marxisme est la plus tournée vers l'action politique. Dans sa célèbre thèse gravée sur sa pierre tombale, Karl Marx (1818-1883) pose le but de sa théorie: «Les philosophes n'ont fait qu'*interpréter* le monde de différentes manières, mais il s'agit de le *transformer*» (Marx, 1976a: 9 – c'est Marx qui souligne). En second lieu, en dépit de la terreur qu'ont fait régner les tenants de l'orthodoxie stalinienne et maoïste, il y a toujours eu des variantes du marxisme, ce qui a eu des répercussions importantes sur le monde politique. Enfin, malgré l'effondrement, à la fin des années 1980, de la quasi-totalité des États et économies socialistes, la théorie marxiste a encore des choses pertinentes à dire concernant les enjeux économiques, politiques, sociaux et culturels d'un monde désormais globalisant.

Le marxisme – ou plus précisément ce qu'on en est venu à désigner comme le marxisme-léninisme – est la plus vieille des théories systématisées traitant de la politique et des relations de pouvoir mondiales (Lénine, 1979 [1916]). Il importe de noter que le marxisme-léninisme est une théorie des rapports de pouvoir et politiques mondiaux et *non* une théorie des relations internationales. En fait, la différence entre ces théories est telle qu'elle rend difficile l'évaluation de la contribution du marxisme au champ des Relations internationales.

C'est que le marxisme est avant tout une théorie sociale qui se veut globale, c'est-à-dire une théorie de la société (et de toutes les sociétés) en tant qu'un *tout*, et de la manière dont s'intègrent à ce *tout* ses parties constitutives, et ce, dans tous les domaines de l'activité sociale – incluant, donc, les relations internationales. Parce que leur objet d'études et d'analyse est un *tout*, les marxistes rejettent *a priori* l'idée d'une division des sciences sociales en disciplines distinctes. Ainsi, bien que les divers courants marxistes

* Je remercie MM. Frédérick Guillaume Dufour, Thierry Lapointe et Mark-David Mandel pour leurs commentaires sur la première ébauche de la présente analyse.

aient quelque chose de pertinent à dire sur les relations interétatiques et les autres aspects centraux de la théorie des relations internationales, aucun de ces courants – à l'exception peut-être du néogramscisme (voir le chapitre 13) – ne cherche à théoriser les relations internationales en tant que champ d'action unique. Par conséquent, pour identifier la contribution potentielle du marxisme à la théorie en Relations internationales, l'on doit procéder par induction et déduction.

Plus que simple théorie sur la société et les façons d'en changer, le marxisme fut l'idéologie officielle d'une superpuissance mondiale, et, dans les années 1970, déjà 29 États et près du tiers de l'humanité étaient sous la coupe de régimes marxistes. Ainsi, jusqu'à la fin de la guerre froide, toute tentative d'identifier la contribution marxiste à la théorie en Relations internationales exigeait de prendre en compte non seulement la théorie marxiste elle-même, mais des variantes mises de l'avant dans la politique étrangère de l'URSS, de la Chine, de Cuba, etc. – variantes ayant, pour la plupart d'entre elles, bien peu à voir avec la théorie marxiste.

Plus encore, bien qu'il soit aisé de réduire l'approche réaliste à une hypothèse unique ou à quelques idées générales, la complexité et les multiples facettes des écrits de Marx rendent la théorie marxiste ardue à maîtriser. Et ce l'est d'autant plus que ce qui est véhiculé de nos jours sur cette théorie se limite souvent aux refrains réducteurs du dogme communiste officiel disparu, ou bien provient d'une lecture partielle et simplifiée à outrance de l'œuvre de Marx, œuvre truffée de nuances comportant plusieurs niveaux d'analyses et qui est parfois, disons-le, inconsistante.

Il est donc impossible de résumer le marxisme brièvement. Toutefois, s'il est un terrain sur lequel la plupart des marxistes s'entendraient – en dépit de leurs querelles sur maints aspects – c'est que la contribution marxiste à la compréhension de la politique globale doit s'appuyer sur l'interaction entre les éléments suivants :

- Le marxisme est une théorie de la totalité. Il rejette toute division de la société en domaines d'action distincts (que ce soit la séparation des sphères politique et économique, ou la distinction entre politiques externe et interne telles qu'on les retrouve dans la théorie traditionnelle en Relations internationales). Pour être en mesure de comprendre quelque aspect que ce soit du comportement humain (individuel ou collectif), tout marxiste arguera qu'il importe de positionner cet aspect au sein de l'ensemble social global, et d'analyser comment cet élément particulier est affecté par l'élément global.

- Le marxisme se veut une théorie du changement et de la transformation, ce qui implique trois choses : 1) toute société est en permanente évolution – lorsqu'il utilise des concepts traditionnels des relations internationales (p. ex. : État, nationalisme), le marxisme les situe au cœur du contexte historique dans lequel ils sont apparus et se sont développés ; de là, le marxisme pose que la teneur des concepts change avec le temps ; 2) le but de la théorie marxiste est de comprendre le monde afin que les forces sociales clés puissent mieux se positionner en vue de le changer ; et 3) le moteur central de tout changement historique est celui de la **lutte des classes**.

- Le marxisme insiste pour que l'analyse de deux aspects de l'action sociale – *structure* et *agence* (l'ensemble des agents) – soit effectuée simultanément. Le premier aspect (structure) a été décrit comme étant les « forces sous-jacentes » (qu'on associe au « réel ») qui sont en fait les « lois particulières du mouvement » de la société qui vont façonner le niveau des apparences (le fameux rapport entre *infra* et *super*structure). Le second aspect (agence) tient au fait que la théorie marxiste analyse comment l'action humaine consciente peut consolider, modifier, voire renverser les structures sociales existantes.

- La théorie marxiste définit les termes *puissance* et *pouvoir* d'une façon radicalement différente que ne le fait la théorie conventionnelle en Relations internationales, en situant la source de toutes les formes de pouvoir dans les **relations**

sociales de production, plus précisément, dans le contrôle des **moyens de production**.

- Tout marxiste estime que la compréhension de quelque aspect de la vie sociale doit avoir comme point de départ l'analyse des luttes liées au **capitalisme** global et à sa dynamique de fonctionnement.

- La théorie marxiste combine une conception matérialiste de l'histoire à un mode d'analyse dialectique. Cet amalgame se traduit par : 1) le rejet de toute approche qui tente de déterminer l'essence d'un phénomène ; 2) l'affirmation que toute connaissance est provisoire parce qu'en évolution ; et 3) la conviction que tout savoir « sert *et* à quelqu'un *et* à quelque chose » (Cox, 1981 : 128).

- Et, finalement, au moins jusqu'aux événements de 1956 (voir la section 3.3), le marxisme se targuait d'être une théorie scientifique – le **matérialisme historique** était considéré comme *la* science de la société, une science apte à expliquer et à prédire le fonctionnement objectif de l'histoire et de toute société qui conduit à l'avènement du communisme. L'attribution d'un caractère scientifique à la théorie marxiste a conduit bien souvent à qualifier de non scientifiques (plutôt que simplement dans l'erreur) les socialistes accusés de dévier de la ligne marxiste scientifique. Ils étaient déclarés potentiellement coupables de distorsion à l'égard des « lois objectives de l'histoire » et donc, bien qu'ils aient pu être bien intentionnés, ils représentaient un obstacle au cheminement du prolétariat vers l'établissement d'une société communiste. Pis encore, au nom de cette « science », les Staline et consorts ont perpétré des crimes innommables. Jusqu'à la fin de la guerre froide, les écrits de Marx ont ainsi été élevés au statut de vérité scientifique et objective. Au point où, pour nombre de marxistes, la meilleure (et la plus sûre) manière de prouver la validité d'un argument était de l'assortir d'une citation de Marx lui-même.

Pour mieux cerner la nature et la complexité de la théorie marxiste et dégager sa contribution à l'analyse des relations de pouvoir mondiaux, il importe de s'attarder sur ses principes ontologiques et épistémologiques, ses concepts clés ainsi que sur les grandes lignes de l'analyse du capitalisme faite par Marx. Par la suite seront résumées les analyses marxistes de la politique et des relations de pouvoir mondiales qui comptent parmi les plus influentes du siècle qui a suivi la mort de Marx en 1883 (les analyses marxistes des relations internationales datant d'après 1980 sont présentées au chapitre 19).

1. Esquisse de la théorie marxiste

1.1 Ontologie et épistémologie marxistes et leurs liens avec la normativité

Le marxisme est la première théorie sociale à avoir établi que l'ontologie et l'épistémologie entretiennent entre elles un rapport qui tient de la relation entre l'œuf et la poule. C'est-à-dire que ce que nous prétendons connaître du monde social (épistémologie) dépend des éléments sur lesquels nos yeux se posent (ontologie) ; mais ces éléments ne peuvent être vus qu'à travers la lentille conceptuelle d'une théorie donnée (épistémologie)[1]. Le marxisme estime, par ailleurs, que les perspectives ontologiques et épistémologiques de toute théorie sont définies par la place qu'occupe le chercheur dans les relations sociales et son degré d'engagement à changer ces relations.

1.1.1 Postulats de base

Le marxisme se veut une théorie **matérialiste** aussi bien du point de vue ontologique qu'épistémologique. L'expression « matérialisme historique » se réfère tant à l'ontologie qu'à l'épistémologie ; elle renvoie à l'énoncé du caractère duel de l'humain, qui présente simultanément un *aspect biologique* (« matériel ») et un *aspect social* (Marx, 1972 [1844] :

197

---

1. Ce qui est maintenant rejeté comme variantes déterministes et mécanicistes du marxisme a cependant longtemps insisté sur la primauté absolue de l'ontologie sur l'épistémologie, et ce, sur la base de ce que Marx clamait : « Ce n'est pas la conscience des hommes qui détermine leur être ; c'est inversement leur être social qui détermine leur conscience » (1976c [1859] : 525).

61). L'être humain cesse d'exister s'il n'est en mesure de produire et de reproduire ses conditions biologiques (matérielles) d'existence (se nourrir, se vêtir, se loger) ; et il ne peut exister sans une relation sociale avec d'autres humains – aucune existence humaine significative n'est possible en dehors de la société. Le marxisme rejette donc net toute théorie qui s'appuie sur la nature de l'essence humaine, ou sur la notion de l'« homme dans l'état de nature[2] ».

Le caractère duel de l'humain implique que la *production* et la *reproduction* des conditions matérielles de base de l'existence humaine constituent en fait les conditions d'existence de *tous* les aspects de la vie sociale. Cette condition de dualité précède et forge toutes les autres activités humaines, telles les arts, la religion ou la politique. Les façons dont les êtres humains s'organisent collectivement pour assurer la production et la reproduction de leurs conditions matérielles d'existence (leurs relations sociales de production et le **mode de production** dominant) représentent la condition *sine qua non* de l'existence de toute autre activité sociale.

L'équipement matériel requis pour l'existence humaine (nourriture, logement, vêtement, etc.) de même que les formes que prennent les relations sociales dans le cours de cette production et reproduction changent selon les périodes de l'histoire. L'étendue des biens matériels jugés essentiels à l'existence sociale de l'homme à une époque de l'histoire (p. ex. : l'accès à l'électricité) n'est pas la même qu'à une autre. Cette variation dans les nécessités matérielles et sociales de l'existence humaine est davantage fonction de la lutte des classes que pur besoin biologique.

1.1.2 Concepts clés et méthode d'analyse

Concept clé de la théorie marxiste, le vocable **classe** est défini en termes de degré de contrôle qu'exercent les collectivités sur les moyens de production (p. ex. :

la terre, les forces de travail, les matières premières, les technologies et – uniquement dans le mode de production capitaliste – le **capital**). Et les luttes sociales pour l'accès aux moyens de production et leur contrôle donnent lieu à l'émergence de la différenciation de classes. Cette dernière suppose 1) que des groupes manœuvrent, historiquement, pour asseoir un plus grand contrôle que d'autres sur les moyens de production ; et 2) que les classes dominantes parviennent à exclure les classes subordonnées du contrôle des moyens de production. La classe qui contrôle les termes selon lesquels les moyens de production sont mis en œuvre est la **classe dirigeante**.

Les classes dominantes se servent de leur contrôle sur les moyens de production pour contraindre les classes subordonnées à travailler pour elles, et ainsi vivre du surplus produit par la classe exploitée. Bien que ses formes varient en fonction des différents modes de production, l'**exploitation** consiste toujours en ce procédé d'extraction et d'appropriation par les classes dominantes du surplus produit par la **force de travail** des classes subordonnées[3].

La nature exploitante des relations de classes est à l'origine du pouvoir de la classe dominante. Le contrôle que celle-ci exerce sur les moyens de production ne fait pas uniquement qu'assurer les conditions de sa propre richesse, mais constitue la condition préalable à l'établissement de sa position prédominante dans la vie politique, sociale et culturelle. Le marxisme affirme que la différenciation de classe constitue la principale ligne de faille dans toute société et que d'elle émergent les relations de pouvoir, les privilèges, la richesse et le prestige les plus déterminants.

Si la division de la société en classes constitue le concept central de la théorie marxiste, quelle analyse fait alors le marxisme des deux concepts clés des théories dominantes en Relations internationales : la *nation* et l'*État* ? À ce propos, Marx et Engels ont osé un énoncé qui a suscité de vives critiques. Ils soutenaient que la sujétion des classes ouvrières aux règles

---

2. Le rejet vise particulièrement les travaux des philosophes qui ont tenté de comprendre l'essence de la « vraie » nature de l'homme : entre autres penseurs, Machiavel, Hobbes, Locke, Rousseau (des penseurs dont les écrits ont marqué l'évolution de la théorie conventionnelle des relations internationales).

3. L'élément « surplus » ou « impayé » de la force de travail est constitué par la somme de la force de travail engagée dans la production de ce qui va au-delà du nécessaire matériel requis pour reproduire la force de travail du travailleur.

du capital « dépouille le prolétaire de tout caractère national » au point où « [l]es ouvriers n'ont pas de patrie » (Marx et Engels, 1976 [1848] : 121 et 128). Dans chaque pays, la classe prolétarienne est exploitée par « sa propre » bourgeoisie nationale – son ennemi principal est donc sa bourgeoisie, tandis que ses principaux alliés sont les prolétaires de toutes les nations. Le nationalisme est vu comme une sorte de mystification servant à dissimuler les intérêts de la bourgeoisie nationale et à distraire le prolétariat de sa tâche qui est de construire le socialisme – dont l'achèvement mettra fin aux antagonismes entre les nations (Marx et Engels, 1976 [1848] : 128).

Le marxisme associe le caractère historique spécifique de l'État capitaliste à une forme de classe dominante : la bourgeoisie. Il rejette l'hypothèse ahistorique de la théorie réaliste en Relations internationales selon laquelle les cités-États de la Grèce antique, telles que décrites par Thucydide, puissent être utilisées pour tirer des conclusions concernant les États capitalistes des XXe et XXIe siècles. Les marxistes ne conçoivent pas l'État capitaliste comme une chose neutre ou ayant ses propres intérêts (« nationaux ») ; ils soutiennent plutôt que chaque État incarne le pouvoir prépondérant de sa classe dirigeante. Chaque État réagit donc en fonction des impératifs – internes ou à l'échelle mondiale – de la production (Kubálková et Cruickshank, 1989 : 17). Puisque l'État est dit « État de classe », toute discussion autour du concept d'*intérêt national* est considérée comme un non-sens idéologique, voire une « mystification bourgeoise » ; un « État de classe » ne pouvant avoir un intérêt « national ». Il peut arriver que des États capitalistes poursuivent des politiques qui ne servent pas expressément les intérêts d'un État de classe mais, à tout le moins, elles ne nuisent pas à ses intérêts.

Les classes exploitées ne font pas qu'accepter passivement cette situation. À travers des gestes individuels ou collectifs faits ou omis au quotidien, elles tentent d'améliorer leurs conditions de vie ; elles luttent contre leur propre exploitation. Cette bataille prend, généralement, des formes qui, de prime abord, semblent sans lien avec la lutte de classes (négligence, ralentissement de la cadence). Mais, lorsqu'elles par-

viennent, collectivement, à une compréhension de leur situation, les classes exploitées commencent à s'organiser pour que la situation change. Dès lors, la lutte des classes prend une forme *politique* ; et une des conditions clés de la révolution émerge à ce stade dit historique.

Pour bien saisir l'analyse marxiste des transformations historiques, deux autres concepts clés doivent être définis : **forces productives** et *mode de production*. Les forces productives renvoient à un lien d'articulation entre la force de travail et les moyens de production. L'ensemble des ressources et des capacités employées par les humains dans le processus de travail est ce qu'on nomme les forces productives – matières premières, énergie, technologies, force de travail, ainsi que le savoir, les habiletés techniques et le contrôle et la gestion des fonctions essentielles pour produire et pour accroître la productivité. Le *mode de production*, lui, renvoie à la méthode dominante d'organisation de la production et de la reproduction des conditions matérielles d'existence. Tout mode de production à travers l'histoire[4] a présenté cette articulation des *forces productives* et des *relations de production*.

Marx et Engels prétendaient que le passage d'un mode de production à un autre survient lorsque les relations de production dominantes ne sont plus un facilitateur du développement des forces productives de la société, mais plutôt une entrave (Marx, 1976c [1859] : 525). Ce point de vue analytique fut l'objet de

---

4. Marx a identifié cinq modes historiques de production. Le premier, le *communisme primitif*, conjugue propriété commune des moyens de production et technologie de base. Le second, le mode *antique*, basé sur l'esclavagisme, a facilité l'émergence de formes de production, de contrôle et d'expropriation plus organisées, sur une plus grande échelle et d'une plus grande productivité. Le mode de production *asiatique* se veut une organisation centralisée d'entreprises productrices (irrigation, principalement) sous la férule de monarques despotes. Le mode *féodal* présente deux acteurs, les seigneurs territoriaux et leurs serfs respectifs ; il s'appuie sur le travail collectif des serfs au sein du manoir féodal ainsi que sur la production individuelle des serfs (l'expropriation des surplus) sur la portion de territoire de la seigneurie qui leur est allouée. Enfin, le *capitalisme* marie la propriété privée des moyens de production à un système de travail salarié de même qu'à une utilisation toujours croissante de la technologie.

vives polémiques quant à la relation **dialectique** entre *forces productives* et *relations de production*, car cela entraînait de sérieuses implications pour la pratique politique marxiste (la praxis)[5].

1.1.3 La dialectique en tant qu'épistémologie marxiste

Le marxisme est communément décrit comme une approche comportant une vision particulière de la société (matérialisme historique) et une philosophie générale (**matérialisme dialectique**). Pourtant, ni Marx ni Engels n'usèrent de l'expression matérialisme dialectique ni ne prétendirent avoir élaboré une philosophie générale[6]. Toutefois, l'ensemble de l'œuvre de Marx est baignée de cette approche dialectique ; Marx a beaucoup insisté, de même qu'Engels, sur la dialectique en tant que, tout à la fois, positionnement épistémologique et méthode d'analyse.

Bien qu'on dise que la dialectique est probablement la matière la plus litigieuse de la pensée marxiste (Bhaskar, 1991 : 143), la plupart des marxistes s'accorderaient tout de même pour dire que la méthode dialectique repose sur trois présupposés ontologiques. Le premier prétend qu'il n'est aucun fait ou processus social, événement ou chose qui puisse être réduit à une essence unique (tel que cette idée de Morgenthau de définir l'*intérêt national* en termes de *puissance* ;

ou ce postulat néoréaliste et néolibéral voulant que les motivations des États tiennent à une obsession de survie). La dialectique insiste plutôt sur la nature complexe et contradictoire de tous les aspects de la réalité. Ainsi, l'analyse doit exprimer et la *complexité* et la *contradiction*. Deuxièmement, la dialectique présuppose que cette réalité complexe et contradictoire est en mouvance constante, donc susceptible de transformation. Et parce que le changement est inhérent aux processus sociaux, il devrait aussi être intégré à la méthode analytique elle-même. Le troisième postulat est que l'évolution de la réalité va au-delà des simples apparences. Notre perception spontanée de la réalité (ou une partie d'elle) à travers nos cinq sens (ou ce qu'on nommerait le « sens commun ») ne nous fournit qu'une compréhension partielle, inadéquate, et souvent trompeuse, de la réalité.

Insistant sur la nécessité de fouiller la réalité empirique au-delà des apparences, l'analyse dialectique

> restructure notre façon de penser la réalité en remplaçant l'idée des « choses » véhiculée par le « sens commun » (comme quelque chose ayant une histoire et des liens extérieurs avec d'autres éléments) par deux notions : 1) la notion de *processus* (lequel porte aussi son histoire et son devenir potentiel) ; et 2) la notion de *relations* (ce qui constitue la « relation » est, en fait, ses liens avec d'autres relations) (Ollman, 2003 : 11).

Ces postulats ontologiques soulèvent cette question épistémologique : comment pouvons-nous acquérir une connaissance adéquate de la réalité en tant que *processus relationnel complexe et contradictoire* ? Le marxisme a fourni deux réponses opposées.

La première se situe dans la notion banale de thèse-antithèse-synthèse. La réalité présente deux niveaux : celui des « apparences » et celui de la « réalité objective sous-jacente ». Le niveau des apparences politiques (superstructure) repose sur les « forces objectives » sous-jacentes et cachées du mode de production. Puisque la mise au jour du caché permet d'expliquer le visible, le but de l'analyse devient donc, en pratique, de révéler la base économique de la société. Cette conception de la dialectique marxiste fut la principale forme

---

5. Trois interprétations majeures furent données de cette mécanique. La première se fonde sur une interprétation littérale des mots utilisés par Marx : la logique des forces productives est de renverser les relations de production dominantes (relations de classes). Ce fut là la ligne orthodoxe au cours de la période soviétique. Il y aurait une forme de déterminisme technologique, ou d'économicisme, au sein duquel les relations de production et la conscience humaine s'expliqueraient – fonctionnellement – par le développement et les exigences des forces productives (Cohen, 1978). Deuxième interprétation – caractéristique de la vague marxiste qui a déferlé sur le monde universitaire dans les années 1960 et 1970 – fut d'écarter cette voie « mécaniciste », plaidant pour la primauté des relations de production ou des relations de classes (Hindness et Hirst, 1975). La troisième interprétation insiste sur le fait qu'en bon dialecticien, Marx concevait le lien entre forces productives et relations de production en termes dialectiques.

6. Inventée par J. Dietzen et popularisée par le marxiste russe Georgi Plekhanov, l'expression « matérialisme dialectique » servit de munition staliniste pour faire du marxisme un petit catéchisme. Ce qui n'était pas l'utilisation faite ici.

pendant la majeure partie de la période qui a suivi la mort de Marx.

En marge de cette conception s'est fait jour une tradition plus sophistiquée de la dialectique en tant qu'épistémologie, qui prétend que – puisque la réalité est un processus relationnel complexe et contradictoire – toute analyse doit être amorcée par le système dans sa globalité, plutôt que par l'une ou l'autre de ses composantes; et qu'elle doit constamment partir du tout vers une partie, puis revenir au tout. Cela exige *d'intégrer* trois niveaux d'analyse. On procède, d'abord, par l'étude des dynamiques inhérentes au système entier; puis à la dissection du système en tant que *tout*, et à l'identification et à l'examen de la dynamique de chacun de ses éléments constituants; et, finalement, à la décortication de la façon dont ces constituantes interagissent entre elles, et comment chacune façonne l'autre pour former (et potentiellement transformer) le *tout* (voir l'encadré 10.1).

1.2 La théorie de Marx sur le mode de production capitaliste[7]

La quête de Marx était de parvenir à une compréhension « scientifique » du fonctionnement du capitalisme afin de fournir à la classe ouvrière les outils pour le renverser. Son ouvrage le plus important aura été cette œuvre inachevée, en trois tomes, *Le Capital* – (1976e [1867]; 1976f [1885]; et 1976g [1894]) – qui expose sa théorie du mode de production capitaliste. Tel que le sous-titre de l'œuvre l'indique, Marx concevait son ouvrage *Le Capital* comme une « critique de l'économique politique », c'est-à-dire une critique de la théorie économique libérale classique développée par Adam Smith (1723-1790) et David Ricardo (1772-1823) (voir le chapitre 7). Contrairement à ces derniers qui voyaient dans le capitalisme une logique implacable des « lois » du marché – dont le contrôle échapperait aux êtres humains –, Marx présente le capitalisme comme un mode social de production et de reproduction. Et ce mode de production capitaliste (MPC) est le produit historique de – et sa constante

reproduction et transformation à travers – l'incessante lutte des classes.

La méthode d'analyse de Marx est à la fois entièrement *dialectique* et *historique*. Axant son étude sur la complexité du capitalisme, ses multiples niveaux, son caractère contradictoire et sa mouvance perpétuelle, Marx prit soin d'identifier les conditions d'existence qui sous-tendent les phénomènes apparemment strictement économiques que sont le salaire, les prix, le profit, la journée de travail, le commerce, etc. Dans leur vie quotidienne, les gens n'ont pas à se mesurer aux conditions d'existence sur lesquelles s'appuie le fonctionnement de l'économie. Cependant, celle-ci ne peut exister sans la reproduction constante de ces conditions d'existence. L'analyse du MPC doit donc commencer par l'examen des conditions sociales qui permettent son fonctionnement, c'est-à-dire les inégalités de classes et les relations de pouvoir fondamentales liées à l'accès aux moyens de production.

Le capitalisme a émergé du long et extrêmement violent processus historique de dépossession des producteurs ruraux, processus que Marx nomma l'**accumulation primitive** (1976e [1867]: 517-566). Celle-ci transforme l'utilisation collective de la terre en moyens de production privés. Ce faisant, les producteurs se retrouvent dépossédés de leurs moyens de production (ils se **prolétarisent**), et il se crée une classe dont l'existence dépend du contrôle qu'elle exerce sur ces moyens de production désormais privés (la bourgeoisie). Une fois que l'accumulation primitive a établi les relations de production capitalistes, il n'est plus besoin de coercition directe pour obliger les travailleurs à vendre leur force de travail aux capitalistes. Privés de leurs moyens de production, les travailleurs vendent leur force de travail sur le marché en vertu de la « loi » de l'offre et de la demande. Sous des dehors volontaires, cette transaction est toutefois obligée. La seule liberté du travailleur est alors de refuser le salaire que lui offre le capitaliste. C'est ainsi que le « marché libre » incorpore et reproduit les inégalités du pouvoir entre la bourgeoisie et le prolétariat.

Le capitalisme est le premier mode de production à avoir éliminé la coercition *directe* du processus de production. Une fois achevée la phase d'accumula-

---

7. Pour une introduction simplifiée, mais fort utile, voir E. Mandel (1983).

Encadré 10.1 La méthode dialectique

Pour chaque niveau d'analyse, la méthode développée par Marx consiste à identifier quatre types de relations et à déterminer leurs effets (Ollman, 2003 : 12-13) :

– *Identité/différence* : les éléments qui semblent différents, voire en opposition l'un l'autre, peuvent aussi être conçus comme constituants d'un ensemble. Par exemple, *développement* et *sous-développement* sont donnés aujourd'hui comme deux situations radicalement différentes d'un point de vue social et économique. Mais, d'un point de vue dialectique, ils sont parties d'un même processus : l'accumulation capitaliste.

– *Interpénétration des contraires* : tout événement, institution, individu ou processus se situe forcément au cœur d'un ensemble de conditions, dont chacune varie en fonction de *qui* l'observe. Par exemple, l'Empire britannique a été vu à la fois comme une force pour le progrès humain et comme une institution renforçant les génocides culturels.

– *Quantité/qualité* : souvent, il arrive que l'apparence de stabilité des choses cache en fait une augmentation de la quantité (rancœur face au colonialisme) jusqu'à ce que cette croissance en vienne à modifier la forme et le processus (déclenchement d'une révolution).

– *Contradiction* : la clé pour comprendre tout changement. Toute chose doit être vue comme l'addition de plusieurs éléments qui, en même temps qu'ils dépendent l'un de l'autre, peuvent être incompatibles l'un avec l'autre. Par exemple, une société est constituée de différentes classes sociales aux intérêts incompatibles. Ce caractère contradictoire de la vie et de tout élément implique que rien ne peut être stable ni permanent ; tout au plus, les choses nous apparaissent telles.

---

tion primitive, le capitalisme donne lieu à deux types de coercition : 1) la coercition économique toute en sourdine du marché – ce que Marx appela « la sourde pression des rapports économiques » (Marx, 1976e [1867] : 537) ; et 2) la coercition extra-économique émanant du système politique. Cette dernière se trouve incarnée dans des institutions étatiques et est conçue intellectuellement comme un domaine totalement séparé du champ économique[8]. Dans les sociétés capitalistes avancées, l'« économique » est vécu par les êtres humains comme un aspect distinct des relations humaines, et qui ne comporte pas de violence physique quotidienne. Mais cette « vérité fétiche[9] » n'est qu'un leurre et dissimule une vérité plus profonde : l'« économique pur » vient de – et est quotidiennement reproduit par – l'exercice des forces extra-économiques (incluant la menace du recours à la force pour assurer la discipline) par le truchement des institutions « politiques » de l'État.

En tant que forme de gouvernance et d'exploitation de classe, le capitalisme repose non seulement sur les relations de production, mais aussi sur une gamme de pratiques culturelles et idéologiques qui légitiment l'ordre social existant ainsi que les intérêts de classe qui y sont inhérents. Cela a d'énormes conséquences à l'ère de la mondialisation, où le discours dominant prétend qu'il n'est d'autres avenues que celle de la mondialisation née des lois implacables du « libre marché » – entité soi-disant neutre et au-dessus des êtres humains. Ainsi, au nom de cette fiction, les intérêts de la classe dominante se trouvent servis.

L'analyse que fait Marx du phénomène prétendument « purement » économique du capitalisme supprime cette notion métaphysique, avancée par Smith, de la « main invisible » du marché. Bien qu'il emprunte à Smith et à Ricardo la **théorie de la valeur-travail**, Marx la transforme du tout au tout en y introduisant deux concepts novateurs : la force de travail (notion distincte de celle du « travail ») et la **plus-value**.

Le concept marxiste de la *force de travail* renvoie à la capacité humaine de travailler les matières premières et de les transformer. Sous le capitalisme, le processus de production des marchandises à vendre

8. Premier à avoir théorisé l'« économie » comme un domaine de l'action humaine *purement idéalisé* et indépendant, Adam Smith a exclu le « politique » de ce qui était alors désigné comme l'« économie politique », créant ainsi la « science bourgeoise » de l'économie. Voir le chapitre 21.

9. Voir la section « Le caractère fétiche de la marchandise et son secret » (Marx, 1976e [1867] : 68-76).

repose sur la particularité singulière qu'a la force de travail d'être, elle aussi, une **marchandise** – une chose qui peut être vendue et achetée et qui possède ses propres «valeur d'usage» et «**valeur d'échange**». De toutes les marchandises, la force de travail est la seule dont la valeur d'usage particulière (capacité de travailler et de transformer les matières premières) ajoute une valeur d'échange au produit final. Cette valeur ajoutée durant le processus de production provient des deux facettes de la force de travail : la «vivante» (les travailleurs eux-mêmes) et la «morte» (la valeur de la force de travail emmagasinée dans la technologie).

Le caractère unique de la force de travail en tant que marchandise tient à sa capacité de produire *durant* le processus de travail une valeur d'échange plus grande que la sienne propre, nommée plus-value. La plus-value est donc cette différence entre, d'une part, la valeur totale produite dans un cycle de production et, d'autre part, la valeur constituée par ces deux éléments : la force de travail (que Marx nomme **capital variable**) et l'ensemble des moyens de production requis durant le cycle de production (**capital constant**).

Cette plus-value peut avoir deux formes sous le capitalisme : 1) la plus-value absolue ; elle se réalise soit par *la prolongation de la journée de travail* (ce qui permet la production accrue de la plus-value par rapport à ce qui est nécessaire pour la reproduction de la force de travail) soit par *la diminution des salaires* (ce qui conduit au même résultat) ; ou 2) la plus-value relative ; elle se réalise en rendant la force de travail plus productive au cours de la même durée (ou durée réduite) de la journée de travail (Marx, 1976e [1883] : 230-236) par l'introduction constante de technologies nouvelles (voir l'encadré 10.2)

2. Analyses marxistes de la politique et des rapports de pouvoir mondiaux, 1883-1980

La méthode dialectique marxiste et son canevas conceptuel ont donné lieu à des analyses de la politique globale fort éloignées de celles que l'on retrouve dans le champ conventionnel des Relations interna-

tionales. Les marxistes ne s'attardent pas, à l'étape première de leur analyse, à l'identification des acteurs ni à leurs motivations ; ils ne questionnent pas non plus la «logique de l'anarchie», et encore moins ne focalisent sur les relations entre États. Bien que le marxisme veuille expliquer les conflits, ses analyses de tous les conflits – particulièrement des guerres – sont conduites d'une manière qui n'a rien à voir, ni de près ni de loin, avec quelque variante que ce soit du réalisme, du libéralisme ou du constructivisme en Relations internationales.

Une analyse marxiste de la politique mondiale commence par une question ontologique : quelles sont les principales forces sociales, les contradictions et les luttes qui façonnent le contexte et déterminent le champ des possibles ? Les marxistes partent du postulat que le niveau de développement, la logique et les contradictions de l'accumulation capitaliste ont des effets structurants sur tous les aspects extraterritoriaux des relations de pouvoir. Ainsi, toute analyse de la politique mondiale doit commencer par l'examen de l'accumulation capitaliste à l'échelle mondiale, pour ensuite se concentrer sur ses effets sectoriels et locaux (particulièrement sur les luttes sociales à travers lesquelles l'accumulation se réalise et provoque, en retour, la lutte des classes) et, finalement, faire le chemin inverse vers l'extérieur afin de dégager une vision plus structurée de l'ensemble.

Marx n'a jamais érigé en système sa vision des relations internationales. Plus encore, en dépit de son insistance sur la théorie en tant qu'un *tout*, il est resté ambigu sur le point suivant : le MPC et la lutte des classes doivent-ils être conçus comme éléments «à l'intérieur» ou «traversant» les frontières nationales ? Marx qualifiait les frontières d'artificielles et de «bourgeoises». Cette ambiguïté se reflète 1) dans son ouvrage *Le Capital* lorsqu'il présente une analyse abstraite du fonctionnement du MPC global plutôt qu'une analyse de l'évolution de ses formes concrètes dans telle ou telle économie nationale ; et 2) dans ses écrits historiques et politiques qui montrent bien qu'il situait les racines de sa «**loi de la valeur**» et des conflits entre classes au cœur des économies nationales (le

Encadré 10.2 La loi particulière du mouvement du mode de production capitaliste (MPC)

L'analyse dialectique et historique du MPC en révèle six composantes – qu'Engels nomma «la loi particulière du mouvement du mode de production capitaliste» (Engels, 1976a [1867]: 167):

1. *La compulsion à accumuler*: bien que le capital prenne la forme d'une accumulation importante d'argent, Marx insiste toutefois pour que le capital soit compris comme une *relation sociale* entre ceux qui contrôlent les moyens de production et ceux qui n'ont de contrôle que sur leur seule force de travail. Afin de maintenir (reproduire) cette relation sociale et d'assurer sa propre survie économique dans un contexte de concurrence impitoyable, le capitaliste doit se livrer à deux opérations: 1) l'extraction constante de la plus-value; et 2) le réinvestissement de la majeure partie de celle-ci. Le moteur du MPC n'est pas le profit en soi, mais le réinvestissement de la plus-value dans l'unique dessein d'engendrer une plus-value toujours plus grande. C'est ce qu'on nomme l'accumulation du capital.

2. *Les révolutions technologiques et la tendance à l'augmentation de la composition organique du capital*: face à la compétition meurtrière pour accroître leurs taux de plus-value, les capitalistes se tournent principalement vers la réduction des coûts de production par rapport à la masse de la plus-value. Les limites biologiques et la lutte des classes posent un frein à la capacité des capitalistes d'étirer la journée de travail ou d'abaisser les salaires (réaliser la plus-value absolue). Les principales armes de la concurrence deviennent donc l'introduction constante de technologies toujours plus avancées, et une organisation plus rationnelle de la force de travail. La proportion d'outils, de technologies et de moyens de production (capital constant) par rapport à la force de travail (capital variable) est accrue. Marx qualifie cela de changement dans la composition organique du capital.

3. *La tendance à la concentration toujours croissante et à la centralisation du capital*: l'accumulation du capital par le réinvestissement constant des profits conduit à l'augmentation de la concentration des moyens de production entre les mains d'entreprises individuelles, ou à la concentration du capital (Marx, 1976e [1867]: 446). Dans la logique de la concurrence, cette concentration de capital entraîne «l'attraction qui réunit différents foyers d'accumulation, la concentration de capitaux déjà formés, la fusion d'un nombre supérieur de capitaux en nombre moindre, en un mot la *centralisation* proprement dite» (1976e [1867]: 447). La centralisation est donc une force distincte de l'accumulation du capital bien que ses conséquences puissent être d'accélérer le cycle d'accumulation et d'accroître la concentration du capital à travers l'augmentation des investissements.

4. *La baisse tendancielle du taux de profit*: en altérant la composition organique du capital, les changements technologiques entraînent une tendance au déclin des taux de profit (bien que la masse des profits, elle, augmente).

5. *L'inévitable crise économique*: le capitalisme est un mode de production extrêmement dynamique, mais tout aussi instable. Sa logique de concurrence résulte en une surproduction de biens qui ne trouvent pas d'acquéreurs, ce qui déclenche une spirale de diminution des ventes, la dégringolade des prix (ou l'inflation), les banqueroutes et les licenciements massifs. Les crises économiques cycliques sont des attributs endémiques du capitalisme.

6. *La lutte des classes*: tandis que la logique d'accumulation du capital pousse la bourgeoisie dans une quête effrénée pour accroître le taux d'extraction de la plus-value, la classe ouvrière, elle, bataille constamment pour la hausse *réelle* des salaires, l'amélioration de ses conditions de travail et la réduction de la journée de labeur.

capitalisme à l'époque de Marx n'était pas encore un mode de production d'envergure mondiale).

Ce n'est qu'après la mort de Marx (1883) que des efforts furent faits pour élaborer une analyse marxiste de la politique internationale. Dans les deux premières décennies du XXe siècle, quelques penseurs marxistes ont cherché à théoriser la relation entre le capitalisme global et l'ensemble des conflits entre les États capitalistes les plus puissants économiquement.

Deux thèmes dominaient à cette époque où la politique internationale était caractérisée par les luttes au sein et entre les composantes des grands empires européens en Europe même, et des empires coloniaux européens: *l'impérialisme* et *les implications du nationalisme et de la «question nationale»* dans la lutte vers le socialisme (Bauer, 1907; Staline, 1916). Les circonstances de la révolution russe et la trajectoire que prit celle-ci ont mis en sourdine le débat autour du nationalisme, tandis que fut élevé au rang de parole d'évangile l'apport de l'**impérialisme**. Nous ne nous attardons, ici, que sur ce dernier aspect.

2.1 De Marx à Lénine

Ironiquement, la première contribution au débat sur l'impérialisme ne fut pas marxiste. Outré par les provocations britanniques ayant conduit à la guerre anglo-boer en Afrique du Sud (1899-1902), l'économiste anglais J. A. Hobson prétendait qu'une telle politique impérialiste était la conséquence directe de la chute des taux de profit et des efforts déployés par les capitalistes britanniques pour exporter le capital afin de compenser ce déclin. Dans ce que Lénine qualifia d'ouvrage le plus important sur l'impérialisme, Hobson pousse l'analyse plus avant : l'impérialisme a permis une hausse des salaires d'une couche de la classe ouvrière en Grande-Bretagne, et cette nouvelle «aristocratie ouvrière» a servi, par la suite, d'appui politique et de caution morale pour la poursuite plus avant de l'exploitation des colonies (Hobson, 1965 [1902]).

Les contributions marxistes à la théorie de l'impérialisme ont incorporé, à des degrés divers, les vues d'Hobson à l'un ou l'autre des trois éléments clés de la «loi du mouvement» du capitalisme :

1. **la concentration et la centralisation du capital** ;

2. les schémas de reproduction[10] ;

3. la tendance à la diminution du taux de profit.

Mettant l'accent sur les conséquences de la concentration et de la centralisation du capital, le marxiste autrichien Rudolph Hilferding (1877-1941) montra l'étroite relation qui se créait entre banquiers et industriels – mais dans laquelle les banques dominaient leurs partenaires industriels – sous le régime de concurrence sauvage et d'expansion du crédit à travers la création de sociétés par actions (Hilferding, 1910). Il illustra que cette dominance du capital

financier est la source de l'internationalisation du capital, qui, à terme, allait entraîner la mainmise sur l'économie mondiale par quelques entreprises internationales. En se limitant à la logique d'accumulation du capital, cette analyse fournit une base trop mince pour permettre de théoriser les dimensions politiques de l'impérialisme et, surtout, la relation entre ces monopoles internationaux et les États nationaux.

La théoricienne et activiste allemande Rosa Luxemburg (1870-1919), d'origine polonaise, situe, elle, l'évolution de l'impérialisme dans les schémas de reproduction énoncés par Marx (Luxemburg, 1969 [1913]). Afin d'assurer la reproduction du capital, les capitalistes sont contraints, estime-t-elle, de chercher inlassablement des marchés dans des régions non capitalistes, ce qui a donné lieu, dès les années 1870, à une poussée massive de la colonisation impérialiste européenne en Afrique et en Asie. Son angle d'analyse l'amène à trois conclusions : 1) les bases nationales des impérialismes entraînent une menace constante de guerre entre États capitalistes ; 2) l'expansion du capitalisme aux régions qu'on nomme le Tiers monde n'a pas amené le développement du capitalisme industriel dans ces régions (comme le prévoyait Marx), mais leur appauvrissement absolu – Luxemburg fut d'ailleurs la première marxiste à affirmer que la survie du capitalisme repose sur la paupérisation des colonies, et que ce fossé grandissant entre régions riches et pauvres est un élément central de la logique d'accumulation du capital ; et 3) lorsqu'il sera étendu à l'échelle de la planète viendra un moment où le capitalisme ne pouvant trouver de nouvelles régions pour susciter un accroissement de la demande de produits ne sera plus en mesure de se reproduire par la voie de l'impérialisme. Et ce cul-de-sac de la logique reproductive conduira à l'anéantissement du capitalisme à travers guerres et catastrophes (nettoyage ethnique, terrorisme, etc.) et, de là, ou à une révolution socialiste ou à une dictature (qu'on nommerait aujourd'hui fascisme).

La thèse de Luxemburg à l'effet que la guerre est inhérente à la logique du capitalisme – apparemment confirmée par les événements de 1914 – a fait réagir celui qu'on estimait être, à l'époque, le plus

205

---

10. Sans vouloir nous attarder sur les grands débats à ce sujet, les schémas de production englobaient, selon Marx, un double problème : celui des marchés et celui de l'entretien et de la reproduction de ce qu'il appelait les deux «sections» de la production (les moyens de production et les moyens de consommation) (Marx, 1976f [1884] : 346-380).

influent théoricien marxiste, Karl Kautsky (1854-1938). Sa théorie de l'*ultra-impérialisme* cherchait à réfuter celles alléguant que le seul moyen de prévenir le phénomène de la guerre impérialiste était par le renversement du système capitaliste (Kautsky, 1914). Affirmant que le déclenchement de la guerre en 1914 n'était pas dû à l'impérialisme, mais à la compétition entre les nationalismes, Kautsky arguait que la course aux armements et les coûts de l'expansion coloniale avaient atteint un niveau tel qu'ils menaçaient la croissance rapide de l'accumulation du capital, donc l'exportation du capital, soit la base même de l'impérialisme (Kautsky, 1914). La guerre, de l'avis Kautsky, ne s'inscrirait donc pas dans la logique d'accumulation comme le prétendait Luxemburg, elle serait même à l'opposé des intérêts capitalistes (exception faite des manufacturiers d'armes). Il avançait que la Première Guerre mondiale a eu pour effet d'amener les classes capitalistes d'Europe à reconnaître la nécessité de se partager le monde de manière pacifique.

Les socialistes révolutionnaires se dirent scandalisés par cette prise de position « révisionniste ». La tâche de démontrer le lien entre *impérialisme* et *guerre* et de repositionner comme une nécessité le renversement du capitalisme par la révolution socialiste fut menée par deux révolutionnaires russes : Nicolaï Boukharine (1888-1938) et Vladimir Ilitch Oulianov, dit Lénine (1870-1924).

L'étude de l'impérialisme que fit Boukharine (Bukharin, 1915) mettait l'accent, à l'instar de Hilferding, sur l'internationalisation du capital financier en tant que résultat des processus de concentration et de centralisation du capital. Toutefois, contrairement à Hilferding, il insista sur le fait que l'accumulation du capital repose sur un processus parallèle : la (re)*nationalisation* du capital. Par des politiques tarifaires et protectionnistes, les États aident les capitalistes à canaliser les grands flux du capital financier national. Concurremment, le capital financier s'internationalise par l'exportation de capitaux et devient national, jouissant des politiques protectionnistes des États-nations – ce qui renforce, du coup, ces États. La clé de ce mécanisme est le développement de *trusts capitalistes étatiques*. La croissance de l'économie mondiale

donne lieu, selon Boukharine, à une **division internationale du travail** vécue par la lutte entre économies nationales. L'annexion de colonies par les puissances impérialistes « n'est qu'une des illustrations de la tendance capitaliste générale à la centralisation du capital ; à son expression la plus achevée, cette illustration prend la forme d'une compétition entre trusts capitalistes étatiques » (Bukharin, 1966 : 119-120).

Boukharine a développé cette idée que les États sont devenus des « États de classe » en fonction de leur position dans la division internationale du travail. Et, à son tour, cette division sépare les États de classe entre, d'une part, les « grandes puissances [capitalistes] civilisées » – ce qu'on appela plus tard le centre capitaliste – et, d'autre part, ceux dont le statut, la puissance et le pouvoir sont similaires à ceux que détenaient auparavant les campagnes par rapport aux grandes cités capitalistes – ce qu'on nomme les économies nationales et les États de classe périphériques et semi-périphériques.

2.2 Lénine et la théorie de l'impérialisme

L'attitude que prirent les militants marxistes lors du déclenchement de la Première Guerre mondiale jeta une douche froide sur ce débat. Tous les partis socialistes européens votèrent, au sein de leur parlement national respectif, en faveur de la guerre « bourgeoise », trahissant leurs vœux de solidarité prolétarienne. La Seconde Internationale socialiste s'en trouva mortellement atteinte. Lénine se lança dès lors dans la rédaction de ce qui deviendra un des textes fondateurs de la Révolution russe et de l'Internationale communiste, *L'impérialisme, stade suprême du capitalisme* (Lénine, 1972 [1916]). Après sa mort, en 1924, toute critique ouverte de cette œuvre risquait de s'attirer les foudres des chiens de garde idéologiques du marxisme officiel de Moscou. À l'exception des interventions de l'injurié et persécuté mouvement trotskiste (qui se targuait d'être, lui aussi, le représentant « authentique » de la tradition léniniste), le débat théorique sur la relation entre la politique mondiale et le capitalisme se résuma à presque rien jusqu'aux années 1960. La plaquette de Lénine devint texte sacré, et la théorie marxiste sur l'impérialisme ne référa plus qu'à ce livre exclusivement – ce qui n'était nullement la manière dont Lénine envisageait sa contribution (Lénine, 1979 [1916] : 5-7 et 9-19).

Schématiquement parlant, Lénine a revisité trois aspects du marxisme de Marx et d'Engels. Premièrement, sa notion du « développement inégal et combiné » du capitalisme rompt avec l'argument de Marx selon lequel le capitalisme allait créer partout dans le monde les mêmes relations de classes et forces productives qu'il avait façonnées en Grande-Bretagne au XIXe siècle. De son énoncé de développement inégal et combiné jaillit l'idée que la révolution socialiste ne peut sourdre, comme le croyaient Marx et Engels, des pays les plus avancés, car c'est en son maillon le plus faible qu'allait se briser la chaîne impérialiste du capitalisme global (c.-à-d. les pays qu'on dit, aujourd'hui, de la périphérie ou semi-périphérie). Lénine voyait un potentiel révolutionnaire dans l'ensemble du monde colonial (il était d'ailleurs le seul cacique marxiste à l'y avoir vu). Il comprit que, bien qu'elle fût à ce moment l'économie la moins développée d'Europe, la Russie allait vraisemblablement être le terroir de la première révolution prolétarienne. Pour parvenir à cette fin, Lénine insista, deuxièmement, sur la création d'un parti d'« avant-garde » constitué de cadres révolutionnaires dont le rôle serait de transformer la « conscience économique » des prolétaires en une « conscience révolutionnaire » (Lénine, 1966 [1902]). Cela allait modifier fondamentalement, d'une part, la relation entre la classe ouvrière et « son » parti et, d'autre part, le concept de la révolution socialiste. Ces deux notions léninistes eurent un grand impact sur la politique mondiale de 1917 à 1989.

L'impérialisme, stade suprême du capitalisme est la troisième « modification » que Lénine apporta au marxisme. Il s'agit d'un texte explicitement polémique et politique ; un travail de synthèse des connaissances plutôt qu'une analyse empirique et théorique novatrice du capitalisme global[11]. L'objectif de Lénine

était double : 1) expliquer la trahison de l'internationalisme prolétarien par les principaux partis socialistes en 1914 ; et 2) laver le marxisme révolutionnaire de cette conclusion voulant que le déclenchement de la guerre en 1914 ait démontré que la « conscience socialiste » des travailleurs sera toujours surpassée par les nationalismes chauvins. Pour ce faire, il commença par démolir la théorie de Kautsky.

Le noyau de l'analyse de Lénine émane de l'observation de Hilferding selon laquelle le capitalisme a évolué au-delà de sa forme compétitive analysée par Marx. À compter du grand krach financier des années 1870, la loi de la concentration et de la centralisation du capital a donné lieu à une reconfiguration du capitalisme, le rendant plus monopolistique que compétitif, ce qui a entraîné l'émergence de nouveaux antagonismes et contradictions. Pour Lénine, l'impérialisme équivalait au capitalisme monopolistique et représentait un nouveau stade, plus élevé : le « stade suprême » du capitalisme, lequel présente cinq « caractères fondamentaux » :

1. Concentration de la production et du capital parvenue à un degré de développement si élevé qu'elle a créé les monopoles, dont le rôle est décisif dans la vie économique.

2. Fusion du capital bancaire et du capital industriel, et création, sur la base de ce « capital financier », d'une oligarchie financière.

3. L'exportation des capitaux, à la différence de l'exportation des marchandises, prend une importance toute particulière.

4. Formation d'unions internationales monopolistes de capitalistes se partageant le monde.

5. Fin du partage territorial du globe entre les plus grandes puissances capitalistes (Lénine, 1979 [1916] : 145-146).

Contrairement aux prétentions de Kautsky, qui voyait dans ces monopoles économiques le germe de la coopération et d'un règne de paix entre régimes capitalistes, Lénine affirme que le partage du monde entre cartels capitalistes rend encore plus féroce la concurrence, d'autant, note-t-il, que le partage du monde est également militaire et politique (notion

---

11. Le sous-titre de l'ouvrage, *Essai de vulgarisation*, décrit bien son livre, et Lénine reconnaît d'emblée que l'essentiel de son argumentaire a été emprunté – et pas uniquement aux analyses marxistes de l'impérialiste, mais surtout au libéral J. A. Hobson (1965 [1902]).

que Kautsky ne prit pas même en compte). L'État capitaliste est donc central dans l'analyse qu'il fait du phénomène de l'impérialisme. La logique économique de monopolisation et d'exportation des capitaux entraîne une lutte pour la mainmise sur les colonies et les territoires économiques entre les principales puissances capitalistes. La rapide acquisition des empires coloniaux à la fin du XIXe siècle serait inhérente aux logiques économique et politique du capitalisme. Cette implacable compétition pour des marchés d'exportation de capitaux et de produits industriels a accentué les rivalités entre puissances capitalistes, puis provoqué une course aux armements et, finalement, la guerre. La guerre de 1914-1918 est décrite comme un conflit pour la constitution d'empires, de marchés – son déclenchement s'inscrit dans la logique structurelle de l'accumulation du capital et de la loi de la valeur de Marx.

L'ouvrage de Lénine a déverrouillé le carcan théorique dans lequel Marx avait enfermé les socialistes qui n'avaient pas la chance de vivre dans des sociétés capitalistes avancées. Sa théorie de l'impérialisme allait fournir une grille analytique très claire à travers laquelle les marxistes regarderaient la politique internationale (jusqu'à l'ère nucléaire dite de l'équilibre de la terreur) et elle allait ouvrir, pour les révolutionnaires marxistes, de nouvelles voies d'analyse de la politique internationale, en mettant en évidence :

1. Qu'il y a nécessité d'implanter des partis d'avant-garde pour faire échec à la dé-conscientisation de classe subie par l'aristocratie ouvrière nourrie des « surprofits » issus des empires.

2. Que tous les conflits, rivalités et guerres entre pays capitalistes tournent autour de l'exportation du capital, des empires et de l'impérialisme.

3. Que les partis communistes doivent prêter mainforte aux luttes de libération nationale dans toutes les régions colonisées – sans avoir trop de scrupules quant à savoir qui sont les meneurs de ces batailles, qu'ils soient bourgeois nationalistes ou révolutionnaires marxistes –, car la lutte contre les empires et l'impérialisme affaiblit le capitalisme global, favorisant, du coup, la cause du socialisme.

2.3 La théorie de l'impérialisme après Lénine

La première révision officielle du texte « sacré » de Lénine n'a été faite que 30 ans après la Révolution russe, soit en 1947, avec l'énoncé de la doctrine Jdanov[12], laquelle postulait qu'en raison de la montée du premier État socialiste à titre de puissance militaire majeure, la logique du capitalisme monopolistique allait inexorablement conduire à une guerre entre les deux systèmes sociaux. Le « bloc impérialiste », dirigé par les États-Unis, se préparait à lancer une guerre contre les champions de la paix, le « bloc socialiste », dirigé par l'URSS (Jdanov, 1947).

Il y eut deux autres « mises à jour » de la théorie de l'impérialisme de Lénine : l'une émanant de Moscou, l'autre de Beijing. Lors de sa célèbre dénonciation des crimes de Staline en 1956, le leader soviétique Nikita Khrouchtchev s'en prit également à la doctrine Jdanov. Alléguant que l'avènement des armes nucléaires et l'équilibre de la terreur avaient rendu impensable une guerre entre les deux systèmes sociaux, Khrouchtchev décréta que, dorénavant, les marxistes prôneraient la « coexistence pacifique » entre les blocs capitaliste et socialiste – en continuant toutefois leur travail de sape contre l'impérialisme en promouvant les « révolutions nationales démocratiques » dans le Tiers monde (Krushchev, 1976 [1956]).

Mao Tse Tung se dit alors outré par ce qu'il appela la « capitulation » de Khrouchtchev, au point où la doctrine de la coexistence pacifique devint une des causes directes de la rupture sino-soviétique en 1960, et amena la Chine à promouvoir la « théorie des trois mondes » de Mao (Deng Xiao-Ping, 1985 [1974]). La thèse centrale de cette théorie était que l'URSS avait trahi le marxisme et était devenue un État « social-impérialiste », ce qui fragilisait la paix globale désormais menacée par deux projets hégémoniques rivaux. D'un côté, l'impérialisme conduit par les États-Unis tentait de soumettre le monde entier à l'exploitation capitaliste ; tandis que, de l'autre, l'« impéria-

12. En 1947, Andreï Aleksandrovitch Jdanov (1896-1948), troisième secrétaire du Parti communiste d'URSS, a énoncé la doctrine de la nouvelle orientation de la politique soviétique en réplique à la politique d'endiguement du communisme du président américain Harry Truman.

lisme social», dirigé par l'URSS, lançait les États du COMECON[13] dans une quête **d'hégémonie** mondiale et la destruction de toute indépendance et culture nationales. Entre ces deux «mondes» se tenait le reste de l'humanité avec pour seul fiable interprète: la République populaire de Chine!

La révision maoïste de la théorie de la révolution permit, à compter des années 1960, une autre contribution significative à l'analyse marxiste des rapports de pouvoir mondiaux. Puisque le prolétariat constitue une infime proportion de la population du Tiers monde, la doctrine maoïste prôna la mobilisation des masses paysannes, et l'édification de sa base dans les régions rurales. Ainsi, en «encerclant» les grands centres urbains, les partis communistes parviendraient à renverser les structures de pouvoir proimpérialistes qui s'y trouvaient. Les écrits militaires de Mao ont inspiré maintes guérillas sur trois continents.

Il n'est pas question, ici, d'analyser plus avant le lien entre ces doctrines et les politiques étrangères des pays socialistes après 1917 (voir Kubálková et Cruickshank, 1989 [1985]: 69-157). Il importe, cependant, de souligner que ces doctrines et ces politiques révèlent que le débat marxiste, après la mort de Lénine, fut figé au point où les seules discussions qui eurent lieu au sein des pays socialistes portaient sur des questions de stratégies et de tactiques militaires.

Les écrits du théoricien marxiste le plus novateur de cette époque, Antonio Gramsci (1891-1937) – secrétaire général du Parti communiste italien – demeurent inédits et n'ont eu un impact sur le marxisme officiel qu'à partir des années 1960. Rédigés en prison sous la censure de geôliers fascistes, les fragments théoriques de Gramsci ont dû être décodés. Puisqu'il ne traitait pas nommément de la politique mondiale, sa re-conceptualisation des notions de pouvoir et du politique n'a trouvé place dans les débats marxistes sur les relations de pouvoir mondiales qu'à compter des années 1980 (voir le chapitre 13).

---

13. Conseil d'assistance économique mutuelle (CAEM), institué en 1949; il liait les pays du bloc soviétique.

2.4 *Le marxisme occidental après 1956*

L'année 1956 marqua un tournant dans l'histoire du marxisme. La diatribe de Khrouchtchev à l'endroit de Staline fracassa l'unité des partis communistes pratiquement partout. De là, la faction réformiste de la direction du PC hongrois projeta une transformation des politiques socialistes du pays, qui se solda par l'invasion et l'occupation de la Hongrie par l'armée soviétique, et par une répression à travers l'Europe de l'Est. Le communisme perdit dès lors en légitimité, et les partis communistes dans les pays en dehors du bloc socialiste virent leur membership diminuer comme peau de chagrin. Ces événements de 1956 provoquèrent un vif débat au sein des cercles marxistes des pays non socialistes. Une «nouvelle gauche» en émergea. Sa croissance et son influence s'accélérèrent dans la foulée des luttes anticoloniales – notamment les guerres américaines en Indochine – et de l'échec probant, dans les années 1960, des nouveaux États indépendants d'Asie et d'Afrique à atteindre un développement économique viable.

L'expression «nouvelle gauche» est en fait inappropriée puisqu'il n'y eut jamais de gauche unique; elle renvoie plutôt à l'idée que la gauche marxiste renouait – après une longue suppression – avec sa tradition de débats vigoureux et de questionnements théoriques. Sans entrer dans l'examen de ces débats (voir Anderson, 1976), soulignons toutefois la différence notable qui se fit jour entre les travaux des théoriciens marxistes d'*avant* 1956 et ceux des néo-marxistes d'*après* 1956 sur la question des rapports mondiaux.

Tous les théoriciens marquants d'avant 1956 ont été – à commencer par Marx et Engels – des militants politiques prenant part activement aux travaux quotidiens des partis politiques. Marx insistait d'ailleurs sur la nécessité d'unir *théorie* et *pratique*. Mais Staline changea ce mot d'ordre en érigeant la théorie en dogme, exigeant de tous les marxistes à l'échelle planétaire une loyauté absolue envers Moscou. Même après que Khrouchtchev eut amorcé le processus de déstalinisation, en 1956, le KGB et ses équivalents des autres pays socialistes veillaient de près au respect de la ligne théorique et idéologique, et nulle remise en question n'était tolérée. Les débats de *l'après-1956* commencèrent en Europe de l'Ouest et se répandirent dans les Amériques et le Tiers monde. Il s'agissait principalement d'un « marxisme de professeurs » (Kubálková et Cruickshank, 1989 : 205-248) ; ses figures de proue étant, pour la plupart, des universitaires – une poignée seulement militait dans des partis communistes ou autres formations marxistes. Par ailleurs, comme l'essentiel des travaux de ces penseurs ne fut pas publié dans les pays socialistes, l'influence des théories néomarxistes se fit sentir surtout dans le monde universitaire plutôt que dans les luttes sociales au quotidien.

2.4.1 La théorie de la dépendance et autres variantes de « néomarxisme »

La théorie de la dépendance est un amalgame de sources marxistes et non marxistes. Le principal apport non marxiste provient de ce qu'on nomme la thèse Prebisch-Singer[14] (Prebisch, 1948 ; Singer, 1950). Incorporée aux recommandations de la Commission économique des Nations unies pour l'Amérique latine (CEPAL), cette thèse montrait que les structures institutionnelles du commerce international ainsi que les termes de l'échange minent les efforts de développement des États du Tiers monde. La disparité structurelle entre, d'une part, le coût des produits industriels et technologiques que les États du Tiers monde se voyaient contraints d'importer d'Europe et d'Amérique et, d'autre part, le prix auquel ils exportaient leurs produits primaires (produits agricoles et matières premières) dépossédait les économies du Tiers monde des capitaux essentiels à leur développement. Pis encore, le régime institutionnel dominant le commerce mondial – particulièrement le GATT (devenu l'Organisation mondiale du commerce, OMC) – a contribué au renforcement de ces inégalités « néocoloniales » (Nkrumah, 1968).

14. Raúl Prebisch (1901-1986), économiste argentin, directeur de la CEPAL en 1948, puis secrétaire général de la Conférence des Nations unies pour le commerce et le développement (CNUCED) en 1964. Hans Singer (1910-2006), économiste allemand (réfugié en Angleterre), directeur de quelques agences onusiennes de développement économique ; il prit une part active dans l'élaboration des accords de Bretton Woods.

En ce qui a trait à l'apport des marxistes à la théorie de la dépendance, elle s'est faite principalement sous la plume d'économistes. Empruntant tantôt à Lénine tantôt à Luxemburg, les économistes américains Paul Baran et Paul Sweezy poussèrent plus avant la thèse des Prebisch et Singer (Baran, 1957 ; Baran et Sweezy, 1966 et 1971). Ils démontrèrent que le capitalisme monopolistique est plus expansionniste, plus agressif que le capitalisme compétitif puisqu'il requiert une source extérieure de débouchés rentables pour les investissements· Leur théorie de l'impérialisme pose que la cause du sous-développement du Tiers monde tient à la dépendance entre *centre* et *périphérie*.

Cette notion de centre/périphérie fut reprise par l'économiste, sociologue et historien André Gunder Frank (1929-2005) ainsi que plusieurs théoriciens africains et latino-américains (Frank, 1966 et 1969 ; Amin, 1970 ; Dos Santos, 1971). La théorie de la dépendance fait écho à l'insistance de Luxemburg sur le phénomène de paupérisation des pays de la périphérie. Mais, bien qu'explicitement marxiste dans sa formulation, cette théorie présente maints aspects majeurs qui s'inscrivent en faux par rapport au marxisme orthodoxe.

Les théoriciens de la dépendance rejetèrent la notion de transformation sociale selon laquelle il y aurait passage d'un mode de production à un autre – en vertu de cette notion, on a longtemps attribué le sous-développement des économies du Tiers monde à leur nature « non encore totalement » capitaliste. Cette vision d'un développement capitaliste étapiste a conduit la plupart des partis communistes d'Amérique latine à définir les grands propriétaires fonciers (*latifundi*) comme des seigneurs féodaux et, conséquemment, les classes oligarchiques comme subalternes, sous le joug de ces éléments féodaux. S'attaquant à ces postulats, Frank soutint que, depuis même l'ère des conquistadores, la construction de la structure sociale de l'Amérique latine s'est faite selon le développement capitaliste, à titre, nuança-t-il, de périphérie des nouveaux centres économiques florissants de la côte atlantique européenne. Emboîtant le pas à Frank, l'économiste égyptien Samir Amin affirma que l'Asie et l'Afrique avaient été intégrées depuis déjà fort longtemps au système capitaliste, en ce qu'elles représentaient les outils même de l'accumulation du capital à l'échelle mondiale (Amin, 1970). En fait, selon la théorie de la dépendance, le capitalisme est né des empires et de leur commerce inégal. Ce n'est donc pas le développement industriel en Angleterre qui marque le point de départ de la prolifération du capitalisme, mais bien les toutes premières incursions portugaises et espagnoles au XVIᵉ siècle en Asie et en Amérique latine.

Cette théorie met à mal la vision marxiste orthodoxe selon laquelle le capitalisme aurait joué un rôle progressiste dans la construction des empires coloniaux en déclassant les modes de production précapitalistes et en créant les relations sociales de production capitalistes essentielles à l'émergence du socialisme. La théorie de la dépendance prétend que le pillage de l'Asie, de l'Amérique latine et de l'Afrique a été la condition *sine qua non* du développement du capitalisme européen, et donc que *développement* et *sous-développement* sont les deux faces d'une même médaille : le processus d'accumulation capitaliste. Ainsi, le sous-développement du Tiers monde a été engendré par le développement capitaliste en Europe, et vice versa (Rodney, 1986 [1972]).

Cela implique donc que la source de cette structure globale de l'*échange inégal* inhérente au capitalisme est le sous-développement (Emmanuel, 1969). L'accumulation capitaliste à l'échelle mondiale établit une chaîne d'exploitation à travers l'extraction à plusieurs niveaux des surplus à partir des « satellites » de la périphérie vers les métropoles. Ni la décolonisation ni les programmes de développement de la Banque mondiale n'ont modifié ce portrait. Le développement capitaliste de l'Europe ayant réussi expressément grâce au « développement du sous-développement » en Afrique, en Asie et en Amérique latine, dans ce contexte, *développement capitaliste* et *Tiers monde* ne peuvent être qu'une antilogie. Tout projet de développement est voué à l'échec du fait de l'extraction éhontée des surplus des satellites au profit des métropoles. La structure du capitalisme condamne donc les pays du Tiers monde au sous-développement perpétuel.

Cette thèse prétend qu'aucune classe capitaliste nationale ne pourra jamais développer une base productive indépendante du « capital impérialiste » dans une économie du Tiers monde (la formation d'une bourgeoisie nationale est le but primordial et la clé principale de la stratégie communiste conventionnelle d'une « révolution démocratique nationale »). S'inspirant du modèle cubain, certains théoriciens de la dépendance plaident pour une révolution socialiste immédiate (sans passer par les étapes prescrites par le marxisme officiel) et pour la « déconnexion » du capitalisme mondial (Amin, 1986). D'autres voient dans la théorie de la dépendance la justification de l'argument selon lequel l'exploitation impérialiste du Tiers monde au grand complet oblitère les contradictions et antagonismes de classes au sein des sociétés du Tiers monde (Nabudere, 1978).

La théorie de la dépendance a émergé de débats des années 1960-1970, dans lesquels le marxisme structurel de Louis Althusser (1918-1990) eut une influence notable. Les écrits, notoirement denses, de ce philosophe français concluent que les formations sociales consistent en un *tout* structuré » qui, « en dernière instance », est déterminé par l'économique.

Le marxisme structurel d'Althusser a produit peu de théorisation sur la politique mondiale, mais les débats qu'il a suscités ont amené deux contributions indirectes, les deux minant la crédibilité marxiste de la théorie de la dépendance. D'abord, s'appuyant sur des recherches approfondies sur les modes de production précapitalistes, des anthropologues marxistes français développèrent la notion de transformation historique à travers l'« articulation des modes de production » au sein d'une même formation sociale (Meillassoux, 1964 ; Terray et Meillassoux, 1969). Ainsi, la transformation que l'impérialisme amène dans le Tiers monde ne proviendrait pas d'un mode de production qui en aurait remplacé un autre (c'était là le point de vue communiste orthodoxe) ni non plus d'une simple oblitération des sociétés précapitalistes par le commerce capitaliste mondial (comme le prétend la théorie de la dépendance). Ils soutiennent que les modes de production précapitalistes se sont perpétués, «s'articulant» avec le mode de production capitaliste implanté par l'impérialisme. En fait, le mode de production capitaliste dominerait tout en *préservant* et *transformant* les modes précapitalistes, engendrant un processus de formation de classes, différent toutefois de ceux présentés par le marxisme orthodoxe et la théorie de la dépendance.

L'autre contribution indirecte d'Althusser aux théories néomarxistes sur les relations de pouvoir mondiales émane de son concept d'un *tout* structuré et s'est dessinée sous la plume du sociologue américain Immanuel Wallerstein, dont l'approche eut une grande influence. S'inspirant de l'École des Annales[15], et particulièrement de la notion de «longue durée» des structures historiques énoncée par Fernand Braudel, Wallerstein dépeint ce qu'il nomme le *système-monde,* dont il situe l'émergence au XVIe siècle. Dans sa vision holistique, il définit cette notion comme une économie-monde capitaliste et un système mondial d'États individuels. Les principaux clivages du système-monde ne sont plus les classes ni les États, mais bien ceux établis par la division mondiale du travail économique entre les États capitalistes développés du centre, ceux de la semi-périphérie et ceux de la périphérie sous-développée (Wallerstein, 1974a, 1974b et 2006; Hopkins *et al.*, 1982). Ce système est basé sur des relations d'échange inégal à travers lesquelles le centre développé exploite la périphérie et la semi-périphérie.

Wallerstein prétend que le capitalisme a émergé en tant qu'«économie-monde» non pas en raison d'une simple logique économique, mais poussé et animé par la compétition entre les grandes puissances. Un leadership actif fut requis pour que le système-monde capitaliste s'étende au-delà du berceau européen. Aussi, la stabilité et le fonctionnement de ce système-monde dépendent des États hégémoniques, qui jouent, ici, un rôle clé. Un État hégémonique «conjugue une supériorité économique, politique

---

15. Courant fondé par les historiens français Marc Bloch (1886-1944) et Lucien Febvre (1878-1956); Fernand Braudel (1902-1985) est un héritier de cette école.

et financière sur d'autres États forts et dispose donc également d'une suprématie militaire et culturelle. Les pouvoirs hégémoniques définissent les règles du jeu» (Wallerstein, 2006: 151). En créant une économie-monde, l'État hégémonique façonne un système mondial d'États, et il supervise le transfert des surplus de la périphérie vers le centre. L'hégémonie est une condition expresse pour organiser et maintenir l'économie-monde capitaliste. Les États hégémoniques sont ceux qui dominent les secteurs clés de la production mondiale et du commerce mondial, fournissant ainsi la base pour leur domination financière.

La lecture des conflits interétatiques que fournit la théorie du système-monde est que, depuis le XVIe siècle, ce ne fut que batailles pour acquérir une position hégémonique: d'abord l'Espagne s'inclina devant la Hollande, qui, à son tour, mordit la poussière devant les visées hégémoniques de la France – malgré que ces visées aient été vaines –, ce qui permit l'avènement d'une hégémonie britannique, qui dut passer le flambeau aux États-Unis. L'histoire des 500 dernières années se trouve expliquée essentiellement en termes d'exigences et de logique structurelles du système-monde. Le modèle de Wallerstein dépeint un système-monde naviguant sur de «longues vagues» de croissance et de décroissance allant de 40 à 60 ans – cycle identifié dans les années 1920 par l'économiste soviétique Nicolai Kondratieff (1892-1938) (Kondratieff, 1984). La logique inhérente à ces vagues explique à la fois «la montée du système capitaliste mondial et son effondrement éventuel» (Wallerstein, 1974b).

Tout est expliqué en termes de besoins fonctionnels de la logique «autoreproductive» du système lui-même. Ce déterminisme rudimentaire et circulaire tranche net avec le marxisme en ce qu'il suppose que la lutte des classes dans chaque pays a peu d'effet sur le fonctionnement de la «logique reproductive» du système-monde. Par ailleurs, le concept de l'*État* chez Wallerstein découle uniquement de la position de l'État au sein du système-monde. Cette position ontologique conduit cet auteur à sous-estimer le rôle de même que la nature contradictoire de l'État capitaliste. Puisque les politiques sont aussi expliquées en fonction de cette logique structurelle déterminante, les socialistes révolutionnaires n'auraient donc rien d'autre à faire que d'attendre la chute du capitalisme. Wallerstein fut hardi au point de prédire que l'implacable logique des vagues de Kondratieff va amener à l'ultime et fatale crise du capitalisme au cours de la troisième décennie du XXIᵉ siècle (Wallerstein, 1993).

Si populaire que fut la théorie du système-monde en Occident, ses efforts pour classifier les soi-disant « trois seules » approches en théorie des relations internationales se sont soldés par l'intronisation de cette version du néomarxisme au côté du réalisme et du libéralisme (Banks, 1985, Viotti et Kauppi, 1987). Cependant, des formes plus sophistiquées du néomarxisme et non déterministes – telle l'approche néogramscienne dans les années 1980 – ont coupé l'herbe sous le pied de cet économicisme unidimensionnel (voir le chapitre 13). Certains théoriciens marxistes de la politique internationale ont pris un virage vers la sociologie historique (voir le chapitre 19), tandis que d'autres se sont tournés vers une forme nouvelle et revigorée de l'économie politique internationale (voir le chapitre 21) ou ont lancé un nouveau débat marxiste sur l'impérialisme (Wood, 2003 ; Panitch et Leys, 2003).

3. Conclusion

De toutes les théories que l'on utilise afin de comprendre les rapports de pouvoir mondiaux, le marxisme est la plus complexe. C'est aussi celle qui fut la plus sévèrement critiquée. Pendant plus d'un siècle, ses détracteurs ont mis l'accent sur ses failles ontologiques, épistémologiques et normatives.

L'ontologie marxiste a été clouée au pilori pour son présumé double réductionnisme. La première accusation vise le « déterminisme économique » ou l'« économicisme », c'est-à-dire la tendance des analystes marxistes à expliquer tout phénomène social en termes de logique économique structurelle sousjacente, comme si politique, idéologie et culture n'étaient que le résultat direct du fonctionnement du « niveau économique ». Le second reproche, le réductionnisme de classe, a trait à la prétention que les classes sociales et les intérêts de classes composent

à eux seuls le fait fondamental de l'existence sociale, et que tout autre élément de l'interaction sociale – identité nationale, psychologie individuelle, religion, ethnie, racisme, culture – est considéré comme un épiphénomène.

Il y a davantage qu'une parcelle de vérité dans ces deux accusations. Marx tout comme Engels étaient conscients du fait qu'une large portion de leurs écrits versait dans cette analyse économique réductionniste (Engels, 1976c [1890]). À l'époque du « marxisme officiel », l'économicisme dominait le marxisme. Puis, de 1956 à 1980, la majeure partie de ce qui fut baptisé le « marxisme occidental » se voulait une tentative de purger la théorie marxiste de tout « réductionnisme économique », en s'appuyant, notamment, sur les analyses de Gramsci. Quant au « réductionnisme de classe », même les écrits politiques les plus sophistiqués de Marx peignent les partis politiques comme représentant directement les intérêts de classe (Marx, 1976b [1852]). La manière de concevoir l'« autonomie relative » du « niveau politique » par rapport à l'économique et aussi par rapport à la façon de libérer l'analyse marxiste de ce « réductionnisme de classe » constitua l'objet d'analyse principal d'Althusser et de ceux qu'il influença (Althusser, 1965 ; Poulantzas, 1968, 1974, 1981). Le mieux qu'on puisse dire de ces travaux est que ces enjeux ontologiques demeurent encore non résolus.

La critique de l'épistémologie marxiste a pris, elle, trois voies. La première pose la question : comment peut-on « savoir » que le mode de production soustend et conditionne tous les aspects de la vie sociale ? Il s'agit, ici, davantage d'une critique visant le rôle explicatif des postulats ontologiques du marxisme que d'une critique épistémologique en soi. Elle cherche à fournir une lecture empirique contre-factuelle des événements afin de démontrer que le mode de production (et les intérêts de classe) n'ont pas la primauté que leur attribuait Marx (Morgenthau, 1948 : 44-55 ; Moodie, 1977). La seconde critique, plus véritablement épistémologique, focalise sur la dialectique. Plusieurs questionnent l'utilisation que fait Marx de la dialectique (Bhaskar, 1991), d'autres vont jusqu'à dénoncer la totalité de l'entreprise dialectique, la jugeant incompatible avec les « méthodes critiques de la science » (Popper, 1992 [1937] : 335). La troisième critique fut soulevée également par le philosophe des sciences autrichien exilé Karl Popper (1902-1994). Rejetant la notion, qui prévalait alors, que l'objet des tests empiriques est de « vérifier » la validité d'une hypothèse (et ultimement d'une théorie), Popper soutint que marxisme et freudisme sont des exemples de ce qu'il qualifia de « pseudo-sciences ». Il dit de ces approches qu'elles peuvent constamment sélectionner des faits sociaux qui se marient à leurs hypothèses et, ainsi, « prouver » la validité de celles-ci. Popper insista plutôt sur le besoin pour toute théorie de stipuler les conditions dans lesquelles les hypothèses pourraient être falsifiées empiriquement, la falsification étant ce qui distingue les « vraies » sciences des « pseudos » (Popper, 1973 [1934]).

Les critiques les plus fréquentes du marxisme ont été à l'endroit de sa normativité. Il a été souvent clamé que les notions marxistes du communisme sont fort louables en principe, mais inapplicables « au monde réel ». Le raisonnement derrière cet argument reposait sur le postulat ontologique à l'effet que l'individualisme et l'égoïsme sont inhérents à la « nature humaine ». Une autre critique – qui, elle, a eu plus d'impact – mettait l'accent sur la nature totalitaire de tous les régimes communistes de même que sur la répression sanglante perpétrée au nom du marxisme. Ainsi, les crimes des Staline et Mao auraient découlé de la théorie marxiste et de sa notion de dictature du prolétariat. Cela revient, en quelque sorte, à blâmer Adam Smith pour les crimes du colonialisme britannique.

Nonobstant ces critiques, le défi intellectuel et éthique que pose la théorie marxiste à ceux qui souhaitent comprendre la politique mondiale demeure d'actualité. Le marxisme reste l'unique théorie à avoir élevé les problèmes de domination, d'exploitation et d'inégalités au rang d'enjeu principal de la politique mondiale. Ce faisant, le marxisme a fait écho aux inquiétudes de la vaste majorité des êtres humains. C'est, à ce jour, la seule approche à avoir tenté l'ambitieuse tâche de théoriser la société et les relations sociales en tant qu'un *tout*. Et quiconque a

lu serait-ce que le premier livre du *Capital* attestera que la pensée de Marx fait montre de profondeur, de nuance, de perspicacité et d'une rigueur qui se distance du peloton, laissant loin derrière la plupart des approches fondées soit sur les analogies historiques soit sur les modèles réductionnistes purement abstraits qui, aujourd'hui, sont donnés pour *théorie* des relations internationales.

En **problématisant** explicitement l'ordre mondial moral et intellectuel, la théorie marxiste a su montrer le raisonnement mal ficelé et la nature intéressée de nombre de théories en Relations internationales. Elle a aussi mis en lumière la complicité – aveugle ou non – des adeptes universitaires de ces théories dans la reproduction intellectuelle du *statu quo* de l'ordre existant. Au lieu de chercher à repérer les acteurs, le marxisme identifie les forces sociales, les logiques et contradictions structurelles qui façonnent et modifient la politique mondiale. Son canevas conceptuel singulier et sa méthode dialectique offrent une compréhension radicalement différente des relations de pouvoir à l'échelle mondiale. Et en situant ces relations de pouvoir par rapport aux notions d'intérêt, de co-constitution de l'agence et de la structure, le marxisme bat en brèche la plupart des théories en Relations internationales.

L'histoire de la fin du XXe siècle semble avoir donné tort à Marx dans ses prédictions quant à l'avènement du socialisme à l'échelle planétaire. Ironiquement, cependant, les pronostics de Marx quant à la trajectoire et à la dynamique du capitalisme et du développement, ainsi que leurs conséquences immondes pour la majeure partie de l'humanité se sont largement avérées. La presque totalité des constituantes de la « loi particulière du mouvement du mode de production capitaliste » de Marx a été confirmée par l'histoire. À preuve la crise financière mondiale qui a éclaté en 2007.

Dans un monde où la mondialisation exclut encore davantage d'êtres humains de l'économie formelle, où le capital financier spéculatif a supplanté le capital productif à titre de locomotive du capitalisme global, où tout ce qui est essentiel à la vie humaine prend la forme d'une marchandise à vendre et à acheter sans considération aucune des besoins humains, où une compagnie – Microsoft – contrôle la façon dont s'effectue la quasi-totalité des communications de la planète, et où ses principaux actionnaires encaissent plus que le produit intérieur brut combiné de la plupart des pays de l'Afrique sub-saharienne ; dans ce monde où la subvention annuelle moyenne que le gouvernement japonais consent pour une vache est 25 fois plus élevée que le revenu *per capita* en Éthiopie[16], alors l'effort le plus achevé à ce jour pour lutter contre la logique des inégalités qu'engendre le capitalisme – la théorie marxiste – a encore quelque chose de pertinent à dire au sujet du fonctionnement des rapports de pouvoir mondiaux.

❖ ❖ ❖

Pour en savoir plus

La théorie marxiste « classique » :

Engels, F., 1976 [1890], « Lettre à Joseph Bloch », dans K. Marx et F. Engels, *Œuvres choisies en trois volumes. Tome III*, Moscou : Éditions du Progrès, p. 509-511. Résumé très succinct de la vision de Marx du matérialisme historique.

Mandel, E., 1983, *Initiation à la théorie économique marxiste,* 3e édition, Paris : Études et documentation internationale. Certes la meilleure introduction aux trois volumes du *Capital* de Marx.

Marx, K., 1976 [1852], *Le 18-Brumaire de Louis Bonaparte*, dans K. Marx et F. Engels, *Œuvres choisies en trois volumes. Tome premier*, Moscou : Éditions du Progrès, p. 410-507. L'ouvrage qualifié par Engels comme étant la mise en application la plus juste du matérialisme historique.

Marx, K., 1976 [1867], *Le Capital : Critique de l'économie politique – Livre premier : Le développement de la production capitaliste*, Paris : Éditions sociales. Fondements de l'analyse marxiste du capitalisme et exemple des plus adéquats de la mise en application de la méthode dialectique.

Dictionnaires de la pensée marxiste :

Bottomore, T., L. Harris, V. G. Kiernan et R. Miliband (dir.), 1991 [1983], *A Dictionary of Marxist Thought : Second Edition,* Oxford : Blackwell Publishing. Rédigé exclusivement par des marxistes ; néanmoins, l'approche est ouverte et critique.

Labica, G. et G. Bensussan, 1999 [1982], *Dictionnaire critique du marxisme,* 3e édition, Paris : Quadrige/ PUF. Plus spécialisé que Bottomore *et al.* et davantage orthodoxe ; on y sent le poids du Parti communiste français.

L'analyse marxiste des rapports globaux :

Frank, A. G., 1966, « The Development of Underdevelopment », *Monthly Review,* septembre. Le manifeste de l'École de la dépendance.

Kubálková, V. et A. A. Cruickshank, 1989, *Marxism and International Relations,* 2e édition, Oxford : Oxford University Press. La meilleure vue d'ensemble des analyses marxistes des rapports internationaux.

Lénine, V. I., 1979 [1916], *L'impérialisme, stade suprême du capitalisme*, Paris : Éditions sociales. Incontournable, cette plaquette est devenue la bible du mouvement communiste. Un des ouvrages les plus influents jamais publiés.

Wallerstein, I. M., 2004, *Comprendre le monde : Introduction à l'analyse des systèmes-monde,* Paris : La Découverte. Résumé et manifeste de l'approche « système-monde » par son père fondateur.

Les débats théoriques après 1956 :

Althusser, L., 1965, *Pour Marx*, Paris : La Découverte. Parmi les plus importants ouvrages du « marxisme occidental » ; il pose notamment la question du « jeune Marx » et l'importance de la rigueur épistémologique.

Anderson, P., 1979, *Considerations of Western Marxism*, Londres : Verso. Excellent survol des débats théoriques.

---

16. « Cow power : Every year livestock in rich countries get more money than poor people in the developing world », *Guardian Weekly*, 11-17 septembre 2003, p. 5.

Les marxistes face à la guerre en Irak

La plupart des analyses marxistes de la guerre en Irak commencent par le concept d'impérialisme. À la suite de l'orientation prise par la politique étrangère des États-Unis depuis 2001, plusieurs observateurs considèrent que l'ambassadeur soviétique Nikolai Novikov n'avait pas tort quand il déclara, en 1946, que la «politique étrangère des États-Unis reflète les tendances impérialistes du capitalisme monopolistique américain et est caractérisée par la recherche de la domination mondiale» (Gaddis, 2005 : 30-31).

Des débats récents très animés sur la nature de l'impérialisme américain montrent que les marxistes demeurent aux prises avec le problème que pose la nature du lien entre la «logique structurelle» du capitalisme mondialisé et la politique pratiquée par les États les plus puissants.

Certains marxistes prétendent encore qu'il existe un rapport de causalité directe entre la politique étrangère des États-Unis et la «logique systémique du capitalisme» (Wood, 2003 : x). Toutefois, selon eux, l'impérialisme ne rendrait plus inévitable la guerre entre les principaux États capitalistes, comme le croyaient Lénine et l'ambassadeur Novikov. De nos jours, ce qui se passe plutôt, c'est que les États-Unis exercent une «coercition extra-économique» nécessaire pour discipliner des États, qui refusent d'agir comme des courroies de transmission du capital, tel l'Irak de Saddam Hussein, l'impérialisme américain ou bien provoque la «guerre sans fin» (Wood, 2002 : 24) ou bien entraîne l'«accumulation par l'expropriation» (Harvey, 2003b).

Rejetant ce genre d'économicisme, d'autres marxistes soutiennent que l'on doit chercher la dynamique de l'empire et de l'impérialisme américains, qui «s'affichent de plus en plus», dans les caractéristiques spécifiques de l'État *améri-cain*. La guerre en Irak fait partie de la tentative de l'impérialisme américain de maintenir et de discipliner «l'ordre capitaliste global» (Panitch et Gindin, 2003).

Encore d'autres marxistes remettent en question les notions mêmes d'impérialisme ou d'empire américain. Selon eux, l'idée d'*hégémonie* offre une bien meilleure explication de la guerre en Irak que celle d'empire ou d'impérialisme. L'hégémonie américaine aurait été au cœur de la mondialisation du capital, mais les États-Unis occupent «une position de plus en plus ambivalente à l'intérieur de leur propre hégémonie» et leur «décision de s'engager dans l'expansion sur le plan externe pour gérer des conflits internes [...] est revenue hanter ses responsables» (Agnew, 2005 : 223). La guerre en Irak et d'autres tentations impériales récentes constitueraient une *réponse à des faiblesses* américaines dans les rapports commerciaux, monétaires et financiers mondiaux (220).

Enfin, certains affirment que les notions d'«impérialisme» et d'«empire» sont fondées sur des analogies historiques discutables avec des conjonctures historiques révolues, qui sont peu utiles quand il s'agit de comprendre le capitalisme globalisé ou les actions des principales puissances. Il nous faut plutôt une approche dialectique qui situe l'invasion et l'occupation américaines de l'Irak à l'intérieur de trois niveaux d'analyse qui s'entremêlent : celui des transformations de la logique de la production et de l'espace de l'économie capitaliste globalisée ; celui du rôle particulier et contradictoire joué par l'État américain et son hégémonie dans la réalisation de la globalisation ; et celui de la dynamique interne propre à l'économie américaine d'un côté, et les pratiques culturelles et les alliances qui soutiennent le système politique américain, de l'autre (O'Meara, 2006).

Concepts clés du marxisme

Accumulation primitive : Le lent et violent processus historique par lequel la masse des producteurs ruraux (paysans) s'est trouvée privée de ses moyens de production, moyens transformés en capital. L'accumulation primitive offrait, en quelque sorte, les deux conditions *sine qua non* pour l'émergence du capitalisme : 1) une classe de personnes qui ne contrôle aucun moyen de production, mis à part sa propre force de travail (le prolétariat) ; et 2) une autre classe qui contrôle les moyens de production et s'en sert de manière à créer une plus-value (la bourgeoisie).

Capital : Le capital est défini par deux composantes : 1) d'abord, comme la *relation sociale* entre la classe qui contrôle les moyens de production et celle qui ne contrôle que sa propre force de travail – soulignons, ici, que le capital n'est pas l'accumulation de l'argent ; 2) puis, en tant que condition expresse de l'existence du mode de production capitaliste, cette relation sociale conduit à la notion de « capital » en tant que *processus d'expansion de la valeur* (la création d'une plus-value croissante).

Capital constant/variable : Le capital investi dans un cycle de production est de deux ordres : 1) le capital constant : l'équipement, la machinerie, les matières premières et la technologie utilisés dans un cycle de production ; il ne transmet au produit final que la valeur ajoutée par la force de travail dans un cycle précédent ; 2) le capital variable : la force de travail ; il transfert au produit fini non seulement la *valeur d'échange* de la force de travail (comme on dit d'un bien qu'il a une valeur d'échange) requise dans le cycle de production, mais également la *valeur ajoutée* ou *créée* par l'intervention de la force de travail.

Capitalisme : Mode de production qui se fonde sur la séparation des *producteurs* de leurs moyens de production, et sur la concentration de ces moyens de production dans les mains d'une seule classe.

Classe(s) : L'accès *ou non* aux moyens de production de même que le contrôle *ou non* de ces moyens constituent la base sur laquelle se fonde la division en classes sociales. La classe qui détermine les conditions dans lesquelles se fait la production est la classe dirigeante. Dans un régime capitaliste, les deux principales classes sont la bourgeoisie (celle qui contrôle les moyens de production) et le prolétariat (celle qui se trouve privée de tout moyen de production à l'exception de sa propre force de travail).

Classe dirigeante : La classe qui contrôle les conditions, les termes selon lesquels les moyens de production seront utilisés dans la société. La nature exploitante des relations de classes est le lieu précis du pouvoir de la classe dominante.

Le contrôle qu'elle exerce sur les moyens de production ne fait pas uniquement qu'assurer les conditions de sa propre richesse, mais constitue également la condition préalable à l'établissement de sa position prédominante dans la vie politique, sociale, culturelle et idéologique de toute société.

Composition organique du capital : La proportion de capital constant par rapport au capital variable dans un cycle de production. Une augmentation de la composition organique du capital implique une utilisation accrue des technologies par rapport à la force de travail. Ce recours aux technologies accroît, certes, la *masse* de profits (en chiffres absolus), mais entraîne une tendance à la baisse du *taux* de profits. Par exemple, un bien coûte 10 $ à produire et est vendu 15 $, profit : 5 $, taux de profit : 50 %. Avec l'apport de technologies, ce même bien coûte 100 $ à produire et se vend 130 $; profit : 30 $, taux de profit : réduit à 30 %.

Concentration et centralisation du capital : L'accumulation du capital par le réinvestissement constant des profits amène une concentration accrue des moyens de production – c'est-à-dire une concentration du capital – par chaque entreprise, prise individuellement. Puis, dans la logique de compétition inhérente à ce système, cette concentration entraîne 1) des *changements dans la répartition* du capital entre capitalistes, et 2) la *centralisation* de ce capital entre les mains d'un petit nombre.

Conception matérialiste de l'histoire : voir matérialisme historique.

Dialectique : La dialectique marxiste comporte 1) des présupposés ontologiques quant à la complexité, l'interrelation et la nature contradictoire et évolutive constante de la réalité sociale ; et 2) une position épistémologique prônant la nécessité de problématiser le processus relationnel complexe que l'on perçoit du monde empirique (le niveau des apparences). En tant qu'approche épistémologique, la dialectique oblige le chercheur à explorer aussi bien l'interrelation entre les différents aspects (ou niveaux) de la réalité que le processus par lequel ces niveaux interagissent pour se reconfigurer l'un l'autre, créant une structure complexe « surdéterminée » (c.-à-d. déterminée par plusieurs éléments de façon concomitante).

Division internationale du travail : Notion clé de la variante néomarxiste « système-monde » selon laquelle la logique d'accumulation capitaliste à l'échelle mondiale intègre l'ensemble des économies nationales dans une « économie-monde », tout en attribuant à chacune une place et un rôle différent en fonction de ses capacités productives.

217

Exploitation: L'extraction et l'appropriation par les classes dominantes du *surplus* produit par la force de travail une fois assurée la production de ce qui est nécessaire pour subvenir aux besoins de la force de travail. Dans un mode de production capitaliste, l'objet de cette ponction se nomme plus-value. Les classes dominantes utilisent leur contrôle sur les moyens de production afin de contraindre les classes subordonnées à travailler pour elles; ainsi, elles vivent du surplus produit par les classes exploitées.

Force de travail: La capacité humaine de travailler les matières premières et, ce faisant, de les transformer. Dans un mode de production capitaliste, le processus de production de biens à vendre repose sur la propriété tout à fait singulière qu'a la force de travail 1) d'être elle-même un produit ayant une valeur d'échange, et 2) d'ajouter au produit final une valeur plus grande que la valeur d'échange de la force de travail.

Force(s) productive(s): Toute ressource et capacité utilisées par les humains dans le processus du travail. Les forces productives incluent donc – en plus des matières premières, des technologies et de la force de travail – le savoir, les habiletés techniques et le contrôle et la gestion des fonctions essentielles de la production et de l'augmentation de la productivité.

Hégémonie: «L'hégémonie est plus que la simple domination; c'est l'enrôlement des autres par l'exercice du pouvoir de les convaincre, de les motiver mielleusement ou de les contraindre afin qu'ils en viennent à désirer ce que vous souhaitez. Bien que jamais achevée et ayant toujours provoqué des résistances, l'hégémonie forge des liens entre les gens, les objets et les institutions autour des normes et standards culturels qui émanent, par-delà le temps et l'espace, des sièges du pouvoir (dont les lieux sont distincts) occupés par les acteurs autorisés.» (Agnew, 2005: 1-2).

Impérialisme: Le stade monopolistique de l'accumulation du capital. La concentration et la centralisation du capital conduisent à la fusion du capital bancaire et industriel; tandis que la tendance à la diminution des taux de profit conduit, elle, à l'exportation du capital en vue d'accroître ces taux. Ces deux éléments entraînent une division du monde entre les principaux cartels capitalistes, une compétition entre les puissances capitalistes pour la mainmise sur les colonies et, à terme, la guerre.

Loi de la valeur: «Plus la production de marchandises se généralise, plus le travail se régularise, et plus la société s'organise autour d'une comptabilité fondée sur le travail» (Mandel, 1983: 17). Une marchandise n'a une valeur que si le travail humain est matérialisé en elle.

Lutte des classes: Relation entre les classes dominante et subordonnée. D'un côté, la classe dominante cherche à maintenir et à accroître l'exploitation de la classe subordonnée; et, de l'autre, la classe subordonnée cherche à améliorer ses conditions de vie en faisant (ou en omettant) quotidiennement une série de gestes individuels ou collectifs, luttant ainsi contre sa propre exploitation. Cette bataille prend, généralement, une forme qui, de prime abord, semble sans lien avec la lutte de classes (p. ex.: ralentissement de la cadence). Mais lorsque les classes exploitées parviennent, collectivement, à une compréhension de leur situation, elles commencent à s'organiser pour que la situation change.

Marchandise: Tout ce qui peut être acheté et vendu; en fait, tout ce qui a et une *valeur d'usage* et une valeur d'échange. Par exemple, l'air que nous respirons a une valeur d'usage, mais ne peut (du moins pas encore) être vendu ou acheté. Autre élément indispensable à la vie sur Terre, l'eau est de plus en plus traitée comme une marchandise, acquérant ainsi une valeur d'échange du fait qu'elle peut être achetée et vendue.

Matérialisme: Présupposé ontologique posant 1) la primauté des facteurs matériels sur les idées dans la configuration (ou définition) de l'existence humaine; et 2) l'existence d'une réalité sociale «objective».

Matérialisme dialectique: Notion très contestée, voire discréditée, élaborée après la mort de Marx et d'Engels et imposée pendant l'époque du marxisme officiel (1919-1990), que la pensée de Marx consiste en une théorie de l'histoire et de l'action sociale (le matérialisme historique) ainsi qu'en une philosophie basée sur une épistémologie matérialiste.

Matérialisme historique: Théorie marxiste de l'histoire, de la société et des transformations sociales. Son postulat central stipule que les façons dont les humains s'organisent collectivement pour assurer la production et la reproduction de leurs conditions matérielles d'existence (se nourrir, se vêtir et se loger) sous-tend toute action sociale. Il est impossible de comprendre quelque aspect de l'action sociale sans le situer dans le contexte du mode de production et des relations de production qui prévalent alors.

Mode de production: La méthode dominante d'organisation de la production et de la reproduction des conditions matérielles d'existence (historiquement définies). Tout mode de production combine des forces productives et des relations de production.

Moyens de production: Les ressources sans lesquelles nulle production ne serait possible (les moyens de production varient, bien sûr, selon les époques historiques). Par exemple, la terre, les forces de travail, les matières premières, les tech-

➡ nologies, et – uniquement dans le mode de production capitaliste – le capital.

Plus-value (absolue et relative): La différence entre, d'une part, la valeur totale produite au cours d'un cycle de production et, d'autre part, la valeur de la force de travail (capital variable) et tous les moyens de production mis en œuvre dans le cycle de production (capital constant). La *plus-value absolue* est obtenue soit en allongeant la journée de travail soit en diminuant les salaires. La *plus-value relative*, elle, s'obtient en rendant les forces de travail plus productives ou en réduisant la journée de travail. Cette dernière condition ne peut être réalisée que par l'acquisition de technologies et leur renouvellement constant. La plus-value fournit la base du profit, mais elle est davantage que le profit seulement.

Problématiser: Opération analytique qui consiste 1) à examiner en détail un concept en exposant ses éléments constituants (explicites et implicites), notamment les éléments normatifs; ou 2) à questionner la pertinence et l'adéquation de ce concept par rapport à une ontologie et une épistémologie donnée; ou 3) à évaluer la possibilité de reformuler, voire de redéfinir les constituantes dudit concept.

Prolétarisation: Le processus, ou plutôt la lutte par laquelle les producteurs ruraux sont privés de l'accès à leurs moyens de production et du contrôle de ceux-ci, et se retrouvent sans autre moyen de subsistance que la vente de leur force de travail.

Relations de production: Cette expression renvoie à la capacité qu'ont ou non les différents groupes d'acteurs sociaux d'exercer un contrôle sur les moyens de production. Cette distinction quant à l'accès aux moyens de production et au contrôle de ceux-ci est ce qui divise toute société en classes.

Survaleur: Voir plus-value.

Théorie de la valeur-travail: La théorie marxiste du mode de production capitaliste et qui soutient que la force de travail est à l'origine de toute valeur d'échange ainsi que de l'ensemble du processus d'accumulation du capital.

Valeur d'échange: La valeur d'échange de toute marchandise (y compris celle de la force de travail) est la somme de temps de travail nécessaire à la reproduire. La valeur d'échange de la force de travail n'est ni abstraite ni uniquement biologique. La somme des biens et services nécessaires à la reproduction d'un certain niveau de vie de la classe ouvrière est déterminée historiquement et socialement – c'est le produit de la lutte des classes.

L'École anglaise

Evelyne Dufault

> Ceux qui s'identifient à l'École anglaise aujourd'hui la voient comme occupant le milieu du terrain des Relations internationales, à côté du constructivisme : cette situation est préférable à celle des théories dominantes majoritaires du néoréalisme et du néolibéralisme et les alternatives plus radicales (telles que la Théorie critique et le poststructuralisme). Ils sont attirés par la perspective proposée par l'École anglaise parce qu'elle offre une synthèse entre divers concepts et théories. [...] l'École anglaise prétend offrir une version des Relations internationales qui combine la théorie *et* l'histoire, la moralité *et* la puissance, l'agence *et* la structure (Dunne, 2007 : 128. Souligné dans l'original).

L'École anglaise en Relations internationales peut sembler, aux yeux de plusieurs, une simple curiosité historique. Presque systématiquement oubliés des cours et des manuels de théorie des Relations internationales, les textes fondateurs de l'École anglaise ne sont que rarement enseignés, en particulier dans le monde francophone. Pourtant, les ouvrages qui forment son corpus sont d'une grande richesse, et leur principal apport, l'idée de **société internationale**, nous permet de poser un regard original sur certains développements récents de la théorie des Relations internationales. En effet, les caractéristiques des courants qui émergent depuis la fin des années 1980, comme la remise en question du principe d'**anarchie** dans le **système international** et l'accent mis sur les structures normatives qui participent à la constitution de l'identité des États et qui régissent leurs comportements,

constituaient déjà dans les années 1960 et 1970 les fondements de la réflexion de l'École anglaise.

C'est sans doute pourquoi un petit groupe d'auteurs cherchent depuis la fin des années 1990 à donner un second souffle à cette approche et tentent de la relancer à la lumière de courants théoriques plus récents tel le constructivisme. Avec la publication de nombreux articles, de livres, et même la mise sur pied d'un site Internet[1] et d'une section dédiée à l'École anglaise au sein de la British International Studies Association, ainsi qu'à l'International Studies Association, cette entreprise visant à « rafraîchir » l'École anglaise semble susciter une certaine curiosité et faire de plus en plus d'adeptes.

---

1. www.leeds.ac.uk/polis/englishschool/default.htm

1. Historique

L'École anglaise est un courant pluriel et nuancé qui présente un certain éclectisme. Pour bien saisir toute la complexité de l'approche, il est nécessaire de se pencher en premier lieu sur ses origines en tant que courant théorique et ensuite sur ses sources intellectuelles.

1.1 Les origines de l'École anglaise

L'origine de l'École anglaise et sa qualification même d'« école » demeurent controversées (Jones, 1981 ; Suganami, 2003). En effet, certains voient la fondation d'un groupe cohérent sur le plan théorique en Grande-Bretagne vers la fin des années 1950 autour du British Committee on the Theory of International Politics, un groupe de réflexion sur les relations internationales composé d'historiens, de théoriciens des Relations internationales et de praticiens. Ses travaux furent guidés par des questions théoriques et empiriques :

- Pourquoi préférer un système d'États souverains à des formes alternatives d'organisation politique dont nous avons de multiples exemples historiques ?

- Peut-on dire que chaque système d'États ne peut assurer son existence qu'à l'aide du principe de l'**équilibre des puissances**, qu'il est foncièrement instable et que tôt ou tard les tensions et conflits seront résolus par l'établissement d'un monopole de la puissance, culminant par un empire ?

- Historiquement, les systèmes d'États ont pris forme avec en toile de fond une homogénéité culturelle ; mais quel niveau de communauté de culture est nécessaire pour que les systèmes d'États puissent fonctionner ?

- Y a-t-il une grande variation entre les codes communs des différentes sociétés internationales ou ceux-ci appartiennent-ils à un ensemble de pratiques communes à la race humaine ? (Dunne, 1998.)

D'autres, au contraire, soulignent que ceux à qui l'on attribue l'étiquette de l'École anglaise n'étaient pas eux-mêmes conscients de leur affiliation à un tel groupe avant le début des années 1980, quand le terme d'« École anglaise » fut lancé dans un article désormais célèbre (Jones 1981). Bien que la controverse persiste au sujet de sa création et des contours de son effectif[2], l'existence de cette approche est néanmoins largement admise aujourd'hui.

L'École anglaise se distingue à plusieurs égards des théories systémiques américaines en vogue à la même époque (pensons à J. David Singer et à Morton Kaplan), notamment par son approche historique et comparative. Elle se signale aussi par la prise en compte des normes établies dans le système international ainsi que du facteur culturel dans la conduite des relations interétatiques, et donc des caractéristiques internes des unités (Buzan et Little, 2000). Tout en acceptant, comme les réalistes, l'anarchie du système international, les auteurs de l'École anglaise postulent une certaine organisation des relations internationales autour d'**institutions** ou de normes, un peu à l'image des sociétés nationales. Pour eux, l'environnement international est une « société internationale » composée principalement d'États dont les comportements sont régis par certaines règles, ce qui permet de préserver l'**ordre** international et de poursuivre l'atteinte d'objectifs communs tels que la paix et la sécurité ou encore la **justice** économique et sociale. Partageant un ensemble de principes et de règles de conduite, et reconnaissant qu'il est dans l'intérêt de tous de maintenir l'ordre international, les États accepteraient de donner priorité au respect des règles de la société internationale, parfois au détriment de leur intérêt national, un point sur lequel les tenants de l'École anglaise se démarquent clairement des réalistes. Cette société d'États se superposerait à une

---

2. De façon générale, on peut inclure au sein de l'École anglaise : Hedley Bull (1932-1985), John Vincent (1943-1990), Martin Wight (1913-1972) et Adam Watson. Herbert Butterfield (1900-1979), E. H. Carr (1892-1982), C. A. W. Manning (1894-1978) sont parfois également inclus. On parle également aujourd'hui de la « nouvelle » École anglaise, constituée des auteurs qui s'attachent à faire revivre et à poursuivre les travaux de l'École anglaise « classique ». Ceux-ci sont surtout Barry Buzan, Tim Dunne, Nick Wheeler, Richard Little et Nicholas Rengger (voir la liste des contributions sur le site Internet déjà mentionné).

société mondiale composée d'individus dont le bien-être est l'objectif fondamental du système d'États. Bien qu'on ne puisse limiter le travail de l'École anglaise à sa réflexion sur l'émergence des sociétés internationales et leur fonctionnement (Little, 2000), le développement du concept de société internationale représente son apport principal à la théorie des relations internationales.

L'École anglaise était demeurée relativement marginale depuis la publication de ses ouvrages fondamentaux jusqu'aux années 1990 (Epp, 1998 : 47 ; Dunne, 1998). Le peu d'intérêt suscité par la théorie de la société internationale est dû à plusieurs facteurs. D'abord, la publication en Angleterre de l'ouvrage clé de cette approche, *The Anarchical Society* de Hedley Bull, en 1977 a été éclipsée par la relance du débat théorique en Relations internationales lors de la parution, la même année aux États-Unis, de *Power and Interdependence* de Robert Keohane et Joseph Nye. Ensuite, l'École anglaise était, et demeure encore aujourd'hui inclassable parmi les grandes approches en théorie des Relations internationales. Bull, entre autres, fut parfois catégorisé comme réaliste classique bien qu'il n'en partageait pas tous les postulats. Des comparaisons entre l'École anglaise et le néoréalisme (Buzan, 1993 ; Little 1995), la théorie des régimes (Buzan, 1993 ; Evans et Wilson, 1992 ; Hurrell, 1993) et le constructivisme (Dunne, 1995 ; Finnemore et Sikkink, 1998 ; Ruggie, 1998a ; Kissolewski, 2000 ; Wæver, 1999b) ont également été tentées. En raison de son fort penchant pour l'histoire et le **droit international** et, pour certains, d'une dimension éthique importante, l'École anglaise reste à ce jour dans une catégorie à part et s'insère difficilement dans les grands courants en Relations internationales.

Enfin, l'approche reste en quelque sorte imprécise et difficile à manier. L'École anglaise est loin de former un tout cohérent et uniforme, notamment en raison de la coexistence de différents concepts et référents ontologiques. Comme nous le verrons, l'idée de société mondiale, qui coexiste parallèlement à celle de société internationale, n'a pas fait l'objet d'une définition systématique et son articulation avec le concept de société internationale n'a pas été clairement préci-

sée (Buzan, 2004). Une tension persiste ainsi au sein de l'approche puisque les auteurs accordent tantôt la priorité à l'individu comme unité de base, tantôt à l'État. De plus, si l'ontologie de la société internationale n'est pas clairement définie à travers les ouvrages de l'École anglaise, certains auteurs ne sont pas consistants entre leurs propres ouvrages à travers le temps (Little, 2000). En somme, en oscillant entre une vision qui donne la primauté à l'individu en tant que catégorie ontologique et celle qui privilégie l'État, l'École anglaise offre certes une perspective très riche et historique, mais sans grande cohérence ni parcimonie.

Malgré ces difficultés, au cours des années 1990, on a assisté à un regain d'intérêt pour cette approche en Grande-Bretagne, avec la publication d'articles et de livres qui reflétaient ses thèmes traditionnels (Wheeler, 1992 ; 2000 ; Dunne et Wheeler, 1993 ; Jackson, 1995 ; 2000), ou cherchaient l'engagement avec d'autres courants théoriques tels que le néoréalisme (Buzan, 1993 ; Little, 1995) et le constructivisme (Dunne, 1995), ou encore proposaient de tracer son histoire (Dunne, 1998). On peut parler de la naissance d'une deuxième génération de l'École anglaise. En 1999, Barry Buzan, Richard Little et Ole Wæver ont cherché à lui donner des bases solides en lançant un appel en faveur d'un renouveau de l'École anglaise, accompagné de la création d'une section à l'International Studies Association. En 2001, Buzan publia un article dans la revue britannique *Review of International Studies*, dans lequel il exposait les éléments d'un véritable programme de recherche de l'École anglaise, adapté aux conditions du monde de l'après-guerre froide, et insistait sur la nécessité de la développer sur le plan théorique.

1.2 *Ses racines intellectuelles*

Pour Wight et Bull, le « noyau dur » de l'École anglaise, les piliers de ce courant, souvent appelés les trois « R », sont fondés sur trois traditions de la pensée politique : le réalisme inspiré par le philosophe britannique Thomas Hobbes (1588-1679) ; le **révolutionnisme** associé au philosophe allemand Emmanuel Kant (1724-1804) ; et le **rationalisme** du juriste néerlandais Hugo

Grotius (1583-1645) (Wight, 1991: 7-24). Pour les réalistes, le concept de «système international» représente le mieux la réalité internationale. Les héritiers de Hobbes ou de Machiavel «[…] perçoivent le système d'États actuel comme une expression de l'état de nature et voient toutes les politiques en termes de "raison d'État", de survie dans une situation qui relève essentiellement de l'anarchie» (Wight, 1977: 39). Selon cette vision, les États sont libres de toute contrainte légale ou morale et seules la recherche de l'intérêt personnel et la prudence guident leurs comportements (Bull, 1977: 24).

Pour ceux que l'on qualifie de révolutionnistes ou d'universalistes, par contre, les acteurs principaux des relations internationales ne sont pas les États mais plutôt les individus. «Selon cette vision, la société internationale n'est rien d'autre que la communauté humaine» (Wight, 1966: 93). La nature des relations internationales réside donc dans les «[…] obligations sociales transnationales qui relient les êtres humains qui sont les sujets ou les citoyens des États» (Bull, 1977: 24). Cette communauté humaine a une existence potentielle mais n'est pas encore avérée. Les révolutionnistes croient que l'existence d'une société des États opprime la véritable société, celle des humains. Ils aspirent donc à la transformation du *système international* en une *société mondiale* **cosmopolitique** et idéologiquement homogène où les élites ne pourraient plus faire barrière à la réalisation de la justice universelle. Chez les révolutionnistes réside donc l'idée d'un renversement du système d'États qui, selon Wight, pourra se faire soit par l'avènement d'une homogénéité idéologique (par exemple, le républicanisme et le pacifisme de Kant), soit par un impérialisme doctrinal qui mènerait à un empire mondial (par exemple, le stalinisme), soit par la voie cosmopolitique en construisant une société d'individus qui transcende les frontières des nations et des États (Linklater, 2002: 323).

Le rationalisme, quant à lui, défend l'idée des unités de base du système en tant que sujets du droit international. «[Les rationalistes] conçoivent l'état de nature comme une "condition quasi sociale" créée soit par le **droit naturel** [*natural law*], soit par certaines

formes limitées de contrat social» (Buzan, 2004: 33). Les rapports internationaux reposent donc pour la plupart sur la coutume davantage que sur la force. En d'autres termes, les comportements des États sont limités dans leur nature conflictuelle par des règles communes et des institutions. Ainsi, la société internationale que prônent les rationalistes occupe en quelque sorte une position mitoyenne, une *via media*, entre ceux qui nient l'existence des institutions internationales (les réalistes) et ceux qui souhaiteraient voir la société internationale renversée (les révolutionnistes) (Little, 2000).

Cette conception de l'ordre international s'oppose directement à la vision hobbesienne puisqu'elle met l'accent sur la *structure normative* qui régit les comportements des États dans le système international. Selon le rationalisme de Grotius, le fait que les États soient les unités principales de la société internationale ne permet pas de conclure que les rapports entre États sont inévitablement conflictuels, comme la théorie de Hobbes sur l'état de nature le suggère: les «États, tout comme les individus, sont pour Grotius foncièrement sociables» (Fawn et Larkins, 1996: 4). La nature humaine, qui est rationnelle et sociale, pousserait plutôt les humains, et donc les États, à respecter les lois en raison d'un sens de l'obligation enraciné.

Bull réfute toutefois cette analogie entre l'individu et l'État. Il admet qu'il n'y a pas de gouvernement mondial, donc que le système international est anarchique comme dans l'état de nature décrit par Hobbes. Mais pour lui, les États, contrairement aux individus, *peuvent* vivre dans une société sans gouvernement: «la société internationale est unique et doit sa particularité aux qualités qui sont spécifiques à la situation des États souverains, ainsi qu'à celles qu'elle a en commun avec la vie des individus dans la société nationale» (Bull, 1966b: 45). Selon cette optique, les États diffèrent des individus, car les premiers peuvent tolérer l'anarchie mieux que les seconds pour plusieurs raisons. Premièrement, contrairement aux individus dans l'état de nature, les États ne tarissent pas leurs forces et leurs ressources pour assurer leur sécurité au point que leur industrie et leur niveau de vie en dépérissent. Deuxièmement, ils ne sont pas aussi vulnérables que les individus face à une attaque violente, et s'ils l'étaient, ils ne le seraient pas tous de façon égale. Enfin, les États sont davantage autosuffisants d'un point de vue économique que ne peuvent l'être les individus (Bull, 1966b : 45-47).

Pour Bull, il faut abandonner l'analogie fallacieuse entre l'individu et l'État et admettre que la société internationale possède ses caractéristiques propres et qu'elle nécessite donc des outils d'analyse qui lui sont spécifiques. Bull appuie ainsi l'idée de l'indépendance de la discipline des Relations internationales par rapport aux autres champs de la science politique (Bull, 1966a).

2. Ontologie

L'École anglaise est caractérisée par un **pluralisme** ontologique qui s'exprime par l'utilisation de ces trois concepts fondamentaux. Selon Buzan (2004 : 10), ces trois éléments opèrent de façon simultanée et portent chacun une charge ontologique et épistémologique propre. Bien qu'il existe une certaine confusion dans la littérature et que ces termes soient parfois employés indifféremment, les auteurs distinguent généralement le concept de « système international » de celui de « société internationale » et de celui de « société mondiale ».

> De façon générale, ces termes sont entendus de la façon suivante : le système international concerne la politique de puissance entre les États ; la société internationale concerne l'institutionnalisation de l'identité partagée entre les États ; alors que la société mondiale considère les individus, les organisations non gouvernementales et ultimement la population mondiale comme point central des identités et arrangements sociaux globaux (Buzan, 1996a : 261).

Le schéma 11.1, p. 226, montre l'association de chacun de ces concepts à un courant de pensée au sein de l'École anglaise. Le choix des flèches à deux pointes pour représenter ces associations n'est pas fortuit ; il s'agit en effet de suggérer l'idée d'un *continuum* et non pas de catégories mutuellement exclusives.

2.1 *Société internationale*

Une société internationale existe lorsqu'un groupe d'États, « conscients de partager certains intérêts et valeurs, forment une société au sens où ils se conçoivent eux-mêmes comme étant liés par un ensemble de règles communes dans leurs relations avec les autres et où ils travaillent ensemble au fonctionnement d'institutions communes » (Bull, 1977 : 13).

Selon Stanley Hoffmann, Bull s'est intéressé à ce concept pour deux raisons principales. D'abord, il était insatisfait des autres approches. Il rejetait à la fois le réalisme de Hobbes et le cosmopolitisme de Kant, car Bull croyait en la pérennité de l'État et, comme, à son avis, la justice et l'ordre ne pouvaient pas toujours être réconciliés, il avait choisi de privilégier ce dernier[3]. En second lieu, Bull avait une sympathie intellectuelle pour les historiens théologiens et juristes de tradition rationaliste qui postulent l'existence d'une société internationale, et ce, malgré l'état apparent d'anarchie du système. Deux courants au sein du rationalisme ont servi de base à la réflexion sur la société internationale : le **solidarisme** et le pluralisme (Bull, 1966c). Ces courants représentent chacun une tendance au sein de l'approche de la société internationale et marquent une autre tension au sein de l'École anglaise (voir le tableau 11.1, p. 237).

La conception solidariste part du postulat qu'il existe une société internationale fondée sur la solidarité entre les membres de la communauté internationale en termes d'application de la loi ainsi que sur une certaine homogénéité idéologique : « les États et les autres membres de la société partagent un engagement commun envers le maintien de la société et

---

3. Bull rejette Hobbes pour trois raisons 1) contrairement à ce que dit Hobbes, Bull pense qu'il peut exister du commerce ou d'autres activités dans l'état de nature ; 2) Bull croit que Hobbes est dans l'erreur lorsqu'il avance que les notions de bien et de mal n'ont pas de place dans l'état de nature international (en raison de l'existence de règles légales et morales) ; 3) pour Bull, l'état de nature n'est pas nécessairement l'état de guerre de tous contre tous (Vincent, 1990). Bull se rapprochera toutefois du cosmopolitisme ou révolutionnisme de Kant dans ses derniers écrits et soulignera la nécessité de la prééminence d'une société mondiale par rapport à la société internationale.

Schéma 11.1
Les traditions philosophiques de l'École anglaise : les trois « R »

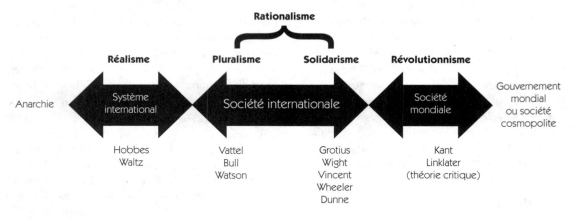

Ces trois « R » (réalisme, rationalisme et révolutionnisme) coexistent au sein de l'École anglaise et sont en constante tension (Wheeler, 1992 : 463). Comme nous le verrons plus loin, les tenants de l'École anglaise utilisent les trois concepts de système international, société internationale et société mondiale, bien que celui de société internationale soit de loin le plus privilégié.

de ses institutions malgré les défis qui pourraient leur être posés » (Kingsbury et Roberts, 1990 : 8). La notion de solidarisme est dérivée de la position éthique de Kant qui veut que la violation ou le mal ressenti par l'un devrait être ressenti par tous (Rengger, 1992 : 90). Selon Mayall (2000 : 14), les solidaristes considèrent que « l'humanité est une et que la tâche de la **diplomatie** est de traduire dans la réalité cette solidarité immanente de valeurs et d'intérêts ». L'ordre moral et légal est pour eux unifié et se base sur le droit naturel commun à tous les êtres humains ; ce sont en ce sens les individus qui sont les sujets du droit international et membres à part entière de la société internationale, bien que les États soient en quelque sorte garants de ce droit. Les solidaristes considèrent que l'usage de la force doit être subordonné à la volonté collective de la société internationale en formant un régime de sécurité collective au sein duquel les États qui en violeraient les règles seraient punis. La punition d'un État criminel par la société des États rétablirait l'ordre international légal et moral par le biais d'une justice vindicative (Wight, 1966 : 106).

Les droits et devoirs des individus étant au centre de leur code d'éthique, les raisons mêmes de la guerre à entreprendre devraient être justifiées. Il ne suffit pas de dresser simplement une série de règles à suivre lors du déroulement d'un conflit[4].

Les pluralistes, par contre, sont plus près des réalistes en Relations internationales. Ils placent les États au centre de leur analyse et, contrairement aux solidaristes, considèrent qu'il n'existe pas de consensus sur l'idée de la justice et de la morale entre les États (Wheeler, 1992 : 468). Ayant une conception plus procédurale, ou *contractualiste*, des valeurs communes, ils considèrent que les États peuvent s'entendre sur la nécessité de maintenir l'ordre international et qu'ils peuvent reconnaître qu'ils sont moralement et légalement tenus par un code commun de coexistence,

4. Grotius établit certains critères permettant de déterminer si une guerre est juste ou non. « Son critère de base de la guerre juste est qu'elle est entreprise dans le but de faire respecter les droits [...]. En élaborant cette doctrine, Grotius réduit la définition de la guerre juste à trois possibilités : la défense, la reprise de la propriété et afin d'infliger une punition » (Bull, 1966c : 54-55).

malgré le fait qu'ils ne partagent pas les mêmes buts et valeurs fondamentales. Contrairement aux solidaristes, les pluralistes ne croient pas qu'une culture homogène soit nécessaire au maintien de la société internationale. Cette dernière est, selon Bull, « une société dans laquelle les États sont capables d'une entente à des fins limitées seulement, la plus cruciale étant la reconnaissance réciproque de la souveraineté et la norme de non-ingérence » (Wheeler et Dunne, 1996 : 94). La société internationale prend alors une forme minimale et s'en tient aux règles de base comme la reconnaissance de la souveraineté et les règles de fonctionnement de la diplomatie. Enfin, comme il n'existe pas de standard universel de la justice mais plutôt une multitude de conceptions culturellement déterminées, ils croient que le droit international est, et doit être, un **droit positif** (créé par les États et dont ils sont les sujets), qui ne peut que codifier la conduite de la guerre et non les raisons pour lesquelles elle peut être entreprise.

The Anarchical Society de Bull reflète une conception pluraliste de la société internationale qui repose sur le postulat explicite que celle-ci peut fournir un ordre international en situation d'hétérogénéité culturelle[5]. Pour Bull (1977 : 52), la société internationale, comme dans n'importe quelle société, est maintenue « par la reconnaissance d'un intérêt commun à l'établissement de l'ordre ou à éviter le désordre, mais aussi par des règles qui précisent le type de comportement qui est approprié ».

Par ailleurs, ces règles n'ont pas toujours de statut juridique. Elles peuvent être des lois internationales, des règles morales, des coutumes ou des pratiques établies, des règles opérationnelles ou simplement des « règles du jeu » (Bull, 1977 : 64). Ces règles sont enchâssées dans des institutions auprès desquelles

les États sont engagés et dans le cadre desquelles ils coopèrent. Pour les auteurs de l'École anglaise, les institutions n'impliquent pas nécessairement une organisation ou un cadre administratif, « [...] mais plutôt un ensemble d'habitudes et de pratiques destinées à la réalisation d'objectifs communs » (71).

Les institutions qui composent la société internationale varient historiquement d'une société à l'autre. Par exemple, les institutions de la société internationale de la Grèce antique ne sont pas les mêmes que celles de la société internationale européenne moderne. Dans son ouvrage Bull (1977 : 97-222) se penche sur cette société internationale moderne et identifie les cinq institutions principales qui en constituent selon lui le cœur :

- *L'équilibre des puissances* (antihégémonisme) : l'indépendance des États est une chose sacrée et le recours à la guerre peut être justifié pour préserver cette indépendance. Le respect de la souveraineté est fondamental et les États doivent appuyer le contrôle de chacun sur sa propre juridiction. On postule que le maintien de l'ordre et de la liberté des membres nécessite une répartition équilibrée de la puissance, qui sera elle-même assurée par une politique commune et coopérative de la part des États. Selon Bull, il est faux de croire qu'il existe une tendance automatique à l'équilibre des puissances induite par une volonté présumée des États de maximiser leur position relative dans le système international. Les États doivent au contraire constamment choisir de consacrer des ressources au maintien ou à l'extension de leur puissance relative ou d'en user à d'autres fins.

- *Le droit international* rend le comportement des États prévisible. Il codifie les pratiques déjà habituelles des princes pour en faire des obligations et régit la coopération. Le respect et la mise en œuvre des engagements sont l'une des règles fondamentales de coexistence dans la société internationale. En somme, la société internationale existe et survit grâce à l'existence d'un

---

5. Bien que Bull fût plus près des pluralistes dans ses premiers textes, refusant d'établir une hiérarchie des normes et adoptant une vision plus contractualiste, il se rapprocha davantage des solidaristes plus tard dans sa vie. Vincent critique cette position mitoyenne choisie par Bull : « À l'encontre des réalistes qui nient la société internationale et les révolutionnistes qui veulent la détruire, Bull a défendu une voie mitoyenne mais a emprunté des arguments de chacun des extrêmes afin de l'utiliser contre l'autre » (Vincent, 1990 : 63).

noyau de normes et de coutumes communes qui sont intégrées dans le droit international.

- *La diplomatie* permet l'institutionnalisation des relations interétatiques entre autres par l'établissement d'ambassades et de missions permanentes, donc d'un dialogue permanent entre les dirigeants des États. La tenue de sommets et l'établissement de traités (Westphalie en 1648, Utrecht en 1713, Vienne en 1815, etc.) participent également à ce mécanisme.

- *La guerre*: l'usage de la violence doit être limité à la guerre menée par des États souverains entre eux. On considère toutefois que la société internationale a droit à l'autodéfense et à la coercition, c'est-à-dire qu'elle pourra intervenir par la force pour s'assurer que les règles communes soient respectées par chacun. Cette intervention sera davantage légitime si elle est entreprise collectivement par les membres de la société internationale, sans que cela n'exclue pour autant la possibilité d'action unilatérale.

- *Les grandes puissances* possèdent des privilèges liés à leur statut, mais également des responsabilités, dont celle d'assurer le maintien de l'ordre international[6]. La légitimité de l'institution des grandes puissances dépend donc de leur capacité à faire accepter leurs privilèges par les autres. Pour ce faire, les grandes puissances doivent accepter les responsabilités qui leur incombent, comme de s'abstenir eux-mêmes de poser des actes qui sont proscrits, de montrer qu'ils sont à l'écoute des demandes en faveur d'un changement lorsqu'elles sont justifiées ou de faire en sorte d'intégrer les puissances secondaires qui aspirent à un statut supérieur dans le cercle des grandes puissances. «Bull suggère que les superpuissances pourraient être vues comme les "tuteurs de l'humanité tout entière"» (Wheeler et Dunne, 1996: 96-97).

Pour Wight (1966: 96), les signes caractéristiques d'une société internationale sont: les États souverains; leur reconnaissance réciproque; les grandes puissances; un moyen de communication régulier (par exemple, l'échange d'ambassadeurs résidents, les sommets internationaux ou les congrès et conférences); le droit international; ainsi que la défense des intérêts communs à travers l'équilibre des puissances ou le principe de sécurité collective. La présence d'États souverains est la condition minimale d'existence de la société internationale. La deuxième condition, la reconnaissance réciproque[7] de la souveraineté de chacun (principe égalitaire), n'empêche pas l'existence d'une hiérarchie des puissances. Par exemple, le Congrès de Vienne remplaça la hiérarchie instaurée par les guerres napoléoniennes par l'égalitarisme entre les États, mais reconnut également la catégorisation des États selon leur puissance (Wight, 1977: 136). Enfin, une communauté de valeurs est fondamentale. En somme, une société internationale suppose «à la fois la régularité des rapports diplomatiques et l'homogénéité de la culture: c'est l'articulation politique d'une macro-culture» (175). En conséquence, seule la société internationale moderne a pu atteindre ce statut dans l'histoire car les systèmes internationaux ayant existé précédemment, comme celui de la Grèce antique, n'ont jamais eu de système diplomatique ou de droit international.

2.2. Système international et société mondiale

Un système d'États (ou système international) est une situation où il existe deux États ou plus qui ont suffisamment de contacts entre eux pour que le comportement de chacun fasse partie des calculs de l'autre (Bull, 1977: 9-10). Ainsi, il peut y avoir un système d'États sans société internationale, mais il ne peut y avoir de société internationale sans l'existence préalable d'un système d'États[8]. Pour Bull, on peut pas-

6. Dans le cadre de la société internationale telle que l'entend Bull, l'hégémonie n'est pas celle d'un seul État mais plutôt celle de l'ensemble des grandes puissances et comporte un important volet normatif lié à la légitimité de cette hégémonie.

7. Cette reconnaissance relève de la légitimité internationale, c'est-à-dire du jugement collectif de la société internationale sur l'appartenance d'un État à la famille des nations. Ce jugement s'établit sur la base du droit international.

8. Pour Watson (1984), cependant, des éléments de société existent dans tous les systèmes internationaux puisque, selon lui, aucun système international, au sens où Bull le

ser d'un système à une société lorsqu'on assiste à «un changement culturel qui entraîne une perception différente des intérêts communs en situation de coexistence et la coopération» (Hoffmann, 1990 : 23).

La notion de société mondiale désigne une société composée d'individus et non d'États, et se rapproche davantage de la conception révolutionniste de Kant. Ce concept assume une dimension normative et téléologique plus importante qu'aux deux autres, puisqu'il fait référence au développement possible du système international actuel vers une forme de vie politique internationale favorisant l'émancipation des collectivités et des individus, une hypothèse souvent évoquée en Relations internationales[9]. Certains membres de l'École anglaise ont cependant poussé la réflexion sur la société mondiale plus loin (voir notamment Vincent, 1986) et furent suivis par certains tenants des théories normatives et critiques (Allott, 1990, Frost, 1986, 1996 ; Linklater, 1990a).

Néanmoins, pour la plupart des auteurs de l'École anglaise, ce sont les États qui constituent les unités de base de la société internationale. Bull (1977 : 21) reconnaît que, ultimement, les unités de la grande société humaine sont les individus, non les États. Mais ses choix épistémologiques et méthodologiques le ramènent à une ontologie étatique puisque pour lui, la société mondiale, contrairement à la société d'États, n'existe pas encore et ne constitue donc pas un concept immédiatement utile à la construction d'une théorie.

Pour Buzan (1996a : 261), aucun des auteurs de l'École anglaise n'a tenté de résoudre le problème de la relation entre la société internationale et la société mondiale, et cela demeure l'une des principales

sources de tension chez ses partisans : «La position de l'École anglaise est que le système international, la société internationale et la société mondiale coexistent. La question est de savoir quelle est la force du rapport qui existe entre chacun d'eux». La priorité ontologique que l'on accorde à ces trois concepts n'est pas uniforme au sein de l'approche, et ne reste même pas toujours constante dans l'esprit de chaque auteur. Ainsi les critiques de l'École anglaise diront qu'elle n'offre pas de point de vue cohérent et contesteront même le fait que ces différentes perspectives appartiennent à une seule et même approche théorique. Pour d'autres, au contraire, c'est ce pluralisme ontologique qui constitue sa richesse : «les pères fondateurs de l'École anglaise étaient attirés par une méthodologie pluraliste qui vise à trouver des façons de lier des pans de la connaissance et de la compréhension qui apparaissent disparates» (Little, 2000 : 397).

En somme, l'École anglaise ne cherche pas à unifier de façon cohérente tous ces éléments, mais se veut une approche permettant de «raconter» leur interaction (à l'aide d'une méthodologie pluraliste). Pour Bull, par exemple, le système international anarchique, la société internationale et la société mondiale transnationale n'entretiennent pas une relation dialectique mais coexistent plutôt dans la même réalité complexe. On ne peut donc leur attribuer aucune priorité ontologique : «Bien que l'attention puisse être dirigée sur un seul de ces éléments, il ne faut jamais oublier que celui-ci se loge dans le contexte des deux autres» (Little, 2000 : 402).

3 L'épistémologie

L'École anglaise se caractérise par une épistémologie complexe qui consiste en un mélange d'épistémologies empiriste et rationaliste. Elle propose avant tout une approche historique et comparative des systèmes internationaux ainsi qu'une méthodologie pluraliste qui permettent de voir les trois concepts de système international, société internationale et société mondiale, non pas comme des visions concurrentes du monde, mais plutôt comme des visions qui se superposent et qui sont donc réconciliables, mais en constante tension. L'approche historique de l'École

définit, ne pourrait fonctionner sans règles ni institutions. Il suggère plutôt un niveau intermédiaire de système/société internationale qui se situerait entre des contacts minimaux et une culture commune.

9. «Certains réalistes, comme Hans Morgenthau, ont vu la société internationale comme une condition préalable à l'établissement d'un gouvernement mondial qui viendrait éventuellement mettre fin à l'ère d'anarchie du système international» (Buzan, 1993 : 337). L'hypothèse de l'avènement d'un gouvernement mondial est évoquée par de nombreux autres auteurs (voir, entre autres, Wendt, 2003).

anglaise permet de situer chronologiquement et géographiquement les différentes sociétés internationales et les valeurs qui les sous-tendent. De plus, il s'agit d'une approche éthique, bien que cette caractéristique ne soit pas présente au même degré chez tous ses membres.

Les travaux de cette école se situent en dehors du débat positivisme/postpositivisme puisqu'ils se voulaient un plaidoyer pour une approche dite « classique » s'opposant, dans les années 1960, au tournant behavioraliste que prenaient à l'époque les Relations internationales (Bull, 1966a) (voir le chapitre 2). L'approche « sociologique » de l'École anglaise ne se pose donc pas en critique du positivisme, non plus qu'en critique du néoréalisme ou du néolibéralisme, des courants qui prendront toute leur ampleur au cours de la décennie 1980.

Dans sa critique du behavioralisme, Bull refuse de traiter les systèmes internationaux comme des systèmes naturels et s'intéresse autant aux caractéristiques des unités (les États) qu'à celles du système en lui-même (comme phénomène sociologique et historique), bien qu'il envisage également l'identification de tendances historiques (Little, 2000). Pour Wight (1966 : 96), par contre, « la société internationale n'est décrite de façon appropriée qu'en termes historiques et sociologiques. Il s'agit des rapports habituels entre communautés indépendantes, commençant avec l'ère chrétienne en Europe occidentale et s'étendant à travers le monde. » En mettant l'accent sur les aspects sociologiques des rapports entre les acteurs (des phénomènes difficilement quantifiables et mesurables), en proposant une perspective historique des relations internationales et en participant à la réflexion sur les questions éthiques de la politique internationale (ce que Bull considérait comme faisant partie du rôle du chercheur), l'École anglaise s'oppose manifestement à tout ce que représentait l'approche behavioraliste.

Ainsi, si la « nouvelle » École anglaise revoit depuis les années 1990 les travaux d'une première génération d'auteurs à la lumière d'un tout autre débat, celui qui divise les positivistes et les postpositivistes, il faut se garder de lire Bull, Wight, Butterfield et les autres à l'aune de catégories et de développements théoriques qui nous sont contemporains et qui ne peuvent en ce sens éclairer notre lecture de leurs travaux[10]. Leur pluralisme ontologique et méthodologique ne s'inspire pas des développements apportés notamment par le constructivisme en Relations internationales, mais s'appuie plutôt sur une volonté d'offrir une approche à la fois structurelle (identification de la structure de la société internationale), fonctionnelle (ses institutions) et historique (son évolution et les comparaisons possibles) des systèmes internationaux (Suganami, 2003).

Si des liens sont souvent tracés entre l'École anglaise et le constructivisme en Relations internationales, c'est notamment parce que plusieurs auteurs se réclamant du constructivisme conventionnel s'appuient explicitement sur l'École anglaise et prennent pour postulat l'existence d'une société internationale composée d'États[11]. L'approche de la société internationale s'inscrit en effet dans la veine des théories « sociologiques » des Relations internationales :

> l'École anglaise a plaidé pour une compréhension interprétative des relations internationales qui peut révéler la contingence (et la tragédie) des décisions humaines, les significations souvent irréconciliables que les différents acteurs donnent à un même événement et la façon dont les valeurs culturelles façonnent la pratique politique et diplomatique (Dunne, 1998 : 187).

Il est vrai que, tout comme le constructivisme, l'École anglaise considère en quelque sorte la société internationale comme un phénomène issu d'une construction sociale, même si ses membres ne s'expriment pas en ces termes. Pour eux, la structure normative que constitue la société internationale n'est pas donnée de façon anhistorique mais est plutôt construite et historiquement contingente. Les acteurs, les diplomates pour l'École anglaise, jouent

---

10. Selon Dunne (1995), l'École anglaise doit être vue comme une théorie « constructiviste » de la politique internationale. Bien qu'elle présente certains éléments semblables au constructivisme en Relations internationales, nous ne croyons pas que le qualificatif soit approprié.

11. Pour une discussion plus approfondie sur les liens entre le constructivisme et l'École anglaise, voir Reus-Smit (2002).

un rôle primordial puisque ce sont eux qui, par leurs interactions, leur socialisation et leurs déclarations, fondent les institutions de la société internationale. Ces dernières sont donc géographiquement, culturellement et historiquement situées. Les institutions de la société internationale n'ont pas de valeur (bien ou mal) en soi ; elles existent, car ce sont celles autour desquelles les membres de la société font consensus (Rengger, 2000 : 77). À titre d'exemple, pour Bull comme pour Wight, le statut de grande puissance n'est pas tributaire uniquement des capacités matérielles objectives des États, mais aussi de leur reconnaissance en tant que telle par les autres membres de la société internationale. Comme les constructivistes conventionnels (dont Wendt est le représentant le plus connu), les auteurs de l'École anglaise s'appuient sur une combinaison de facteurs matériels (par exemple, les capacités militaires) et sociaux (par exemple, la légitimité). Enfin, les rapprochements à faire entre la pensée de Grotius et les constructivistes sont nombreux, comme sa conception du droit qui s'approche de ce que les constructivistes nomment les normes constitutives (voir le chapitre 12).

Il faut cependant se garder d'amalgamer trop rapidement les deux courants. La majorité des membres de l'École anglaise ne remet pas en question l'ontologie stato-centrée. De plus, le pluralisme méthodologique de l'École anglaise (voir ci-dessous) oblige à renoncer à la considérer comme une approche postpositiviste (puisque les méthodes non interprétatives sont aussi utilisées).

3.1 Un pluralisme méthodologique

Des méthodes plurielles sont utilisées par les tenants de l'École anglaise afin de pouvoir analyser les différentes composantes de la société internationale, ainsi que les différentes dimensions de la réalité des relations internationales que constituent le système international, la société internationale et la société mondiale. La méthodologie pluraliste de l'École anglaise permet ainsi de prendre en compte différents niveaux d'analyse.

Tout d'abord, certains auteurs vont tenter d'observer les phénomènes et les comportements d'un point de vue extérieur et objectif. On utilise ce type de méthode afin de déterminer l'existence d'un système international, de le décrire et d'évaluer le niveau d'interaction entre ses membres, ainsi que pour identifier des constantes historiques. En effet, « se placer en "spectateur" et rechercher des constantes dans l'histoire est sans aucun doute un point de départ important pour les membres de l'École anglaise » (Little, 2000 : 408). Toutefois, afin d'analyser les institutions et les normes qui régissent la société internationale, il est nécessaire d'adopter une méthodologie qui permettrait d'avoir un point de vue « de l'intérieur », c'est-à-dire de cerner et de comprendre la nature intersubjective des institutions. L'étude de la diplomatie se penche sur les actions des individus (diplomates), considérant celles-ci comme étant déterminantes dans la construction et l'évolution d'une société internationale. La question du langage est primordiale et la méthodologie employée amène à étudier les travaux parlementaires, les négociations et les communications diplomatiques ; on étudie le discours à l'aide d'une approche phénoménologique, c'est-à-dire une approche qui vise à mettre au jour l'essence d'un phénomène par sa description sans *a priori* conceptuels dans le but que se révèle la société internationale. Wight, en particulier, porte un grand intérêt au langage de la diplomatie internationale qui transforme le sens partagé et qui s'intègre par la suite aux institutions. Le rôle du langage, à ce titre, n'est pas instrumental mais bien constitutif, c'est-à-dire qu'il participe de la constitution de l'identité des institutions et de la société internationale. À titre d'exemple, Wight s'attarde dans ses travaux au clivage culturel qui sépare l'ère médiévale de l'ère moderne caractérisée par la création des États-nations, clivage qu'il attribue à une transition graduelle d'un langage fondé sur le droit légal à celui fondé sur le pouvoir temporel (Wight, 1966). Une telle analyse du langage nécessite des méthodes interprétatives, et qui « reconnaissent qu'il est possible de s'appuyer sur le langage utilisé dans une société internationale donnée afin d'identifier et puis de comprendre le sens des intérêts, valeurs, règles et institutions qui existent à un endroit et à un moment particuliers » (Little, 2000 : 409). Ce travail permet donc de distinguer les institutions présentes dans différentes sociétés internationales à travers l'histoire, de comprendre leurs fondements sociologiques et historiques, et surtout de comparer les sociétés internationales entre elles, ce qui est l'une des tâches principales auxquelles les membres de l'École anglaise se sont consacrés.

4. La normativité

De nombreux travaux de l'École anglaise sont caractérisés par une forte dimension éthique. Ceux de Wight sont même imprégnés de valeurs chrétiennes. Les travaux de Bull et de Vincent sont motivés par un intérêt pour l'éthique appliquée, soit l'éthique de la pratique des relations internationales (Dunne, 1995 : 143). Bull reste également très proche de la pratique de la politique étrangère et de la diplomatie. En ce sens, l'aspect normatif de l'École anglaise dépasse celui du constructivisme conventionnel dans la mesure où ce n'est pas tant la nature politique de la théorie qui est mise en lumière que la valorisation du rôle direct du chercheur dans les débats sur l'éthique et la pratique des relations internationales.

La dimension éthique est, en outre, particulièrement présente chez les auteurs qui appartiennent au courant que Dunne qualifie de «pensée critique sur la société internationale» (**critical international society thinking**), qui commence avec Vincent et qui rejoint également plusieurs auteurs de la «nouvelle» École anglaise dont Andrew Linklater, Philip Allott, Roger Epp, Andrew Hurrell et Ole Wæver[12]. Ces auteurs

12. Cette qualification est proposée par Dunne (1995) et non pas par les auteurs eux-mêmes. On peut donc remettre en question leur appartenance à la nouvelle École anglaise puisque des travaux plus récents de certains d'entre eux, notamment ceux de Wæver, montrent un certain éloignement. Par ailleurs, on associe généralement Linklater à la Théorie Critique (voir le chapitre 14), mais ses travaux s'inspirent de concepts proposés par l'École anglaise et il a écrit un chapitre sur celle-ci (Linklater, 1995), que Dunne qualifie comme la meilleure pour les étudiants avancés (Dunne, 2007 : 147), et a participé à la rédaction d'un ouvrage consacré à une évaluation de l'École anglaise (Linklater et Suganami, 2006). En fait, on peut dire que, dans une certaine mesure, ses travaux poursuivent ceux de l'École anglaise plutôt qu'ils ne s'y intègrent.

soulignent le potentiel émancipateur du concept de société mondiale :

> La politique mondiale et ses pratiques et institutions ne devraient pas être vues comme étant simplement «construites» mais devraient plutôt être interprétées de façon à mettre au moins l'accent sur la possibilité pour l'agence humaine de changer pour le mieux les structures et les institutions de la politique mondiale (Rengger, 2000 : 89).

Enfin, la réflexion éthique présente dans certains travaux met en évidence les tensions entre les niveaux individuel et étatique et entre les objectifs d'ordre et de justice, qui divisent l'École anglaise. Celles-ci s'incarnent, entre autres, dans les divergences sur la question des interventions humanitaires

4.1 *Le cas des interventions humanitaires*

La pensée de l'École anglaise concernant le concept de société mondiale s'est en grande partie développée autour du thème des droits de l'Homme (Buzan, 2004). Les travaux de Wight et Bull, notamment, présentent cette question comme un défi posé à la société internationale et qui touche à la fois le problème de l'ordre et celui de la justice. Plusieurs travaux plus récents de l'École anglaise sont, pour leur part, entièrement consacrés à la question des interventions humanitaires et alimentent l'un des grands débats au sein de l'approche. En effet, les pluralistes (Bull, 1977, Jackson, 1990) craignent les conséquences de la légitimation de l'intervention humanitaire dans une société internationale hétérogène où de multiples conceptions de la justice et des droits humains coexistent. Pour eux, la reconnaissance du droit d'intervention humanitaire, sur la base du respect des droits de l'Homme, menace d'une part la souveraineté externe des États en facilitant l'intervention d'États tiers dans les affaires internes d'un État, et d'autre part, elle menace la souveraineté interne en restreignant les droits d'un État sur ses propres citoyens. Certains pluralistes voient même dans l'intervention humanitaire une forme de paternalisme que l'on peut questionner moralement (Suganami, 2003 : 258).

Les solidaristes (Vincent, 1986 ; Knudsen, 1997 ; Dunne et Wheeler, 1999) croient au contraire que la société internationale a un devoir collectif d'intervention humanitaire dans les cas de souffrance humaine extrême. Ces derniers prétendent que des exceptions au principe de non-ingérence et de non-usage de la force devraient être permises à l'intérieur de certaines contraintes sans que cela mette en jeu l'ordre international basé sur la souveraineté des États. Cet enjeu divise l'École anglaise, dans la mesure où l'ébranlement des fondations de l'ordre westphalien par le développement de la société mondiale est perçu par les solidaristes et les révolutionnistes comme étant un événement positif et souhaitable, alors que les pluralistes craignent au contraire l'effondrement du **système westphalien**.

Vincent, en particulier, s'est intéressé à la question des droits de l'Homme comme problème politique et moral en se concentrant sur les tensions entre l'État et les individus. Pour lui, ces droits, dont la reconnaissance est rendue possible grâce à la place de l'individu dans la pensée occidentale, constituent le «langage» de la culture cosmopolitique émergente. Dans *Human Rights and International Relations* (1986), Vincent s'oppose à la perspective pluraliste qui considère que la reconnaissance des droits de l'Homme ébranle la société internationale, car la légitimation des individus comme sujets du droit international s'oppose aux fondements mêmes des principes de souveraineté et de non-ingérence. Vincent considère au contraire que les droits des États découlent du principe d'autodétermination des peuples, et qu'un État qui manque à ses obligations envers ses citoyens en brimant leurs droits individuels ou collectifs porte ainsi atteinte à l'humanité entière et devrait se voir retirer la protection offerte par le principe de non-ingérence (dans des circonstances extraordinaires seulement). Ainsi, au lieu de remettre en question la légitimité de la société internationale, la reconnaissance d'une doctrine universelle des droits de l'Homme pourrait la renforcer. Pour Vincent, le développement d'une conception plus solidariste de la société internationale dans laquelle les États sont semblables sur le plan interne (en termes de structures mais aussi de valeurs) permettrait d'arriver plus facilement à s'entendre sur les raisons de justifier les interventions humanitaires. Ainsi, «l'extension d'une culture globale permet à la société internationale de fonctionner plus facilement» (Vincent, 1986 : 151).

Cependant, Vincent reconnaît que l'application d'une doctrine de l'intervention humanitaire souffre toujours d'un manque de soutien dans la pratique des relations internationales et que la perspective de voir un jour cette doctrine se réaliser n'est pas proche (1986 : 252). Depuis la fin de la guerre froide et les changements considérables qui sont survenus dans le système international, toutefois, cette perspective semble moins utopique. Les auteurs qui ont traité plus récemment de cette question citent plusieurs exemples qui, selon eux, montrent des signes d'une nouvelle volonté dans la société internationale de légitimer les interventions humanitaires : l'intervention franco-anglo-américaine en Irak peu après la première guerre du Golfe afin de protéger les Kurdes ; l'intervention de l'ONU dans les Balkans ; ou encore l'intervention de l'ONU en Somalie. On peut critiquer, comme le font plusieurs, le fait que ces interventions aient véritablement remis en cause le principe de non-intervention et que celles-ci aient véritablement été entreprises sur la base de considérations humanitaires et non pas de politique interne ou de sécurité internationale (Wheeler, 1992). D'autres affirment que «ces [...] cas suggèrent que les normes d'intervention humanitaire sont opérationnelles dans la société internationale contemporaine [...]» (Jackson, 1995 : 123).

5. La contribution de l'École anglaise

La plupart des travaux empiriques de l'École anglaise ont été consacrés à une analyse historique de l'origine et, surtout, de l'évolution et de l'expansion des sociétés internationales, en particulier de la société internationale moderne (Wight, 1977 ; Bull et Watson, 1984). Bull (1977 : 40) observe que :

> la plupart des États au cours de la plupart des époques respectent les règles de base de la coexistence au sein de la société internationale comme le respect mutuel de la souveraineté, la règle voulant que les ententes doivent être respectées et les règles limitant le recours à la violence. De la même façon, la plupart des États

au cours de la plupart des époques ont participé au fonctionnement des institutions communes...

Les travaux de Wight se consacrent à l'étude de systèmes d'États anciens comme le système d'États de Hellas (Grèce antique) et celui de l'Empire perse, mais surtout à une réflexion sur les origines du système d'États moderne (ses limites géographiques et chronologiques), ce qui l'amène à identifier les caractéristiques des institutions et leurs fondements historiques et culturels. En plus des travaux historiques de nature générale, un des thèmes de réflexion et de recherche de l'École anglaise les plus discutés est celui de la communauté de culture.

5.1 Culture et mondialisation

Le thème de la communauté de culture fut le sujet de réflexion le plus important du British Committee, aboutissant à la publication de l'ouvrage *The Expansion of International Society* (Bull et Watson, 1984). Cette réflexion fut marquée par la tension (toujours existante, d'ailleurs) entre pluralistes (Bull, Watson) et solidaristes (Wight, Vincent) qui s'opposaient sur la question de la nécessité d'une culture commune qui sous-tendrait la société internationale, et sur celle de la nature de cette culture. D'une part, la société internationale est caractérisée pour la première fois dans l'histoire par une grande hétérogénéité culturelle et, d'autre part, l'expansion de la société internationale européenne à l'ensemble de la planète pose la question de la nécessité de la communauté de valeurs comme fondement de la société internationale.

De fait, à partir des années 1500, la société internationale a connu une expansion à travers le globe alors qu'en Europe, les États en renforçaient les principes de souveraineté et de reconnaissance mutuelle (Watson 1984: 23). À partir des années 1800, ces principes se sont étendus aux pays non européens. La Première Guerre mondiale a été le moment clé où la société internationale, jusqu'alors essentiellement européenne, est devenue réellement internationale (Bull et Watson, 1984). Deux conditions étaient requises pour l'expansion de la société internationale. Premièrement, les entités politiques, aussi diverses soient-elles, devaient avoir au moins en commun le fait d'être un État[13]. Deuxièmement, celles-ci devaient avoir développé la conscience de constituer une communauté d'intérêts ainsi qu'avoir adhéré aux règles et aux institutions de la société internationale (européenne) (Bull, 1984: 120-121). Ce consensus sur des règles et des institutions s'appuie sur une certaine culture commune aux États-nations européens, culture qui n'est pourtant pas partagée par la majorité des États non européens. Or, dans l'histoire, les sociétés internationales, comme le système des cités-États de la Grèce antique, le système formé par les royaumes hellénistiques (entre Alexandre et la conquête romaine), le système international de la Chine durant la période des seigneurs de la guerre ou le système d'États de l'Inde antique ont le plus souvent été sous-tendus par une culture commune.

> Une caractéristique commune de ces sociétés internationales historiques est qu'elles étaient toutes fondées sur une civilisation ou une culture commune: une langue, une épistémologie et une compréhension de l'univers, une religion, un code d'éthique, une tradition artistique ou une esthétique (Bull, 1977: 15)[14].

Bull et Watson admettent que l'hétérogénéité culturelle qui caractérise la société internationale globale contemporaine est inusitée et ne favorise pas un consensus sur les règles (1984: 432). Mais pour Bull, une culture commune n'est pas une condition nécessaire à l'existence de la société internationale. Plutôt, « au sein de la société internationale, [...] l'ordre est une conséquence d'une reconnaissance d'intérêts communs visant les objectifs élémentaires de la vie sociale [...] » (1977: 63). Des intérêts communs, ou du moins perçus comme tels, pourraient donc dans

---

13. C'est-à-dire qu'elles possèdent un gouvernement, un territoire, une population, une capacité d'entretenir des relations internationales ou de remplir des obligations internationales (Bull, 1984).

14. Bull (1977: 238 et 268) reconnaît d'avoir emprunté cette notion d'«homogénéité idéologique» à Raymond Aron et la distinction qu'effectue ce dernier entre «systèmes internationaux homogènes» et «système internationaux hétérogènes». De plus, il a qualifié le chef-d'œuvre d'Aron comme «sûrement le plus profonde que tout auteur contemporain ait écrit dans une tentative de "comprendre la logique implicite des relations entre des collectivités politiquement organisées"» (Bull cité dans Hurrell, 1998: 19).

une certaine mesure remplacer une culture commune comme ciment des institutions de la société internationale.

Selon Buzan (1993 : 333), bien que le développement des cas les plus connus de société internationale (Grèce antique, Europe, etc.) ait historiquement été associé à l'existence d'une culture commune, cette association n'est pas nécessaire. Une société internationale qui ne serait pas sous-tendue serait plutôt « une réponse rationnelle et à long terme à l'existence d'un système international de plus en plus dense et interactif » (334). Bull se situe également dans cette tradition et tend vers une conception plus fonctionnelle de la société internationale qui l'amène, contrairement à Wight, à croire qu'une société internationale peut se constituer entre États de cultures différentes et que l'intérêt commun engendrera à terme une identité commune. Pour lui, le désir commun d'un ordre international est la condition minimale nécessaire à l'évolution de la société internationale.

Wight (1977 : 17), au contraire, met l'accent sur les normes et les valeurs qui animent le système et sur les institutions par lesquelles elles s'expriment. Pour lui, l'existence d'une société internationale présuppose celle d'une culture commune, comme en témoignent les systèmes d'États de la Grèce antique, de l'Occident et de la Chine antique (33). Il n'existe pas, selon lui, de système d'États neutre ou universel ; chaque système a un contexte culturel et historique qui lui est propre.

Si Bull, à la fin de sa carrière, reconnut que l'opposition Est-Ouest minait la cohérence de la société internationale et qu'une certaine communauté de valeurs était nécessaire à l'édification d'institutions dont le respect garantit l'ordre international, la dissolution de l'URSS vint plus tard modifier la donne. Aujourd'hui, les différences idéologiques sont toujours existantes mais sont plus diffuses dans la société internationale contemporaine, bien que l'hétérogénéité culturelle de cette société internationale « globale » demeure très marquée. L'impact de la fin de la guerre froide est un élément important de la réflexion actuelle et conduit à représenter la société internationale autrement.

L'accélération du phénomène de la mondialisation, qui caractérise la société internationale contemporaine, pose la question de l'uniformisation de la culture, une problématique qui intéresse particulièrement les révolutionnistes kantiens au sein de l'École anglaise. Ceux-ci voient dans l'uniformisation des valeurs et de la culture mondiales un pas vers la réalisation de la véritable société mondiale, actuellement brimée par le système westphalien. Cela permettrait de réconcilier les objectifs fondamentaux de l'ordre et de la justice. En outre, les règles de la société internationale tendent à se modifier afin de refléter les nouvelles valeurs diffusées. Ainsi, à partir de 1945, le Tiers monde aurait modifié l'ordre international en luttant pour l'adoption de nouveaux principes. En menant une révolte contre la domination politique, raciale, économique et culturelle de l'Europe, ces pays auraient poussé davantage la société des États vers une société des peuples (Bull, 1984 : 126).

Bien que cette observation soit discutable, il apparaît néanmoins que l'intensification des échanges culturels et politiques constitue un aspect de la mondialisation qui contribue à diffuser largement les valeurs et à modifier les règles de comportement des États au sein de la société internationale. Toutefois, il ne faut pas faire abstraction des rapports de force qui existent sur le plan international et croire que tous les acteurs ont le même rôle à jouer dans la gouvernance globale. Certaines normes diffusées par les acteurs les plus puissants auront plus de chances de faire partie des règles de la société internationale que les normes promues par d'autres.

Pour Rengger, au contraire, la diversité culturelle inégalée au sein de la société internationale entraîne la fin d'un accord sur l'ensemble des valeurs qui la régulent. En effet, les processus de décolonisation qui ont donné naissance, au cours du XXe siècle, à une multitude d'États ont à la fois élargi la société internationale au monde entier et entraîné un phénomène de fragmentation culturelle :

Ainsi, un dilemme surgit : le fait indéniable que les normes occidentales, qui ont dans une large mesure créé les normes et les institutions internationales et qui sont maintenant beaucoup moins acceptables qu'avant, signifie-t-il simplement que la société internationale sera très différente [...] ou que nos façons de concevoir la société et d'opérer en son sein doivent être revues [...]? (Rengger, 1992 : 90)

En d'autres termes, il faut se demander si l'élargissement de la société internationale à une grande diversité de cultures va entraîner une adaptation des normes qui la régissent, si la culture occidentale ne va pas tout simplement s'étendre à l'échelle de la planète, ou encore si les principes même de la société internationale, comme la souveraineté ou la nature du droit international, pourront évoluer? Dans ce cas, l'expansion de la société internationale pourrait remettre en question l'existence même d'un système d'États-nations, ou, au contraire, pourrait résoudre les contradictions entre droits des États et droits des individus (Buzan, 2004 : 21-22).

6. Conclusion

L'École anglaise constitue véritablement un courant à part dans la théorie des Relations internationales. Bien que remise au goût du jour par plusieurs auteurs depuis les années 1990, ces derniers devront régler certains problèmes de cohérence pour lui permettre de se faire une place dans le paysage théorique contemporain des Relations internationales[15]. Ces divergences sont clairement visibles dans de multiples débats entre pluralistes et solidaristes : sur la question de la nécessité d'une culture commune sous-tendant la société internationale (oui pour les solidaristes, non pour les pluralistes) ; sur les interventions humanitaires (souhaitables pour les solidaristes, non souhaitables pour les pluralistes) ; sur la possibilité de réconcilier ordre et justice (non pour les pluralistes, oui pour les solidaristes) ; sur la nature du droit sur lequel doivent se construire les institutions internationales (droit positif pour les pluralistes, droit naturel pour les solidaristes), etc. Nous pouvons toutefois tenter de résumer ces divergences en un seul point fondamental : la place de l'État dans les relations internationales. En effet, les différents courants au sein de l'École anglaise forment un *continuum* ontologique où toutes les positions co-existent, d'une vision centrée uniquement sur l'État et sur l'intérêt national à une vision cosmopolitique où l'individu devient non seulement la priorité ontologique mais également la priorité éthique.

Plusieurs observateurs ont souligné certains points faibles de l'École anglaise. D'abord on critique l'absence d'articulation claire entre les trois concepts centraux de l'approche, soit le système international, la société internationale et la société mondiale. Bien que Bull accorde une priorité « morale » à l'ordre mondial sur l'ordre international (le droit et la moralité des États n'ont en réalité qu'une valeur subordonnée aux droits et intérêts des individus qui composent l'humanité), celui-ci ne voit aucune capacité pratique de la société mondiale à fournir l'ordre.

La théorie de l'École anglaise doit déterminer si la société internationale et la société mondiale sont des idées mutuellement exclusives (souveraineté étatique versus cosmopolitisme), des idées mutuellement dépendantes (le besoin d'un élément de solidarisme pour sous-tendre la société internationale et d'un cadre d'ordre politique afin de stabiliser des visions plus libérales), ou encore un mélange des deux. Ou alors la société mondiale n'est-elle simplement que la manifestation de la domination hégémonique (actuellement une américanisation ou une occidentalisation) et ne serait-elle donc tout simplement qu'un épiphénomène de la configuration de la puissance ? (Buzan, 2004 : 30)

Une seconde faiblesse souvent soulevée est l'eurocentrisme de l'approche (Little, 2000). Chez les solidaristes, en effet, on postule, d'une part, l'existence d'un standard moral universel à partir duquel les comportements des États et des individus peuvent être jugés. Affirmer l'universalisme de l'éthique et de la morale, ainsi que celui des aspirations des individus, présume de la supériorité de l'éthique et de la morale européennes. Vincent a reconnu que de multiples conceptions des droits de l'Homme existent, mais il considère néanmoins que certains droits fondamentaux sont universels (comme le droit d'être en sécurité et le droit de subsistance). D'autre part, la frange cos-

---

15. C'est d'ailleurs ce à quoi Buzan s'est attaqué dans son livre *From International to World Society? English School Theory and the Social Structure of Globalisation*, paru en 2004.

Tableau 11.1
Les divergences entre solidaristes et pluralistes

	Solidaristes	Pluralistes
Thème central	Justice	Ordre
Épistémologie	Position empirique et engagement éthique	Position empirique
Ontologie	Individus (controversé)	États
Droit	Société internationale	Société internationale
Culture	Droit naturel (droit des individus/humanité)	Droit positif (droit des États)
Institutions	Assez homogène entre les États	Assez hétérogène
	Règles constitutives, de coexistence ainsi que règles pour la régulation de la coopération dans divers domaines secondaires (commerce, environnement, questions techniques, sociales, etc.).	Uniquement les règles constitutives de la société internationale (souveraineté) et les règles de bases de la coexistence (diplomatie, droit international, équilibre de la puissance, etc.).

mopolitique de l'École anglaise, représentée notamment par Linklater, voit l'émergence embryonnaire d'une culture globale comme étant porteuse d'un potentiel émancipateur. Toutefois, selon cette perspective « [...] le monde peut de plus en plus être vu comme un tout et les lunettes qui permettent de voir le monde de cette manière sont de façon prédominante des lunettes occidentales, bien que celles-ci tendent à se voir modifiées » (Rengger, 1992 : 92). Quant aux pluralistes, leur préoccupation pour l'ordre aux dépens de la justice trahit également un point de vue culturellement déterminé. Leurs travaux témoignent au minimum d'une méconnaissance et tout au plus d'un manque d'intérêt pour les pays non occidentaux et les systèmes politiques régionaux non européens.

Les critiques reprochent également aux auteurs les plus connus de l'École anglaise (notamment Bull) de s'inscrire dans une idéologie qui place les droits de l'État au centre de ses priorités. Cette idéologie justifierait entre autres que les droits de l'Homme soient brimés dans un État sans que les autres puissent intervenir en raison du principe de non-intervention inhérent à celui de souveraineté (Shaw, 1992). De plus, on peut critiquer l'École anglaise pour son conservatisme, au sens où, dans sa version la plus diffusée (pluraliste), celle-ci défend clairement le main-

tien de la société internationale dans le but de préserver l'ordre international et ne favorise pas forcément une approche progressiste axée sur l'émancipation des individus (Wheeler, 1992).

Sur le plan empirique, l'École anglaise peut notamment être critiquée pour son indifférence à l'égard des développements régionaux et économiques (Buzan, 2004). Seuls quelques travaux du début des années 2000 s'attachent à analyser l'évolution de l'Union européenne, une institution pourtant cruciale dans les relations internationales contemporaines. L'École anglaise ne réussit pas non plus à bien prendre en compte les questions économiques et commerciales, ce que les interdépendantistes, à la même époque que Bull, ont de leur côté réussi à faire de façon plus convaincante.

Par ailleurs, le pluralisme ontologique de l'École anglaise peut être tout à la fois perçu comme une force ou une faiblesse de l'approche. Ce que l'on peut voir comme une incohérence (par exemple, l'inconstance entre la priorité ontologique donnée à l'État et à l'individu) peut s'avérer en fait d'une grande originalité et constituer un point fort de l'approche, mais à la condition que les trois concepts fondamentaux soient définis clairement et les relations entre eux clarifiées. Un second point qui peut à la fois être vu comme une force et une faiblesse est le fait que l'École anglaise soit une approche à la fois explicative et normative. Bull croyait que les sphères du monde universitaire et du monde politique devaient demeurer séparées et n'entendait pas prescrire de politique particulière aux États. Toutefois, « l'argument qu'amène Bull est que les États devraient agir d'une façon qui renforce les principes normatifs de la société internationale. [...] En somme, en renforçant les institutions de la société internationale, la logique de l'anarchie peut être atténuée » (Wheeler et Dunne, 1996 : 94).

Il n'est cependant pas évident que l'approche atteigne ce double objectif. Ainsi, ceux qui chercheront dans *The Anarchical Society* une théorie de l'éthique internationale seront déçus de voir que l'approche de Bull justifie le recours à la guerre dans certaines circonstances et qu'elle fait la promotion d'un *statu quo* international. Ceux qui y chercheront plutôt une théorie explicative de phénomènes comme la coopération internationale seront, comme Rengger, tenus de se rendre à l'évidence que le concept de société internationale n'apporte pas véritablement d'explication incontournable. La société internationale procure un certain ordre au système international sans toutefois être la seule façon de le faire.

Malgré de nombreux problèmes, l'approche de la société internationale peut être attrayante, notamment parce qu'elle favorise la multidisciplinarité, qu'elle propose une méthodologie souple et plurielle et qu'elle possède un aspect normatif que peu de théories classiques sont en mesure d'offrir. En outre, l'approche de la société internationale semble plus que jamais pertinente pour analyser et comprendre les phénomènes qui, comme la mondialisation, caractérisent les relations internationales contemporaines. Car l'appartenance à la société internationale n'est pas uniquement une question d'adhésion volontaire à un nombre restreint d'institutions, mais un processus beaucoup moins défini et conscient de diffusion et d'appropriation des normes à travers les relations internationales, processus qui participe dans une large part aux diverses formes de la mondialisation.

❖ ❖ ❖

Pour en savoir plus

Bull, H., 1977, *The Anarchical Society. A Study of Order in World Politics*, New York : Columbia University Press. Le texte « fondateur » d'une théorie de la société internationale. Cet ouvrage, qui a fait connaître l'approche de la société internationale, est axé sur la théorisation davantage que sur la description historique.

Bull, H. et A. Watson (dir.), 1984, *The Expansion of International Society*, Oxford : Clarendon Press. Une application des concepts élaborés notamment dans *The Anarchical Society* à l'histoire de la société internationale européenne et une discussion de différentes questions comme celle de la diversité culturelle.

Buzan, B., 2001, « The English School : an underexploited resource in IR », *Review of International Studies*, 27, 3, p. 471-88. La proposition d'un des chefs de file de la deuxième generation de l'École anglaise, pour l'adoption d'un nouveau programme de recherche et le développement de cette approche sur le plan théorique.

Buzan, B., 2004, *From International to World Society ? English School Theory and the Social Structure of Globalisation*, Cambridge : Cambridge University Press. Un des chefs de file de la « nouvelle » École anglaise, Buzan expose et discute des forces et faiblesses de l'approche et propose des solutions aux problèmes théoriques de celle-ci dans le but de stimuler la réflexion.

Fawn, R. et J. Larkins (dir.), 1996, *International Society After the Cold War. Anarchy and Order Reconsidered*, Londres et New York : Macmillan Press et St. Martin's Press. Collectif de contributions présentant une vision contemporaine de l'approche de la société internationale. Plusieurs tenants de la « réhabilitation » de l'École anglaise y ont contribué.

Little, R., 2000, « The English School's Contribution to the Study of International Relations », *European Journal of International Relations*, 6, 3, p. 395-422. Article essentiel qui évalue l'approche de l'École anglaise sur les plans épistémologique, ontologique et méthodologique.

Linklater, A. et H. Suganami, 2006, *The English School of International Relations : A Contemporary Reassessment*, Cambridge : Cambridge University Press. Ouvrage qui propose non seulement une tentative de définir l'École anglaise et de tracer son histoire, mais aussi une lecture critique de ses classiques et des réflexions sur sa méthodologie et son épistémologie. Livre qui s'adresse surtout aux étudiants de deuxième et de troisième cycle.

Suganami, H., 2003, « British Institutionalists, or the English School, 20 Years On », *International Relations,* 17, 3, p. 253-271. Historique critique de l'École anglaise.

La guerre en Irak vue par l'École anglaise

Renée de Nevers (2004) et Galia Press-Barnathan (2004) croient que l'École anglaise peut nous aider à comprendre certains éléments de l'intervention américaine en Irak de 2003. Pour de Nevers, le gouvernement américain aurait tenté de changer les normes de la souveraineté afin de légitimer ses interventions en Afghanistan et en Irak. En particulier, l'administration du président Bush aurait cherché à faire valoir l'argument normatif voulant que le soutien au terrorisme de la part d'un État soit condamnable et constitue une infraction au principe de souveraineté. Selon de Nevers, le président Bush a répété fréquemment que les nations civilisées devraient s'opposer au terrorisme et à ceux qui le soutiennent.

Richard Haass, membre de l'administration américaine, a également affirmé qu'un gouvernement qui ne respectait pas ses obligations (qui consistent notamment à ne pas massacrer son peuple et à ne soutenir le terrorisme d'aucune façon) perdait dès lors certains des avantages que confère la souveraineté, incluant le droit de ne pas être inquiété à l'intérieur de son territoire. Les autres gouvernements, incluant les États-Unis, obtiendraient en cas d'infraction le droit d'intervenir.

Cet argument est davantage compatible avec le droit international et la charte de l'ONU que des arguments qui auraient voulu justifier l'intervention sur une base humanitaire. En effet, la charte de l'ONU autorise l'usage de la force pour des raisons d'autodéfense ou afin d'assurer la paix et la sécurité internationales. Dans ce cas, il était aisé de justifier le fait que les États qui, d'une façon ou d'une autre, soutiennent des mouvements terroristes posent une menace claire à la paix et à la sécurité internationales.

De plus, pour de Nevers, la difficulté qu'ont éprouvée les États-Unis à justifier leur intervention en Irak indique que même un État dominant peut difficilement ignorer l'existence de normes internationales et peut être contraint d'avoir recours à la persuasion. Les frappes exécutées en Afghanistan furent largement approuvées par la communauté internationale, qui reconnaît le droit de riposter à un État qui a été attaqué et qui condamne tout soutien au terrorisme de la part d'un État. Par contre, l'intervention américaine en Irak n'a pu jouir du même appui international. Selon de Nevers, à partir d'août 2002, les États-Unis ont cherché à obtenir le soutien de la communauté internationale en faveur du désarmement de l'Irak, par la force si nécessaire. Parallèlement à leurs demandes effectuées dans le cadre de l'ONU, ils ont fait pression sur plusieurs États afin d'obtenir leur soutien, menaçant dans certains cas de « punir » ces pays

advenant leur refus. Mais malgré ces efforts, les motifs de l'intervention appréhendée sont demeurés obscurs aux yeux de la plupart des États et sa nécessité injustifiée.

L'effort entrepris par l'administration Bush en vue de convaincre les autres États a échoué, mais les États-Unis ont tenté de justifier leur intervention par le fait que des résolutions antérieures de l'ONU leur auraient conféré l'autorité nécessaire afin d'agir contre l'Irak. Ils ont donc montré qu'ils ne souhaitaient pas que l'on considère qu'ils violaient les normes de l'ONU concernant l'utilisation de la force.

> Cela réaffirme l'importance de la conception mise de l'avant par l'École anglaise d'une société internationale qui se développe entre les États qui partagent des normes et des valeurs. On suggère ainsi que même les États les plus puissants dans le système international souhaitent que leur comportement soit perçu comme étant conforme avec ce qui est considéré comme un comportement étatique « approprié » (de Nevers, 2004 : 31).

La perspective de l'École anglaise souligne le fait que la société internationale repose sur l'idée que les normes, en particulier concernant l'usage de la force, doivent être respectées par tous, y compris les grandes puissances, et amendées de façon collégiale et coopérative. En effet, si l'on s'entend généralement pour dire que la nature du système international a changé depuis les attentats du 11 septembre 2001, une vision commune de la nature de ce « nouveau » système international n'émerge pas de façon consensuelle et plusieurs pensent que celle-ci devrait être établie avant que l'on adopte des politiques agressives, politiques qui devraient par ailleurs être multilatérales et non unilatérales. Pour de Nevers, l'intervention américaine en Irak a eu pour conséquence de tourner l'attention de la communauté internationale vers les conditions actuelles de l'exercice de la puissance, en particulier sur ses aspects unilatéral et préemptif.

Press-Barnathan avance pour sa part que le comportement des États-Unis en Irak montre que ces derniers cherchent à mettre en place un nouveau mécanisme de dissuasion qui vise à se prémunir contre des menaces posées par des groupes terroristes nationaux ou transnationaux. Ce nouveau mécanisme combine les actions préventives (comme l'invasion de l'Irak) et l'identification des États qui soutiennent ou hébergent des terroristes, et pose un défi direct à la règle de la non-intervention. Press-Barnathan juge néanmoins que cette approche s'inscrit dans un effort pour protéger l'ordre international et préserver la société internationale contre un nouveau type de menace.

Concepts clés de l'École anglaise

Anarchie : État du système international caractérisé par l'absence de gouvernement mondial.

Cosmopolitisme/cosmopolitique : Idée, associée surtout à Kant, selon laquelle tous les individus se trouvent sur un pied d'égalité du point de vue moral, et qui prétend qu'il existe des codes d'éthique universels, tels que les droits de l'Homme, qui devraient être respectés et défendus dans le monde entier.

Diplomatie : Elle permet le maintien d'un dialogue permanent entre les États. Les diplomates contribuent par leurs échanges et leurs déclarations à la constitution des institutions de la société internationale.

Droit naturel : Le concept de droit naturel, dans son sens moderne, trouve ses racines au XVIIe et au XVIIIe siècles et affirme l'existence d'un droit qui serait commun à toute l'humanité, donc à caractère universel, qui se place au-dessus du droit positif, et qui autoriserait chacun à y faire appel pour justifier des valeurs, telles que la liberté individuelle, les droits de l'Homme ou le droit à l'autodétermination.

Droit international : Il codifie les pratiques des États pour en faire des obligations et établit les règles de la société internationale. Son respect est essentiel au fonctionnement de la société internationale et les États qui en violent les dispositions sont passibles de représailles de la part des autres membres.

Droit positif : Sur le plan intérieur, il s'agit de l'ensemble de la jurisprudence et des lois et qui régissent les États et les sociétés. Sur le plan extérieur, il s'agit d'un droit international fondé sur les traités et les décisions des tribunaux internationaux.

Équilibre des puissances : Reposant sur les principes de souveraineté et de non-ingérence, l'équilibre des puissances, c'est-à-dire une répartition équilibrée de la puissance entre les États, est, selon les tenants de l'École anglaise, une institution fondamentale de la société internationale moderne qui permet le maintien de l'ordre international et qui est assurée par la poursuite d'une politique de coopération de la part des États.

Institutions : Elles enchâssent les lois internationales, les règles morales, les coutumes et les pratiques établies, les règles opérationnelles et les « règles du jeu » que les États respectent et dans le cadre desquelles ils coopèrent. Les principales institutions de la société internationale occidentale moderne sont l'équilibre des puissances, le droit international et la diplomatie, mais elles comprennent également des principes comme la souveraineté et la non-ingérence.

Justice : La justice et l'ordre constituent les objectifs fondamentaux que poursuit la société internationale. Les solidaristes et les révolutionnistes privilégient la justice sur l'ordre mais ne précisent pas *quelle* justice doit être accomplie.

Ordre : Le maintien de l'ordre fait référence à la réalisation des objectifs primaires et élémentaires de la société des États (ordre international) ou de la vie humaine (ordre mondial) et constitue la raison d'être de la société internationale. Les pluralistes privilégient l'ordre aux dépens de la justice et considèrent ces deux objectifs difficilement réconciliables.

Pluralisme : Courant contractualiste du rationalisme qui considère que les États peuvent s'entendre sur la nécessité de maintenir l'ordre international et sur l'obligation morale et légale de respecter un code commun de conduite, sans toutefois partager nécessairement les mêmes buts et valeurs.

Rationalisme : Tradition philosophique en Relations internationales qui puise ses origines chez le juriste hollandais Hugo Grotius. Elle constitue un des piliers de la vision de l'École anglaise et prétend que l'état anarchique des relations internationales est tempéré par l'existence de codes et de normes qui régissent les interactions entre États, ce qui permet l'existence d'une société internationale.

Révolutionnisme : Inspiré du philosophe Kant, le révolutionnisme postule l'existence d'une société mondiale cosmopolite composée d'individus. Celle-ci tendrait à l'universalisme des valeurs et mènerait inévitablement à la création d'un gouvernement mondial qui participerait à l'émancipation des individus.

Société internationale : Une société internationale existe lorsqu'un groupe d'États, conscients qu'ils partagent certains intérêts et certaines valeurs, forment une société au sens où ils se conçoivent eux-mêmes comme étant liés par un ensemble de règles communes dans leurs relations avec les autres et où ils travaillent ensemble au fonctionnement d'institutions.

Société mondiale : Désigne la société composée des individus de l'ensemble de la planète (l'humanité). Selon les révolutionnistes, la société des États opprime la véritable société, celle des humains, dont les valeurs sont universelles.

Solidarisme : Courant du rationalisme qui postule que le ciment de la société internationale est la solidarité entre ses membres en ce qui a trait à l'application de la loi, ainsi qu'une certaine homogénéité idéologique.

Système international : Une situation où il existe deux États ou plus qui ont suffisamment de contacts entre eux pour que le comportement de l'un fasse partie des calculs de l'autre.

Système westphalien : Système international traditionnellement caractérisé par la reconnaissance du principe de la souveraineté et de l'égalité juridique des États, et qui aurait commencé à prendre forme avec la signature des traités de Westphalie en 1648 mettant fin à la guerre de Trente Ans.

Le constructivisme[*]

Dan O'Meara

Le constructivisme concerne la conscience humaine et son rôle dans la vie internationale (Ruggie, 1998a : 856).

La théorie constructiviste en Relations Internationales conçoit le monde des relations internationales comme « un projet en construction, comme un processus en devenir plutôt qu'un état de fait » (Adler, 2002 : 95). En questionnant la capacité de la théorie à *expliquer* le monde « tel qu'il est vraiment » (Morgenthau, 1967 : 4), les constructivistes cherchent à *comprendre* l'origine et le sens des relations internationales. Ils procèdent en interprétant « le sens et la signification que les acteurs attribuent aux situations collectives dans lesquelles ils se trouvent » (Ruggie, 1998b : 34). Présenté comme « une façon d'étudier les relations sociales » (Onuf, 1998 : 58), le constructivisme explore des problématiques sociologiques négligées par les néoréalistes et les institutionnalistes néolibéraux.

Baptisée d'après une thèse partagée par toutes les approches critiques – selon laquelle « la réalité » des relations internationales est *socialement construite* – la théorie constructiviste souligne trois aspects de la politique mondiale :

- le rôle des **règles**, des **normes**, des valeurs culturelles, des idéologies et des **pratiques représentationnelles** dans la mise en place de la forme et du fond des relations internationales. Ces **structures idéationnelles** sont comprises comme étant **intersubjectives** – des ensembles de significations, de dispositions et de perceptions partagées entre les acteurs (ou les sujets) ;

- l'analyse du processus de construction des **identités** sociales des acteurs (**agents**) de la politique mondiale est essentielle pour comprendre leurs **intérêts** et leurs actions ;

- les manières par lesquelles les structures idéationnelles et les agents sociaux interagissent, se forment et s'influencent réciproquement – ce que l'on désigne comme la co-constitution de l'**agence** et de la **structure**.

Le constructivisme soutient que la meilleure façon de saisir les relations internationales est de décoder le rôle de ces structures idéationnelles intersubjectives – les règles, les normes et les significations qui forment le monde au sein duquel les acteurs politiques évoluent. Il questionne la façon dont ces acteurs interprètent leurs propres intérêts, leurs actions et

---

[*] Je remercie F. Guillaume Dufour, Isabelle Masson et Catherine Voyer-Léger pour leur contribution respective à la traduction de ce chapitre.

celles des autres agents. Puisque les idées, les valeurs, les normes, les règles et les identités varient grandement à travers les contextes historiques, la plupart des constructivistes rejettent « comme une absurdité » les efforts des théories traditionnelles en vue d'établir une théorie causale générale des relations internationales (Reus-Smit, 2005 : 202). Le constructivisme offre plutôt une approche souple et dynamique qui utilise la théorie comme un guide pour comprendre le monde empirique (Ruggie, 1998 : 34), ou encore « une *théorie sociale* à propos du rôle du savoir et des agents du savoir dans la constitution de la réalité sociale » (Adler, 2002 : 96. Souligné dans l'original). Cette approche n'est pas *prescriptive* : le constructivisme indique aux analystes où regarder et quoi analyser, mais il ne tient pas pour acquis ce qu'ils y trouveront. De plus, le constructivisme ne spécifie pas comment les acteurs devraient agir pour mettre en place le type de relations que les théories conçoivent comme étant « rationnelles », « nécessaires » ou « prudentes » (équilibre des puissances pour les réalistes et les néoréalistes, coopération interétatique pour les néolibéraux, transformation sociale pour les marxistes).

1. Historique

Les analyses constructivistes ont une longue histoire en sciences sociales (Berger et Luckman, 1966). En sociologie, leurs racines remontent jusqu'à Max Weber (1884-1920) et à Émile Durkheim (1857-1917) et en philosophie jusqu'à Ludwig Wittgenstein (1889-1959) et Emmanuel Kant (1724-1804). Par contre, le champ américano-centré de la théorie des relations internationales semblait imperméable à cette approche jusqu'à l'apparition d'articles proto-constructivistes au milieu des années 1980 (Ruggie, 1983 ; Kratochwil et Ruggie, 1986 ; Wendt, 1987). La parution du livre *A World of Our Making* de Nicolas Onuf en 1989 ouvrit toute grande la porte à l'appellation « constructiviste ».

L'émergence du constructivisme vers la fin des années 1980 coïncidait avec la mise en question des « vérités » apparentes de la guerre froide à la suite de l'arrivée au pouvoir de Mikhaïl Gorbatchev en Union soviétique. L'incapacité des approches orthodoxes de prévoir ou d'expliquer les grands bouleversements survenus tout au long de la décennie 1980 a provoqué de nouveaux débats théoriques en relations internationales – d'une part le *débat néo-néo* au sein du nouveau **consensus rationaliste** (le néoréalisme et l'institutionnalisme néolibéral) et, d'autre part, le débat *métathéorique* provoqué par les critiques de ce consensus par une série de nouvelles approches *réflectivistes* (voir le chapitre 2). Les textes fondateurs du constructivisme critiquaient l'incohérence des variantes dominantes du **rationalisme**, le néoréalisme et le néolibéralisme (Ruggie, 1983 ; Kratochwil et Ruggie, 1986) et les constructivistes de la première vague se percevaient comme partie prenante de la théorie « critique » des relations internationales (Wendt, 1987 ; Onuf, 1989, Wendt, 1995).

Pendant que le constructivisme se répandait comme une traînée de poudre durant les années 1990 (Kubálková, 1998b : 193), son rôle dans les débats théoriques s'est modifié. D'abord, les deux approches rationalistes répondirent à ceux qui parmi les constructivistes tentaient d'ériger un pont avec le rationalisme (Wendt, 1995 et 1999 ; Klotz, 1995 ; Adler, 1997 ; Checkel, 1998). Cette version du constructivisme a été récupérée par des approches traditionnelles – soit comme l'une des deux « traditions théoriques » dominantes avec le rationalisme (Katzenstein *et al.*, 1998 : 678), soit comme l'un des trois « paradigmes » de la théorie des relations internationales, avec le réalisme et le libéralisme (Walt, 1998 : 43). Rejetant tout compromis avec le rationalisme, d'autres constructivistes poursuivirent le débat au sein des théories critiques. La contribution particulière du constructivisme dans ces débats se situe au niveau de l'analyse empirique (Ruggie, 1998b : 27 ; Reus-Smit, 2005 : 195). La disparité des approches qui logent sous l'appellation « constructivisme » est aujourd'hui si importante que certains se demandent s'il est pertinent de parler d'une approche « constructiviste » des relations internationales (Smith, 2001c : 189-190).

Pour situer l'impact du constructivisme et les controverses qu'il suscite en théorie des relations internationales, il faut répondre à trois séries de questions : 1) Comment, et dans quelle mesure, les différentes versions du constructivisme rompent-elles avec les postulats des rationalistes en relations internationales ? 2) Quels sont les postulats communs à toutes les versions du constructivisme et existe-t-il des frontières théoriques qui les séparent des autres théories critiques en relations internationales ? 3) Quelles sont les contributions particulières des constructivistes en théorie des relations internationales ?

À l'encontre de certains spécialistes de la théorie des relations internationales, ce chapitre perçoit le constructivisme comme une approche distincte du postmodernisme, de la Théorie critique et de la théorie néogramscienne. Notre présentation de l'ontologie, de l'épistémologie et de la normativité se penche, dans chaque cas, d'abord sur la critique constructiviste du rationalisme, ensuite sur l'alternative constructiviste à celui-ci et, finalement, lorsque nécessaire, sur les différences au sein du constructivisme concernant l'ontologie, l'épistémologie et leurs relations réciproques.

2. L'ontologie : façons d'être, façons de voir

Le constructivisme diffère de toutes les formes de rationalisme sur ce qui comprend et constitue l'univers des relations internationales, ses propriétés, ses propensions, ses dynamiques et ses formes d'interactions. Cela vaut pour trois domaines : 1) les fondements ontologiques des sciences sociales ; 2) l'ontologie des relations internationales ; 3) l'ontologie des concepts constituant la théorie des relations internationales.

2.1 L'idéalisme versus le matérialisme : les fondements ontologiques des sciences sociales

La théorie constructiviste repose sur une ontologie idéaliste[1]. Elle prétend que la réalité sociale (incluant celle des relations internationales) est constituée et reconstituée à travers les actions collectives et les interactions des êtres humains. En tant qu'êtres sociaux, les êtres humains sont des *agents* dont les actions forment et transforment les sociétés dans lesquelles ils vivent.

L'**idéalisme** ontologique avance que les différentes façons dont les êtres humains s'identifient individuellement et collectivement en société, ainsi que leurs manières de former et de comprendre collectivement leur place et celle des autres au sein du monde social, permettent d'analyser la manière dont le monde social se met en place (sa « substance ») et se transforme. Distinguant l'existence naturelle et l'existence sociale, l'idéalisme ontologique soutient que pour comprendre adéquatement le monde social, il faut tenir compte du fait qu'il est formé par l'action humaine consciente et intentionnelle (porteuse de projet d'action).

C'est ainsi que commence la critique constructiviste de la théorie rationaliste des relations internationales. Dès Morgenthau, les approches orthodoxes conçoivent « le monde réel » des relations internationales comme étant fait d'interactions entre des éléments observables analogues à ceux de la nature ou encore comme étant susceptibles d'être analysés *comme s'ils étaient* constitués comme ceux du monde naturel. Pour les rationalistes, les « faits » des relations internationales sont des objets muets, vierges et « externes » ; ils préexistent à la théorie et ils attendent d'être expliqués par « la science » – le rôle de la théorie est d'expliquer leurs formes inhérentes, leurs propriétés, leurs propensions et leurs dynamiques. On tient pour acquis que la nature des relations internationales et les divers éléments qui y participent sont restés stables à travers l'histoire. La politique internationale, écrit Gilpin, « n'a pas fondamentalement changé au cours des millénaires » (1981 : 211)[2].

---

1. *L'idéalisme* non pas au sens de l'utopie, mais au sens de privilégier, au niveau théorique, les facteurs idéationnels plutôt que matériels.

2. Doutant que les analystes contemporains des relations internationales puissent « savoir quoi que ce soit que Thucydide et ses compatriotes du Vᵉ siècle av. J.-C. ne savaient pas déjà à propos du comportement des États » (Gilpin 1984 : 227), Gilpin ignore le propos de Thucydide lui-même qui soulignait la nature construite de la majorité des discours de *Histoire de la guerre du Péloponnèse* : « Pour ce qui est des discours [j'ai écrit] comme il m'a semblé que les orateurs

Les rationalistes supposent que les interactions entre ces éléments transhistoriques sont inhérentes et régulières et donc accessibles au savoir et prévisibles. Qu'ils appuient cette affirmation ontologique fondamentale sur la soi-disant nature humaine (Morgenthau), le prétendu fonctionnement de l'histoire (Aron, Gilpin) ou sur des modèles micro-économiques purement abstraits (Waltz), le matérialisme ontologique est une prémisse indiscutable.

Pour les constructivistes, en revanche, «le monde physique peut exister plus ou moins comme nous le percevons, mais le monde social existe parce que nous y participons et y incorporons nos engagements pour le soutenir» (Kubálková *et al.*, 1998 : 16). La biologie pose des limites quant à ce que l'humain peut ou ne peut pas faire, mais notre comportement implique beaucoup plus que la biologie : «Nous ne serions pas humains si nous n'avions pas de relations sociales [...] les relations sociales *font* ou *construisent* les gens – *nous-mêmes* – et en font des individus» (Onuf, 1998 : 59. Souligné dans l'original).

La prémisse ontologique centrale du constructivisme est que, dans le cadre de l'interaction humaine, toute réalité est *socialement construite*. Les êtres humains construisent des images intersubjectives d'eux-mêmes par rapport à d'autres êtres humains ; ils sont porteurs de différentes conceptions de leur place dans un monde social en mutation constante ; ils élaborent des images collectives de leurs intérêts et des options qui s'offrent à eux ; ils attribuent un sens partagé aux conséquences de certaines actions ; ils développent des pratiques représentationnelles qui leur permettent de dire «ce qu'est le monde et comment il fonctionne» (Hall, 1988 : 44). En somme, l'existence sociale n'est pas donnée objectivement, ni créée subjectivement, elle est formée de façon intersubjective *à travers* les actions et les interactions des êtres humains. Agissant en fonction d'un horizon idéologique commun et de leurs pratiques représentationnelles, les gens sont des *agents* de leur propre existence sociale – leurs compréhensions (variables

et divergentes) d'eux-mêmes et de leur place dans le monde constituent la substance irréductible de la réalité sociale.

[Nous] *faisons* du monde ce qu'il est, à partir de la matière brute que la nature fournit, en faisant ce que nous faisons les uns avec les autres et en disant ce que nous disons les uns aux autres. En effet, dire c'est faire : parler est sans aucun doute l'action la plus importante par laquelle nous faisons du monde ce qu'il est (Onuf, 1998 : 59. Souligné dans l'original).

Voir le monde social à travers des lunettes constructivistes implique de «voir les personnes dans leur monde comme les fabricants de leur monde et voir le monde comme un projet de construction sans fin» (Kubálková, 2001 : 58). En tant qu'agents sociaux, les personnes *se représentent* le monde à travers le langage, la théorie, les idées, les valeurs partagées, les règles et les normes. Les agents sociaux agissent dans leur monde à travers ces types de *structures idéationnelles*. Les constructivistes soutiennent que l'analyse de la réalité sociale doit commencer par celle des structures idéationnelles à travers lesquelles l'action sociale se produit et sans lesquelles la société n'existerait pas.

2.2 L'ontologie des Relations internationales comme champ conceptuel

Les constructivistes critiquent quatre aspects de l'ontologie conceptuelle rationaliste en Relations internationales : la structure et le système international, les acteurs internationaux, les intérêts de l'État et l'interaction entre les États.

2.2.1 La structure et le système international

Le rationalisme présume que les relations internationales se produisent dans un contexte «présocial» (Reus-Smit, 2005 : 192). Il conçoit le système international anarchique, contraignant les actions des acteurs qui y évoluent, en termes abstraits (et ahistoriques) comme le vide social de l'état de nature hobbesien.

Soutenant que «la théorie est un artifice», Waltz (1995 : 68) postule un modèle abstrait de l'anarchie internationale qui est ainsi «reconnue comme un faux énoncé descriptif». De la même façon, il admet que l'État comme acteur rationnel «n'existe pas»

devaient parler pour dire ce qui était le plus à propos.» (Thucydide, 1966 : T1, 22, 42.)

(1979 : 89). Cependant, il soutient que par la « coaction » de ces unités « semblables quant à leurs fonctions », « émerge une structure qui affecte et contraint chacune d'entre elles » (1979 : 90). Une fois mise en place, « *la structure opère comme une cause* » (1979 : 87. Souligné dans l'original) ; elle devient « une force que les unités constitutives agissant seules ou en petit groupe ne peuvent pas contrôler... les créateurs deviennent les créatures » d'une structure anarchique (non existante) (1979 : 90). La « logique de l'anarchie » rend la guerre inévitable à moyen ou à long terme (Gilpin, 1981 ; Waltz, 1988).

Sur le plan ontologique, Waltz voudrait avoir le beurre et l'argent du beurre. Lorsqu'il aborde le processus de création (qui n'a jamais vraiment lieu) de la structure anarchique, il conçoit les États comme des agents, comme des « créateurs » dont la coaction entraîne la mise en place de l'anarchie. Leur préexistence est une condition ontologique nécessaire à l'existence de l'anarchie. Par contre, une fois cette structure anarchique abstraite créée, les États perdent tout pouvoir d'agir et deviennent ses simples « créatures », sujettes à l'éternelle logique de l'anarchie.

La notion de la structure internationale chez Waltz repose sur un deuxième glissement ontologique. L'anarchie est initialement invoquée comme une pure abstraction sans aucune existence réelle. Cependant, une fois l'analyse entamée, l'anarchie abstraite de Waltz acquiert une existence *matérielle*. Les néoréalistes (et les néolibéraux qui partagent ce modèle) « voient » la main invisible de l'anarchie dans la distribution des capacités matérielles (puissance) entre les États (Waltz, 1979). La distribution de la puissance est un « principe ordonnateur » à travers lequel l'anarchie assigne aux États leur place respective et leurs rôles dans une hiérarchie de puissance structurellement déterminée.

Quatre caractéristiques distinguent la notion alternative de structure que propose le constructivisme : la structure est « réelle » ; elle est sociale ; elle est intersubjective ; et la structure est conçue en tant que processus.

Pour les constructivistes, la structure est située dans un temps historique réel et implique des agents sociaux vivants. « Faite de relations sociales », elle est entièrement sociale (Wendt, 1995 : 73). De plus, elle est mise en forme par des savoirs et une structure de sens partagée qui émergent des interactions entre ces agents sociaux bien réels : « Ce sont les significations collectives qui constituent les structures qui organisent nos actions » (Wendt, 1992b : 397). Tandis que le rationalisme s'intéresse aux effets de l'anarchie sur l'ordonnancement des préférences des acteurs « rationnels », les constructivistes explorent les différentes compréhensions intersubjectives de la notion de structure. Selon eux, les structures internationales (comme l'anarchie) n'ont pas d'existence ou d'effets en dehors des *idées* que les agents sociaux leur imputent. La structure n'est donc pas une *cause* (comme chez Waltz), mais plutôt un processus ouvert de construction de sens partagé :

> Je considère que le système du *self-help* et la politique de puissance ne s'appuient pas logiquement ou causalement sur l'anarchie et que si aujourd'hui nous nous retrouvons dans un monde du *self-help*, cela est dû aux processus et non pas à la structure. Il n'y a pas de « logique » de l'anarchie en dehors des pratiques qui créent et reproduisent une structure des identités et de l'intérêt plutôt qu'une autre. La structure n'a pas d'existence ni de pouvoir causal en dehors du processus. Le *self-help* et la politique de puissance sont des institutions, plutôt que des caractéristiques essentielles de l'anarchie. L'anarchie est ce que les États en font (Wendt, 1992b : 395. Souligné dans l'original).

Parler est l'activité cruciale dans ce processus de construction du sens partagé qui structure le monde dans lequel les êtres humains interagissent : « Les personnes utilisent le langage [...] pour influencer d'autres personnes. Ainsi, peu importe qu'elles en soient conscientes ou non, leur représentation du monde contribue à sa construction » (Kubálková, 2001 : 63).

La variante du constructivisme axée sur les *règles sociales* voit celles-ci comme des structures clés qui forment et contraignent le comportement des agents.

Ce sont les règles qui stipulent les agents dans toute situation particulière. Un individu ne devient un agent qu'à travers les règles qu'il observe ou viole. Les règles donnent des choix aux agents ; non seulement de les respecter ou non, mais aussi en indiquant ce que les agents doivent faire dans des situations particulières. Les **règles constitutives** mettent en place le champ d'action. Si elles n'existaient pas, le champ d'action particulier qu'elles délimitent n'existerait pas. Si les règles constitutives sont violées, le champ d'action qu'elles définissent cesse d'exister.

La règle constitutive principale des relations internationales est celle de la souveraineté des États. Encore une fois, la souveraineté n'existe qu'intersubjectivement. Si tous les acteurs cessent de respecter la souveraineté comme l'« institution de la reconnaissance mutuelle et de la non-intervention » (Wendt, 1995 : 79) basée sur des règles, la forme actuelle de la politique internationale cesserait d'exister. Pourtant, la territorialité exclusive n'a pas toujours été une règle constitutive des relations extraterritoriales. La souveraineté est graduellement devenue une *nouvelle* règle constitutive pendant les 167 années entre la fin de la guerre de Trente Ans (1648) et la Conférence de Vienne (1815), alors que les acteurs clés modifiaient les règles de leurs interactions. Ce faisant, ils produisaient aussi les bases constitutives pour leur transformation éventuelle[3]. Les acteurs mettent en place leurs propres règles constitutives. Ils peuvent aussi engendrer une compréhension collective qui modifie ou remplace cette règle. Certains constructivistes défendent qu'en admettant la reddition d'une partie de leur souveraineté à l'Union européenne, les États membres transforment à la fois la souveraineté et le système des États européens (Christiansen *et al.*, 2001 : 2 ; Kolowski, 2001).

Les **règles régulatrices**, par ailleurs, spécifient ce qui est une conduite acceptable ou non dans un champ d'action constitué. Elles spécifient également les conséquences qui découlent du fait de les enfreindre. Par exemple, les règles mises en place par l'Organisation mondiale du commerce (OMC) stipulent les termes par lesquels les États font du commerce ; le commerce international continuerait même si tous les acteurs ne respectaient plus les règles de l'OMC.

Affirmant que « dire c'est faire », le constructivisme axé sur les règles (*rule-oriented*) s'intéresse aux « **actes de langage** » – « l'acte de parler sous une forme qui pousse quelqu'un d'autre à agir » (Onuf, 1998 : 66). Si des agents particuliers répètent des actes de langage particuliers assez fréquemment, les autres agents en viennent à percevoir cela comme signifiant, et si ces autres agents répondent positivement, ces actes de langage deviennent des règles.

Onuf (1998 : 66-68) spécifie trois types d'actes de langage et de règles correspondantes qui peuvent émerger d'une réponse positive des autres agents. Les *actes de langage déclaratoires* consistent en des affirmations à propos de la nature d'un aspect de la vie sociale, d'une situation ou d'une condition particulière : « L'Irak possède des armes nucléaires et constitue une menace directe à la paix internationale. » Les **règles déclaratoires** informent sur un état de choses dans le monde social et sur les conséquences probables d'ignorer cette information. Les *actes de langage directifs* sont impératifs : « L'Irak doit se désarmer et se soumettre aux inspections internationales ! » Les **règles directives** tracent un comportement idéal que les agents peuvent ignorer, tout en connaissant les conséquences. Finalement, les *actes de langage engageants* impliquent des promesses. « Si l'Irak ne se désarme pas, une coalition d'États entamera une action militaire pour le désarmer. » Les actes de langage engageants deviennent des **règles engageantes** quand un nombre suffisant de locuteurs les tiennent pour valides et s'engagent à respecter une ligne de conduite.

Les constructivistes critiques s'intéressent également aux *rôles dans des situations de pouvoir*. Ils se demandent d'où est issu le pouvoir de fixer certaines significations dans la société. Ils demandent quel type d'agents se voient accorder le « droit » de parler

---

3. « Le concept de l'État moderne est devenu possible seulement lorsqu'une nouvelle règle différenciant les unités constituantes de la Chrétienté médiévale a remplacé la règle de l'hétéronomie (juridictions, morales et politiques entrelacées et superposées) » (Ruggie, 1998 : 24).

avec autorité (ceux qui sont reconnus comme des «experts») et pourquoi certaines formes d'«expertise» sont considérées comme ayant plus d'autorité que d'autres. Qui, parmi tous ces experts, est entendu, par qui et pourquoi (Weldes, 1998)?

Certains constructivistes révèlent le rôle de la diffusion des normes dans la socialisation des acteurs étatiques dans le système international (Finnemore, 1996); d'autres se concentrent sur le monde imaginé qui sous-tend la construction de l'intérêt national (Weldes, 1999a) ou sur la culture nationale et la sécurité internationale (Katzenstein, 1996; et, de façon très différente, McSweeney, 1999). D'autres encore ont exploré le rôle du savoir de l'expert dans les communautés épistémiques (Haas, 1999; Masson, 2001) ou se sont intéressés à la façon dont les personnes ordinaires interprètent les affaires internationales (Pettman, 2000).

Quelle que soit la forme d'intersubjectivité analysée par les différentes versions du constructivisme, la structure est toujours mise en place par les agents, elle est leur créature. Même en s'y soumettant, leurs actions et leurs compréhensions ont pour effet de la relégitimer (reconstituer), de la modifier ou de la changer. Le constructivisme conçoit donc la structure comme un ensemble dynamique de savoirs socialement établis et partagés, capables d'évoluer, de changer et d'être transformés par des actes de langage et d'autres formes d'activités permettant sa mise en place : «Les règles font les agents, les agents font les règles» (Onuf, 1998 : 64).

2.2.2 Les acteurs internationaux

Le concept rationaliste d'acteur international, tout comme celui de structure, est présocial. Selon le lexique de la théorie néoréaliste, dans un contexte anarchique, les acteurs étatiques sont semblables quant à leurs fonctions. En concevant les acteurs comme anthropomorphisés, égoïstes et utilitaristes, les néoréalistes présument que ceux-là sont guidés uniquement par le calcul rationnel et instrumental, c'est-à-dire par la maximisation de leurs intérêts propres. Chaque État se comporte sur la scène internationale en fonction de rôles préassignés par les

effets structurant de l'anarchie, rôles dépendant de sa place particulière dans la hiérarchie de la distribution de la puissance. Tous les États tentent d'améliorer leur position relative face aux autres acteurs (gains relatifs). Les institutionnalistes néolibéraux soutiennent, cependant, qu'en certaines circonstances, ces acteurs égoïstes peuvent être amenés à rechercher des gains absolus plutôt que relatifs et, donc, à favoriser des formes institutionnalisées de coopération.

Même si le constructivisme ne limite pas sa conception de l'acteur aux États, la majorité de ses adeptes se concentre sur les comportements de ceux-ci. Par contre, ces derniers sont perçus comme des entités profondément sociales : ce sont des *agents*, plutôt que des «créatures» comme dans l'anarchie waltzienne. L'ontologie constructiviste avance que les significations attribuées par ces agents à leurs actions et à leurs interactions vont, à leur tour, former les structures idéationnelles collectives (constamment en évolution) au sein desquelles tout État évolue. On pourrait, dans une certaine mesure, paraphraser Waltz en suggérant que : «les États agissent en fonction des rôles que l'anarchie leur assigne». Mais le constructivisme trouve sa formulation la plus limpide dans l'aphorisme de Wendt (1992b : 395) répété *ad nauseam* – l'anarchie est ce que les États en font.

Par ailleurs, d'un point de vue constructiviste, chaque État a sa propre *identité*, socialement constituée par «les normes, les valeurs et les idées institutionnalisées de l'environnement social» au sein duquel les États agissent (Reus-Smit, 2005 : 199). Cette identité n'est pas une «chose» statique ni un fait historique, mais plutôt un *processus continu* au cœur duquel se situe l'agence :

> L'identité n'est pas un fait de société, il s'agit d'un processus de négociation entre les groupes et entre les personnes. Être anglais, irlandais, danois est la conséquence d'un processus politique et c'est ce processus, non pas l'étiquette qui le symbolise, qui constitue la réalité qui doit être expliquée. Nous ne pouvons pas décider du statut ou de la pertinence de l'identité *a priori* (McSweeney, 1999 : 73).

Dans le monde réel et historiquement ancré analysé par les constructivistes, les identités d'État ont une grande importance :

> Le monde ne serait pas le même aujourd'hui si l'Union soviétique ou l'Allemagne nazie était devenue hégémonique après la Deuxième Guerre mondiale. Même si la Grande-Bretagne avait hérité de ce rôle, cela aurait probablement entraîné des différences importantes. En effet, contrairement au néoréalisme, je suggère que le fait que l'hégémonie ait été *américaine* était aussi important que le fait que l'*hégémonie* était américaine dans la mise en forme de l'ordre mondial à la suite de la Deuxième Guerre mondiale (Ruggie, 1998b : 14. Souligné dans l'original).

L'identité est la clé qui permet de comprendre le comportement des États. Ce que les États font en matière de politique internationale ne peut qu'être appréhendé en termes d'identité. Les analyses constructivistes de la formation de l'identité privilégient trois types différents de lecture : vu du système, vu de l'État (ou de l'unité) et vu des deux simultanément (Reus-Smit, 2005 : 199-201). Le constructiviste « systémique » le plus incontournable, Alexander Wendt, conçoit que l'identité d'État est formée par la structure normative de la société internationale et par les pratiques stratégiques qui y ont cours. Il laisse de côté tous les facteurs *internes* (culturel, idéologique, matériel ou humain) qui donnent à chaque État son identité particulière (Wendt, 1994 et 1999). Les constructivistes individualistes s'intéressent, pour leur part, surtout aux façons dont les normes internes, sociales et légales façonnent les identités et les intérêts des États (par exemple, Katzenstein, 1997).

Ces lectures systémiques ou individualistes de la formation de l'identité reproduisent ainsi la dichotomie traditionnelle interne/externe de la discipline des Relations internationales. Chacun de ces deux types de lecture tend, en effet, à reproduire une vision statique de l'identité. L'approche systémique de Wendt, par exemple, rend difficile toute analyse du changement social, soit dans la société internationale ou dans l'identité d'État, dans la mesure où il exclut « par un fait accompli théorique, l'essentiel des forces norma-

tives et idéationnelles qui pourraient promouvoir ces changements » (Reus-Smit, 2005 : 200). Le constructivisme individualiste peut, quant à lui, rendre compte des changements dans l'identité d'État, mais pas vraiment des changements systémiques.

Une troisième lecture constructiviste de la formation de l'identité se concentre sur la relation « mutuellement générative » entre l'ordre international et la souveraineté étatique qui sont ainsi appréhendés comme « les deux facettes d'un ordre social et politique unique » (Reus-Smit, 2001 : 201) :

> Nous croyons que l'identité de l'État n'est pas attribuée de manière exogène par la structure du système international. Nous croyons au contraire que l'identité de l'État est d'origine endogène et se forme puis se reforme constamment par les relations sociales que l'agent entretient avec le monde. Il existe à ce titre une forme de dynamique constructrice entre l'agent et son milieu social, soit entre l'État et la structure du système international. La nature du système mondial va influencer la formation du caractère de l'identité d'un État, mais le comportement des États va à son tour influencer la nature, la structure, le caractère et la forme du système mondial. Il n'y a pas nécessairement de point de départ dans ce processus, car ces relations sont dynamiques et peuvent prendre plusieurs directions simultanément (Leblanc, 2004 : 14).

Cette version du constructivisme se penche tout particulièrement sur les questions de changements globaux (Koslowski et Kratochwil, 1993 ; Ruggie, 1993).

2.2.3 Les intérêts d'État

La majorité des commentateurs s'entendent pour affirmer que la contribution fondamentale du constructivisme à la théorie des Relations internationales a été de clarifier la façon dont les États forment leurs intérêts. Pour les rationalistes, la nature des interactions entre les États est purement compétitive, leurs intérêts étant prédéterminés par l'anarchie : « Tout État voudrait être la plus redoutable puissance militaire du système puisqu'il s'agit de la meilleure façon de garantir sa survie dans un monde qui peut être vraiment dangereux » (Mearsheimer, 1994-1995 : 12). Dans cette perspective, les interactions entre les États ont peu ou pas d'impacts sur leurs intérêts – au mieux elles empiètent sur les stratégies et les tactiques à travers lesquelles ils poursuivent ces intérêts.

Les constructivistes conçoivent les choses autrement. Selon eux, les États formulent et changent leurs intérêts dans le cadre d'un *processus* social continu. Comprendre comment ils accomplissent cela est essentiel pour interpréter leur politique étrangère. La clé qui permet de comprendre le processus de la formation des intérêts est celle de l'identité d'État : «Les identités sont à la base des intérêts» (Wendt, 1992b : 398). L'identité c'est l'être et les intérêts émergent directement des façons d'être :

> Être un «universitaire» donne à une personne certains intérêts comme ceux de la recherche ou de la publication ; être un monarque chrétien dans l'ère de l'absolutisme a entraîné également une série d'intérêts comme le contrôle de la religion sur son territoire, la poursuite des droits de succession au-delà de ce territoire, l'écrasement des mouvements nationalistes. De même, être une démocratie libérale de nos jours encourage une intolérance face aux régimes autoritaires et une préférence pour les lois du marché capitaliste (Reus-Smit, 2005 : 197).

L'identité et l'intérêt sont à la fois définis et limités par les règles : «Ce n'est pas parce que sa population parle arabe qui fait d'un État arabe un État *arabe*, mais plutôt le fait qu'il existe des règles qui sont associées avec l'arabisme et que ces règles mettent en place l'identité, les intérêts et les politiques extérieures, qu'ils soient considérés comme légitimes ou non, des États arabes» (Barnett, 2005 : 258. Souligné dans l'original).

Le constructivisme comprend la formation des identités sociales comme un processus par le biais duquel des significations collectives s'élaborent : «Les intérêts sont produits, reproduits et transformés à travers les pratiques discursives des acteurs […] les intérêts *émergent* des représentations qui définissent pour les acteurs les situations et les événements auxquels ils font face» (Weldes, 1998 : 218. Souligné dans l'original). Ainsi, la clé pour comprendre le comportement des États ne se situe pas, comme les néoréalistes le suggèrent, dans les objets matériels comme les

armes nucléaires, mais plutôt dans les *significations* que les acteurs attribuent à ce type d'armes : «Les acteurs agissent sur la base des significations que les objets ont pour eux et les significations sont socialement construites. Un fusil dans la main d'un ami n'est pas la même chose qu'un fusil dans la main d'un ennemi, l'inimitié est une relation sociale, non pas matérielle» (Wendt, 1995 : 50).

Dans la conception constructiviste des intérêts, la question de l'*identité* est cruciale de deux façons – premièrement en raison des identités que les acteurs s'attribuent et deuxièmement en raison des identités qu'ils attribuent aux autres acteurs. L'identité implique une logique de la *différence* et cette logique du rapport entre soi et l'autre se situe au cœur de la définition des intérêts et de la *menace* (voir l'encadré 12.1).

Outre la théorisation largement abstraite de Wendt, la majorité des constructivistes insistent plutôt sur l'analyse *empirique* des façons dont les intérêts d'État émergent de la formation de l'identité dans un contexte donné. En ce sens, le constructivisme met l'accent sur la *méthode* d'analyse et non pas sur la mise en évidence de ce qui *doit* être démontré dans l'analyse (Fierke, 2001 : 119). Les États peuvent modifier ou changer leurs identités et, en conséquence, leurs intérêts – pensons, par exemple, à l'Allemagne et au Japon avant et après la Deuxième Guerre mondiale (Berger, 1996) ou à l'Afrique du Sud avant et après l'apartheid (Masson, 2001). Les changements dans l'identité d'un État peuvent entraîner la transformation des intérêts de cet État et des effets importants pour l'ordre international en place (comme ce fut le cas de l'Union soviétique sous Gorbatchev [Herman, 1996]. Une certaine identité collective partagée entre les membres de la «communauté transatlantique des démocraties» a entraîné certains comportements spécifiques dans leurs relations réciproques et dans leurs relations avec les États qui ne sont pas membres de ce groupe (Risse-Kappen, 1996).

2.2.4 L'interaction entre les États

Le néoréalisme voit le système international comme un univers de pure stratégie au sein duquel les acteurs

Encadré 12.1 Représenter l'identité et la sécurité

Vue en termes de processus en cours de construction, l'identité est fondamentalement liée à la notion d'altérité, avec la construction de « l'autre » en tant qu'entité distincte de soi-même. [...C]'est cette logique de la différence qui conduit, dans certaines circonstances, à la *sécurisation* du prétendu conflit entre les intérêts politiques des États. Autrement dit, les acteurs étatiques dépeignent (ou représentent) cette différence de façon rhétorique comme une menace contre les valeurs fondamentales par lesquelles l'État en question définit son identité nationale, en ce sens que la différence ainsi évoquée est censée remettre en question la survie d'une représentation particulière de soi. Ainsi un discours sur la différence sécurisée s'intègre dans l'**imaginaire sécuritaire** de l'État : « Un imaginaire sécuritaire n'est autre qu'une construction de significations et de relations sociales bien établies à partir desquelles est créée une représentation du monde des relations sociales » (Weldes, 1999a : 16).

Illustrons : Les disputes courantes entre les gouvernements britanniques et français sont légion et, à l'occasion, intenses. [...] On établit une nette différence entre la France et la culture britannique et, en particulier, anglaise. Cependant, en dépit de ce profond sentiment de différence et du conflit d'intérêt, aucun discours politique sérieux dans la Grande-Bretagne contemporaine n'interpelle l'État français comme une menace à la survie des valeurs britanniques. L'imaginaire sécuritaire britannique ne construit pas « l'altérité » de la France comme une menace.

Comment et à quelles conditions la différence devient-elle une question de sécurité – c'est-à-dire une menace ? En premier lieu, la menace consiste toujours en une représentation rhétorique plutôt qu'en une réalité matérielle. [...L]a simple existence d'armes de destruction massive aux mains de l'État X n'est pas intrinsèquement une menace pour l'État. [...L]es 500 et quelques têtes nucléaires britanniques n'ont jamais été traitées comme une menace par les acteurs de l'État américain. Cependant la possibilité que la Corée du Nord ou l'Iran ou l'Irak de Saddam Hussein puissent posséder ou construire ne serait-ce qu'une seule arme nucléaire est dépeinte comme une menace mortelle pour les États-Unis (Wendt, 1995 : 73). La menace est ainsi une affaire de perception, elle est essentiellement subjective (ou plus précisément *intersubjective*), elle est toujours construite de façon rhétorique.

En deuxième lieu, ce que la rhétorique construit (ou représente) dans l'analyse de la menace – ce qui sous-tend la perception que certaines sortes de capacités matérielles (ou même d'actions) représentent actuellement une menace – est

une définition particulière d'une *relation sociale* à l'intérieur d'un réseau plus large d'autres relations sociales. La Grande-Bretagne est conçue, dans le discours stratégique américain, comme une alliée fiable des États-Unis dans un monde dangereux, tandis que l'Irak de Saddam Hussein est représenté comme un ennemi potentiellement mortel.

Cependant, ce sont ces mêmes agents institutionnels américains et dans le cas de Donald Rumsfeld, ces mêmes individus qui, durant les années 1980, construisaient de façon discursive l'État de Saddam Hussein en tant qu'allié, lui fournissant des armes et n'élevant aucune objection contre son utilisation notoire d'armes de destruction massive contre sa propre population à Halabja. Peu de choses peuvent mieux illustrer le fait que la sécurisation de la différence dépend, par nature, du contexte. En elles-mêmes ces capacités matérielles et même ces actions sont intrinsèquement dépourvues de signification. Elles sont plutôt représentées comme étant emblématiques de relations sociales définies de façon rhétorique.

Cela soulève une troisième question : comment – à travers quels mécanismes – la différence ou l'altérité en arrivent à être sécurisées dans l'imaginaire sécuritaire ? Nous suivons ici Weldes en mettant l'accent sur le double processus d'**articulation** et d'**interpellation des sujets** :

« Le mot « articulation » renvoie aux processus à travers lesquels *on produit du sens* à partir de matériaux culturels ou de ressources linguistiques bruts existants. Du sens se crée et se fixe *temporairement* grâce à l'établissement de *chaînes de connotations* formées au sein de divers éléments linguistiques. C'est ainsi que des termes différents en arrivent à prendre une signification, ou à se « convoquer » mutuellement. Ils se soudent en chaînes associatives qui forment un tout identifiable, sinon logiquement cohérent [...].

Les processus d'articulation se répétant avec succès, ces éléments linguistiques finissent par sembler être liés de façon naturelle ou par une nécessité logique, et le sens qu'ils produisent finit par sembler naturel, et finit par sembler une description exacte de la réalité (Weldes, 1999a : 98-99. Nos italiques).

Ce processus d'articulation est complété et, en partie, achevé par *l'interpellation* des sujets :

On crée des positions spécifiques au sujet quand on représente des rapports sociaux [...]. La position ou l'identité de chaque sujet s'accompagne de possibilités de façons d'agir particulières dans le monde, est placée dans un réseau de relations spécifiques, et se caractérise par des intérêts particuliers [...] À l'intérieur de l'imaginaire sécuritaire d'un État, une grande variété de positions du sujet sont créées, y compris celles de divers États – à la fois «notre État» et «leur État», ou encore «nous» et «eux» (en fait, généralement, plusieurs «eux») ainsi que d'autres sujets (Weldes, 1999a : 100-102).

Source : O'Meara et Sobhee, 2004 : 100-102. Reproduit avec la permission d'*Études internationales*.

personnifiés et atomisés se rassemblent uniquement pour calculer le moyen le plus efficace de tirer profit les uns des autres. Non contraints par les règles du jeu, ils trichent dès qu'ils le peuvent et calculent si la force ou la diplomatie est le meilleur moyen pour sécuriser leurs objectifs (Aron, 1962 : 33-57). La guerre est l'*ultima ratio* (Aron, 1962 : 103) et la conséquence inévitable du monstre anarchique qui, tel Frankenstein, est parrainé par les États eux-mêmes (Waltz, 1988 ; Gilpin, 1988). Le rationalisme néolibéral modifie cette vision morne afin d'entrevoir la possibilité d'une «coopération sous l'anarchie». Dans cette perspective, l'expérience répétée du dilemme du prisonnier apprend aux acteurs que la coopération augmente l'information qui leur est accessible concernant leurs adversaires, réduit les coûts des transactions entre eux et, finalement, est moins coûteuse que la guerre (Keohane, 1984 et 1989). Ainsi, la coopération entraîne la mise en place d'institutions qui limitent l'égoïsme étatique[4].

Si on pose la question «quels sont les faits?» de la politique internationale à ces deux variantes du consensus rationaliste, elles répondront : «Interroger des faits exempts de valeurs pour mettre en lumière des régularités et des formes récurrentes d'interactions entre les États dans un environnement anar-

chique.» Elles tentent, ainsi, d'établir des cas de figure qui leur permettraient d'expliquer et de prévoir des événements (et donc de guider les politiques publiques).

Les constructivistes examinent, pour leur part, les formes de représentations et d'intersubjectivité dans la politique internationale. Ils demandent : «Qui sont les agents, que font-ils [puisque dire c'est faire] et qu'est-ce qu'ils ne font pas [ce qui est aussi une façon de dire quelque chose]?» (Kubálková, 2001 : 74). Certains constructivistes demandent : «Quelles sont les règles et où les trouve-t-on?» D'autres sondent le discours de la politique internationale, choisissant les normes et les autres structures idéationnelles qui façonnent les paramètres et les termes du comportement et des interactions des États. Ils identifient les agents dans ces structures et analysent leurs interactions avec les structures idéationnelles. Ils s'interrogent également sur les modalités de changement et de formation de telles structures idéationnelles et sur la manière dont les agents changent et forment ces structures (leur **co-constitution**) (voir la figure 12.1, p. 254). Encore d'autres constructivistes sondent les actes de langage, s'interrogeant par exemple sur ceux qui sont dotés du pouvoir de parler avec autorité sur les questions d'ordre international (les «experts») et sur ceux qui parmi ces experts se voient accorder une priorité sur les autres – ce qui nous ramène à la question des règles et des pratiques représentationnelles (Weldes, 1998 : 221-222).

2.3 L'ontologie des concepts particuliers en Relations internationales

Même si les constructivistes utilisent des termes communs aux relations internationales (anarchie, système, structure, États, puissance, sécurité, etc.), ils leur accordent des significations très différentes de

4. Un des textes fondateurs du constructivisme en Relations internationales démontre que le bien-fondé de l'argumentaire néolibéral pour l'institutionnalisation de la «coopération sous l'anarchie» est soutenu seulement par l'abandon du dilemme du prisonnier compris comme un modèle du choix rationnel (Kratochwil et Ruggie, 1986). Ainsi, Keohane ne peut expliquer la coopération étatique qu'en intégrant l'intersubjectivité dans son analyse : ce sont exactement les bases à partir desquelles Wendt (1992b : 393-395) prétend que l'ontologie constructiviste fournit un socle plus cohérent sur lequel ériger les arguments normatifs du néolibéralisme.

Figure 12.1
Penser comme un constructiviste*

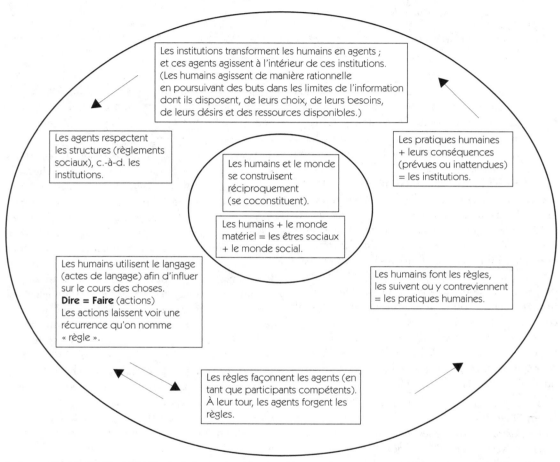

Les institutions transforment les humains en agents ;
et ces agents agissent à l'intérieur de ces institutions.
(Les humains agissent de manière rationnelle
en poursuivant des buts dans les limites de l'information
dont ils disposent, de leurs choix, de leurs besoins,
de leurs désirs et des ressources disponibles.)

Les agents respectent les structures (règlements sociaux), c.-à-d. les institutions.

Les humains et le monde se construisent réciproquement (se coconstituent).

Les humains + le monde matériel = les êtres sociaux + le monde social.

Les pratiques humaines + leurs conséquences (prévues ou inattendues) = les institutions.

Les humains utilisent le langage (actes de langage) afin d'influer sur le cours des choses.
Dire = Faire (actions)
Les actions laissent voir une récurrence qu'on nomme « règle ».

Les humains font les règles, les suivent ou y contreviennent = les pratiques humaines.

Les règles façonnent les agents (en tant que participants compétents). À leur tour, les agents forgent les règles.

celles considérées comme naturelles par les approches rationalistes[5]. Plutôt que de passer en revue chacun de ces concepts, nous poserons la question suivante : comment pouvons-nous *savoir* qui pose les prémisses ontologiques les plus fiables ?

_____
5. Pour un résumé de l'utilisation constructiviste de ces termes voir Table 3.3 : « Translating into constructivist categories the established discourses : IP/FP » (Kubálková, 2001 : 72-73).

3. L'épistémologie : comment le constructivisme prétend savoir ce qu'il sait ?

Le premier chapitre de cet ouvrage dresse les distinctions importantes entre les épistémologies *explicatives* et *constitutives*, d'une part, et les épistémologies *fondationnalistes* et *antifondationnalistes*, d'autre part. Émergeant d'abord comme une critique tant de l'ontologie que de l'épistémologie du rationalisme, le constructivisme semble à la fois constitutif et anti-fondationnaliste. Cependant, d'importants clivages divisent les constructivistes en ce qui concerne leur attitude face à l'épistémologie positiviste du rationalisme et quant à la relation entre l'ontologie constructiviste et l'épistémologie.

Dans son ouvrage le plus élaboré, le constructiviste le plus connu, Alexander Wendt, affiche sa prise de position : « épistémologiquement, j'ai choisi le parti des positivistes […] notre principal espoir est la science sociale » (1999 : 90). Il soutient que le constructivisme peut « dresser un pont » entre le rationalisme et le réflectivisme (1992b : 393-394 ; 1999 : 90). De même, d'autres constructivistes défendent une position semblable, à savoir que l'ontologie idéaliste du constructivisme est la meilleure façon de sécuriser la science sociale positiviste et d'encourager une voie mitoyenne vers le rationalisme (Jepperson *et al.*, 1996 ; Jørgenson, 1997 ; Checkel, 1998, Risse, 2001). Par contre, d'autres soutiennent encore que le constructivisme doit nécessairement se baser sur une épistémologie *interprétative*, opposée au néo-positivisme rationaliste, et irréconciliable avec ce dernier (Weldes, 1998 ; McSweeney, 1999 ; Kubálková, 2001 ; Reus-Smit, 2005). Pour évaluer les positions constructivistes concurrentes, il est nécessaire de rappeler les prémisses épistémologiques qui sous-tendent le consensus rationaliste (voir le chapitre 1).

Le mode d'explication positiviste qui caractérise le rationalisme s'appuie sur quatre prémisses : 1) le *naturalisme* ou la présupposition que le monde social est « propice au même type d'analyse que celles qui s'appliquent dans l'analyse du monde naturel » (Smith, 2001a : 42) ; 2) la double séparation entre les « faits » et les « valeurs » et entre les analystes sociaux (le « sujet connaissant ») et le monde social qu'ils étudient (leur « objet de savoir ») ; 3) la recherche de modèles et de régularités dans le monde social ; et 4) la présupposition que l'expérience sensorielle, sous la forme d'une preuve mesurable empiriquement, est le seul « arbitre de ce qui compte comme savoir » scientifique et valable (Smith, 2001a : 42).

Il faut tenir compte du fait qu'il ne s'agit que de *postulats*, il est donc impossible de savoir si ces prémisses épistémologiques positivistes sont « vraies », précisément parce qu'elles sont considérées d'emblée comme étant vraies[6]. Celles-ci s'appuient sur les prémisses (également considérées comme données) du **matérialisme** ontologique. L'épistémologie positiviste – « l'entreprise de science sociale » évoquée par Katzenstein *et al.* (1998 : 678) – est valable *uniquement* si les prémisses du matérialisme ontologique sont présumées valables. Cela signifie que *la relation entre l'ontologie et l'épistémologie est la clé de la cohérence interne et de la consistance logique de n'importe quelle approche théorique.* C'est ici que se trouve la principale faille du constructivisme. Deux points sont à discuter : quelle est l'épistémologie appropriée pour comprendre la **construction sociale** de la réalité et comment ce choix épistémologique est-il relié aux prémisses ontologiques du constructivisme ?

3.1 Un constructivisme positiviste ?

Les constructivistes qui tentent de dresser un pont avec le rationalisme défendent l'idée d'une causalité résiduelle (ou une épistémologie explicative). Wendt propose un constructivisme « mince » (*thin*) qui sépare deux types de facteurs causaux : les facteurs idéationnels et les facteurs matériels[7]. Cela soulève la difficulté de savoir si les facteurs matériels déterminent indépendamment le champ idéationnel ou si les facteurs matériels sont eux-mêmes constitués par les points de vue que les personnes entretiennent à leur endroit. Bien que Wendt ait déjà affirmé que les facteurs matériels importaient seulement en fonction

6. Procédant comme s'il s'agissait d'une vérité de l'évangile scientifique, les positivistes imposent une épistémologie à parti unique sur la théorie des relations internationales, jugeant d'autres épistémologies sous le niveau de la science (Keohane, 1989 : 174). La prestigieuse revue *International Organization* ne publie que des travaux qui partagent l'engagement de la rédaction « d'utiliser des preuves [empiriques] pour évaluer les différentes prétentions à la vérité » (Katzenstein *et al.*, 1998 : 678).

7. « Les concepts minces (*thin concepts*)… permettent des variations importantes dans la façon de les comprendre. Les concepts denses (*thick concepts*) ont, pour leur part, une signification plus substantielle (mais pas nécessairement complète) » (Baggini et Fosi, 2003 : 169).

du sens que leur accordaient les agents (1995 : 73), il a plus tard préconisé un « matérialisme "restreint" », soutenant que « les forces matérielles sont constituées indépendamment de la société et affectent cette société de façon *causale*. Les forces matérielles ne sont pas constituées seulement par les significations sociales » (1999 : 110-111. Souligné dans l'original)[8]. Dans ces termes, les facteurs idéationnels sont une *annexe* à la causalité matérielle. De plus, Wendt (1998 : 107) renforce cette notion de causalité en renvoyant les facteurs idéationnels dans le cadre des analyses explicatives : « les raisons peuvent être des causes ».

L'ontologie du constructivisme de Wendt semble en dissonance avec son épistémologie[9]. Smith en conclut que « l'essentiel du constructivisme social dans sa forme dominante (essentiellement nord-américaine) est assez près de l'aile néolibérale du programme rationaliste » (2001a : 44). Cela semble ironique. Nous sommes convaincus qu'il est possible de dresser un pont entre le rationalisme et le constructivisme, mais en des termes différents de ceux de Wendt. Le déterminisme structurel qui caractérise toutes les formes de rationalisme en Relations internationales se base sur des affirmations qui sont, chacune à leur façon, des construits idéationnels – les dialogues de Thucydide, la « nature humaine » selon Morgenthau, les lectures cycliques de l'histoire de Gilpin et Aron, l'anarchie purement abstraite de Waltz. Une fois que nous avons reconnu que chacune de ces notions n'est que construite (et qu'elle ne reflète pas une réalité objective), il devient clair que le réalisme et le néo-réalisme, comme le libéralisme et le néolibéralisme, ont *toujours* été « constructivistes » – au moins au sens où chacun a construit sa propre image de la réalité. Comme formes de représentations des pratiques, les théories rationalistes ont, entre autres, joué un rôle

significatif dans la mise en forme des imaginaires et dans la spécification des règles à travers lesquelles les acteurs conçoivent le monde, leur place dans ce monde, leurs relations avec les autres acteurs et les options qui leur sont offertes. Étiqueter ces théories de « scientifiques » ne les rend pas nécessairement matérielles, elles restent des constructions imaginées.

Notre caractérisation de la théorie orthodoxe des relations internationales scandalisera sans doute la majorité de ses praticiens. Néanmoins, elle ouvre la possibilité à une remise en question en profondeur de ces théories à partir des balises constructivistes. Bien entendu, cette démarche soulève une question épistémologique : comment analyser un monde purement construit en utilisant les prémisses naturalistes du positivisme ? Cela nous semble impossible, parce que le naturalisme présuppose le matérialisme ontologique, qui nie les caractéristiques essentiellement construites de la vie sociale. Une fois que les analystes acceptent que la « réalité sociale » n'existe pas de la même façon inhérente, matérielle et exogène que celle du monde naturel ; que les propriétés, les propensions, les formes et les dynamiques de la société ne peuvent pas être décrites comme stables et récurrentes comme celles de la nature ; que les êtres humains sont des agents de leur propre existence sociale (et historique) de la même façon que l'action d'une molécule d'eau ne peut pas être comprise comme étant orientée par l'auto-compréhension qu'elle a de sa propre existence, de sa relation avec d'autres molécules d'eau et de sa place dans la nature ; une fois que l'on admet cela, les quatre prémisses de l'épistémologie positiviste implosent. Perdant sa prétention à la « science », le positivisme devient une théorie normative, dont les postulats de base sont aussi valables, ou peu valables, que n'importe quelle autre.

3.2 Existe-t-il une épistémologie spécifiquement constructiviste ?

Les constructivistes offrent des réponses insatisfaisantes à cette question. Plusieurs de ceux qui rejettent la volonté de Wendt de dresser des ponts entre approches rationalistes et réflectivistes et qui acceptent l'idée que « l'épistémologie doit être cohérente

8. Par contre, quelques pages plus tôt, Wendt affirme que son constructivisme social « s'enquiert de la limite dans laquelle les idées *constituent* ces causes, en premier lieu, ostensiblement "matérielles" » (Wendt, 1999 : 94. Souligné dans l'original. Voir aussi p. 135).

9. Le « matérialisme restreint » de Wendt ne tient la route que s'il présume l'exogénéité et le naturalisme – s'il abandonne l'ontologie idéaliste sans laquelle le constructivisme s'effondre (Smith, 2001a : 40-52).

avec l'ontologie » (Ruggie, 1998b : 98), demeurent néanmoins mal à l'aise face aux questions d'ordre épistémologique. Les constructivistes qui se préoccupent surtout des règles (*rule-oriented*) évitent la question : « le constructivisme laisse l'épistémologie à la philosophie et emprunte le virage linguistique au plan de l'ontologie » (Kubálková *et al.*, 1998 : 19 ; Onuf, 1989 : 36-43). D'autres soutiennent que « les constructivistes partagent, quoique seulement partiellement, une épistémologie qui fait de l'interprétation une part intrinsèque de la science sociale et qui souligne les généralisations contingentes » (Adler, 2002 : 101).

Ces constructivistes qui perçoivent le besoin de cohérence entre l'ontologie et l'épistémologie travaillent dans des cadres d'analyse interprétatifs. Cependant, leur démarche est imprécise, sinon contradictoire. En effet, tout en étant critique des analyses positivistes et en ayant longuement insisté sur l'importance de la cohérence entre ontologie et épistémologie (Kratochwil et Ruggie, 1986), John Ruggie semble hésiter constamment entre la « *causalité* idéationnelle » et l'« *explication* narrative » (1998b : 21-22 et 94. Souligné dans l'original. Voir aussi Adler, 2002). D'autres voient le langage lui-même comme la clé de l'épistémologie. La vérité serait contingente et dépendrait de la façon dont nous parlons : « Même si mes propositions concernant le monde sont vraies, la vérité du monde n'est-elle pas dépendante des propriétés linguistiques de ces propositions ? » (Kubálková *et al.*, 1998 : 16.)

De telles affirmations ont poussé les rationalistes à étiqueter péjorativement de « postmodernisme » certaines formes de constructivisme. Il s'agit d'une erreur. Les postmodernes soutiennent que puisque le savoir est contingent au langage et que puisque le langage ne peut représenter que lui-même, nous devons donc penser le monde comme un *texte* performatif qui doit être déconstruit dans le but de démontrer comment le savoir est fabriqué et qui bénéficie de cette fabrication. Mais, même les constructivistes qui privilégient l'analyse du langage n'acceptent pas plus la thèse du « rien au-delà du texte », que la déconstruction. Ils soutiennent plutôt que tout

savoir est provisoire et qu'il provient d'un processus continu de construction sociale. Ce qui requiert donc une interprétation à travers des analyses de « modes de raisonnement » qui forment le savoir de n'importe quel agent du monde, ainsi que de sa place et de ses possibilités dans ce monde (Weldes, 1998 : 223-224). Les généalogies et l'intertextualité postmodernes éliminent l'agence humaine ; tuant consciemment le sujet, elles réduisent le social aux contraintes de la grammaire et de la rhétorique (un structuralisme rigide)[10]. Le constructivisme, par contre, insiste sur le fait que le social ne peut être abordé qu'à travers l'analyse de l'agence et de l'interaction mutuelle (la co-constitution) des agents et de la structure.

Dans la mesure où les constructivistes fournissent une réponse explicite à la question « qu'est-ce qui compte comme connaissance ? », leur épistémologie est interprétative, intersubjective et *con*textuelle :

> Les constructivistes se détournent de l'approche positiviste, où un critère peut être appliqué de l'extérieur, pour se concentrer sur le contexte relationnel dans lequel nous interagissons les uns avec les autres. Les constructivistes essaient alors d'identifier le contexte intersubjectif plus large dans lequel des actions d'une sorte ou d'une autre semblent raisonnables et donc justifiables… Les constructivistes qui se préoccupent surtout des règles (*rule-oriented*) soutiennent que l'intersubjectivité est un processus qui rend tous les faits *sociaux*. En tant que tels, ils sont des affirmations provisoires, certaines plus ancrées que d'autres, mais constamment dépendantes de la position toujours contingente du sujet [l'agent, réclamant du savoir] dans le flou continuel des changements d'actions (Kubálková, 2001 : 75. Souligné dans l'original).

Il doit être clair que nous soutenons que l'ontologie et l'épistémologie sont les deux côtés d'une même médaille, aucune n'a priorité puisqu'elles sont mutuellement génératives. De plus, la congruence (ou non) entre l'ontologie et l'épistémologie de n'importe quelle approche en théorie des Relations internationales nous fournit à la fois un test clé de la cohérence logique de cette approche et une grille d'analyse pour

---

10. Pour une perspective différente sur cette question, voir le chapitre 15.

comparer la validité de différentes approches. C'est en ce sens que Wendt (comme Waltz et Keohane) soutient une position intrinsèquement contradictoire, confondant l'ancien « problème du niveau d'analyse » avec l'ontologie[11].

La distinction entre fondationnaliste/anti-fondationnaliste est importante pour comprendre ce point. En tant que positiviste, Wendt devrait se situer parmi les fondationnalistes, promouvant une notion de preuve objective et d'affirmations véridiques. En tant qu'idéaliste ontologique, il ne peut que se considérer comme un anti-fondationnaliste (puisque tout est dans la question « que voyez-vous ? » et que cela doit être résolu intersubjectivement, plutôt qu'objectivement). Cependant, tandis qu'il n'y a peut-être pas de façon d'évaluer les prétentions à la vérité comme étant définitivement vraies ou fausses, elles *peuvent* être évaluées et comparées quant à leur degré de cohérence interne. Lorsqu'elles sont présentées comme étant *dans leurs propres termes* intrinsèquement contradictoires, elles sont insoutenables.

4. Les variantes du constructivisme

Les variantes du constructivisme diffèrent sur quatre points : 1) leur position face au rationalisme ; 2) le degré de cohérence entre leurs ontologies idéalistes et leurs épistémologies (implicites ou explicites) ; 3) l'importance qu'elles accordent aux jeux de langage et au langage lui-même ; et 4) leur attitude face à

d'autres théories critiques et face à l'implication normative de leur théorie.

D'emblée, il n'y a pas de consensus concernant ce que seraient les différentes formes de constructivisme. Différentes typologies ont été proposées (voir l'encadré 12.2). L'essentiel de ces typologies porte sur les différences au sujet de la *méthode* et de l'*épistémologie* – c'est-à-dire les questions qui restent irrésolues dans la pensée constructiviste. De plus, la plupart des typologies incluent sous la rubrique du constructivisme *toutes* les approches théoriques qui soutiennent que la réalité est « socialement construite ». C'est une étiquette beaucoup trop large qui étend l'appellation de « constructivisme » illégitimement à au moins trois approches distinctes en théorie des relations internationales – le postmodernisme, l'approche néogramscienne et la Théorie critique (dérivée de l'École de Francfort). Nous avons déjà présenté les différences entre le postmodernisme et le constructivisme. L'épistémologie du matérialisme historique des néogramsciens est, pour sa part, fondamentalement en désaccord avec l'interprétation constructiviste, tout comme plusieurs catégories ontologiques néogramsciennes comme la classe, le bloc historiqu, l'hégémonie structurelle, etc. (voir le chapitre 13). Finalement, les racines philosophiques, l'épistémologie, les préoccupations analytiques et le projet émancipatoire de la Théorie critique vont beaucoup plus loin que ceux du constructivisme (voir le chapitre 14). Nous trouvons utile, donc, de limiter les frontières du constructivisme en Relations internationales au large champ des analystes qui se concentrent sur la construction sociale de la réalité à travers (diverses) structures idéationnelles et qui perçoivent celles-ci comme un *processus* plutôt que comme un texte déterminé grammaticalement.

D'abord, malgré les dangers inhérents que comporte une telle généralisation, il est possible de souligner des tendances distinguant le constructivisme tel qu'il est pratiqué aux États-Unis du constructivisme européen. Les constructivistes américains œuvrent dans une culture et dans un climat intellectuel et politique qui est plus rigide, plus contraint par le discours de la sécurité nationale américaine, plus centré

---

11. Wendt (1991 : 387) considère que son acceptation du défi de Waltz pour élaborer une théorie au niveau de la « troisième image » (c'est-à-dire une théorie de « niveau systémique ») n'implique qu'un choix explicatif, supposant « l'importance relative des facteurs causaux » (c'est-à-dire de l'utilité explicative d'opter pour une approche de haut en bas plutôt que de bas en haut). Par contre, comme Hollis et Smith le démontrent (1990, 1991 et 1992), il s'agit aussi d'une question « interne/externe » impliquant un choix ontologique concernant les formes, les propriétés, les dynamiques et les propensions fondamentales des relations internationales – c'est-à-dire, entre voir (et par conséquent comprendre) le monde de l'intérieur ou le voir et l'expliquer de l'extérieur. Ce que vous voyez dépend de ce que vous souhaitez expliquer (et vice versa). Ainsi, pendant qu'il proclamait un idéalisme ontologique dilué, Wendt a effectivement promu le matérialisme ontologique – qui est la seule façon pour lui d'opérationnaliser la prémisse naturaliste du positivisme.

Encadré 12.2 Typologie des variantes du constructivisme

Ben Ze'ev (1995) sépare le *réalisme constructiviste* de l'*idéalisme constructiviste*. Katzenstein *et al.* (1995 : 675-678) distinguent entre les variantes *conventionnelle*, *critique* et *postmoderne*. Adler (1997 : 335-336) a d'abord différencié des formes *modernistes*, *axées sur les règles (rule-oriented)* ou *le savoir narratif (narrative knowing)*, et *postmodernistes* de constructivisme et a choisi plus tard la distinction entre les types *moderniste*, *linguistique moderniste*, *radical* et *critique* (2002 : 96). Ruggie (1998 : 35-36) parle de versions *néoclassique*, *postmoderniste* et *naturaliste* du constructivisme. Wendt (1999 : 3-4) discute des trois « courants » qui ont caractérisé le constructivisme en Relations internationales depuis 1980, les *modernistes*, les *postmodernes* et les *féministes*, pour distinguer son propre constructivisme *modéré* et *mince* des versions plutôt *radicales* et *postmodernes* (1-2). Plus récemment, à la fois Smith et Kubàlkovà distinguent la variante *souple* et celle *axée sur les règles (rule-oriented)*, suggérant respectivement que le premier « est essentiellement une entreprise rationaliste » (Smith, 2001a : 45) ou simplement qu'il fournit un lustre à la « vieille structure tombant en ruine » du rationalisme (Kubálková, 2001 : 56), tandis que Reus-Smit (2005 : 196) divise le constructivisme entre les *modernistes* et les *postmodernistes*. Finalement, tout en qualifiant le constructivisme comme une approche qui se situe à mi-chemin entre les approches rationaliste et postpositiviste, Fierke distingue entre deux « écoles » constructivistes. La première ne voit aucune différence fondamentale avec les approches rationalistes orthodoxes, bien que la deuxième insiste sur la primauté du « virage linguistique » (Fierke 2007 : 175).

sur l'État et beaucoup plus imbriqué à l'hégémonie idéologique positiviste, que ce n'est le cas de leurs homologues européens (Waever, 1998 ; Smith, 2002). Ces derniers tendent à être plus engagés avec la littérature critique que ne le sont les Américains. Leur entreprise a une portée philosophique et méthodologique beaucoup plus large que celle des « sciences sociales positivistes » qui règne dans le monde universitaire états-unien. En raison de leur très grand intérêt pour l'étude d'une culture politique européenne, les constructivistes européens échappent au conformisme pesant de l'orthodoxie américaine (Jørgensen, 1997 ; Christiansen *et al.*, 2001). De plus, les théoriciens européens des relations internationales disposent d'un plus grand nombre de débouchés au niveau de la publication que les Américains.

Cela dit, on retrouve, autant en Europe qu'aux États-Unis, les trois variantes suivantes du constructivisme. D'abord, le *constructivisme conventionnel* qui cherche à dresser des ponts avec les approches rationalistes et s'interroge principalement sur la construction normative de la rationalité. Le travail de Wendt représente bien cette première variante. Une deuxième variante, le *constructivisme axé sur les règles (rule-oriented)*, se concentre surtout sur l'articulation des pratiques du savoir contraintes linguistiquement (comme dans les travaux d'Onuf et de Kubálková). La troisième variante, le *constructivisme critique*, interroge ces pratiques du savoir comme moyens de légitimer des rôles de pouvoir. Il s'intéresse davantage au dialogue avec d'autres théories critiques (McSweeney, Weldes, Williams et Krause, Price et Reus-Smit).

Les divisions entre les constructivistes sont importantes. Dans ce qui suit, nous nous concentrerons sur le facteur de la normativité.

5. Une normativité constructiviste

Les analystes rationalistes des relations internationales insistent sur une double distinction, celle entre « valeurs » et « faits » et celle entre le « sujet connaissant » et son « objet du savoir ». Selon eux, cette double distinction élimine toute normativité de la théorie. Cela malgré le caractère explicitement prescriptif de la théorie rationaliste. Éduquer les acteurs politiques sur ce que « l'intérêt national » exige d'eux et sur le type d'actions qui constitue une politique « prudente » est considéré par les rationalistes comme étant une activité neutre et non contaminée par la normativité.

Malgré ce qui les distingue, les variantes du constructivisme rejettent la possibilité d'une théorie des relations internationales qui soit épurée de toute normativité. Wendt propose la variante la plus conservatrice, mais il est aussi celui qui est le plus cité.

Il est pertinent de s'interroger sur la question de la normativité dans ses travaux, et de se demander si son «positivisme» se distingue de l'orientation normative des approches rationalistes.

Selon Wendt, les normes et la diffusion des normes sont au cœur de la notion de construction sociale (à la fois des identités dans les relations internationales *et* de la discipline des Relations internationales). Son constructivisme «mince» (*thin*) est parsemé d'implications normatives. En soutenant que «l'anarchie est ce que les États en font» et, de ce fait, qu'il n'y a donc pas de logique exogène à l'anarchie, Wendt remplace l'image réaliste des États se confrontant mutuellement sur la base de la prémisse du pire (puisque la logique de l'anarchie les condamne à se menacer éventuellement les uns les autres), par l'image d'États se jaugeant les uns les autres sur la «base des probabilités» – qui sont elles-mêmes produites «par ce que les acteurs *font*» (Wendt, 1992b: 404. Souligné dans l'original). Puisque l'action dépend des normes et des règles, les acteurs peuvent ainsi *changer* leurs actions. Répliquant à une attaque néoréaliste (Mearsheimer, 1994-1995), Wendt lie directement la théorie aux «responsabilités éthiques de ceux qui font la politique étrangère»:

> Ces responsabilités dépendent en partie de jusqu'à quel point il est *possible* de changer la structure du savoir partagé au sein de l'anarchie. Si un tel changement est impossible, alors Mearsheimer a raison de dire qu'il serait irresponsable pour les responsables de la sécurité nationale d'essayer d'y parvenir. Par ailleurs, si cela *est* possible, il serait irresponsable de poursuivre des politiques qui perpétuent le vieil ordre destructeur, surtout si nous sommes préoccupés par le bien-être des générations futures (souligné dans l'original).

Même un constructiviste «mince», «étatiste» et «positiviste» comme Wendt soutient que l'agence influence et forme la structure et que les agents sont beaucoup plus que de simples victimes de cette structure. Bien qu'objectant que le néoréalisme «n'est pas suffisamment structurel» (1995: 72), son «structuralisme» alternatif est loin des tendances déterministes structurelles et ahistoriques de Waltz. Même Wendt,

le moins critique des constructivistes, insiste sur le fait que la structure «n'existe que dans le processus» (et donc, dans l'histoire). Sa réfutation catégorique de la «logique de l'anarchie» circulaire et statique souligne à la fois le rôle de l'agence et la possibilité (ou même, l'inévitabilité historique) du changement. La théorie a des conséquences normatives très claires et les théoriciens ont une responsabilité éthique quant aux conséquences de leurs théories.

L'ontologie constructiviste dépeint donc un monde «qui est plus large, plus contingent, plus inattendu, plus surprenant et *doté de plus de possibilités*» que le monde étroit décrit par les rationalistes (Adler, 2002: 100. Nos italiques). L'analyse interprétative constructiviste de ce monde contingent des relations internationales «devient le savoir *pour* le monde – le pouvoir de changer le monde conformément à des compréhensions collectives et, simultanément, à des motivations humaines et à des actes intentionnels» (Adler, 2002: 95). Le constructivisme explore un double processus d'ancrage du sens et des significations – d'abord dans le savoir et ensuite à travers le rôle des pratiques du savoir dans la cristallisation des significations dans la société au sens large (Guzzini, 2000). Les deux sont compris comme étant des aspects clés de l'exercice du pouvoir social. Cela signifie à la fois que le «sujet connaissant» (par exemple, le professeur en Relations internationales) ne peut pas être séparé de «l'objet» de son étude (l'activité des relations internationales) *et* que le savoir produit par l'analyste fait partie de la construction sociale de la pratique des relations internationales dans le monde réel.

Abordant la question des «universitaires comme agents», Kubálková soutient que «les règles constituant une société définissent les conditions sous lesquelles les individus, les institutions et les associations peuvent intervenir dans les affaires sociales» (1998b: 194). Tout en soulignant la nature politique de toute théorie, pour elle le constructivisme n'est ni nécessairement «émancipateur» ni nécessairement «critique». Cependant, tandis que l'autorité de définir le sens et les significations socialement légitimes est au cœur de tout pouvoir, les règles et les normes qui garantissent une telle expertise jouent elles-mêmes un rôle clé dans la mise en scène des rôles de pouvoir. Dans la mesure où la théorie sert la propagation de ces règles ou de ces normes (comme « vérités » ou « science »), le théoricien est un agent actif dans la mise en place, la (re)légitimation, ou le changement, de la structure de pouvoir de l'ordre social existant.

Bien que peu de constructivistes soulignent explicitement ce point, cela signifie que les « jeux conceptuels » qui ont cours dans les Relations internationales universitaires ne sont pas neutres, « objectifs » ou théoriquement désintéressés. Les théoriciens des relations internationales qui jouent ces jeux ne sont pas seulement des « scientifiques » passifs observant et enregistrant ce qui leur est objectivement « externe ». Ils sont plutôt des *agents* signifiants dans le processus de définition à la fois de ce en quoi consistent les « relations internationales » et de ce qui est possible en leur sein. L'acte d'écrire à propos de la théorie des relations internationales est *activement politique*, il est crucial pour consolider certaines représentations de « la réalité » plutôt que d'autres et certaines relations de pouvoir qui dépendent de ces représentations.

Ce qui a pavé la voie à l'invasion anglo-américaine de l'Irak en 2003 illustre clairement que le pouvoir de nommer une chose et de définir une situation (« la menace des armes de destruction massive irakiennes ») rend cette chose réelle en termes de conséquences – même si, comme il est maintenant universellement reconnu, la chose en question a toujours été une pure fiction, un simple construit idéologique. Les affirmations théoriques ont de réelles (et souvent désastreuses) conséquences pour l'humanité. Ceux qui participent à des joutes théoriques ont la responsabilité éthique des conséquences qu'entraînent leurs affirmations.

Cependant, les auteurs partisans du constructivisme axé sur les règles se retiennent de tirer les conclusions logiques de leur caractérisation des universitaires comme étant des agents. Cette prise de conscience est laissée au constructivisme critique :

> Tandis que cet « idéalisme empirique » [constructivisme] ne fournit aucune réponse aux questions

posées par les éthiciens internationaux, cela contribue à une théorisation normative plus orientée sur la philosophie de deux façons : il légitime ces théorisations en démontrant la possibilité de changements internationaux motivés par des idées ; et il aide en clarifiant les dynamiques et les mécanismes de ces changements poussant ainsi plus loin le développement de « l'utopisme réaliste » proposé par E. H. Carr » (Reus-Smit, 2005 : 207).

Décrivant un constructivisme critique qui est « fondamentalement transformatif, à la fois théoriquement et politiquement », Weldes soutient que l'analyse constructiviste « permet une politique explicitement émancipatrice » (1998 : 225). Un autre constructiviste de coloration plutôt orthodoxe a soutenu qu'« il est à peine exagéré de dire que si le constructivisme concerne quoi que ce soit, il concerne le changement », et a mis au défi tous les constructivistes de faire face à la tâche de « souligner les *conséquences pratiques et politiques* de leur approche » (Adler, 2002 : 102 et 110. Souligné dans l'original). Puisque *tous* les constructivistes acceptent la normativité de leur théorie d'une façon impensable pour le rationalisme, nous ne pouvons admettre que le constructivisme conventionnel se limite au rationalisme. Même le constructivisme « mince » (ou « souple ») de Wendt est distinct du rationalisme : si cette distinction est mince en termes épistémologiques, elle est explicite au niveau ontologique et déterminante quant à la normativité.

6. Conclusion : contributions et faiblesses

S'érigeant sur les préoccupations sociologiques de l'École anglaise (voir le chapitre 11), le constructivisme a eu un impact sur la théorie des relations internationales américano-centrée plus important que celui de cet autre courant. Le constructivisme a aidé à réinsérer l'histoire et la société dans la théorie des relations internationales. Ses avancées ont poussé certains rationalistes à porter attention à leurs propres prémisses (Sterling-Folker, 2000), ou encore à s'intéresser aux structures idéationnelles dans la formation des intérêts (Schweller, 1997), ou même de proposer une « synthèse » du constructivisme et le réalisme (Barkin, 2010), et a provoqué un débat autour de la rationalité normative plutôt qu'autour de la rationalité instrumentale. De la même façon, il a entraîné de nouvelles perspectives dans l'étude de la puissance en Relations internationales, soulignant sa dimension intersubjective. Son intérêt pour les normes et les règles et sa reconceptualisation des institutions, son insistance sur l'importance centrale de la représentation de l'identité dans la formation de l'intérêt, sa façon de repenser la souveraineté et la sécurité, son souci d'une série d'acteurs non étatiques dans la gouvernance internationale ; le poids qu'il donne à la co-constitution agence/structure ; tout cela a permis d'élargir les discussions au sein de la théorie orthodoxe des relations internationales. Le constructivisme a mis de l'avant l'étude des *processus* et du *changement*, plutôt que l'explication des phénomènes supposément statiques. Cela a été poussé encore plus loin au sein des débats entre certains constructivistes et d'autres théories critiques. La discipline des Relations internationales est devenue beaucoup plus dynamique et critique au cours des vingt-cinq dernières années et la vie intellectuelle de ses étudiant(e)s et de ses professeur(e)s est devenue d'autant plus intéressante. À cet égard, le constructivisme a joué un rôle clé, bien qu'inégal, dans l'ouverture de la discipline.

Cela dit, il comporte également certaines limites et failles très apparentes. Nous ne mentionnerons que ses trois principales faiblesses.

Premièrement, le constructivisme se limite consciemment à l'étude des « conditions linguistiques de l'existence » de la politique mondiale (Weldes, 1998 : 286). Ce faisant, il laisse ouverte l'ambiguïté que Wendt avait saisie dans sa notion de « matérialisme restreint » : c'est-à-dire, les conditions d'existence de la politique mondiale sont-elles vraiment purement linguistiques ? Si elles ne le sont pas, cela a des implications fondamentales pour l'ontologie idéaliste : cela implique que certains « éléments » de la vie sociale vont au-delà du langage, au-delà des idées. Si les constructivistes limitent ces conditions d'existence au champ du langage et des représentations langagières, alors il est *essentiel* qu'ils confrontent directement la question que la plupart d'entre eux tentent d'éviter, celle de l'épistémologie. Le pouvoir analytique à la fois du rationalisme et du marxisme orthodoxe se situe

dans leur épistémologie : chacune de ces approches a clairement spécifié les façons de *connaître* le monde observé Le constructivisme a, pour sa part, une façon très précise *de percevoir* le monde, mais il n'a toujours pas résolu la question de comment il peut *connaître* ce qu'il perçoit.

Une deuxième faiblesse provient de la conception de la construction sociale de la réalité et du savoir. Le constructivisme a raison de souligner que ce type de construction est un *processus continu*, limité par l'histoire. Il est aussi juste de souligner que les êtres humains vivent et agissent dans et par le biais des structures idéationnelles. Néanmoins, il nous semble beaucoup trop contraignant de limiter l'analyse du processus et des changements à celle du rôle (et des changements) des structures idéationnelles. On en vient à se demander, à la lecture de ces analyses, quelle est la place du *politique* dans tout cela ? C'est comme si les structures idéationnelles acquéraient une vie propre, comme si aucune bataille réelle n'avait eu lieu au-delà des idées, comme si l'agence pouvait être réduite aux pratiques du savoir. Pour un politologue socialisé dans le dur monde de la politique en Afrique australe, le constructivisme décrit une sorte de politique sans vie (et sans sang). Il y a, sans aucun doute, plus dans la lutte politique que la diffusion des normes et les jeux conceptuels. Klotz (1995) a raison de soutenir que la délégitimation internationale du racisme établit un environnement normatif global qui a isolé de façon importante le régime de l'apartheid et augmenté énormément l'effort et les ressources (matérielles) requises pour continuer à faire fonctionner l'État sud-africain. Néanmoins, les gouvernements de Margaret Thatcher et de Ronald Reagan, entre autres, n'ont pas eu honte, et ont rencontré peu d'obstacles, quand ils défendaient cet État idéologiquement paria, en l'appuyant politiquement et matériellement. La destruction de l'apartheid a coûté horriblement plus de sang, de sueur et de larmes que ne peuvent le suggérer les notions de changements normatifs, de pratiques représentationnelles et de structures idéationnelles.

Cet exemple met en lumière, troisièmement, les limites de la compréhension constructiviste de l'identité, surtout en ce qui a trait au lien entre identité et intérêt. Tandis que la majorité des constructivistes présentent leur approche comme la plus empirique des nouvelles théories des relations internationales, la plupart de leurs analyses des identités et des intérêts se limitent aux actes de langage et aux pratiques représentationnelles des agents étatiques. Manifestement, il s'agit là de conditions nécessaires de la construction de l'identité. Néanmoins, les quelque vingt années que nous avons consacrées à l'analyse de la politique identitaire au sein de la société sud-africaine nous ont convaincu qu'une compréhension des pratiques représentationnelles ne suffit pas pour saisir les processus de construction des identités des agents sociaux, ni les liens entre identités et intérêts (O'Meara, 1997). Le processus *toujours contesté et hautement complexe* de la construction de l'identité implique plutôt un ensemble complexe d'agents (au-delà des agents d'État et des experts) et une série de luttes politiques se déployant bien au-delà de la question des actes de langage. Nous pourrions soutenir que l'aspect fondamental de la construction de l'identité est celui du processus politisé de *cristallisation* ou d'enracinement de cette identité dans un système de croyances mis de l'avant par des non-experts dans la société au sens large du terme. Comprendre les processus contestés à travers lesquels une certaine représentation de l'identité devient prioritaire, parmi toutes celles qui sont en compétition dans l'ensemble de la société, est impossible si on limite l'analyse aux actes de langage et aux pratiques représentationnelles. Que s'est-il produit dans la société américaine en 2003 et pendant l'élection présidentielle de 2004, pour que des actes de langage établissant un lien étroit entre Saddam Hussein et Al-Qaïda prennent racine dans de larges sections de la société américaine, au point de justifier l'invasion de l'Irak? La seule analyse des actes de langage ou des pratiques représentationnelles ne nous permet pas d'éclairer cela. Une analyse qui se limite à ces facteurs risque de concevoir la perception que les agents étatiques ont de leurs propres pratiques comme suffisante pour les expliquer. Cela

ignore les questions clés reliées à la construction du pouvoir et de la *puissance*, des questions auxquelles «les constructivistes ont été relativement inattentifs» (Barnett, 2005 : 260).

Certains constructivistes peuvent répondre que leur approche s'intéresse à la culture et se penche sur la mise en place de valeurs culturelles socialement «légitimées». Il s'agit, bien entendu, d'éléments clés dans l'interprétation des politiques autour de la guerre en Irak. Encore une fois, pourtant, nous croyons que comprendre l'hégémonie de certaines valeurs culturelles plutôt que d'autres nécessite une analyse des processus politiques plus larges que les seules pratiques représentationnelles. À tout le moins, la question «à qui bénéficie ces pratiques?» implique des agents au-delà de l'appareil étatique et au-delà des experts et requiert un concept d'intérêt plus nuancé.

Malgré sa contribution significative à la pensée des relations internationales, le constructivisme peut souvent être accusé d'aboutir à une reproduction des dichotomies conventionnelles de la science politique orthodoxe. En Afrique du Sud, pendant l'apartheid, comme dans le cas de l'invasion américaine de l'Irak, ou dans quelconques situations politiques pendant la guerre froide, il était impossible de séparer les règles, les rôles et les pratiques représentationnelles, qu'ils aient été économiques, politiques ou sociaux. Non pas qu'ils soient identiques ou congruents, mais plutôt qu'ils s'entremêlent et interagissent (dans un mot, ils se co-constituent). De même, concevoir le pouvoir et la puissance purement au niveau du sens et des significations et en limiter leur analyse aux acteurs étatiques (ce qui n'est pas le défaut de tous les constructivistes) est une vision réductionniste de processus politiques complexes. Tandis que le rationalisme «ne nuance pas», il nous semble que le constructivisme devrait le faire s'il souhaite remplir ses promesses de fournir une approche plus satisfaisante, si ce n'est critique, pour étudier les relations internationales.

❖ ❖ ❖

Pour en savoir plus

Textes qui présentent le constructivisme ou qui donnent une vue d'ensemble de cette approche :

Barnett, M., 2005, « Social Constructivism », dans J. Baylis et S. Smith (dir.), *The Globalization of World Politics : An Introduction to International Relations*, 3ᵉ édition, Oxford/New York : Oxford University Press, 251-270. Une excellente introduction.

Fierke, K. M., 2007, « Constructivism », dans T. Dunne, M. Kurki et S. Smith (dir.), *International Relations Theories : Discipline and Diversity*, Oxford/New York : Oxford University Press, 166-184. Une introduction accessible aux débutants, ce qui implique quelques simplifications.

Reus-Smit, C., 2005, « Constructivism », dans S. Burchill, A. Linklater, R. Devetak, J. Donnelly, M. Paterson, C. Reus-Smit et J. True, *Theories of International Relations*, 3ᵉ édition, Basingstoke/New York : Palgrave, 188-212. Un survol des préoccupations, des contributions et des querelles entre les constructivistes.

Le constructivisme conventionnel :

Katzenstein P. J. (dir.), 1996, *The Culture of National Security : Norms and Identity in World Politics*, New York : Columbia University Press. Un recueil de textes théoriques et d'analyses empiriques. Les contributions plutôt théoriques s'orientent vers le constructivisme conventionnel.

Wendt, A., 1992, « Anarchy is What State's Make of It : The social construction of power politics », *International Organization*, 46, 2, 391-425. Un texte de base de l'approche constructiviste, peut-être le texte le mieux connu et le plus souvent cité. À lire avec sa réplique à une critique réaliste : « Constructing International Politics », *International Security*, 20, 1, 1995, 71-81.

Le constructivisme axé sur les règles :

Kubálková, V., N. Onuf et P. Kowert (dir.), 1998, *International Relations in a Constructed World*, Armonk Londres : M. E. Sharpe. Et Kubálková, V. (dir.), 2001,

Foreign Policy in a Constructed World, Armonk/Londres : M. E. Sharpe. Deux recueils de textes incontournables, surtout de la version du constructivisme axée sur le rôle des règles dans la construction des relations internationales.

Onuf, N. G., 1989, *World of Our Making : Rules and Rule in Social Theory and International Relations*, Columbia : University of South Carolina Press. Le livre qui a donné l'étiquette « constructiviste » à cette approche, rédigé par un des constructivistes les plus influents. Voir également ses articles dans les collectifs suivants : Burch et Denemark (1997) ; Kubálková *et al.* (1998) ; Fierke et Jørgensen 2001 ; et Kubálková (2001).

Le constructivisme critique :

McSweeney, B., 1999, *Security, Identity and Interests : A Sociology of International Relations*, Cambridge/New York : Cambridge University Press. Un excellent exposé du constructivisme critique.

Weldes, J., 1999, *Constructing National Interests : The United States and the Cuban Missile Crisis*, Minneapolis, Minnesota University Press. Un chef-d'œuvre constructiviste – excellente présentation de la théorie, analyse empirique impeccable. À lire avec son article : « Bureaucratic Politics : A Critical Constructivist Assessment », *Mershon International Studies Review*, 42, 1998, 205-255.

Au-delà des variantes :

Fierke, K. M. et K. E. Jørgensen (dir.), 2001, *Constructing International Relations : the next generation*, Armonk/Londres : M. E. Sharpe. Un recueil de textes qui veut lancer des versions du constructivisme plus aptes aux défis du XXIᵉ siècle.

Ruggie, J. G., 1998, *Constructing the World Polity : Essays on International Institutionalization*, Londres/New York : Routledge. Un recueil des textes les plus importants d'un des fondateurs de l'approche constructiviste.

Le constructivisme

Une analyse constructiviste de la guerre en Irak

L'invasion anglo-américaine de l'Irak en mars 2003 se prête bien à l'analyse constructiviste. Elle soulève trois questions clés problématisées par les constructivistes : celle du *sens* et de sa légitimation sociale, celle de la relation entre la construction de *l'identité* et de la *différence* dans les représentations sociales de la *menace*, et celle des tentatives d'établir des *normes* internationales.

Le contentieux politique extraordinaire entourant l'invasion a été alimenté par les *pratiques représentationnelles* des gouvernements américains et britanniques. Ces controverses portent sur les *chaînes d'articulation* reprises à travers un flot ininterrompu d'*actes de langage* ainsi que sur les tentatives de traduire ces chaînes d'articulation en des *règles directives* et des *règles engageantes*. Aux États-Unis comme en Grande-Bretagne, l'enjeu de savoir quel ensemble de pratiques du savoir devrait être priorisé aux dépens d'autres a mis en relief le lien entre la lutte pour la définition du sens et la mise en scène des relations de pouvoir.

Le constructivisme met l'accent sur le *contexte* – sur « la position toujours contingente [d'un agent] au sein d'un flot d'actions toujours en mouvement » (Kubálková, 2001 : 65). Ce contexte est lui-même construit à travers des pratiques représentationnelles. Ainsi, l'analyse constructiviste de la guerre en Irak prend comme point de départ l'analyse des *actes de langage déclaratoires*, des représentants américains et britanniques, visant à établir que les attaques terroristes du 11 septembre 2001 ont « profondément transformé et déplacé » l'ordre du jour de la politique internationale et de la sécurité nationale*. L'extraordinaire symbolique entourant le 11 septembre 2001 rend possible la mise en place d'une réponse d'une portée symbolique d'une aussi grande envergure. C'est dans ce contexte discursif que les actes de langage de George W. Bush et de Tony Blair façonnent un nouvel *imaginaire sécuritaire* où l'Irak émerge comme une menace immédiate.

Il existe une symétrie évidente entre la réponse rhétorique des dirigeants américains et britanniques aux attentats du 11 septembre et la construction d'un argumentaire en faveur de l'invasion de l'Irak. Les deux gouvernements présentèrent le 11 septembre comme une « attaque contre la démocratie et contre la civilisation », contre « les valeurs de l'humanité et la règle de droit », contre « la stabilité économique, visant à détruire la force de nos économies ». Les deux invoquent le besoin d'une guerre globale, pas seulement « entre les États-Unis d'Amérique et le terrorisme, mais entre le monde libre et démocratique et le terrorisme ». C'était une « occasion à

ne pas manquer. Le kaléidoscope a été ébranlé. Les morceaux sont en mouvement. Ils vont bientôt se replacer. Avant qu'ils ne le fassent, *nous devons réordonner ce monde autour de nous.* »

L'ancien responsable de la lutte antiterroriste aux États-Unis, Richard Clarke, a révélé que, dès le 11 septembre, le président Bush lui a ordonné de démontrer le rôle de l'Irak dans les attentats terroristes, malgré les avis contraires de la CIA, du FBI et de la majorité des services de renseignements occidentaux (Clarke, 2004). L'administration Bush s'est employée inlassablement à construire l'État irakien comme une menace imminente pour les États-Unis en affirmant qu'il possédait des armes de destruction massive, qu'il soutenait Al-Qaïda et qu'il avait orchestré les attentats du 11 septembre.

L'argumentaire en faveur de la guerre a été beaucoup plus articulé en Grande-Bretagne. Tony Blair y a systématiquement représenté la guerre comme un élément incontournable dans l'ordre mondial fracturé de l'après-11 septembre. « Elle [la crise irakienne] doit être réglée, non seulement pour régler le cas irakien, mais également pour *s'assurer que l'autorité de l'ordre international* soit maintenue. » L'ordre mondial en entier est confronté à une nouvelle menace : « *les jumeaux du chaos* – le terrorisme et les États voyous en possession d'armes de destruction massive. »

Le processus de légitimation de l'intervention militaire contre l'Irak a été construit de façon rhétorique au moyen de l'*interpellation* répétée du président irakien. Apparemment en possession d'armes de destruction massive, qui selon Blair pouvaient être déployées « en 45 minutes », Saddam Hussein a été présenté comme l'incarnation du diable. Établissant délibérément un univers rhétorique où Saddam Hussein et l'Allemagne nazie appartenaient au même horizon de signification, Blair et Bush soutenaient à tout vent qu'une politique de compromis à son endroit aurait des conséquences dévastatrices. Le régime de Saddam Hussein était construit comme l'avatar des « jumeaux du chaos » ; comme celui d'Hitler, il devait être affronté directement : « Il ne s'agit pas d'un régime qui serait neutralisé sans ses armes de destruction massive. Il s'agit d'un régime qui viole l'ensemble des principes et des valeurs auxquelles croient ceux qui partagent notre politique. »

Confrontés à cette menaçante construction rhétorique de l'altérité, « nous devons avoir une vision afin d'agir avant que la menace ne frappe ». La crédibilité de l'Ouest, de ses valeurs, de son pouvoir, était apparemment en jeu. À moins qu'une action ne soit prise afin de mettre un terme à la « menace » irakienne, « où serait notre autorité le moment venu de faire face à d'autres menaces ? Et lorsque nous procéderons à une demande la prochaine fois, quelle crédibilité aurons-nous ? »

Une action résolue contre les « jumeaux du chaos » pourrait produire de nouvelles normes internationales, de nouvelles lois internationales. Selon un ministre britannique : « Si les gens acceptent que ce que nous faisons est une réponse appropriée et même morale à la situation à laquelle nous faisons face, cela deviendra une pierre angulaire du développement du droit international » (O'Brien, 2002).

Cependant, cette tentative ambitieuse de construire de nouvelles normes internationales, de diffuser de nouvelles significations au sein des sociétés nationales et de la société internationale a échoué. Tout en prétendant à un monopole de la construction du sens du discours à propos de la « démocratie », de la « liberté » et des « droits de l'Homme », l'invasion anglo-américaine a laissé à l'abandon le peuple irakien et son économie et causé des dizaines de milliers de morts. Elle demeure responsable d'une insécurité chronique dont on ne voit pas la fin, en plus d'avoir rassemblé les conditions favorables à l'éclatement d'une guerre civile. De plus, l'invasion a galvanisé un ressentiment à l'endroit des envahisseurs au Moyen-Orient, et ailleurs, ainsi qu'une répulsion à l'endroit de l'imposition et des valeurs invoquées systématiquement dans les pratiques de représentation et les pratiques militaires des États-Unis et de la Grande-Bretagne.

Comme l'invasion de l'Irak le montre, le pouvoir de nommer les choses peut effectivement contribuer à forger la réalité. Cependant, comme tout le reste en politique, les conséquences de ce pouvoir sont inattendues.

* L'ensemble des citations est tiré des discours de Tony Blair cités dans O'Meara et Sobhee (2004). Nos italiques dans chaque cas.

Le constructivisme

Concepts clés du constructivisme

Acte de langage : « L'acte de parler sous une forme qui pousse quelqu'un d'autre à agir » (Onuf, 1998 : 66). Les *actes de langage déclaratoires* consistent en des affirmations à propos de la nature d'un aspect de la vie sociale, d'une situation ou d'une condition particulière : « L'Irak possède des armes nucléaires et constitue une menace directe à la paix internationale. » Les *actes de langage directifs* sont impératifs : « L'Irak doit se désarmer et se soumettre aux inspections internationales ! » Finalement, les *actes de langage engageants* impliquent des promesses. « Si l'Irak ne se désarme pas, une coalition d'États entamera une action militaire pour le désarmer. »

Agence/Agents : L'agence représente la capacité des agents (groupes de personnes) à agir *dans* et *sur* leur environnement social de manière à en façonner la nature ainsi que la structure. À leur tour, les agents voient leur rôle d'acteurs sociaux défini par les règles en vigueur dans un contexte ou une situation donnés.

Articulation : Les « processus à travers lesquels *on produit du sens* à partir de matériaux culturels ou de ressources linguistiques bruts existants. Du sens se crée et se fixe *temporairement* grâce à l'établissement de *chaînes de connotations* formées au sein de divers éléments linguistiques. C'est ainsi que des termes différents en arrivent à prendre une signification, ou à se "convoquer" mutuellement. Ils se soudent en chaînes associatives qui forment un tout identifiable, sinon logiquement cohérent… Les processus d'articulation se répétant avec succès [...] le sens qu'ils produisent finit par sembler naturel, et finit par sembler une description exacte de la réalité » (Weldes, 1999a : 98-99. Nos italiques).

Interpellation des sujets : Les actes de langage à travers lesquels on nomme quelqu'un afin de désigner sa position et son rôle social. En plaçant discursivement cet acteur dans un réseau de relations spécifiques, on fixe son identité, ses intérêts et ses options.

Co-constitution : Le *processus* continu d'interactions entre les agents et la structure, dans lequel les actions des agents influencent les significations partagées qui à leur tour structurent, contraignent ou façonnent les comportements des agents – en même temps que cette structure est en train d'être relégitimée, modifiée ou transformée par les comportements des agents.

Consensus rationaliste : Cette notion fait référence au débat « néo-néo » (voir le chapitre 2) et aux prémisses ontologiques et épistémologiques partagées par le néoréalisme et l'institutionnalisme néolibéral.

Construction sociale : En tant qu'agents de leur propre existence, les êtres humains élaborent des images intersubjectives d'eux-mêmes par rapport à d'autres êtres humains ; ils sont porteurs de différentes conceptions de leur place dans un monde social en mutation constante ; ils construisent des images collectives de leurs intérêts et des options qui s'offrent à eux ; ils attribuent un sens partagé aux conséquences de certaines actions ; ils développent des pratiques représentationnelles qui leur permettent de dire « ce qu'est le monde et comment il fonctionne » (Hall, 1988 : 44).

Idéalisme : Le point de vue ontologique selon lequel la « réalité » sociale est mise en place, maintenue et changée par et à travers les actions conscientes des agents humains dans le cadre de leurs compréhensions partagées d'eux-mêmes, de leur place dans le monde social et de leurs relations avec d'autres agents humains. N'étant que l'inverse d'une ontologie matérialiste, l'idéalisme n'est à confondre ni avec le sens commun du mot – rêver d'un monde meilleur – ni avec la caractérisation péjorative faite par la théorie réaliste des courants dits wilsoniens en relations internationales.

Identité : La forme particulière d'*existence* sociale des différents agents – comprise comme un processus continu (intersubjectif et contesté) de définition, par les agents eux-mêmes, d'une triple *image* collective : de soi, de soi en relation avec son environnement et de la *différence* entre soi et les autres agents.

Imaginaire sécuritaire : « Un imaginaire sécuritaire n'est autre qu'une construction de significations et de relations sociales bien établies à partir desquelles est créée une représentation du monde des relations sociales » (Weldes, 1999a : 16).

Institutions : Elles émergent des pratiques et des conséquences des actions posées en termes de règles. Les règles et les pratiques dictées par les règles *sont* des institutions. Elles transforment les personnes en agents et les agents agissent au sein des institutions : « les institutions consistent en des règles et des pratiques connexes » (Onuf, 1997 : 15).

Intérêts : La définition des attributs, des rôles et des objectifs d'acteurs particuliers, découlant des façons d'être de cet acteur et de tout ce qui le distingue d'autres acteurs (son identité).

Intersubjectivité : Les significations et les compréhensions partagées et socialement ancrées qui émergent de l'interaction des sujets (agents) – « les idées, les normes, les règles façonnent le sens qui forme les identités, les intérêts et les actions des acteurs » (Klotz, 2001 : 226).

Matérialisme: Le point de vue ontologique selon lequel la «réalité» sociale existe indépendamment, et à l'extérieur de la conception humaine de cette «réalité» – ou, que cette «réalité sociale» est susceptible d'être analysée *comme si* elle existe ainsi. À l'inverse de l'idéalisme, le matérialisme n'est à confondre ni avec l'approche épistémologique marxiste connue comme *le matérialisme historique* ni avec le sens commun du mot – soit une inclinaison pour des biens matériels.

Normes: Significations socialement construites incarnant des balises de comportement ainsi que des valeurs et des attentes.

Pratiques représentationnelles: Images intersubjectives du monde qui nous apprennent «ce que le monde est et comment il fonctionne» (Hall, 1988: 44). Les pratiques représentationnelles «peuplent le monde de sujets (agents) et d'objets, définissent les relations parmi ces sujets, de même qu'entre ceux-ci et entre les sujets et les objets et, se faisant, dotent les sujets d'intérêts particuliers» (Weldes, 1998: 218.

Rationalisme: Théories des relations internationales fondées sur un modèle heuristique de l'État comme étant un «acteur rationnel» qui effectue des calculs coûts/bénéfices en fonction d'une rationalité instrumentale (but/moyens).

Règles: Énoncés qui portent sur «*ce que* nous *devons* faire. Le "ce que" en question est une balise pour la conduite des gens dans des situations que nous pouvons assimiler les unes aux autres, et que nous pensons pouvoir rencontrer. Le "devons" nous dicte de faire correspondre nos comportements avec cette balise. La violation d'une règle entraîne des conséquences que d'autres règles mettront en vigueur lorsque d'autres personnes suivront la règle entraînant ces conséquences» (Onuf, 1998: 59. Souligné dans l'original).

Règles constitutives/régulatrices: Les *règles constitutives* mettent en place le champ d'action. Si elles n'existaient pas, le champ d'action particulier qu'elles délimitent n'existerait pas. Si les règles constitutives sont violées, le champ d'action qu'elles définissent cesse d'exister. Les *règles régulatrices* spécifient ce qui est une conduite acceptable ou non dans un champ d'action constitué. Elles stipulent également les conséquences qui découlent du fait de les enfreindre.

Règles déclaratoires/directives/engageantes: Les *règles déclaratoires* informent sur un état de choses dans le monde social et sur les conséquences probables d'ignorer cette information. Les *règles directives* tracent un comportement idéal que les agents peuvent ignorer, tout en connaissant les conséquences. Les *règles engageantes* sont issues des promesses des acteurs de respecter une ligne de conduite.

Structure: Un ensemble dynamique de savoirs socialement établis et partagés capables d'évoluer, de changer et d'être transformés par des actes de langage et d'autres formes d'activités des agents qui les façonnent. «La structure est un objet de l'esprit. Les structures existent parce que les agents y voient des modes de comportement récurrent auxquels ils *attribuent* une structure» (Gould, 1998: 83. Souligné dans l'original).

Structures idéationnelles: Les règles, les normes, les valeurs culturelles, les idéologies et les pratiques représentationnelles qui façonnent la forme et le fond des relations internationales.

La théorie néogramscienne

Dan O'Meara
traduit de l'anglais par *Pauline Gélinas*

Tout homme agit selon sa culture, c'est-à-dire selon la culture de son milieu, et «tous les hommes» sont pour lui son milieu, ceux qui pensent comme lui. (Gramsci, 1977 [1932-1933]: 204)»

Parce qu'elle s'attache à une réalité mouvante, la théorie critique doit constamment ajuster ses concepts à l'objet mouvant qu'elle cherche à comprendre et à expliquer. (Cox, 1981: 129)

Inspirée par les écrits du théoricien marxiste et homme politique italien Antonio Gramsci (1891-1937), l'approche néogramscienne de l'analyse des relations de pouvoir mondiales est d'abord élaborée par Robert W. Cox, chercheur universitaire canadien et ancien haut fonctionnaire de l'Organisation internationale du travail. Les travaux de Cox (1977, 1981, 1983, 1987) et des premiers néogramsciens comme Stephen Gill (1986) et Mark Rupert (1990) contribuent à la lancée de ce qu'il est convenu de nommer le *débat métathéorique* et la tendance *postpositiviste* en théorie des Relations internationales (voir p. 14-15).

Le néogramcisme est avant tout «une *méthode* pour comprendre les relations de pouvoir mondiales» (Cox, 1981: 128. Nos italiques). Il analyse les interactions entre les diverses formes de pouvoir: le pouvoir dans le processus de production; le pouvoir dans la société; le pouvoir au sein de l'État; le pouvoir en relations internationales; le pouvoir de la théorie, de l'**idéologie** et de la culture. Sa principale cible d'examen est la multiplicité des processus – tous contestés – impliqués dans la construction, la reproduction et la *transformation* des **structures historiques** de la politique mondiale.

À la fois *perspective théorique* et *programme de recherche* pour l'analyse empirique de «la matrice État/société [civile] en tant qu'unité de base des relations internationales» (Cox, 1981: 127), l'approche néogramscienne étudie les luttes sociales qui émanent de l'interaction entre les **forces sociales** créées par les **relations sociales de production**; les **capacités matérielles** de ces forces; la pluralité tant historique que contemporaine des **formes de l'État** ainsi que la culture, les **idées** et les **institutions**. Elle s'attarde particulièrement aux conflits internes et extraterritoriaux qui produisent, maintiennent puis, ultimement, modifient la forme des relations de pouvoir que l'on nomme **hégémonie**. Le changement historique se positionne au centre de ce cadre analytique. Les néogramsciens explorent les possibilités de résistance et de transformation que recèlent les ordres mondiaux.

Cette approche théorique insiste sur l'intégration de plusieurs niveaux d'analyse des processus de changement. Les néogramsciens soulignent l'importance de l'**intersubjectivité**: l'ensemble des compréhensions et des représentations mentales collectivement partagées par les agents sociaux, et à travers lesquelles ces agents sociaux se définissent eux-mêmes, c'est-à-dire qu'ils définissent leur place dans le monde, leurs relations avec les autres agents sociaux, les choix qui s'offrent à eux, les modes de raisonnement et les calculs stratégiques à partir desquels ils fondent leurs actions.

Par conséquent, tout changement dans les idées collectivement partagées quant à la façon dont le monde fonctionne conduit à des changements dans la société (Gill, 1993c : 28). Le rôle de la théorie dans le façonnement (et potentiellement dans la transformation) du monde et dans la promotion de certains intérêts au détriment d'autres est donc un objet central de l'investigation néogramscienne.

1. Historique

La théorie néogramscienne est d'obédience marxiste. À l'instar des autres marxistes, les adeptes de cette approche affirment que « les lieux apparemment apolitiques qui émanent du capitalisme – au sein des États juridiques et entre les États – sont empreints de relations de pouvoir sociales structurées qui ont des conséquences marquées sur la vie politique et la (re)production de la vie sociale en tant que tout » (Rupert, 2003 : 182). Toutefois, s'appuyant sur l'œuvre « riche et à jamais inachevée » (*ibid.* : 181) d'Antonio Gramsci, le néogramscisme conçoit les relations de pouvoir mondiales de manière fort différente du marxisme orthodoxe (voir chapitre 10).

1.1 L'apport de Gramsci

Théoricien marxiste classique vu comme le seul à avoir « vraiment abordé en profondeur et de manière satisfaisante *la question du pouvoir* » (Hentsch *et al.*, 1983 : 40. Nos italiques), Antonio Gramsci s'est attaché à transformer le déterminisme économique et le réductionnisme de classe qui caractérisaient l'essentiel de la théorie marxiste produite après la mort de Marx (p. 141-151). Voici quelques-unes des principales « relectures » que Gramsci a faites du marxisme-léninisme orthodoxe des années 1930 et qui ont inspiré les théoriciens néogramsciens.

- Gramsci insiste sur le fait que le pouvoir repose tant sur la capacité *coercitive* que sur la capacité de forger le *consentement* et le *consensus*. Ni l'aspect coercitif ni la dimension consensuelle du pouvoir ne peuvent être réduits (à la Staline) au simple pouvoir matériel/économique ; pas plus qu'ils ne peuvent être réduits qu'aux intérêts économiques abstraits issus du mode de production capitaliste. Le pouvoir et les intérêts sont plutôt constamment *arbitrés par les idées collectivement partagées* ;

- le concept central du marxisme – le concept de *classe sociale* – ne peut donc plus être considéré comme un phénomène purement « économique » qui serait déterminé par des relations de production dites objectives (voir p. 198-199). Les classes et la conscience de classe – et, de là, les intérêts que les agents disent poursuivre – sont indissociables de l'idéologie, des idées collectives et des identités culturelles qui forgent les forces sociales ;

- Gramsci revisite la conception léniniste de l'État capitaliste – une « dictature de la bourgeoisie », où la suprématie de la classe dirigeante capitaliste reposerait nécessairement sur la répression. S'appuyant sur Machiavel il prétend que, dans les pays capitalistes développés, l'État fonctionne tant par la *coercition* que par le *consentement*. La classe dirigeante capitaliste maintient sa domination et son contrôle de la société à travers l'hégémonie – un processus idéologique et culturel complexe qui circonscrit les frontières du **sens commun** (Robinson, 2006 : 93-94) ;

- l'hégémonie émane non pas exclusivement de luttes sociales autour d'enjeux économiques, mais aussi des luttes sociales pour le contrôle et la définition du sens partagé. Ces luttes surviennent davantage au sein de la **société civile** qu'à l'intérieur de l'appareil de l'État. Le pouvoir de classe se situe donc principalement dans la société civile. Aucune classe capitaliste n'est parvenue à diriger une société en comptant uniquement sur ses propres forces. C'est donc seulement à travers sa domination des institutions culturelles et son habileté à définir le sens commun et le « savoir scientifique » de manière à ce que ceux-ci trouvent écho parmi les autres classes que la classe capitaliste parvient à construire un **bloc historique** – une alliance contradictoire de forces sociales dominantes qui réussit à implanter ses propres idées et intérêts comme étant ceux de toute la société ;

- les **intellectuels** (ou ce que l'on nommerait aujourd'hui les *agents du savoir*) jouent un rôle déterminant dans la construction de l'**idéologie** – l'éventail des théories sociales, des idées et des croyances qui sous-tendent l'hégémonie, le bloc historique *et* la construction des projets contre-hégémoniques ;

- le concept d'*État* de Gramsci est situé dans le temps et dans l'espace (Jessop, 2006). Il ne peut exister une acception abstraite du concept d'*État* (comme le prétend le réalisme) puisque l'histoire, les forces sociales, l'idéologie, la culture, les alliances sociales historiques, la composition de la société civile et les formes de luttes sociales diffèrent d'un pays à un autre *et* d'une période historique à une autre. Les liens particuliers entre l'État et la société civile de même que la forme d'hégémonie dans chaque pays donnent lieu à la diversité des *formes de l'État*. Toute analyse sociale doit donc se concentrer sur la **spécificité** de la composition de la société étudiée ;

- par conséquent, puisque, dans les sociétés capitalistes développées, le pouvoir réside principalement dans la façon dont le sens commun et les alliances sociales sont construits, « la résilience de la société civile » (Cox, 1983 : 165) condamne par avance à l'échec toute stratégie de transformation sociale basée sur une **guerre de manœuvres**, c'est-à-dire sur une stratégie qui viserait à transformer la société à partir de la simple prise de contrôle (par une révolution) de l'appareil de l'État. L'effort de transformation de la société doit plutôt être axé sur une **guerre de position** : une lente et patiente lutte contre-hégémonique pour changer les idéologies et les alliances qui dominent la société, et la culture qui la soustend.

1.2 Le contexte des années 1970

La multiplication des crises politiques et économiques à la fin des années 1960 et au cours de la décennie suivante a provoqué un effritement de la structure, de l'organisation et de la gestion du capitalisme mondial d'après-guerre, et miné l'hégémonie mondiale des États-Unis (voir l'encadré 13.1, p. 281). Des développements en théorie des Relations internationales reflètent d'ailleurs ce changement accéléré du climat mondial. Le réalisme classique commence alors à battre de l'aile. Par ailleurs, une théorie « transnationaliste » libérale émerge (Keohane et Nye, 1972, 1977) (voir p. 155) et un nouveau courant néomarxiste dit de la « théorie du système-monde » commence aussi à faire des adeptes (Wallerstein, 1974b) (voir p. 212-213).

Réponse à tous ces développements théoriques, l'ouvrage *Theory of International Politics* de Kenneth Waltz (1979) rétablit aux États-Unis la prépondérance de la théorie réaliste. Ce néoréalisme abstrait et déterministe (voir le chapitre 6) a, à son tour, servi de déclencheur au développement de l'institutionnalisme néolibéral (Keohane 1984) et à la fameuse synthèse néo-néo (voir le chapitre 8).

C'est dans ce contexte sociohistorique et intellectuel que naît la théorie néogramscienne. Critique sévère du *structuralisme* radical commun à la théorie du système-monde, au néoréalisme et à l'institutionnalisme néolibéral, Robert Cox cherche, dans ses premiers ouvrages (1977, 1981, 1983), à théoriser la transition entre la phase « **fordiste** » du capitalisme mondial (1945-1971) et l'émergence du « **post-fordisme** », phase connue aujourd'hui sous le nom de *mondialisation*. Pour ce faire, il scrute les conditions de transformation de l'ordre mondial et, plus particulièrement, la manière dont la nature changeante de l'hégémonie mondiale façonne et refaçonne la réorganisation de la production capitaliste à l'échelle planétaire.

2. Ontologie

2.1 La conception néogramscienne des fondements ontologiques des sciences sociales

L'analyse néogramscienne se distancie tant du *matérialisme* ontologique radical du marxisme orthodoxe que de l'*idéalisme* ontologique pure sur lequel repose le constructivisme (chapitre 12) et le poststructuralisme (chapitre 15). À l'instar de ce qu'a fait Marx, l'approche néogramscienne ancre l'existence humaine à la fois dans la nature (l'être humain est en relation avec son environnement et est soumis aux limites et aux impératifs de sa biologie) et dans la société (l'être humain est engagé dans un ensemble de relations sociales construites et est soumis à des impératifs sociaux). Cependant, là où elle rompt avec l'ontologie classique marxiste, c'est dans son insistance sur le double rôle des idées dans l'activité sociale humaine.

De un, les idées – ou ce qu'il serait plus approprié de nommer l'*intersubjectivité* – ne sont pas la simple expression des relations de production et des intérêts de classe ; et elles ne sont pas non plus un phénomène purement «superstructurel» (*à la* marxiste orthodoxe). Pour les néogramsciens, les idées émanent de multiples sources ou «sièges du pouvoir (dont les lieux sont distincts)» (Agnew, 2005 : 2). Chacun de ces sièges du pouvoir requiert d'être analysé. De deux, les idées collectivement partagées sont bien plus qu'une «fausse conscience»: elles participent activement au façonnement des actions humaines. Comprendre l'action humaine demande donc une compréhension du mécanisme qui donne naissance à l'intersubjectivité, de même qu'une connaissance du rôle de l'intersubjectivité dans le modelage du comportement des forces sociales. Et puisque «l'effort intellectuel est partie intégrante du processus historique, et non pas en dehors de ce processus» (Ayers, 2008a : 4), il est dès lors nécessaire, pour comprendre les processus historiques, d'analyser concurremment les idées dominantes de la société ainsi que le rôle des intellectuels, de leurs théories et de leurs idéologies dans la propagation du système des relations de pouvoir et dans l'ouverture de brèches amenant à la contestation de ce système.

Les néogramsciens mettent l'accent sur l'importance de la culture et même du discours. Cependant, en tant que matérialistes historiques, ils rejettent le «virage linguistique» en théorie des relations internationales, c'est-à-dire la tendance de la plupart des théories critiques de focaliser *exclusivement* sur des enjeux linguistiques et idéationnels tels que les normes, les valeurs, les modes de raisonnement, le discours, le texte, la performativité, etc. Bien qu'ils reconnaissent l'importance de ces éléments, les néogramsciens insistent sur la nécessité de constamment établir le lien de co-constitution entre les phénomènes matériels et idéationnels. Ce faisant, le néogramscisme présente un cas unique en théories en Relations internationales en ce qu'il est *et* matérialiste *et* idéaliste.

2.2 La critique ontologique des approches orthodoxes

Le néogramscisme est une «théorie critique» dans un triple sens. Premièrement, il se veut une critique radicale des incohérences ontologiques et épistémologiques des théories en Relations internationales. Deuxièmement, il démontre comment ces théories *elles-mêmes* opèrent pour constituer, légitimer et reproduire les relations de pouvoir dominantes et les privilèges. Et, troisièmement, en mettant en lumière la dynamique des relations de pouvoir et des privilèges, la théorie néogramscienne cherche des façons de les transformer.

Son objection à toute variante des théories structuralistes en Relations internationales se décline en trois volets. D'abord, en dépit de la distinction très nette que le néoréalisme, le néolibéralisme et la théorie du système-monde font, chacun, du concept de *structure dominante* de la politique mondiale, ces trois approches théoriques partagent une vision ontologique similaire: «les caractéristiques de base du système international étant constantes, tout changement structurel ne peut être conceptualisé» (Bieler et Morton, 2003b : 1). L'unique facteur de causalité signifiant dont ces approches tiennent compte est la logique imputée à la structure qu'elles privilégient respectivement. Leur «théorie statique du politique» (Bieler et Morton, 2004a : 85) présume que la logique imputée à la structure suffit à expliquer la quasi-totalité de la politique mondiale.

Puis, malgré leurs différences significatives, ces trois formes du structuralisme font dériver leur concept d'*État* de la place que l'État occupe, selon eux, dans la structure telle qu'identifiée par l'approche en question (*anarchie* chez les néoréalistes et les néolibéraux ; *système-monde* pour les wallersteiniens). Par conséquent, ces approches se cramponnent à la fois à « l'idée fantaisiste d'une cohésion parfaite d'un État partageant des sensibilités humaines » (Gills et Palan, 1994 : 1) et à la notion anhistorique voulant que les États soient des « unités semblables quant à leurs fonctions » (Waltz, 1979 : 95-97). Cette vision fait fi de la source même du comportement des États et, dans le cas des deux approches « néos », des différences cruciales entre les États (Cox, 1981 : 127 et 131-134).

Enfin, ces trois approches introduisent un « biais marqué qui privilégie le maintien du système » (Cox, 1981 : 127). Alors que, dans le cas des néoréalistes et des néolibéraux, ce biais se voit dans les formes anhistoriques de l'empirisme et du positivisme qu'ils prônent ; la théorie du système-monde – approche plus radicale – affirme, elle, que le système a une tendance inhérente à se reproduire lui-même. Cette dernière approche s'attarde plus à cette autoreproduction systémique qu'à « repérer les contradictions susceptibles de mener à une transformation dudit système » (Cox, 1981 : 127).

L'ontologie néogramscienne se démarque de celles des trois courants structuralistes en ce qu'elle affirme d'abord que, « puisqu'elle émane toujours d'une conscience historiquement déterminée de certains problèmes et de certains enjeux, *toute théorie est historiquement enracinée* » (Cox, 1981 : 128. Nos italiques). Ce qui implique que toute entité soumise à l'analyse doit être resituée dans son temps historique – la conjoncture mondiale –, dans son espace et dans son échelle (locale, régionale, nationale, continentale, planétaire) (Jessop, 2006 : 30-31).

Dans son rejet de toute forme de théories anhistoriques ou qui privilégient la reproduction du système, Cox insiste sur la nécessité d'une *théorie critique*[1].

Prenant le contre-pied des théories qui ne cherchent qu'à « résoudre des problèmes », la théorie critique se demande « comment les ordres sociaux ou les ordres mondiaux existants en sont venus à être ce qu'ils sont ; comment les normes, les institutions et les pratiques ont émergé ; et quelles forces recèlent un potentiel émancipateur capable de changer ou de transformer l'ordre existant » (Bieler et Morton, 2004a : 85-86).

La théorie néogramscienne bouscule la conception prônée par les théories orthodoxes en Relations internationales du *système international* en tant qu'« univers social compris en termes d'individualisme abstrait par lequel les unités primordiales – les individus ou les États – compétitionnent pour s'approprier une part de la richesse et des ressources qui confèrent le pouvoir » (Ayers, 2008a : 4). Écartant toute tentative de naturaliser un système interétatique prétendument anarchique, le néogramscisme examine les « relations sociales et les luttes politiques historiquement spécifiques qui sous-tendent l'État, les processus par lesquels la richesse et les ressources qui confèrent le pouvoir sont produites et accumulées, et la poursuite des "fins propres" de la communauté politique » (Rupert, 1995 : 6).

En tant que première théorie critique en Relations internationales, le néogramscisme partage avec les autres théories critiques l'idée que, en ce qui concerne l'action sociale humaine, la « réalité » est socialement construite. Cependant, la compréhension néogramscienne du processus de cette construction sociale de la réalité et de ce en quoi consiste cette réalité se distingue nettement du constructivisme, du poststructuralisme, du féminisme, de la Théorie critique et du postcolonialisme. Ces différences se situent aux niveaux ontologiques et épistémologiques et conduisent les néogramsciens à une appréciation normative

---

1. Ici, et dans tout le présent ouvrage, nous posons une distinction entre *Théorie critique* et *théorie(s) critique(s)* : *Théo-* rie critique au singulier avec majuscule initiale renvoie aux formes de la théorie dérivée de l'École de Francfort (chapitre 14) ; tandis que *théorie(s) critique(s)* réfère à une gamme de théories associées au courant postpositiviste en théorie des Relations internationales (p. 14-15). Cox utilise le terme « théorie critique » plus dans ce deuxième sens que dans le premier.

clairement différentes des relations de pouvoir mondiales.

2.3 Le niveau d'analyse et le concept de structure

L'approche néogramscienne est à la fois *holistique* et *dialectique*. Holiste, parce que le point de départ de son analyse est la structure mondiale historique et **surdéterminée**, et ce, quelle que soit la conjoncture : « La théorie critique s'intéresse au complexe politique et social en tant que tout plutôt que comme deux entités séparées. » (Cox, 1981 : 129)

Dialectique, parce que le néogramscisme insiste sur la constante interaction et la mutuelle détermination (co-constitution) entre tous les niveaux de l'action sociale dans la construction des « hiérarchies enchevêtrées » (Jessop, 2006 : 32). « Les unités de base de l'analyse néogramscienne sont les relations sociales configurées par les structures sociales et non pas par des agents individuels tels les consommateurs, les entreprises, les États ou les groupes d'intérêt » (Gill, 1993c : 24).

Amorçant leur examen au niveau du système global en tant que tout, les néogramsciens axent leur analyse sur les multiples structures historiques qui ont caractérisé les relations de pouvoir mondiales depuis les 500 dernières années. Selon la définition originale de Cox, toute structure historique est en fait le résultat surdéterminé de l'interaction permanente entre trois sphères (ou trois niveaux d'activité) : forces sociales, forme(s) de l'État et ordres mondiaux (voir la figure 13.1).

Les *forces sociales* sont les principaux acteurs collectifs « engendrés par les processus de production et les relations sociales de production » (Cox, 1981 : 138). Elles « opèrent *dans* et *entre* toutes les sphères d'activité » (Bieler et Morton, 2004a : 88. Nos italiques). Le concept de *forme(s) de l'État* réfère à une forme historique particulière de la matrice État/société civile au sein d'un territoire juridique donné. Le concept d'*ordre mondial* renvoie, lui, aux matrices des relations de pouvoir extraterritoriales qui génèrent les « périodes de stabilité et de conflits » mondiaux (Morton, 2003c : 155). Ce faisant, elles « définissent,

alternativement, la problématique de la guerre et de la paix pour l'ensemble des États » (Cox, 1981 : 138).

La relation entre les trois composantes des structures historiques – forces sociales, forme(s) de l'État et ordres mondiaux – est dialectique. Ces trois composantes sont inextricablement interreliées, car toutes trois se constituent mutuellement. Il est par conséquent impossible d'en dégager une « causalité universelle » (Burnham, 1991 : 75). Chacune de ces composantes co-constituées est conçue en tant qu'un ensemble surdéterminée qui peut être, à son tour, « analytiquement décomposé » (Gill, 1993c : 37) en trois forces (voir la figure 13.2) : 1) les capacités matérielles (comprises comme le potentiel aussi bien productif que destructif) ; 2) les idées (les « compréhensions intersubjectives, ou les notions partagées quant à la nature des relations sociales qui tendent à perpétuer les habitudes ou les comportements anticipés », et les « représentations (images) collectives divergentes de l'ordre social défendues par différents groupes de personnes » [Cox, 1981 : 136]) ; et 3) les institutions (« un amalgame particulier d'idées et de pouvoir matériel » et des moyens « de stabiliser et de perpétuer un ordre particulier » de sorte que les institutions reflètent les relations de pouvoir [Cox, 1981 : 136-137]).

L'analyse des structures historiques doit donc nécessairement s'effectuer en examinant comment chacun des trois éléments qui les composent agit pour constituer et transformer les deux autres, et comment l'interaction mutuelle entre ces trois éléments façonne l'ensemble de la structure. Ces interactions sont forcément fluctuantes. La variation dans la manière dont ces éléments s'imbriquent est « une question historique à laquelle seule une étude de cas particulier peut répondre » (Cox, 1981 : 136). Une telle étude est possible uniquement *par une analyse empirique détaillée d'une situation historique concrète*. Cette condition est vitale. La théorie néogramscienne indique aux chercheurs où regarder et quels outils utiliser ; contrairement à l'approche réaliste, elle ne leur dit *pas* ce qu'ils vont découvrir au cours de leurs recherches.

Figure 13.1
Les structures historiques

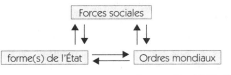

Source : Cox (1981 : 138).

Figure 13.2
La relation dialectique entre les forces

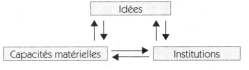

Source : Cox (1981 : 136).

En général, les néogramsciens font une distinction entre les structures historiques caractérisées par des périodes de stabilité mondiale (relative) et celles caractérisées par l'instabilité. Ils présument qu'une situation de stabilité mondiale repose sur une *structure hégémonique*. Celle-ci consiste en « une correspondance entre une configuration du pouvoir matériel, la représentation collective prévalente de l'ordre mondial (incluant certaines normes) et un ensemble d'institutions qui gèrent cet ordre avec une certaine apparence d'universalité » (*Ibid.* : 139).

Pour leur part, les périodes non hégémoniques des relations de pouvoir mondiales sont celles où aucun bloc de forces sociales ne parvient à établir une primauté qui le mettrait en position de diffuser ses normes dans la totalité du système (p. ex. : le système mondial pendant les années 1920 et 1930). Dans de telles structures mondiales non hégémoniques, chaque État agit pour « promouvoir et défendre les intérêts des classes sociales nationales dominantes » (*Ibid.* : 8). Cela entraîne de l'incertitude, une instabilité généralisée, des conflits interétatiques de haute tension et la guerre.

2.4 L'hégémonie

La notion d'*hégémonie* est devenue courante dans plusieurs théories en Relations internationales dans les années 1970 (Robinson, 2006 : 165-167). Pour saisir la portée que les néogramsciens donnent à ce concept, il importe d'abord de le distinguer des versions adoptées par les théoriciens réalistes, les institutionnalistes néolibéraux et les tenants de la théorie du système-monde. Il faut également comprendre le sens particulier que les néogramsciens donnent au terme *classe*, concept marxiste fondamental.

Pour les réalistes, l'*hégémonie* signifie la domination de tous les États par le plus puissant d'entre eux, ce qui « élimine toute possibilité de menace [à sa sécurité] par une autre grande puissance » (Mearsheimer, 2001 : 35). La théorie du système-monde, elle, voit l'hégémonie comme « une situation où les rivalités persistantes entre ce qu'on nomme les "grandes puissances" sont si déséquilibrées qu'une de ces puissances parvient à imposer largement ses règles et ses désirs […] dans l'arène tant économique, politique, militaire, diplomatique que culturelle. » Cet avantage est tel que les autres puissances majeures sont soit « *de facto* des États clients » soit « relativement frustrées et grandement sur la défensive par rapport à la puissance hégémonique » (Wallerstein, 1984 : 103). L'hégémonie implique qu'une puissance *domine* les autres États et en prenne le *leadership*. Ce dernier élément rend l'hégémon en mesure de façonner le système mondial selon son idéologie et ses règles. Pour leur part, les institutionnalistes néolibéraux soutiennent que l'hégémonie implique « la volonté et la capacité à diriger » (Keohane 1984 : 39). Mais, contrairement à Wallerstein, qui cherche les racines de l'hégémonie uniquement dans les conditions internationales, les néolibéraux la cherchent également dans les « conditions internes » (*ibid.*). La vision néolibérale de l'hégémonie donne beaucoup de poids à la notion de « soft power » (Nye, 1990 et 2004 – voir p. 174).

Chez les néogramsciens, l'*hégémonie* est conçue comme un système de relations de pouvoir fluctuantes et potentiellement instables. Elle est édifiée à partir d'une alliance de forces sociales véhiculant une idéologie particulière qui opère *au sein et au-delà* des frontières nationales et qui promeut un système précis de relations de production. L'hégémonie n'est pas uniquement basée sur un État souverain. Elle émerge *de* et est reproduite et transformée *par* une interaction incessante entre les sociétés civiles nationales et transnationales ainsi que les formes de l'État (peu importe que les formes de l'État soient incorporées dans le bloc hégémonique). En tant que forme particulière du pouvoir, l'hégémonie permet :

> l'enrôlement des autres par l'exercice du pouvoir de les convaincre, de les motiver mielleusement ou de les contraindre afin qu'ils en viennent à désirer ce que vous souhaitez. Bien que jamais achevée et ayant toujours provoqué des résistances, l'hégémonie force des liens entre les gens, les objets et les institutions autour des normes et standards culturels qui émanent, par-delà le temps et l'espace, des sièges du pouvoir (dont les lieux sont distincts) occupés par les acteurs autorisés (Agnew, 2005 : 1-2).

L'hégémonie est donc comprise, chez les néogramsciens, comme « une forme de règne de classe (*class rule*) liée aux forces sociales » (Bieler et Morton, 2004a : 89). Les néogramsciens définissent le concept de *classes sociales* comme une catégorie historique et heuristique, plutôt que comme la conventionnelle et statique notion marxiste d'une relation « objective » par rapport aux moyens de production (voir p. 218-219), (Cox, 1987 : 355-357). Ainsi, au lieu d'interpréter le concept de *conscience de classe* uniquement comme « un dérivé mécanique des relations de production » (Bieler et Morton, 2004a : 90), les néogramsciens focalisent plutôt sur les luttes sociales réelles qui engendrent les identités sociales concrètes et intersubjectivement construites. Le concept clé néogramscien de *forces sociales* se situe *dans* les relations sociales de production, mais *ne se réduit pas* à ces relations. Il s'étend aux formes d'identité, qu'elles soient nationalistes, régionales, religieuses, raciales, ethniques ou de genres. Les néogramsciens analysent aussi les réalités sociales « hors classe » telles que l'écologie, le féminisme, la paix mondiale (Cox, 1987 : 353).

L'hégémonie émerge d'abord des luttes sociales dans un contexte national précis. Une alliance contradictoire (connue sur le nom d'un bloc historique) de forces sociales dominantes au sein d'une société civile parvient à rallier d'autres forces sociales autour de son idéologie, qui présente les intérêts du groupe hégémonique comme étant celles de tous. De là, les néogramsciens déclarent que les origines de l'« hégémonie mondiale » viennent de « l'expansion au-delà des frontières d'un État d'une hégémonie interne (nationale) établie par une classe sociale dominante. Les institutions économiques et sociales, la culture et la technologie de cet hégémone national deviennent, à l'étranger, le modèle à imiter », au point où l'ordre mondial ainsi établi « se présente comme universel » (Cox, 1983 : 171). L'hégémonie mondiale implique davantage que la simple domination par un État. Elle repose plutôt sur « une société civile conçue globalement » (*ibid.*), structurée en **organisations internationales**, qui sont elles-mêmes des mécanismes clés pour la propagation des normes et des règles de l'ordre hégémonique. L'hégémonie mondiale implique donc nécessairement et simultanément :

> une structure sociale, une structure économique et une structure politique […] exprimée en normes, en institutions et en mécanismes universels, qui dictent des règles générales de comportement aux États et aux forces sociales qui agissent au-delà des frontières nationales ; ces règles générales soutiennent le mode de production dominant (Cox, 1983 : 172).

Ces normes, ces institutions, ces règles et ces mécanismes de l'hégémonie mondiale sont tous diffusés à travers les **discours hégémoniques** : mélange de la théorie sociale, d'une idéologie et d'une mythologie, lesquelles incarnent des constructions particulières d'une identité reflétant des « principes d'inclusion/exclusion et de domination/subordination » (Gill, 1993a : 14). L'analyse doit donc se concentrer sur le discours hégémonique (Peker, 2006) et les « sièges du pouvoir (dont les lieux sont distincts) » (Agnew, 2005 : 2) desquels ces discours sont issus (voir l'encadré 13.1, p. 281).

2.5 Le concept d'État

Les néogramsciens rejettent toute tentative de *personnification* de l'État en tant qu'acteur rationnel, comme le font les réalistes en réduisant l'État à une simple

« boule de billard » hermétiquement scellée. Les États nationaux « ne sont pas des contenants de pouvoir refermés sur eux-mêmes ; ils doivent être étudiés d'après leurs interconnexions avec les autres États et les forces politiques sur plusieurs niveaux » (Jessop, 2006 : 31). Le néogramscisme récuse la réification de l'État et du système international, telle que véhiculée par toutes les formes du réalisme et du libéralisme. Il explique l'État « en termes de matrice des relations État/société civile, et montre comment la nature du pouvoir de l'État est liée à l'intensité de la synthèse dynamique entre les forces clés de l'économie et de la société, forces qui opèrent sur une base politiquement inclusive » (Gill, 1993c : 39).

Cette approche met l'accent sur la construction des formes variées de l'État. Ces formes de l'État sont analysées à travers le prisme des luttes sociales, des alliances et des processus qui donnent naissance et transforment la culture politique, l'idéologie, les capacités matérielles et les mécanismes institutionnels d'un État particulier dans une **conjoncture** donnée. On arrive à une telle compréhension relationnelle de la forme particulière de chaque État par une démarche analytique qui vise à saisir :

> les caractéristiques de son bloc historique, c'est-à-dire la configuration des forces sociales sur lesquelles repose ultimement le pouvoir de l'État. Une configuration particulière des forces sociales définit, en pratique, les limites ou les paramètres des buts et des fins de l'État, son *modus operandi*, en d'autres mots sa raison d'État (Cox, 1987 : 105).

Comprendre la forme particulière, la dynamique politique et la position d'un État dans un ordre mondial oblige le chercheur à décortiquer l'État en question :

> L'État n'est dès lors plus vu comme un ensemble d'institutions ou comme un acteur cohésif, mais comme une sorte de relations sociales, une articulation d'intérêts de classe à l'intérieur d'un contexte territorial donné [...]. l'État est décomposé en classes, forces sociales, institutions, genres, races, peuples, religions, localités, etc. Puis ces composantes sont ré-assemblées, non pas à titre de conscience unifiée, mais en tant que jeu complexe entre les forces qui,

tour à tour, sculptent et sont sculptées par les forces socioéconomiques, la culture nationale et internationale, et les idéologies [...]. Les politiques d'État ne peuvent donc plus être expliquées comme émanant de la volonté d'un être vivant : l'État ne poursuit pas un « intérêt national ». [...] Les politiques d'État doivent donc être expliquées par d'autres moyens (Gills et Palan, 1994 : p. 6).

En décomposant l'État de cette façon, le chercheur peut explorer les voies par lesquelles la *coercition* et le *consentement* se combinent en une forme singulière d'exercice du pouvoir. Bien que les écrits de Gramsci sur ce point présentent quelque contradiction[2], les néogramsciens tendent à situer la *coercition* au sein de l'appareil d'État, ou ce que Gramsci appelle la « **société politique** », qui exerce « une "domination directe" ou une commande à travers l'appareil d'État et le "gouvernement juridique" afin de discipliner, "légalement", les groupes qui refusent leur consentement » (Gramsci, 1971 : 12). Le *consentement*, pour sa part, est vu comme ayant ses racines dans la société civile. Établir un consentement requiert une lutte sociale, politique et idéologique, mais surtout « l'exploitation du facteur culturel, de l'activité culturelle, du front culturel, éléments qui sont tout aussi déterminants que les facteurs économie et système politique (Sassoon, 1987 : 111). C'est dans ce sens que l'on conçoit l'*hégémonie* comme « un consensus blindé par la coercition » (Gramsci, 1971 : 263). L'État « maintient la cohésion et l'identité au sein du bloc historique par la diffusion d'une culture commune » (Cox, 1983 : 168).

Les intellectuels – définis dans un sens large – sont les acteurs les plus importants dans la fabrication

---

2. Les travaux de Gramsci oscillent entre trois visions de la relation entre État et société civile (Anderson, 1976 : 12-14) : 1) l'État *est distinct* de la société civile, avec laquelle il est dans une relation d'équilibre (Gramsci, 1971 : 242-243) ; 2) l'État *englobe* la société civile (Gramsci, 1971 : 178, 244, 263) ; et 3) l'État est *identique* à la société civile (Gramsci, 1971 : 160). À l'occasion, Gramsci pose que les institutions (Église, système d'éducation, média) qui produisent le consentement font partie de l'appareil de l'État (Gramsci, 1971 : 263.). Ailleurs, il les considère comme des entités séparées, notant que la *coercition* est réservée au domaine de l'État, tandis que le *consentement* est un produit de la société civile.

du consentement. En tant qu'« agents du savoir », ils élaborent les théories, propagent les idées et l'idéologie, maîtrisent les technologies et les organisations desquelles les images mentales dominantes d'un bloc historique émergent et à travers lesquelles ces images sont défendues et reproduites. Parlant d'autorité au sujet des rôles sociaux et de la manière dont la société doit et devrait fonctionner, les intellectuels façonnent les images mentales qui alimentent le mythe fondateur de la société et l'idéologie qui y est associée. Ils font de même pour discréditer et *délégitimer* (en les qualifiant soit d'irréalistes soit de non scientifiques) les façons autres de concevoir la société. La capacité d'un bloc historique d'enrôler l'ensemble des forces sociales dans son projet de société repose en grande partie sur cette triple fonction des intellectuels de délimiter les compréhensions collectivement acceptées, de les propager et de délégitimer toute autre vision.

Décortiquer la matrice État/société civile, la combinaison coercition/consentement et le rôle des intellectuels, voilà la clé pour saisir le concept néogramscien d'*hégémonie*. Par exemple, lorsqu'ils parlent de « l'hégémonie américaine », les néogramsciens ne réfèrent pas exclusivement, ni même principalement à l'État fédéral américain lui-même. Pour eux, ce n'est pas le gouvernement fédéral à Washington qui exerce « l'hégémonie américaine », mais plutôt une alliance, changeante et contradictoire, de forces sociales nationales et transnationales. Ces forces parviennent à tenir ensemble grâce à une forme de l'idéologie capitaliste et à un programme de sécurité qui a tourné le dos au consensus keynésien de 1945-1975 pour aller vers le néolibéralisme, qui prône la primauté des marchés sur les États et privilégie le rôle de *consommateur* au détriment de celui de *citoyen*. Sous le règne de l'hégémonie américaine, la politique mondiale est vue comme « un vaste processus de transformation dans lequel tous les États et toutes les forces sociales *sont constamment transformés de par leur participation au système mondial en tant que tout* » (Gills et Palan, 1994: 4 ; italiques dans l'original).

Ces transformations sont forcément inégales. Dans certains pays, la forme de l'État (p. ex.: une démocratie parlementaire) et les processus globaux de transformation sociale (p. ex.: le néolibéralisme) sont largement issus des luttes sociales au sein de la société et sont bien ancrés dans la culture de la société en question. Dans d'autres pays, la forme de l'État ou bien les transformations sociales sont, pour l'essentiel, importées de l'étranger et imposées ou greffées à l'ordre social existant (p. ex.: le modèle occidental de l'État imposé aux anciennes colonies au moment de la décolonisation ; et les politiques d'ajustements structurels imposées par le FMI et la Banque mondiale). Là, ni la forme de l'État ni les transformations sociales ne parviennent à s'ancrer dans la culture, parce qu'elles n'émanent pas de la culture en place. Une telle **révolution passive** engendre alors « une dialectique de révolution/restauration vouée à l'impasse étant donné que ni les anciennes ni les nouvelles forces sociales ne parviennent à s'imposer » (Cox, 1983: 166). Une telle impasse donne fréquemment lieu à deux phénomènes : 1) le **césarisme** – c'est-à-dire un régime autoritaire ou même une dictature, qui tente alors de contrôler la société en se positionnant au-dessus des forces sociales en conflit ; ou 2) la résurgence de forces sociales dont l'objectif est d'instaurer des valeurs sociales ou religieuses dites traditionnelles. Comme en témoignent les événements qui ont suivi les attentats du 11 septembre 2001 aux États-Unis, une telle résistance aux transformations imposées de l'extérieur risque d'avoir des conséquences marquées pour l'ordre mondial.

3. Épistémologie

L'épistémologie néogramscienne prétend que « l'explication en sciences sociales est impossible si elle repose sur un dualisme cartésien, en ce qui concerne le sujet et l'objet ; ou si la théorisation opère en termes de causes et effets » (Gill, 1993c: 21-22). De là, les néogramsciens rejettent toute forme de réification de la vie sociale et politique telle qu'elle est pratiquée par les approches conventionnelles en Relations internationales. Leur rejet du matérialisme radical de ces approches – matérialisme qui prétend que le monde social existe en dehors de la théorie et se prête à l'analyse objective à travers « la méthode scientifique » –, les amène à préconiser une forme interprétative du matérialisme historique.

Pour Gramsci, le matérialisme historique est une forme du savoir située dans un temps et un espace historique et qui émerge de processus sociaux, dont la lutte pour définir le sens partagé. Puisque l'action sociale est constituée non seulement de capacités matérielles, mais aussi d'idées développées par les forces sociales quant à la nature des relations sociales et du sens des « capacités matérielles », la méthode néogramscienne est donc forcément interprétative (Sassoon, 2006 : 8).

L'insistance sur une forme interprétative du matérialisme historique place la théorie néogramscienne devant un paradoxe épistémologique. Tel qu'il était conçu par Marx et Engels, le matérialisme historique est une approche explicitement *explicative* (voir p. 6). Or, le mode d'analyse néogramcien rejette à la fois la notion de causalité et la démarche analytique consistant à chercher des causes. Une question se pose alors : si la réalité sociale est constituée à travers les idées, les idéologies, la culture, la théorie, etc. – tel que le prétendent les néogramsciens –, en quoi une approche qui privilégie l'approche idéationnelle peut-elle saisir la matérialité du « matériel » ? En d'autres mots, le matériel est-il caractérisé comme étant « matériel » simplement parce que les agents sociaux le construisent intersubjectivement ainsi ? Dans ce cas, le matériel serait, en dernière analyse, plutôt idéationnel. Ou, au contraire, le matériel devient-il une substance « matérielle » indépendante de toute construction intersubjective ? Jusqu'à ce jour, nul néogramscien n'a résolu ce paradoxe.

Certains néogramsciens essaient de résoudre ce problème au niveau de l'analyse empirique uniquement, tout en insistant sur la nécessité d'un « virage culturel » (Jessop et Sum, 2006 – voir p. 285). Pour leur part, des critiques marxistes du néogramscisme réaffirment que la « vraie » position marxiste est celle de la primauté du matériel (Saurin, 2008). D'autres écrits inspirés par l'œuvre de Gramsci essaient de résoudre le dilemme tout bonnement par l'abandon du matérialisme historique. L'analyse « postmarxiste » par exemple déclare que « les discours sont *matériels* » (Laclau et Mouffe, 1985 : 108 ; italiques dans l'original) et adopte un idéalisme radical de l'analyse du discours.

3.1 Méthodologie

D'après le théoricien néogramscien Maurice Finocchiaro, le point de départ méthodologique du néogramscisme doit être de statuer *quel poids et quel statut faut-il accorder à la pensée de Gramsci lui-même ?* Cet auteur voit dans la théorie néogramscienne trois façons de se rallier à la pensée de Gramsci (Finocchiaro, 2006 : 15-16). D'abord, une « approche déductive ou nomologique » met l'accent sur l'opérationnalisation des concepts de Gramsci en les collant directement à l'analyse de la politique mondiale. Cette méthode ressemble à celle suivie par Cox dans ses premiers travaux (1981, 1983). Une deuxième approche, celle-là « inductive ou analogique », étudie une situation en la comparant à une situation semblable déjà étudiée par Gramsci. Elle tente de dégager toutes les analogies possibles ou d'extrapoler des conclusions à partir de celles établies par Gramsci dans une situation similaire (p. ex. : Finocchiaro, 2006). Une troisième approche, « méthodologique » (p. ex. : Gill, 1993b, 1993b), cherche à appliquer la méthode de Gramsci à des situations qui étaient historiquement inexistantes à l'époque où Gramsci a vécu.

Ces trois approches présentent, chacune, des problèmes. Ceux des deux premières sont d'ordre exégétique. En donnant un statut privilégié à la pensée de Gramsci, la tenant pour exempte de problèmes, les deux premières approches lui attribuent un statut quasi transhistorique. Ce faisant, elles négligent l'affirmation épistémologique de Gramsci à l'effet que *toute* connaissance, y compris la sienne, est historiquement située et donc ne peut être extraite de son contexte historique. La troisième approche, elle, évite ces erreurs, mais soulève une question fondamentale : en quoi consistait précisément la « méthode » de Gramsci ?

Une réponse un peu superficielle à cette dernière question affirme que la méthode gramscienne est à la fois «historique et dialectique» (Ayers, 2008a: 3-4). L'élément historique dans cette réponse semble clair. Il implique que tout, y compris le savoir, doit être analysé dans le contexte historique de sa production – c'est-à-dire les conditions sociopolitiques et culturelles-idéologiques qui façonnent à la fois les enjeux à analyser et la manière dont ils sont analysés. Cependant, la partie «dialectique» de la méthode gramscienne présente bien des problèmes. Comme indiqué au chapitre 10 (p. 200), la dialectique est sans doute l'aspect le plus controversé et le plus mal compris de toute variante du marxisme. Au-delà de la vision commune voulant que la «dialectique» signifie que nul concept, que nul processus ne peut être doté d'une autonomie ontologique (tel que les réalistes le prétendent dans le cas de l'anarchie), les marxistes sont fondamentalement en désaccord sur le sens de la «dialectique» et sur ce qu'est une «méthode dialectique». N'ayant pas l'espace ici pour discuter ces différences, nous nous limiterons à exposer les quatre tâches analytiques auxquelles doit se livrer le chercheur qui adopte la méthode dialectique néogramscienne:

- décortiquer l'ensemble des relations sociales de son objet d'étude afin d'en identifier les éléments constituants (p. ex.: les structures historiques du pouvoir mondial sont composées des forces sociales, des formes de l'État et des ordres mondiaux);

- examiner les processus, les luttes sociales et les contradictions impliquées dans la construction et la dynamique de chacun de ces éléments constituants (p. ex.: l'interaction entre idées, capacités matérielles et institutions);

ré-assembler en un tout les éléments ainsi décortiqués pour étudier les processus par lesquels ces éléments interagissent entre eux, de même que les processus par lesquels ces éléments façonnent l'ensemble surdéterminé et sont eux-mêmes façonnés par cet ensemble;

- examiner la manière dont la multiplicité des processus, les luttes sociales et les contradictions ouvrent la voie à des formes d'action sociale visant à changer la structure historique et ses éléments constituants.

Opérationnaliser cette méthode dialectique néogramscienne oblige le chercheur, d'abord, à *définir sa question de recherche* et à préciser l'échelle historique et géographique (le temps et l'espace) de son enquête. Ici, une revue critique de la littérature s'impose afin de préciser en quoi l'angle de recherche envisagé se distingue des études précédentes. Présumons, par exemple, qu'un chercheur veuille examiner la montée et la trajectoire de l'hégémonie américaine depuis 1945 (voir l'encadré 13.1 pour un schéma d'une analyse empirique qui découlerait de la mise en application de cette méthodologie).

Ensuite, le chercheur doit établir *les catégories de faits sociaux* à interroger. Ces faits sociaux sont essentiellement déterminés par l'*ontologie* de l'approche théorique retenue. La théorie néogramscienne présume que l'hégémonie est une *structure historique*, qui consiste en une interaction permanente entre les forces sociales, les formes de l'État et les ordres mondiaux. Cette approche soutient par ailleurs que ces trois éléments consistent à leur tour en une interaction constante entre trois éléments: les idées, les capacités matérielles et les institutions. Elle présume également que l'origine de toute hégémonie mondiale réside dans les processus et les luttes à travers lesquels les blocs historiques émergent d'une société civile nationale. Dans un contexte de **chaos systémique** (Arrighi, 1993: 151), les ressources matérielles, idéalitionnelles et institutionnelles dont le bloc historique se dote lui permettent de projeter son leadership moral, intellectuel et politique au-delà de ses frontières et même à l'échelle mondiale. Ces ressources émanent de sièges du pouvoir différents. Puisque l'hégémonie est toujours comprise comme étant instable et transformative, le chercheur est tenu de périodiser son cadre temporel afin d'établir l'effet transformatif d'une telle hégémonie sur les forces sociales, les relations sociales de production, l'organisation sociale de production,

Encadré 13.1 La montée, la transformation et le déclin de l'hégémonie américaine

Les récits de l'hégémonie américaine racontés par les réalistes, les libéraux et les tenants du système-monde mettent en opposition la situation de 1918 avec celle de 1945 : «En 1918, par le consentement presque universel, les États-Unis se sont vu offrir le leadership mondial [...], ce qu'ils ont refusé» (Carr, 1946 : 234). Ce refus aurait généré l'instabilité internationale chronique qui a abouti à la Deuxième Guerre mondiale. Cependant, en 1945 l'ensemble des États, y compris les États-Unis, ont reconnu le besoin criant d'un nouvel ordre mondial. Étant donné la prépondérance économique et militaire des États-Unis, aucun autre candidat au leadership ne s'est présenté.

Selon ce récit conventionnel, l'hégémonie états-unienne serait issue de l'un ou l'autre de ces impératifs structurels : soit celui du système international anarchique (réalisme/libéralisme), soit celui du capitalisme mondial (théorie du système-monde). Ce récit évacue les origines de l'hégémonie dans une société civile nationale. Sa conception linéaire de la montée et du déclin de l'hégémonie néglige l'impact de la dynamique contradictoire de l'hégémonie sur les forces sociales, les sociétés civiles, les formes de l'État ainsi que l'ordre mondial lui-même. Une analyse néogramscienne de l'hégémonie américaine chercherait à intégrer les éléments suivants :

a) En 1918, les États-Unis sont incapables d'exercer le leadership mondial. Bien que ce pays soit déjà à ce moment «le pôle d'attraction principal des ressources, de la main-d'œuvre, du capital et de l'entrepreneuriat de l'économie-mondiale» (Arrighi, 1993 : 176), ses élites n'ont pas encore élaboré de consensus quant au rôle mondial que pourrait tenir les États-Unis. En comparaison de celles de la Grande-Bretagne et de la France, la capacité des États-Unis de projeter la force militaire est quasi nulle.

b) La Deuxième Guerre mondiale forge, au sein de la société civile américaine, un nouveau bloc historique embryonnaire composé de quatre ensembles de forces sociales : les intérêts capitalistes enrichis par les contrats durant la guerre ; les politiciens fédéraux clés et les hommes de pouvoir ; les généraux, les amiraux et les bureaucrates d'un établissement militaire ayant connu une expansion fulgurante ; et les bureaucrates syndicaux qui acceptent des politiques de limitations des salaires en échange d'une politique de plein-emploi.

c) Le ralentissement économique important qui suit les réductions militaires massives imposées par le président Truman de 1945 à 1948 donne lieu à une explosion de grèves, et touche négativement les intérêts commerciaux, industriels et militaires. Le bloc militaro-industriel lance une offense idéologique qui vise, d'une part, à discréditer la coalition «New Deal» du président Franklin D. Roosevelt basée sur l'emploi ; et, d'autre part, à forger une nouvelle alliance sociale interne – connue sous le nom «des armes et du beurre» (*guns and butter*) – à travers la doctrine entièrement nouvelle de la sécurité nationale américaine (Yergin, 1977 : 195-196).

d) La pression politique intense sur l'administration Truman génère finalement au sein de l'élite américaine un consensus sur plusieurs points : la nécessité d'exercer le leadership économique et stratégique mondial ; les stratégies multilatéralistes pour exercer un tel leadership ; la définition de la menace devant laquelle on dit que les États-Unis se trouvent ; le coût budgétaire d'un tel leadership ; et les formes institutionnelles tant d'une nouvelle forme de l'État américain – l'État de la sécurité nationale – que d'un nouvel ordre mondial organisé autour du système de Bretton Woods et de la guerre froide.

e) La prépondérance militaire américaine soutient la reconstruction capitaliste mondiale. L'OTAN et le «parapluie nucléaire américain» fournissent aux alliés des formes de défense extensives et moins chères qu'un retour au «chacun pour soi». Le réseau des bases militaires américaines injecte un investissement important dans les pays d'accueil, sans compter que la présence de centaines de milliers de militaires américains en Europe et en Asie a des effets économiques et culturels transformateurs.

f) Ces capacités sans pareilles de projection de force confèrent aux États-Unis le rôle d'«éducateur militaire impérial». Les programmes d'échanges et d'éducation militaires génèrent la diffusion des normes américaines à travers une «fraternité internationale d'uniformes», qui a pour but d'influencer les politiques des alliés «de façon favorable aux États-Unis» (Sokolsky, 2002 : 211, 222). Socialisés à travers le discours de menace véhiculé par l'**imaginaire sécuritaire** américain, tant les alliés que les rivaux adoptent alors les cultures stratégiques complémentaires à celles des États-Unis.

g) L'image idéalisée de l'*American way of life* diffusée par Hollywood et la télévision offre un attrayant mythe de modernité, de prospérité, de mobilité sociale et de liberté individuelle aux sociétés d'Europe de l'Ouest et du Japon, alors épuisées par les guerres et hantées par la rigidité de leur système de classe. Tandis que leurs économies sont reconstruites selon les termes dictés par les États-Unis, ces sociétés assimilent le culte américain du consommateur en tant que pilier de l'ordre social.

h) Forts de leur prépondérance économique, les États-Unis sont en mesure d'imposer les règles et les institutions du régime financier, commercial et productif de Bretton Woods, et de dicter les conditions d'intégration des États dans l'ordre économique mondial. En encourageant une forme interventionniste de l'État visant le plein-emploi, le modèle « fordiste » de production, une économie mixte, un solide système de protection sociale ainsi que les politiques macro-économiques du keynésianisme militarisé, la *Pax Americana* génère un ordre mondial fondé sur deux discours qui se renforcent mutuellement, celui du « libéralisme enraciné » (Ruggie, 1982) et celui de la nécessité de sécuriser le « monde libre ». L'ordre mondial issu de l'hégémonie américaine prône le libre commerce, reconnaissant toutefois aux gouvernements « le droit d'intervention dans leur économie nationale afin d'assurer la stabilité intérieure par la mise en place de programmes de sécurité sociale et une redistribution partielle de la richesse » (Bieler et Morton, 2004a : 94). Ce faisant, l'hégémonie américaine assure trente années de prospérité : elle facilite la coopération économique européenne, promeut la culture de consommation individuelle, garantit le contrôle social et la stabilité des élites, et punit les États qui paissent loin de l'enclos. Cependant, ce qu'on a nommé *les Trente Glorieuses* engendre des processus d'effritement de la *Pax Americana*.

i) À partir du milieu des années 1960, les syndicats et d'autres forces sociales au sein du monde capitaliste développé commencent à contester l'exigence d'accroître sans cesse la productivité que sous-tend le système keynésien et le culte de la consommation individuelle.

j) À la suite de la reconstruction économique de l'Europe occidentale et du Japon, les États-Unis commencent à enregistrer des déficits commerciaux accrus à partir des années 1960. Cette situation, conjuguée à l'expansion soutenue des dépenses militaires américaines, crée le phénomène des « eurodollars » – carte d'atout dans les mains de banques centrales européennes. Lorsque, en 1965, la France exige la conversion en or de ses avoirs en dollars – opération prévue par le système de Bretton Woods –, la fragilité de la structure hégémonique américaine se fait alors jour.

k) L'abandon unilatéral par le président américain Nixon de la convertibilité du dollar américain en 1971 entraîne l'effondrement du système de Bretton Woods et marque la fin de la stabilité financière et commerciale née de la *Pax Americana*. Un système financier mondial purement spéculatif émerge alors. Au départ, ce système est essentiellement lié au phénomène des « pétrodollars », résultat de la flambée des prix du pétrole après le choc pétrolier de 1973. Puis la récession des années 1970 a pour effet d'accélérer l'internationalisation des processus de production, de rendre le capital spéculatif plus rentable que l'investissement dans la production des biens, et de porter un coup fatal aux alliances sociales qui sous-tendent l'État-providence. L'insistance accrue des grandes entreprises sur la nécessité de mettre fin au rôle de l'État en tant qu'instance régulatrice du marché et garante des services sociaux minimaux sonne le glas du « libéralisme enraciné ».

l) La forte pression exercée depuis les années 1960 par les États nouvellement souverains pour une restructuration des rapports économiques mondiaux aboutit, au milieu des années 1970, à un projet de révision du droit de la mer et à un projet d'instauration d'un Nouvel Ordre économique mondial. Dès lors, les élites occidentales croient leurs intérêts menacés.

m) Une cascade d'événements politiques majeurs vient accentuer le climat de crise mondiale : le scandale politique de Watergate aux États-Unis (1972-1974) ; la révolution antifasciste et la montée de la gauche au Portugal (1974) ; les défaites américaines au Viêt-nam, au Cambodge et au Laos (1975) ; et l'accession au pouvoir d'une gauche révolutionnaire en Guinée-Bissau (1973), en Angola, au Mozambique, en Éthiopie (1975) et au Nicaragua (1975). Ces événements suivis, dès 1979, par la Révolution iranienne, un second choc pétrolier et l'invasion soviétique de l'Afghanistan entraînent un renouvellement de la guerre froide et renforce la perception que l'hégémonie américaine est arrivée à son terme (Keohane, 1984).

n) Une nouvelle « classe dirigeante transnationale » (van de Pijl, 1998) et son « Consensus de Washington » émergent de la fragmentation et de la segmentation de plus en plus marquées des processus de production. La théorie économique keynésienne se trouve dès lors discréditée par le courant néolibéral de l'École de Chicago, qui affirme qu'aucune avenue n'est possible à part celle de la libéralisation radicale. La notion hautement idéologique de « bonne gouvernance » crée une surveillance mondiale panoptique (Gill, 1995c), c'est-à-dire un régime qui surveille la politique économique de tout État. Ce « **nouveau constitutionnalisme** » préconise des mesures pour reconfigurer les appareils d'État afin de les soumettre à la discipline du marché et d'élargir les marchés capitalistes libéralisés, en enracinant ces marchés dans une séparation du politique et de l'économique ainsi que dans l'État et la société civile, de manière à renforcer le pouvoir du capital (Gill, 2000b : 11-15).

o) L'influence du capital s'exerce de nos jours principalement à travers les marchés financiers d'envergure mondiale et les échanges commerciaux qui ont lieu à l'intérieur même des entreprises multinationales. Cela fait en sorte que l'ancienne façon de «découper» la carte économique du monde en territoires étatiques a été remplacée par «une mosaïque encore plus complexe d'États, de régions, de cités-régions d'influence mondiale (*global city-regions*) et de localités, chacun intégré de manière différenciée dans l'économie mondiale»(Agnew, 2005: 33).

p) Cette nouvelle «ontologie de l'organisation de l'espace» a amoindri la forme exclusivement territoriale de l'autorité politique, modifié la forme de l'État et forgé d'influentes institutions transnationales pour l'exercice du pouvoir et le façonnement du consentement (p. ex.: Union européenne, le G8, le G20, le Forum économique mondial) (Agnew, 2005: 32-33). Le concept de *nation* cède le pas à celui de *société du marché*, la primauté du citoyen s'incline devant celle du consommateur.

q) La chute du communisme rend caduc l'imaginaire sécuritaire d'après 1945 et sape la capacité des États-Unis à dicter un programme de sécurité mondiale. La montée de la Chine et de la zone euro crée également «de nouveaux pôles économiques qui remettent en question la mainmise américaine sur la structure commerciale et monétaire» de l'économie mondiale (Isere, 2007: 1).

r) Tous ces développements ont forgé un nouveau bloc historique, constitué des gens d'affaires les plus puissants, des dirigeants des banques centrales, des leaders politiques de toutes les régions du monde, des leaders médiatiques et de divers «experts» des sphères politique, économique, scientifique, sociale et technologique. Les leaders du monde des affaires et de la politique américaine jouent un rôle important dans ce nouveau bloc historique, mais le pouvoir, les intérêts et la richesse des membres de ce bloc ne dépendent plus de la force disciplinaire de l'État américain ni de la capacité de l'*American way of life* de créer un consensus. L'hégémonie américaine «se rend donc d'elle-même de plus en plus inutile» (Agnew, 2005: 32).

s) Alors que leur position économique et politique est affaiblie sur la scène mondiale, les États-Unis tentent néanmoins de maintenir leur capacité à imposer leurs règles, notamment en recourant de plus en plus fréquemment aux moyens militaires. Si leur capacité militaire à dominer par la coercition est intacte, leur capacité financière de le faire ne l'est pas, car elle est désormais tributaire de la volonté de banques chinoises et japonaises de financer leur énorme dette, qui ne cesse de croître. Les États-Unis semblent aussi avoir perdu leur capacité à susciter le consentement à travers un leadership intellectuel et moral. Bien qu'aucune autre grande puissance n'ait encore tenté de ravir la position centrale des États-Unis, l'«hégémon en déclin» est de moins en moins en mesure d'obliger ses principaux alliés à participer aux guerres qu'il met en œuvre, et ne maîtrise plus les «moyens financiers nécessaires pour résoudre les problèmes du système mondial qui requièrent des solutions au niveau planétaire» (Arrighi et Silver, 1999: 278).

les formes de l'État et l'ordre mondial. Finalement, la nature dialectique de la théorie néogramscienne contraint le chercheur à définir les procédures et les critères à travers lesquels il se propose de saisir la co-constitution de ces catégories de données.

4. Normativité

La théorie néogramscienne affiche d'emblée ses trois prises de position par rapport à la normativité. Premièrement, elle postule que nulle théorie ne peut être neutre ou «non idéologique», comme le prétendent le réalisme et le libéralisme. La maxime maintes fois citée de Robert Cox représente bien cette vue: «La théorie, c'est toujours pour quelqu'un ou pour quelque chose» (Cox, 1981: 128). Chaque théorie est empreinte de valeurs, des normes, d'une vision de ce qui est la «bonne communauté», et de principes d'inclusion et d'exclusion. Nier l'existence d'une normativité au cœur d'une théorie est en soi une position idéologique et politique manifeste. De fait, une telle négation claironne que les valeurs, les normes, la vision, et les principes d'inclusion/exclusion véhiculés par ladite théorie seraient les seules possibles.

Deuxièmement, comme elle insiste sur la nature intéressée de toute théorie en Relations internationales, la théorie néogramscienne se fait forte d'annoncer ses couleurs en matière de normativité. Elle dit s'inscrire dans la même foulée normative stipulée par Karl Marx: «Les philosophes n'ont fait qu'*interpréter* le monde de différentes manières, mais il s'agit de le *transformer*» (Marx, 1976a : 9 – italiques dans l'original). Le néogramscisme affirme que sa propre normativité réside dans ses efforts pour démontrer, d'une part, que la construction des projets hégémoniques repose, en dernière instance, sur des théories hautement idéologiques élaborées par des intellectuels ; et, d'autre part, que la mise en application de ces théories a des conséquences néfastes pour la majorité des êtres humains.

Troisièmement, les néogramsciens prennent position sur la question des inégalités criantes dans le monde. Ils affichent leur dégoût face à ces inégalités implicitement ou explicitement sanctionnées par les théories orthodoxes en Relations internationales. La théorie néogramscienne se veut ouvertement émancipatrice. Son analyse de la construction des multiples facettes du pouvoir – le pouvoir dans le processus de production ; le pouvoir dans la société ; le pouvoir au sein de l'État ; le pouvoir en relations internationales ; le pouvoir de la théorie, de l'idéologie et de la culture – ne vise qu'un seul but : «clarifier la gamme des voies possibles» pour transformer l'ordre mondial existant. Cela oblige à «élargir l'analyse au-delà des relations internationales conventionnelles afin d'englober les processus de base à l'œuvre dans le développement des forces sociales, des formes de l'État et dans la structure de l'économie politique mondiale» (*Ibid.* : 130).

En fin de compte, la théorie néogramscienne formule ainsi «la question fondamentale de la philosophie politique : *en quoi consiste la bonne société ?* Cette question exige que l'on réponde à une question politique : comment seront construits un État "éthique", et une société dans laquelle le développement personnel, la réflexion rationnelle, la discussion ouverte, l'*empowerment* démocratique et la libération économique et sociale seraient accessibles au plus grand nombre» (Gill, 1993 : 25). En tant que théorie marxiste, le néogramscisme a comme préoccupation normative de décortiquer les relations de pouvoir qui sous-tendent les formes organisationnelles et les processus du capitalisme mondial. Il s'interroge

sur les mécanismes à travers lesquels les relations de pouvoir capitalistes conduisent systématiquement à l'exclusion, à la marginalisation et à la subordination une très grande partie de l'humanité. Son concept d'hégémonie a ceci de particulier qu'il permet de démontrer ces relations d'exclusion ainsi que la manière dont des formes d'inclusion dissimulent à leur tour des relations d'exploitation et de domination. Ce faisant, la théorie et la recherche néogramsciennes se mettent explicitement au service de la construction de projets contre-hégémoniques.

5. Les contributions et les variantes

Depuis les premières analyses de Cox sur l'émergence d'un ordre néolibéral mondial (1981, 1983, 1987), la contribution néogramscienne à la compréhension des rapports de pouvoir mondiaux s'est étendue à une gamme considérable d'enjeux. L'œuvre de Stephen Gill explore le cadre normatif de l'ordre mondial, notamment la Commission trilatérale (Gill, 1986, 1990) et les initiatives d'un «nouveau constitutionnalisme». Celui-ci couvre les initiatives juridiques et constitutionnelles qui visent à «couler en béton» les politiques économiques néolibérales et à isoler les institutions économiques de tout contrôle démocratique (Gill, 1998, 2000). Pour leur part, «les études détaillées et hautement contextualisées des transformations locales dans toutes les régions du monde» (Murphy, 1994b : 193) effectuées par ce qu'on appelle l'*École d'Amsterdam* mettent en lumière la transnationalisation du capital et de la main-d'œuvre (Overbeek, 1990, 1992 ; van de Pijl, 1984, 1998).

Le concept clé d'*hégémonie* dans la pensée néogramscienne a donné naissance à de nombreuses études sur, entre autres sujets, l'institutionnalisation de la production de masse aux États-Unis (Rupert, 1995) ; la promotion de la segmentation du pouvoir (*polyarchy*) en tant que forme de «démocratie de basse intensité» (*ibid.*) ; la «guerre mondiale contre le terrorisme» en tant que reconstruction discursive de l'identité américaine (Peker, 2006) ; et le rôle des cultures du militarisme au sein de l'hégémonie américaine (O'Meara, 2010).

D'autres néogramsciens ont interrogé les relations historiques entre les organisations internationales et les transformations industrielles (Murphy, 1994a) ainsi que le rôle des organisations internationales dans la marginalisation économique et politique d'une proportion importante de l'humanité (Murphy, 2005). D'autres encore ont analysé les enjeux liés à l'intégration européenne (Bieler, 2002) ; aux ouvriers sans droit (Harrod et O'Brien, 2002 ; Davies 2005) ; à l'importance des migrations (Pellerin, 2003 ; Pellerin et Overbeek, 2001) ; aux interventions économiques, politiques et militaires dans les pays du Tiers monde (Augelli et Murphy, 1993 ; Murphy, 2005) ; à la démocratisation en Afrique (Abrahamsen, 1997) ; et à l'écosystème et à la civilisation (Cox et Schechter, 2002).

Les néogramsciens ont également contribué au lancement du champ d'études connu comme la « géo-politique critique », champ qui explore la construction historique et discursive des espaces politiques, économiques et sociaux (Agnew et Corbridge, 1995 ; Agnew, 2005). Les variantes néogramsciennes du féminisme examinent, elles, la construction et la lutte autour des rapports de genre au sein de l'économie politique mondiale (Bakker et Gill, 2003 ; Steans et Tepe, 2008). Les ouvrages les plus récents sont caractérisés par un souci d'explorer de nouvelles formes d'agence et de résistance (Gill, 2003a).

La plupart de ces travaux se situent dans le courant prédominant néogramscien axé sur la logique de la production capitaliste. Récemment, plusieurs néogramsciens ont critiqué cette forme d'« économicisme résiduel », lui reprochant de « n'avoir pas rempli le plein potentiel » de la méthode de Gramsci (Jessop et Sum, 2001 : 95 ; voir également Agnew, 2005). La contribution principale d'une nouvelle variante culturelle du néogramscisme tourne autour d'une tentative de théoriser « l'imbrication et l'action réciproque du matériel et du discursif » (Sum, 2007 : 6). Les tenants du néogramscisme culturel rejettent l'« ontologie creuse » (Jessop, 1990 : 295) des post-marxistes Laclau et Mouffe, lesquels conçoivent l'hégémonie et le politique comme étant *purement*

discursifs (Martin, 2002 : 3). Pour les néogramsciens culturels, l'hégémonie est avant tout une forme de leadership moral, intellectuel et politique. Selon eux, comprendre l'hégémonie oblige alors :

> un engagement sérieux par rapport aux identités au-delà des classes (p. ex.: genre, race, ethnicité) et par rapport aux pratiques distinctes impliquées dans la construction de l'hégémonie sur des échelles différentes. Ce qui est en jeu ici, c'est la nécessité d'éviter de réduire l'analyse directement aux classes en tant qu'acteur, pour plutôt examiner comment les identités, les intérêts et les mouvements sociaux acquièrent une pertinence de classe, et comment ce processus d'acquisition peut être évalué (Jessop and Sum, 2001 : 95).

Les tenants de la variante culturelle du néogramscisme reconnaissent que les adeptes de l'« École coxienne » ont bien identifié les intérêts de classe qui sous-tendent les grands projets hégémoniques (comme l'État-providence, le néolibéralisme). Cependant, en raison de l'insistance de cette École sur la primauté de la *production*, ils jugent que les coxiens s'avèrent incapables de théoriser le fait que ces grands projets sont façonnés par un espace « matériel-discursif », et la manière dont les intérêts de classe masqués sont reproduits à l'intérieur de l'équilibre instable de compromis qui caractérise ces projets hégémoniques.

Pour paraphraser Gramsci, peu d'êtres humains agissent au-delà de leur propre culture (Gramsci, 1977 [1932-1933] : 204). De là, l'analyse doit être axée non seulement sur l'organisation sociale de la production, mais aussi sur la manière dont la régulation économique et l'imaginaire politique sont culturellement construits ainsi que sur la manière dont une telle construction culturelle donne lieu « aux positions subjectives particulières et à leurs articulations variées avec d'autres identités (p. ex.: ouvriers ou citoyens avec diverses identités de genre, d'ethnicité, de race ou de religion) » (Jessop et Sum : 95).

285

6. Conclusion – critiques

Au cours des 30 dernières années, le néogramscisme s'est imposé comme « la tradition de gauche la plus influente en Relations internationales/Économie politique internationale» (Shilliam, 2004: 60) et comme «la théorie la plus apte à faire contrepoids aux perspectives réalistes et libérales» (Schechter, 2002: 2). Il a fait preuve d'une capacité impressionnante «à problématiser le rôle d'une quantité de nouveaux sujets/objets dont l'existence est médiatisée par des processus globaux, et à situer ces "objets" au sein d'une structure historique» (Dufour, 2007: 211).

Paradoxalement, sa plus grande force analytique – son rejet de toute analyse monocausale ou réductionniste, et son insistance sur le besoin de saisir les complexités des luttes de pouvoir mondiales – est en même temps un obstacle majeur à son enracinement plus marqué dans les réseaux universitaires. La théorie et la méthode néogramsciennes obligent le chercheur à rendre compte de l'interaction entre une gamme importante d'éléments et d'enjeux en changement permanent. Comparé à celui des théories et des méthodes plus simplistes en Relations internationales (comme le réalisme), le processus analytique néogramscien est forcément plus complexe et, ce faisant, exige plus d'efforts intellectuels et de temps. Les chercheurs qui optent pour l'approche néogramscienne vont donc inévitablement publier moins que leurs collègues qui choisissent d'opérationnaliser les théories «parcimonieuses». En raison de cette relative lenteur de production, opter pour l'approche néogramscienne n'est certes pas un choix de carrière judicieux pour un jeune universitaire à la recherche d'un poste permanent, compte tenu, par ailleurs du système de «parti unique» méthodologique à l'œuvre dans les comités éditoriaux de la plupart des revues scientifiques en Relations internationales, et du préjugé universitaire à l'égard des approches inspirées par le marxisme, surtout aux États-Unis.

De plus, la théorie néogramscienne est loin d'être exempte de problèmes. Deux inconsistances/ambiguïtés ressortent. La première est issue des vacillations de Gramsci quant à la relation entre la coercition et le consentement dans les sociétés capitalistes avancées (voir plus haut la note 2). La théorie néogramscienne n'est pas encore parvenue à résoudre cette inconsistance.

Une critique non marxiste du néogramscisme souligne que la préoccupation de Gramsci et des néogramsciens quant au *consentement* dissimulerait en fait la nature essentiellement coercitive de toute pensée marxiste (Femia, 2005).

La deuxième inconsistance tient à l'ambiguïté entre *matérialisme* et *idéalisme* dans les écrits néogramsciens (voir p. 000). L'approche néogramscienne fait preuve d'une tension entre:

d'une part, le besoin de parler des structures et des relations matérielles et, d'autre part, le désir de souligner la nature subjective, intersubjective, construite, contestée et imaginée du monde social. Plutôt que d'opérer de concert, ces deux impératifs opèrent chacun de son côté. Ce que les néogramsciens n'arrivent pas à faire d'une façon satisfaisante, c'est de combiner l'aspect intersubjectif et l'aspect structurel de leur analyse. Parfois ils les distinguent, parfois ils les confondent (Ayers, 2008a: 10).

D'autres marxistes critiquent encore plus sévèrement la théorie néogramscienne. Ils soutiennent que «les aspects les plus reconnus du marxisme sont largement évacués de la théorie néogramscienne en Relations internationales» (Saurin, 2008: 26). Ces critiques jugent que de tels «évacuation et abandon des méthodes marxistes d'enquête» font en sorte que, malgré sa prétention d'avoir élaboré une théorie transformative, la théorie néogramscienne s'est transformée «en une théorie conservatrice, c'est-à-dire une théorie qui n'explique que le maintien d'un ordre existant et les modifications à l'intérieur de celui-ci» (Saurin, 2008: 28).

Il est probable que peu de néogramsciens se troublent des chicanes de tels «commissaires» théoriques, selon qui «la» théorie et «la» méthode marxistes «pures» existeraient bel et bien. En effet, les travaux de ces détracteurs ont été critiqués à leur tour pour leur «préoccupation exclusive par rapport à la relation capital/travail», qui les rendrait incapables «de saisir les caractéristiques des formes de la "vie quotidienne"» (Ayers, 2008a: 7).

Peu importe ses ambiguïtés et ses failles, le néogramscisme est sans doute le plus ambitieux et le plus sophistiqué des récents efforts pour réinsérer la théorie marxiste dans la conceptualisation de la politique mondiale. Dans une conjoncture où les États-Unis demeurent embourbés dans deux guerres majeures, où le capitalisme mondial connaît sa plus grande crise depuis 80 ans, où la mondialisation rend encore plus criantes les inégalités entre les êtres humains, où font rage les débats quant au déclin des États-Unis et la nature de l'ère « post-hégémonique », peu d'autres théories en Relations internationales parviennent à égaler la portée et l'envergure des perspectives qu'ouvre la théorie néogramscienne en ce qui a trait à la structure et à la dynamique des rapports de pouvoir mondiaux.

Pour en savoir plus

Les écrits de Gramsci :

Gramsci, A., 1977, *Cahiers de prison*, 5 volumes, Paris : Gallimard.

Gramsci, A., 1977 [1932-1933], *Gramsci dans le texte*, F. Ricci et J. Bramant (dir.), Paris : Éditions sociales. En ligne [http://classiques.uqac.ca/classiques/gramsci_antonio/dans_le_texte/dans_le_texte.html]

Sur l'œuvre de Gramsci :

Anderson, P., 1976b, « Antinomies of Antonio Gramsci », *New Left Review*, 100, p. 5-78. Sans doute l'analyse la plus intéressante et la plus détaillée des formes, des fonctions, de la cohérence interne et de la validité du concept d'*hégémonie* tel qu'entendu par Gramsci, de la théorie de la matrice État/société civile et celle relative à l'opposition entre *guerre de position* et *guerre de manœuvres*.

Piotte, J.-M., 1970. *La pensée politique de Gramsci*, Paris : Anthropos. Un des premiers commentaires en français sur l'ensemble de l'œuvre de Gramsci.

Sur l'approche néogramscienne :

Cox, R. W., 1981, « Social Forces, States and World Order : Beyond International Relations Theory », *Millennium*, 10, 2, p. 126-155. Texte fondateur de la théorie néogramscienne en Relations internationales, qui expose les grandes lignes de son ontologie, de son épistémologie et de son cadre conceptuel.

Gill, S. (dir.), 1993, *Gramsci, Historical Materialism and International Relation*s, Cambridge : Cambridge University Press. Recueil de textes qui rend compte des thèses principales, des objectifs et des perspectives du néogramscisme en théorie des Relations internationales.

Bieler, A. et A. D. Morton, 2004, « A critical theory route to hegemony, world order and historical change : neo-Gramscian perpectives in International Relations », *Capital & Class*, 82, p. 85-113. Aperçu des principaux éléments de doctrine de l'approche néogramscienne en théorie des Relations internationales.

Bieler, A. et A. D. Morton (dir.), 2006, *Images of Gramsci : Connections and Contentions in Political Theory and International Relations,* London/New York : Routledge. Recueil d'articles des plus utiles, qui examinent comment les modes d'analyse néogramsciens intègrent les écrits sur les « relations internationales » dans la théorie politique.

Agnew, J., 2005, *Hegemony: The New Shape of Global Power*, Philadelphie : Temple University Press. Un des meilleurs exemples de la géopolitique critique appliquée, qui illustre le « virage culturel » chez les néogramsciens.

Ayers, A. J. (dir.), 2008, *Gramsci, Political Economy and International Relations Theory*, Basingstoke/New York : Palgrave Macmillan. Vue d'ensemble critique de plusieurs aspects de la théorie néogramscienne.

Les néogramsciens face à la guerre en Irak

L'analyse néogramscienne situe l'invasion britanno-américaine de l'Irak, en 2003, dans le contexte d'une *hégémonie* de plus en plus déterritorialisée, caractéristique de l'*ordre mondial* de l'après 11 septembre 2001. Cette approche théorique insiste sur la nécessité d'intégrer trois niveaux d'analyse : 1) l'impact inégal dans les différentes régions du monde des effets économiques, politiques et géostratégiques découlant de la réorganisation du capitalisme et du fonctionnement du pouvoir depuis la fin des années 1970 (voir l'encadré 13.1) ; 2) le rôle contradictoire de l'État américain et de l'hégémonie américaine dans l'émergence et la consolidation de la mondialisation ; et 3) les dynamiques internes de l'économie et du système politique américains (c'est-à-dire la spécificité de la forme de l'État des États-Unis).

Dans la plupart des régions du monde, les transformations engendrées par la mondialisation sont largement importées/imposées de l'extérieur – une *révolution passive* renforçant la logique révolution/restauration. Dans un contexte marqué par l'incapacité de la gauche d'élaborer un projet contre-hégémonique cohérent et crédible, la résistance aux ravages de la mondialisation prend souvent la forme soit de la réaffirmation des valeurs traditionnelles ou du fondamentalisme religieux (p. ex. : la montée du terrorisme depuis les années 1990, inspirée d'une forme ou d'une autre de fondamentalisme religieux) soit de l'émergence du césarisme (p. ex. : le régime de Saddam Hussein en Irak). Ces types de résistance ont, à leur tour, un impact notable sur l'ordre mondial, ce qui se répercute sur l'évolution de l'imaginaire sécuritaire américain et sur la volonté des États-Unis de recourir à la force militaire.

Les politiques étrangères et commerciales américaines ont certes joué un rôle important dans le façonnement de la mondialisation. Toutefois, cette transformation du capitalisme mondial demeure essentiellement le produit de dynamiques engageant des *forces sociales*, des *idées* et des pratiques culturelles liées à « un modèle économique basé sur la consommation » (Agnew, 2005 : 219). Ce modèle qui a émergé historiquement pour la première fois aux États-Unis s'est vite répandu à l'échelle planétaire.

Au début du XXIᵉ siècle, le consensus interne autour du rôle joué par les États-Unis sur la scène mondiale s'était déjà volatilisé, et la politique étrangère étatsunienne était devenue un enjeu clé des « guerres culturelles » au cœur de la vie publique de ce pays. Qui plus est, l'élection présidentielle on ne peut plus douteuse de 2000 n'a pas manqué d'exacerber ces guerres. L'administration de George W. Bush est entrée en fonction en 2001 avec un déficit de légitimité et alors que la société américaine était aux prises avec les divisions les plus profondes et amères depuis la guerre de Sécession (1861-1865).

L'invasion d'Irak n'était ni un produit de « la logique systémique du capitalisme » (Wood 2003 : x) ni le résultat du « pétro-impérialisme américain » (Klare, 2003). Elle ne faisait pas partie non plus d'une campagne visant à discipliner ceux qui ne respectent pas l'esprit de la mondialisation (Wood, 2003) et à démontrer que les forces armées américaines « sont capables d'aller n'importe où et n'importe quand, et d'infliger d'énormes pertes » (Wood, 2002b : 19). Par contre, cette guerre d'agression a été lancée par une administration américaine que d'aucuns qualifient de *césariste* (Paul, 2007) et qui, manifestement, n'« avait aucune idée de ce qu'elle faisait – ni en Irak ni ailleurs » (Agnew, 2005 : 225). L'invasion de l'Irak était une réponse de l'administration Bush à sa propre faiblesse politique sur le plan interne ainsi qu'une réponse à la pression néoconservatrice pour l'expansion externe, et ce, dans le but de calmer les conflits internes et de ralentir l'effritement de la position américaine sur l'échiquier économique mondial.

L'hégémonie américaine d'après 1945 avait été érigée sur le multilatéralisme économique et stratégique (p. ex. : Bretton Woods, OTAN). En rejetant le multilatéralisme au profit d'un unilatéralisme belliqueux, l'administration Bush a affaibli l'OTAN. Incapables depuis 1990 de financer leurs multiples guerres et en position de dépendance absolue envers leurs créanciers étrangers, les États-Unis ont vu s'éroder la supériorité monétaire qu'ils avaient sur le monde capitaliste depuis les années 1940. L'invasion illégale de l'Irak a établi le précédent d'une « action préventive », qui pourrait être invoquée éventuellement par des puissances régionales (p. ex. : l'Inde contre le Pakistan ; la Chine contre Taïwan). Elle a également sapé le principe d'un système international basé sur les règles – principe sans lequel la mondialisation ne pourrait fonctionner. Le « fiasco » de l'occupation de l'Irak et l'absence évidente d'une stratégie américaine de contre-insurrection (Ricks, 2006) minent plus avant ce qu'il reste de la capacité des États-Unis à assurer un leadership moral et stratégique.

Concepts clés de la théorie néogramscienne

Bloc historique : Une alliance contradictoire de forces sociales dominantes qui parvient à implanter ses propres idées et intérêts comme étant ceux de toute la société.

Capacités matérielles : Les ressources productives et destructives accumulées qui sont à la disposition d'une force sociale – ressources qui lui permettent d'agir et de poursuivre ses propres intérêts

Césarisme : Issu d'une *révolution passive*, le césarisme «exprime une situation dans laquelle les forces en lutte [A et B] s'équilibre de telle façon que la lutte ne peut aboutir qu'à leur destruction réciproque» (Gramsci, 1977 [1932-1933]: 75). Dans un tel contexte, «intervient une troisième force, C, qui assujettit ce qui reste de A et de B. La force C peut s'incarner dans un personnage [dictatorial] mais pas nécessairement. Il peut être progressif [p. ex. : Napoléon Bonaparte] ou régressif [p. ex. : Napoléon III] suivant les forces qu'il aide à faire triompher moyennant un compromis» (Leymarie et Bernstein, 1998 : 106).

Chaos systémique : Une situation d'instabilité mondiale généralisée et de guerres récurrentes issue d'un ordre hégémonique en déclin et de l'incapacité tant de l'hégémon «sortant» que du nouveau *prétendant au titre* de constituer un nouveau bloc historique et d'imposer un nouveau consensus.

Conjoncture : Un moment précis dans le temps historique d'une structure géopolitique donnée (ordre mondial ou État), moment caractérisé par une relation singulière entre forces sociales, forme(s) de l'État et configuration du pouvoir économique et politique – cette configuration étant dominée par des matrices particulières d'idéologies et de discours hégémoniques et contre-hégémoniques.

Dialectique : La dialectique marxiste comporte : 1) des présupposés ontologiques quant à la complexité, l'interrelation et la nature contradictoire et évolutive constante de la réalité sociale ; et 2) une position épistémologique prônant la nécessité de problématiser le processus relationnel complexe que l'on perçoit du monde empirique (le niveau des apparences). En tant qu'approche épistémologique, la dialectique oblige le chercheur à explorer aussi bien l'interrelation entre les différents aspects (ou niveaux) de la réalité que le processus par lequel ces niveaux interagissent pour se reconfigurer l'un l'autre, créant une structure complexe «surdéterminée» (c.-à-d. déterminée par plusieurs éléments de façon concomitante).

Discours hégémonique(s) : Un mélange de la théorie sociale, d'une idéologie et d'une mythologie, lesquelles incarnent des constructions particulières d'une identité reflétant des «principes d'inclusion/exclusion et de domination/subordination» (Gill, 1993a : 14)

État(s) : La théorie néogramscienne conçoit l'État «en termes de matrice des relations État/société civile, et montre comment la nature du pouvoir de l'État est liée à l'intensité de la synthèse dynamique entre les forces clés de l'économie et de la société – forces qui opèrent sur une base politiquement inclusive» (Gill, 1993c : 39). Les États prennent des formes différentes ; et l'action de même que le rôle d'un État ne peuvent être compris qu'à travers la décomposition de la forme et des processus politiques qui sont propres à cet État, ainsi qu'à travers son articulation avec la société civile.

Forces sociales : Les principaux acteurs collectifs «engendrés par les processus de production et les relations sociales de production» (Cox, 1981 : 138). Les forces sociales se situent *dans* les relations sociales de production, mais ne se *réduisent* pas à ces relations. Elles «opèrent *dans* et *entre* toutes les sphères d'activité» (Bieler et Morton, 2004a : 88). Les forces sociales s'étendent aux formes d'identité (nationalistes, régionales, religieuses, raciales, ethniques, genres). Les néogramsciens analysent aussi les réalités sociales «hors classe», telles que l'écologie, le féminisme, la paix mondiale (Cox, 1987 : 353).

Fordisme/post-fordisme : Le fordisme était «le système de production de masse et de consommation de masse qui caractérisait les économies hautement développées entre les années 1940 et 1960. Sous le fordisme, la consommation de masse, combinée à la production de masse, a engendré une croissance économique soutenue, et l'avancement matériel s'est répandu» (Thompson, s. d.). Le post-fordisme renvoie au remplacement de la forme fordiste de la production capitaliste – organisée sur une base nationale – par l'internationalisation de la production et des finances, par la fragmentation et la segmentation des processus de travail, par la destruction de la solidarité de classe, par l'élimination de la réglementation du marché par l'État et par l'idéologie voulant que le marché soit le mécanisme le plus efficace et le plus juste de régulation sociale.

Forme(s) de l'État : La façon dont le pouvoir politique formel est organisé sur un territoire juridique donné. Chaque forme de l'État repose sur une configuration unique de la matrice État/société civile et sur un ensemble d'institutions, de règles, d'usages, de pratiques et de cultures politiques qui lui sont propres. Les différentes formes de l'État «sont considérées comme étant, chacune, l'expression d'un bloc historique particulier» (Bieler et Morton, 2003b).

Guerre de manœuvres/guerre de position : Une « guerre de manœuvres » est une stratégie visant à transformer la société à partir de la simple prise de contrôle (par une révolution) de l'appareil institutionnel de l'État. Selon les néogramsciens, une telle stratégie est condamnée à l'échec étant donné « la résilience de la société civile » (Cox, 1983 : 165). L'effort de transformation de la société doit plutôt être axé sur une guerre de position : une lente et patiente lutte contre-hégémonique pour changer les idéologies et les alliances qui dominent la société, et la culture qui sous-tend celle-ci.

Hégémonie (mondiale) : En termes généraux, le concept d'*hégémonie* fait référence à un système de relations de pouvoir qui met les forces dominantes d'un *bloc historique* en mesure de « convaincre, motiver mielleusement ou contraindre » toutes les *forces sociales* d'une société que leurs intérêts correspondent à ceux du bloc dominant. L'hégémonie est donc la capacité « de forger des liens entre les gens, les objets et les institutions autour des normes et des standards culturels qui émanent, par-delà le temps et l'espace, des sièges du pouvoir (dont les lieux sont distincts) occupés par les acteurs autorisés » (Agnew, 2005 : 1-2). Par extension, l'*hégémonie mondiale* est donc à la fois « une structure sociale, une structure économique et une structure politique ». Une telle hégémonie s'exprime « en normes, en institutions et en mécanismes universels, qui dictent des règles générales de comportement aux États et aux forces sociales qui agissent au-delà des frontières nationales ; ces règles générales soutiennent le mode de production dominant » (Cox, 1983 : 172).

Idées : Les « compréhensions intersubjectives, ou les notions partagées, quant à la nature des relations sociales qui tendent à perpétuer les habitudes ou les comportements anticipés », *et* les divergentes « représentations (images) collectives de l'ordre social défendues par différents groupes de personnes » (Cox, 1981 : 136).

Idéologie : Un système d'idées, de croyances et de mythes partagés qui décrivent la réalité sociale de manière à légitimer et à promouvoir des intérêts sociaux et des rapports de pouvoir particuliers. Ce système prescrit des formes d'action sociale jugées acceptables. Toute idéologie est « une déformation d'une théorie au moment où celle-ci devient une "doctrine" ; la théorie n'est alors plus un instrument pour comprendre la réalité, mais elle devient un ensemble de principes moraux qui visent à "orienter" la praxis et le comportement humain. Cette déformation de la théorie en doctrine, et ensuite en "idéologie", n'est pas un phénomène "spontané" issu de la théorie même ; elle est plutôt le résultat "organique" de l'utilisation politique des théories » (Monasta, 1993 : 602).

Imaginaire sécuritaire : Les formes de représentation culturelles qui fournissent et reproduisent la définition qu'un État

se forge de lui-même par rapport à la vision qu'il a du monde extérieur. Un imaginaire sécuritaire précise donc *qui* sont les « Autres » de ce monde extérieur ; il représente la relation Soi/Autre ; il décrit les conditions, les contextes et les mécanismes culturels à travers lesquels l'Autre est dépeint comme étant une menace contre soi-même ; et il définit les paramètres généraux de la défense à mettre en place contre cet Autre menaçant. Ces représentations émergent de processus politisés et constamment en mouvance. Ces processus ont cours tant dans le système politique formel qu'au sein de la société civile. À travers eux, la conception de l'altérité est institutionnalisée en tant que menace, au point où la seule évocation du nom de l'Autre devient synonyme de menace existentielle, entraînant un ensemble de réactions et de réponses collectives.

Institution(s) : « Amalgame particulier d'idées et de pouvoir matériel » ainsi que de moyens « pour stabiliser et perpétuer un ordre spécifique, de sorte que les institutions reflètent les relations de pouvoir » (Cox, 1981 : 136-137).

Intellectuels : Les intellectuels sont les « agents du savoir » qui élaborent les théories ; propagent les idées et l'idéologie ; maîtrisent les technologies et les organisations desquelles les images mentales dominantes d'un bloc historique émergent et à travers lesquelles ces images sont défendues et reproduites. Parlant d'autorité au sujet des rôles sociaux et de la manière dont la société doit et devrait fonctionner, les intellectuels façonnent les images mentales qui alimentent le mythe fondateur de la société et l'idéologie qui y est associée. Ils font de même pour discréditer et *délégitimer* (en les qualifiant soit d'irréalistes ou de non scientifiques) les façons autres de concevoir la société. Les intellectuels organiques sont ceux dont les idées incarnent le mieux les intérêts de telle ou telle classe.

Intersubjectivité : L'ensemble des compréhensions et des représentations mentales collectivement partagées par les agents sociaux, et à travers lesquelles ces agents se définissent eux-mêmes, c'est-à-dire qu'ils définissent leur place dans le monde, leurs relations avec les autres agents sociaux, les choix qui s'offrent à eux, les modes de raisonnement et les calculs stratégiques à partir desquels ils fondent leurs actions.

Nouveau constitutionnalisme : « Les initiatives de construction d'instruments légaux ou constitutionnels visant soit à soustraire les nouvelles institutions issues du néolibéralisme de la vigilance populaire ou de tout autre processus de surveillance démocratique soit à les rendre inatteignables » (Gill, 1992 : 165). Le nouveau constitutionnalisme cherche « à discipliner les États en fonction d'une politique de restructuration néolibérale en répandant la notion de *civilisation du marché*, basée sur une idéologie du progrès capitaliste ainsi que sur des formes hiérarchiques ou exclusives de rapports sociaux » (Bieler et Morton, 2003b).

Ordre mondial (ordres mondiaux): «Les règles, les institutions, les activités et les stratégies usuelles à travers lesquelles l'économie politique internationale opère dans des périodes historiques» (Agnew et Corbridge, 1995: 15). En tant que matrices des relations de pouvoir extraterritoriales, les ordres mondiaux génèrent les «périodes de stabilité et de conflits» mondiaux (Morton, 2003c: 155) et, ce faisant, «définissent, alternativement, la problématique de la guerre et de la paix pour l'ensemble des États» (Cox, 1981: 138).

Organisations internationales: Mécanismes clés à travers lesquels les normes, les pratiques et les idéologies de l'hégémonie mondiale sont élaborées et propagées. Issues de l'ordre hégémonique mondial, les organisations internationales «incarnent les règles qui facilitent l'expansion» de cet ordre. Elles «légitiment idéologiquement» ces normes et règles; elles «cooptent les élites des pays périphériques [...] et elles absorbent les idées contre-hégémoniques» (Cox, 1983: 172). Ainsi, les organisations internationales sont des vecteurs clés des révolutions passives.

Relations sociales de production: Elles consistent en trois dimensions: «1) la structure du pouvoir social; 2) la complémentarité des rôles requis dans la plupart des processus de production; et 3) la distribution des retombées de la production» (Cox, 1987: 32).

Révolution passive: Forme de transformation sociale essentiellement importée *de* ou imposée *par* des forces externes de la société plutôt qu'émanant directement des luttes sociales au sein de cette société. Incapable de démanteler l'ancien ordre interne, une révolution passive engendre alors «une dialectique de révolution/restauration vouée à l'impasse puisque ni les anciennes ni les nouvelles forces sociales ne parviennent à s'imposer» (Cox, 1983: 165). Une telle impasse donne souvent lieu à deux phénomènes: 1) une dictature, qui tente alors de contrôler la société d'une position au-delà des forces sociales en conflit; 2) la résurgence de forces sociales dont l'objectif est d'instaurer les valeurs sociales ou religieuses dites traditionnelles.

Sens commun: «Amalgame d'idéologies, de doctrines scientifiques et de mythologies sociales» (Rupert, 2003: 185) qui façonnent l'imaginaire quotidien de la majeure partie d'une population donnée. Le sens commun donne lieu à des luttes où les forces sociales cherchent à préserver, à contester ou à transformer les rapports de pouvoir existant.

Société civile: «Une arène d'actions collectives volontaires – actions qui tournent autour des intérêts, des valeurs et des buts de divers groupes. En principe, les formes institutionnelles de la société civile sont distinctes de celles de l'État, de la famille et du marché, bien qu'en pratique, les frontières entre l'État, la société civile, la famille et le marché soient souvent floues et négociées.» La société civile est constituée d'«une diversité d'espaces, d'acteurs et de formes institutionnelles dont les degrés de formalité, d'autonomie et de pouvoir varient». Elle est «peuplée d'organisations caritatives, d'ONG, de groupes communautaires, d'organisations féminines, d'organisations religieuses, d'associations professionnelles, de syndicats, de groupes de soutien, de mouvements sociaux, d'associations d'affaires, de coalitions et de groupes de pression» (Centre for Civil Society, 2004).

Société politique: L'ensemble des institutions et des agents qui exercent «une "domination directe" ou une commande à travers l'appareil d'État et le "gouvernement juridique" afin de discipliner, "légalement", les groupes qui refusent leur consentement» (Gramsci, 1971: 12).

Spécificité: L'idée voulant que chaque société, chaque forme de l'État, chaque ordre mondial ou chaque conjoncture fasse montre de caractéristiques et de dynamiques qui lui soient propres. Ces caractéristiques ne peuvent être comprises par une «logique présumée» tirée de propositions théoriques abstraites; elles doivent impérativement être saisies par une analyse empirique concrète située dans le temps et dans l'espace.

Structure(s) historique(s): Composées par l'action réciproque continuelle entre les forces sociales, les formes de l'État et les ordres mondiaux, et situées dans le temps et dans l'espace, les structures historiques sont des matrices du pouvoir marquées par des contradictions et qui sous-tendent les formes et les dynamiques de la politique mondiale dans une conjoncture donnée. Les néogramsciens font une distinction entre les structures historiques *hégémoniques* et *non hégémoniques*.

Surdétermination: Notion dialectique voulant qu'aucun phénomène, processus, système, structure ou situation ne puisse être *imputé à* ni *expliqué par* un facteur ou une cause unique, puisque chacun d'eux est nécessairement le produit contradictoire et instable de l'interaction entre plusieurs processus et facteurs qui se déterminent mutuellement (co-constitution).

La Théorie critique

Frédérick Guillaume Dufour et Frantz Gheller

> Il ne faut pas attendre que les élites gouvernantes opèrent un tel changement de perspective, qui consiste à passer des «relations internationales» à la mise en place d'une politique intérieure à l'échelle de la planète; il faut plutôt que les populations elles-mêmes, dans leur propre intérêt bien compris, encouragent ce changement (Habermas, 2000 : 37).

La Théorie critique a une histoire en sciences sociales qui est antérieure à celle de son influence sur la théorisation et l'étude des Relations internationales. En fait, ce n'est qu'à partir des années 1990 qu'elle fait une entrée remarquée dans ce champ disciplinaire au Royaume-Uni et au Canada. Dans le cadre de la présentation de cette théorie, nous distinguerons la *Théorie critique* des *théories critiques* en Relations internationales. Par la première, nous entendrons généralement une approche théorique inspirée des travaux de l'École de Francfort, et de Jürgen Habermas en particulier. Cette théorie problématise l'identité des acteurs internationaux ainsi que des organisations et institutions internationales dans une perspective qui s'inscrit dans la tradition cosmopolitique. Elle a connu un développement particulièrement robuste chez les chercheurs qui analysent l'émergence de communautés politiques démocratiques post-westphaliennes. De façon plus générale, c'est le défi d'évaluer dans quelle mesure il serait possible et souhaitable d'extraire les institutions et les pratiques démocratiques du seul carcan de l'État-national souverain qui anime et oriente ce programme de recherche. La Théorie critique en Relations internationales partage donc la position selon laquelle la réflexion sur la démocratie ne peut plus, et ne doit plus, être confinée au cadre territorial au sein duquel la théorie politique moderne l'a généralement confinée[1]. Il ne fait pas de doute que la Théorie critique s'inscrit au sein des théories critiques. Elle a cependant sa propre histoire et se développe à travers ses propres auteurs, objets et contributions théoriques.

1. Historique

Ce sont principalement les théoriciens de l'École de Francfort des années 1980-1990 qui inspirent le développement d'une *Théorie critique* des relations internationales. Cette influence parcourt les travaux d'Andrew Linklater et notamment son important ouvrage *Beyond Realism and Marxism: Critical Theory and International Relations* publié en 1990. À partir des années 1990, Jürgen Habermas devint un intervenant important sur plusieurs thèmes centraux de l'étude des relations internationales avec la publication notamment de *L'intégration républicaine*, d'*Après l'État-Nation* et de *La paix perpétuelle*. Avant de reve-

---

1. Par l'expression «théories critiques» nous entendrons de façon plus générale les différentes approches qui se sont opposées au consensus entre les approches néoréalistes et néolibérales durant les années 1990.

nir sur ces thèmes récents, nous ferons un détour par l'histoire de l'École de Francfort. Nous exagérons à peine en affirmant que les pratiques interdisciplinaires et les intuitions philosophiques qui furent développées par cette École, dès les années 1930, se retrouveront au cœur du développement des théories critiques à partir des années 1980.

Aujourd'hui, l'École de Francfort a une aura symbolique dont se dégage un respect ritualisé envers une importante tradition théorique souvent à l'avantgarde du renouvellement des sciences sociales au XXᵉ siècle. Institutionnellement parlant, l'École voit le jour avec la création de l'Institut de recherches sociales en 1923. L'Institut se donne l'objectif de développer des recherches multidisciplinaires qui participent à une réflexion critique sur la société capitaliste et ses manifestations politiques et culturelles dans les conditions particulières du développement d'un « capitalisme d'État » (Postone, 1996). Les ressources intellectuelles de cette critique du capitalisme débordent rapidement l'héritage de la tradition marxiste qui influença les piliers de cette École. Elles sont largement tributaires de l'analyse wébérienne de la rationalité instrumentale (Adorno et Horkheimer, 1974) et du développement de la psychanalyse.

Dès l'entre-deux guerres, l'École se démarque par sa critique de certaines variantes du positivisme qu'elle associe au développement de la rationalité instrumentale et au déclin de la quête émancipatrice de la philosophie sociale. En conséquence, les objets que l'École problématise, incluant la culture et la science, annoncent souvent les thèmes qui informent la littérature des *Cultural Studies* depuis les années 1980. Le nazisme, la Deuxième Guerre mondiale et la Shoah ont un impact déterminant sur le développement de la critique de la rationalité instrumentale par les tenants de la première École de Francfort et sur celui de son rapport à la mémoire, à l'histoire et au nationalisme durant la seconde moitié du XXᵉ siècle.

Depuis la fin des années 1970, on assiste à une transformation de la Théorie critique. Cette transformation est associée à l'influence grandissante des travaux du sociologue et philosophe allemand Jürgen Habermas. Né en 1929, Habermas évolue dans le contexte intellectuel de la République fédérale d'Allemagne et du boom économique de la période 1945-1970. Son œuvre est traversée par la problématique de la relation entre modernité et rationalité. À la suite de Max Weber, Georg Lukács, Theodor Adorno et Max Horkheimer, Habermas décrit la « modernisation » comme un processus à travers lequel se déploie la rationalité systémique et instrumentale du marché et de la bureaucratie. Il analyse ce processus comme une colonisation du monde vécu par les médiums de l'argent et de la bureaucratie, un processus grandement favorisé par la juridicisation de la vie sociale. Cette colonisation du monde vécu met en péril l'autonomie individuelle autant que collective des sociétés qui la subisse (Habermas, 1987).

L'espace public, ou le cadre institutionnel d'une délibération politique radicale, est le lieu où les citoyens peuvent se réapproprier à la fois leur autonomie et leur solidarité mises en péril par la rationalité systémique de l'argent et de la bureaucratie. Ainsi, si on voulait décrire le projet de Habermas en des termes philosophiques, il s'agit d'un effort pour reconstruire les conditions de possibilités communicationnelles d'une démocratie radicale au moyen d'une théorie pragmatique de la communication et de la rationalité (Habermas, 1987, 1994). Ce projet philosophique, développé en partie en opposition aux tendances relativistes du postmodernisme, reste ancré à une théorie sociologique de l'espace public décrit comme un lieu susceptible de contrecarrer l'argent et la bureaucratie au moyen d'exigences rationnelles issues d'un processus de délibérations publiques (Habermas, 1978). Une conception similaire de l'espace public se trouve aujourd'hui au cœur de réflexions portant sur les possibilités de démocratie transnationale, à l'échelle européenne (Bohman, 2007) comme à l'échelle mondiale (Held, 2005).

À partir du milieu des années 1980, Habermas approfondit sa conception de l'identité post-nationale. Suivront, durant la décennie suivante, une théorisation des institutions supranationales et post-nationales si importante pour la Théorie critique des relations internationales. Bien que l'on reconnaisse certains thèmes de la Théorie critique, comme la critique de la réification (Neufeld, 1995), les thèmes de la théorie habermasienne qui deviendront déterminants pour cette dernière puisent davantage chez les intuitions politiques de Kant, que chez celles de Marx.

2. Épistémologie

La Théorie critique trouve ses fondements épistémologiques chez différentes traditions philosophiques qui ont en commun de s'opposer au naturalisme méthodologique selon lequel les mêmes exigences épistémologiques devraient être au fondement des sciences naturelles et sociales. Si, dans certains textes du début des années 1980, Habermas faisait encore référence à son projet théorique comme à une reconstruction du marxisme, ce projet est abandonné au début des années 1990 chez lui comme chez Andrew Linklater. Ces auteurs conservent cependant du marxisme la conviction que ce sont les hommes et les femmes qui façonnent le monde social dans des conditions qu'ils n'ont pas choisies. Selon Linklater, c'est cette conviction qui distingue la théorie sociale critique du positivisme et de l'herméneutique (1990b).

Dès les années 1930, Max Horkheimer (1974a) formula l'opposition entre la théorie traditionnelle et la Théorie critique, afin de marquer ce dualisme des sciences naturelles et sociales. La défense de ce dualisme est reprise chez Habermas dans un premier temps en raison de la spécificité des objets des sciences sociales : objets qui sont le résultat non pas de « la nature », mais de rapports de force historiques et spécifiques ; puis, en raison de la spécificité des intérêts qui guident la recherche en sciences sociales (Habermas, 1987). Cette posture critique, qui puise autant dans l'herméneutique[2], la phénoménologie, que dans la théorie de l'action[3], ne peut cependant pas être assimilée au relativisme cognitif ou au rejet

de l'empirisme. Nous y reviendrons dans la section sur la normativité.

En théorie des relations internationales, l'expression du théoricien néogramscien Robert W. Cox (1981 : 128), selon laquelle, « toute théorie sert toujours quelqu'un et un objectif quelconque » décrit bien l'esprit des positions épistémologiques formulées par la Théorie critique. Alors que Habermas (1972) avait identifié dans un premier programme de recherche trois types d'intérêts de connaissance (l'intérêt technique, l'intérêt pratique et l'intérêt émancipatoire)[4], Cox distingue la connaissance orientée vers la résolution de problèmes à l'intérieur de l'ordre établi de celle remettant en question l'ordre dans sa totalité. Ces descriptions des différentes formes de connaissance furent reprises par les critiques du positivisme et des théories dérivées d'une conception naturalisée de l'état de nature. Elles s'opposent autant à une compréhension positiviste du droit international, qu'au retour à une théorie juridique de la loi naturelle (Benhabib, 2008 : 20-21 : Linklater, 1996a ; 2000)[5].

La réflexion de la Théorie critique sur les institutions internationales l'a amené à proposer une conception sociologique du droit public international. Cette approche affirme que la connaissance de celui-ci est possible grâce à l'analyse des logiques d'inclusion et d'exclusion qui définissent les communautés humaines et la façon dont leurs membres dialoguent entre eux. En procédant par l'étude de la transformation des conceptions morales de différentes communautés à travers le temps, la Théorie critique s'inscrit ici pleinement dans la lignée de l'épistémologie ratio-

---

2. Domaine de la philosophie qui s'intéresse aux questions relatives à l'interprétation du sens notamment dans les domaines de l'histoire et de l'esthétique.

3. Domaine de la philosophie, partagé entre l'épistémologie des sciences sociales et les sciences cognitives, qui se penche sur les enjeux épistémologiques liées à l'analyse des causes et de l'interprétation des actions humaines.

4. Dans ce premier programme de recherche, Habermas attribuait au marxisme et à la psychanalyse une dimension émancipatrice qu'il n'attribue pas aux sciences naturelles auxquelles il associait un intérêt pour le contrôle technique du monde. Habermas abandonna ce programme de recherche au début des années 1980 en développant sa théorie de l'agir communicationnel (1987).

5. On qualifie de *droit naturel*, la théorie du droit qui considère que les règles à respecter peuvent être trouvées et identifiées dans la nature de l'homme ou dans les écrits religieux. On qualifie de *droit positif*, la théorie qui considère que les règles, pour être contraignantes juridiquement, doivent être conformes à certaines conditions procédurales établies préalablement à leur adoption.

naliste kantienne, qui postule que le développement moral passe par l'individualisation, l'**autonomie** et l'universalité (Linklater, 1990c : 147 ; 1992a : 36-38). La démarche épistémologique et méthodologique cosmopolite cherche à dépasser les limites inhérentes au nationalisme méthodologique du droit international conventionnel en englobant dans son analyse des liens moraux qui unissent les acteurs impliqués sur la scène mondiale tant les individus, les États que les civilisations.

La méthodologie cosmopolitique prétend également que le système international doit être saisi en tant qu'objet en continuel changement. Depuis la mise en branle de la mondialisation néolibérale, voire depuis la Deuxième Guerre mondiale, on observerait l'essor d'une « deuxième » modernité selon Ulrich Beck. Celle-ci se caractérise par un jeu ouvert, dont les contours sont loin d'être définis et dont les règles font l'objet d'une renégociation contestée. S'il est difficile pour le chercheur de saisir cette nouvelle réalité, il lui est tout de même possible d'interroger les stratégies utilisées par différents acteurs (l'État, la société civile mondiale et le monde des affaires) pour imposer de nouvelles règles du jeu et redéfinir les anciennes. Il lui est également possible d'interroger les façons par lesquelles l'État pourrait se réapproprier sa capacité à réguler l'économie politique globale (Beck, 2003 ; Held, 2005). L'un des principaux défis du projet émancipateur de la Théorie critique est de penser les institutions politiques internationales capables d'incarner une telle vision.

3. Ontologie

La Théorie critique accorde une grande importance au fait de dépasser l'ontologie stato-centrée des approches traditionnelles des relations internationales. Elle ne conçoit pas le système international comme statique et immuable et affirme plutôt qu'il est en transformation. Ulrich Beck (2003 : 27) résume peut-être mieux que quiconque l'ontologie qui informe la perspective cosmopolitique : « L'ancien ordre institutionnel national-international n'est pas une donnée ontologique. » La Théorie critique soutient que puisque la structure du système international est dynamique et

que ses logiques sont multiples, les acteurs, identités et institutions qui la constituent ne doivent pas être appréhendés comme des données transhistoriques. Elle soutient pour proposition ontologique fondamentale que « l'État n'est plus *l*'acteur du système international, mais *un* acteur *parmi d'autres* » (Beck, 2003 : 38. Italiques dans l'original). En somme, elle cherche à faire éclater les catégories avec lesquelles les Relations internationales, comme les décideurs politiques, ont traditionnellement appréhendé le système international, en particulier la distinction entre le national et l'international (Beck, 2003 ; Linklater, 1996b ; 2000).

Chez les différents auteurs associés à la Théorie critique, la terminologie utilisée pour désigner la nouvelle réalité du système international varie grandement. Beck, par exemple, parle de Seconde Modernité, alors que Habermas réfère à la nouvelle constellation post-nationale. Cette nouvelle donne géopolitique ne serait pas figée, mais en pleine transformation.

3.1 Monde vécu et systèmes sociaux

La Théorie critique contemporaine reproche au marxisme d'avoir réduit le monde vécu aux relations entre les classes sociales. S'inspirant de la critique du marxisme formulée par Anthony Giddens (1981), la Théorie critique des relations internationales insiste sur la présence d'une multitude de dynamiques sociales qui ne se réduirait pas à la logique de la propriété privée et de la production (Linklater, 1996a : 284). Habermas, lui, substitue à l'opposition du marxisme classique entre relations sociales de production et forces productives, l'opposition entre le monde vécu et les systèmes sociaux (Habermas, 1997). Il s'approprie de façon critique le concept de monde vécu de la tradition phénoménologique[6], et celui de système social à la tradition sociologique de Talcott Parsons (1902-1979). Alors que le monde vécu est le lieu où les individus formulent des projets collectifs en fonc-

---

6. La phénoménologie est le domaine de la philosophie qui s'intéresse aux conditions de possibilités de la perception du monde sensible et empirique. Historiquement, la phénoménologie a souvent été opposée au positivisme. Au XXᵉ siècle, on désigne généralement Edmund Husserl comme un des piliers les plus importants de cette tradition.

tion d'objectifs qu'ils considèrent réalisables et normativement susceptibles de motivations rationnelles, les systèmes sociaux, eux, imposent leur rationalité systémique en dictant une rationalité instrumentale et systémique à l'action.

Selon Habermas et ses successeurs au sein de la Théorie critique, le déploiement de ces rationalités systémiques colonise le monde vécu. Ce déploiement empêche les citoyens de formuler des objectifs communs à leurs actions à travers des délibérations publiques génératrices de solidarité sociale et impose ses propres normes de conduites : l'accroissement du taux de profit et la prise en charge bureaucratique de la vie. Récemment, ce processus s'est inscrit dans une nouvelle configuration institutionnelle et territoriale avec le développement des bureaucraties internationales auxquelles l'État délègue de plus en plus d'autorité. Les lieux de délibération s'éloignent en effet des institutions représentatives traditionnelles qui en permettaient le contrôle et la transparence par les citoyens de l'État-national. Le citoyen devient donc vulnérable à la domination anonyme de décisions qui, bien que ne le prenant pas nécessairement pour cible, l'affectent malgré tout sans son consentement, en raison du haut degré d'indépendance qui caractérise aujourd'hui les sociétés modernes (Bohman, 2007 : 23-25).

3.2 Le niveau d'analyse

En ce qui a trait plus spécifiquement à l'analyse des relations internationales, Linklater (1990b : 5-6) fut déçu par l'analyse marxiste de la logique de compétition entre États souverains, que ceux-ci soient conçus comme relativement autonomes ou non. Il déplore également que le projet universaliste du marxisme se fonde presque exclusivement sur l'analyse du capitalisme, comme si celui-ci façonnait le développement de la société moderne plus que tout autre processus social. Si le marxisme a accordé beaucoup d'attention aux « tensions existantes entre les normes universalistes et les pratiques particularistes dans les relations de production », il a failli toutefois à prendre acte que des tensions similaires se développent dans d'autres dimensions de la vie sociale (1990a : 164). En somme,

le marxisme accorderait trop peu d'importance à l'impact des guerres, des animosités nationales et des conflits entre États, ainsi qu'aux oppressions de race et de genre dans sa théorisation de l'universel.

Ainsi, tout en rejetant le néoréalisme, Linklater (1990a ; 1996a : 284-290 : 2001 : 271-272) souligne la nécessité de tenir compte des contraintes provenant des structures internationales en contexte d'anarchie. Les tenants de la Théorie critique proposent une approche holiste qui cadre toutefois mal avec les tentatives de saisir la théorie dans les termes des trois « images » de Kenneth Waltz (individus, État et structure). Selon Linklater, la critique de Waltz (1959) sur Kant réduit la pensée de celui-ci à la « deuxième image », le niveau d'analyse qui se concentre sur la nature des régimes intérieurs pour expliquer les comportements des États. Linklater propose plutôt une « quatrième image » pour saisir plus adéquatement la compréhension kantienne « de la façon dont les États et leurs habitants définissent leurs droits moraux et leurs obligations envers le reste du monde ». Cette quatrième image « est nécessaire pour la simple raison que certains États sont plus exclusifs que d'autres et plus enclins à croire que leurs propres conceptions de la citoyenneté nationale les engagent à respecter des obligations internationales fondamentales » (Linklater, 1992b : 37-38).

La Théorie critique fait valoir que l'éthique cosmopolite qu'elle promeut n'est pas nouvelle. Bien avant l'émergence de l'État-nation et la montée des nationalismes, une telle éthique existait au sein de l'Europe chrétienne, alors unie sous l'autorité de l'Église dans une cosmologie à portée universelle (Cheah, 1988 : 24 ; Linklater, 1990c : 31). Le développement de la société des États-nations ne se fit pas sans heurt avec les forces morales et religieuses du monde médiéval et ce n'est qu'après plusieurs siècles d'affirmation des principes d'égalité souveraine et de non-intervention que la société internationale prit la forme du système d'États westphalien. Selon Linklater, au cours de cette redéfinition des communautés politiques indépendantes, les États ont affirmé leur volonté « de maintenir l'ordre » et « de jouir des bénéfices liés à la préservation d'une société internationale sans courir le risque que des citoyens puissent individuellement contester la légitimité de l'État en proclamant leur allégeance à une éthique cosmopolite» (1990c: 31). Les États n'ont jamais cessé d'empêcher la renaissance des idées cosmopolites. Cependant, ils n'ont jamais entièrement réussi à les réduire au silence: «une notion antérieure de moralité cosmopolite qui pourrait être utilisée pour critiquer l'État ou pour supporter une vision d'une société mondiale unifiée a survécu à la transition de l'ordre international médiéval à la société moderne des États» (Linklater, 1990c: 31).

3.3 Le système international

Sur le plan institutionnel, la survie de certains courants cosmopolites n'a pas empêché la monopolisation par l'État de pouvoirs régaliens, que Linklater compte au nombre de cinq: 1) les monopoles de la violence et 2) de la taxation; 3) la capacité de façonner les identités politiques et «de prioriser les obligations politiques dans le contexte de la guerre moderne»; 4) le pouvoir décisionnel en matière de disputes entre citoyens sur le plan intérieur; et 5) le droit exclusif de devenir membre d'organisations internationales et d'être sujet du droit international (2007b: 94). Ce «triomphe de l'État» fut possible car ses dimensions combinaient le meilleur des deux mondes: «assez large pour se défendre face aux attaques extérieures», l'État moderne était néanmoins «suffisamment compact pour être administré d'un point central» (2007b: 95). Le succès de l'État moderne s'explique également par le fait qu'il ait réussi «à pacifier et à sécuriser son territoire», «à définir les principes et procédures légaux que les citoyens sont obligés de respecter» et, éventuellement, en gagnant leur loyauté en accroissant son intervention dans la vie économique et sociale des populations (2007b: 95). Selon Habermas (2000: 128), seul l'État social institué en grande partie après la Deuxième Guerre mondiale a permis, par le développement du droit social, de contrer pour la première fois les contraintes que fait peser le capitalisme sur la capacité d'autodétermination des individus.

Selon Held, la pacification des relations entre les États capitalistes les plus développés (en Europe de l'Ouest, en Amérique du Nord et le Japon en Asie) depuis la Deuxième Guerre mondiale a ouvert la porte à de nouvelles revendications des minorités autrefois ignorées ou réprimées par les institutions de l'État-national. La puissance acquise par les entreprises privées sur les marchés mondiaux rend le cadre d'imposition de l'État-national désuet à l'égard des activités économiques désormais transnationales et les liens entretenus par les individus à travers le monde ont eux aussi acquis une dimension transnationale avec le développement des nouvelles technologies de l'information et des communications. La place faite au sein des organisations internationales à des acteurs non étatiques n'a cessé de croître et le principe de non-ingérence n'est plus aussi facile à légitimer devant les violations massives du droit international. Tous ces développements récents laissent entrevoir l'émergence de nouvelles formes de communauté politique (Linklater, 1996b: 83-85; 1998; Held, 1993).

Le diagnostic selon lequel la modernité des relations internationales aurait vu passer l'État national d'une ère souveraine à une ère post-souveraine où les frontières des États-nationaux seraient devenues poreuses est en grande partie partagé par la Théorie critique des relations internationales. Ulrich Beck soutient, par exemple:

> Nous autres Européens, faisons comme si l'Allemagne, la France, l'Italie, les Pays-Bas, le Portugal, etc., continuaient à exister comme avant. Or cela fait bien longtemps que ces pays n'existent plus, car les réservoirs de pouvoir que sont les États nationaux fermés sur eux-mêmes et les sociétés délimitées les unes par rapport aux autres sont devenus irréels, au plus tard avec l'introduction de l'euro. Dès lors que l'Europe existe, il n'existe plus d'Allemagne, ni de France, ni d'Italie, etc., de même que ces pays ne gouvernent plus que dans l'esprit des gens et les livres d'images des historiographes, parce que les frontières, les compétences et les champs d'expérience exclusifs qui fondaient ce monde d'États nationaux n'existent plus. Mais si tout cela appartient au passé, si notre pensée, nos actes et nos recherches se meuvent dans des catégories zombies, quel est alors ce monde en formation – ou déjà formé? (Beck, 2003: 8)

La Théorie critique affirme que l'émergence de nouveaux acteurs sur la scène internationale entraîne et témoigne d'importantes mutations du système international contemporain. Cette émergence est théorisée comme à la fois le produit et partie prenante du processus de mondialisation. C'est l'interdépendance croissante entre les sociétés humaines engendrée par celle-ci qui expliquerait l'émergence d'un nouvel espace pour l'action politique affranchie des frontières et des États, alors que, depuis les années 1970, les sociétés civiles nationales n'ont cessé de se transnationaliser pour former aujourd'hui un ensemble complexe de réseaux. Habermas (2000 : 129), par exemple, soutient que « [l]es tendances évolutives qui, sous le nom de "mondialisation", attirent aujourd'hui notre attention viennent modifier une constellation historique qui s'était distinguée par le fait que l'État, la société et l'économie étaient en quelque sorte coextensifs à l'intérieur des mêmes frontières nationales ». Reprenant en l'inversant la formule que Karl Polanyi (1886-1964) utilisait pour qualifier la période qui succéda à celle de l'étalon or européen, Habermas (*Ibid.* : 130) soutient qu'avec la mondialisation, « ce sont les États qui se trouvent enchâssés dans les marchés, plutôt que les économies nationales dans des frontières étatiques ». Ce processus a pour effet de réduire la puissance de l'État à trois niveaux : il perd « sa capacité de contrôle » ; il souffre de « déficits de légitimation qui affectent de plus en plus les processus de décision » ; et il engendre « l'incapacité croissante de l'État à assurer une régulation et une organisation créatrices de légitimité » (*Ibid.* : 13).

Face à l'effritement de la puissance étatique engendrée par la mondialisation, la Théorie critique s'est donnée pour tâche la recherche des conditions de possibilité de l'émergence de mouvements sociaux défendant des principes moraux universalistes (Linklater, 1990b : 131). Ce faisant, elle rejette la conception marxiste classique du rôle du prolétariat comme sujet révolutionnaire de l'histoire et du rôle universalisant du capital censé unifier le monde avant l'avènement du socialisme (1990a : 45 ; 1990b). Elle ne s'oppose toutefois pas totalement à l'idée exprimée par Marx, et que l'on retrouvait également chez Kant, selon

laquelle l'émergence d'une culture mondiale pose certaines bases pour la pacification progressive des relations entre les hommes et les États (Cheah, 1988 : 23). Dans les mots de Marx et d'Engels (1998 : 31) :

> Par l'exploitation du marché mondial, la bourgeoisie donne un caractère cosmopolite à la production et à la consommation de tous les pays. Au grand regret des réactionnaires, elle a enlevé à l'industrie sa base nationale [...] À la place de l'isolement d'autrefois des régions et des nations se suffisant à elles-mêmes, se développent des relations universelles, une interdépendance universelle des nations. Et il en va des productions de l'esprit comme de la production matérielle [...] L'étroitesse et l'exclusivisme nationaux deviennent de jour en jour plus impossibles : et de la multiplicité des littératures nationales et locales naît une littérature universelle.

Malgré l'optimisme de Marx et d'Engels, l'intensification des rivalités inter-impérialistes à la veille de la Première Guerre mondiale a démontré que la solidarité internationale entre les travailleurs pouvait être ramenée au rang d'une optique nationaliste aisément. Selon Linklater (1990b : 75), les marxistes qui ont succédé à Marx n'ont pas su tirer les conclusions qui s'imposaient. La théorie marxiste classique de l'impérialisme, dont Lénine et Boukharine sont parmi les principaux représentants, a gardé foi en la possibilité d'une révolution prolétarienne internationale malgré l'attrait que le nationalisme exerce sur les populations (Linklater, 1990a : 76-96). Pour sa part, l'austro-marxisme des sociaux-démocrates autrichiens du début du siècle n'a pas suffisamment théorisé les formes concrètes de l'institutionnalisation des liens qui rendraient possible la solidarité entre les nations (*Ibid.* : 58-67).

Contrairement à ces deux courants marxistes, la théorie de la dépendance, popularisée dans les années 1950 et 1960, et la théorie du système-monde d'Immanuel Wallerstein, popularisée dans les années 1970, n'assument pas « que l'industrialisation allait progressivement dissoudre le nationalisme et démanteler l'appareil coercitif de l'État moderne » (*Ibid.* : 119) (voir le chapitre 10). Néanmoins, ces approches sous-théorisent l'État et le système international. La théorie de la dépendance réduit les centres de pouvoir à quelques grandes villes des pays industrialisés (*Ibid.*: 118), alors que la théorie du système-monde conçoit mécaniquement «les structures étatiques et leurs relations extérieures comme l'organisation politique de l'économie mondiale capitaliste» (*Ibid.*: 119).

3.4 L'identité politique et l'identité pré-politique

La question du nationalisme et, de manière plus générale, des identités politiques et pré-politiques, est centrale à l'ontologie de la Théorie critique. L'analyse habermassienne du *nationalisme moderne* en identifie trois spécificités: 1) il repose sur une identité profane (non religieuse) liée au développement des sciences sociales, 2) il est favorisé par le moment où coïncident une langue, une littérature et une forme d'organisation politique, et 3) il engendre des tensions entre «les orientations axiologiques universalistes de l'État de droit et de la démocratie, et, de l'autre, les particularismes en fonction desquels la nation se démarque de ce qui lui est extérieur» (Habermas, 1990: 230). À propos des chercheurs qui adoptent une optique nationaliste, Habermas (231) soutient que cette démarche est empreinte d'une tension: «le rapport à la vérité oblige les sciences de l'esprit à la critique; il est en cela à l'opposé de la fonction d'intégration sociale en vue de laquelle l'État national entendait faire des sciences historiques un usage public»[7]. Si l'émergence des sciences sociales et historiques favorisa le nationalisme en en réifiant les catégories d'analyse, leurs développements récents vont à l'encontre de cette tendance en favorisant la progression «d'une problématisation de la conscience de l'histoire» (235). Pour cette raison, Habermas (260) soutient que le problème qui se pose aujourd'hui est de penser *l'identité politique post-nationale* à une époque où nous avons acquis une conscience problématisée de l'histoire:

> En rompant la continuité avec la monstruosité que l'on sait, les Allemands ont perdu la possibilité de

fonder leur identité politique sur autre chose que sur les principes civiques universalistes à la lumière desquels les traditions nationales ne sont plus appropriables telles quelles, mais seulement dans une perspective critique et autocritique. L'identité posttraditionnelle perd tout caractère substantiel, tout caractère ingénu; elle n'existe que sur le mode de la controverse publique, argumentée, autour de l'interprétation de ce que peut être un patriotisme constitutionnel dont la concrétisation ponctuelle est toujours le fruit de nos convictions historiques.

Les défenseurs du patriotisme constitutionnel soutiennent qu'il répond au problème de l'identité collective: 1) en rompant avec une conception de l'identité collective basée sur le récit d'une histoire nationale; 2) en faisant la promotion de valeurs universalistes prenant forme dans «l'État démocratique constitutionnel» (*ibid.*: 233); 3) contrairement au patriotisme défendu par Ernest Renan (1823-1893), qui choisissait en quelque sorte son amnésie, le patriotisme défendu par Habermas puise dans le passé uniquement dans la mesure où son appropriation réflexive peut donner sens au contenu universaliste des principes constitutifs de l'État de droit; 4) cette conception du lien social se veut moins statique que le nationalisme civique, en institutionnalisant une réflexion critique permanente sur les principes constitutifs de ce lien. Chez Linklater, la citoyenneté post-westphalienne doit également permettre plusieurs allégeances sous l'autorité de plusieurs entités politiques, et non plus une seule allégeance à une source unique de souveraineté (1996b: 97-98).

3.5 Les régimes de souveraineté

L'une des contributions majeures à la Théorie critique vient des travaux de Seyla Benhabib, qui reprend la réflexion de Kant sur les régimes de souveraineté et les régimes juridiques modernes. Elle analyse la juxtaposition de trois régimes de souveraineté dans l'ordre global actuel. Alors que les normes diffusées à travers la souveraineté *westphalienne* feraient résider le locus de l'autorité politique dans le pouvoir souverain des États, États tous égaux entre eux; la souveraineté *libérale* internationale, elle, aurait tendance à soumettre les États à des normes libérales communes.

---

7. Habermas défend une conception procédurale de la «vérité» qui le met en opposition avec certaines théories postmodernes.

Or, Benhabib (2008 : 24) envisage également une souveraineté *cosmopolite* liée à l'émergence de normes : « qui vont au-delà de la souveraineté libérale internationale en envisageant un espace conceptuel et juridique pour un domaine de relations juridiques qui seraient contraignantes sur les acteurs non étatiques ainsi que sur les acteurs étatiques quand ils viennent en contact avec des individus qui ne sont pas membres de leurs propres polices ». Le développement de ce régime contraignant couvre notamment trois importants volets : les crimes contre l'humanité, les génocides et les crimes de guerre ; les interventions humanitaires ; et les migrations transnationales (*Ibid.* : 27-29). De pareils questionnements sont au cœur de nombreuses réflexions critiques sur les interventions étatiques faites dans d'autres États souverains au nom de la morale ou de la guerre juste (Devetak, 2007 ; Linklater, 2000).

L'une des objections soulevées contre l'idée de souveraineté cosmopolite est que l'imposition de normes libérales communes à tous les États sous-entend la supériorité des préférences de certaines cultures ou civilisations spécifiques, « lesquelles présument que leurs pratiques morales sont valables pour la race humaine entière » (Linklater, 1990c : 140). La crainte de voir la perspective cosmopolite être instrumentalisée aux fins d'un impérialisme néolibéral a aussi souvent été soulevée par plusieurs (Owen, 2005 : 42-43 ; Chandler, 2002 ; Moses, 2006 : 72). La Banque mondiale, par exemple, ne manque pas d'utiliser la rhétorique cosmopolite pour « outrepasser la souveraineté des États du Sud et dicter des ajustements en fonction des impératifs de la restructuration globale » (Cheah, 1988 : 38). Les tenants de la Théorie critique reconnaissent ce danger, notamment le risque que des interventions non justifiées se drapent dans les habits du « bon citoyen international ». Ils considèrent toutefois que le cynisme n'est guère une alternative soutenable lors d'urgences humanitaires. Celui-ci devrait être contré par la recherche de consensus internationaux en faveur de politiques cosmopolites (Linklater, 1992b : 38-39 ; Habermas, 1999 : 263-272 ; Lynch, 2005 : 182 ; Devetak, 2007 : 156).

Les notions de consensus et de contrat sont aussi centrales au projet de gouvernance mondiale proposé par David Held. Il importe dans sa perspective de réaliser les idéaux de la société libérale à l'échelle planétaire, par la promotion des droits civiques et politiques, notamment l'égalité de tous devant la loi, et de mettre en place un cadre régulateur d'inspiration social-démocrate. Celui-ci vise à garantir un minimum de droits sociaux et économiques pour tous (Held, 2005 : 53). Selon Held (*Ibid.* : 53), ce projet est compatible avec le capitalisme. Il vise à « favoriser le développement des institutions du marché, la propriété privée et la recherche du profit au sein d'un cadre régulateur ». Il cherche également « à rassembler les intérêts du capital, des travailleurs et de l'État en un ensemble équilibré d'économie de marché, de protection sociale et de régulation par le pouvoir politique » (*Ibid.* : 53-54). Enfin, il doit démontrer une « efficacité économique maximale » (*ibid.* : 59). On est là loin du projet révolutionnaire de la première génération de l'École de Francfort et sa critique de la rationalité technocratique.

Bohman compare le cosmopolitisme défendue par Habermas avec celui de Held. Le premier met l'accent sur la nécessité du peuple de se gouverner lui-même par des actes législatifs et perçoit sur le plan normatif les sujets du droit comme étant libres à partir du moment où ils sont les auteurs de la loi. Bohman (2007 : 39) considère cependant problématique le fait que l'État-nation demeure le cadre ultime de la démocratie puisque l'activité politique fondamentale est réduite à des négociations *entre* démocraties et réseaux de décideurs au niveau transnational. La gouvernance transnationale envisagée par Habermas n'est de cette façon « qu'indirectement démocratique » (*Ibid.* : 40).

Bien qu'il lui reproche de ne pas assez prendre en compte l'asymétrie politique qui caractérise le processus de mondialisation, Bohman inscrit sa démarche dans la foulée des travaux de Held (2007 : 22). Ce que Bohman accueille ici le plus favorablement, c'est l'accent mis « sur une variété d'institutions, une multiplicité de paliers et de sites de l'activité démocratique commune, et son accent sur la nécessité pour les acteurs politiques organisés de la société civile international de jouer un rôle important dans le système de démocratie globale» (2007: 40-41). Néanmoins, Bohman critique le fait que Held soumet ultimement la diversité des peuples et des autorités régionales, nationales et locales à un seul cadre légal, celui du droit public cosmopolitique. La souveraineté, dès lors, n'est plus «qu'un simple attribut du droit public lui-même» (2007: 41). Selon lui, il ne suffit pas de remettre en question les présupposés de la souveraineté étatique, mais bien de chercher «une transformation plus profonde de la démocratie», car les difficultés qui émergent de la mondialisation ne sont pas tant liées à l'incapacité croissante des États à réguler le social, c'est-à-dire au caractère fonctionnel du système d'États, mais plutôt à sa dimension normative (2007: 22).

4. La normativité

La Théorie critique ne s'en tient pas à la défense d'un dualisme épistémologique des sciences sociales et naturelles et d'une critique ontologique des structures et identités hégémoniques de l'ère westphalienne. En situant sa démarche théorique en continuité autocritique avec le projet «inachevé» de la philosophie des Lumières, elle tente de formuler une théorie émancipatrice du monde social. Comme nous l'avons indiqué dans la section précédente, les auteurs associés au développement d'un projet cosmopolite inspiré de la Théorie critique se sont montrés critiques des positions normatives associées au marxisme, au réalisme, à l'École anglaise et au néolibéralisme (Linklater, 1990b; 1992a: 31; 2001: 267). Chez Habermas, le projet normatif de la Théorie critique est difficilement dissociable de sa critique ontologique. Ce projet repose sur: 1) la reconstruction des conditions de possibilités d'une communication sans contrainte; 2) l'identification des conditions de possibilités d'une dénaturalisation de l'ordre global contemporain et des possibilités de son dépassement à travers la mise en place d'un ordre cosmopolite. L'option cosmopolite demeure cependant «critique» dans la mesure où elle n'endosse pas le statu quo comme le fait, par exemple, le réalisme.

▼

Les partisans de la Théorie critique estiment que la théorie des relations internationales doit esquisser les avenues les plus propices à la construction d'un ordre mondial qui soit juste, équitable et solidaire. À ce titre, la prévention de la guerre ne saurait être la seule norme devant guider la théorie des relations internationales.

La Théorie critique rejette le postulat de neutralité des sciences sociales dites «traditionnelles». Selon elle, la démarche des sciences sociales traditionnelle est motivée par un intérêt de connaissance visant à assurer la prévisibilité et le contrôle technique du monde social à travers le développement de technologies scientifiques du social (Habermas, 1976; Linklater, 1996a). De plus, elle soutient que cet intérêt refoulé pour une connaissance instrumentale du monde social pervertit le projet émancipateur au cœur du projet philosophique des Lumières. Sur ce point, l'influence de Kant est omniprésente dans les réflexions normatives des théoriciens critiques. Si Linklater (1981), par exemple, partage l'idée de Marx (1976b[1852]: 411) voulant que le progrès des sociétés humaines dans l'histoire s'exprime par l'accroissement des capacités des êtres humains à être les sujets de leur propre histoire, cette idée s'enracine chez lui dans une conception kantienne de la liberté, envisagée comme la capacité de réfléchir et de choisir les lois et les institutions qui encadrent l'autonomie des sujets.

Chez Linklater (1992b: 31), comme chez Charles Beitz (1979) et chez Habermas (1979a), la défense d'une éthique universaliste se fonde sur les notions de consensus, de contrat et de discours. Ce faisant, la Théorie critique plaide notamment pour le renforcement du droit international et du droit cosmopolite. Elle oppose à la naturalisation de l'anarchie du système international, l'idéal d'un ordre mondial où le vivre-ensemble des communautés politiques aurait été radicalement repensé de façon à promouvoir le développement humain, l'économie équitable, la démocratie et la justice sociale. Si la Théorie critique ne remet pas en question les bases du capitalisme, elle questionne le néolibéralisme ainsi que les fondements des systèmes d'inclusion et d'exclusion hérités du passé (Linklater, 1992b ; 1996a : 286-287 ; 1996b : 88-94).

Les années 2000 fournirent à Habermas (2007) l'occasion de préciser en quoi un ordre mondial évoluant vers la constitutionnalisation du droit international, dans une perspective cosmopolite, se démarquerait d'un ordre mondial dominé par une superpuissance néolibérale « exportant » la démocratie par la guerre (Young, 2008 : 107). La démocratie cosmopolite ne doit pas être envisagée comme une concentration du pouvoir dans de nouveaux sites d'autorité politique, mais plutôt comme « la dispersion des pouvoirs souverains » afin de donner un contenu flexible et varié aux droits des individus et des groupes sociaux » (Linklater, 1996b : 95).

Chez Bohman (2007 : 13-14), ce projet appelle à la redéfinition du sujet politique lui-même, et non pas seulement de la forme institutionnelle dans laquelle s'exerce la démocratie parlementaire traditionnelle. L'approche favorisée doit donc être institutionnelle, politique, démocratique et transnationale. « Institutionnelle », car Bohman ne considère pas la contestation populaire hors des institutions comme un élément suffisant à la réalisation de la démocratie. « Politique », car sa préoccupation première est la défense d'un idéal républicain de non domination. « Démocratique », non pas seulement dans le sens où le sujet se dote de ses propres lois, mais plus encore, au sens où il a la capacité de mettre en œuvre la délibération, d'inscrire et de proposer des points de réforme à l'ordre du jour. Finalement, « transnationale », parce qu'il cherche un moyen de réarticuler la démocratie autour de l'existence d'une variété de peuples s'interpénétrant les uns les autres sans pour autant partager exactement le même destin. C'est l'idée du *dêmoi* (2007 : 44 ; 56). De plus, la démocratie transnationale doit être réflexive, c'est-à-dire que les termes de la démocratie doivent eux-mêmes être sujets aux délibérations démocratiques, comme d'ailleurs les frontières territoriales et juridictionnelles (*Ibid.* : 56 ; 169-170).

La démocratie transnationale proposée par Bohman ne repose pas « sur le pouvoir centralisé d'un souverain, mais sur des connexions robustes » entre diverses entités politiques au sein d'un espace institutionnalisé. Ces entités sont conçues dans le sens le plus varié, incluant « une multitude d'associations civiles et publiques qui interagissent et communiquent [...] ainsi que diverses institutions intermédiaires qui promeuvent l'interaction être les frontières et les paliers » (2007 : 56-57). Bohman conçoit cette transnationalisation de l'autorité politique comme aussi significative que ne l'a été l'émergence de l'État-nation moderne (2007 : 64).

5. Les problématiques de la Théorie critique

5.1 *Les formes d'identités nationales, transnationales et post-nationales*

En Europe, et en République fédérale d'Allemagne (RFA), un contexte riche en transformations institutionnelles et politiques a eu d'importantes conséquences pour le développement de la théorie habermassienne pendant les années 1980 et 1990. L'évolution de la politique en RFA a entraîné un débat sur l'usage public de l'histoire et sur l'engagement politique des historiens dont le travail oscillait entre l'examen critique du passé et l'exigence de création d'un passé national. Deux transformations politiques majeures s'ajoutèrent au lourd passé historique de la RFA pour en faire un lieu d'avant-garde de la réflexion sur l'identité nationale : le processus d'intégration des institutions de l'Union européenne et, les débats publics sur l'identité allemande dans le contexte de la guerre froide et de la réunification des « deux Allemagnes ».

C'est dans le contexte de ces débats que Habermas problématise trois questions au cœur de la Théorie critique des Relations internationales. Le première se demande dans quelle mesure l'institution de l'État-national et de la démocratie se sont développées en parallèle et sont réciproquement dépendants (Habermas, 2000) ? La seconde se demande dans quelle mesure les historiens doivent-ils répondre à une demande sociale de narration d'un passé « national » participant à la construction d'une « identité nationale», et dans quelle mesure, cette démarche empêche-t-elle de concevoir d'autres formes de communautés démocratiques? Enfin, la troisième question, plus philosophique, porte sur la tension entre l'universalité des droits de l'Homme et le caractère républicain des procédures de légitimation des communautés politiques. Quelle doit être le rôle de cette tension dans l'élaboration de projets de vie communautaire dans un monde traversé de forces transnationales, régis par des institutions supranationales, et soumis à des demandes de légitimation d'une société civile mondiale (Habermas, 2000; Benhabib, 2008; Linklater, 1996b: 85; 1998; 2000)? Les contributions les plus importantes de la Théorie critique participent au développement de ces questionnements multidisciplinaires. Elles prennent résolument partie d'une part pour le développement d'institutions démocratiques supranationales et, d'autre part, pour une conception réflexive, ou post-nationale, de l'identité.

La contribution de Habermas à cette réflexion est essentiellement éthique et normative. Elle porte sur la pratique de l'histoire, et de plusieurs sciences sociales, dans les sociétés modernes qui ont été témoins de la Shoah, et où, par conséquent, «l'histoire ne suit plus librement son cours» (Habermas, 1990: 219). La Shoah défend Habermas, impose un *devoir de mémoire*: «Nous ne pouvons continuer à construire un contexte national de vie, qui a toléré une agression inouïe contre la substance même de la solidarité humaine, qu'à la lumière de traditions qui résistent à l'épreuve d'un regard désormais méfiant» (Habermas, 1990: 192). En d'autres mots, la Shoah empêche les Allemands d'invoquer naïvement leurs traditions pour favoriser un sentiment d'intégration sociale. Elle «a modifié les conditions qui permettaient aux tissus historiques de la vie de se perpétuer spontanément – et ce pas seulement en Allemagne» (Habermas, 1990: 228). La Deuxième Guerre mondiale et, le nazisme en particulier, sont également au cœur de la réflexion de Seyla Benhabib (2008) sur l'émergence d'une conscience, du droit et de normes cosmopolites venant structurer, aussi faiblement soit-il, le cadre de la politique globale. Il est important, précise Linklater, qu'une telle structure morale et

juridique aille au-delà de la simple obligation morale des plus forts à aider les plus faibles quand et comment ils le veulent bien (1996b: 91-92).

5.2 L'actualisation du projet de paix perpétuel: entre souveraineté et devoir d'hospitalité

Avec les travaux de Habermas, David Held, Linklater, Seyla Benhabib et James Bohman, on assiste à une ambitieuse refonte du projet de paix universelle formulée par Kant (voir p. 133). Plusieurs théoriciens libéraux se réclament de l'héritage kantien dans leur théorisation des relations internationales. Cependant, la réappropriation de Kant par la Théorie critique se distingue de celle des libéraux par une conception cosmopolite du droit international qui fait résider les droits au niveau des individus et non des seuls États; par la défense du potentiel démocratique du monde vécu contre sa soumission à une conception néolibérale du marché; par l'insistance sur l'éthique de la discussion comme pratique générative en vue de la constitutionnalisation du droit international.

La défense du cosmopolitisme par la Théorie critique repose sur une analyse posthume du XXᵉ siècle. Bien que les années Bush (fils) aient mis en relief l'obstacle que représente la politique unilatéraliste des États-Unis pour une perspective cosmopolite, les défenseurs du cosmopolitisme font valoir les importantes étapes franchies depuis la Deuxième Guerre mondiale dans la voie d'une constitutionnalisation du droit international (Habermas, 2007: 115-193; Linklater, 1996b; 2002b). Au début du XXIᵉ siècle, il faut souffrir d'un sérieux provincialisme pour faire le bilan du siècle précédent en faisant l'économie de la place qu'y ont occupée les crimes de génocide et les crimes contre l'humanité commis par des États contre leur propre population[8]. Ce diagnostic force

---

8. Notamment, en Tanzanie (1908); dans l'Empire ottoman (1915-1916); en Chine (1927, 1959-1962; 1966-1968); en URSS (1932-1933; 1937-1939); en Allemagne nazie (1933-1945); avec l'Apartheid en Afrique du Sud (1948-1993); au Guatemala (1954; 1982); en Indonésie (1965) et au Timor Oriental; au Burundi (1973); au Chili (1973-1989); au Kampuchéa démocratique (1975-1979); en Argentine (1976-1985), en Colombie (1988-89) et en Irak (1988-89); en ex-Yougoslavie (1991-1999); au Rwanda (1994), au République Démocratique du Congo (depuis 1997); ainsi qu'au Soudan (depuis 2004).

une réflexion sur le rôle du droit international et des normes de justice cosmopolite dans un avenir où l'on ne peut faire abstraction du fait que les génocidaires ont souvent trouvé refuge derrière le principe de la souveraineté afin de commettre leurs crimes (Habermas, 2005 ; Benhabib, 2008 ; Linklater, 2000).

Selon Seyla Benhabib, toute analyse de la mondialisation ou de l'empire est incomplète si elle ne prend pas au sérieux l'évolution des normes cosmopolites et de la société civile mondiale depuis la Deuxième Guerre mondiale (2008 : 16). Le sociologue Ulrich Beck (2003) est parmi les observateurs les plus enthousiastes de ces transformations. Il diagnostique la transition d'une première modernité, organisée autour du principe de souveraineté et d'une optique nationaliste, à une seconde modernité, cosmopolite. Plus modestes, d'autres tenants de la Théorie critique conçoivent le cosmopolitisme non pas comme un idéal à opposer à la réalité, mais comme l'expression de développements importants, bien que contestés, dans le système international contemporain, en particulier au sein des États européens (Linklater, 1996b : 84).

5.3 La question de l'universalisme et l'éthique de la discussion

Le projet normatif de la Théorie critique a été en grande partie dédié à explorer le potentiel universaliste de l'éthique de la discussion au-delà du régime territorial de l'État-national auxquelles il a été confiné dans le cadre westphalien. Ce potentiel aurait acquis une envergure planétaire avec des formes d'apprentissage social telles que les a décrites l'École anglaise (voir le chapitre 11) en insistant notamment sur les défis posés par la volonté du Tiers monde d'être inclus dans la société internationale (Bull, 1984 ; Linklater, 1990c : 143 ; 1992a : 29). Cette thématique des formes d'apprentissage social est aussi présente chez Habermas et Bohman (2007 : 153). S'inspirant de la sociologie des systèmes d'États esquissée par Martin Wight (1913-1972), un autre représentant de l'École anglaise, et des réflexions de Norbert Elias (1897-1990) sur la moderne, le récent programme de recherche de Linklater prend la forme d'une sociologie globale des principes et sentiments moraux ayant

contribué à organiser le système international à différentes époques de l'histoire (2002b ; 2004 ; 2007a). Les normes, la moralité, les valeurs et les émotions sont centrales à son analyse.

Concevant les identités comme changeantes, la Théorie critique fonde la possibilité d'une éthique universaliste sur l'érosion de la loyauté envers l'État national souverain et l'émergence de demandes de justices transnationales. Cette érosion serait entraînée par la perception accrue des risques liés aux enjeux globaux, que ceux-ci soient liés à la gestion du système économique international, à la dégradation de l'écosystème ou aux menaces que les instruments modernes de violence font peser sur l'humanité (Habermas, 1979 : 196-197 ; Beck, 1992 ; Linklater, 1996a ; 2002b : 321-322). La Théorie critique se rapproche ici de la tradition kantienne, pour laquelle l'expérience de la guerre et de ses souffrances doit pousser les États « à faire ce que la raison aurait pu aussi leur apprendre sans qu'il leur en coûtât d'aussi tristes épreuves, c'est-à-dire à sortir de l'état anarchique de sauvagerie, pour entrer dans une *Société des Nations* » (Kant, 1990 [1784] : 80-81).

À la suite de Kant, la Théorie critique fonde la possibilité de nouvelles normes morales universelles dans l'expérience commune de risques et de menaces globales qui rendent urgent un dialogue ouvert entre les communautés politiques (Linklater, 1992b : 36). Bohman rappelle cependant que l'interdépendance croissante n'est pas vécue de la même façon par tous et chacun, et dépend du statut social et de l'emplacement géographique. « Plutôt qu'un espace commun ou une condition singulière et uniforme, l'interdépendance est plus souvent qu'autrement hautement stratifiée », avec des différences réelles s'exprimant de bien des façons dans différents domaines (Bohman, 2007 : 24). D'où l'importance qu'il accorde à distinguer son propre projet de démocratie transnationale visant à développer la capacité d'une multitude de peuples à se gouverner *à travers* les frontières, des formes de cosmopolitisme qui renvoient aux peuples comme à une multitude d'entités singulières qui ne s'engagent mutuellement dans l'action politique que *par-delà* leurs frontières fixes (2007 : 188).

Seyla Benhabib (2008 : 18), quant à elle, s'intéresse au spectre discursif de l'éthique de la discussion. Dans un premier temps, elle rappelle les exigences universalistes de sa conception de la morale :

> Parce que la théorie de l'éthique de la discussion articule une perspective morale universaliste, elle ne peut pas limiter le spectre de la conversation morale à ceux qui résident à l'intérieur de frontières nationales reconnues ; elle voit la conversation morale comme incluant potentiellement l'humanité. Plus précisément, toute personne, et chaque agent moral, qui a des intérêts et sur qui mes actions et les conséquences de mes actions peuvent avoir des conséquences d'une manière ou d'une autre est le partenaire potentiel d'une conversation morale avec moi : j'ai l'obligation morale de justifier mes actions avec des raisons à cet individu ou à ses représentants.

Cependant, Benhabib (*Ibid.* : 32) insiste, avec Habermas, sur l'importance d'ancrer les normes universelles dans les pratiques délibératives de communautés politiques :

> La tension entre des revendications de droits humains universels et les identités culturelles particularistes et nationales est constitutive de la légitimité démocratique. Les démocraties modernes agissent au nom de principes universels, qui sont par la suite circonscrits à des communautés civiques particulières. C'est la « face de Janus des nations modernes » dans les mots de Jürgen Habermas.

5.4 Les institutions et formes de régulations supranationales

Dans l'optique de Kant, le développement d'une fédération mondiale était plus souhaitable que celui d'un gouvernement mondial. Ainsi, certains, comme Benhabib (*ibid.* : 25), soulignent l'importance d'organiser la citoyenneté sur une base républicaine dans le cadre d'une polis venant participer à une union fédérale globale.

S'inspirant de la critique habermassienne de la colonisation du monde vécu par la rationalité du marché, les tenants de la Théorie critique remettent en question plusieurs aspects du néolibéralisme. Contrairement aux néolibéraux, ils ne célèbrent pas la dérégulation des marchés, mais cherchent plutôt à voir dans quelle mesure les formes antérieures de régulations étatiques pourraient être reconduites à un niveau supranational (Habermas, 2000 ; Münch, 1998). Dans cette veine, plusieurs d'entre eux travaillent à l'élaboration d'un projet de gouvernance mondiale favorisant un dialogue entre les différentes « parties prenantes » autour de droits cosmopolitiques et de valeurs sociales-démocrates. La Théorie critique reste modeste en ce qui a trait aux potentiels réels d'un tel dialogue. Certains, comme Beck (2003 : 123-125), ont ainsi soutenu que l'efficacité du pouvoir économique réside désormais dans sa capacité à mettre en concurrence les États les uns contre les autres face aux flux mondiaux de capitaux. Cette situation serait rendue possible par « le décalage croissant entre l'élargissement du champ spatial qui s'offre à l'activité économique et sociale et les mécanismes, traditionnellement limités par les frontières nationales, du contrôle politique » (Held, 2005 : 55).

Habermas a pris fortement partie en faveur du développement d'une confédération européenne. La mise en place de celle-ci devrait toutefois se faire à travers des délibérations publiques permettant l'élaboration d'un consensus obtenu par voies démocratiques. Il s'oppose ainsi aux théories fonctionnalistes de l'intégration européenne (voir p. 138-139). Selon ces dernières, la rationalité systémique se déployant à travers le fonctionnement d'un marché commun, ou l'effet de voie de dépendance découlant de la dynamique fonctionnelle des demandes bureaucratiques, suffirait, à terme, à engendrer une identité commune ou une solidarité sociale au sein du réseau mis en commun par cette dynamique (Habermas, 2007 : 68). Habermas (*ibid.* : 77) évalue les choses autrement. Selon lui, la théorie fonctionnaliste attribue à tort à des formes de rationalités systémiques la capacité d'engendrer une solidarité sociale qui ne peut venir que de délibérations publiques. L'intérêt de Habermas (*ibid.* : 37-56) pour la construction européenne s'accompagne d'une position en faveur de la formation d'un pôle de pouvoir européen en mesure de formuler une politique étrangère distincte de celle des États-Unis.

Linklater partage l'intérêt de Habermas pour l'intégration européenne. Il y voit un potentiel pour le développement d'une citoyenneté cosmopolite qui permet aux loyautés, identités et autorités politiques subnationales et transnationales de supplémenter la citoyenneté nationale. Avec l'Union européenne (UE), on ne serait cependant pas encore arrivé à cet âge postwestphalien puisque la citoyenneté européenne n'est pas encore réellement le gage d'une «communauté politique émergente» (1996b: 96). Linklater considère en effet la citoyenneté européenne comme «mince». Elle est «pertinente à une société civile internationale», mais ne donne pas aux citoyens le droit de faire appel à des cours européennes de droit au-delà de l'État-nation, pas plus qu'elle ne leur permet de participer à des organisations internationales qui institutionnalisent le droit des individus à exercer un pouvoir politique conjoint à celui de l'État. La citoyenneté européenne n'appelle pas à transcender les identités nationales dominantes ou l'allégeance à un pouvoir souverain. En définitive, elle n'accorde pas aux «identités subnationales et aux loyautés transnationales émergeantes un rôle politique sans précédent» (Linklater, 1996b: 96).

Bohman (2007: 136) partage en partie cette évaluation. Il voit en l'UE certains éléments d'une structure institutionnelle démocratique et décentrée, dont le caractère transnational, plutôt qu'intergouvernemental, se reflète en particulier dans la citoyenneté européenne distincte qui a été établie par le traité de Maastricht en 1992. Un échec majeur la caractérise cependant, du fait du peu de capacité de ses citoyens «à mettre en œuvre les processus légitimes de réforme démocratique» (*Ibid.*: 134). Un déficit délibératif caractérise en ce sens le manque de légitimité plus général de l'UE. Bohman propose donc que les prochaines réformes de l'UE s'orientent vers la mise en place de mécanismes qui permettent aux citoyens de délibérer non seulement dans les moments constitutionnels, mais aussi dans la politique de tous les jours (*Ibid.*: 137). Les initiatives de réformes devraient ainsi elles-mêmes pouvoir venir des citoyens et non pas seulement du Conseil de l'UE, comme c'est le cas actuellement. Pour ce faire, Bohman soutient qu'il

ne suffit pas de simplement donner plus de pouvoir au Parlement européen. Il faut surtout multiplier les instances et les lieux rendant les citoyens capables de participer directement dans la formation du projet de l'UE (*Ibid.*: 141-142: 147).

Une position forte se dégage au sein de la perspective cosmopolite en faveur d'une convergence institutionnelle qui serait amenée à permettre la mise sur pied d'une «politique intérieure mondiale». Bien que ce projet implique une remise en question du principe de la souveraineté des États en faveur d'un transfert de leur souveraineté dans certains domaines, les défenseurs de l'option cosmopolite ne chérissent pas l'idée de la mise sur pied d'un véritable État mondial, notamment parce qu'une telle concentration du pouvoir ouvrirait la porte à un despotisme sans précédent et serait insensible aux différences culturelles (Linklater, 2002b: 321). Il faut plutôt y voir un projet visant l'établissement d'une confédération mondiale d'États. Selon Linklater, cette communauté politique élargie «empièterait nécessairement sur les pouvoirs traditionnels monopolisés par l'État et romprait avec la conception unitaire de la souveraineté» (2007b: 107). Benhabib (2008: 20) souligne pour sa part qu'il s'agit là d'«un projet philosophique de médiation et non de réductions ou de totalisations».

Dans le cadre d'«une société mondiale stratifiée» entre des États formellement égaux sous la forme légale, mais en vérité économiquement et politiquement complètement inégaux, le projet cosmopolite implique «que les États soient progressivement intégrés, d'une manière perceptible au niveau de la politique intérieure, aux procédures de coopération d'une communauté d'États ayant force d'obligation dans un esprit cosmopolite» (Habermas, 2000: 37). Dans cet esprit, Linklater (1992b: 38-39) lie à l'idée de politique intérieure mondiale celle de «bons citoyens internationaux». Il conclut de sa discussion du problème de citoyenneté que les États qui veulent être de tels citoyens «doivent promouvoir, lorsque les circonstances le permettent, des principes libéraux et sociaux démocrates dans d'autres sociétés ainsi que dans la conduite des relations internationales en général». Cette posture sociale-démocrate de sa part reconnaît que la recognition formelle de l'égalité des droits ne suffit pas au développement d'une égalité économique substantielle (Linklater, 1992b: 23-24).

Dans un contexte où les États poursuivent encore largement leurs ambitions nationales en cherchant à maximiser leurs capacités militaires et géopolitiques, la question pratique de comment les encourager à partager, voire à abandonner, certaines de leurs prérogatives régaliennes, pose un défi de taille. La mise en place des conditions qui favoriseraient une érosion de la souveraineté étatique, souligne Habermas (2000: 37), a peu de chances de parvenir d'en haut, par les élites, elle devra être développée par une participation citoyenne visant l'établissement « d'une politique intérieure à l'échelle de la planète ». Dans ce contexte, la notion de « société civile mondiale » prend une grande importance.

5.5 La société civile mondiale : un contre-pouvoir ?

La nouveauté de la société civile mondiale tient au fait que, par sa participation à différents mécanismes de gouvernance mondiale, elle remplace parfois l'État-nation comme courroie de transmission entre les individus et les institutions mondiales (Kaldor, 2000: 109). La multiplication des initiatives citoyennes en marge des institutions politiques traditionnelles contribuerait à la perte du monopole de l'action collective de l'État. Ce dernier ne fixerait plus ni « l'espace ni les systèmes de règles du jeu de l'agir politique – y compris les institutions sociales indispensables à la prise de décision collective et à la mise en œuvre de ces décisions » (Beck, 2003: 28). Avec cette métamorphose, la société civile ne présuppose plus l'État. La société civile mondiale est dite capable d'agir d'elle-même dans la sphère publique internationale, souvent comme contre-pouvoir à l'ordre néolibéral. Son action contribuerait à légitimer une « politique intérieure mondiale » sans frontières dans laquelle tant des États étrangers que des ONG « s'immiscent dans la "politique intérieure„ d'autres pays » (Beck, 2003: 142), par exemple en dénonçant des violations des droits de l'Homme que les autres États n'osent pas dénoncer.

La Théorie critique attribue généralement un potentiel émancipateur à la société civile mondiale, perçue comme à l'avant-garde d'un processus « civilisateur » qui promeut un ensemble de valeurs telles que la tolérance, le bien public et le respect de droits humains universels (Linklater, 2002b: 326). À titre d'exemple, on peut penser aux mouvements populaires qui, en Europe de l'Est dans les années 1980, ont contesté l'autoritarisme, le paternalisme et la rigidité des États communistes tout en revendiquant plus d'autonomie individuelle et collective (Kaldor, 2000: 107: Beck, 1992). Pour plusieurs, c'est toutefois la « Bataille de Seattle » lors de la tenue de la Conférence ministérielle de l'Organisation mondiale du commerce (OMC) en 1999 qui marqua le tournant de l'émergence d'une société civile mondiale (Kaldor, 2000). C'est ce qui mène certains à penser que l'altermondialisme participe à la création de communautés et de normes de justice cosmopolites caractérisées par la prise de conscience d'une finitude planétaire qui, dans les termes de Beck (2003: 46), « abolit l'adversité plurielle des peuples et des États et crée un espace d'action clos fait de significations intersubjectives contraignantes ».

La « Nouvelle Économie Politique » que propose Beck fait reposer la société civile sur la figure du consommateur politique, et non plus sur celle du travailleur (2003: 35). La résistance à l'exploitation résiderait désormais avant tout dans l'organisation des consommateurs, une tâche qui revient aux acteurs de la société civile capables de déployer des stratégies militantes pour faire contrepoids au pouvoir de l'économie mondiale et de l'État « égoïste ». Sont du nombre de ces stratégies la dramatisation des risques globaux pour réveiller la conscience publique ; une insistance sur le contraste entre les prétentions démocratiques des grands de ce monde et les faiblesses évidentes de la démocratie contemporaine ; et l'instauration d'une opinion publique transnationale (Beck, 2003: 431-452). Comme le fait remarquer Bohman, la société civile n'agit cependant pas toujours comme un agent démocratisation. La contestation est certainement un élément important de la vie démocratique, mais l'existence de publics capables de délibérer au sein d'espaces institutionnalisés est une condition nécessaire à la démocratisation (Bohman, 2007 : 62-63).

5.6 Droit cosmopolite et Jus ad Bellum

Dans le domaine des études de sécurité, plusieurs théoriciens se sont inspirés de la Théorie critique afin de problématiser les concepts centraux des études traditionnelles de la sécurité. Ils se sont notamment demandé dans quelle mesure les études de sécurité s'étaient appropriées les concepts de « sécurité nationale » et d'« intérêt national » afin de servir des intérêts d'une politique de grande puissance qui n'a rien, en soi, d'émancipatrice pour ceux qui la subissent. Sans rejeter du revers de la main l'ensemble du bagage conceptuel des théories traditionnelles de la sécurité, ces théoriciens cherchent soit à le compléter en ajoutant une dimension cosmopolite ignorée par les approches traditionnelles, soit à indiquer ce qu'il y a de contre-productif parmi certaines d'entre elles (voir le chapitre 22). Linklater (2000 : 487), par exemple, reconnaît une légitimité à la défense de la sécurité nationale, mais affirme que celle-ci ne doit pas passer avant la défense de la sécurité humaine. De plus, la notion de « bon citoyen international » qu'il emploie ne signifie pas que les États renoncent à la poursuite de leur intérêt national, mais qu'ils intègrent à leur politique étrangère « des préoccupations plus élevées telles que promouvoir l'ordre mondial, encourager des réformes globales et honorer ses devoirs à l'humanité » (Linklater, 1992b : 21). Pour Habermas, l'émergence d'une nouvelle conception cosmopolite doit être l'occasion de remettre plus fondamentalement en question les limites du droit international classique. D'une part, celui-ci normalise le recours au *Jus ad Bellum* (droit à la guerre) dans la régulation des relations interétatiques (2007 : 118), et d'autre part, en légalisant la guerre, il banalise le traitement instrumental des citoyens par l'État militarisé (*Ibid.* : 120-121). Ces deux pratiques, produites et réifiées par le droit international classique, sont incompatibles avec les objectifs que devraient se fixer les citoyens d'une ère cosmopolite.

6. Conclusion

La Théorie critique des relations internationales et les nouvelles avenues de réflexion cosmopolite qu'elle a inspirées prennent aujourd'hui de plus en plus de place dans les milieux qui s'intéressent à l'Union européenne, à la démocratisation des organisations internationales, aux pratiques transnationales et postnationales ainsi qu'à l'éthique des relations internationales. La Théorie critique a, en quelque sorte, donné un nouveau souffle et une profondeur philosophique à plusieurs thèmes qui étaient naguère la chasse-gardée de l'École anglaise.

Justin Rosenberg fait valoir que Held tend à omettre le rôle des forces sociales dans l'explication du changement social. Chez Held, c'est « l'espace-temps » qui fait office d'*explanans* : le processus qui devrait être expliqué, l'*explanandum*, devient ce qui explique dans l'argument (Rosenberg, 2005). D'autres auteurs font aussi valoir que l'argument est difficile à tenir au niveau historique, puisque l'activité économique du capital a été dotée d'un caractère transnational dès le XVIIIe siècle : jamais les sociétés n'ont dans les faits été contenues à l'intérieur de frontières (Carothers, 1999 : 27 ; Cheah, 1988 : 33). Si la façon dont les tenants de la Théorie critique reprennent aujourd'hui la perspective cosmopolitique paraît innovatrice, elle n'en partage donc pas moins une conception de la modernité semblable à celle des théories stato-centrées (Lacher, 2003). Par exemple, la « première modernité » dont parle Beck (2003 : 26) se fonde sur l'ordre des États-nations : ceux-ci y contrôlent le territoire, monopolisent l'usage de la violence, usent de la diplomatie en politique internationale et reconnaissent la souveraineté du droit. Ici, la description du système interétatique « westphalien » est peu différente de celle des approches traditionnelles en relations internationales.

D'autres critiques de la Théorie critique font valoir que l'« opinion publique transnationale » est moins transnationale qu'on le prétend. La plupart des acteurs qui la constituent seraient plutôt des groupes occidentaux projetant leurs ressources organisationnelles dans les pays en développement (Carothers,

1999 : 37 : Cheah, 1988 : 37). De plus, diront d'autres, plusieurs propositions de la Théorie critique, comme la réforme du Conseil de sécurité de l'ONU, ont déjà été avancées depuis une quarantaine d'années par le mouvement des États non alignés sans que cela mène à des résultats concrets. Enfin, observent d'autres critiques, la plupart des organisations de la société civile s'intéressent davantage à la défense des intérêts économiques ou corporatifs de leurs membres qu'à la promotion de la démocratie (Carothers, 1999 : 21 ; Bohman, 2007 : 60). Certes, les mécanismes de la gouvernance mondiale donnent aux représentants autoproclamés de la société civile plus d'influence sur la politique internationale, mais ces représentants ne sont-ils pas menés par des élites « qui n'ont seulement que des liens ténus avec les citoyens au nom desquels elles disent agir », ainsi qu'avec des secteurs traditionnellement favorisés des sociétés civiles nationales possédant « des sources de financement intérieures assurées » (Carothers, 2000 : 20) ? À cette litanie de critiques, les défenseurs du cosmopolitisme diront que malgré leurs imperfections, des institutions supranationales, comme la Cour pénale internationale, voient le jour, s'institutionnalisent et participent à une balbutiante société civile mondiale. Si on a raison d'en critiquer les imperfections, on ne pourrait en nier le développement exponentiel.

Au-delà de ces discussions plus circonscrites, un des accomplissements les plus importants de ce courant théorique est d'offrir un dialogue avec la philosophie politique et l'éthique des relations internationales. Les récents travaux de Seyla Benhabib (2004) sur le devoir d'hospitalité, inspiré du troisième article de Kant sur la paix perpétuelle, et sur l'évolution du principe de citoyenneté sont, à cet effet, exemplaires d'une réflexion normative qui a trop longtemps passé dans les mailles du filet des théories traditionnelles des relations internationales.

❖ ❖ ❖

Pour en savoir plus

Benhabib, S., 2004, *The Rights of Others. Aliens, Residents and Citizens*, Cambridge : Cambridge University Press. Réflexions sur le cosmopolitisme maintenant un important dialogue avec les travaux de Kant, Arendt et Habermas. Le livre développe notamment les thèmes de l'hospitalité, de l'évolution de la citoyenneté et du droit des réfugiés et immigrants.

Habermas, J., 2000, *Après l'État-nation. Une nouvelle constellation politique*, Paris : Fayard. Les réflexions de Habermas sur l'Europe et la mondialisation ainsi que sur les leçons à tirer de l'histoire du XXᵉ siècle.

Habermas, J., 1996, *La paix perpétuelle – Le bicentenaire d'une idée kantienne*, Paris : Cerf. Une tentative de réactualiser le projet de paix perpétuelle d'Immanuel Kant à la lueur de l'histoire tourmentée du XXᵉ siècle et de sa propre théorie de la morale et du droit.

Held, D., 2005, *Un nouveau contrat mondial. Pour une gouvernance sociale-démocrate*, Mayenne : Presses de Sciences Po. Passant en revue les aspects politiques, économiques et juridiques du processus de mondialisation, Held livre l'un des projets de gouvernance mondiale parmi les plus détaillés qui aient été élaborés.

Linklater, A., 2007, *Critical Theory and World Politics. Citizenship, Sovereignty and Humanity*, New York : Routledge. Une introduction incontournable aux différentes facettes de la théorie de Linklater.

Bohman, J., 2007, *Democracy across Borders. From* Dêmos *to* Dêmoi, Cambridge : MIT Press. Ce livre discute des différentes formes de cosmopolitisme afin d'en souligner les faiblesses et d'en combiner les forces dans une approche innovatrice de la démocratie transnationale.

La Théorie critique et la guerre en Irak

Depuis le 11 septembre 2001, les chercheurs associés au courant de la Théorie critique se sont penchés sur la guerre en Irak et, de façon plus générale, sur la conceptualisation de la guerre et de la sécurité dans l'ordre global émergent. C'est sans surprise que les périmètres de cette réflexion s'inscrivent dans le cadre de la défense d'une évolution institutionnelle vers un ordre global qui prendrait une forme beaucoup plus cosmopolitiste et multilatérale que celle qui fut adoptée par l'administration républicaine sous George W. Bush.

Ainsi, du point de vue de la Théorie critique, cette guerre permit de mettre en relief deux conceptions diamétralement opposées de l'héritage de la philosophie politique libérale et kantienne. À une première conception, qui n'hésite pas à avoir recours au militarisme et à la guerre dans le dessin de façonner un ordre global libéral, la Théorie critique en oppose une autre, cosmopolitiste, qui vise d'abord la consolidation d'une confédération d'États en mesure de régler ses différends par le droit international et d'opérations de politique intérieure globale. Si elle a à choisir entre s'inscrire dans le sillon d'une politique où l'État américain se confond avec un souverain global, ou, à la Kant, dans le sillon d'une confédération d'États dont les politiques sont bien arrimées à la consolidation d'organisations démocratiques internationales, la Théorie critique emprunte clairement la seconde voie.

Or, pour Habermas, il ne fait pas de doute que la politique internationale façonnée par la réaction républicaine après le 11 septembre 2001, et au sein de laquelle s'inscrivit l'intervention militaire en Irak, relevait, d'une part, d'une conception de la politique internationale qui faisait une distinction très tranchée entre «pays amis» et «pays ennemis», et, d'autre part, de la politique de puissance. Ainsi, il va sans dire que pour Habermas, l'intervention militaire américaine en Irak, qui fit figure d'affront aux Nations unies, ne peut être qualifiée autrement que d'*invasion* unilatérale par la force des armes. «Ne faisons par d'erreur, insiste Habermas à propos de la violation du droit international en laquelle consista cette invasion, l'autorité normative des États-Unis d'Amérique est en ruine» (Habermas, 2006 : 29). Cette politique, comme le refus américain de donner son appui à la Cour pénale internationale, une décision qui plaça les États-Unis dans un club d'États très particuliers au côté «de la Chine, du Yémen, du Qatar, de la Lybie, et de l'Irak de Saddam», relève de cette même logique unilatéraliste qui s'avère un des obstacles les plus importants à la réalisation d'un ordre global cosmopolite (Habermas, 2006 : 179).

En se réservant le «droit discrétionnaire de lancer des attaques préventives unilatérales», l'administration républicaine indique clairement où se situe le projet néoconservateur par rapport au droit international (Habermas, 2006 : 182). Ce projet est «révolutionnaire», insiste-t-il car il vise à transformer le monde, si nécessaire en violation du droit international, dans le dessein de «l'imposition hégémonique d'un ordre global libéral hégémonique» (*Ibid.* : 27). La verdict du philosophe allemande est sans appel : «Les mots et les actions de ce Président (George W. Bush) n'admettent aucune autre conclusion que le fait qu'il veuille remplacer la force civilisatrice de procédures légales universelles par l'ethos américain armé d'une prétention à l'universalité.»

Au-delà de l'analyse des racines et répercussions idéologiques de l'idéologie néoconservatrice qui vint appuyer la débâcle américaine en Irak, les théoriciens critiques prescrivent un certain nombre de principes qui devraient servir les fins d'une vision alternative de la sécurité globale après le 11 septembre. Iris Young et Daniel Archibugi (dans Young, 2008 : 105-116), par exemple, établissent une liste de cinq principes qui devraient guider une telle alternative. La priorité de cette nouvelle politique de la sécurité devrait être : de consolider les institutions internationales ; de coordonner le droit et la collecte de renseignements à travers le monde ; d'accroître la régulation financière ; d'utiliser les cours internationales ; et de réduire les inégalités globales. Habermas souligne que le cadre stato-centrique qui vint conditionner la tentative d'associer Al-Qaïda à l'État irakien fait également partie des schèmes cognitifs hautement problématiques de la politique internationale qui se doivent d'être modifiés afin de faire face adéquatement à des acteurs transnationaux qui ne correspondent plus au référent étatique.

> Face à des ennemis qui sont en réseau au niveau global, décentralisé, et invisible, seule la prévention à d'autres niveaux d'opération peut être utile. Pas plus les bombes que les missiles ou les avions de chasses ou les chars blindés sont de la moindre utilité ici. Ce qui va aider c'est la coordination internationale des flux d'information entre les services de renseignements nationaux et les autorités judiciaires, le contrôle des flux d'argent et, en général, la détection de réseaux logistiques. Les «programmes sécuritaires» en appui à ces objectifs concernent les libertés civiles au sein des États, et non le droit international (Habermas, 2006 : 32).

Chez Habermas, le paradigme clé vers lequel le principe de l'intervention militaire devrait évoluer est celui de l'établissement d'une politique intérieure mondiale. C'est au moyen d'une telle politique que les enjeux liés au respect des traités sur la non-prolifération des armes nucléaires et à l'interdiction d'armes illégales devraient être abordés. Encore une fois, ce à quoi nous convie la Théorie critique est une transformation majeure des conceptions à la fois réaliste, mais aussi libérale des relations entre les États. L'opposition tant normative qu'ontologique au prisme à travers lequel les libéraux ont souvent légitimé l'intervention en Irak indique bien ce qui distingue la Théorie critique de ces derniers sur cette question fondamentale.

Concepts clés de la Théorie critique

Autonomie : Capacité d'un individu ou, par analogie, d'un État, à opter pour ce qui est raisonnablement moral sans être contraint ou contrôlé par une influence extérieure. Chez Kant, cette influence extérieure est celle que le désir impose à la raison et au bon gouvernement de soi. Un régime despotique ne peut ainsi jamais être libre ou autonome puisque l'État y est dépendant de la volonté égoïste et des envies du souverain.

Citoyenneté : «Au niveau le plus fondamental, la citoyenneté réfère d'abord aux droits légaux primaires que toutes personnes ont en tant que membres d'un État particulier. En deuxième lieu, la citoyenneté réfère au droit de participation à la vie politique de la communauté dans son ensemble. En troisième lieu, la citoyenneté ne réfère pas seulement à des droits, mais aussi à des devoirs fondamentaux » (Linklater, 1992b : 23).

Cosmopolitisme : «C'est une perspective qui s'oppose à une conception abstraite et historiquement figée de l'État et de la politique, conception liée à quantité de présupposés quant aux significations et aux effets des frontières politiques et économiques » (Beck, 2003 : 117-118). Elle «signifie que l'on reconnaît à la fois l'égalité et la différence, et que l'on se sent responsable vis-à-vis de la planète dans son ensemble. Les problèmes de ceux qui ont une culture différente doivent être présents au sein de la communauté politique, y être entendus, représentés » (*ibid.* : 191).

Démocratie : «C'est cet ensemble d'institutions et de procédures par lesquelles les individus sont habilités en tant que citoyens libres et égaux à former et à changer ensemble les termes de leur vie commune, incluant la démocratie elle-même. En ce sens, la démocratie est réflexive et consiste en des procédures par lesquelles les règles et les pratiques sont sujettes à la délibération des citoyens eux-mêmes. La démocratie est par conséquent un idéal d'auto-détermination en ce que les termes de l'autonomie sont faits par les citoyens et non par d'autres » (Bohman, 2007 : 45).

Droit et devoir cosmopolite d'hospitalité : Devoir hérité du troisième article du texte classique de Kant sur la paix perpétuelle. L'article stipule que la loi de la citoyenneté globale devrait être limitée aux conditions de l'hospitalité universelle. Ce concept est développé notamment par Benhabib (2008 : 31) qui l'utilise afin de «référer à l'ensemble des revendications de droits humains qui sont de nature transfrontalière ».

Espace public : Le terme a été utilisé d'abord par Kant, puis a été développé plus encore par Habermas. Dans les termes de Bohman (2007 : 60-61), «une sphère publique ne consiste pas simplement en la *res publica* des institutions du gouvernement, mais elle est plutôt une sphère d'une sorte particulière de communication caractérisée par trois conditions nécessaires.

Premièrement, la sphère publique est un type de forum dans lequel les participants sont "un public" [...] Deuxièmement, une telle communication doit manifester l'engagement des participants à la liberté et à l'égalité. Troisièmement, plutôt qu'une simple interaction face à face, cette communication doit adresser une audience indéfinie. La communication est alors publique si elle est dirigée vers une audience indéfinie dans l'attente d'une réponse. »

État-national : Comme plusieurs théoriciens contemporains du nationalisme, Habermas préfère l'utilisation de l'expression État-national à celle d'État-nation. Alors que celle d'État-nation laisse entendre qu'une seule nation correspond généralement au territoire d'un État, ou encore, que l'État est la possession d'une nation en son sein, l'expression État-national tend à relâcher le lien entre un groupe national et l'État.

Éthique de la discussion : L'éthique de la discussion est une branche de l'éthique qui s'intéresse aux présupposés pragmatiques devant encadrés un contexte communicationnel où les interlocuteurs recherchent la formation d'objectifs moraux, éthiques ou déontologiques communs.

Gouvernance mondiale : Nouvelle forme de régulation internationale impliquant, aux côtés des États et des organisations internationales, des acteurs transnationaux longtemps ignorés par la discipline des Relations internationales. Bien que l'ONU tienne un rôle important dans la mise en relation des gouvernements, des entreprises privées, des organisations non gouvernementales et des individus qui cherchent à participer à la politique internationale, la gouvernance mondiale ne peut être localisée dans aucune institution précise : elle se situe à de multiples niveaux, tant locaux, régionaux, nationaux qu'internationaux.

Guerre juste : Approche juridique qui soutient que « la force est illégitime à moins qu'il y ait une juste cause et que toutes les mesures qui n'impliquent pas la force aient été épuisées ». Cette approche reconnaît l'inévitabilité de la mort de civils durant la guerre, mais affirme que ces morts «ne devraient pas être voulus ou disproportionnés par rapport aux objectifs de guerre. Plus encore, [...] la guerre doit être déclarée par une autorité publique proprement constituée » (Linklater, 2007 : 84).

Humanité : Selon Bohman (2007 : 104), elle est traditionnellement comprise dans deux sens, à savoir comme l'agrégation empirique de tous les humains, c'est-à-dire l'espèce en tant que telle ; et comme qualité morale, pour laquelle existent de nombreuses interprétations : « dignité humaine, nature rationnelle, etc. ». Bohman combine ces deux sens sous l'idée «d'humanité comme *communauté politique humaine*. Cette conception est d'abord et avant tout une interprétation distinctive de l'humanité en termes de propriété morale, dans ce cas-ci le statut de membre d'une communauté politique. »

Juridicisation : Ce concept théorise « la tendance vers l'expansion croissante du droit et des méthodes de règles formelles et d'arbitration de type juridique à de nouveaux domaines de la vie sociale. » Comme le soutient Habermas, cette tendance a pour conséquence que plusieurs relations sociales et domaines de la vie sociale informellement régulés deviennent « formellement organisés », et sont ainsi de plus en plus ouverts à l'État et au marché. En tant que tendance à long terme dans les sociétés modernes, la juridicisation a jusqu'à récemment pris place par l'entremise de l'État territorial. Toutefois, « de plus en plus de domaines de la vie et des transactions économiques ont été judiciarisés sans qu'il y ait une grande influence délibérative populaire ou publique, particulièrement dans la société internationale » (Bohman, 2007 : 152).

Mondialisation : C'est « un processus, et non un état final », qui « caractérise l'extension croissante et l'intensification au-delà des frontières nationales à la fois des transports, des communications et des échanges » (Habermas, 2000 : 54). Elle a pour conséquence de modifier les modalités du contrôle social en effritant certains pouvoirs de l'État national et remet conséquemment en question les principes fondamentaux à la base de la démocratie représentative.

Moralité : Système de valeurs et de principes qui permet à un individu ou à une société particulière de juger ce qui est bon et ce qui est mal. Selon la perspective cosmopolite, la morale joue un rôle important dans la façon dont les individus et les États se comportent vis-à-vis des autres individus et des autres États, voire de l'humanité entière. Les réflexions morales posent ainsi en leur cœur la question de l'altérité ainsi que le conflit entre universalisme et particularisme.

Nationalisme méthodologique : C'est la méthodologie qui, implicitement, modèle depuis longtemps la manière dont les sciences sociales appréhendent les phénomènes sociaux en les comprenant toujours comme étant emprisonnés dans le carcan de l'« État » ou de la « société », eux-mêmes compris comme des espaces clos.

Normes de justice cosmopolite : Ce sont des normes qui s'appliquent directement aux individus, en tant que personnes morales et légale, de la société civile internationale et non aux États. La justice cosmopolite « conçoit le droit international comme un système de droit public [...] La souveraineté cosmopolite est la loi des gens parce qu'elle place en son centre la primauté des êtres humains individuels comme agents politiques, et l'imputabilité du pouvoir » (Held, cité dans Benhabib, 2008 : 31).

Rationalité instrumentale : Utilisation de la raison qui vise à maximiser l'usage des moyens devant servir une finalité. La rationalité instrumentale ne se penche pas sur le caractère « rationnel » de la finalité en soi.

Société civile mondiale : Malgré les divergences d'interprétations, la définition classique de la société civile « renvoie généralement à une règle de droit garantie par l'État [...] et à l'existence de groupes indépendants de citoyens capables de défendre et de diffuser les valeurs et les normes qui renforcent l'État de droit et contrôlent les abus de pouvoir commis par l'État » (Kaldor, 2000 : 106). Cette définition lie l'État à la société civile, cette dernière ne pouvant être comprise sans sa contrepartie étatique. Pour les tenants de l'approche cosmopolite, l'expression société civile a cependant aujourd'hui acquis un sens global puisqu'elle décrit « les ONG indépendantes et mouvements sociaux qui interviennent à travers les frontières nationales » (Kaldor, 2000 : 107 ; Beck, 1992 ; Held *et al.*, 1999).

Le poststructuralisme

David Grondin

Le poststructuralisme est différent de la plupart des autres approches en politique internationale parce qu'il ne se voit pas comme une théorie, une école ou un paradigme, qui produit un récit unique de son objet d'étude. Au contraire, le poststructuralisme est une approche, une attitude ou une disposition philosophique qui entreprend la critique par des moyens particuliers (Campbell, 2007 : 225).

Bien que nombre d'auteurs associés au poststructuralisme rejettent la possibilité d'une approche unitaire qui les identifierait à une théorie, ils partagent un certain nombre de traits (un héritage philosophique commun, un théorique souvent abstrait) et des valeurs (la liberté individuelle, la lutte contre toute forme d'oppression, une éthique de résistance). Ils contribuent ainsi à un **discours**, le discours théorique poststructuraliste en Relations internationales. Les auteurs poststructuralistes se rejoignent ainsi par le genre de questions qu'ils posent, tel que : comment est construite ou racontée la réalité ? Quelle est (sont) la ou les significations de tel événement ? Qu'est-ce qui fait en sorte que cet événement est plus important qu'un autre ? Ces questions amènent des réponses, incomplètes, qui entraînent toujours d'autres questions.

Le poststructuralisme se veut surtout une attitude critique qui s'inscrit dans la dissidence face aux approches traditionnelles de la politique globale. En s'intéressant au rôle du langage et aux mots employés pour représenter le réel et construire discursivement le « monde réel », il tient lieu de projet subversif en cherchant à « défaire le sens » de certaines proposi-

tions et à en permettre à tout le moins la contestation. Le poststructuralisme s'annonce, donc, surtout comme une « stratégie théorique » ou une « série de stratégies théoriques » (Newman, 2005 : 3), qui rejette tout cadre **scientiste** et qui s'ouvre à une pluralité de méthodes d'analyse et de modes de production du discours. C'est une attitude qui célèbre la dé-para-digmatisation de la science politique (Rosenau, 1988 : 4). Poursuivant l'objectif de faire tomber les barrières disciplinaires, les poststructuralistes exploreront les limites construites socialement par les pratiques disciplinaires et que les chercheurs en Relations internationales se sont eux-mêmes imposées. Cela implique de ne pas chercher à maintenir la frontière entre la théorie politique et les Relations internationales. Le poststructuralisme « ne demande pas où est située la frontière ou comment la frontière est délimitée. Il demande plutôt "Comment et par quelles pratiques, en faisant appel à quelles ressources culturelles et face à quelle résistance cette frontière est-elle imposée ou ritualisée ?" » (Ó Tuathail, 1996 : 172). Dès lors qu'il choisit/définit/écrit, l'analyste poststructuraliste s'inscrit dans la pratique d'exclusion/inclusion et surtout dans celle de la *différenciation*. La différence devient alors sa préoccupation centrale, puisqu'elle permet la construction du sens, autant dans la délimitation et la distinction d'un objet, que dans sa qualification.

1. Historique

On pourrait s'étendre longuement sur les héritages intellectuels du poststructuralisme avant qu'il fasse son entrée en Relations internationales, sous l'épithète de poststructuralisme davantage que celle de postmodernisme par ailleurs[1]. Pour les fins de son utilisation en Relations internationales, c'est surtout son insertion en philosophie qui revêt un intérêt, et elle se fait par le biais du postmodernisme.

1.1 Le passage obligé par le postmodernisme

En philosophie, on s'entend généralement pour dire que c'est avec *La condition postmoderne : Rapport sur le savoir* de Jean-François Lyotard, publié en 1979, que le postmodernisme commence à faire des vagues. Intéressé par les implications épistémologiques des avancées en sciences naturelles, Lyotard allait reprendre la notion de Michel Foucault (1926-1984) d'une rupture épistémique en science et en philosophie. L'aspect novateur de *La condition postmoderne* est d'être le premier écrit à caractériser la **postmodernité** comme une transformation sociale, à faire le lien entre la société postindustrielle décrite par le néoconservateur américain, Daniel Bell (1973), et l'état du savoir. En consultant l'impressionnante littérature qui traite du postmodernisme, on fait rapidement face à une difficulté sémantique, celle de devoir distinguer des textes qui parlent de postmodernité ou de postmodernisme (ou des deux). Le postmodernisme est vu comme un courant ou un mouvement (post) philosophique et culturel collectif, éclectique et individuel, alors que la postmodernité concernerait la condition sociale et technologique de la vie dans les sociétés postindustrielles. Pour compliquer davantage les choses, le postmodernisme a justement tendance à parler de la postmodernité comme si elle allait de soi ;

c'est ce qu'a notamment fait Lyotard, sans chercher vraiment à décrire les bases historiques de ce courant. Selon Lyotard (1979 : 7), le trait caractéristique de la condition postmoderne de la société est, simplifié à l'extrême, une incrédulité face aux **métarécits** qui entraîne une méfiance générale à l'égard des grandes théorisations, des systèmes et des fondations (tels que le marxisme ou la psychanalyse freudienne). Ces derniers seront critiqués dans une perspective postmoderniste pour leur prétention à *une vérité*. Lyotard devient rapidement la référence du postmodernisme. C'est aussi pourquoi la critique de son ouvrage donnera une connotation négative au postmodernisme.

Alors que Lyotard s'était attaqué au discours scientifique, Fredric Jameson (1984 ; 1991) fera plutôt porter son analyse sur la culture et sur **le politique**, voyant le postmodernisme comme la «logique culturelle du capitalisme le plus récent». Avec lui, le postmodernisme «n'était plus réduit à une rupture esthétique ou épistémologique [...], mais devenait le signal culturel d'une nouvelle étape de l'histoire du mode de production capitaliste» (Anderson, 1998 : 55). Pour Jameson (1991 : ix), le postmodernisme constitue une «tentative de penser le présent historiquement dans une ère qui a oublié de penser historiquement pour commencer». Le postmodernisme demeurait ancré dans une société basée sur des classes, mais une société dont les classes étaient grandement transformées. Elles étaient populistes, découlant d'individus nouvellement enrichis par la rapide croissance des secteurs des services et de spéculation des sociétés capitalistes avancées, amenant dans leur sillage de nouvelles formes de consommation et de production (Laclau et Mouffe, 2001[1985]).

La substitution de postmodernisme par poststructuralisme permet par ailleurs de pouvoir outrepasser la dialectique modernisme/postmodernisme. En effet, si les auteurs poststructuralistes rejettent certains aspects de la **modernité** historique, ils ne voient pas dans le *post*-modernisme l'idée d'un dépassement de la modernité, mais une critique de la rationalité des Lumières et du sujet connaissant des Lumières, des promesses de progrès qu'on leur a associées (Pettman, 2000 : 8). On entend surtout par là une

---

1. Cette distinction n'est pas une mince considération cosmétique ; c'est justement par *ce* nom – poststructuraliste – que plusieurs auteurs vont identifier leur position théorique (Campbell, 2007) ou la méthode d'analyse choisie (Debrix, 2003).

désillusion par rapport au progrès de l'humanité qui passerait par la science, la technique et la raison ; en fait, les postmodernistes veulent se réapproprier la critique immanente radicale des Lumières, c'est-à-dire qu'ils veulent porter la critique aux concepts et aux conceptions hérités des Lumières, prétextant qu'on a, en quelque sorte, abandonné l'attitude de critique immanente.

1.2 L'entrée en scène du poststructuralisme en Relations internationales

Alors qu'il devrait être multidisciplinaire, étant aux confluents des études philosophiques, économiques, historiques, géographiques, sociologiques et politiques, le champ des Relations internationales a paradoxalement semblé vivre en vase clos, à l'écart des autres sciences humaines et sociales – hormis le moment behavioraliste des années 1950 et 1960 – jusqu'à ce que le tournant positiviste amorcé par Kenneth Waltz en 1979 essuie la critique du théoricien néogramscien Robert Cox (1981) et ensuite celle de Richard Ashley (1984). Dans un des textes fondateurs de l'approche poststructuraliste en Relations internationales, Ashley se fait fort d'attaquer la « pauvreté du néoréalisme » de Waltz en s'en prenant directement à son épistémologie positiviste qui ignore tout simplement le processus de représentation, en prétendant que le chercheur en sciences sociales peut agir comme un observateur détaché de son objet d'étude et produire de la connaissance exempte de toute valeur. Dans une approche poststructuraliste, on critique la théorie présentée comme abstraction anhistorique : elle est une pratique politique ancrée dans une situation sociohistorique (c'est-à-dire que les concepts ont aussi une histoire et que les auteurs et leurs idées sont géographiquement, socialement, politiquement et historiquement situés). On comprend ainsi que les poststructuralistes ne peuvent non plus échapper à cette situation spatio-temporelle (Ashley, 1984 : 256-258).

Les approches poststructuralistes vont, par conséquent, entraîner, au tournant des années 1990, les Relations internationales dans une profonde crise identitaire caractérisée par une percée significative des approches interprétatives. Dans une volonté de favoriser un regard réflexif sur le champ, les chercheurs poststructuralistes se mettront à lire, relire, étudier, questionner et **déconstruire** les objets traditionnels de la recherche en Relations internationales. À l'instar de Robert Cox, les approches poststructuralistes permettront d'élargir les espaces de pensée délimités jusque-là par les courants dominants. C'est dans ce contexte qu'on en vient à parler du poststructuralisme en Relations internationales. Il s'agit d'un courant critique qui s'interroge « sur la façon dont ont été constituées la connaissance, la vérité et les significations » dans ce champ (Gregory, 1989 : xiii). En effet, en s'intéressant aux « apparences », aux « mots » employés, au langage codé d'une situation, ou tout simplement au contexte discursif dans lequel sont décrits des événements, les approches poststructuralistes déploient des outils analytiques qui permettent de révéler des différences qu'on voulait ou croyait dissimulées (Williams, 2005 : 154), de mettre au jour les limites de la connaissance et de mettre en relief que ce qu'on tenait pour acquis ou pour une vérité n'étaient en fait toujours que des perceptions, des interprétations issues de nos sens, de notre raison subjective et de notre contexte spatial, géographique, historique, culturel, économique, politique et sociologique.

L'approche poststructuraliste en Relations internationales cherche à montrer comment les barrières entre l'idéel et le réel, entre la théorie et la pratique, entre les mots et les choses sont plutôt floues. Elle s'efforce de cerner ce qui est considéré comme central et marginal dans un système de pensée particulier et à discuter les pratiques qui produisent ce qui est considéré par les théoriciens orthodoxes comme des propositions *neutres*. Par exemple, ils vont critiquer la proposition de plusieurs auteurs néoréalistes (comme John Mearsheimer), néolibéraux institutionnalistes (comme John Ikenberry) et constructivistes conventionnels (comme John Ruggie) voulant que l'hégémonie américaine soit bénéfique pour la stabilité de l'ordre mondial. Ils vont ainsi questionner la constitution même de cette hégémonie, la fonction remplie par la « stabilité » de l'ordre mondial dans les rapports de pouvoir et les relations sociales mondiales, ainsi que la notion même d'« ordre », qui se fait évidemment au détriment des uns pour le bénéfice de (certains) autres. Une analyse poststructuraliste de déconstruction fonctionne souvent en deux temps (qui sont souvent simultanés, mais qu'on peut décortiquer comme temporellement distincts) : dans un premier temps, on procède à une **déconstruction** du savoir et de la discipline en regardant ce que la théorie nous présente (quels sont éléments ontologiques que l'épistémologie de la théorie rend possible) et, dans un second temps, on regarde à quoi cela ressemble dans la « réalité » (ce qui existe sur le plan ontologique lorsqu'on observe la réalité de la politique globale).

Les analyses poststructuralistes enquêtent donc sur la façon dont l'objet et le **sujet** (des) « relations internationales » sont constitués *dans* et *par* les discours et les **textes** de la politique globale. On met l'accent sur la théorie comme élément impliquant des pratiques sociales et on la dépossède de son statut neutre et innocent pour l'inscrire dans la compréhension et la construction des relations de pouvoir (Youngs, 2000 : 211). Les théories traditionnelles font partie des processus historiques qui forgent le monde et nos façons de le saisir. Pour comprendre la puissance et les rapports de pouvoir, il faut voir comment ces théories sont construites et comment les développements théoriques sont interreliés pour comprendre leur fonctionnement dans l'établissement des relations de pouvoir. Par ses interprétations, le lecteur critique des textes, en modifie ou en accepte le contenu. Il y a une part importante de métathéorie, c'est-à-dire de réflexion sur la théorisation des théories de la politique globale et d'interrogation sur la congruence entre ontologie et épistémologie (Thibault, 1998). On historicise, par l'interprétation, les discours théoriques en les resituant dans leur contexte et en les interprétant comme des pratiques politiques. L'obstacle majeur à l'entreprise poststructuraliste en Relations internationales est donc politique et met en lumière la relation **savoir/pouvoir**.

S'en prenant au discours dominant, en exposant les rapports savoir/pouvoir qui caractérisent le champ et le canon du cursus disciplinaire et en s'at-

taquant aux fondations du champ, les poststructuralistes en Relations internationales ont voulu mettre en lumière des visions, des sujets et des façons de penser négligés dans les travaux conventionnels. C'est le cas du livre de James Der Derian, *On Diplomacy* (1987), vu comme un des ouvrages pionniers du poststructuralisme en Relations internationales. Dans cet ouvrage, l'auteur aborde la diplomatie en la confrontant à l'aliénation et au fait de rendre étranger. En s'intéressant au rôle de la diplomatie comme médium, il propose une approche complètement nouvelle de l'histoire diplomatique, qui ne comprend pas un fil narratif et ne cherche pas à dire l'histoire telle qu'elle a « vraiment » été. Le poststructuralisme s'opposerait *ipso facto* à cette possibilité d'écrire l'histoire « une fois pour toutes ». Néanmoins, l'ouvrage qui inscrira vraiment la mouvance poststructuraliste en Relations internationales est *International/ Intertextual Relations* (Der Derian et Shapiro, 1989). Ce collectif s'efforce de (faire) réfléchir sur la langue, la textualité, la **généalogie**, la normativité et la **subjectivité** des fondations du champ. Il insiste notamment sur les représentations de l'**altérité** et de la différence, en montrant comment plusieurs textes sont vus comme « étrangers » au centre américain dominant du champ, en raison de leur contenu ou méthodes d'analyse peu conventionnels.

En s'affichant comme *la* pensée de la dissidence en Relations internationales, le poststructuralisme se démarque surtout sur le plan épistémologique. Il se veut d'emblée autoréflexif en se posant épistémologiquement comme une perspective culturelle du champ en mettant au grand jour la « démarche de construction » (*constructed-ness*) de plusieurs idées préconçues et tenues pour acquises. Cette **naturalisation** – c'est-à-dire la « normalité » construite de façon non réflexive du champ des Relations internationales à l'image d'une *certaine* conception des sciences naturelles – est l'un des principaux chevaux de bataille du poststructuralisme. La réflexion poststructuraliste fait notamment ressortir certaines composantes politiques des phénomènes et des objets que leur naturalisation a souvent cachées.

Dans ce contexte, inutile de dire que les dissensions entre la vision du champ défendue par les tenants du courant dominant et la critique poststructuraliste ont été nombreuses et peu fécondes. C'est là que le rapport savoir/pouvoir – ou encore la lutte politique, en d'autres termes – sera le plus manifeste. Chez les « gardiens » des traditions du champ, le poststructuralisme est décrit comme étant obscurantiste, flou, verbeux et sans lien aucun avec les « concepts clés » en Relations internationales que sont la guerre, la paix, le réalisme, le libéralisme, la souveraineté, la diplomatie et la justice (Yew, 2003 : 160). En effet, une certaine tendance à faire équivaloir « réalisme » au courant dominant des Relations internationales, à les voir comme des synonymes et, surtout, à voir le réalisme comme étant un bloc monolithique chez les postructuralistes a rendu presque impossible tout dialogue entre tenants des deux approches en Relations internationales (Sterling-Folker et Shinko, 2005). Cependant, la littérature poststructuraliste en Relations internationales connaît une floraison vraiment intéressante hors du contexte américain (Debrix et Lacy, 2009 ; Dittmer, 2010).

2. Épistémologie

Sur le plan épistémologique, le poststructuralisme repense les termes du politique en reconceptualisant la relation entre la raison, le pouvoir et la critique. Les référents habituels associés à la constitution du savoir – la « réalité », la « vérité » et la « raison » – deviennent dès lors des construits sociolinguistiques qui agissent comme des mécanismes de contrôle individuel et social. Pour les poststructuralistes, la connaissance réside dans un discours et le dialogue est individuel et subjectif, et non universel.

2.1 L'antifondationnalisme et le scepticisme épistémologique

Le poststructuralisme défend une position **antifondationnaliste** de la connaissance, c'est-à-dire qu'en raison de la subjectivité individuelle de la théorisation, aucune fondation ne peut servir d'arbitre neutre entre différentes propositions de vérité : « [l] a voix de la raison n'est, ainsi, jamais innocente. [...] Privilégier théoriquement un côté de la rationalité

moderne, dans cette situation, c'est s'engager dans une pratique d'exclusion (et parfois de terreur) qui est l'expérience de l'autre côté – qui n'a pas de voix (rationnelle) » (George, 1994 : 161). Il n'y a donc pas de fondations permanentes à la connaissance. Cette vision s'oppose au fondationnalisme cartésien. Pour le philosophe français René Descartes (1596-1650), une situation décrite comme étant « soit/ou » soutient qu'il y a *nécessairement* une fondation à la connaissance, ce qui explique notre être ; si on ne peut trouver cette fondation, c'est *nécessairement* le domaine de la folie, de l'irrationalité et du chaos. Les poststructuralistes soutiennent qu'il faut évacuer cette anxiété cartésienne par la pratique de l'interprétation.

La résistance à une certaine fondation de la connaissance ne signifie pas pour autant que « tout est permis ». Cela n'implique pas forcément l'anarchisme épistémologique défendu par le philosophe des sciences Paul Feyerabend (1924-1994) (Feyerabend, 1988). En effet, il ne faut pas confondre l'antifondationnalisme du poststructuralisme en Relations internationales avec la position de Feyerabend qui stipule que toutes les croyances ou propositions sont également valables et qu'il n'y a *aucune* base rationnelle pour en choisir une plutôt qu'une autre. Les poststructuralistes versent plutôt dans le **scepticisme** épistémologique, qui appelle certes à une méfiance mais qui s'en remet à une réflexivité interprétative.

Les poststructuralistes considèrent effectivement que les spécialistes des sciences sociales devraient « observer les observateurs et interpréter les interprètes », car un chercheur « ne peut tout dire : pour chaque proposition énoncée, il y en a plusieurs qui sont réduites au silence (et plusieurs d'entre elles pourraient être importantes) » (Knutsen, 1997 : 280). La « voix » d'un analyste poststructuraliste s'inscrit et se situe donc dans un contexte spatio-temporel. En évoquant le « caractère situé » de la connaissance, celui-ci essaie de se positionner épistémologiquement et de contrecarrer une accusation selon laquelle il n'est pas conscient de sa propre subjectivité tout en essayant par le fait même de pouvoir parler avec une certaine autorité, même très limitée, à partir de cette position désignée. En effet, pour un poststructuraliste, il est impératif de saisir le caractère (politique-ment, historiquement, socialement et culturellement) situé et donc *limité* et *partiel* de notre compréhension/reconstruction de la réalité sociale.

2.2 L'épistémologie mise en perspective

Cette position épistémologique sur laquelle repose la notion de caractère situé de la connaissance est connue comme le **perspectivisme**. Le dialogue entre les diverses perspectives devient ainsi une condition *sine qua non* de la recherche de significations et non l'imposition d'une vision sur les autres : le perspectivisme entraîne une résistance à l'arbitraire des interprétations dominantes. Selon Foucault (1977 : 158), « la vérité n'est pas hors pouvoir ni sans pouvoir ». Chaque société « a son régime de vérité, sa politique générale de la vérité : c'est-à-dire les types de discours qu'elle accueille et fait fonctionner comme vrais ». En lançant le concept de **régime de vérité**, Foucault propose un « raccourci pour décrire la façon par laquelle la vérité et le pouvoir sont mutuellement produits et maintenus » et « transporte l'attention sur ce qu'on croit être vrai ou sur les règles ou les critères qui déterminent les propositions qui sont vraies et celles qui sont fausses, [ce qui] révèle comment les croyances forgent les pratiques et les institutions sociales, étant donné le statut conféré à la vérité » (Devetak, 1996 : 185).

L'épistémologie devient ainsi non pas le centre du questionnement philosophique, mais un exercice politique, où ce que nous savons et comment nous le savons dépend des structures de pouvoir sous-jacentes d'un discours, d'où la pertinence d'un perspectivisme épistémologique (Maiguashca, 2000 : 127). L'épistémologie ne repose alors plus sur l'attribution d'un critère de vérité pour juger de la connaissance, mais sur une notion pragmatiste de la vérité. Celle-ci apparaît relative à un contexte d'interprétation sans lequel elle perd toute signification : « La vérité pragmatique est ainsi construite et trouvée. On crée les cadres interprétatifs – au sein du sens commun, de la science ou de la philosophie – dans lesquels les croyances peuvent émerger et être trouvées vraies ou fausses » (Rosenthal, 1992 : 181). S'ils célèbrent la différence et critiquent la notion d'universalité, les poststructuralistes sont surtout motivés par un désir d'ouvrir des espaces de pensée et de dialogue en rejetant le sujet pensant et rationnel occidental. En outre, l'interprétation remplace la connaissance absolue et l'épistémologie devient pragmatiste.

2.3 Les stratégies d'interprétation et de compréhension

Vient maintenant le temps de voir comment le poststructuralisme entreprend de s'attaquer aux façons établies de faire des « Relations internationales » en revisitant des « classiques » et des interprétations apparemment « consensuelles », ce qui le met d'emblée sur la sellette. Assumant pleinement cette dissidence, les poststructuralistes soutiennent que l'interprétation variera selon la perspective de l'analyste, qu'il n'y a pas de faits, rien que des interprétations.

Cela ne signifie pas pour autant que les études poststructuralistes rejettent la recherche empirique. Dans son excellent ouvrage *Security as Practice : Discourse Analysis and the Bosnian War* (2006) portant sur la méthodologie *et* le poststructuralisme, Lene Hansen traite avant tout de l'analyse critique du discours (méthode abondamment employée par les poststructuralistes en Relations internationales). Elle rétorque ainsi que « l'écriture d'une bonne analyse du discours de textes primaires nécessite une connaissance du cas en question et cette connaissance vient, en partie, de la lecture des travaux standards sur l'histoire, les processus, les événements et les débats qui constituent un phénomène de la politique étrangère » (2006 : 83). Elle permet ainsi de mettre en termes clairs les façons de faire une recherche poststructuraliste en prenant la méthodologie au sérieux où, dans une conception proprement poststructuraliste, la méthodologie devient « une façon de communiquer les stratégies et les choix d'écriture que tous, [...] les poststructuralistes également, empruntent » (*Ibid.* : xix).

Nous avons souligné, au début de ce chapitre, que le poststructuralisme peut être compris comme une série de stratégies théoriques. Elles peuvent notamment prendre des formes rhétoriques et de lectures et relectures. Ainsi, plusieurs méthodes d'étude des textes et d'analyse des discours sont utilisées par les poststructuralistes : l'**intertextualité**, la déconstruction et la généalogie.

2.3.1 L'intertextualité

La façon conventionnelle de concevoir un **texte** écrit présume que celui-ci consiste en un ensemble *unique* de significations (un *sens*) qui est issu de l'intention de l'auteur lui-même. Ainsi, la lecture d'un texte n'indique que la quête du sens inhérent au texte, un sens univoque contrôlé par l'intention présumée de son auteur. Cependant, pour une poststructuraliste, la lecture d'un texte suppose une action sociale : le lecteur devient un **agent** ancré dans un processus de construction sociale.

La démarche intertextuelle amène le lecteur à (re) lire le texte : par (re)lecture, on veut signifier d'emblée qu'on procède à une réinterprétation d'une interprétation générale d'un texte. En d'autres mots, on va lire et relire le texte, le texte n'ayant plus *une* seule lecture possible. Cette (re)lecture sera effectuée tout en réinterprétant les textes déjà lus en fonction du nouveau texte. L'intertextualité permet alors une infinité d'interprétations et de (re)lectures : « tant que les sources sont pertinentes, la liste des sources inconnues qui informent l'interprétation que fait un lecteur d'un texte est ce qui fait de l'intertextualité une expérience personnelle et sociale puissante » (Quero, 2001 : 150). Dans la lecture et l'interprétation, le lecteur/analyste doit faire parler les silences et exposer la construction sociale et les significations délibérées du texte. Par la notion poststructuraliste d'une **double lecture**, le lecteur entre dans le texte, participe à la création des significations en composant dans sa tête un « texte virtuel ». Désormais l'auteur ne contrôle plus le sens de son texte, c'est plutôt à chaque lecteur de créer sa propre interprétation du texte. Par cette lecture intertextuelle engagée, le lecteur/analyste *agit politiquement*.

Cela signifie qu'il n'y a pas une façon correcte ou naturelle de lire un texte en Relations internationales (ou de chercher le *vrai* sens des grands classiques, par exemple), mais bien des façons qui sont produites individuellement et collectivement par des perspectives au sein de **communautés épistémiques** (c'est-à-dire des communautés formées d'un réseau d'individus partageant les mêmes croyances normatives et participant ensemble à la création et à la codification de connaissances légitimes établies sur la base d'un consensus qu'on dira « scientifique ») (Fish, 1980 : 16). Le poststructuralisme cherchera en conséquence à exposer les jeux intertextuels – les va-et-vient et les liens implicites ou explicites entre plusieurs textes qui sont générés par la relecture d'un texte.

En procédant à une lecture intertextuelle de textes réalistes, le poststructuralisme permettra ainsi à plusieurs autres interprétations d'un phénomène. C'est cette lecture *et* le texte produit qui deviennent les éléments ontologiques pour le poststructuralisme. L'entreprise de la critique ne peut donc pas être neutre ; elle ne peut qu'établir quels sont les moyens politiques et rhétoriques qui forment le tissu interprétatif – le cadre comprenant les postulats – qui sera employé pour juger une interprétation (des faits, des intentions, des discours, des textes, etc.) (Fish, 1980 : 16). C'est dans cette ligne de pensée que, pour les poststructuralistes, on dit que la critique est une action politique, car elle n'est plus démontrée, mais argumentée dans un dialogue, qui s'effectue entre des sujets connaissants, dans des discours socialement construits.

2.3.2 La déconstruction

Pour rendre manifestes les jeux intertextuels, le poststructuralisme utilise aussi les stratégies de la déconstruction. Il faut y souligner la notion de lecture qui acquiert presque un statut de « critique immanente » : par la déconstruction, on soutiendra qu'une lecture ne peut jamais être définitive, qu'elle peut toujours appeler à des lectures supplémentaires (Macey, 2000 : 86). Les poststructuralistes s'efforcent ce faisant de montrer qu'un système de pensée apparemment cohérent comporte toujours des dichotomies sous-jacentes qui ne peuvent être résolues. Dans la déconstruction, on procède ainsi à des lectures très serrées de textes philosophiques, littéraires ou politiques et on cherche le plus possible à rompre les liens entre les concepts et les idées de façon à révé-

321

ler – par l'interprétation – qu'un texte ne parvient pas à décrire ce qu'il semblait vouloir indiquer : en d'autres mots, on tente de pousser un concept à sa limite. Cette démarche vise à tout déconstruire et à démontrer que le texte échappe à l'auteur et qu'il ne peut s'assurer de produire une pensée rationnelle et logique dans son texte, même s'il y aspirait ; il n'a plus le contrôle sur les significations et les interprétations possibles de son texte (Brown, 2000a : 1665). On est alors en plein perspectivisme nietzschéen. Dans sa logique même, cela veut dire qu'une déconstruction n'est jamais complètement achevée, que des interprétations alternatives sont toujours possibles et qu'il y a donc, conséquemment, *toujours* une possibilité de dire ou de faire dire autre chose à un concept ou à une proposition. Cette particularité de la déconstruction a souvent valu à la déconstruction d'être critiquée, et avec raison, car cela laisse à son auteur l'autorité sur l'interprétation et lui vaut même souvent même d'éviter d'être critiqué (Macey, 2000 : 87).

Comme l'a répété *ad nauseam* le père de la déconstruction, Jacques Derrida (1930-2004), la déconstruction n'est en aucun cas une méthode – et encore moins un système – qui pourrait s'appliquer à tout objet. Elle est chaque fois unique (une même personne produirait une interprétation toujours différente), parce qu'elle est située et contextualisée selon les différents lieux, conditions et situations où elle se produit. Autrement dit, aucune règle ou procédure ne peut constituer une « méthodologie de la déconstruction », même si on peut certes repérer certains « gestes déconstructeurs » (Lisse, 2002 : 62).

2.3.3 La généalogie

La généalogie est, quant à elle, une méthode d'analyse historique qui cherche à répondre à la question du philosophe allemand, Friedrich Nietzsche (1844-1900) : comment en est-on arrivé là où nous sommes ? La généalogie ne se veut donc pas une histoire du passé, mais bien une histoire du présent. Popularisée en Relations internationales par les lectures inspirées par Michel Foucault (1997 et 2004), elle est certainement la méthode d'analyse poststructuraliste la plus fréquente déployée en Relations internationales

(Selby, 2007 ; Kiersey et Stokes, 2010 ; Neal, 2010). La généalogie ne conçoit pas l'histoire de façon traditionnelle, c'est-à-dire comme une série de chaînes causales reliant divers événements. Elle propose plutôt une histoire qui cherche à expliquer la formation d'un présent particulier, d'un élément particulier du présent. Par exemple, on pourra se demander comment on en est venu à penser la question de l'identité en Relations internationales (Zehfuss, 2002), comment la souveraineté est devenue la pratique centrale aux relations internationales et dans les études en Relations internationales (Bartelson, 1995), comment le tabou sur l'utilisation des armes chimiques a été constitué (Price, 1995), comment l'« Anglosphère » a été rendue possible et quels ont été ses effets sur la politique globale (Vucetic, 2010), ou encore comment on en est arrivé à penser la préparation à faire la guerre dans l'espace (Grondin, 2008) ?

La généalogie constitue une histoire des relations logiques comprises en divers épisodes et de leur succession dans le temps, afin de décrire comment ce présent particulier a pu être rendu possible. Elle ne s'efforce pas de retracer exactement comment l'« histoire » s'est faite ; elle est plutôt une *histoire des récits* et de la production de la connaissance historique – la connaissance historique est déjà un objet d'enquête et doit elle-même être expliquée en fonction du présent et du passé. L'histoire est généalogiquement vue comme l'interprétation des interprétations (historiques), où aucune vérité ou identité n'est prise comme étant fixe ou **essentialisée**. L'analyste part d'un problème ou d'un élément du présent qu'il juge problématique et réinterprète l'histoire en une série d'épisodes : pour ce faire, l'auteur reconstitue une relation entre des événements qui n'avaient pas été pris en compte et il les insère dans un récit qu'on présente comme un épisode. Il est crucial de saisir que l'analyse généalogique n'aspire pas à l'exhaustivité et se concentre uniquement sur des épisodes d'une époque – et non sur toute une période historique. Elle s'inspire ainsi d'exemples tirés du passé pour écrire *cette* histoire et cette *histoire des récits* (ou de comment on a raconté certains épisodes historiques).

Encadré 15.1 Une généalogie de la finance

Dans son ouvrage *Virtue, Fortune, and Faith: A Genealogy of Finance*, l'historienne hollandaise Marieke de Goede (2005 : 3) propose une généalogie de la finance, en montrant quels sont les effets de la dépolitisation qui accompagnent la représentation de la finance globale comme un système cohérent, ce qui a entraîné sa matérialisation. Elle contredit l'idée voulant qu'il existe des réalités économiques matérielles prépolitiques, autrement dit que la finance moderne relèverait d'une nécessité économique. Elle tâche de retracer la constitution historique, culturelle et discursive de la finance globale moderne en illustrant combien les multiples instruments financiers (la bourse, les marchés boursiers et la spéculation boursière) ont été légitimés par des discours qui les ont considérés comme des réalités naturelles, alors qu'il n'y a pas plus de deux cents ans ils étaient vus comme du jeu (pari) et de la fraude (xv).

De Goede affirme ainsi que l'argent, le capital et la finance ne sont pas des « réalités économiques naturelles », mais bien des pratiques qui ont été rendues possibles par des pratiques *performatives* de valorisation et d'articulation et de ré-articulation historiques contestées qui se sont faites sur une base quotidienne (7). En outre, en procédant à cette généalogie de la finance, elle parvient à faire ressortir comment les processus d'interprétation et les connaissances financières sont les pratiques qui ont produit les structures financières, ce qui signifie que les structures financières matérielles sont constituées discursivement et relèvent de circonstances historiques particulières (7). En d'autres mots, elle montre, à travers une analyse historique détaillée du présent, comment des « vérités » du monde social ne sont vraies qu'à l'intérieur de discours spécifiques, dans ce cas, le discours financier.

Dans le cas mentionné ci-haut de la généalogie de la souveraineté effectuée par Jens Bartelson, cela nécessite de faire l'histoire de la formation des composantes du discours sur la souveraineté et de rendre compte de leur émergence en relation avec l'idée de souveraineté (Bartelson, 1995 : 86). Les poststructuralistes affirment qu'une telle démarche consiste en fait à exposer les conditions de possibilité de la souveraineté telle qu'on la conçoit présentement en Relations internationales en cherchant à exposer comment elle a été logiquement rendue possible (on se rappelle que la généalogie est toujours une histoire du présent en fonction du passé) (Bartelson, 1995 : 7-8).

La généalogie cherchera, au final, à révéler les multiples réalités et chemins qui ont été évacués dans la production du savoir, de sujets, d'objets et de champs d'action (il va sans dire que cette relecture s'ouvre à la critique et à la contestation).

3. Ontologie

S'il y a une constante dans les critiques qu'on fait du poststructuralisme en Relations internationales, c'est celle qui a trait à l'ontologie, à ce qui *est*. On a parlé de l'interprétation plus tôt dans le chapitre. On a également abordé la notion de la vérité, vue comme étant relative, pragmatique et associée à un contexte situé. Lorsque vient le temps de discuter de l'ontolo-

gie du poststructuralisme, c'est là que surgit presque toujours l'idée que les poststructuralistes nieraient la « réalité ». En fait, la « réalité » est tout autre pour le poststructuralisme. Dans une perspective poststructuraliste, la réalité « objective » n'existe pas : « "au-delà" de la portée du langage ; elle est "toujours déjà" construite dans le langage, lequel est antérieur à notre connaissance du monde » (Spiegel, 1990 : 61). Elle prend la forme textuelle et n'acquiert de sens qu'à travers l'interprétation : le monde « réel » est constitué comme s'il était un texte, et on ne peut faire référence à cette « réalité » qu'à travers l'expérience interprétative. Les situations, les événements et les choses n'ont pas de sens *a priori* et n'ont pas non plus de sens fondamentalement « vrai ». Conséquemment, les notions de texte et de discours – auquel le langage est lié – sont les éléments ontologiques de base de cette approche, car rien du social n'existe à l'extérieur de ceux-ci et tout devient alors question d'interprétation et de représentation. C'est aussi ce qui nous enjoint à poser la question du sujet d'un point de vue poststructuraliste, qui entraîne alors la question de l'action.

3.1 *Le texte*

Traditionnellement, on octroie à l'auteur d'un texte (dans son sens traditionnel de document écrit) l'attribution de *sa* signification. Le texte aurait des propriétés stables et les relations entre les mots qui forment les phrases seraient essentialisées et, partant, la même signification du texte en serait extraite par sa lecture, peu importe le lecteur. Au sein du poststructuralisme, on parlera de la «mort de l'auteur», car ce n'est pas l'auteur qui «parle», mais bien le *texte*, à travers celui qui le lit (l'écrit), en référant à d'autres textes. Par contre, en concevant la lecture d'un texte comme un *événement* plutôt que comme une *entité* – comme un acte **performatif** –, on ne peut plus soutenir qu'un texte comporte une seule signification. La signification est donc performée par le lecteur plutôt qu'en étant simplement formulée dans le texte (Fish, 1980: 3).

La langue performe son propre objet d'étude: «le langage ne nous communique pas seulement un monde déjà fait mais nous donne un monde [...] ou nous en prive par les termes qu'il emploie» (Butler, 2003: 202). En effet, par le langage, une interprétation de la réalité est toujours une représentation de la réalité: «[L'interprétation] est partie de la réalité, bien que nous ne puissions la connaître vraiment, car pour la connaître nous parlons, et notre langage n'est pas une fenêtre sur le monde. Nous sommes dès lors prisonniers de ce que nous disons et faisons, et ainsi de suite» (Pettman, 2000: 19). La compréhension ontologique des poststructuralistes en Relations internationales est, par conséquent, *relationnelle*. En d'autres mots, les poststructuralistes veulent comprendre comment nous comprenons, habitons et vivons le monde et comment le monde vit en nous: ils ne s'intéressent pas à des entités **réifiées** comme l'«État» ou le «marché», mais bien à comment on conçoit l'État ou le marché et à comment on représente la réalité dans ses relations dynamiques, contingentes et subjectives (Pettman, 2000: 10-11).

3.2 Le discours

Pour les poststructuralistes, le discours ne signifie donc pas seulement un exposé public sous forme orale ou écrite d'un dirigeant politique. Il acquiert un sens élargi, celui d'une «matrice plus large des pratiques sociales qui donnent une signification à la compréhension que se font les gens d'eux-mêmes et de leur conduite» (George, 1994: 29). Les discours

sont compris comme des stratégies rhétoriques et des techniques de représentation de la réalité et, donc, comme des structures de pouvoir. Conçus ainsi, les discours servent des objectifs politiques et des institutions particulières, afin de faire établir leur interprétation comme étant «la» vérité concernant des processus, des crises et des acteurs en Relations internationales. Si l'expérience ou la «réalité» prennent forme et sont nécessairement structurées par des relations de langage qui leur confèrent des significations, il y a toujours une distorsion entre le monde empirique et le langage utilisé pour le représenter: contrairement aux postulats des auteurs positivistes, les concepts particuliers choisis pour référer à des objets de la réalité ne peuvent être les «miroirs» de la nature (Rorty, 1981). Cela ne signifie pas que les poststructuralistes nient le monde réel, mais qu'ils ne croient pas étudier «la» réalité, mais bien des *interprétations* de réalités plurielles présentes sous la forme de textes. Par conséquent, s'engager de façon critique dans l'étude d'un discours, c'est s'engager dans la production et la reproduction de «réalités» et de conditions d'existence significatives ainsi que prendre conscience de la construction sociale de la connaissance: «Un discours est une façon de produire quelque chose comme étant réel, identifiable, classifiable, connaissable et, donc, significatif. Le discours crée les conditions de la connaissance» (Klein, 1994: 30). La représentation discursive n'est ainsi pas neutre: ce sont les individus qui sont en position de pouvoir qui ont l'autorité pour «produire» la connaissance. Dans ce contexte, le pouvoir est la connaissance *et* la capacité de produire celle considérée comme «vraie».

Si on prend l'exemple du mot «terroriste», le discours sur le terrorisme que tient l'administration américaine depuis le 11 septembre 2001 a très peu à voir avec le terrorisme qui désignait les militants de l'IRA dans les années 1970. Une analyse discursive s'efforcera ainsi de montrer quels sont les effets qui viennent avec l'articulation du mot «terroriste» pour désigner la nouvelle menace structurante pour l'État américain. Comme l'écrira Richard Jackson dans *Writing the War on Terrorism: Language, Politics and Counter-Terrorism* (2005), dans le contexte américain,

une analyse poststructuraliste procédera à une généalogie du terrorisme pour montrer comment le discours sur le terrorisme, pour être efficace et résonner
dans la psyché collective, devra être inséré dans des
récits ou des mythes préexistants. En procédant ainsi,
on sera en mesure de faire du terrorisme la menace
se suppléant à la menace soviétique. Si c'est ce qui
prévaut pour le contexte gouvernemental américain
de l'après-11 septembre, une analyse discursive du
terrorisme illustrera et questionnera pourquoi, après
cette date, des opposants nationalistes à des États, des
« révolutionnaires » ou des mouvements insurrec-
tionnels seront caractérisés et nommés comme étant
« terroristes ». C'est ce qui se passera notamment
avec la Russie de Vladimir Poutine pour désigner
les rebelles tchétchènes et géorgiens, ou encore avec
les dirigeants chinois pour nommer les Ouïgours,
la minorité musulmane et nationaliste de la Chine.
L'une des hypothèses avancée par les poststructuralistes est que cette pratique de « nommer par le terrorisme permet de pouvoir faire jouer un rôle au mal »
(Coleman, 2003 : 88). De démoniser, de représenter
et de construire discursivement des opposants et des
adversaires politiques comme des êtres monstrueux et
des barbares (Jones et Clarke, 2006) (voir également
l'encadré sur l'Irak à la fin du chapitre) permettra
d'identifier des groupes et des individus comme des
terroristes et cette stratégie représentationnelle servira alors des objectifs politiques de punition. C'est
dans cet esprit que le terme « combattant ennemi »,
employé par l'administration de George W. Bush
pour désigner les individus soupçonnés de terrorisme
et qui sont capturés, crée une zone d'exception légale
qui justifie une politique qui les prive des protections
que les conventions de Genève garantissent aux prisonniers de guerre (Agamben, 2003). Ce discours les
constituera comme des sujets dont on peut disposer
de la vie (Agamben, 1998 ; Butler, 2004b).

C'est pourquoi, dans le langage foucaldien, on dit
que les discours constituent des régimes de vérité et
que c'est par l'analyse critique que l'on peut et doit
mettre en doute les prétentions à la vérité de ces
régimes discursifs. Une approche poststructuraliste
s'efforcera de montrer comment un discours donné

construit et contribue à forger un monde particulier.
C'est dans cette mesure que les théoriciens de la politique globale sont impliqués dans la production et
dans l'organisation de la réalité/connaissance : ils participent à la constitution de discours et l'objet ontologique qu'ils étudient est ce même discours qu'ils
performent. Pour donner un dernier exemple de
l'analyse discursive et de sa production de réalités et
de significations, d'un point de vue poststructuraliste,
l'ordre mondial est un ordre qui existe *dans* et *par* le
discours sur l'ordre mondial qui le *crée* comme tel.

3.3 Le sujet

Sur le plan ontologique, aucun élément ontologique
du poststructuralisme n'a été plus débattu et contesté
que la conception du sujet. Il faut d'emblée souligner
qu'étant donné les nombreuses variations qui existent entre les influences philosophiques des auteurs
poststructuralistes, il s'avère difficile de brosser *un*
portrait unique de l'analyse poststructuraliste du
sujet. Il est cependant possible de pouvoir présenter une *certaine* unité en misant sur les questions et
modes de questionnement que ses adeptes partagent
quant à la conception du sujet.

Chez les poststructuralistes, le sujet est compris
dans une perspective relationnelle[2]. Le poststructuralisme ne rejette pas le sujet en tant que tel, mais il l'investit de nouvelles significations. Ce qui se passe en
réalité, c'est que la relation et la séparation entre sujet
et objet de la connaissance, propres aux positivistes,
ne tiennent plus : le poststructuralisme critique ainsi
la conception moderniste du sujet comme centre de
l'analyse, source de la connaissance et comme entité
souveraine. Le poststructuralisme ne propose donc
pas d'éliminer le « sujet moderne » mais de le repenser : il ne peut jamais complètement disparaître, car
aucune politique ou histoire n'est possible sans sujet.
En problématisant le sujet, le poststructuralisme en
vient rapidement à s'attaquer à toute notion du sujet
atomisé de la théorie politique libérale, en d'autres

---

2. Pour être plus précis, la relation subjective sera établie par
rapport au pouvoir et au discours dans l'analyse foucaldienne, par rapport au langage dans l'analyse derridienne
et par rapport à l'inconscient dans l'analyse lacanienne
(Williams, 2002 : 24).

mots, à l'acteur rationnel (soit en économie soit en politique). Le sujet est toujours à la fois partie prenante de l'analyse qui le produit comme tel. C'est dans cet esprit qu'on affirmera que la notion de l'autonomie de l'agent ne peut pas subsister dans le poststructuralisme, parce que le sujet se trouve construit par des structures externes du langage, du pouvoir et du discours (Newman, 2005 : 158).

Le poststructuralisme s'intéresse en ce sens plutôt *au processus de production* du sujet humain et des subjectivités. Dans les analyses foucaldiennes, on construit discursivement le sujet et le sujet devient l'objet d'analyse du discours : on s'arrête ainsi sur les relations et les forces qui constituent le sujet comme sujet *et* objet de la connaissance. Cela veut dire, par exemple, qu'on peut étudier la représentation de Saddam Hussein comme l'ennemi dans les discours politiques américains en ne présupposant pas qu'il soit rationnel (vu comme un dirigeant cherchant à défendre son État) ou irrationnel (vu comme le mal pur qui a décidé de tenir tête à la puissante armée des États-Unis), mais comme pouvant comporter des éléments qui le présentent parfois comme rationnel et d'autres fois comme irrationnel ou les deux simultanément. C'est en procédant à l'analyse discursive des textes sélectionnés qu'on peut ensuite poser un diagnostic selon les éléments qu'on a choisis de présenter pour étayer l'interprétation. En problématisant un sujet, par exemple les femmes victimes du trafic sexuel, on pourra voir le champ sémantique qui constitue le discours sur le trafic sexuel, comment on parle des femmes, du commerce licite et illicite et des pratiques cherchant à le réglementer (Aradau, 2008). En produisant le sujet humain connu comme la femme victime du trafic sexuel, on constitue à la fois un objet de recherche. Ces femmes ne perdent pas nécessairement leur pouvoir d'agence individuel, mais une partie de leur subjectivité est associée à ce discours sur le trafic sexuel.

Les critiques du poststructuralisme évoquent souvent la « mort du sujet » pour indiquer que le poststructuralisme ôte au sujet tout pouvoir d'agence et de liberté individuelle (Williams, 2002 : 24). Cette critique repose sur une conception du sujet comme

agent autonome, alors que le poststructuralisme pense le sujet de façon toujours relationnelle. Le sujet a une certaine conception de son identité, qui lui permet d'agir politiquement et éthiquement. En fait, le sujet est désormais vu comme étant en partie *constitué* par des conditions extérieures à lui-même, qui échappent relativement à son contrôle et dont il n'a pas *nécessairement* conscience. Un dernier exemple qui illustre bien cette conception poststructuraliste du sujet est le fait de concevoir la subjectivité des citoyens américains qui travaillaient dans les tours du World Trade Center et qui ont péri le 11 septembre 2001. Ces sujets sont devenus, dans l'esprit des auteurs des attentats, des acteurs en partie responsables de la mainmise américaine au Moyen-Orient et en Arabie Saoudite notamment, tout en étant des symboles de la richesse économique des États-Unis et des victimes civiles innocentes.

3.4 Les thèmes de recherche

Au-delà du sujet, la question de l'identité est cruciale chez les poststructuralistes, parce qu'elle sous-tend également l'entreprise métathéorique des travaux poststructuralistes qui vont se consacrer d'abord aux fondations du champ des Relations internationales. Elle entreprendra notamment l'analyse des concepts de souveraineté, d'anarchie, d'État, de sécurité et de frontières.

3.4.1 Identité

Le discours moderniste (à l'exception des marxistes) conçoit l'identité comme quelque chose de préexistant et d'immuable. Chez les poststructuralistes, l'identité est plutôt performative, c'est-à-dire qu'elle n'a pas de statut ontologique en dehors des pratiques et actes variés qui constituent sa « réalité » (Campbell, 1998a : 10). Rejetant l'essentialisme, les poststructuralistes parleront de la « non-identité », sans pour autant la nier : ils s'opposeront à toute tentative de fixer et d'objectiver une identité (Dallmayr, 1997 : 38).

L'écriture de l'identité est en ce sens vue comme étant très politique et politisée : « Déconstruire l'identité n'implique pas de déconstruire la politique mais plutôt d'établir la nature politique des termes mêmes dans lesquels la question de l'identité est posée »

(Butler, 2005 : 275). C'est aussi pourquoi la culture devient importante :

> Nous pouvons voir la culture comme une partie significative des conditions d'intelligibilité qui établissent les conditions de possibilité pour l'être social. L'enjeu derrière la « culture sécuritaire » n'est alors pas de questionner le contexte social qui fournit les éléments qui colorent le processus décisionnel, mais bien la façon par laquelle les arguments culturalistes sécurisent l'identité des sujets au nom desquels ils disent parler (Campbell, 1998a : 221).

Toute stabilisation de la signification identitaire (ce qu'est une femme, ce qu'est l'État, ce que sont les Relations Internationales, etc.) devient arbitraire et artificielle, délimitant ainsi les espaces discursifs. Le questionnement de l'identité renvoie à l'idée que la représentation de l'Autre permet la reproduction et le maintien de l'identité du Soi. Pour les poststructuralistes, l'identité n'existe donc pas avant le processus de différenciation résultant du discours dominant. C'est ce processus qui est à mettre en lumière : « on peut présumer que l'identité est en effet forgée : d'une part, par des pratiques disciplinaires qui tentent de normaliser une population – lui donnant un sens d'unité – et, d'autre part, par des pratiques exclusives qui tentent de sécuriser l'identité interne » (Campbell, 1998a : 198).

Les méthodes employées, comme la généalogie ou la déconstruction, vont ainsi servir un objectif précis : dénaturaliser l'unité de l'identité et le clivage identitaire entre « Eux » et « Nous » que le savoir dominant aura produits arbitrairement. Dans cette entreprise d'inscription spatiale et de sécurisation des identités, la construction identitaire exclusive participe à une codification morale de Soi et de l'Autre, où le Soi est jugé supérieur à l'Autre. Ce processus d'inclusion/ exclusion de la (re)construction identitaire de l'État produit et reproduit les identités politiques (Beier, 2005). En reliant identité, politique étrangère et sécurité (voir l'encadré 15.2), les travaux poststructuralistes illustrent comment dire et écrire la sécurité n'est jamais un acte innocent mais un acte éminemment politique (Huysman, 1998 ; Bialasiewicz *et al.*, 2007).

En ce sens, le discours réaliste en Relations internationales est loin d'être une évaluation objective des enjeux de sécurité et constitue un geste politique en faveur de la défense de l'État. Ce discours est davantage attentif à la régulation de l'ordre mondial par la force militaire et par les pratiques stratégiques qui délimitent les frontières internes et externes des acteurs souverains, les États. Les auteurs réalistes ne s'intéressent pas au processus constitutif des États et des ordres mondiaux, ils ne regardent que ce qu'ils prennent comme existence fonctionnelle des États, une existence qu'ils tiennent pour acquise et qu'ils réifient dans leur discours.

Il faut, par ailleurs, souligner que dans les dix dernières années, les analyses poststructuralistes ont amorcé un certain tournant esthétique en Relations internationales en donnant lieu à une prolifération d'études sur la culture populaire (Bleiker, 2001, 2003a ; Holden, 2003, 2006, 2008 ; Power et Crampton, 2005 ; Doucet, 2005 ; Debrix, 2005, 2006, 2007 ; Amoore, 2007 ; Grayson *et al.*, 2008 ; Debrix et Lacy, 2009 ; Kangas, 2009) et, plus précisément, sur des œuvres cinématographiques (Shapiro, 1997, 2010 ; Lacy, 2001, 2003 ; Lipschutz, 2001 ; Weber, 2001, 2006 ; Behnke, 2006 ; Dodds, 2008a, 2008b ; Kellner, 2010), littéraires (Weldes, 2003 ; Nexon et Neumann, 2006), artistiques (Bleiker, 2003b, 2006, 2004, 2009), sur la photographie (Butler, 2009), sur les jeux vidéo (Power, 2007), sur la musique (Dunn, 2008), sur le comique (Odysseos, 2001), sur les bandes dessinées (Dodds, 2007 ; Juneau et Sucharov, 2010) et sur les superhéros (Dittmer, 2005).

3.4.2 Revoir les fondations du champ des Relations internationales

Comme les travaux poststructuralistes ont porté sur les fondations du champ des Relations internationales, il n'est pas surprenant que des concepts comme la *souveraineté* ou l'*anarchie* aient constitué des axes de recherche privilégiés pour les poststructuralistes.

3.4.2.1 La problématique de l'anarchie

C'est d'abord à travers les travaux de Richard Ashley sur les bases positivistes du néoréalisme waltzien et, surtout, par sa double lecture de la « problématique de l'anarchie » que les poststructuralistes ont laissé leur marque en Relations internationales. Par cette expression, Ashley réfère d'abord à ce « moment clé » des réflexions théoriques en Relations internationales qui a inscrit l'anarchie comme l'absence d'une autorité centrale et où les relations internationales équivalent à la politique de la puissance, à la défense des intérêts propres à chacun, à la raison d'État et au recours routinier et « normal » à la force armée (Ashley, 1988 ; Devetak, 2005c). La seconde lecture met l'accent sur cette conception qui constitue un des fondements des Relations internationales, celle qui postule l'existence d'un espace anarchique où sévit la politique de la puissance.

Ce questionnement porte en lui la réflexion cruciale des poststructuralistes sur la souveraineté de l'État/nation et de la vie politique (Edkins, Pin-Fat et Shapiro, 2004). C'est un exercice qui vise à revisiter le concept de souveraineté, valorisé, réifié et sous-théorisé par le discours théorique traditionnel (Ashley, 1987, 1989 ; Walker, 1993 ; Ashley et Walker, 1990 ; Bartelson, 1995). Dans ce contexte, les poststructuralistes remettent en question la compréhension de l'anarchie et de la souveraineté sur laquelle reposent les courants théoriques dominants en Relations internationales. C'est de ce couplage antithétique anarchie/ souveraineté que découlent les conceptions d'identité (États/acteurs non étatiques), de sécurité (sécurité/ insécurité) et de frontières (sphère intérieure/internationale) qui prévalent en Relations internationales et sur lesquelles se penchent plus sérieusement les analystes poststructuralistes.

3.4.2.2 Triptyque souveraineté/frontières/sécurité

En évoquant l'État souverain, la souveraineté devient un lieu de contestation politique où on cherche à fixer la signification du concept (de souveraineté) en le rendant indissociable de l'État. La souveraineté sert en effet à constituer un *certain* État, l'État moderne européen réifié par les discours traditionnels des théories des Relations internationales (Bartelson, 1995). Cette conception de l'État souverain et moderne est à la base des théories traditionnelles en Relations internationales, qui le font apparaître sans contextualisa-

tion ou historicisation, avec les traités de Westphalie de 1648 qui ont mis fin à la guerre de Trente Ans. Le système interétatique moderne « n'est pas basé sur un principe intemporel de souveraineté, mais plutôt sur la production d'une conception normative qui lie, d'une façon unique et dans un lieu particulier (l'État), l'autorité, le territoire, la population (société, nation) et la reconnaissance de la souveraineté » (Biersteker et Weber, 1996 : 3). Le discours réaliste réifie l'État, qui se trouve essentialisé et achevé, et la nation se retrouve prisonnière de la représentation dominante qui en est faite. Parler de l'État comme d'une entité ontologique et lui donner une identité politique sans parler des pratiques qui le constituent est cependant très problématique (Weber, 1995 : 3 ; Edkins, Persram et Pin-Fat, 1999).

Avec la constitution d'un espace souverain par la création (discursive) du modèle westphalien des États-nations en 1648, la reconnaissance de la souveraineté étatique s'établit par la constatation de son absence, c'est-à-dire par la reconnaissance d'un espace extérieur à l'espace souverain. Coïncidant avec l'hypothèse de la modernité et de l'internationalisation progressive du modèle européen de l'État-nation aux XVIIIe et XIXe siècles, la sécurité nationale (étatique) devient associée avec la souveraineté, ce qui permet du même coup d'affirmer que l'insécurité existe : elle se trouve à l'extérieur des limites souveraines (Bartelson, 1995 : 86). L'État et les discours qui le (re)constituent fixent ainsi artificiellement son identité en une « communauté imaginée » (Anderson, 1991[1983]), et imposent à la société une « unité nationale » purement fictive. La création fictive et arbitraire de l'intérieur/extérieur émerge des discours (re)construisant l'État, qui se sert alors du pouvoir monopolistique de l'usage de la violence dite « légitime » pour construire un Autre menaçant à repousser du Soi « unifié » qu'est la « société nationale ». La sphère internationale devient, par cette pratique politique de production d'Autres menaçants, désormais possible. La sécurité intérieure est ainsi opposée à l'insécurité extérieure.

Encadré 15.2 Identité, sécurité et politique étrangère

Mieux que quiconque, dans ses travaux sur l'identité nationale des États-Unis, David Campbell a montré comment le discours du danger devient la condition d'existence de l'État: les États ne sont jamais achevés en tant qu'entités. La tension entre les demandes d'identité et les pratiques qui la constituent ne peut jamais se résorber totalement, car la nature performative de l'identité ne peut jamais, elle non plus, se révéler totalement. Ce paradoxe, inhérent à l'existence de l'État comme sujet politique, fait que celui-ci doit se reproduire constamment. Pour exprimer ce paradoxe, Campbell distingue un processus de «Politique Étrangère» d'un processus de «politique étrangère». Alors que la première appellation fait référence de manière large aux pratiques de différenciation ou modes d'exclusion opérant à tous les niveaux (personnel, social, global, etc.), à une politique «qui rend étrangère» (69), la seconde est l'apanage exclusif de l'État (c'est-à-dire qu'elle correspond à la conception commune de la politique étrangère de l'État).

Aussi, la seconde, malgré l'importance qu'elle a gagnée dans le contexte de l'État-nation moderne, n'est possible et ne peut fonctionner que dans les matrices d'interprétation fournies par la première. Dans cette optique, sécuriser l'identité nationale exige que l'on mette l'accent sur la nature inachevée et dangereuse du monde. Les discours du «danger» et de la «menace» offrent une nouvelle théologie de la vérité à propos de ce que «nous» sommes en mettant l'accent sur ce que «nous» ne sommes pas et sur ce que «nous» devons craindre. La politique étrangère états-unienne devient un processus d'écriture identitaire qui cherche à discipliner les composantes intérieures qui contesteraient l'identité nationale. Cette entreprise est le fait de pratiques d'exclusions qui lie des comportements internes/intérieurs à des menaces extérieures. Ce discours localise les menaces et les ennemis à l'extérieur de l'État pour consolider le tissu identitaire de l'intérieur (même s'ils ne sont pas physiquement hors de l'État).

Dans le discours réaliste, la souveraineté se trouve alors associée, sans même être discutée, à l'État territorial. Cette **réification** de l'État, conçu comme une identité présociale et anhistorique, est au cœur du discours réaliste, une position qui considère l'État souverain et la territorialité comme les «produits naturels» de l'anarchie internationale. Une telle conception créera une dichotomie problématique entre souveraineté/anarchie, sécurité/insécurité, sphère intérieure/extérieure. La sécurité par la souveraineté devient non plus un choix politique, mais une nécessité de survie dans un ordre anarchique (Der Derian, 1993: 99).

4. Normativité

La normativité poststructuraliste en Relations internationales est caractérisée par quatre éléments:

- sa posture critique, qui reprend l'attitude sceptique et limite;
- son engagement éthico-politique envers l'Autre, qui renvoie à sa conception de l'action politique;
- sa responsabilité éthique comme forme de justice;

- son analyse des conditions de possibilité de la résistance critique, laquelle soulève sa conceptiion d'émancipation.

4.1 L'attitude limite de Foucault comme posture critique

À l'instar de David Campbell (2007: 213-14), nous voulons souligner ici l'«attitude limite» comme posture critique que Michel Foucault a léguée aux poststructuralistes. Foucault inscrit son action dans un *êthos* (c'est-à-dire une attitude ou encore une disposition) philosophique de la critique politique, vu ici comme un processus pratique et une intervention critique (Foucault, 1984 [2001]: 1393). C'est en quelque sorte une «critique permanente de notre être historique», une «ontologique critique de nous-mêmes», «la critique de ce que nous sommes est à la fois analyse historique des limites qui nous sont posées et épreuve de leur franchissement possible» (*ibid.*: 1390-1397).

4.2 L'engagement éthico-politique envers l'Autre

La question éthique, indissociable de l'action politique, est autant problématique que centrale pour la pensée poststructuraliste. Sans cadre éthique, et en tenant compte du fait qu'autant Lyotard que Foucault rejettent l'idée qu'il existe un critère permettant de distinguer les formes tolérables ou non de pouvoir et d'hégémonie (Schatzki, 1993 : 59), comment condamner les régimes totalitaires, par exemple ? Plusieurs auteurs ont tenté de développer une éthique morale poststructuraliste (Bauman, 1993, 1997 et 2002 ; Popke, 2003).

Cela ne signifie pas du tout que tous les récits se valent. Un *éthos* de critique politique liée à une responsabilité envers l'Autre appelle à repenser le rapport au sujet, en d'autres mots, à une ouverture à l'expérience de l'altérité. Parce que cette mise en rapport est toujours une expérience subjective et intersubjective, les poststructuralistes défendent que « la mise en récit d'événements comportant des objectifs moraux participe à la constitution de réalités qui ont des conséquences politiques, même lorsque ces récits se réclament d'un statut d'observateur impartial et descriptif » (Campbell 1998b : 310-321).

L'engagement éthico-politique poststructuraliste repose conséquemment sur des présupposés *ontopolitiques*, c'est-à-dire des « jugements sur la nature des réalités et des capacités de les comprendre » (William Connolly, cité dans Campbell, 1998a : 226-227). Ils concernent directement la position qu'on a sur la vision et sur la nature du monde (ontologie) et sur notre rôle/place à l'intérieur de celui-ci. Comme toute prise de position théorique, ces présupposés ne peuvent être démontrés ; ils ne peuvent être vus qu'à travers le prisme des positions éthico-politiques qui guident l'action politique.

Si aucun critère ne peut être établi comme une vérité autrement que dans un discours, il devient impossible de savoir ce qui est bon, moral et juste. Plutôt que de procéder à partir d'une *certitude,* une éthique poststructuraliste procède d'un *pari,* d'un *choix éthique* (Varikas, 1993). On peut croire que des causes sont bonnes à un *moment* précis et pour une *situation particulière,* pas parce qu'une raison « universelle » ou qu'une conception éternelle du bien existe ou le prescrit. Ce rejet de l'absolu n'est pas un frein à l'action, bien au contraire : « Le détournement envers des absolus dans le poststructuralisme n'a pas gêné l'action politique ; il lui a donné une forme dif-

férente » (Williams, 2005 : 7). Les poststructuralistes comme Foucault et Derrida ont participé à des luttes politiques et ont, partant, fait des actions, notamment concernant des injustices sociales et des conflits politiques. L'action politique des poststructuralistes est contingente et située. Un acte éthico-politique poststructuraliste représente alors un « étrange mode de responsabilité – une qualité d'(ir)responsabilité qui n'est ni strictement responsable ni strictement irresponsable » (Gaon, 2004 : 111). En d'autres mots, en essayant d'être responsables sans jamais vraiment pouvoir l'être vraiment, les analystes déconstructionnistes « doivent incessamment remettre en question les bases de leurs croyances éthico-politiques sur la justice, à défaut de quoi cela *serait* irresponsable » (Gaon, 2004 : 111 ; en italiques dans l'original).

4.3 *La responsabilité éthique poststructuraliste comme justice*

Plusieurs auteurs exprimeront leur insatisfaction envers le poststructuralisme en soulignant que s'il a le mérite d'identifier des situations de marginalisation, d'exclusion et d'oppression et de proposer une relecture des situations politiques, les analyses qui s'en inspirent suggèrent rarement une voie de rechange. Cette perception d'inaction politique nuit certes à la capacité du poststructuralisme de s'implanter dans les structures sociales et politiques en place. Défendant une notion de raison critique universelle, la Théorie critique la voit comme préalable à toute pratique politique émancipatrice et le baromètre des vérités historiques et des progrès réels de l'humanité (Maiguascha, 2005 : 210-211). Selon cette approche, les poststructuralistes sont des obstacles au changement, des alliés objectifs du *statu quo.* Autant on leur reconnaît un potentiel radical dans leur critique déconstructionniste, les poststructuralistes étant en mesure de faire entendre des voix oubliées et négligées par les pouvoirs et les relations savoir/pouvoir en place dans la politique globale, autant on les targue de rendre impuissantes les voix de ces minorités en utilisant un langage opaque, des jeux de langage et des argumentaires qui en viennent à délégitimer la validité même de leurs propos (Harvey, 1990 : 116-117).

Les poststructuralistes soutiennent que les formes modernistes de rationalité politique ont pris des trajectoires dangereuses telles que l'Holocauste et le goulag, et partant, affirment qu'il faut être sceptique face au projet d'émancipation qui prétend à l'universalisme (Maiguascha, 2005 : 210-211). L'engagement éthique de cette action politique est pris au nom d'une responsabilité envers des Autres et vise la réalisation d'un projet normatif dont la forme peut varier, *mais jamais l'esprit de résistance critique*. En ce sens, la position éthico-politique poststructuraliste ne s'oppose pas à l'idéal d'émancipation. Il est entendu toutefois que l'action politique par la critique s'inscrit dans une conception plus large de la praxis politique et du politique de résistance dans la forme qu'elle prend selon les circonstances.

4.4 Les conditions de possibilité de la résistance critique

S'il y a une façon d'appréhender le *leitmotiv* du poststructuralisme, c'est bien cet appel à la résistance critique (Hoy, 2004). La forme qu'il prendra sera déterminée par les exigences contingentes de chaque situation. Contrairement aux positivistes, qui limitent la raison à la connaissance provenant de l'observation empirique, les chercheurs critiques reconnaissent d'emblée le contenu politico-normatif des théories. C'est donc sur la base d'un jugement raisonné, selon les exigences particulières d'une situation donnée, que la résistance peut prendre forme pour changer la réalité sociale.

Pour que la résistance critique soit possible, il doit cependant exister une *liberté* de pouvoir considérer plusieurs possibilités et de poser des questions sans entrave. Bien qu'ils rejettent toute philosophie qui préconise une connaissance intemporelle, les poststructuralistes tentent d'expliquer les conditions de possibilité de la **résistance critique**. On doit pouvoir montrer « qu'il n'y a rien de naturel ou d'inévitable à propos de comment on fait et pense la/le politique : ce que nous percevons comme étant notre réalité politique aujourd'hui est une formation historique contingente qui a émergé à travers la suppression de réalités concurrentes » (Newman, 2005 : 1). Ainsi,

quand on fait des choix, cette liberté conprend que l'on tolère le fait qu'« on exclut tous les autres choix que l'on aurait pu faire à ce moment-là. Cette tolérance implique également la reconnaissance que certaines choses importent plus que d'autres (sinon, il n'y aurait pas de base pour choisir) » (Hoy, 2004 : 235).

Le concept **d'indécidabilité** donne l'impression de mener à une impasse. On le comprend souvent comme un empêchement à la prise d'une position normative, car il nous oblige à prendre une décision tranchée. Cet état d'indécidabilité n'est toutefois pas un frein à l'action et à la résistance et n'empêche aucunement un engagement normatif. Il s'agit d'une **aporie** – l'aporie concerne tout problème insoluble et inévitable – que le sujet doit nécessairement expérimenter pour être juste. On dit ainsi que les apories commandent une décision qui ne peut être fondée à proprement parler, qu'elles relèvent d'un caractère indécidable. En d'autres mots, c'est cette liberté de choix, en considérant l'indécidabilité, qui consacre la justice de l'action et qui confirme l'expression d'une résistance critique.

L'éthique poststructuraliste tient pour acquis que deux situations similaires sont impossibles : la même personne ne ferait pas la même interprétation d'une situation donnée qui se présenterait à elle (pour une première fois) à nouveau, sans compter que deux personnes distinctes auraient des interprétations divergentes. Dans des circonstances *en apparence* similaires, un choix différent ou le même choix pourrait donc être fait, mais ce contexte serait *nécessairement* différent et ce choix serait dit *itératif* et non *répétitif* (Derrida, 1994). Pour être juste, l'éthique poststructuraliste dicte que même si une action similaire est posée, il faut que dans la considération du nouveau contexte, l'analyste reste ouvert à d'autres possibilités. La responsabilité éthique et l'obligation d'agir reposent en ce sens sur la prise en compte du caractère indécidable de l'action politique juste (Hoy, 2004 : 238).

5. Conclusion

Le défi posé par les poststructuralistes à l'édifice des Relations internationales est à la fois stimulant et troublait sur les plans théorique et intellectuel. Il est stimulant, parce qu'il oblige un réexamen des approches méthodologiques et des implications ontologiques e épistémologiques des analyses habituellement employées (Rengger et Thirkell-White, 2007). Il est troublant, parce qu'il suppose des changements majeurs dans la façon de concevoir l'identité, le pouvoir, le politique, l'action politique, voire le champ des Relations internationales (Waever, 2007).

Écrire sur le poststructuralisme en Relations internationales demeure néanmoins un défi en soi. On a pu dénoter un problème d'accessibilité en raison du style discursif parfois rebutant et d'un langage théorique souvent abstrait requis par la réflexion métathéorique des analyses poststructuralistes. L'éclectisme qui caractérise les auteurs associés à ce courant de pensée rend d'autant plus ardue la tâche de définir ce qu'est le poststructuralisme et confond d'autant les néophytes. Et la pâle caricature qu'en font ses détracteurs tue souvent dans l'œuf toute discussion sur le poststructuralisme, encore plus s'il s'agit de parler de ses bienfaits et de ses apports aux Relations internationales. Cependant, force est d'admettre que les applications d'approches poststructuralistes sont plus courantes dans le champ des Relations internationales aujourd'hui, en raison notamment de la popularité des analyses foucaldiennes pour étudier plusieurs questions sous l'angle de la gouvernementalité ou de la biopolitique, dans les études critiques de sécurité, notamment (Muller, 2008 ; de Larrinaga et Doucet, 2010 ; Grondin, 2010).

Le poststructuralisme nous invite à repenser le politique de façon élargie, en traitant comme «politique» des pratiques théoriques qui étaient dépolitisées et considérées comme apolitiques. En tant que perspective théorique qui permet de voir autrement le monde qui nous entoure, cette approche cherche à illustrer et rendre évidentes les tensions et les relations de pouvoir et comment les processus de production de la connaissance et de la vérité en sont affectés. Le poststructuralisme résiste à l'ignorance et appelle à la transformation par une constante analyse des relations entre la pensée et la société, entre la pensée et ses contextes. Il s'agit d'une «ouverture politique» à contester les identités fixes et les pratiques établies, «[u]ne invitation à expérimenter de nouvelles façons de penser la différence et les limites de la connaissance. [...] Rien n'est jamais pareil à travers le temps ou à l'intérieur de ses limites spatiales, et lorsque nous nous leurrons à l'illusion de cette similitude, nous imposons les valeurs d'une fausse identité à ce qui en diffère» (Williams, 2005 : 157).

Pour en savoir plus

Campbell, D., 1998 [1992], *Writing Security: US Foreign Policy and the Politics of Identity*, édition révisée, Minneapolis: University of Minnesota Press. Une excellente étude de la politique étrangère états-unienne. La présentation du poststructuralisme y est claire et accessible.

Campbell, D., 2007, «Poststructuralism», dans T. Dunne, M. Kurki et S. Smith, *International Relations Theories: Discipline and Diversity*, Oxford et New York, Oxford University Press, p. 203-288. Excellente introduction à l'analyse poststructuraliste en Relations internationales.

Der Derian, J. et M. J. Shapiro (dir.), 1989, *International/Intertextual Relations: Postmodern Readings of World Politics*, Lexington/Toronto: Lexington Books. Excellent recueil de textes dont les études de cas originales indiquent la richesse de l'apport du poststructuralisme en Relations internationales.

Devetak, R., 2005, «Postmodernism», dans S. Burchill *et al.* (dir.), *Theories of International Relations*, 3ᵉ édition, Houndmills: Basingstoke/New York, Palgrave Macmillan, p. 161-187. Le texte le plus accessible et le plus concis sur le poststructuralisme en Relations internationales.

Edkins, J., 1999, *Post-Structuralism et International Relations: Bringing the Political Back In*, Boulder: Lynne Rienner. Moins accessible que les autres ouvrages généraux, il constitue quand même une excellente initiation aux principaux penseurs qui inspirent les analyses poststructuralistes en Relations internationales.

George, J., 1994, *Discourses of Global Politics: A Critical (Re)Introduction to International Relations*, Boulder: Lynne Rienner Publishers. Une étude magistrale du discours orthodoxe en Relations internationales et notamment de son épistémologie positiviste-empiriste d'un point de vue poststructuraliste. Une lecture obligatoire pour quiconque s'intéresse au poststructuralisme en Relations internationales.

Newman, S., 2005, *Power and Politics in Poststructuralist Thought: New Theories of the Political*, Londres/New York: Routledge. Des analyses très bien articulées des considérations et questionnements que peut avoir le poststructuralisme sur des problèmes et des thèmes politiques. Une discussion intéressante sur le potentiel du poststructuralisme comme projet politique radical.

Lecture poststructuraliste de l'intervention en Irak

Le poststructuraliste Richard Devetak a procédé à une analyse de la rhétorique politique employée par le président Bush et par des membres de son administration comme une évocation de la tradition littéraire gothique états-unienne. Le style gothique évoque l'expérience vécue de la peur, où cette dernière devient un état d'être existentiel, et non seulement une peur superficielle et contingente. On joue alors sur le sentiment de terreur et sur la présence d'une violence potentielle dans l'atmosphère.

Devetak avance ainsi spécifiquement que le discours de sécurité nationale de l'administration Bush repose sur plusieurs récits gothiques et qu'il est rempli de scènes inspirées de ce genre par ses nombreuses références à l'« atmosphère ténébreuse » de l'ordre mondial de l'après-11 septembre en raison des monstres (comme Saddam Hussein et Ousama ben Laden) et des fantômes (comme Hitler) qui sont mentionnés et qui contribuent à la peur, à l'anxiété et à la terreur notamment. Il explique comment la construction discursive des terroristes et des États voyous en des « forces sombres et indomptables » à qui on prête des « traits cruels et barbares » et qui terrorisent les forces de la civilisation sert une fin politique.

La représentation de phénomènes menaçants en des « monstres déviants, fous, irrationnels et violents » est compréhensible dans la mesure où il est normal que l'humanité ait peur des monstres. Devetak écrit donc qu'Hitler est le monstre par excellence en Relations internationales. Il symbolise le Mal à un point tel que « depuis la Deuxième Guerre mondiale, Hitler a remplacé le diable dans la personnification du Mal » (634). C'est effectivement à lui qu'on compare souvent les dictateurs jugés dangereux comme Slobodan Milosevic ou Saddam Hussein.

Hitler est en ce sens devenu le revenant maléfique dont l'ombre peut être aperçue de temps à autre. Concernant la guerre en Irak, la rhétorique employée par l'administration Bush pour défendre son plaidoyer en faveur de l'intervention militaire s'est ainsi faite par l'évocation du spectre de l'*appeasement*, un qualificatif associé à la diplomatie franco-britannique des années 1930 de capitulation face à la montée de l'Allemagne hitlérienne avant le début de la Deuxième Guerre mondiale. On a rappelé le « fantôme de Munich » afin de souligner que des actions auraient pu être faites pour stopper Hitler plutôt que de l'accommoder. En effectuant ce parallèle entre cette politique face à Hitler et celle qui aurait été pratiquée envers le régime de Saddam Hussein depuis la guerre du Golfe de 1991, les dirigeants états-uniens vou-

laient laisser savoir qu'il valait mieux « agir » que « ne rien faire du tout ». De dire le président Bush, « le seul chemin vers la sûreté était le chemin de l'action » (George W. Bush, cité dans Gordon et Shapiro, 2003 : 96).

Sans contredit, ces parallélismes entre l'Irak de Saddam Hussein et l'Allemagne d'Hitler ont eu un effet puissant sur la perception des attitudes européennes. Le président Bush, le premier ministre britannique Tony Blair et le premier ministre australien John Howard ont agi en personnifiant un autre fantôme, celui de Churchill (qui recommandait qu'on ne plie pas devant les demandes d'Hitler et qu'on le fasse reculer avec le risque de déclencher une autre guerre), plutôt que de se montrer en Chamberlain (qui a accommodé Hitler pour préserver l'état de paix), dont le spectre a été associé dans le discours politique de ces administrations respectives à la « vieille Europe » représentée par la France de Jacques Chirac et l'Allemagne de Gerhard Schroeder.

En parlant de la chute de la Maison de Hussein, en faisant référence à *La Chute de la Maison Usher* de Poe (1857), Devetak illustre comment les références à des chambres de torture et des charniers sont devenues les métaphores employées pour représenter la noirceur et la terreur du régime de Hussein. C'est aussi parce que « Bush et Blair voient la chute de la maison de Hussein comme une libération de la tyrannie et de la terreur, ou, pour employer les mots de Poe, une libération du "sinistre fantasme, PEUR" » (Edgar Allan Poe, cité dans Devetak, 2005a : 636). C'est donc dans cet esprit que Bush donne son aval à la Guerre contre la Terreur en disant qu'ils « débarrasseront le pays et le monde de cette menace obscure » (George W. Bush, cité dans Devetak, 2005a : 638). Devetak souligne alors que Bush, comme tout bon conteur gothique, cherche à jouer sur les peurs des gens et à les exploiter en évoquant sans cesse les scénarios les plus noirs et les pires pour justifier l'introduction d'une guerre contre la terreur permanente.

En raison du contexte du 11 septembre qui leur fait dire que la dissuasion ne peut plus fonctionner contre des acteurs jugés irrationnels comme des terroristes suicidaires, le discours de l'administration Bush sur la maison de Hussein en vient rapidement à associer la menace conventionnelle des armes nucléaires en des menaces apparemment nouvelles ; ces armes de destruction massive que posséderaient ou chercheraient à posséder les « États voyous » deviennent des « armes de la terreur » et sont mises en relation avec la menace de l'heure, le terrorisme global d'inspiration islamiste fondamentaliste.

Devetak montre ainsi que le régime de Saddam Hussein est associé à un État totalitaire comme l'était l'Allemagne nazie et qu'une possibilité de coopération entre cet État et des réseaux terroristes ferait peser sur l'Amérique et le monde une menace inacceptable en raison des capacités technologiques de destruction qui sont susceptibles d'être transigées. La mention de cette tyrannie et de cette terreur, prenant forme dans des coins obscurs, dans des caves, des grottes et des laboratoires, constitue la base du plaidoyer pour une intervention militaire en Irak. Dans la bouche du président : « [N]otre plus grande peur [...] est que des terroristes trouvent un raccourci pour concrétiser leurs ambitions maléfiques en bénéficiant du soutien d'un État voyou leur fournissant les technologies permettant de tuer à grande échelle » (George W. Bush, cité dans Devetak, 2005a : 639).

En faisant le lien entre les États voyous et les réseaux du terrorisme global comme étant une menace obscure et permanente, où les possibilités de danger pour la sécurité nationale états-unienne et mondiale sont jugées illimitées, la doctrine Bush – laquelle promeut le changement des régimes honnis, le droit à la préemption et une conduite unilatéraliste – fait des États-Unis des « chasseurs de monstres » et cherche à les montrer comme les forces héroïques de la civilisation luttant contre les barbares.

En somme, l'utilisation symbolique de monstres et l'articulation d'une vision gothique pour représenter la scène internationale permettent de justifier la conduite de sécurité nationale dans une lutte manichéenne entre les forces de la civilisation, de la civilité, de la vertu et du Bien face à des forces barbares, qui servent et personnifient le Mal :

> Les monstres démontrent ce que Bush est incapable de voir : que la scène gothique est « le site symbolique de la difficulté discursive qu'a une culture à définir et à prétendre être civilisée, et de pouvoir larguer ou rejeter ce qui est vu comme Autre à ce Soi civilisé ». Comme le révèlent Poe et [Mary] Shelley, les monstres sont un signe de l'impossibilité de pouvoir éliminer à tout jamais la contestation sur les significations de la civilisation, du Bien et du Mal, de la liberté et de la tyrannie, et ainsi de suite.

Bush voulait que son récit gothique des relations internationales renforce une image du dessein moral de l'Amérique. En fin de compte, cela ne fera probablement rien d'autre que démontrer la validité politique de la réflexion de Friedrich Nietzsche disant que « Celui qui combat des monstres devrait s'assurer qu'il ne devient pas ce faisant lui-même un monstre » (Devatak, 2005 : 642-643).

Les concepts clés du poststructuralisme

Agence/agent : Dans l'analyse poststructuraliste, on parle du pouvoir d'action du sujet comme étant un pouvoir d'agence. En repensant la relation entre le sujet et l'agent, on en vient à comprendre l'agence dans un contexte situé, dans un système discursif et dans une niche épistémologique donnée. Il devient alors un agent ancré dans un processus de construction sociale. L'idée d'autonomie associée au sujet universel philosophique disparaît dans le poststructuralisme, parce que le sujet se trouve construit par des structures externes du langage, du pouvoir et du discours.

Altérité : Fait d'être un autre, caractère de ce qui est autre. L'altérité marque la mise en rapport subjective et intersubjective avec l'Autre, compris comme l'individu différent pris dans un sens générique.

Antifondationnalisme : Une position antifondationnaliste rejette toute fondation à la connaissance et considérera inutile et même dangereux que la théorie cherche un point d'origine à partir duquel procéder. Cette position affirme en conséquence qu'il ne peut y avoir de propositions vraies par essence (ce qui vaut souvent aux épistémologies antifondationnalistes d'être critiquées comme étant relativistes). L'antifondationnalisme est la contrepartie du fondationnalisme, qui est la vision voulant que toute philosophie, donc toute connaissance, soit élaborée en reposant sur des fondations sûres.

Aporie : On nomme *aporie* (du grec *aporia*, qui signifie absence de passage, difficulté, embarras) une difficulté à résoudre un problème. Le sens conféré au mot *aporie* par les poststructuralistes est plus fort et concerne tout problème insoluble et inévitable. On dit ainsi que les apories commandent une décision qui ne peut être fondée à proprement parler, qu'elles relèvent d'un caractère indécidable. L'aporie représente l'affrontement du dilemme auquel on ne peut échapper, le moment où on subit l'épreuve fondamentale de défier l'indécidable, de prendre une véritable décision et de penser *la possibilité de l'impossible*. Relever ce jeu de l'aporie devant l'indécidable est la seule preuve d'authenticité de l'engagement moral de l'analyste et de sa responsabilité politique.

Communauté épistémique : Il s'agit d'une communauté formée d'un réseau d'individus partageant les mêmes croyances normatives et participant ensemble à la création et à la codification de connaissances légitimes établies sur la base d'un consensus qu'on dira « scientifique ».

Déconstruction/déconstruire : La déconstruction n'est en aucun cas une méthode, une théorie, un discours, une technique ou une règle qui suit des procédures, mais un processus qui cherche à déstabiliser radicalement des concepts qu'on croyait stables et à démontrer que le texte échappe à l'auteur.

Elle est chaque fois *singulière*, située et contextualisée selon les différents lieux, conditions et situations où elle se produit. Elle n'« est » pas : elle refuse le pouvoir d'autorité de chaque « est ». Elle n'est pas « appliquée » telle une méthode, elle survient : si des éléments sont déconstruisibles, ils le sont déjà par le fait d'être considérés comme des « éléments ». Chez les poststructuralistes, chez Derrida notamment, ce sont les textes eux-mêmes (à savoir les objets, les événements et les phénomènes) qui donnent lieu à leur propre déconstruction.

Discours : Tout ce qui est écrit et dit dans un dialogue ou une conversation fait partie d'un discours. C'est un champ ou un site de conversation, d'argumentation et d'inspiration qui comprend des termes communs et dont les limites et les lignes frontières sont tracées par les possibilités, les formes de questionnement et les questions qui portent sur l'« objet » discursif dont il est question.

Double lecture : La double lecture expose la relation entre la stabilité d'un concept et sa déstabilisation entre deux lectures. La première lecture – la lecture traditionnelle, passive – montre comment le concept, le texte, le discours atteint une stabilité. La deuxième lecture – active – est une tentative de déstabiliser le texte ou le concept en cherchant à mettre en relief les points d'instabilité qu'il contient. Elle vise en outre à montrer qu'on ne peut s'assurer de produire une pensée rationnelle et logique dans son texte ; l'auteur n'a pas le contrôle sur les significations et les interprétations possibles de son texte.

Essentialisée/essentialisme : Le fait d'identifier, d'attribuer et de présenter certains attributs physiques ou encore certaines qualités, caractéristiques, catégories ou connaissances comme étant ontologiquement fixes, naturels et similaires indifféremment du contexte historique ou social. « Faire » un essentialisme revient à identifier littéralement l'essence fondamentale et transcendantale qui définit un groupe (par ex., l'idée que les femmes, comme les hommes, ont une essence qui leur est propre et universelle, ce qui fait qu'on peut parler de « la femme » ou de « l'homme ») ou une situation donnée (par ex., identifier un concept indifférencié de patriarcat pour expliquer la subordination des femmes à diverses époques et dans diverses cultures).

Généalogie : Forme d'analyse historique qui montre comment l'histoire est une série de dominations et d'impositions de jeux de pouvoir et de savoir en retraçant les multiples réalités et chemins qui ont été évacués dans la production du savoir, de sujets, d'objets et de champs d'action. Elle vise à illustrer comment l'histoire est une série de récits, constituées en laissant des éléments ou explications de côté, en en oubliant ou en en cachant d'autres.

Indécidabilité : Le concept d'indécidabilité s'inscrit dans la décision et implique qu'une décision est toujours le résultat d'un processus de choix. Cela veut dire qu'une décision aurait toujours pu être autre : l'indécidabilité est donc nécessairement liée à la décidabilité. Sans que cela signifie qu'il y ait une impasse, le choix devant l'indécidable renvoie plutôt au fait qu'une décision doit toujours trancher entre diverses possibilités. Certains croient souvent que l'indécidabilité est un empêchement à la prise d'une position normative, mais cet état d'indécidabilité n'est en rien un frein à l'action et à la résistance. Il ne fait que reconnaître le dilemme posé par tout processus décisionnel.

Intertextualité : L'intertextualité réfère à la relation mutuellement constitutive entre différentes interprétations dans la représentation et la constitution du monde. L'intertextualité suppose que des textes sont toujours en lien avec d'autres textes et qu'ils ne peuvent avoir de signification qu'en fonction d'autres textes qu'on a déjà lus.

Métarécit : Il s'agit d'une grande théorisation ou d'un système (par exemple, le marxisme ou la psychanalyse freudienne) qui seront critiqués par le poststructuralisme pour leur prétention à *une vérité* sur le monde réel (comme leur découverte respective de la lutte des classes ou du fonctionnement du conscient et de l'inconscient).

Modernisme/projet moderniste : Vision du monde qui soutient que nous sommes parvenus, d'un point de vue sociologique et historique, à une époque qui succède à la prémodernité et qui en diffère en considérant les changements politiques, sociaux et intellectuels, mais surtout technologiques et culturels. Cependant, si les auteurs poststructuralistes contemporains rejettent certains aspects de la modernité historique, ils ne voient pas tant dans le *post*-modernisme l'idée d'un dépassement ou d'une transcendance de la modernité mais plutôt une critique sinon un rejet du « projet moderniste ». De plus, ce « projet moderniste » n'est pas conçu comme un projet uniforme, délibéré, comportant une rationalité propre. En fait, c'est un produit construit et continuellement reconstruit par des pratiques humaines contingentes qui n'était ni prédestiné ni planifié rationnellement par un individu seul ou une collectivité d'individus et qui renvoie aux idées et idéaux hérités des Lumières.

Modernité/Postmodernité : Période historique qui coïncide de façon conventionnelle avec la philosophie des Lumières et auquel on associe le sujet universel, rationnel et autonome, ainsi que la croyance de l'émancipation humaine par le progrès scientifique et technologique. La postmodernité référera à la condition sociale et technologique de la vie des sociétés postindustrielles au milieu du XXe siècle. Il faut cependant souligner que dans l'esprit des poststructuralistes, la modernité coexiste avec la postmodernité et qu'il s'avère problématique de parler de la *postmodernité* en tant que nouvelle époque historique, ce qui oblige à parler de la fin de la *modernité*.

Naturalisation : Caractère qui confère à une situation ou à un processus d'apparaître comme étant naturel, comme ayant évolué logiquement sans qu'on cherche à expliquer sa constitution et ses conditions d'émergence.

Performatif/performativité : On parlera d'un « acte performatif » pour exprimer la production de phénomènes, comme l'identité : il n'y a pas de statut ontologique en dehors des pratiques et actes variés qui constituent leur « réalité ». La performativité stipule que la signification d'un élément, un texte par exemple, est *performée* par le lecteur, c'est-à-dire qu'elle est produite par celui-ci.

Perspectivisme : C'est une position épistémologique héritée de Nietzsche (on parlera souvent du perspectivisme nietzschéen) qui stipule que l'interprétation d'une situation ou d'un phénomène donnés – donc la production de la connaissance – différera d'un individu à l'autre, selon le moment et l'endroit. Les individus adoptent effectivement différentes perspectives en fonction de leur classe sociale, de leur genre et de leur appartenance raciale et ethnique. On dira que le perspectivisme impose une résistance à l'arbitraire des interprétations dominantes, lesquelles sont nécessairement biaisées et limitées, et qu'un dialogue et un débat entre diverses positions est plus susceptible d'éclairer un phénomène qu'une seule perspective ne peut le faire.

Politique (le) : Traditionnellement, *la* politique concerne l'activité touchant les luttes et les débats autour des décisions prises aux divers niveaux de l'État et entre les États, tandis que *le* politique signifie les personnes, les groupes et les enjeux qui participent à *la* politique. Selon les partisans des théories critiques, la politique et le politique tendent à assumer ainsi un caractère fixe très contestable. Il s'agirait, au contraire, de phénomènes en constante évolution.

Régimes de vérité : Expression développée par Foucault pour décrire la façon par laquelle la vérité et le pouvoir sont mutuellement produits et maintenus. La vérité devient alors un construit social inscrit dans une logique de savoir et de pouvoir. Pour cerner un régime de vérité donné d'une société, on s'intéressera à ce qu'on croit être vrai ou sur les règles ou les critères qui déterminent les propositions qui sont vraies et celles qui sont fausses, ainsi que sur comment les croyances forgent les pratiques et les institutions sociales, étant donné le statut conféré à la vérité.

Réification/réifier : Fait de figer un phénomène ou un concept en lui donnant un caractère statique. On transforme en chose le concept – comme l'État moderne – à partir de sa subjectivité afin de lui donner une réalité figée dans le temps.

➡ **Résistance critique :** La résistance critique renvoie à une «critique plus critique», une «post-critique» réflexive qui repose sur la généalogie de la déconstruction où l'on dispose d'un «droit inconditionnel de poser des questions critiques non seulement sur l'histoire du concept d'homme, mais sur l'histoire même de la notion de critique, sur la forme et l'autorité de la question, sur la forme interrogative de réflexion» (Hoy, 2004 : 228).

Savoir/pouvoir : Notion qui met en relation le rapport du pouvoir entre l'institutionnel et l'individu, indiquant par là la dynamique de subjectivation et de pouvoir que le sujet subit et ressent. L'institutionnel ici est la structure qui procure un pouvoir au sujet et ce pouvoir permet la production d'un discours – le savoir – chez le sujet qui demeure par le fait même lui-même assujetti par la structure de pouvoir. Pour Foucault, il faut en arriver à comprendre «les rapports qu'il peut y avoir entre pouvoir et savoir» et «saisir le processus par lequel le savoir fonctionne comme un pouvoir et en reconduit les effets» (Foucault, 1976). Le pouvoir fonde la constitution du savoir et qui est à son tour fondé par lui. Le pouvoir présuppose des sujets libres qui ne sont libres que dans les limites imposées par le pouvoir qui les assujettit. Le pouvoir agit alors sur l'action des sujets – ce sont des savoirs assujettis et les relations de pouvoir sont nécessairement liées à un champ de savoir. Ces rapports de pouvoir passent à travers le savoir et prennent forme dans des notions comme champ, discours et position, qui s'établissent comme formes de domination. On parle ainsi

de la position du sujet dans un discours, à laquelle est associé un savoir/pouvoir. En Relations internationales, cela signifie que pour bien comprendre les rapports de pouvoir, il faut voir comment les théories sont construites et comment les développements théoriques sont interreliés pour comprendre leur fonctionnement dans l'établissement des relations de pouvoir.

Scepticisme : Attitude de réserve devant les propositions et les prétentions à la vérité et dans le processus de production de la connaissance. Le scepticisme va de pair avec l'esprit de critique permanente et de réflexivité des poststructuralistes.

Sujet : De manière générale, dans la tradition philosophique libérale, le sujet réfère à l'individu en tant qu'être rationnel et autonome, ontologiquement préalable à toute construction discursive. Contrairement aux auteurs libéraux, les auteurs poststructuralistes soutiennent que le sujet ne doit plus être considéré comme étant l'origine de la connaissance. L'analyse centrée sur le sujet rationnel doit être déconstruite afin de comprendre comment l'idée même de «sujet» a été faussement essentialisée (voir essentialisme) et masque les forces et les discours qui le construisent, le forge et fait en sorte qu'il «est».

Texte : Le monde social est fait de textes, ce pourquoi on parlera de la textualité du monde. Tous les événements et les phénomènes seront vus comme des textes. Ils sont produits par la lecture, la compréhension et l'interprétation. L'intertextualité repose ainsi sur l'analyse alliant plusieurs textes/textualités.

Les approches féministes

Anne-Marie D'Aoust

Personne ne peut échapper au genre (Weber, 2001 : 53).

Depuis la publication de *Bananas, Beaches and Bases* de Cynthia Enloe en 1989, les analyses féministes tentant d'ouvrir le champ des Relations internationales ont littéralement proliféré. Ainsi, dans son bilan de l'évolution des approches féministes en Relations internationales de 1988 à 1998, Kimberley Hutchings note que les approches féministes «constituent une présence remarquée et une dimension acceptées des analyses sociales scientifiques et normatives dans le curriculum et la recherche [en Relations internationales]», et plus particulièrement en études de sécurité et en développement international (Hutchings, 2008 : 105). Un nombre impressionnant de publication récentes sont dédiées aux approches féministes des Relations internationales et à leurs applications pour analyser divers enjeux allant du terrorisme aux institutions internationales en passant par les politiques régionales (Tickner et Sjoberg, 2011 ; Shephard, 2010 et 2008 ; D'Costa et Lee-Koo, 2009, Sjoberg, 2009 ; Sjoberg et Cohn, 2010 ; Peterson et Runyan, 2010 ; Zarkov, 2008 ; Sjoberg et Gentry, 2007).

Cependant, force est d'admettre que la réalité est beaucoup plus nuancée et que l'on dénote des différences importantes entre la reconnaissance dont bénéficient les approches féministes en Relations internationales selon la communauté intellectuelle où les chercheurs évoluent. Ainsi, tout en reconnaissant que les approches féministes sont généralement bien reçues dans le contexte canadien des Relations internationales, Brooke Ackerly et Jacquie True notent (2008 : 161-162) que les approches féministes sont beaucoup mieux reçues et étudiées en Grande-Bretagne qu'aux États-Unis. Le savoir qui émane des approches féministes se trouve donc pris en compte ou rejeté selon une logique d'autoprotection et de discipline qui émane/témoigne de différents sites de pouvoirs nationaux, universitaires, symboliques et linguistiques inhérents au champ des Relations internationales. Comme le rappelle Ole Wæver, il faut éviter le piège de concevoir l'évolution des débats théoriques de la discipline des Relations internationales «comme si elle était décidée par la "réalité" ou par des "débats" à-propos d'idées pures… [C]omme n'importe quel système social, [cette discipline] est un champ structuré imprégné de relations de pouvoir» (2007 : 289).

On ne peut en effet attribuer la marginalisation des approches féministes au manque d'entreprises de théorisation ou à l'absence de données empiriques. On retrouve des travaux féministes notables sur plusieurs thèmes d'actualité en relations internationales, pour n'en nommer que quelques-uns : la diplomatie et la conduite de la politique étrangère (Ruane, 2006 ; Ferguson et Marso, 2007 ; Duncanson et Eschle, 2008) les opérations de maintien de la paix (Whitworth, 1998 ; Stiehm, 1999 ; Mazurana *et al.*, 2005 ; Hudson, 2009), les mouvements migratoires (Kaufmann et Williams, 2008 ; Lobasz, 2009 ; D'Aoust, 2010), l'économie politique internationale (Peterson, 2003 ; Andrews *et al.*, 2003 ; Bakker, 2007 ; Bakker et Silvey, 2008), la santé comme enjeu de sécurité (D'Aoust, 2004 ; Thomas, Haour-Knipe et Aggleton, 2010), le trafic humain et l'industrie du sexe (Agathangelou et Ling, 2003 ; Aradau, 2008 ; Jeffreys, 2009 ; Moon, 2007) et les développement technologiques au sein des forces armées (Masters, 2005 ; Wilcox, 2008). On constate donc un décalage réel entre la production intellectuelle féministe en Relations internationales, la reconnaissance que lui accorde ce champ, et la reconnaissance dont elle bénéficie sur la scène internationale, alors que les questions des droits des femmes occupent une place de plus en plus importante[1].

En fait, la marginalisation des approches féministes va de pair avec l'exclusion générale des théories critiques et la contestation du positivisme avec le soi-disant Troisième débat en Relations internationales (Lapid, 1989 ; Peterson, 1992a), moment clé dans le développement des approches féministes dans ce champ. Cependant, si le Troisième débat a favorisé l'émergence d'approches féministes critiques, il n'a pas pour autant permis de les inclure totalement dans la discipline. Les approches féministes

> élargissent les marges sans, toutefois, affecter le centre de manière significative. [...] Dans la mesure où le masculinisme est privilégié, les formes de savoir associées à ce qui est « subjectif » et « féminin » se voient dévaluées. [...] Ainsi, au moins une partie de la

340

résistance au postpositivisme découle d'une certaine « féminisation » de la science que celui-ci implique (Peterson, 1992a : 196).

En somme, en examinant la discipline de façon critique, comme le font les féministes, on découvre sa double nature politique : d'abord, en tant qu'espace reflétant le politique, espace qui reflète/reproduit les inégalités et les hiérarchies du monde ; deuxièmement, en tant qu'espace politique, c'est-à-dire un espace de luttes et de contestations de légitimité. La théorie devient dès lors indissociable des relations sociales qui la sous-tendent. Il faut comprendre les approches féministes et les Relations internationales comme étant beaucoup plus qu'un mariage de raison. Les deux apparaissent souvent au premier abord comme étant deux champs distincts dont les points de rencontre se limiteraient ou bien à discuter des « femmes en relations internationales », sorte de reconnaissance du petit nombre de femmes qui ont dirigé le gouvernement de leur pays, telles que Margaret Thatcher en Grande-Bretagne, Angela Merkel en Allemagne ou Ellen Johnson-Sirleaf au Libéria, ou bien aux soi-disant « questions de femme », comme l'étude de l'impact des politiques de développement durable sur les femmes. Or, si ces présupposés/préjugés reflètent effectivement la façon dont les approches féministes des Relations internationales sont généralement *perçues*, ils n'en révèlent pas moins toute l'étroitesse de cette perception, qui ne parvient pas à rendre compte de ce que les approches féministes sont en réalité et de la problématisation qu'elles font de l'un des concepts les plus importants en Relations internationales – le pouvoir.

De manière générale, on peut considérer que les approches féministes déplacent l'ensemble des questions des Relations internationales vers des sites de pouvoir jusque-là négligés ou jugés non importants, soit la construction du **genre** et ses effets ainsi que le corps et la sexualité comme sites de contrôle et de signification politique. Les recherches qui incluent le sexe ou le genre dans leur étude des relations internationales contribuent d'une façon ou d'une autre au développement d'un savoir sur les femmes et/ou les hommes en tant qu'êtres sexués et/ou affectés par le

---

1. On peut penser, par exemple, à l'intégration de considérations de genre au sein d'institutions comme l'ONU et la Banque mondiale ainsi qu'à la politisation d'enjeux déterminants comme le trafic humain.

genre, un objectif en soi des diverses approches féministes existantes. En ce sens, ce chapitre fera état d'un ensemble éclectique de travaux qui ne sont peut-être pas tous engagés dans une démarche théorique explicitement féministe, mais qui contribuent tous, par l'attention qu'ils portent au sexe ou au genre, au développement des perspectives féministes en Relations internationales.

1. Qu'est-ce qu'une approche féministe aux relations internationales ?

Jusqu'à tout récemment, l'étude des relations internationales se limitait essentiellement à l'étude des guerres et de leurs causes, à la diplomatie ou encore au commerce international. L'usage répandu de catégories d'analyse abstraites tels « l'État », « le marché » ou encore « le système international » a eu pour effet concret d'éliminer des théories des relations internationales les individus, hommes et femmes, en tant qu'agents évoluant au sein de contextes sociaux et historiques précis (True, 2001 : 231). Asexués, anhistoriques, les individus se trouvant au cœur même des relations internationales sont dissimulés dans les théories orthodoxes derrière des couverts d'universalisation ou d'abstraction. Par le fait même, les relations de genre, leur influence dans l'organisation de l'ordre social et politique, ainsi que leur caractère souvent inégalitaire en viennent à être ignorés.

« Rendre les femmes visibles » et remettre en cause des modèles soi-disant neutres, tels « l'homme rationnel » et « l'équilibre des puissances », est certes l'un des principaux objectifs des féministes au sein du champ des Relations internationales. Cette démarche critique permet de *politiser* ce qui semble ressortir de l'ordre normal des choses, donc d'amener à une prise de conscience des effets structurants de diverses sources de pouvoir qui passaient jusque-là inaperçues parce qu'elles semblaient naturelles :

Si quelque chose est accepté comme étant « traditionnel » [...] alors il peut être recouvert d'une couche protectrice qui l'immunise de questions gênantes. [...] Par exemple, j'ai longtemps été satisfaite d'utiliser (de penser avec) le concept de *cheap labor* [main d'œuvre au rabais]. Encore plus, je croyais qu'utiliser

cette expression donnait l'impression (à moi et aux autres) que j'étais une personne critique sur le plan intellectuel, que j'étais quelqu'un disposant d'énergie intellectuelle. Ce n'est qu'à partir du moment [...] où j'ai commencé à inverser l'expression, à dire *labor made cheap* [main d'œuvre que l'on a mise au rabais] que j'ai pris conscience à quel point j'avais été paresseuse. Maintenant, chaque fois que j'écris *labor made cheap* sur un tableau, les gens dans la salle s'exclament « Par qui ? » « Comment ? » [...] Toute forme de pouvoir imaginée comme étant légitime, intemporelle et inévitable est très bien fortifiée (Enloe, 2004 : 2-3).

Les féministes chercheront ainsi à mettre en lumière comment la discipline des Relations internationales ainsi que l'organisation des relations internationales, y compris les processus de militarisation, la mondialisation capitaliste et la pratique de la souveraineté des États, sont en soi des constructions comportant de sérieux biais de genre (True, 2001 : 237). Par conséquent, il ne suffit pas à une approche d'inclure la notion de genre ou encore de tenir compte des femmes pour qu'elle devienne une approche féministe. Comme le suggère R. Charli Carpenter (2002a ; 2002c), certaines analyses des relations internationales qui étudient la façon dont les normes, les identités, les pratiques et les structures sont affectées par le genre peuvent être effectuées sans être pour autant motivées par un projet politique de mettre fin à l'oppression des femmes ou d'entraîner des changements de politiques et, partant, être intégrées beaucoup plus facilement à l'intérieur des courants dominants comme le constructivisme (Carver, Cochran et Squires, 1998 ; Carver 2003 ; et Zalewski, 2003 pour une critique voir Sjoberg, 2006). Les travaux de Carpenter axés sur les normes genrées de protection de civils en zone de conflits (Carpenter 2005 et 2006), par exemple, révèlent que les femmes et les enfants bénéficient souvent d'une présomption d'innocence dont les hommes civils sont exclus, les rendant potentiellement plus vulnérables.

On considérera ainsi que l'appellation « féministe » convient pour toute étude ou entreprise de théorisation qui se veut critique du **masculinisme** (et non des *hommes* en général en tant que corps sexués, comme cela est souvent compris et véhiculé à tort par les détracteurs du féminisme) et des hiérarchies reposant sur le genre. Le masculinisme, dans son sens large, peut être caractérisé comme une idéologie qui

> tient pour acquis qu'il existe une différence fondamentale entre les hommes et les femmes, [qui] présume que l'hétérosexualité est normale, [qui] accepte sans la questionner la division sexuelle du travail et [qui] cautionne le rôle politique et dominant des hommes à l'intérieur des sphères publiques et privées (Arthur Britton, cité dans Peterson et Runyan, 1999 : 31).

Cette définition est importante, car elle sous-entend qu'il n'y a pas de déterminisme entre corps et esprit : des femmes peuvent faire la promotion du masculinisme, tout comme des hommes peuvent promouvoir des visées féministes. Une analyse féministe cherche également à exposer comment la **naturalisation** de l'oppression des femmes sert de modèle à la dépolitisation de l'exploitation de manière plus générale (Peterson, 2004 : 36 et 45). La manière dont les critiques du masculinisme s'articulent, ainsi que les principales causes qu'elles identifient à cette subordination des femmes, varient néanmoins énormément d'une approche à l'autre, voire d'un auteur à l'autre (voir la section 3)

2. Ontologie

Le champ des Relations internationales reste dominé par des hommes, autant dans la sphère universitaire que professionnelle (Maliniak *et al.* 2008), de sorte que les approches hégémoniques créent l'*illusion* que seuls des hommes occupent la réalité politique. Par conséquent, ces approches reflètent et traduisent plus divers aspects du pouvoir masculin historiquement établi qu'elles ne constituent une véritable exploration des processus économiques et politiques au sein desquels se situent tous les membres d'une société (Youngs, 2004 : 76). Toutes les approches féministes vont ainsi proposer des changements ontologiques importants pour illustrer ce constat et suggérer des analyses théoriques différentes. Le révisionnisme ontologique du féminisme implique deux composantes différentes mais indissociables : les femmes et le genre. Ces deux catégories ontologiques conduisent à la double démarche de construction *et* de déconstruction dans laquelle sont engagées les féministes en Relations internationales.

2.1 Les femmes en tant que catégorie ontologique

En prenant les femmes comme catégorie ontologique, les analyses féministes renversent le raisonnement traditionnel des analyses en Relations internationales qui se concentrent sur la seule sphère publique et sur le rôle des hommes (et de quelques femmes) d'État, en présumant que les femmes évoluent dans une sphère privée qui n'affecte pas le politique. En fait, les analyses orthodoxes incluent les femmes dans la catégorie privée/dépendante/émotive de « femmes et enfants », opposée à l'« homme citoyen » public/indépendant/rationnel. Par contre, les approches qui mettent les femmes au cœur de leurs analyses construisent un savoir faisant état des expériences des femmes : où sont-elles ? Que vivent-elles ? Que font-elles ? En quoi cela est-il lié à l'organisation des relations internationales, à leur fonctionnement ? Ces analyses font des femmes et de leurs expériences le sujet des Relations internationales.

Les ouvrages de Cynthia Enloe (1983, 1989, 2000 et 2004) expliquent cette tentative de montrer le rôle actif des femmes et d'illustrer combien elles jouent un rôle essentiel de reproduction sociale qui permet le maintien de significations accordées à des concepts comme l'État, la sécurité ou la militarisation. Sur le plan théorique, ces études permettent surtout de contester concrètement l'« homme rationnel » en tant que modèle générique de la nature et du comportement humain. Elles relèvent combien cet « homme rationnel » est (faussement) générique au point d'être « abstrait de tout contexte dans le monde concret, de toute identification spatio-temporelle (de la famille, de la communauté et de l'histoire), de tout préjugés, intérêts et besoins particuliers » (True, 2001 : 250).

Si inclure les femmes aux théories déjà existantes permet d'adopter un regard neuf sur les relations internationales, il n'en reste pas moins que cette seule démarche peut s'avérer insuffisante. Ces analyses doivent étudier plus en profondeur les rapports de pouvoir ainsi que les constructions de genre qui rendent possibles la création de réalités différentes et de dichotomies telles que privé/public, masculin/féminin, rationnel/irrationnel. Par exemple, pour maintenir leur signification actuelle, les concepts d'État, de sécurité et de militarisation font appel à des conceptions du sujet (masculin) guerrier en tant que protecteur/conquérant/exploiteur et d'un objet/l'autre féminin/féminisé en manque de protection (Youngs, 2004 : 78). Analyser les Relations internationales en utilisant le concept de genre permet de déconstruire ces rapports dichotomiques et de mettre en relief leur pouvoir structurant.

2.2 Le genre en tant que catégorie ontologique

Une prémisse souvent partagée par les chercheurs universitaires et les analystes est que le genre résulte de la « nature humaine » et que, par conséquent, il n'est pas sujet à l'agence politique (True, 2001 : 235). À quelques exceptions près, les analystes masculins du champ des Relations internationales ont tendance à se considérer comme non affectés par le genre, et encore moins déterminés par celui-ci. Il s'agit d'un concept secondaire, parfois perçu comme une « question de femme » qui touche « les femmes ». Il en résulte que ce sont souvent les femmes, des féministes surtout, qui abordent la question du genre. Par conséquent, leur travail s'en voit dévalué parce que vu comme trop déviant des analyses conventionnelles qui passent cet aspect sous silence. Malgré tout, « personne ne peut échapper au genre » (Weber, 2001 : 83), tout comme personne ne peut lui être extérieur.

Le concept de genre est central aux travaux féministes et est souvent utilisé à tort comme synonyme de « femme ». Il correspond en fait à beaucoup plus qu'une catégorie *empirique* qui renvoie à des corps sexués masculins et féminins et à leurs activités matérielles. Le genre est également une catégorie *analytique* systémique qui renvoie aux constructions (privilégiées) de la **masculinité** et de la **féminité** (dévalorisée), ainsi qu'à leurs effets idéologiques (Peterson, 2004 : 39). Il n'y aurait donc rien de naturel, d'inhérent ou d'inévitable biologiquement dans les attributs, les activités et les comportements que l'on présente comme étant masculins ou féminins.

Définies de manière opposée, et en relation l'une avec l'autre, ces catégories de masculinité et de féminité ne sont pas exclusives : « les femmes ne peuvent pas être étudiées indépendamment des hommes » (Tickner, 1997 : 621). Judith Butler, dont le livre *Trouble dans le genre : Pour un féminisme de la subversion* a permis de mieux comprendre comment le sexe et le genre ne corrélaient pas nécessairement, explique toutefois que limiter le genre va au-delà d'une dialectique féminin/masculin et que « [l]e genre ne se définit pas exactement par ce que l'on "est" ni par ce que l'on "a" […]. Soutenir que le genre signifie toujours et exclusivement « la matrice » du "féminin" et du "masculin" c'est précisément manquer le point le plus crucial du débat : en effet, la production de ce binôme cohérent est contingente, elle a un certain coût et les permutations de genre non conformes au binôme relèvent autant du genre que son occurrence la plus normative » (Butler, 2004a).

La compréhension de certaines normes de féminité et de masculinité a des effets structurants considérables qui vont au-delà de la sphère privée. La promotion d'idées (qui évoluent au fil du temps et selon l'endroit où l'on se situe) liées à « ce que c'est qu'être un homme » ou ce que « c'est qu'être une femme » motive l'adoption de certains comportements, de certaines lois et de certaines politiques. Ces idées sont souvent inconsciemment assumées et reproduites, puisqu'elles sont parties prenantes de l'identité des individus. Si l'on n'en tient pas compte, on ne peut pas comprendre plusieurs phénomènes au cœur même des relations internationales, par exemple l'utilisation du viol comme arme de guerre :

> *Si* les stratèges militaires […] imaginent que les femmes forment la base de la culture de l'ennemi, *s'ils* définissent les femmes principalement comme élevant les enfants, *s'ils* définissent les femmes comme étant la propriété des hommes et le symbole de leur honneur, *s'ils* imaginent que les communautés résidentielles reposent sur le travail des femmes – *si* une ou toutes ces croyances concernant une division sexuelle adéquate du travail au sein de la société sont maintenues par des décideurs menant une politique guerrière – ils seront tentés de concevoir une opération militaire globale qui inclut l'agression

343

sexuelle des femmes par leurs soldats (Enloe, 2000 : 134. Italiques dans l'original).

Adopter le genre en tant qu'ontologie et catégorie d'analyse remet en cause l'idée d'un déterminisme corps/esprit. Il en résulte que des vues dites « masculines » peuvent très bien être défendues par des femmes et des constats féministes défendus par des hommes, ces perspectives reposant sur des fondations politiques et non biologiques (Peterson et Runyan, 1999 : 18). Le patriarcat devient une structure de domination complexe pouvant évoluer selon l'époque et l'endroit. Il ne s'agit plus ici de se limiter à une étude sur les femmes en tant qu'êtres sexués à l'intérieur de domaines délimités préalablement par les structures existantes : il s'agit véritablement de développer des recherches féministes sur l'organisation de la connaissance.

En considérant le genre en tant que pouvoir structurant en relations internationales, trois dimensions étroitement imbriquées sont mises à jour. Le genre et ses effets doivent être analysés et considérés 1) sur le plan normatif (comment nous évaluons les situations et les gens) ; 2) sur le plan conceptuel (comment nous catégorisons et pensons) et 3) sur le plan organisationnel (comment nous agissons) (Peterson et Runyan, 1999 : 61). De manière concrète, le genre permet de comprendre combien :

> La prédilection (symbolique, discursive, culturelle) de la masculinité – *pas nécessairement des hommes* – est indispensable pour rendre naturelles les relations de pouvoir (corporelles, matérielles, économiques) qui constituent les hiérarchies structurelles. [...] En d'autres termes, concevoir le subordonné comme étant féminin – manquant d'agence, de raison, de capacités ou de culture – dévalorise non seulement les femmes, mais également les hommes marginalisés en raison de leur race, de leur culture ou de leur statut économique (Peterson, 2003 : 14. Italiques dans l'original).

Une nouvelle vague de travaux portant sur les hommes et la masculinité illustre d'ailleurs bien combien une analyse féministe peut non seulement être faite par un homme ou une femme, mais également centrer l'analyse sur les hommes et la façon dont

ceux-ci sont affectés et construits par le genre. Ces analyses montrent également que plusieurs types de masculinités existent (Kaufman 1999 ; Hooper 2001 ; Zalewski et Parpart 2008 ; Elias 2008) et que la culture populaire contribue et encourage le développement de certains types de masculinité (Cuordileone, 2005). Par exemple comment certaines normes de masculinité affectent-elles la propension des soldats mâles américains à reporter un viol commis par un autre soldat (Snel, 2003) ? Comment les soldats allemands infirmes et incapables de travailler à la suite de la Première Guerre mondiale ont-ils été féminisés et non « hyper » masculinisés par leurs blessures de guerre (Kienitz, 2002) ? Comment les Iraniens ont-ils associé la construction d'un certain type de masculinité avec un discours sur la modernisation de l'État lors du changement de régime entre 1870 et 1914 (de Groot, 2004) ?

Il faut cependant bien spécifier que ces études analysent comment le genre, ainsi que la masculinité et la féminité, sont des concepts relationnels et que souvent, la subordination de certains hommes repose sur une féminisation implicite de certains attributs physiques, comportements ou pratiques sociales. Ces recherches ne correspondent pas à une stratégie masculiniste de « symétrie » où on cherche à prouver que « les hommes souffrent autant, sinon plus » que les femmes et où on conteste la nécessité même du féminisme.

Notons enfin que si les travaux sur la masculinité constituent une excellente addition aux approches féministes en Relations internationales, l'intégration et le développement d'analyses inspirées des approches *queer* restent encore minimes et gagneraient à être développés en Relations internationales. Les approches *queer* renvoient de manière générale aux approches centrées sur les expériences gaies et lesbiennes, mais regroupent également toutes les approches contestant le genre et le sexe comme catégories fixes, y compris la division entre hétérosexuels et homosexuels. Les travaux de Margot Canaday (2008) et Eithne Luibhéid (2002) sur le contrôle de la mobilité et de l'immigration des homosexuels aux États-Unis en lien avec la sécurisation de la frontière constituent des exceptions notables. S'ils ne se situent pas exactement à l'intérieur de la discipline des Relations internationales, ces analyses illustrent néanmoins comment une analyse féministe pourrait rendre compte des réalités internationales vécues par les gais, lesbiennes et transgenres.

3. Variantes du féminisme

3.1 *Le féminisme libéral*

Le féminisme libéral constitue l'une des premières formes de théorisation féministe développée surtout pendant les années 1950 et 1960. Elle puise néanmoins ses sources dans les écrits de plusieurs figures marquantes des XVIIe, XVIIIe et XIXe siècles. Bien avant le mouvement en faveur du vote des femmes, des femmes comme Olympe de Gouges (1745-1793), Mary Wollstonecraft (1759-1797) et Harriet Taylor Mill (1807-1858) avaient marqué leur époque en revendiquant les droits des femmes au nom d'une tradition philosophique libérale. Cette tradition conçoit les êtres humains comme des agents rationnels et défend une conception individuelle de la nature humaine. Parce que l'individu est pourvu de la faculté de raison, il (et non elle, traditionnellement, il faut noter) a la possibilité de penser et d'agir rationnellement pour exercer son autonomie et faire des choix : cette base justifie l'idée qu'il existe des droits fondamentaux. Certains hommes d'esprit libéral reconnus, tels le marquis de Condorcet (1743-1794) ou le philosophe John Stuart Mill (1806-1873), ont également soutenu, à l'intérieur de certaines limites, l'émancipation des femmes au nom de ces principes libéraux de rationalité. En mettant de l'avant l'argument que les femmes, tout comme les hommes, sont des êtres humains rationnels, les féministes libérales vont réfuter l'idée qu'elles diffèrent des hommes « par nature ». Les analyses féministes libérales forment un ensemble de travaux assez cohérents, avec des thématiques rapprochées qui évoquent qui renvoient au libre choix, à l'égalité des droits de l'Homme, à la rationalité et à l'individualisme.

Pour les féministes libérales, l'égalité passe d'abord et avant tout par l'élimination des obstacles légaux et institutionnels qui empêchent les femmes d'avoir accès aux mêmes droits et aux mêmes positions de pouvoir que les hommes (Tickner, 2001 : 12). Leurs luttes s'effectuent ainsi autour de l'égalité de droit, de l'accès à l'éducation et d'un égal accès à la sphère économique. Le féminisme libéral explique la sous-représentation des femmes dans la sphère politique de deux façons. Premièrement, elle résulte du processus de socialisation et d'éducation, qui continue d'assigner et d'établir des sphères séparées et désignées aux hommes et aux femmes. La tendance, par exemple, à naturaliser le fait qu'il existe des métiers typiquement « féminins », comme institutrice ou infirmière, et « masculins », comme mécanicien ou militaire, doit être combattue. Deuxièmement, cette sous-représentation découle de contraintes systémiques, c'est-à-dire des lois qui limitent les libertés et droits des femmes à différents niveaux. La domination générale des hommes sur les femmes est vue ici comme un déséquilibre institutionnel. S'inscrivant en faux contre la tradition libérale conventionnelle, qui tend à limiter l'intervention de l'État, les féministes libérales croient que l'État et le droit correspondent à des structures idéales « neutres » qui assurent l'avancement de la cause des femmes et l'accès à une égalité de droit (Tickner, 2001 : 13). La revendication principale est d'« être traitées comme les hommes », puisque les femmes sont, comme les hommes, des « humains », compris ici comme une catégorie neutre. Alors que d'autres féministes vont faire valoir les inadéquations de l'État, du libéralisme économique ou encore de la tradition scientifique pour rendre compte de la vie et des besoins des femmes, les féministes libérales croient au bien-fondé *intrinsèque* de ces institutions : elles ne vont chercher qu'à *corriger* les biais dont elles font preuve.

Le féminisme libéral a été à la base des avancées féministes au sein du processus de développement de la démocratie libérale en Occident. Ainsi, des enjeux cruciaux tels que le droit de vote, l'accès aux postes de commandement militaires ou à la fonction publique ont pu être débattus et gagnés par ces féministes au nom de l'égalité de droit. Au-delà de ces succès indéniables, une analyse plus poussée révèle néanmoins des failles importantes de ce type de féminisme.

Tout d'abord, l'idée que les femmes sont dotées des mêmes qualités et des mêmes capacités que les hommes (elles peuvent être militaires, dirigeantes et chefs d'État) laisse supposer que l'on ait déjà atteint le standard supposément impartial de «l'homme-comme-norme». Cela laisse entendre que la norme de certains comportements dits «masculins» n'est pas contestée comme étant elle-même construite et subjective: elle correspond à une structure idéale qu'il s'agit atteindre. Cette démarche entraîne comme conséquence un engagement envers la construction d'un monde idéal «désexualisé», où «ultimement, la race, la classe et le genre s'avèrent non pertinents aux questions de justice parce que "au fond, nous sommes tous pareils"» (Offen, 1988: 123).

L'idéal libéral d'un terme générique d'«humain» est également tentant, mais il évacue le genre comme catégorie d'analyse des diverses relations de pouvoir au profit d'une conception de l'égalité qui est strictement limitée au sexe biologique. Cette prise de position est rassurante, car elle évite la controverse en affirmant que la solution se limite à une égalité des chances: tous sont égaux car tous bénéficient des mêmes accès légaux aux mêmes services (accès à l'emploi, possibilité de vote, etc.). C'est individuellement que la personne, homme ou femme, prouvera ses talents et capacités.

Cette conception est sans contredit celle considérée la plus «raisonnable» par les chercheurs réfractaires au féminisme, puisqu'elle n'implique pas de remises en question dramatiques des structures de pouvoir en place, mais plutôt une adaptation de celles-ci. Ainsi, le féminisme libéral ne fournit pas d'outils conceptuels pour rendre compte d'autres problèmes structurels au cœur des relations de pouvoir, comme les représentations sociales de la féminité et de la masculinité, qui sont notamment centrales pour comprendre l'institutionnalisation du militarisme et du nationalisme[2]. Il ne peut expliquer pourquoi, par exemple, malgré une égalité juridique, les femmes restent toujours minoritaires en tant que chefs d'entreprise ou encore comme hautes dirigeantes politiques. Le féminisme libéral n'explique surtout pas la division du travail qui affecte aux femmes et à elles seulement les tâches liées au soin des enfants et des personnes dépendantes, comme si les hommes étaient physiquement inaptes au travail domestique.

De plus, comme le souligne Pinar Bilgin, travailler avec la catégorie générique et apparemment neutre de «droits humains» (*human rights*) pour défendre les droits des femmes n'est pas sans problèmes. Bien souvent, le recours à une catégorie générique d'«humain» ne questionne pas les structures patriarcales et les considérations raciales qui rendent souvent la violation de ces droits possible et acceptable dans certains contextes mais non dans d'autres (Bilgin, 2004: 500) et ne mène pas non plus à une analyse de la relation complexe entre colonialisme, démocratie, droits de l'Homme et interventions armées, au nom de la défense de ces droits (Barkawi et Laffey, 1999). Les débats entourant l'intervention armée en Afghanistan par les forces de l'OTAN illustrent bien ces tensions. Au Canada comme aux États-Unis, plusieurs voix se sont élevées (et continuent de s'élever) pour justifier l'intervention armée et dénoncer les demandes de retrait des troupes comme étant «irresponsables» en soulignant la responsabilité morale de «libérer» ou de «ne pas abandonner» les femmes d'Afghanistan (Marso, 2007). Toutefois, plusieurs féministes soulignent que l'Administration américaine n'a seulement prêté oreille aux demandes de l'Association révolutionnaire des femmes d'Afghanistan (RAWA) et supporté celle-ci qu'une fois prise la décision d'intervenir militairement. Leurs demandes de soutien politique et financier avaient jusque-là été ignorées (Steans, 2006: 53), puisque la négociation avec les Talibans pour avoir accès à des pipe-lines en sol afghan était jugée prioritaire (Hunt et Rygel 2006: 7). Cet exemple illustre combien une catégorie neutre de «droits de l'Homme» peut, dans les discours politiques, se révéler plus genrée et racialisée qu'il n'y paraît et devenir l'objet d'instrumentalisation politique.

Malgré le fait que le féminisme libéral connaisse aujourd'hui un certain déclin dans les sphères universitaires, il serait faux de la juger dépassée, puisque

---

2. Pour une introduction sur ces thématiques, consulter notamment Enloe (1983, 2000), Yuval-David et Anthias (1989) et Ranchod-Nilsson et Tétreault (2000).

la reconnaissance de l'égalité et des droits des femmes constitue toujours un cheval de bataille important. Des objectifs qui sont loin d'être acquis, tels l'équité salariale, le droit à l'avortement ou encore l'accès à la contraception et à l'avortement dans les politiques d'aide gouvernementales à l'étranger, rappellent combien les droits des femmes restent des acquis fragiles et qui doivent être défendus au sein des institutions politiques actuelles. Les questions touchant au droit des femmes peuvent également se révéler problématiques lorsqu'elles concernent les possibilités de solidarité féministe transnationale. Par exemple : peut-on réconcilier le besoin de sécurité nationale des Américaines face aux menaces dites terroristes par une intervention armée en Afghanistan et le besoin de sécurité humaine des femmes afghanes ? L'excision correspond-elle à une pratique politique condamnable selon les droits de l'Homme nécessitant une intervention gouvernementale et des pressions internationales ? Sachant que ce sont surtout des femmes qui la pratiquent et que les femmes non excisées sont victimes de marginalisation dans leur propre communauté, est-il préférable de ne pas intervenir ? Ce genre de question démontre bien comment cette perspective peut s'inscrire dans les problématiques plus conventionnelles de la discipline des Relations internationales.

3.2 Le féminisme matérialiste/marxiste/socialiste

C'est au féminisme matérialiste (ainsi qu'au féminisme radical[3]) des années 1970 et 1980 que l'on doit la célèbre expression : « Le privé est politique » *(the personal is political)*. Beaucoup plus qu'un simple dicton vidé de son sens à force d'être répété, cette expression symbolise tout l'effort des féministes matérialistes à

questionner les sources soi-disant « naturelles » de la subordination des femmes, que ce soit l'éducation des enfants, la division du travail ou la charge des travaux domestiques. Ces enjeux, traditionnellement identifiés comme des questions d'ordre privé, donc à l'abri des questionnements politiques, ont été mis de l'avant pour illustrer non pas leur rupture par rapport à la sphère publique, mais leur rattachement au système global capitaliste et culturel environnant. On peut évidemment rattacher les fondements de ce type de féminisme au célèbre ouvrage *L'origine de la famille, de la propriété privée et de l'État* (1978 [1884]) d'un des deux fondateurs du marxisme, Friedrich Engels (1820-1895). C'est dans cet esprit d'interdépendance des sphères de production et de **reproduction sociale** qu'Enloe affirme que :

> Le rapport hiérarchique présent dans la chambre à coucher n'est pas détaché des rapports hiérarchiques présents dans les transactions ayant cours sur le marché du café ou dans les affaires étrangères. Les questions à poser sont : où et comment ces hiérarchies sont-elles reliées entre elles ? Avec quelles conséquences pour les vies vécues dans les chambres à coucher, sur les planchers des marchés boursiers et dans les cercles diplomatiques ? (1996 : 193)

Le féminisme socialiste constitue un mélange assez éclectique d'idées et d'influences, allant du marxisme au féminisme radical, en passant par la psychanalyse. La triple appellation de féminisme matérialiste/ marxiste/socialiste indique, d'ailleurs, la pluralité de catégorisation dont ces types d'analyses se réclament. S'il existe clairement des différences entre ces différentes appellations qu'il importe de ne pas ignorer, elles ont néanmoins toutes en commun un engagement féministe critique avec le matérialisme historique (voir le chapitre 10), compris comme un savoir critique source d'émancipation : « Le matérialisme historique propose une méthode systémique qui donne un sens à la vie sociale dans le capitalisme tout en étant un agent pouvant le transformer » (Hennessy et Ingraham, 1997 : 4).

Pour des raisons d'espace, et en raison de ce point de rencontre s'effectuant à des niveaux plus ou moins éloignés, nous conserverons ici l'appellation

---

3. Décrit par des auteurs comme Catherine MacKinnon, Mary Daly et Andrea Dworkin, le féminisme radical insiste surtout sur un essentialisme féminin et sur une conception universelle du patriarcat. Il s'agit d'un type important de féminisme dont les apports théoriques ont été marquants dans l'histoire du féminisme occidental. Cependant, puisqu'il est considéré comme dépassé et problématique par la majorité des féministes en Relations internationales, cette variante n'est pas incluse parmi les diverses approches féministes détaillées dans le présent chapitre. Voir Daly (1990 et 1993).

«féminisme matérialiste». Elle sera utilisée comme terme générique pour capturer toute l'étendue et les variantes de ces formes de féminisme qui, même si elles ont initialement été inspirées par les théories marxistes, ont évolué dans diverses directions qu'il ne faudrait pas sous-estimer.

Contrairement aux féministes libérales, qui vont considérer les inégalités entre les hommes et les femmes comme résultant d'un «déséquilibre institutionnel», les féministes matérialistes vont parler d'une véritable oppression résultant de la promotion d'une idéologie systémique : le **patriarcat**. Toutefois, la définition du patriarcat varie énormément d'un auteur à l'autre. Certaines féministes le considèrent comme une idéologie universelle particulière, alors que d'autres jugent qu'il correspond à une structure flexible et plurielle qui évolue sous diverses formes dans le temps et l'espace. De manière générale, on peut définir le patriarcat comme une construction sociale *structurelle* résultant d'une série de pratiques historiographiques, philosophiques et culturelles qui assurent une domination des hommes sur les femmes. Les féministes matérialistes, toutefois, vont beaucoup plus loin que cette généralité : elles avancent que le patriarcat correspond à une idéologie, voire à un mécanisme structurel de contrôle du travail des femmes et de leur rôle au sein de la reproduction sociale. Cette domination va se traduire par une appropriation, un contrôle et une régulation de leur travail, de leurs corps et de leur savoir.

La prémisse des féministes matérialistes est qu'au sein du système capitaliste et du système patriarcal, les femmes correspondent à des citoyennes de deuxième classe. L'émergence du capitalisme a permis d'établir une distinction claire entre la sphère privée de la maison et la sphère publique du travail, seule considérée «valable» dans une logique capitaliste. C'est la sous-estimation de ce rôle de reproduction sociale qui fait dire aux féministes matérialistes que la théorisation marxiste constitue une base intéressante, mais non suffisante, puisqu'elle n'aborde pas directement les questions de genre, qu'elle subordonne aux intérêts de classe. Les féministes matérialistes vont ainsi tenter de concilier les deux éléments de genre et de classe

dans leurs analyses. Cette démarche a donné naissance à deux débats parallèles : l'un sur l'existence de systèmes duels distincts et autonomes qui se complètent (le capitalisme et le patriarcat) et l'autre sur les systèmes unifiés (le capitalisme en tant que système patriarcal).

Pour les féministes matérialistes, les fondations de l'oppression des femmes reposent principalement sur le contrôle des hommes sur le produit du travail des femmes : «[L]e travail des femmes continue à être une source primaire d'accumulation du capital. Nourrir les enfants et prendre soin d'eux, soigner les malades et les personnes âgées et fournir l'une des principales sources de travail salarié bon marché constituent depuis longtemps la contribution des femmes à l'accumulation globale» (Hennessy et Ingraham, 1997 : 1 et 2). Encore une fois, l'idée n'est pas ici de prétendre que tous les hommes, chacun pris individuellement, cherchent sciemment à exploiter les femmes, mais plutôt de mettre en lumière les biais de genre systémiques. Un rapide coup d'œil aux statistiques confirme la situation d'infériorité généralisée des femmes un peu partout sur la planète. Ainsi, bien qu'elles forment la moitié de la population mondiale, les femmes reçoivent seulement 10 % des revenus mondiaux, ne possèdent que 1 % de la propriété globale mais constituent 80 % des 27 millions de réfugiés sur la planète. Leur travail correspond également aux deux tiers du travail mondial non rémunéré, et ce, alors que les femmes sont responsables de la culture de 50 % de la production agricole mondiale (voire de 80 % à 95 % dans les cas d'agriculture de subsistance en Afrique et dans les régions les plus défavorisées) (Pettman, 2005 : 676). Cet aspect systémique est fondamental, puisqu'il implique que des changements dans une seule sphère, qu'elle soit culturelle, légale, économique ou étatique, ne sont pas suffisants pour éliminer l'oppression des femmes.

De nombreuses questions des relations internationales évaluées à partir d'un cadre féministe matérialiste permettent de jeter un éclairage neuf sur des phénomènes d'actualité en montrant les relations étroites existantes entre la sphère de reproduction sociale (qui inclut notamment le soin des malades et la préparation des repas) et la sphère du travail (voir Peterson, 2010, Kim, 2010, Johnson, 2010). La féminisation de l'immigration, par exemple, reflète l'augmentation de la demande pour des services domestiques dans les pays riches (Parreñas, 2001, 2008 ; Kingma, 2006) : ainsi, que ce soit comme infirmières ou femmes de ménage, des milliers d'immigrantes viennent répondre chaque année aux besoins des familles et ménages surmenés – soulevant du même coup la question de la solidarité féministe entre classes (Ehrenreich et Hochschild, 2004). Par exemple, comment analyser d'un point de vue féministe une avocate engageant à rabais une gouvernante mexicaine pour s'occuper de ses enfants, une décision basée sur le fait qu'elle ne peut se permettre un congé de maternité prolongé sans risquer de mettre son emploi ou sa promotion en jeu ? La fin d'une oppression des femmes dans un contexte dépend-elle d'une autre forme d'exploitation ? Quels liens peut-on établir entre le développement des phénomènes du trafic des femmes et des « mariages sur commande » (*mail-order brides)* et le développement du capitalisme global dans les pays d'Europe de l'Est ? Comment expliquer que le tourisme sexuel constitue l'une des assises économiques de plusieurs pays en développement comme la Thaïlande et les Philippines ? Comment cette réalité s'inscrit-elle dans les rapports Nord-Sud ? Comment le travail domestique (reproduction) des femmes américaines est-il une condition nécessaire à l'impérialisme des États-Unis ?

3.3 *Le féminisme* standpoint

Le féminisme matérialiste marque une rupture avec le féminisme libéral en affirmant que ce n'est pas tant le fait de ne pas être traitée comme un homme qui est au cœur du problème de l'inégalité entre les hommes et les femmes que la construction sociale de la masculinité et de la féminité et des sphères d'activité qui leur sont associées. Cette idée de subjectivité marquée par le genre a ainsi amené certaines féministes à développer des analyses faisant état de savoirs situés et spécifiquement féminins (ou masculins) pour démontrer que les femmes raisonnent et pensent différemment des hommes. Appelé *standpoint*, ce type

de féminisme cherche à mettre en valeur cette différence tout en gardant en tête que ce savoir « féminin » a traditionnellement été discrédité.

Le féminisme *standpoint* défend l'idée que la réalité sera perçue différemment selon la situation matérielle où l'on se trouve. Tout savoir reflète les intérêts et les valeurs de groupes sociaux spécifiques dont la construction est affectée par un contexte social, politique, idéologique et historique (Tickner, 2001 : 17).

Le développement du féminisme *standpoint* a favorisé l'essor d'études empiriques originales où les femmes ont leurs voix. Il faut néanmoins bien prendre garde de ne pas confondre *standpoint* avec simple « point de vue » ou « opinion », qui suggèrent une subjectivité réduite à l'expression d'un point de vue parmi d'autres sans fondements sérieux.

> Un *standpoint* n'est pas simplement une position intéressée (interprétée comme un biais), elle est intéressée au sens où elle est engagée. […] En tant que vision engagée, soit la compréhension de l'opprimé, l'adoption d'un *standpoint* expose les vraies relations entre les êtres humains comme étant inhumaines, va au-delà du présent et renferme un rôle historique d'émancipation (Hartsock, 2004 : 36).

Le *standpoint* n'est pas automatiquement acquis : il s'agit en fait d'une réalisation, de quelque chose pour lequel l'opprimé lutte et qui requiert à la fois la science et la politique pour être soutenu (Harding, 2004 : 8).

Sur le plan théorique, le féminisme *standpoint* est présenté de plusieurs façons. Pour certains auteurs, il s'agit d'une philosophie des sciences naturelles et sociales, pour d'autres c'est une épistémologie, ou une méthodologie (une méthode prescriptive de recherche, selon certains), ou simplement une stratégie politique (Harding, 2004 : 2). On peut toutefois identifier trois types de questions générales qui se posent pour les féministes *standpoint* : 1) Quelles idées et pratiques touchant le genre ont été utilisées pour maintenir, créer et soutenir une sous-représentation et une injustice à l'endroit des femmes et d'où proviennent ces idées ? 2) Quelles idées sont véhiculées à propos des relations appropriées entre hommes et femmes, c'est-à-dire quel est le rôle que les femmes sont censées jouer dans la société et comment la définition de ce que c'est que d'être un homme ou une femme influe-t-elle sur les pratiques de certains acteurs et de certaines institutions? 3) Quelles conditions matérielles et quelles forces sociales contribuent à la reproduction de ces pratiques et font paraître la subordination et l'oppression des femmes comme naturelle, voire souhaitable, pour le bon fonctionnement de la société?

La science et l'empirisme ne sont pas remis en cause en tant que tels par les féministes *standpoint*. Il existerait en fait une «bonne» science, consciente de ses biais et qui tente de les corriger, et une «mauvaise» science, qui refléterait les biais de genre latents au sein de la société. Le contexte culturel et historique d'élaboration et de justification du discours scientifique acquiert ici une importance cruciale. Ces féministes n'hésitent donc pas à dénoncer les analyses positivistes, qui font reposer la science sur la réalité cognitive des modèles qu'elle *présuppose* plutôt que sur la réalité cognitive des **sujets** qu'elle étudie. Comme le souligne Sandra Harding, le problème n'est pas tant les préjugés et biais de genre individuels (malgré l'existence de tels cas) que le refus de voir que les concepts et modèles portés par diverses disciplines font la promotion d'intérêts et de préoccupations institutionnelles dominantes, traditionnellement masculines. On peut ainsi recenser, au cours de l'histoire, plusieurs justifications «scientifiques» de l'exclusion des femmes et d'autres groupes marginalisés, qui reposent sur des préjugés associés à leur physiologie[4]. Il en résulte que la réalité dépeinte dans les divers modèles disciplinaires ne reflète donc pas tant les réalités telles qu'elles sont vécues et perçues par les femmes que la perception que ceux qui parlent en leur nom s'en font.

Pour les féministes *standpoint*, les femmes (comme les prolétaires dans la théorie marxiste) partagent un espace de savoir et de signification. Par conséquent, elles vont commencer la recherche à partir de la vie des femmes pour exposer le processus d'aliénation et de naturalisation de leur subordination. L'approche permet en fait d'entraîner la production de *sujets* collectifs de recherche (et non de simples *objets* de recherche) ainsi que la création de mouvements de conscientisation opposés aux groupes hégémoniques (qu'ils soient scientifiques, politiques ou autres) qui parlent *au nom* de l'Autre au lieu de le laisser s'exprimer. Le résultat serait donc des affirmations socialement construites, certes, mais moins partiales et plus représentatives de la réalité vécue et des injustices.

La question de la formation d'identité et de consciences collectives (comment se forment-elles? Qui en fait partie? Qui en est exclu?) reste néanmoins largement débattue. Certaines critiques soulignent le fait que le féminisme *standpoint* tient trop facilement pour acquis que le *standpoint* est nécessairement porteur de progrès social. Or, certains groupes d'extrême droite, comme certains groupes de milices américaines, peuvent se réclamer d'une position de marginalité et d'oppression. Ce n'est pas suffisant de se sentir victime – la difficulté échoit alors à savoir comment départager la «vraie» victime de la «fausse» victime.

3.4 Le féminisme postcolonial

Vu par plusieurs comme une extension du féminisme *standpoint*, voire une version renouvelée de celui-ci, le féminisme postcolonial s'est développé au sein de la discipline au début des années 1990 à partir des expériences vécues par les femmes de couleur (*women of colour*)[5], provenant de minorités ethniques, d'immigrantes ou encore de pays dits du Tiers monde. Ces voix féministes étaient marginalisées, voire supprimées au sein des mouvements féministes occidentaux. L'arrivée du féminisme postcolonial forcera un tournant réflexif déterminant au sein de ces milieux.

---

4. Il est intéressant de noter, par exemple, que le terme médical «hystérectomie», qui désigne l'opération consistant à retirer les organes reproducteurs d'une femme, renvoie à l'idée d'arracher la «racine» de l'hystérie féminine (Zalewski, 2000: 9).

5. Les féministes postcoloniales utilisent l'expression «women of colour», mais on pourrait questionner cette dénomination, puisqu'elle a notamment l'effet de faire des femmes «blanches» une norme neutre et que l'expérience de ce qu'est être «une femme de couleur» peut varier énormément selon le contexte social.

Le terme «postcolonial» comporte plusieurs significations. Dans les travaux des féministes postcoloniales, il renvoie, dans un premier temps, à une désignation institutionnelle, soit «l'après-colonialisme», une structure où une ancienne colonie se libère de la domination de sa métropole. Dans un second temps, il réfère à une location structurelle au sein de l'économie politique, plus ou moins circonscrite aux pays du Tiers monde, et qui reconnaît tacitement une hégémonie mondiale du capitalisme libéral. Enfin, une troisième lecture du terme englobe non seulement ces deux aspects macrostructuraux, mais y intègre une dimension subjective sociale, historique et culturelle qui inclut la question identitaire en questionnant la signification du vécu postcolonial (Ling, 2002: 67-68). En intégrant ces perspectives, les analyses féministes postcoloniales englobent plusieurs critiques féministes *standpoint* du capitalisme et du patriarcat en privilégiant le point de vue des femmes de couleur. Toutefois, elles s'en distinguent en ajoutant une composante idéologique particulière souvent négligée, soit le racisme, le colonialisme et le néocolonialisme (ou l'impérialisme) comme institutions contribuant de manière décisive à l'oppression des «femmes de couleur» (Peterson et Runyan, 1999: 172).

Pour les féministes postcoloniales, la notion de genre n'est jamais exempte de considérations raciales, au même titre que l'idée de race comporte toujours des dimensions de genre. C'est pourquoi, pour elles, les concepts de sécurité et de pouvoir ne sont pas des notions «neutres»: ils sont, au contraire, directement imbriqués au sein de relations sociales de classes, de genres et de races souvent évacuées dans les analyses orthodoxes qui parlent plutôt de «bien collectif» qui, souvent, s'avère un «bien particulier» qui favorise un groupe en particulier. Les féministes postcoloniales dénoncent également ce qu'elles considèrent comme des pratiques colonialistes de la part de plusieurs féministes occidentales, qui chercheraient à «sauver» les femmes du Tiers monde en les présentant comme des victimes passives de «traditions» ou encore comme des êtres à «éclairer», tout en masquant la part de responsabilité des pays occidentaux dans les problèmes vécus par ces femmes du Tiers monde:

> Prétendre que «les problèmes des femmes du Tiers monde» soient fondamentalement des problèmes liés au fait que «les femmes du Tiers monde sont persécutées par les pratiques culturelles patriarcales traditionnelles» [...] semble être une présomption imprégnée de la façon dont l'opinion occidentale comprend les contextes du Tiers monde et des problèmes auxquels font face les femmes à l'intérieur de ceux-ci. Cette présomption [...] masque à quel point les «problèmes des femmes du Tiers-monde» sont ancrés dans la «modernisation» et le changement social – comme ceux résultant des politiques économiques et de «développement» actuelles qui ont pour conséquence la dévastation écologique, l'accès limité des femmes aux ressources de production comme la terre et l'emploi, l'hyperexploitation et les conditions dangereuses de travail sur la «chaîne globale de production» (Narayan, 1997: 60).

Les féministes postcoloniales chercheront à savoir, par exemple, comment on peut comparer la question de la pratique du *sati* ainsi que les meurtres reliés à la dot des femmes en Inde avec la violence domestique aux États-Unis, ou encore de quelles façons les applications d'initiatives de microcrédits du Fonds monétaire international dans plusieurs pays africains affectent les femmes africaines. Certains auteurs n'ont pas manqué de relever que les présupposés universalistes de certaines féministes libérales («nous sommes tous humains») n'étaient pas dissociés d'un ordre du jour économique néolibéral et d'un universalisme reposant sur un modèle hiérarchique de développement implicitement européen (Chandler et Hynek, 2010). En fait, autant dans les cercles activistes que les milieux universitaires, la tension reste grande entre les féministes rejetant d'emblée le féminisme libéral et la promotion aveugle d'un discours (faussement) neutre des «droits de l'Homme» et celles travaillant activement à la promotion de ces droits pour améliorer la condition des femmes dans leur vie quotidienne (voir Byrnes, 1992).

Les travaux des féministes postcoloniales se concentrent surtout sur les phénomènes liés à la mondialisation et aux processus économiques, migratoires, militaires, culturels et politiques qui les accompagnent. Pour elles, la mondialisation correspond à la continuation d'un processus de colonisation à la fois économique et culturel de la part des puissances occidentales. Au sein même de la discipline des Relations internationales, le phénomène de colonisation

> est essentiellement un phénomène discursif, qui s'attarde surtout sur un certain mode d'appropriation et de codification des travaux et du savoir portant sur les femmes du Tiers monde par l'utilisation de catégories analytiques précises employées dans des écrits spécifiques sur le sujet qui eux prennent comme référence les intérêts féministes tels qu'ils sont articulés aux États-Unis et en Europe occidentale (Mohanty, 2003 : 17).

Les féministes postcoloniales mettent en lumière la surexploitation du travail de production et de reproduction sociale des femmes du Tiers monde nécessaire à l'expansion globale du capitalisme. Elles réfléchissent aussi sur les effets de la commercialisation de la culture et du tourisme, vus tous les deux comme des biens de consommation dans un contexte d'homogénéisation culturelle. Les féministes postcoloniales exposent la réalité locale des femmes de couleur, mais en la reliant à des phénomènes économiques plus larges, elles remettent en cause la distinction traditionnelle établie entre phénomènes locaux et phénomènes globaux (Peterson et Runyan, 1999 : 174).

> L'exploitation et l'oppression perdurent par 1) la division constante du monde entre ceux qui sont « développés » et qui n'ont plus besoin d'éducation, ceux qui « se développent » et qui ont encore besoin d'éducation, et ceux qui sont « sous-développés » et justifient plus de contrôle et de gestion extérieure, ainsi que par 2) la production d'idées qui expliquent et rendent légitime cette division par l'institutionnalisation de lois, de règles et d'idées (occidentales, blanches, coloniales) (Agathangelou et Ling, 2004 : 31).

Ces moutures plus récentes de féminisme favorisent **l'intersectionnalité**. Ce concept, initialement développé par la féministe noire[6] Kimberlé Crenshaw (1989) et

développé considérablement en droit (Grabham *et al.* 2008), renvoie à l'interaction et le point de rencontre entre la classe, « le genre, la race et autres catégories de différentiation dans les vies personnelles, les pratiques sociales, les arrangements institutionnels, et les cultures idéologiques et les conséquences de ces interactions en terme de pouvoir » (Davis, 2008 : 68). Ce concept offre l'avantage de localiser et d'illustrer concrètement certaines formes d'oppression sans leur conférer un caractère universel. Par exemple, Hung Cam Thai (2008) montre comment les nombreux Vietnamiens immigrant aux États-Unis et engagés dans les salons de beauté sont dans un rapport de pouvoir inégalitaire face à leurs clientes. Toutefois, par rapport à d'autres immigrants évoluant dans d'autres sphères de travail, les Mexicains par exemple, ils sont perçus beaucoup plus favorablement. Une analyse intersectionnelle illustrera comment, dans certaines politiques et situations données, certaines considérations identitaires affectent les structures de pouvoir, et pas nécessairement dans un rapport symétrique : dans certaines circonstances, les considérations de classe pourraient jouer beaucoup plus que la race, ou vice-versa. La complexité analytique des analyses intersectionnelles contribue immanquablement à leur richesse, mais rend leur application plus difficile, puisqu'il faut constamment analyser l'évolution de l'*interaction* entre la race, le genre et la classe, et non pas simplement identifier l'une des catégories comme étant dominante et négliger les autres. Ainsi, il ne faut pas décider par exemple si je suis une femme ou si je suis noire, mais bien analyser le fait d'être une femme noire (hooks, 1981).

Les analyses intersectionnelles permettent la production d'analyses politiques nuancées et le principal défi consiste à rendre compte de la diversité des

---

6. L'épithète « féministe noire » est importante ici, car elle correspond à un courant féministe for développé aux États-

Unis, soit le *Black feminism*. Le *Black feminism* renvoie à l'expérience des femmes noires américaines et s'est développé dans les milieux activistes et universitaires depuis les années 1970. Il s'est fait notamment connaître avec les travaux de Patricia Hill Collins et Deborah King. Ce type de féminisme stipule que le genre, la classe et la race sont intimement liés et doivent être analysés simultanément, ce qui a donné lieu au développement du concept d'intersectionnalité.

expériences vécues tout en trouvant une fondation commune pour favoriser la solidarité entre diverses féministes et ainsi conserver toute la dimension politique active du féminisme (Zack, 2007). C'est notamment dans certains contextes politiques, par exemple lors du Forum social mondial ou la Conférence mondiale des femmes, qu'on peut constater combien une analyse intersectionnelle peut amener des pistes analytiques permettant d'expliquer des différences de positions fondamentales entre plusieurs féministes provenant de divers milieux – et, partant, illustrer la difficulté de trouver un terrain de solidarité commune. Cette recherche d'un fondement commun pour mener une action politique concertée tout en tenant compte de la pluralité des identités et des expériences vécues est d'ailleurs l'un des défis principaux que tente de relever le féminisme postcolonial. En fait, certaines féministes postcoloniales vont affirmer que le point d'ancrage des luttes des femmes provenant de diverses régions du monde n'est pas tant dans la similarité de leur exploitation que dans leur adhésion volontaire à la création d'une solidarité engagée dans une lutte anticapitaliste, antimilitariste et anti-impérialiste (Mohanty, 2003 : 8-9). Enfin, l'approche féministe postcoloniale mondialiste (*worldism*) d'Anna Agathangelou et L. H. M Ling représente les derniers développements théoriques féministes en RI tentant de réconcilier l'intersectionnalité et une solidarité féministe transnationale (Agathangelou et Ling, 2009).

3.5 Le féminisme postmoderne

En cherchant à pousser plus loin les questions liées à l'identité et au savoir, les tenantes du féminisme *standpoint* ont soulevé des questions cruciales : quelles sont les sources du savoir ? Si cette source est dans le simple fait physique d'être homme ou femme, qu'est-ce qui fait d'un homme un homme ou d'une femme une femme ? D'autres identités ou d'autres sites affectent-ils le savoir ? Si l'oppression vécue par certaines femmes blanches américaines, par exemple, n'est pas la même que celle vécue par les femmes asiatiques indonésiennes, peut-il y avoir néanmoins la formation d'une identité politique commune de lutte fémi-

niste ? C'est en examinant ce type de questions que l'idée d'**essentialisme** et d'universalité des expériences est apparue limitative pour certaines féministes. Pour problématiser davantage ces réalités, une nouvelle entreprise de théorisation s'avérait nécessaire, ce qui a mené au développement de la littérature féministe postmoderne.

Les approches féministes postmodernes (aussi parfois appelées approches féministes poststructuralistes, les deux termes étant utilisés à tort de manière interchangeable) puisent directement leurs sources dans le postmodernisme/poststructuralisme (voir le chapitre 15). Tout en adoptant les idées et méthodes des auteurs poststructuralistes, elles s'en distinguent par leur projet avoué de mettre l'accent sur les structures de pouvoir qui marginalisent les voix des femmes, et qui façonnent le genre et le féminin. L'épistémologie féministe postmoderne refusera l'idée d'un savoir objectif et tentera plutôt de répondre aux questions suivantes : qu'implique la connaissance ? Qui a accès à la connaissance et où ? Quelles implications ces diverses localisations ont-elles sur le savoir ? Quelles sont les conséquences de l'usage de la théorie pour une analyse féministe, si l'on considère que certains énoncés regroupés sous l'appellation de « théorie » ont des racines clairement masculinistes et eurocentristes ? La théorie, y compris la théorie féministe, peut-elle être distincte des formes actuelles de politiques, n'est-elle pas en soi une forme de politique, donc de contrôle ? On recense de multiples approches féministes postmodernes qui chercheront d'abord et avant tout à mettre en lumière les pratiques d'exclusion et les rapports dichotomiques qui ont été mis en place au sein de la discipline et qui affectent l'orientation de son développement.

Les approches féministes postmodernes se sont surtout développées en théorie politique au début des années 1990 avec les travaux de Judith Butler (1990, 1993, 2005) et se présentent comme une alternative aux récits universels et totalisants qui seraient promus par le féminisme libéral ou matérialiste. Le féminisme postmoderne met l'accent sur la construction sociale et discursive du rapport à l'**altérité** et cherchent à en analyser les effets de vérité tout en tentant de décentrer les postures masculines de domination (Bigo, 2002). Ces féministes refusent l'idée d'une expérience féminine « authentique », voire d'un point de vue à partir duquel il serait possible de faire reposer une compréhension globale du monde. Ainsi, il existerait « plusieurs points de vue locaux à partir desquels on peut questionner plusieurs stratégies de discipline » (Sylvester, 1994 : 13). Loin de constituer un ensemble théorique cohérent, le féminisme postmoderne est éclaté et exprime l'idée de *différance*[7], où la signification du mot « femme » peut être construite, appréhendée, mais jamais totalement définie, puisque les féministes postmodernes sont

> sceptiques par rapport au degré dont les expériences d'un groupe particulier de personnes appelées « femmes » peuvent être utilisées pour parler au nom d'autres groupes de « femmes » [...] étant donné que les féministes occidentales ont, historiquement, construit les femmes non occidentales comme « Autre » (Steans, 1998 : 28).

Avec le féminisme postmoderne, le genre n'est plus un déterminisme conditionnant l'action et l'orientation de la pensée du sujet rationnel, mais bien un spectacle, qui est joué sur soi par les autres et joué sur les autres par soi-même. Il en résulte que le concept de « sexe » devient lui-même construit et non pas une réalité objective que l'on peut opposer au concept de genre : « le sexe ne *décrit* pas une mentalité préalable, mais produit et régule *l'intelligibilité* de la *matérialité des corps* » (Butler, 1995 : 52).

---

7. Un concept central de Jacques Derrida, la *différance* renferme en un mot la double connotation française du mot « différer ». La différance diffère (dans le sens classique qui renvoie au non identique, donc à ce qui est différent) et temporise (du verbe « différer », remettre à plus tard). Le concept de différance traduit donc l'idée de la différence, mais pas de la différence absolue, essentialisé : la différence est constamment redéfinie, repoussée (du verbe différer). La différence ne pourra donc jamais vraiment être appréhendée et le sens d'un mot ou d'une expression ne pourra jamais être saisi comme identique à son écriture. Elle permet de rendre compte des conditions de possibilité de ce qu'on appelle le réel, et non pas du réel lui-même. Il n'a pas d'essence en soi (Dosse, 1992 : 47).

Les féministes postmodernes rejettent l'idée d'une identité sexuelle où le genre et le sexe seraient totalement définis ou fixes. Le corps sexué et divisé en deux sexes fixes est compris non pas comme un phénomène naturel, mais bien comme un processus de **performance** où ces identités sont sans cesse affirmées et réactivées par diverses pratiques langagières et corporelles, ainsi que par des structures de pouvoir. Cette **déconstruction** du sujet n'implique toutefois pas sa destruction, comme plusieurs semblent le croire (Butler, 1993 : 7). Il importe de bien comprendre que les féministes postmodernes ne nient pas les injustices et les souffrances vécues par les femmes. Elles vont plutôt s'interroger sur la production de la compréhension que l'on peut avoir de ce qu'est une « femme » et des implications politiques rattachées à une telle signification (Butler, 1990 : 339). Ainsi, la majorité des analyses féministes postmodernes vont chercher à analyser comment la féminité et la masculinité sont partie intégrante de divers discours (compris ici comme référant à beaucoup plus qu'un discours prononcé, voir le chapitre sur le poststructuralisme), notamment ceux concernant l'appareil militaire, l'État et la guerre (Cohn, 1987, Hansen, 2001 et 2006). Elles vont souligner combien le langage constitue la réalité autant qu'il la décrit et que plusieurs discours de sécurité, nationalistes ou militaristes, reposent en fait sur certaines prémisses genrées (ex. Shephard 2008). Ainsi, dans son étude du viol utilisé comme arme de guerre en Bosnie, Lene Hansen (2006 : 190) explique que

> les viols ont mis en lumière l'importance sur le genre tout en investissant les deux communautés nationales de constructions spécifiques de la masculinité et de la féminité [...]. L'objectif était d'instaurer une masculinité démunie chez les hommes à l'intérieur de la nation, tel qu'il est illustré par l'idée serbe qu'une femme enceinte n'était qu'un récipient passif portant un enfant de la nationalité.

La démarche poursuivie par les féministes postmodernes est différente des autres approches féministes dans la mesure où « le but n'est pas de libérer les femmes de l'oppression ou d'identités oppressives, toutes les identités pouvant l'être. [...] Le projet crucial est d'étudier les mécanismes de pouvoir qui ont forgé les identités féminines de manière à pouvoir résister à l'identité elle-même » (Zalewski, 2000 : 27). L'identité de divers groupes devient déterminée au sein de rapports hiérarchiques où le savoir dominant constitue le savoir présenté comme étant *la* vérité. Cette vérité, aux yeux des féministes postmodernes, n'a rien d'objectif et constitue plutôt autant de « régimes de vérités » qui reflètent les structures de pouvoir en place et qu'il convient de déconstruire. Le pouvoir devient ici intimement relié au langage.

Pour les féministes postmodernes, il apparaît donc que tout savoir s'inscrit dans une dynamique de pouvoir, est le reflet de nombreux rapports dichotomiques binaires existants – tels que masculinité/ féminité, public/privé, souveraineté/anarchie, rationalité/émotivité – dont le premier terme est souvent privilégié et présenté comme idéal par rapport au deuxième, qui est dévalué et implicitement inférieur. Ces dichotomies ont un impact direct sur l'organisation de la discipline et sur ce qui est jugé légitime ou non comme savoir produit. Les féministes postmodernes vont surtout se concentrer sur l'exposition de ces dichotomies par diverses démarches de déconstruction.

Cette approche renferme toutefois une contradiction en soi, puisqu'il doit à la fois mettre « la femme » au centre de l'analyse tout en cherchant à déconstruire les concepts réifiés et pris comme préexistants, y compris celui de « femme ». Si le langage n'est pas une structure objective, mais bien une source de pouvoir contribuant à la formation de la réalité qu'il vise à décrire, déconstruire les récits qui constituent le champ des Relations internationales devient un exercice incontournable. Il devient ainsi possible, par exemple, d'examiner comment les discours américains pour justifier la guerre en Irak font souvent appel à une certaine conception de masculinité valorisée par rapport au caractère lâche ou « efféminé » de ceux qui la rejettent (voir l'encadré La guerre en Irak selon les approches féministes).

Une analyse féministe postmoderne pourrait également s'attarder sur une généalogie du discours prôné par la théorie réaliste des relations internationales et examiner comment celui-ci a évolué parallèlement à une certaine construction sociale de la masculinité. Le fait que les études de sécurité bénéficient d'un plus grand prestige universitaire par rapport aux études sur la paix illustre cette association inconsciente entre masculinité et féminité. La représentation de l'Afrique comme étant un continent « féminin » anarchique ne demandant qu'à être discipliné par des puissances « masculines » fortes et stables comme les États-Unis dans le cadre de la lutte contre le VIH/sida constitue également un autre exemple d'analyse féministe postmoderne (D'Aoust, 2004).

4. Épistémologie

L'épistémologie concerne la nature de la connaissance et la façon dont on prétend à la connaissance. Elle revêt un aspect crucial pour les féministes, qui remettent en question la nature du savoir produit au sein du champ des Relations internationales. L'épistémologie féministe « admet la nature politique de nos tentatives d'accéder au savoir et accepte la responsabilité de poursuivre une "politique de la connaissance de la réalité" au même titre qu'une "politique de la réalité en elle-même" » (Fowlkes, 1987 : 2). En fait, même les théories qui se réclament du positivisme ne peuvent éviter des présupposés normatifs en sélectionnant les données importantes, en les interprétant et en expliquant pourquoi elles le sont (Cochran, 1999 : 1). Ces approches ne peuvent donc affirmer que les approches féministes ont un caractère politique tandis qu'elles n'en auraient pas.

Bien que les approches féministes se distinguent des théories orthodoxes en Relations internationales, elles n'en restent pas moins divisées entre elles. Selon le type de féminisme proposé, l'épistémologie peut varier du matérialisme historique, de l'épistémologie de « la prise de position du point de vue féminin » (*standpoint*) en passant par l'herméneutique.

Certaines féministes ont proposé des reconstructions théoriques, notamment celle d'exposer un nouveau savoir féminin où l'« expérience féminine » serait à la base d'une épistémologie féministe (l'épistémologie du féminisme *standpoint*). Les bases communes de cette expérience sont discutables et peuvent parfois naturaliser à tort certaines caractéristiques traditionnellement associées aux hommes et aux femmes[8], et ce, même si une distinction est établie entre *l'*expérience féminine et *les* expériences féminines. Le lien entre expérience et connaissance reste également complexe : est-il réellement évident que plus une femme accumule des expériences d'oppression, plus elle *sait* et peut établir un savoir féminin juste et représentatif ? Cette conception nécessite la reconnaissance d'un modèle d'acteur rationnel qui ne tient pas compte d'une logique d'aliénation que l'on retrouve, entre autres, dans certaines variantes féministes marxistes.

De nombreuses autres questions épistémologiques sont débattues, notamment : peut-on vraiment trouver un fondement commun pour toute recherche féministe ? Y a-t-il un savoir proprement féminin ? Si oui, sur quoi repose-t-il ? Si non, sombre-t-on nécessairement dans le relativisme épistémologique ? Si les concepts existants comportent des biais de genre, peut-on néanmoins les utiliser pour se faire comprendre ? Doit-on les éviter et en proposer de nouveaux, en prenant le risque que cette démarche s'effectue au détriment d'une communication vaste auprès d'un auditoire universitaire ? Reconnaître la différence des femmes entre elles et la variété de leurs expériences *tout en étant* à la recherche d'un rapprochement sur le plan épistémologique est un défi pour plusieurs féministes qui n'adhèrent pas à l'antifondationnalisme postmoderne.

Les approches féministes démontrent une sensibilité particulière à la fonction performative des théories (c'est-à-dire, comment les théories orientent la façon de voir le monde et influencent également la réalité même qu'elles tentent de décrire) et de leurs concepts sous-jacents. Elles s'attardent également

à leur contexte social, politique, idéologique et historique de production. Si on néglige ces considérations, elles risquent d'orienter la connaissance au détriment des femmes ou d'autres groupes marginalisés (par exemple, certaines minorités ethniques, les hommes occupant certains types d'emplois ou encore des groupes sociaux, comme les homosexuels). Cet aspect mérite ici d'être souligné et on ne saurait trop le répéter, car il est trop souvent négligé, ignoré ou sous-estimé.

5. Le féminisme face aux approches traditionnelles

Les approches féministes mettent en relief à quel point le discours théorique en Relations internationales, plus particulièrement les discours réalistes et libéraux, loin de constituer des discours neutres, objectifs et universels, comportent en fait des biais de genre reflétant *une certaine réalité*, et non *la réalité*, celle d'une élite masculine blanche s'inscrivant dans la tradition anglo-américaine, pour être plus précis.

Le féminisme formule quatre types de critiques à l'égard des approches orthodoxes (Steans 1998 : 39). Premièrement, il expose les biais de genre présents dans leurs concepts clés tels que l'équilibre des puissances, l'anarchie et la souveraineté. Deuxièmement, les approches féministes affirment que ces théories orthodoxes adoptent une conception masculine de l'identité politique, tout en prétendant représenter la condition humaine dans son ensemble. En effet, en acceptant d'affronter les tristes, mais non moins réelles, réalités de la puissance, le réaliste – par exemple – se pose comme « l'homme de la situation » ». Ainsi, dans un ouvrage de Relations internationales très connu, publié au début des années 1960, Inis Claude (1962 : 39) soulignait la nature genrée d'un des concepts fondamentaux du réalisme, l'équilibre des puissances, quand il notait l'existence une tendance très répandu à faire de celui-ci

un symbole du réalisme, et donc de la responsabilité, pour le chercheur ou l'homme d'État. Utilisé ainsi, il n'a pas de signification particulière en tant que concept. C'est une épreuve de la virilité intellectuelle, de la masculinité dans le domaine des relations inter-

---

8. Par exemple, l'expression populaire « Les hommes viennent de Mars, les femmes viennent de Vénus » représente un idéal romantique patriarcal métaphysique où on présume que la femme devient l'image symbolique *naturellement* associée à la nature, à la paix, à la bonté, à l'abondance et aux émotions, tandis que l'homme serait *par essence* agressif, guerrier, rationnel et mauvais.

nationales. L'homme qui « accepte » l'équilibre des puissances, qui remplit ses écrits de références l'approuvant, revendique ainsi son droit d'être un réaliste pur et dur, capable de regarder la sombre réalité de la puissance sans broncher. L'homme qui rejette l'équilibre des puissances avoue sa mollesse, son incapacité lâche de regarder la puissance droit dans les yeux et de reconnaître le rôle que joue celle-ci dans les affaires des États.

Troisièmement, la critique féministe démontre que les approches stato-centrées rendent invisibles les relations de genre qui contribuent à la formation même de l'État et des relations internationales. Enfin, les féministes mettent en relief combien les approches réalistes en particulier, en concentrant leurs efforts sur l'étude de la *puissance*, négligent combien le *pouvoir* est à l'œuvre dans la légitimité de certaines prétentions au savoir.

Les approches féministes proposent leurs propres interprétations de concepts centraux de la discipline et, plus particulièrement, celui d'État. Bien que les théories critiques en Relations internationales problématisent l'État moderne, la majorité d'entre elles ne soulignent pas comment les biais de genre ont été centraux à sa constitution. Plusieurs féministes ont montré comment les principes constitutifs de la territorialité de l'État moderne sont différenciés selon deux axes dichotomiques, soit public/privé et interne/externe. La souveraineté reste le principe fondateur cautionnant l'autorité publique sur des domaines d'actions exclusifs. Elle s'exerce grâce à ces rapports dichotomiques où les frontières de l'État se voient renforcées par la naturalisation des rapports dominants de genre et de l'agence masculine.

La création de l'État institutionnalise de manière formelle et symbolique, l'assignation d'une sphère domestique « privée » à la femme et l'assignation d'une sphère « publique » à l'homme – et c'est cette dernière sphère qui fait l'objet des Relations internationales :

> Les nationalismes et les identités nationales comportent des biais de genre dans la mesure où ils privilégient les représentations masculines de la nation par la guerre/le sacrifice/l'héroïsme et justifient le contrôle des hommes sur le corps des femmes sous prétexte qu'elles sont les mères de la nation et l'incarnation de l'honneur national masculin. Les femmes sont des reproductrices biologiques et sociales, en plus d'être les signifiants culturels de l'identité du groupe. Elles sont donc centrales à la construction des frontières nationales et sont vulnérables au contrôle masculin sur leur sexualité et leur travail de reproduction (True, 2001 : 246).

On occulte ainsi la réalité d'une construction beaucoup plus complexe de l'État et du caractère éminemment politique des relations de genre. Le contrôle du corps de la femme devient central pour marquer les limites de la nation et assurer la pérennité de celle-ci. Ainsi, l'État est plus ou moins directement complice de la violence perpétrée à l'encontre des femmes en définissant le viol à partir d'un point de vue masculin, en faisant la promotion d'une idéologie *hétérosexiste* dans les médias de masse et en favorisant l'endoctrinement militaire (Peterson, 1992b : 46). De façon plus générale, l'État reproduit une logique masculiniste de protection pour légitimer son contrôle sur ses citoyens féminisés (qu'ils soient homme ou femme) : « Centrale à la logique masculiniste de protection est la relation de subordination de ceux qui se trouvent dans la position du protégé. En retour de la protection masculine, la femme concède une distance critique avec l'autonomie de la prise de décision » (Young, 2003 : 4).

En somme, pour les féministes, la domination générale des hommes sur les femmes, les inégalités dans les relations de genre (pas seulement homme/femme, mais également hétérosexuel/homosexuel, par exemple) et l'usage de moyens coercitifs ne sont donc pas qu'analogues à la force employée par l'État envers les citoyens qui la composent : elles sont partie intégrante de l'État moderne, légitimée par lui et reliée directement à sa formation et à sa consolidation (Hoffman, 2001 : 108).

6. Critiques

Il est bien évident que de telles remises en question affectent la discipline des Relations internationales à tous les niveaux et ne pouvaient manquer de susciter de nombreuses critiques et réactions. Étonnamment, certaines féministes comptent parmi les critiques les plus sévères de certaines variantes de féminisme. Plutôt que d'être caractérisés par des luttes de positions, ces débats posent surtout des questions d'épistémologie et de praxis (Sylvester, 1994 : 30).

6.1 Le «péril» postmoderne

Les critiques les plus acerbes sont réservées au courant postmoderne. Plusieurs féministes, surtout d'inspiration marxiste, craignent qu'un tournant trop «culturel», axé sur le langage et la déconstruction de la «femme», n'annonce la fin du féminisme comme projet politique :

> Avec la dissolution du sujet dans ce qui n'est encore qu'«une autre position de langage» disparaissent évidemment les concepts d'intentionnalité, de responsabilité, de réflexivité et d'autonomie. [...] Je voudrais savoir, en fait, comment le projet d'émancipation féminine peut être seulement imaginable sans un tel principe régulateur de l'agence, de l'autonomie et de soi ? (Benhabib, 1995 : 20-21)

L'idée d'une «mort du sujet» par les féministes postmodernes apparaît problématique pour plusieurs féministes. Si la femme n'est même pas aujourd'hui considérée sérieusement comme un sujet rationnel pensant, n'est-il pas dangereux de faire avancer l'idée qu'il faille déconstruire ce sujet qui n'arrive même pas à s'exprimer et à se faire entendre en tant que sujet ? Pour plusieurs féministes, la variante postmoderne entraîne une dépolitisation du féminisme au profit d'un esthétisme réservé à une élite qui peut se permettre une telle réflexion parce que d'autres luttes, tels l'accès à l'éducation et le droit de vote, ont déjà été menées et gagnées. D'autres soulignent enfin que le projet de déconstruction du postmodernisme, s'il est à-propos pour exposer au grand jour la façon dont le genre infuse les discours et reste fondamental pour comprendre les relations internationales, fournit peu de pistes concrètes de projets de reconstruction.

6.2 Séparer le bon grain de l'ivraie

Les réticences au sein du champ à vouloir tenir compte des approches ne sont pas toutes de la même violence. L'acceptation et le rejet de certains aspects des approches féministes sont intimement liés à la logique d'autoprotection de la discipline face à ce qu'elle perçoit comme «menaçant». Le féminisme libéral est indéniablement la variante du féminisme qui a reçu le meilleur accueil. Cette relative acceptation s'explique par l'ajout de données empiriques favorisé par les féministes libérales, ainsi que son individualisme méthodologique, qui ne remettent pas en question les postulats de base du champ, comme l'État, la sécurité et la puissance.

Le débat entre Robert Keohane et Anne Tickner illustre bien «les limites acceptables» d'adaptation et d'inclusion des approches féministes au sein du champ. Souvent qualifié de «spécialiste le plus influent en relations internationales» (Maliniak et al., 2007 : 5 ; Jordan et al., 2003 : 43), Keohane estime que le féminisme est acceptable dans la mesure où le genre peut être réduit au niveau de variable et entraîner des questions «pertinentes» pour l'étude des relations internationales : «on peut comprendre les féministes, en des termes néopositivistes, comme proposant une nouvelle variable explicative pour l'étude des relations internationales : le degré d'importance à accorder aux hiérarchies socialement construites qui reposent sur le genre» (Keohane, 1998 : 197).

Ainsi, certaines féministes ont travaillé ces dernières années à créer des modèles intégrant le genre (défini et mesuré dans ces travaux à l'aide d'indicateurs spécifiques, comme le taux de viol ou l'écart de salaire entre hommes et femmes) avec d'autres variables pour voir si cela pourrait influer sur la propension d'un État à entrer en conflit avec un autre, à adopter une politique étrangère spécifique ou encore à améliorer un indice de démocratisation (Caprioli et Boyer, 2001 ; Regan et Paskeviciute, 2003 ; Caprioli, 2003 et 2005). Si ces analyses restent en ligne avec les approches les plus traditionnelles, elles ont néanmoins permis le développement de bases de données (WomenStats, par exemple) sur la situation des femmes dans le monde pouvant éventuellement être utilisées par d'autres chercheurs recourant à d'autres approches théoriques.

Si quelques variantes théoriques féministes se prêtent bien aux modèles d'inférence scientifique et de réfutation positiviste, la majorité d'entre elles se voient au contraire refuser toute légitimité en raison de leur adhésion au postpositivisme ou à un cadre interprétatif. L'idée même de genre, par exemple, reste limitée dans ces modèles à l'idée de corps biologiques sexués.

«Ajouter les femmes» aux théories orthodoxes existantes, comme le propose Keohane, est certes un pas en avant pour mieux représenter la réalité empirique que ces théories cherchent à décrire, mais cela ne remet aucunement en question leurs postulats ontologiques et épistémologiques, souvent limités au stato-centrisme (ou à l'acteur rationnel) et au positivisme. Le seul type de féminisme «valable» pour Keohane reste donc celui qui peut s'adapter au modèle scientifique, les autres variantes (surtout le féminisme postmoderne) ne répondant pas à ses critères de scientificité.

7. Conclusion

La théorie peut être vue comme un simple outil permettant d'expliquer la réalité. Elle peut être considérée comme une critique permettant une meilleure compréhension du monde de manière à ce qu'il puisse changer. Enfin, elle peut être vue comme une pratique, une démarche à laquelle celui ou celle qui la développe adhère et tente d'intégrer dans sa vie de tous les jours (Zalewski, citée dans Tickner, 2001 : 136). Les approches féministes, par leur considération des relations de pouvoir s'effectuant au sein des relations internationales tout comme au sein du champ des Relations internationales, conçoivent la théorie comme une critique productive *et* comme une pratique émancipatrice.

Les remises en question du champ des Relations internationales par les approches féministes ont des conséquences importantes non seulement pour les fondements de celui-ci, mais également pour le féminisme lui-même. Plus que des théories «de femmes, pour les femmes», les approches féministes témoignent des effets pervers du masculinisme sur la conception que l'on se fait des Relations internationales, des pratiques de l'État, de la sécurité et des relations hommes/femmes. En somme, les initiatives de théorisation féministes vont au-delà des Relations internationales telles qu'elles sont présentement constituées, corrigeant un champ dont le principal sujet reste l'absence de ce que son titre affiche – ni très tourné vers le monde dans sa vision de ce qui constitue l'international ni très ouvert aux diverses relations qui sont souvent des connexions involontaires d'identités et d'endroits (Sylvester, 1996 : 272-273).

❖ ❖ ❖

Pour en savoir plus

Shepherd, L. J. (dir.), 2010, *Gender Matters in Global Politics: A Feminist Introduction to International Relations*, Londres/New York: Routledge. Le plus complet de tous les manuels d'introduction aux approches féministes des Relations internationales. Regroupant les auteurs féministes les plus prolifiques et établis au sein de la discipline, il comprend notamment des chapitres sur la méthodologie, l'épistémologie, l'éthique et l'ontologie. Essentiel pour comprendre *pourquoi* et *comment* le genre est central à la politique globale.

Agathangelou, A. M. et L. H. M. Ling, 2009, *Transforming World Politics: From Empire to Multiple Worlds*, Londres/New York: Routledge. Ce livre explique la pertinence théorique et empirique de l'application du féminisme postcolonial et de l'intersectionnalité en Relations internationales. Parfois dense théoriquement, chaque chapitre touche néanmoins à la fois à l'impact de cette approche théorique sur la discipline et l'analyse de politiques concrètes.

Ackerly, B. A., M. Stern et J. True, 2006, *Feminist Methodologies for International Relations*, Cambridge: Cambridge University Press. Ouvrage dirigé destiné aux étudiants désirant mieux comprendre les divers outils et approches méthodologiques pouvant être utilisés pour effectuer une analyse féministe des relations internationales.

Enloe, C., 2000, *Bananas, Beaches, and Bases: Making Feminist Sense of International Politics*, 2e édition, Berkeley: University of California Press. Livre pionnier, publié pour la première fois en 1989. Un des premiers ouvrages à avoir montré «où sont les femmes» en relations internationales. Très accessible, avec des exemples concrets.

Cohn, C., 1987, «Sex and Death in the Rational World of Defense Intellectuals», *Signs*, 12, 4, 1987, p. 687-718. Même s'il date un peu, cet article garde toute sa pertinence et expose les liens entre les discours stratégiques et le genre.

«Projet WomenStats», Disponible [en ligne]: www.womanstats.org/ Ce site, développé par des féministes en Relations internationales, regroupe des données sur la situation des femmes dans plus de 150 pays. Chercheurs et étudiants peuvent accéder gratuitement à la base de données pour trouver des informations spécifiques ou tester leurs hypothèses de recherche si un modèle mathématique est utilisé.

La guerre en Irak selon les approches féministes

Le féminisme offre de nombreuses pistes pour analyser la guerre en Irak et les circonstances qui l'entourent. Par exemple, Michael Dartnell propose une interprétation inspirée des apports théoriques du féminisme postmoderne et postcolonial pour déconstruire les représentations télévisuelles et photographiques des récits de captivité des soldats américains en Irak. Partant de la prémisse que les images télévisuelles accélèrent et accroissent la portée des représentations identitaires et que ces images, à leur tour, participent et forment des identités et des valeurs qui soutiennent des structures globales de pouvoir, Dartnell (2005 : 2) prétend que les récits de captivité des soldats américains en sol irakien s'inscrivent dans une tradition littéraire américaine du « récit de captivité » promouvant l'impérialisme et valident et encouragent des relations structurelles de pouvoir, qui sont à la fois sexuelles et raciales.

Selon Dartnell, tout comme les récits des pionniers de l'Ouest et de femmes en détresse faits prisonniers par les Amérindiens, ces récits de captivité font partie du « folklore » de l'impérialisme américain (18). On peut établir un parallèle étroit entre un récit de captivité fondateur de la nation américaine, celui de Pocahontas, et les récits de captivité actuels. L'histoire de Pocahontas et de John Smith est bien connue : devenu prisonnier d'une tribu amérindienne, John Smith est sauvé de la torture et de la mort par Pocahontas, qui finit par se convertir au christianisme. L'assimilation de Pocahontas illustre le processus de différenciation (Othering) dans le récit de captivité : Pocahontas est l'Autre, « sauvage », barbare, non civilisée et, surtout, elle n'est ni blanche, ni européenne, ni homme, donc pas tout à fait humaine. Ce processus de différenciation entre le Colonisateur et le Colonisé définit le contact colonial entre les cultures européennes et non européennes, dénigre les valeurs, intérêts et pratiques du Colonisé et met celui-ci dans une position de subordonné politique et économique. Dartnell affirme que ces récits de captivité réapparaissent au sein de la culture américaine dès qu'il faut « rappeler à l'ordre » certains non-Européens.

Présentés désormais à la télévision, les récits de captivité de la guerre d'Irak dépeignent un contact culturel. Ils montrent des images intimement liées au conflit et à la domination : des prisonniers américains et le front intérieur américain ; des prisonniers irakiens et les abus dont ils sont victimes ; des insurgés capturant des membres des troupes américaines ou alliées. Une analyse féministe tenant compte du genre et de la race devient cruciale pour décortiquer ces récits, car la captivité touche au niveau primaire à l'identité en raison du contrôle et du confinement des corps. Puisque l'apparence physique fournit un sentiment de cohérence et de continuité qui maintient l'identité personnelle ainsi que la communauté et le sentiment d'appartenance à celle-ci, la perte de contrôle sur les corps et sur ce qu'ils représentent provoque une véritable crise identitaire (19).

Les récits télévisuels de ces corps varient d'un corps à l'autre, toujours selon Dartnell, et renforcent les structures de domination actuelles reposant sur le genre et la race. Certains corps sont présentés comme bons ou purs, d'autres comme mauvais ou corrompus. Plus précisément, les récits télévisuels impliquant des femmes soldats (Jessica Lynch, Lynndie England et Shoshana Johnson) sont articulés autour de scénarios d'innocence, de transformations monstrueuses et de victimes qui contribuent tous à maintenir l'identité impériale de l'État américain à l'intérieur de ses frontières comme à l'extérieur de celles-ci. Jessica Lynch représente le corps bon, innocent et pur de la blonde Américaine héroïquement sauvée de ses captifs par ses congénères. Les récits télévisés de son sauvetage ont insisté sur son passé exemplaire et ses projets modèles (Lynch a exprimé son souhait de se retirer des forces armées pour devenir professeure de maternelle) et ont confirmé que les forces américaines pouvaient protéger les jeunes femmes. Le sauvetage de Jessica Lynch a démontré que la femme passive pouvait être sauvée par l'homme guerrier protecteur américain et « prouvé » que la « féminisation » (déplorable) de l'armée américaine ne pouvait rien changer à cette réalité fondamentale.

Le portrait que la télévision américaine a brossé de Lynndie England n'est pas été aussi flatteur. Dans une logique d'opposition de bonne fille/mauvaise fille, les récits télévisuels sur Lynndie England ont souligné sa dégénérescence morale : England rencontrait régulièrement son amant à l'intérieur de la prison d'Abu Ghraib, elle s'est fait avorter, elle volait du matériel. Loin d'être une captive soumise, England travaillait comme gardien à la prison d'Abu Ghraib et posait, tout sourire, aux côté d'Irakiens nus, soumis à des positions sexuelles humiliantes. Le récit d'England a été articulé autour du danger des femmes masculinisées en contexte de guerre. Le message rendait explicite l'idée que l'égalité des sexes et l'affirmation sexuelle des femmes déclenchent une masculinité féminine effroyable et des comportements agressifs de prédation (21).

Des récits aussi divergents, ainsi que le traitement différent de l'information concernant les cas de Lynch et England, promeuvent le mythe idéal américain du Guerrier Juste et de la Belle âme : des femmes bonnes sont des captives en manque de protection qui doivent être sauvées, alors que les femmes guerrières sont de véritables monstres transformés. Enfin, Dartnell rapporte la présentation dans les médias de la captivité de Shoshana Johnson, une soldate afro-américaine faite prisonnière, et qui souligne la dimension raciale centrale à l'identité américaine qui en ressort. À l'opposé de Lynch, la captivité de Johnson ainsi que les blessures subies au cours de cette expérience ont peu fait les manchettes. Contrairement à Lynch, à qui de nombreux contrats lucratifs de publication ont été offerts, Johnson a dû se battre pour obtenir plus d'avantages sociaux pour couvrir ses frais de réhabilitation. Cette différence s'inscrit dans la lignée des récits américains qui louent la femme blanche américaine au détriment de la femme afro-américaine car, dans la littérature de captivité, «les femmes blanches sont placées sur un piédestal et vues comme menacées, alors que les femmes noires et les Amérindiennes subissent les abus sexuels aux mains des mâles blancs sur la plantation et à la Frontière» (Dartnell, 2005 : 22).

Une femme blanche captive est une célébrité, sexuellement innocente, racialement pure et symbole de la puissance et de la portée de l'armée américaine. Par contre, les prisonniers irakiens sont présentés à la télévision de manière indifférenciée, attachés, un sac sur la tête, anonymes et prêts à être conduits en prison. Ces prisonniers deviennent de véritables objets (féminisés), présentés comme vils et terroristes, alors que les prisonniers blancs américains sont dépeints comme innocents, menacés et fondamentalement bons. Les cas d'abus, comme ceux qu'a commis Lynndie England, sont décrits comme étant le résultat de failles personnelles et de féminité corrompue, et non le résultat de lacunes systémiques. Insistant sur l'intersection entre race et genre, Dartnell remarque que les cas de captivité d'Américains d'origine arabe, comme le caporal Ali Hassoun, exemplifient les tensions raciales au sein même des États-Unis et les préjugés liés aux doutes sur la fidélité des soldats de couleur, ainsi que l'impact potentiellement négatif de la sexualité de ces derniers, vue comme naturellement «débridée» et suspecte. Ces anxiétés ont surtout été historiquement projetées sur les Afro-Américains et sont toujours présentes dans le cas du conflit irakien.

Pour finir, Dartnell souligne le fait qu'alors que les récits historiques de captivité américains comprennent nécessairement une dimension sexuelle hétérosexuelle (le manque de pouvoir et le manque de contrôle sur le corps étant nécessairement liés à la sexualité), les anxiétés sexuelles contemporaines de l'Amérique blanche sont liées à la peur de l'homosexualité et à la terreur de la possibilité du viol homosexuel de soldats américains hétérosexuels (24). Cette peur de l'homosexualité a des racines profondes dans l'histoire américaine. Les hommes gais sont représentés dans les médias comme des hommes dotés d'une sexualité toute-puissante, mais qui sont en même temps détestés en tant qu'hommes féminisés désirant d'autres hommes. Une analyse des photos prises dans la prison d'Abu Ghraib reflète cette anxiété homophobe de la société américaine, inquiétude reproduite et exacerbée par les soldats, alors que les clichés montrent des prisonniers nus alignés les uns contre les autres.

Comme le précise Dartnell, l'homosexualité est présentée comme la menace de l'émasculation latente derrière la défaite militaire. Les prisonniers irakiens défaits deviennent indifférenciés, sexuellement impuissants mais tout de même disponibles en tant qu'objets sexuels disponibles à être vus et utilisés (donc féminisés). Créés par les soldats américains eux-mêmes, ces montages photographiques présentant les Irakiens dans des positions homosexuelles humiliantes sont retransmis dans les médias, mais on ne pose aucune question ni sur la dimension homophobe de ces mises en scène ni sur l'image qu'elles nous projettent des relations de race et de genre. De plus, alors que les médias ont tous cherché à savoir si Jessica Lynch avait été violée lors de sa captivité et ont toujours laissé planer un doute à ce sujet malgré ses déclarations sur ce sujet (à sa grande exaspération), la possibilité même du viol de prisonniers américains mâles est toujours passée sous silence, malgré sa réalité. Ce silence renforce l'idée du lien existant entre la sphère militaire, la sexualité, l'idéal de masculinité et l'identité américaine.

En somme, conclut Dartnell, le pouvoir des images télévisuelles de captivité réside dans ce qu'elles représentent et ce qu'elles ne réussissent pas à représenter. Ces images et récits reconfigurent le conflit irakien comme une tragédie subie par la collectivité euro-américaine («nous») et non comme une catastrophe subie par les Irakiens («eux»). Le peuple irakien est dépeint comme étant sauvage, alors que les Américains sont présentés comme étant à la tête d'une mission civilisatrice globale. Le récit de captivité reste un outil puissant pour discipliner les femmes qui cherchent à aller à l'encontre des rôles traditionnels de genre et pour rappeler à la population que la «civilisation» est toujours en progression et que l'armée américaine continue de protéger l'ordre naturel des choses : les femmes doivent être protégées de la guerre, les hommes de la contamination homosexuelle et la société de la mixité raciale.

Concepts clés du féminisme

Altérité : Fait d'être un autre, caractère de ce qui est autre. L'altérité marque la mise en rapport subjective et intersubjective avec l'Autre, compris comme l'individu différent pris dans un sens générique.

Essentialisme : Le fait d'identifier, d'attribuer et de présenter certains attributs physiques ou encore certaines qualités, caractéristiques, catégories ou connaissances comme étant ontologiquement fixes, naturels et similaires indifféremment du contexte historique ou social. « Faire » un essentialisme (voir également « naturaliser ») revient à identifier littéralement l'essence fondamentale et transcendantale qui définit un groupe (l'idée que les femmes, comme les hommes, ont une essence qui leur est propre et universelle, ce qui fait qu'on peut parler de « la femme » ou de « l'homme ») ou une situation donnée (identifier un concept indifférencié de patriarcat pour expliquer la subordination des femmes à diverses époques et dans diverses cultures). Parce que ces réalités sont fondamentales et données, elles ne peuvent pas être présentées comme socialement construites, donc politisées.

Féminité/masculinité : Caractères, qualités, caractéristiques, attentes et standards sociaux attribués à l'un ou l'autre sexe, qui le définissent socialement.

Genre : Souvent utilisé à tort comme synonyme de « femme » ou « sexe », il correspond en fait à beaucoup plus qu'une catégorie *empirique* qui renvoie à des corps sexués masculins et féminins et à leurs activités matérielles. Le genre est également une catégorie *analytique* systémique qui renvoie aux constructions (privilégiées) de la masculinité et de la féminité (dévalorisée), ainsi qu'à leurs effets idéologiques.

Intersectionnalité : Ce concept renvoie à l'interaction et le point de rencontre entre la classe, « le genre, la race et autres catégories de différentiation dans les vies personnelles, les pratiques sociales, les arrangements institutionnels, et les cultures idéologiques et les conséquences de ces interactions en terme de pouvoir » (Davis, 2008 : 68).

Masculinisme : Idéologie qui tient pour acquis qu'il existe une différence fondamentale entre les hommes et les femmes, qui assume que l'hétérosexualité est normale, qui accepte sans la questionner la division sexuelle du travail et qui cautionne le rôle politique et dominant des hommes à l'intérieur des sphères publiques et privées.

Naturalisation/naturaliser : Le fait de présenter certaines caractéristiques (les femmes sont naturellement plus pacifiques que les hommes), situations (la subordination générale des femmes aux hommes a toujours été et sera toujours parce que les femmes sont en général physiquement moins fortes que les hommes) ou réalités sociales (s'il y a moins de femmes

que d'hommes scientifiques, c'est que les femmes excellent naturellement moins bien en mathématiques) comme étant des états de faits fixes et indiscutables, en d'autres termes, « naturels », et non des réalités historiquement et socialement produites et contingentes résultant de diverses structures de pouvoir en place.

Performance/performativité : Développé par la philosophe féministe Judith Butler, le concept de performativité renvoie à l'idée qu'une personne participe, autant par son corps et ses gestes corporels que par le langage qu'elle utilise, à la (re) création constante des dichotomies telles hommes/femmes ou encore homosexuel/hétérosexuel (Butler 2004b : 198-199). Pour Butler, « être un homme » ou « être une femme » ne va pas de soi et ces termes ne décrivent pas une réalité objective : ils nécessitent l'adoption de pratiques corporelles et langagières constantes pour être « réels ». Ce fait explique notamment, selon elle, l'anxiété ressentie face à des individus dont l'orientation sexuelle ou l'étiquette homme ou femme ne semble pas aller de soi. Par exemple les travestis ou les hermaphrodites ne « performent » pas les scripts attendus de ce qu'être un homme ou une femme implique et créent, par leurs actes et la façon dont ils se décrivent et décrivent leurs expériences, un autre genre.

Patriarcat : De manière générale, le patriarcat correspond à une construction sociale *structurelle* résultant d'une série de pratiques historiographiques, philosophiques et culturelles et qui assurent une domination des hommes sur les femmes. Selon le type de féminisme proposé, il peut s'agir d'une idéologie universelle singulière ou d'une structure flexible et plurielle qui évolue sous diverses formes dans le temps et l'espace. Les féministes matérialistes avancent que le patriarcat correspond à une idéologie, voire à un mécanisme structurel de contrôle du travail des femmes et de leur rôle au sein de la reproduction sociale. Cette domination va se traduire par une appropriation, un contrôle et une régulation de leur travail, de leurs corps et de leur savoir.

Reproduction sociale : Le travail ou la sphère de reproduction renvoie aux tâches et activités effectuées à l'intérieur d'un domaine habituellement considéré comme « privé » (la maison) et nécessaires pour répondre aux besoins de la vie quotidienne et assurer l'activité humaine. Ces tâches sont habituellement accomplies par des femmes et comprennent notamment l'éducation des enfants, le soin des aînés, la production et la préparation de la nourriture et les diverses tâches ménagères. Ces activités ne sont généralement pas considérées comme un « travail » (sphère de production). Le terme « reproduction » renvoie à l'idée que ces tâches assurent implicitement le maintien des activités humaines sur une base quotidienne

➡ ainsi que la transmission des valeurs sociales, des traditions et des coutumes.

Sexe: Qui réfère à la catégorisation de personnes en tant qu'homme ou femme sur la base de chromosomes ou de caractéristiques anatomiques. Le terme est habituellement compris comme étant en opposition au «genre» (vu comme une construction sociale) et comme référant à des attributs biologiques naturels.

Sujet: Les approches féministes ne s'entendent pas toutes sur *une* conception du sujet, il est néanmoins possible de parler du sujet de façon *féministe* en questionnant les analyses libérales centrées sur le sujet, implicitement défini comme étant masculin sous des couverts d'universalité. Les approches féministes, particulièrement le féminisme *standpoint,* font des femmes le sujet de la connaissance en lieu et place du sujet «neutre». Les approches féministes postmodernes conçoivent le sujet et le genre comme des construits à décentrer et interrogeront la formation discursive et les conditions qui ont permis en premier lieu de parler d'un sujet, voire de définir ce à quoi le sujet même de «femme» renvoie.

La perspective postcoloniale

Afef Benessaieh

> Vous pouvez apprendre [le postcolonialisme] n'importe où si vous le souhaitez. La seule qualification requise est de vous assurer que vous regardiez le monde non pas depuis le haut, mais depuis le bas (Young, 2003 : 20).
>
> La pensée postcoloniale [...] c'est le rêve d'une *polis* universelle, parce que *métisse* (Mbembe, 2006 : 131).

Bien qu'actuellement fort populaire en études culturelles et littéraires, la perspective postcoloniale est relativement peu connue en Relations internationales. Sa proposition centrale de déplacer l'analyse du monde vers des perspectives non **eurocentrées** semble pourtant des plus pertinentes à cette discipline, laquelle, puisque dévouée à l'analyse de l'international, devrait en principe s'intéresser aux perspectives des États comme des peuples non européens, qui constituent par ailleurs le plus grand nombre. Mais tel n'est pourtant pas le cas. Historiquement, la discipline, fondée sur l'étude de la paix et la guerre entre les grandes puissances du monde occidental, s'est en effet peu préoccupée des questions animant les moins puissants du système international. Ainsi et aussi ironique que cela puisse paraître, les Relations internationales ne sont guère internationales dans leur pratique.

Le postcolonialisme propose principalement l'ouverture ontologique de la discipline à des enjeux, des acteurs et des lieux qui ne sont habituellement pas jugés centraux. Il s'agit d'une perspective éminemment critique visant à corriger les biais élitistes et occidentalo-centristes des théories dominantes, en réintroduisant au centre de l'analyse des acteurs et des enjeux marginaux, invisibles ou **subalternes**. En bref, le postcolonialisme suggère de *voir le monde différemment*, depuis une pluralité de perspectives incluant les acteurs à la marge du système international, et dont la voix, comme les priorités, sont traditionnellement rendues invisibles ou sont peu entendues.

Voir le monde différemment et depuis une multiplicité de perspectives marginalisées, c'est bien mais, et alors ? En quoi une telle approche est-elle utile ou non aux relations internationales ? En somme et en clair, à quoi ressemble l'approche postcolonialiste en Relations internationales et qu'amène-t-elle de particulier à ce domaine ? Ce chapitre a pour premier objet de mieux faire connaître la perspective postcoloniale. Nous procéderons en quatre temps : d'abord par un survol historique des principales variantes du postcolonialisme, suivi d'un bref diagnostic de l'importance montante de cette perspective, pour poursuivre avec une discussion des éléments clés de son ontologie qui sont pertinents à l'analyse internationale, et complétée par l'évaluation de ses contributions épistémologiques, méthodologiques et normatives au domaine des Relations internationales. Pour clore le chapitre, une analyse postcolonialiste de la guerre en Irak sera proposée.

1. Historique

1.1 Trois vagues : orientalisme, subalternisme et cosmopolitisme

On peut décrire l'émergence de la perspective post-coloniale au travers de trois moments fondamentaux, correspondant chacun à la cristallisation de courants internes, lesquels cohabitent actuellement au sein de la perspective.

1.1.1 Orientalisme

Une grande majorité d'auteurs s'entend pour dater la naissance du postcolonialisme en 1978, avec la parution d'*Orientalisme* par le spécialiste palestinien en lettres anglaises Edward Saïd (1935-2003). Plus avant, les premières ébauches d'une pensée postcoloniale peuvent aussi être identifiées dès les années 1950, en pleine ère des décolonisations, avec l'anticolonialisme parfois nationaliste du psychiatre et philosophe martiniquais Frantz Fanon (1925-1961), de l'écrivain tunisien Albert Memmi ou de l'écrivain et homme politique afro-martiniquais Aimé Césaire (1913-2008)[1]. C'est toutefois à partir d'*Orientalisme* que la perspective postcolonialiste telle qu'elle est actuellement conçue commence à prendre forme, avec notamment sa dénonciation de l'eurocentrisme et sa critique anti-essentialiste de la réduction des cultures à quelques traits stéréotypés. Par Saïd transparaîtra

également l'influence déterminante du marxiste italien Antonio Gramsci (1891-1937, voir le chapitre 13) et du philosophe français Michel Foucault (1926-1984) pour analyser les relations postcoloniales après le retrait des empires : le premier pour son analyse de l'**hégémonie** comme domination (culturelle) sans coercition visible, et le second pour son analyse des connivences historiques entre production de savoir et intérêts du pouvoir.

1.1.2 Subalternisme

La seconde vague postcoloniale est constituée par l'essor des études subalternes au début des années 1980, avec les travaux des historiens Ranajit Guha et Partha Chatterjee, incluant Gayatri Spivak qui, bien que critique de cette école, s'y identifie en partie. Empruntant leur nom à un concept gramscien, les études subalternes se donnent pour objectif de relire l'histoire officielle (de l'Inde) depuis une perspective populaire donnant une plus grande voix aux femmes, aux paysans, aux ouvriers, artisans et citoyens ordinaires. Critiques de l'économicisme comme de la vision téléologique de l'histoire du marxisme classique, ils s'en détachent pour privilégier une analyse plus culturelle des transformations sociopolitiques[2]. Influencés malgré tout par l'analyse marxiste du nationalisme, ils démontrent la partialité des récits dominants sur la construction de l'État-nation, construction des élites plus que du « peuple » selon cette perspective révisionniste. Chandra Mohanty et Gayatri Spivak, pour leur part, critiqueront respectivement le féminisme occidental pour sa tendance à victimiser les femmes du Tiers monde, et l'école subalterne pour son idéalisation à outrance du sujet populaire en lui prêtant une voix qu'il n'a peut-être pas (Mohanty, 1991[1984] ; Spivak, 1995 [1983]).

---

1. L'historien et homme de lettres Robert C. Young date précisément les débuts du postcolonialisme comme « philosophie politique consciente » au moment de la première conférence réunissant une majorité d'États asiatiques et africains nouvellement indépendants, à Bandoung en 1955. C'est notamment à l'issue de cette conférence réunissant 29 membres (dont l'Égypte, l'Inde, la Chine et l'Indonésie) que l'expression « Tiers monde », proposée par l'économiste Alfred Sauvy en 1952, sera ultérieurement adoptée pour signifier le non-alignement des pays nouvellement indépendants sur le bloc soviétique ou l'ouest capitaliste. Si cette expression avait à l'origine une connotation idéologique et programmatique, de nos jours, elle tend à être employée plus descriptivement pour désigner l'ensemble géographique des pays du « sud » ainsi que la situation de pauvreté et d'instabilité sociopolitique qui caractérise souvent cette région du monde.

2. Selon Jean-Louis Amselle (2008), l'école des subalternes, comme celle des *Cultural Studies* anglaises, entretient une relation incommode avec le marxisme et cela en dépit du rôle influent d'Antonio Gramsci dans ces courants. Entre autres critiques, elles considèrent que les classes subalternes présentent un caractère trop profondément hétérogène et divisé pour former une classe au sens marxiste du terme (Lazarus, 1999 ; Brennan, 2001 ; Chakrabarty, 2000 et 2008).

1.1.3 Cosmopolitisme

La troisième vague se cristallise notamment autour des travaux éclectiques et parfois difficiles d'approche des Arjun Appadurai, Hommi Bhabha et Stuart Hall, se reconnaissant tous influencés par le poststructuralisme de Foucault, Jacques Derrida et Gilles Deleuze. Cette vague semble coïncider avec la parution de l'ouvrage de Ashcroft, Griffiths et Tiffin, *The Empire Writes Back,* en 1989, ouvrage important, offrant une anthologie analytique des littératures nouvelles issues des anciennes colonies anglophones dans le monde. Dans cette mouvance plus globalisée que ne l'était la vague orientaliste ou subalterniste, on peut également situer les écrits en études afro-modernes de Paul Gilroy, comme les travaux sur les cultures hybrides de Nestor Garcia Canclini ou encore ceux d'Édouard Glissant sur la **créolisation** du « tout-monde ».

À la critique de l'**eurocentrisme** et à la réhabilitation des sujets subalternes prônée par les premières deux vagues, la troisième vague postcolonialiste ajoute une nouvelle sensibilité **cosmopolitique**, qui récupère certains concepts du postmodernisme pour l'étude des **identités culturelles**. Aussi et différemment de ses prédécesseurs qui privilégiaient surtout l'étude des sociétés du sud ou du Tiers monde, cette troisième vague ajoutera à cette orientation fondatrice une préoccupation nouvelle pour les diasporas, les migrants, les réfugiés ainsi que la pluralisation culturelle des sociétés du monde dans sa globalité, soit au Sud comme au Nord. Cette troisième vague peut donc se caractériser par la problématisation des identités culturelles dans le monde, lesquelles ne sont considérées ni fixes, ni pures, ni nettement circonscrites par les contours des États-nations.

2. Le postcolonialisme aujourd'hui

Remarquablement populaire en études culturelles, en études littéraires et en histoire depuis la fin des années 1970, la perspective postcoloniale connaît actuellement une visibilité sans précédent. Dans les sciences humaines et sociales, il s'est publié depuis 2001 plus de 200 articles scientifiques par année sur ce thème. Plusieurs revues explicitement postcolonialistes ont aussi récemment fait leur apparition : venant s'ajou-

ter aux plus historiques *Third World Quarterly* et *Public Culture* (fondées respectivement en 1980 et 1991), les revues interdisciplinaires *Postcolonial Text, Postcolonial Studies* et *Global South* sont apparues en 2004. De fait et dans l'ensemble, l'écrasante majorité de tout ce qui s'est publié sur le postcolonialisme dans les sciences humaines et sociales a vu le jour après 2001, dans le contexte de la nouvelle « orientalisation » du monde islamique par les médias globaux comme la guerre contre le terrorisme transnational menée par l'administration Bush[3].

2.1 Le postcolonialisme en Relations internationales

Dans le domaine des relations internationales par contre, le postcolonialisme constitue une approche fort récente et assez marginale. Son entrée relativement récente dans la constellation des théories critiques a été favorisée notamment par deux facteurs, le contexte du tournant postpositiviste des années 1990 qui a rendu la discipline beaucoup plus réceptive à des thèmes culturels et identitaires (Lapid et Kratochvil 1996), et le climat international généré depuis la chute du bloc soviétique et la seconde guerre du Golfe. Pendant la dernière décennie, si le nombre d'ouvrages publiés portant exclusivement sur le thème du postcolonialisme demeure restreint, au moins voit-on une modeste mais positive progression ainsi qu'une réceptivité croissante de la principale organisation professionnelle de la discipline à ce thème, la International Studies Association (ISA)[4]. En dépit de ces petites avancées récentes toutefois, un

---

3. Ces estimations proviennent de l'analyse de la base de données *Scopus* qui recouvre 16 500 publications scientifiques et remonte, pour certaines publications, jusqu'en 1823. La base de données indique que de 1976 à 2010, 1810 articles scientifiques ont paru sur le thème du postcolonialisme (en sciences sociales). En y incluant les sciences humaines, ce nombre augmente à 2320, dont moins de 2 % avant 1995, 23 % de 1996 à 2001 et 85 % après 2002.

4. De 1999 à 2010 à l'ISA, le nombre de présentations individuelles sur le postcolonialisme a triplé : passant de 5 à 15, avec un pic de 12 interventions lors du congrès de 2001. Le nombre d'ateliers et de tables rondes a également progressé : passant de 0 en 1999 à 5 en 2008. Cela dit et dans l'ensemble, le postcolonialisme demeure largement marginal et clairement au-dessous des 3 % de l'ensemble des communications présentées à ce congrès annuel.

simple coup d'œil au contenu des revues scientifiques les plus cotées dans le domaine tend à montrer que le postcolonialisme y est presque inexistant[5].

Un tel contraste entre la situation du postcolonialisme en Relations internationales et dans les sciences sociales en général a amené certains auteurs à souligner l'isolement intellectuel de la discipline, et sa résistance à tenir compte des débats importants qui se déroulent dans d'autres disciplines (Darby, 2006). De plus, la tendance des approches traditionnelles de la discipline à aborder le système international par le biais de ses acteurs les plus puissants est peu propice à ce que l'on s'interroge sur des questions en tout point inverse et voulant analyser le monde depuis les moins puissants. On peut aussi se demander si la tendance de nombreux postcolonialistes à user d'un langage abstrait relativement obscur pour les non-initiés, la dispersion théorique de l'approche qui ne se veut pas une théorie unifiée et la polyvalence de ses auteurs qui se présentent indifféremment sous le sceau du féminisme, du postmodernisme ou du poststructuralisme (et seulement parfois sous celui du postcolonialisme), ne génèrent pas tout simplement une belle confusion chez les non-spécialistes qui écouteraient avec une meilleure volonté ce qui est dit si seulement cela était énoncé plus clairement ! En d'autres termes, l'approche n'est guère populaire en dehors des départements littéraires ou culturels parce qu'on la comprend peu… La prochaine section tentera de clarifier l'ontologie postcolonialiste, avec le souci principal d'être audible et utile au non-spécialiste.

---

5. Une étude de contenu des revues américaines comme les *International Organization*, *World Politics*, *International Studies Quarterly* (ISQ), ou britanniques comme *Review of International Studies* (RIS) ou *Millennium*, toutes considérées comme faisant partie des meilleures revues dans le domaine, révèle en effet que de 1999 à 2009, un nombre à peu près insignifiant d'articles portant sur le postcolonialisme y a été publié. En dix ans, une dizaine d'articles ont paru sur ce thème, avec *Millennium* en tête (six publications dont un numéro spécial sur Edward Said en 2007), *RIS* (trois publications) et *ISQ* (une publication). Pour la même période dans le monde francophone, la revue québécoise *Études internationales* n'a publié aucun article sur le sujet, tandis que la française *Critique internationale* compte seulement deux articles.

3. Ontologie

Comme le postcolonialisme constitue moins une théorie unifiée qu'une perspective plus globale regroupant un ensemble éclectique d'auteurs issus d'affiliations théoriques diverses, il est difficile d'identifier avec parcimonie ce qui constituerait son noyau dur. Certains concepts clés et orientations majeures sont néanmoins à souligner. Parmi eux, la critique de l'eurocentrisme, l'intérêt pour les régions anciennement colonisées ou le monde en développement, la priorité analytique donnée aux acteurs subalternes ou invisibilisés, l'importance de la figure du migrant, et celle, centrale, de l'identité culturelle et ethnique considérée mobile et métisse plutôt que stable ou pure.

3.1 Critique de l'eurocentrisme

Le postcolonialisme est né essentiellement de la proposition ontologique de voir le monde autrement qu'au travers du regard européen qui tend à « extranéiser » (Amselle 2008), c'est-à-dire rendre étranges ou autres, les lieux, les cultures et les peuples situés en dehors du périmètre continental. Une telle proposition vise à contrebalancer les perspectives théoriques existantes en démontrant, d'une part, leur particularisme culturel et historique, et en s'interrogeant, d'autre part, sur la manière dont elles s'articuleraient si elles étaient pensées depuis ailleurs. L'histoire du XXe siècle, telle qu'elle est racontée dans la plupart des manuels de Relations internationales, est essentiellement narrée depuis la perspective partielle de quelques États puissants, une perspective eurocentriste indifférente aux expériences des États et des peuples hors Occident.

La Deuxième Guerre mondiale est souvent présentée comme une guerre entre démocraties et totalitarismes, entre bons et méchants et à l'issue de laquelle a péri un nombre horrifiant de personnes. Or, soulignent Barkawi et Laffey (2006 : 340), pour plusieurs observateurs non occidentaux, la guerre a plutôt été vue comme un conflit entre puissances impériales pour le partage du monde en zones d'influences. Selon cette optique, le conflit en Asie entre le Japon, les États-Unis, la Grande-Bretagne et les Pays-Bas avait moins à voir avec l'affiliation du Japon à l'Axe qu'avec les velléités de chacun de faire main-basse sur la Chine. Aussi et pour les Chinois ou les Éthiopiens, la Guerre a commencé bien avant 1939, et pour d'autres tels les Indonésiens, les Vietnamiens, les Coréens ou les Yougoslaves, elle a continué après 1945. Enfin, et même si les millions de morts dans les camps nazis relèvent sans conteste de la tragédie pure, on tend à reléguer aux oubliettes le massacre de plusieurs milliers d'Algériens à Sétif en mai 1945, ou encore les trois à quatre millions de Bengalis morts de faim au nord-est de l'Inde durant la famine de 1943-1945, famine largement provoquée par les fluctuations du marché des grains durant la guerre et l'immobilisme des pouvoirs britanniques à intervenir dans leur colonie d'alors. Donc et contre l'eurocentrisme prédominant des récits conventionnels sur cette guerre mondiale, on propose plutôt de considérer qu'« il n'y a pas eu une seule Deuxième Guerre mondiale – au sens d'une interprétation unique dotée d'autorité sur toute autre – mais plutôt plusieurs guerres, combattues sur plusieurs espaces et temporalités distinctes » (Barkawi et Laffey, 2006 : 340).

3.2 Inversion de la perspective

Si la critique de l'eurocentrisme est fondamentale au projet postcolonialiste, la démarche serait peu convaincante si elle ne faisait que s'arrêter là. En deuxième étape, il s'agit de mieux comprendre la globalité du monde depuis le site des anciennes colonies ou du monde hors Occident. Le réalisme subalterne du politologue Mohammed Ayoob (1998) propose ainsi de recentrer l'analyse internationale vers les États du Tiers monde, indiquant que de ce point de vue, le programme de recherche des Relations internationales deviendrait axé sur les conflits intra-étatiques qui prédominent largement dans ces régions. Plus globalement même et depuis 1945, la grande majorité des conflits dans le monde ont été de cette nature. Ayoob propose plus spécifiquement de focaliser l'analyse internationale sur les processus de construction des États : « la prolifération des conflits internes dans le système international peut seulement s'expliquer dans le contexte d'une théorie qui fasse du processus de consolidation de l'État ainsi que de

la construction de communautés politiques sa pièce maîtresse » (1998 : 39). Il suggère l'hypothèse de travail centrale selon laquelle les États jeunes en voie de consolidation seraient particulièrement portés au conflit, lequel a largement tendance à être de nature interne plutôt qu'interétatique.

Ainsi et de la perspective du réalisme subalterne, l'ordre du jour des relations internationales devrait être réorienté sur les questions qui animent le plus les États du Tiers monde, soit l'enjeu de la construction (interne) des États et le fait que la sphère nationale ne soit ni exempte d'influences extérieures ni immunisée contre l'intervention des grandes puissances. Puisque la scission traditionnelle entre national et international est inapte pour bien des pays du Tiers monde, ce réalisme subalterne propose donc essentiellement de prioriser la sphère nationale dans l'étude internationale. De ce point de vue, il convient également de revoir l'idée chère aux réalistes comme aux libéraux selon laquelle l'international est le domaine de l'anarchie, et le national celui d'un ordonnancement hiérarchique : en fait et pour beaucoup des États du Tiers monde, c'est exactement l'inverse qui prévaut : anarchie à l'intérieur et hiérarchie à l'international.

3.3 Subalternisme

Une troisième orientation ontologique majeure du postcolonialisme réside en la priorité analytique accordée aux acteurs subalternes, marginaux ou conventionnellement rendus invisibles par les théories dominantes. Ainsi, d'aucuns proposent d'analyser l'international depuis la perspective du continent africain, traditionnellement situé à l'angle mort de la discipline (Paolini, 1999) ; d'autres offrent différentes optiques sur la discipline des Relations internationales, vue depuis l'Asie, l'Afrique et l'Amérique latine (Tickner et Waever, 2009). Le subalternisme donne aussi lieu à des travaux focalisés sur les études d'acteurs sociaux peu documentés dans la discipline, et dont l'analyse permet d'aborder différemment l'international, depuis des perspectives individualisées, localisées et quotidiennes. C'est notamment le migrant, et surtout le migrant sans-papiers (ou encore le réfugié), qui personnifie par excellence l'acteur social transnationalement mobile hautement invisible, et dont la trajectoire raconte une sorte d'envers parfois tragique de la mondialisation.

Par exemple, Anna Agathangelou (2002) propose d'analyser les «bas circuits» du capitalisme global en portant l'attention sur l'exploitation transnationale des travailleuses de la périphérie dans le domaine domestique et sexuel. L'expansion du tourisme transnational ainsi que l'industrie du sexe seraient des aspects majeurs de la mondialisation, dont: «une caractéristique prédominante [...] réside en la sexualisation et la marchandisation du travail des immigrantes au sein des périphéries» (143). Le texte d'Agathangelou vient essentiellement documenter le fait que la mondialisation économique favorise des formes de marchandisation (et chosification) du travail humain qui sont peu étudiées par les travaux conventionnels en Relations internationales. Dans la même veine, Chowdry (2002) analyse le travail des enfants au Tiers monde. Elle critique explicitement le discours libéral des droits humains, pour montrer, au-delà de la condamnation morale de l'exploitation d'enfants privilégiée par ce discours, l'importance de l'implication d'entreprises transnationales dans les industries nationales employant des mineurs. Elle souligne que de telles pratiques sont moins locales ou culturellement justifiées que plus largement imbriquées dans une logique capitaliste mondiale réduisant les normes du travail.

Ces analyses présentent les circuits les moins connus de la mondialisation économique à partir de la perspective d'acteurs éminemment subalternes du monde international et les mettent au centre de leur ontologie: les travailleuses immigrantes et les travailleurs enfants, deux catégories parmi les acteurs sociaux les plus affectés par la structure capitaliste du système international qui tend à renforcer les inégalités de genre, de race et de classe. Ainsi, la priorité analytique donnée aux acteurs subalternes du système international permet de mieux comprendre des situations apparemment locales, comme la dévalorisation du travail domestique des femmes, l'expansion transnationale du travail d'ordre sexuel ou encore l'emploi parfois forcé des enfants dans certaines industries.

Selon cette perspective, de telles situations ne peuvent être comprises que lorsqu'elles sont remises dans le contexte systémique global.

3.4 Mouvance des identités culturelles

La quatrième orientation ontologique majeure du postcolonialisme touche la question de l'identité culturelle. Ainsi, selon Béatrice Collignon (2007: 4), les études postcoloniales

> invitent les chercheurs à s'intéresser à la façon dont les identités individuelles multiples et les groupes «communautaires» se font et se défont au gré des logiques du moment, dans un monde instable, parce que les identités sont fondamentalement hybrides, donc toujours en mouvement.

Contrairement à ce que croient certains de ses détracteurs, le postcolonialisme ne cherche ni à célébrer le retour aux identités culturelles précoloniales ni à magnifier les cultures non occidentales. Les postcolonialistes sont plutôt marqués par une sensibilité commune envers la problématisation des identités culturelles, qui sont vues comme essentiellement multiples et en transformation constante, et non fixées par quelles frontières nationales. Dans cette mouvance, le concept d'hybridité est central: une sorte de «tiers espace» qui échappe aux binarismes culturels, la formation culturelle hybride n'étant ni l'un ni l'autre, mais au-delà des polarités, fondamentalement relationnelles (Bhabha, 2009 [1994]). Les cultures sont vues comme étant plurielles, mobiles et changeantes, et l'idée de la pureté raciale ou ethnique est considérée à la fois erronée et dangereuse. Largement utilisé dans la littérature postcolonialiste pour relire l'histoire coloniale dans une perspective de complexité du rapport culturel entre le colonisateur et le colonisé (incluant le mimétisme, la parodie et l'ambivalence) plutôt que de domination pure et simple, le concept d'hybridité est également utile pour analyser les conflits d'ordre culturel et ethnique qui prennent sans conteste une nouvelle envergure depuis la fin de la guerre froide.

La critique postcolonialiste de l'idée de pureté culturelle ainsi que la méfiance du nationalisme culturel remontent à Edward Saïd (1978), qui dénonçait l'essentialisation des cultures nationales en représentations caricaturales et surtout réductrices. Selon l'anthropologue et sociologue Arjun Appadurai, la montée du nationalisme et la propension à la violence ethnique vont de pair : toutes les idéologies nationalistes présenteraient une tendance ethniciste inhérente, car « le chemin qui va du génie national à une cosmologie totalisée de la nation sacrée, et de là à la pureté et au nettoyage ethnique, est relativement direct » (Appadurai, 2007 : 17-18 ; voir également Bhabha, 2009 [1994] : 7).

Dans un contexte mondial d'incertitudes et d'insécurité croissantes, le recours à la violence devient parfois un moyen pour la collectivité de se garantir de nouvelles certitudes, en mobilisant ses membres autour d'elle. Deux facteurs centraux expliqueraient pourquoi certains États connaissent la violence interne plus que d'autres : la recrudescence majeure des inégalités sociales et le sentiment que la souveraineté de l'État diminue face à la mondialisation. Ensemble, ils généreraient des incertitudes qui seraient faciles à manipuler politiquement. Dans ces contextes, l'**extranéisation** des minorités (c'est-à-dire leur désignation comme Autre et donc étrangères à la « cohésion » communautaire) et leur responsabilisation des difficultés vécues par la collectivité nationale, sembleraient parfois l'échappatoire le plus direct. Puisqu'elles brouillent les frontières du « peuple national », ces minorités peuvent parfois devenir les boucs émissaires des inquiétudes de la collectivité face à sa cohésion et à son devenir (Appadurai, 2007 : 71).

Le postcolonialisme problématise la notion de culture nationale, souvent peu examinée dans la littérature plus conventionnelle, pour proposer non pas d'en identifier les traits d'origine ou essentiels (« la culture dogon » ; « la culture française » ; « la culture arabe »), mais plutôt d'en souligner la **situationalité**, l'instabilité et l'hétérogénéité intrinsèques. Il n'existe dans cette perspective aucune culture qui puisse être étiquetée dans sa permanence ou encore être isolée de toute autre culture. La proposition fait aussi largement écho au fait que les notions mêmes d'État-nation, voire de culture nationale, sont largement des construits européens hérités de trajectoires particu-

lières. Ce concepts ne parviennent pas nécessairement à capturer adéquatement la complexité des formations culturelles et ethniques artificiellement regroupées dans les délimitations territoriales reconnues aux États issus des décolonisations de l'après-guerre. Priorisant et problématisant ainsi dans l'analyse la notion de culture, le postcolonialisme suggère également, à l'instar de l'épistémologue Sandra Harding (1998) et de la politologue Arlene Tickner (2003), l'idée que des cultures différentes posent des questions différentes sur le monde, et cela en raison de leurs expériences quotidiennes distinctes comme de leur géographie. De cette manière, la centralité de la notion de culture relève certes de l'ontologie du postcolonialisme (que doit-on connaître ?), mais elle transparaît également dans son épistémologie (comment peut-on connaître ?).

4. Épistémologie et méthodologie

La perspective coloniale est extrêmement diversifiée du point de vue des thèmes comme de la manière dont ils sont abordés. Ce qui regroupe peut-être les auteurs de cette mouvance est leur critique de la production théorique dominante en sciences sociales, ainsi que leur scepticisme face à tout rigorisme méthodologique ou épistémologique. Trois caractéristiques principales ressortent ainsi des écrits postcolonialistes : le **relativisme stratégique**, l'historicisme critique et le **pluralisme méthodologique**.

Le relativisme stratégique est une perspective qui s'oppose principalement à l'idée que tout savoir puisse être universellement, géographiquement, culturellement valable, comme la science occidentale tend à le poser, et comme les théories en relations internationales tendent à le personnifier : dans ce domaine, comme dans plusieurs, l'histoire et l'expérience du monde sont souvent posées depuis la perspective particulière des grandes puissances. Principalement exposé par la philosophe Sandra Harding (1998 ; 2001), le postcolonialisme remet moins en cause la véracité du savoir occidental ou de l'expérience eurocentrée qu'elle ne s'oppose fermement à l'idée que ces savoirs, ces expériences sont historiquement et culturellement enracinés, et donc particuliers, non nécessairement valables pour ce qui se vit en dehors de l'Occident, ou pour des collectivités comme des individus ayant une trajectoire culturellement ou géographiquement diversifiées. La science occidentale étant une forme de savoir comme une autre, elle n'est pas intrinsèquement supérieure à toute autre.

Le postcolonisme propose ainsi de revoir le monde depuis des perspectives conscientes de leur historicité comme de leur situationalité. Une telle orientation relèverait d'ailleurs moins du relativisme épistémologique, tel que conventionnellement entendu, que de l'**anti-universalisme** et de ce que Sandra Harding (1998) appelle une « objectivité forte » (*strong objectivity*) – l'idée selon laquelle il n'y a rien de relativiste dans le fait de rendre compte de la pluralité des points de vue sur le monde social, bien au contraire, puisqu'il s'agit de produire des récits aussi diversifiés que possible afin de mieux saisir le monde dans sa globalité. En ce sens, on peut qualifier la démarche postcoloniale comme relevant d'un relativisme à caractère stratégique : il s'agit en fait de réhabiliter la parole et les savoirs subalternes non pas parce qu'ils sont intrinsèquement supérieurs au savoir occidental, voire essentiellement différents, mais parce qu'ils offrent des récits additionnels dont il s'agit de se saisir (Pouchepadass, 2007 : 181). En ce sens, la priorisation du subalterne ne constitue qu'un moment dans l'analyse : il ne s'agit pas de remplacer les visions élitistes du monde par des visions subalternistes qui leur soient nécessairement supérieures (ou plus valables), mais plutôt de mettre en question la partialité des récits dominante et de les compléter par des points de vue qui rendent compte de la diversité des expériences et des points de vue sur le monde. On cherche à envisager le monde social sous autant d'angles que possible pour en fournir des analyses plus globales.

372

▼

D'orientation largement postpositiviste, les écrits postcolonialistes partagent également une vision hautement critique de l'histoire, qui est considérée un récit parmi d'autres, et un récit partiel puisque souvent narré à partir de la perspective des élites. Pour les historiens du courant subalterne notamment, l'histoire n'est pas envisageable dans une logique téléologique ou linéaire faisant que deux événements soient nécessairement liés par une logique de causalité ou de continuité, ou encore que l'histoire humaine soit marquée par une quelconque progression (vers son nécessaire mieux-être, selon la pensée des modernes). À l'instar du courant poststructuraliste dont ils s'inspirent souvent, l'histoire est plutôt vue comme un assemblage toujours inachevé d'éléments fragmentaires (Chakrabarty, 2008 ; Chatterjee, 1993 ; Nandys, 1983) ; elle est constituée de trous, de ruptures et de silences qu'il convient d'interroger.

Aussi, les recherches s'orientent vers une sorte d'archéologie (ou de généalogie) du présent, privilégiant le dépouillement d'archives administratives et l'analyse de matériel moins conventionnel comme les lettres et écrits personnels, les journaux, circulaires et brochures diverses, la fiction littéraire, la poésie et la chanson populaire. D'une telle démarche ressort principalement l'idée que la connaissance n'est jamais que partielle, fragmentaire et inachevée : on ne peut donc qu'imparfaitement connaître le monde social, notamment au travers du croisement de nombreux récits culturellement et historiquement situés, permettant d'en restituer la globalité.

Par la grande diversité des allégeances théoriques et des modes d'investigation privilégiés, ainsi que par la tendance à considérer la science occidentale comme une forme de savoir parmi d'autres, le postcolonialisme se caractérise aussi par un pluralisme méthodologique notoire. S'il est clair que les postcolonialistes privilégient surtout les méthodes qualitatives permettant de mieux saisir le monde social depuis et dans la perspective des acteurs étudiés, ils se déploient tout autant dans le champ des recherches empiriques et non empiriques et l'approche généalogique à l'histoire du présent. Cependant, avec l'intérêt nouveau que suscite le postcolonialisme dans les sciences sociales, des travaux de nature plus empirique reposant sur l'enquête de terrain, l'ethnographie, le récit de vie et l'entrevue prennent de l'importance.

5. Normativité

Profondément humanistes, les postcolonialistes partagent largement un parti pris normatif sur la nécessité non pas de décrire, d'expliquer ou de prédire le *monde tel qu'il est*, comme l'ont posé les théories dominantes en sciences sociales, mais de *comprendre et d'agir sur un monde en mouvance* dans un projet émancipateur. Cet activisme humaniste distingue par ailleurs le postcolonialisme du postmodernisme avec lequel on le confond encore parfois. En effet et même s'il emprunte au postmodernisme de nombreuses notions (tels l'ambivalence, la différence, le pluralisme, le métarécit) et outils méthodologiques (dont l'historicisme critique ou révisionniste et la narration littéraire), le postcolonialisme s'en éloigne toutefois par sa priorisation analytique de l'acteur subalterne, qu'il s'agit non seulement de ramener au centre de l'analyse (ontologiquement), mais aussi d'émanciper (du point de vue normatif).

En effet, donner voix et présence au subalterne signifie principalement non pas le victimiser en sujet passif, mais mettre en lumière sa capacité d'action et de mobilisation pour éventuellement l'affranchir de sa subordination. Les historiens de l'école subalterne illustrent bien cette orientation normative. En révisant les manuels d'histoire « officielle », il s'agit de démontrer que les sujets les moins privilégiés (artisans, paysans, travailleurs, femmes) ne sont pas des objets passifs de l'histoire, mais bien des sujets capables d'agir, pleinement en charge de leur action, et aussi capables de transformer leur propre histoire.

De par ce parti pris humaniste, la recherche postcoloniale est ainsi fréquemment amenée à une démarche réflexive et participative de la pratique d'investigation, soit à une démarche qui tente d'éviter l'objectification des acteurs sociaux, pour lui préférer une recherche-action habilitant les acteurs étudiés à influencer le cours de la recherche vers des directions utiles à l'action. C'est une démarche qui vise enfin, fondamentalement, à mettre en question l'étrangeté de l'autre, pour ainsi à promouvoir la dignité de tous et l'égalité entre tous dans un vivre-ensemble résolument pluraliste.

6. Conclusion

Le postcolonialisme propose principalement un déplacement de perspective (*a shift of locus* –Tickner, 2003 : 297) ambitieux permettant de « voir » différemment les relations internationales, et ce, à partir d'une pluralité de questions, de voix et de lieux encore considérés non centraux par les paradigmes dominants. Un tel déplacement de perspective est-il utile et, si oui, en quoi ? Comme il a été suggéré tout au long de ce chapitre, la perspective postcoloniale nous convie principalement à voir le monde globalement depuis autant de points de vue que possible. En ce sens, voir le monde depuis la perspective d'États et d'acteurs non dominants permettrait d'éclairer fort différemment des enjeux qui sont autrement, soit incomplètement compris, soit marginalisés par la littérature plus conventionnelle. Pensons à des questions telles la sécurité interne (liée à la sécurité transfrontalière et globale), l'accès aux ressources naturelles comme l'eau (les cours d'eau respectant rarement les frontières nationales), la sécurité alimentaire (liée à l'environnement global), la gestion de l'aide transnationale (contrôlée par les grandes puissances), l'exode migratoire ou encore la gestion de catastrophes environnementales. Ces enjeux, outre le fait qu'ils relèvent du national et de l'international, constituent souvent des priorités pressantes depuis la perspective des États et des peuples du Sud. Ainsi et en regardant le monde à partir de ces *autres* perspectives, on voit bien que les priorités ne sont plus les mêmes, on entend mieux que les questions sont différentes.

Mettant en question la vision prédominante en Relations internationales d'un monde centré sur les États occidentaux les plus puissants, le postcolonialisme offre ainsi l'occasion d'envisager une multitude de points de vue. Or, et malgré la réception souvent inquiète d'une telle approche dans les cercles universitaires plus traditionnels, le postcolonialisme propose moins un renversement radical des perspectives qu'une proposition globale de mieux compléter ces visions prédominantes par des comptes rendus additionnels permettant de penser le monde depuis une variété de perspectives comme d'acteurs. Pourquoi se formaliser de telles propositions ? D'abord pour contribuer à faire des Relations internationales une discipline à la pratique véritablement internationale. Ensuite parce qu'une vue d'ensemble sur le monde semble plus que nécessaire en ces temps mondialisés.

373

❖ ❖ ❖

Pour en savoir plus

Appadurai, A., 2007, *Géographie de la colère: la violence à l'âge de la globalisation,* Paris: Payot. S'interroge sur le rôle du nouveau primordialisme identitaire dans la recrudescence des conflits dans le Tiers monde depuis la fin de la guerre froide. Ouvrage accessible au non-spécialiste, illustratif d'une perspective postcoloniale des conflits ethnonationalistes dans le monde.

Bhabha, H., 2009 [1994], *Les Lieux de la Culture: Une théorie postcoloniale,* Paris: Payot. Version française d'un classique de la littérature postcolonialiste en études culturelles, explicitant les concepts d'hybridité, d'ambivalence et de parodie caractérisant la relation culturelle coloniale. Bhabha n'est certes pas l'auteur le plus facile à lire, mais il y est central. À relire avec patience, surtout dans sa version française.

Chakrabarty, D., 2008, *Provincializing Europe,* Princeton: Princeton University Press. Illustre bien la démarche de relecture historique de l'école subalterne, en s'attaquant aux disjonctions entre la conception eurocentriste de la formation de l'État-nation, du développement du capitalisme et de la société civile libérale, et l'expérience indienne. L'ouvrage donne voix et couleur aux multiples récits contant autrement l'histoire coloniale indienne.

Chowdry, G. et S. Nair (dir.), 2002, *Power, Postcolonialism and International Relations: Reading Race, Gender and Class,* Londres: Routledge. Un excellent volume sur l'importance théorique et pratique de croiser le marxisme, le féminisme et le postcolonialisme dans l'analyse en relations internationales. On lira surtout les chapitres d'Aganthangelou, Chowdry et Ling, ce dernier livrant une lecture postcolonialiste fort habile de la crise financière en Asie.

Darby, P., 2006, *Postcolonizing the international: working to change the way we are,* Honolulu: University of Hawaii Press. Un intéressant plaidoyer en faveur de l'habilitation de la fiction littéraire comme source de données pertinente pour l'analyse en relations internationales ainsi que de l'ouverture de la discipline à d'autres perspectives théoriques que les siennes. Illustre bien la tendance littéraire postcolonialiste.

Escobar, A., 1992, *Encountering Development,* Boulder: Westview Press. Avec l'anthropologue James Ferguson (auteur de l'excellent *Antipolitics Machine,* Milwaukee: University of Minnesota Press, 1990), Escobar constitue l'un des rares auteurs d'orientation postcolonialiste à offrir une recherche à la fois historique et ethnographique de la production des stéréotypes associés à la figure de l'acteur social non occidental, tel l'autochtone.

Harding, S., 1998, *Is Science Multicultural? Postcolonialisms, Feminisms and Epistemologies,* Bloomington/Indianapolis: Indiana University Press. Un ouvrage incontournable pour s'initier à la réflexion épistémologique et méthodologique postcolonialiste, écrit dans un langage clair.

Newman, S., dir., 1998, *International Relations Theory and the Third World,* New York: St. Martin's Press. Avec les travaux de l'Australien Philip Darby, cet ouvrage constitue l'une des premières monographies collectives en relations internationales sur le postcolonialisme. Étonnamment peut-être, les chapitres les plus intéressants sont rédigés par des non-postcolonialistes, tels Barry Buzan ou Kal Holsti.

Paolini, A. J., 1999, *Navigating Modernity: Postcolonialism, Identity and International Relations,* Boulder/Londres: Lynne Rienner. Une vision africaniste du système international, incluant un superbe chapitre sur la mondialisation, vue autrement depuis des localités périphériques – non pas comme connexion ou expansion spatiale, mais comme pénétration venant de l'extérieur et réduction spatiale.

Smouts, M.-C. (dir.), 2007, *La situation postcoloniale: les Postcolonial Studies dans le débat français,* Paris: Science Po. En raison de l'expérience mitigée de la France avec la décolonisation, l'intérêt pour le postcolonialisme dans les relations internationales françaises est étonnamment récent. Cet ouvrage est l'un des seuls dans son domaine, de bonne facture, mais sans originalité particulière.

Tickner, A., et O. Weaver (dir.), 2009, *International Relations Scholarship Around the World,* New York: Routledge. Responsables du projet des «épistémologies géoculturelles» à l'International Studies Association, Arlene Tickner et Ole Waever livrent ici le premier volume d'une série sur la production théorique et les pratiques tant pédagogiques qu'investigatrices en relations internationales dans une multiplicité de sites dans le monde.

Young, R., J.-C., 2003, *Postcolonialism: A Very Short Introduction*, Oxford: Oxford University Press. Un livre à parcourir pour mieux comprendre le postcolonialisme autrement que par l'abstraction, au travers d'illustrations pratiques et biographiques tirées de la vie quotidienne de migrants dans le monde. À lire absolument: simple et intelligent.

L'invasion de l'Irak: une perspective postcolonialiste

« Les États-Unis sont allés au Mexique au service de l'humanité. » (Président W. Wilson après le bombardement de Vera Cruz en 1914)

Une lecture postcolonialiste de la guerre en Irak pourrait prendre d'innombrables formes, à commencer par la forme littéraire adoptée par l'historien Robert Young (2003) pour narrer un dialogue imaginaire entre un intellectuel irakien, spécialiste en antiquités, et un journaliste anglais, tous deux prisonnier d'un café de Bagdad pendant un bombardement américain. Une telle forme exemplifie parfaitement non seulement la puissance de la narration littéraire pour délivrer une vue introspective du monde social et politique, mais aussi la préférence marquée des postcolonialistes pour la démarche d'empathie, soit restituer le monde du point de vue des acteurs les plus subalternes et, surtout, le présenter dans leurs mots, depuis leur expérience vécue dans le quotidien.

Une deuxième technique postcolonialiste serait de voir l'orientalisme comme le binarisme des discours politiques et de la production scientifique prédominants, tendant à caricaturer l'Irak comme un lieu barbare, prémoderne ou culturellement déficient, en vue de consolider la bonne conscience que se donnent certains de la légitimité de l'intervention américaine et anglaise de 2003. Cette seconde technique est bien illustrée dans les nombreuses interventions verbales du regretté Edward Said sur la guerre globale contre le terrorisme déclenchée en septembre 2001 et l'invasion de l'Afghanistan et puis de l'Irak dans la chasse à Al-Qaïda. Elle est aussi bien explicitée dans les publications de Tarak Barkawi (2004; et Barkawi et Laffey, 2006) spécialiste en études de sécurité à l'Université de Cambridge.

L'analyse de Barkawi, privilégiant une « conception mélienne » de la sécurité, c'est-à-dire celle de mieux comprendre la résistance des moins puissants du système international à se laisser subordonner de force par les plus puissants (l'image est reprise du fameux *Dialogue mélien* reporté par Thucydide). Dans « On the Pedagogy of "Small Wars" », Tarak Barkawi suggère une intention manifeste de démontrer en quoi l'inversion des perspectives est non seulement utile, mais nécessaire, à l'analyse internationale. « Apprendre à voir la guerre depuis le regard de nos adversaires constitue un premier pas vital », écrit-il, citant le stratège chinois Sun Tzu (Barkawi, 2006 : 26), parce que mieux comprendre la nature d'un conflit suggère de l'aborder depuis la perspective de chacune des parties qui s'y opposent. Considérant que le conflit actuel en Irak constitue moins une événement isolé ou exceptionnel qu'un épisode s'inscrivant dans la longue durée historique

de l'impérialisme européen dans le monde, Barkawi souligne aussi l'orientalisme quintessenciel du regard occidental sur le monde international. « L'Occident se voit généralement comme étant civilisé, moderne, développé et rationnel, tout en voyant les autres parties du monde comme étant barbares, atavistes, sous-développées et sous l'emprise de la passion plutôt que de la raison. L'Occident aime à penser que le colonialisme, en fin de compte, était une mission civilisatrice. Mais ce n'est pas nécessairement la manière dont ceux qui étaient subjugués se rappellent l'ère impérialiste. » (2004 : 27)

Remettant en question le binarisme avec lequel l'Occident tend à qualifier le reste du monde, Barkawi propose principalement de mettre à l'ordre du jour des études de sécurité les stratégies souvent inhabituelles avec lesquelles les « faibles » résistent parfois avec succès aux plus puissants : précisément en raison de leur statut subalterne, la tradition militaire des faibles a toujours été de nature non conventionnelle, usant de la ruse et de la tactique pour pallier leur infériorité en matière d'armes conventionnelles. Or le sabotage comme le terrorisme sont rarement vus comme des moyens de faire la guerre : ils sont plutôt perçus comme des pratiques lâches, sournoises ou haineuses. Au Proche-Orient, la pratique de la bombe humaine constituerait aussi une « arme des faibles » et une forme de résistance face à l'occupation ennemie particulièrement retentissante. Comment comprendre la décision d'individus de se transformer en bombes humaines si le regard orientaliste continue de les considérer comme des actes barbares, irrationnels ou haineux seulement liés à la violence inhérente de l'islam ? Comment lutter intelligemment contre le terrorisme dans le monde, s'il continue d'être vu comme de la violence gratuite et irraisonnée, plutôt qu'une forme de guerre somme toute classique menée avec désespoir par les plus faibles contre les quelques puissants du monde ? « Dans la poursuite de fins politiques, tout acte de guerre implique la destruction. [...] L'essentiel n'est [donc] pas d'établir que d'un côté il y a les terroristes et de l'autre, ceux qui ne le sont pas. Plutôt, les deux parties sont en guerre et font usage des instruments qui leur sont disponibles et de la manière la plus efficace qu'ils sachent » (Barkawi, 2004 : 29-30).

Les procédés argumentatifs employés par Barkawi sont familiers au postcolonialisme et illustrent parfaitement la critique de l'orientalisme comme la posture de relativisme stratégique liées toutes deux à cette approche. Ce n'est pas qu'il faille voir le monde du point de vue subalterne parce que leurs perspectives soient supérieures ou même plus justes, ce n'est qu'un moment dans l'analyse, permettant d'atteindre subséquemment une vue globale plus représentative des différentes positions existantes, puisque tenant mieux compte de leur variété, de leurs ressemblances et de leurs différences. Or et dans le cas de l'intervention américaine en Irak comme de la lutte contre le terrorisme dans le monde qui lui a été intimement associée depuis 2001, Barkawi suggère que les stratégies employées ont été particulièrement contre-productives et n'ont guère amené à une meilleure compréhension des raisons expliquant les offensives terroristes associées à l'islam militant, compréhension plus que cruciale si l'on souhaitait rétablir une plus grande paix dans le monde. Barkawi conclut donc dans les termes suivants, sur un ton pragmatique néanmoins teinté de l'humanisme profond qui caractérise souvent la démarche postcoloniale :

« Nous devons trouver *l'empathie nécessaire pour comprendre pourquoi* des hommes dédiés au mieux-être de leur peuple et prêts à sacrifier leur vies ont trouvé nécessaire de projeter des avions sur des édifices ou de se transformer en bombes humaines [...]. Si nous pouvions faire l'effort d'imagination pour être dans l'esprit de nos ennemis, *nous serions capables de les combattre plus efficacement.* Nous serions aussi en mesure d'apprendre une leçon encore plus importante : *comment vivre en paix avec des gens qui sont différents de nous,* des gens qui ne choisissent pas nécessairement de vivre comme nous le faisons ou d'organiser leurs sociétés à l'occidentale, mais qui sont néanmoins entièrement humains et devraient donc être traités avec respect et dignité. » (2004 : 37. Nos italiques.)

Concepts clés du postcolonialisme

Ambivalence : Registre complexe et ambigu de l'action humaine, qui échappe aux binarismes. Recourant à cette notion d'ambivalence, Bhabha (2009 [1994]) met notamment en question l'idée commune voulant que la relation coloniale en est une d'opposition binaire ou de simple domination.

Anti-universalisme : Contre les théories et les pratiques prétendant être valables pour tous, partout, en tout temps.

Cosmopolitisme : Concept kantien indiquant l'appartenance des citoyens à une collectivité humaine globale plutôt que locale ou nationale.

Culture : Manière d'être, manière de voir, attribuée à une collectivité donnée, et surtout univers de significations orientant la pratique des acteurs sociaux au sein de cette collectivité. La culture n'est jamais permanente ou intérieurement homogène pour les postcolonialistes.

Créolisation : voir Hybridité.

Eurocentrisme : (occidentalo-centrisme) Tendance à voir le monde depuis la lunette de l'expérience européenne (ou occidentale) et à en faire un point de référence.

Extranéisation : Procédé consistant à rendre l'autre étrange, étranger et extérieur à soi.

Extranéité : Caractère construit de ce qui est vu comme étant étrange et différent de soi.

Hégémonie : Concept d'inspiration gramscienne de la dominance (impériale ou métropolitaine) par la persuasion idéologique et culturelle, au travers des institutions de la société civile.

Historicisme critique : Stratégie de relecture et de réécriture critique des textes historiques et littéraires européens, tendant à documenter l'idée que l'histoire relève plus de la narration subjective que de la « vérité » scientifique, et qu'il y a un enchevêtrement d'histoires (ou récits) plutôt qu'une histoire linéaire.

Hybridité : (Métissage, créolisation) Caractère fondamentalement pluriel des cultures et processus d'interrelationalité entre formations culturelles ou ethniques présumées distinctes.

L'hybride n'est ni l'un ni l'autre, mais au-delà, il est une création continue, mobilisée par le rapport culturel (Bhabha, 2009 [1994]).

Identités culturelles : Définies comme multiples, changeantes, voire instables, elles sont fondamentalement hybrides et donc toujours en mouvement. Le postcolonialisme critique principalement la tendance à exagérer l'homogénéité interne des collectivités désignée par le terme de culture.

Orientalisme : « Discours totalisant qui construit son objet en essentialisant la réalité observée » (Pouchepadass, 2007 : 200), et concept marquant d'Edward Said (1978), critiquant la caricaturisation du monde non occidental.

Pluralisme méthodologique : Égale pertinence des méthodes de recherche disponibles, et ouverture à la pluridisciplinarité méthodologique.

Relativisme stratégique : Mise en question de l'idée que certains savoirs sont supérieurs à d'autres. Aussi tendance à prioriser les points de vue subalternes en tant que moment d'analyse pour viser la production de savoirs incluant le plus grand nombre de points de vue possible (subalternes et élitistes).

Science occidentale : Forme de savoir particulièrement réifiée associée aux sociétés européennes modernes, non intrinsèquement supérieure aux multiples savoirs existant dans le monde.

Situationalité : Perspective épistémologique selon laquelle tout savoir, toute expérience, sont historiquement et culturellement situés. Importance de mettre les acteurs sociaux dans leur contexte d'expérience spécifique et de « voir » le monde depuis leur perspective.

Subalterne/Subalternisme : Notion d'inspiration gramscienne désignant principalement les classes populaires et les acteurs sociaux historiquement non dominants tels les paysans, les artisans, les ouvriers et les femmes.

Tiers monde : (ou « Sud »). Plus qu'un lieu géographique déterminé, désigne surtout l'espace constitué par les sociétés anciennement colonisées de l'Afrique, de l'Asie et des Amériques.

La sociologie historique néowébérienne

*Frédérick Guillaume Dufour
et Thierry Lapointe*

Alors que les relations internationales entreprennent actuellement un «virage sociologique», souvent associé au constructivisme, nous avançons que le «virage sociologique» ne peut être réalisé qu'en ramenant l'histoire au centre de notre discipline (Hobson, 2002 : 4).

La sociologie historique est mieux comprise comme une longue tradition, constamment renouvelée, consacrée à la compréhension de la nature et des effets des structures de grandes échelles et aux processus fondamentaux de changements (Skocpol, 1984/1998 : 4).

Par *sociologie historique*, nous faisons référence d'abord à un ensemble de courants théoriques qui ont opté pour une approche multidisciplinaire et historique des processus sociaux, des changements structurels et des institutions sociales. Dans le contexte anglo-américain, l'expression *historical sociology* sert principalement à désigner des approches qui appartiennent à la tradition néowébérienne. Cette tradition partage un ensemble d'objets d'études et d'hypothèses théoriques que le sociologue allemand Max Weber (1864-1920) a légué à l'enquête sociologique. Elle a l'ambition de rendre compte de processus et de relations des niveaux méso-sociaux[1] et macro-sociaux

qui affectent la transformation des modalités au sein desquelles évoluent les relations internationales : l'émergence de l'**État** moderne et du nationalisme, la spécificité du développement et de la démocratisation des institutions occidentales, l'impact des révolutions sociales sur la formation des États, des empires et des systèmes internationaux et la transformation de la relation entre les institutions militaires et la société.

La sociologie historique occupe une place particulière dans le champ des Relations internationales. En Angleterre, où la discipline des Relations internationales n'a jamais complètement rompu avec l'analyse historique, elle occupe une place centrale au sein de

---

1. À mi-chemin entre la macrosociologie, qui se penche sur les transformations sociales sur la longue durée et sur de grandes échelles, et la microsociologie, qui se penche sur l'étude des comportements individuels, le niveau d'analyse méso-sociologique porte essentiellement sur les relations entre les groupes.

la réflexion du champ. Par contre, aux États-Unis, où une frontière plus étanche tend à cloisonner la science politique de l'histoire, la sociologie historique vise à faire tomber la barrière disciplinaire non seulement entre l'histoire et les sciences sociales, mais également entre la politique comparée et l'étude des relations internationales.

Contrairement à certaines variantes du néoréalisme, la sociologie historique ouvre résolument la boîte noire de l'État. Elle s'intéresse à la façon par laquelle la politique globale est affectée par les structures de classe, les mouvements sociaux, les mouvements nationalistes, les révolutions et la transformation de l'organisation sociale de la violence collective. Sur le plan de la méthode, la sociologie historique interroge la relation entre la discipline historique et celle des Relations internationales. Elle pose en particulier la question de la construction des catégories d'analyse de la sociologie de l'international à partir de la matière historique.

Dans ce chapitre, nous présenterons d'abord l'évolution de la sociologie historique. Deuxièmement, nous nous pencherons sur sa façon d'aborder les problématiques ontologiques, épistémologiques et normatives en Relations internationales. Ensuite, nous distinguerons ce que John M. Hobson (2002b) appelle la première et la deuxième vagues de sociologie historique néowébérienne et, enfin, nous examinerons rapidement les contributions de ce courant à l'étude des processus de démocratisation et à l'analyse du nationalisme.

1. Historique

La sociologie historique trouve ses racines au XIXᵉ siècle et au début du XXᵉ chez Karl Marx (1818-1883), Max Weber et le géopoliticien Otto Hintze (1884-1942). Par contre, ses sources d'inspiration récentes dans le champ des Relations internationales remontent aux années 1970 et 1980 avec les travaux de Stein Rokkan (1975), Perry Anderson (1979), Theda Skocpol (1979), Anthony Giddens (1981, 1987) et Charles Tilly (1981, 1984, 1985). Depuis les années 1990, des auteurs comme Michael Mann (1993), Hendrik Spruyt (1994b), John M. Hobson (1998a,

1998b, 2000), et Stephen Hobden (1998) se trouvent au centre de ces développements[2].

Pour comprendre comment la sociologie historique a affecté l'étude des relations internationales, il faut faire un détour par l'histoire des sciences sociales et se pencher sur le processus par lequel la théorie économique, dont s'est inspiré le néoréalisme, a pris ses distances avec la discipline historique. Un retour sur l'histoire d'une discipline est important, soulignait Thomas Kuhn (1983 [1970]), parce qu'il permet de voir les avenues qu'elle a abandonnées en se recentrant autour de certains paradigmes au cours de son développement.

Tel qu'il est indiqué au chapitre 21, l'économiste écossais Adam Smith a été le premier penseur à avoir conçu l'économie comme un champ à part – isolé du pouvoir politique, de l'histoire et de toute institution sociale. À la fin du XIXᵉ siècle, l'École historique allemande (Gustav Schmoller, Adolph Wagner) critiquait les tentatives de parvenir à une axiomatique du développement économique inspirée de l'expérience britannique; c'est-à-dire de développer une science positive de l'économie à partir des «succès» de l'expérience britannique. Elle adoptait une méthodologie plus inductive que déductive et sceptique à l'endroit des modèles du développement économique à prétentions universelles. Elle mettait en relief le rôle des institutions et de la culture comme dimensions déterminantes des processus sociaux et économiques. Selon ses partisans, dans la mesure où la théorie économique débouchait sur des *lois,* celles-ci n'étaient pas universelles mais confinées à des contextes historiques spécifiques. On retrouvera cet esprit chez plusieurs auteurs dont les positions épistémologiques servirent de piliers à la sociologie historique, notamment l'Allemand Max Weber, l'Américain Thorstein Veblen et le Français Fernand Braudel.

---

2. Cependant, même lors des décennies précédentes, les travaux de l'École des Annales prenaient une direction multidisciplinaire. La tradition française nous a également laissé des travaux importants que nous n'aborderons pas ici – pensons à des auteurs comme Raymond Aron, Jean Baechler et Jean-Pierre Derriennic.

À l'encontre de l'École historique allemande, l'École économique autrichienne (Carl Menger, Eugen von Böhm-Bawerk) jetait les bases d'une démarche fondée sur un individualisme méthodologique épuré de références au contexte culturel ou social et dissocié des relations géopolitiques ou internationales. Avec l'École économique autrichienne, un modèle rationaliste de l'individu devenait la pierre angulaire d'une analyse marginaliste et universaliste[3] de l'activité économique. Cette querelle méthodologique entraîna la scission entre l'économie et la sociologie, que seules l'économie politique et certaines branches de la sociologie tentèrent de combler par la suite, celle de Simon Clarke, Michel Freitag et Pierre Bourdieu notamment.

Dans le champ des Relations internationales, on voit apparaître durant les années 1970 de nombreuses approches qui s'inspirent des modèles en vigueur en économie néoclassique. C'est durant cette période que l'étude historique des catégories d'analyses des relations internationales est marginalisée au profit de la formation de concepts à prétention ahistorique (Waltz ; 1979). Le « retour » de la sociologie historique et l'insistance sur le contexte historique, social et géopolitique des développements institutionnels, comme la formation de l'État moderne, les nationalismes et les révolutions sociales sont en réaction à cette tendance. Durant les années 1970 et 1980, la sociologie historique s'est enrichie des contributions successives d'historiens, de sociologues et de politologues. Aux États-Unis, elle connut un essor durant les années 1970, une période de « science normale » durant les années 1980, puis de nouveaux développements depuis les années 1990 (Hobden et Hobson, 2002 : ix). Le politologue John M. Hobson souligne que les années 1970 furent le théâtre d'un mouvement de la sociologie historique vers l'étude des relations internationales, on connaît depuis le début des années

1990 un mouvement des relations internationales vers la sociologie historique (Hobson, 2002a : 3). Aux États-Unis, il est prématuré de parler avec Hobden et Hobson d'un effondrement de la barrière entre la sociologie historique et les Relations internationales, mais en Grande-Bretagne, ce diagnostic est tout à fait approprié.

2. Épistémologie, ontologie et normativité

Nous dégagerons ici les principales positions épistémologique, ontologique et normative de la sociologie néowébérienne en partant de deux observations. Les réflexions de Weber sur ces thèmes sont abondantes, complexes, échelonnées sur une longue période et elles ont donné lieu à des interprétations contradictoires. À l'inverse, mis à part quelques exceptions, les ouvrages contemporains en sociologie historique comportent peu de discussions métathéoriques ou réflexives à propos des dimensions épistémologique, ontologique et normative de leur théorie. Ils adoptent des modèles multicausaux appuyés d'une démonstration empirique. En raison de cette asymétrie du traitement métathéorique entre Weber et ses successeurs, nous nous concentrerons dans cette section sur le premier davantage que sur les seconds, en soulignant que le sociologue allemand anticipait bien des problématiques au cœur de la sociologie historique contemporaine (Hobden, 1998 ; Wæver, 1999).

2.1 Épistémologie

Les tensions épistémologiques caractérisant la sociologie historique se situent au cœur de débats entre *positivistes* et *postpositivistes* (voir le chapitre 2). Deux problématiques sont particulièrement importantes ici : la tension entre explication et compréhension et le problème de la prise en compte de l'histoire par le modèle nomologique standard.

Un problème au sujet du fondement de l'épistémologie des sciences sociales réside dans la tension entre expliquer et comprendre. Dès le XVIIIe siècle, l'ensemble de la démarche réflexive des historiens et philosophes qui se penchent sur la « science » de l'histoire est confronté à cette problématique. C'est en puisant dans cette tradition que Weber développa

---

3. C'est avec l'analyse marginaliste que l'économie tend à devenir un domaine d'étude indépendant de la sociologie. Cette approche place le postulat de la rationalité individuelle, essentiellement définie par la capacité de maximiser un calcul coût/bénéfice, au cœur de l'analyse économique. Elle abstrait l'« individu » de son contexte social, culturel ou historique.

une démarche sociologique visant à concilier l'analyse multicausale et les stratégies interprétatives. Sa méthodologie de reconstruction des idéaux-types cherchait à marier les méthodes interprétatives axées sur *la compréhension* aux méthodes causalistes menant à l'élaboration *d'explications* causales. Une succession de sociologues inspirés par Weber oscilla entre ces deux pôles durant le XXᵉ siècle.

En tant qu'outils d'analyses sociologiques, les concepts idéaux-types de Weber devaient rendre compte de formes de rationalité historiques spécifiques à certains contextes sociohistoriques. Dans la tradition sociologique wébérienne, les concepts idéaux-types ne prétendent pas décrire une réalité empirique : ce sont des abstractions conceptuelles construites à partir de celle-ci. Weber doutait de la capacité de généraliser les phénomènes sociaux en dehors de cadres culturels et historiques particuliers. Se proposant de procéder à la reconstruction du sens de contextes historiques et culturels distincts, la sociologie historique de Weber ouvrait la porte à la problématique de l'herméneutique (c'est-à-dire de la reconstruction du sens historique). Cet accent sur la reconstruction du sens sera abandonné dans certains développements de la sociologie wébérienne au XXᵉ siècle. Encore aujourd'hui, ces enjeux épistémologiques débouchent sur la question de l'unité méthodologique des sciences. Autrement dit, la question se pose encore : les sciences sociales et historiques et les sciences naturelles ou exactes doivent-elles adopter les mêmes méthodes, se soumettre aux mêmes exigences sociales et se conformer aux mêmes procédures de validations ? Certains défenseurs de l'unité méthodologique des sciences soutiennent que la sociologie historique devrait se conformer au modèle nomologique standard. Selon ce modèle, le rôle d'un cadre théorique est de fournir une loi universelle à propos du monde social. On doit pouvoir mettre à l'épreuve la validité de ce cadre théorique en confrontant à l'examen empirique les énoncés d'observation prédits par le cadre théorique.

La grande majorité des sociologues néowébériens ont procédé à l'élaboration de modèles multicausaux compatibles avec le modèle hypothético-déductif. En effet, ce qui caractérise la sociologie néowébérienne ce n'est pas tant qu'elle privilégie les variables culturelles, mais son emploi d'une méthodologie multicausale[4]. Elle cherche à expliquer des processus sociohistoriques en identifiant une relation causale entre plusieurs variables.

La sociologie historique prend comme objet d'étude les transformations structurelles à travers l'histoire, sa démarche met l'accent sur les périodes de ruptures et de transformations des relations internationales et non sa « continuité ». Le tableau 18.1 présente des études centrales de cette tradition et les variables sur lesquelles elles mettent l'accent.

2.2 Ontologie

Sur le plan ontologique, la sociologie historique pose le problème de la construction de catégories d'analyses à partir des données historiques. Depuis les années 1990, la sociologie historique s'est penchée plus particulièrement sur les questions suivantes : comment un modèle théorique peut-il rendre compte de la *spécificité* historique des données empiriques à partir desquelles il construit ses catégories d'analyses ? Comment se pose le problème de la réification dans l'étude des relations internationales ? Pour être plus précis, comment une sociologie historique de l'international peut-elle problématiser les relations sociales au niveau de l'État et de l'international en tenant compte de leurs transformations sociohistoriques ?

2.2.1 L'État rationnel moderne

L'État est-il une entité unitaire disposant de propriétés transhistoriques comme le prétendent les approches traditionnelles ? Weber formule une conception de

---

4. Soulignons à ce titre que les travaux de la sociologie historique de la politique globale d'inspiration néowébérienne ont privilégié la méthode (multi) causale au détriment du deuxième versant de la méthodologie développée par Weber, c'est-à-dire la méthode interprétative.

Au regard des travaux récents en sociologie historique de la politique globale, il semblerait que l'utilisation de catégories idéal-typiques visant à retracer leurs « affinités électives » est une méthode d'analyse qui n'a pas retenu l'attention des chercheurs. Dans *Capitalists in Spite of Themselves*, le sociologue américain Richard Lachmann développe une critique des thèses de Weber qui portent sur les affinités électives entre l'esprit du capitalisme et le protestantisme.

Tableau 18.1
Ouvrages cités en sociologie historique – objet(s) à expliquer (*explicandum*) et élément(s) d'explication (*explicans*)

Auteurs et ouvrages	Explicandum	Explicans
Otto Hintze (1975) *Collected Essays*	Formation des États	La géographie Les classes sociales La géopolitique
Barringhton Moore (1966) *Social Origins of Dicatorship and Democracy*	Variation des formes de régimes politiques (démocratie vs dictature).	Les classes sociales La géopolitique
Perry Anderson (1979) *Lineages of the Absolutist State*	Variation entre les formes d'État au début de l'ère moderne.	Les classes sociales La géopolitique
Michael Mann (1986) *Sources of Social Power*	Variation entre les formes d'État. Variation dans les dynamiques géopolitiques.	4 types de pouvoir social : militaire, politique, économique et idéologique
Charles Tilly (1992) *Contrainte et capital dans la formation de l'Europe*	Variations entre les formations étatiques et convergence vers l'État national	La géographie Le mode de taxation : accumulation de moyens de contrainte/ accumulation de capital
Bryan Downing (1992) *Military Revolution*	Variation entre les régimes politiques durant la transition vers la Modernité, notamment les formes de régimes politiques (patrimonialisme vs bureaucratique) et les structures administratives.	Formes de constitution politique – institutions – avant la Modernité. Variations géographiques du *timing* de la modernisation militaire et contexte géopolitique.
Heidrick Spruyt (1994) *The Sovereign State*	Relation entre le processus de sélection institutionnelle – non linéaire vers l'État souverain – et la constitution des systèmes internationaux	La Révolution commerciale. Variantes de coalitions d'acteurs sociaux. Efficacité ou inefficacité des institutions à limiter le problème du *free rider* à l'intérieur d'une dynamique systémique compétitive.
Thomas Ertman (1997) *Birth of the Leviathan*	Formes de structures administratives (patrimonialisme vs Bureaucratie légale-rationnelle) et de régimes politiques (absolutisme vs. Constitutionnalisme) au XVIIIe siècle. Variations des structures des États entre le XVe et le XVIIIe siècle. Accent placé sur les variations des formes d'organisations administratives orientées vers la recherche du financement de la guerre.	La période où les gouvernants ont dû affronter la compétition géopolitique (*Timing and onset of geopolitical competition*). Formes d'assemblées représentatives locales (territoriale – i.e. bicamérale – ou de type corporatif – tri curial). L'influence des assemblées représentatives sur la capacité des gouvernants à bâtir les institutions administrative et fiscale nécessaires au financement des activités guerrières (Ertman, 1997 : 6).
Michael Mann (2005) *Dark Side of Democracy*	Conflits ethniques et génocides	4 types de pouvoir social : militaire, politique, économique et idéologique

l'État qui va à l'encontre de toutes tentatives de l'anthropomorphiser :

> Pour la sociologie, le phénomène appelé « État » ne consiste pas nécessairement, uniquement ou exactement dans les éléments importants du point de vue juridique. En tout cas, il n'existe pas pour elle de personnalité collective « exerçant une activité ». Quand elle parle d'« État », de « nation », de « société par actions », de « famille », de « corps d'armée » ou de structures analogues, elle vise au contraire *purement* et *simplement* un développement de nature déterminée d'une activité sociale effective ou construite comme possible ; par conséquent elle glisse sous son usage courant, un sens totalement différent (1995 [1914] : 41). Souligné dans l'original).

Tout en concevant l'État comme une relation sociale, Weber prévenait ses lecteurs contre les risques de réification de cette relation :

> Même quand il s'agit de prétendues « structures sociales » comme l'« État », l'« Église », la « confrérie », le « mariage », etc., la relation sociale *consiste* exclusivement, et purement et simplement, dans la *chance* que, selon son contenu significatif, il a existé, il existe ou il existera une activité réciproque des uns sur les autres, exprimable d'une certaine manière. Il faut toujours s'en tenir à cela pour éviter une conception « substantialiste » de ces concepts. Du point de vue sociologique, un « État » cesse par exemple d'« exister » dès qu'a disparu la *chance* qu'il s'y déroule des espèces déterminées d'activités sociales, orientées significativement (1995 [1922] : 58. Souligné dans l'original).

Pour Weber, donc, l'État n'a pas d'existence en dehors d'un ensemble de croyances socialement partagées et d'attentes de comportements réciproques qui l'institutionnalisent. Les conditions de possibilités historiques de l'émergence de l'État rationnel ou de l'État moderne en Occident sont au cœur de cette théorie. Ce n'est qu'à partir de cette émergence que l'État commencera à posséder les caractéristiques qu'on lui attribue aujourd'hui autant sur le plan juridique qu'en matière de politique étrangère. Les démonstrations de Weber reposent souvent sur une **analyse synchronique** qui compare les développements du monde occidental à ceux de la Chine ou de l'Inde.

Les unités de sens capturées par les concepts idéaux-types de Weber visent à définir des relations causales qui ne sont pas *universellement* valables, mais sont utiles pour décrire les relations causales spécifiques à des contextes historiques, culturels et sociaux.

La sociologie historique néowébérienne place la problématique de l'émergence de l'État moderne, de la souveraineté et du monopole de la violence légitime au cœur de son objet d'étude, ainsi que celle des différentes formes de régimes et de constitutions politiques qui ont façonné les organisations politiques à travers le temps. Chez Tilly (1992), par exemple, les différentes formes d'État résultent d'un processus de médiation au sein d'une organisation politique entre différentes combinaisons d'accumulateurs de moyens de contrainte et d'accumulateurs de **capital**. Paradoxalement, relève Talcott Parsons (1949 : 533), quand vient le temps d'expliquer l'émergence du capitalisme, Weber utilise une méthode de comparaison par divergence et consacre plus de temps à expliquer la non-émergence du capitalisme ailleurs qu'en Occident, qu'à expliquer pourquoi la forme de rationalité qui serait propre au capitalisme se développe en Occident.

Une partie considérable du travail de cette tradition sociologique a consisté à développer un idéal-type de l'État moderne, des caractéristiques qui lui sont propres et qui le distinguent des organisations politiques prémodernes ou non occidentales. Cette problématique est au cœur de l'étude des relations internationales. Chez Weber, comme pour Tilly, Mann et Poggi, cette forme d'État est une organisation politique qui émerge dans un contexte sociohistorique spécifique et il serait erroné d'en projeter les propriétés en dehors de ce contexte.

2.2.2 La géopolitique : une structure invariable ?

Malgré cette historicisation du rôle et des formes de l'État, l'ontologie de la première vague de sociologie historique néowébérienne postule que les relations entre organisations politiques sont régies par une structure transhistorique constante semblable à celle postulée par les néoréalistes. Bien que les auteurs contemporains se réfèrent rarement à cette filiation, cette problématique fut d'abord développée par l'École historique prussienne du milieu du XIXᵉ siècle jusqu'à l'effondrement du Troisième Reich.

Ainsi, souligne la première vague de sociologues néowébériens, leurs prédécesseurs auraient eu tendance à sous-estimer la problématisation des formes de géopolitique. Selon Skocpol et Tilly, un contexte géopolitique hostile aurait joué un rôle fondamental dans la formation des États modernes en forçant ceux-ci à s'armer, à centraliser leurs effectifs et à développer de puissants leviers de taxation pour soutenir la guerre incessante dans un environnement anarchique. Ils auraient problématisé les agents de la politique internationale, mais pas le système international. Sur ce plan, même certains auteurs associés à tort ou à raison au réalisme classique, notamment Raymond Aron, présentaient une analyse plus sensible aux variations historiques des structures géopolitiques.

2.2.3 La critique de la réification

Selon plusieurs auteurs de la sociologie historique, l'analyse des relations internationales est fondée sur la réification, c'est-à-dire sur une distorsion de l'histoire qui attribue à un agent (État, classe, organisation) des propriétés, un type de rationalité spécifique ou de croyances détachées de son contexte historique. Des développements récents de la sociologie historique ont porté attention aux défis ontologiques posés par le virage historique en relations internationales. Selon Hobson :

> [D]ans la mesure où les théoriciens orthodoxes contemporains en Relations internationales se sont intéressés à l'histoire, ils ont généralement utilisé ce que l'on pourrait appeler une vision instrumentaliste de l'histoire, où elle est utilisée non pas comme moyen pour repenser le présent, mais comme une carrière qu'il faut exploiter seulement en vue de confirmer des théories sur le présent (comme on le retrouve surtout dans le néoréalisme) (2002a : 5).

Ainsi, on peut se demander si l'histoire est un vaste répertoire empirique à partir duquel les théories des relations internationales peuvent puiser des exemples validant leurs théories, ou si elle doit contribuer à l'élaboration des concepts et des catégories informant la discipline des Relations internationales (Tilly, 1981) ? C'est ce type de questionnement qui a mené Hobson à synthétiser les différents problèmes épistémologiques et ontologiques soulevés par la mauvaise utilisation de l'histoire dans l'étude des Relations internationales et les stratégies par lesquelles la sociologie historique pourrait y remédier.

Une telle critique de la réification participera probablement à réduire le fossé entre les Relations internationales et le champ de la politique comparée. Cependant, contrairement à la politique comparée dont la démarche est essentiellement *synchronique* (comparaisons horizontales lors d'une même période historique), la sociologie historique ajoute un axe de **comparaison diachronique** (comparaisons verticales entre des périodes historiques différentes) à sa démarche comparative.

2.3 La normativité

Weber et ses successeurs distinguent jugements de fait et jugements de valeur. Même si Weber lui-même s'est toujours intéressé à la politique active et participait passionnément à la vie politique allemande, dans ses écrits sur la méthode sociologique, par contre, il pourfendait la volonté de certains socialistes de développer une méthodologie explicitement normative. En ce sens, il s'opposait aux courants marxistes de son temps.

Les chercheurs de la tradition sociologique néowébérienne ont pris certaines distances par rapport à l'optimisme de Weber quant à la possibilité de trancher les jugements de fait et les jugements de valeur. Certains défendent l'idée que bien qu'il soit possible de tendre vers l'objectivité en sciences sociales, des choix normatifs s'insèrent à différents moments de l'analyse sociologique (Tilly, 2002 ; Ragin, 1994). Des choix méthodologiques comme celui d'une échelle temporelle de comparaison, ou l'adoption d'une stratégie comparative, dans le domaine de l'étude des génocides par exemple, ont une dimension normative.

De plus, la sociologie wébérienne est traversée de catégories d'analyses avec une importante portée normative. Par exemple, la notion wébérienne, qui oppose la pensée dite magique de la communauté tribale à celle de la rationalité bureaucratique de la société occidentale moderne, a eu son lot de conséquences normatives pour la sociologie du développement et pour les théories de la modernisation et qui se sont traduites au XXᵉ siècle en politiques proposant un seul modèle du développement, celui de la démocratie libérale. Aujourd'hui, la dichotomie entre « communauté tribale » et « société civilisée » qui traverse l'œuvre de Weber est soumise à une sérieuse remise en question, elle n'a plus l'aura de respectabilité qu'elle avait encore au milieu du XXᵉ siècle.

Dans un autre ordre d'idées, Charles Ragin (1994 : 31-53) avance que toutes stratégies comparatives comportent d'importants choix normatifs. En dernière instance, par exemple, la question qui consiste à savoir si les chercheurs en sciences sociales doivent s'intéresser au caractère spécifique ou au caractère généralisable d'un **explicandum** est normative. Elle ne relève pas de l'épistémologie, mais des objectifs sociaux du chercheur.

En classant les stratégies de recherche en fonction des objectifs des chercheurs, Ragin aborde les problèmes méthodologiques et épistémologiques sans adopter une conception préalable de la méthodologie à utiliser pour mener une enquête sociologique. Ici, les débats méthodologiques portent sur la correspondance entre les méthodes utilisées et les objectifs visés, plutôt que sur la question plus normative qui consiste à choisir les objectifs de recherche qui correspondent à de la « bonne » science. Cette position pluraliste est le produit de la sociologie wébérienne. Elle se reflète dans la diversité de méthodologies empruntées par les auteurs de cette tradition.

Toutefois, la position pluraliste n'est pas neutre sur le plan normatif. Sur le plan ontologique, cette position postule le caractère transhistorique de la séparation de l'économique, du politique et de l'idéologique. Cette position propre à la sociologie de Weber conçoit donc les différentes sphères d'activité sociale comme fondamentalement distinctes les unes des autres. Ce n'est donc pas une coïncidence si l'anarchie du système international est réifiée autant chez les

néoréalistes que chez la **première vague de sociologie historique néowébérienne**. C'est la conséquence du parti pris méthodologique pour une analyse multicausale qui segmente *a priori* différentes sphères quasi-autonomes ou autonomes d'activités sociales et fait de la géopolitique une dimension autonome du monde social (voir en particulier Collins, 1986).

3. Problématiques principales soulevées par la première vague

Au tournant des années 1980 et 1990, les travaux de Giddens, de Mann et de Tilly ont donné une impulsion à la sociologie historique néowébérienne. Leurs analyses multicausales acceptent comme *a priori* l'**autonomie du politique** face à l'économique. La sociologie historique néowébérienne problématise alors les relations entre le pouvoir social et les processus de militarisation. Cette ambition de dépasser le néoréalisme n'a cependant pas toujours été la même chez tous. Mann souligne que : « [Nous] chercheurs en sociologie historique avons d'abord emprunté précisément la forme traditionnelle du réalisme que les chercheurs en relations internationales fuyaient. Nous nous sommes croisés dans la nuit » (1996 : 223). Le verdict de Hobson est plus sévère lorsqu'il affirme que les travaux d'une première vague de sociologie historique n'ont jamais problématisé l'origine du système interétatique. En somme, la première vague de sociologie historique néowébérienne n'aurait pas démontré en quoi le retour de l'État et de la société civile pouvait opérer une rupture avec le déterminisme structural du néoréalisme de Waltz (1979), du néoréalisme modifié de Gilpin (1981) ou de la sociologie historique de Skocpol (1979).

3.1 La formation des États et l'origine du monopole de la violence légitime

Skocpol (1987 : 18-19) soulignait que les périodes d'innovations intellectuelles en sciences humaines sont caractérisées par un contexte d'ouverture interdisciplinaire. L'intérêt croissant de la sociologie historique à partir des années 1980 pour les questions demeurées jusqu'alors la chasse gardée des Relations internationales a été favorisé par la volonté de sociologues dissidents de s'éloigner des carcans qu'imposait leur discipline (Skocpol, 1985 : 34). La sociologie historique tentait de remettre en question les théories «endogènes», d'inspiration marxiste, du changement social qui accordaient un rôle prépondérant aux conflits de classes dans l'explication des dynamiques sociales – notamment les révolutions sociales et la formation de l'État moderne – au détriment de facteurs «exogènes» comme les dynamiques interétatiques de nature essentiellement conflictuelle (Hobden, 1999 : 258-259). Mann (1993) et Giddens (1981, 1986) développèrent cette critique des analyses endogènes en soulignant que les sociétés ne sont pas des entités constituées en vase clos.

Parallèlement, la sociologie historique affirmait l'autonomie du politique et critiquait le «réductionnisme économique» associés aux analyses marxiennes (Hobson, 2001 : 396). Le contexte de turbulence sociale des années 1970 aux États-Unis favorisait l'idée que l'analyse des dynamiques conflictuelles des États industrialisés ne pouvait s'effectuer sans un questionnement préalable sur le fonctionnement du capitalisme et sur la place occupée par chacune des sociétés à l'intérieur de cette économie. Dans le champ des Relations internationales, de nombreux chercheurs se sont élevés contre le statocentrisme inhérent aux approches traditionnelles et se proposaient d'élargir l'analyse des phénomènes internationaux aux acteurs transnationaux afin de saisir la signification des transformations du système international résultant du développement de l'interdépendance des États et de l'affaiblissement de leur souveraineté nationale face aux firmes transnationales (Keohane et Nye, 1972). L'État se trouvait alors «relativement marginalisé» comme axe principal – ou du moins comme point de départ – des recherches développées par la science politique et la sociologie anglo-américaine.

Au début des années 1980, la sociologie historique néowébérienne tenta de renverser ce mouvement afin de ramener l'État au cœur de l'analyse sociologique et d'approfondir la compréhension du rôle des facteurs «intersociétaux» à l'intérieur de son programme de recherche. Cette tentative de réintroduire l'État au centre de l'analyse s'est effectuée simultanément avec la montée du néoréalisme comme courant dominant à l'intérieur de la discipline des Relations internationales.

À l'instar des sociologues néowébériens, Waltz (1979) tentait de supplanter les approches dites «réductionnistes» qui, selon lui, privilégiaient les unités par rapport au tout dans l'analyse des phénomènes internationaux. Il jugeait de telles approches erronées parce qu'elles réduisaient l'explication des dynamiques géopolitiques et des comportements des États aux reflets d'impératifs socio-économiques. Puisque la théorie des relations internationales doit, selon lui, fournir les outils nécessaires afin de mettre en lumière les lois générales qui structurent les rapports interétatiques, afin de pouvoir établir des prédictions falsifiables, le théoricien doit s'attarder aux caractéristiques permanentes du système international, c'est-à-dire à sa structure anarchique. La première vague de sociologie historique aurait été séduite par la convergence entre l'analyse néoréaliste et le projet de placer l'État et la dimension internationale au centre de leur analyse. Les sociologues néowébériens auraient vu dans le néoréalisme une théorie qui pouvait à la fois complémenter et améliorer la compréhension des problèmes à expliquer (Hobson, 2002b : 63).

3.1.1 Les filiations avec le réalisme

Bien qu'il n'y ait jamais eu une volonté explicite de développer un cadre d'analyse ou programme de recherche conjoint entre le réalisme et la première vague de sociologie historique, soulignons que ces deux approches partagent deux postulats : celui de l'autonomie du politique et celui de la primauté des facteurs géopolitiques sur les facteurs de politique interne.

La notion de l'autonomie du politique repose donc sur une distinction analytique entre les **classes gouvernantes**, spécialisées dans les activités «politiques» qui concernent généralement l'État et le pouvoir politique, et les classes dominantes, spécialisées dans des entreprises à caractère économique qui visent généralement l'accumulation de la richesse. Ce postulat renvoie à la capacité des classes gouvernantes d'entreprendre *toutes* les mesures nécessaires afin de confronter les impératifs de la «haute politique» au risque de s'aliéner l'appui des classes dominantes dont elles dépendent afin de maintenir leur légitimité au niveau interne. Ici, l'État n'est pas représenté «[...] comme un aspect politique des luttes et des rapports de classe concrets» (Skocpol, 1985 : 57), comme dans certaines variantes du marxisme, mais plutôt comme un organe administratif autonome dont les fonctions sont principalement d'ordre militaire (Skocpol, 1979 ; Lachmann, 1989 : 64). L'autonomie de l'État signifie, entre autres choses, qu'il possède des intérêts et objectifs distincts, quoique pas toujours nécessairement opposés à ceux que partagent les classes dominantes.

On retrouve au centre de ces analyses le postulat selon lequel il existe des groupes à la fois autonomes et distincts qui poursuivent des finalités propres à des sphères d'activité séparées les unes des autres. L'analyse sociologique vise alors à retracer empiriquement, à l'aide d'une méthode comparative, les modes de conflits et de coopération entre ces groupes par rapport aux institutions spécifiques qui façonnent leur champ d'action, dans un contexte où ils doivent néanmoins trouver les moyens d'affronter la menace permanente issue d'un système international anarchique.

À première vue, il semblerait qu'à l'instar du néoréalisme, cette première vague de sociologie historique perçoive les sociétés comme des réservoirs de ressources dont disposeraient les États afin d'atteindre leurs objectifs vitaux. Il est néanmoins important de noter que, contrairement au néoréalisme, elle tient compte de l'influence des variations des structures socio-économiques et des relations de classe sur la capacité *concrète* des États d'extraire, et surtout de mobiliser, les ressources matérielles et humaines nécessaires au déploiement de la violence armée. Par exemple, une société agraire pratiquant une culture de subsistance dont les surplus sont appropriés par une classe de propriétaires terriens disposant de milices armées privées ne pose pas les mêmes limites matérielles et logistiques aux gouvernants qu'une société industrialisée où une classe dominante démilitarisée s'approprie les ressources matérielles par la poursuite

«pacifique» d'un profit commercial. Inversement, elle problématise l'influence de la concurrence entre classes économiques dominantes et classes politiques gouvernantes pour l'appropriation des ressources matérielles sur la formation et la transformation des structures étatiques et des structures de classe dans des contextes géopolitiques donnés[5]. À ce titre, elle se distingue du néoréalisme en tenant compte de l'influence des relations conflictuelles et de coopération au sein des sociétés sur le processus de transformation des structures étatiques. Elle s'intéresse également à l'impact de ces relations sur la capacité des États de déployer la violence armée sur la scène internationale.

Le second postulat, celui de la primauté des facteurs géopolitiques, n'a toutefois pas les mêmes implications théoriques pour la sociologie historique néo-wébérienne que pour certains réalistes. Pour la grande majorité des approches traditionnelles en Relations internationales, la primauté des facteurs géopolitiques mène à l'évacuation des facteurs internes de la compréhension des dynamiques du système international, et à l'affirmation de la permanence de celui-ci et, sur cette base, à réaffirmer la spécificité de son champ d'étude par rapport aux autres sciences sociales.

Bien que l'idée de la permanence d'une logique de compétition géopolitique à l'intérieur du système international soit acceptée en sociologie historique, celle-ci ne prétend pas expliquer les processus de transformations macrohistoriques en faisant abstraction des dynamiques de pouvoir et de la configuration des rapports de classe au niveau interne. Par contre, en cherchant à lier ces processus de transformation «interne» non pas aux luttes des classes, mais aux impératifs issus de la compétition géopolitique, elle se distingue de certaines variantes du marxisme. À ce titre, la première vague de sociologie historique demeure fortement inspirée par le **modèle**

---

5. Skocpol, Tilly, Poggi et Mann mettent au centre de leur analyse les relations causales entre impératifs de survie au niveau international, concurrence au niveau national pour l'appropriation des ressources et transformations économiques, politiques et sociales dans un contexte de crise ou dans un contexte d'accentuation des pressions géopolitiques.

géopolitique, étendard des fondateurs de la sociologie historique allemande, Hintze et Weber, qui ont tenté d'expliquer le processus de centralisation et de rationalisation de l'État comme étant le produit de l'agrégation de décisions prises par les gouvernants. En ce sens, elle traite l'anarchie du système international comme une catégorie d'analyse non problématique. Ici, autant la compétition militaire que l'historicité des agents qui y participent sont des données constantes à travers le temps.

Les travaux de Skocpol sur les révolutions sociales et de Tilly sur le processus de formation de l'État illustrent l'importance que jouent les notions d'autonomie du politique et de primauté des facteurs géopolitiques chez les néowébériens. D'emblée, ceux-ci cherchent à expliquer les processus de transformations institutionnelles, c'est-à-dire principalement d'ordre « interne », en relation avec la configuration spécifique des relations de classe dans un contexte de concurrence *inter-nationale*.

La priorité accordée par Skocpol aux facteurs géopolitiques s'explique principalement par le fait qu'elle vise à démontrer que l'on ne peut comprendre l'irruption des révolutions sociales en dehors de leur contexte international (Skocpol, 1985: 23). L'erreur des explications marxistes et libérales des révolutions sociales est de s'attarder principalement aux facteurs internes, et par conséquent, de les traiter en dehors du contexte international. Dès l'origine, les relations internationales ont influencé les structures politiques et de classe, pour promouvoir et façonner des changements similaires ou divergents dans différents pays (42).

L'inclusion des facteurs géopolitiques serait primordiale, car l'ensemble des crises ayant pavé la voie aux révolutions sociales se seraient produites dans un contexte où la menace extérieure a joué un rôle clé dans l'effondrement de l'appareil d'État. Ce qui explique ici le succès de certaines révolutions sociales, c'est l'incapacité des gouvernants à mettre en place les réformes (fiscale, agraire, institutionnelle) nécessaires afin de renforcer l'État dans un contexte où la menace extérieure se faisait plus grande (Skocpol,

1985: 46). L'incapacité de certains États à adopter les réformes nécessaires s'explique principalement, mais non exclusivement, par l'opposition des classes dominantes. Comme nous l'avons souligné, la notion d'autonomie du politique ne signifie pas simplement que les classes gouvernantes peuvent s'approprier les ressources nécessaires à la protection des intérêts de l'État. Elle veut dire aussi que leurs intérêts sont distincts de ceux des autres classes sociales et qu'elles n'hésiteront pas à entrer en concurrence avec celles-ci pour atteindre leurs objectifs (Skocpol, 1985: 55).

L'issue de cette concurrence est fondamentale à l'explication des causes des révolutions sociales. En effet, la capacité des classes dominantes de contrecarrer les réformes de l'État et, indirectement, d'affaiblir la position de celui-ci au sein du système international, s'expliquerait par sa capacité de tirer parti du mécontentement des autres classes. À ce titre, Skocpol souligne que les révolutions sociales se sont généralement produites lorsque les classes dominantes ont su profiter de la mobilisation de communautés paysannes afin de contrecarrer les projets de réformes de l'État. Le rôle des mouvements paysans dans le processus révolutionnaire ne peut être saisi sans l'analyse rigoureuse des structures agraires des sociétés concernées. En somme, la configuration des relations de classe, combinée au contexte spécifique du processus de compétition géopolitique, représenterait le fondement de l'analyse des révolutions sociales pour Skocpol.

On retrouve également chez Tilly (1992) les postulats de la primauté des facteurs géopolitiques et de l'autonomie du politique. Tout comme Skocpol, il postule la permanence des dynamiques conflictuelles au sein des systèmes internationaux afin d'expliquer le processus de développement des formes d'État. La permanence de la guerre s'expliquerait par le fait que la contrainte physique soit demeurée un moyen efficace de s'assurer l'accès aux ressources matérielles et symboliques que procure le pouvoir d'imposer sa volonté sur autrui (Tilly, 1992: 70).

Ainsi, Tilly soutient que « la structure de l'État apparaît essentiellement comme un *produit secondaire* des efforts des gouvernants pour acquérir les moyens de la guerre » (Tilly, 1992 : 221. Nos italiques)[6]. Afin de financer leurs entreprises guerrières, ils ont cherché à s'approprier par la force ou à négocier pacifiquement avec les classes dominantes l'accès aux ressources disponibles à l'intérieur de leur territoire. À cette fin, ils ont implanté progressivement des systèmes de taxation, des corps de percepteurs, des appareils de gestion des ressources et des institutions représentatives, bâtissant ainsi les structures étatiques.

Tilly défend l'idée selon laquelle la configuration de ces structures varie en fonction de la concentration du *capital* et de la *contrainte*, de l'évolution des **systèmes de guerre** et de la position géopolitique des unités politiques au sein du système international (1992 : 38). À ce titre, il identifie trois trajectoires distinctes :

1. le parcours à forte contrainte qui a marqué le développement de l'État dans la partie orientale de l'Europe, où, en l'absence de centres urbains et de réseaux commerciaux développés, les gouvernants n'auraient pu taxer les capitaux afin de financer leurs entreprises guerrières. Ils auraient donc été contraints de développer de lourds appareils bureaucratiques et coercitifs afin d'accaparer les ressources produites sur leurs territoires ;

2. les régions fortement urbanisées et commercialisées d'Europe telle que la péninsule italienne. Dans ces régions les classes gouvernantes ont bénéficié de la concentration élevée de capitaux afin de financer les activités de l'État ;

3. les régions occidentales de l'Europe qui ont suivi la voie mitoyenne du parcours à contrainte-capitalisée. Ces régions ont été en mesure d'affronter les nouveaux impératifs financiers et logistiques qu'imposait le nouveau système de guerre à partir du XVIIe siècle[7].

3.1.2 Le modèle géopolitique

La relation dynamique entre la (trans)formation des structures politiques et la compétition militaire est un des facteurs clés dans l'explication des grands processus de changements macrosociaux auxquels s'intéresse la sociologie historique. L'une des grandes problématiques de recherche de la sociologie historique contemporaine est l'analyse des relations de codétermination entre le processus d'innovation technologique et organisationnelle des forces armées et la transformation des institutions et régimes politiques.

Des études récentes ont tenté d'approfondir la réflexion sur les liens entre la concurrence militaire et les transformations des régimes politiques et des structures administratives des États du continent européen. Elles se sont penchées sur l'explication des causes des variations institutionnelles, administratives et politiques, mises en branle par la **révolution militaire** du XVIe-XVIIe siècles (Croxton, 1998 ; Downing,

---

7. Ce parcours est caractérisé par l'équilibre entre la concentration du capital et de la contrainte. Tilly souligne qu'il fut rendu possible grâce à la coexistence entre une classe de capitalistes, dont les activités stimulaient le développement d'une économie marchande, et une classe seigneuriale, dont les revenus dépendaient de l'exploitation de la paysannerie. L'existence de ressources importantes aux mains de ces deux classes offrait aux gouvernants l'occasion de financer leurs armées sans avoir à dépendre nécessairement de l'un des deux groupes et, parallèlement, sans avoir à bâtir un appareil bureaucratique rigide et imposant. En contrepartie, l'accès à ces ressources exigeait des concessions substantielles de la part des gouvernants envers les classes marchandes et seigneuriales. Selon Tilly (1992 : 266), ce processus de négociation aurait pavé la voie à la représentation des intérêts des classes dominantes au sein des nouvelles institutions représentatives de l'État. Néanmoins, il affirme que le poids important des classes dominantes au sein de l'État n'a jamais pu mettre un frein aux velléités des gouvernants de bâtir un vaste appareil militaire qui leur a permis de centraliser et d'uniformiser sous une seule autorité le pouvoir politique. Ainsi, si plusieurs formes d'États ont pu cohabiter au sein du système international européen pendant plusieurs siècles, la transformation du système de guerre au XVIIIe siècle a ouvert le chemin à un processus de convergence institutionnel qui a fait de l'État national la seule forme viable face aux nouveaux impératifs géopolitiques.

6. Tilly affirme que la vaste période couverte par son entreprise théorique exige que soient accordés « un intérêt, un raisonnement, une capacité et une action unitaires à un État, à une classe dirigeante ou au peuple soumis à leur contrôle conjoint », tout en procédant « [...] normalement comme si chaque catégorie était réelle, unitaire et non problématique » (1992 : 70-71). La filiation de cette conception de l'État avec celle des analyses néoréalistes et des néolibéraux apparaît ici évidente.

1988; 1992; Eltis, 1995; Ertman, 1997; Parker, 1996). L'accélération des processus de transformations politiques qui ont traversé l'Europe à partir du XVIᵉ siècle est, pour ces auteurs, la conséquence directe des défis techniques, administratifs, organisationnels et fiscaux résultant de l'accroissement exponentiel du nombre de soldats au sein des armées européennes et de la montée vertigineuse des dépenses liées à l'entretien, à l'approvisionnement et à l'entraînement des troupes.

Downing (1992) soutient que cette révolution militaire a exigé des gouvernants européens la mise en place de réformes structurelles qui, dans certains cas, remettaient en cause le principe fondamental sur lequel reposait l'ordre politique d'alors. Il avance l'hypothèse selon laquelle les régions d'Europe les plus exposées à la compétition militaire – donc celles où les gouvernants ont davantage été contraints de mobiliser rapidement les ressources extraordinaires afin de faire face aux nouvelles exigences matérielles et organisationnelles liées à la révolution militaire – sont aussi celles qui ont vu la dislocation complète des institutions représentatives au profit de régimes autoritaires centralisés autour de la monarchie. Les régions où les gouvernants ne pouvaient compter que sur leur capacité de taxer les activités commerciales, où ils ne pouvaient pas compter sur les ressources de régions conquises, ou tout simplement sur l'aide de puissances étrangères, sont principalement celles où les institutions représentatives ont été totalement démantelées. Puisque, selon Downing, les principes centraux du constitutionnalisme médiéval sont aussi ceux qui sont à la base de la démocratie libérale (parlement, représentation, limite à l'arbitraire de l'autorité politique), comprendre pourquoi le continent européen a été à la fois témoin de l'émergence de régimes autoritaires et de régimes démocratiques, c'est comprendre comment et pourquoi les gouvernants ont su maintenir ou ont cherché à affaiblir le constitutionnalisme.

La contribution d'Ertman à la problématique du rapport entre transformations politiques, administratives et militaires souligne les limites des explications qui font découler les variations de développement institutionnel de l'exposition à la pression géopoli-

tique. Bien qu'il reconnaisse qu'il s'agit d'une variable importante dans l'explication de la complexification des appareils d'État et de la centralisation du pouvoir politique (1997: 26), Ertman souligne que le problème des explications de Hintze, Tilly et Downing est qu'elles *présument* que les gouvernants ont fait face *de manière simultanée* à l'accentuation de la pression géopolitique. Or, le *contexte* de concurrence géopolitique soutenue et les formes d'organisations politiques spécifiques qui ont *précédé* le processus de centralisation de l'État, demeurent deux variables clés à l'explication des variations des régimes politiques et des structures administratives. Il développe l'idée qui veut que les gouvernants ne puissent transformer à leur gré les institutions de manière à les rendre plus fonctionnelles, car celles-ci orientent les choix et stratégies des agents dans des directions bien déterminées. Ertman avance l'hypothèse que les États ne disposaient pas tous de la même gamme de stratégies pour faire face aux pressions géopolitiques et à l'accroissement des coûts liés à la guerre.

En effet, les premiers gouvernants exposés à la pression géopolitique ont aussi été les premiers à mettre en branle le processus de formation de l'État. Ils se sont inspirés des anciennes pratiques de l'époque féodale afin de centraliser le pouvoir et de bâtir une bureaucratie d'État. Autrement dit, ils ont procédé par la cooptation des classes dominantes, à travers la vente de parcelles d'autorité publique au sein d'une bureaucratie centralisée, comme ce fut le cas de la France. Par contre, ceux qui ont été confrontés à une pression géopolitique soutenue plus tardivement, comme dans le cas de la Prusse, auraient eu l'avantage de pouvoir éviter les inconvénients des développements institutionnels mis en branle par leurs concurrents. En outre, ils ont pu s'inspirer des succès de leurs concurrents en adoptant les institutions plus favorables à la maximisation de la puissance militaire. Ce serait principalement pour cette raison que la formation de l'État prussien aurait procédé par le biais de pratiques absolutistes, c'est-à-dire centralisation vers le haut, tout en évitant l'écueil de pratiques de type patrimoniale (vente de postes de la fonction publique).

4. Problématiques soulevées par la deuxième vague

Au cours des années 1990, une scission s'effectue au sein de la sociologie historique néowébérienne. Plusieurs chercheurs s'opposent à la conception de l'anarchie du système international que la première vague aurait empruntée au néoréalisme. Comme le souligne Hobson (2000; 2002b), dans sa réflexion sur les dynamiques géopolitiques, la première vague a ouvert la boîte noire de l'État. Cependant, ses analyses ont été limitées par une approche ahistorique des impératifs issus *du* système international. Elles auraient ainsi projeté dans d'autres contextes socio-historiques – elles auraient universalisé – une ontologie historiquement spécifique au «modèle westphalien», et auraient évacué les dimensions *historique* et *multicausale* des processus de changement macro-social (Spruyt, 1994a, 1994b, 1998; Hobden, 1999; Hobson, 2000). C'est donc une refonte complète de la conceptualisation de l'agence et de la structure et une volonté d'analyser de manière *empirique* leur rapport co-constitutif qui s'amorce ici. Cette critique s'appuie sur un constat: la première vague aurait échoué dans ses efforts de ramener l'État au centre de l'analyse. Au mieux, elle lui aurait accordé un statut résiduel au sein de ses analyses.

On se rappellera que pour la première vague, l'autonomie de l'État réside dans sa capacité potentielle d'agir *contre* les intérêts des groupes sociaux dominants, afin de mobiliser les ressources nécessaires à la maximisation de son potentiel militaire. La relation État/société est problématisée comme un jeu à somme nulle où la capacité des uns à atteindre leurs objectifs implique nécessairement la privation des intérêts des autres. Le concept de pouvoir despotique développé par Mann (1988: 5) définit cette relation comme: «[…] l'éventail d'actions que l'élite gouvernante est en mesure d'entreprendre en l'absence de négociation institutionnalisée et routinière avec les groupes de la société civile». Le **pouvoir agentiel** de l'État au sein de la première vague s'exprime par sa capacité à agir *contre* la société, c'est-à-dire à *contourner* ou à *surmonter* les *obstacles* ou *contraintes* issus de la société, de manière à se *conformer* aux exigences

fonctionnelles de la structure du système international. Ainsi, d'après Hobson, les facteurs «internes» au sein des analyses de la première vague sont réduits, en dernière analyse, au statut de variables intermédiaires, mais qui n'expliquent guère pourquoi les États font certaines actions plutôt que d'autres. Il prétend que les facteurs internes jouent sensiblement le même rôle (marginal) au sein de la première vague que dans l'analyse néoréaliste modifiée de Robert Gilpin concernant l'essor et le déclin des grandes puissances.

Cette conception réifie les effets de structures et véhicule une conception extrêmement *mince* de l'autonomie du politique. D'une part, cette conception de l'autonomie du politique serait de nature essentiellement négative: c'est-à-dire présentée comme la capacité de surmonter des obstacles, à agir contre et envers les forces sociales internes. D'autre part, la notion d'autonomie du politique utilisée par la première vague demeurerait confinée au niveau interne, c'est-à-dire qu'elle n'accorderait aucune capacité aux États de surmonter et de *transformer* les dynamiques opératoires – belliqueuses – des systèmes internationaux.

De manière à ne pas réduire l'État à une simple courroie de transmission des impératifs structurels du système, la deuxième vague de la sociologie historique propose une modification en profondeur de la notion d'autonomie du politique et, ce faisant, de la théorie de l'État. Il est important de souligner l'influence des travaux de Mann à cet égard. Tout d'abord, il rejette l'idée que l'État puisse être conceptualisé comme un organe de gouvernance unitaire agissant selon un seul type de rationalité. L'État serait plutôt *polymorphe* car il cristallise en son centre un ensemble divers de réseaux de pouvoirs (politique, économique, idéologique, militaire), qui fonctionnent selon des modalités qui leur sont propres (Mann, 1993: 75). Par contre, ces réseaux n'évoluent pas indépendamment les uns des autres. Ils sont imbriqués et, par conséquent, s'influencent mutuellement. Par exemple, le développement capitaliste n'existe pas indépendamment de l'idéologie nationaliste ou de politiques de type militariste. Pour cette raison, il serait fallacieux de prétendre, à l'instar des tenants de la première vague et des néoréalistes, que l'État est principalement façonné par un seul facteur – la compétition géopolitique – et ne répondrait qu'à un seul type d'impératif social. Une telle démarche impliquerait l'abandon de la méthode multicausale qui caractérise l'approche wébérienne.

Hobson souligne le fait que l'État ne répond pas à une seule logique d'action, celle de la concurrence géopolitique. Qui plus est, la méthode multicausale permet de rendre compte de l'idée que les États ne sont pas seulement façonnés par leur insertion au sein du système international, mais le sont également par le type de relations qu'ils développent avec des forces sociales insérées dans les réseaux de pouvoir multiples au sein des sociétés civiles (Hobson, 2000 : 200) :

> Le vrai défi pour la formulation d'une théorie non réaliste n'est pas simplement celui de présenter une théorie qui tienne compte de changements sur le plan interne, mais celui d'expliquer de telles développements *par un nombre de variables causales qui ne peuvent être réduites à la structure internationale* (Hobson, 2000 : 192. Souligné dans l'original).

La deuxième vague de la sociologie historique aborde la notion d'anarchie de manière à mettre en lumière les **processus historiques de codétermination** des formations sociales et des systèmes internationaux (Hobden, 1999). Selon Hobson et Spruyt, ce projet exige une reconceptualisation de la relation entre l'interne et l'international puisque cette distinction serait le produit de pratiques sociales historiquement ancrées. Il requiert donc l'abolition des frontières étanches entre ces deux « sphères » au profit d'une approche qui cherche plutôt à mettre l'accent sur l'imbrication de réseaux et dynamiques de pouvoir de dimensions spatiales variables, c'est-à-dire, le sous-national, le national, l'international et le global (Spruyt, 1998 ; Hobson, 1998a ; 2000). Autrement dit, les sociologues de deuxième vague aspirent à une refonte de la théorisation de la structure du système international.

Puisque la deuxième vague part du principe que l'on doit problématiser le changement en termes historiques à l'aide d'une méthode comparative qui met

l'accent sur la multicausalité, il est essentiel de retracer l'axe de variation sur lequel ces relations s'actualisent dans l'espace et dans le temps. Selon Hobson (2000 : 194), cette deuxième vague de la sociologie historique repose sur les six principes fondateurs suivants :

1. L'étude de l'*histoire du changement*.

2. La *multicausalité* (pas une seule, mais plusieurs sources interdépendantes de pouvoir).

3. La *multispatialité* (pas une seule, mais plusieurs dimensions imbriquées et interdépendantes, soit sous-nationale, nationale, internationale, globale).

4. *Autonomie partielle* des sources de pouvoir et des agents.

5. *Notions complexes* de l'histoire du changement.

6. Théorie (non) réaliste de l'*autonomie et du pouvoir de l'État*.

Les travaux de Spruyt offrent un bon exemple du type de méthode mise de l'avant par la deuxième vague pour traiter de la question de la spécificité historique des rapports de codétermination entre agence et structure. Il soutient que les approches traditionnelles en Relations internationales ont fait fausse route en postulant l'anarchie du système international. Elles auraient évacué le fait que l'anarchie demeure socialement constituée et sujette au changement. Même si Spruyt (1994b : 5) accepte que l'anarchie soit la caractéristique fondamentale des systèmes internationaux à travers l'histoire – en ce sens qu'il n'y a jamais eu institutionnalisation d'un Léviathan mondial – cela ne signifie pas nécessairement que les dynamiques entre les unités au sein de ces systèmes internationaux soient demeurées identiques. La structure *n'est pas* une donnée objective que les agents confronteraient passivement comme une *limite constante* à leurs capacités d'action. Elle serait plutôt issue de la cristallisation de certains types d'interactions – et de conventions – entre agents aux caractéristiques institutionnelles spécifiques dans un contexte matériel déterminé. Selon Spruyt, le caractère distinctif de l'anarchie du système lors d'une période historique précise est intimement lié aux types d'acteurs évoluant en son sein. En mettant en évidence le rapport de codétermination agent/structure, on s'éloigne de la représentation de la structure du système utilisée par la première vague.

Hobson a cherché également à explorer le rapport de co-constitution historique entre agence et structure. C'est à partir de l'analyse des variations du degré d'ancrage des États au sein de leur société civile (ou niveau variable d'autonomie du politique) qu'il tente d'expliquer les différentes stratégies mises en œuvre par les gouvernants afin de répondre à une crise conjoncturelle au sein du système international (1997).

Tout d'abord, Hobson met en relief les causes multiples de la crise fiscale généralisée au sein du système d'États européen à la fin du XIXe siècle. Il l'explique par l'accroissement des coûts des dépenses militaires dans un contexte d'expansion impérialiste, combinée à une dépression économique généralisée après 1873. Confrontés à une augmentation des budgets militaires, les gouvernants étaient aux prises, à des degrés divers, avec une sérieuse crise de revenus. Du fait de leur imbrication dans différents réseaux de pouvoir, les États étaient motivés par d'autres objectifs que la simple sécurité militaire. Ils agissaient donc rarement en fonction d'un seul type d'impératif ou selon une seule logique.

Dans un deuxième temps, Hobson s'attarde à une comparaison des diverses configurations de pouvoir au « niveau interne » afin d'expliquer les motivations différentes qui sous-tendent les stratégies d'action mises en œuvre. Les différentes formes de relations que les États ont développées avec les forces sociales nous permettraient d'expliquer l'adoption de certaines stratégies plutôt que d'autres afin de répondre à la crise fiscale généralisée. En effet, il affirme qu'à la différence de la Russie et de l'Allemagne, l'État britannique a été le seul à financer ses opérations par le biais d'un régime de taxation directe (impôt sur le revenu personnel) à partir de 1842, et à maintenir une politique libre-échangiste dans un contexte de dépression économique (Hobson, 2002b : 77 ; 2000 : 208). Ce serait la capacité des gouvernants britanniques à

opposer la bourgeoisie industrielle à la classe ouvrière qui leur aurait permis d'établir ce régime fiscal et cette politique commerciale (Hobson, 2000 : 208-209). En contrepartie, les dirigeants russes qui gouvernaient uniquement sur la base d'un pouvoir despotique auraient cherché à accroître les ponctions fiscales par un régime de taxation indirecte sur les classes dominantes et subordonnées et, de ce fait, eurent recours au protectionnisme (Hobson, 2000 : 209 ; 1997).

Il est important de souligner que bien que le **modèle synergique** employé par Hobson soit en rupture avec la conception traditionnelle de l'autonomie du politique au cœur du modèle géopolitique classique, il repose toujours sur l'une des prémisses fondamentales de l'analyse wébérienne : la dichotomie entre État et société civile. Sandra Halperin (1998 : 331) a souligné les limites de ce modèle qui *présume* que l'État et les classes dominantes ont des intérêts opposés et clairement définis, et qui ne problématise pas le caractère historique des processus sociaux constitutifs de ces intérêts et leurs rapports *potentiellement* conflictuels. Historiquement, l'État a rarement agi en « collaboration » avec les groupes sociaux subalternes (Halperin, 1997). Selon elle, il serait difficile d'évaluer empiriquement la capacité des États à entretenir un « degré de coopération » avec un éventail élargi de forces sociales afin d'accroître leur potentiel de gouverne et leur puissance. Au mieux, il serait important de souligner que cette « relation de coopération » avec les forces sociales *diverses* est un phénomène historiquement spécifique lié au développement de la démocratie libérale.

4.1 Démocratisation et développement des régimes politiques

La mise en relief de l'importance de la dimension temporelle pour l'étude des processus de démocratisation est un autre champ où la sociologie historique a fait des contributions importantes. Comme le souligne Tilly : « [...] l'échelle temporelle [d'analyse] est importante autant au niveau théorique, qu'au niveau pratique » (1993 : 365). L'enjeu de la perspective choisie est plus important qu'un seul problème d'échelle historique. Il rappelle que les travaux d'une importante génération de sociologues du développement démocratique durant les années 1970 et 1980 s'échelonnaient sur la longue durée : Moore (1966) ; Maier (1988) ; Rokkan (1975) ; Anderson (1979b). Malgré des divergences, ces recherches postulaient que le développement des institutions politiques résultait d'interactions sur la longue durée entre les classes sociales, les régimes constitutionnels, les institutions politiques et économiques et le contexte géopolitique.

Mann va plus loin dans sa critique des conceptions libérales du développement démocratique. Il soutient que la modernité, dans la mesure où elle accompagne le développement d'une conception organiciste de la nation[8], est porteuse d'une dynamique génocidaire, dont les premières victimes furent les populations indigènes exterminées au contact des colonisateurs européens. L'ère des nations porte les germes des politiques de nettoyages ethniques qui ont traversé le XXe siècle. Si, une fois formellement institutionnalisés, les États démocratiques ne font plus l'usage de politiques d'extermination à l'endroit de leur population, l'utilisation de ce type de politique constitue souvent une phase centrale du processus homogénéisant de l'État moderne. Et il serait naïf de concevoir le développement démocratique en faisant abstraction des dangers réels de dérapages lors du processus de transition vers un État moderne. Sur ce sujet, sa thèse sera rapidement mise à l'épreuve en Irak, où la nouvelle constitution fut élaborée en catastrophe, et où le résultat des premières élections confirmèrent un repli sur des clivages ethniques plutôt que fédératifs, ce qui pourrait non seulement paralyser les processus démocratiques, mais précipiter une guerre civile transnationale. Ces politiques seraient le prix à payer pour le développement de la démocratie libérale et d'une conception organiciste et homogénéisante de la nation, cette communauté imaginée, qui en est la sœur jumelle. Tout comme le développement des régimes fascistes, les nettoyages ethniques et les génocides ne seraient pas une voie « déviante » par rapport au processus de modernisation à l'occidentale mais, au contraire, une voie qui exacerberait le potentiel

destructeur d'une de ces principales institutions, la nation moderne (Mann, 2004b, 2005).

4.2 Nations et nationalismes

Durant les années 1980, un nombre important de travaux ont porté sur le nationalisme en sciences sociales et en histoire (Hroch, 1985 ; Hobsbawm, 1989 ; Anderson, 1991 ; Gellner, 1997 ; Nairn, 1997). Bien que Weber ait consacré une section à la problématique des nations et des races dans *Économie et société*, les chercheurs qui se sont intéressés aux théories du nationalisme débordent le champ de la sociologie historique. Aujourd'hui, la recherche a d'importantes répercussions sur le champ des Relations internationales, car elle remet en question « la nation » comme catégorie d'analyse en montrant le caractère historiquement construit et politiquement mobilisable de cette notion de la langue politique (Brubaker, 1996 ; Mann, 2005). En contestant cette idée, les théories du nationalisme remettent également en question la notion d'*intérêt national* au cœur des théories nationalistes de la politique étrangère.

Trois problématiques importantes sont au cœur des théories du nationalisme : celle de l'origine historique du nationalisme et de sa relation avec la modernité ; celle du statut ontologique de la nation ; puis, celle du statut de la notion de « nation », c'est-à-dire est-ce une catégorie d'analyse ou une catégorie de la langue politique ?

L'étude sociohistorique du nationalisme nous force à interroger plusieurs problématiques au cœur du tournant historique des Relations internationales, notamment celle de la souveraineté et de la territorialité moderne. Contrairement à ce que les idéologies nationalistes laissent souvent entendre, le nationalisme est un phénomène relativement récent sur l'échelle de l'histoire mondiale. La perception que les membres d'une « nation » constituent une communauté horizontale est passablement nouvelle, pour ne pas parler de celle selon laquelle les membres de cette communauté devraient être égaux devant la loi. Rien n'est plus étranger à l'esprit du féodalisme, où un mariage dynastique pouvait venir redessiner la territorialité d'un empire et les relations de subordi-

395

---

8. Conception « nationaliste » de la nation qui considère celle-ci comme un tout organique, « vivant ».

nations d'un ensemble de vassaux en l'espace d'une nuit. Il ne faut pas remonter très loin dans l'histoire pour que la notion d'État national telle qu'elle a été portée par le nationalisme au XIXe siècle s'effrite au point de n'avoir aucune capacité de rendre compte des dynamiques géopolitiques.

C'est seulement avec les guerres napoléoniennes que la guerre et l'occupation militaire commencent à être justifiées au nom de la nationalité, principe qui allait transformer la géopolitique moderne. L'émergence du nationalisme qui accompagne la Révolution française change donc les modalités de la guerre. On assiste au développement de nouvelles conceptions de la souveraineté et de la territorialité moderne, et à des transformations spectaculaires, notamment l'extension du droit de vote, sous la pression des luttes populaires ainsi que l'introduction du service militaire obligatoire, qui allait faire, selon l'expression de John Keegan, de «tout citoyen un soldat» (1989: 10). Ainsi la militarisation des sociétés industrielles au cours du XXe siècle n'est pas un simple processus quantitatif qui ne modifierait pas les modalités des relations internationales. Elle est d'abord le résultat d'un changement qualitatif des relations entre les classes sociales avec l'apparition de la chaîne de solidarité horizontale que sont les «nations» comme, pour reprendre l'expression de Benedict Anderson (1989), des communautés imaginées.

C'est aussi à l'ère moderne que les sciences historiques et politiques se développeront en s'asservissant au modèle stato-centré et nationalo-centré qui devint le vecteur de l'étude des relations internationales au XXe siècle. L'État national commence dès lors à devenir un objet d'étude légitime des sciences sociales et ses «intérêts», son «ordre» et son «identité» deviennent des thèmes plus importants que les intérêts des classes sociales ou des minorités. Ce stato-centrisme a été par la suite contesté par un ensemble d'études sur le genre, les minorités et les classes sociales, et qui soulignent le fait que la notion d'«intérêt national» a souvent entraîné des sacrifices inégaux de la part des différentes composantes de la «nation». L'étude et la compréhension du nationalisme comme phénomène sociohistorique nous aident donc à comprendre les spécificités au sein desquelles se transforment les organisations politiques et l'organisation sociale de la violence collective à l'ère moderne.

4.3 Hobson sur l'origine afro-asiatique de la mondialisation et de la souveraineté

Depuis le milieu des années 2000, le sociologique néowébérien John M. Hobson se penche sur la problématique de l'eurocentrisme et de son impact sur le développement du champ d'étude des relations internationales (Hobson, 2004). Pour lui, il ne fait pas de doute que plusieurs processus dont on retrace généralement l'origine aux temps modernes européens trouvent en fait leur origine en Asie. Il qualifie ainsi d'eurocentrique les explications endogènes de l'émergence d'institutions européennes qui négligent de mettre en valeur les facteurs exogènes qui font partie des conditions de possibilité de leur émergence (Hobson 2009: 671-690). L'ordre du discours instauré par cet eurocentrisme dans la discipline des relations internationales aurait notamment créé une «ligne d'apartheid civilisationnel» entre l'Est et l'Ouest. Cet eurocentrisme minerait la crédibilité non seulement des approches traditionnelles du champ d'étude des relations internationales, mais elle aurait tendance à entacher également les approches gramsciennes, postmodernes et féministes de préjugés eurocentriques. Cette reprise de thèmes de la littérature postcoloniale mène Hobson à vouloir redynamiser la sociologie néowébérienne à la lumière d'une orientation «post-raciste» (Hobson, 2006d; 2007b: 91-116).

Cette démarche mène Hobson à critiquer deux «narratifs»: celui qui fait de l'Ouest le moteur et le berceau de la mondialisation, et celui qui fait de l'Europe le berceau de l'État souverain moderne, le narratif de Westphalie. Une pièce fondamentale de cette conception du monde fait de l'anarchie du système interétatique une propriété unique de l'Europe, qu'elle oppose aux formes de souveraineté impériale, voire despotique, qui aurait caractérisé l'Orient ou l'Est.

Il reprend ainsi l'analyse des quatre sources de pouvoir social identifiées par Michael Mann, afin de montrer comment la métamorphose de chacun de ces pouvoirs en Asie eut pour conséquence de créer l'État souverain. Aussi, le développement de cet État souverain en Europe serait indissociable, voire l'effet, d'un processus beaucoup plus large à savoir la mondialisation afro-orientale. Cette dernière prendrait naissance après l'an 500, à l'aube de la mise en place d'une économie globale afro-asiatique (Hobson, 2009: 680).

Aussi afin de rendre compte de l'émergence de la souveraineté en Europe, Hobson déplace, voire orientalise, la chaîne causale identifiée par d'autres auteurs en montrant comment certains développements européens résultèrent de développements en Asie. Il soutient notamment que la révolution commerciale de la fin du Moyen âge européen reçut une grande part de son dynamisme des importants besoins de la Chine en approvisionnement en argent après 1450 (Hosbon, 2009: 682). C'est à travers ce même réseau commercial que les savoirs et technologies asiatiques, militaires notamment, seraient entrés en Europe pour y être assimilés. Pour la suite, Hobson se fie généralement aux explications déjà disponibles de l'émergence de la souveraineté moderne qui mettent l'accent sur l'impact de la Révolution commerciale et de ses nouvelles technologies sur la restructuration de l'État en Europe.

5. Conclusion

La tâche d'une approche de sociologie historique devrait être de dénaturaliser les phénomènes sociaux, afin de souligner leur ancrage dans des contextes historiques, sociaux ou culturels qui n'ont rien de naturel. En ce sens, les pères de la sociologie historique moderne ont eu raison d'insister sur l'importance de la guerre et de la compétition géopolitique pour le destin des sociétés humaines, en problématisant plusieurs concepts qui sont trop souvent tenus pour acquis par la discipline des Relations internationales. Ils ont ouvert la voie à de nombreuses recherches qui ont influencé l'étude des relations internationales. Les chercheurs de la première vague de sociologie historique ont tenté de surmonter les obstacles qui se sont présentés aux approches ahistoriques des rela-

tions internationales. Ils ont mis en relief le caractère historique des catégories d'analyse, mais ils n'ont pas toujours échappé aux pièges qu'ils ont cherché à éviter. Par exemple, autant les causes que le sens de la guerre apparaissent encore souvent comme identiques à travers l'histoire dans leurs travaux. En plus des limites cognitives d'une telle position, une de ses conséquences pratiques est de considérer la guerre comme immuable ou comme un fait naturel au sein des sociétés humaines, et par conséquent de ne pas réfléchir aux moyens de l'éviter.

La première vague de sociologie historique a exploré la relation entre les développements institutionnels et sociaux et le système international, tout en conservant du réalisme la notion de système international anarchique. Elle s'exposait ainsi aux limites du structuralisme et à une forme d'ahistoricisme. Alors que la théorie néomarxiste du système-monde tendait à réduire le rôle de l'État à sa location géopolitique, l'alternative offerte par Skocpol s'intéressait peu à la question de l'historicité de l'État et à la transformation des dynamiques «internes» et «externes» qui le façonnèrent lors du passage à l'ère moderne (1979; 1985).

La deuxième vague de sociologie historique pose la question de l'historicité des systèmes internationaux et des agents évoluant en leur sein. Elle a également précisé la conception de l'autonomie du politique de ses prédécesseurs. Cependant, elle n'a pas complètement surmonté une forme de stato-centrisme qui présente le politique et l'économique comme des sphères d'action *nécessairement* distinctes. La notion d'autonomie enchâssée repose toujours sur une conception ahistorique de l'intérêt de l'État. Bien qu'elle se soit intéressée aux rapports de conflits et de coopération entre classes gouvernantes et classes dominantes dans les processus de transformation institutionnelle et sociale, la deuxième vague s'est gardée de se questionner sur le caractère hiérarchique des sociétés, sur l'impact des conflits opposant gouvernants aux gouvernés sur la formation de l'État et sur les stratégies de pouvoir qui en découlent.

Sur les plans épistémologique et ontologique, une tension persiste au cœur du projet de la sociologie historique. On cherche à comprendre les processus et les structures des relations internationales dans leurs spécificités historiques, tout en tentant de fournir une analyse positive de ces processus et structures. Il y a donc une tension entre la recherche de l'universel et celle du particulier dans le projet de la sociologie historique, tension qui, selon Dray (1957), serait inévitable pour les sciences historiques et sociales qui empruntent le modèle hypothético-déductif de l'activité scientifique. Le problème c'est qu'entre deux interprétations rivales d'un même objet d'analyse en histoire, il est difficile de trancher au moyen de procédures déterminées les éléments qui, dans un contexte donné, fournissent un cadre interprétatif suffisant ou adéquat à la formulation d'une interprétation rigoureuse. Weber était conscient de ce paradoxe. Il soulignait qu'il y avait une dynamique inversement proportionnelle entre la richesse d'une explication historique et le caractère généralisable d'une explication théorique. Autrement dit, plus une explication est riche aux yeux de l'historien, plus elle prend en compte des dimensions qui diminuent les chances de formuler une tendance généralisable à partir de cette explication. Cette tension n'a pas cessé de diviser les chercheurs qui s'inscrivent dans son sillon.

❖ ❖ ❖

Pour en savoir plus

Hobson, J. M., 2000, *The State and International Relations*, Cambridge : Cambridge University Press. Ouvrage d'un auteur associé à la seconde vague de la sociologie historique néowébérienne, qui fait une synthèse des théories de l'État au sein des courants dominants des Relations internationales.

Giddens, A., 1987, *The Nation-State and Violence. Volume 2 of a Contemporary Critique of Historical Materialism*, Berkeley/Los Angeles : California University Press. Un incontournable de la sociologie historique contemporaine qui présente une critique du matérialisme historique, et conteste également la prétention à l'autonomie du champ d'étude des Relations internationales.

Mann, M., 2005, *The Dark Side of Democracy. Explaining Ethnic Cleansing*, Cambridge : Cambridge University Press. Un ouvrage clé où l'auteur formule une importante théorie du nationalisme, de la modernité et de la violence génocidaire.

Shaw, M., 2003, *War and Genocide. Organized Killing in Modern Societies*, Cambridge : Polity Press. L'auteur explore le thème classique de la sociologie wébérienne qu'est l'organisation sociale de la violence collective.

Spruyt, H., 1994. *The Sovereign State and its Competitors : An Analysis of Systems Change*, Princeton : Princeton University Press. Une analyse des processus de sélection institutionnelle qui ont mené à l'émergence de l'État souverain et du système international contemporain.

Les trois ouvrages suivants de Charles Tilly couvrent dix années de travail d'un des sociologues américains qui a le plus influencé le développement de la sociologie historique :

Tilly, C., 1992, *Contrainte et capital dans la formation de l'Europe*, Paris : Aubier.

Tilly, C., 1995, *European Revolutions : 1492-1992*, Oxford : Blackwell.

Tilly, C., 2002, *The Politics of Collective Violence*, Cambridge : Cambridge University Press.

L'invasion de l'Irak selon la sociologie historique

L'analyse de la guerre en Irak proposée par Michael Mann (2003) s'inscrit sur la courte durée et porte sur l'état de l'empire américain depuis l'adoption de la doctrine du «nouvel impérialisme» américain après la fin de la guerre froide. Mann nuance le mythe de la «soudaineté» de la politique étrangère unilatéraliste après le 11 septembre 2001. Il relève les rapports de force qui ont mené à l'élaboration et au triomphe de l'idéologie néoconservatrice au sein de la Maison-Blanche durant la décennie précédente.

Selon cette analyse, la guerre en Irak s'inscrit dans la logique de la doctrine du «nouvel impérialisme» devenue hégémonique au sein de l'administration américaine depuis le 11 septembre 2001. Ses racines datent de la décennie précédente et ses caractéristiques sont les suivantes : 1) un rejet du multilatéralisme au profit d'une utilisation strictement temporaire et stratégique des alliances ; 2) un unilatéralisme qui se caractérise par le retrait des institutions internationales et la poursuite d'un effort systématique pour les délégitimer ; 3) une politique militariste qui sert les intérêts de l'industrie du pétrole américaine (207-211). Dans cette veine, le rejet américain du protocole de Kyoto et de la Cour pénale internationale, le refus de signer un ensemble de conventions internationales et la guerre en Irak ont une cohérence d'ensemble. Ils relèvent d'une même doctrine qui marie un néoconservatisme, teinté de fanatisme religieux, à un réalisme offensif et explicitement impérialiste.

Un premier niveau de l'étude de Mann repose sur une analyse de sources documentaires. Dès 1992, il souligne que le *Defense Planning Guidance* jetait les assises de la politique étrangère américaine actuelle. Ce texte recommandait que la puissance militaire américaine devrait s'attarder à dissuader tout concurrent potentiel à sa suprématie, y compris parmi ses alliés. En 1998, Dick Cheney et une vingtaine de néoconservateurs militaient en faveur d'un changement de régime en Irak, par la force si nécessaire, et la même stratégie ressortait du «Cheney Report» de 2001 (2 ; 207-208). Il ne manquait qu'un prétexte pour déclencher cette invasion d'un État possédant 11 % des réserves mondiales de pétrole. Cette thèse devient plus originale lorsque Mann commence à donner une portée théorique à ses sources. Il soutient que, contrairement à l'idée généralement admise aux niveaux idéologique, économique et politique, l'Empire américain est relativement fragile. Malgré sa nette supériorité militaire, l'empire s'effondrera en raison de sa vulnérabilité sur ces trois plans.

Mann relève un aspect important et paradoxal de l'«empire américain». Afin de financer ses déficits, il est forcé de créer des alliances avec certains États qui sont non seulement autoritaires, mais dont la population est généralement hostile aux États-Unis (49-79). Ces alliances précaires entre les élites américaines et les élites de ces États autoritaires susciteraient le désaveu de la population de ceux-ci, non seulement à l'endroit de leurs élites, mais aussi à celui des États-Unis. L'empire américain n'aurait pas les moyens financiers d'avoir une politique impériale autarcique, et le fossé entre les valeurs qu'il met de l'avant, afin de justifier sa politique militariste, et sa capacité à diffuser ces valeurs se creuse.

Mann souligne le fait que non seulement il n'a jamais été démontré que l'Irak avait des liens avec Al-Qaïda, mais que les preuves accessibles démontrent qu'Oussama ben Laden méprisait autant Saddam Hussein que le régime séculier qu'il avait instauré (163-170 ; 212). L'invasion de l'Irak était donc incohérente et contre-productive du point de vue de la guerre au terrorisme. Si elle apparaît cohérente du point de vue de l'industrie du pétrole américain qui y voit une hausse potentielle des prix, elle ne l'est pas du point de vue de l'économie américaine en général

Concepts clés de la sociologie historique

Analyse synchronique : Analyse comparative de cas se produisant dans un même contexte historique : par exemple, la formation des États français et prussien au XVIIIᵉ siècle.

Autonomie du politique : Chez les théoriciens de la première vague de la sociologie historique, il s'agit de la capacité de l'État à entrer en compétition avec les forces sociales (principalement les classes dominantes) afin d'accaparer les ressources nécessaires à ses objectifs militaires. Chez les théoriciens de la deuxième vague, le concept d'autonomie du politique réfère plutôt à la capacité de l'État à entrer dans une relation de collaboration avec les forces sociales au sein de la société civile. L'autonomie du politique serait donc proportionnelle au degré d'enchâssement de l'État au sein de la société civile.

Capital : Toutes « les ressources mobilières tangibles et les revendications de ces ressources » (Tilly, 1992 : 41).

Classe dominante : Les membres d'une élite socio-économique se spécialisant dans les activités d'extraction et d'accumulation des moyens matériels produits par le travail d'autrui. Peu importe que l'accès à ces moyens matériels soit assuré par le biais de la coercition physique – par exemple la relation entre le seigneur et le paysan – ou par des moyens « pacifiques » de l'échange – par exemple le contrat entre un employeur et son employé – ce qui caractérise en premier lieu une classe dominante est sa spécialisation dans l'exploitation économique plutôt que la domination politique.

Classe gouvernante : Groupe d'individus qui occupent la position de commande des principaux organes de l'État. Ils se spécialisent principalement dans l'accumulation, la gestion et l'utilisation des moyens de contrainte nécessaires à la domination politique.

Comparaison diachronique : Comparaison de cas n'appartenant pas au même contexte historique, ou à la même période historique : par exemple, la persécution à l'endroit des femmes au Moyen Âge et au XIXᵉ siècle.

Deuxième vague de la sociologie historique : Vague d'auteurs qui ont cherché à dépasser le modèle du jeu à somme nulle de l'autonomie de l'État et qui ont tenté de mettre en relief le processus historique de codétermination entre agence et structure. L'objectif de ces chercheurs est de dépasser la conception passif-adaptif de l'État comme simple courroie de transmission des impératifs systémiques dérivés de l'anarchie du système international.

État : « les États-nations sont plus fondamentalement des organisations propres à maintenir le contrôle sur les territoires et sur leurs populations et à relever le défi d'une concurrence militaire réelle ou potentielle face aux autres États dans le système international. Comme structure transnationale de compétition militaire, ce système d'États ne fut pas créé à l'origine par le capitalisme. Il représente dans toute l'histoire du monde moderne une réalité qui se situe à un niveau analytiquement indépendant du capitalisme mondial dans sa structure et dans sa dynamique, mais non réductible à celui-ci » (Skocpol, 1985 : 44-45).

Explicandum : Ce que l'on cherche à expliquer/comprendre.

Explicans : Ensemble de propositions théoriques, approche théorique ou cadre d'analyse à partir desquels on cherche à expliquer ou à rendre compte d'un événement, phénomène ou processus du monde social.

Idéal-type : Concept clé de la sociologie de Weber, où les catégories d'analyse sont construites à partir d'une abstraction conceptuelle de la réalité empirique. Des hypothèses théoriques sont par la suite dérivées des relations entre ces concepts idéaux-types. Par exemple, après avoir construit un idéal-type de l'éthique protestante et un idéal-type du capitalisme, Weber les met en relation afin d'expliquer le second par le premier.

Individualisme méthodologique : Stratégie explicative développée systématiquement dans les travaux de Weber, et qui met l'accent sur la reconstruction des actions individuelles, plutôt que celles des entités collectives telles que l'État, la nation ou les corporations. L'individualisme méthodologique se distingue de l'analyse holiste en ce sens qu'elle analyse les phénomènes sociaux à partir de la reconstruction du sens qu'accordent les individus à leurs actions sociales. L'unité d'analyse primordiale est donc l'individu.

Longue durée : La notion d'histoire sur la longue durée est centrale au travail de l'historien de l'École des Annales, Fernand Braudel. Selon lui, une des façons de désamorcer la crise des différentes sciences sociales entre elles et avec la discipline historique était de parvenir à une meilleure compréhension des « temps » de l'histoire. Il distinguait ainsi l'histoire « événementielle », l'histoire politique ou des « intrigues de palais », de l'histoire des épisodes cycliques qui s'échelonnent sur quelques décennies, de l'histoire sur la longue durée, celle des répétitions sur de plus grandes périodes historiques qui en viennent à structurer les modes de vie de macro-entités sociales, comme les civilisations.

Modèle géopolitique : Il s'agit d'un ensemble de relations causales à partir desquelles les liens entre la compétition militaire et les transformations institutionnelles sont expliqués. Ce modèle trace un lien explicite entre la nécessité des gouvernants de trouver les ressources matérielles pour faire la guerre et le processus de rationalisation des structures organisationnelles et administratives de l'État.

Modèle synergique: Idée selon laquelle les capacités de gouverne des États sont accrues par la capacité de maintenir une degré de cohésion sociale et de coopération élevé avec les classes au sein de la société civile.

Pouvoir agentiel: «La capacité de l'État de faire une politique intérieure ou étrangère, et de façonner le domaine interne, sans égard aux exigences sociales internes ou aux intérêts des acteurs nonétatiques» (Hobson, 2000: 5).

Première vague de la sociologue historique: Ensemble de chercheurs qui ont tenté de ramener l'État au centre de l'analyse sociale. Ils ont cherché à comprendre les transformations institutionnelles et sociales, entre autres la formation de l'État moderne, les révolutions sociales, la violence collective, en relation avec les effets issus du caractère permanent de la compétition géopolitique. Ils ont cherché à ouvrir la boîte noire de l'État tout en acceptant le caractère universel de l'anarchie du système international.

Processus historiques de codétermination: Les agents ne sont pas déterminés par les effets de structure, c'est le contexte d'action des agents qui est façonné et délimité par les structures sociales.

Réification: Procédé par lequel un processus, une entité ou une propriété du monde social sont transformés en chose naturelle. En réifiant un processus du monde social, on le détache de ses conditions d'émergence sociohistorique particulières et on lui accorde une essence transhistorique qu'il n'a pas. La critique de la réification se méfie des analyses du monde social qui tendent à en naturaliser les composantes que ce soit à des fins idéologiques ou par une mauvaise prise en compte de l'histoire.

Révolution militaire: Processus au travers duquel la composition, l'organisation, les outils de guerre et les stratégies militaires des armées furent transformés de manière significative au XVIe et XVIIe siècles. C'est l'époque où les cavaleries de chevaliers lourdement équipés sont remplacées par des armées compactes, entraînées et disciplinées de fantassins munis de piquets. Cette révolution de la stratégie et de la technique de guerre implique des ressources financières massives pour équiper, entraîner et approvisionner les troupes sur le terrain. L'utilisation de la poudre à canon a aussi eu d'importantes répercussions sur les infrastructures défensives, accroissant les coûts des installations de protection et aussi le coût des nouvelles armées (canons et arquebuses).

Système de guerre: Forme prédominante à travers laquelle les États financent, organisent et déploient leurs forces militaires sur le terrain d'opération à une époque donnée. Un système de guerre est toujours sujet au changement puisque la compétition militaire oblige les gouvernants à innover de manière permanente dans l'organisation, le déploiement et le financement des armées.

Unité méthodologique des sciences: Conception épistémologique selon laquelle «les sciences doivent faire usage de la même méthode» (Nadeau, 2000: 739).

La sociologie
historique néomarxiste

Frédérick Guillaume Dufour et Thierry Lapointe

> Le marxisme n'est pas une théorie unifiée avec des frontières bien définies, mais une famille de théories unies par un même terrain de débats et de questions. Il y a toujours eu une pluralité de marxismes ; ce qui est peut-être nouveau, c'est l'hétérogénéité théorique et méthodologique qui existe sur ce terrain intellectuel (Wright, 1995 : 12).

> Les relations internationales précèdent-elles ou suivent-elles (logiquement) les relations sociales fondamentales ? Il ne fait pas de doute qu'elles les suivent (Gramsci, cité dans Rosenberg, 1994 : 54).

Si l'année 1989 a signé l'épitaphe de *L'Âge des extrêmes* (Hobsbawm, 1999 [1996]), la politique unilatéraliste de l'État d'exception menée par l'administration républicaine après le 11 septembre 2001 et la faillite de la banque d'investissements multinationale Lehman Brothers en septembre 2008, dans la foulée d'une crise financière majeure, ont sonné le glas d'une décennie d'optimisme libéral. L'ordre mondial est traversé par de nouvelles contradictions, autant nationales qu'internationales, auxquelles les analyses néomarxistes cherchent à donner un sens. Dans ce chapitre, nous tenterons de fournir une introduction au renouvellement de la sociologie historique néomarxiste depuis la fin des années 1990. Au sein de ces développements théoriques, nous mettrons l'accent sur les travaux issus du marxisme politique, aussi qualifié de théorie des relations sociales de propriété[1], ainsi que sur les travaux du politologue Justin Rosenberg.

Les contributions de la sociologie historique néomarxiste se doivent d'être distinguées d'une part des contributions néomarxistes au sous-champ de l'économie politique internationale et d'autre part de la sociologie historique néowébérienne. Depuis les travaux de Robert W. Cox, la théorie néogramscienne (voir le chapitre 13) est une des théories néomarxistes incontournables en relations internationales. Bien que cette théorie néomarxiste mette l'accent sur l'étude du changement social, on la classe généralement davantage dans le sous-champ de l'économie politique internationale, que dans celui de la sociologie historique.

La sociologie historique néomarxiste doit également être distinguée de la sociologie historique

---

1. C'est l'historien Guy Bois qui a qualifié la variante de marxisme développée par Robert Brenner de marxisme « politique ». Bois sympathisait avec la critique de Brenner sur les analyses démographiques inspirées de Malthus, mais il se méfiait de l'accent mis par Brenner sur la dimension politique, au détriment des processus économiques, dans son analyse de la transition du féodalisme au capitalisme (Bois, 1995 : 115).

néowébérienne. Bien que ces deux approches soient en dialogue et interviennent dans le même sous-champ d'étude des relations internationales, ce sont des *théories différentes*, au sens où autant les néomarxistes que les néowébériens reconnaissent aujourd'hui des postulats théoriques, épistémologiques et ontologiques qui les distinguent et à propos desquels ils débattent (Brenner, 2006; Hobson 2007a, 2007c; Hoffman, 2008; Lacher, 2005, 2007; Lawson, 2006; Teschke, 2006). Cela ne les empêche pas de partager des objets communs, comme les néoréalistes et les néolibéraux, mais ces objets sont construits comme faits sociaux à partir de *théories* différentes. Dans les débats récents en sociologie historique, ces distinctions ont forcé ces théories à expliquer notamment de quelles façons elles incorporent l'histoire dans la construction de leurs catégories d'analyse. En somme, pour l'étude sociologique des relations internationales, on ne saurait amalgamer l'héritage théorique de Marx et celui de Weber, pas plus que les études de la sécurité ne confondent les héritages de Hobbes et Kant. Depuis une dizaine d'années, ce sont les débats entre ces héritages théoriques qui ont permis un renouvellement du champ de la sociologie historique. Du statut de sous-champ fourre-tout, où des traditions théoriques aussi différentes que celles de Otto Hintze, Max Weber, Fernand Braudel et Karl Marx étaient amalgamées parce qu'elles partageaient un ensemble d'objets communs (Skocpol, 1984 : 4), les contours de ce sous-champ se sont précisés, autonomisés et dynamisés en procédant à des distinctions théoriques fondamentales.

La contribution de la sociologie néomarxiste au champ de la théorie des relations internationales réside principalement dans l'analyse des conditions historiques d'émergence des processus, structures et dynamiques de la politique internationale et globale. À ce titre, ces travaux ont cherché à démontrer que les phénomènes souvent décrits comme « nouveaux » ou « émergents », comme le néolibéralisme, le « retrait » de l'État, la globalisation, les nouvelles idéologies ou les iniquités de développement s'inscrivent en fait dans des structures sociohistoriques profondes que l'on peut difficilement étudier à partir d'une échelle

historique d'une vingtaine d'années, comme celle généralement privilégiée par les approches dites positivistes. Par conséquent, le type de « crises » ou de « pathologies sociales » que ces structures engendrent ne saurait être neutralisé simplement par des régulations institutionnelles chirurgicales. Il faut plutôt voir dans ces crises l'effet de stratégies de reproduction sociale de blocs hégémoniques inscrits dans des dynamiques structurelles participant à la logique développementale des relations sociales capitalistes.

Après un survol historique, nous présenterons la sociologie historique néomarxiste à travers six dimensions : celles de ses assises ontologique, épistémologique et normative; puis, ses contributions théoriques : la question de l'autonomie relative de l'État et de la souveraineté moderne; celle de l'émergence du capitalisme et du nationalisme, et enfin, celle de la mondialisation, de l'impérialisme et de la territorialité moderne.

1. Historique

Le marxisme et la théorie des relations internationales n'ont pas toujours fait bon ménage. Marx croyait que le fossé entre les États capitalistes industriels et les États colonisés rétrécirait avec leur industrialisation. Il reprenait sur ce point le credo de l'économie politique libérale de son temps selon lequel le capitalisme s'étendrait uniformément à l'échelle mondiale. Cette extension était censée mener à l'homogénéisation, voire au nivellement, de l'ensemble des économies du globe. Pour reprendre la formule du *Manifeste du Parti communiste*, le capital était censé créer *un* monde à son image. Mais, à l'encontre des libéraux, il estimait que ce nivellement déboucherait sur l'internationalisation de la lutte des **classes**. Selon lui, le marché ne pourrait pas servir de mécanisme pour enrayer les inégalités entre les **classes sociales** tant que la *force de travail* continuerait à y être transigée comme une simple marchandise (voir le chapitre 10). Ainsi, même si le commerce international venait à bout des inégalités entre les économies nationales, le développement du capital comme relation sociale entraînerait avec lui l'universalisation d'une relation de travail basée sur l'*exploitation*. C'est ce qui fait dire à Justin Rosenberg (1996: 6) que Marx avait davantage une théorie *trans*nationale de la diffusion du capitalisme qu'une théorie *inter*nationale de ce processus. C'est-à-dire qu'il sous-estimait la médiation de l'expansion du capitalisme à travers des relations géopolitiques et interétatiques hiérarchisées.

Dès le début du XXᵉ siècle, tant les penseurs libéraux comme Max Weber (1864-1920), Joseph Schumpeter (1883-1950) que l'autocritique du marxisme occidental prenaient note du fait que Marx avait sous-estimé la persistance d'inégalités profondes au niveau interétatique et, plus particulièrement, la force du nationalisme au XXᵉ siècle. Rosenberg (1996, 2005, 2006) souligne qu'en s'inscrivant à l'encontre du marxisme officiel, Léon Trotsky avait développé une théorie de l'international qui mettait l'accent sur le fait que le développement des premiers États capitalistes avait un effet important sur la trajectoire du développement social et économique des autres États. Récemment, plusieurs chercheurs inspirés par les interventions de Rosenberg ont cherché à réactualiser le potentiel de cette théorie du développement inégal et combiné pour l'étude des relations internationales.

Durant les années 1960, l'absence de développement économique dans les pays de la périphérie de l'économie mondiale et l'échec des programmes de modernisation ont remis le thème des relations de pouvoir impliquées dans les politiques de développement à l'ordre du jour. Les théoriciens de la dépendance attribuaient la stagnation économique de ces pays à la dynamique inhérente du capitalisme. Ils intégrèrent une dimension géopolitique à la théorie marxiste en problématisant la relation de subordination centre-périphérie (voir le chapitre 10). Davantage que la théorie de la dépendance, c'est la théorie du système-monde qui s'imposa aux États-Unis dans l'étude critique des relations internationales durant les années 1980. Selon cette approche, la clé de la compréhension de la politique globale, dont les paramètres sont ceux du système-monde capitaliste, réside dans la redistribution inégale de la puissance et de la richesse entre un État hégémonique, un centre d'États dominants, une zone d'États semi-périphériques et un vaste ensemble d'États périphériques.

À la fin des années 1970 et au début des années 1980, Robert Brenner (1977) critiqua les conceptions de la transition historique vers le capitalisme élaborée par la théorie de la dépendance et la théorie du système-monde respectivement. Cette critique allait être le fer de lance du marxisme politique qui se développa d'abord en histoire puis en théorie politique avant d'être appliqué à l'étude de la politique globale dans les années 1990. Ses contributeurs les plus connus sont Brenner, Benno Teschke, Hannes Lacher, Ellen M. Wood, Heide Gerstenberger et George C. Comninel. D'autres chercheurs s'en inspirent en partie dans le cadre de démarches théoriques parallèles (Cutler, 2002; Drainville, 2002; Rosenberg, 1994, 2000; Rupert, 2000 et 2003).

Ces théories sociohistoriques ont en commun de rompre avec le **modèle base/superstructure** qui a caractérisé des variantes du marxisme orthodoxe (voir le chapitre 10). Elles effectuent un retour systématique à l'histoire dans la construction de leurs concepts. Le marxisme politique, lui, prend notamment comme concept central celui de **relations sociales de propriété** afin d'expliquer les différents régimes de relations stratégiques et comprendre comment les phénomènes macros, en l'occurrence les dynamiques géopolitiques, tirent leurs origines des relations sociales.

2. Épistémologie, ontologie et normativité

La sociologie historique néomarxiste partage avec la majorité des approches marxistes une conception dynamique de la relation entre la théorie et la pratique qui influence son ontologie, son épistémologie et sa normativité. Sur le plan épistémologique, cela se reflète dans une approche qui conçoit la démarche scientifique en sciences sociales comme une activité qui ne fait pas seulement analyser, mesurer et prédire le monde social (résoudre des problèmes), mais qui produit des effets sur celui-ci et contribue à le reproduire ou à le transformer. Sur le plan ontologique, cela se manifeste par une méfiance à l'endroit des catégories d'analyses anhistoriques, c'est-à-dire envers les concepts dont les conditions d'émergence et de transformation historique ne sont pas présentées. Sur le plan normatif, enfin, cela se traduit par une position **réflexive**. Réflexive d'abord à l'égard du sujet connaissant. Bien que ses analyses puissent tendre vers l'objectivité, et être soumises à des procédures d'examen intersubjectif, celui-ci n'est jamais réellement neutre. Issue d'un contexte social spécifique, son identité est forgée au croisement de relations de classe, de genre et dans un contexte culturel qui le dispose à adopter une certaine perspective sur le monde dont il doit prendre conscience et, dans la mesure du possible, rendre compte dans ses analyses. Réflexivité ensuite au niveau de la théorie et des catégories d'analyse déployées à travers la recherche. Celles-ci ne sont pas neutres ou dénuées de contenu normatif, elles participent à la consolidation d'intérêts sociaux qui doivent être explicités par l'analyse.

2.1 Épistémologie

Au niveau épistémologique, la sociologie historique néomarxiste considère que le type d'explication auquel doit donner lieu l'analyse du monde social est différent de celui des sciences de la nature, parce que son domaine de connaissance n'est pas indépendant d'un contexte historique spécifique imprégné de rapports de force. Bien qu'historiquement, la tradition marxiste ait été rationaliste et moderniste, sa relation à la connaissance du monde social a généralement visé à mettre en lumière ce qui a d'abord fait l'objet d'une **réification**, littéralement d'une transformation en chose naturelle, dans le monde social pour qu'un programme de recherche économique puisse donner lieu à une période de science dite normale.

Ainsi, la critique marxiste de l'économie politique libérale a cherché à montrer que ce qui est décrit comme les lois de l'économie est paradoxalement à la fois moins et plus que cela. Moins, car il s'agit en fait des lois d'un système économique rendu possible seulement en raison de conditions sociales et historiques institutionnalisant un rapport de force spécifique. Plus, car ce dont il s'agit de rendre compte avec l'émergence du capitalisme, ce n'est donc pas seulement de lois économiques, mais d'un monde social totalement différent des précédents et caractérisé par des relations et des représentations sociales qui lui sont propres. Ainsi, s'il est possible d'appréhen-der le monde social au moyen de lois et de concepts théoriques, l'enjeu ontologique sous-jacent est d'en montrer le caractère historiquement spécifique. En ce sens, la sociologie historique néomarxiste est critique des approches dites positivistes en relations internationales, dans la mesure où celles-ci tendent à utiliser des modèles abstraits pour rendre compte de l'histoire, sans tenir compte de la spécificité des dynamiques sociohistoriques qui rendent possible l'émergence de certaines formes d'organisations politiques, de souveraineté et de rapport au territoire ou à l'espace. Contre cette propension à la réification, elle cherche à rétablir l'utilisation de concepts qui décrivent des dynamiques et des processus sociaux au sein d'une conjoncture historique où les rapports de force prennent une forme institutionnelle précise.

Contrairement aux approches positivistes pour lesquelles l'histoire représente un réservoir de faits qui sert à confirmer ou à infirmer la validité de leurs énoncés théoriques, la sociologie historique néomarxiste considère qu'elle serait véritablement une dimension constitutive du processus de développement de l'heuristicité des concepts. Malgré leur scepticisme à l'égard du positivisme et de l'induction, les tenants de cette approche accordent une place centrale à l'analyse empirique. Ils soutiennent que la théorie oriente normativement l'observation empirique, autant par ce qu'elle met en valeur que par ce qu'elle considère comme des variables marginales ou résiduelles de l'analyse du monde social. Cela n'implique pas que les faits mis en lumière par la théorie sont des constructions sociales arbitraires, mais plutôt qu'ils ont été problématisés en fonction d'une certaine perspective.

Cette position épistémologique ne débouche pas sur un rejet de l'analyse empirique, mais plutôt sur un certain scepticisme envers la position empiriste naïve qui croit avoir un accès direct aux faits. Dans la mesure où ils cherchent à développer des catégories d'analyse et des énoncés théoriques dans le but de cerner et de rendre compte de la spécificité historique des dynamiques internationales, les tenants de cette approche reconnaissent la nécessité d'un dialogue continu entre le processus de théorisation et l'analyse empirique.

La sociologie historique du marxisme politique reconstruit les variations entre les **formes d'États**, de souveraineté et les régimes de relations stratégiques en prenant pour point d'entrer l'étude des relations sociales de propriété. La rationalité sociale des acteurs (des classes sociales) est au centre de ses explications, mais cette rationalité n'est pas abstraite d'un contexte historique et relationnel expérimenté à travers l'organisation sociale, politique et juridique et culturelle de l'appropriation des surplus sociaux (Brenner, 1990a, 1990b, 1991, 1995a, 1995b; Teschke, 2003: 57-61). L'analyse de la rationalité des agents reste donc rivée à l'interprétation du sens qu'ont les stratégies pour les acteurs qui y ont recours. C'est cette combinaison d'une théorie relationnelle des classes sociales et des méthodes de l'histoire sociale comparée qui donne au marxisme politique sa portée heuristique particulière.

2.2 Ontologie

Sur le plan ontologique, les tenants de la sociologie historique néomarxiste défendent l'existence d'un dualisme entre le monde social et le monde naturel. Les composantes du monde social sont le produit de rapports de force historiques; elles ne sont pas naturelles. Il n'y avait rien de naturel ou de spontané à l'impérialisme romain, pas plus qu'aux relations de pouvoir au sein de l'État absolutiste français ou à l'émergence du capitalisme en Angleterre. Ces processus historiques ne sont pas complètement contingents non plus, mais le résultat de rapports de force particuliers à analyser. La tâche du chercheur est de reconstruire ces macrostructures historiques qui donnent une apparence de permanence au monde social. Il doit en identifier les principales contradictions et reconstruire les moments de ruptures qualitatives à travers l'histoire durant lesquels cette apparence de permanence vole en éclats et donne lieu à une réorganisation du monde social. À ce titre, le marxisme politique s'est révélé avoir un programme de recherche sociohistorique très ambitieux: la chute de l'Empire romain, l'effondrement des Empires carolingien et ottoman, la géopolitique des États absolutistes, l'émergence de la souveraineté territoriale moderne, l'émergence et la globalisation du capitalisme.

Une contribution déterminante du marxisme politique sur le plan ontologique est sa participation à une critique de la réification et du **chrono-fétichisme**, c'est-à-dire de la propension à considérer que ce qui existe dans le temps présent a toujours existé. Cette théorie conçoit les institutions sociales comme le produit de l'interaction historique et contradictoire des êtres humains entre eux et avec la nature. Elle se donne comme objectif de forger des catégories historiques qui visent «à distinguer et à expliquer des formes historiques particulières, des formes d'État par exemple, au lieu de formuler des généralisations qui par leur niveau de généralité couvrent l'ensemble des cas possibles» (Rosenberg, 1994: 38). Contre les approches anhistoriques, Rosenberg souligne que «si l'on veut comprendre ce qu'est le système international aujourd'hui, on ne peut pas commencer à partir d'un modèle formel d'États homogènes: la variété de formes politiques est simplement trop grande». Au contraire, «nous devrions commencer par une analyse historique qui reconstruit le développement inégal et combiné du capitalisme qui a produit un monde d'États aussi variés» (1996: 8). C'est à travers une telle démarche que les concepts de souveraineté, d'absolutisme, de système interétatique, d'anarchie, de capitalisme, d'impérialisme, de nationalisme, de marché et d'État ont été réinterprétés à la lumière de leur développement historique par la théorie des relations sociales de propriété.

Pour la sociologie néomarxiste, en général, la volonté des théories traditionnelles de maintenir une frontière étanche entre l'ontologie des Relations internationales et celle de la politique comparée n'est pas défendable, pas plus que celle d'isoler l'histoire des sciences sociales. Au contraire, cette volonté d'étudier les objets de l'une ou l'autre de ces disciplines sans avoir recours – par principe disciplinaire – aux contributions théoriques de l'autre est une des pratiques qui limitent la compréhension de la complexité de la politique globale. Cette critique s'adresse surtout à l'étato-centrisme qui a caractérisé le champ états-unien des Relations internationales (Lacher, 2003 : 522-523) et la façon dont il a réifié un Âge d'or de la souveraineté territoriale moderne (Teschke, 2003).

Contrairement à certaines variantes du marxisme orthodoxe, le marxisme politique ne fait pas découler son ontologie d'une **analyse téléologique** de l'histoire inspirée du *Manifeste du parti communiste*. Il inscrit sa démarche ontologique dans le sillon des écrits ultérieurs de Marx où celui-ci s'emportait contre ceux qui cherchaient à faire de son travail un catéchisme de la succession linéaire des modes de production. Un des problèmes majeurs avec la thèse du *Manifeste* est de nature ontologique : le fait de postuler d'emblée la *réalité* des modes de production, plutôt que de les considérer comme des constructions conceptuelles révisables au moyen de l'analyse historique, éliminerait la possibilité que les catégories d'analyses marxistes puissent être contredites par l'histoire[2].

C'est avec les recherches en histoire sociale comparée de Brenner (1991, 1995a, 1995b, 2003) que la critique des tendances téléologiques amorcée notamment par les historiens anglais, E. P. Thompson (1924-1993) et E. J. Hobsbawm reçoit sa formulation empirique la plus systématique. Brenner critique les démographes et les économistes qui cherchaient une loi inéluctable de la *transition du féodalisme au capitalisme* en prenant pour principale variable les cycles démographiques ou économiques. Adoptant une perspective comparative, il souligne que pas plus l'analyse des cycles démographiques, du seul développement des forces productives, que celle des « lois » de l'économie féodale ne pouvaient rendre compte de la diversité des processus de constitution politique de l'autorité souveraine moderne ou des différentes formes institutionnelles et étatiques du XVIe et du XVIIe siècle. Les processus historiques reconstruits par Brenner l'amènent à conclure que c'est seulement en tenant compte des **régimes de propriété** et de la forme historique concrète que prennent les relations de classe que l'on peut expliquer les variations qui

surviennent au niveau du développement étatique, de l'urbanisation, de la démographie, des dynamiques impérialistes, etc. Il ne s'agit pas de nier l'importance des éléments d'analyse identifiés par les approches concurrentes, mais de montrer qu'elles sont insuffisantes pour rendre compte des variations observées entre les régions européennes.

2.2.1 Le débat agence – structure

La sociologie historique néomarxiste participe à la critique du structuralisme de la théorie néoréaliste de Waltz (1979). Cette conception néoréaliste statique et anhistorique de la structure interétatique fait face aux problèmes suivants : une difficulté à expliquer le changement social, l'impossibilité de fournir une explication historique de la façon dont la transformation historique des unités intra-étatique, étatique et interétatique affecte les relations internationales ; la circularité de l'argument sur la modernité du système international (Teschke, 2003 : 14-16). Il critique la formulation anhistorique et positiviste du concept de structure interétatique et soutient que la relation entre l'économique et le politique doit être problématisée. On défend, par contre, l'idée que ce concept de structure interétatique devra être *théorisé* en tant qu'« une relation régularisée entre des positions sociales qui place les individus par rapport à des ressources spécifiques (de divers types). C'est une abstraction qui vise à éclairer la forme et les propriétés d'un ensemble donné de relations, plutôt qu'une loi qui opère de l'extérieur pour manipuler les individus concernés » (Rosenberg, 1994 : 48).

Selon la thèse centrale de l'ouvrage *The Empire of Civil Society* : « il y a une connexion entre les stratégies des relations de production et la **forme sociale** des systèmes géopolitiques » (Rosenberg 1994 : 161). Il n'y a pas, précise Lacher (2005 : 36), de « logique indépendante de la guerre ». C'est la forme historique des relations sociales de propriétés qui confère aux dynamiques géopolitiques leurs caractéristiques particulières. Le changement qualitatif le plus important dans cette succession de systèmes géopolitique est l'émergence du capitalisme. Ainsi, le capitalisme repose sur un mode de domination différent des

---

2. Il en va de même pour le concept de *révolution bourgeoise*.

régimes de propriété précédents. Il permet l'émergence de dynamiques géopolitiques entre États territoriaux souverains au niveau politique et l'expansion de l'empire de la société civile, c'est-à-dire d'un empire dont l'expansion dépend désormais davantage de l'accumulation du capital par des acteurs de la société civile, que de l'accumulation territoriale par une organisation politique.

Teschke reproche toutefois à Rosenberg de conserver une tendance structuraliste dans sa façon de théoriser la relation entre les relations sociales de propriété et les dynamiques géopolitiques. Il souligne que si Rosenberg construit avec force les ensembles structurels cohérents que sont le « système de la *polis* grecque, le système de cités-États de la Renaissance italienne, les empires de l'ère moderne émergente et le système des États-nations souverains » (Teschke, 2003 : 39), il passe rapidement sur les périodes de transition entre ces ensembles cohérents, sur les agents qui participent aux processus historiques concrets de ces transformations et sur la diversité de ces formes de transition. Ainsi, Teschke critique le fait que Rosenberg n'ait pas suffisamment problématisé la territorialité du système d'États souverains modernes en posant davantage la question de ce que le système conserve de l'ère absolutiste. « Les relations internationales modernes n'ont pas seulement succédé aux relations géopolitiques prémodernes, elles ont coexisté avec elles et essaient de les transcender sans complètement en détruire tous les attributs, les territoires multiples en particulier » (*Ibid.* : 41). Il faut donc adopter une approche historique afin de rompre avec la vision de la modernité comme une « structure » et la concevoir comme un « processus » contradictoire. Ainsi contre ce qu'ils perçoivent contre un résidu trop important du structuralisme dans la sociologie historique de Rosenberg, les défenseurs du marxisme politique ont insisté sur le fait que « la nature et la dynamique des systèmes internationaux sont gouvernées par le caractère de leurs unités constitutives, qui, sont elles-mêmes dépendantes des régimes sociaux de propriété qui les génèrent » (*Ibid.* : 46).

3. Normativité

La sociologie historique néomarxiste remet en question des éléments associés au positivisme en théorie des relations internationales, notamment le postulat d'une ligne de démarcation opaque entre les jugements de fait et les jugements de valeur. Elle soutient d'abord que les théories de l'économie politique internationale sont codéterminées par le caractère historique de l'objet qu'elles construisent et par la position sociohistorique du sujet connaissant. Le projet de Marx était d'élaborer une théorie qui ne fasse pas seulement interpréter le monde, aussi importante que soit cette dimension de l'activité scientifique, mais qui puisse également agir sur celui-ci afin de le transformer. Ainsi, il n'y a pas des théories qui sont normatives et d'autres qui ne le sont pas. Les théories, dans la mesure où elles sont diffusées et qu'elles participent à la construction du sens et d'attentes réciproques à propos de la politique globale, produisent nécessairement des effets normatifs sur le monde. Par exemple, une théorie qui soutient que les relations internationales ont peu, ou pas, changé depuis la Grèce antique contribue à reproduire un *statu quo* dans les schèmes de perception de la politique globale. Elle naturalise ainsi le *Jus ad Bellum* (le droit de faire la guerre) sans théoriser les conditions de son dépassement. La critique de cette généralisation porte moins sur l'énoncé d'observation « il y a toujours eu des guerres » que sur les énoncés du cadre théorique de la théorie néoréaliste qui ne mettent pas systématiquement en relation les causes structurelles de la variation de l'intensité de la guerre, les équilibres de puissance, avec les contraintes sur les stratégies des acteurs qu'exercent les contextes relationnels de différents régimes de propriété. Ce choix théorique a des implications normatives.

Cette insistance sur le caractère normatif des théories porte moins sur les énoncés d'observation que sur les énoncés théoriques et métathéoriques. Ces deux classes d'énoncés ont une portée normative qui n'est généralement pas reconnue par les approches traditionnelles. C'est la prétention au caractère non normatif des concepts de *sécurité*, de *stabilité*, d'*ordre* ou d'*intérêt national* qui est questionnée ici. Qui gagne et qui perd à ce qu'un ordre international hiérarchisé soit présenté comme anarchique? Qui a les moyens matériels de faire la promotion et d'orienter telle ou telle doctrine de la *sécurité nationale*? À qui profite telle politique de *croissance économique* et au détriment de qui se fait-elle? Qui bénéficie de tel *ordre* international et qui n'en bénéficie pas? Les néomarxistes interrogent ces concepts sous l'angle particulier des intérêts qu'ils consolident. Ils décrivent les perceptions et les intérêts sociaux de certaines classes ou coalitions de forces sociales au sein d'un ordre mondial donné, et non pas un état de fait universel.

Ces considérations sur la normativité des énoncés théoriques ou métathéoriques débouchent sur une position réflexive et non sur le relativisme. Autrement dit, toute théorie contient des éléments normatifs dont il faut comprendre et problématiser la portée normative sociale et politique. Cette normativité doit être mise de l'avant et débattue au même titre que les autres types de prétentions à la validité (théoriques ou observationnelles). Par conséquent, l'activité théorique doit mettre en évidence les intérêts sociaux qu'elle consolide, le caractère historique du jugement qu'elle porte et les obstacles structurels qui empêchent des acteurs de la politique globale de participer à l'élaboration des politiques et des processus globaux qui les affectent. La théorie doit ainsi se joindre à la pratique et viser à transformer des *sujets dominés* de la politique globale en *sujets émancipés*.

4. Contributions théoriques

Après avoir exposé les grandes lignes du programme de recherche que Benno Teschke développa en relations internationales, cette section présentera trois axes de recherches auxquels le marxisme politique apporta une contribution plus spécifique: 4.1. la question de l'autonomie relative de l'État et de la souveraineté moderne, 4.2. celle de l'émergence du capitalisme et du nationalisme, 4.3. et celle de la mondialisation, de l'impérialisme et de la territorialité.

Dans *The Myth of 1648* (2003), Teschke étudie le lien entre les relations sociales de propriété, les formes d'autorité politique et les dynamiques géopolitiques. D'abord, il compare différents régimes de propriété

lors d'une même période, puis les différents régimes de propriété au cours de périodes différentes. Cette stratégie comparative synchronique et diachronique permet de mettre en relief les différences entre les régimes de propriété en s'intéressant particulièrement à l'importance de la spécificité historique des institutions sociales ainsi qu'à celle de bien cerner leurs variations car elles circonscrivent le champ d'action au sein duquel les acteurs évoluent. Elle évite ainsi de généraliser les dynamiques sociales, les formes d'État et les dynamiques géopolitiques d'une même période historique.

De plus, Teschke propose une analyse dynamique qui cherche à identifier les agents et les processus sociaux structurant de manière à contextualiser les modalités particulières de l'action sociale, la rationalité des dynamiques sociales et des stratégies d'action spécifique à chaque ordre géopolitique ainsi que les conditions de leur transformation. La problématisation des périodes de transition entre les différentes formes de relations de classe, d'État et de système géopolitique se trouve au cœur de la perspective chronologique et processuelle proposée par les développements récents du marxisme politique (*Ibid.*: 4-6). En somme, cette étude ne se contente pas de souligner que les **formes d'anarchie**, de souveraineté et d'organisation politique changent à travers le temps en donnant lieu à différents **régimes normatifs**. Elle se donne également pour objectif de reconstruire, au moyen d'une théorie sociologique de l'international, la dynamique inégale et combinée du développement des relations internationales modernes. À l'instar des théories critiques des relations internationales, la sociologie historique néomarxiste remet donc en question l'une des prémisses centrales du néoréalisme, à savoir la dichotomie interne/externe.

4.1 L'autonomie relative de l'État et la souveraineté moderne

La problématique de la relation entre l'économique et le politique est centrale en Relations internationales. L'enjeu est de savoir si on peut, comme le soutiennent les néoréalistes et la première vague de sociologues historiques néowébériens, accepter la prémisse selon laquelle les relations entre les États peuvent être expliquées par la même rationalité politique à travers l'histoire. Y a-t-il une logique de la guerre indépendante des variations synchroniques et diachroniques dans la configuration des rapports politiques et sociaux qui sont institutionnalisés par les États? Plus particulièrement, la séparation entre l'économique et le politique, que Max Weber (1995 [1922]) considère parfois comme transhistorique, l'est-elle réellement ou doit-elle elle-même être historicisée? Depuis les travaux de Perry Anderson (1979) sur l'État absolutiste, ce qui fait l'objet d'un litige entre les théories qui cherchent à théoriser l'émergence de la géopolitique moderne, ce sont principalement les conditions de possibilité historique de l'autonomie relative de l'État par rapport à l'économie. À ce titre, les chercheurs néo-marxistes sont particulièrement préoccupés par la problématique de l'autonomie de l'État et rejettent la caricature qui veut que celui-ci soit simplement «un comité qui gère les affaires communes de la classe bourgeoise tout entière» (Marx et Engels, 1973: 35)[3]. L'État est donc moins un outil au service d'intérêts singuliers qu'un lieu de médiation – et de confrontation – d'intérêts contradictoires.

La sociologie historique néomarxiste a problématisé historiquement tant le modèle géopolitique classique que la spécificité des relations internationales modernes et leur rapport avec l'émergence du capitalisme. À cet égard, la première thèse de Rosenberg était claire: la rupture qualitative, qui donna naissance au système d'États territoriaux modernes, ne se trouve ni dans les traités de Westphalie de 1648, ni dans celui d'Utrecht de 1713 (contrairement à ce que croient le réalisme et l'École anglaise), mais dans l'émergence du système d'États capitalistes au XIXe siècle. Les formes sociales précapitalistes se distingueraient de celles de l'ère capitaliste par le fait que le politique et l'économique n'y sont pas séparés comme

sphères ou formes d'actions sociales différenciées puisque les mécanismes qui participent à l'exercice de la domination politique sont sensiblement les mêmes que ceux utilisés pour l'appropriation et l'accumulation de la richesse matérielle. Il en allait ainsi des droits de propriété médiévaux qui, dans le mesure où ils fusionnaient les pouvoirs économique et politique, conféraient à leurs détenteurs «des droits politiques de gouvernance autant que des droits économiques sur la propriété terrienne» (Teschke, 2003: 58).

Cette caractéristique «se manifestait dans le fait que les conditions "économiques" de reproduction de la classe dominante – le revenu dont elle avait besoin afin d'assurer les conditions de la reproduction de son pouvoir social, y compris pour continuer à assujettir la paysannerie – dépendaient d'un système d'extraction de surplus du travail des producteurs directs, caractérisé par un recours à la coercition extra-économique» (Brenner, 1995b: 227). La fusion des relations de domination politique et des relations d'exploitation économique se modifie avec l'avènement du capitalisme. Cette transformation profonde des relations sociales entraîna le passage d'un système «d'empires territoriaux à un système d'États souverains». Évidemment, ce changement:

n'implique pas que le commandement militaire direct sur les personnes ne cesse de s'étendre à travers les frontières. Plutôt, ce que cela implique, c'est que cette extension du commandement prend une forme différente du fait de la désagrégation des fonctions politiques entre les sphères publiques et privées et avec l'organisation des relations matérielles entre les personnes à travers des relations sociales entre des choses (Rosenberg, 1994: 172).

De la séparation de l'économique et du politique propre à cette transition découle, d'une part, l'utopie d'un réalisme pur, rendue possible par l'abstraction du politique des autres sphères et, d'autre part, le libéralisme pur, découlant de l'abstraction de l'économie de marché de l'ensemble des dimensions sociales, juridiques et historiques qui en sont les conditions de possibilité (Rosenberg, 1994: 150). Ainsi, le réalisme et le libéralisme seraient les deux côtés de la même médaille, le double horizon public et privé

---

3. C'est l'expression à laquelle Marx et Engels réduisaient l'État dans le *Manifeste du Parti communiste*. Cette position s'est révélée réductrice en particulier parce qu'elle ne rend pas compte des contradictions au sein de la classe dominante, ni du caractère dynamique de l'ensemble des luttes dont est traversé l'ensemble de relations qu'est l'État.

de la **forme d'anarchie** propre aux relations internationales modernes. En partant du postulat que ces conceptions géopolitique et économique correspondent à une essence transhistorique, on participe à leur réification sociale sans jamais avoir accès à leurs conditions d'émergence sociohistoriques (Rosenberg, 1996 : 14; Teschke, 2005 : 16).

L'argument historique sur lequel repose cette idée est le suivant : les régimes juridiques issus des traités de Westphalie et d'Utrecht ne donnèrent naissance ni à un alignement systématique des relations interétatiques sur une doctrine de la raison d'État, ni à un système d'équilibre des puissances régi par le caractère anonyme et impersonnel des relations entre les unités, ni à une doctrine juridique garantissant l'égalité formelle des acteurs devant la loi (Teschke, 2002, 2003 : 8; Rosenberg, 1994 : 38-58). Au contraire, le contexte postwestphalien demeure caractérisé par les règles d'alliances dynastiques, des guerres privées et la consolidation par le biais des leviers de l'autorité politique des monopoles commerciaux (Bonney, 1991; Brenner, 2003; Teschke, 2002). Ce ne sont plus les caractéristiques propres à une économie capitaliste qu'à un État de droit, et encore moins à un État-nation, disposant d'une administration publique rationnelle légale (Lacher, 2003 : 529).

Une transformation des modalités de la souveraineté et des formes d'État s'opère à travers les traités juridiques du XVIIᵉ et XVIIIᵉ siècles, mais la souveraineté est encore absolutiste, et cette forme de souveraineté demeure «personnifiée par la dynastie dominante (Teschke, 2002 : 7)». Ces auteurs chercheront donc à problématiser l'émergence de la souveraineté moderne en relation avec l'émergence du capitalisme.

4.2 Le développement du capitalisme et du nationalisme

Pour la sociologie historique néomarxiste, le capitalisme n'est pas une simple catégorie économique, c'est avant tout une catégorie sociale (Lacher, 2005 : 28-29). Son développement est une problématique au cœur du champ de la sociologie historique car il entraîne une dynamique particulière au sein des relations sociales, dont les relations géopolitiques.

Les périodisations de l'émergence du capitalisme varient en fonction de la ou des caractéristiques jugées déterminantes pour définir sa spécificité historique. Le choix de définir le capitalisme comme une *relation* sociale, une *structure* sociale ou une *formation* sociale mène différents auteurs à développer des théorisations incompatibles de son émergence. Giovanni Arrighi (1994), s'inspirant de Fernand Braudel (1902-1985), endosse un modèle commercial du développement du capitalisme. Ainsi, ce dernier se mesure à la lumière du niveau de développement du commerce et de la division internationale du travail; c'est un phénomène qui concerne essentiellement la *sphère des échanges*. Braudel (1979 : 9) définit le capitalisme comme une «accumulation de puissance (qui fonde l'échange sur un rapport de force autant et plus que sur la réciprocité des besoins)». Il considère que des innovations nécessaires au développement du capitalisme étaient réunies en Lombardie dès le XIVᵉ siècle. Avec une vision aussi large du capitalisme, certains soutiennent qu'il existe depuis environ 5000 ans (Frank, 1969), ou encore et plus modestement, en situent l'émergence en Asie (Hobson, 2004). Les partisans de ce modèle mettent généralement l'accent sur les obstacles qui, dans un contexte donné, entravent le développement du capitalisme : expliquer l'émergence du capitalisme revient essentiellement à expliquer l'histoire de l'élimination des obstacles historiques à l'expansion du commerce ou à la rationalisation de l'activité économique.

Selon la critique du modèle commercial, sa faiblesse principale est de tenir pour acquis que le développement du capitalisme est, en quelque sorte, dans la nature des choses et que, toute chose étant normale par ailleurs, il émergerait de façon «spontanée» (Wood, 1999 : 11-15; Teschke, 2003 : 129-150). Les auteurs inspirés de Marx plutôt que de Weber voient généralement les choses autrement. Si on conçoit qu'une des tâches d'une théorie des relations internationales est de mettre l'accent sur les spécificités historiques des catégories d'analyse, on peut se demander si on doit se satisfaire d'une conception du capitalisme qui l'associe au commerce ou au marché en général. Le commerce a existé de façon importante à des endroits où le capitalisme comme *relation sociale* ne s'est pas développé, dans les empires arabes, par exemple. La question qui se pose alors est doit-on problématiser l'urbanisation, la révolution agraire, la révolution industrielle et la poussée démographique sans comparaison de l'Angleterre, du XVIe au XIXe siècle, comme les conséquences d'une croissance quantitative de l'activité commerciale? Ou alors, faut-il chercher ce qu'il y a de spécifique dans ce contexte institutionnel et social qui permet de rendre compte des transformations sans précédent de l'Angleterre?

Avec le Marx du *Capital*, les tenants du marxisme politique problématisent ce qui a permis un essor fulgurant de la productivité de l'Angleterre à une époque où la France était encore à un stade précoce d'urbanisation. La spécificité de ce contexte se trouve dans l'émergence d'une relation sociale où la noblesse terrienne se trouva contrainte de louer des parcelles de ses terres aux paysans qui, séparés de leurs moyens de subsistance et soumis à une compétition pour la location des parcelles de terres, devinrent les fers de lance du capitalisme agraire. Dans ce contexte historique spécifique, alors que les nobles entrent en compétition pour les profits tirés de la location de leur terre, les paysans doivent hausser leur productivité pour augmenter leurs profits sur le marché, afin de suivre la hausse des loyers.

Avec cette nouvelle dynamique, les règles de reproduction du pouvoir des nobles et celles de reproduction des conditions d'existence de la paysannerie dépendent, pour la première fois, uniquement des mécanismes du marché et un régime de propriété qui repose sur la révolution permanente du processus de production et l'accroissement *incessant* du **processus de marchandisation** (Brenner, 2003; Comninel, 2000; Wood, 2002a). C'est donc paradoxalement la noblesse agraire, beaucoup plus que les marchands londoniens, qui fut à l'origine du développement des relations sociales capitalistes. C'est à travers ce processus que les pouvoirs économique et politique commenceront à s'articuler d'une nouvelle façon, qu'ils ne seront plus fusionnés comme auparavant (y compris dans les Empires espagnols et portugais) et

que les relations entre les personnes commenceront à être médiatisées comme des échanges entre des choses (Marx, 1985 [1867]: 68-76).

Entre l'identification de l'émergence de cette relation sociale et l'explication de la formation d'un système interétatique capitaliste, il y a un pas important et celui-ci divise les chercheurs du marxisme politique des travaux de Justin Rosenberg. Contre la thèse de Rosenberg (1994), qui situait l'existence d'un système international capitaliste seulement au XIXe siècle, Teschke (2003) propose la Deuxième Révolution anglaise (1688) comme point de départ pour montrer dans toute sa complexité historique comment l'Angleterre capitaliste en viendra, petit à petit, à imposer une nouvelle dynamique aux relations géopolitiques tout en coexistant avec des États absolutistes, comme la France et la Prusse, chez lesquels les pressions de la productivité britannique entraîneront des stratégies différentes de formation étatique.

Lacher (2003; 2005: 27) développe cette idée en mettant en relief l'importance des stratégies de reproduction sociale mobilisées par les agents du système international dans un contexte où ses principales dynamiques subissent d'importantes mutations. Celles-ci ne sont cependant pas réduites aux transformations qu'entraîne le développement des relations sociales capitalistes en Angleterre. Les mutations du système international sont également analysées à partir des transformations institutionnelles et sociales produites par les stratégies de reproduction sociale adoptées dans des contextes encore précapitalistes – c'est-à-dire où les stratégies d'appropriation mobilisées par les classes dominantes dépendent principalement de leur capacité à s'assurer un accès privilégié aux leviers politico-juridiques sur le continent.

Selon Lacher, il serait erroné de penser que le développement du capitalisme a apporté l'ensemble des transformations institutionnelles que l'on attribue généralement à la modernité. En effet, l'une des caractéristiques fondamentales du système international moderne est le principe de territorialité, c'est-à-dire l'institutionnalisation du principe de segmentation spatiale des relations d'autorité. La territorialité moderne ne serait pas le produit résiduel d'un système international à prédominance capitaliste. Elle aurait plutôt été le produit non intentionnel des stratégies de reproduction sociale mises en œuvre par la haute aristocratie en réaction à la crise de l'économie féodale qui a frappé l'Europe de l'Ouest au XIVᵉ siècle[4]. La consolidation des frontières territoriales et la centralisation du pouvoir seraient deux processus directement liés aux stratégies de reproduction sociale absolutistes (*i.e.* précapitalistes).

Des travaux inspirés en sociologie historique néomarxiste portant sur le développement du nationalisme ont également cherché à présenter un portrait complexe de son développement en Europe et dans l'ancien Empire ottoman. Les conclusions de Lacher, Dufour et Hoffman s'inscrivent dans cette démarche qui consiste à cerner la complexité et la variabilité des dynamiques sociales et des processus de transformation macro-sociale en s'attardant particulièrement aux variations de la configuration des rapports de force et des variations institutionnelles de systèmes sociaux. Autrement dit, bien que des régimes de propriété puissent générer des règles générales de reproduction sociale, la capacité des agents à assurer leur reproduction sociale sera toujours modulée par la configuration des rapports de force auxquels ils font face et le cadre institutionnel au sein duquel ils évoluent.

Dans l'ensemble, la sociologie historique du marxisme politique s'intéresse à l'analyse comparative synchronique et diachronique des *variations* des stratégies de pouvoir et des stratégies de reproduction sociale au moyen d'analyses comparatives. Ce sont ces variations, davantage que la généralisation des effets de système sur les stratégies et rationalité sociale des agents, qui ont retenu l'attention de ces chercheurs.

4.3 *Mondialisation, impérialisme et territorialité*

On a pu observer deux transformations du vocabulaire politique des relations internationales durant les dernières années : l'émergence et le retrait du terme *mondialisation* de la langue politique. Alors que les années 1990 n'en avaient que pour ce phénomène qui allait apparemment transformer nos sociétés au point de forcer les sciences sociales à repenser l'ensemble de leur vocabulaire théorique, force est de constater que les analyses de la nouvelle ère globale se font plus timides (Rosenberg, 2000 ; 2005). Avec la même rapidité, nous avons vu émerger une littérature abondante sur les concepts d'*empire* et d'*impérialisme* depuis 2000, littérature qui ne semble pas être sur le point de disparaître[5]. L'engouement pour les théories de la mondialisation, suivi de celui pour les théories de l'impérialisme, nous forcent à repenser les dynamiques profondes des relations internationales modernes pour ne pas nous attarder aux effets de mode. Nous verrons dans les grandes lignes comment les tenants de la sociologie historique néomarxiste ont problématisé ces concepts. La discussion de l'un de ces concepts renvoie nécessairement à celle de l'autre et, de façon plus fondamentale, toutes deux renvoient à la problématique de la modernité des relations internationales.

Chez les tenants du marxisme politique, Wood (2003) cherche à reconstruire la dynamique expansionniste de différents empires depuis l'ère romaine à partir de la géopolitique des différentes dynamiques expansionnistes propres à chacun de ces systèmes impériaux, ce que Teschke conceptualise comme « la grammaire générative » des relations sociales de propriété (2003 : 146). En affirmant que l'impérialisme ne serait pas spécifique au capitalisme, Wood prétend que l'une des particularités centrales de sa forme capitaliste réside dans le fait que les relations sociales d'exploitation sont principalement assurées par l'expansion forcée des règles du marché. Ainsi, bien que tous les empires se soient développés et se soient

---

4. Afin de faire face aux effets néfastes de cette crise sur ses revenus, la haute aristocratie tenta de consolider les leviers de l'autorité politico-juridique et de la coercition physique afin de s'assurer d'un meilleur accès aux surplus dégagés par l'activité productive des communautés paysannes lui opposant une résistance efficace et bien organisée.

5. Notamment Hardt et Negri (2000) ; Arrighi (2002) ; Callinicos (2002) ; Panitch et Leys (2003) ; Bromley (2003) ; M. Cox (2003) ; Golakrishnan (2003) ; Harvey (2003a) ; Amhad (2004) ; Angus (2004).

reproduits par le biais de la coercition physique, la forme capitaliste se distingue des formes qui l'ont précédée au niveau des finalités de la mobilisation de cette violence. Ainsi, l'impérialisme sous sa forme capitaliste chercherait moins à mobiliser la violence politique pour des fins d'appropriation forcée de la richesse par le biais de l'expansion territoriale que d'assurer les conditions politico-juridiques nécessaires au développement d'un marché capitaliste mondialisé. La violence militaire serait donc principalement utilisée afin d'imposer les transformations institutionnelles et sociales nécessaires à la coercition « dépolitisée » du marché.

L'impérialisme capitaliste représente ainsi le « moment politique » du procès d'accumulation du capital qui, lui, repose sur le principe de l'échange « volontaire » entre partenaires formellement égaux : capital et travail. Derrière l'apparence d'égalité entre les échangeurs se cachent néanmoins des configurations variables de rapports de force et de dépendance, car celui qui n'a que sa force de travail à vendre dépend entièrement de sa capacité à trouver acheteur de son potentiel productif afin d'assurer sa subsistance. L'impérialisme capitaliste tenterait donc d'universaliser ce rapport social en imposant, de manière directe et indirecte, les conditions de dépendance des individus au marché : d'une part, en attaquant les modes traditionnels de subsistance afin de contraindre les individus à s'insérer au marché ; d'autre part, en institutionnalisant la protection politico-juridique du droit de propriété privée, incluant particulièrement son droit de mobilité, afin de favoriser l'universalisation du rapport marchand comme forme prédominante des rapports d'appropriation du travail social.

David McNally souligne que la main invisible du marché se présente davantage comme un poing fermé pour ceux et celles qui font l'expérience de sa violence structurelle quotidienne (2006 : 83-136). Il nuance le sens généralement accordé par les tenants du marxisme politique à la notion de capitalisme comme rapport d'appropriation purement économique où les sphères économique et politique seraient formellement séparées. Bien que ce dernier reconnaisse que les relations sociales capitalistes prennent princi-

palement la forme d'un rapport d'échange « volontaire » entre partenaires formellement égaux, il met l'accent sur la nécessité de prendre en considération l'ensemble des rapports de domination qui participent à la constitution des inégalités de faits entre les partenaires de l'échange. Autrement dit, ce rapport d'échange repose toujours sur des configurations variables de rapports de pouvoir qui sont également constitués par des facteurs « extra-économiques » tels les rapports sociaux genrés et racialisés.

Bien que les relations sociales capitalistes pourraient, en principe, être reproduites en l'absence de discriminations basées sur le genre ou la « race », McNally souligne l'importance de cerner les rapports de propriété capitaliste non pas sous l'angle de l'analyse formelle, mais à l'aide d'un travail de contextualisation qui intègre ces dimensions trop souvent traitées comme des facteurs résiduels de l'analyse des relations sociales de propriété capitalistes (voir aussi Dufour et Rioux, 2008 ; Dufour et Pineault, 2009).

À ce titre, McNally a cherché à mettre en évidence le rôle constitutif des formes de représentations et discours hégémoniques véhiculés par les classes sociales qui ont participé activement à l'expansion impérialiste du capitalisme. Il a ainsi tenté de démontrer que les relations sociales capitalistes ont toujours été constituées et reproduites à travers des rapports sociaux politiquement constitués. Ces rapports reposent principalement sur la (re)production d'institutions sociales et juridiques, de formes de représentation et de discours qui reproduisent des inégalités en substance entre les individus. Le patriarcat, le nationalisme et le racisme accentuent des rapports de force déjà favorables aux acheteurs de main-d'œuvre en permettant la constitution de hiérarchies socialement constituées au sein des groupes de travailleurs. Ces hiérarchies ont non seulement permis de réduire la valeur sociale de la force de travail de certains groupes de travailleurs, mais elles ont également permis d'accroître leur mise en concurrence dans le contexte d'une économie mondialisée. En somme, l'analyse du développement et de l'expansion impérialiste du capitalisme serait incomplète sans la prise en considération de ces dimensions.

Depuis la Deuxième Guerre mondiale, avec la consolidation de la superpuissance américaine, l'impérialisme a cessé de reposer sur l'occupation permanente et directe du territoire comme cela avait prévalu lors de la vague de colonisation de l'Afrique dans le dernier quart du XIXᵉ siècle (Wood, 2003 : 128-129). À certains égards, il est même devenu compatible avec le respect et la promotion d'une conception formelle de la souveraineté nationale. Cela dit, ces caractéristiques modifient sensiblement les termes de la relation entre l'impérialisme et la territorialité. En effet, l'impérialisme de la société civile ne passe plus par une logique d'accumulation géopolitique territoriale (Rosenberg 1994). Ce nouveau cadre des dynamiques impériales se caractérise par l'existence d'une souveraineté théorique des États qui, les États-Unis en tête, joue un rôle central dans l'organisation de la domination impériale des classes capitalistes situées dans les États capitalistes avancés. Si l'État américain a favorisé le processus de décolonisation de l'Afrique et de l'Asie du Sud-Est au sortir de la Deuxième Guerre mondiale et fait la promotion de l'indépendance formelle de ces États, c'est qu'il cherchait avant tout à lever les obstacles extra-économiques à la libre circulation des capitaux américains et à leur capacité à s'installer dans les zones de domination coloniale. La souveraineté politique a donc été encouragée à condition qu'elle ne soit pas activement utilisée afin d'orienter un développement économique autonome. Les nombreuses entreprises de déstabilisation politique et les coups d'État activement encouragés par l'État américain contre les élites politiques qui ont tenté d'utiliser les leviers politiques à leur disposition témoignent de la conception formaliste et sélective de la souveraineté véhiculée par l'État américain.

Bien que l'impérialisme capitaliste puisse, en théorie, s'accommoder de l'égalité formelle entre les États, ce qu'institutionnalise le principe de souveraineté de l'État, il n'en demeure pas moins qu'il a systématiquement cherché à le contourner. Si l'exercice de la violence militaire fait toujours partie de l'arsenal des moyens de contraindre les États qui refuseraient de se soumettre aux diktats des États impérialistes, les États-Unis en tête de liste, il n'en demeure pas moins que

ce sont avant tout les formes indirectes de contrainte qui ont été généralement utilisées. En d'autres mots, divers mécanismes institutionnalisés qui n'impliquent pas l'exercice direct de la violence politique sont continuellement utilisés afin de contraindre les États à avaliser l'hégémonie d'un capital transnationalisé. Les institutions internationales prêteuses et les États du Tiers monde servent de nouveaux intermédiaires afin d'assurer la mise en place des conditions juridico-politiques de la spoliation des richesses et du travail du Sud. Ainsi, le capitalisme s'est développé de façon vertigineuse sans pour autant faire disparaître les rapports impériaux.

C'est à partir de ce constat que les tenants du marxisme politique s'opposent aux analyses de la mondialisation qui en occultent les dimensions politiques en réduisant ce processus à des enjeux d'ordre purement techniques tels que la levée des obstacles à la « libéralisation du commerce ». La mondialisation est plutôt comprise comme un processus politiquement constitué visant à mettre en place les conditions institutionnelles de la reproduction élargie des intérêts d'un capital transnational. Loin de reposer sur la libéralisation du commerce, la mondialisation repose sur le contrôle des règles régissant le commerce par les capitaux déjà constitués des sociétés capitalistes, c'est-à-dire le capital impérial (Wood, 2003 : 134). Les États continuent d'être les piliers du capitalisme en fournissant, entre autres, les cadres juridiques et les infrastructures nécessaires à la poursuite du profit (Wood, 2003 : 139 ; McNally 2006). De plus, ils assurent le maintien d'un système relativement efficace de contrôle des mouvements de population (les frontières) sans lequel les forces du marché feraient s'effondrer la séparation entre sociétés de producteurs et sociétés de consommateurs (Wood, 2003 : 137). S'il est vrai que les économies sont plus interdépendantes, elles ne se sont pas pour autant fondues en une seule économie globale. Enfin, la puissance de l'État impérial américain constitue un gage indispensable à la préservation du système de la mondialisation.

5. Critiques et conclusion

La contribution de la sociologie historique néomarxiste est d'avoir participé au virage historique en Relations internationales. En précisant en quoi sa démarche s'inscrit comme une critique de plusieurs postulats théoriques, ontologiques et épistémologiques de la sociologie historique néowébérienne, ce courant est venu stimuler et préciser les débats au sein d'un sous-champ trop longtemps vaguement défini par ses objets, plutôt que par des positions réellement théoriques. Ce courant a stimulé la réévaluation de concepts tenus pour acquis au sein de ce champ d'étude : capitalisme, souveraineté, modernité, État, mondialisation, empire, impérialisme, nationalisme. Alors que d'autres approches, allant du constructivisme au poststructuralisme, ont procédé à cette évaluation à partir du contexte sociolinguistique de l'émergence de ces concepts, cette sociologie historique cherche également à enrichir cette reconstruction conceptuelle à partir des contextes historique et social.

À la suite des travaux d'une première génération de chercheurs (Robert Brenner, Ellen M. Wood et George C. Comninel) qui relevaient essentiellement d'une histoire sociale comparée, les travaux d'une seconde génération de chercheurs cherchent à théoriser davantage le rôle de l'international dans la médiation des trajectoires comparées. Ceux-ci considèrent indispensable de mettre en œuvre une théorie du développement social qui tienne systématiquement compte de la façon dont le développement historique combiné et inégal du capitalisme est médiatisé au niveau géopolitique (Rosenberg, 1996, 2006 ; Teschke, 2003, 2005 ; Lacher, 2003 ; 2005). Une des conséquences de cette approche est de rompre avec la stratégie de l'histoire comparée qui étudie les différents développements nationaux indépendamment du contexte géopolitique dans lequel ils surviennent ou qui considèrent ce contexte comme une dimension résiduelle de l'analyse. Selon Teschke, le marxisme politique doit se pencher sur « la nature nationalement spécifique, diachronique, cumulative et médiatisée au niveau géopolitique des "transitions au capitalisme" au sein d'une théorie du développement social, iné-

gal et combiné géopolitiquement » (2005 : 13). Bien que les relations sociales de propriétés contraignent les agents à adopter des stratégies géopolitiques différentes dans divers contextes sociaux, cela ne veut pas dire que l'analyse du développement des États, et des relations entre ceux-ci, puisse se passer d'une théorie qui tienne compte de ces différentes pressions géopolitiques sur le développement inégal des États.

Deux principales critiques ont été adressées à la sociologie historique inspirée du marxisme politique. D'une part, les tenants de la sociologie historique néowébérienne affirment que cette théorie ne prend pas suffisamment en compte l'importance du rôle des idées et des normes dans la constitution des hiérarchies de pouvoir au sein du système international (Hobson, 2007a, 2007b). Plus particulièrement, John M. Hobson souligne que bien que le marxisme politique ait su rejeter le déterminisme vulgaire du marxisme orthodoxe, il n'aurait pas encore été en mesure de cerner le rôle constitutif des normes et de l'idéologie raciste dans la formation du système international contemporain (2007 : 585-89). Selon Hobson, cette lacune refléterait une limitation, inhérente au marxisme en général, à se dégager du déterminisme économique dans sa compréhension des dynamiques sociales. D'autre part, plusieurs chercheurs s'inscrivant dans la mouvance de la théorie sociale marxiste remettent en question le rôle central attribué par les tenants du marxisme politique à l'analyse des dynamiques de compétition, souvent politiques, à laquelle se livrent les classes dominantes au sein du capitalisme (Gindin, 2001). Le marxisme politique accorderait ainsi une place insuffisante aux stratégies de résistance des classes subalternes (la lutte de classe verticale) dans son analyse des phénomènes sociaux et, surtout, du changement social (Morton, 2005). À ce titre, Morton rejoint Hobson en affirmant que le marxisme politique n'a pas suffisamment porté attention aux discours et stratégies contre-hégémoniques des classes subalternes comme élément constitutif du changement social.

❖ ❖ ❖

Pour en savoir plus

Ouvrages fondamentaux de la sociologie historique néo-marxiste :

Anievas, A. (dir.), 2010, *Marxism and World Politics. Contesting Global Capitalism*, New York : Routledge. Une collection de plusieurs des plus importantes contributions à la sociologie historique néomarxiste des dernières années. Cet ouvrage est la synthèse la plus à jour sur le sujet.

Jones, B. G. (dir.), 2006, *Decolonizing International Relations*, New York : Rowman et Littlefield Publishers. Cette collection présente une stimulante réflexion sur la situation postcoloniale et l'héritage colonial dans la constitution des champs et des catégories d'analyse des relations internationales et du droit international.

Lacher, H., 2006, *Beyond Globalization. Capitalism, Territoriality and the International Relations of Modernity*, New York : Routledge. Une réflexion systématique sur la modernité des relations internationales. À l'aise dans les champs de l'économie politique internationale, de la sociologie historique et de la géographie critique, Lacher propose une réinterprétation de l'historicité de la globalisation.

McNally, D., 2006, *Another World is Possible : Globalization and Anti-Capitalism. Édition révisée et augmentée*, Winnipeg : Arbeiter Ring. Un des efforts de théorisation de l'intersection du féminisme et de l'antiracisme avec les luttes anticapitalistes actuelles.

Rosenberg, J., 1994, *The Empire of Civil Society. A Critique of the Realist Theory of International Relations*, Londres/New York : Verso. Une critique de la théorie réaliste qui analyse l'impact des différents modes de production sur les relations géopolitiques à travers l'histoire.

Rosenberg, J., 2000, *Follies of Globalization Theory*, Londres/New York : Verso. Dans cet ouvrage, Rosenberg présente les principaux exposants de théories des relations internationales qui soutiennent que la globalisation aurait fondamentalement transformé la modernité et rendu nécessaire un nouveau type de théorie sociale émancipé des repères spatiaux et temporels de l'ère moderne. Il présente ce qui lui semble être les limites de cette thèse.

Teschke, B., 2003, *The Myth of 1648. Class, Geopolitics and the Making of Modern International Relations*, Londres/New York : Verso. Après avoir passé en revue différentes interprétations récentes des limites du *mythe de Westphalie*, comme pierre angulaire de la modernité des relations internationales, Teschke expose une théorie de la souveraineté moderne qui en lie l'origine au développement du capitalisme anglais.

Wood, E. M., 2003, *Empire of Capital*, Londres/New York : Verso. La spécificité de l'impérialisme américain et comment il se distingue des dynamiques géopolitiques et expansionnistes d'autres grands empires.

Comprendre la guerre en Irak

Pour la sociologie historique néomarxiste, l'intervention en Irak est issue tant « de la logique inhérente de la politique étrangère américaine » depuis cinquante ans que « de la logique systémique du capitalisme ». Dans *Infinite War* (2002), Wood élabore une analyse de l'évolution récente de la doctrine américaine de la guerre, en insistant sur les ruptures et les continuités qui la relient aux anciennes doctrines. Elle y spécifie aussi la relation étroite qu'entretiennent cette doctrine et les besoins particuliers des classes supérieures. Wood nomme cette nouvelle doctrine la *doctrine de la guerre sans fin*. Cette doctrine marque une rupture avec la *realpolitik*. Les guerres menées historiquement par la puissance américaine, qu'elles fussent justifiées en termes de *realpolitik* ou de guerre « juste » (Wood, 2002b), devaient répondre à deux exigences fondamentales : 1) elles devaient avoir des chances raisonnables de réaliser leurs objectifs et 2) les moyens qu'elles engageaient devaient être proportionnels à ces mêmes objectifs. Or, la doctrine de la *guerre sans fin* reprend les modes de justifications de la doctrine de la guerre juste, mais évacue complètement les exigences de faisabilité et de proportionnalité des moyens : « [...] la "guerre au terrorisme" peut difficilement être décrite comme ayant des chances raisonnables de mettre fin au terrorisme » (2002b : 9).

Une des dimensions fondamentales de la doctrine de sécurité républicaine dans le contexte post-11 septembre réside dans la théorie et la pratique de la guerre préventive. La doctrine de sécurité de l'administration néoconservatrice américaine défendait que l'État américain utiliserait tous les moyens nécessaires afin de contrer les menaces à sa sécurité nationale et n'hésiterait pas à frapper ses ennemis avant même qu'ils mettent à exécution leurs plans d'agression. Bien qu'étant fortement contestée du point de vue des principes du droit international public, cette position offre néanmoins l'occasion aux décideurs politiques de fournir une aura de légitimité à des politiques d'agression militaire visant justement à transformer le cadre politique et juridique d'États dits voyous (Lapointe et Masson, 2004 : 83). Cette doctrine de guerre préventive est ainsi présentée comme un moyen nécessaire afin d'assurer les conditions de la sécurité et de la liberté, c'est-à-dire la libre entreprise et la liberté du commerce (*Ibid.* : 84).

Les modalités de l'opération militaire américaine en Irak ainsi que les principales réformes politiques et juridiques mises en place par l'occupant américain illustrent bien la relation organique entre la notion de guerre préventive et le principe de la libre entreprise. D'une part, la deuxième guerre du Golfe marque l'accentuation du processus de privatisation des activités militaires qui a principalement profité aux grandes entreprises de sécurité privée américaines et britanniques. L'invasion de l'Irak a ainsi représenté une véritable manne pour ces entreprises privées qui ont obtenu en contrats – souvent sans appel d'offre – le tiers des sommes allouées par l'État américain pour cette opération militaire (*Ibid.* : 84). La pratique de la guerre préventive couplée avec le processus de privatisation des activités militaires offriraient ainsi des occasions de profit sans précédent garanties par le pouvoir politique à un secteur d'activité politiquement et économiquement névralgique pour la société américaine :

> La privatisation des domaines traditionnellement réservés au secteur public se traduit par de nouvelles occasions d'accumulation libérées par l'État. La place laissée par l'État américain au secteur privé, même dans la poursuite d'objectifs d'« intérêt national », est ainsi congruente avec les trois piliers de la sécurité nationale que définit le *Defence Policy Guidance* : liberté, démocratie et libre entreprise (*Ibid.* : 85).

D'autre part, l'occupation et le processus de « reconstruction » ont non seulement profité aux entreprises privées de sécurité, mais ont également été un véritable laboratoire d'ingénierie politique et juridique pour l'administration provisoire américaine. En effet, l'occupant américain s'est arrogé le droit d'imposer par décret une série de réformes politiques et juridiques qui ont permis de transformer l'Irak en un royaume de la libre entreprise : levée des barrières et restrictions au commerce international; levée des barrières à l'investissement direct étranger et au rapatriement des profits; privatisation de nombreuses entreprises publiques; transformation de la fiscalité du pays de manière à favoriser les personnes les mieux nanties et les entreprises privées par un taux d'imposition unique à 15 % (*Ibid.* : 86). Bien que ces mesures aient été officiellement prises afin de favoriser la compétitivité de l'économie irakienne et de ses principales entreprises, elles auraient principalement favorisé les entreprises américaines et britanniques déjà sur place (*Idem.*).

Ainsi, comme le suggère Wood, l'ère de la mondialisation rend les États-nations encore plus indispensables, pour le capital, qu'auparavant, mais cela impose à l'État le plus puissant du monde de trouver des stratégies afin que les « bonnes » élites soient aux commandes. Il est tout simplement devenu impossible d'aspirer à gérer directement l'ensemble de la planète, mais il est toujours possible de forcer les élites étatiques à l'autodiscipline en agitant constamment la menace d'une intervention militaire américaine (Wood, 2002b).

Concepts clés de la sociologie historique néomarxiste

Classe : Principale catégorie d'analyse de la théorie marxiste. Ainsi, la rationalité sociale des individus est conditionnée en grande partie par leur accès ou leur non-accès aux moyens de production. La forme spécifique que prend l'institutionnalisation des relations sociales de propriété dans un contexte donné influencera les paramètres à travers lesquels se reproduit le pouvoir social. Selon les marxistes, l'histoire des sociétés humaines s'organise essentiellement autour de l'histoire de la lutte entre les classes sociales.

Chrono-fétichisme : Une forme de pensée anhistorique selon laquelle le présent ne peut être expliqué adéquatement qu'en étudiant le présent lui-même.

Forme d'anarchie : Forme particulière que prennent les relations géopolitiques dans des systèmes inter-unités politiques non hiérarchisés. L'anarchie, comme caractéristique des relations géopolitiques entre les États, n'a pas toujours la même origine sociale et elle ne se traduit pas dans les mêmes stratégies de reproduction de puissance au niveau interétatique. D'où la nécessité de dresser une typologie des différentes formes d'anarchie à partir d'une théorie sociale des règles de reproduction du pouvoir.

Forme d'État : En tant que relation sociale, l'État se transforme profondément à travers l'histoire et dans des contextes sociaux différents. D'où l'intérêt de procéder à une typologie des formes et des rôles assumés par les relations sociales qui institutionnalisent l'État à travers l'histoire. Les différentes formes d'États adoptent différentes stratégies géopolitiques de reproduction de leur puissance.

Forme sociale : La hiérarchisation de la structure de pouvoir ainsi que ses dynamiques ou encore l'articulation des modes d'accumulation de surplus au sein d'un État.

Modèle base/superstructure : Modèle épistémologique et ontologique associé à une variante économiste ou structuraliste du marxisme qui voit dans l'idéologie, la culture et les institutions politiques la superstructure, ou le reflet, des contradictions sociales engendrées par le développement des forces productives (de la base matérielle).

Processus de marchandisation : Processus par lequel la nature, y compris les êtres humains et l'ensemble de leurs relations sociales, sont transformés en marchandises (des objets capables d'être vendus et achetés) et intégrés à la structure du marché.

Réflexive/réflexivité : La réflexivité est la propriété d'une théorie qui problématise et présente clairement son orientation normative ou les intérêts qu'elle participe à consolider dans le monde social. On dit d'une démarche scientifique en Relations internationales qu'elle est réflexive si elle problématise les effets politiques et normatifs que l'application d'un cadre théorique peut produire sur le monde social et si elle est en mesure de soutenir la validité de cette vision du monde et des relations de pouvoir qu'elle (re)produit.

Régime normatif : Ensemble de normes consensuelles au sein des institutions dominantes d'un ordre mondial donné. La capacité à influencer un régime normatif global est une composante fondamentale permettant à une superpuissance de reproduire son hégémonie au niveau global.

Régime de propriété : « Les institutions politiques établissent des régimes sociaux de propriété, ceux-ci fournissent des règles et des normes, ainsi que des forces et des sanctions pour la reproduction de relations de classes historiquement spécifiques » (Teschke, 2003 : 7).

Réification : Le procédé par lequel un processus, une entité ou une propriété du monde social est transformé en chose apparemment naturelle. En réifiant un processus du monde social, on le détache de ses conditions d'émergence sociohistorique particulières et on lui accorde une essence transhistorique. La critique de la réification se méfie des analyses du monde social tendant à en naturaliser les composantes à des fins idéologiques ou par une mauvaise prise en compte de l'histoire.

Relations sociales de propriété : Concept du marxisme politique. Les « relations entre les producteurs directs, entre les membres de la classe exploitante (s'il en existe une) et entre les exploiteurs et les producteurs, qui spécifient et déterminent l'accès des acteurs économiques individuels (ou des familles) aux moyens de production et au produit économique » (Brenner, 1991 : 18-19). Ces relations ne sont pas seulement modelées et remodelées au gré des agents, mais elles imposent des cadres d'action historiquement spécifique aux acteurs. Cadres d'action qui sont définis largement par le contexte institutionnel, légal, politique, culturel et social qui régule les interactions des acteurs face à la propriété.

Analyse téléologique : Analyse historique qui attribue aux processus sociaux une certaine direction, une progression linéaire vers un point d'aboutissement prédéterminé.

Pierre Bourdieu
et la théorie
des relations internationales

Vincent Pouliot et Frédéric Mérand

L'univers social est le lieu d'une lutte pour savoir ce qu'est le monde social (Bourdieu, 1987: 114).

La sociologie politique internationale compte parmi les nouvelles approches les plus dynamiques en Relations internationales[1]. Animée d'un intérêt aiguisé pour les systèmes de sens, les relations sociales et la réflexivité, la sociologie politique internationale prend racine dans les grands débats qui structurent la théorie sociale et la sociologie (Pouliot, 2010a). Au sein de ces vastes conversations intellectuelles se dresse une figure particulièrement éminente: celle du sociologue français Pierre Bourdieu (1930-2002). Ambitieuse tentative de réconcilier les grandes traditions sociologiques en une théorie systématique de l'action sociale, l'œuvre de Bourdieu figure au programme obligatoire de la plupart des départements de sociologie. Pourtant, jusqu'à tout récemment du moins, celui qui fut le sociologue le plus cité par ses contemporains n'avait eu, hors du milieu universitaire français, qu'une influence assez limitée dans le monde des Relations internationales. Il est vrai qu'à l'exception de ses travaux sur la «circulation internationale des idées», Bourdieu ne s'est pas beaucoup penché sur les questions dépassant le cadre national. Pourtant, en mettant de l'avant une théorie sociale aussi riche que provocante, son œuvre propose des réponses concrètes à plusieurs interrogations épistémologiques, méthodologiques et conceptuelles qui préoccupent l'ensemble des sciences sociales, y compris les Relations internationales.

Ce chapitre esquisse ce que pourrait être une contribution de la sociologie bourdieusienne à la discipline des Relations internationales. Une fois la pensée de Bourdieu située à l'intérieur des grands courants théoriques de la sociologie et des Relations internationales, le chapitre explore les fondements épistémologiques, ontologiques et **pratiques** de sa sociologie politique. Dans un troisième temps, le chapitre balise trois grandes pistes de recherche inspirées de l'appareil conceptuel du sociologue, articulées autour des notions de **champ**, de **capital** et d'**habitus**. Il ne s'agit évidemment pas d'initier le lecteur à l'ensemble de la sociologie de Bourdieu en quelques pages – sa complexité et son étendue rendent une telle simplification impensable – mais plutôt de susciter

---

1. Ce chapitre est la version remaniée d'un article paru dans la *Revue canadienne de science politique* sous le titre «Le monde de Pierre Bourdieu. Éléments pour une théorie sociale des relations internationales» (48, 3, 2008, p. 603-625). Nous remercions Cambridge University Press pour son aimable autorisation, ainsi que Alex Macleod, Dan O'Meara, Loïc Wacquant et David Swartz pour leurs commentaires sur ce chapitre.

un intérêt pour l'œuvre et d'inciter à y recourir pour enrichir les grands enjeux théoriques en Relations internationales.

1. Historique et contexte

La sociologie de Pierre Bourdieu ne se laisse pas facilement compartimenter dans l'une ou l'autre des classifications théoriques de la sociologie classique et contemporaine. Par exemple, il n'est pas aisé de savoir duquel des trois pères fondateurs de la discipline – Karl Marx (1818-1883), Émile Durkheim (1858-1917) ou Max Weber (1864-1920) – Bourdieu se rapproche le plus tant son esprit synthétique s'est librement inspiré de la pensée de chacun. Pour lui, la sociologie ne peut progresser «qu'à condition de faire communiquer des théories opposées, qui sont souvent constituées les unes contre les autres» (Bourdieu, 1980: 24). Au risque de schématiser, on pourrait dire que Bourdieu hérite de Marx une vision du monde faisant de la domination, des rapports de force et des conflits des données fondamentales et irréductibles des sociétés humaines. De Durkheim, Bourdieu retient surtout la sociologie des formes symboliques (schèmes de pensée, culture) et le holisme méthodologique. Finalement, Weber inspira les travaux de Bourdieu, notamment par rapport à l'économie des phénomènes sociaux (par exemple, la religion) et à la dimension cognitive des principes structurants tels que la puissance, la hiérarchisation et la légitimité (Brubaker, 1985).

Cette volonté de n'appartenir à aucun courant théorique et le refus des alliances intellectuelles auront valu à Bourdieu un feu croisé de critiques. Il s'est pourtant risqué dans une interview à qualifier sa sociologie de «constructivisme structurel» (1987: 147). De fait, il existe chez lui un intérêt marqué pour les systèmes de sens (culture, symboles, idéologies, éducation, goûts, etc.) qui n'est pas sans rappeler l'importance accordée à l'intersubjectivité par le constructivisme et la sociologie de la connaissance. Toutefois, chez Bourdieu (comme chez Marx), ce sont les conditions sociales d'existence qui déterminent, en partie du moins, les formes individuelles et collectives de pensée. La centralité des structures objectives

de domination et des trajectoires historiques permet donc à Bourdieu de situer le caractère cognitif de la vie sociale à l'intérieur d'un ensemble spatial et temporel plus vaste.

S'il fallait se risquer à positionner Bourdieu au sein des grandes théories des relations internationales, il serait probablement indiqué de commencer par celles qui s'en démarquent le plus. À coup sûr, Bourdieu se situe loin de la théorie (néo)libérale (Moravcsik, 1997; Keohane, 1984). Non seulement refuse-t-il avec véhémence la philosophie politique qui sous-tend l'individualisme méthodologique (1998), mais il rejette avec autant de fermeté le conséquentialisme de la théorie du choix rationnel. Cette seconde objection éloigne aussi Bourdieu des néoréalistes à la Waltz (1979) pour qui le modèle microéconomique fait office de micro-fondation universelle.

Cependant, de par leur intérêt soutenu pour les rapports de force et la dialectique, les écrits de certains réalistes classiques (notamment ceux d'entre eux qui comme E. H. Carr (1946 [1939]) trahissent un penchant marxisant) contiennent plusieurs éléments qui recoupent la pensée de Bourdieu. Plus récemment, en vertu de son double intérêt pour les structures sociales et leur composition avant tout intersubjective, le constructivisme d'Alexander Wendt (1999) se rapproche à l'évidence de celui de Bourdieu. Mais il manque chez Wendt une préoccupation pour les rapports de force et de domination, une lacune palliée par le «constructivisme réaliste» (Jackson et Nexon, 2004) ou le néogramscisme (Cox, 1981). Tout en acceptant que l'anarchie est une construction sociale, les constructivistes réalistes maintiennent l'impossibilité de transcender la puissance en politique mondiale. Justement, chez Bourdieu, les rapports de force et de puissance ne prennent de sens que lorsqu'ils ont pour objet le sens du monde. C'est là une prémisse analytique qui gagnerait à être développée davantage en Relations internationales: «L'univers social, écrit Bourdieu, est le lieu d'une lutte pour savoir ce qu'est le monde social.» (1980: 114)

En Relations internationales, le premier auteur à s'être ouvertement réclamé de la pensée de Bourdieu fut sans doute Richard Ashley (1984). Dans un article précurseur, Ashley (1984) met en évidence la formidable puissance symbolique grâce à laquelle une communauté mondiale de praticiens de la *Realpolitik* parvient à dissimuler l'arbitraire de leurs pratiques derrière une aura naturalisée de théorie scientifique. La dimension culturelle du réalisme a d'ailleurs été explorée davantage par Michael Williams (2007) depuis. Dans un même ordre d'idées, Didier Bigo et l'« École de Paris » en études de sécurité combinent la notion de champ développée par Bourdieu à l'analyse de discours foucaldienne pour mettre en évidence les pratiques de production du danger et de la menace par les professionnels de l'(in)sécurité (Bigo, 2005 ; Huysmans, 2002). Par ailleurs, plusieurs auteurs ont employé la théorie de Bourdieu pour mieux saisir les notions de gouvernance et d'autorité en politique mondiale (Guzzini, 2000 ; Gheciu, 2005). D'autres, finalement, se sont appuyés sur sa sociologie politique pour jeter un regard nouveau sur les différentes pratiques, diplomatiques ou autres, qui peuplent la scène internationale au quotidien (Adler-Nissen, 2008 ; Dezalay et Garth, 2002 ; Jackson, 2008 ; Leander, 2001 ; Madsen, 2007 ; Mérand, 2010 ; Pop, 2007 ; Pouliot 2010b). À en juger par les numéros les plus récents de certaines revues scientifiques de même que par le programme des conférences majeures dans la discipline, l'idée d'importer la sociologie politique de Bourdieu en Relations internationales semble désormais avoir conquis bien des esprits.

2. Les fondements de la théorie sociale de Bourdieu

Cette partie porte sur les contributions métathéoriques qu'offre la sociologie de Bourdieu à la discipline des Relations internationales. Celles-ci se déclinent en trois temps qui correspondent à un même nombre d'enjeux fondamentaux structurant le dialogue théorique de cette discipline depuis maintenant deux décennies. Premièrement, l'épistémologie réflexive de Bourdieu suggère une voie médiane singulière entre les pôles opposés du néopositivisme et de l'antifondationalisme. Deuxièmement, son ontologie relationnelle apporte une solution conceptuelle au problème agent-structure. Troisièmement, le développement d'une théorie de la pratique favorise le dépassement de l'antinomie consacrée entre *homo sociologicus* et *homo œconomicus*. En somme, le monde de Pierre Bourdieu en est un où les dualismes métaphysiques se dissolvent ou se synthétisent autant que faire se peut.

2.1 *Épistémologie et réflexivité*

Vers la fin des années 1980, la montée des approches postpositivistes telles que le postmodernisme et le constructivisme a lancé le troisième « grand débat » en Relations internationales autour de l'épistémologie (Lapid, 1989). Par opposition aux théories dominantes qu'étaient alors le néoréalisme et le néolibéralisme, un nombre croissant d'auteurs a dénoncé le positivisme ambiant de la discipline voulant que la politique mondiale puisse être étudiée à l'aide de méthodes similaires à celles employées en sciences naturelles, et ce, dans le but d'y découvrir des vérités tout aussi universelles. L'essence de la critique postpositiviste consiste à interroger la nature des savoirs universitaires en l'absence de fondations transcendantales sur lesquelles les asseoir. Elle met également en évidence les dynamiques sociopolitiques qui président à l'activité scientifique de même que la nature performative du langage – c'est-à-dire la capacité des mots à construire le sens et à fonder la réalité de ce qui nous entoure. Autrement dit, le monde social exige une étude interprétative en quête de sens bien davantage que de lois naturelles.

Près de vingt ans après son éclosion, force est cependant de constater que le débat métathéorique n'a pas engendré de nouveau consensus épistémologique au sein de la discipline des Relations internationales. À observer certaines revues scientifiques se transformer en niches aussi étroites qu'exclusives, on pourrait même dire que les tenants du néopositivisme et ceux du postpositivisme sont aujourd'hui davantage campés sur leurs positions respectives que jamais. C'est dans ce contexte de dialogue de sourds que l'épistémologie réflexive de Pierre Bourdieu pourrait s'avérer un outil de conversation bénéfique. S'il est vrai que Bourdieu s'insurgeait contre la vision positiviste voulant que la réalité soit extérieure au discours scientifique et que la tâche de ce dernier se résume à saisir «en mots» ce qui existe «en fait», plusieurs de ses salves épistémologiques étaient également dirigées à l'endroit de la mouvance postmoderne et de son rejet parfois catégorique de l'ambition scientifique. Le réflexivisme épistémologique pourrait bien être la troisième voie permettant d'aller au-delà, sans nécessairement pouvoir résoudre, des problèmes métaphysiques qui structurent le discours en Relations internationales depuis deux décennies (Neufeld, 1993).

L'épistémologie de Bourdieu est en large partie inspirée de la pensée de Gaston Bachelard (1894-1962), physicien et philosophe français, et notamment de sa notion de «polémique de la raison» (Bourdieu, Passeron et Chamboredon, 1983). Le principe de base consiste à retourner la raison contre elle-même, c'est-à-dire à soumettre toute analyse scientifique à sa propre analyse scientifique. Le réflexivisme épistémologique implique «de fournir des instruments de connaissance qui peuvent se retourner contre le sujet de la connaissance» (Bourdieu, 2001a: 15). Il faut par-dessus tout «objectiver l'objectivation»: la construction de l'objet d'étude opérée par l'analyste à la suite d'une rupture épistémologique contre le savoir commun doit elle-même être prise pour objet d'étude. La réflexivité ne constitue pas un domaine d'enquête réservé à quelques philosophes marginaux et obscurs; elle constitue le fondement même de l'entreprise sociologique en lui procurant une essence non pas ontologique, mais plutôt épistémologique (Pouliot, 2004). Conscient des liens inextricables entre le champ du savoir et celui du pouvoir diagnostiqués par Michel Foucault (1997) avec sa notion de *savoir/pouvoir*, Bourdieu substitue toutefois au doute radical une espèce d'hyperpositivisme, appliqué à la personne même du chercheur dans une boucle sans fin d'«auto-objectivation». La pierre angulaire de cette sociologie critique consiste donc à faire de la réflexivité un réflexe (Bourdieu, 2001a: 174).

Une telle «science de la science» permet d'identifier les conditions de production du discours scientifique de manière à le maintenir sous la lumière critique de la «vigilance épistémologique». Cette vigilance s'exerce à trois niveaux principaux qui correspondent respectivement à ce que Bourdieu appelle «les trois formes de l'erreur scolastique» (1997). Premièrement, la vigilance épistémologique doit être exercée à l'encontre des présupposés associés à l'occupation d'une position dans l'espace social et à la trajectoire particulière y ayant conduit (le genre, la classe sociale, etc.). Deuxièmement, le chercheur doit questionner la *doxa* du champ universitaire, c'est-à-dire l'ensemble des règles que l'on tient pour acquises et qui constitue «l'ordre des choses» du milieu scientifique (par exemple, la validité postulée de certaines méthodologies). Troisièmement, le biais «intellectualiste» est le plus pernicieux de tous: il découle du statut d'observateur qu'assume forcément le chercheur et qui l'incite à se pencher sur la vie sociale comme spectacle plutôt que comme situation concrète demandant à être négociée telle quelle. L'«épistémocentrisme» inhérent à toute forme de théorisation projette dans la pratique un regard scolastique qui lui est pourtant étranger[2].

L'épistémologie réflexive de Bourdieu a pour principal objectif d'historiciser la raison scientifique. Plutôt que de voir dans la science une quête de vérités transcendantales comme le veut le néopositivisme, il s'agit de reconnaître que les critères scientifiques de rationalité sont eux-mêmes le fruit d'une histoire intellectuelle caractérisée par des luttes de pouvoir. Et contre la vision postmoderniste qui, à l'extrême, mène à réduire le monde social à des textes, une épistémologie réflexive rappelle l'importance de comprendre les pratiques en tant que pratiques: après

2. Par exemple, l'essence de la critique de Bourdieu à l'encontre de la théorie du choix rationnel tient au fait qu'elle substitue l'esprit calculateur de l'observateur au sens pratique de l'acteur. Ce faisant, cette théorie donne plus de logique aux pratiques qu'elles n'en peuvent avoir car elle déduit de leur *opus operatum* (la pratique achevée) leur *modus operandi* (la pratique en tant qu'exécution). Comme Bourdieu (2000: 233) l'explique: «L'observateur qui oublie tout ce qu'implique sa position d'observateur se trouve porté à oublier, entre autres choses, que celui qui est engagé dans la partie ne peut attendre l'achèvement du geste pour le déchiffrer sous peine de subir la sanction pratique de ce retard.» Sur le biais représentationnel, voir aussi Pouliot (2008).

tout, les pratiques ne sont logiques qu'au point où être logique demeure pratique. En rejetant à la fois le positivisme absolutiste et le postmodernisme relativiste, Bourdieu se positionne à cheval entre les épistémologies moderniste et postpositiviste (1997: 154).

D'un côté, la «polémique de la raison» permet au scientifique d'obtenir une connaissance plus vraie, c'est-à-dire «approchée» ou rectifiée (Bourdieu, Passeron et Chamboredon, 1984: 20). Peut-être de manière un peu utopiste, Bourdieu croyait profondément dans la capacité de la raison à se raisonner elle-même, expliquant ainsi la nature progressive, voire cumulative de la science. D'un autre côté, en se donnant pour principe que «[l]a science la plus neutre exerce des effets qui ne le sont nullement», Bourdieu (2001b: 196) historicise (et donc relativise) la notion même de vérité[3]. Ce faisant, il montre la voie d'une science sociale fondée non pas sur la Raison mais plutôt sur le raisonnement (Guzzini, 2000: 152). En incitant les sciences sociales à se prendre pour leur propre objet, l'épistémologie réflexive devient le point d'Archimède virtuel sur lequel repose l'ensemble de l'édifice scientifique[4].

Afin de retourner les armes de la sociologie contre elle-même, Bourdieu applique à ses propres travaux l'appareil conceptuel et analytique qu'il a forgé au fil des décennies. Le milieu scientifique apparaît donc comme un champ social doté d'une structure et où se jouent des luttes fondées sur les positions et dispositions des agents qui y évoluent. Voilà qui nous amène à la seconde contribution métathéorique qu'offre la sociologie de Bourdieu aux Relations internationales: une ontologie relationnelle.

2.2 Ontologie

Le constructivisme s'est frayé un chemin parmi les approches principales en Relations internationales par le biais d'un problème métathéorique n'ayant épargné aucune science sociale au cours des dernières décennies: le problème agent-structure. Comme le résume bien Wendt (1987: 337-338), ce dilemme fondamental

> trouve son origine dans deux truismes à la base de toute étude sociale: premièrement, les humains et leurs organisations sont des acteurs dotés d'objectifs dont les actions reproduisent ou transforment la société dans laquelle ils vivent; et deuxièmement, la société est composée de relations sociales qui structurent les interactions entre ces acteurs.

La contribution du constructivisme à cet épineux problème aura été d'introduire la théorie de la structuration d'Anthony Giddens en Relations internationales et de faire de la constitution mutuelle de l'agent et de la structure un postulat ontologique aujourd'hui fort répandu.

Il est intéressant de noter que quelques années avant la publication de l'ouvrage phare de Giddens, *La constitution de la société* (1987 [1984]), Bourdieu avait d'ores et déjà amorcé sa propre démarche de résolution du problème agent-structure. En effet, l'une des premières trames théoriques à émerger de son œuvre (2000a [1973]) fut la conviction que «de toutes les oppositions qui divisent artificiellement les sciences sociales, la plus fondamentale et la plus ruineuse est celle qui sépare le subjectivisme de l'objectivisme» (2001b: 25; *cf.* Pouliot, 2007). Le subjectivisme, incarné par la tradition phénoménologique de Jean-Paul Sartre (1905-1980) ou d'Alfred Schütz (1899-1959) (et prêté par Bourdieu à certains constructivistes «cognitifs»), est emprisonné dans les savoirs communs et souffre de ne pouvoir historiciser les systèmes de sens pour mieux les placer dans une structure sociale de domination. L'objectivisme, de son côté, tend à réifier les modèles scientifiques en faisant des structures et autres abstractions le moteur

---

3. Ainsi, une épistémologie réflexive pave également la voie à la pensée et l'action critiques et émancipatrices – une idée clé des derniers travaux produits par Bourdieu avant sa mort.

4. Par exemple, un constructiviste qui met en exergue les normes et l'action des entrepreneurs politiques comme les ONG applique une grille qui, inconsciemment, valorise à la fois le rôle des ONG dans les négociations internationales et sa posture de chercheur «libéral» dans le champ universitaire. Ainsi que l'ont argumenté plusieurs auteurs critiques en Relations internationales, de Devetak à Campbell en passant par Smith, toute théorie repose donc sur une trajectoire sociale et des présupposés qu'il importe de démystifier. Pour un traitement récent, voir Smith (2004).

« réel » des pratiques sociales (l'erreur scolastique). C'est le cas, par exemple, du linguiste Ferdinand de Saussure (1857-1913) et de l'anthropologue Claude Lévi-Strauss (1908-2009) qui dépeignent le langage et les liens de parenté comme des logiques formelles (*logos*) plutôt que comme des pratiques concrètes (*praxis*). En Relations internationales, les quelques études à saveur psychologisante sur les perceptions souffrent probablement d'un excès de subjectivisme (par ex., Jervis, 1976), tandis que la vaste majorité des travaux qui s'y publient – du choix rationnel au néoréalisme – commettent l'erreur scolastique typiquement objectiviste de « passer du modèle de la réalité à la réalité du modèle » (p. ex. : Waltz, 1979).

La synthèse ontologique qu'offre Bourdieu repose sur un appareil conceptuel particulièrement riche, dont les notions d'*habitus* et de *champ* constituent les principaux points d'appui. L'habitus est un « système de dispositions durables et transposables qui, intégrant toutes les expériences passées, fonctionne à chaque moment comme une matrice de perceptions, d'appréciations et d'actions » (2000a : 261). À travers son habitus, l'individu incorpore son histoire, tant personnelle que collective, et la restitue sous forme de dispositions qui orientent ses pratiques. De par sa nature intersubjective, l'habitus se veut par ailleurs l'intersection dynamique entre structure et action, société et individu. C'est ici que Bourdieu innove le plus au niveau conceptuel en fondant l'un de ses principaux outils analytiques dans une ontologie nommément *relationnelle*. Parce qu'il se conçoit comme une forme d'« intersubjectivité subjective » (Bourdieu et Wacquant, 1992 : 126), l'habitus traduit efficacement la dialectique de constitution mutuelle qui unit agents et structures.

Mais contrairement à l'automate de la théorie du choix rationnel ou l'individu « sur-socialisé » de la sociologie parsonienne, l'habitus chez Bourdieu ne produit pas des comportements prédéterminés. Ses dispositions inclinent l'agent à telle ou telle pratique, qui ne sera finalement mise en œuvre qu'en dialectique avec les *positions* qu'il occupe dans le *champ*. En résumé, le champ est une configuration sociale structurée suivant trois principales dimensions : des relations de pouvoir, des objets de luttes et des règles tenues pour acquises (1980 : 113-120). Premièrement, tout champ est constitué de positions inégales tissant une hiérarchie de domination. C'est le contrôle d'une variété de formes historiquement construites de capitaux (économique, social, culturel, symbolique) qui détermine cette structure de pouvoir. À nouveau, l'aspect relationnel de l'ontologie de Bourdieu apparaît : le concept de champ ouvre la porte à l'analyse positionnelle ou « topologique », comme le dit Kauppi (2003). Deuxièmement, les champs se définissent par les enjeux. Chaque champ est relativement autonome des autres parce qu'il est le lieu de jeux et de luttes spécifiques. En effet, les agents qui évoluent à l'intérieur d'un champ et y bataillent s'entendent au moins sur une chose – ce pourquoi le conflit a lieu, que ce soit le prestige, le profit matériel ou la réputation. Par exemple, les agents qui évoluent dans le champ politique sont généralement en concurrence pour le monopole des instruments légitimes de manipulation du monde social. Cette adhérence première fait partie de la troisième dimension du champ, à savoir les règles tenues pour acquises ou *doxa*. La doxa englobe l'ensemble des idées, normes et autres connaissances qui sont généralement acceptées comme évidentes à l'intérieur d'une situation sociale. Ce faisant, la doxa renforce l'orthodoxie et profite aux dominants. Nous reviendrons sur ce point dans la prochaine partie.

Dans l'ontologie relationnelle de Bourdieu, les pratiques ou actions sociales sont le résultat de la rencontre d'un habitus et d'un champ, c'est-à-dire de dispositions et de positions. Le sens pratique se situe donc à mi-chemin entre structure et agence, résolvant de ce fait l'épineux problème soulevé par Wendt. Les critiques de Bourdieu diront qu'il est impossible de résoudre un dilemme ontologique à l'aide de simples concepts. Cet argument, fondé sur une philosophie réaliste de la science, ne convainc cependant pas : l'idée de prioriser l'ontologie sur l'épistémologie, si elle fut défendue par plusieurs constructivistes il y a dix ans (Wendt, Dessler, Adler), a maintenant cédé le pas à une vision beaucoup plus en phase avec celle de Berger et Luckmann, voulant qu'épistémologie et ontologie soient les deux faces d'une même médaille

(Pouliot, 2007). Autrement dit, la construction sociale du sens, incluant la connaissance scientifique, obéit à la même logique que la construction de la réalité sociale (Guzzini, 2000). En épousant cette position, d'ailleurs, la sociologie de Bourdieu (2001b) prend le « tournant linguistique » et souligne la continuité ontologique entre les mots et les choses qu'ils désignent (en anglais, *world* et *word*)[5].

2.3 Logiques d'action sociale

L'opposition entre deux grands modèles d'action sociale – l'un emprunté à la science économique et l'autre à la sociologie – est déjà vieille de quelques décennies en science politique. Comment expliquer les actions prises par les agents sociaux ? Pour simplifier, l'*homo œconomicus* est un individu auto-constitué faisant preuve de rationalité instrumentale, tandis que l'*homo sociologicus* est le membre d'une communauté dont les pratiques se définissent par celle-ci. March et Olsen (1998) ont appliqué à cette distinction le concept de « logiques d'action sociale » en différenciant la « logique des conséquences » de la « logique de l'à-propos ». Selon cette distinction, l'*homo œconomicus* agit en fonction des conséquences attendues et sachant que ses compères font de même, tandis que l'*homo sociologicus* se comporte plutôt en fonction de règles, d'identités et de normes définies par le groupe d'appartenance. S'il s'agit bien sûr de types idéaux, ces deux logiques d'action sociale sont à la source de vastes et importants débats théoriques (*cf.* Risse, 2000). En Relations internationales, l'opposition devenue dominante entre les paradigmes rationaliste et constructiviste s'y recoupe largement.

---

5. D'ailleurs, cet intérêt pour le langage est naturellement lié à la perspective relationnelle. S'agissant de la diplomatie, un acte de parole, comme la condamnation d'une politique étrangère, ne peut être analysé sans faire référence aux acteurs à qui s'adresse cet acte ; aux relations de pouvoir, d'hostilité ou de confiance, d'interdépendance ou de domination qui lient le « condamnateur » au « condamné » ; mais aussi à la trajectoire et à la posture (culturelle, sociale, idéologique) des acteurs impliqués. Une politique « étrangère » n'est donc ni strictement nationale ni déterminée par le système : elle doit être restituée dans l'interaction entre champ politique national et champ des relations internationales, eux-mêmes étant compris comme des ensembles de relations.

Toujours habité du même esprit de synthèse, Bourdieu n'a jamais véritablement adhéré à une telle dualité. Pour lui, autant l'*homo œconomicus* que l'*homo sociologicus* sont des modèles inadéquats ou à tout le moins incomplets. S'il s'est fait particulièrement critique de la vision économiste et réductrice du choix rationnel, il n'en a pas moins dénoncé les incohérences et les lourdeurs de la tradition sociologique parsonienne fortement axée sur les normes et les valeurs. Plutôt, Bourdieu (2001b : 50) s'est fait l'apôtre d'une « économie des pratiques » d'après laquelle « l'origine des pratiques ne se trouve ni dans les choix rationnels ni dans des mécanismes supérieurs ou extérieurs aux agents ». Réduire la logique immanente de la pratique à la rationalité instrumentale ou à des déterminismes structurels, c'est commettre, encore une fois, l'erreur scolastique : en effet, réifier les abstractions construites par le chercheur ne permet pas de saisir la véritable logique des pratiques. Après tout, martèle Bourdieu, une action sociale peut être raisonnable sans avoir été raisonnée.

Pour lui, autant la logique des conséquences que celle de l'à-propos obéissent à une même logique, celle de la pratique. Autrement dit, ni la rationalité instrumentale ni l'adhésion aux règles sociales ne sont des comportements innés chez l'agent ; il s'agit plutôt de dispositions historiquement incorporées (habitus) qui, à la rencontre de positions socialement définies (champ), s'actualisent sous forme de pratiques. La rationalité instrumentale n'est donc qu'un cas particulier d'une « théorie générale de l'économie des pratiques » (2000a : 372). Pour certains, d'ailleurs, Bourdieu est un constructiviste capable de subsumer la théorie du choix rationnel (Leander, 2001). De fait, ce sont les dispositions de l'habitus qui, à l'intérieur d'un espace social, constituent même les logiques d'action sociale les plus « évidentes » ou « naturelles ». Par exemple, dans son étude du Parlement européen, Kauppi (2003) découvre l'impact du champ politique européen sur les pratiques politiques des eurodéputés sous la forme d'intégration sociale et culturelle car « passer du temps à Bruxelles change l'habitus politique des politiciens ». Littéralement *incorporés* par les agents, les schémas de perception et d'action ne sont pourtant pas rigides et éternels ; ils peuvent s'adapter aux structures changeantes et même, dans un processus que Bourdieu appelle l'*hystérésis*, être en décalage temporel avec celles-ci : l'eurodéputé porte ainsi en lui la trajectoire d'une carrière politique nationale passée et ne voit son habitus changer que progressivement.

En dernière analyse, la théorie de la pratique ébauchée par Bourdieu appartient à une tradition intellectuelle fort différente de celle sur laquelle s'appuient la majorité des théories d'action sociale employées en Relations internationales et ailleurs. Récemment, la sociologie a connu un « tournant pratique » qui cherche à restaurer la dimension non représentationnelle de l'action sociale (Schatzki, Knorr Cetina et von Savigny, 2001). La connaissance pratique, que Bourdieu (1997) appelait la « connaissance par corps » et dont la nature est pré-réflexive et pré-intentionnelle, est incorporée par les agents sous la forme des dispositions composant leur habitus. Sans réflexion aucune, ces dispositions guident les pratiques en dialectique constante avec les effets de position du champ. Contrairement aux logiques d'action sociale habituelles, les règles de la logique de la pratique ne sont pas pensées mais simplement *mises en œuvre* par les agents. La théorie de la pratique de Bourdieu est donc une invitation à se concentrer sur les systèmes de sens inarticulés qui structurent la politique mondiale, une entreprise à ce jour négligée (Pouliot, 2008).

3. Les relations internationales revues et corrigées par Bourdieu

Ayant esquissé les contours métathéoriques de la sociologie politique internationale d'inspiration bourdieusienne, les pages qui suivent précisent quelques-uns des concepts principaux afin d'en dégager les implications pratiques pour l'étude de la politique mondiale.

3.1 Les multiples champs de l'espace mondial

Bien que la notion de champ soit au cœur de son appareil théorique, Bourdieu ne propose pas à proprement parler de théorie sur les conditions d'émergence et la formation des champs. Pour le sociologue français, il convient de faire la sociogenèse d'un

champ à partir du moment où on croit avoir identifié une arène d'interaction sociale centrée sur un conflit autour de ressources prisées par les agents (un enjeu) et qui produit des effets sur ceux-ci. Un champ peut être plus ou moins vaste, plus ou moins important, plus ou moins autonome. La question de sa population et de ses frontières ne peut être déterminée que par une topographie – puisqu'il s'agit bien d'un espace – affinée des relations qui unissent objectivement différentes positions autour d'un enjeu donné, par exemple la politique économique, la science ou la littérature, que ce soit au niveau national – celui qui a intéressé Bourdieu – ou mondial (Bourdieu et Wacquant, 1992).

Penser en termes de champ, Bourdieu (1997) l'a souvent répété, c'est penser en termes de relations. Sa sociologie propose ainsi un niveau d'analyse qui la distingue des courants dominants en Relations internationales. Elle ne porte pas sur des substances, comme l'État ou l'homme d'État, ou des essences, comme la politique ou la mondialisation, mais bien sur des « ensembles de relations » entre des positions qu'il s'agit d'excaver, de structurer, de conceptualiser. Dans cette ontologie relationnelle, il n'existe pas d'acteur privilégié, mais plutôt des relations de dépendance, de contestation, de distinction – ce que Bourdieu appelle des solidarités et des rivalités « pratiques » – qui s'expriment à travers les prises de position des agents qui agissent dans le champ. Ces agents (ou ces groupes d'acteurs) sont définis par leur position relative dans le champ.

Constitutive du champ, la structure des positions est l'objet de luttes entre les agents qui peuplent le champ, en subissent les effets et tentent de le façonner à leur avantage. Les agents sont animés par un *illusio*, c'est-à-dire un investissement émotif et corporel dans le jeu social. Bourdieu préférait la notion d'illusio à celle d'intérêt, qu'il jugeait connotée par la théorie du choix rationnel : dans ses termes, la notion d'« intérêt national » constituerait par exemple l'illusio de la pratique diplomatique mais pas son essence. Dans les faits, la lutte porte essentiellement sur la distribution des ressources. Des pratiques sociales se déploient dans le champ qui, agrégées, forment les règles du jeu.

Ces règles font sens pour les agents, qui incorporent la structure du champ et ses représentations symboliques (leur position dans le champ), les transformant par le fait même en dispositions, c'est-à-dire en catégories de perception et d'appréciation, en attitudes corporelles, etc.

L'ontologie relationnelle n'est pas une pétition de principe. Elle a des implications concrètes sur le plan méthodologique. Si Bourdieu accorde autant d'importance aux structures, c'est parce qu'elles permettent de décrire la configuration des positions dans le champ, et partant des pratiques qui y sont associées. Il s'agit là d'une conception des structures très différente de celle que l'on retrouve par exemple dans le postulat systémique du néoréalisme, où l'accent est mis sur l'équilibre des capacités (militaires, économiques), elles-mêmes conçues comme des entités, des « substances », et non des positions dans un espace de relations (Waltz, 1979). Les positions, chez Bourdieu, ne peuvent s'analyser qu'en relation les unes avec les autres autour d'un enjeu particulier. Il ne revient pas à l'analyste de déterminer quelles capacités sont les plus importantes ; celles-ci n'existent que parce qu'elles sont reconnues comme telles dans le champ social. La structure ne s'apparente donc pas à un bilan des avoirs comme chez les néoréalistes, mais bien à un espace topographique qui fait sens pour les agents.

Distincte du néoréalisme par l'accent qu'elle met sur la construction sociale du champ, la sociologie bourdieusienne n'est pas pour autant un constructivisme cognitif, identitaire ou idéaliste (1997). Le concept de champ permet en effet d'échapper aux conceptions souvent anthropomorphiques de la culture, des idées et des normes qui prévalent chez un certain type de constructivisme (Mérand, 2006). Comme le fait remarquer Leander (2001), les idées (les prises de positions, pour parler comme Bourdieu) des agents reflètent assez fidèlement leur position dans le champ. Les agents sont disposés à défendre certaines idées ou certaines normes, mais seulement dans la mesure où celles-ci renforcent leur position, ou du moins l'image qu'ils se font de celle-ci. Dans le champ, un acte est toujours « intéressé » (Bourdieu, 1994).

Yves Chouala (2002) défend l'idée qu'une approche bourdieusienne de la politique mondiale repose essentiellement sur la notion de champ, espace d'interaction dont les limites sont déterminantes mais *a priori* indéterminées. En effet, le nombre de champs qui coexistent dans un espace donné est potentiellement illimité. Bourdieu s'est lui-même intéressé au champ universitaire (1984), au champ de la consommation (1979), au champ scolaire (Bourdieu et Passeron, 1970), au champ économique (2000b), au champ bureaucratique (1989 ; 1994), etc. Ce foisonnement de champs théoriquement possibles pose naturellement la question des limites d'un champ. Pour Bourdieu et Wacquant (1992 : 76), « les limites du champ se situent au point où cessent les effets du champ ». C'est là peut-être un des points faibles de la méthode. Il s'agit certes de découvrir le *modus operandi* du champ afin de définir qui participe au jeu et s'intéresse aux enjeux ; mais le *modus operandi* doit faire l'objet d'un travail d'interprétation qui repose sur un certain nombre de postulats théoriques. Pour Bourdieu, qui s'inscrit en cela dans une certaine tradition anthropologique française (Durkheim, Mauss, Lévi-Strauss), un champ est généralement structuré par un système d'oppositions binaires : dominant/dominé, orthodoxe/hétérodoxe, sacré/profane, etc.

Le nombre illimité de champs pose également, et de façon cruciale, la question des *relations* entre les champs. Plusieurs cas de figure sont envisageables. Lorsque ses règles sont claires, ses frontières bien délimitées, et que les luttes autour de l'enjeu qui le structure suffisent aux agents qui l'habitent, on dira du champ qu'il est *autonome*. Un bon exemple en Relations internationales est probablement celui des « communautés épistémiques ». Ces réseaux transnationaux d'experts qui interviennent sur la base d'un ensemble de connaissances communes dans le processus politique rappellent à de nombreux égards le champ scientifique, lequel, sans être exempt de luttes de pouvoir, n'en est pas moins un « univers d'exception » relativement auto-contrôlé (Bourdieu, 1997 : 131). S'étant intéressé à la circulation internationale des idées, Bourdieu (1997 : 119) estimait d'ailleurs que le champ scientifique était un des seuls à pouvoir

429

être qualifié de « transnational ». Par son aspect générique, le concept de champ procure donc un point d'ancrage analytique à une notion comme celle de communauté épistémique, même si, à notre connaissance, peu de chercheurs l'ont utilisé dans ce sens (*cf.* Dezalay, 2007).

À l'inverse de l'autonomie, on trouve des champs qui se chevauchent, s'interpénètrent, se déterminent mutuellement, et au sein desquels différentes logiques s'entrecroisent. C'est le cas par exemple lorsque des logiques de gain économique font irruption dans le champ scientifique, qui *a priori* n'est pas régi par ce type d'illusio. Souvent les relations entre les champs sont plus complexes. Dans le contexte français, Bourdieu a montré que le capital culturel accumulé dans le champ scolaire pouvait être « traduit » en capital économique dans l'industrie ou le commerce, et réciproquement (Bourdieu et Passeron, 1970 ; Bourdieu, 1989). Il existe en effet un « taux de change » entre les différents types de capital qui permet de faire fructifier un investissement social dans un ou plusieurs champs connexes. Ce taux de change dépend fortement de la hiérarchisation des champs dans l'espace social. Bourdieu estime qu'il existe une lutte incessante entre les détenteurs de ressources pour renforcer la position du champ où ces agents sont impliqués par rapport aux autres, augmentant en cela la valeur de leur propre investissement. Le lieu de ces luttes est ce qu'il appelle le *champ du pouvoir*, c'est-à-dire souvent l'**État** (nous reviendrons sur ce point dans la section suivante). C'est dans ces termes que Mérand (2008), par exemple, propose une explication de l'émergence de la politique européenne de défense où se chevauchent des logiques de rivalité propres au champ bureaucratique et au champ militaire, tant au niveau national qu'au niveau européen.

Pour l'essentiel, Bourdieu et ses proches « disciples » se sont limités au cadre national. Peu nombreux, et Bourdieu n'en fait pas partie, sont ceux qui se sont intéressés à des champs dont les effets traversent les frontières étatiques[6]. D'un point de vue

épistémologique, rien ne s'oppose pourtant à l'application du concept de champ à un vaste éventail de phénomènes propres à la politique mondiale, dans la mesure où on peut identifier un espace de relations objectives, hiérarchisées, régulées, structurées autour d'un enjeu et qui fait plus ou moins fi des frontières (Buchet de Neuilly, 2005 ; Bigo, 2005). De la même façon que l'ensemble des champs sociaux et de leurs relations (et donc de leur hiérarchisation) constitue pour Bourdieu un espace social, on pourra alors dire que l'ensemble des champs internationaux et de leurs relations constitue un espace mondial. Plusieurs ouvrages en Relations internationales ont d'ailleurs étudié ce que Bourdieu aurait reconnu comme des champs, même si ceux-ci n'utilisent pas le terme : on notera le champ financier (Strange, 1996) ou le champ transgouvernemental (Slaughter, 2004).

L'idée de champ renferme, on l'a vu, une dimension de pouvoir très forte. Le champ n'est pas qu'un espace social où des acteurs partagent des règles ou des normes : il est avant tout un vecteur de domination. Un champ est traversé de conflits, entre orthodoxes et hérétiques, entre élite et contre-élite, etc. Cette notion de domination semble absente de la théorie des régimes, par exemple, qu'elle soit de facture libérale ou constructiviste (Hasenclever, Mayer et Rittberger, 1997). De manière plus générale, on ne peut pas dire que le champ soit exclusivement fondé sur les intérêts, le pouvoir ou la connaissance. Il n'est pas non plus une agrégation de ces trois formes d'action sociale. Comme nous l'avons vu, le champ relève d'une tout autre ontologie, celle de relations entre des positions déterminées dans la pratique et non pas a priori.

La sociologie de Bourdieu permet en outre d'analyser des faits sociaux totaux (pour reprendre l'expression de Marcel Mauss), qui mobilisent des logiques nationales autant qu'internationales, permettant ainsi de dépasser le modèle du jeu à deux niveaux centré sur la figure du chef de gouvernement (Putnam, 1988). Le concept de champ permet de faire

---

6. Une exception récente est celle du numéro d'*Actes de la recherche en sciences sociales* sur la mondialisation (2004 : 151-152). Voir également le numéro d'*Actes* sur les

« constructions européennes : constructions nationales et stratégies transnationales » (2007 : 166-167).

un lien théoriquement plus solide entre la « deuxième image », celle de l'effet des structures internes sur la politique mondiale, et la « deuxième image inversée » (Gourevitch, 1978). L'interconnexion entre différents champs, internationaux et nationaux, peut mener à la genèse de nouveaux champs. C'est pourquoi, toujours d'après Mauss (1920), on dira de l'espace mondial qu'il est un « milieu de milieux ».

Malgré certaines limites, la théorie des champs recèle un fort potentiel analytique en Relations internationales. Nous avons déjà mentionné les travaux de Bigo (2005) qui analyse l'interpénétration des champs nationaux et transnationaux de la sécurité. Il montre comment les luttes de position entre professionnels nationaux de la sécurité conduisent à des stratégies d'internationalisation mais aussi à la production d'un discours transversal sur la « mondialisation nécessaire de la sécurité » contre la « barbarie ». Démontrant l'utilité du champ pour l'analyse d'un jeu à deux niveaux, Dezalay et Garth (2002) ont aussi publié une étude intéressante sur les mécanismes de la mondialisation en Amérique latine. Les deux auteurs y démontrent que les idées économiques et juridiques produites dans le champ international des idées – un champ dominé par les institutions américaines – sont adaptées de façon différenciée au sein des États, selon des logiques qui sont propres à leurs champs de pouvoir respectifs, et plus particulièrement aux trajectoires historiques de leurs élites politiques.

3.2 L'État et les formes de capital

L'espace social, nous dit Bourdieu, est aussi un champ de pouvoir. C'est le lieu d'un rapport de force où luttent les agents pour renforcer leur position et façonner le champ du pouvoir à leur avantage. Rappelons que la théorie bourdieusienne est une théorie de la domination. Comme les champs « nationaux », l'espace de la politique mondiale peut être conçu comme un champ de forces, un « ensemble de rapports de force objectifs qui s'imposent à tous ceux qui entrent dans ce champ et qui sont irréductibles aux intentions des agents individuels ou même aux interactions directes entre les agents » (2001b : 294).

La notion fondamentale ici est celle de capital. Le capital est une ressource, spécifique à chaque champ (on parlera donc de capital culturel, politique, etc.), dont les agents visent l'accumulation. Le capital fonctionne comme un investissement qui rapporte, comme un atout dans un jeu de cartes, mais aussi comme une monnaie d'échange : en effet, le capital a « cours légal », c'est-à-dire qu'il existe dans la mesure où il est reconnu comme tel par les agents qui peuplent le champ. Les agents possèdent une connaissance intime, presque corporelle, des règles du jeu et, partant, de leur position dans le champ. Cela ne signifie pas qu'ils reconnaissent la distribution des ressources comme étant légitime. Au contraire, ils peuvent la contester fortement dans la mesure où elle ne leur est pas favorable. Mais comme les comédiens dans le théâtre social de Goffman, les agents cherchent en tout temps à ne pas perdre la face. Ce faisant, ils reconnaissent implicitement et incorporent la structure du champ.

Dans son analyse des structures de pouvoir, Bourdieu accorde une importance particulière à l'État, détenteur d'un « méta-capital » du fait de sa position privilégiée au centre du champ de pouvoir. Notons que cette position privilégiée est elle-même le fruit d'une accumulation historique des différents types de capital (coercitif, politique, économique, etc.) et d'une capacité d'organisation des différents champs. « Du fait qu'il concentre un ensemble de ressources matérielles et symboliques », écrit Bourdieu (1994 : 56), « l'État est en mesure de régler le fonctionnement des différents champs, soit à travers des interventions financières [...], soit à travers des interventions juridiques ».

Cette conception de l'État, comme champ de pouvoir institutionnalisé qui articule les relations entre les autres champs, contraste fortement avec la définition habituelle en Relations internationales. En effet, l'État ne peut pas être considéré seulement comme un *acteur* ; il est d'abord et avant tout un *espace* de positions au sein duquel différents groupes d'acteurs luttent pour imposer leurs « principes de vision et de division ». L'État est donc un enjeu de luttes avant d'être une institution. Parler au nom de l'État, s'accaparer sa légitimité dans le champ mondial, adopter l'«esprit d'État», c'est aussi prendre position au sein du champ de pouvoir national au nom d'une réalité beaucoup plus complexe. Bien qu'elle n'échappe pas tout à fait à la tension entre État-acteur et État-structure, la sociologie politique internationale permet ainsi d'ouvrir la proverbiale «boîte noire» étatique en soulignant sa dimension politique, ce qui nous rapproche de la prise en compte de l'autonomie du rôle de l'État dans la sociologie néowébérienne et néomarxiste des années 1980 (Evans *et al.*, 1985).

Bourdieu offre par ailleurs une façon sophistiquée de déconstruire les «préférences nationales» en faisant l'économie du postulat pluraliste, selon lequel l'action des «chefs de gouvernement» n'est que le reflet de l'agrégation des intérêts (Moravcsik, 1997). Pour Bourdieu, il faut comprendre la logique du champ de pouvoir national et les influences possibles de l'extérieur. Cette logique est susceptible d'être empreinte de conflits et de symboles que la mécanique pluraliste, fondée sur les intérêts économiques, ne permet pas de restituer.

De la même manière, on peut dire que l'État constitue un cadre de référence primordial dans chacun des champs qui composent la société mondiale. Peu de chercheurs en Relations internationales contestent l'existence d'une hiérarchie des États, certains riches en capital économique; d'autres en capital militaire; d'autres, finalement, en capital culturel (*soft power*). Ces formes de capital possèdent un taux de change, qui permet par exemple à un pays comme les États-Unis de transformer sa suprématie économique et militaire en influence culturelle, mais aussi à un petit pays comme la Norvège d'utiliser sa réputation en «bons offices» qui rehaussent son capital politique au sein de la communauté internationale. Quant aux centaines d'États qui sont dépourvus de ressources, ils ne peuvent que se plier aux règles du jeu. Si on se fie à son analyse des luttes de pouvoir entre groupes sociaux au niveau national, Bourdieu est très peu optimiste quant à la capacité des acteurs dominés de transformer le jeu à leur avantage si celui-ci ne change pas.

Toutefois, et c'est là un des avantages de la sociologie politique internationale, l'État n'est pas le seul «acteur» dans ces luttes de position. On pourrait dire qu'il existe dans le «champ du pouvoir international» un certain nombre d'acteurs non étatiques, une sorte d'élite globale, de «noblesse mondiale» pour paraphraser Bourdieu, qui domine les différents champs internationaux, comme celui de la finance et de l'économie et est rendue visible par les sommets de Davos. Cette élite n'est pas sans rappeler la «nébuleuse» de Cox (1981) ou la «classe transnationale» de Kees van der Pijl (1998). Elle peut faire face à une contre-élite, par exemple les organisations altermondialistes, qui, tout en reconnaissant son existence, et donc en jouant le jeu, remettent en cause la structure du champ et proposent une *allodoxia*. La doxa que l'élite impose inconsciemment est en apparence moins contraignante que l'hégémonie gramscienne; mais il est aussi plus difficile de s'en défaire puisque les dominés sont, d'une certaine manière, les complices actifs bien qu'involontaires de ce «sens commun» qu'ils contribuent à perpétuer par leur investissement dans le jeu. L'émancipation ne peut venir que d'une connaissance approfondie des forces qui pèsent sur le champ, de leur mise au jour et donc de leur dépassement.

3.3 Habitus et pouvoir symbolique

Si le champ est le lieu d'un rapport de force, il est également chargé de sens. Pour l'essentiel, les systèmes symboliques sont analysés comme des instruments de domination. Par exemple, c'est la culture westphalienne et son corollaire, la souveraineté territoriale, qui a rendu les institutions étatiques si dominantes dans le champ mondial (l'«esprit d'État»). Dans ses écrits, Bourdieu (2001b) s'est beaucoup penché sur la performativité du langage, et plus particulièrement sur la possibilité que celui-ci recèle de créer une réalité, une hiérarchie, généralement favorable aux acteurs dominants. C'est ce qu'il appelle le «pouvoir symbolique».

Le pouvoir symbolique participe des luttes pour la définition de la réalité. Les agents s'investissent dans le champ entre autres pour y imposer leur vision du monde. Cette dernière s'exprime par des dispositions (habitus), par des prises de position, mais aussi par la doxa, ce «sens commun» qui indique une «soumission indiscutée au monde quotidien» (Bourdieu et Wacquant, 1992 : 53). Invisible, non dite, la doxa est peut-être le principal facteur d'inertie au sein des champs, puisqu'elle renforce le statu quo qui profite aux dominants. Encore une fois, on notera que Bourdieu n'est pas très éloigné d'autres penseurs critiques en Relations internationales, notamment Cox (1981, 1983) et Gill (1990, 1993) avec leur conception néogramscienne de l'hégémonie. Certains auteurs se sont réclamés de Bourdieu pour élargir cette discussion sur la socialisation aux questions de sécurité collective (Goetze, 2006 ; Williams, 2007). Il existe par ailleurs, on l'a noté, une littérature d'inspiration bourdieusienne assez riche sur la circulation internationale des idées, qui n'hésite pas à parler d'impérialisme et d'hégémonie (Bourdieu, 2002).

Lecteur de Durkheim mais aussi de Marx, Bourdieu estime qu'il existe une homologie entre les structures sociales et les structures mentales, c'est-à-dire que l'habitus reflète la position structurelle des agents. Toutefois, par le biais de la doxa, les dominés sont susceptibles d'adhérer, ou du moins d'incorporer, les représentations sociales qui favorisent les dominants. Même en s'opposant, les dominés participent à un jeu dont ils reconnaissent les règles sans avoir œuvré à leur création. Ils sont donc les victimes consentantes d'une **violence symbolique** qui nie les rapports de domination pour mieux les renforcer (Bourdieu et Passeron, 1970).

Pour Bourdieu (1994 : 101), l'État est le détenteur par excellence du pouvoir symbolique : «Entreprendre de penser l'État, c'est s'exposer à reprendre à son compte une pensée d'État, à appliquer à l'État des catégories de pensée produites et garanties par l'État, donc à méconnaître la vérité la plus fondamentale de l'État.» En effet, plus que tout autre institution, l'État possède un pouvoir de *nomination* : il codifie, délègue, garantit l'utilisation des schèmes de classification, des «principes de vision et de division», des normes, des statuts, des catégories. C'est l'État qui déclare la guerre, nomme un chargé d'affaires, définit les critères d'une politique. Ce faisant, il naturalise, ou universalise,

des constructions *a priori* arbitraires. On retrouve ici la tension susmentionnée entre État-acteur et État-structure. Paraphrasant Weber, Bourdieu (1994 : 107) dira que l'État détient le monopole de la violence *symbolique* légitime. Lui qui s'est principalement consacré à l'étude de l'école aurait vu dans le monde de la diplomatie un terrain fertile à ses hypothèses.

Les concepts de pouvoir et de violence symboliques sont utiles parce qu'ils permettent de penser les questions d'hégémonie, d'idéologie ou de paradigme en échappant à trois écueils. Le premier, propre aux approches néoréalistes et libérales, consiste à nier la force des symboles et des croyances, tout en inscrivant l'État dans une réalité «naturelle», objective et indépassable. Le deuxième, celui de bien des approches constructivistes, consiste à donner à ces représentations sociales une dimension désincarnée, évanescente, déterminante en soi. Pour Bourdieu, l'habitus est indissociable des structures sociales qui le produisent. Le troisième écueil, celui des théories critiques d'inspiration marxisante dans la tradition non gramscienne, serait de concevoir les phénomènes idéels comme un produit mécaniquement déterminé des intérêts économiques. Pour Bourdieu, le pouvoir symbolique est un atout parmi d'autres, en partie seulement conditionné par les autres formes de capital, dans le jeu plus vaste et toujours conflictuel des champs sociaux. Le *soft power* n'a donc en définitive rien de doux puisqu'il constitue, au même titre que la puissance matérielle, un instrument potentiel de domination (Bially Mattern, 2005). Bourdieu s'est surtout attaqué à la mondialisation comme une forme d'universalisation des particularismes, surtout américains, dont la rhétorique transnationale et culturaliste dissimule en fait une «ruse impérialiste» (Bourdieu et Wacquant, 1998). La sociologie qu'il propose présente l'avantage d'aborder la politique mondiale comme le lieu de luttes incessantes de pouvoirs dont les enjeux, autant symboliques que matériels, évoluent dans le temps.

4. Conclusion

Ce chapitre a évalué six contributions qu'apporte l'œuvre de Pierre Bourdieu à l'étude de la sociologie politique internationale. Au niveau métathéorique, celle-ci se caractérise par une épistémologie réflexive, une ontologie relationnelle et une théorie de la pratique, trois axes qui s'inscrivent à la rencontre des grands débats théoriques en Relations internationales. Sur le plan empirique, la sociologie de Bourdieu permet l'étude de la politique mondiale en tant que champs superposés, l'ouverture de la boîte noire de l'État en tant que champ de pouvoir au sein duquel se négocie la valeur des capitaux, de même qu'une meilleure prise en compte des représentations sociales et de la nature symbolique de la puissance.

À peine avons-nous tracé quelques pistes de réflexion vers une théorie sociale des relations internationales, par laquelle la construction sociale de

la réalité n'a de sens qu'à la lumière des structures lourdes de la société, qu'il nous semble nécessaire de répéter que la sociologie de Bourdieu n'offre aucune panacée théorique ou conceptuelle. Par exemple, Bourdieu exagérait probablement la capacité de la raison à se raisonner elle-même. Il a aussi trop souvent accordé une priorité ontologique absolue aux conditions matérielles d'existence et n'a pu offrir de réponse convaincante à l'épineuse question des limites des champs. *In fine*, la fécondité du monde de Pierre Bourdieu (1987 : 63) pour la discipline des Relations internationales ne pourra être évaluée que pour autant qu'il sera possible, comme le sociologue aimait à le dire, « de penser avec un penseur contre ce penseur ».

Pour en savoir plus

Bigo, D., 1998, « Sécurité et immigration : vers une gouvernementalité par l'inquiétude ? », *Cultures & Conflits*, 31-32, p. 13-38. L'ébauche d'un programme de recherche mariant Bourdieu et Foucault dans l'étude des pratiques sécuritaires.

Chouala, Y.-A., 2002, « Le paradigme du champ à l'épreuve de l'analyse internationaliste », *Revue internationale de sociologie*, 12, 3, p. 521-544. Une exploration conceptuelle de la notion de champ et de ses possibilités en Relations internationales.

Dezalay, Y. et B. Garth, 2002, *La mondialisation des guerres de palais*, Paris : Le Seuil. Une étude empirique fouillée largement inspirée de la sociologie politique internationale.

Guzzini, S., 2000, « A Reconstruction of Constructivism in International Relations », *European Journal of International Relations*, 6, 2, p. 147-182. Une discussion théorique des fondements de la sociologie politique internationale, incluant une discussion de la diplomatie à travers la lorgnette bourdieusienne.

Jackson, P., 2008, « Pierre Bourdieu, the "Cultural Turn" and the Practice of International History », *Review of International Studies*, 34, 1, p. 155-184. Une mise en perspective éclairante des apports de la sociologie

politique pour une approche historique des Relations internationales.

Leander, A., 2008, « Thinking Tools », dans A. Klotz et D. Prakash (dir.), *Qualitative Methods of International Relations : A Pluralist Guide*, New York : Palgrave Macmillan, p. 11-27. Un texte qui cherche à opérationnaliser les concepts de Bourdieu dans l'étude de la politique mondiale.

Mérand, F., 2010, « Pierre Bourdieu and the Birth of European Defense », *Security Studies*, 19, 3, p. 342-374. Une tentative empirique d'appliquer la sociologie politique de Pierre Bourdieu à l'explication d'une décision de politique étrangère.

Pouliot, V., 2010, *International Security in Practice : The Politics of NATO-Russia Diplomacy*, New York : Cambridge University Press. Une exploration théorique et méthodologique, suivie d'une applique empirique, de la sociologique politique de Bourdieu.

Williams, M. C., 2007, *Culture and Security : Symbolic Power and the Politics of International Security*, New York : Routledge. Une collection d'articles (augmentée d'une nouvelle introduction sur Bourdieu) qui ouvrent plusieurs avenues de recherche en sécurité internationale.

Pierre Bourdieu

Sociologie politique de la guerre en Irak

Bien que Pierre Bourdieu soit décédé un an avant le déclenchement de la guerre en Irak, et malgré le peu d'intérêt porté par ses étudiants aux questions de la guerre et de la paix, il est possible d'esquisser une analyse de cet événement inspirée par la sociologie politique. Ces quelques lignes proposent une série d'hypothèses formulées à partir du cadre conceptuel de Bourdieu.

Une analyse de sociologie politique internationale commence par l'identification de l'enjeu ou des enjeux autour duquel ou desquels des relations sociales, souvent antagonistes, se nouent entre des agents. De manière schématique, on peut distinguer trois enjeux qui se sont entrecroisés dans l'année ayant précédé le déclenchement de la guerre en Irak. Ces enjeux ont pris forme au sein de trois champs sociaux constitués de longue date. Tout d'abord, le *champ du pouvoir américain*, qui correspond plus ou moins aux luttes déployées à Washington pour déterminer la politique étrangère des États-Unis. Ensuite, le *champ de la sécurité au Moyen-Orient*, où des États comme l'Iran, l'Irak ou l'Arabie Saoudite (mais aussi les États-Unis) et des groupes comme Al-Qaïda ou les entreprises pétrolières tentent d'exercer leur domination pour le contrôle des ressources économiques, politiques et humaines de la région. Finalement, la préparation de la guerre en Irak s'est déroulée de manière éclatante dans ce qu'on pourrait appeler le *champ de la légitimité internationale*. Centré sur l'Organisation des Nations unies, ce champ voit les leaders politiques s'affronter sur la question de savoir qui parle au nom de la communauté internationale.

À partir de ces enjeux, et pour chacun de ces champs, il s'agit de cartographier l'espace des positions à partir desquelles des agents — individus, groupes ou États — déploient leurs stratégies de lutte et de domination. Dans le champ du pouvoir américain, par exemple, on a pu observer une forte domination de l'exécutif (la Maison-Blanche), d'un groupe d'intellectuels proches de celle-ci et de membres éminents du Parti Républicain sur les appareils bureaucratiques (notamment la hiérarchie militaire, sceptique face au conflit) et les experts qui dénonçaient l'amateurisme du gouvernement américain. Ces experts ont trouvé un écho jusque dans le champ artistique, où l'opposition était *a contrario* dominante (Roussel, 2007). Dans le champ de la sécurité au Moyen-Orient, on étudiera les monarchies du Golfe, alliées aux États-Unis et hostiles aux élites nationalistes ou religieuses de la Syrie et de l'Iran, voire de la Turquie. Troisièmement, le champ de la légitimité internationale a vu les gouvernements français, allemand et russe contester les prétentions hégémoniques

des États-Unis et de leurs alliés. Dans ce champ, les mouvements de citoyens ont joué un rôle intéressant en soutenant le discours des hommes d'État opposés à la guerre.

L'intérêt principal d'une approche de sociologie politique est de croiser ces trois champs aux logiques relativement autonomes dans l'analyse du conflit. Selon Bourdieu, la position des agents dans chacun des champs permet d'objectiver leurs prises de position face à l'éventualité d'une intervention armée sur le territoire irakien. En effet, chaque agent est caractérisé par un habitus qui est lui-même le produit de la position et de la trajectoire de cet agent dans le champ. Ainsi, l'idéologie néoconservatrice des intellectuels proches de l'administration Bush — un habitus formé par des années de domination dans le champ universitaire américain — a semblé un temps servir de doxa à Washington. Mais cet habitus a pu paraître allodoxe dans le champ de la légitimité internationale face à l'autre croyance dominante, portée par une large majorité des agents étatiques aux Nations unies et au Moyen-Orient, du respect de la souveraineté. Dans ce contexte, le langage procédural porté par un Hans Blix, fondé sur la nécessité des inspections par un groupe d'experts dans le respect du droit international, a permis de construire des ponts entre les agents de différents champs qui étaient favorables à certaines interventions militaires mais pas à celle-là.

Finalement, la capacité des agents à dominer le champ est déterminée par la possession de capitaux. Ces capitaux, qui peuvent être matériels ou symboliques, varient selon la logique des champs, où leur effectivité doit être reconnue par les agents. Chacune de ces ressources possède évidemment un taux de change, c'est-à-dire qu'elle peut être transposée dans un autre champ où elle perdra toutefois de sa valeur. Dans le champ du pouvoir américain, le capital politique joue évidemment un rôle clé puisque ce sont des représentants politiques, et non des seigneurs de la guerre, qui se font la lutte. Dans le champ de la sécurité au Moyen-Orient, en revanche, c'est le capital militaire qui donne aux États-Unis un rôle de premier plan, mais on sait que le capital social dont jouissent certains dirigeants arabes constitue également une ressource importante dans la formation des alliances. Dans le champ de la légitimité internationale, le pouvoir symbolique — c'est-à-dire la capacité de faire reconnaître son autorité — joue un rôle central. Ce pouvoir symbolique a permis par exemple à Dominique de Villepin, détenteur de capital politique en France mais jusque-là inconnu au-delà, de se faire le porte-parole des opposants à la guerre dans le monde, alors que le secrétaire d'État américain, Colin Powell, voyait son capital politique à Washington anéanti après avoir perdu la face dans une tentative peu convaincante de présenter le dossier à charge contre l'Irak aux Nations unies. Après tout, lorsqu'il s'agit d'intervention militaire, c'est le Conseil de sécurité de l'ONU et non plus l'État qui détient le «monopole de la violence symbolique légitime».

Pierre Bourdieu

Les concepts clés de la sociologie de Bourdieu

Capital : Tout type de ressources permettant à son détenteur de participer aux luttes qui structurent le champ. Le capital est le « labeur accumulé » que Bourdieu a traditionnellement décliné sous ses formes économique, sociale, culturelle et symbolique. Le capital demande à être reconnu et actualisé dans le cadre d'une relation sociale pour se faire la source de pouvoir.

Champ : Toute configuration sociale définie par une distribution de ressources (capital), des règles du jeu et des luttes de position. Le champ est d'abord et avant tout un dispositif scientifique permettant d'introduire l'analyse structurale, positionnelle et relationnelle des pratiques. Ses effets se font sentir par les agents comme étant la logique même des choses.

Doxa : Système de représentations sociales qui décrit la réalité sociale tout en camouflant les rapports de pouvoir qui la sous-tendent. À la fois reconnaissance et méconnaissance des structures fondamentales d'un champ par le biais du discours, la doxa s'impose aux agents sociaux avec toutes les apparences de la nécessité objective.

État : Formé par l'accumulation et la concentration de capitaux économiques, militaires, politiques et symboliques au niveau national, l'État est le détenteur d'un « méta-capital ». Il est au centre du champ du pouvoir où s'articulent les relations – souvent hiérarchiques – entre les différents champs. Pour Bourdieu, l'État n'est pas un acteur mais un espace de luttes au sein duquel différents groupes d'acteurs tentent d'imposer la valeur de leurs capitaux et les principes de vision et de division qui en découlent.

Habitus : Ensemble de dispositions et d'inclinations héritées des expériences pratiques, individuelles et collectives. Une forme de « subjectivité intersubjective », l'habitus est en majeure partie inarticulé et incorporé. L'habitus explique les effets de trajectoire en produisant un sens pratique fortement imbibé de l'histoire et des positions occupées par le passé.

Illusio : Enjeu spécifique d'un champ social. À la notion utilitariste d'intérêt, connotée par la théorie du choix rationnel, Bourdieu préfère parler de croyance acquise dans l'importance d'une activité sociale, d'adhésion aux règles et à la logique du champ par la pratique, et donc d'investissement émotif et corporel dans le champ.

Pratique : Toute action sociale répétée et dotée d'un sens ou d'une compétence reconnue par sa communauté de praticiens. La logique pratique ne peut être parfaitement restituée sous le mode théorique et exige une méthode plus ou moins ethnographique. Les pratiques sont le résultat de dispositions (habitus) activées par la position (champ) occupée par les agents.

Violence symbolique : Intériorisation par les agents de la position qu'ils occupent dans un champ social. Immanente à la structure et à la distribution des capitaux dans un champ, la domination, pour Bourdieu, est aussi symbolique parce que méconnue par les agents qui la subissent.

L'économie politique internationale

Samuel Knafo

L'existence parallèle et l'interaction entre « l'État » et le « marché » dans le monde moderne crée « l'économie politique » […] En l'absence de l'État, le mécanisme de l'offre et de la demande et les forces du marché détermineraient le résultat de l'activité économique. Cela serait le monde pur de l'économiste. En l'absence du marché, l'État, ou son équivalent, distribuerait les ressources économiques ; cela serait le monde pur du politologue (Gilpin, 1987 : 8).

L'émergence d'une discipline joue un rôle crucial dans son développement. C'est souvent durant cette période initiale que sont établies les problématiques centrales et les assises méthodologiques qui définiront par la suite ses débats. Une fois en place, ce programme de recherche tend à s'institutionnaliser, notamment avec la création de programmes d'études, de revues, ou de maisons de publications spécialisées qui arbitreront en quelque sorte la discipline. Il est donc souvent difficile d'en changer les paramètres une fois que ceux-ci sont posés. L'évolution d'une discipline est ainsi marquée par des tendances lourdes, puisque chaque nouvelle contribution doit se situer par rapport aux travaux qui l'ont précédée.

L'économie politique internationale apparaît aujourd'hui comme étant dans un tel processus de formation disciplinaire. Ce champ d'étude est relativement nouveau et il serait prématuré de le qualifier de discipline à part entière. Néanmoins, il tend clairement à prendre ses distances par rapport à la discipline des relations internationales, avec laquelle on l'associe généralement. On définit fréquemment

l'économie politique internationale comme l'étude des rapports entre le marché et les différentes structures politiques, tels l'État ou les organisations internationales. Cela implique, d'une part, l'analyse des conséquences sociopolitiques qui découlent du développement économique et, d'autre part, l'étude des fondations sociales et politiques qui structurent les marchés internationaux, notamment la mise en place de règlementations économiques.

À bien des égards, l'idée d'une économie politique internationale peut nous apparaître comme une évidence à l'âge de la **mondialisation**. Avec les transformations sociales qui accompagnent l'internationalisation des échanges économiques et ses effets sur l'État, les rapports entre le politique et l'économique n'ont jamais été d'aussi grande actualité. Pourtant, l'analyse de ces rapports est une idée relativement récente. Bien qu'elle trouve ses racines dans une longue tradition d'écrits qui remonte au XVIIIᵉ siècle (Therborn, 1976), ce n'est que dans les années 1970 qu'elle se cristallise sous l'impulsion de la mondialisation et des problématiques que cette dernière soulève (Gilpin,

1976). Il ne faudrait pas en conclure cependant que la naissance d'un champ d'étude lui étant consacré s'explique simplement par l'avènement de nouvelles dynamiques sociales qui auraient nécessité une nouvelle spécialisation de recherche. Si ce développement est intrigant, c'est en partie parce que le commerce et la finance de longue distance ont longtemps été au cœur des grandes questions économiques. Ils font l'objet de nombreux écrits mercantilistes durant la Renaissance et le début de l'ère moderne et attirent naturellement l'intérêt des monarques, parce que ce sont des secteurs lucratifs. Ainsi la réalité « internationale », ou plutôt les dynamiques économiques entre formations sociales qu'étudie l'économie politique internationale, existent depuis longtemps. Compte tenu de cette trajectoire historique, il faut se questionner au sujet de cette émergence tardive de l'économie politique internationale et mettre en doute l'impression que seule l'intensification des rapports transnationaux aurait soudainement exigé la création de ce champ d'étude.

Ce texte retrace donc l'évolution de l'économie politique internationale. Dans un premier temps, il explore ses antécédents historiques, notamment l'avènement de l'économie politique en Angleterre et en Écosse. Nous montrerons en quoi cette dernière, loin d'être intuitive, devait profondément bouleverser le regard des contemporains en posant le marché comme une entité à part entière avec ses propres dynamiques. En isolant le marché de cette façon, l'économie politique fut obligée de penser comment le marché interagissait avec le politique, ou plus particulièrement avec l'État. C'est ainsi que se cristallise toute une réflexion sur le rapport entre l'économique et le politique. Dans un second temps, nous nous pencherons sur les deux grands courants critiques de l'économie politique classique, l'**institutionnalisme** et le marxisme, qui devaient naître en réaction aux positions de celle-ci et qui, avec elle, formeront les grands courants théoriques de ce champ[1]. La troisième par-

tie portera sur la cristallisation de l'économie politique internationale comme champ d'étude dans les années 1970 et 1980. Finalement, nous présenterons les diverses tendances que l'on retrouve aujourd'hui. Comme nous chercherons à le montrer, l'économie politique internationale est toujours aux prises avec le problème fondamental de réunir ce qui fut dissocié initialement par des auteurs, tels qu'Adam Smith, qui posèrent les principes d'une séparation sur le plan conceptuel entre le politique et l'économique. Alors que pendant longtemps ce fut la dimension économique qui fut ignorée en Relations internationales, la mondialisation inverse aujourd'hui nos conceptions en donnant une certaine primauté au marché qui semble réduire de plus en plus la marge de manœuvre des États. En cela, la mondialisation marque une rupture importante, mais non pas parce qu'elle ouvre une nouvelle réalité « internationale ». Malgré les transformations importantes qui l'accompagnent, elle n'a pas créé un nouvel objet d'étude. Nous avancerons plutôt la thèse que, si la mondialisation contribue à dissocier graduellement l'économie politique internationale comme champ d'étude de la discipline des Relations internationales, cela est directement lié à la façon dont la mondialisation bouleverse notre regard sur le politique.

1. La naissance de l'économie politique

La définition de ce qu'est l'économie politique reste aujourd'hui largement contestée. On s'entend généralement sur le fait que ce champ d'étude aborde les rapports entre l'économie et le politique, ce que certains perçoivent comme le rapport entre le marché et l'État. Mais comme nous le verrons plus loin, il existe de vifs débats sur ce que cela signifie. Il faut se resituer dans le contexte historique des origines de ce champ d'étude pour saisir l'ampleur du défi en question. En effet, on a peine à saisir combien difficile il peut être de conceptualiser l'économie politique internationale comme objet d'étude maintenant que ce champ semble être solidement implanté. Pourtant, l'idée de

---

1. Le réalisme naîtra plus tard dans la foulée de certaines traditions institutionnalistes qui insistent sur l'importance de l'État. Il a en effet des racines importantes en Allemagne, où la centralité de l'État est marquée. Ainsi les travaux de List,

que nous couvrirons plus loin, annoncent certains thèmes réalistes, que l'on qualifie parfois, de façon un peu problématique, de mercantilistes (Gilpin, 2001). Sur les racines allemandes du réalisme voir Palan et Blair (1993).

problématiser une réalité sociale sous la forme d'une économie politique au sens moderne, ainsi que la référence à un champ international, sont loin d'aller de soi.

1.1 Le mercantilisme

Dans un premier temps, la difficulté était simplement d'imaginer le marché et l'État comme deux entités distinctes dont il aurait fallu penser le rapport. Le politique et l'économique étaient en effet irrémédiablement liés dans les sociétés précapitalistes (Polanyi, 1957), de telle façon qu'on ne pouvait imaginer ces dimensions comme étant distinctes. Avant le XIXe siècle en Europe, marchands et banquiers furent grandement dépendants de l'État pour les protéger contre leurs compétiteurs et garantir leurs accès à des marchés lointains[2]. On peut dire, dans une certaine mesure, qu'étant donné son importance dans l'économie, l'État était alors considéré comme un acteur principal du marché. Ce rapport étroit entre l'État et le marché fut clairement illustré dans la pensée mercantiliste qui s'articule aux XVIe et XVIIe siècles. Cette dernière fut une doctrine selon laquelle l'accumulation de richesses dans une société dépend principalement de contraintes qu'impose l'État sur la compétition étrangère. La raison en était simplement qu'à l'époque, on considérait la richesse comme étant directement liée à la somme des métaux précieux tels l'or ou l'argent que l'on détenait. De telles richesses étant naturellement limitées, il fallait user de la force d'un État pour accaparer ces métaux en contrant les ambitions d'autres États. Par toutes sortes de mesures

politiques, on cherchait ainsi à attirer ces métaux et minimiser leurs sorties hors du pays. Le **mercantilisme** devait privilégier une position protectionniste, chaque État favorisant certaines formes de commerce, notamment celles que dominaient ses marchands. Cette organisation économique rendait la question du marché indissociable de son rapport à l'État. Parler de commerce, c'était nécessairement se tourner vers les politiques de l'État, ou d'autres pratiques que l'on associe aujourd'hui au politique. De même, les acteurs que l'on qualifierait aujourd'hui d'économiques remplissaient des fonctions qui sont maintenant attribuées à l'État. Par exemple, les grandes compagnies marchandes de cette époque possédaient souvent leurs propres armées et pouvaient servir d'agents de l'État. Ce fut notamment le cas dans divers conflits armés, dans le grand mouvement de colonisation du XVIIe siècle et dans la gestion de ces colonies européennes jusqu'au XIXe siècle. Dans un tel contexte, on ne pouvait donc poser l'articulation de l'économie et du politique comme un problème sur lequel on devait réfléchir. L'un était impensable sans l'autre.

Il faut aussi souligner, dans un second temps, qu'un problème similaire existait pour ce qui est du qualificatif «international». Si les centres économiques, avant le XIXe siècle, sont résolument tournés vers le commerce de longue distance, il n'existe pas d'appareil conceptuel pour réellement penser l'international comme nous le faisons aujourd'hui. L'État-nation n'existe pas à l'époque et, comme le remarque Fernand Braudel (1979c), il existe souvent des barrières importantes au commerce «intérieur» des États. De plus, le morcellement de la carte politique de l'Europe, avec ses nombreuses cités-États (Venise, Gênes, Florence) et ses principautés, signifie que l'économie d'un grand nombre de formations sociales dépend naturellement du commerce «extérieur». Ainsi, l'idée de dissocier une **économie nationale** du cadre plus large dans lequel elle s'inscrit pour ensuite réfléchir sur son interaction avec d'autres économies nationales est alors impensable (Taylor, 1995). Les mercantilistes ne posent pas les questions économiques en fonction d'une économie conçue

---

2. Le concept d'État pose un problème lorsqu'on s'intéresse à des formations politiques avant le XVIIe siècle. Tout d'abord, parce que l'autorité politique est souvent attachée à la personne qui gouverne, ensuite parce que ces structures politiques n'ont pas les attributs de souveraineté que l'on associe à l'État moderne, c'est-à-dire un monopole du pouvoir politique à l'intérieur d'un État et la délimitation claire du territoire sur lequel il s'exerce. Mais, comme nous cherchons à désigner divers types d'autorités politiques de façon abstraite pour penser la question du rapport entre l'économie et le politique au cours de l'histoire, nous utilisons le concept d'État ici de façon flexible afin de désigner divers types d'acteurs politiques sans vouloir leur imputer une souveraineté moderne qui n'émerge qu'entre le XVIIe et XIXe siècles.

en tant qu'entité qui pourrait avoir un rapport avec «l'extérieur», mais en fonction de l'État et de ses intérêts. Comme nous le montrerons, cela aura des conséquences importantes sur le regard que portent les mercantilistes sur ces questions.

1.2 L'économie politique libérale des XVIIIᵉ et XIXᵉ siècles

C'est donc, ironiquement, la proximité de ces termes qui rend, à toutes fins utiles, impossible une réflexion sur leur articulation. Les trois dimensions – c'est-à-dire, le marché, l'État et l'international – étant intrinsèquement liées, perdent leurs caractères distinctifs et ne peuvent être perçues comme ayant un rapport les unes aux autres. Il faudra d'abord dissocier ces trois termes afin d'ouvrir un espace de réflexion sur leur relation. C'est de ce point de vue que l'on peut saisir le caractère profondément novateur de l'économie politique britannique qui émerge au XVIIIᵉ siècle.

Les auteurs marquants de cette approche seront l'Écossais Adam Smith (1723-1790), dont le livre *Recherches sur la nature et les causes de la richesse des nations* paraît en 1776, et l'Anglais David Ricardo (1772-1823), qui publie *Des principes de l'économie politique et de l'impôt* en 1817. Ces penseurs seront parmi les premiers à poser le problème du rapport entre le politique et l'économique, parce qu'ils insistent sur la séparation de ces deux sphères. Ce qui les distingue, c'est l'idée que le marché est apte à se reproduire sans l'État; qu'il constitue une sphère sociale possédant ses propres règles et dynamiques. Une telle idée fut à l'époque révolutionnaire, car elle nécessitait la capacité de montrer que le marché pouvait constituer une entité sociale relativement autonome, un ordre cohérent avec ses propres principes d'organisation. On peut apprécier l'ampleur du défi que cela représente si l'on considère que le marché est constitué par l'action d'innombrables individus, chacun agissant selon ses intérêts propres et selon des rationalités ou des préférences qui varient.

Comment alors penser que ces actions disparates forment un tout, une entité s'ordonnant de façon particulière, plutôt qu'un terrain chaotique évoluant sans direction? La réponse à ce problème théorique

sera donnée par Smith et sa fameuse référence à la main invisible du marché. Il évoque cette notion pour désigner cette propriété singulière qu'il attribue au marché de créer un ordre à partir de l'apparent chaos que peut représenter une multitude de personnes agissant pour leur propre compte. La clé de cette énigme réside dans l'idée de la **division du travail** selon laquelle le marché entraîne une séparation des tâches et la spécialisation par lesquelles le marché organise la société. Le marché peut ainsi former un tissu social sans l'intervention de l'État, puisqu'il crée des rapports de dépendance liant les gens entre eux, chaque individu devenant dépendant des autres pour se procurer ce dont il a besoin. L'intérêt personnel devient alors le ciment qui unit les gens et les organise de telle sorte que chacun peut ainsi s'enrichir. En se spécialisant, chacun définit sa fonction appropriée dans la société, améliorant du même coup l'efficacité de sa contribution sociale et ouvre des nouvelles possibilités d'échange. C'est à partir de cette idée simple que la théorie économique prend forme. D'une certaine façon, elle s'érigera en examinant les différents mécanismes par lesquels un ordre social émerge dans un marché sans que personne n'en soit conscient.

Dans ce cadre théorique, la question du rapport entre le marché (l'économique) et l'État (le politique) devient maintenant un enjeu théorique. En effet, le marché apparaît comme étant plus ou moins indépendant de l'État. Quel est alors le rôle de l'État dans une société régie par un marché qui semble se reproduire lui-même, apparemment sans l'aide d'institutions politiques traditionnelles? Smith défend une position politique qualifiée de libéralisme économique et qui insiste sur l'importance de minimiser l'intervention de l'État. Cette dernière risque de dérégler l'équilibre harmonieux qui naît des associations volontaires sur le marché et peut favoriser indûment certains marchands au détriment d'autres. Smith perçoit donc ces interventions comme étant arbitraires. Selon lui, l'État doit se contenter d'assurer la sécurité de la population contre les abus d'individus qui pourraient chercher à tricher en ne respectant pas, entre autres, la propriété privée d'autrui. Il ne doit pas, cependant, prendre part directement au développement économique. En d'autres mots, l'État est perçu comme un *night watchman*, le veilleur de nuit, qui sanctionne les abus sans toutefois intervenir dans le marché[3]. Smith renforce ainsi l'idée que l'économique et le politique sont deux sphères distinctes, chacune étant régie par des impératifs différents, soit la production de la richesse et la sécurité.

Qu'en est-il maintenant de la dimension internationale? Comme nous venons de le mentionner, la problématique que l'on associe à l'économie politique a exigé que l'économie et le politique soient pensés comme étant distincts l'un de l'autre. De la même façon, l'idée d'une dimension internationale, au sens moderne, demeure pendant longtemps inaccessible, puisqu'il n'y a pas de conception territoriale, telle qu'on l'entend aujourd'hui, qui permet de distinguer clairement une sphère nationale de son environnement international. À une époque où de nombreuses monnaies circulent sur un même territoire, les grands centres commerciaux sont plus liés entre eux que par la campagne qui les entoure et les grandes maisons marchandes qui dominent l'économie sont dirigées par des familles qui sont implantées dans toutes les grandes villes d'Europe. Il n'est donc pas question de penser l'international comme une dimension particulière de l'économie, puisqu'il n'y a pas de territoire national clairement délimité pour différencier une organisation économique « interne » de son environnement « externe ».

En se penchant sur la doctrine mercantiliste, on peut à nouveau mesurer le chemin qui sera parcouru par la suite au XIXᵉ siècle. Comme nous l'avons mentionné, les auteurs mercantilistes pensent les questions économiques principalement en fonction de leurs impacts sur l'État. Le commerce est ainsi

perçu comme un moyen d'enrichir l'État, alors que la finance est abordée dans la perspective des possibilités qu'elle offre pour le financer. Dans ce contexte, l'économie ne figure dans l'équation que dans la mesure où elle répond aux intérêts de l'État. Cela explique en partie pourquoi les perspectives mercantilistes présentent généralement une image fragmentée et conflictuelle de l'économie mondiale. Dans un premier temps, les autorités politiques luttent l'une avec l'autre afin d'exploiter ces structures économiques. Il est donc difficile de se dégager de la perspective d'un jeu à somme nulle dans lequel tout ce que l'un saisit le sera nécessairement au détriment d'un autre. Dans un second temps, on peut imaginer combien improbable il est de penser que les activités économiques puissent s'ordonner sur le plan mondial afin de former un ensemble cohérent et organisé. En effet, le prisme qu'offre l'État fragmente la réalité internationale et la rend presque impossible à conceptualiser comme une entité à part entière. Les différentes activités économiques ici ne semblent pas complémentaires mais plutôt opposées les unes aux autres. En somme, il est difficile d'avoir une conception abstraite de l'économie mondiale, puisque chaque composante de celle-ci est pensée en fonction d'intérêts pragmatiques et localisés.

C'est la construction des économies nationales qui bouleversera profondément la donne politique. Dans la majorité des cas, cette transformation ne commence véritablement que vers les XVIIIᵉ et XIXᵉ siècles quand une intégration sur le plan économique a lieu au niveau national. Les monnaies nationales sont alors établies, des systèmes de tarifs nationaux sont mis en place et les réseaux bancaires et commerciaux sont progressivement intégrés. L'Angleterre fait encore figure de pionnière ici en amorçant ce virage dès le XVIᵉ siècle (Wood, 1991). C'est d'ailleurs dans ce pays que les bases sont posées pour penser l'international. Le défi est alors similaire à celui que confronte Smith pour conceptualiser le marché, c'est-à-dire comprendre comment un ordre peut émerger de la grande diversité des structures qui forme l'économie mondiale. Penser cette dernière en tant qu'ob-

443

---

3. Il est utile de souligner que la position que développe Smith tient en partie aux motivations qui animent sa réflexion. Son argument est largement développé dans le cadre d'une attaque contre le mercantilisme et les multiples privilèges étatiques octroyés aux grandes compagnies marchandes de Londres. De telles politiques nuisent aux marchands d'Écosse, particulièrement de Glasgow où se trouve Adam Smith. Ce dernier insiste donc sur le fait que le marché doit être libéré des interventions capricieuses de l'État (McNally, 1988).

jet, c'est en effet penser les relations qui l'organisent de façon distincte.

Pour résoudre ce problème, Smith se tourne logiquement vers la solution qu'il lui avait déjà donnée au niveau national. En effet, la notion de division du travail peut aussi poser la spécialisation économique de chaque pays comme la condition d'un commerce harmonieux. Ce sera une idée centrale du libéralisme que les marchés agissent comme une force travaillant à pacifier les relations interétatiques en créant des rapports de dépendance mutuels, une thèse que reprendra entre autres Kant dans ces travaux sur la paix perpétuelle (1988 [1795]).

Si cette idée apporte des éléments de réponse, elle est cependant insuffisante, puisque considérer une division du travail internationale entre pays plutôt qu'entre individus soulève de nouveaux problèmes. Chez Smith, la division du travail est une nécessité, car les individus sont pensés comme faisant déjà partie d'un marché. Pour eux, il n'y a pas vraiment de choix. Ils doivent s'adapter à l'impératif du marché et ajuster leurs activités de façon à être compétitif. Il en va autrement pour les États, puisque ceux-ci peuvent refuser de s'ouvrir au commerce international. Pourquoi un pays s'engagerait-il dans la voie du commerce international s'il n'a pas de spécialité dans laquelle il puisse produire de façon plus compétitive que les autres? Au début du XIXᵉ siècle, Ricardo offre une réponse libérale à ce problème avec son argument de l'**avantage comparatif** relatif.

Reprenant les thèses de Smith, Ricardo s'intéresse particulièrement aux questions de distribution de la richesse. Il cherche à montrer que même si le marché distribue inégalement les richesses produites, il améliore la situation de tous. Sa notion de l'avantage comparatif relatif stipule ainsi qu'un pays gagne à se spécialiser dans ce qu'il fait de mieux relativement aux autres pays, même s'il n'est pas le plus productif dans ce domaine. Si chaque pays produit plus de richesse en se concentrant sur les quelques domaines dans lesquels il produit le mieux relativement aux autres, la somme de sa production sera plus grande. C'est cette même idée qui est à la base, encore aujourd'hui, de

l'argument principal en faveur du commerce international comme moyen d'augmenter la richesse de tous.

2. Les traditions critiques de l'économie politique

Si les penseurs libéraux britanniques s'intéressent à l'ordre que peut apporter le marché dans une société, ou sur la scène internationale, les approches critiques sur le continent européen vont problématiser les conséquences d'un tel ordre. Il faut noter que ces critiques viennent d'auteurs issus principalement d'Europe continentale et qui réagissent aux écrits britanniques. Leur position est ambivalente, puisqu'ils admirent la clarté d'analyse et la nouvelle richesse conceptuelle de l'économie politique, mais rejettent ce qu'elle prône. Ces penseurs continentaux adoptent donc le langage et les concepts d'auteurs comme Smith, tout en les critiquant de n'avoir su situer leurs observations dans leur contexte historique et d'avoir ainsi tiré de mauvaises conclusions sur les politiques économiques à adopter. Les deux grandes traditions provenant de cette critique, l'institutionnalisme et le marxisme, avancent donc que l'économie politique n'a pas saisi le vrai sens de son propos. C'est sur cette base que ces traditions critiques vont se distancier du libéralisme qu'elles considèrent comme irréaliste, ou même dangereux, étant donné ses conséquences sociales et politiques.

2.1 L'institutionnalisme

Le premier mouvement critique, l'institutionnalisme, insiste sur l'importance des structures institutionnelles, notamment la réglementation qui encadre l'activité économique et le leadership de l'État, pour expliquer le développement de l'économie (Weber, 1995 [1922]). Ce faisant, il rejette l'idée qu'un ordre spontané puisse émerger du marché et insiste sur le rôle du cadre institutionnel qui lie les acteurs économiques et oriente leur démarche. Cette réticence témoigne bien de la difficulté qu'ont les auteurs continentaux, habitués à voir l'État intervenir dans toutes les facettes de l'économie, de concevoir le marché comme une sphère pouvant se reproduire d'elle-même. Particulièrement en Prusse et dans l'ensemble des principautés qui constituaient l'Allemagne des

XVIIIᵉ et XIXᵉ siècles, l'État était perçu comme le seul acteur capable d'avoir une vue d'ensemble et d'assurer que l'intérêt personnel ne vienne pas nuire aux besoins collectifs de la société (Hegel, 1989 [1821]). Plus généralement, les institutionnalistes s'emploient à montrer que l'économie politique anglaise fait abstraction des réalités sociohistoriques qui conditionnent le contexte particulier dans lequel a lieu le développement économique. Selon le contexte, ses prescriptions peuvent s'avérer mal adaptées aux besoins d'un pays (Fichte, 1980 [1800] ; List, 1857 [1841]).

De nombreux thèmes traversent la littérature institutionnaliste et il existe une grande variété d'approches en son sein. Dans une perspective plus classique, on retrouve Friedrich List (1789-1846), auteur allemand du XIXᵉ siècle, qui s'intéresse à la question du rattrapage économique. À l'époque, les principautés allemandes cherchent à accélérer leur développement économique afin de combler leur retard face à l'Angleterre, qui est au milieu de sa révolution industrielle. C'est la différence dans la situation économique de ces deux régions qui justifie, selon List, de ne pas suivre le modèle britannique. Selon lui, la conception libérale d'un marché ouvert sur le plan international n'est applicable qu'à des économies dominantes comme celle de l'Angleterre. Cette dernière peut en effet se permettre de prôner le libre-échange, car elle bénéficie d'un avantage sur le plan technique et industriel qui lui permet de dominer la compétition. Il en est autrement pour une économie qui connaît un retard dans son développement économique, puisque cette stratégie de libre-échange risque de condamner des pans entiers de son économie qui ne sont pas encore compétitifs. Selon List, le processus de rattrapage économique ne peut donc avoir lieu par le libre-échange et requiert que l'État protège les industries naissantes. Ce n'est, selon lui, qu'une fois le rattrapage complété que l'on peut adopter une approche plus libérale[4].

Dans une perspective plus critique, on trouve l'œuvre magistrale du Hongrois, Karl Polanyi (1886-1964), *La Grande Transformation*, qui analyse les conséquences sociales et politiques de l'avènement du **capitalisme** au XIXᵉ siècle (1957 [1944]). Polanyi s'interroge sur les raisons qui expliquent pourquoi le modèle économique de la libre concurrence, qui promettait d'assurer la prospérité et l'harmonie sociale, avait en fait mené aux catastrophes qui secouèrent la première moitié du XXᵉ siècle (notamment la Grande Dépression des années 1930, les deux guerres mondiales et la montée du nazisme). Sa réponse est que l'idée d'un marché fonctionnant par lui-même sur la base de l'intérêt personnel, tel que conçu par Smith, n'a rien de naturel. Elle se base sur un mythe impossible à réaliser pleinement, parce qu'il requiert des sacrifices sociaux qui sont intenables et dont les conséquences peuvent être dramatiques. La poursuite de cet idéal, en effet, nécessite de soumettre la société à des ajustements pour rester compétitifs, notamment de pousser vers le bas les facteurs qui affectent la capacité d'un pays de concurrencer les autres, tels les salaires, les mesures environnementales ou les politiques sociales d'un État. Ce faisant, l'État risque d'adopter des politiques qui minent le tissu social, alimentant le mécontentement social et les mouvements radicaux ou réactionnaires. La grande instabilité de la première moitié du XXᵉ siècle s'explique donc, selon lui, par les effets destructeurs de l'économie de marché et de l'utopie libérale qui avait poussé l'Europe vers un libéralisme de marché sacrifiant le bien-être social pour assurer sa compétitivité.

List et Polanyi définissent, en quelque sorte, les deux grands axes de l'approche institutionnaliste. Le premier pose la question du rôle de l'État pour assurer la compétitivité d'une économie nationale, alors que le second s'intéresse plutôt à la fonction de celui-ci dans la reproduction de la société plus globalement. Sur la base de tels travaux, l'approche institutionnaliste devait se développer dans différentes directions. L'un des angles qu'elle privilégie aujourd'hui est d'opposer l'économie de marché libérale et l'économie institutionnalisée de pays comme l'Allemagne ou le Japon. Ainsi émerge une littérature comparative

---

4. Pour une version contemporaine de cette position, voir Chang (2002).

contrastant ces deux modèles (Streeck et Yamamura, 2001 ; Berger et Dore, 1996).

Dans les années 1970, alors que les pressions en faveur d'une libéralisation des échanges s'intensifient, de nombreux auteurs institutionnalistes commencent à insister sur l'importance d'institutions fortes pour encadrer le marché. Inspiré par l'apparent déclin, à l'époque, des économies britannique et américaine et la montée en force des économies du continent européen et du Japon, ces institutionnalistes soulignent, en fait, que le libéralisme économique nuit à la compétitivité d'un pays en plus d'avoir des conséquences sociales néfastes. D'après eux, une approche plus concertée, selon laquelle l'État protège certaines industries et discipline le marché, peut avoir des effets bénéfiques afin de favoriser la croissance économique et garantir une meilleure distribution de la richesse. Cette position paraît d'ailleurs se confirmer dans les années 1980 avec la montée vertigineuse des nouveaux pays industrialisés en Asie de l'Est (Corée du Sud, Singapour, Hong Kong et Taïwan). Ceux-ci seront d'ailleurs présentés comme de nouveaux modèles de développement (Amsden, 1989), bien que l'on souligne les lourds coûts sociaux qu'ils entraînent, notamment en termes de répression (Koo, 1993).

Cette critique de l'approche libérale, et son insistance sur la compétition économique comme force de développement, s'inspirent fortement des travaux du Russe Alexander Gerschenkron (1904-1978). Selon ce dernier, le problème des économies libérales vient de leur tendance à souffrir d'une hypertrophie de leur secteur financier qui se fait au détriment de l'activité industrielle (Gerschenkron, 1962). Ces économies, avance-t-il, canalisent une grande partie de leur épargne vers des activités spéculatives plutôt que productives, ce qui limite les possibilités d'investissement[5]. Les États-Unis et l'Angleterre sont en effet caractérisés par l'importance de leur secteur financier qui semble bien plus orienté vers le marché boursier, ou d'autres formes de spéculations, que vers les prêts industriels[6]. Selon Gerschenkron, ce développement est assez naturel, puisque les financiers préfèrent généralement les investissements à court terme, souvent spéculatifs, aux lourds investissements dans l'industrie pour lesquels les profits sont souvent moindres et plus long à récolter. C'est pour cette raison que l'intervention de l'État est si importante, puisqu'elle sert à discipliner les banquiers et à étouffer leurs propensions spéculatives, les obligeant ainsi à se tourner vers l'industrie comme ce fut le cas en Allemagne ou au Japon.

Pour conclure sur l'approche institutionnaliste, on doit noter ici une variante importante de l'institutionnalisme qui sera issue du MidWest américain et qui sera associée aux travaux de Thorstein Veblen (1857-1929) (1964 [1923]) et John Commons (1959). Contrairement aux institutionnalistes continentaux, ceux-ci s'intéressent au pouvoir institutionnel des grandes firmes capitalistes. Au début du XXᵉ siècle, au moment où ces auteurs écrivent, le problème aux États-Unis ne semble pas tant être l'absence de crédit pour financer les investissements productifs, que l'usage de mesures, souvent légales, pour écarter de façon déloyale toute concurrence. Ainsi, le recours au droit, par exemple, semble jouer un rôle central dans l'émergence de monopole. Bien placés pour comprendre comment ces entreprises, dans le cadre de la montée de la corporation, utilisaient leur pouvoir pour battre la compétition, ils devaient insister sur les bases institutionnelles des dynamiques économiques. Contrairement aux institutionnalistes plus classiques qui analysent les institutions comme moyens employés par l'État pour discipliner le marché, ils voient ces institutions comme des leviers importants pour les capitalistes afin d'exercer un pouvoir et récolter de grands profits.

5. On doit noter ici l'importance des travaux de John Hobson (1858-1940) à la fin du XIXᵉ siècle qui, déjà, dénoncent cette tendance de la finance anglaise à se détourner de ses industries pour investir à l'étranger. Pour la contribution incontournable d'Hobson à l'élaboration de la théorie marxiste de l'impérialisme, voir le chapitre 10.

6. Bien qu'en théorie, la Bourse puisse être un moyen d'accorder du crédit aux entreprises industrielles, plusieurs travaux soulignent que dans la pratique il n'y a qu'une faible proportion de ces capitaux qui sert réellement à financer des investissements (Cassis, 1984 ; Henwood, 1997).

Le développement de ce courant institutionnaliste apparaît prometteur aujourd'hui pour comprendre les luttes importantes aux niveaux des droits de propriété, notamment de la propriété intellectuelle. Ainsi, certains auteurs ont récemment repris les thèses de Veblen afin d'analyser comment le capitalisme, loin d'être garant d'une libre concurrence, est en fait marqué par les nombreuses contraintes que des grands capitalistes imposent à leurs concurrents. Leurs tactiques pour limiter la compétition, et plus généralement l'offre d'un produit, leur permettent ainsi d'augmenter leurs prix (Nitzan, 1998 ; Hodgson, 1996).

2.2 Le marxisme

Le second mouvement critique est associé aux travaux de Karl Marx (1818-1883), dont la grande contribution sera de penser le marché comme étant lui-même politique, c'est-à-dire traversé par des rapports de pouvoir (Marx, 1976e [1867]). Comme nous l'avons vu, le problème du pouvoir dans l'approche libérale de Smith se pose essentiellement en fonction de l'État. C'est ce dernier qui détient le pouvoir et c'est lui qu'il faut encadrer pour limiter l'usage arbitraire du pouvoir. À l'inverse, la sphère privée du marché chez Smith apparaît comme un terrain d'associations volontaires dans lequel les individus seraient libres de poursuivre leurs intérêts personnels comme ils l'entendent. Cette sphère est donc perçue comme étant dépourvue de contraintes sociales sous forme de pouvoir. Contre une telle position, Marx souligne que le capitalisme, en fait, transforme profondément la nature du pouvoir qui devient maintenant de plus en plus dépendant de la richesse et du pouvoir que celle-ci procure à certains individus ou firmes. Les rapports contractuels entre travailleurs et capitalistes, par exemple, ne sont pas neutres, comme le pensent les tenants de l'économie politique. Au contraire, ils établissent des rapports asymétriques qui permettent aux capitalistes de décider des conditions de production, ou même des conditions de vie des travailleurs (voir le chapitre 10).

Aborder l'économie politique, selon Marx, ne consiste donc pas simplement à penser au rapport entre l'économique et le politique, mais à penser l'économie en des termes politiques. En d'autres mots, il ne s'agit plus d'étudier simplement la distribution de la richesse, mais plus fondamentalement de reposer la question du pouvoir dans un lieu où il est apparemment absent. Dans un monde où l'argent devient le moyen d'assurer sa propre survie ou d'obtenir les moyens de réaliser un projet personnel ou collectif, l'argent prend alors la forme du capital, c'est-à-dire qu'il devient en quelque sorte le médiateur de relations sociales ; il est le moyen d'exercer du pouvoir sur les autres. Le **capital** désigne ainsi les actifs «économiques» d'un agent qui agissent comme sources de pouvoir. C'est pour cette raison que Marx rejette l'idée que le capitalisme est un ordre spontané qui naît d'une société libérale dans laquelle les individus sont enfin libres de transiger les uns avec les autres.

Au contraire, l'avènement du capitalisme dépend, selon Marx, d'une transformation fondamentale des rapports sociaux, ce qu'il appelle l'accumulation primitive. Celle-ci s'effectue à deux niveaux. Tout d'abord, elle consiste en la création d'une classe de travailleurs privée d'un accès direct à des moyens de subsistance. Contraints de travailler pour quelqu'un d'autre afin de survivre, les membres de cette classe sociale n'ont que peu de marge de manœuvre pour se défendre contre des salaires bas ou des conditions de travail intensives. La seconde transformation importante est la privatisation de la propriété sous le capitalisme qui permet aux individus de disposer comme ils l'entendent de leurs propriétés et les libère donc des normes sociales serrées qui encadraient auparavant la production féodale. Dès lors, il devient possible de transformer le monde comme jamais auparavant en décidant individuellement de la façon dont se fera la production.

Ce sont ces changements qui poseront les bases d'une nouvelle forme de pouvoir qu'emploient les capitalistes pour discipliner la société en fonction de leurs propres intérêts. Ainsi, selon Marx, l'ordre social n'est pas le fait de la division du travail en soi comme chez Smith, mais plutôt le produit de la discipline du capital qui donne un pouvoir aux capitalistes d'ordonner la société à leur gré. C'est ce développement

447

qui explique, selon Marx, pourquoi le marché soudainement apparaît comme une entité en soi qui ne requiert plus la discipline de l'État. Dans une société où le pouvoir ne dépend plus principalement de l'État mais s'articule au niveau du marché, l'importance de l'État pour les classes dominantes se trouve soudainement diminuée (Wood, 1995).

En qui concerne la dimension internationale, elle est peu développée dans le travail de Marx. Le concept d'impérialisme, qui deviendra la pierre angulaire de l'analyse marxiste des relations internationales, n'est d'ailleurs pas développé par Marx lui-même. Dans ses travaux, la colonisation est posée comme un processus d'accumulation primitive à l'échelle mondiale qui réorganise progressivement les relations sociales de différentes sociétés pour permettre l'expansion du capitalisme. Avec la colonisation, les structures sociales traditionnelles sont ainsi éradiquées pour laisser place à des relations capitalistes (Marx et Engels, 1976 [1848]). Cependant, Marx n'a jamais clairement articulé ce mouvement impérialiste à son analyse de la dynamique interne du capitalisme et n'offre donc pas une explication sociale pour comprendre ce qui motive l'impérialisme. Pourquoi les capitalistes seraient-ils poussés à coloniser de nouvelles régions pour les transformer à leur image?

Ses idées poseront néanmoins les bases d'une tradition fertile qui sera longtemps le principal fer de lance de l'économie politique internationale. On assiste ainsi à un essor important des théories sur l'impérialisme au début du XXᵉ siècle. Des auteurs comme Rosa Luxemburg (1870-1919) et Vladimir Illich Lénine (1870-1924) vont alors chercher à montrer comment cette expansion est partie prenante du capitalisme et joue un rôle important dans la reproduction de celui-ci (Luxemburg, 1973 [1913]; Lénine, 1979 [1916]. La raison en est que les colonies représentent à leurs yeux de nouveaux marchés dans lesquels il est possible de trouver des débouchés pour compenser la surproduction des grands pays capitalistes et atténuer les crises qui en résultent. La grande expansion coloniale de la fin du XIXᵉ siècle est ainsi perçue comme le produit des contradictions grandissantes au sein des pays capitalistes.

Ces théories de l'impérialisme sont importantes, parce qu'elles offrent une avenue pour poser les questions chères aux réalistes concernant la *Realpolitik* tout en tenant compte des dynamiques économiques. La politique étrangère et les questions militaires sont ainsi abordées comme des manifestations des structures socio-économiques internes d'un pays. Lénine, écrivant dans le contexte de la Première Guerre mondiale, avance que plus le capitalisme recouvre l'ensemble de la planète, épuisant le nombre de territoires restant à conquérir, plus les tensions entre impérialistes augmentent. Cela mène ultimement à des conflits militaires entre grandes puissances, dont la Première Guerre mondiale semble, à ses yeux, être l'illustration parfaite. L'ampleur de ce conflit semble d'ailleurs annoncer la fin du capitalisme et pousse, entre autres, Lénine à proclamer que ce mouvement impérialiste marque le stade suprême du capitalisme.

L'un des développements importants des théories de l'impérialisme sera l'avènement de l'approche du système-monde associée aux travaux d'Immanuel Wallerstein (1980). Ceux-ci effectuent une synthèse originale inspirée des travaux de l'école de la dépendance pour penser les ressorts de l'économie mondiale[7]. Ils cherchent ainsi à montrer que ses structures entretiennent des rapports de dépendance par lesquels les pays du Nord exploitent ceux du Sud et financent leur essor économique. Selon ces auteurs, les économies du Sud, souvent d'anciennes régions colonisées, ont développé une dépendance face au pays du Nord pour leur approvisionnement en capitaux, machinerie et produits agricoles. Si ces structures se sont consolidées, c'est parce que des élites du Sud les exploitent pour renforcer leur propre domination dans leur pays. Ainsi, la charpente de l'éco-

---

7. La théorie de la dépendance s'est développée dans les années 1960 et 1970 et a repensé la problématique du développement. Contre les approches de la modernisation qui posait le problème du développement comme étant lié aux obstacles posés par les structures sociales traditionnelles embourbées dans un cycle de reproduction sans croissance, l'école de la dépendance devait souligner, en fait, que la situation des pays du Sud reflétait les structures d'exploitation qui les liaient aux pays qui les avaient colonisés (Frank, 1966; Cardoso et Faletto, 1979).

nomie mondiale repose sur une double structure de pouvoir, l'une internationale, l'autre nationale, qui se nourrissent l'une et l'autre.

Wallerstein devait pousser cette analyse de la dépendance en la resituant dans un cadre historique plus large. En utilisant une réflexion sur l'émergence du capitalisme au XVIe et XVIIe siècle, il montra comment ses rapports de dépendance prennent forme. Pour ce faire, il s'appuie notamment sur les travaux de l'historien français, Fernand Braudel (1902-1985), qui étudie la centralité du pouvoir et ses structures spatiales à l'échelle mondiale (1982). Selon ce dernier, le capitalisme ne naît pas de l'ouverture des marchés qui permettraient aux individus de poursuivre leurs intérêts marchands plus librement, mais plutôt des contraintes imposées sur le commerce qui limitent la compétition. Cette approche souligne, en effet, que les profits du commerce ont longtemps été dépendants avant tout de la capacité de limiter toute compétition en s'assurant notamment de l'approvisionnement exclusif en produits provenant de certaines régions. De cette façon, on pouvait bénéficier d'un certain arbitrage en achetant à bas prix dans une région pour vendre plus cher ailleurs. C'est un tel processus de transfert qui peut, entre autres, expliquer comment la richesse produite dans une région profite en fait à une autre. Selon Wallerstein, l'intervention active et soutenue d'un État hégémonique à partir de la fin du XVe siècle était le moteur qui a façonné le « système-monde » qui a donné naissance au capitalisme mondial.

Prenant un peu de recul par rapport à ces développements théoriques afin de mesurer leurs effets sur l'évolution de l'économie politique internationale, il faut souligner que ces approches, critiques, posèrent les bases d'une analyse riche de l'économie politique internationale. Mais, ce faisant, elle devait renforcer l'idée que prendre en compte le contexte de l'économie mondiale signifie principalement de mettre en lumière les principes structurels qui lient les mains des États et en déterminent le développement. Aborder la question de l'économie politique internationale de ce point de vue signifie donc de montrer comment le marché mondial, ou plus précisément le capitalisme, structure les formations sociales nationales. L'économie politique fut ainsi longtemps associée à une perspective spécifique plutôt qu'à un objet d'étude ou à une problématique en soi. C'est ainsi que les questions entourant l'économie-monde en relations internationales deviennent l'apanage d'une orientation théorique souvent marxisante. Ce biais devait, en partie, expliquer la réticence des approches plus traditionnelles en Relations internationales à faire place aux questions économiques, que l'on continue à reléguer au second plan.

3. Débats sur la mondialisation et constitution d'un nouveau champ d'étude

Comme nous l'avons vu, tout semble donc se mettre en place au XIXe siècle pour que l'on assiste à l'émergence d'une certaine forme d'économie politique internationale : le principe d'une séparation entre l'économie et le politique est établi et la territorialisation, avec l'émergence des économies nationales, soulève le problème de l'articulation de ces économies dans un contexte que l'on peut désormais qualifier d'« international ». Pourtant, c'est justement à ce moment que la problématique du rapport entre le politique et l'économique au niveau international cesse, dans une certaine mesure, de préoccuper le monde universitaire. Outre le désir de se distancier des approches critiques, ce virage s'explique principalement par le succès du positivisme dans la seconde moitié du XIXe siècle et son influence sur la constitution des grandes disciplines modernes. Le positivisme rendra, en effet, plus difficile la tâche de parvenir au type de synthèse que l'on associe aujourd'hui à l'économie politique. Il encouragera notamment la séparation des dimensions politique et économique comme étant une condition pour une approche scientifique. La raison en est que seule une telle spécialisation permet d'identifier les faits et dynamiques qui sont propres à une sphère sociale.

C'est dans ce contexte que la science économique, telle qu'on la connaît aujourd'hui, prend forme avec l'approche néoclassique (Denis, 1966 ; Clarke, 1991).

Elle se situe en opposition à l'économie politique que des penseurs, tels le Français Léon Walras (1834-1910) et l'Anglais William Stanley Jevons (1835-1882), considèrent peu scientifique. Ces derniers s'opposent, notamment, à l'idée que le politique et l'économique puissent être pensés en relation l'un à l'autre. Ayant été posés comme deux objets différents, il semble normal que chacun ait son propre champ d'étude. Pour les néoclassiques, une véritable approche scientifique de l'économie nécessite que l'on identifie les lois fondamentales et, donc, que l'on fasse abstraction du politique, qui vient brouiller les choses. Le marché est ainsi posé comme une sphère indépendante qui optimise ses ressources lorsqu'il fonctionne sans contraintes, alors que le politique se trouve relégué à un rôle secondaire dans l'étude des lois qui gouvernent l'économie.

3.1 Les réponses des approches orthodoxes en Relations internationales

La discipline des Relations internationales fera de même en isolant certaines questions qu'elle considère comme étant propres à son objet d'étude. Elle répond à un souci similaire d'ancrer la discipline en se distinguant des autres par une délimitation précise de la sphère sociale qu'elle examine et des principes fondamentaux qui régissent celle-ci. C'est ainsi que le réalisme, qui s'impose alors, cadre sa problématique en fonction des questions de sécurité et souligne que celles-ci dominent toute autre considération au niveau international. L'économie peut jouer un rôle en fournissant des ressources pouvant alimenter la puissance d'un pays, mais elle ne tient qu'une place secondaire dans l'étude des dynamiques de sécurité.

Ainsi, s'il y a des écrits qui continuent à s'intéresser à des sujets que l'on pourrait qualifier comme appartenant à l'économie politique internationale, les bases pour développer une discipline ne sont plus en place. Il faudra attendre les débuts de la mondialisation dans les années 1970 pour que la donne en Relations internationales change à nouveau. Au début, il faut bien le souligner, le changement est plutôt timide. Les auteurs qui s'intéressent à la mondialisation ne posent pas celle-ci comme un nouvel objet d'étude, mais

y voient une source de critique pour s'attaquer à la position réaliste. Elle sert notamment les libéraux qui évoquent la mondialisation afin de raviver la thèse de Smith selon laquelle l'échange économique est créateur d'ordre. Avec l'interdépendance grandissante que l'on observe alors, certains auteurs se risquent à poser l'hypothèse d'une transformation profonde du système international qui pourrait l'éloigner des dynamiques conflictuelles traditionnelles. Les développements transnationaux sont perçus comme des variables transformant les paramètres du système international. Ils annoncent, selon les libéraux, l'avènement d'un système international libéral capable de gérer les différends internationaux sans donner lieu à des conflits armés.

L'intégration économique permettrait ainsi de surmonter le dilemme de la sécurité, puisque, dans un contexte de mondialisation, les intérêts économiques prennent progressivement le dessus sur ceux liés à la sécurité. D'une part, elle accroît les bénéfices d'une stratégie pacifique d'intégration économique en augmentant la richesse des nations. D'autre part, la mondialisation augmente les coûts de la guerre. En effet, elle nécessite souvent d'interrompre l'approvisionnement en produits importés d'autres régions, elle implique la perte de marchés où l'on peut exporter et impose des coûts importants pour les multinationales qui œuvrent à l'étranger. En transformant les paramètres qui structurent le choix des États et leur rationalité, elle détournerait ainsi les États de l'usage de la force militaire.

Il faut souligner qu'en cherchant à montrer que les probabilités d'une guerre diminuent, cette position libérale continue à entretenir la division entre l'économique et le politique. Si elle propose de remplacer le cadre d'analyse réaliste de la politique étrangère par une approche libérale, elle ne marie toujours pas la problématique économique de la création de la richesse et celle de la sécurité chère aux réalistes. Le débat ici reste marqué par la question de déterminer laquelle des deux dynamiques, création de richesse ou sécurité, domine aujourd'hui le système international (Rosecrance, 1986).

L'une des premières tentatives marquantes de remédier à cette lacune sera entreprise par Robert Keohane et Joseph Nye (1977) qui proposent de penser la puissance en termes de l'interdépendance complexe afin d'ancrer fermement la dimension économique dans un cadre d'analyse classique des relations internationales. Selon eux, l'interdépendance doit être considérée comme une dimension importante des rivalités étatiques. En effet, les échanges internationaux créent des asymétries puisque chaque pays n'est pas dépendant en ressources de la même façon. Un pays s'approvisionnant à l'étranger en pétrole ou en produits technologiques, par exemple, sera bien plus vulnérable face à ses fournisseurs qu'un autre qui importe des matières premières telles que du café ou du sucre. La mondialisation n'est donc pas garante de l'harmonie entre États, mais elle modifie la nature des rapports de pouvoir qui les opposent et la logique de leurs luttes. En cela, ces auteurs s'inscrivent clairement dans la mouvance libérale. S'ils continuent de poser les États comme les acteurs principaux des relations internationales, ils s'intéressent à l'institutionnalisation de leurs rapports, notamment avec la création de **régimes internationaux**, que nous aborderons plus loin, et la façon dont ils transforment les interactions entre États. Ainsi, il ne s'agit plus ici de montrer que l'on se dirige nécessairement vers une certaine harmonie sociale qui émanerait du marché, mais de montrer comment ces institutions nous éloignent de la logique traditionnelle des conflits militaires.

Interpellés par ces développements théoriques et par l'importance croissante des rapports transnationaux, les réalistes devaient alors se repositionner sur la question de la mondialisation, afin de justifier la prééminence des questions de sécurité dans ce nouveau contexte[8]. Robert Gilpin (1976) met alors de l'avant la thèse de la **stabilité hégémonique**, qu'il a empruntée aux travaux en histoire économique de

Charles Kindleberger (1910-2003)[9]. Il avance alors que si la mondialisation transforme les intérêts des États, il faut s'interroger sur les conditions qui la rendent possible en premier lieu. Selon Gilpin (1987), de tels développements économiques internationaux requièrent la présence d'un pays hégémonique qui puisse assurer l'ordre et renforcer la confiance nécessaire aux échanges transnationaux. Ainsi, pour lui, la mondialisation dépend, en premier lieu, d'une configuration particulière de l'équilibre des puissances à l'intérieur du système international. Kindleberger (1986) avait expliqué la crise des années 1930 en partie par l'absence de leadership d'un pays dominant. L'idée simple qu'emprunte Gilpin est qu'une économie internationale ouverte dépend d'un pays dominant pouvant prendre l'initiative afin de mettre en place les infrastructures requises pour le bon fonctionnement des échanges transnationaux. Ces pays dominants ont avantage à pousser pour la libéralisation des échanges, puisqu'ils peuvent bénéficier de leur compétitivité sur le marché. Les pays hégémoniques agissent non seulement pour pousser l'ouverture économique, mais ce sont aussi des agents nécessaires pour discipliner les autres pays qui ne respectent pas certaines règles, notamment les droits de propriété des acteurs économiques.

Ainsi, selon Gilpin, le développement de l'économie mondiale ne peut être compris en faisant abstraction des rapports de pouvoir interétatiques et du cadre qu'ils posent pour le développement économique. Les deux grandes périodes de croissance de l'ère moderne correspondraient d'ailleurs, selon lui, à deux cycles hégémoniques. Le XIXe siècle aurait ainsi connu un grand essor économique sous la tutelle de la Grande-Bretagne et les trente années de croissance qui suivent la Seconde Guerre mondiale seraient le produit de l'initiative des États-Unis. De ce point de vue, la mondialisation apparaît non pas comme une variable indépendante qui affecterait les relations interétatiques, mais comme une variable dépendante qui en serait le produit. Gilpin peut ainsi justifier l'accent mis par les réalistes sur les dynamiques militaires

451

---

8. C'est notamment ce défi qui pousse Kenneth Waltz (1979) à reformuler le réalisme, donnant ainsi naissance au néoréalisme et à sa conception structuraliste des relations internationales. Dans ce livre, Waltz cherche à dissocier fermement l'analyse des relations internationales des phénomènes économiques au nom d'une approche scientifique des relations internationales.

9. Voir aussi Krasner (1976).

et diplomatiques comme déterminant en premier lieu les conditions du développement économique.

La balle se trouve donc à nouveau dans le camp libéral qui se tourne de plus en plus vers la question de la coopération. Il devient alors de plus en plus clair que la référence au marché ne peut être suffisante pour expliquer comment peut se constituer un ordre mondial. Il s'agit donc pour les libéraux de démontrer, non seulement que des forces œuvrent à transformer les intérêts étatiques, les poussant ainsi vers une orientation libérale, mais aussi qu'un cadre institutionnel peut être mis en place afin de faciliter la coopération entre États et assurer une stabilité internationale. En répondant aux critiques de la théorie de la stabilité hégémonique, les libéraux cherchent à montrer comment des développements institutionnels peuvent poser les bases d'une gestion de la mondialisation sans la présence d'un État hégémonique.

L'une des notions centrales à voir le jour alors est celle de régime international. Elle désigne l'ensemble des principes, normes, règles et procédures décisionnels qui gouvernent une sphère d'activité internationale (Krasner, 1982 : 186). Selon les libéraux, de tels régimes peuvent permettre de surmonter le dilemme de la sécurité qui semble miner les possibilités de gouvernance de l'économie à l'échelle mondiale non basée sur un équilibre des puissances (Keohane, 1984). En effet, les régimes façonnent l'ordre du jour politique des États, imposent des mesures qu'ils doivent adopter, harmonisent leurs pratiques nationales, assurent une certaine supervision pour garantir que certaines décisions soient bien appliquées par les divers pays membres de ces régimes et contribuent ainsi à éliminer les obstacles à la croissance des flux transnationaux. De cette façon, ces régimes internationaux augmentent les occasions de coopérer et les coûts pour ceux qui trichent. Parce qu'elle s'intéresse au rôle des institutions dans la constitution d'une société internationale libérale, on qualifie parfois cette tradition libérale de libéralisme institutionnaliste.

3.2 Vers la rupture avec les approches orthodoxes

Malgré ces développements, l'analyse de l'économie politique internationale reste encore fermement ancrée dans le cadre traditionnel des Relations internationales et son insistance sur la problématique de la sécurité. Si elle témoigne d'une ouverture face aux questions économiques, libéraux institutionnalistes et réalistes continuent de fixer les rapports interétatiques, les acteurs non étatiques étant, eux-mêmes, souvent rattachés à un État-nation, comme s'ils en étaient l'extension contribuant à son pouvoir (Nye, 1990). Ainsi, la mondialisation apparaît comme une dimension importante, mais elle n'est pas abordée directement. C'est une variable à considérer, mais non pas un objet d'étude en soi. En partie, le problème vient du fait que la discipline situe sa réflexion au niveau des rapports interétatiques et ignore les transformations sociales qui ont lieu à l'intérieur des États. Il faudra donc attendre l'abandon de la séparation longtemps entretenue par la discipline des Relations internationales entre la politique étrangère et les dynamiques internes, ou nationales, pour enfin assister à l'émergence d'un nouveau champ d'étude.

Aux États-Unis, des auteurs tels que Peter Katzenstein (1978) et Helen Milner (1997) commencent à insister sur l'importance d'analyser les structures internes qui façonnent les politiques étatiques sur le plan international. Selon eux, les États n'abordent pas le système international de façon purement instrumentale comme le pensent les réalistes, mais sont conditionnés dans leurs décisions par tout un ensemble de structures institutionnelles internes qui façonnent leur approche aux politiques économiques.

En Angleterre, on inverse le point de vue et on s'intéresse plutôt aux conséquences de la mondialisation sur les politiques intérieures. Ainsi les analyses américaines de l'interdépendance sont rejetées par une aile critique qui insiste sur le fait que l'interdépendance ne fait pas simplement que contribuer à l'intégration grandissante, mais peut aussi avoir des effets néfastes sur la marge de manœuvre des États, et plus particulièrement sur la démocratie et les politiques sociales. Susan Strange (1923-1998), par exemple, devait avoir une grande influence en soulignant comment la mondialisation réduit la marge de manœuvre des États et nourrit un processus de libéralisation des échanges qui annonce la retraite de l'État (1994).

Cet argument va gagner en force avec la transition relativement rapide vers le néolibéralisme dans les années 1980. Des crises politiques spectaculaires frappent alors des pays importants comme l'Angleterre en 1976, le Mexique en 1982 (la crise de la dette) et la France en 1984. Ces épisodes semblent témoigner d'une transformation bien plus fondamentale que celle évoquée par les libéraux. Pour ces nouvelles approches critiques, il ne suffit pas de montrer comment la mondialisation transforme la nature de la politique internationale, car c'est tout un ordre social hérité de l'après-guerre, incarné par l'idée de l'État-providence, qui est menacé par la mondialisation.

C'est cette problématique de la crise de la souveraineté qui marquera le véritable coup d'envoi de l'économie politique internationale comme champ d'étude. Non seulement justifie-t-elle l'abandon du cadre stato-centré, mais elle ouvre aussi tout un éventail de problématiques concernant l'économie-monde qui ne sont pas nécessairement liées aux rapports interétatiques. Il devient alors de plus en plus difficile de rester dans le giron de l'étude des Relations internationales et sur son accent mis sur la question de la sécurité des États.

4. Repenser le politique à l'âge de la mondialisation

Depuis le début des années 1980, le développement de l'économie politique internationale a été spectaculaire. Avec la confiance grandissante en ses assises disciplinaires, ses débats se sont grandement diversifiés et spécialisés. Alors qu'on avait longtemps cherché à justifier l'importance d'étudier l'économie-monde, abordant celle-ci de façon abstraite, on commence maintenant à cerner les problématiques de façon plus spécifique. On s'éloigne ainsi de notions plus générales et vagues telles l'interdépendance ou la mondialisation, pour s'intéresser à des questions mieux définies comme celle, par exemple, des crises financières dans les économies « émergentes » ou celle des structures de gouvernance du commerce mondial. Néanmoins, ce champ fait toujours face au défi de surmonter le dualisme entre l'économie et le politique qui fut hérité, comme nous l'avons souligné,

de la configuration moderne des disciplines universitaires. Le problème est complexe : comment articuler la question du pouvoir et celle de la création de la richesse à l'intérieur d'un même cadre théorique ?

Ironiquement, ce problème s'est inversé avec la mondialisation. En effet, la discipline des Relations internationales avait longtemps situé l'État au centre de sa réflexion sans pouvoir réellement intégrer la dimension économique dans son cadre d'analyse. Avec la mondialisation, c'est le marché qui semble aujourd'hui au cœur des grandes mouvances internationales, et c'est l'État qu'on a du mal à resituer. Ce problème s'explique en partie par l'importance croissante des flux de capitaux transnationaux qui minent l'autonomie des États. Plusieurs auteurs soulignent notamment que cette nouvelle liberté de mouvement des capitaux limite la marge de manœuvre des États, puisque les investisseurs, capables de déplacer leurs capitaux en réponse à des politiques qu'ils jugent défavorables, peuvent exercer une forte pression sur un gouvernement en menaçant de relocaliser leurs actifs (Ohmae, 1991 ; O'brien, 1992). Confrontés au risque d'un exode massif des capitaux, les États ne peuvent donc plus adopter des politiques aussi librement.

La transition généralisée vers une politique économique néolibérale, c'est-à-dire la libéralisation des marchés et les coupes dans l'intervention étatique, est souvent perçue comme une manifestation de ce nouveau pouvoir du capital (Goodman et Pauly, 1993). Elle contribue à renforcer une perspective pessimiste selon laquelle l'État et les organisations internationales, telles que le FMI, la Banque mondiale ou l'OMC, ne seraient que des courroies de transmission servant à favoriser l'expansion et le développement du capitalisme (Cerny, 1994 ; Cox, 1992). Il existe donc un certain malaise concernant la place du politique, puisqu'on ne sait plus quels agents politiques jouissent d'une certaine autonomie pour mettre en place, notamment, des politiques sociales. Si l'État-nation avait longtemps rempli ce rôle, les chevauchements institutionnels qui se multiplient sur le plan régional et global, ainsi que la création de nouvelles organisations internationales ou locales, brouillent les points de repère traditionnels pour l'analyse des dynamiques politiques. Dans un tel contexte, la question de la place du politique se pose avec force.

Les marxistes ont joué un rôle important dans cette réflexion, ayant longtemps analysé les contraintes qu'impose le capitalisme sur l'État. Voulant répondre aux critiques qui les accusent de déterminisme économique, plusieurs auteurs marxistes ont tenté de rénover l'approche en attribuant, d'une façon ou d'une autre, une autonomie partielle aux structures politiques et idéologiques. L'une des approches les plus influentes dans ce virage sera l'approche régulationniste développée principalement en France (Aglietta, 1976; Lipietz, 1983; Boyer, 1986). Pour surmonter le problème du déterminisme, ces auteurs insistent sur l'idée qu'une structure économique, ou plus spécifiquement un mode de production, ne peut assurer par lui-même la reproduction d'une société. Il lui faut une structure institutionnelle, ce que les régulationnistes désignent comme un **mode de régulation**.

En introduisant cette notion, ils devaient insérer toute la réflexion institutionnaliste sur le rôle de l'État et des institutions dans le développement économique à l'intérieur d'un cadre marxiste. L'approche conserve cependant, du moins initialement, une perspective marxiste en défendant l'idée que ces institutions représentent avant tout des solutions adaptées à des problèmes qui émergent de l'accumulation du capital. Ce sont le produit d'adaptations institutionnelles à des déséquilibres qui sont créés au niveau du mode de production. Des mesures comme celle du salaire minimum ou des politiques de relance économiques jouent ainsi un rôle crucial dans le développement du capitalisme, notamment pour compenser une faible demande dans certaines conjonctures et permettre de reproduire le système capitaliste.

Une seconde tentative de s'éloigner d'une forme de déterminisme matérialiste est associée aux travaux des néogramsciens, qui émergent au début des années 1980 à la suite des travaux de Robert Cox. Cherchant aussi à surmonter le déterminisme qui souvent caractérise le marxisme, les néogramsciens s'inspirent des travaux du marxiste italien Antonio Gramsci (1891-1937). Ce dernier s'était penché sur la question de l'**hégémonie** de classe, c'est-à-dire qu'il a cherché à savoir comment des forces sociales établissent leur hégémonie sur une société. Gramsci était particulièrement interpellé par le fait que des groupes sociaux défavorisés avaient pu prendre part à la montée du fascisme en Italie, même si cela semblait aller directement à l'encontre de leurs intérêts matériels. Il en est ainsi arrivé à une théorie de l'idéologie qui met l'accent sur l'autonomie relative de l'idéologie et sur le rôle des intellectuels dans la lutte des classes. C'est à partir de ces bases que les néogramsciens vont examiner comment des luttes sociales se cristallisent sous la forme d'un ordre mondial particulier. L'hégémonie ici n'est donc plus simplement perçue comme une hiérarchie étatique, mais comme une tentative d'imposer plus globalement un ordre social en faveur de certains groupes sociaux (Cox, 1981). L'intérêt de ce concept est qu'il insiste sur le fait que les rapports de force sur la scène internationale s'exercent, non seulement sous forme de coercition, mais aussi en propageant des conceptions du monde qui favorisent les intérêts des forces sociales dominantes tout en prétendant répondre aux besoins de tous.

Ce regard sur les relations internationales mène les néogramsciens à étudier le mode par lequel diverses structures politiques acquièrent une forme internationale et assurent ainsi la reproduction de l'accumulation capitaliste à l'échelle internationale. Les néogramsciens désignent ce processus sous le nom de l'internationalisation de l'État. Selon eux, il ne faut pas penser ce rôle de façon fonctionnelle, c'est-à-dire comme s'il était déterminé à l'avance par les besoins du capital, mais plutôt comme le produit de luttes sociales qui déterminent le type d'accumulation qui sera favorisé. Ainsi la notion d'un conflit entre producteurs manufacturiers et financiers, que les néogramsciens empruntent aux institutionnalistes, devient un axe important pour comprendre quelle direction prend l'économie mondiale (van der Pijl, 1998).

En effet, différentes fractions capitalistes luttent afin de promouvoir des projets distincts et cherchent ainsi à redéfinir l'idéologie dominante. Cette lutte a maintenant lieu dans les organisations internationales qui sont devenues des pivots importants de l'économie mondiale et dans lesquels se définit l'ordre du jour politique. Stephen Gill (1990), notamment, souligne comment ces organisations permettent aux élites de différents pays de socialiser et de s'accorder les unes aux autres dans leurs projets hégémoniques respectifs. Selon les néogramsciens, la mondialisation peut ainsi être pensée comme consacrant la domination des forces néolibérales étroitement liées aux intérêts financiers. Ce nouvel ordre mondial vise ainsi à poser les infrastructures pour des investissements à l'échelle mondiale et à transférer la richesse vers les capitalistes financiers.

Si de telles positions ont permis de reconnaître une certaine autonomie au politique et d'avancer l'idée que ce dernier peut prendre différentes formes selon les forces sociales qui dominent, ces approches continuent néanmoins à présenter l'État comme un exécutant au service des capitalistes dominants. Cette notion que l'État est assujetti aux impératifs capitalistes est maintenant de plus en plus contestée. En effet, depuis la fin des années 1990, on s'éloigne progressivement des positions déterministes sur la mondialisation qui la pose comme un mouvement de convergence relativement uniforme vers le néolibéralisme. Une littérature importante, inspirée de la tradition institutionnaliste, insiste aujourd'hui sur la variété des formes que peut prendre le capitalisme (Hall et Soskice, 2001). Intéressée par les problématiques de convergence et de divergence dans l'économie-monde (Hay, 2000), elle avance que l'État, non seulement joue un rôle dans la mondialisation, mais perpétue des formes d'organisations sociales différentes (Weiss, 1998).

Ces développements s'inscrivent en partie dans le cadre d'une volonté d'éviter de traiter cette question de façon trop générale et abstraite. Comme le note Linda Weiss, la question de l'autonomie de l'État ne peut être analysée comme un tout, mais requiert une réponse nuancée. Si certaines formes de politiques sont remises en cause par la mondialisation, d'autres sont, au contraire, en plein essor. Comprendre les ressorts complexes qui animent l'économie mondiale requiert que l'on reconnaisse à l'État son autonomie

partielle en tant qu'acteur poursuivant des objectifs qui lui sont propres, non pas seulement en matière de sécurité internationale, mais aussi de politiques sociales et économiques. L'action de l'État ne peut être ainsi expliquée sans tenir compte des contradictions internes qui sapent sa capacité de gestion socio-économique et qu'il cherche à résoudre afin d'accroître sa capacité d'action (Hudson, 2003).

Un second type de réponses aux thèses du déclin de l'État s'intéresse plutôt à la réarticulation du politique à l'échelle mondiale. Les auteurs qui s'inscrivent dans cette mouvance se tournent notamment vers la question de la gouvernance globale et examinent la rapide construction de structures politiques à l'échelle internationale ou globale. James Rosenau et Ernst-Otto Czempiel, dans l'introduction de leur importante collection *Governance without Government* (1992), proposent ainsi de penser la gouvernance globale comme un réseau complexe regroupant des organisations gouvernementales et non gouvernementales, ainsi que des acteurs privés agissant de façon relativement décentralisée afin de gouverner des dynamiques sociales qui échappent de plus en plus à l'État. De tels travaux cherchent ainsi à comprendre comment un ordre social s'institue à l'échelle mondiale dans un contexte institutionnel fragmenté.

Faisant partie de cette réflexion, l'étude du régionalisme occupe une place de plus en plus centrale en économie politique internationale. Le régionalisme est souvent présenté comme une façon de stabiliser certaines régions, de préserver des acquis nationaux et de renforcer la compétitivité des États membres en créant de plus grands marchés partiellement protégés de la compétition extérieure (particulièrement américaine dans le cas de l'Europe). Longtemps perçu de façon fonctionnaliste et linéaire (Haas, 1975), le régionalisme est aujourd'hui abordé d'un point de vue de plus en plus comparatif cherchant à mettre en lumière les différents modes d'intégration (Breslin, Hughes, Phillips et Rosamond, 2002).

Si ces développements sur le plan institutionnel annoncent l'avènement de structures politiques susceptibles d'offrir un cadre de gouvernance plus apte à gérer des dynamiques sociales transnationales, ils posent néanmoins de grands défis, notamment pour la démocratie. Maintenant que des décisions de grande importance sont prises dans ces organisations internationales, plusieurs auteurs s'interrogent sur les ramifications que cela peut avoir pour les démocraties libérales. Dans quelle mesure les officiels de ces organisations sont-ils réellement tenus responsables socialement des décisions qu'ils adoptent? S'il est vrai que, théoriquement, ces organisations sont sous le contrôle des États membres, qui sont démocratiques, leurs décisions sont rarement scrutées au niveau national et ne font que rarement l'enjeu d'élections[10].

C'est ainsi que bon nombre d'auteurs soulignent le paradoxe qu'au nom d'un libéralisme économique plus grand, de plus en plus de contraintes sont imposées aux États pour s'assurer qu'ils ne modifient pas les conditions économiques au détriment des investisseurs (Picciotto, 2003; Wade, 2003). Plusieurs critiquent notamment ce qu'ils voient comme une tentative d'implanter des politiques néolibérales à l'abri du regard public (Gill, 1998; McGrew, 1999). L'impuissance de pans entiers de la société aliénés par ces développements explique, selon eux, les nouvelles formes de résistance populaire qui s'articulent globalement sous la forme de mouvements sociaux de toutes sortes, et dont les mobilisations contre l'Organisation mondiale du commerce (OMC) à Seattle en 1998 demeurent le point fort. Le problème de la démocratie ne se pose pas simplement selon cet axe vertical, mais aussi à l'intérieur des organisations internationales qui continuent largement à faire le jeu des États puissants au détriment des plus faibles. Même dans le cas d'organisations avec des structures de vote égalitaire, comme l'OMC qui donne à chacun de ses membres un vote, on accuse les décisions d'être largement prises en coulisses en faveur de ses membres les plus puissants (Jawara et Kwa, 2003).

Quant aux approches libérales, elles se tournent désormais vers l'analyse des conditions qui favorisent les échanges internationaux. L'une des caractéristiques récentes de ces travaux est l'insistance sur le rôle des institutions pour stabiliser l'économie mondiale et créer ainsi un contexte propice aux investissements et au commerce (Eichengreen, 2003). Contre les critiques de la mondialisation, les libéraux prétendent qu'il est possible de poser les fondations d'une économie mondiale ouverte tout en assurant un cadre institutionnel qui puisse apaiser les tensions sociales et étatiques que cette libéralisation suscite (Bhagwati, 2004). Dani Rodrik (1997), notamment, souligne que si la mondialisation déstabilise l'ordre social de l'après-guerre, cela ne signifie pas que l'on doit rejeter la mondialisation. Il s'agit plutôt de repenser l'équilibre entre le marché et la société, notamment en utilisant l'État et les organisations internationales, afin de redéployer une structure de gouvernance adaptée aux nouveaux défis de la mondialisation (Frieden, 2006). De cette façon, la libéralisation des échanges ne doit pas nécessairement se faire au détriment des protections sociales auparavant instituées sous l'État-providence. C'est dans ce cadre que l'on observe notamment le virage vers ce que l'on a appelé le «post-consensus de Washington» qui vise à corriger les abus du néolibéralisme et sa foi inébranlable dans les bénéfices du marché (Stiglitz, 2002). Ces approches libérales proposent ainsi une voie mitoyenne entre les conditions d'une croissance dynamique et la nécessité d'assurer que cette richesse permette de répondre aux demandes sociales diverses.

Depuis les attentats du 11 septembre 2001, on assiste aussi à un retour en force des thèses réalistes sur l'hégémonie et l'importance pour l'État américain d'adopter une position plus musclée sur le plan international. Ainsi les approches de la stabilité hégémonique, qui louent le leadership américain comme moyen nécessaire d'assurer un ordre mondial, ont gagné en popularité. Seuls les États-Unis sont perçus ici comme pouvant ramener un certain ordre à l'instabilité qui menace autant l'économie mondiale que la stabilité politique et la sécurité de certaines régions (Ferguson, 2004).

À l'opposé, les approches critiques cherchent à rénover les anciennes théories de l'impérialisme et à repenser la politique étrangère, notamment en avan-

---

10. Certains pays fortement touchés par des plans d'ajustement structurels du Fonds monétaire international font ici exception.

çant que les interventions militaires soit le produit des conditions socio-économiques des pays en question. La particularité de ces auteurs marxistes est leur désir de repenser l'impérialisme en termes politique, plutôt qu'économique. Alors que les théoriciens du début du siècle mettaient l'accent sur les impératifs de la reproduction du capital, des auteurs comme Leo Panitch et Sam Gindin (2003) ou Ellen Wood (2003) insistent plutôt sur l'importance d'une théorie de l'État capitaliste qui met l'accent sur la reproduction des relations capitalistes et le pouvoir particulier qu'elles confèrent aux capitalistes.

Dans une optique différente, Michael Hardt et Antonio Negri (2000) affirment que la mondialisation sonne la fin de l'ancien impérialisme marqué par la lutte entre États-nations. On assisterait plutôt à l'émergence d'un nouvel «Empire», ou une forme de gouvernance au service du capital qui s'articulerait maintenant à l'échelle planétaire. Dans cette optique, l'apparence d'une crise du politique ne constitue qu'un effet de la transformation du cadre de la gouvernance que les capitalistes exploitent sciemment afin de souligner l'impuissance du politique et de rejeter tout projet de société qui va à l'encontre de leurs intérêts. Ils continuent ainsi à mettre en place des structures de pouvoir et de contrôle qui pénètrent la vie sociale.

5. Conclusion

Nous avons cherché à retracer ici la lente constitution du champ d'étude de l'économie politique internationale. Comme nous l'avons souligné, son émergence tardive peut surprendre, puisque les phénomènes qui font l'objet de ce champ d'étude ne sont pas nouveaux. Malgré les échanges entre diverses formations sociales que l'on observe entre le XVIIe et le XIXe siècle, cela n'a pas suffi à provoquer une réflexion sur l'économie politique internationale au sens où on l'entend aujourd'hui. Expliquer l'avènement de l'économie politique internationale nécessite donc que l'on examine plus globalement la façon dont certaines transformations socio-économiques, notamment l'émergence du capitalisme et ce que l'on désigne comme la mondialisation, ont interpellé des auteurs situés dans un contexte social et historique spécifique. Dans ce texte, nous avons ainsi mis l'accent sur la manière dont les transformations de l'économie-monde ont remis en question les conceptions dominantes de l'économie politique à certains moments clés de son développement.

Nous avons d'abord souligné que l'économie politique émergea dans les îles Britanniques quand la séparation progressive entre la sphère privée de la société civile et la sphère publique de l'État amène des auteurs comme Adam Smith à penser comment ces entités peuvent constituer des objets à part entière. C'est sur ces assises que les libéraux perçoivent le marché comme force pacifiant les relations sociales, ou internationales, grâce à l'interdépendance croissante entre ses membres.

Cette approche fut critiquée par les auteurs provenant du continent européen qui soulignent le fait que le marché n'est pas neutre dans ses effets. Les institutionnalistes vont ainsi insister sur le fait que celui-ci favorise les acteurs dominants et peut avoir des effets dramatiques sur des pans importants de la société. Nous avons ensuite montré comment les marxistes présentent le marché comme étant lui-même traversé par des rapports de pouvoir. Cela illustre, selon eux, pourquoi l'ordre social que les libéraux associent au marché n'est pas le fait du rôle pacificateur du marché, mais provient en fait de contraintes importantes que le marché impose sur des classes sociales, ou des pays défavorisés, et qui les disciplinent selon les besoins des forces dominantes.

Cette radicalisation de l'économie politique au XIXe siècle a eu pour effet de repousser l'émergence d'une économie politique internationale. Voulant éviter de telles problématiques, et insistant sur l'importance d'une définition stricte de la discipline pour mieux cerner l'objet d'étude de façon scientifique, les approches dominantes ont pris soin de dissocier les questions économiques, concernant la production de la richesse, des questions politiques touchant aux rapports de pouvoir. Cela n'a fait que renforcer le dualisme qui est au cœur de la réflexion en économie politique internationale. C'est cette caractéristique importante qui nous a permis de resituer l'impact de la mondialisation. En effet, celle-ci avait tout d'abord permis aux libéraux de trouver un argument de poids dans leurs débats contre le pessimisme des réalistes. Mais, rapidement, l'impact de la mondialisation sur les politiques étatiques devait suggérer, de façon plus importante, que l'on assistait à un renversement du rapport entre l'économie et le politique avec l'assujettissement de l'État aux impératifs du marché. Aujourd'hui, l'économie politique, ayant largement inversé la problématique traditionnelle en Relations internationales centrée sur la sécurité, est contrainte de prendre de plus en plus d'autonomie face à cette discipline.

Le défi d'intégrer les dimensions de l'économie et du politique, longtemps conceptualisées comme étant distinctes l'une de l'autre, demeure aujourd'hui une question épineuse. Si les approches classiques voient dans cette séparation la condition nécessaire pour éviter tout réductionnisme qui pourrait venir d'une tentative de ramener le politique à l'économique, à l'inverse, les approches critiques attaquent précisément ce dualisme comme servant à masquer les rapports de pouvoir qui sont à l'œuvre dans l'économie.

❖ ❖ ❖

Pour en savoir plus

Il existe plusieurs manuels d'introduction qui sont utiles tels que O'Brien, R. et Williams M., 2004, *Global Political Economy : Evolution and Dynamics*, Londres : Palgrave, ou de Ravenhill, J. (dir.), 2005, *Global Political Economy*, Oxford : Oxford University Press.

L'un des grands classiques abordant les grands thèmes de l'économie politique internationale est l'ouvrage de Gilpin, R., 1987, *The Political Economy of International Relations*, Princeton : Princeton University Press. Il vient d'ailleurs d'être réédité en 2001.

Au sujet du développement du mercantilisme et de l'économie politique anglaise, on pourra consulter le livre très accessible de Galbraith, J. K., 1987, *Economics in Perspective : A Critical History*, Boston : Houghton Mifflin, ainsi que l'ouvrage de Denis, H., 1966, *Histoire de la pensée économique*, Paris : PUF qui constitue un ouvrage de référence utile pour tout ce qui touche au développement de la pensée économique.

Pour les approches marxistes, l'excellent livre de Clarke, S., 1991, *Marx, Marginalism & Modern Sociology : From Adam Smith to Max Weber*, Londres : Macmillan vaut aussi la peine d'être consulté.

Pour ce qui est de l'approche institutionnaliste, il existe plusieurs ouvrages importants dont l'ouvrage collectif dirigé par L. Burlamaqui, A. Castro et H.-J. Chang, 2000, *Institutions and the Role of the State*, Cheltenham : Edward Elgar.

Sur l'évolution récente des approches marxistes, voir Boyer, R., 1986 *La théorie de la régulation : une analyse critique*, Paris : Agalma/La Découverte et l'ouvrage collectif important dirigé par Gill, S., 1993, *Historical Materialism, Gramsci and International Relations*, Cambridge : Cambridge University Press.

Finalement, sur l'évolution récente de l'économie politique internationale, on retrouve une variété de livres de grande qualité qui survolent les grandes approches du champ, dont l'ouvrage collectif dirigé par Palan, R. (dir.), 2000, *Global Political Economy : Contemporary Theories*, Londres : Routledge. Pour un point de vue américain, voir Katzenstein, P., R. Keohane et S. Krasner (dir.), 1999, *Exploration and Contestation in the Study of World Politics*, Cambridge : MIT Press.

Les concepts clés de l'économie politique internationale

Avantage(s) comparatif(s) : Les facteurs qui déterminent dans quelles sphères d'activité chaque pays doit se spécialiser afin de faire concurrence dans l'économie mondiale.

Capital : Les ressources qui contribuent à la création de la richesse sont généralement décrites dans la théorie économique comme le Capital. Ce sont les actifs, autant matériel qu'humain, que l'on peut mobiliser dans le cadre de l'activité économique. Chez les Marxistes, le Capital désigne plutôt une relation sociale puisque ces actifs sont perçus comme une source de pouvoir.

Capitalisme : Système économique régi principalement par les lois du marché.

Division du travail : Elle fait référence à l'organisation du travail et comporte deux dimensions : la spécialisation des tâches et l'articulation de celle-ci dans un cadre de production plus grand et complémentaire afin d'assurer une plus grande efficacité. La division internationale du travail désigne une telle organisation de la production à l'échelle internationale.

Économie nationale : Une organisation particulière de l'économie qui n'émerge véritablement qu'au cours du XIXe siècle et qui est le produit de politiques délibérées de la part des États modernes. La notion de l'économie nationale comporte deux volets. Tout d'abord, l'intégration des différents réseaux commerciaux et financiers sur le plan national qui permet de créer un espace minimalement homogène sur le plan économique. Ensuite, l'établissement de barrières légales et monétaires qui permettent de distinguer cet espace de l'activité économique à l'extérieur. En cherchant à mettre en place un cadre de gestion étatique national, les États adoptent en effet de nombreuses mesures pour standardiser la vie économique à l'échelle nationale. C'est cette forme d'organisation économique qui est aujourd'hui remise en question avec la mondialisation.

Économie politique : L'économie politique étudie les rapports entre le politique et l'économique et réfère au courant de pensée qui en fut l'origine et que l'on peut qualifier d'économie politique britannique. Ce dernier émerge au XVIIIe siècle et fut essentiellement formé par des penseurs libéraux qui les premiers conçurent le marché comme une sphère sociale autonome. Cette conception devait jouer un rôle crucial dans l'émergence de la science économique.

Hégémonie : Une condition de domination où les subordonnés, c'est-à-dire les pays où les classes sociales dominées, acceptent comme normales les règles du jeu et la conception du monde mises de l'avant par les acteurs dominants.

Institutionnalisme : Il existe une myriade d'approches institutionnalistes dont la caractéristique est de mettre l'accent sur des institutions sociales afin d'expliquer des dynamiques sociales particulières. Dans l'ensemble, ces approches postulent que les phénomènes sociaux ne sont jamais le produit de tendances que l'on pourrait qualifier de normales ou de naturelles, mais sont toujours « construites » socialement au travers d'institutions sociales qui conditionnent le développement social.

Mercantilisme : Un courant de pensée en vogue entre le XVIe et XVIIIe siècles en Europe occidentale et qui insistait sur l'interdépendance entre les États et les grandes compagnies marchandes. Les premiers devaient assurer une protection à ces compagnies, notamment contre la concurrence, alors que ces dernières apportaient des richesses qui servaient de ressources pour consolider le pouvoir des États.

Mode de régulation : Notion mise de l'avant par l'École de la régulation pour désigner un ensemble de structures institutionnelles qui permettent de gérer la reproduction du capitalisme. Chaque mode de régulation est adapté aux pratiques économiques particulières qui dominent une période de développement du capitalisme.

Mondialisation : Un terme assez vague que l'on emploie pour désigner l'ensemble des flux transnationaux qui ont contribué à tisser des liens de plus en plus étroits entre les différentes régions du globe. On avance souvent que cette intégration s'est accentuée depuis les années 1970, d'une part, parce qu'il y a eu des innovations importantes sur le plan du transport et des communications qui facilitent grandement ces échanges et, d'autre part, parce que l'on assiste à un grand mouvement de libéralisation et d'harmonisation des structures légales qui ouvre la porte à des transactions et des mouvements qui furent auparavant interdits.

Régime international : Désigne l'ensemble du cadre institutionnel et normatif qui structure une sphère d'activité internationale.

Stabilité hégémonique : Une configuration du système international qui repose sur la prédominance d'un pays capable de profiter de sa position pour en assurer l'ordre malgré la condition d'anarchie qui y prévaut au niveau international. On parle ainsi de stabilité hégémonique comme le produit de cet ordre particulier.

Les études de sécurité

David Grondin, Anne-Marie D'Aoust
et Alex Macleod

Ceux qui renonceraient à la liberté essentielle pour acheter un peu de sécurité temporaire ne méritent ni la liberté ni la sécurité (attribué à Benjamin Franklin).

La sécurité ne concerne pas seulement la façon dont les objets référents survivent, elle concerne aussi la façon dont ils naissent (Edkins, 2002 : 79).

Utilisée sous les formes les plus diverses et nous interpellant quotidiennement, la sécurité nous apparaît comme une chose fondamentale et intégrale à notre bien-être. Au premier abord, l'idée de sécurité apparaît même assez simple : elle implique le fait de se sentir en sûreté, en l'absence de menace et d'insécurité. Toutefois, lorsqu'on s'arrête quelques instants pour considérer la multitude d'enjeux régulièrement identifiés comme « enjeux de sécurité », on constate que définir la sécurité et l'insécurité se révèle beaucoup plus problématique qu'il n'y paraît à première vue : de l'immigration illégale en passant par la grippe H1N1, la drogue, le réchauffement de la planète, le crime organisé et la lutte antiterroriste, la sécurité est invoquée par divers acteurs politiques pour caractériser plus d'enjeux que jamais.

En parcourant la littérature traditionnelle consacrée à la sécurité, nous nous apercevons que si chaque auteur y va de sa propre définition, nous y trouvons un consensus général autour de l'idée que la sécurité signifie avant tout la protection militaire de l'État contre une menace extérieure ou intérieure considérée comme existentielle. Si une telle vision de la sécurité semblait être peu contestée au cours des trois

premières décennies de la guerre froide, du moins parmi les protagonistes principaux de celle-ci, déjà vers la fin des années 1970, on commençait à assouplir cette notion, sans, toutefois, cesser de privilégier l'idée de la défense militaire de l'État, de son territoire et de sa population. Depuis l'effondrement de l'Union soviétique, on peut dire qu'il n'est plus question du moindre consensus sur ce que la sécurité veut dire. De sorte que, comme le dit si bien Steve Smith, aujourd'hui le concept de sécurité est devenu un « champ de bataille en et de lui-même » (2005 : 57).

Comme nous le verrons dans ce chapitre, même si les tenants des différentes approches théoriques faisant partie de ce sous-champ des Relations internationales que l'on appelle « études de sécurité » ne s'entendent ni sur le plan épistémologique ni sur celui de l'ontologie, il y a une série de questions auxquelles ils doivent toutes répondre, implicitement ou explicitement, et qui constitue les enjeux du « champ de bataille » dont parle Smith, notamment :

- Comment définir la sécurité ?
- Que doit être ou en quoi doit consister l'objet de la sécurité ?
- Quelles sont les sources perçues d'insécurité ?

- Comment et pourquoi une question devient-elle un enjeu de sécurité, et quand ?
- Comment et pourquoi une question cesse-t-elle d'être considérée comme un enjeu de sécurité ?
- Qui décide qu'une question sera considérée comme un enjeu de sécurité ?
- Quelles sont les conséquences – politiques, sociales, éthiques – d'une décision de considérer un phénomène comme un enjeu de sécurité ?
- Qui ou quoi doit fournir la sécurité ?
- Quelles sont les pratiques par lesquelles on fait/ étudie/théorise la sécurité ?
- Quel est le rôle des experts dans la sécurité ? Qui sont les professionnels de la sécurité ?
- Quels sont les moyens utilisés pour assurer la sécurité ?

Ce chapitre effectuera d'abord un survol historique de l'évolution de ce sous-champ des Relations internationales. Nous verrons que si l'intérêt pour les questions de sécurité et de **stratégie** militaire a toujours existé en Europe, c'est surtout aux États-Unis de la guerre froide que les études de sécurité ont su s'affirmer comme un véritable domaine de recherche, dominé par la vision réaliste. Par la suite, elles ont connu les mêmes débats théoriques que le reste du champ des Relations internationales. Nous assistons alors à ce divorce entre les réflexions sur la sécurité qui se passent à l'intérieur du paradigme hégémonique américain et des diverses contestations de ce paradigme qui se manifestent en Europe depuis les années 1980 et au Canada et ailleurs depuis les années 1990 (Mutimer, 2007). Ce double cheminement constituera le cœur de l'analyse de ce chapitre.

1. Des études stratégiques aux études de sécurité

462

Les études de sécurité telles que nous les connaissons aujourd'hui puisent leurs origines dans un nouveau champ né après la Deuxième Guerre mondiale, celui des études stratégiques, que Barry Buzan (1981 : 155) a défini comme « ce champ d'étude qui se concentre sur l'utilisation, ou la menace de l'utilisation, de la violence ou des instruments de violence, par des uni-

tés politiques dans la poursuite de la défense de leurs intérêts contre d'autres unités politiques ». Mais, en fait, la réflexion contemporaine sur la stratégie commence bien avant, avec les écrits sur la guerre terrestre du général prussien Carl von Clausewitz (1780-1831), connu surtout pour sa célèbre définition de la guerre comme la « simple continuation de la politique par d'autres moyens », et plus précisément « la réalisation des rapports politiques par d'autres moyens » (2006 [1832] : 57). À celui-ci, il faudrait ajouter le nom de l'amiral américain Alfred Thayer Mahan (1840-1914), référence incontournable pour la stratégie maritime. Entre les deux guerres, plusieurs autres auteurs, notamment les Britanniques, le capitaine Basil Liddell-Hart (1895-1970) et le général J. F. C. Fuller (1878-1966), le général italien Giulio Drouhet (1869-1930) et le général français Charles de Gaulle (1890-1970), ont marqué la pensée stratégique. Comme ces noms l'indiquent, l'étude et l'enseignement de la stratégie étaient avant tout une affaire de militaires, tandis que la nouvelle discipline d'études stratégiques de l'après-guerre sera confiée avant tout à des civils.

Même si les questions de stratégie et de guerre ont commencé à faire l'objet de réflexion de la part d'auteurs civils au début des années 1940 aux États-Unis, en particulier avec la publication, en 1942, de l'ouvrage de Quincy Wright, *A Study of War* et, en 1943, de l'ouvrage collectif dirigé par Edward Mead Earle, *Makers of Modern Strategy: Military Thought from Machiavelli to Hitler*, on ne peut parler de l'existence d'une véritable discipline d'études stratégiques, et donc d'études de sécurité, avant la fin des années 1940. Par la suite, celles-ci passeront par cinq phases distinctes, et qui reflètent la grande sensibilité des études de sécurité à l'évolution de la conjoncture internationale. La première, qui s'étend des années 1940 jusqu'au milieu des années 1950, est celle où la **sécurité nationale** devient la conception principale de la sécurité aux États-Unis. La deuxième, de 1955-1965, a été consacrée avant tout à la stratégie nucléaire. La troisième, qui ne prendra fin que vers la fin des années 1970, constitue une période de déclin, pour ne pas dire de discrédit, des études stratégiques.

Au cours de la quatrième, celle que Stephen Walt (1991) appelle la «renaissance des études de sécurité», la notion d'études de sécurité (internationale) commencera à remplacer celle d'études stratégiques. Cette phase se maintiendra après la fin de la guerre froide parmi les partisans du paradigme hégémonique en théorie des relations internationales, mais simultanément avec une cinquième, celle des contestataires, qui chercheront à transformer le sens même du concept de sécurité (Mowitt, 1999).

Au cours de la première phase, on développe une conception particulière de la sécurité, celle de la sécurité nationale où l'État devient l'**objet référent** principal de la sécurité, c'est-à-dire que les institutions politiques, le territoire et la population qui forment l'État sont désignés comme les éléments à protéger en priorité contre toute menace, et en particulier contre toute menace militaire[1]. Mais on était très conscient, pour reprendre l'expression d'Arnold Wolfers (1952 : 483), du fait que la sécurité nationale était un «symbole ambigu» qui

suggère la protection à travers la puissance et apparaît donc plus fréquemment dans le discours de ceux qui croient qu'il faut compter sur la puissance nationale que dans celui de ceux qui placent leur confiance dans le comportement modèle, la coopération ou les Nations unies pour porter leur pays sain et sauf à travers les tempêtes des conflits internationaux.

C'est alors une période où le nucléaire n'est pas encore la préoccupation principale, pour ne pas dire l'obsession, de toute réflexion sur la sécurité. Selon Baldwin, on retrouvait quatre grands thèmes dans les études de sécurité à l'époque. Premièrement, la sécurité n'était pas considérée comme le but principal et permanent des États, mais une valeur parmi d'autres. Deuxièmement, la sécurité nationale était un objectif à poursuivre par des moyens militaires et non militaires. Troisièmement, à cause du **dilemme de la sécurité**, on mettait souvent l'accent sur la prudence dans

le domaine de la politique militaire. Enfin, on portait l'attention sur les rapports entre sécurité nationale et les questions internes (Baldwin, 1995 : 122).

Avec l'intensification de la guerre froide et la fin du monopole américain dans le domaine des armes nucléaires en 1949, les études stratégiques entrent dans une seconde phase qui se tourne presque exclusivement vers la réflexion sur la guerre nucléaire et s'éloigne de la conception plus «sécuritaire» de leurs fondateurs, pour se concentrer presque exclusivement sur des sujets touchant la guerre nucléaire, soit la dissuasion, le contrôle des armements, la course aux armements, les alliances, la technologie militaire et la politique de sécurité nationale dans son sens le plus étroit[2]. C'est la période que certains spécialistes ont appelée l'«âge d'or» des études stratégiques (Gray, 1977 : 37 ; Walt, 1991 : 213-216 ; Baldwin, 1995 : 123 ; Freedman, 1998 : 49-51). Même si un grand nombre de chercheurs dans ce domaine étaient des universitaires, leurs recherches prenaient de plus en plus la forme de contrats de recherche gouvernementaux, ou celle de la réflexion sur des questions de politique publique, et se pratiquait non seulement dans les universités, mais aussi, et surtout, dans des *think tanks* (centres de réflexion), dont le plus célèbre était sans doute la RAND Corporation.

Tous les observateurs ont constaté un essoufflement des études stratégiques au milieu des années 1960, début de la troisième phase dans l'histoire des études de sécurité contemporaines. On cite trois raisons principales pour ce déclin. La première souligne leur nature très abstraite et théorique, et en particulier la prépondérance des analyses fondées sur la théorie des jeux. On accordait une attention énorme au «type de guerre le moins probable et une considération tardive au plus probable» (Betts, 1997 : 41) et négligeait une «large gamme de problèmes stratégiques touchant la façon dont les sphères politique et militaire interagissaient l'une avec l'autre, non uniquement en temps de guerre ou de crise, mais en temps plus normaux aussi» (Trachtenberg, 1989 : 333).

---

1. Selon une définition largement acceptée aux États-Unis, une politique de sécurité nationale «comprend les décisions et les actions considérées impératives à la protection de valeurs centrales nationales contre des menaces externes» (Leffler, 1991 : 202). Elle supposait donc une certaine «contamination» entre l'extérieur et l'intérieur.

---

2. Pour une excellente analyse de l'évolution des études stratégiques au cours de cette période, voir Trachtenberg (1989).

Cela voulait dire donc, en deuxième lieu, que les études stratégiques ne pouvaient rien apporter dans le cas de la guerre où les États-Unis s'enlisaient, celle du Viêt-nam, où ils ont tout simplement réussi à « faire la mauvaise guerre de la mauvaise façon » (Gray, 1977 : 37). Par ailleurs, cette guerre a beaucoup fait pour discréditer les études stratégiques comme champ de recherche ou comme discipline dans les universités, profondément divisées sur le bien-fondé de cette politique. Enfin, c'était le début d'une période de détente dans la guerre froide, qui rendait encore moins pertinente toute réflexion sur la question de la guerre nucléaire entre les deux superpuissances. Autrement dit, les études stratégiques étaient dépassées par les événements.

À partir des années 1970, le contexte des études de sécurité était en train d'évoluer vers la fondation d'un véritable sous-champ des Relations internationales, favorisée par trois développements parallèles mais distincts. Premièrement, deux événements conjoncturels ont ravivé l'intérêt pour les questions touchant la sécurité et la stratégie : la fin de la guerre au Viêt-nam en 1975 et le début de la « nouvelle guerre froide » déclenchée par l'invasion soviétique en Afghanistan en 1979, et marquée par la victoire électorale de Margaret Thatcher en Grande-Bretagne en 1979 et celle de Ronald Reagan aux États-Unis en 1980. Deuxièmement, une série d'événements dans le monde universitaire, notamment la transformation des études stratégiques en études de sécurité internationale, la fondation de centres d'études de sécurité dans les universités et la création de publications universitaires consacrées uniquement à cette discipline, et en particulier la revue *International Security*[3] ont

tous contribué à cette « renaissance » des études de sécurité aux États-Unis célébrée par Stephen Walt (1991). Troisièmement, avec la publication de *Theory of International Politics* de Waltz en 1979, on assistait à un renouveau de la théorie réaliste sous la forme du néoréalisme, et qui soulignait le fait que la sécurité constituait l'intérêt principal des États, et non pas celui de la « maximisation de la puissance » comme le prétendaient les réalistes classiques, à l'instar de Hans Morgenthau. En particulier, le néoréalisme a reformulé le concept fondamental du réalisme classique, celui d'**équilibre des puissances** comme condition nécessaire du maintien de la sécurité internationale, conçue essentiellement comme l'absence de guerre entre les grandes puissances.

À prime abord, il est vrai que les études de sécurité internationales « ressemblaient beaucoup à la version des études de sécurité nationale qui avaient évolué après 1955 » (Baldwin, 1995 : 125). Dans un rapport sur l'état de ce sous-champ publié en 1988, on constatait que celui-ci se consacrait à des sujets tels que les causes des conflits et des guerres dans le système international, la dynamique et les conséquences des conflits, la nature et la perception des menaces, les problèmes de la stratégie nucléaire, le contrôle des armements, la dissuasion, la stratégie conventionnelle, les déterminants de la politique de défense des États, l'étude des organisations militaires, les relations civils-militaires et l'histoire militaire, ainsi que sur les dimensions économiques, sociologiques et psychologiques des menaces (Nye et Lynn-Jones, 1988 : 6-7). Et, en fait, la définition des études de sécurité proposée par Walt indique que la conception des études de sécurité, que celle-ci soit nationale ou internationale, n'avait pas vraiment changé, puisqu'il s'agissait toujours de « *l'étude de la menace, l'utilisation et le contrôle de la force militaire* » et de l'exploration des « conditions qui rendent plus probable l'utilisation de la force, la façon dont l'utilisation de la force affecte les individus, les États et les sociétés, et les politiques spécifiques que les États adoptent pour se préparer pour la guerre, pour l'empêcher ou pour s'y engager » (Walt, 1991 : 212. Italiques dans l'original).

---

3. *International Security* a publié son premier numéro en 1976. Dans les années suivantes, plusieurs revues consacrées aux études de sécurité ont vu le jour aux États-Unis, notamment le *Journal of Strategic Studies*, *Comparative Strategy*, *Contemporary Security Policy*, et plus récemment (1990) *Security Studies*, sans parler de la place grandissante occupée par des articles dans le domaine dans les revues de Relations internationales plus anciennes, *World Politics*, *International Organization*, *International Studies Quarterly* et les deux revues principales des études sur la paix, le *Journal of Conflict Resolution* et le *Journal of Peace Research*.

Pourtant, ce serait une grande erreur de penser que tout était exactement pareil. Même si les questions des rapports entre les États-Unis et l'Union soviétique prédominaient dans les pages de la revue universitaire sur la sécurité internationale la plus importante au cours des années 1980, *International Security*, selon un de ses directeurs, les recherches dans ce domaine ne se faisaient plus tout à fait de la même façon (Miller, 2001 : 15-22). En premier lieu, elles reflétaient une préoccupation beaucoup plus empirique que par le passé, notamment par le recours à l'histoire et l'utilisation d'études de cas. Deuxièmement, les questions stratégiques ne se limitaient plus à celles qui touchaient la guerre nucléaire. On redécouvrait la stratégie de la guerre conventionnelle. Enfin, même si le réalisme qui sous-tendait les études stratégiques restait encore l'approche dominante, de plus en plus, les écrits universitaires sur la sécurité discutaient des questions de théorie des relations internationales, de sorte que le directeur d'*International Security* pouvait déclarer, avec une certaine fierté, que sa revue avait publié, au cours des vingt-cinq premières années de son existence, des articles rédigés par des « réalistes et critiques du réalisme, libéraux, institutionnalistes, et constructivistes » (Miller, 2001 : 13).

Mais dans la réalité, l'adoption du concept de sécurité internationale, comme le rappelait la politologue allemande Helga Haftendorn (1991 : 9), n'avait pas changé beaucoup la vision générale de la sécurité, qui était encore fondée « sur un intérêt mutuel dans la survie sous des conditions de dissuasion nucléaire et en reconnaissant qu'un adversaire sera dissuadé d'attaquer par son propre intérêt égoïste ». L'idée de sécurité internationale souffrait encore de « déficits conceptuels graves » et ne pouvait s'appliquer de façon globale, parce qu'elle

> porte avec elle la notion de ses origines, la préoccupation des armes nucléaires et de la dissuasion, et elle est très ethnocentrique, fondée sur des perceptions américaines des valeurs. Elle ne tient pas compte des guerres totales nucléaires, mais des petites guerres du Tiers monde, ni du fait que la perception des menaces – du moins dans le monde industrialisé – s'est déplacée des attaques militaires vers les crises

économiques et écologiques. Jusqu'ici l'utilité du concept de sécurité internationale se limite à celle d'un régime limité à une seule région (1991 : 10-11).

Hormis les études sur la paix, qui ne s'inscrivaient pas du tout dans le domaine des études stratégiques ou des études de sécurité, au cours de la guerre froide il y eut très peu de réflexions sur la sécurité en dehors du cadre réaliste. Ainsi, chez les libéraux, on peut parler de deux tentatives importantes de reconceptualiser la sécurité, mais qui ont connu peu de succès à l'époque. La première, celle de la thèse de la paix démocratique, est entrée dans le débat dans les études de sécurité vers la fin de la guerre froide (Doyle, 1983, 1986), mais a surtout connu un essor au cours des années 1990, essor que nous analyserons dans la section suivante.

La deuxième tentative a été lancée au milieu de la première phase de la guerre froide par Karl Deutsch et son équipe de l'Université Princeton, dont l'idée principale, celle de **communauté de sécurité**, a été reprise trente ans plus tard par quelques constructivistes conventionnels. Selon ces auteurs, les communautés politiques sont des « groupes sociaux ayant un processus de communication politique, un mécanisme pour faire respecter les lois, et des habitudes populaires d'obéissance à celles-ci ». Certaines de ces communautés ont éliminé la guerre à l'intérieur de leurs frontières, devenant ainsi des communautés de sécurité où il existe une véritable assurance que leurs membres « ne se combattront pas physiquement, mais régleront leurs disputes d'une autre façon ». Elles sont donc « intégrées[4] » et peuvent prendre ou bien une forme « amalgamée », ou « fusionnée », sous un gouvernement commun, ou bien une forme « pluraliste », où chaque unité maintient son indépendance juridique (Deutsch *et al.*, 1957 : 5-6).

Les États-Unis représentent un exemple d'une communauté amalgamée, et la Norvège et la Suède

---

4. Par « intégration », Deutsch *et al.* (1957 : 5) veulent dire la « réalisation, à l'intérieur d'un territoire, d'un "sens de communauté" et d'institutions et pratiques suffisamment fortes et répandues pour assurer, pendant "longtemps", des attentes sûres de "changement pacifique" au sein de sa population ».

celui d'une communauté pluraliste. Pour Deutsch et son équipe, les recherches sur les communautés de sécurité nous aideraient à comprendre comment les institutions internationales pourraient favoriser le sens international de communauté et donc contribuer à assurer la sécurité internationale.

Malgré un certain succès d'estime, ces variantes sur le thème de la sécurité n'ont eu que peu d'influence sur les études stratégiques ou de sécurité au cours de la guerre froide. Par ailleurs, elles restaient bien à l'intérieur des limites ontologiques de leur époque, puisqu'elles partaient toutes les deux du postulat que la sécurité concernait exclusivement la défense militaire de l'État et de son territoire.

2. Les études de sécurité dans l'après-guerre froide

La fin de la guerre froide a avant tout ouvert l'espace du débat en études de sécurité, même à l'intérieur du paradigme hégémonique. Dans le cas de ce dernier, il faut parler surtout d'une tentative de maintenir le contrôle sur les limites des études de sécurité, et d'un renouveau dans la continuité. En même temps, on assiste à une remise en cause profonde du sens même du concept de sécurité, et donc, pour reprendre l'expression de Jef Huysmans (2002), de la façon de dire et d'écrire la sécurité, autrement dit de repenser tout le champ des études de sécurité, du côté des approches alternatives. C'est pour cette raison que nous avons voulu mettre en relief l'éclatement des études de sécurité dans ce chapitre.

2.1 Résistance et renouveau dans la continuité : les approches du paradigme hégémonique

Comme nous l'avons vu dans les chapitres précédents, les approches théoriques qui constituent le paradigme hégémonique de la théorie des relations internationales – soit le réalisme classique, le néoréalisme, le libéralisme, le néolibéralisme et le constructivisme conventionnel – devaient s'adapter d'une façon ou d'une autre à la nouvelle donne de l'après-guerre froide.

Dans les études de sécurité, la situation était passablement différente, dans la mesure où on avait ignoré

jusqu'alors l'apport de toutes les théories disponibles sauf celui du réalisme et du néoréalisme. Non seulement, les partisans de ces deux derniers courants devaient réagir à une nouvelle conjoncture internationale, mais ils devaient répondre aussi aux défis lancés par le libéralisme et le constructivisme. Ainsi, tout en déclarant que la renaissance des études de sécurité avait été «guidée par un engagement envers le discours démocratique» et que les chercheurs dans le domaine s'étaient montrés très accueillants à un «débat mieux renseigné», le néoréaliste Stephen Walt (1991 : 222-223, 231-232). déclarait que le champ «doit suivre les canons standards de la recherche scientifique» et demeurer «méfiant envers les tangentes contre-productives qui ont séduit d'autres domaines des Relations internationales, tout particulièrement l'approche "postmoderne" en affaires internationales.»

À l'intérieur du paradigme hégémonique, il existe une tension permanente entre les partisans d'un véritable renouveau, du moins sur le plan ontologique, et ceux qui résistent à toute tentative de pousser les études de sécurité au-delà des limites de la sécurité militaire de l'État, tout en acceptant une plus grande définition de ce qui fait partie de cette conception de la sécurité. Nous retrouvons ces tensions dans trois des débats les plus importants qui se sont déroulés au sein des études de sécurité dans l'après-guerre froide, à l'intérieur du paradigme hégémonique, soit le problème de l'élargissement du concept de sécurité, la thèse de la paix démocratique et l'apport du constructivisme conventionnel.

2.1.1 Le problème de l'élargissement du concept de sécurité

Dès le début des années 1980, des propositions pour étendre la notion de sécurité et pour inclure des menaces non militaires commençaient à paraître. Trois sont devenues par la suite des références que l'on trouve dans toute la littérature sur les études de sécurité. La première vient de Buzan, qui annonçait, dès la publication en Angleterre de la première édition de son livre *People, States and Fear* en 1983, qu'il était temps d'élargir le concept de sécurité pour couvrir d'autres domaines que le seul militaire. Nous reviendrons sur les idées de Buzan plus loin, car ce sont deux articles publiés aux États-Unis, l'un de Richard Ullman (1983) et l'autre de Jessica Tuchman Mathews (1989), qui ont retenu le plus l'attention à l'époque et qui ont alimenté le débat au sein du paradigme hégémonique.

Ullman (1983: 129) part du postulat que définir la sécurité surtout en termes militaires «communique une image profondément fausse de la réalité» et qui comporte deux dangers: cela induit les États à se concentrer sur des menaces militaires et à négliger d'autres dangers «peut-être plus préjudiciables», en réduisant ainsi leur sécurité totale; et contribue à une «militarisation généralisée des relations internationales» qui ne peut, à la longue, qu'«accroître l'insécurité globale». Ullman parle constamment de menaces à la sécurité *nationale*, qu'il définit comme «une action ou une séquence d'événements» qui menace de façon intense et relativement rapide de «dégrader la qualité de vie des habitants d'un État», ou qui menace, de façon significative, de «limiter la gamme de choix de politiques disponibles au gouvernement d'un État ou à des entités privées et non gouvernementales (individus, groupes, entreprises) à l'intérieur d'un État» (133). Il aborde aussi un thème qui sera repris, surtout par les approches alternatives, dans la foulée des événements du 11 septembre 2001, celui de la tension entre sécurité et liberté, le «plus profond de tous les choix touchant la sécurité nationale» et qui pose la question: «jusqu'où les États doivent-ils aller, afin de se protéger contre des adversaires qu'ils considèrent totalitaires, vers des contraintes de type totalitaire contre leurs propres citoyens?» (131). Cette préoccupation était totalement absente de toutes les études stratégiques et de sécurité de la guerre froide, axées essentiellement sur les problèmes de défense militaire.

On remarquera, cependant, que tout en cherchant à dépasser le militaire, la conception de la sécurité d'Ullman se veut surtout un élargissement du concept de sécurité nationale, et ne constitue pas une remise en cause de son importance primordiale. C'est aussi le cas de Mathews (1989: 162) qui se concentre sur les questions écologiques et déclare que les développements mondiaux «suggèrent le besoin d'une définition plus large de la sécurité nationale pour y inclure les enjeux touchant les ressources, l'environnement et la démographie».

Selon un traditionaliste comme Walt (1991: 213), si l'on suit la logique de ce genre de raisonnement, des questions comme la pollution, la maladie, abuser des enfants ou les récessions économiques pourraient être toutes considérées comme des menaces à la sécurité. Une telle définition du champ «détruirait sa cohérence logique et rendrait plus difficile la formulation de solutions à tous ces problèmes importants». Le Britannique Lawrence Freedman (1998: 53) abonde dans le même sens, en évoquant le «risque de perdre tout point d'intérêt central», car la défense de la nation «contre une maladie infectieuse est un problème totalement différent de la défense contre l'attaque d'un missile balistique».

Il est donc difficile pour les réalistes de comprendre l'utilité d'une conception élargie de la sécurité. Du côté libéral, l'approche est un peu plus nuancée. Ainsi, dans sa réplique à Walt, Edward Kolodzeij (1992: 431-436) prétend qu'il faut étendre les études de sécurité au-delà de l'État comme objet référent de la sécurité, pour questionner les postulats néoréalistes qui sous-tendent l'analyse de Walt et porter l'analyse sur les facteurs internes des États, pour «élargir l'étendue disciplinaire et interdisciplinaire de ce que nous voulons dire par études de sécurité», et pour y inclure les expériences de cultures non occidentales. Mais cela ne l'empêche pas de se montrer d'accord avec Walt pour ne pas étendre l'ordre du jour sécuritaire à d'autres domaines (431). Treize ans plus tard, dans un ouvrage se voulant une introduction générale aux études de sécurité[5], ce même auteur définit la sécurité comme un «problème particulier» qui «comprend tous ces échanges entre êtres humains et leurs agents – États, organisations internationales, entreprises, associations, etc. – qui ont comme but non seulement les résultats préférés des acteurs enga-

---

5. Il ne contient, cependant, aucune référence aux approches se situant en dehors du paradigme hégémonique, sauf au marxisme, qui occupe à peine 15 des 318 pages de ce livre.

gés, mais aussi ceux pour lesquels ces derniers sont prêts à utiliser la violence et l'intimidation coercitive pour obtenir ce qu'ils veulent » (Kolodziej, 2005 : 23). Même s'il reconnaît que l'on doit aussi se pencher sur la « non-utilisation de la force et de la menace », pour lui la question de la sécurité reste intimement liée à la notion de conflit (Kolodziej, 2005 : 24).

Libéraux et réalistes se distinguent encore passablement sur le plan normatif, mais du point de vue ontologique, ils tendent à se rapprocher dans le domaine des études de sécurité, de sorte qu'ils ne se distinguent que sur des points mineurs, comme l'indique l'affirmation suivante d'un spécialiste libéral des études de sécurité :

> Depuis longtemps, la sécurité touche la survie et le salut physique des acteurs et de leurs peuples ; par extension, elle concerne l'utilisation *délibérée* de la force par les États (et quelques autres acteurs) pour atteindre des objectifs divers. Élargir les études de sécurité pour couvrir d'autres « préjudices » – économiques, environnementaux, et ainsi de suite – est malheureux, car c'est réunir ensemble des préjudices physiques délibérés et organisés (ou des menaces d'en faire) et d'autres menaces ou douleurs, bien que les problèmes posés et les remèdes naturels soient très différents (Morgan, 2000 : 40. Souligné dans l'original).

2.1.2 La thèse de la paix démocratique

Comme nous l'avons vu au chapitre 7, la thèse de la paix démocratique est sans aucun doute un des apports les plus importants du libéralisme à la théorie des relations internationales dans l'après-guerre froide. Il est donc inutile d'y revenir en détail ici. Nous retiendrons surtout sa contribution aux études de sécurité.

L'idée que les démocraties ne font pas la guerre entre elles est tellement répandue dans certains milieux qu'elle est devenue un des principes de base de la politique étrangère américaine, du moins à l'égard de pays qui ne se conforment pas aux principes de la démocratie libérale. Elle sous-tend le discours de toutes les administrations américaines, démocrates et républicaines, depuis la fin de la guerre froide. Elle est souvent exprimée très explicitement, comme en

témoigne cette déclaration, peu conforme aux principes du réalisme, de la secrétaire d'État, Condoleezza Rice (2005), pour justifier la politique américaine au Moyen-Orient, et en particulier en Irak :

> Notre expérience de ce nouveau monde [d'États faibles et déliquescents] nous porte à conclure que le caractère fondamental des régimes compte plus aujourd'hui que la répartition internationale de la puissance. Insister sur le contraire est imprudent et impraticable. [...] Appuyer le développement d'institutions démocratique dans toutes les nations n'est pas une idée fantaisiste ; c'est la seule réponse réaliste à nos défis actuels.
>
> [...] notre politique doit être guidée aujourd'hui par la vérité indéniable que la démocratie est le seul moyen d'assurer une paix et une sécurité durables entre États, parce qu'elle est la seule garantie de liberté et de justice à l'intérieur des États.

La notion de la paix démocratique a été élaborée au cours des années 1980 et 1990 et se fonde sur un simple constat empirique : quand on regarde l'histoire et surtout la situation contemporaine, on ne peut que remarquer que les régimes de démocratie libérale ne se font pas la guerre. Il y aurait donc une forte corrélation entre démocratie libérale et absence de guerre entre pays pratiquant cette forme de gouvernement. Les libéraux affirment que les démocraties ne se feraient pas la guerre pour deux séries de raisons :

1. pour des raisons *normatives* et *culturelles* : les démocraties partagent une série de normes qui rendent difficile l'utilisation de la force contre une autre démocratie, et ces normes sont largement ancrées dans l'opinion publique – elles partagent aussi des valeurs communes et une tendance vers la modération et le compromis, qui sous-tendent leurs relations avec d'autres démocraties ;

2. pour des raisons *structurelles* et *institutionnelles* : les institutions mettent des contraintes sur les gouvernants, qui doivent tenir compte de l'opinion publique. Donc la décision de faire la guerre en démocratie est lente. Cette lenteur crée un espace pour la négociation à l'intérieur

de la société et entre dirigeants des États qui se trouvent en opposition les uns par rapport aux autres (Russett, 1993 : 30-42).

Les partisans de la paix démocratique concluent qu'il faut absolument étendre la zone des démocraties libérales si l'on veut assurer la paix internationale. Le protagoniste le plus en vue de cette thèse dans l'après-guerre froide, sur le plan théorique, est sans aucun doute Francis Fukuyama (1992). Cela dit, les adeptes de la paix démocratique mettent en garde contre une interprétation simplificatrice de cette idée[6], notamment pour justifier la guerre en Irak, comme l'indique l'affirmation de la secrétaire d'État citée plus haut. Depuis au moins 1995, Edward Mansfield et Jack Snyder (1995 : 5) apportent une correction très importante à la thèse de la paix démocratique, en démontrant que dans la phase transitionnelle vers la démocratie « les pays deviennent plus, et non moins, agressifs et enclins à faire la guerre contre des États démocratiques ». Par ailleurs, les États qui connaissent une transition démocratique incomplète sont « beaucoup plus susceptibles de s'engager dans des disputes militaires que les États en train de traverser d'autres formes de changement de régime » (546).

La notion de paix démocratique ne constitue nullement une rupture épistémologique avec le paradigme hégémonique. Bien au contraire. La plupart des travaux sur cette question se basent sur des données statistiques et des modèles quantitatifs et se veulent rigoureusement empiristes. Par contre, cette thèse propose une réflexion ontologique et normative qui remet en question certains éléments du réalisme. Les tentatives du réalisme néoclassique d'y répondre en incluant des facteurs de politique interne n'y portent qu'une solution partielle (voir le chapitre 6). Si cette idée, très attirante à première vue, s'avérait juste, le problème de la sécurité internationale dans l'après-guerre froide se poserait de façon très différente de

celle des réalistes et des néoréalistes. Il n'est donc pas étonnant que les critiques les plus acerbes viennent de ces derniers. Elles se résument en trois arguments principaux. Le premier prétend, d'une part, qu'au mieux il s'agit d'une corrélation et non pas d'une relation de cause à effet et, d'autre part, que le rapport entre les deux phénomènes est de toute façon peu significatif, sauf au cours de la guerre froide (Spiro, 1994 ; Layne, 1994).

Selon le deuxième, qui examine en particulier le cas des démocraties au cours de la guerre froide, ce sont les intérêts, un concept réaliste, plutôt que la nature du régime, une notion libérale, qui expliqueraient mieux l'absence de guerres entre pays du camp occidental, et qui étaient *incidemment* des démocraties libérales (Farber et Gowa, 1995). Avec la troisième critique, normative, les réalistes soulignent les dangers inhérents dans la poursuite d'une politique fondée sur l'idée de la paix démocratique, notamment en faisant le lien entre la sécurité américaine et la nature du système politique d'autres États, sa logique « pousse inévitablement les États-Unis à adopter une position stratégique interventionniste » et à la conclusion que les démocraties ne seront en sécurité que quand les États non démocratiques « auront été transformés eux aussi en démocraties » (Layne, 1994 : 46)[7].

2.1.3 Le constructivisme conventionnel

La pensée constructiviste dans les études de sécurité a emprunté le même chemin que le constructivisme en théorie des Relations internationales (voir le chapitre 12). D'un côté, un courant dominant, le constructivisme conventionnel, s'est établi, en particulier autour du livre de Peter Katzenstein, *The Culture of National Security: Norms and Identity in World Politics* (1996a), et, dans une moindre mesure, de celui d'Emmanuel Adler et Michael Barnett, *Security Communities* (1998a) et de Glenn Chafetz *et al., The Origins of National Interests* (1999), et à partir

469

---

6. Par exemple, cette déclaration du président Bush : « la raison pour laquelle je suis si favorable à la démocratie c'est que les démocraties ne se font pas la guerre, parce que les gens dans la plupart des sociétés n'aiment pas la guerre et qu'ils comprennent ce que la guerre veut dire » (The White House, 2004).

7. Sur ce point il y a cependant une certaine convergence entre partisans et adversaires de la thèse de la paix démocratique. Ainsi, comme l'affirme un des premiers : « l'intervention militaire externe, même contre le plus odieux des dictateurs, est un moyen dangereux d'essayer de produire un "ordre démocratique mondial" » (Russett, 1993 : 136).

des ébauches d'un rapprochement entre constructivistes conventionnels et réalistes. De l'autre côté, on voit se dessiner un courant qui se réclame des études constructivistes critiques de la sécurité, qui a plutôt sa place parmi les approches alternatives et qui sera abordé dans la prochaine sous-section.

Selon Adler et Barnett (1998b: 10), le constructivisme est une approche qui

> prétend que les acteurs internationaux sont enchâssés dans une structure qui est à la fois normative et matérielle (c'est-à-dire qu'elle contient des règles et des ressources) et il tient compte de la possibilité que, sous les conditions appropriées, les acteurs peuvent générer des identités et des normes qui sont liées à une paix stable.

Il s'agit donc, pour reprendre l'expression d'Adler (1997), de «saisir le milieu du terrain». Katzenstein (1996c: 528) poursuit donc, dans son livre, l'objectif d'«élargir la position moyenne pour une analyse de la sécurité nationale», tandis qu'Adler et Barnett (1998b: 15) prétendent que les théories des relations internationales «peuvent et doivent occuper une position moyenne pragmatique entre le point de vue selon lequel les identités et les pratiques internationales ne peuvent changer, et le point de vue selon lequel tout est possible». Vue de plus près, cette «position moyenne» penche très nettement vers le positivisme, en se voulant un constructivisme qui se distingue clairement des «approches poststructuralistes non scientifiques» (12), dont ses adeptes prétendent s'engager dans la «science normale, avec toutes ses exigences» quand ils «tentent d'en faire l'explication» (Jepperson, Wendt et Katzenstein, 1996: 65). Et, comme le reconnaît volontiers un partisan d'un rapprochement entre le constructivisme et le réalisme dans le domaine des études de sécurité, l'approche épistémologique constructiviste est «conventionnelle, mais non pas critique» (Farrell, 2002: 72).

La conception de la sécurité prônée par les constructivistes conventionnels demeure assez conservatrice. Dans les deux cas, la sécurité concerne avant tout les États, comme l'indique clairement le titre de l'ouvrage dirigé par Katzenstein. De prime abord, Adler et Barnett (1998c: 30) semblent un peu

plus aventureux en voulant ressusciter le concept de Deutsch de «communauté de sécurité». Cependant, leur vision de la communauté, ou plutôt d'une «communauté de sécurité pluraliste», signifie simplement «une région transnationale composée de plusieurs États souverains». Ils ont beau proclamer que leur approche «suggère non pas simplement une façon de repenser les questions de sécurité régionale, voire globale, mais plutôt un changement de paradigme dans la théorie des relations internationales» (59), leur vision de la sécurité reste assez traditionnelle. Ils sont préoccupés par la recherche d'une voie moyenne en études de sécurité, qui offre

> un mélange d'idéalisme – qui reconnaîtrait les intérêts des États mais qui envisagerait la possibilité de progrès et la promesse d'institutions qui aideraient les États à surmonter leurs pires tendances – et le réalisme, dont les protagonistes principaux verraient le pire, mais continueraient à écrire sur les conditions qui pourraient fonder des changements pacifiques et de nouvelles formes d'organisation politique (14-15).

Autrement dit, la sécurité est avant tout une question de sécurité militaire, même si elle implique une communauté de normes et de valeurs.

Pour sa part, Katzenstein (1996b: 10) annonce d'emblée que lui et les autres contributeurs à son ouvrage adoptent «une définition étroite et traditionnelle des études de sécurité», mais admet que «l'on perdrait beaucoup, et gagnerait peu, si des études de sécurité plus larges étaient comprimées dans le domaine bien développé et plus étroit des études stratégiques» (9). Donc, la forme de sécurité qui les intéresse avant tout est la sécurité militaire. Katzenstein se montre quand même sensible aux limites du constructivisme conventionnel et reconnaît que l'évolution de la politique mondiale milite en faveur d'un «élargissement du domaine de la sécurité dans deux directions, pour comprendre des questions non militaires et des acteurs non étatiques». En outre, il accepte l'idée que les approches postpositivistes «offrent des défis plus profonds et plus dérangeants au domaine des études de sécurité nationale et à la théorie des Relations internationales que les désaccords entre différents types de théorie explicative» (Katzenstein, 1996c: 524-525).

Le concept de «communauté de sécurité» continue à être boudé par la plupart des constructivistes, malgré les espoirs d'Adler et Barnett. Par contre, les idées de Katzenstein et son équipe ont soulevé beaucoup plus de controverses. Au cœur de leur analyse se trouve la notion d'identité, qui signifie avant tout l'identité nationale. Selon Katzenstein (1996b: 24), l'identité des États «émerge de leurs interactions avec différents environnements sociaux, intérieurs et internationaux». L'identité est perçue comme une «étiquette comprenant diverses constructions de l'État et de la nation» et ce processus «est normalement politique et oppose des acteurs en conflit les uns avec les autres» (6). Les détails de ce processus ne l'intéressent pas vraiment. C'est le fait qu'un changement d'identité affecte les intérêts et influe, à son tour, sur la politique de sécurité nationale qui compte. C'est une vision d'une relation linéaire entre identité et intérêts, qui reprend les idées d'Alexander Wendt, et qui, selon Bill McSweeney (1999: 130) ignore le fait qu'il s'agisse d'un processus beaucoup plus complexe où les intérêts et les identités s'affectent de façon réciproque.

Le fait que les constructivistes «cherchent à expliquer le monde (selon les règles de la science sociale) mais non à le changer» (Farrell, 2002: 51) permet d'envisager la formulation d'un programme d'études constructivistes de sécurité «positivement positiviste et normativement neutre» qui pourrait s'engager avec le réalisme (62). Le constructivisme apporterait des explications pour des «anomalies» et des «énigmes» que le réalisme et le libéralisme n'arriveraient pas à expliquer de façon satisfaisante (65-69). L'engagement constructiviste avec le réalisme prendrait dès lors deux formes, celle de la coopération et celle de la concurrence. De leur côté, les réalistes ouverts au débat avec le constructivisme tendent à voir en celui-ci un complément utile. Selon Michael Desch (1998: 142), qui l'assimile aux «théories culturelles» en Relations internationales, ces dernières sont tout au plus «parfois utiles comme supplément aux théories réalistes». Il reconnaît qu'elles peuvent expli-

quer «des décalages entre le changement structurel et le comportement des États», mais affirme qu'elles ne remplaceront pas les théories réalistes, parce qu'«elles ont une puissance explicative très limitée» (169-170). Manifestement, les constructivistes conventionnels sont plus désireux de collaborer avec les réalistes que le contraire, ce qui laisse présager des rapports assez inégaux en faveur de ces derniers.

2.2 Renouveau et contestation: l'essor des approches «alternatives» et l'éclatement des études de sécurité

Les études de sécurité s'inscrivant dans le cadre du paradigme hégémonique possèdent la qualité d'être bien circonscrites à l'intérieur de paramètres relativement clairs, qui leur donnent une certaine cohérence. On ne peut en dire autant des approches alternatives, qui se caractérisent principalement par leur envie de dépasser les limites imposées par les courants plus traditionnels sans proposer une seule alternative cohérente. C'est ce que les partisans du paradigme hégémonique leur reprochent le plus, tandis que les différents courants contestataires se réjouissent plus de provoquer la réflexion que de proposer, et encore moins d'imposer, un véritable nouveau paradigme (Burke, 2002; Beier et Arnold, 2007; van Munster, 2007; Mutimer, 2009).

Malgré cette grande diversité, ces nouvelles approches comprennent toutes au moins deux des trois opérations suivantes: l'*élargissement*, l'*extension* et l'*approfondissement* du concept de sécurité (Wyn Jones, 1999: 93-117). La notion d'*élargissement* fait aussi partie du débat au sein du paradigme hégémonique, donc elle ne bouleverse pas en soi les études de sécurité traditionnelles. On remarquera, toutefois, que la plupart des partisans de ces approches se montrent méfiants, sinon carrément hostiles, à l'idée d'abandonner la primauté de la sécurité militaire de l'État. Avec les tentatives d'*étendre* la sécurité, on commence à entrer dans des visions plus contestataires de ce concept, puisqu'il s'agit d'aller au-delà de l'État comme objet référent, pour en proposer d'autres, tels que la société ou l'individu. Enfin, en cherchant à *approfondir* la sécurité, les partisans des approches les plus critiques proposent des conceptualisations alternatives de celle-ci – par exemple, en faisant le rapport entre la sécurité et le contexte sociopolitique, en mettant l'accent sur le besoin d'assurer l'Autre ou en liant la sécurité et l'idée de l'émancipation. On retrouve toutes ces caractéristiques dans une des conceptions les plus connues de la sécurité nées dans l'après-guerre froide, celle de la sécurité humaine (voir l'encadré 22.1, p. 473).

Un tour rapide des revues qui publient des articles sur les approches alternatives démontre qu'il s'agit d'un domaine très fleurissant, surtout en Europe. Il y a d'abord les publications plus généralement intéressées par les Relations internationales, telles que l'*European Journal of International Relations*, la *Review of International Studies*, *Millennium*, et une revue plus récente, le *Journal of International Relations and Development*, et qui réservent toutes une place importante aux débats sur les études de sécurité, et notamment aux approches non traditionnelles. Mais depuis plusieurs années, on voit apparaître des revues plus spécialisées et ouvertes tout particulièrement aux approches nouvelles. Parmi celles-ci, on peut citer les revues norvégiennes *Cooperation and Conflict* et *Security Dialogue* (publiant exclusivement en anglais) qui existent depuis les années 1960, et des publications plus récentes, comme la revue britannique *Alternatives* et la revue française *Cultures et conflits*, ainsi que la revue *International Political Sociology* créée en 2007.

Il est évidemment très difficile de circonscrire toute la diversité des approches alternatives ou contestataires. Nous nous contenterons de présenter les courants les plus répandus et, ce faisant, nous donnerons une idée des dimensions des études de sécurité nées depuis la fin de la guerre froide. Nous commencerons avec le courant le plus ancien, celui de l'École de Copenhague, qui est devenu le point de départ d'un grand nombre d'approches plus critiques. Nous nous pencherons ensuite sur la contribution des études poststructuralistes et des études féministes à la réflexion critique sur la sécurité. Elles se révèlent avoir des influences considérables dans les

diverses orientations prises par ce que l'on appelle plus largement les études critiques de sécurité.

2.2.1 Buzan, Wæver et l'École de Copenhague

Le politologue britannique Barry Buzan demeure sans aucun doute un des auteurs les plus controversés dans le domaine des études de sécurité, mais personne ne peut contester l'importance de sa contribution à cette sous-discipline. Si l'on tend à l'associer, dans un premier temps, au réalisme et au néoréalisme[8], il est associé aussi à l'École de Copenhague et à ses tentatives d'élargir la notion de sécurité au-delà de celle de sécurité nationale, et avec la relance des idées de l'École anglaise au cours des années 1990 et 2000 (voir le chapitre 11). Buzan est donc, dans une certaine mesure, inclassable, tout en restant assez proche des paramètres épistémologiques et ontologiques du paradigme hégémonique.

Avec la publication de son ouvrage le plus célèbre, *People, States, and Fear*, en 1983, Buzan remettait en cause la conception étriquée de la sécurité de l'époque en proposant d'étendre celle-ci au-delà du militaire pour y inclure quatre autres secteurs : l'économique, le politique, le sociétal et l'environnemental. Sans remettre en cause le modèle stato-centré des Relations internationales, ce livre détonnait par rapport au discours sécuritaire dominant, ce qui a amené un des fondateurs des approches critiques en études de sécurité à le qualifier de « l'analyse la plus complète » du concept de sécurité en Relations internationales « jusqu'à maintenant » (Booth, 1991 : 317). Publié dans une version totalement révisée en 1991 et à laquelle nous référons ici, le texte de Buzan est devenu par la suite un point de référence, autant pour ses partisans que pour ses détracteurs, surtout en Europe.

Dans cet ouvrage, Buzan affirme vouloir réconcilier deux traditions opposées, le réalisme et l'idéalisme. Pour ce faire, il prend comme point de départ

---

8. Voir, par exemple, sa tentative de renouveler le néoréalisme, avec l'ouvrage *The Logic of Anarchy : Neorealism to Structural Realism*, rédigé en collaboration avec Charles Jones et Richard Little (1993) et son article en faveur du réalisme, « The timeless wisdom of realism ? » (1996).

Encadré 22.1
Un exemple de l'élargissement, de l'extension et de l'approfondissement
du concept de sécurité : la sécurité humaine

Le concept de « sécurité humaine » entra dans le vocabulaire officiel des relations internationales avec la publication du *Rapport mondial sur le développement humain* de 1994 du Programme des Nations unies pour le développement (PNUD). Il se voulait une reconceptualisation radicale de la sécurité qui illustre bien tout le potentiel d'une nouvelle façon d'envisager la sécurité et toutes les difficultés pratiques de définition et d'opérationnalisation que cet exercice soulève. Le rapport de l'ONU identifia quatre traits essentiels de la sécurité humaine et que l'on retrouve dans la plupart des définitions de ce concept : elle est une préoccupation universelle ; ses diverses composantes sont interdépendantes ; elle est plus facile à assurer par la prévention que par l'intervention ; elle est axée sur les personnes (*extension*). Il l'a définie comme la sécurité contre des menaces chroniques, telles que la faim, la maladie et la répression ; la protection contre des perturbations soudaines et nocives dans le mode de vie quotidienne (*élargissement*). L'ONU a confirmé son attachement à la notion de sécurité humaine en adoptant le principe de « Responsabilité de protéger » en 2005.

La définition du concept de sécurité humaine demeure, toutefois, assez floue. La plupart des définitions comprennent l'idée d'être libéré de la peur et du besoin (*approfondissement*). La peur signifie un sentiment d'insécurité ou de menace réelle dans une section bien identifiable de la population, et donc la nécessité de protection non seulement contre les abus physiques, l'oppression pour des raisons politiques, religieuses ou ethniques, mais aussi des maladies infectieuses, causés par d'autres groupes à l'intérieur ou à l'extérieur de la société, ou même par l'État. Être libéré du besoin implique l'idée qu'il existe un niveau de vie de base qui est refusé à des sections importantes de la communauté humaine et dont il faut s'occuper. Autrement dit, la sécurité humaine ne doit pas être concernée uniquement par des menaces et des insécurités immédiates ou appréhendées, mais doit toucher aussi

les conditions qui favorisent l'émergence de ces menaces et insécurités. Les cibles principales de la sécurité humaine sont avant tout les « populations vulnérables » des pays en voie de développement, telles que les minorités ethniques et religieuses et les enfants.

Mais qui décide qu'une question relève de la sécurité humaine ? Les gouvernements occidentaux, les ONG, les universitaires et l'ONU ont tous participé à la définition des menaces et des insécurités qui feraient partie de l'ordre du jour de la sécurité humaine. Seules l'ONU et les organisations appuyées par l'ONU disposent de la crédibilité et de la légitimité nécessaires pour définir de façon opérationnelle la sécurité humaine, mais en dernière analyse tout dépend de la capacité et de la volonté des États membres.

Enfin, comment pratiquer la sécurité humaine ? Manifestement, elle implique une atteinte à la souveraineté nationale, un des piliers du système international contemporain. Invoquer le principe de la souveraineté nationale/étatique permet à un gouvernement de proclamer le droit de faire ce qu'il veut sur son propre territoire sans avoir de comptes à rendre à qui que ce soit. Mais invoquer la sécurité humaine peut être interprété aussi comme un moyen pour des gouvernements occidentaux d'imposer leurs valeurs à des sociétés qui ne les partagent pas. Cela signifie que l'on doit faire très attention avant de s'embarquer dans un programme de sécurité humaine qui nécessite une intervention militaire. Les ententes et les traités internationaux représentent souvent une façon plus efficace d'appliquer les principes de la sécurité humaine, comme dans le cas du traité sur l'utilisation des mines anti-personnel. Mais c'est la prévention qui constituerait la meilleure façon de traiter des questions touchant la sécurité humaine, en particulier à travers des programmes d'aide et de développement, menés par les gouvernements nationaux, les ONG et l'ONU et ses agences spécialisées.

les trois « images » de Waltz (1959) (voir le chapitre 5) et suggère de considérer la sécurité à partir de trois points de vue distincts, soit celui de l'individu, de l'État et du système international. Toutefois, la sécurité de l'individu et celle du système international restent subordonnées à celle de l'État. Ce dernier peut être « fort » ou « faible ». C'est d'ailleurs cette caractéristique qui distingue l'analyse de Buzan de celle

de Waltz, pour qui la force et la faiblesse des États se mesurent uniquement en termes de capacités matérielles, tandis que pour Buzan, la force et la faiblesse des États dépendent de leur niveau de stabilité institutionnelle et de leur cohésion sociopolitique interne (Buzan, 1991 : 90). Puisque les contextes interne et international sont inextricablement liés, une relation d'interdépendance s'établit entre les deux « images »

Encadré 22.2
Les cinq secteurs de l'ordre du jour sécuritaire élargi de Buzan et de l'École de Copenhague

1. Le secteur *militaire*, qui concerne l'interaction entre les « capacités armées offensives et défensives des États » et leurs perceptions des intentions des uns et des autres.

2. Le secteur *politique*, qui concerne la « stabilité organisationnelle des États, des systèmes de gouvernement et les idéologies qui leur donnent de la légitimité ».

3. Le secteur *économique*, qui concerne l'« accès aux ressources, aux finances et aux marchés nécessaires pour soutenir des niveaux acceptables de bien-être et de puissance étatique ».

4. Le secteur *sociétal*, qui concerne la « durabilité, à l'intérieur de conditions acceptables pour leur évolution, de modes traditionnels de langue, de culture et d'identité religieuse et nationale, et de coutumes ».

5. Le secteur *environnemental*, qui concerne le « maintien de la biosphère locale et planétaire comme le système de soutien essentiel dont dépendent toutes les autres entreprises humaines ».

Source: Buzan (1991 : 19-20)

et fait en sorte qu'il devient analytiquement ardu de déterminer si une menace à la sécurité d'un gouvernement provient de l'extérieur ou de l'intérieur. Tout en considérant, comme Waltz, que la structure internationale conditionne le comportement des États, Buzan identifie divers degrés d'anarchie, qui évoluent sur toute une gamme, allant de l'anarchie « immature » à l'anarchie « mûre ». Dans le cas extrême d'anarchie immature, les États ne seraient maintenus sur le plan intérieur que par la force de la direction d'une élite, ne reconnaîtraient aucun autre État souverain que lui-même et les relations interétatiques seraient fondées sur une lutte perpétuelle pour la domination. Il s'agirait d'un système international instable. Par contre, une anarchie très mûre serait très proche de la notion de société internationale dans le sens entendu par l'École anglaise (175-176).

Ces variations s'expriment sur le plan régional où des États coexistent à l'intérieur d'un « complexe de sécurité », que Buzan définit comme un « groupe d'États dont les préoccupations sécuritaires principales les lient de façon suffisamment intime au point que l'on peut difficilement considérer la sécurité nationale de chacun séparément de celle des autres » (190). Le concept de complexe de sécurité sert, en fait, à intégrer les diverses déclinaisons d'anarchie qui varient selon les facteurs internes d'un État.

En somme, Buzan cherche à se démarquer de l'analyse néoréaliste orthodoxe en analysant la sécurité à trois niveaux (intra-étatique, étatique et inter-

national) et en tenant compte de cinq secteurs (militaire, politique, économique, sociétal et écologique). Malgré tout, son approche reste fortement ancrée dans une conception stato-centrée et ne s'inscrit pas tout à fait en opposition avec la tradition dominante des études de sécurité, car la sécurité de l'individu, tout comme celle de l'État, est perçue comme relationnelle et interdépendante et la « création d'États plus forts est une condition nécessaire, à la fois pour la sécurité nationale et pour la sécurité individuelle » (Buzan, 1991 : 57).

People, States, and Fear a connu peu de succès dans les cercles universitaires américains, mais a eu une influence profonde et déterminante sur le champ des études de sécurité en Europe au point de devenir rapidement un classique et une référence incontournable. Le concept de sécurité sociétale, et plus particulièrement celui de complexe régional de sécurité, ont influencé les travaux d'un groupe de chercheurs du défunt Conflict and Peace Research Institute (COPRI) de Copenhague, mieux connu sous le nom d'École de Copenhague[9]. Le point d'entrée commun

9. Bill McSweeney (1996) a popularisé cette étiquette dans un article intitulé « Identity and Security : Buzan and the Copenhagen School », pour désigner ce groupe de recherche créé en 1985. Les travaux les plus cités du groupe sont : Wæver*et al.*, 1993 ; Wæver, 1995 ; Buzan *et al.*, 1998. Leur dernier ouvrage est Buzan et Wæver, 2004. Pour une synthèse des idées principales de ce courant en français, voir Wæver, 1998a. Le COPRI a été aboli en 2002, pour être incorporé au Dansk Centre for Internationale Studie og

aux chercheurs de ce courant est un questionnement politique et éthique face à la possibilité d'élargir ou non la notion de sécurité, et d'analyser les conséquences qui résultent de ce choix. Le débat opposant les analystes traditionnels, inquiets que «tout devienne un enjeu de sécurité», et les analystes plus critiques, favorisant un élargissement du concept de sécurité afin d'englober le plus de secteurs et de référents de la sécurité possibles a amené les chercheurs de l'École de Copenhague à se pencher sur les implications du discours sécuritaire. Définir ce qu'est la sécurité et favoriser une meilleure compréhension des processus qui transforment une question politique, sociale, économique ou environnementale en un enjeu de sécurité sont centraux à l'entreprise de ce courant, qui souhaite développer une voie mitoyenne entre les approches orthodoxes et critiques de la sécurité.

Loin de proposer simplement un élargissement indéfini de la sécurité qui se voudrait une alternative à une définition réduite au domaine militaire, l'École de Copenhague reprend, par un souci de parcimonie, l'idée proposée par Buzan *et al.* (1998: 8) des cinq secteurs pouvant potentiellement être sécurisés.

Bien que Buzan soit l'un des auteurs les plus influents de cette École et que celle-ci ait repris certains concepts importants qu'il a développés dans *People, States, and Fear*, plusieurs aspects des travaux des chercheurs de ce courant marquent une rupture avec cet ouvrage. En particulier, ils ont pris un tournant en développant le concept de sécurité sociétale (voir Wæver *et al.*, 1993). Alors que la sécurité de l'État met l'accent sur la souveraineté, la sécurité sociétale insiste sur l'identité et représente les capacités d'une société à maintenir ses coutumes, sa culture, sa religion et son identité nationale (Buzan *et al.*, 1998: 119-123). Sans abandonner totalement l'idée de l'État comme référent principal de la sécurité, une nouvelle dualité s'installe avec l'École de Copenhague entre la sécurité de l'État et la sécurité de la société,

entre la souveraineté et l'identité comme critères ultimes respectifs:

> Le critère ultime de la sécurité de l'État est la *souveraineté*, celui de la sécurité sociétale est l'*identité*. Les deux notions impliquent la survie. Un État qui perd la souveraineté ne survit pas en tant qu'État; une société qui perd son identité craint qu'elle ne puisse plus vivre comme *elle-même* (Wæver, 1995: 67. Souligné dans l'original).

Comme nous le verrons à la section suivante, la notion de sécurité sociétale provoquera beaucoup d'opposition dans le camp des études critiques de sécurité, surtout chez les constructivistes critiques. Ce n'est toutefois pas avec ce concept que l'École de Copenhague laissera le plus sa marque. En effet, une de ses contributions les plus importantes aux études de sécurité est le concept de **sécurisation**, développé surtout par Wæver. Selon ce dernier, il faut concevoir la sécurité comme un **acte de langage** (*speech act*), où le simple fait d'affirmer que quelque chose est un enjeu de sécurité fait en sorte que celui-ci le devient: «*En nommant un certain développement un problème de sécurité, l'"État" peut réclamer un droit spécial*, droit qui sera toujours défini, en dernière analyse, par l'État et ses élites» (Wæver, 1995: 54. Italiques dans l'original). La sécurisation signifie donc un processus où l'on nomme un objet référent de la sécurité et où l'on identifie les sources des menaces contre celui-ci. C'est «la démarche qui transporte la politique au-delà des règles du jeu établies et formule la question ou bien comme étant une forme spéciale de la politique ou bien comme étant au-dessus de la politique» (Buzan, Wæver et de Wilde, 1998: 23-24). La tentative de sécurisation réussit dans la mesure où on arrive à convaincre son auditoire de la nécessité de cette démarche sécurisante. Une des critiques adressées à l'École de Copenhague est d'ailleurs de savoir *qui* constitue cet auditoire. Comment le définir? Est-ce l'État? Les représentants de l'État? La communauté épistémique des chercheurs en Relations internationales? La population civile?

Ce concept de la sécurisation continue néanmoins de faire de l'École de Copenhague un interlocuteur obligé des études critiques de sécurité (Aradau, 2004;

Menneskereltigheder (Centre danois pour les études internationales et les droits de l'Homme) en janvier 2003.

Balzacq, 2005; Muller, 2004; Stritzel, 2007; Floyd, 2007; Salter, 2008a). La notion même de sécurisation continue d'alimenter la réflexion dans les études critiques de sécurité, car elle pose en elle-même les limites de ce que la sécurité désigne, nomme ou gouverne: «La sécurisation n'est jamais bonne en soi. La sécurité n'est pas une méta-valeur, primant sur les libertés. [...] mais il suffit d'analyser la sécurité comme un processus d'(in)sécurisation au sein d'un triptyque, afin de retrouver les "limites" de la sécurité» (Bigo, 2005a). L'École de Paris a d'ailleurs proposé une interprétation de la sécurisation qui insiste davantage sur l'aspect routinier des activités sécuritaires plutôt que sur leur caractère exceptionnel tel que proposé par l'École de Copenhague (Bigo, 1998).

Manifestement, l'École de Copenhague a soulevé, et continue de soulever, énormément de controverses chez les partisans des différentes approches alternatives en études de sécurité. Néanmoins, la plupart de ces derniers reconnaîtraient, avec Steve Smith, que les travaux de ce courant constituent «un des développements les plus intéressants dans l'étude contemporaine de la sécurité» (Smith, 2005: 37). Avant d'en arriver aux études critiques de sécurité proprement dit, il serait important de souligner d'abord l'apport crucial de deux catégories d'approches – présentées en détail dans les chapitres 15 et 16 – qui vont influencer considérablement la réflexion critique sur la sécurité: les approches poststructuralistes et féministes.

2.2.2 Études de sécurité poststructuralistes

En Relations internationales, la réflexion poststructuraliste (voir le chapitre 15) sur la sécurité s'est faite en filigrane de la réflexion sur la souveraineté et de l'identité. Il convient donc de situer son apport à l'égard de la sécurité dans le contexte plus large de sa conceptualisation des Relations internationales. Le grand mérite des études poststructuralistes de sécurité a été de mettre en relief l'interrelation étroite, voire l'imbrication, entre les concepts de sécurité, d'identité et de souveraineté dans les discours de sécurité des approches orthodoxes en Relations internationales (Klein, 1994; Dillon, 1996; Campbell,

1998). Les études poststructuralistes de sécurité permettent en outre d'établir comment les changements qui s'opèrent dans les processus discursifs de sécurité/ sécurisation affectent tout autant la conception de l'identité que la souveraineté des sujets et objets mis en cause. Leur objectif principal est de remettre en cause le choix de l'État comme seul objet de référence de la sécurité et de critiquer le discours des études de sécurité traditionnelles (les «études stratégiques») comme étant une pratique politique à la défense de l'État. Les dimensions éthique et politique sont ramenées au cœur de la réflexion sur la sécurité, où la sécurité est à la fois un concept, une politique et une stratégie.

Le dernier ouvrage de Lene Hansen (2006), *Security as Practice: Discourse Analysis and the Bosnian War*, constitue d'ailleurs la meilleure introduction aux analyses et études poststructuralistes de la sécurité en proposant un premier guide méthodologique de recherche qui sera certes la référence incontournable pour des études poststructuralistes de sécurité. Hansen (2006: xix) soutient avec raison qu'il est grand temps que le poststructuralisme investisse le champ méthodologique qu'il a délaissé aux seuls rationalistes et constructivistes en Relations internationales. Elle permet ainsi de mettre en termes clairs les façons de faire une recherche poststructuraliste où, la méthodologie devient «une façon de communiquer les stratégies et les choix d'écriture que tous, les déconstructivistes et les postmodernistes également, empruntent» (xix). Toujours selon Hansen, on échappe ainsi à une discussion où le déconstructionnisme derridien serait vu comme une non-méthode face au positivisme et au rationalisme, comme si les positions déconstructionnistes se faisaient dans un vide méthodologique, dans un espace exempt de stratégies, d'inclusions et d'exclusions.

Face aux prétentions des tenants des approches orthodoxes à décrire la «réalité telle qu'elle est», les poststructuralistes affirment que défendre une vision de la sécurité essentiellement axée sur l'État correspond à un engagement normatif, autant dans l'acception de certains *a priori* (notamment celui que l'État représente la structure politique par laquelle passe la sécurité) que dans les effets qui découlent d'un tel choix (Walker, 1997 : 62). Les études poststructuralistes de sécurité établissent ainsi un lien étroit entre politique, sécurité et identité et s'intéressent à

> un ensemble particulier de questions de recherche centrées sur la signification constitutive de représentation de l'identité pour formuler et débattre les politiques étrangères, et il [le poststructuralisme] affirme qu'adopter une épistémologie non causale n'implique pas que l'on abandonne des cadres théoriques rigoureux, l'analyse empirique « pertinente au monde réel » ou des évaluations systématiques de données et de la méthodologie (Hansen, 2006 : 5).

L'apport fondamental d'une approche poststructuraliste est donc d'affirmer que la sécurité n'est pas simplement associée à la protection de l'État : elle est partie intégrante d'un état d'être (*state of being*) que l'on construit, renouvelle ou modifie (Burke, 2007). Défendre la sécurité de l'État, c'est en même temps participer à la consolidation de son identité : l'analyste *crée* l'État en même temps qu'il le *décrit*, un choix normatif fait dans la mesure où le politique reste associé (et limité) à la structure étatique, qu'il faut sécuriser. Parler de la sécurité nationale revient à cautionner l'idée de souveraineté, à la créer littéralement en établissant des frontières internes/externes. On constate dès lors que les approches poststructuralistes, en contestant les structures dominantes de pouvoir, se trouvent à critiquer l'État comme structure monopolisante de la sécurité et montrent comment sécuriser ce dernier revient à cautionner un faux rapport de souveraineté/anarchie. L'idée très hobbesienne que l'État correspond à une structure qui monopoliserait le pouvoir et que ce dernier se retrouverait politiquement concentré et rationnellement contrôlé à l'intérieur de frontières bien établies est contestée. Sous des apparences unitaires, l'État masque la fragmentation du pouvoir politique et la recherche de contrôle de la différence, nécessaire pour créer une unité à l'intérieur des structures étatiques. C'est justement la manière dont l'État met des politiques en place et aux dépens *de qui* ces politiques sont appliquées qui attire l'attention des poststructuralistes (Martin, 2002 : 58).

Les poststructuralistes remettent en question tout fondationnalisme et critiquent les postulats épistémologiques, méthodologiques et ontologiques des études orthodoxes de sécurité. Ils considèrent que la notion de souveraineté correspond au signifiant principal (*master signifier*) du discours sécuritaire traditionnel, c'est-à-dire le point central autour duquel les autres significations sont mises en relation et temporairement figées (Edkins, 2002 : 72). Ils vont critiquer les approches orthodoxes de la sécurité en affirmant que la reconnaissance de la souveraineté ne peut s'établir que par la constatation de son absence, c'est-à-dire par la reconnaissance d'un espace extérieur à l'espace souverain. La sécurité devient associée avec la souveraineté, ce qui permet du même coup de prétendre que l'insécurité existe et se trouve à l'extérieur des limites de l'État. Cette conception empêche donc de penser l'insécurité comme quelque chose d'inhérent à la construction de l'État, l'État ne pouvant être une menace en soi : « […] la sécurité est le supplément qui produit une semblance de réalité et de souveraineté, c'est ce qui nous assure que le signifiant dominant, l'État souverain, est présent et que nous sommes hors de danger » (Edkins, 2002 : 73). Comme l'État souverain se construit par rapport à un antagonisme imaginaire, soit l'espace anarchique, il acquiert un caractère d'insécurité, et qui est contingent à la formation de l'État.

Le lien entre identité, État et sécurité est au cœur des interprétations poststructuralistes de la sécurité. Le discours du danger devient la condition d'existence de l'État : les États ne sont jamais achevés en tant qu'entités. Ce paradoxe, inhérent à l'existence de l'État comme sujet politique, fait que celui-ci doit constamment se reproduire. Sécuriser l'identité nationale exige dès lors que l'on mette l'accent sur la nature inachevée et dangereuse du monde. C'est, par exemple, la façon dont les États-Unis consolident leur identité nationale en déclarant défendre la démocratie et la civilisation face à des terroristes musulmans qui agiraient comme des barbares. Conséquemment, la sécurité nationale de l'État reste intimement liée à la construction de son identité : « En liant manifestement l'identité américaine au danger, le président

477

souligne la nécessité de l'interprétation pour définir une menace [...]: que les frontières de l'identité d'un État sont acquises par la représentation du danger inhérent dans la politique étrangère» (Campbell 1998: 3). En somme, s'il est admis que les poststructuralistes sont sceptiques devant l'idée de pouvoir «sécuriser» le monde (Aradau, 2004, 2008), ils nous convient néanmoins à «imaginer un nouveau dialogue de la sécurité, non pas dans la poursuite d'un objectif utopique, mais dans la reconnaissance du monde tel qu'il est, autre que nous» (Der Derian, 1995: 26).

2.2.3 Études de sécurité féministes

Très associées aux poststructuralistes dans les marges des études de sécurité, et notamment dans leur critique de la sécurité nationale, les féministes prétendent que la logique de la conception traditionnelle de la sécurité présuppose un contrat social implicite entre les États eux-mêmes. Cette dernière ne remet pas en question l'idée que l'État constitue *la* source d'insécurité:

> Les États, selon cette perspective, sont une sorte de «mafia protectrice» qui, par leur existence en tant que «protecteurs» intimidants, créent des menaces «à l'extérieur» et font ensuite payer à leur population «protégée» l'insécurité que ces menaces créent «à l'intérieur». Au nom de la protection, les États demandent le sacrifice de citoyens marqués par le genre: les soldats par le truchement de la conscription et les mères par le dévouement de leur existence à la socialisation de ces citoyens dévoués à l'État souverain (True, 2005: 226-227).

Plusieurs travaux récents indiquent la vigueur des critiques féministes dans l'étude de la sécurité (Hoogensen et Rottem, 2004; Caprioli, 2004b; Agathangelou et Ling, 2004; Brunner, 2005; Hudson, 2005; Pin-Fat et Stern, 2005; Carpenter, 2006; Cockburn, 2007; Sjoberg et Gentry, 2007; Aradau, 2008; Shepherd, 2008, 2009; Sjoberg, 2008, 2009; Alison, 2004, 2009; Shepherd, 2010; D'Aoust, 2010).

Dans un monde de plus en plus interconnecté et en quête de sécurité globale, les féministes cherchent à outrepasser le schème de pensée traditionnelle qui limite la conception de la sécurité à la simple logique de la sécurité nationale. Puisque l'État ne correspond pas à une structure objective et qu'il s'est constitué historiquement au détriment de certains groupes, notamment sur la base d'une logique masculiniste, faire d'un enjeu une question de «sécurité nationale» revient à le structurer de manière à consolider et à perpétuer des relations de pouvoir, dont celles basées sur le genre (Peterson, 1992c: 33). L'État représente un corps politique (masculin) en particulier et s'est formé selon des structures de pouvoir où certains ont eu plus voix au chapitre que d'autres; il s'agit donc de mettre en lumière «qui» l'État prétend représenter objectivement et «qui» l'on cherche exactement à protéger en faisant d'un enjeu un enjeu de sécurité nationale: «Des rapports que nous imaginions autrefois privés ou simplement sociaux sont en fait infusés de pouvoir, normalement d'un pouvoir inégal, jouissant du soutien des autorités» (*ibid.*: 45-46). Loin de représenter une structure sécuritaire, le système interétatique actuel est une source profonde d'insécurité systémique, surtout pour les femmes, autant sur le plan interne qu'externe (*ibid.*: 32).

En concentrant leur attention sur la violence directe (à l'État) comme menace à la sécurité, les analyses traditionnelles évacuent les sources d'insécurité générées par des menaces d'ordre systémique. L'exposition du rôle fondamental que jouent les dichotomies public/privé et interne/externe dans la compréhension/consolidation des relations amène les féministes à rejeter les définitions traditionnelles de la sécurité: «Les appareils militaires étatiques créent leurs propres dilemmes de sécurité en présentant le contrôle androcentrique et le pouvoir sur les autres comme étant la définition du jeu; un jeu auquel on nous persuade de jouer afin d'obtenir les gains absolus et relatifs de la sécurité de l'État» (True, 2005: 227). Les féministes vont chercher ainsi à montrer comment l'État est complice de l'insécurité vécue par ses propres citoyens et vont poser des questions sur la façon dont nous en sommes venus à considérer, malgré tout, l'État comme l'ultime instance décidant de la sécurité et de la liberté. Elles se demandent également à quelles identités nous nous identifions pour rechercher/cautionner la protection de l'État («le guerrier juste»? «La belle âme dévouée»?).

Comme le souligne Jean Bethke Elshtain, le profond malaise que plusieurs éprouvent à l'idée de femmes guerrières et à la reconnaissance que celles-ci peuvent être aussi loyales, héroïques, voire sanguinaires, que les stéréotypes associés aux hommes guerriers, vient sans contredit renforcer la construction libérale de l'identité masculine associée à l'État: «La guerre est le moyen d'obtenir une reconnaissance, de passer, dans un certain sens, le test définitif de la masculinité politique. [...] L'homme devient ce qu'il était d'une certaine façon amené à devenir en se faisant absorber par les grands torrents de la vie: la guerre et l'État» (Elshtain, 1992: 143).

Les approches féministes de la sécurité ne vont pas se limiter aux femmes pour analyser la sécurité, mais vont également intégrer le genre pour chercher à comprendre comment certaines normes de féminité et de masculinité influencent la perception de ce qu'est la sécurité. À ce titre, l'analyse de Carol Cohn (1987) du langage utilisé par les spécialistes des théories nucléaires reste exemplaire. Plusieurs études ont démontré que les femmes, loin d'être passives en temps de guerre, peuvent y participer pleinement comme chefs de communauté et comme combattantes. Par exemple, on peut penser aux combattantes de la Deuxième Guerre mondiale en URSS, ou encore aux femmes kamikazes et aux femmes servant dans divers corps d'armée. Ajouté à cette réalité, lorsqu'on sait qu'en moyenne 90% des pertes de vies humaines occasionnées par les conflits actuels touchent des populations civiles, il devient impensable de dire que la guerre et la sécurité sont d'abord et avant tout «une affaire d'État» et «une affaire d'hommes», qui justifient que les femmes en soient exclues (Peterson et Runyan, 1999: 117).

Les liens existants entre sécurité, militarisme et promotion de la masculinité sont au cœur de nombreuses études féministes:

Une perspective féministe de la sécurité tiendrait pour acquis que la violence, qu'elle soit dans la sphère internationale, nationale ou familiale, est intercon-nectée. La violence familiale doit être comprise dans le contexte de relations de pouvoir élargies: elle survient à l'intérieur d'une société marquée par le genre au sein de laquelle le pouvoir masculin domine à tous les niveaux (Tickner, 1992: 58)

Les différentes tortures à connotation ou de nature sexuelle infligées aux prisonniers d'Abu Ghraib sont l'expression éloquente de toute la pertinence et la nécessité de considérer le genre, la masculinité et la féminité sérieusement lorsque vient le temps de penser la guerre et la sécurité.

Quels liens existent-ils entre la promotion d'une certaine conception de la masculinité au sein de l'armée et le haut degré de cas de violence domestique au sein des familles de militaires? Comment expliquer que les homosexuels soient acceptés au sein de l'armée américaine dans la seule mesure où ils cachent leur orientation et que les lesbiennes soient généralement acceptées (Cohn, 1998)? Pourquoi est-il si important pour le gouvernement américain de signer des ententes formelles de «Repos et de Détente» (*Rest and Relaxation Agreements*) avec les pays où se trouvent des bases militaires pour assurer un «approvisionnement» constant et contrôlé de prostituées pour leurs militaires? Comment expliquer que le viol en temps de guerre est construit comme «normal et inévitable»? Toutes ces questions impliquent l'étude de liens, souvent plus étroits qu'on ne l'aurait imaginé, entre l'État, la sécurité, le genre et la masculinité. En somme, les approches féministes de la sécurité vont faire en sorte d'expliciter: qui s'agit-il de sécuriser? Au profit/au détriment de qui ou de quoi les politiques de sécurité s'effectuent-elles? *Que* sacrifie-t-on et *qui* sacrifie-t-on au nom de la sécurité?

3. Les études critiques de sécurité

Les études critiques de sécurité vont beaucoup plus loin que l'École de Copenhague et le constructivisme conventionnel et s'inspirent considérablement des études poststructuralistes et féministes. Les divers courants qui constituent le champ des études critiques de sécurité se divisent essentiellement entre trois grandes tendances: 1) une première, qui s'inspire de l'École de Francfort, est associée à l'École d'Aberystwyth et, sous la plume de Ken Booth (2007), a développé la «Théorie de la sécurité mondiale»; 2) une deuxième concerne les études constructivistes critiques de sécurité; et 3) une troisième s'est développée autour du livre *Critical Security Studies* dirigé par Keith Krause et Michael Williams (1997a) et qui est connue simplement comme les «études critiques de sécurité».

3.1 L'École d'Aberystwyth
ou la Théorie de la sécurité mondiale

Le premier sous-groupe des études critiques de sécurité apparaît comme un ensemble beaucoup plus unifié sur le plan théorique, et qui s'est articulé autour des figures de Ken Booth et de Richard Wyn Jones, à l'origine tous les deux professeurs à l'Université du Pays de Galles à Aberystwyth. Contrairement aux études critiques de sécurité inscrites dans l'ouvrage de Krause et Williams, Booth et Wyn Jones ont un projet de reconstruction des études de sécurité assez clair et défini. Celui-ci puise ses origines dans les travaux des partisans de la Théorie critique de l'École de Francfort (voir le chapitre 14), et surtout leur engagement en faveur de l'émancipation.

Dès 1991, dans un texte intitulé «Security and Emancipation», Booth jetait les bases de cette approche aux études critiques de sécurité, qu'il qualifiait alors de «réalisme utopique». Si la sécurité correspond à l'absence de menaces, soutient-il (1991: 318), alors «les crises économiques, l'oppression politique, la limitation des ressources, la surpopulation, les rivalités ethniques, la destruction de la nature, le terrorisme, la criminalité et les maladies» correspondent à des menaces beaucoup plus réelles et concrètes que les «occasionnels États voisins napoléoniens». Par ailleurs, une approche stato-centrée et militariste est devenue totalement inadéquate pour rendre compte des enjeux de sécurité actuels (313). Les partisans de ce courant prônent donc non seulement l'*élargissement* et l'*approfondissement*, mais également l'*extension* de la sécurité en proposant une ontologie «comprenant un ensemble plus vaste de référents pour la sécurité que l'État souverain, allant des individus jusqu'à l'humanité tout entière» (Booth, 2005a: 14).

Conformément aux préceptes de l'École de Francfort, ils proposent d'axer leur conception de la sécurité autour de la notion d'émancipation, qu'ils présentent sous trois aspects. Premièrement, l'émancipation peut être considérée comme un *ancrage philosophique*. En d'autres termes, elle peut servir de point de référence pour évaluer la validité et la valeur d'une proposition. Deuxièmement, l'émancipation est un *processus en évolution*, qui exige une critique immanente constante, et ne peut donc jamais se réaliser totalement. Troisièmement, l'émancipation peut servir de *guide tactique* afin d'atteindre des objectifs. Ici, les convictions théoriques et politiques se conjuguent avec l'émancipation au sein de projets de reconstruction concrets (Booth, 2005: 182). L'émancipation est à la fois un discours théorique et une praxis. Elle n'est donc pas «un concept immuable et universel; [l'émancipation] ne peut se réaliser aux dépens des autres; et elle n'est pas synonyme d'occidentalisation» (Smith, 2005: 42).

3.2 Les études constructivistes critiques de sécurité

Pour les partisans des *études constructivistes critiques de sécurité*, la sécurité est une construction sociale, c'est-à-dire, pour paraphraser Wendt, que «la sécurité est ce que l'on fait» et ce qu'on en dit. Dans le débat sur la conceptualisation de la sécurité, les tenants du constructivisme critique se positionnent surtout par rapport aux idées clés de l'École de Copenhague. En premier lieu, ils critiquent Wæver, Buzan *et al.* pour leur stato-centrisme, qui n'est que peu atténué, à leurs yeux, par l'idée d'une division entre sécurité nationale et sécurité sociétale. Tous rejettent la coupure entre intérieur et extérieur, si importante dans les approches traditionnelles en Relations internationales, et reprise par l'École de Copenhague. Ils parlent plutôt en termes de champ de sécurité, que Huysmans (2002: 45) définit simplement comme «un champ des pratiques de la sécurité qui est conceptualisé à l'écart des autres champs des pratiques» en préférant se limiter à indiquer les conditions qui entourent une définition de la sécurité.

Tout en accueillant favorablement l'idée de l'École de Copenhague d'étendre la conception de la sécurité à la société, les constructivistes critiques manifestent un malaise évident vis-à-vis du concept de sécurité sociétale, tel qu'il a été défini par Wæver[10]. Au fond de ce malaise se trouve ce que Huysmans appelle le «dilemme normatif d'écrire la sécurité» auquel font face tous les analystes. Chacun doit se poser la question: «Comment puis-je interpréter les problèmes de sécurité dans le domaine sociétal de façon à ce que je réduise le risque de reproduire la sécurisation même de ce domaine», par exemple en transformant l'immigration en un problème de sécurité sociétale, avec toutes les conséquences qu'une telle idée pourrait entraîner (Huysmans, 2002: 47)? Les reproches les plus sévères à l'égard de ce concept viennent de McSweeney (1999: 69-78), qui rejette la conception de la société de l'École de Copenhague comme «objectiviste et durkheimienne [...], qui a pour résultat une conception quasi positiviste de l'identité», où on présente la société comme ayant une identité unique et qui n'indique aucun critère qui permettrait d'arbitrer entre les prétentions d'identités concurrentes. Ce faisant, on oublie que «l'identité n'est pas un fait de société; elle est un processus de négociation entre les gens et les groupes d'intérêt». Enfin, McSweeney reproche à Wæver et à ses collègues de tenir pour acquis «sans preuve à l'appui» que la question de la survie d'une société est forcément seulement une question d'identité, et d'avoir ainsi une vision unidimensionnelle et partielle des menaces à la sécurité de la société.

Bien que Wæver (1998b: 32) déclare qu'«étudier la sécurisation, c'est étudier les luttes de pouvoir autour d'un concept», il se contente d'affirmer que c'est l'affaire des élites. Huysmans (2002: 55) lui reproche de ne jamais indiquer *qui* parle au nom de la société, car ce ne sont pas nécessairement les mêmes personnes que celles qui parlent au nom de l'État. Les

constructivistes critiques rejettent aussi l'idée que la sécurisation doit se limiter à un acte de langage. Ainsi, Weldes *et al.* (1999: 17-18) affirment l'importance des pratiques non linguistiques, et insistent sur le fait que les discours sont des sites de pouvoir, et cela d'au moins deux façons importantes. En premier lieu, certains discours sont plus puissants que d'autres parce qu'ils font partie du pouvoir institutionnel. Ensuite, parce que les discours portent la capacité de définir et de constituer le monde, «ces représentations d'insécurité sont elles-mêmes des sources importantes de pouvoir». Bien qu'ils soulignent l'importance du rôle joué par les représentants officiels de l'État dans ce processus, ils reconnaissent volontiers que d'autres groupes ou individus peuvent définir aussi des insécurités.

3.3 Les études critiques de sécurité

La troisième mouvance, communément appelée «études critiques de sécurité», tire d'abord son nom du livre de Krause et Williams (1997), qui a ouvert la voie aux études critiques de sécurité. Elle compte en ses rangs plusieurs des interlocuteurs constructivistes critiques, notamment Jef Huysman et Didier Bigo (les deux principaux noms associés à l'École de Paris) ainsi que Michael Williams. Cela dit, l'ouvrage dirigé par Krause et Williams constituait surtout une invitation à ouvrir le débat sur la conceptualisation de la sécurité et n'avait aucune ambition de créer une nouvelle orthodoxie ni d'analyser l'impact du concept d'études «critiques» de sécurité sur les plans méthodologique et politique (Krause et Williams, 1997b: viii). Il n'est donc pas étonnant d'y retrouver des chapitres représentant un ensemble d'approches assez hétérogènes, allant du constructivisme critique au poststructuralisme, en passant par le féminisme et même le «réalisme subalterne». Ici, l'expression «études critiques de sécurité» remplit avant tout une fonction typologique, celle d'être «un label utile sous lequel on peut regrouper toutes ces approches contemporaines de la sécurité qui ne partagent pas les prémisses métathéoriques étroites des études traditionnelles de sécurité» (Wyn Jones, 2005: 215). Les études critiques de sécurité partagent une désillusion

---

10. Selon Wæver (1998b: 23), la sécurité sociétale concerne «la capacité d'une société de persister dans son caractère essentiel sous des conditions changeantes et face à des menaces possibles ou réelles. Plus spécifiquement, il s'agit de la capacité de soutenir des modes traditionnels de langue, de culture, d'association et d'identité religieuse et nationale et de coutumes dans des conditions acceptables pour leur évolution.»

par rapport à la réponse des études traditionnelles de sécurité aux réalités internationales de l'après-guerre froide et cherchent à mettre l'accent sur les individus, les communautés et l'identité (Smith, 2005 : 41).

La fin de la guerre froide a permis aux débats sur la sécurité de s'élargir au-delà des frontières étatiques et a rendu possible d'entreprendre une reconceptualisation de la sécurité au sein du champ des Relations internationales. Les études de sécurité se sont régénérées en passant d'un sous-champ sclérosé limité à une conception militariste de la sécurité à un véritable laboratoire d'idées, résultat direct du tournant postpositiviste des Relations internationales qui a contribué à la mise en place d'une masse critique de chercheurs dédiés à promouvoir une science sociale critique en Relations internationales. L'émergence de la sociologie politique internationale verra ainsi son application la plus importante dans les études critiques de sécurité ce qui favorisera un renouveau majeur.

3.3.1 L'École de Paris

Un champ particulier a vu le jour ou, plutôt, a pris forme au contact de plusieurs chercheurs en Relations internationales intéressés et soucieux des considérations sociologiques du monde de la sécurité et de son étude rigoureuse, la *sociologie politique internationale*. Associées aux travaux des Rob Walker, Didier Bigo et Ole Wæver, la « sociologie politique internationale » a permis de ramener le politique et le sociologique dans l'analyse sécuritaire en Relations internationales (Bigo et Walker, 2007 ; Bigo, 2008). Dans cette mouvance se sont particulièrement illustrés les chercheurs associés à « l'École de Paris », titre donné par Ole Waever (2004) aux chercheurs gravitant autour de Didier Bigo et de Jef Huysmans, dont les travaux se retrouvent dans la revue *Cultures & conflits*.

S'inspirant à la fois des travaux du sociologue français Pierre Bourdieu (1930-2002) (voir le chapitre 20) et du philosophe Michel Foucault (1926-1984), les chercheurs de l'École de Paris refusent la coupure stricte entre sécurité interne et sécurité externe. Selon Bigo (1998a : 56), cette distinction ne tient plus et « la délimitation classique entre sécurité intérieure et sécurité extérieure est perturbée ». Il préfère parler en termes de champs de sécurité « où les différentes agences de sécurité [...] participent *de facto* à la redéfinition de leurs attributions respectives » (Bigo, 2000 : 174). Cette insistance sur le rôle que jouent les différentes agences de sécurité dans le processus de sécurisation constitue un deuxième trait particulier de l'approche de l'École de Paris, qui met beaucoup l'accent sur l'importance de faire de la recherche empirique sur les pratiques de la sécurité, tout en rejetant toute forme d'épistémologie empiriste. Les partisans de ce courant trouvent donc que la version de la sécurisation que présente l'École de Copenhague est « trop linguistique et pas assez sociologique » et qu'elle ne distingue pas suffisamment « monde vécu et monde perçu » (Bigo, 1998a : 69-70). Tout en reconnaissant l'importance du discours, ils soulignent le fait que la « sécurisation n'est [...] pas que de l'ordre des pratiques discursives, même si elle s'y origine. Elle est de l'ordre des pratiques non discursives, des technologies à l'œuvre, des effets de pouvoir, des luttes et plus particulièrement des compétitions institutionnelles au sein du champ de la sécurité » (Bigo, 1998b : 27). Toutefois, sans renoncer nécessairement à sa conception de la sécurisation comme acte de langage (Balzacq, 2005), Wæver reconnaît volontiers la validité de l'approche proposée par Bigo, et qui aurait le grand avantage d'être « capable de suivre une société caractérisée de plus en plus par la professionnalisation et la rationalisation technique, où des positions sociales spécifiques sont privilégiées par rapport à la "production de la sécurité" » (Wæver, 2004 : 11).

L'École de Paris se méfie particulièrement du concept de sécurité sociétale tel qu'il a été défini par Wæver et son équipe, et surtout de l'utilisation que l'on risque d'en faire. Bigo (2000 : 191) note qu'aux États-Unis en particulier, la notion de sécurité sociétale est devenue synonyme de sécurité intérieure et de menaces non militaires. Et de façon générale, il existe un vrai danger que l'on justifie « le principe d'une stratégisation de la sécurité intérieure, en donnant aux militaires l'argumentaire qui leur manquait », danger d'autant plus réel que les divers professionnels de la sécurité ne font pas de distinction entre sécurité interne et externe (Bigo, 1998a: 71-72). Mais Bigo garde ses critiques les plus sévères pour la décision de l'École de Copenhague de désigner l'identité comme l'objet référent de la sécurité sociétale. Il fait remarquer que c'est sur cette question qu'internationalistes (c'est-à-dire partisans de la distinction entre intérieur et extérieur) et sociologues (dans les faits, adeptes d'approches critiques) divergent. Les premiers «font de la sécurisation des identités une "donnée" et justifient cette catégorie», tandis que les seconds «mettent l'accent sur l'origine sociale, les groupes qui l'énoncent, et l'impossibilité d'avoir une représentation fixiste des identités». Et Bigo s'inquiète des conséquences pratiques de la sécurisation des identités, qui ne concerne pas la survie, comme le prétendent les tenants de École de Copenhague, mais «l'intolérance à l'égard des différences, [le] fait que le changement social et historique est perçu comme une menace» (Bigo, 1998: 83-84).

Dans la foulée des événements du 11 septembre 2001, une préoccupation sous-jacente à toutes les recherches de l'École de Paris s'est affirmée avec vigueur: les conséquences des pratiques de la sécurité pour l'avenir de la liberté. En particulier, pour donner expression aux réflexions sur les effets des mesures antiterroristes et du resserrement de la sécurité à l'intérieur de la plupart des États industrialisés sur les libertés publiques en Europe, Bigo a créé, en 2002, un groupe de recherche paneuropéen baptisé ELISE (*European Liberty and Security*), qui a donné naissance, en 2004, au projet CHALLENGE (*The Changing Landscape of Liberty and Security in Europe*), et qui a disparu en 2009. Au cours de ses cinq années d'existence, le projet a publié non seulement les résultats de ses recherches mais aussi des documents et des articles pertinents sur son site Web[11]. Un des thèmes principaux des travaux de ce groupe est celui de l'état d'exception, situation où les gouvernements promulguent des mesures exceptionnelles, comme la suspension de certains droits fondamentaux, pour faire face à une situation d'urgence ou de crise. Selon Bigo (2005), il se développe dès lors un

11. www.libertysecurity.org. Même si le projet CHALLENGE n'existe plus, le site est toujours accessible.

quasi «état d'urgence permanent» une multiplication de pratiques «illibérales» au sein même des régimes libéraux. C'est [...] une forme de gouvernementalité par l'inquiétude, où pour rassurer les populations et les amener à obéir, on exacerbe leur peur par un discours du risque et de la suspicion au sein d'un horizon présenté comme celui de l'Apocalypse.

C'est cette situation qui caractériserait l'ordre mondial et donc la pratique de la sécurité depuis la décision du gouvernement de George W. Bush de mettre la lutte contre le terrorisme en première place de l'ordre du jour international.

3.3.2 Nouveaux enjeux et problématiques

Finalement, dans l'exercice de révision des études de sécurité, les chercheurs en études critiques de sécurité vont notamment entreprendre plusieurs questionnements fondamentaux sur l'objet même de la sécurité et sur sa pratique (Stahl, 2006; Power, 2007). Force est de constater que les études critiques de sécurité se démarqueront rapidement par leur attitude «indisciplinée» cherchant à sortir de la science politique:

- *par le biais de la société de surveillance et des surveillance studies*: par le truchement de la criminologie et de la sociologie, comme en font foi les nombreux travaux sur la surveillance (Bigo, 2005b; Monahan, 2006; Bell, C., 2006; Haggerty et Gaszo, 2005; Haggerty et Ericson, 2000, 2006; Lyon, 2004, 2006, 2007) qui se trouvent maintenant au centre des études critiques de sécurité;

- *par l'étude de la sécurité à travers la notion de risque*: en s'inspirant notamment des travaux du sociologue allemand Ulrich Beck (2001), on s'intéresse à comment on en est venu à voir la sécurité comme un risque à gérer (Rasmussen, 2004, 2006; Huysmans, 2006; Aradau et van Munster, 2007; Mythen et Walklate, 2008; Elbe, 2008; de Goede, 2008; Amoore et de Goede, 2005, 2008; Salter, 2008; Coker 2010);

- *les états d'exception du pouvoir souverain*: on se questionne également sur ce qui entraîne le politique à invoquer la sécurité pour rendre «normales» des mesures exceptionnelles (Huysmans,

483

2006 ; Aradau, 2004 ; 2006 Ralph, 2009). C'est ainsi que plusieurs chercheurs mettront en relief l'importance des travaux du théoricien allemand de la souveraineté et de l'état d'exception, Carl Schmitt, ainsi que les travaux du philosophe italien Giorgio Agamben sur l'état d'exception, le pouvoir souverain et la biopolitique pour étudier la sécurité ;

- *la tryptique souveraineté/gouvernementalité/biopolitique* : une pléthore de travaux récents étudie les pratiques sociales et discursives de la sécurité que l'on retrouve dans la myriade de réseaux sociaux et d'agences privées et étatiques qui sont impliqués dans la production, la gestion et la gouvernance de la sécurité. On s'intéresse alors aux techniques de gouvernement, à l'État comme forme de gouvernementalité et on s'arrête aux pratiques transversales et micro du pouvoir associées aux dispositifs de sécurité. Dans la lignée des travaux de Didier Bigo (1998, 2005a), William Walters (2004a, 2004b) et de Mark Salter (2007), entre autres, le concept foucaldien de **gouvernementalité** permet d'analyser les relations de pouvoir et les pratiques disciplinaires du **biopouvoir** qui participent à la gestion et à la production de la population (Reid, 2008 ; Debrix et Barder, 2009). Ce mode de pouvoir décentralisé et dispersé permet d'agir dans l'espace sur des enjeux mobiles : le pouvoir agit alors de façon circulatoire sur les corps (discipline) et sur la population (sécurité) (Bigo, 2005b : 157). La **biopolitique** instaure ainsi le gouvernement à distance. C'est d'ailleurs là, par le gouvernement à distance, que Bigo voit le plus important geste théorique et empirique que les études critiques de sécurité permettent de faire et qui déploie différemment la souveraineté, la surveillance et la sécurité. On conçoit alors la « sécurité en tant que gouvernementalité du risque » où les activités sécuritaires et policières sont gérées de façon concomitante et préventive et, surtout, à distance (Bigo, 2008a : 110) ;

- *enfin, les études sur les frontières et les espaces frontaliers* : ces recherches sont entreprises de concert avec les géographes politiques (Bigo, 2007 ; Vaughn-Williams, 2009). Cela correspond en fait au resserrement et au déplacement des frontières en raison des mesures sécuritaires à la suite des événements du 11 septembre 2001, dans le transport aérien et les aéroports, dans les passages frontaliers et en ce qui a trait aux questions de migration et de mobilité (Bigo et Guild, 2005 ; Huysmans, 2006 ; Salter, 2007, 2008a ; Muller, 2008 ; Adey, 2008, 2010).

5. Conclusion

Même si l'histoire des études de sécurité a suivi des chemins passablement différents de celle de la théorie des relations internationales, les similitudes entre les deux sont évidentes. Dans les deux cas, nous retrouvons un effort de limiter non seulement les frontières d'un champ qui se prête mal à cet exercice, mais aussi la façon de concevoir celui-ci et d'aborder tout le problème de l'origine et de la nature de la connaissance dans ces domaines. Sans faire de jeu de mot, on peut dire que les études de sécurité, tout comme la théorie des relations internationales en général, sont entrées dans une période d'incertitude. Du côté de ceux qui travaillent à l'intérieur du paradigme hégémonique – et qui constituent encore une majorité écrasante aux États-Unis – on tente de limiter les dégâts en essayant de ramener la sécurité à sa seule dimension militaire, ou en concédant un élargissement de ce concept à des secteurs tels que l'environnement, le trafic des stupéfiants ou l'immigration, qui en retient une vision essentiellement militariste, en évoquant des idées comme la « guerre » contre la drogue ou l'immigration comme une question de sécurité nationale, et en adoptant des mesures appropriées, telles que l'utilisation des forces armées ou la construction de clôtures barbelées. De leur côté, les partisans d'approches alternatives assument plus facilement les conséquences de cette incertitude, y compris le manque de précision de leur définition de la sécurité, et tendent à vivre avec cette situation, plutôt que de la gérer.

À partir de ce survol rapide de l'évolution des études de sécurité, nous retiendrons cette remarque d'un des chercheurs qui a le plus réfléchi au cours de ses travaux sur la signification de la sécurité et sur les conséquences du choix d'une approche théorique :

> le concept de sécurité n'est pas une question isolée et certainement pas une question purement académique de progrès postpositiviste, mais une question totalement politique liée à tout le langage politique moderne de l'État, de la souveraineté, de la communauté et de l'identité. Élargir ou redéfinir d'autres manières le concept de sécurité n'est donc pas une affaire innocente d'amélioration conceptuelle, mais une démarche politique qu'il ne faut pas entreprendre allégrement, mais en étant complètement conscient de ce que l'on fait quand on déballe le paquet westphalien de concepts politiques, de paix et d'ordre (Wæver, 2004 : 7-8).

Wæver nous rappelle ainsi la nature hautement politique des études de sécurité, car elles touchent au cœur de la vie politique à l'intérieur et à l'extérieur des États. L'invocation de la sécurité a toujours été une manière de mettre fin à un débat politique, voire de le mettre hors la loi, et de justifier des mesures de contrôle de la population. En ce sens, la sécurité, et donc les études de sécurité, constituent le point central des Relations internationales, que ce soit du côté des néoréalistes (et implicitement la plupart des réalistes classiques) qui voient dans la sécurité l'objectif ultime de tous les États ou du côté de ceux qui les contestent en proposant à la fois une critique de cette vision étriquée de la sécurité et d'autres façons de la concevoir et de l'étudier sociologiquement dans ces pratiques (Huysmans, 1998, 2002, 2006 ; Bigo, 2005b et 2008 ; Beier et Arnold, 2005 ; Büger et Villumsen, 2007 ; Neocleous, 2008).

❖　❖　❖

Pour en savoir plus

La littérature sur les études de sécurité est très vaste. Les textes proposés ci-dessous permettront d'avoir une idée de l'ampleur de ce sous-champ des Relations internationales.

Pour une introduction générale aux études de sécurité d'un point de vue traditionnel, voir Kolodziej, E. A., 2005, *Security and International Relations*, Cambridge : Cambridge University Press.

Pour une analyse très succincte de l'évolution des études de sécurité, voir l'article de Baldwin, D. A., 1995, « Security Studies and the End of the Cold War », *World Politics*, 48, 1, p. 117-141, et Nye Jr., J. S et S. M. Lynn-Jones, 1988, « International Security Studies : A Report of a Conference on the State of the Field », *International Security*, 12, 4, p. 5-27, et pour la question plus précise de l'évolution des études stratégiques, consulter Trachtenberg, M., 1989, « Strategic Thought in America, 1952-1966 », *Political Science Quarterly*, 104, 2, p. 301-334.

On trouvera un excellent survol des débats sur la sécurité dans l'après-guerre froide dans Croft, S. et T. Terry (dir.), *Critical Reflections on Security and Change*, Londres et Portland : Frank Cass Publishers ; Sheehan, M. , 2005, *International Security : An Analytical Survey*, Boulder : Lynne Rienner Publishers.

Pour les débats chez les réalistes et néoréalistes, voir la collection d'articles tirés de la revue *International Security* dans Brown, M. E., S. M. Lynn-Jones et S. E. Miller (dir.), 1995, *The Perils if Anarchy : Contemporary Realism and International Security*, Cambridge : MIT Press.

La polémique autour de la thèse de la paix démocratique est présentée à travers une autre sélection d'articles de cette revue dans Brown, M. E., S. M. Lynn-Jones et S. E. Miller (dir.), 1996, *Debating the Democratic Peace*, Cambridge : The MIT Press.

Enfin, le livre de Buzan, B., *People, States and Fear : An Agenda for International Security Studies in the Post-Cold War Era*, 2ᵉ édition, Boulder : Lynne Rienner Publishers, constitue une source incontournable pour les tentatives de renouveler les études de sécurité traditionnelles, et surtout la question de l'élargissement de la notion de sécurité.

En ce qui concerne les approches alternatives, l'ouvrage fondamental pour connaître l'École de Copenhague demeure Buzan B., O. Wæver et J. Wilde, 1998, *Security :*

A New Framework for Analysis, Londres et Boulder : Lynne Rienner Publishers.

On trouvera une bonne introduction générale aux approches critiques dans Fierke, K. M., 2007, *Critical Approaches to International Security*, Cambridge : Polity Press.

Pour les théories qui s'inspirent plus spécifiquement de l'École de Francfort voir Wyn Jones, R., 1999, *Security, Strategy, and Critical Theory*, 1999, Boulder et Londres : Lynne Rienner Publishers, et Booth, K. (dir.), 2005, *Critical Security Studies and World Politics*, Boulder et Londres : Lynne Rienner.

Pour les thèmes principaux de l'École de Paris, voir Bigo, D., 1998, « L'Europe de la sécurité intérieure : penser autrement la sécurité », dans A. M. Le Gloannec (dir.), *Entre union et nations. L'État en Europe*, Paris : Presses de Sciences-Po, p. 55-90.

Le livre de référence pour une vision poststructuraliste des études de sécurité est Campbell, D., 1998, *Writing Security : United States Foreign Policy and the Politics of Identity*, 2ᵉ édition, Minneapolis, University of Minnesota Press.

On devrait consulter aussi Hansen, L. 2006, *Security as Practice : Discourse Analysis and the Bosnian War*, Londres et New York : Routledge.

Pour les questions soulevées par les études féministes de sécurité, voir Peterson, V. S., (dir.), 1992, *Gendered States : Feminist (Re)Visions of International Relations Theory*, Boulder et Londres : Lynne Rienner, et le chapitre intitulé « Gendered Dimensions of War, Peace, and Security », dans Tickner, J. A., 2001, *Gendering World Politics*, New York : Columbia University Press, p. 36-54.

Les concepts clés des études de sécurité

Acte de langage : Notion empruntée au philosophe anglais J. L. Austin qui met l'accent sur la nature *performative* du langage. Selon Ole Wæver et les partisans de l'École de Copenhague, le processus de sécurisation est en grande partie un *acte de langage* dans la mesure, où un énoncé de sécurité de la part d'une personne autorisée à faire de tels énoncés (par exemple, une déclaration du chef de gouvernement annonçant que « le terrorisme constitue notre plus grande menace ») détermine ce qui doit être considéré comme une menace à la sécurité ou comme un objet à protéger (c'est-à-dire à sécuriser).

Biopolitique/biopouvoir : Concepts empruntés à Michel Foucault pour indiquer comment le pouvoir aurait commencé à se transformer vers la fin du XVIIIe siècle de celui du gouvernement des individus par des procédés purement disciplinaires, en celui du gouvernement de la population à travers la rationalisation des divers problèmes associés avec son existence physique, tels que la santé, l'hygiène et les migrations.

Communauté de sécurité : Concept lancé par Karl Deutsch au cours des années 1950 et repris par certains constructivistes. Il s'agit d'un ensemble d'États qui, en se basant sur les valeurs fondamentales partagées, ont renoncé à toute idée de conflit violent dans la gestion de leurs relations mutuelles. On distingue les communautés pluralistes, composées d'États souverains, des communautés amalgamées, composées d'États qui ont fusionné pour n'en former qu'un seul.

Dilemme de la sécurité : Effet de l'anarchie du système international où, selon les réalistes, toute tentative de la part d'un État de prendre des mesures pour se défendre risque d'être interprétée comme une menace potentielle de la part des autres États, qui se voient obligés, à leur tour, de s'armer pour se défendre contre cette menace appréhendée, créant ainsi un cercle vicieux de défense et de contre-défense, et donc un dilemme apparemment insoluble, qui rend impossible l'objectif d'atteindre une situation de sécurité permanente.

Équilibre des puissances : Situation où aucun État ou alliance d'États ne se trouve dans une position de domination par rapport aux autres. Un équilibre des puissances peut être global ou régional. L'équilibre des puissances est perçu comme une condition désirable du système international et le moyen privilégié par les partisans du réalisme pour assurer la sécurité internationale.

Gouvernementalité : Concept inventé par Michel Foucault pour souligner le fait que le pouvoir et l'étude du pouvoir ne se limitent pas aux institutions de l'État, mais doivent inclure les moyens, les mécanismes et les techniques associés à l'exercice du pouvoir à tous les niveaux et dans tous les domaines d'une société. La gouvernementalité est vue ainsi comme un processus complexe et continu.

Objet référent : Terme qui indique que quelque chose est désigné comme l'élément central de préoccupation. Dans les études de sécurité, il signale qu'une chose – l'État, la société, un individu, etc. – doit faire l'objet de sécurisation.

Sécurisation : Concept clé de l'École de Copenhague qui indique le processus par lequel un problème politique, social, économique ou écologique est désigné comme un enjeu de sécurité.

Sécurité nationale : Conception de la sécurité qui met l'accent sur la défense militaire de l'État, de son territoire et de sa population contre une menace considérée existentielle.

Stratégie : Un « plan pour l'utilisation des moyens militaires pour réaliser des objectifs politiques » (Betts, 2000 : 6). La notion de stratégie s'applique à un plan général pour gagner une guerre, tandis que la tactique sert à gagner des batailles particulières en vue de réaliser des objectifs précis faisant partie de la stratégie. La notion de stratégie est également souvent associée à celle de géostratégie, qui concerne alors directement la projection de la puissance dans l'espace.

Le tournant éthique

Jean-François Thibault

[L]'éthique des relations internationales, plus nettement que la justice sur le plan interne, révèle la nécessité du conflit moral, de l'équilibre entre considérations qui sont incommensurables et, partant, de l'impossibilité de satisfaire des attentes absolues (Fishkin, 1986 : 11).

Les réflexions éthiques appliquées à l'étude des relations internationales ont longtemps été considérées comme le parent pauvre d'un champ de recherche qui aura essentiellement été préoccupé, depuis ses origines disciplinaires aux lendemains de la Première Guerre mondiale, à s'interroger sur les causes de la guerre et les conditions de la paix. Commandé par la logique de l'intérêt national, motivé par les impératifs stricts de la maximisation de la puissance et ordonné par les rapports de force, le jeu des États a en effet généralement été abordé comme s'il se déroulait dans un état de nature d'abord et avant tout caractérisé par un vide éthique découlant de l'absence d'une source d'autorité supérieure à celle des États souverains.

Ainsi, Thomas Hobbes (1588-1679), dont la figure domine la conception anarchique des relations internationales, comparait-il analogiquement la condition naturelle des hommes à la situation des souverains qui, «en l'absence d'un pouvoir commun», seraient dans une «continuelle suspicion» les uns des autres (Hobbes, 1981 [1651]: 126). Dès lors, dans un contexte où ces États seraient laissés à eux-mêmes (*self-help*) et qu'ils se soucieraient donc prioritairement de leur propre sécurité, faut-il réellement se surprendre de ce que la **prudence** et la néces-

sité plutôt que la justice ou la défense de valeurs aient retenu l'attention des praticiens et été privilégiées par les théoriciens.

À cette première difficulté que l'on pourra qualifier d'ontologique, et qui confronte encore les réflexions éthiques puisqu'elle tient à la représentation même que nous nous donnons de la réalité internationale, s'en greffe une seconde qui est de nature plus épistémologique cette fois. Liée à la prépondérance des approches positivistes, la marginalisation des réflexions éthiques s'est en effet également nourrie de l'exclusion de toute réflexion normative sous prétexte que cette réflexion, consacrée notamment aux fondements moraux de la pluralité des États, n'apparaissait pas susceptible de faire l'objet d'un traitement empirique. Elles étaient effectivement considérées comme subjectives puisqu'elles reposaient sur l'étude des normes ou des valeurs propres à l'existence de cette «association pratique» – c'est-à-dire une association sans dessein préconçu mettant en scène des communautés politiques indépendantes «poursuivant chacune leurs propres fins et leurs propres conceptions du bien» (Nardin, 1983 : 18). Les réflexions sur l'éthique furent ainsi écartées au profit d'interrogations portant sur les «faits» concrets.

Seuls ces « faits » étaient considérés comme suffisamment objectifs pour être empiriquement mesurés et observés. Conséquemment, seuls de tels « faits » auront finalement été dignes de retenir l'attention des chercheurs qui aspiraient, en toute neutralité, à expliquer la réalité internationale plutôt qu'à porter un jugement sur elle (Neufeld, 1995).

Depuis une vingtaine d'années cependant, cette marginalisation a laissé place à un renouveau (Smith, 1992) de l'étude des normes, des règles ou des valeurs et à ce qu'il convient aujourd'hui de caractériser comme le tournant éthique dans l'étude des relations internationales[1]. Au moins trois facteurs ont joué ici. En premier lieu, le regain d'intérêt qui s'est manifesté pour la philosophie politique à partir du début des années 1970 dans la foulée de la publication par John Rawls de sa *Théorie de la justice* en 1971. L'impact considérable de cet ouvrage sera double. D'un côté, il relancera une interrogation sur un thème éminemment normatif, la justice, dont le courant behavioraliste, des années 1950 et 1960, avait cherché à débarrasser la science politique. De l'autre côté, la démarche contractualiste (Charvet, 1994), que Rawls appliquait pour des raisons méthodologiques à une société fermée sur elle-même, allait servir de point d'appui à divers auteurs de tradition **cosmopolitiste** qui tentèrent d'étendre le même raisonnement à la sphère internationale (Amdur, 1977 ; Beitz, 1979 ;

Danielson, 1973 ; Pogge, 1989). Encore aujourd'hui, et notamment à la suite de la publication de l'ouvrage intitulé *The Law of Peoples* (2006 [1999]) que Rawls consacrera aux relations internationales, ces efforts suscitent d'intenses débats et un pan important de l'éthique internationale y est toujours consacré (Beitz, 2000 ; Buchanan, 2000 ; Martin et Reidy, 2006 ; Pogge, 2001 ; Tan, 2000 ; Tasioulas, 2002). Deuxièmement, l'appréciation croissante du caractère hautement normé des relations qu'entretiennent ensemble les États contribuera à relancer la réflexion sur les règles et les valeurs. C'est surtout le cas lorsque les États interagissent dans le cadre d'un régime dont les principes intersubjectifs sont pour ainsi dire partagés par les États et établissent des « standards de conduite définis en termes de droits et d'obligations » (Krasner, 1983b : 2). Avec le temps, l'internalisation par les États de ces pratiques concrètes et leur réitération dans le temps pourraient acquérir une certaine autorité rendant possible de procéder à des « jugements » dont le caractère serait tout à la fois logique, impartial et systématique (Welch, 1994 : 34-35 ; Keohane, 1989b). Troisièmement, le développement de diverses approches postpositivistes et la critique tout azimut des approches rationalistes dans laquelle celles-ci s'engagèrent, provoqueront un véritable chambardement conceptuel et théorique dans lequel les discussions ontologiques, plutôt qu'épistémologiques, seront privilégiées et une attention particulière sera accordée aux limites normatives des relations internationales. Enfin, il convient de mentionner, même si nous ne disposons pas de la place qui serait nécessaire pour développer cette aspect particulier dans le cadre de ce chapitre, que les discussions contemporaines entourant le concept de souveraineté – un concept tout à fait indispensable à la compréhension de l'identité que se donne la discipline des Relations internationales – ont permis d'ouvrir un vaste champ de recherche éthique portant sur les contacts et rapports entre cultures et civilisations ainsi que sur les thèmes de l'impérialisme, du colonialisme et du racisme en matière de relations internationales (Beier, 2005 ; Boucher, 2009 ; Keene, 2002 ; Kenne, 2005 ; Shapcott, 2001). Ce chapitre explore les principaux

---

1. Même ce tournant pourra sembler plus apparent que réel si l'on reconnaît d'abord : 1) que les origines mêmes de la discipline des Relations internationales après la Première Guerre mondiale furent éminemment normatives en ce qu'elles reposèrent pour une part importante sur la conviction que l'anarchie internationale pourrait être domestiquée (Suganami, 1989) ou à tout le moins mitigée grâce au développement du droit international et des institutions internationales ; 2) que de telles interrogations normatives furent au cœur de l'approche réaliste qui dominera par la suite l'étude des relations internationales (Giesen, 1992) ; et 3) que de nombreux travaux furent néanmoins consacrés avant ce tournant à l'éthique internationale sur les thèmes de la « sécurité nationale » (Pangle, 1976), de l'usage de la force (Cohen *et al.*, 1974 ; Osgood et Tucker, 1967), de la famine (Nagel, 1977 ; Singer, 1972), de la stratégie militaire (Kaplan, 1973), de la guerre (Ramsey, 1968 ; Wasserstrom, 1970) ou de la dissuasion nucléaire (Goodwin, 1982 ; Nye, 1986).

axes de la réflexion éthique contemporaine. Il s'interroge sur quelques-unes des controverses importantes que soulève son application au champ des Relations internationales. Cependant, il importe de faire une distinction préliminaire entre **morale** et **éthique**. Cette distinction, du moins dans ses grandes lignes, existe même si rien dans l'étymologie de ces deux notions ne permet de l'établir d'une manière parfaitement satisfaisante (Ricœur, 1991: 256). Ainsi par exemple, Chris Brown (2001: 19) pourra écrire: «Quant nous décrivons le comportement de quelqu'un comme "éthique", nous cherchons généralement à exprimer l'idée que cette personne se comporte en conformité avec un principe moral quelconque.» La frontière entre l'éthique et la morale apparaît ici passablement indéterminée et c'est pourquoi, pour plus de clarté, la réflexion *éthique* désignera dans le cadre de ce chapitre *l'étendue des considérations normatives portant sur l'action juste affectant le choix et le comportement des agents dans un contexte particulier*. Par contraste, la réflexion *morale* porterait quant à elle *sur l'exposé systématique et l'évaluation des normes, des règles, des obligations ou des devoirs* – dont le caractère sera souvent de type **déontologique** et dont la portée serait générale comme la validité universelle – prescrivant aux agents une conduite particulière qui serait appropriée indépendamment des circonstances dans lesquelles ceux-ci se trouvent (Nardin, 1992: 3-4).

Nous privilégions l'interprétation de principes éthiques enracinés dans des circonstances particulières – dans une pratique (Walker, 1993: 51) – plutôt que la recherche des fondements rationnels de la moralité. Nous serons ainsi mieux en mesure d'intégrer diverses considérations qu'une interrogation morale posée en termes de standards de conduite établissant des droits et des obligations ne permet pas toujours de prendre en compte. À bien des égards en effet, la morale entendue au sens que nous venons d'exposer serait elle-même «un développement particulier de l'éthique» (Williams, 1990/1985: 13). Contrairement à la morale internationale, qui peut être parfois particulièrement intolérante lorsqu'elle s'autorise à poser un jugement (Coicaud et Warner, 2001: 3), l'éthique internationale n'a pas comme

visée de servir de guide pour rendre les États moraux. Elle ne cherche pas non plus à les contraindre à adopter un standard absolu conforme à ce que la moralité prescrit. Dans le meilleur des cas, un souci moral pourra donner une impulsion particulière à la réflexion éthique. Il pourra même contribuer à la promotion de certains changements, mais le comportement que l'on jugera éthiquement conséquent ne saurait cependant s'offrir simplement en termes de droit ou d'obligation qu'il serait approprié de faire valoir partout et toujours.

Plus fondamentalement, la réflexion éthique telle que nous l'entendrons dans ce chapitre implique une prise en compte des points de vue différents et des aspects concrets de la réalité, qui vont au-delà de la moralité et qui sont possiblement irréconciliables avec certains principes que d'aucuns jugent absolus. Nous nous interrogeons sur la manière dont des agents, ici des États, devraient agir face aux autres ainsi que sur les considérations qui régissent leurs interactions. Trois grandes familles méthodologiques ont dominé les discussions (Baron, Pettit et Slote, 1997; Ogien et Tappolet, 2009: 131-153). La première est l'éthique **conséquentialiste** qui s'intéresse aux conséquences attribuables à un acte qui permettraient de juger de son caractère éthique. La deuxième est l'éthique déontologique qui porte sur les règles formelles et explicites encadrant ce qu'il conviendrait de faire dans une situation donnée. La troisième est l'éthique de la **vertu** qui s'attache aux qualités d'un agent qui accomplira une action si et seulement si une telle action est considérée comme vertueuse étant donné les circonstances. S'ajoute à ces trois grandes familles, une quatrième que nous nommerons l'éthique poststructuraliste qui s'articule autour d'une appréciation de la figure d'Autrui et qui, en critiquant l'idée même qu'existerait une éthique «internationale» identifiable «en tant que telle», commanderait une redéfinition de nos devoirs et de nos responsabilités.

La première section de ce chapitre revient sur ce qui demeure sans doute l'argument classique, associé à l'approche réaliste, ayant historiquement nourri une «neutralisation» (Canto-Sperber, 2005: 63)

491

éthique en matière de relations internationales. Dans la deuxième section, nous passerons en revue certains de ces arguments qui, pour n'être pas entièrement étrangers au réalisme, relèvent néanmoins des fondements normatifs de l'autonomie de l'État et de l'ordre international. La troisième section sera plus spécifiquement consacrée aux approches associées à la tradition cosmopolitiste d'inspiration kantienne. Enfin, la quatrième section proposera un examen des dispositions éthiques qui découlent d'une conception radicale de la responsabilité que nous avons comme être humain envers les autres et qui supposent que l'on fasse un effort de la pensée en vue d'opérer une déterritorialisation de l'éthique.

1. Réalisme et scepticisme éthique en Relations internationales

Le réalisme politique insiste sur la difficulté à appliquer des principes éthiques à l'action et aux comportements des cités ou des États en l'absence d'autorité centrale en mesure d'arbitrer leurs différends. Autrement dit, ils agissent dans un contexte anarchique où le salut de l'État, soit son indépendance ou peut-être même son existence, apparaît comme le principal enjeu politique. Dans un célèbre passage relatant un dialogue entre les représentants de l'île de Mélos, et ceux d'Athènes, le grand historien de l'Antiquité, Thucydide (460-395 avant notre ère), exprime le **scepticisme** éthique qui s'offre encore aujourd'hui comme la quintessence même du réalisme politique:

> une loi de nature fait que toujours, si l'on est le plus fort, on commande; ce n'est pas nous qui avons posé ce principe ou qui avons été les premiers à appliquer ce qu'il énonçait: il existait avant nous et existera pour toujours après nous, et c'est seulement notre tour de l'appliquer, en sachant qu'aussi bien vous ou d'autres, placés à la tête de la même puissance que nous, vous feriez de même [...] l'intérêt réside là où est la sécurité, tandis que le juste et le beau ne se pratiquent qu'avec des risques (Thucydide, 1990: 480).

La politique, pour un réaliste, est d'abord et avant tout affaire de stratégie et non de jugement éthique. C'est la « nécessité » dans laquelle nous placent les rapports de puissance – c'est-à-dire « le milieu au sein duquel les États se font et se défont » (Mairet,

1997: 24-25) – qui définit la « vérité effective » de la politique et qui, comme le notera Nicolas Machiavel (1469-1527) à l'aube de la modernité politique, intime à l'homme d'État de se préoccuper avant tout des desseins des « puissances étrangères ». Dans ces circonstances, ajoutera-t-il,

> il faut comprendre ceci: c'est qu'un prince, et surtout un prince nouveau, ne peut observer toutes ces choses pour lesquelles les hommes sont tenus pour bons, étant souvent contraint, pour maintenir l'État, d'agir contre la foi, contre la charité, contre l'humanité, contre la religion. (Machiavel, 1980 [1513]: 142-143)

De Thucydide à Machiavel, la leçon qu'offre le réalisme politique est finalement toujours la même: la nécessité d'assurer leur propre sécurité demeure invariablement à l'horizon des communautés politiques. Dans ces circonstances, l'éthique ne serait au mieux qu'une fonction de la puissance.

C'est d'ailleurs ce que confirmera Thomas Hobbes, en évoquant la notion d'état de nature dans laquelle auraient été plongés les hommes avant la formation d'un « pouvoir coercitif capable d'arrêter le bras qui s'apprêtait à la rapine ou à la vengeance » (1981 [1651]: 191). Cherchant à décrire cette condition, Hobbes (1981 [1651]: 126) la compare à celles des États souverains qui, précisément du fait de l'indépendance dans laquelle ils sont les uns par rapport aux autres, seraient dans

> [...] une continuelle suspicion, et dans la situation et la posture des gladiateurs, leurs armes pointées, les yeux de chacun fixés sur l'autre: je veux ici parler des forts, des garnisons, des canons qu'ils ont aux frontières de leurs royaumes, et des espions qu'ils entretiennent continuellement chez leurs voisins, toutes choses qui constituent une attitude de guerre.

Or, poursuit-il, cet état de nature, qui prend la forme d'une « guerre de chacun contre chacun » entraîne comme principale conséquence « que rien ne peut être injuste. Les notions de légitime et d'illégitime, de justice et d'injustice n'ont pas ici leur place » (126). En effet, à l'instar des hommes dans l'état de nature, chaque État conserve ici « la liberté absolue de faire ce qu'[il] juge [...] le plus favorable à son intérêt » (227). Avec Hobbes, « nous rencontrons la plus puissante comme la plus influente fondation intellectuelle justifiant que le domaine des relations internationales ne puisse être jugé ou gouverné par des standards moraux» (Cohen, 1984: 319).

C'est cette leçon réaliste que se réapproprièrent divers auteurs dès le milieu des années 1930. Ils cherchaient à sortir l'étude des relations internationales de la «confusion conceptuelle généralisée» (Giesen, 1992: 25) dans laquelle la discipline se serait enlisée dès sa fondation au lendemain de la Première Guerre mondiale. À leurs yeux, elle était incapable d'articuler une représentation congruente de «la nature profonde et de la signification des comportements établis en matière de relations entre les États» (Schuman, 1941 [1933]: xvii; voir aussi Spykman 1933). Fortement influencée par le pacifisme, l'internationalisme et les mouvements prônant la paix par le droit, dont l'ascendant sera déterminant tout au long du XIXᵉ siècle et au début du XXᵉ siècle, l'étude des relations internationales apparaissait alors foncièrement prescriptive plutôt qu'explicative (Suganami, 1978: 105), idéaliste ou utopiste (Carr, 1946) plutôt que réaliste. Elle était fondée sur une éthique de la conviction plutôt que sur une éthique conséquentialiste de la responsabilité. Le but premier consistait en effet à échapper à la politique de puissance, grâce notamment à la création de la Société des Nations qui symbolisait une maturation dans la manière de se représenter les possibilités de progrès en matière de relations internationales. Plus fondamentalement, la confusion conceptuelle aurait surtout découlé de l'impuissance analytique dans laquelle leurs convictions optimistes les maintenaient. L'historien Edward Hallett Carr (1892-1982) résumera ces convictions ainsi:

> [...] la poursuite du bien est une affaire de raisonnement correct, la diffusion de la connaissance rendra bientôt possible pour tous de raisonner correctement [en matière de relations internationales] et tous ceux qui raisonnent correctement [en la matière] agiront nécessairement correctement (Carr, 1946: 24-25).

Or, répliqueront les détracteurs de cet optimisme excessif, en confondant «l'idéal et le possible», comme l'avancera l'une des figures dominantes du réalisme en Relations internationales, Hans J. Morgenthau (1978: 7), les idéaux abstraits de cette éthique idéaliste du «devoir-être» que renforce la rhétorique creuse d'une «harmonie des intérêts», font perdre de vue le fait que, dans sa variété d'expressions, la politique demeure foncièrement une lutte pour la puissance. Une lutte perpétuelle témoignant d'une «volonté de maintenir, d'accroître ou d'affirmer la puissance» (Morgenthau, 1933: 61) qui ne pourrait être modérée que par le jeu de l'équilibre des puissances et par l'application de ce qui demeure la vertu éthique suprême en politique, soit la prudence (Morgenthau, 1978: 11). Pour Morgenthau (1978: 4, 11), cette réalité que constitue la volonté de puissance doit nécessairement être prise en compte par ceux qui souhaitent manipuler les forces qu'elle meut. Ainsi, en soupesant «prudemment» les conséquences politiques de diverses lignes d'actions possibles, il est effectivement vraisemblable d'espérer «rendre le monde meilleur».

Vouloir, au contraire, résister à ces forces en affirmant «qu'un ordre politique rationnel et moral, dérivé de principes abstraits valides universellement, puisse être achevé ici et maintenant» relèverait, selon Morgenthau, d'une démarche mal fondée qui, tout en se donnant les apparences de la réalité, nierait pourtant la réalité objective et privilégierait au contraire «des jugements subjectifs isolés des faits tels qu'ils sont». Mue par divers «préjugés et prenant ses désirs pour la réalité», une telle démarche serait tout à la fois «futile et trompeuse», car elle viendrait brouiller la distinction qu'il convient impérativement d'établir «entre le désirable et le possible, entre ce qui est désirable partout et de tout temps et ce qui est possible dans certaines circonstances concrètes». Surtout, en plaquant sur le domaine politique des modes de pensée qui sont appropriés à d'autres domaines, la démarche idéaliste contribuerait paradoxalement à oblitérer et à obscurcir les tensions morales qui participent de la réalité «en les faisant paraître comme si les faits politiques bruts étaient moralement plus satisfaisants qu'ils ne le sont effectivement et comme si la loi morale était moins astreignante qu'elle ne l'est en pratique» (Morgenthau, 1978: 10).

Pour Morgenthau comme pour plusieurs réalistes au lendemain de la Deuxième Guerre mondiale, la prudence apparaît ainsi comme la seule vertu «responsable» dans un monde passablement irrationnel où, si on se la représente comme un «système efficace de contrainte» des comportements, la morale apparaît simplement «impossible» à satisfaire, à tout le moins en dehors de l'État (1978: 254). Cela ne signifie cependant pas que toute éthique soit *ipso facto* condamnée en matière de relations internationales. En fait, la prudence, celle de l'homme d'État, comporterait une certaine «dignité» éthique dont témoigneraient la défense de l'intérêt national ainsi que la survie de l'État. Cette prudence constituerait la seule manière d'atteindre un minimum éthique au niveau international (Morgenthau, 1951: 33-39). Pour Morgenthau, être sceptique, face à l'éthique internationale et à la place que celle-ci occupe dans les relations internationales, ne signifierait néanmoins pas rejeter toute considération éthique en politique étrangère. Mais, du fait même de la pluralité politique qui existe à cette échelle et considérant que l'État n'aurait aucune obligation de laisser ses considérations morales empiéter sur ses efforts pour assurer le succès de son action (1978: 10), cela veut dire que de telles considérations ne pourraient prétendre avoir une portée universelle et surtout qu'elles ne pourraient pas être considérées comme définitivement assurées. Certes, certains principes moraux peuvent être considérés comme étant «absolus». Il donne l'exemple de l'obligation à laquelle seraient moralement contraints les États de ne pas permettre l'extermination de masse pour atteindre une fin que justifierait l'intérêt national de l'État. Mais rien ne garantit que cette obligation sera respectée et surtout qu'elle pourra, le cas échéant, être sanctionnée ou punie autrement que par le jeu de l'équilibre des puissances.

Ce qui jouerait surtout ici, selon Morgenthau, c'est l'éthique individuelle de l'homme d'État s'interrogeant, comme l'écrira Max Weber (2003: 192) qui exercera une influence considérable sur Morgenthau, sur les «*conséquences* (prévisibles) de son action». C'est ainsi dans la conscience de ce dernier que les

règles morales pourraient le mieux agir, de sorte que l'existence d'une éthique des relations internationales dépendrait en fait de la possibilité que la politique des États soit «conduite par des hommes identifiables qui pourraient être tenus personnellement responsables de leurs actes» (Morgenthau, 1978: 254). Or, dans la mesure où «l'essence de la politique étrangère consiste à discriminer en faveur de ses propres citoyens» (Carr, 1949: 60) et que les hommes d'État seraient d'abord et avant tout responsables de la poursuite des intérêts de la collectivité qu'ils représentent face à d'autres hommes d'État, l'éthique ne pourrait avoir de réelle prise sur leurs décisions. Elle ne servirait dès lors que comme moyen pour atteindre une finalité subordonnée à la défense de l'intérêt national.

En dépit de leurs efforts pour prendre leur distance et surtout pour marquer leur différence avec la *pensée* réaliste de Morgenthau, les théoriciens néoréalistes, qui s'imposèrent dans la théorie des relations internationales au début des années 1980, conservèrent, sur le plan normatif, l'essentiel de l'appareillage conceptuel des réalistes classiques. Les États demeurent essentiellement préoccupés «d'assurer leur survie» (Waltz, 1979: 92, 134) et, en l'absence d'une autorité supérieure capable de dissuader et de punir les contrevenants, ils ne pourraient donc guère «s'offrir le luxe d'être moraux» (Art et Waltz, 1983: 6). Malgré tout, les «vertus de l'anarchie», ajoutera Waltz (1979: 113), feraient en sorte que la «constante possibilité que la force soit utilisée limiterait les manipulations, modérerait les demandes et servirait même d'aiguillon pour le règlement des disputes». Ainsi, dans une formulation que Morgenthau lui-même aurait fort bien pu utiliser, Robert Gilpin (1986: 320) écrira qu'il existe «certaines règles de prudence permettant à un État tout à la fois de protéger ses intérêts et de minimiser la violence internationale».

Plus fondamentalement, la principale caractéristique de l'approche néoréaliste semble finalement tenir à son apparent désintérêt pour les questions éthiques (Donnelly, 1992: 107). C'est cette caractéristique – largement motivée par le fait que la structure anarchique du système international déterminerait ou «sélectionnerait» en dernière instance le comportement des États (Waltz, 1979 : 73-74) – qui permet au néoréalisme de justifier sa décision de se replier sur le scepticisme du réalisme classique.

2. L'éthique de la coexistence dans la société internationale

Au-delà du scepticisme qui caractérise l'approche réaliste et qui, en subordonnant l'éthique à la volonté de puissance, risque d'encourager une forme de cynisme ou même de conduire à une apologie de la pratique belliqueuse des États (Hurrell, 2005 : 139-140), une autre approche associée à l'idée de « société anarchique » cherchera à rendre compte de l'existence d'une « communauté » liant les États ensemble malgré l'absence d'une autorité supérieure. Inspirée par une tradition liée aux jurisconsultes de l'École du **droit naturel** tels Hugo Grotius (1583-1645), Samuel Pufendorf (1632-1694) ou Emmeric de Vattel (1714-1767), cette approche que l'on associe surtout avec l'École anglaise (voir le chapitre 11) cherchera à discerner, par-delà l'apparent vide éthique caractéristique de l'état de nature selon Hobbes, la manière dont il convenait de considérer cet état « en lui-même ». C'est-à-dire avec ses « inconvénients », certes, mais également avec « les droits qui l'accompagnent » et qui, insistera Pufendorf (1987 [1672] : v. 1, 149, 165), ne pousseraient vraisemblablement pas plus les hommes que les États à « prendre leur intérêt particulier pour unique règle de leur conduite ».

Ces droits, qui accompagnent les hommes et les États dans l'état de nature, découleraient de l'élément de raison contenu dans le droit naturel. Leur validité ne reposerait pas sur un quelconque commandement divin, mais bel et bien sur la socialité des hommes et sur le fait que ces derniers, comme les États, cherchent finalement à préserver la condition dans laquelle la nature les a mis (Grotius, 1999 [1625] : 49-50). Principe universel englobant les différences culturelles, le droit naturel devrait cependant être combiné avec la dimension volitive contenue cette fois dans les traités ainsi que dans les coutumes propres au **droit des gens**. Ce droit des gens – un droit *inter se*, comme l'écrira Francisco Suarez (1548-1617), « que tous les peuples et les différentes nations doi-

vent observer dans leurs relations mutuelles » (2003 [1612] : v. 2, 626) – réglerait les rapports des États entre eux et, quoi qu'il puisse varier selon les lieux et ne soit donc pas à proprement parler universel, recevrait cependant sa force obligatoire « de la volonté de toutes les nations, ou d'un grand nombre » (Grotius, 1999 [1625] : 43). Dans ce contexte, la guerre cesse en quelque sorte d'être une question morale appréciée à la lumière du droit naturel pour devenir une question strictement juridique. Dorénavant, il s'agit des règles acceptées par les États et auxquelles les belligérants pourraient avoir recours, dans la guerre mais en vue de la paix puisque le droit des gens apparaît comme un « droit à la paix » (Lejbowicz, 1999 : 257). Ainsi, écrira Grotius (1999 [1625] : 163) : « Autant il y a de sources de procès, autant il y a de causes de guerres ; car là où les voies de la justice font défaut, la guerre commence. » Contrairement aux réalistes, Grotius estime ainsi que le droit des gens agit comme un système de restrictions éthiques dans un contexte où n'existe plus aucune autorité supérieure pouvant légitimement trancher un différend.

C'est en quelque sorte la dimension normative découlant de cette idée d'un *consensus gentium* – qui s'articule entre les extrêmes que représentaient les utopistes ou les idéalistes et les réalistes pour que l'on cesse de croire, avec les uns ou les autres, « que tout est défendu, ou que tout est permis » (Grotius, 1999 [1625] : 19) – que la variante « **solidariste** » de l'École anglaise cherchera à explorer en développant le concept de « **société internationale** ». Selon les auteurs de ce courant, dont Hedley Bull (1932-1985) est la figure de proue, la société internationale émergerait lorsqu'un groupe d'États « conscients de partager certains intérêts et certaines valeurs [...] se considéreraient liés dans leurs relations les uns avec les autres par un ensemble de règles communes » (1977 : 13). Or, contrairement à la notion de système international où ne régneraient que des États essentiellement préoccupés par leur survie, l'idée de société internationale comporte un important contenu normatif limitant l'exercice de leur souveraineté par les États et permettant de préserver l'ordre international. Rejetant par ailleurs l'analogie avec la politique intérieure, laquelle transpose aux relations entre États les conditions institutionnelles qui rendent possible l'ordre au sein de ceux-ci (Suganami, 1989), les tenants de cette société internationale reconnaissent qu'elle demeure «institutionnellement déficiente» (Wight, 1991: 39). De ce fait, elle serait toujours sujette à la guerre, notamment comme moyen d'appliquer le droit, de préserver l'équilibre des puissances ou d'effectuer des changements considérés comme justes (Bull, 1977: 198).

Pourtant, si l'ordre est une condition essentielle à l'existence d'une quelconque forme de vie sociale, qu'elle soit interne ou internationale, cette condition ne suppose cependant pas que doive exister un ordonnateur hiérarchiquement situé au-dessus des agents et disposant de l'autorité nécessaire pour sanctionner ceux qui troubleraient l'ordre. Tout ce qu'il faut à l'ordre pour exister, y compris dans un contexte anarchique, c'est un «intérêt partagé en commun par les membres au sujet des buts essentiels de la vie sociale» (Bull, 1977: 53). Trois buts apparaissent particulièrement importants dans toute société: une assurance minimale contre la violence; une assurance que les promesses et que les engagements pris seront honorés; une assurance que les possessions demeureront stables et que la propriété sera respectée (4-5, 53-54). Du point de vue de la vie sociale internationale durant la période postérieure aux traités de Westphalie (1648), ces trois objectifs s'organiseront sous la forme de diverses règles institutionnelles reposant sur les habitudes et les pratiques des États comme celles qui encadrent le droit de la guerre, le principe juridique *pacta sunt servanda* (les engagements doivent être respectés) et la reconnaissance mutuelle de la souveraineté (Bull, 1977: 19).

Le but visé en créant ces règles ne consistait pas alors à éliminer les différends et les conflits qu'ils pouvaient provoquer, mais simplement à modérer leurs effets délétères. Sur un plan normatif, ces règles contribuèrent ainsi à établir les «principes qui prévalent (ou au moins qui sont proclamés) *au sein* de la majorité des États formant la société internationale, aussi bien que dans les relations qui s'établissaient *entre* eux» (Wight, 1977: 153. Souligné dans l'original). Ces règles, et les institutions qui les soutiennent,

présument donc que les États constituent, sur le plan de l'organisation politique de l'humanité, le «principe normatif suprême» (Bull, 1977: 68).

Ainsi l'ordre international ne désigne pas un simple état de fait qui serait atteint quasi mécaniquement par l'interaction compétitive entre des États motivés seulement par la volonté de puissance et la défense de l'intérêt national. Il doit plutôt être considéré comme possédant une valeur en soi. En effet, un tel ordre constituerait la condition de coexistence élémentaire permettant de soutenir les buts essentiels nécessaires pour qu'existe une vie sociale (Bull, 1977: 4-5, 77). Pourtant, si l'ordre n'est pas la seule valeur possible, ni même peut-être la plus importante, un fait demeure: la réalisation d'autres valeurs que l'on pourra estimer tout aussi importantes, telle la justice par exemple, dépendra le plus souvent de la satisfaction préalable de ces buts essentiels (Bull, 1977: 86). Or si les sociétés nationales sont très largement institutionnalisées et centralisées, permettant ainsi de satisfaire d'autres valeurs que la seule coexistence entre les individus, au sein de la société internationale ce sont les États qui se chargent de créer, d'organiser, d'administrer, d'interpréter, d'adapter et de protéger ces buts essentiels. Ce sont également ces États qui résistent généralement à créer des institutions centralisées pour ce faire et qui hésitent également à s'engager dans la satisfaction d'autres desseins ou d'autres fins qui risqueraient de déstabiliser l'ordre international.

Tel est donc le dilemme fondamental – dilemme qui est essentiellement normatif plutôt que strictement factuel et qui suppose donc une approche plus herméneutique que positiviste (Little, 2000) – auquel seraient confrontés les États membres de cette société internationale théorisée dans ce courant de l'École anglaise. Étant donné son caractère **pluraliste** plutôt que solidariste (Bull, 1966), cette approche demeurerait encore foncièrement relativiste sur le plan éthique puisqu'elle ne reposerait justement pas sur une compréhension communément partagée du bien ou de la justice, mais sur le seul respect de valeurs communes. Plus modestement sans doute, l'idée de société internationale participe à l'existence d'une

« association pratique ». Ce serait une association sans dessein déterminé ou finalité préconçue autres que celles de favoriser la coexistence entre les membres de la société et de leur permettre de poursuivre « leurs propres fins et leurs propres conceptions du bien », en établissant les paramètres de « limitation mutuelle et de tolérance de la diversité » à l'intérieur desquels ceux-ci pourront le faire légitimement (Nardin, 1983 : 18, 12).

L'objectif visé par une telle association ne serait pas celui de faciliter la compréhension ou même le dialogue entre les membres de la société internationale au sujet de l'atteinte de desseins particuliers ou de finalités plus substantielles. Il y aurait vraisemblablement absence de consensus autour des valeurs secondaires qui devraient être défendues – par exemple les droits de l'Homme ou encore des principes de justice distributive. En plus, la satisfaction des buts élémentaires de cette association demeure elle-même fragile puisqu'il se peut que l'un de ces buts – par exemple l'égalité formelle des États et le principe de non-intervention qui en est le corollaire – soit sacrifié pour préserver l'ordre international. Celui-ci apparaît ici comme la structure normative minimale de la société internationale. Toutefois, comme y insistèrent d'ailleurs les réalistes, il y aura toujours un risque dans de telles circonstances que l'application des principes moraux soit sélective et qu'elle ne reflète que les aléas de la politique de puissance. C'était le cas des procès pour crimes de guerre et crimes contre la paix qui eurent lieu au lendemain de la Deuxième Guerre mondiale (Bull, 1977 : 89).

Rien dans cette perspective rationaliste n'interdit de penser que le dilemme opposant l'ordre à la justice demeure à jamais irréconciliable comme l'estiment les réalistes ou qu'il ne soit condamné à valoriser indûment le *statu quo*. Pour Bull (1977 : 85)[2]. Il serait évident « que des demandes pour la préservation de l'ordre et pour la promotion de changements considérés comme juste ne sont pas mutuellement exclusives et que le champ serait parfois libre pour

leur réconciliation ». Mais la réalisation des buts que l'ordre international cherche à atteindre « devrait également tenir compte des demandes pour plus de justice ». De manière plus significative encore, cet ordre international ouvrirait la voie à l'adoption de principes solidaristes plus adéquats du point de vue d'un ordre mondial qui apparaît moralement supérieur ici. Après tout, prétend Bull (1977 : 22), « si l'ordre international a effectivement une valeur, cela ne peut être que parce que cet ordre est instrumental pour la réalisation de l'ordre dans la société humaine considérée comme une totalité ».

Pour Bull, qui écrivait durant les années 1960 et 1970, le point de vue solidariste à tendance cosmopolitiste apparaissait « prématuré » (1966 : 73). Rien ne laissait alors réellement penser que l'ordre international puisse se développer au point de voir émerger un consensus global sur des questions telles que la défense des droits de l'Homme, la protection de l'environnement ou encore la justice distributive (Wheeler et Dunne, 1996 : 106). Certains demeurent sceptiques et estiment qu'une perspective solidariste demeure toujours hors d'atteinte et qu'elle soulève même des risques pour la stabilité de l'ordre international (Jackson, 2000). Mais d'autres jugent que les temps sont mûrs pour développer l'idée d'une société mondiale solidariste où les États ne seraient plus les acteurs dominants du système politique global. L'activité politique serait dès lors orientée essentiellement vers les individus plutôt qu'en direction des collectivités institutionnellement organisées et le progrès normatif serait apprécié en termes d'**universalité** (Williams, 2005 : 20). Ainsi, par exemple, l'émergence, au cours des années 1990, d'un large consensus éthique sur les droits de l'Homme et le droit international humanitaire ainsi que sur l'outrage moral que représentent des maux tels que le génocide ou le nettoyage ethnique a relancé la question des interventions armées à des fins de protection humaine. Elle a ouvert aussi le débat sur la responsabilité qu'auraient les États non seulement de protéger leur propre population, mais également de fournir aide et protection aux populations qui seraient menacées dans des circonstances où l'État ne pourrait pas ou ne voudrait

497

---

2. Bull (1982) illustrera cette possibilité en évoquant le cas de l'apartheid qui souleva une importante résistance morale au sein de la société internationale.

pas mettre fin à la menace ou encore lorsqu'il serait lui-même à l'origine de la menace (Wheeler, 2000).

3. La tradition cosmopolitiste en éthique internationale

Comme la section précédente nous aura déjà permis de l'entrevoir, l'un des aspects les plus problématiques découlant des discussions que soulève aujourd'hui l'éthique en Relations internationales concerne le sujet éthique lui-même. Est-il collectif? C'est ce que prétendent plusieurs auteurs. Ces derniers estiment qu'en tant qu'expression de ces «processus continus d'association et de réciprocité» qui fondent la «vie en commun» des hommes (Walzer, 1999 [1977]: 97), l'État posséderait une autonomie émanant «du consentement des citoyens» (96) et une stature morale découlant de ce qu'il serait le seul réellement à même d'en «assurer la permanence contre tout empiètement extérieur» (1999 [1977]: 97; 1980). Ce sujet ne serait-il pas plutôt individuel comme l'avancent certains auteurs d'inspiration cosmopolitiste (Brown, 1992: 44). Sur le plan normatif, ceux-ci refusent de considérer les structures politiques existantes comme représentant une valeur qui serait nécessairement absolue et entendent au contraire privilégier «une société universelle d'êtres libres possédant des droits et des obligations exprimant leur identification avec l'humanité» (Linklater, 1990a: 167).

Cette question sera au cœur du débat opposant les tenants d'une approche **communautariste**[3] (*communitarian*) orientée vers l'importance des communautés aux défenseurs d'une perspective plus individualiste, cosmopolitiste. Celle-ci s'est développée tout au long des années 1980 et 1990 et son influence sur le développement de l'éthique des relations internationales sera tout à fait déterminante (Brown, 1992; Cochran, 1999; Jones, 1999; Thompson, 1992). Le débat a alors pris la forme d'une critique adressée à la position anthropologique défendue chez plusieurs philo-

sophes politiques de tradition libérale, dont notamment Rawls (1987 [1971]), par divers philosophes de tendance communautariste tels Michael Sandel (1982), Charles Taylor (1988) et Michael Walzer (1999 [1977]).

Un peu à la manière dont G. W. F. Hegel (1770-1831) avait reproché au *Projet de paix perpétuelle* (2002 [1795]) d'Emmanuel Kant (1724-1804) d'enfermer la vie éthique concrète (*Sittlichkeit*) dans une moralité trop abstraite privant ainsi sa réflexion de toute réelle effectivité (Hegel, 1989 [1821]: § 333), ceux-ci reprocheront à Rawls d'adopter une conception abstraite et désincarnée de l'individu en tant que sujet moral ayant une priorité ontologique sur les fins qu'il pouvait par ailleurs viser (Rawls, 1987 [1971]: 560). Ils l'accusent d'apprécier cet individu comme s'il était entièrement libre de toutes attaches substantielles permettant de le situer socialement, culturellement ou politiquement. Dans le but d'établir un consensus sur les principes de justice propres à la société, Rawls utilisait en effet un procédé de représentation (**position originelle**), au sein duquel les individus ignoraient certains faits particuliers les concernant (**voile d'ignorance**) tels leur talent, leur richesse ou leur position sociale. Cette ignorance permettrait, selon Rawls (1987 [1971]: 180), d'intégrer dans la discussion des contraintes liées à la coopération sociale et d'être équitable en incitant chaque personne «à prendre en considération le bien des autres».

D'un point de vue communautariste, postuler l'existence d'un tel individu totalement désengagé ou même déraciné des processus qui constituent la vie en commun des hommes serait non seulement simpliste et irréaliste, mais cela rendrait en pratique difficile de porter «un jugement sur ce qui peut et doit être fait dans un contexte donné» (Taylor, 1988: 50-51, cité par Berten *et al.*, 1997: 15). Tout se passerait comme si les sociétés libérales avaient été engendrées *ex nihilo* et qu'elles n'étaient pas à proprement parler l'aboutissement d'une histoire faite de luttes et de combats «contre les traditions, les communautés et les autorités» (Walzer, 1997: 55). Rawls (1993) a, depuis, largement amendé l'aspect individualiste de sa démarche. En outre, il a cherché à étendre aux relations interna-

---

3. On doit distinguer le concept de communautarisme tel qu'il est utilisé ici, de celui qui est synonyme, en France, de multiculturalisme et qui désigne la reconnaissance, au sein même des communautés politiques dominantes, du droit au maintien de la différence ethnique ou culturelle.

tionales les principaux éléments de ce qu'il caractérise désormais comme un libéralisme politique détaché de toute conception morale ou religieuse (Rawls, 2006 [1999])[4]. Il s'est ainsi rapproché des communautaristes et de la perspective pluraliste que nous avons exposée dans la section précédente, qui met l'accent sur des principes conventionnels de coexistence entre États (Beitz, 2000 ; Buchanan, 2000 ; Seymour, 1999). Surtout, sa démarche s'est depuis étendue bien au-delà de la théorie politique appliquée à la vie dans l'État pour déborder sur l'éthique de la sphère internationale. Rien ne permettrait en effet de concevoir cette sphère comme un état de nature moralement vide. Divers processus associés à la notion d'interdépendance justifieraient même de la réinterpréter sur des bases nettement plus cosmopolitistes.

Sans nier l'importance du rôle que jouent les États dans la défense de l'autonomie des individus, la critique cosmopolitiste reprochera notamment aux auteurs communautaristes de perdre de vue que cette autonomie des individus est première et qu'aussi bien la personnalité que la stature morale de l'État en dépendent entièrement. En fait, comme le notera très tôt Brian Barry (1973) en référence à Rawls, ce qu'il faudrait démontrer pour qu'une telle position originelle n'apparaisse pas comme une simple justification après le fait des résultats qu'elle obtient, ce sont les motifs ou les arguments invoqués par ces individus dans la position originelle pour créer une pluralité d'États et non pas un seul État mondial (voir aussi Chauvier, 1999 : 65). Plutôt que d'établir une analogie entre l'autonomie des individus et l'autonomie consentie aux États au sein de la société internatio-

nale, il faudrait concevoir l'autonomie morale des États comme dérivant strictement de leur « conformité avec les principes appropriés de justice sur le plan intérieur » (Beitz, 1979 : 80-81). Dès lors, avancera Charles Beitz (83, 121), la protection contre toute intervention dans les affaires qui relèvent « essentiellement de leur compétence nationale » que garantit la Charte des Nations unies serait moralement arbitraire. Pour lui, en effet, des États dont les institutions seraient « injustes » ne devraient pas pouvoir bénéficier d'une telle protection qui serait immorale. Allant plus loin, Beitz (182) affirme qu'il n'y aurait aucune raison convaincante justifiant l'exemption d'un « examen moral minutieux » provenant de l'extérieur.

Si l'on peut défendre l'argument selon lequel les États justes disposent effectivement d'une forme d'autonomie qui doit être respectée, il faut reconnaître que ces États ont également des obligations découlant de leur interdépendance croissante. Des obligations qui limiteraient leur capacité d'agir en toute indépendance[5]. Après tout, si une société est un système « de coopération visant à favoriser le bien de ses membres » (Rawls, 1987 [1971] : 30), étant donné l'interdépendance économique dans laquelle celles-ci sont désormais plongées, ne devrait-on donc pas conclure, avec Beitz (1979 : 132, 144), qu'il est moralement inacceptable de s'en tenir arbitrairement à des frontières nationales qui ne correspondent plus aux limites extérieures de la coopération sociale ? Pour ce dernier, puisque le système de coopération sociale est désormais global, toute réflexion relative aux principes de justice doit être également conduite à cette échelle.

4. Dans le but d'étendre les principes du libéralisme politique aux relations internationales et d'établir un consensus international autour de la structure de base de « cette société de sociétés », Rawls utilise ce même procédé de représentation de la position originelle mais en regroupant cette fois-ci des délégués de peuples libéraux (plutôt que des individus). Il ne s'agit pas de formuler les termes d'un autre consensus par recoupement approprié à l'ensemble des sociétés, mais simplement d'étendre à la « société de sociétés » des principes ayant d'ores et déjà fait l'objet d'un accord préalable en leur sein. Les délégués n'envisageraient rien de plus que de « réfléchir sur les avantages » qu'offrent certains principes tirés des habitudes et des coutumes du droit international.

5. Pour Beitz (1979 : 140), comme pour plusieurs autres auteurs associés au cosmopolitisme, le cas des ressources naturelles – qui ne sont pas attachées aux individus de la même manière que les talents par exemple, et qui doivent donc avoir fait l'objet d'une distribution préalable à leur utilisation – démontre que même dans le cas où les sociétés pourraient effectivement être considérées comme autosuffisantes, les territoires qu'elles occupent, comme les avantages et les bénéfices dont elles disposent du fait de la disponibilité de ces ressources sur leur territoire, demeurent tout à fait « arbitraires d'un point de vue moral ».

Or, pour envisager cela, il conviendrait tout d'abord abandonner l'idée défendue par Rawls selon laquelle il serait nécessaire d'établir une seconde position originelle réunissant des délégués conscients d'appartenir à des sociétés libérales et démocratiques. Au contraire, il faudrait dès le départ procéder selon Beitz à partir d'une position originelle globale. Celle-ci regrouperait l'ensemble des personnes qui, même si elles ne sont pas réellement parties à un système de coopération « mutuelle » demeurent toujours des personnes qui sont autonomes – c'est-à-dire capables d'un sens de la justice et capables d'avoir une conception du bien – et donc les unes et les autres également concernées sur un plan moral (Beitz, 1983 : 595). Ce sont ces personnes – et non pas les États, fussent-ils libéraux et démocratiques – qui disposeraient ici d'un réel statut moral devant bénéficier de toute notre attention et requérant en outre, sur le plan éthique, que des obligations individuelles et collectives soient distribuées (Pogge, 2002 : 170). Pour Beitz (1979 : 153, 182), ces obligations cosmopolitistes, qui seraient, entre autres, celles des États mais aussi des institutions internationales, dériveraient ainsi « des responsabilités de base que les personnes acquerraient du fait de leur insertion dans ces relations (globales) ». Elles porteraient sur les « relations morales qui sont celles qu'entretiennent les membres d'une communauté universelle au sein de laquelle les frontières d'un État n'ont qu'une signification dérivée ». Un tel cosmopolitisme offrirait ainsi une perspective universelle, neutre et impartiale, accordant à l'ensemble des personnes qui sont concernées leur vraie mesure morale et favorisant ainsi une comparaison formelle (1994 : 124).

Pour une part importante, l'enjeu du débat opposant le communautarisme et le cosmopolitisme porte sur la meilleure manière de parvenir à fonder un consensus autour d'une conception de la justice dans un monde traversé par une variété de doctrines morales, philosophiques ou religieuses qui, tout en étant pour la plupart raisonnables, apparaissent néanmoins incompatibles entre elles (Rawls, 1993 : 4). Pour les communautariens, un tel consensus ne saurait être que minimal car, tout en ayant un sens

dans chacune des sociétés particulières, il ne devrait pas indûment refléter d'intérêts particuliers ou une culture particulière (Walzer, 1994). Par contre, selon les auteurs de tradition cosmopolitiste, la réalisation d'un tel consensus devrait reposer sur une procédure neutre – par exemple celle de la position originelle – mettant en scène des personnes de bonne volonté. Celles-ci seraient suffisamment raisonnables pour accepter un tel pluralisme des valeurs et pour souhaiter organiser le monde commun d'une manière qui soit moralement plus satisfaisante et qui ne reflète pas un simple *modus vivendi* reposant sur l'intérêt ponctuel et contingent des États. Les institutions internationales qu'une telle procédure consensuelle nous permettrait de créer s'offriraient ainsi comme des « points fixes se tenant au-dessus des négociations et [...] immunisées contre les changements de puissance et d'intérêt » (Pogge, 1989 : 228).

Le débat communautarisme/cosmopolitisme a largement contribué à nourrir le tournant éthique dans la discipline des Relations internationales depuis le début des années 1990. Mais en même temps, il aura enfermé les discussions dans une impasse concernant la meilleure manière de parvenir à établir et à justifier les fondations de nos revendications morales (Cochran, 1999 : 14). Pour Mervyn Frost (1996 : 77-79, 89-90). Cette impasse découlerait du fait que le langage utilisé pour discuter de l'éthique internationale appartient essentiellement au « domaine propre » d'un discours sur l'État, sur la citoyenneté et sur les relations interétatiques qui reposerait par ailleurs sur certaines « normes établies » au sein de la société internationale. À son avis, l'État ne devrait pas être perçu comme un simple « moyen de protéger les droits individuels », mais comme un arrangement permettant que tous se reconnaissent mutuellement comme les citoyens d'un État qui représente ici le sommet d'une échelle institutionnelle. Or, cet arrangement dépend également de la reconnaissance de l'autonomie que l'État lui-même obtiendrait des autres États (Frost, 1996 : 152-153). Notre appartenance à une communauté nationale particulière ne signalerait pas l'obligation de devoir abandonner tout principe universel, mais elle mettrait en évidence que le passage vers de tels principes valant universellement repose sur l'acceptation de normes établies et dépend de la possibilité pour des personnes ou des groupes «de s'engager dans un certain type de pratique entre eux» (Frost, 1996: 154). Toutefois, précise Frost (1996: 90), absolument rien ne nous oblige à conclure que les États sont les seules institutions réellement appropriées pour satisfaire cette reconnaissance ou même que la manière dont ces États sont aujourd'hui organisés serait la meilleure.

Pour Andrew Linklater, qui s'est largement inspiré des travaux de Jürgen Habermas pour développer sa propre démarche critique et éclairer les possibilités de changement et d'émancipation que recèle l'existence humaine (Devetak, 2005b), cette impasse démontrerait que la réflexion sur l'éthique internationale tient fondamentalement dans un effort pour prendre acte des sentiments universalistes qu'entretiennent les êtres humains, tout en tentant de les réconcilier avec les forts attachements affectifs que ceux-ci éprouvent généralement à l'égard d'une communauté particulière, fût-elle «temporaire» (Linklater, 1990a: 54). Ainsi le problème serait-il de parvenir à aménager la tension éthique qui, en son temps, avait tant désespéré Jean-Jacques Rousseau (1712-1778):

> D'homme à homme, nous vivons dans l'état civil et soumis aux lois; de peuple à peuple, chacun jouit de la liberté naturelle: ce qui rend au fond notre situation pire que si ces distinctions étaient inconnues. Car vivant à la fois dans l'ordre social et dans l'état de nature, nous sommes assujettis aux inconvénients de l'un et de l'autre sans trouver la sûreté dans aucun des deux. La perfection de l'ordre social consiste, il est vrai, dans le concours de la force et de la loi; mais il faut pour cela que la loi dirige la force; au lieu que, dans les idées de l'indépendance absolue des princes, la seule force parlant aux citoyens sous le nom de loi et aux étrangers sous le nom de raison d'État ôte à ceux-ci le pouvoir et aux autres la volonté de résister, en sorte que le vain nom de justice ne sert partout que de sauvegarde à la violence (Rousseau, 1964 [1756-1757]: 610).

Pour Linklater (1998: 85), la solution à cette impasse consisterait en un nouvel effort en faveur de l'élargissement des frontières morales de nos communautés particulières, qui fonctionneraient essentiellement comme des systèmes sophistiqués d'exclusion, en encourageant la formation d'un espace dialogique inclusif. Un tel espace réunissant les personnes concernées serait mieux à même de permettre de juger si une exclusion est juste ou injuste et, partant, de nous entraîner sur la voie d'une possible réconciliation du particulier et de l'universel.

4. Déterritorialiser l'éthique en Relations internationales

L'effort déployé par Linklater et Frost pour sortir le débat entre les perspectives communautariste et cosmopolitiste des ornières qui sont les leurs, et qui contribuent en quelque sorte à enfermer l'éthique internationale dans le carcan des catégories traditionnelles de la pensée politique (Vaughan-Williams, 2007), est-il suffisant? Si l'on admet que, dans le meilleur des cas, une telle impasse ne pourra pas être si facilement surmontée (Rorty, 1993), ne devrait-on pas pousser un peu plus loin la démarche critique? Ne devrait-on pas s'interroger, par exemple, sur la manière dont ces catégories qui éclairent et limitent à la fois notre entendement des relations internationales sont parvenues à s'imposer dans la réflexion éthique? Notamment grâce à des interprétations et à des pratiques qui en reproduisent la «présence» dans l'histoire, comme si cette présence fondatrice allait finalement de soi (Ashley, 1988: 231)? De plus, devant les difficultés qu'il semble y avoir à sortir de cette impasse sans par ailleurs envisager une échappée hors de l'horizon moderne (Brown, 2000b), ne serions-nous pas justifiés de penser avec R. B. J. Walker et plusieurs auteurs de tendance poststructuraliste[6] que c'est peut-être *dans* le «silence» qui enveloppe ces catégories traditionnelles de la pensée politique que le pouvoir peut le mieux s'imposer et que c'est *devant* ce «silence» que la réflexion éthique peine le plus à s'affirmer?

---

6. L'expression «poststructuraliste» désigne indistinctement ici des démarches que l'on pourrait définir comme postmoderne ou poststructuraliste. Pour un exposé général, consulter le chapitre 15 dans ce livre ainsi que Edkins (1999) et Der Derian et Shapiro (1989).

Face à ce silence, le poststructuraliste entend s'engager dans la « quête d'une compréhension plus large et plus complexe de la société moderne permettant de rendre compte de ce qui est laissé en dehors : l'autre, le marginalisé, l'exclu » (George et Campbell, 1990 : 280). Or, en Relations internationales, c'est la place centrale que l'on accorde au concept d'État souverain, qui « exprime une éthique de l'exclusion absolue » (Walker, 1993 : 66), qui explique en grande partie que tant de choses sont laissées « en dehors ». Ce n'est pas tant, comme y insisteront les défenseurs d'une éthique cosmopolitiste, parce que l'on aurait un peu trop rapidement cédé à la facilité en adoptant une attitude communautariste. C'est plutôt parce que la pensée politique elle-même, la théorie/pratique de la dichotomie interne/externe qui fonde le raisonnement moral, serait prise dans les filets totalisants de ce privilège accordé à l'État souverain, et qui aura finalement été « suffisant pour générer la problématique caractéristique de l'éthique en relations internationales » (Walker, 1993 : 67).

L'État souverain s'articule temporellement à l'intersection de « possibilités ontologiques contradictoires » découlant d'un découpage entre intériorité et extériorité (Walker, 1993 : 6-7) et s'organise spatialement autour d'une « métaphysique du même et de l'autre, du citoyen et de l'ennemi, de l'identité et de la différence ». Sur un plan normatif, la souveraineté apparaît comme « un principe éthique niant l'applicabilité de principes éthiques au-delà d'un certain espace circonscrit » (Walker, 1993 : 66). À cet État correspondrait en effet un « en dehors » différent par nature et promis à l'anarchie, où les thèmes du danger, de l'insécurité, du conflit, de la violence et de la guerre s'imposeraient pour ainsi dire nécessairement du simple fait de l'absence d'État (Ashley, 1988). Ainsi, les considérations éthiques seraient-elles toujours là, mais circonscrites et surtout étroitement limitées aux frontières de l'État et sujettes au « centre souverain » qui permet d'asseoir le tout et de le présenter comme une évidence (Walker, 1993 : 79). Des efforts considérables sont déployés en vue de dépasser le scepticisme que l'on plaque sur le réalisme tout comme la désolante impasse dans laquelle semble vouloir se

diriger le débat communautarisme/cosmopolitique. Ces efforts témoigneraient on ne peut plus clairement aujourd'hui de ces possibilités ontologiques contradictoires qui naissent du privilège dont jouit l'État et qui limiteraient notre disposition à penser l'éthique en matière de relations internationales[7].

Selon Der Derian (1997 : 58), l'éthique « commence avec la reconnaissance du besoin que nous avons des autres, du besoin de la reconnaissance de l'autre ». Une telle disposition serait liée à un projet s'articulant autour de l'idée d'une déterritorialisation de la responsabilité. Cette déterritorialisation permettrait une appréciation plus satisfaisante de la condition de « radicale interdépendance » qui caractériserait les relations que nous entretenons les uns avec les autres et, par conséquent, elle éclairerait la responsabilité que nous avons envers Autrui (Campbell, 1998b : 173). Mais cette responsabilité ne serait pas ici du type de celle que nous aurions, dans la tradition cosmopolitiste par exemple, face à une autre personne que l'on considère comme moralement autonome. Paradoxalement, en dotant le sujet autonome d'une raison « que l'on suppose tout à la fois capable de déceler le caractère rationnel de la politique (une prétention épistémologique) et de constituer la politique dans la réalité (une prétention ontologique) » (Campbell et Dillon, 1993 : 1), cette conception cosmopolitiste nous conduirait à vider cette autre personne de sa différence et à la considérer comme simplement identique à nous.

Plutôt que de renvoyer à une seule personne moralement autonome, la responsabilité que nous

---

7. Bien que nous n'ayons pas la place pour le faire ici, plusieurs autres possibilités de dispositions éthiques poststructuralistes pourraient être identifiées (voir Lawler, 2008 ; Zehfuss, 2009). Certains réfléchissent sur la crise de la démocratie territoriale, de la représentation démocratique et de la pratique démocratique, crise qu'il s'agirait de problématiser dans un contexte par ailleurs profondément marqué par une « mondialisation de la contingence » (Connolly, 1991 ; 1995 ; 2005 ; Guzzini, 1997). D'autres se préoccupent de ce qu'Ashley et Walker (1990 : 390-391) qualifient d'éthique de la « conduite marginale », en privilégiant la critique de nos univers et de nos systèmes éthiques qui, pour s'imposer, requièrent une violence qui conduit à la marginalisation et à la discrimination.

avons envers Autrui serait «infinie». Elle supposerait en effet l'acceptation d'un face à face avec Autrui. Un face à face qui demeure cependant inépuisable et que nous ne pourrions donc jamais complètement parvenir à penser, car nous ne pourrions jamais véritablement connaître Autrui qui demeure à l'infini différent de nous (Lévinas, 1971 : 28-29). Ainsi la responsabilité qui découlerait de cette radicale interdépendance dans laquelle nous serions plongés à l'origine «reconfigurerait la **subjectivité**» du sujet. Lequel sujet serait, par conséquent, littéralement constitué par cette relation à Autrui. À tel point que son «être» même se trouverait profondément mis en question et, ce faisant, pour ainsi dire «assujetti» à cette relation première, préalable à sa propre subjectivité et dont il ne serait au fond que le «résultat» (Campbell, 1998b : 173-174). L'éthique représenterait donc la (re)connaissance du caractère premier de la relation d'homme à homme sur laquelle prennent appui toutes les autres relations que nous entretenons, y compris, si l'on se situe sur le plan des relations internationales, la relation d'État à État (Lévinas, 1971 : 77).

Ainsi, écrira Campbell (1998b : 174), l'éthique s'affirmerait «dans les termes d'*un droit à être* en relation avec Autrui». L'éthique demeurerait ici de l'ordre d'une «relation non totalisante avec Autrui», de l'ordre d'une responsabilité première face à Autrui qui serait au cœur de la condition de possibilité de la subjectivité même de l'agent ou du sujet (Campbell, 1998b : 177). Par définition, cette responsabilité serait à proprement parler infinie. Plus précisément, elle resterait impossible à calculer concrètement dans la mesure où elle existe en quelque sorte à un niveau pré-ontologique, infrastructurel, c'est-à-dire avant même que l'autonomie morale de la personne n'existe en tant que telle et ne puisse se voir attribuer une responsabilité clairement définie. *A fortiori*, cette responsabilité existerait également avant les obligations que l'on pourrait attribuer – ou le cas échéant, qui est aussi le plus susceptible de se produire en relations internationales, refuser d'attribuer – à l'État. Incalculable, cette responsabilité prendrait finalement la forme d'une sensibilité à la différence entre soi et Autrui. Elle exigerait donc de «lutter pour – ou

au nom de – l'altérité» plutôt que de lutter «pour effacer, supprimer ou éradiquer l'altérité» au nom de l'autonomie et de l'indépendance, celles de l'État par exemple (Campbell, 1998 : 191).

Plus concrètement, parler «d'*un droit à être* en relation avec Autrui» (Campbell, 1998b : 174) aurait comme principale conséquence d'opérer un décentrage de ce que nous sommes ou de ce que nous affirmons être. Cela nous permet de nous repositionner face à la responsabilité que nous avons envers Autrui. Cette responsabilité entraînerait dans sa foulée une déterritorialisation de l'éthique. Cela permet à Campbell (1998b : 176) de déclarer que, comme lors de la crise bosniaque des années 1990, cette déterritorialisation de l'éthique signifie que nous ne pourrions plus jamais dire que «cela ne nous concerne pas». Nous ne pourrions tout simplement pas décider unilatéralement de rompre la relation que nous entretenons avec les autres en tant qu'êtres humains. Ainsi, serions-nous individuellement, mais cela demeure tout aussi «vrai» collectivement, toujours éthiquement situés en tant que subjectivités, de sorte que le fait de «porter un jugement sur notre conduite ne dépendra pas tant des règles qui sont invoquées, que de la manière dont nous évaluons les interdépendances de nos relations avec les autres». *A contrario*, ce seraient les frontières politiques qui séparent les sociétés, des «frontières qui sont rendues possibles par la transformation de l'altérité en inimitié» qui constitueraient en quelque sorte la condition de possibilité pour qu'au moment même où nous perdons de vue la radicale interdépendance qui nous lie à Autrui, notre responsabilité envers l'autre ne semble pas, elle aussi, s'étioler (Campbell, 1998b : 179-180). C'est ainsi que l'on peut en arriver à conclure, individuellement comme collectivement, que «cela ne nous concerne pas».

L'enjeu consisterait donc, dans la perspective poststructuraliste, à parvenir à concevoir la disposition éthique comme étant essentiellement motivée par les responsabilités infinies que nous avons envers les autres. Or, ces responsabilités ne peuvent apparaître que si l'on admet qu'une différence existe avec Autrui qui, non seulement nous lie à lui, mais nous constitue nous-même en tant que soi responsable face à un autre. La difficulté consistera entretemps à déterminer un peu plus spécifiquement quelles sont au juste nos responsabilités. Campbell est parfaitement conscient du problème qui se pose ici : comment en effet, en l'absence de plus de spécificité, assumer une responsabilité qui ne soit pas une simple vue de l'esprit, mais qui nous permette au contraire de porter un jugement et éventuellement de décider d'une ligne d'action ? À bien des égards, l'enjeu de la disposition éthique est précisément là. Il consiste à choisir quelle attitude adopter dans un contexte où trancher n'apparaît pas si simple.

Pour Campbell (1998b : 183), il s'agirait d'abord de prendre acte de la pluralité des autres ainsi que des possibilités de tension qui naissent de cette pluralité de discours et d'agents. Nous devons comprendre que dans ces circonstances exposées aux contingences d'un monde dont nous n'avons pas la maîtrise, notre responsabilité nécessite avant tout de chercher à résister aux diverses tentatives de totalisation et de naturalisation des pratiques qui donnent faussement l'impression que ceux qui agissent « ne font rien de plus que suivre les commandements nécessités par un ordre des choses ». Cet « ordre des choses » serait préalablement déterminé et justifierait de tout faire pour, par exemple, assurer la survie d'un État, d'un peuple, d'une culture ou d'une communauté. Pourtant,

> [c]e n'est que si nous parvenons à penser la politique organisée en termes d'ethnicité et de nationalisme, comme étant rendue possible par des questions qui puisent leurs origines dans une histoire fondée sur rien, mais dont on se sert de façon violente aujourd'hui pour atteindre des buts politiques actuels, et que nous rejetons les tentatives de la présenter comme le résultat naturel de vieilles animosités, que nous pourrons exercer notre responsabilité envers l'autre et faire autre chose que d'attendre que le carnage cesse (Campbell, 1998 : 183).

En fait, si des tels standards de jugement ou de décision, ontologiques ou épistémologiques, rationnels et objectifs, existaient qui ne soient pas eux-mêmes essentiellement contestés et pour ainsi dire dès leur origine foncièrement « contaminés » par les enjeux et les controverses dont ils sont l'objet, « l'éthique et la politique ne seraient rien de plus que des technologies » (Campbell, 1998b : 184). À cet égard, du fait même de sa profonde imbrication dans les catégories traditionnelles que comporte le discours politique de la modernité, dont elle demeure l'un des traits particuliers et constitue l'une des fonctions de légitimation (Walker, 1993), la notion de « relations internationales » demanderait aussi à être problématisée. Ainsi, on mettrait plus clairement en évidence la complicité qui existe entre violence et politique. L'une et l'autre s'interpellent et s'impliquent mutuellement dans une relation « pharmacologique » (George, 2005) où nos dispositions éthiques deviennent exclusives – cette complicité entre violence et politique est fondamentalement « au service d'une problématique de l'être commun pensé selon l'*un* » (Mairet, 1997 : 196) – et cessent d'être appréciées à l'aune de la radicale interdépendance qui fait de nous ce que nous sommes. Comme l'a noté il y a quelques années le comité de rédaction d'un numéro spécial de la revue britannique *Millennium* consacré à l'éthique en relations internationales : « introduire l'éthique comme un point à l'ordre du jour des relations internationales ne nous aide pas à comprendre les questions éthiques qui sont incorporées dans l'ordre du jour lui-même » (Editors, 1997 : iv).

5. Conclusion

La question de l'éthique internationale n'a jamais vraiment présenté, ni pour les praticiens ni pour les théoriciens en relations internationales, un caractère premier. De manière plus ou moins explicite, la question a, la plupart du temps, été subordonnée à celle de l'éthique en politique intérieure. L'éthique internationale a obéi dès lors, dans le meilleur des cas, à un programme en deux temps la reléguant bien souvent aux marges d'une discipline par ailleurs essentiellement consacrée à un « ethos de la survie » (Odysseos, 2002 ; Wight, 1966). Or ces considérations éthiques semblent désormais de plus en plus fermement ancrées dans nos efforts pour apprécier la réalité des relations internationales, c'est-à-dire dans nos efforts pour la décrire, l'expliquer ou la comprendre, la construire, la déconstruire ou la reconstruire. Ainsi n'apparaît-il tout simplement plus possible aujourd'hui d'adopter une position qui, pour des motifs ontologiques ou épistémologiques, rejetterait du revers de la main toute considération normative.

Entre-temps, marqué comme il l'est par l'un ou l'autre des divers processus associés à la mondialisation, le contexte contemporain semble avoir modifié les paramètres traditionnels à partir desquels la question de l'éthique était jusqu'alors articulée. Graduellement « passée du domaine de l'expérience au domaine de l'attente » (Bartelson, 2000 : 192), la mondialisation incite en effet à reformuler, mais sur un mode constructiviste plutôt que sur la base d'un quelconque principe qui vaudrait universellement (Price, 2008), la question d'une éthique qui puisse véritablement être à la mesure du monde (Thibault, 2005). Reste que, si elle n'est certainement plus aussi prématurée que ne l'estimait Bull, cette question demeure néanmoins tout aussi compliquée qu'auparavant à apprécier, car elle suppose que des réponses satisfaisantes soient disponibles non seulement quant au contenu substantiel de cette éthique, mais aussi et surtout quant au type de raisonnement le plus approprié à la discussion du problème lui-même (O'Neill, 2000 : 115). Or, il faut bien le dire, sur aucun de ces aspects un consensus n'est encore en vue. Le seul consensus qui, peut-être, se dégage aujourd'hui concerne la légitimité de poser la question de l'éthique internationale.

Pour en savoir plus

Campbell, D. et M. J. Shapiro (dir.), 1999, *Moral Spaces. Rethinking Ethics and World Politics*, Minneapolis : University of Minnesota Press. Une riche collection de textes dont l'objectif consiste à repenser, dans une perspective poststructuraliste, l'éthique comme relation à Autrui.

Shapcott, R., 2010, *International Ethics. A critical Introduction*, Cambridge : Polity Press. Une très bonne synthèse de quelques-uns des principaux enjeux entourant les débats contemporains sur la guerre, l'intervention, la pauvreté et la justice en éthique internationale.

Hayden, P. (dir.), 2009, *The Ashgate Research Companion to Ethics and International Relations*, Aldershot : Ashgate. Une vaste collection abordant des thèmes éthiques variés qui illustrent l'importante croissance de ce domaine en relations internationales.

Nardin, T. et D. R. Mapel (dir.), 1992, *Traditions of International Ethics*, Cambridge : Cambridge University Press. Un excellent survol historique des principales traditions éthiques appliquées au domaine des relations internationales.

Walzer, M., 1999 [1977], *Guerres justes et injustes. Argumentation morale avec exemples historiques*, Paris : Belin. Un classique de l'éthique de la guerre juste dont l'argumentation éthique repose sur l'exploration d'exemples historiques.

L'éthique de l'intervention armée en Irak

L'administration américaine, appuyée par divers autres gouvernements, a allégué des raisons humanitaires pour justifier une intervention unilatérale, privée de l'autorisation préalable du Conseil de sécurité des Nations unies. Elle a d'abord évoqué la nécessité de neutraliser les dangers posés par la possession d'armes de destruction massive par l'Irak ou de combattre la menace posée par les liens qu'aurait entretenus l'Irak avec les réseaux terroristes internationaux, raisonnement que plusieurs jugèrent fallacieux et qui a très rapidement perdu de sa force justificatrice (Roth, 2004).

Ainsi, en dépit de l'interdiction générale de la menace ou de l'emploi de la force contre d'autres États contenue dans l'article 2.4 de la Charte des Nations unies, les membres de la coalition insistèrent-ils sur le caractère foncièrement oppressif et tyrannique du régime de Saddam Hussein. Le juriste et spécialiste de l'éthique internationale Fernando R. Tesón (1992) – défenseur acharné d'un cosmopolitisme d'allégeance kantienne – a tenté de démontrer que ces intentions humanitaires devraient être considérées comme parfaitement légitimes et, par conséquent, que l'intervention armée devrait elle-même être considérée comme justifiée sur le plan de l'éthique internationale.

Selon Tesón (2005a : 2-3), pour être considérée comme légitime, une intervention devrait idéalement tendre vers le respect des principes suivants : 1) elle doit viser à mettre un terme à la tyrannie ou à l'anarchie ; 2) elle doit être gouvernée par la doctrine du « double effet* » ; 3) en général, seul des cas « sévères » de chaos ou de tyrannie peuvent motiver une intervention ; 4) les victimes de la tyrannie ou du chaos doivent l'accueillir favorablement ; 5) elle doit « préférablement » recevoir l'approbation ou le soutien de la communauté des États démocratiques. Après avoir exposé ces principes – qui mettent de côté certains autres principes que les spécialistes considèrent généralement comme pertinents tels le fait que l'intervention soit l'option de dernier recours et qu'elle ait des chances raisonnables de succès – Tesón refuse pourtant de les considérer comme étant déterminants et estime que leur non-respect ne devrait pas automatiquement nous conduire à la condamner. Ce qui importerait avant tout, c'est de pouvoir considérer l'ensemble de ces principes « à la lumière de l'urgence de mettre un terme à la tyrannie dans des cas particuliers » (2005a : 3).

Alors que les arguments justifiant une intervention portent traditionnellement sur les critères de la « juste cause » et de la « bonne intention » – qui permettent de s'interroger sur le type de préjudice qui serait suffisant « pour déclencher une intervention militaire dérogeant à la règle de non-intervention » ainsi que sur le but primordial de l'intervention qui « doit être de faire cesser ou d'éviter des souffrances humaines » (CIISE, 2001 ; Boyle, 2006) – Tesón juge plus utile d'inverser leur sens et de distinguer entre les « intentions » et les « motifs » (Courtois, 2006 : 7-8). Il serait alors crucial de déterminer les « intentions » des dirigeants, c'est-à-dire les actes voulus et les conséquences souhaitées qui, dans un premier temps, devraient pouvoir être appréciés sans égard aux motifs qui furent possiblement visés au-delà de cette intention.

Pour Tesón, insister sur les seuls motifs – par exemple neutraliser la menace que représentent les armes de destruction massive ou combattre le terrorisme international – ou même sur une congruence entre intentions et motifs – comme l'exige la tradition de la **guerre juste** en requérant qu'aussi bien la juste cause (ici l'intention) que la bonne intention (ici le motif) soient satisfaits – conduirait à trop exiger des membres de la coalition et à trop attendre des arguments que ceux-ci invoquent pour intervenir. L'on perdrait alors de vue l'acte lui-même et surtout ses résultats humanitaires qui constituent, selon lui, « un facteur central dans l'évaluation des intentions » (2005a : 8-9). Ainsi, si les motifs sont toujours intéressés et qu'ils ne comportent que très rarement des aspects purement altruistes, Tesón estime que les intentions sont fréquemment louables, mêmes si elles s'offrent par ailleurs également comme un moyen d'atteindre « quelque chose d'autre » (2005a : 8).

Dans le cas de l'intervention en Irak, cette distinction est cruciale, car elle permet d'identifier une double raison d'être, la première limitée (intention humanitaire) et la seconde plus large (motif humanitaire), qui toutes deux pointeraient dans la même direction que Tesón estime être éthiquement justifiée. La raison d'être limitée aurait simplement consisté à déposer le régime de Saddam Hussein que Tesón juge « sévèrement » oppressif et tyrannique (principe 3), malgré le fait que le régime n'était pas au moment de l'intervention engagé dans des crimes de masse spécifiques ; un critère important (Roth, 2004 ; Nardin, 2005) que Tesón rejettera néanmoins comme étant inutilement contraignant (2005b). Pour lui, cette intention justifierait à elle seule de parler d'une intervention humanitaire légitime. La raison d'être plus large aurait consisté à assurer la sécurité des États-Unis par la promotion d'un projet de réforme libérale visant, en liquidant les régimes oppressifs et tyranniques, et en libérant ainsi les victimes de ces régimes, à instaurer la démocratie et

➡ l'État de droit au Moyen-Orient (2005a : 11). Pour Tesón, sur ce plan également, l'intervention devrait être considérée comme éthiquement justifiable.

Les principes 1 et 3 étant satisfaits et la discussion du principe 2 étant quant à elle écartée faute de place pour en discuter (2005a : 13 n. 38 ; voir Courtois, 2006 : 11), resterait donc les principes 4 et 5. Concernant l'accueil réservé à l'intervention, Tesón estime que la population a effectivement accueilli avec un grand soulagement la chute du régime. L'insurrection armée qui a rapidement suivi ne remettrait pas en question ce fait. Il juge en effet qu'il serait discutable de penser qu'une grande partie de la population appuie les insurgés et qu'elle souhaite voir le retour de la tyrannie ou d'un régime similaire. Plus fondamentalement, étant donné que les insurgés seraient des complices de Saddam Hussein ou des terroristes, l'insurrection serait illégitime et non seulement la résistance devrait être considérée comme une « entreprise criminelle », mais l'opposition des insurgés ne devrait tout simplement pas compter en tant que telle sur le plan éthique (2005a : 16).

Concernant la question de l'autorité appropriée, Tesón prétend qu'il aurait été « préférable » que l'intervention ait reçu l'approbation ou le soutien de la communauté des États démocratiques. Mais, dans certaines circonstances, il serait moralement justifié que des gouvernements démocratiquement élus interviennent sans autorisation. Le Conseil de sécurité ne serait tout simplement pas ici « un bon gardien de la vie humaine et de la liberté » puisqu'au moins un État disposant du droit de veto et plusieurs membres non permanents ne satisferaient pas aux standards de légitimité. Pour lui, « il est inacceptable que la décision de libérer un peuple de la tyrannie, ou d'user d'un droit de veto pour bloquer la décision de le faire, soit laissée à des régimes illégitimes » (2005a : 17).

* Selon la doctrine du « double effet », un acte jugé légal ou légitime peut avoir des conséquences négatives. Elle autorise l'acte si l'objectif est légal ou légitime, si ses conséquences ne représentent pas une fin en soi ou un moyen en vue d'une fin qui serait autre et si l'objectif visé est proportionnel aux conséquences négatives. Dans le cas de l'intervention en Irak, d'après cette doctrine, les violations des droits doivent être suffisamment sérieuses (génocide ou nettoyage ethnique) pour justifier les pertes humaines que provoquera immanquablement une intervention coercitive, tant au sein des troupes qui interviennent qu'au sein de la population civile elle-même.

Source : Tesón (2005a : 1-20).

Les concepts clés de l'éthique internationale

Communautarisme : Le néologisme communautarisme est apparu, en réaction à l'individualisme libéral, dans les années 1970. Il cherchait à mettre en évidence l'importance de l'identité de groupe – qu'elle repose sur des fondements culturels, ethniques, historiques ou politiques importe peu – et de l'idéal alors partagé collectivement, qui devrait bénéficier d'une primauté ontologique par rapport à l'individu considéré comme un universel.

Conséquentialisme : Le conséquentialisme est une doctrine philosophique qui part du principe que ce sont les effets ou, plus précisément, les conséquences attribuables à un acte qui permettent de juger du caractère moral de nos comportements et non pas les circonstances particulières ou la nature intrinsèque de cet acte.

Cosmopolitisme : Doctrine philosophico-politique qui avance que tout individu est fondamentalement un citoyen du monde avant que d'être le citoyen d'un État particulier. Dès lors les frontières politiques seraient, sur le plan éthique, arbitraires.

Déontologie : La connaissance de ce qu'il convient de faire dans une situation donnée. Elle prend souvent la forme d'un ensemble de règles formelles et explicites qui s'imposent à tous et dont le non-respect devrait pouvoir être sanctionné.

Droit des gens : D'inspiration romaine et par contraste avec le droit civil (*jus civilis*) qui appartient à un peuple, l'expression droit des gens (*jus gentium*) désigne un droit qui est partagé par l'ensemble des peuples ou des nations qui l'utilisent dans leurs relations mutuelles. Selon les auteurs et les époques, il peut être considéré comme formant une partie intégrante du droit naturel ou apprécié comme désignant un droit volontaire ou conventionnel, c'est-à-dire né de la volonté et du consentement des peuples ou des nations.

Droit naturel : Par opposition au droit positif, qui repose sur une base conventionnelle et volontariste dont l'État sera le principal garant, le droit naturel fait référence à la nature fondamentale de l'homme et désigne la recherche de règles, de principes et de normes de droit découlant des caractéristiques qui seraient le propre de l'être humain considéré en soi plutôt que dans son contexte sociopolitique particulier.

Éthique : Concept qui désigne l'étendue des considérations normatives portant sur l'action considérée comme juste ou bonne affectant le choix et le comportement des agents dans un contexte particulier.

Guerre juste : Doctrine d'inspiration chrétienne et repose sur l'idée selon laquelle, même si la guerre demeure un mal, celui-ci est quelquefois nécessaire. Il serait dès lors important de parvenir à débattre de la légitimité des buts visés par la guerre (*jus ad bellum*) et des moyens qui sont alors utilisés pour faire la guerre (*jus in bello*).

Morale : Concept qui concerne la détermination des règles et des principes spécifiant certaines fins considérées comme universellement valides et devant guider la conduite d'un agent.

Pluralisme : Utilisé dans le cadre des travaux de l'École anglaise de relations internationales par contraste avec la notion de solidarisme, le concept de pluralisme désigne le caractère de la société formée par des États qui sont indépendants les uns par rapport aux autres et qu'aucun principe supérieur ne viendrait organiser au-delà des règles facilitant la coexistence entre eux et proscrivant l'ingérence.

Position originelle : Correspondant à ce que la tradition contractualiste désigne comme l'état de nature, la position originelle est un processus destiné à nous permettre de nous représenter fictivement la position initiale dans laquelle seraient les hommes, c'est-à-dire l'égalité et la symétrie des relations qu'ils devraient idéalement entretenir les uns avec les autres avant de vivre en société. C'est en se plaçant dans cette position, et en usant d'un voile d'ignorance, que les hommes pourraient parvenir à s'accorder sur des principes de justice applicables aux institutions propres à la société dans laquelle ils vivent.

Prudence : Liée à la sagesse pratique, la prudence concerne la connaissance pragmatique des moyens d'orienter l'action en vue d'atteindre une fin quelconque, étant donné les risques découlant des circonstances souvent imprévisibles, des modalités de réalisation de ce qui est visé et des conséquences de l'action à proprement parler.

Scepticisme : En tant que doctrine, le scepticisme éthique ou moral affirme l'inexistence d'un critère objectif ou d'un principe valable permettant de distinguer et de connaître le bien et le mal et susceptible de faire l'objet d'une connaissance. Le doute, et donc la suspension du jugement, demeure dans ce contexte la seule attitude appropriée.

Solidarisme : Utilisé dans le cadre des travaux de l'École anglaise de relations internationales, le concept de solidarisme est contrasté avec le concept de pluralisme et désigne la possibilité de voir émerger une reconnaissance de l'importance du droit international et, plus généralement, de standards de comportement universellement acceptés, par exemple la condamnation du crime de génocide. Le solidarisme met notamment l'accent sur le droit des individus qui existerait au sein d'une communauté internationale qui ne serait plus limitée aux seuls États.

Subjectivité : Caractère de ce qui appartiendrait en propre au sujet en tant qu'être. Dans le cadre de la perspective poststructuraliste, la subjectivité serait en quelque sorte transformée par la nécessaire relation qu'elle entretient avec Autrui.

Universalité : Opposé au relativisme, le concept d'universalité suppose qu'en vertu de ses qualités, la validité d'un principe serait générale et donc qu'il serait applicable à l'ensemble des agents ou des acteurs sans égard à ce qui pourrait, par ailleurs, les différencier.

Vertu : Qualité d'une attitude ou d'un comportement dont on estime qu'il serait conforme à la morale. Pour les Grecs de l'Antiquité, la bonté, le courage, la prudence comptaient parmi les vertus.

Voile d'ignorance : Corollaire de la notion de position originelle, la notion de voile d'ignorance est utilisée par Rawls pour tenter de limiter l'attitude égoïste et le comportement opportuniste des individus en limitant pour ce faire l'information dont ils disposeraient sur leur propre situation dans le cadre de la discussion entourant les principes de justice applicables aux institutions propres à la société dans laquelle ils vivent.

Comment évaluer
et comparer les théories
en Relations internationales

Dan O'Meara
Traduit de l'anglais par *Pauline Gélinas*

Pendant nombre d'années, la discipline des relations internationales a eu l'honneur discutable de figurer parmi les moins autoréflexives des sciences sociales occidentales (Lapid, 1989 : 249-250).

Il gardait constamment à l'esprit l'idée que, aussi certain qu'il puisse être d'une chose, aussi convaincant qu'apparaisse un argument, aussi profonde que soit son intuition, il y a toujours une chance sur deux d'être totalement dans l'erreur, et que la réalité se situe là où il n'a pas encore regardé, car il ne savait pas qu'elle s'y trouvait (MacFarquhar, 2007 : 62).

Un soir de beuverie, Rip van Winkle s'endort au pied des monts Catskill de New York. Son coma éthylique durera vingt ans. Sujet de la Couronne d'Angleterre au moment où il s'endort, il se réveille citoyen d'une nouvelle république ! Héros d'un conte de l'écrivain américain Washington Irving, Rip van Winkle est devenu un personnage mythique, qui n'a jamais cessé d'étonner. On dit de lui qu'il est la pierre de Rosette de la médecine moderne, car nul n'est parvenu à trouver la cause de ses longs assoupissements qui reviennent épisodiquement…

Juillet 2006. Après encore un autre sommeil comateux de vingt ans, Rip van Winkle se réveille enfin. En rouvrant les yeux, il se remémore ce qu'il faisait la veille… le 30 juillet 1986 !

Professeur en théories des relations internationales, il vient tout juste d'obtenir sa permanence. Il est bien au fait des derniers développements dans son champ de spécialisation. Il a assimilé la transformation du réalisme classique en théorie néoréaliste (Waltz, 1979). Il est également au courant des efforts déployés pour répondre à cette entreprise de Kenneth Waltz et

remodeler le libéralisme classique en Relations internationales en une toute nouvelle approche : l'institutionnalisme néolibéral (Axelrod, 1984 ; Keohane, 1984 ; Axelrod et Keohane, 1986). Le professeur van Winkle est par ailleurs rompu à la théorie néomarxiste de la dépendance (Frank, 1969) et de son descendant : l'approche « système-monde » (Wallerstein, 1985).

Maîtrisant parfaitement son champ de spécialisation et sécurisé par sa nouvelle permanence, le professeur van Winkle se sait toutefois en porte-à-faux par rapport au consensus (Banks, 1985) selon lequel la théorie des relations internationales ne serait qu'un triptyque constitué du réalisme, du pluralisme (c.-à-d. le libéralisme) et du structuralisme (c.-à-d. le marxisme). Le conservatisme inhérent à la plupart des théories en Relations internationales le préoccupe, tout comme cette assertion d'un éminent spécialiste américain à savoir que « la théorie des relations internationales ne peut rien nous apprendre de plus que ce que Thucydide et ses compatriotes du Vᵉ siècle av. J.-C. connaissaient du comportement des États » (Gilpin, 1981 : 211 et 227). Fasciné par de récentes critiques de la théorie réaliste (Cox, 1981 et 1983; Ashley, 1984), le professeur van Winkle a décidé de les inclure dans son cours pour la session 1986-1987.

Il savait clairement ce qu'il lui restait à compléter pour son plan de cours, mais ne parvenait pas à se rappeler ni comment ni pourquoi il avait bien pu atterrir sur ce lit d'hôpital. Il en était à ces réflexions lorsque son médecin fit irruption dans sa chambre, lui annonçant que sa vie venait d'être ponctuée d'un nouvel intermède de deux décennies.

Avec fébrilité, il entreprit de découvrir ce qu'il était advenu du monde qui l'entourait. Il fut sous le choc d'apprendre que l'Union soviétique avait disparu et que la guerre froide n'était plus qu'un vague souvenir chez la nouvelle génération. Par contre, tout le monde avait sur les lèvres le mot «mondialisation». La Chine «rouge» trônait désormais au rang de seconde économie mondiale, affichant la croissance la plus rapide, elle avait conquis le titre de plus important partenaire commercial des États-Unis et, qui plus est, était devenue son principal créancier! Les États-Unis, eux, avaient envahi un ancien allié stratégique, et n'arrivaient pas à se dépêtrer d'une guerre interminable. Rare chose qui n'ait changé dans la vie de van Winkle: l'obligation de préparer son plan de cours à temps pour le début de l'année universitaire.

Passant au crible la bibliothèque pour voir comment les théoriciens des relations internationales avaient «répondu» à ce monde mis sens dessus dessous pendant qu'il dormait, il fut abasourdi par ce qu'il apprit: d'éminents auteurs prétendaient que la fin de la guerre froide n'avait rien changé dans la logique générale de fonctionnement de la politique internationale (Waltz, 2000). Un récent ouvrage portant sur les Relations internationales (Viotti et Kauppi, 1999) amena le professeur van Winkle à comprendre que le réalisme, le pluralisme et le structuralisme (ce dernier désormais appelé globalisme) étaient encore les principaux courants de pensée en théorie des relations internationales et que les revues scientifiques étaient, elles aussi, toujours dominées par des approches qui lui étaient on ne peut plus familières il y a vingt ans.

Il trouvait rassurant, en quelque sorte, de constater le peu de changement dans la discipline car, avec ses «nouveaux» vingt ans de plus qui lui laissaient moins d'énergie que par le passé, il pouvait s'offrir un raccourci dans la préparation de son plan de cours en utilisant celui qu'il avait amorcé en 1986.

Mais voilà qu'il rencontre les deux étudiants au doctorat qui viennent de lui être assignés. Le premier annonce son intention de faire une étude comparative

— néogramscienne versus poststructuraliste — des discours français d'(in)sécurité dans la construction de l'Afrique. Le second, lui, se propose d'entreprendre une analyse féministe postcoloniale du marché de l'emploi atypique au sein de l'Union européenne. Le professeur van Winkle ne saisit pas un traître mot de ce que ces deux doctorants baragouinent. Pis encore, il reste interloqué à la lecture de leurs bibliographies: il n'a jamais entendu parler de ces publications dont la référence commence systématiquement par des syllabes non intelligibles — http:// et aussi www — suivies d'un charabia indécodable. Intellectuel ouvert d'esprit et avide de découvertes, van Winkle s'enquit auprès d'un collègue de quoi il retournait. Après avoir été initié à la navigation Internet, il se rendit sur le site Web d'amazon.com à la recherche des plus récents ouvrages en théorie des relations internationales.

Il fut soufflé de voir que le somnolent et ô combien prévisible champ des Relations internationales si longtemps assiégé par trois paradigmes dominants avait finalement abaissé une kyrielle de ponts-levis! Les livres de théories des relations internationales fourmillaient d'articles présentant des approches totalement inconnues en 1986: *constructivisme, poststructuralisme, féminisme, Théorie critique, théorie néogramscienne, sociologie historique, études critiques de la sécurité, néostructuralisme, théorie postcoloniale, économie politique internationale, théorie normative, études critiques géopolitiques, théorie du chaos, théorie verte*, et la liste continuait… En fait, il dénicha plus de recensions sur les théories des relations internationales que pourrait en lire un professeur zélé. Plusieurs de ces titres en étaient même à une énième édition (Dougherty et Pfaltzgraf, 2001; Viotti et Kauppi, 2005; Burchill *et al.*, 2005; Baylis et Smith, 2005).

Enthousiasmé et intellectuellement requinqué, notre professeur inclut ces nouvelles approches dans son cours, où il prêcha le credo postpositiviste avec la ferveur d'un nouveau converti. Au fur et à mesure que la session avançait, il se rendit compte cependant que plusieurs étudiants devenaient de plus en plus perdus — lorsqu'ils n'étaient pas exaspérés! — du fait de cette profusion de théories, dont les approches, les hypothèses, les méthodes, les conclusions et les prétentions sont en compétition, sinon en contradiction les unes par rapport aux autres. Lors d'un exposé particulièrement ardu portant sur la différence entre les variantes poststructuraliste et postcoloniale de l'approche féministe en Relations internationales, une étudiante récolta un tonnerre d'applaudissements lorsqu'elle mit au défi le professeur van Winkle de répondre à la question qui brûlait les lèvres de tous: «Ces théories diffèrent à ce point les uns des autres et s'opposent tant entre elles qu'il me semble qu'en choisir une relève uniquement de la subjectivité, de l'arbitraire. Comment puis-je établir qu'une est meilleure et plus valable qu'une autre ? »

En professeur appliqué, Rip van Winkle répondit qu'il allait rédiger sa réponse et la distribuer au pro-

chain cours ; et, en bon moderniste non repenti, il s'attela à la tâche usant du « je »[*].

[*] NDÉ : L'analyse du professeur van Winkle nous ayant paru des plus judicieuses, nous avons décidé de publier son texte tel qu'il l'a lui-même rédigé. Nous avons choisi d'y ajouter des renvois à notre ouvrage afin de le rendre encore plus congru. Ces renvois apparaissent entre crochets.

Chers étudiants,

En réponse aux fort pertinentes questions que vous m'avez posées lors du dernier cours, voici la plus brève (!) explication que je puisse faire pour vous permettre de vous retrouver dans ce fouillis d'étiquettes qui, à juste titre, vous semble un micmac indéchiffrable.

Des réponses émergeant du champ

Les spécialistes ne s'entendent pas sur la façon de comparer et d'évaluer les théories des relations internationales, ni même s'il est possible de le faire. Les réponses oscillent entre trois pôles. En fait, deux d'entre eux sont solidement campés à l'opposé l'un de l'autre – les certitudes de l'*empirisme* et les doutes du *relativisme* –, tandis qu'un troisième, l'*instrumentalisme* (parfois nommé *pragmatisme*), loge quelque part entre ces deux pôles.

La vision *empiriste* se trouve résumée dans le texte fondateur de la théorie des relations internationales : la meilleure théorie est celle qui saisit le monde « tel qu'il est réellement [...] indépendamment de nos préférences (Morgenthau, 1967 [1948] : 4)[1]. Pour comparer des théories rivales, l'empirisme se demande laquelle est la plus conforme « aux faits » de la politique internationale dans « le monde réel », et insiste

sur une coupure nette entre « faits » et « valeurs », en prétendant à l'« objectivité » des sciences sociales.

Bien que longtemps contesté par les philosophes des sciences, l'empirisme a dominé la théorie des relations internationales pendant plus de 30 ans. Deux remises en question majeures de l'empirisme en Relations internationales se sont fait jour dans les années 1970 et 1980. La première émanait de la très influente révision du réalisme classique faite par Waltz. Insistant sur le fait que la théorie *ne peut* ni *ne doit* refléter la réalité, le manifeste néoréaliste de Waltz affirmait que toute entreprise théorique ne repose que sur un modèle purement abstrait, « modèle qu'on sait faux en tant qu'énoncé descriptif » (Waltz, 1979 : 89). Rejetant toute critique qui affirme que sa théorie ne correspondait pas avec le monde réel de la politique internationale, Waltz maintient que, puisqu'elle n'est qu'artifice, « la théorie ne peut correspondre parfaitement ni aux faits ni aux événements qu'elle cherche à expliquer [...], croire que dresser la liste des omissions [empiriques] d'une théorie constitue une critique valable de ladite théorie est, en fait, *une "mécompréhension" de l'entreprise théorique* » [mes italiques] (Waltz, 1995 : 75).

Ce qui nous amène à la manière *instrumentaliste* par laquelle les tenants de la vaste synthèse américaine « néo-néo » issue de la méthode waltzienne auraient répondu à la question soulevée par votre consœur : la meilleure théorie est celle qui *explique* et qui *prédit* le plus précisément (Waltz, 1979 ; Moravcsik, 2003). Et, pour ces approches « néo-néo », c'est grâce aux modèles théoriques abstraits et rationalistes qu'on parvient le plus efficacement à expliquer et à prédire des réalités complexes.

513

---

1. La position empiriste défendue par Morgenthau dans son *Politics Among Nations,* où il présente les « six principes du réalisme politique » (1967 [1948] : 4) diffère de la position plus nuancée qu'il prit pour défendre le pragmatisme, deux ans plus tôt, dans son ouvrage intitulé *Scientific Man vs. Power Politics* – étude davantage orientée sur les questions d'épistémologie. Cependant, ce sont plutôt les principes théoriques empiristes de *Politics Among Nations* de même que la prétention de son auteur voulant qu'il existe une science des relations internationales qui ont marqué la plupart des récits sur l'évolution de ce champ.

Toutefois, les adeptes d'une attitude instrumentaliste – à l'instar des empiristes – estiment que le moyen ultime pour établir la validité d'une théorie, c'est le test empirique, et donc que, en dernier ressort, explication et prédiction doivent être validées par les «faits» (Waltz, 1979: 13; Moravcsik, 1997 et 2003). Si l'utilisation instrumentaliste des modèles abstraits par les approches «néo-néo» donne l'impression qu'elles ont échappé à la prétention empiriste d'énoncer une «vérité en tant que correspondance» [voir le chapitre 1, p. 8], elle ne fait, en fin de compte, que reporter le moment où resurgit cette exigence de Morgenthau: que la théorie explique le monde «tel qu'il est vraiment». Alors, cette réponse instrumentaliste à la question de comment évaluer une théorie repose sur l'empirisme de deux façons:

- «les faits» sont les arbitres de la validité d'une théorie;
- ces «faits» demeurent non «problématisés», c'est-à-dire qu'ils sont perçus comme ayant une existence indépendante et objective, non polluée par la théorie ou les valeurs du chercheur.

La seconde objection majeure faite contre l'empirisme critique la notion de «faits». Au cœur des débats en Relations internationales depuis les années 1980 se trouvait la remise en question de la validité de notions telles que les «faits» et la «réalité». Maintes approches alléguaient que les «faits» de la vie en société *n'existent pas* et *ne peuvent exister* objectivement ni indépendamment de la théorie, car *chaque théorie produit (ou «construit») ses propres faits*. Cela signifie que les données qui, pour telle approche, constituent les «faits sociaux» importants peuvent être jugées hors de propos par telle autre approche (p. ex.: la composition organique du capital et le taux de profit représentent des «faits» clés pour la plupart des marxistes, mais sont tout bonnement ignorés des réalistes.) Par conséquent, les «faits sociaux» retenus par une théorie ne peuvent être comparés à ceux d'une autre théorie, puisque chaque approche se réfère à une «réalité» complètement différente. Plus encore, dans le monde *social* – par opposition, ici, au monde de la *nature* –, la «réalité» est construite à partir d'idées communes que partagent des gens à propos d'eux-mêmes et des autres. Ainsi, chaque groupe d'acteurs sociaux construit, pour lui-même, une «réalité» unique. Ces différentes «réalités» ne peuvent être comprises de l'extérieur. Il est nécessaire d'entrer dans le processus de raisonnement développé par ces groupes d'acteurs sociaux, et de percer la signification qu'ils donnent à «leurs faits». Vue de l'intérieur, chaque série de faits sociaux qui forgent une réalité distincte peut donc être considérée comme valable.

La version jusqu'au-boutiste de cette argumentation est celle du *relativisme*. Tel que l'illustrent quelques variantes du poststructuralisme, le relativisme refuse l'idée qu'une façon d'analyser le monde puisse être jugée supérieure à une autre: «Le poststructuralisme suggère que *toutes* les interprétations doivent être vues comme *socialement utiles*, puisqu'*elles ne visent qu'à faciliter la compréhension de notre monde*» [mes italiques] (Boisvert, 1998: 187). De l'avis des relativistes, les théories ne peuvent donc être ni évaluées ni comparées (Neufeld, 1993: 64-79). Tout ce qu'il nous est permis de faire est de déconstruire les joutes rhétoriques qui sous-tendent chaque théorie. Les débats théoriques en Relations internationales ne sont qu'un dialogue de sourds entre ce que Michel Foucault nomme des «régimes de vérité».

Bon, je vous vois d'ici lever les bras pour protester et me dire que tout cela, eh bien, c'est n'importe quoi! Plusieurs d'entre vous m'ont même déjà dit que les débats en théorie des relations internationales semblent être une stratégie pour permettre aux chercheurs de se créer des emplois, et permettre aux professeurs de décrocher des subventions de recherche pour eux et leurs chouchous!

Bien que compréhensible, ce cynisme manque sa cible. L'argument antifondationnaliste [voir le chapitre 1] selon lequel les théories ne peuvent être évaluées par une seule méthode objective et universelle ayant reçu l'assentiment général est certes plausible. Mais on peut tout de même établir des bases à partir desquelles il serait possible de les comparer et de les évaluer, afin d'en arriver à des conclusions raisonnées nous autorisant à déterminer quelles théories sont les plus adéquates, et en vertu de quoi elles le sont.

De l'usage d'une grille comparative

Je vous propose une méthode fort efficace pour comparer les théories : le recours à une analogie. Supposez que vous êtes maire d'une mégapole qui vient d'être secouée par un séisme destructeur. Le gouvernement a mis à la disposition de votre ville un fonds pour la construction d'un complexe qui abritera l'ensemble des services municipaux. L'étendue des dégâts est telle qu'elle offre la possibilité d'ériger ce complexe n'importe où sur le territoire.

Vous lancez alors un concours international pour le design de ce complexe. Dix firmes d'architectes de renommée soumettent un plan détaillé ainsi qu'un modèle à l'échelle. Chacune des propositions diffère considérablement l'une de l'autre sur le plan de la grandeur, de l'emplacement, de l'apparence et des coûts. Laquelle choisirez-vous ?

Un de ces projets vous séduit davantage que les autres par sa somptuosité. Vous imaginez déjà les revenus et le prestige qu'une telle splendeur apportera à votre ville, car les hordes de touristes afflueront de partout pour admirer ce chef-d'œuvre. Mais un ingénieur en bâtiment vous transmet un article[2] sur l'écroulement du *World Trade Center* le 11 septembre 2001. Vous y apprenez que ce qui a amené, ultimement, l'écroulement des tours jumelles est imputable davantage à une erreur architecturale qu'au choc et à l'explosion des deux avions.

Vous vous rendez compte que le critère esthétique doit être écarté de la sélection jusqu'à ce qu'il soit établi que les projets remplissent quatre conditions :

- La forme proposée correspond-elle aux fonctions prédéfinies ?
- Les conditions géologiques et environnementales de chaque emplacement suggéré ont-elles des répercussions sur la forme proposée et affectent-elles les deux critères suivants ?

- La charge et la pression estimées sur la structure supporteront-elles une secousse tellurique atteignant 8,5 sur l'échelle de Richter ?
- Le budget anticipé s'élève-t-il à combien ? et quels sont les coûts vraisemblablement cachés de façon délibérée ?

En quoi ces critères fictifs d'évaluation liés à l'univers du design s'appliquent-ils aux théories des relations internationales ? J'estime qu'on peut, efficacement, comparer et évaluer ces théories en s'appuyant sur quatre critères qui correspondent aux quatre exigences d'appréciation établies par notre maire (voir l'encadré [24.1]) :

1. Le projet intellectuel de chacune des théories (en quoi la forme du complexe s'arrime-t-elle à sa fonction ?).

2. Le contexte historique et intellectuel de chaque théorie (quelles sont les conditions géologiques et environnementales du terrain ?).

3. La cohérence et l'intégrité internes de la théorie (la charge et la pression potentielles sur la structure assurent-elles une résistance).

4. L'armature normative de la théorie (qu'en est-il du budget annoncé et des coûts cachés ? et, le plus important, qui paiera la facture et les dépassements budgétaires et de quelle manière ?).

Examiner chaque théorie à l'aune de ces quatre critères nous permet non seulement de saisir ce que chaque approche prétend savoir, mais aussi de découvrir comment chacune d'elles en arrive à ces prétentions, et d'identifier les postulats culturels et intellectuels sous-entendus ainsi que les visions du monde qui sous-tendent ce qu'ils affirment être la vérité. Une fois qu'on a compris la *structure particulière* et le *mode de raisonnement* de chaque théorie, on est mieux à même d'évaluer les mérites de chacune en fonction de la vision du monde qu'elle véhicule et des actions qu'elle prescrit. Il nous est alors possible de voir les avantages que nous pouvons tirer en adoptant une approche plutôt qu'une autre.

---

2. « The Collapse of the World Trade Center », *The New Yorker*, 19 novembre 2001.

Encadré [24.1]
Grille pour une évaluation comparative des théories des relations internationales
(l'analogie architecturale)

1. Le projet intellectuel (la fonction et la forme)

1.1 L'objet d'analyse

1.2 Le programme de recherche

1.3 Le cadre conceptuel

1.4 Le(s) thèse(s) principale(s)

    1.4.1 Les variantes de l'approche en question

2. Le contexte de l'émergence et de l'évolution de l'approche (les conditions géologiques du terrain)

2.1 La conjoncture historique

2.2 Le contexte intellectuel (racines, débats et réseaux)

3. L'intégrité théorique interne (cohérence et intégrité des fondements et des aspects porteurs de la charge structurelle)

3.1 Cohérence ontologique

    3.1.1 Fondements ontologiques de la science sociale : matérialiste ou idéaliste ?

    3.1.2 L'ontologie en tant que champ conceptuel

        3.1.2.1 En quoi consistent les relations internationales ?

        3.1.2.2 Quelles sont les unités de base de ce champ ? Quelle est la nature de ces unités et quelles en sont les propriétés ?

        3.1.2.3 Quelle est la dynamique de l'action réciproque de ces unités ?

3.1.3 Individualiste ou holiste ?

3.1.4 Agence/structure

3.2 Cohérence épistémologique

    3.2.1 Explicative ou constitutive ?

    3.2.2 Fondationnaliste ou antifondationnaliste ?

    3.2.3 Niveau d'analyse – « première image » (les acteurs individuels), « deuxième image » (l'État) ou « troisième image » (le système) ?

    3.2.4 Preuve ou mode de démonstration ?

    3.2.5 Méthodologie et cadre de référence

3.3 La normativité (qui paie les coûts – prévus, imprévus et cachés – de construction ?)

    3.3.1 Implicite, explicite ou à problématiser ?

    3.3.2 Quelle(s) valeur(s) ?

    3.3.3 Qui compose la communauté ? Quels acteurs, quel(s) type(s) de comportement ?

    3.3.4 La méthode de qui ? Un parti unique ou le pluralisme ?

    3.3.5 *Statu quo*, ouverte au changement ou en faveur d'une transformation ?

    3.3.6 Effets disciplinaires ?

4. L'assemblage des éléments – la synergie théorique

---

1. *Le projet intellectuel global (comment la forme s'arrime à la fonction)*

Ce premier critère de comparaison couvre, en fait, les quatre éléments de base de chaque approche théorique, à savoir :

    1. son objet d'analyse ;

    2. son programme de recherche ;

    3. son cadre conceptuel ;

    4. ses thèses principales.

1.1 *L'objet d'analyse*

Toute théorie en Relations internationales cherche à saisir le champ de l'action humaine communément appelé les « relations internationales ». En dépit d'une étiquette commune, « théorie des relations internationales », le large éventail de théories examine, en fait, des choses fort différentes. Le réalisme et le néoréalisme se limitent à un unique enjeu : les conditions qui déclenchent ou évitent une guerre entre deux États souverains. Le libéralisme classique explore les conditions susceptibles d'éviter une guerre interétatique ou d'en restreindre l'incidence, voire d'y mettre un terme. L'institutionnalisme néolibéral élargit cette définition réaliste de la politique internationale – la lutte des États pour la puissance et la paix – afin d'y inclure la lutte des États pour la richesse. Plus encore, il se demande comment la coopération entre États rivaux est chose possible dans un système anarchique.

Le marxisme d'obédience néogramscienne, pour sa part, explore la production, la reproduction et le déclin des ordres hégémoniques globaux. Chez les constructivistes, on analyse le processus de construction sociale d'un large spectre de facettes des relations extraterritoriales. Enfin, les théories féministes en Relations internationales révèlent les relations de genre inhérentes aux relations de pouvoir – relations qui embrassent non seulement tous les aspects des relations extraterritoriales, mais aussi la discipline des Relations internationales elle-même.

1.2 Le programme de recherche

Le ou les objets d'analyse respectifs de chaque théorie se trouvent dévoilés par la question principale à laquelle elle tente de répondre. Et chaque approche a son propre programme de recherche pour étudier cette question. Par exemple, le réalisme classique explore le lien entre, d'un côté, l'établissement d'une équilibre des puissances et, de l'autre, l'absence de guerres de grande envergure, tandis que le libéralisme classique se penche, lui, sur la façon dont les organisations internationales – de même que le commerce international ou les normes formelles de sécurité collective – œuvrent à prévenir la guerre. Pour leur part, le néoréalisme et l'institutionnalisme néolibéral examinent, tous deux, les effets structurants de l'anarchie internationale, toutefois chacun les aborde sous un angle légèrement différent. Les néoréalistes focalisent sur l'effet qu'a l'inégale répartition des capacités entre les États sur l'issue des conflits interétatiques. Les néolibéraux s'attardent plutôt sur le rôle joué par les régimes internationaux et les institutions internationales dans l'ensemble des rapports entre États. Les constructivistes ont, quant à eux, lancé un ambitieux chantier : étudier la myriade de façons dont les significations partagées définissent tant les conflits que notre compréhension de la politique internationale.

Je pourrais continuer pour chacune des théories, mais je pense que vous devez déjà bien saisir l'idée [voir les annexes, p. 539-579].

1.3 Cadre conceptuel

Pour étudier son objet particulier d'analyse et poursuivre son projet de recherche, toute théorie élabore ses propres concepts et définit la terminologie qu'elle utilise. C'est ce qui constitue le cadre conceptuel unique à chaque approche. Conséquemment, tant les origines que les postulats sous-jacents ainsi que la fonction analytique du cadre conceptuel diffèrent d'une théorie à l'autre. Malgré qu'elles utilisent, pour la plupart, les mêmes termes – État, système international, anarchie, sécurité, intérêt, puissance – chacune des théories leur donne une signification parfois très différente.

[Les concepts clés ainsi que le cadre conceptuel de plusieurs théories en compétition l'une l'autre sont décortiqués dans le présent ouvrage (voir dans chaque chapitre l'encadré intitulé *Concepts clés…*)]. Il est possible de préciser le sens qu'une approche donne à un concept, et d'identifier le rôle qu'il tient dans la logique théorique globale de ladite approche. Lorsque appliqué à l'objet particulier d'analyse d'une théorie (tel que circonscrit par le projet de recherche qui lui est inhérent), le cadre conceptuel est censé déboucher sur les thèses principales défendues par l'approche.

1.4 Thèses principales et «grandes idées»

Toute théorie présente une ou plusieurs «grandes idées» (thèses ou affirmations). À titre d'exemple, la notion marxiste conventionnelle de l'impérialisme affirme que la cause première des guerres interétatiques réside dans la logique de l'accumulation du capital. Le réalisme classique estime que la cause des guerres tient soit à la nature humaine (Morgenthau), soit à la logique de l'anarchie internationale (Aron). Les néoréalistes tels que Gilpin et Mearsheimer partagent la vision d'Aron sur les causes principales des conflits armés entre États. En étudiant la même question, le néolibéralisme, tout en se servant d'un cadre conceptuel et de méthodes similaires que le néoréalisme, arrive à une conclusion opposée : la logique de l'anarchie conduit souvent à la coopération interétatique et, à cet égard, les institutions internationales occupent, à l'échelle mondiale, un rôle d'acteurs quasi autonomes. Mettant l'accent sur des objets d'analyse très différents et déployant un cadre conceptuel radicalement distinct, le poststructuralisme postule que les rapports de domination et de gouvernementalité

▲

517

en politique internationale consistent, essentielle-ment, en des discours d'altérité, et que la discipline des Relations internationales joue un rôle central dans la reproduction des relations d'inclusion et d'exclusion.

Les différences considérables entre les « grandes idées » avancées par chaque théorie ont un impact réel à la fois sur l'analyse et sur la pratique de la politique internationale (voir la section 3.3). Pour saisir ces distinctions, il nous faut explorer les variantes et sous-variantes de chaque approche (p. ex.: les variantes dites « offensive », « défensive » et « néoclassique » du réalisme). Identifier les objets d'analyse, les cadres conceptuels, les « grandes idées » et les variantes de chaque approche théorique nous ouvre deux avenues:

- évaluer dans quelle mesure le cadre conceptuel (la forme) nous permet de clarifier l'objet d'analyse particulier (la fonction) de l'approche étudiée; et

- examiner en quoi les thèses particulières de chaque théorie correspondent – et jusqu'à quel point – à son propre objet d'analyse et à son cadre conceptuel.

Nombre d'ouvrages faisant un tour d'horizon des théories en Relations internationales se limitent à cet exercice – si même ils s'aventurent si loin. Pis encore, étant donné le caractère tendancieux des débats théoriques en Relations internationales, les détracteurs de telle ou telle approche, souvent, ne parviennent pas à comprendre les théories qu'ils critiquent, ou confondent les différences entre les variantes d'une approche. Il n'est pas non plus inusité qu'un adepte d'une approche confonde les concepts et les arguments de plusieurs approches[3].

518
2. Les contextes historique et intellectuel (les conditions géologiques et environnementales de l'emplacement)

En évaluant laquelle des maquettes soumises répond le plus adéquatement aux besoins de sa ville, notre maire doit aussi prendre en considération les conditions géologiques et environnementales des terrains où les architectes proposent d'ériger leur structure. Le sous-sol contient-il des veines d'eau, voire des nappes phréatiques susceptibles d'éroder les fondements de l'édifice? quelle quantité de terre devra être excavée? la géomorphologie des terrains et les composantes du sol assureront-elles une résistance en cas de secousses sismiques? la résistance des matériaux et de la structure globale permet-elle une réponse satisfaisante au stress que génèrent les vents dominants et autres conditions climatiques locales?

Le contexte (historique ou intellectuel) joue, dans l'émergence et le développement de toute théorie, un rôle tout aussi crucial que celui que jouent les conditions géologiques et environnementales dans le développement d'un projet immobilier. Faire fi du contexte, traiter les idées comme si elles n'avaient aucun lien avec les contextes historique et intellectuel desquels elles émergent, équivaudrait à dessiner les plans d'architecture d'un immeuble sans considération aucune des effets qu'auront les conditions géologiques et environnementales sur les éléments de sa structure.

2.1 La conjoncture historique

Ceux qui enseignent les théories des relations internationales ou écrivent sur le sujet vivent tous au sein d'une société et d'une culture particulières, et font face aux enjeux de leur époque. Ainsi, les travaux de théorie politique devraient être vus « comme des interventions délibérées dans le champ du politique. Leurs auteurs sont des acteurs politiques dont les mots, comme le disait Wittgenstein, sont aussi des actions » (Thomas, 2005: 48). Depuis Thucydide, les écrits de tous les penseurs qui ont le plus influencé l'évolution des différentes théories en Relations internationales sont teintés de la situation sociale (et personnelle) et des préjugés culturels de l'époque de laquelle ils émergent (voir l'encadré 24.2).

Comprendre les grands enjeux politiques, sociaux, économiques et culturels de la période historique dans laquelle est apparue pour la première fois telle et telle théorie nous offre trois outils analytiques:

---

3. Par exemple, les propos de Mearsheimer (1994/5) sur « la théorie critique ». Voir la réplique de Wendt (1995).

Encadré [24.2]
Quelques grands penseurs des relations internationales et leur conjoncture historique

Dans son *Histoire de la guerre du Péloponnèse*, **Thucydide** (460-385 av. J.-C.), général athénien en disgrâce et que l'on dit être le premier historien du monde occidental, cherche à se faire valoir et à comprendre la défaite d'Athènes contre Sparte, dans ce long affrontement qui opposa les deux cités pendant plus d'un quart de siècle (431-404 av. J.-C.).

Nicolas **Machiavel** (1469-1527), considéré comme le fondateur de la science politique moderne, a rédigé son œuvre maîtresse, *Le Prince*, à la manière d'un vibrant appel à repousser des frontières italiennes les envahisseurs «barbares» (les Français). Cet écrit se voulait une feuille de route pour instruire l'autorité en place sur le mode de gouvernance le plus apte à le maintenir au pouvoir (la *realpolitik*) en même temps qu'une tentative non déguisée de l'auteur de réintégrer son ancienne fonction de secrétaire de Florence et de retrouver grâce auprès des Médicis, alors à la tête de la cité-État.

Précepteur de l'héritier (en exil) du trône d'Angleterre durant une partie de la guerre civile anglaise (1642-1651), Thomas **Hobbes** (1588-1679) fut le premier à traduire les écrits de Thucydide en anglais. Son énoncé de « la guerre de chacun contre chacun » dans un « état de nature » anarchique (Hobbes, 1971 [1651]: 124) légitimait l'idée que presque toute forme d'autorité est préférable à l'anarchie. Cette réflexion s'inspirait du chaos social, moral et économique dans lequel baignait une vaste partie de l'Europe en raison de la guerre de Trente Ans (1618-1648) et de la guerre civile en Angleterre.

Revisitant les préoccupations de Hobbes quant à l'ordre politique, John **Locke** (1632-1704) cherchait par son *Traité du gouvernement civil* à se distancier de son ancien patron alors en disgrâce, lord Ashley, comte de Shaftesbury (chancelier de Charles II de 1661 à 1673, lord Ashley fut à ce titre chef du gouvernement anglais). En plaidant pour une modification des politiques mercantiles mises de l'avant par le comte de Shaftesbury, cet ouvrage de Locke répondait aux pressions de la classe marchande d'Angleterre, dont la domination allait croissant. Il démontrait, par ailleurs, le rôle capital que jouaient les colonies britanniques en Amérique dans la prospérité du royaume anglais.

Le déisme universel d'Emmanuel **Kant** (1724-1804) – tout comme son «projet de paix perpétuelle» » – émane de sa certitude que l'obstacle principal à la construction d'une société humaine décente tient à l'état de guerre quasi perpétuel caractéristique de l'Europe du XVIIIe siècle, et que ce sont les structures de pouvoir dynastique et religieux qui engendrent de telles guerres.

Mieux connu sous le surnom de **Lénine**, Vladimir Ilitch Oulianov (1870-1924) fut le chef d'une importante faction socialiste russe ainsi qu'un penseur et stratège marxiste clé du début du XXe siècle. Son opuscule *L'impérialisme, stade suprême du capitalisme* était rien de moins qu'une tentative d'expliquer la trahison, en 1914, de l'internationalisme prolétarien par tous les partis socialistes d'Europe, et de réfuter l'argument voulant que la ferveur nationaliste brandie par la majorité des travailleurs européens donnait tort au marxisme sur son analyse de classe du capitalisme.

Des «mises en contexte» semblables pourraient être faites pour tous les théoriciens dont les idées ont façonné l'évolution de la théorie en Relations internationales. Pour n'en citer que quelques-uns: Jean-Jacques **Rousseau** [1712-1778], Adam **Smith** [1723-1790], Jeremy **Bentham** [1748-1832], Carl **von Clausewitz** (1780-1831), Karl **Marx** [1818-1883], Friedrich **Nietzsche** [1844-1900], Max **Weber** [1864-1920], Antonio **Gramsci** [1891-1937], Edward Hallett **Carr** [1892-1982], Hans J. **Morgenthau** [1904-1979], Michel **Foucault** [1926-1984].

- évaluer l'évolution de la théorie en question;
- réfléchir sur la manière dont les enjeux politiques passés font encore entendre leur écho de nos jours et façonnent l'époque actuelle («la tradition de toutes les générations mortes pèse comme un cauchemar sur le cerveau des vivants» (Marx, 1984 [1852]: 69);
- examiner si ces enjeux passés demeurent pertinents à notre époque et, si oui, en quoi ils le sont.

À titre d'exemple, prenons le cas du réalisme et de la théorie de la dépendance.

La théorie réaliste a pris racine et s'est systématisée dans l'Amérique d'après-guerre. Délaissant une culture politique isolationniste profondément ancrée, des membres influents de l'élite politique états-unienne étaient en quête d'une vision du monde adéquate pour la toute nouvelle position de superpuissance mondiale des États-Unis (Rothkopf,

2005 : 32-60 ; Leffler, 1992). L'attrait analytique du réalisme, cependant, était en train de s'amenuiser en raison du déclin relatif de l'hégémonie américaine perçue durant les années 1970. Ainsi, la voie s'ouvrait à l'émergence d'abord du transnationalisme, puis du néoréalisme et du néolibéralisme [voir les chapitres 5, 7 et 8]. Après la guerre froide, et particulièrement depuis le 11 septembre 2001, la pertinence tant du réalisme et que de la vision stato-centrée professée par le néoréalisme et le néolibéralisme a fait l'objet de débats importants aux États-Unis (Meyer, 2003 ; Goldberg, 2005 ; Mearsheimer, 2005 ; Layne, 2006a).

Quant à la théorie néomarxiste de la dépendance, son évaluation doit s'amorcer en rappelant quatre éléments historiques majeurs de la décennie 1956-1966. Le premier est la multiplication des fissures dans le mouvement communiste à l'échelle mondiale qui a suivi la dénonciation des crimes de Staline par Khrouchtchev et l'invasion soviétique de la Hongrie en 1956 [voir le chapitre 10]. Se greffa à ce tableau peu après le second élément : la révolution cubaine, qui amena de nombreux intellectuels de gauche à rejeter l'adhésion servile à la ligne politique dictée soit par Moscou, soit par Beijing. Troisième élément, l'échec patent des États du Tiers monde nouvellement souverains à générer une croissance économique notable a suscité un intérêt pour une compréhension plus approfondie du sous-développement. Et, quatrième élément, la popularité croissante de la théorie de la dépendance dans les années 1960 et 1970 s'explique par l'opposition mondiale aux guerres que livraient les États-Unis en Indochine et par le phénomène généralisé de contestation, lancé principalement à partir des campus universitaires occidentaux.

Toute théorie est située dans ses propres contextes historique et culturel, contextes qui forgent la théorie, de la même façon que les conditions géologiques et environnementales déterminent le type d'immeubles pouvant être construits sur tel type d'emplacements. Ainsi, contrairement au titre, quelque peu ironique, d'un exposé général sur le réalisme, nulle théorie n'a jamais pu se targuer de l'épithète « sagesse intemporelle » (Buzan, 1996b). Cet état de fait pose une question essentielle : si les contextes historiques et culturels changent, le contenu des théories change-t-il ou devrait-il lui aussi changer[4] ?

2.2 Le contexte intellectuel : racines, réseaux et débats

Parce qu'issue d'une conjoncture politico-historique particulière, toute théorie est soumise à son propre code génétique intellectuel. Et tout auteur en Relations internationales interroge une littérature particulière, devient partie prenante à des débats intellectuels et enjeux, est influencé par certains types d'écrits, publie dans telles revues plutôt que telles autres, et véhicule les hypothèses et préjugés de sa propre culture. Tout cela constitue des facteurs clés dans l'évaluation comparative des théories (voir l'encadré [24.3]).

Tracer la généalogie d'une théorie permet de soulever trois importantes questions.

La première a trait à la validité de l'interprétation faite des textes classiques par chaque théorie. On pourrait, par exemple, démontrer que les réalistes hobbesiens ne tiennent pas compte des conclusions que Hobbes a lui-même tirées de son analyse sur l'homme dans un état de nature, c'est-à-dire que tout homme de raison choisit de se soumettre à l'autorité plutôt que de vivre dans un état d'anarchie. Appliquer ce raisonnement hobbesien au système international

---

4. Les théories « stratégiques » de la mouvance (néo)réaliste qui ont influencé les politiques d'État au cours de la guerre froide ont échoué tant à anticiper qu'à rendre compte de la fin soudaine de cette confrontation présumément fatale. Contrairement au principe directeur des théories réaliste et néoréaliste (tout État serait obsédé par sa survie), l'Union soviétique a nettement refusé de provoquer une guerre entre les deux systèmes afin d'assurer sa propre « survie ». Devant le fait que l'Armée rouge n'ait eu recours à aucun canon pour préserver l'URSS, Didier Bigo (1996b) remet en question la pertinence de telles théories qui échouent à leurs propres tests de validité théorique. Il en irait ainsi de la théorie de la dépendance qui affirmait que la structure globale du capitalisme rend impossible quelque développement économique que ce soit dans le Tiers monde. Même si les inégalités « Nord-Sud » à l'échelle planétaire se sont accrues de manière exponentielle depuis les années 1960, la flambée de croissance d'économies comme celles de la Chine, de la Malaisie, de la Corée du Sud, du Botswana, de Singapour, etc. – sans compter le nouveau contexte de mondialisation – a de toute évidence rendue caduque la théorie de la dépendance.

Encadré [24.3]
Les racines intellectuelles du réalisme et de la théorie de la dépendance

La théorie réaliste moderne a commencé à être élaborée de manière cohérente à partir des années 1930 et 1940, principalement aux États-Unis. Posant une filiation entre Thucydide, Machiavel, Hobbes et von Clausewitz, les récits traditionnels sur l'émergence du réalisme (Mearsheimer, 2004) désignent l'historien anglais E. H. **Carr** (1892-1982) comme le premier réaliste moderne. C'est là ignorer la méthode dialectique marxienne de Carr et sa critique socialiste du libéralisme. Carr reprochait au réalisme de mettre l'accent uniquement sur la puissance, déformant ainsi la réalité de la politique internationale. Il rejetait par ailleurs l'ontologie stato-centrée du réalisme et son épistémologie empiriste (Carr, 1946 [1939] : viii, 3-5, 12).

La meilleure façon de comprendre la généalogie du réalisme serait de regarder l'influence qu'ont eue sur le monde universitaire américain depuis les années 1930 les traditions philosophiques, notamment celle de la *realpolitik*, importées aux États-Unis par des penseurs originaires du monde germanique (Palan et Blair, 1993). Plusieurs figures clés de l'émergence de la théorie réaliste américaine sont soit nées dans les pays germaniques ou viennent de familles originaires de ces pays[1]. L'influence de ces intellectuels d'Allemagne et de l'ancien Empire austro-hongrois fuyant le nazisme a transformé les sciences sociales américaines (et la science politique en particulier).

Hans J. **Morgenthau** (1904-1980) fut de loin le penseur le plus important dans l'élaboration de la théorie réaliste. Son œuvre charnière (1967 [1948]) est explicitement inspirée des Thucydide, Machiavel, Hobbes, von Clausewitz, **Nietzsche et Weber** (Carr y figure à peine). La lecture et la réinterprétation que Morgenthau fit des écrits de ces penseurs classiques pour ériger le réalisme moderne se forgèrent en opposition aux vues défendues par plusieurs théoriciens, dont les principaux furent trois Allemands : Carl **Schmitt** (1888-1989) ; Leo **Strauss** (1899-1973) et Hannah **Arendt** (1906-1975) (Scheuerman, 1999 ; Williams, 2005 : 82-127). Tout comme Schmitt et Strauss, Morgenthau a revisité les traditions de la *realpolitik* allemande, à un point tel que le néoréaliste Kenneth **Waltz** conclut : « J'ai souvent dit que tout ce qu'a fait Morgenthau fut de traduire

Meinecke[2] de l'allemand vers l'anglais, et, si vous jetez un coup d'œil à l'index, vous ne verrez pas le nom de Meinecke mentionné. Je traduirais Meinecke avec les mêmes mots que Morgenthau a utilisés dans son *Politics Among Nations* » (Rosenberg et Halliday, 1998 : 386).

Toutefois, les lectures de Morgenthau le conduisit à des conclusions autres que celles de Schmitt et de Strauss. Tandis que Strauss promouvait une forme de vertu élitiste inspirée de Platon (laquelle conduit en ligne droite à l'actuel néo-conservatisme américain), Morgenthau, lui, rejetait du revers de la main toute idée de motivations personnelles des hommes d'État, et considérait comme extrêmement dangereuse la quête de vertu en politique internationale. Se concentrant sur les traditions conservatrices moins autoritaires et moins axées sur la raison d'État, Morgenthau prétendait que la *prudence* était l'unique vertu à cultiver en politique (1967 [1948] : 540-548).

Pour sa part, la théorie de la dépendance émerge d'une réfutation intellectuelle explicite des deux postulats similaires qui marquent la vision américaine d'un monde postcolonial : 1) la thèse sur les « étapes de la croissance économique » propagée par Walt **Rostow** (1960), le conseiller adjoint à la Sécurité nationale sous Kennedy et Johnson ; et 2) la théorie de la « modernisation » véhiculée dans les années 1960 par la science politique américaine (Apter, 1965). Bien que d'inspiration marxiste, la théorie de la dépendance rompt avec le concept d'impérialisme de Lénine [voir le chapitre 10] pour plutôt épouser la position de Rosa Luxemburg quant à la paupérisation absolue des colonies (Luxemburg, 2003 [1913]), la théorie de la croissance économique énoncée par Paul **Baran** (1957) ainsi que cette notion de l'économiste non marxiste de renom Raúl **Prebisch** relative aux termes inégaux de l'échange entre économies développées et sous-développées (Prebisch, 1948). L'avènement de la théorie de la dépendance et sa popularité croissante ont soulevé un vigoureux débat dans les pays développés et sous-développés, expliquant, en partie, l'explosion de ce qu'on appela, au cours des années 1970 et 1980, le « marxisme des professeurs » (Kubálková et Cruickshank, 1989 [1985]).

---

1. Reinhold **Niebuhr**, Walter **Lippmann**, Robert **Strausz-Hupé**, Hans J. **Morgenthau**, Henry **Kissinger** et Kenneth **Waltz**. En outre, de nombreuses figures de proue des *think tanks* de la politique stratégique américaine étaient aussi d'extraction germanique (Albert **Wohlstetter**, Herman **Kahn**, John **von Neumann**). S'appuyant largement sur les travaux de von Neumann (et de son disciple Thomas **Schelling**) sur la théorie des jeux, la réflexion de ces théoriciens embrassait plusieurs postulats centraux du réalisme, mais s'en distanciait grandement sur la manière dont les armes nucléaires s'insèrent dans l'équilibre entre *puissance* et *prudence*.

2. Friedrich Meinecke, 1862-1954, grand historien allemand du nationalisme, auteur de *L'idée de la raison d'État dans l'histoire des temps modernes*.

peut fournir aux États une justification philosophique et normative pour la création d'un gouvernement mondial mais, ce faisant, on ébranle la notion réaliste stipulant que les «acteurs rationnels» ne cherchent qu'à maximiser leur puissance.

La seconde question est liée aux débats à l'intérieur de chaque approche et à la façon dont, dans ces débats, on interprète et se sert des textes classiques. Par exemple, le principal moyen utilisé par d'autres marxistes pour discréditer la théorie de la dépendance fut de montrer comment elle situe l'exploitation impérialiste dans le champ des relations commerciales internationales plutôt que dans celui du mode de production capitaliste. Parfois, ces débats vont jusqu'à des tentatives de taire les interprétations contradictoires des textes canoniques.

Comprendre la généalogie d'une approche permet, troisièmement, une réflexion critique sur la pertinence des concepts que la théorie tire de ses sources intellectuelles. Comme nous le rappelle Quentin Skinner: «Les textes [philosophiques] classiques s'intéressent aux questions de leur temps pas du nôtre» (cité dans Thomas, 2005: 48). En quoi seraient pertinentes aujourd'hui les idées des textes classiques de la pensée politique occidentale absorbées par les théories des relations internationales? Par exemple, la naissance du pouvoir de la cité-État athénienne, la notion intemporelle et abstraite de la nature humaine («l'homme dans l'état de nature»), la chaîne mondiale de l'exploitation impérialiste… Si nous concluons que des notions sont toujours applicables, que d'autres doivent être adaptées et que certaines devraient être entièrement récusées, il nous faut *démontrer* comment et expliquer *pourquoi*.

La compréhension de la conjoncture historique et du contexte intellectuel dans lesquels une théorie émerge, se développe et, dans certains cas, disparaît nous permet de juger en quoi et jusqu'où ces expériences et traditions de toutes «les générations mortes» peuvent ou devraient être utilisées pour alimenter les théories «des vivants».

3. L'intégrité théorique interne

Notre fameux maire de la mégapole secouée par un tremblement de terre doit désormais soupeser l'avis des ingénieurs quant à la résistance des matériaux (charge et pression) que se proposent d'utiliser les architectes pour le projet de construction d'un immeuble. Il ne s'agit pas seulement de savoir si les fondations sont suffisamment profondes ou si elles sont construites avec les matériaux adéquats pour résister à un séisme de forte amplitude, mais aussi de déterminer comment chacune des milliers de composantes de la structure de l'édifice absorbera et dispersera les ondes sismiques. Transmettront-elles et, ce faisant, multiplieront-elles le stress vers les autres composantes structurales ou bien le disperseront-elles?

De cette même façon, l'intégrité structurale de toutes les théories devrait être évaluée. Leurs principales structures «de charge et de pression» se divisent en trois catégories générales:

- Quels sont les principales composantes et les principaux contextes des relations internationales en tant que domaine de l'action sociale? Pour chacune des théories examinées, quelles sont les *formes*, les *propriétés*, les *tendances* et les *dynamiques* attribuées au champ des Relations internationales en tant qu'un tout et à ses parties constituantes? Comment ces parties s'articulent-elles et interagissent-elles entre elles ainsi qu'avec l'ordre international global? Ces interrogations sont ce qui constitue l'*ontologie*.

- Quels sont les prémisses, les principes, les règles, les procédures et les méthodes d'investigation et de détermination de la preuve qui, mis ensemble, autorisent les analystes à clamer avoir produit une connaissance adéquate du domaine en question et à juger de la validité des prétentions des autres analystes? C'est ce qu'on nomme l'*épistémologie*.

- Quelle est la relation entre l'analyste (sujet connaissant) et son domaine de recherche (objet de la connaissance)? Quels sont les postulats normatifs, éthiques et moraux qui sous-tendent la vision que l'analyste a de cette relation ? Quelles implications politiques découlent du fait que l'analyste privilégie telle vérité plutôt qu'une autre ? La réponse à ces questions est ce qui constitue la *normativité*.

Analyser l'ontologie, l'épistémologie et la normativité d'une théorie nous conduit à d'autres questions :

- Premièrement, chacun de ces trois éléments supporte-t-il adéquatement la « charge analytique » à laquelle il est soumis (capacité de résistance des éléments de la structure d'un bâtiment) ?

- Deuxièmement, cet assemblage, ou le degré de synergie/concordance entre l'ontologie, l'épistémologie et la normativité de la théorie renforce-t-il ou sape-t-il l'intégrité de la structure ?

Puisque les frontières entre l'ontologie, l'épistémologie et la normativité ne sont pas toujours évidentes, il est possible d'établir des paramètres généraux de recherche pour chacune d'elles.

3.1 Cohérence ontologique ?

Avant même d'avoir entendu le mot *ontologie*, les étudiants de première année comprennent déjà intuitivement de quoi il retourne. Chaque professeur en Relations internationales s'est fait demander s'il est légitime de ne prendre en compte que les États les plus puissants dans l'analyse de la politique internationale (réalisme et néoréalisme). Dans tout cours d'introduction aux relations internationales, il se trouve toujours au moins un étudiant pour défendre l'idée que la politique internationale est principalement menée en vertu de la logique d'accumulation du capital (plusieurs variantes du marxisme). Certains vont prétendre qu'il n'est aucune réalité concrète derrière les textes et les discours rivaux (poststructuralisme). D'autres encore insistent sur le fait que le genre et le discours masculiniste donnant pour naturel la dominance des hommes sur les femmes est la caractéristique structurante des relations internationales (féminisme).

Les théories diffèrent substantiellement dans leur degré de conscience de leurs propres postulats ontologiques de base, ainsi que dans le degré de cohérence entre ces postulats. Il est instructif d'explorer la position (explicite ou implicite) prise par chaque théorie sur les points suivants :

- les fondements ontologiques de la science sociale ;
- l'ontologie des relations internationales en tant que champ conceptuel ;
- l'ontologie des concepts particuliers à la théorie en Relations internationales ;
- l'individualisme par opposition à l'holisme ;
- le problème de l'agence-structure.

3.1.1 *Les fondements ontologiques de la science sociale : matérialisme ou idéalisme ?*

La question ontologique la plus fondamentale en science sociale est de savoir comment nous concevons la « réalité » sociale. Dans l'évaluation que nous faisons d'une théorie, nous pouvons nous demander si elle repose (implicitement ou explicitement) sur l'hypothèse que la réalité sociale *préexiste* à nos efforts pour la comprendre et en est *indépendante* (ontologie matérialiste). Par contre, une théorie peut prétendre que – contrairement au monde de la nature – l'existence sociale est façonnée par une série d'idées que les collectivités humaines en viennent à partager, quant à leur identité respective, leur place dans le monde social et leur interaction avec lui (ontologie idéaliste).

Les théories ayant une ontologie matérialiste évidente sont le réalisme classique, le marxisme orthodoxe et quelques variantes néomarxistes, notamment la théorie de la dépendance et la théorie du système-monde. Celles axées sur un idéalisme ontologique explicite incluent le constructivisme, le poststructuralisme et la quasi-totalité des variantes du féminisme.

D'autres théories demeurent ambiguës sur cette question. Par exemple, le néogramscisme se réclame explicitement du matérialisme historique marxiste tout en insistant sur la nature socialement construite de l'existence sociale. Pareillement, la rationaliste « synthèse néo-néo » déploie un modèle purement abstrait de l'acteur rationnel sous l'anarchie. Toutefois, son analyse procède *comme si* une telle anarchie existait réellement au sens matériel du terme et que ses effets pouvaient être testés empiriquement.

Ainsi, des théories reposent sur des postulats cohérents quant à la question du matérialisme ontologique par opposition à l'idéalisme ontologique ; tandis que d'autres sont ambiguës, confuses, voire contradictoires à ce sujet. Nous pouvons dès lors décider jusqu'à quel point leur degré relatif de cohérence ou d'incohérence affecte l'intégrité analytique de leur propre méthode d'analyse.

3.1.2 L'ontologie en tant que champ conceptuel

L'évaluation des théories en ce qui a trait à l'ontologie de leur champ conceptuel respectif nous oblige à poser les questions suivantes à chaque approche :

- en quoi consiste la globalité (l'ensemble, le système ou la structure) du champ d'action sociale connu sous l'appellation relations internationales ?

- quelle unité (ou quels types d'unités) compose(nt) ce champ ?

- quelles sont les propriétés et la nature de cette ou ces unité(s) ?

- quelles sont les tendances ou les dynamiques d'interaction de ces unités ?

- comment ces unités s'intègrent-elles à la globalité (à l'ensemble, au système ou à la structure) du champ des relations internationales tel qu'il est défini par la théorie en question ?

[Ces questions sont approfondies dans chacun des chapitres du présent ouvrage, voir aussi les annexes]. Ici, je mets l'accent sur deux autres enjeux ontologiques d'importance : l'individualisme versus l'holisme, et la relation entre l'agence et la structure.

3.1.3 Ontologiquement individualiste ou holiste ?

Une approche théorique est dite ontologiquement *individualiste* si elle prétend que les actions des acteurs unitaires créent l'environnement au sein duquel ceux-ci se situent. L'individualisme ontolo-

gique postule non seulement que les unités d'un système sont à l'origine de la constitution et du fonctionnement de la totalité du système, mais qu'elles en sont l'élément déterminant. Par exemple, le premier principe du réalisme politique tel qu'avancé par Morgenthau explique le caractère anarchique du système international en fonction de la nature humaine et, conséquemment, de la nature égoïste de tous les États. Selon Morgenthau, les propriétés anarchiques du système dérivent des propriétés de l'État (unité).

Par contre, une théorie sera dite ontologiquement *holiste* lorsqu'elle présume que le système dans sa globalité (ou son environnement) préexiste – ou a un statut existentiel supérieur et prioritaire – aux unités individuelles incluses dans le système. Contrairement à celle de Morgenthau, la version du réalisme que propose Aron situe la nature du comportement de l'État à l'intérieur des effets structurants du « trait spécifique du système international », c'est-à-dire son caractère anarchique (Aron, 1967 : 844-845).

Quelques points exigent qu'on s'y attarde. Premièrement, les théories diffèrent quant à leur définition des unités et de l'environnement (ou système) au sein duquel se produisent les relations internationales. Deuxièmement, elles diffèrent en ce qu'elles donnent préséance aux unités plutôt qu'au système, ou vice versa. Cela renvoie à deux questions : 1) *l'origine* des unités et du système – lequel vient en premier ? et 2) la *relation* ainsi que la *forme d'articulation* entre eux – sont-ce les propriétés du système qui déterminent l'interaction des unités, ou les propriétés des unités qui façonnent le système ? Cette question de la forme particulière d'articulation entre les unités et le système est aussi la clé pour comprendre comment chaque approche conçoit le *changement* dans les relations internationales : l'action des unités peut-elle modifier le système ? ou bien si c'est le système qui forge, ou contraint et modifie les agents (voir la section 3.1.4).

L'opposition individualisme/holisme ne se rencontre pas uniquement entre approches différentes ; elle existe aussi au sein d'une même approche, comme le montrent les divergences entre Morgenthau et

Aron. Le marxisme orthodoxe présente lui aussi des divergences similaires, notamment dans ses rudes luttes internes pour établir si ce sont les relations de production qui modèlent les forces productives ou le contraire, ou si ces deux composantes existent en une interaction dialectique.

Enfin, quelques approches ou d'éminents auteurs tenants de certaines approches sont ambigus, sinon contradictoires, sur cette question. Considérons cette affirmation : «De la coaction d'unités semblables émerge une structure qui les affecte et les contraint tous» (Waltz, 1979 : 90). Ici, Waltz avance un argument ontologiquement individualiste : les acteurs étatiques – tous motivés par le même intérêt (survivre) – créent le système international anarchique, et leur existence en tant qu'«unités au fonctionnement similaire» est la condition d'existence du système anarchique.

Toutefois, les priorités analytiques de Waltz privilégient nettement la logique du système plutôt que l'action de ses unités – ces dernières sont dépendantes du monstre de *Frankenstein* qu'elles ont créé, elles sont totalement contraintes par lui et incapables de le changer. Prônant simultanément l'individualisme et l'holisme, Waltz cherche à avoir tout à la fois «le beurre et l'argent du beurre». Son argumentation est confuse et logiquement incohérente, donc indéfendable si l'on s'en tient à sa propre définition de ce qui fait une bonne théorie (1979 : 1-17) !

3.1.4 La dimension ontologique du problème de l'agence-structure

Évoqué explicitement par Wendt (1987), le problème de l'agence-structure en Relations internationales renvoie au rôle et au degré d'autonomie des acteurs sociaux (les agents) dans le façonnage, le remodelage et les changements de la structure sociale par rapport aux contraintes qu'une telle structure impose aux actions des agents sociaux. Le problème de l'agence-structure recouvre à la fois des dimensions ontologique et épistémologique. C'est principalement un problème ontologique dans la mesure où il pose les questions non seulement de ce qui existe, mais du mode d'interrelations entre ce qui existe. Cependant,

c'est aussi un problème épistémologique en ce que les postulats de base particuliers à chaque théorie quant à la nature, aux propriétés et aux interactions de ce qui existe (ontologie) ont d'évidentes répercussions sur ce que la théorie peut connaître et comment elle peut acquérir une connaissance adéquate des relations internationales (voir la section 3.2.3).

Toute théorie prend position, de manière implicite ou explicite, sur la question de l'agence-structure. Pour comprendre le positionnement d'une théorie, il nous faut répondre à quatre séries de questions :

- *qui* sont les agents clés privilégiés par chaque approche ? et *quelles* sont les conditions qui leur permettent d'agir ?

- *comment* est constituée la structure de leurs relations sociales (le «système» ou, selon certains, l'«environnement») ? *en quoi* consiste-t-elle ? et *de quelle façon* cela affecte l'agence ?

- comment chaque théorie conçoit l'*articulation* entre l'agence et la structure ? la théorie problématise-t-elle cette articulation ou privilégie-t-elle une dimension plutôt qu'une autre dans l'élaboration du *pattern* et de la trajectoire des relations internationales ?

- comment la position prise par une théorie sur la question de l'agence-structure lui permet-elle de prétendre avoir une connaissance des rouages des relations internationales ? La vision ontologique que la théorie a de cette relation agence-structure est-elle consistante par rapport à son épistémologie ?

[Les deux premières séries de questions sont discutées dans chaque chapitre du présent ouvrage.] Ici, je souhaite mettre l'accent sur la manière dont les théories conçoivent l'articulation entre agence et structure (le rôle de l'agence-structure dans la production de la connaissance est abordé dans la section 3.2.3).

La vision qu'adopte une théorie sur l'articulation de la structure et de l'agence tombe dans l'un ou l'autre des trois camps suivants :

- ceux qui prônent le structuralisme ;

- ceux qui privilégient l'agence ;
- ceux qui insistent sur la co-constitution de l'agence et de la structure.

La plupart des théories adoptent une ontologie structuraliste. Elles conçoivent la structure sociale comme le déterminant de l'action sociale. Les acteurs sont présumés jouir d'une mince autonomie d'action ; et leurs actions ne s'expliquent qu'en fonction des effets contraignants de la structure sociale. Bien évidemment, les théories structuralistes diffèrent largement entre elles sur ce qui compose une telle structure et sur la part d'autonomie que cette structure concède aux agents.

Le néoréalisme et le néolibéralisme prétendent que les actions d'un État sont façonnées par les effets structurants de l'anarchie. Cependant, ces approches ont des vues contraires quant à savoir si l'anarchie a un effet unique – la création du dilemme de la sécurité (néoréalisme) – ou si les acteurs peuvent tirer des leçons des interactions passées et, ainsi, contrer les effets néfastes de l'anarchie par la création de formes institutionnalisées de coopération (néolibéralisme). Le marxisme orthodoxe affirme que l'action humaine est déterminée, « en dernière instance », par les « lois du mouvement » du mode de production capitaliste. Encore à ce jour, une vive controverse fait rage chez les marxistes concernant le degré d'« autonomie relative » dont jouissent les agents et la sphère d'action politique par rapport au déterminisme de l'infrastructure (Engels, 1976 [1890] ; Poulantzas, 1968). Le poststructuralisme argue que l'action humaine ne peut être comprise que sous l'angle des structures de rhétorique et d'intertextualité, lesquelles, ultimement, sont limitées par les contraintes structurelles de la grammaire.

Un nombre plus restreint d'approches a mis l'accent sur l'agence plutôt que sur la structure. Ce qui a permis, par exemple, à Kal Holsti d'en venir à la conclusion strictement empirique que la très grande majorité des guerres interétatiques en Europe n'ont pas été le fait de la logique systémique de l'anarchie, mais ont été provoquées par des projets de création d'États émanant de l'agence étatique et infra-étatique,

éclipsant donc le déterminisme structurel (Holsti, 1990). Dans la même veine, le modèle de la politique gouvernementale élaboré par Graham Allison conduit à la conclusion que c'est à travers le prisme de la politique *interne* des protagonistes qu'une crise internationale aussi grave que celle des missiles soviétiques installés à Cuba en 1962 peut être le mieux comprise (Allison et Zelikow, 1999).

Finalement, plusieurs théories estiment que l'agence et la structure n'ont pas une existence séparée, qu'elles ne peuvent exister qu'en articulation l'une avec l'autre. Cette nécessaire co-constitution ontologique de l'agence et de la structure est un processus perpétuel de reproduction et de transformation réciproque. C'est là un principe fondateur de la théorie constructiviste, duquel se réclament également quelques variantes du néomarxisme (Bieler et Morton, 2001). Ce principe semble même avoir fait des convertis – quoique réticents – dans les rangs des réalistes néoclassiques (Rose, 1998 ; Schweller, 2003).

3.1.5 *Tirer des conclusions à partir de l'ontologie*

Comparer les théories d'après les dimensions ontologiques exposées dans les sections 3.1.1 à 3.2.4 nous permet :

- de préciser les différences entre les théories ;
- de mettre au jour leurs postulats souvent implicites et de clarifier le rôle qu'ils jouent dans l'ensemble de l'ontologie de la théorie ;
- d'évaluer le degré de cohérence de chacune des dimensions ontologiques d'une approche ;
- d'en arriver à un jugement raisonné sur les forces, les faiblesses, la cohérence, la pertinence analytique et la validité des postulats et des catégories ontologiques employés par chaque approche.

Parvenir à une telle conclusion raisonnée constitue une étape importante de l'évaluation comparative des théories des relations internationales. Néanmoins, cet éclairage laisse dans l'ombre une question cruciale : comment une théorie fait-elle pour savoir ce qu'elle affirme savoir ? Cette question nous amène à l'épistémologie.

3.2 La cohérence épistémologique

Le champ des théories en Relations internationales en est un de rivalités quant à l'acquisition de connaissances pour définir en quoi consistent et comment fonctionnent les relations internationales. La variété de ces théories offre un nombre imposant d'épistémologies rivales [voir le chapitre 1, p. 9-11]. La présentation, ici, s'oriente vers les paramètres qui permettent de repérer les différences entre les postulats épistémologiques qui sous-tendent les théories.

3.2.1 Explicative ou constitutive ?

Martin Hollis et Steve Smith ont suggéré de diviser les théories en deux grandes catégories (1990 : 1-15 et 45-91) : explicative et constitutive.

Les théories *explicatives* ont pour but d'*expliquer* certains phénomènes. Préoccupées d'établir les *causes*, elles se demandent « pourquoi » et « quelles sont les causes » – par exemple, pourquoi les États-Unis ont-ils envahi l'Irak en mars 2003 ? Quelle était la cause (ou les causes) de la première guerre du Golfe ?

Les théories *constitutives*, elles, s'intéressent moins à définir *pourquoi* telle chose survient ou fonctionne de la manière dont elle le fait que *comment* les choses surviennent et fonctionnent. Cherchant davantage à *comprendre* qu'à expliquer, les théories constitutives explorent le *processus* plutôt que la causalité.

Pour le dire autrement, les théories explicatives étudient leur propre objet particulier d'analyse à partir *de l'extérieur* de l'objet lui-même. Les théories constitutives, pour leur part, examinent *de l'intérieur* leur objet d'analyse. Ainsi, le réalisme cherche à établir une théorie objective des causes de la guerre, tandis que le constructivisme scrute les pratiques idéationnelles qui amènent divers regroupements de personnes à partager la croyance que la guerre est soit inéluctable, soit probable, soit évitable. En d'autres mots, pratiquement toutes les théories constitutives en Relations internationales reposent sur un idéalisme ontologique. La théorie est vue comme un élément essentiel de la construction de la réalité.

3.2.2 Fondationnaliste ou antifondationnaliste ?

Il est aussi possible de faire une distinction entre, d'une part, les épistémologies qui prétendent qu'une base objective peut être établie pour prouver ou falsifier la validité d'une théorie (position fondationnaliste) et, d'autre part, celles qui soutiennent qu'un tel consensus universel relatif aux bases d'acquisition de la connaissance est impossible (position antifondationnaliste). On compte parmi les théories fondationnalistes le réalisme classique, le libéralisme classique, le néoréalisme, l'institutionnalisme néolibéral et le marxisme orthodoxe. Plusieurs des théories dites critiques, ou les théories postpositivistes, sont antifondationnalistes.

Il est à noter qu'il y a des différences notables entre les approches fondationnalistes. Bien qu'ils tiennent tous deux pour essentiel l'existence d'une théorie objective, réalistes et marxistes ne s'accordent pas du tout sur ce qui doit fonder cette théorie. Chaque approche insiste pour dire qu'elle a absolument raison et que les autres ont absolument tort, mais chacune valide ses propres prétentions à la vérité en ne faisant que répéter ses postulats de base. Ainsi, ces théories peuvent être déclarées « vraies » tant et aussi longtemps que leurs postulats de base sont donnés pour vrais (voir l'encadré [24.4]). Quiconque est d'accord avec la prémisse réaliste concernant la nature humaine n'acceptera jamais le postulat marxiste définissant l'histoire humaine comme l'histoire de la lutte des classes. Donc, un réaliste ne peut démontrer la validité de la théorie réaliste à un marxiste, et vice versa.

3.2.3 Niveau d'analyse

La complexité du champ de l'action humaine nommé relations internationales astreint les observateurs à décider *où commence* leur analyse. Il s'agit d'une question à la fois ontologique et épistémologique. L'aspect épistémologique du problème tourne autour de la question : quel est le niveau analytique le plus adéquat pour produire une connaissance des relations internationales ? « Les niveaux d'analyse impliquent de trouver où se situent les variables causales et de les catégoriser en fonction d'un spectre macro-micro

Encadré [24.4]
La co-constitution de l'épistémologie et de l'ontologie : comparaison entre une analyse réaliste et une analyse marxiste des causes de la Première Guerre mondiale

Les réalistes classiques utilisent une épistémologie empiriste, teintée de rationalisme. En tant qu'empiristes, ils prétendent que toute théorie en Relations internationales doit correspondre aux « faits » du « monde réel, tel qu'il est » – une réalité qui fonctionne selon des « lois objectives ». L'épistémologie empiriste affirme une séparation entre « faits » et « valeurs » et fait la promotion de la science sociale « objective ». L'élément rationaliste du réalisme consiste à analyser ces « faits objectifs » de la politique internationale à travers le filtre du modèle analytique de l'acteur rationnel : l'État. Piégé par le dilemme de la sécurité et l'équilibre des puissances imposés par la logique de l'anarchie internationale, chaque État cherche à augmenter sa puissance relative pour assurer sa survie.

Pour expliquer le déclenchement de la guerre mondiale en 1914, les réalistes soulignent la désintégration de l'équilibre fragile entre les principales puissances européennes au début du XXᵉ siècle. Ils mettent en relief, entre autres facteurs : le déclin de la Grande-Bretagne face à la montée de l'Allemagne ; la recherche désespérée par la France d'alliés pour compenser la prépondérance économique et militaire de l'Allemagne en Europe occidentale ; la recherche par l'Allemagne de colonies, de bases navales et d'une puissance maritime ; les efforts de la Russie pour contrer la puissance allemande, son hostilité traditionnelle à l'égard de la Turquie, et son besoin de gagner du temps pour moderniser son économie et ses forces armées ; et la dépendance grandissante de l'Empire austro-hongrois à l'égard de l'Allemagne.

Les réalistes étudient les écarts entre les États principaux d'Europe sur le plan de la puissance et de leurs démarches stratégiques, en présumant que chacun d'entre eux cherchait à conserver et à consolider ses propres intérêts (définis en termes de puissance) par rapport à tous les autres. Cette situation créa un équilibre instable entre les deux blocs d'alliés, équilibre qui commençait à se défaire au fur et à mesure que les deux puissances les plus faibles, l'Autriche et la Russie, s'efforçaient de se défendre devant ce qu'elles percevaient comme des menaces contre leurs intérêts à la suite de l'assassinat de l'archiduc d'Autriche François Ferdinand, à Sarajevo. Bien qu'aucune puissance européenne n'ait souhaité déclencher un conflit paneuropéen en juin 1914, la guerre se déclara six semaines plus tard, dans cette logique fatale de l'effondrement de l'équilibre de puissance.

Les réalistes « savent » que ces déséquilibres entre les puissances (eux-mêmes ancrés dans la logique de l'anarchie) et ces erreurs de calcul sur le plan stratégique ont causé la Première Guerre mondiale, et que celle-ci était une « guerre hégémonique » parce que leur ontologie leur dit de chercher des faits dans ces domaines. Ainsi, ce que les réalistes prétendent savoir des causes, du déroulement et des conséquences de cette guerre repose sur leurs prémisses ontologiques relatives à la nature des relations internationales.

Les marxistes sont, eux aussi, obnubilés par l'utilisation et les conséquences de la puissance. Ils se servent d'une épistémologie matérialiste dialectique et historique pour donner une explication de l'éclatement de cette guerre. L'épistémologie dialectique marxiste insiste sur la nécessité de problématiser le processus relationnel complexe que nous appelons le monde empirique (le « niveau des apparences »). La dialectique oblige l'observateur à explorer à la fois les interconnexions entre les différents aspects (ou niveaux) de la réalité complexe et les processus à travers lesquels les multiples niveaux interagissent pour se façonner (ou se co-constituer) mutuellement et pour former une structure complexe surdéterminée. Selon l'aspect matérialiste de l'épistémologie marxiste, l'explication des actions sociales exige qu'on les situe dans le contexte du mode de production dominant.

D'après le marxiste orthodoxe, le point de départ de l'éclatement de la Première Guerre mondiale se situe dans la transformation du capitalisme mondial depuis les années 1870. Plus les grands cartels remplaçaient les petites entreprises du début du capitalisme, plus la direction de la production tombait dans les mains du capital financier. La concurrence à outrance provoqua une chute du taux de profit, ce qui obligea les financiers dominants à exporter les capitaux dans ce que nous appellerions aujourd'hui le Tiers monde, où, en raison de l'absence de syndicats, de la concurrence limitée et de la demande élevée pour les biens de consommation, les capitalistes pouvaient réaliser des profits plus élevés que dans les marchés déjà saturés de l'Europe.

Cette nécessité d'exporter le capital entraîna une division du monde entre les principaux cartels capitalistes, pendant que leurs États-nations s'empressaient d'accaparer des colonies, des territoires et des matières premières pour leurs entreprises nationales. Il s'ensuivit une concurrence féroce entre les États et la course aux armements de la fin du XIXᵉ et du début du XXᵉ siècle. Bien que l'Allemagne se fut industrialisée plus tard que la Grande-Bretagne ou la France, son économie était, à l'aube du XXᵉ siècle, la plus forte d'Europe. Cependant, au moment où les capitalistes allemands commencèrent à chercher leur propre « place au soleil », ils découvrirent que les autres puissances européennes s'étaient déjà partagé le monde entre elles, ce qui força l'État allemand à adopter une position très militariste et aventuriste si elle voulait trouver des marchés externes pour l'exportation du capital allemand, s'assurer un accès aux matières premières et maintenir le prestige de sa classe dominante.

Les marxistes « savent » que l'Europe de 1914 était un baril de poudre sur le point d'exploser. Toutes les bourgeoisies nationales d'Europe profitèrent de l'étincelle de Sarajevo en juin 1914 pour allumer les feux de la guerre dans le dessein d'obtenir une plus grande part du gâteau colonial et de transformer leurs ouvriers en fantassins plutôt qu'en révolutionnaires. Et, puisque les ouvriers les mieux organisés d'Europe se firent acheter par les « superprofits » de l'impérialisme, ils appuyèrent avec enthousiasme « leur propre » bourgeoisie nationale et la guerre.

L'explication marxiste de la Première Guerre mondiale est donc à cent lieues de celle des réalistes. Toutefois, tout comme ces derniers, les marxistes prétendent, eux aussi, « savoir » ce qu'ils savent à propos de cette guerre parce que leur ontologie leur dit de chercher ces éléments-là. Ce qu'ils savent des causes, de l'évolution et des conséquences de cette guerre repose sur leurs prémisses ontologiques quant à la nature des relations internationales.

En examinant la période qui précéda la guerre donc, marxistes et réalistes voient des choses très différentes (ils ont des ontologies distinctes) et ils se mettent à faire avancer leurs connaissances de cette époque en utilisant des modes de savoir divergents (épistémologies) – des prémisses philosophiques dissemblables, et des principes et des procédés d'enquête et de preuve fort éloignés. Dans chaque cas, ce qu'ils savent dépend de ce qu'ils voient, et ce qu'ils voient dépend de leur conception de l'acquisition des connaissances : l'épistémologie et l'ontologie se constituent réciproquement.

dans le but d'une analyse explicative » (Sterling-Folker, 2006 : 7). Soulevé pour la première fois il y a 50 ans (Waltz, 1959 ; Singer, 1961), ce débat a été largement défini d'après le schéma des « trois images » développé par Waltz (1957).

Waltz affirme que toute théorie en Relations internationales devrait commencer par ce qu'il appelle le niveau d'analyse de la *troisième image.* Cette approche privilégie l'analyse du système international (la structure) au détriment des unités (les acteurs étatiques). Si nous comprenons la logique (anarchique) du système (ou structure), nous sommes plus à même de saisir les « résultats » (*outcomes*) de la politique internationale et pourquoi des États sont « punis » tandis que d'autres sont « récompensés ». L'institutionnalisme néolibéral partage cette vision. Bien que jonglant avec des positions différentes sur la structure et les unités, plusieurs constructivistes acceptent, pareillement, l'idée d'une analyse donnant primauté au niveau « système » (Wendt, 1995). Il en va de même de deux approches néomarxistes : la théorie de la dépendance et celle du système-monde.

Les approches nommées *seconde image* préfèrent, à l'opposé, appréhender d'abord les unités qui constituent le système – elles privilégient le niveau d'analyse « unités ». D'où l'affirmation de Morgenthau que « la lutte pour le pouvoir et la paix » s'explique par une analyse de l'intérêt national des États rivaux. Nombre de réalistes défensifs (Layne, 2006a) ainsi que quelques constructivistes (Weldes, 1999) favorisent le niveau d'analyse de l'unité.

Enfin, les théories de la *première image* mettent l'accent sur le comportement des acteurs *à l'intérieur* des unités (les individus ou les bureaucraties ou même les mouvements sociaux tels que le néoconservatisme). Les approches qui focalisent sur le niveau d'analyse des « sous-unités » sont avant tout des analyses sur la politique étrangère, incluant celles qui tentent d'incorporer soit des théories psychologiques (Jervis, 1976), soit des notions du code opérationnel du leadership, soit des théories de la politique bureaucratique (Allison et Zelikow, 1999 ; Weldes, 1998).

La plupart des approches du paradigme dominant emboîtent le pas à Waltz en privilégiant le troisième niveau d'analyse (ou niveau « système »). Cependant, des efforts de synthèse théorique ont récemment été faits dans les rangs tant du libéralisme que du réalisme pour incorporer des variables à partir de chacun des trois niveaux d'analyse de Waltz – ce qu'on nomme le *mid-range theory* (théorie de portée moyenne) (Pollins et Schweller, 1999 ; Moravcsik, 1997 et 2003).

Quoi qu'il en soit, la rigide séparation que fait Waltz des trois niveaux d'analyse semble pour le moins arbitraire et discutable. Les théories qui insistent sur la co-constitution de la structure et de l'agence soulignent qu'on ne peut analyser que le niveau unité, si nous présumons, par exemple, que le niveau système est constitué d'unités (un enjeu tant ontologique qu'épistémologique). Diverses théories critiques insistent, elles, sur la nécessité de décortiquer chacun des trois niveaux et d'étudier, ensuite, l'articulation entre eux (Palan et Gills, 1994).

3.2.4 Preuve ou mode de démonstration ?

Chaque épistémologie prescrit un mode de validation de la preuve susceptible, lui aussi, d'être soumis à un examen critique. Par exemple, la présence d'un fort degré de corrélation suffit-elle pour conclure à l'existence d'une causalité ? Le modèle du *dilemme du prisonnier* est-il un moyen valide pour déduire qu'il y a récurrence des comportements chez les « acteurs rationnels » (une catégorie ontologique en soi) ? L'analyse du discours fournit-elle une preuve suffisante de la pertinence de l'analyse postmoderne sur le fonctionnement de la politique mondiale ? est-ce que le fait d'évoquer la fréquence des guerres dans l'histoire européenne donne une base satisfaisante pour faire une généralisation sur la répétition des modèles historiques à travers le temps et l'espace ?

Remettre en question les modes d'étayage de la preuve implique aussi d'être clair sur la (ou les) méthodologie(s) utilisée(s) par chaque approche.

3.2.5 Méthodologie et cadre de référence

530 ▼ *Épistémologie* et *méthodologie* ne doivent pas être confondues – comme elles le sont fréquemment. L'épistémologie renvoie aux postulats philosophiques et aux procédures logiques nécessaires qui nous permettent de prétendre avoir produit une connaissance valable d'un objet particulier. Pour sa part, la méthodologie réfère aux techniques d'enquête pour la collecte et l'évaluation des données relatives à des faits sociaux, jugées applicables à l'épistémologie en question. Ainsi, l'épistémologie prescrit la gamme de méthodologies à laquelle le chercheur peut recourir : la méthodologie est toujours assujettie à l'épistémologie, et en dépend. Chaque épistémologie donne sa bénédiction à quelques méthodologies, à l'exclusion de certaines autres. À titre d'exemple, nul marxiste ne pourrait accepter l'idée que les sondages d'opinion constituent un instrument adéquat pour acquérir de la connaissance au sujet de la lutte des classes, et pas un réaliste ne pourrait recourir à la méthode généalogique pour déterminer l'intérêt national. De même, les stratégies interprétatives du poststructuralisme boudent les méthodes quantitatives.

Grosso modo, il existe trois conceptions de la nature et du rôle de la méthodologie en théorie des relations internationales [voir le chapitre 3]. Les auteurs qui soutiennent une vision unitaire des sciences et qui adoptent des méthodes de recherche teintées de l'approche positiviste ont tendance à concevoir la méthodologie comme « un moyen systématiquement structuré ou codifié pour tester des théories » (Sprinz et Wolinsky-Nahmias, 2004 : 4). Pour leur part, les auteurs qui prônent des approches interprétivistes affirment la nécessité d'inscrire la méthodologie dans ses rapports avec l'ontologie et l'épistémologie. Selon cette conception, la méthodologie renvoie à l'ensemble des outils et techniques mis à la disposition du chercheur par son orientation épistémologique et dont il se sert pour collecter, évaluer et analyser la gamme des données jugées pertinentes par l'ontologie retenue par lui, ainsi qu'aux moyens utilisés pour valider les conclusions issues de l'analyse de ces données. À ces deux orientations épistémologiques opposées s'ajoute une troisième, celle du soi-disant réalisme-critique [à ne jamais confondre avec les théories réalistes des relations internationales – voir les chapitres 3 à 6]. Selon les adeptes de cette orientation épistémologique, la méthodologie renvoie à une gamme complexe de techniques, de règles, de procédures, d'abstractions logiques et de recherches empiriques qui permettent au chercheur d'acquérir et d'analyser les données liées à la construction sociale de la réalité, de manière à ce qu'il puisse formuler, examiner et peaufiner des hypothèses relatives aux structures sous-jacentes.

Dépendent où il se positionne parmi ses trois grandes orientations épistémologiques, le chercheur aura donc à choisir entre trois catégories générales d'approches méthodologiques : les méthodes quantitatives (qui comprennent les modèles formelles) ; les méthodes qualitatives-chiffrables ; et les méthodes qualitatives-interprétatives [voir p. 49-52]).

3.3 Normativité – Cui bono[5] ? Ou qui paie la note ?

En analysant, pour chacun des plans proposés par les architectes, les coûts réels ainsi que les coûts cachés, le maire de notre mégapole doit se demander qui paiera la facture ? Sur une période de combien de temps ? Et par quelle voie ? Des questions analogues doivent être posées aux théories des relations internationales.

Une des principales fonctions de toute théorie sociale est de distinguer ce qui est important (et ce qui mérite d'être analysé) de ce qui l'est peu ou prou dans le champ de l'action humaine soumis à l'étude. Ce faisant, chaque approche théorique en Relations internationales narre son propre « récit » de la politique mondiale, peuplé de héros et de truands qui font face à des monstres, des défis et des catastrophes. Et chacun de ses récits diffère de ceux des approches rivales. Analyser la normativité d'une théorie, c'est poser entre autres questions :

- quelles valeurs sous-tendent ce récit particulier de la politique mondiale ?

- qui bénéficie de ce récit et qui en assume les frais ?

- quelles sont les conséquences, et pour qui, de livrer tel récit du monde plutôt que tel autre et de persister à dire que sa propre théorie est supérieure *à* ou plus valable ou plus scientifique *que* les autres ?

La normativité de chaque théorie tranche, en quelque sorte, entre ceux qu'on investit de pouvoirs (ceux qui sont autorisés à parler et à raconter le récit) et ceux qu'on marginalise (ceux qui sont mis à l'écart,

dénigrés, et dont le récit ne trouve nul canal de diffusion).

3.3.1 *Implicite ou explicite ?*
Non problématique ou problématisée ?

Les approches en Relations internationales diffèrent profondément entre elles sur la question du rôle de la normativité. La plupart des approches du paradigme dominant soutiennent avoir séparé les « faits » des « valeurs » et étudier le monde « tel qu'il est en fait » plutôt que « comment il devrait être ». Elles martèlent qu'elles ne sont pas polluées par les postulats normatifs, et qu'elles mènent une analyse objective des « enjeux importants de la politique mondiale » par des recherches strictement empiriques et « testables » (Keohane, 1988 : 392-393). Une telle prétention repose, bien entendu, sur le postulat ontologique voulant qu'une réalité « objective » puisse exister, indépendante (ou exogène) de la théorie.

À l'opposé, la plupart des théories critiques présument que, puisque « tout chercheur fonde ses travaux sur une série de forces sociales qu'il cautionne (explicitement ou implicitement) ou auxquelles il s'oppose [...] il ne peut se dire neutre : il est forcément partial, forcément politique, ce qui forcément entraîne des conséquences éthiques » (Smith, 2004 : 504). Si toute théorie est nécessairement normative, l'honnêteté intellectuelle la plus élémentaire exige de chaque théoricien qu'il rende explicite ses propres postulats normatifs et qu'il problématise la normativité de toutes les théories, y compris la sienne.

La première étape de l'analyse de la normativité consiste à se demander si une théorie reconnaît ou nie sa normativité. Si elle la reconnaît, la traite-t-elle comme si elle ne recelait aucun problème ou si elle la problématise ? Et si une approche jure être « non normative », comment fait-on alors pour évaluer sa normativité ?

3.3.2 *Quelles valeurs ? La vision éthique sous-jacente*
de la communauté morale

La méthode la plus simple pour relever les implications normatives d'une théorie est de commencer avec son objet d'analyse et son ontologie.

---

5. À qui cela profite-t-il ?

Lorsqu'un chercheur choisit, individuellement, d'étudier *x* plutôt que *y*, cela signifie qu'il considère *x* comme plus intéressant ou plus pressant que *y*. Mais lorsque c'est une orientation théorique au grand complet, voire une discipline, qui décrète que *x* compte parmi « les enjeux importants de la politique mondiale » (Keohane, 1988 : 393), que ceux qui se concentrent sur *y* sont « débranchés du monde », et lorsque la plus influente des revues scientifiques en Relations internationales refuse de publier les auteurs qui écrivent sur *y* (Katzenstein *et al.*, 1998b : 678), alors c'est que l'immense autorité sociale attribuée aux « experts » ne sert qu'à promouvoir un récit et à museler les autres.

Tout cela a des répercussions éthiques, politiques et sociales considérables. Privilégier un récit sous-entend l'affirmation que les valeurs englobées par ce récit sont les seules qui soient « bien fondées » en matière de politique internationale. Un tel énoncé jette un regard éthique sur ce qui devrait constituer un ordre mondial ou communautaire souhaitable ou « bon » ou moral. Une fois qu'on a compris quel est l'ordre (ou la communauté) moral que prône une approche, saisir la portée de sa normativité devient dès lors beaucoup plus simple.

3.3.3 Qui compose la communauté ? Les forces sociales et les formes d'action privilégiées

La nature de l'ordre moral et de la communauté morale est l'enjeu central de toute philosophie politique. Elle soulève deux questions éthiques classiques : comment devrions-nous vivre ? et qui « sommes-nous » ? La majorité des réponses à ces questions requièrent que certaines personnes et certains types de comportement au sein de la communauté morale soient valorisés, et que d'autres en soient exclus.

Une analyse de la normativité soulève donc la question ontologique du type d'*acteurs sociaux* et des formes d'*action sociale* qui seront privilégiés (le récit de qui ?) – et, de là, légitimés et reproduits – et des acteurs et actions qui seront marginalisés. À partir de ce questionnement, nous pouvons identifier quels sont les intérêts sociaux qui se cachent au cœur de l'analyse et quels acteurs et enjeux (les récits de qui ?) sont marginalisés par la *mise à l'écart* opérée par l'analyse.

En guise d'illustration : le réalisme juge que la guerre est une préoccupation plus urgente que la pauvreté dans le monde, et que c'est là une vérité indiscutable. Privilégier la guerre comme objet d'analyse en Relations internationales entraîne deux effets :

- celui de légitimer une série de structures sociales ainsi que les intérêts de ceux dont l'autorité, les sources de revenus, les prérogatives et la position tiennent à l'alimentation de la guerre et des « menaces » qui l'accompagnent comme industrie (la machine entière de la sécurité nationale, incluant les universitaires et les journalistes « experts ») ;

- celui de délégitimer la pauvreté mondiale en tant qu'enjeu digne d'être étudié, de marginaliser davantage les pauvres par rapport au processus politique, et de remettre à plus tard les actions pour combattre la pauvreté.

Interroger ainsi les postulats ontologiques d'une théorie nous permet de répondre à la question « qui bénéficient d'une telle vision du monde et au détriment de qui ? » (voir l'encadré [24.5]).

3.3.4 La méthode de qui ? Pluralisme théorique ou théorie en tant que parti unique ?

Évaluer la normativité d'une théorie exige également d'interroger son épistémologie. Lorsqu'ils décrètent que les méthodes employées par le poststructuralisme sont « hors du champ des sciences sociales » (Katzenstein *et al.*, 1998b : 678), les cerbères des Relations internationales « légitimes » ne disent pas uniquement qu'il n'existe qu'une sorte de récit (le leur), mais aussi que leur façon de le raconter (c'est-à-dire de détenir la connaissance) est la seule permise.

Quand une théorie des relations internationales proclame détenir le monopole de la vérité (situation supposément confirmée par la « science » ou par l'« histoire » – comme le prétendent le réalisme, le néoréalisme et le marxisme orthodoxe), ce qui est en fait réellement annoncé, c'est la revendication par les tenants de l'approche d'une position de dominance

Encadré [24.5]
Le biais normatif en Relations internationales

Steve Smith (2004 : 504-507) souligne l'ampleur des implications normatives qui découlent des 10 postulats ontologiques et épistémologiques sous-jacents au paradigme hégémonique en Relations internationales :

1. « l'accent mis sur l'État en tant qu'unité d'analyse » exclut les préoccupations de l'humanité en tant qu'un tout, ainsi que celles de certaines communautés et de certains individus ;

2. « la distinction faite entre l'intérieur et l'extérieur de l'État [...] les frontières de l'État sont vues comme une démarcation entre la politique interne et la politique étrangère ». Cela confère à l'État « un statut quasi moral [...] en tant qu'unité indispensable pour gérer les relations à l'intérieur et à l'extérieur des frontières [...] et sert des formes particulières de forces sociales et de pouvoir social plutôt que d'autres » ;

3. en « s'appuyant historiquement sur une distinction nette entre l'économique et le politique », la discipline des Relations internationales a, du coup, exclu « de son champ d'investigation une multitude d'enjeux liés au pouvoir, à la violence, à la mort et à la répartition des ressources [...] Tandis que la mortalité dans le cadre d'un conflit armé entre États est considérée comme partie des relations internationales, la mortalité tributaire de l'économie ou du marché, elle, ne l'est aucunement » ;

4. « la notion d'une progression commune de l'humanité vers une finalité unique telle qu'illustrée dans la majorité des comptes rendus sur la mondialisation [...] L'« Autre » est [présumé être] essentiellement identique à « soi » ; et toute autre vue sur le monde ou toute autre valeur est perçue comme faisant preuve de sous-développement » ;

5. « l'absence de considérations des questions de genre et d'ethnicité chez les principales théories. Les récits prépondérants sont ceux des Blancs, mâles, traçant un portrait des relations internationales au mieux incomplet, et au pire déformé – portrait qui sous-tend les formes existantes du pouvoir social » ;

6. « la définition de la violence qui prévaut en théorie des relations internationales est essentiellement celle de la guerre [...] la discipline choisit de ne pas voir les autres formes de violence [...] bien que la violence la plus importante – et de loin – sur la planète soit d'origine économique » ;

7. « l'accent mis sur la structure plutôt que sur l'agence [...] la théorie en Relations internationales se concentre sur l'expli-

cation des constances et non sur le changement ; par conséquent, elle minimise l'importance de l'agence » et la possibilité de changements ;

8. « l'idée d'une rationalité unique et universelle [...] est également liée au postulat sur la progression de l'humanité vers un futur unique, au postulat sur le rôle du marché ainsi qu'à une conception fort étroite de la démocratie participative » ;

9. « en conséquence, on minimise l'importance des enjeux identitaires [...] les Relations internationales tendent à ignorer les questions d'identité, préférant plutôt développer des récits sur la base des similitudes ». La discipline « a adopté la feuille de route des puissances dominantes, et donc les identités dominantes dans le monde comme étant celles de tout le monde », créant, de ce fait, « un gouffre entre le monde décrit dans les manuels scolaires de la discipline et le monde tel qu'on le voit dans la majorité des coins de la planète ». Le champ des Relations internationales « continue de jouer un rôle majeur dans la création du monde des puissants, vu comme l'élément « naturel » sur lequel axer toute explication » ;

10. « la discipline est dominée par la recherche d'une explication plutôt que d'une compréhension [...] Cela tire sa source de la prédominance aux États-Unis du béhaviorisme et de l'empirisme [...] Peu de recherches ont été faites pour tenter de comprendre la mentalité des "autres" non-occidentaux et leurs perceptions du monde, ce qui a donné lieu à l'émergence d'une vision particulière du monde [...] Les intentions et les valeurs ont été imputées ou supposées plutôt que comprises », conduisant à « minorer les questions normatives, les percevant, en quelque sorte, comme extérieures au domaine de la science sociale "légitime" [...] Le problème est qu'une telle position est totalement dépendante d'un postulat sous-jacent caché selon lequel une prise de position neutre est chose possible ».

Smith (504) juge que tous ces postulats mis ensemble ont fait des Relations internationales une discipline « partielle/partiale » – qui regarde la politique mondiale du point de vue des « riches puissances impériales » – et les biais normatifs forgés par ces postulats ont ainsi « facilité la création d'un monde qui a conduit aux événements du 11 septembre [2001] ».

et de privilèges. Ce sont là des prétentions manifestement *politiques* et, à ce titre, elles peuvent et doivent être analysées et questionnées.

On le voit donc, la normativité d'une théorie soit défend une épistémologie de style «parti unique» (la synthèse néo-néo et le marxisme orthodoxe), soit s'ouvre à une vue pluraliste de l'acquisition de la connaissance.

3.3.5 Statu quo, changement ou transformation?

La compréhension de qui se trouve avantagé et de qui se trouve écarté par une théorie nous amène à nous demander si ladite théorie légitime le *statu quo*, si elle envisage la possibilité d'un changement ou si elle privilégie la transformation.

Les préoccupations normatives prépondérantes du réalisme et du néoréalisme tiennent à la poursuite de l'intérêt national et à une politique étrangère «prudente», garante de *stabilité* internationale. Cela veut dire que quiconque cherche à modifier la répartition du pouvoir et de la richesse représente donc une menace «objective» à la paix[6]. En encourageant activement le maintien des relations actuelles de pouvoir et de privilèges – de domination et de subordination –, de telles théories légitiment les avantages des puissants aux dépens des marginalisés.

Le libéralisme classique, lui, pose la nécessité d'une plus large répartition du pouvoir politique, mais uniquement à l'intérieur des paramètres de l'économie libérale. Même le plus ardent défenseur d'une nouvelle «doctrine de la communauté internationale» (Blair, 1999) avalise sans réserve les actuelles relations de pouvoir et de privilèges économiques (relations d'inclusion et d'exclusion), ce qui laisse très peu de place au changement.

De leur côté, la plupart des théories critiques affirment que la théorie devrait avoir des visées et des buts «émancipateurs». Cependant, la majorité d'entre elles restent vagues sur *qui* précisément devraient être «émancipés», de *quoi* et *comment*?

Seul le marxisme orthodoxe s'attaque de front à ces trois questions (qui, quoi et comment?) en insistant pour que le prolétariat international s'émancipe du joug du capitalisme mondial au moyen d'une révolution – ainsi, supposément, l'humanité entière se trouverait libérée. La plupart des théoriciennes féministes ont, elles aussi, une vision limpide de *qui* devrait être libéré – les femmes – et de *quoi* – de la position de subordination dans laquelle les confine la naturalisation des rôles de genre (le patriarcat). Elles sont toutefois divisées sur les moyens à prendre pour y arriver. La quasi-totalité des poststructuralistes souhaitent libérer l'humanité des discours de domination, mais restent extrêmement flous sur la façon d'agir pour atteindre ce but, et sur qui agira pour le rendre possible. Enfin, la Théorie critique prône la nécessité de libérer l'humanité des formes d'exclusion véhiculées par les pratiques culturelles. Toutefois, mis à part son insistance sur le besoin de «communication dialogique» et de création d'un espace public, cette théorie est peu loquace sur la manière de parvenir à cette finalité.

3.3.6 Discipliner les disciples

Outre établir les limites de ce qui doit être discuté et comment, les biais normatifs en théorie des relations internationales ont aussi une fonction déterminante: socialiser et discipliner les chercheurs. Cette contrainte peut être aisément démasquée en posant des questions fort simples: le fait d'être marxiste, féministe ou poststructuraliste aura-t-il une incidence sur ma carrière en Relations internationales? Mes choix théoriques augmenteront-ils ou diminueront-ils la possibilité que mes travaux soient publiés?

Les pressions pour discipliner les chercheurs en Relations internationales (particulièrement aux États-Unis) peuvent rendre prohibitif le prix personnel à payer pour défendre une position critique (défi intellectuel au *statu quo*) que ce soit en termes d'emplois, de promotions ou de subventions de recherche. De telles considérations peuvent sembler futiles en comparaison de la résonance qu'a pour l'humanité l'affirmation que la guerre est chose légitime et légale (Aron, 1967). Néanmoins, décider ce qui sera publié,

---

6. Pour un exemple de bâillon rhétorique similaire (quoique d'un autre ordre) chez les marxistes, voir p. 197.

choisir qui sera embauché et subventionné, ce sont là de puissants instruments pour contrôler les idées qui seront débattues dans la société, et pour bâillonner les autres. Vue sous cet angle, la disciple universitaire de la Science politique ne fait pas qu'*étudier* la politique et le pouvoir, elle *pratique* la politique et *exerce* un pouvoir social appréciable.

4. L'assemblage des éléments : la synergie théorique

L'étape finale de l'évaluation comparative des théories est d'examiner leur « synergie théorique » respective, c'est-à-dire l'arrimage des postulats ontologiques, épistémologiques et normatifs. Y a-t-il cohérence entre les postulats ontologiques et épistémologiques ? Et ceux-ci sont-ils compatibles avec les principes normatifs qui sous-tendent l'approche théorique ?

Certaines approches jugent que la politique internationale fait preuve de régularités récurrentes et stables au sein du système international anarchique. Ces postulats ontologiques permettent au néoréalisme et au néolibéralisme de prétendre qu'il est possible de connaître le comportement des États en politique internationale en se basant sur un modèle de « choix rationnel » ainsi que sur les règles néopositivistes relatives aux données et à la preuve. Cependant, un texte fondateur du constructivisme a démontré que l'ontologie matérialiste du néolibéralisme recourt aux stratégies interprétatives pour expliquer la coopération institutionnalisée et, ce faisant, le néolibéralisme contredit l'ontologie et l'épistémologie qu'il professe (Kratochwil et Ruggie, 1986). De ce point de vue, le néolibéralisme peut être considéré comme théoriquement incohérent.

Un tel verdict – *théoriquement incohérent* – n'a pas le poids d'une preuve ou d'une réfutation absolue vérifiée empiriquement. Il est probable qu'il n'y ait nulle façon de juger si les prétentions des différentes théories sont totalement « vraies » ou « fausses ». Plus encore, puisque la plupart des approches s'accorderaient pour dire que la cohérence est vitale à toute théorie, le seul fait d'évaluer la cohérence d'une approche soulève, en soi, des doutes sur sa validité et son utilité. Étant donné que les diverses théories cher-chent toutes à rendre compte du monde dans lequel nous vivons, le fait de les comparer et de les évaluer sous l'angle de leur relative cohérence constitue un pas considérable vers la compréhension de la manière dont le monde « réel » fonctionne, et pour qui.

Conclusion : vers une synthèse théorique ou un « buffet » théorique ?

La méthode comparative, dont nous avons présenté les grandes lignes ici, nous permet de voir comment une théorie est construite et comment ses composantes se tiennent ensemble. Ce partant, nous sommes à même d'évaluer la cohérence du mode de raisonnement de cette théorie. Mais certains étudiants pourraient se dire non totalement satisfaits du présent exposé, se demandant :

- pourquoi devons-nous juger chaque théorie et *choisir* entre elles ?
- pourquoi ne pouvons-nous pas simplement sélectionner des concepts dans plusieurs théories à la fois ?
- pourquoi ne pas appliquer une approche à telle catégorie d'enjeux particuliers, et une autre approche à telle autre catégorie – par exemple, analyser les questions de sécurité par la lorgnette du néoréalisme, et recourir à la théorie néolibérale pour étudier l'économie politique internationale ?

Ces interrogations trouvent écho chez plusieurs théoriciens. Les fondateurs de l'institutionnalisme néolibéral ont choisi de ne pas réfuter le réalisme ni le néoréalisme, mais plutôt d'élargir le domaine de ces deux théories dominantes, en les adaptant aux circonstances historiques et aux contextes intellectuels (Keohane et Nye, 1977 ; Keohane, 1984). Leurs travaux ont donné lieu à la « synthèse néo-néo », abondamment discutée. De façon similaire, l'influente version du constructivisme développée par Wendt cherche explicitement à « construire des ponts » – si ce n'est même à procéder à un mariage – entre le constructivisme et le néolibéralisme (Wendt, 1995 et 1999). Plus récemment, les adeptes des approches dites de moyenne portée *mid-range theory* ont agressivement plaidé la nécessité d'une synthèse théorique enracinée dans des analyses empiriques (Moravcsik, 2003).

Devant des arguments aussi autorisés en faveur d'une synthèse théorique, pourquoi continuer d'insister sur la nécessité de *choisir* entre les théories? Toute action en direction d'une synthèse théorique ne réfute-t-elle pas mon assertion sur le besoin d'évaluer la cohérence interne d'une théorie?

Au cœur d'un tel questionnement se trouve l'enjeu du statut du pragmatisme philosophique. Profondément ancré dans les cultures intellectuelles britannique et américaine, le pragmatisme philosophique des penseurs tels John Locke (1632-1704), George Berkeley (1685-1753), David Hume (1711-1776), Adam Smith (1723-1790), Jeremy Bentham (1748-1832), John Stuart Mill (1806-1873) et John Dewey (1859-1952) insiste moins sur la rigueur logique et analytique que sur l'application pratique des idées.

Le pragmatisme présume que le meilleur test qu'on puisse faire passer à une théorie est d'évaluer son utilité pratique. La meilleure théorie étant celle qui «fonctionne» le mieux. Si, en mixant et en mariant des théories, on améliore les résultats pratiques, ce devient une justification suffisante pour opérer de la sorte (Moravcsik, 2003: 136). Le pragmatisme doit, toutefois, affronter trois objections.

La première est elle-même pragmatique. Décider «ce qui fonctionne le mieux» ou «ce qui donne les meilleurs résultats» soulève une question cruciale: meilleur selon *qui*? Car ce qui donne des résultats hautement positifs pour certains acteurs a souvent des conséquences catastrophiques pour d'autres. L'imposition par le FMI, par la Banque mondiale et par l'OMC des politiques économiques d'inspiration néolibérale sur la majorité des économies nationales a clairement profité aux pays riches et aux citoyens fortunés. Ceux-ci voient certes cette situation comme un résultat pratique parmi les plus souhaitables de la théorie économique néolibérale. Pourtant, rapport des Nations unies après rapport des Nations unies, on apprend que l'écart entre les pays riches et les pays pauvres enregistre une croissance exponentielle et,

qui plus est, la redistribution des richesses s'effectue, dans la plupart des économies nationales, vers les couches les plus nanties de la population. Pour la grande partie de l'humanité, cette vision théorique est donc loin d'avoir eu des résultats pratiques désirables.

La seconde objection, également pragmatique, touche au *but* de la théorie. Toute personne qui se lance dans la théorisation le fait pour rendre compte du monde dans lequel elle vit. La théorie n'est pas un exercice intellectuel purement obscur et abstrait, elle est un effort conscient fait par des êtres humains pour décider «comment nous devrions vivre et agir». Quoiqu'ils puissent parvenir à des conclusions divergentes, voire largement opposées, les théoriciens sont tous engagés essentiellement dans un effort similaire.

À titre d'illustration, supposons qu'une majorité d'êtres humains, lassés des innombrables prétentions au monopole de la vérité et dégoûtés par la violence perpétrée au nom de leur propre religion, en viennent au consensus que la solution idéale serait d'effectuer une synthèse entre, disons, l'islam et le bouddhisme. Des questions délicates se posent alors. D'abord, quelle variante de l'islam et quelle variante du bouddhisme? Cette question n'est nullement anodine, considérant que des millions d'êtres humains ont persécuté et même assassiné un nombre incommensurable de leurs coreligionnaires au nom justement d'une *variante* de leur croyance pourtant commune. Mais, laissons cela et imaginons que toute forme de sectarisme religieux ait été surmontée. Une question impérieuse surgit alors: quels principes islamiques devraient être mariés à quels principes bouddhistes, *et sur quelle base*?

Exactement les mêmes dilemmes se posent lorsqu'on veut mixer et combiner plusieurs théories en une sorte de synthèse: quels aspects et de quelles théories et selon quelles conditions, et les conditions énoncées par qui? Les postulats sous-jacents de ces théories sont-ils compatibles? Jusqu'à présent, aucune des tentatives de synthèse entreprises n'a été capable de résoudre cette difficulté. L'effort le plus achevé sur cette voie est la «synthèse néo-néo», qui, somme toute, reprend quasi exclusivement les termes prescrits par le néoréalisme[7].

La troisième objection au pragmatisme a été énoncée par le père du néoréalisme. En insistant sur la rigueur théorique, Waltz ébranle fatalement le pragmatisme en Relations internationales. Les nombreux partisans de la synthèse théorique s'entendent désormais sur la nécessité d'une cohérence théorique. John Ruggie – sans doute le plus éclectique et pragmatique des penseurs contemporains en Relations internationales – a contribué à lancer des débats métathéoriques avec ses critiques dévastatrices sur la cohérence théorique interne du néoréalisme et du néolibéralisme (Ruggie, 1983 et 1998; Kratochwil et Ruggie, 1986). Cela signifie que le simple pragmatisme n'est plus une option, même pas pour d'anciens pragmatistes. Toutes les approches (à l'exception du poststructuralisme) acceptent dorénavant la nécessité d'une cohérence logique interne[8].

Tout cela revient donc à une dispute sur les critères d'évaluation de la cohérence interne. J'ai proposé, ici, d'analyser la structure et le mode de raisonnement de chaque théorie selon deux catégories générales de critères:

- la cohérence respective de l'ontologie, l'épistémologie et la normativité de la théorie;
- la cohérence de l'assemblage ou le degré de synergie/conformité entre chacune de ces trois dimensions.

Tandis qu'elles demeurent inflexibles sur la nécessité d'une cohérence interne, la plupart des approches dominantes se cramponnent cependant à l'article de foi positiviste voulant que l'ultime «test» de la cohérence théorique reste la manière dont la théorie explique et prédit «le monde réel» (Waltz, 1979; Moravcsik, 2003). Ce qui nous ramène à la case départ... l'empirisme!

Et voilà! nous avons fait le tour du jardin! C'est à vous maintenant de décider par vous-mêmes. À vous de choisir les yeux avec lesquels vous penserez le monde!

NDÉ: La version manuscrite de ce long éclaircissement rédigé manifestement à l'intention de ses étudiants a été retrouvée éparpillée autour du corps du professeur Rip van Winkle, victime derechef de cet étrange sommeil comateux...

---

7. Dans son vigoureux plaidoyer en faveur d'une telle synthèse théorique, Moravcsik presse les chercheurs en Relations internationales «à se préoccuper moins des statuts métathéorique, ontologique et philosophique de la science sociale [...] pour plutôt se lancer dans la recherche empirique!» (2003: 136)

8. Les poststructuralistes se voient obligés d'admettre que la logique est purement rhétorique, qu'elle est tout aussi valable qu'une autre rhétorique et que, par conséquent, elle ne représente pas un test de validation de la théorie. En fait, la plupart d'entre eux devraient rejeter la notion de validité. C'est là une des raisons pour lesquelles il est si exaspérant (rien ne peut jamais être démontré, toute chose étant «texte») et en même temps satisfaisant d'argumenter avec les poststructuralistes – un poststructuraliste honnête est contraint d'accepter qu'une interprétation critique de ses propres textes ou les discours poststructuralistes est aussi valable que sa propre interprétation de ses propres textes.

Annexes

Grilles pour l'évaluation comparative des théories des relations internationales

(L'analogie architecturale)*

Dan O'Meara

*   Voir p. 516.

1. Le réalisme classique

1. Le projet intellectuel (la fonction et la forme)

1.1 L'objet d'analyse

La lutte pour la puissance et pour la paix (**Morgenthau**) ; la guerre et la paix, la configuration des rapports de force (**Aron**).

1.2 Le programme de recherche

La puissance relative des grandes puissances, la configuration des rapports de force, la politique étrangère et de sécurité des grandes puissances, les alliances.

1.3 Le cadre conceptuel

Voir *Concepts clés du réalisme classique* à la page 85.

1.4 Le(s) thèse(s) principale(s)

1.4.1 Le réalisme classique (Morgenthau)

La quête de puissance est inscrite dans la nature humaine. Le moteur de la politique internationale étant la quête incessante de puissance, l'intérêt national défini en termes de puissance devient la clé pour découvrir la logique et la trajectoire des rapports interétatiques. Une politique étrangère basée sur la prudence et sur le maintien d'un équilibre des puissances est la seule façon de limiter la fréquence des guerres. Mais la nature intrinsèque des grandes puissances les amène éventuellement à abandonner la prudence.

1.4.2 Le réalisme structurel (Aron)

La quête de puissance est inscrite dans la logique de la structure anarchique du système international, ce qui oblige chaque État «à veiller sur sa propre sécurité».

1.4.3 Le réalisme néoclassique (Schweller)

Il faut ouvrir «la boîte noire» de l'État. C'est-à-dire qu'il faut greffer à la logique de l'anarchie du système international une analyse plus rigoureuse de la façon dont les États perçoivent leur puissance respective ainsi qu'un examen en profondeur du rôle que joue le leadership politique.

2. Le contexte de l'émergence et de l'évolution de l'approche (les conditions géologiques du terrain)

2.1 La conjoncture historique

L'échec du système de sécurité collective (1920-1939) ; la Deuxième Guerre mondiale ; l'émergence de l'hégémonie américaine ; la guerre froide ; la chute des empires coloniaux ; l'invasion anglo-américaine de l'Irak (remontée du réalisme aux États-Unis depuis le 11 septembre 2001).

2.2 Le contexte intellectuel

2.2.1 Racines

2.2.1.1 **Morgenthau** : *Thucydide* : la montée de la puissance d'un État va perturber l'équilibre des puissances ; *Machiavel* : la conduite de l'homme d'État n'est guidée que par un seul principe moral, préserver sa puissance relative afin d'assurer sa survie politique ; *Hobbes* : les hommes sont égaux et rationnels, et l'homme est un loup pour l'homme – dans le contexte anarchique (état de nature), les États sont «dans la situation et dans la posture des gladiateurs, leurs armes pointées, les yeux de chacun fixés sur l'autre (Hobbes, 1981 [1651] : 126) ; *Hegel* : les risques que présentent l'homogénéisation et le nivellement des sociétés occidentales, c'est-à-dire l'érosion des valeurs et des normes qui servent de frein à la cupidité individuelle ; *Meinecke* : la *realpolitik* et la raison d'État.

2.2.1.2 **Aron** : *Hobbes* : l'état de nature (système anarchique), l'homme rationnel ; *Rousseau* : la parabole de la chasse au cerf ; *von Clausewitz* : la conduite diplomatico-militaire (la guerre n'est que le prolongement de la politique étrangère par d'autres moyens).

2.2.1.3 **Schweller** : le défi du libéralisme et du constructivisme.

2.2.2 Débats, réseaux

Au lendemain de la Deuxième Guerre mondiale, les grands débats dans les milieux politiques et universitaires américains quant au rôle de la politique étrangère et de défense des États-Unis se voulaient une critique de la vision idéaliste des rapports d'après-guerre et de la position prônant le retour à l'isolationnisme.

3. L'intégrité théorique interne (cohérence et intégrité des fondements et des aspects porteurs de la charge structurelle)

3.1 Cohérence ontologique

3.1.1 Fondements ontologiques de la science sociale : matérialiste ou idéaliste ?

Matérialiste. **Morgenthau** : la nature humaine est à l'origine de la nature de l'État. **Aron** : le positionnement d'un État dans la configuration des rapports de force façonne sa capacité de compter sur lui-même et détermine les options dont il dispose.

3.1.2 L'ontologie en tant que champ conceptuel

3.1.2.1 En quoi consistent les relations internationales ?

Rapports interétatiques conflictuels menant soit à un équilibre des puissances soit à la guerre.

3.1.2.2 Quelles sont les unités de base de ce champ ? Quelle est la nature de ces unités et quelles en sont les propriétés ?

- Unités : les États souverains/les grandes puissances.
- Nature et propriétés : acteur rationnel (calculateur des coûts/bénéfices, buts/moyens) ; égoïste en quête de puissance (*power-maximizing*) (**Morgenthau**) ; obsédé par sa survie (**Aron**).

3.1.2.3 Quelle est la dynamique de l'action réciproque de ces unités ?

- **Morgenthau** : dynamique conflictuelle. Les rapports mènent soit à la guerre soit à un équilibre des puissances.
- **Aron** : chacun pour soi ; système hétérogène (le dilemme de la sécurité) et système homogène (la coopération est possible).

3.1.3 Individualiste ou holiste ?

- **Morgenthau** : individualiste. La nature de l'État étant le prolongement de la nature humaine, c'est la nature de l'État (l'unité) qui façonne les rapports internationaux (le système). La construction des alliances ou d'un équilibre des puissances dépend de la puissance respective de chacun des États en interaction.
- **Aron** : holiste. La logique du système détermine la nature des rapports interétatiques ainsi que la marge de manœuvre dont dispose chaque État.

3.1.4 Agence/structure

- **Morgenthau** : l'agence. La nature et l'action des acteurs (l'agent) sont à l'origine de la nature anarchique du système international.
- **Aron** : la structure. Les effets structurants du système international sur les acteurs.

3.2 Cohérence épistémologique

3.2.1 Explicative ou constitutive ?

Explicative. Il y a cependant une démarche explicitement interprétative tant chez Morgenthau que chez Aron.

3.2.2 Fondationnaliste ou antifondationnaliste ?

Fondationnaliste. **Morgenthau** : « les lois objectives qui ont leurs racines dans la nature humaine » ; **Aron** : l'histoire « jusqu'à présent ».

3.2.3 Niveau d'analyse – « première image » (les acteurs individuels), « deuxième image » (l'État) ou « troisième image » (le système) ?

- **Morgenthau** : « deuxième image » (l'État).
- **Aron** : « troisième image » (le système).

- **Schweller** : *mid-range theory* (théorie de portée moyenne) (une synthèse des trois images).

3.2.4 Preuve ou mode de démonstration ?

- **Morgenthau** : invoque « les faits » du monde « réel » interprétés à travers une vision de la nature humaine telle que décrite par la tradition philosophique occidentale conservatrice (en opposition à la tradition philosophique qui prétend que la nature de l'homme est bonne ou perfectible).

- **Aron** : invoque l'histoire « jusqu'à présent ».

- **Les autres réalistes** : analyse le monde dit « réel » (empirisme).

3.2.5. Méthodologie et cadre de référence

L'analyse (interprétative) de l'histoire diplomatique et militaire de l'Europe entre 1648 et 1945. Études de cas.

3.3 La normativité (qui paie les coûts – prévus, imprévus et cachés – de la construction ?)

3.3.1 Implicite, explicite ou à problématiser ?

Explicite en ce qui concerne la question de l'éthique de la politique internationale (la prudence) et quant à la nécessité d'établir un équilibre des puissances.

Implicite quant aux conséquences de la définition négative de la paix : l'absence de guerres entre les grandes puissances ainsi que le maintien du *statu quo* accordent une légitimité à la gamme d'intérêts socio-économiques qui sous-tend l'ordre (international et interne) existant.

Non problématisée : il n'est même jamais question de problématiser la normativité.

3.3.2 Quelle(s) valeur(s) ?

Celles des classes politiques et militaires dominantes des grandes puissances.

3.3.3 Qui compose la communauté ? Quels acteurs, quel(s) type(s) de comportement ?

La communauté est constituée des grandes puissances et de leur classe politico-militaire ; le jeu de la puissance et le respect de la stabilité internationale.

3.3.4 La méthode de qui ? Pluralisme théorique ou théorie en tant que parti unique ?

Celle prônée par les experts de l'appareil bureaucratique et intellectuel lié à la politique étrangère et à la sécurité nationale.

3.3.5 *Statu quo*, ouverte au changement ou en faveur d'une transformation ?

Statu quo : le maintien de la stabilité du système international est *la* valeur principale à défendre.

3.3.6 Effets disciplinaires ?

La délégitimation d'autres approches ; elles sont dites « utopiques » (elles ne correspondent pas aux « faits » du « monde réel »), ou non scientifiques.

4. L'assemblage des éléments – la synergie théorique

Aucun réaliste ne s'interroge sur le bien-fondé des prémisses ontologiques et épistémologiques de son approche. Considérées comme des postulats de base (*hard core assumptions*), toutes les prémisses du réalisme sont tenues pour acquises et données pour « vraies ».

2. Le néoréalisme

1. Le projet intellectuel (la fonction et la forme)

1.1 L'objet d'analyse

Les effets structurants de l'anarchie internationale (**Waltz**) ; l'anarchie et la lutte pour la puissance (**Mearsheimer**).

1.2 Le programme de recherche

Les capacités relatives des grandes puissances ; la configuration des rapports de force ; les rapports entre les grandes puissances ; les alliances.

1.3 Le cadre conceptuel

Voir *Concepts clés du néoréalisme* aux pages 112-113.

1.4 Le(s) thèse(s) principale(s)

- **Waltz** : dans le contexte du système international anarchique – dont la logique oblige chaque État à veiller sur sa propre sécurité (le dilemme de la sécurité) –, une configuration bipolaire des rapports de force est garante d'une meilleure stabilité qu'une configuration multipolaire. Bien que la logique de l'anarchie tende à établir un équilibre des puissances entre les États les plus importants, cette logique va également rendre la guerre « normale » sinon « inévitable ».

- **Gilpin** : rien d'important n'a changé depuis Thucydide. La nature cyclique de l'histoire entraîne l'éclatement d'une guerre hégémonique tous les 50 ans.

- Le **réalisme offensif** (**Mearsheimer**) : la logique du système anarchique force chaque État à maximiser sa puissance afin d'assurer plus adéquatement sa survie dans un monde en constante concurrence pour obtenir plus de sécurité (la puissance relative). Les grandes puissances cherchent constamment à devancer leurs concurrents et même à poursuivre le but ultime, c'est-à-dire l'atteinte d'une position hégémonique

- Le **réalisme défensif** (**Walt**) : les États ne cherchent pas tant à maximiser leur puissance qu'à acquérir tout juste suffisamment de puissance relative pour assurer leur survie. Un excès de puissance ou une politique hégémoniste serait puni par la logique structurelle du système et entraînerait le *balancing*, c'est-à-dire la formation d'une alliance d'États contre celui jugé trop puissant. Les rapports des grandes puissances depuis la fin de la guerre froide sont plutot basés sur « l'équilibrage indirect » (*soft balancing).*

2. Le contexte de l'émergence et de l'évolution de l'approche (les conditions géologiques du terrain)

2.1 La conjoncture historique

Le déclin de l'hégémonie américaine (l'échec du système de Bretton Woods ; la guerre du Viêt-nam ; les percées de la gauche en Europe de l'Ouest, en Afrique et en Amérique latine, la révolution iranienne).

2.2 Le contexte intellectuel

2.2.1 Racines

- **Waltz** : le réalisme classique, la théorie micro-économique.
- **Gilpin** : Thucydide, Kindleberger.

2.2.2 Débats et réseaux

Les reculs successifs du réalisme classique devant a) le béhavioralisme des années 1960 ; b) le transnationalisme ; c) la théorie de la dépendance et la théorie du système-monde.

3. L'intégrité théorique interne (cohérence et intégrité des fondements et des aspects porteurs de la charge structurelle)

3.1. Cohérence ontologique

3.1.1. Fondements ontologiques de la science sociale : matérialiste ou idéaliste ?

Matérialiste.

3.1.2 L'ontologie en tant que champ conceptuel

    3.1.2.1 En quoi consistent les relations internationales?

    Rapports interétatiques conflictuels menant soit à un équilibre des puissances soit à la guerre.

    3.1.2.2 Quelles sont les unités de base de ce champ? Quelle est la nature de ces unités et quelles en sont les propriétés?

- Unités: les États souverains/les grandes puissances, qui sont tous fonctionnellement semblables et se distinguent surtout en termes de capacités (militaires).
- Nature et propriétés: **Waltz**: acteur rationnel (calculateur des coûts/bénéfices, buts/moyens), égoïste, obsédé par sa survie et, surtout, par son positionnement relatif; **Mearsheimer**: tout État veut devenir la grande puissance dominante.

    3.1.2.3 Quelle est la dynamique de l'action réciproque de ces unités?

    Waltz: conflictuelle, *self-help*, dilemme de la sécurité, rapports conduisant soit à un équilibre des puissances soit à la guerre. **Mearsheimer**: le jeu pour l'hégémonie (plus régional que mondial). La montée d'une nouvelle puissance représente une menace pour la puissance dominante et risque de provoquer une guerre. **Walt**: l'unipolarité de l'époque post-guerre froide conduit à une forme d'équilibrage indirect *(soft balancing)* plutôt que direct *(hard balancing)*.

3.1.3 Individualiste ou holiste?

Confusion: individualiste quant aux *origines* de la structure anarchique du système international («de la coaction des unités semblables émerge une structure»), mais aussi holiste quant au fonctionnement de l'anarchie et de la dynamique de la politique internationale («les créateurs [de la structure anarchique] deviennent les créatures»).

3.1.4 Agence/structure

Structuraliste: les effets structurants de l'anarchie sont les éléments déterminants dans le fonctionnement de la politique internationale. La nature anarchique du système et la propension au «chacun pour soi» *(self-help)* obligent chaque État à maximiser sa puissance relative.

3.2 Cohérence épistémologique

    3.2.1 Explicative ou constitutive?

    Explicative: une théorie générale de la politique internationale dont les buts sont d'expliquer et de prédire.

    3.2.2 Fondationnaliste ou antifondationnaliste?

    Fondationnaliste: toute explication se fonde sur la logique implacable de l'anarchie.

    3.2.3 Niveau d'analyse: «première image» (les acteurs individuels), «deuxième image» (l'État) ou «troisième image» (le système)?

    Seule la théorie de la troisième image est considérée comme valable et scientifique.

    3.2.4 Preuve ou mode de démonstration?

    L'abstraction rationaliste greffée à un mode de démonstration empiriste.

    3.2.5 Méthodologie et cadre de référence

    Rationaliste (l'abstraction), mais positiviste pour ce qui est de son mode de démonstration. Prétention à la neutralité et à l'abstraction pure, mais toute théorie se fond sur l'histoire des rapports diplomatiques et militaires des grandes puissances.

3.3 La normativité (qui paie les coûts – prévus, imprévus et cachés – de la construction?)

    3.3.1 Implicite, explicite ou à problématiser?

    Implicite, rien n'est problématisé.

    3.3.2 Quelle(s) valeur(s)?

    Celles des classes politiques des grandes puissances.

3.3.3   Qui compose la communauté ? Quels acteurs, quel(s) type(s) de comportement ?

La communauté est constituée des grandes puissances et de leur classe politico-militaire ; le jeu de la puissance et le respect de la stabilité internationale.

3.3.4   La méthode de qui ? Pluralisme théorique ou théorie en tant que parti unique

Celle prônée par les experts de l'appareil bureaucratique et intellectuel lié à la politique étrangère et de sécurité.

3.3.5   *Statu quo,* ouverte au changement ou en faveur d'une transformation ?

Le maintien absolu du *statu quo,* l'*impossibilité* du changement de système (**Waltz**) ; rien d'important n'a changé depuis Thucydide (**Gilpin**).

3.3.6   Effets disciplinaires ?

La délégitimation de toute approche autre que rationaliste.

4.   L'assemblage des éléments – la synergie théorique

- Double confusion ontologique :

  - L'abstrait devient réel (l'anarchie « n'existe pas », mais les États sont en mesure de percevoir « ses effets »),

  - Après avoir créé un système international anarchique, les États deviennent prisonniers des effets structurants de l'anarchie (« les créateurs deviennent les créatures ») ;

- Confusion épistémologique :

  - Waltz plaide la nécessité de « tester » empiriquement un modèle qui – insiste-t-il – « n'existe pas » et qui est « empiriquement faux ». Son modèle rationaliste repose sur un mode de démonstration (méthodologie) positiviste et empiriste.

3. Le réalisme néoclassique

1. Le projet intellectuel (la fonction et la forme)

1.1 L'objet d'analyse

La lutte pour la puissance et pour la paix telle qu'elle est véhiculée à travers la politique étrangère des grandes puissances.

1.2 Le programme de recherche

Les façons selon lesquelles les «pressions systèmiques» de la logique de l'anarchie se traduisent à travers la variable de la politique interne de chaque État

1.3 Le cadre conceptuel

Voir *Concepts clés du réalisme néoclassique* à la page 130.

1.4 Le(s) thèse(s) principale(s)

Il faut greffer à la logique de l'anarchie du système international une analyse plus rigoureuse de la façon dont les États perçoivent leur puissance respective ainsi qu'un examen en profondeur du rôle que joue le leadership politique : «les pressions systèmiques [la logique de l'anarchie] sont filtrées à travers des variables intermédiaires internes pour produire des comportements de politique étrangère» (Schweller, 2006 : 6)

2. Le contexte de l'émergence et de l'évolution de l'approche (les conditions géologiques du terrain)

2.1 La conjoncture historique

La fin de la guerre froide, et l'échec que celle-ci représentait pour les modèles d'explication et du réalisme classique et du néoréalisme.

2.2 Le contexte intellectuel

2.2.1 Racines

Les textes de base du réalisme classique et du néoréalisme.

2.2.2 Débats, réseaux

Le défi du libéralisme et du constructivisme, et les tentatives de renouveler le réalisme après la guerre froide, l'insatisfaction à l'égard de l'ultra-structuralisme néoréaliste.

3. L'intégrité théorique interne (cohérence et intégrité des fondements et des aspects porteurs de la charge structurelle)

3.1 Cohérence ontologique

3.1.1 Fondements ontologiques de la science sociale : matérialiste ou idéaliste ?

Matérialiste dans un double sens : a) la logique de l'anarchie («les pressions systèmiques») exerce des contraintes réelles, contraintes qui ne sont pas construites ; b) la nature humaine oblige la quête de la puissance.

3.1.2 L'ontologie en tant que champ conceptuel

3.1.2.1 En quoi consistent les relations internationales ?

La politique internationale consiste en des rapports fondamentalement conflictuels entre les groupes politiquement organisés, et la puissance est le trait essentiel qui règle leurs rapports.

3.1.2.2 Quelles sont les unités de base de ce champ ? Quelle est la nature de ces unités et quelles en sont les propriétés ?

- Unités : les groupes politiquement organisés (essentiellement, mais pas exclusivement, les États et surtout les grandes puissances).

- Nature et propriétés : les États choisissent les stratégies et les tactiques qu'ils jugent nécessaires pour assurer leur survie. Ces choix sont issus des luttes politiques internes, des identités collectives et surtout des perceptions des décideurs quant à la puissance relative de leur État par rapport à d'autres États.

3.1.2.3 Quelle est la dynamique de l'action réciproque de ces unités ?

- En tant que « condition permissive, plutôt que force causale indépendante » (Taliaferro *et al.*, 2009 : 7), l'anarchie façonne le contexte à l'intérieur duquel se déroulent les rapports entre les États.

3.1.3 Individualiste ou holiste ?

- Tout en essayant d'intégrer les deux, on privilégie l'individualisme (le processus décisionnel particulier à chaque État)

3.1.4 Agence/structure

- Les agents (États/décideurs) disposent de la capacité de choisir comment réagir face aux effets contraignants de l'anarchie (structure), mais ils ne peuvent pas échapper à ces effets.

3.2 Cohérence épistémologique

3.2.1 Explicative ou constitutive ?

La nature éclectique de l'épistémologie du réalisme néoclassique contient des éléments constitutifs, mais tend plutôt vers l'explication de la politique étrangère basée sur un positivisme « mou ». Études de cas.

3.2.2 Fondationnaliste ou antifondationnaliste ?

Fondationnaliste. On prétend tester les hypothèses de façon empirique.

3.2.3 Niveau d'analyse – Il s'agit d'une approche qui se qualifie comme étant *mid-range theory* (théorie de portée moyenne — une synthèse des trois images) afin d'expliquer le comportement d'un État (deuxième niveau).

3.2.4 Preuve ou mode de démonstration ?

Hypothético-déductive.

3.2.5. Méthodologie et cadre de référence

Analyse plutôt empiriste des politiques étrangères des grandes puissances. On cherche « à tester la puissance explicative relative du réalisme néoclassique et des hypothèse alternatives contre les preuves empiriques » (Taliaferro, 2009 : 21).

3.3 La normativité (qui paie les coûts – prévus, imprévus et cachés – de la construction ?)

3.3.1 Implicite, explicite ou à problématiser ?

Explicite en termes de leur éthique internationale conséquentialiste et de la primauté des liens identitaires (le « tribalisme » selon Sterling-Folker, 2004a, 2004b, 2009a) et leur opposition à l'universalisme libéral.

Implicite en ce qui concerne leur pessimisme affiché — on « demande pourquoi les choses restent telles quelles, pourquoi les guerres et les conflits persisteront et pourquoi la lutte pour le pouvoir et le prestige continuera ? » (Schweller, 209 : 248)

Non problématisée : plusieurs prétendent que leur approche est dépourvue du contenu normatif,

3.3.2 Quelle(s) valeur(s) ?

Celles des classes politiques et militaires dominantes des grandes puissances et des identités hégémoniques.

3.3.3 Qui compose la communauté ? Quels acteurs, quel(s) type(s) de comportement ?

La communauté est constituée des décideurs politiques et de leur classe politico-militaire ; le jeu de la puissance et le respect de la stabilité internationale.

3.3.4 La méthode de qui ? Pluralisme théorique ou théorie en tant que parti unique ?

Celle prônée par les experts de l'appareil bureaucratique et intellectuel lié à la politique étrangère et à la sécurité nationale.

3.3.5 *Statu quo*, ouverte au changement ou en faveur d'une transformation ?

Statu quo : le changement est vu comme presque impossible

3.3.6 Effets disciplinaires?

Quelques néoréalistes classiques, comme Sterling-Folker, privilégient la dialogue avec d'autres approches, d'autres, comme Schweller, essaient de les délégitimer en tant qu'«idéalistes» voire «utopiques».

4. L'assemblage des éléments – la synergie théorique

Peu de réalistes néoclassiques s'interrogent sur le bien-fondé des prémisses ontologiques et épistémologiques de leurs approches. Considérées comme des postulats de base (*hard core assumptions*), toutes les prémisses de leur version du réalisme sont tenues pour acquises.

4. Le libéralisme classique

1. Le projet intellectuel (la fonction et la forme)

1.1 L'objet d'analyse

Les modalités, les pratiques et les comportements qui génèrent toute forme de coopération internationale et qui tendent à diminuer la fréquence des guerres.

1.2 Le programme de recherche

Le rôle des normes internationales, des institutions internationales, du commerce international, du droit international ainsi que des différentes formes de construction du pouvoir étatique dans la réduction et la gestion des conflits internationaux ; la possibilité de la mise en place d'un ordre international fondé sur la sécurité collective.

1.3 Le cadre conceptuel

Voir *Concepts clés du libéralisme* à la page 151.

1.4 Le(s) thèse(s) principale(s)

La nature des États et leur politique interne sont les principaux éléments qui façonnent leur comportement en politique internationale. Selon les variantes du libéralisme, la possibilité de paix internationale dépendrait de la constitution démocratique des États (thèse de la paix démocratique) ; de la primauté du droit international ; du libre-échange entre économies nationales (libéralisme commercial) ; et du rôle des institutions internationales dans le règlement pacifique des différends (l'institutionnalisme).

2. Le contexte de l'émergence et de l'évolution de l'approche (les conditions géologiques du terrain)

2.1 La conjoncture historique

La Première Guerre mondiale ; la Société des Nations ; la mise en place de l'architecture multilatérale après 1945 (l'ONU et les institutions du système de Bretton Woods) ; le fonctionnement de l'OTAN ; le Traité de Rome et l'élargissement du Marché commun européen (l'absence de la guerre en Europe occidentale depuis 1945) ; l'incapacité du réalisme à prédire la fin de la guerre froide ; la montée de l'Union européenne en tant que forme d'organisation supranationale d'États libéraux.

2.2 Le contexte intellectuel

2.2.1 Racines

Locke, Grotius, Montesquieu, Smith, Kant, Bentham, Cobden, Mill, Wilson.

2.2.2 Débats et réseaux

Rejet de la *realpolitik* ; la nécessité de la coopération internationale pour prévenir la guerre nucléaire et assurer la croissance économique.

3. L'intégrité théorique interne (cohérence et intégrité des fondements et des aspects porteurs de la charge structurelle)

3.1 Cohérence ontologique

3.1.1 Fondements ontologiques de la science sociale : matérialiste ou idéaliste ?

Un mélange des deux. Matérialiste en ce qui a trait à la conception de la nature humaine et aux contraintes de l'anarchie ; idéaliste dans son insistance sur la primauté de l'idée de liberté et la primauté des droits humains.

3.1.2 L'ontologie en tant que champ conceptuel

3.1.2.1 En quoi consistent les relations internationales ?

Rapports interétatiques conflictuels dans un système anarchique, rapports qui masquent une communauté humaine sous-jacente.

549

3.1.2.2 Quelles sont les unités de base de ce champ? Quelle est la nature de ces unités et quelles en sont les propriétés?

Partant du principe de la prédominance de l'individu comme sujet des relations internationales, on pose une pluralité d'acteurs: États, institutions, individus.

3.1.2.3 Quelle est la dynamique de l'action réciproque de ces unités?

À la fois conflictuelle et coopérative.

3.1.3 Individualiste ou holiste?

Principalement individualiste. La nature respective des États (forme de gouvernement et construction du pouvoir) façonne la structure du système et le mode et la forme des rapports internationaux.

3.1.4 Agence/structure

La question n'est pas posée ouvertement. La tendance est de privilégier l'agence, tout en reconnaissant les contraintes structurelles.

3.2 Cohérence épistémologique

3.2.1 Explicative ou constitutive?

On tend à admettre l'idée que la théorie devrait expliquer et prédire. Cependant, certains libéraux insistent sur le rôle que tiennent les valeurs partagées dans le maintien de la paix.

3.2.2 Fondationnaliste ou antifondationnaliste?

En mariant l'idée de la nécessité de la « science » et la démonstration empirique, on est alors enclin à donner raison au fondationnalisme.

3.2.3 Niveau d'analyse: « première image » (les acteurs individuels), « deuxième image » (l'État) ou « troisième image » (le système)?

Principalement « deuxième image »: le rôle central de la construction étatique dans le fonctionnement de la politique internationale.

3.2.4 Preuve ou mode de démonstration?

Études empiriques de la coopération internationale.

3.2.5 Méthodologie et cadre de référence

On privilégie « la méthode scientifique » (le positivisme), et l'étude des rapports internationaux en Europe et Amérique de Nord.

3.3. La normativité (qui paie les coûts – prévus, imprévus et cachés – de la construction?)

3.3.1 Implicite, explicite ou à problématiser?

Explicite, mais non problématisée. On tient pour acquis que les valeurs libérales sont universelles.

3.3.2 Quelle(s) valeur(s)?

Celles des élites libérales en Occident.

3.3.3 Qui compose la communauté? Quels acteurs, quel(s) type(s) de comportement?

Les individus (surtout « l'homme économique ») des sociétés capitalistes dont la forme de gouvernement repose sur la démocratie représentative. Les économies industrialisées et relativement riches.

3.3.4 La méthode de qui? Pluralisme théorique ou théorie en tant que parti unique?

La méthode de ceux qui affirment l'existence d'une science unique.

3.3.5 *Statu quo*, ouverte au changement ou en faveur d'une transformation?

Ouverte au changement pour ce qui est de la distribution du pouvoir politique, *mais* exclusivement dans les limites du système économique capitaliste mondial. Position réformiste et antirévolutionnaire.

3.3.6 Effets disciplinaires ?

Le libéralisme prône le pluralisme. Néanmoins, on le présente plutôt comme faisant partie d'un couple « légitime », réalisme/libéralisme. Scepticisme affiché quant à la légitimité « scientifique » des approches critiques.

4. **L'assemblage des éléments – la synergie théorique**

- Une prétention universaliste (affirmée bien que jamais démontrée) qui cache un ethnocentrisme occidental.
- Conception téléologique de l'Histoire (le libéralisme incarne « la fin de l'Histoire »).
- Écart entre la prétention à la « scientificité » et le recours à des méthodes interprétatives.

5. L'institutionnalisme néolibéral

1. **Le projet intellectuel (la fonction et la forme)**

   1.1 L'objet d'analyse

   Les effets structurants de l'anarchie, le rôle des institutions internationales.

   1.2 Le programme de recherche

   L'analyse des régimes internationaux, des institutions internationales, des organisations internationales et des normes internationales dans le maintien de la paix et dans le règlement coopératif des intérêts en conflit ; le poids respectif des règles et de la puissance dans la conduite de la politique internationale.

   1.3 Le cadre conceptuel

   Voir *Concepts clés du néolibéralisme* à la page 176.

   1.4 Le(s) thèse(s) principale(s)

   Dans un contexte anarchique – dont la logique oblige chaque État à veiller sur sa propre sécurité (le dilemme de la sécurité) –, les États apprennent que la gestion des conflits à travers la coopération coûte moins cher que la guerre. Ainsi, la logique de l'anarchie conduit aussi bien à la coopération internationale qu'à la guerre (les États tendent à chercher des gains absolus plutôt que des gains relatifs). Cette impulsion systémique à la coopération confère aux institutions internationales un statut singulier et un rôle clé dans le déroulement des rapports interétatiques.

2. **Le contexte de l'émergence et de l'évolution de l'approche (les conditions géologiques du terrain)**

   2.1 La conjoncture historique

   Le déclin de l'hégémonie américaine : l'échec du système de Bretton Woods, la guerre du Viêt-nam, les percées de la gauche en Europe de l'Ouest, en Afrique et en Amérique latine, la révolution iranienne, l'invasion soviétique en Afghanistan, le deuxième choc pétrolier à la suite de la révolution iranienne, l'échec de la politique étrangère axée sur les droits de l'Homme du président américain Jimmy Carter, la politique d'affrontement de son successeur, Ronald Reagan.

   2.2 Le contexte intellectuel

      2.2.1 Racines

      Le néofonctionnalisme (**Haas**), la variante institutionnaliste du libéralisme classique, le transnationalisme (**Keohane** et **Nye**), la théorie micro-économique et la théorie des jeux.

      2.2.2 Débats et réseaux

      Le recul du transnationalisme devant la force explicative du néoréalisme waltzien, de l'économie politique internationale néoréaliste (**Gilpin** et **Kindleberger**) et de la définition néogramscienne de l'hégémonie (**Cox**).

3. **L'intégrité théorique interne (cohérence et intégrité des fondements et des aspects porteurs de la charge structurelle)**

   3.1 Cohérence ontologique

      3.1.1 Fondements ontologiques de la science sociale : matérialiste ou idéaliste ?

      Matérialiste.

      3.1.2 L'ontologie en tant que champ conceptuel

         3.1.2.1 En quoi consistent les relations internationales ?

         Rapports étatiques conflictuels menant à la coopération internationale (celle-ci considérée comme un mode de gestion des conflits internationaux plutôt qu'une voie vers l'harmonie internationale).

         3.1.2.2 Quelles sont les unités de base de ce champ ? Quelle est la nature de ces unités et quelles en sont les propriétés ?

           • Unités : les États souverains ainsi que les institutions internationales.

- Nature et propriétés des unités: l'acteur rationnel (calculateur des coûts/bénéfices, buts/moyens), égoïste, obsédé tant par la poursuite de la richesse que par sa survie, en quête de gains absolus plutôt que relatifs. L'acteur est capable de changer son comportement en se basant sur son apprentissage (*learning*).

3.1.2.3 Quelle est la dynamique de l'action réciproque de ces unités?

Conflictuelle, *self-help*. Cependant, la logique de l'anarchie (le calcul de l'acteur rationnel) peut mener tant à la coopération qu'à la guerre.

3.1.3 Individualiste ou holiste?

Ambigu: on prône l'holisme, toutefois Keohane insiste sur la nécessité d'ouvrir «la boîte noire» de l'État.

3.1.4 Agence/structure

Structuraliste: mais tout en admettant que l'apprentissage peut amener les acteurs à modifier leurs comportements et même à accepter de limiter leur souveraineté respective, le néolibéralisme ouvre la porte à l'agence.

3.2 Cohérence épistémologique

3.2.1 Explicative ou constitutive?

Explicative: l'institutionnalisme néolibéral se veut une théorie générale de la politique internationale, mais accorde un rôle décisif – bien que caché – à l'interprétation et à l'intersubjectivité («les toiles de signification» de Keohane).

3.2.2 Fondationnaliste ou antifondationnaliste?

Fondationnaliste: leur modèle rationaliste repose sur la démonstration empirique de la «vérité».

3.2.3 Niveau d'analyse: «première image» (les acteurs individuels), «deuxième image» (l'État) ou «troisième image» (le système)?

Troisième image.

3.2.4 Preuve ou mode de démonstration?

L'abstraction (capacité explicative et prédictive), le dilemme du prisonnier (jeux itératifs), le mode de démonstration positiviste, tout cela mêlé à un fort dosage d'interprétation et d'intersubjectivité (apprentissage).

3.2.5 Méthodologie et cadre de référence

Positiviste.

3.3 La normativité (qui paie les coûts – prévus, imprévus et cachés – de la construction?)

3.3.1 Implicite, explicite ou à problématiser?

Le modèle du dilemme du prisonnier se targue d'être au-delà de la normativité. Celle-ci n'est donc pas problématisée. Cependant, le néolibéralisme ne cache pas ses préférences pour la coopération et l'institutionnalisation des rapports étatiques.

3.3.2 Quelle(s) valeur(s)?

Celles des classes politiques et commerciales des grandes puissances.

3.3.3 Qui compose la communauté? Quels acteurs, quel(s) type(s) de comportement?

La communauté est constituée des grandes puissances, de leur classe dominante et des grandes institutions internationales; le jeu de la puissance et du commerce international et le respect de la stabilité politique et commerciale internationale.

553

3.3.4 La méthode de qui? Pluralisme théorique ou théorie en tant que parti unique?

Celle prônée par les experts de l'appareil bureaucratique et intellectuel lié à la politique étrangère et commerciale.

3.3.5 *Statu quo,* ouverte au changement ou en faveur d'une transformation?

Statu quo. La coopération maintient la stabilité internationale et permet d'éviter la guerre. Mais en admettant que la logique de l'anarchie puisse mener l'acteur rationnel à changer son comportement stratégique, le néolibéralisme s'ouvre au changement.

3.3.6 Effets disciplinaires?

La délégitimation de toute approche autre que rationaliste, considérée comme «non testable», si ce n'est même «hors du champ de la science sociale».

4. **L'assemblage des éléments – la synergie théorique**

- Double confusion ontologique:
- l'abstrait devient réel (façon waltzienne),
- écart entre le modèle de l'acteur rationnel et le rôle explicatif central joué par l'intersubjectivité («les toiles de signification» de Keohane);
- Confusion épistémologique:
- à l'instar de Waltz, les néolibéraux insistent sur la nécessité de «tester» empiriquement un modèle «qui n'existe pas». Leur modèle rationaliste repose sur un mode de démonstration (méthodologie) positiviste et empiriste.

6. La théorie marxiste

1. **Le projet intellectuel (la fonction et la forme)**

   1.1 L'objet d'analyse

   Les forces profondes qui sous-tendent le politique mondiale et l'émergence du capital monopolistique, c'est-à-dire l'impérialisme.

   1.2 Le programme de recherche

   Le degré de monopolisation du capitalisme, le taux de profit, l'exportation des capitaux, les politiques expansionnistes et hégémonistes des grandes puissances.

   1.3 Le cadre conceptuel

   Voir *Concepts clés du marxisme* aux pages 218-219.

   1.4 Le(s) thèse(s) principale(s)

   - **Léniniste** : la baisse tendancielle du taux du profit oblige l'exportation des capitaux, ce qui donne lieu à une concurrence impitoyable entre les puissances capitalistes pour accaparer des colonies (la quête des « superprofits » ou l'impérialisme). Deux conséquences principales : la création d'une aristocratie du travail au sein du prolétariat dans les pays avancés, et la montée des tensions entre les États capitalistes jusqu'à l'éclatement de guerres impérialistes (intercapitalistes).
   - **Doctrine Jdhanov** : la nature expansionniste et agressive de l'impérialisme rend inévitable une guerre entre le système capitaliste et le système socialiste.
   - **Doctrine maoïste des « trois mondes »** : l'URSS étant devenue une puissance de type « social-impérialiste », la plupart des États du monde se trouvaient coincés entre deux projets « hégémonistes », dirigés respectivement par l'Union soviétique et les États-Unis.
   - **Théorie de la dépendance** : l'émergence du capitalisme en Occident à partir du XVIᵉ siècle s'est faite à travers l'implantation systématique du sous-développement en Amérique latine, en Afrique et en Asie. Une véritable chaîne hiérarchique d'exploitation impérialiste tire les surplus du Tiers monde vers la métropole.
   - **Théorie du « système-monde »** : le capitalisme a émergé en tant qu'« économie-monde » non pas en raison d'une simple logique économique, mais parce que poussé et animé par la concurrence entre les grandes puissances européennes où la puissance joue un rôle prépondérant. Les principaux clivages du système-monde ne sont ni de classes ni étatiques ; ils sont plutôt établis par la division internationale du travail économique entre les États capitalistes du centre, de la semi-périphérie et de la périphérie.

2. **Le contexte de l'émergence et de l'évolution de l'approche (les conditions géologiques du terrain)**

   2.1 La conjoncture historique

   - **Léniniste** : la guerre sud-africaine (anglo-boer) ; la course aux armements au début du XXᵉ siècle ; la Première Guerre mondiale ; l'échec de la Deuxième Internationale socialiste et l'acte de « trahison » de 1914.
   - **Doctrine Jdhanov** : la montée de l'URSS au cours de la Deuxième Guerre mondiale ; la doctrine Truman (l'endiguement du communisme) et le monopole américain de l'arme nucléaire jusqu'en 1949.
   - **Doctrine maoïste des « trois mondes »** : la rupture sino-soviétique de 1960, les conflits armés dans le Tiers monde.
   - **Théorie de la dépendance et théorie du « système-monde »** : la crise au sein des mouvements communistes à compter de 1956 (dénonciation des crimes de Staline par Khrouchtchev, invasion soviétique de la Hongrie) ; la révolution cubaine ; l'échec économique des pays nouvellement souverains ; les mouvements de contestation « soixante-huitards ».

   2.2 Le contexte intellectuel

   2.2.1 Racines

   Léniniste : Marx, Hobson, Hilferding, Luxemburg, Boukharine.

555

Annexe 6   La théorie marxiste

Théorie de la dépendance : Prebisch, Baran.

Théorie du «système-monde» : Braudel et l'École des Annales.

2.2.2 Débats et réseaux

Léniniste : Hobson sur la guerre anglo-boer en Afrique du Sud ; les débats au sein de la Deuxième Internationale au sujet de l'impérialisme (Hilferding, Luxembourg, Boukharine et Kautsky), les débats plus restreints au sein de réseaux marxistes qui dénonçaient l'appui que les partis socialistes européens ont donné à la guerre de 1914-1918.

Théorie de la dépendance et théorie du «système-monde» : les débats au sein de la nouvelle gauche formée en rupture avec les partis communistes après les événements de 1956 en Hongrie.

3. L'intégrité théorique interne (cohérence et intégrité des fondements et des aspects porteurs de la charge structurelle)

3.1 Cohérence ontologique

3.1.1 Fondements ontologiques de la science sociale : matérialiste ou idéaliste ?

Matérialiste. La logique de l'accumulation du capital et l'existence objective de la lutte des classes en tant que moteur de l'histoire.

3.1.2 L'ontologie en tant que champ conceptuel

3.1.2.1 En quoi consistent les relations internationales ?

On déplace la question des relations internationales vers celle de l'accumulation du capital à l'échelle mondiale et de la lutte des classes, luttes à travers lesquelles se réalise le processus d'accumulation.

3.1.2.2 Quelles sont les unités de base de ce champ ? Quelle est la nature de ces unités et quelles en sont les propriétés ?

Deux classes principales : bourgeoisie et prolétariat. La première cherche à maximiser son profit par l'exploitation du prolétariat. La seconde cherche à résister à l'exploitation et à renverser le capitalisme par la révolution. La bourgeoisie se fonde à l'intérieur de la nation, tandis que le prolétariat est, par sa nature, une classe internationale et internationaliste. Les politiques des grandes puissances ne sont que le prolongement des intérêts de classe de leur bourgeoisie nationale respective.

3.1.2.3 Quelle est la dynamique de l'action réciproque de ces unités ?

Dynamique qui prend la forme d'une lutte à finir. Les intérêts de chaque classe s'excluent mutuellement.

3.1.3 Individualiste ou holiste ?

Holiste : le point de départ de toute analyse est de déterminer comment la totalité est configurée et quelles sont ses tendances.

3.1.4 Agence/structure

Co-détermination, mais la logique du raisonnement est clairement structuraliste.

3.2 Cohérence épistémologique

3.2.1 Explicative ou constitutive ?

Explicative : on prétend établir les lois objectives de l'histoire humaine.

3.2.2 Fondationnaliste ou antifondationnaliste ?

Fondationnaliste : le matérialisme historique se prend pour *la* science de toute société.

3.2.3 Niveau d'analyse : «première image» (les acteurs individuels), «deuxième image» (l'État) ou «troisième image» (le système) ?

Les trois images en action réciproque.

3.2.4 Preuve ou mode de démonstration ?

Analyse dialectique et historique de l'action réciproque de la logique d'accumulation du capital et la lutte des classes. Certains se limitent à citer les écrits de Marx et de Lénine en guise de démonstration.

3.2.5 Méthodologie et cadre de référence

- **Léniniste** : analyse dialectique de l'histoire de l'émergence du capitalisme en Europe.

- **Théorie de la dépendance et théorie du « système-monde »** : l'impact de l'émergence du capitalisme sur les autres régions du monde.

3.3 La normativité (qui paie les coûts – prévus, imprévus et cachés – de la construction ?)

3.3.1 Implicite, explicite ou à problématiser ?

La plus explicite de toutes les théories : son but est de transformer le monde.

3.3.2 Quelle(s) valeur(s) ?

Celles des intellectuels qui se donnent le droit de parler au nom des opprimés et des exploités, présumant du vécu des marginalisés et des exploités.

3.3.3 Qui compose la communauté ? Quels acteurs, quel(s) type(s) de comportement ?

Les opprimés et exploités (**léniniste** : le prolétariat international ; **maoïste** : le prolétariat et la paysannerie ; **théorie de la dépendance** : les « pays prolétaires » ; **théorie du « système monde »** : les pays périphériques et semi-périphériques) ; la politique révolutionnaire.

3.3.4 La méthode de qui ? Pluralisme théorique ou théorie en tant que parti unique ?

Une méthode qui valorise la perspective des opprimés et des exploités. Le marxisme prétend être l'unique approche scientifique.

3.3.5 *Statu quo,* ouverte au changement ou en faveur d'une transformation ?

Prône la transformation révolutionnaire.

3.3.6 Effets disciplinaires ?

La délégitimation de toute approche qui ne parle pas au nom des « damnés de la terre », dès lors étiquetée « théorie bourgeoise ».

4. L'assemblage des éléments – la synergie théorique

- Le déterminisme économique explique tous les comportements sociaux.

- Discours militariste qui mène au sectarisme.

7. L'École anglaise

1. Le projet intellectuel (la fonction et la forme)

1.1 L'objet d'analyse

Le poids d'un système anarchique d'États par rapport aux autres formes d'organisation politique ayant existé, notamment celles partageant une homogénéité culturelle.

1.2 Le programme de recherche

L'analyse historique de l'origine, de l'évolution et de l'expansion des sociétés internationales, en particulier de la société internationale moderne ; l'examen de la variation entre les codes communs de différentes sociétés internationales ; l'exploration de la logique de l'équilibre des puissances.

1.3 Le cadre conceptuel

Voir *Concepts clés de l'École anglaise* à la page 241.

1.4 Le(s) thèse(s) principale(s)

L'importance de la société internationale. Les relations internationales consistent en des interactions à trois niveaux distincts : le système international (un système anarchique d'États), la société internationale (une société d'États basée sur les valeurs et les intérêts partagés) et la société mondiale (composée des individus de l'ensemble de la planète). Les sociétés internationales se fondent toujours soit sur les valeurs communes, soit sur les normes et les intérêts communs.

1.4.1 Les variantes de l'approche

Pluralistes, solidaristes et *révolutionnistes.* Ces trois courants s'opposent sur quatre enjeux : la nécessité qu'une culture commune sous-tende la société internationale, les interventions humanitaires, la possibilité de réconcilier ordre et justice, la forme de droit sur laquelle doivent être érigées les institutions internationales (voir le tableau 11.1, p. 237).

2. Le contexte de l'émergence et de l'évolution de l'approche (les conditions géologiques du terrain)

2.1 La conjoncture historique

La guerre froide ; l'effritement des empires coloniaux européens ; l'hégémonie des États-Unis après 1945 et son déclin relatif à partir des années 1970.

2.2 Le contexte intellectuel

2.2.1 Racines

Locke, Vattel, Grotius, Kant.

2.2.2 Débats et réseaux

Rejet du positivisme et surtout du béhavioralisme en Relations internationales. Critique du caractère unidimensionnel du réalisme. L'histoire diplomatique et le droit international.

3. L'intégrité théorique interne (cohérence et intégrité des fondements et des aspects porteurs de la charge structurelle)

3.1 Cohérence ontologique

3.1.1 Fondements ontologiques de la science sociale : matérialiste ou idéaliste ?

Principalement idéaliste. Refus de traiter les systèmes internationaux comme des phénomènes naturels. La société internationale est conçue comme étant forgée par les valeurs partagées par les acteurs.

3.1.2 L'ontologie en tant que champ conceptuel

3.1.2.1 En quoi consistent les relations internationales ?

Coexistence (ou articulation) entre système international (politique de puissance entre les États), société internationale (institutionnalisation d'identités partagées entre les États) et société mondiale (les individus, les organisations non gouvernementales et la population globale). Ces trois niveaux se superposent sans nulle vision cohérente de leur articulation.

3.1.2.2 Quelles sont les unités de base de ce champ ? Quelle est la nature de ces unités et quelles en sont les propriétés ?

- Unités : États, institutions, normes, individus (diplomates).

- Nature et propriétés : **tendance pluraliste**, États égoïstes ; **tendance solidariste**, les États sont aptes à reconnaître leurs intérêts communs ; **tendance révolutionniste**, l'État vs l'humanité (la société mondiale).

3.1.3 Quelle est la dynamique de l'action réciproque de ces unités ?

Varie selon le niveau : conflictuelle au sein du système international ; intersubjective dans la société internationale ; encore non précisée pour la société mondiale.

3.1.4 Individualiste ou holiste ?

Principalement holiste. On cherche à identifier les structures internationales.

3.1.5 Agence/structure

Les structures priment sur les agents, mais on impute tout de même une capacité d'action à l'agence (États et diplomates), que ce soit pour fonder, modifier, voire changer la structure.

3.2 Cohérence épistémologique

3.2.1 Explicative ou constitutive ?

Antipositiviste (Bull vs Kaplan), plutôt constitutive (on plaide pour une compréhension interprétative des relations internationales). Recours également aux méthodes non interprétatives.

3.2.2 Fondationnaliste ou antifondationnaliste ?

Sa vision téléologique de l'histoire tend vers le fondationnalisme.

3.2.3 Niveau d'analyse – « première image » (les acteurs individuels), « deuxième image » (l'État) ou « troisième image » (le système) ?

Les trois images, mais aucune tentative de s'interroger sur leur articulation.

3.2.4 Preuve ou mode de démonstration ?

Études historiques comparatives.

3.2.5 Méthodologie et cadre de référence

Pluraliste (l'histoire diplomatique européenne) et multidisciplinaire.

3.3 La normativité (qui paie les coûts – prévus, imprévus et cachés – de la construction ?)

3.3.1 Implicite, explicite ou à problématiser ?

Explicite, mais non problématisée. Les auteurs s'intéressent à l'éthique appliquée. La société internationale est conçue comme une structure normative, socialement construite et historiquement contingente.

3.3.2 Quelle(s) valeur(s) ?

Celles des classes politiques des États les plus puissants. Vision assez eurocentriste ; Wight affiche explicitement une vision éthique chrétienne. Cependant, l'École anglaise est divisée sur maints aspects normatifs, dont la question des interventions humanitaires (les *pluralistes* y voient une menace à la souveraineté des États ; les *solidaristes* et les *révolutionnistes* sont en faveur).

559

3.3.3 Qui compose la communauté ? Quels acteurs, quel(s) type(s) de comportement ?

- **Pluralistes** : les États (essentiellement les plus puissants) et les institutions internationales dans le jeu de pouvoir et de la mise en place de normes qui façonnent la société internationale.

- **Solidaristes** : les États, les institutions internationales, les individus.

- **Révolutionnistes** : les États, les institutions internationales, les individus et l'humanité.

3.3.4   La méthode de qui? Pluralisme théorique ou théorie en tant que parti unique?

Le pluralisme méthodologique.

3.3.5   *Statu quo*, ouverte au changement ou en faveur d'une transformation?

Principalement le *statu quo* (le courant *pluraliste* cherche à préserver l'ordre international), mais en insistant sur la nécessité d'historiciser les structures internationales, l'approche admet que le changement est inscrit dans les relations internationales. Les *révolutionnistes* soulignent le potentiel émancipateur du concept de la société mondiale.

3.3.6   Effets disciplinaires?

On valorise le rôle direct du chercheur dans les débats sur l'éthique et la pratique des relations internationales.

4. L'assemblage des éléments – la synergie théorique

Deux faiblesses:

- Manque de clarté/cohérence quant à l'articulation entre les concepts de système international, de société internationale et de société mondiale.
- Manque de clarté sur la manière de combiner leur approche interprétative et les éléments (surtout chez Bull) explicatifs.

8. Le constructivisme

1. **Le projet intellectuel (la fonction et la forme)**

   1.1 L'objet d'analyse

   Le rôle des règles, des normes, des valeurs culturelles, des idéologies et des pratiques représentationnelles dans la composition (tant par la forme que par le fond) des relations internationales.

   1.2 Le programme de recherche

   Les significations et les perceptions partagées (*structures idéationnelles intersubjectives*) entre divers acteurs (ou sujets). Les transformations sur la scène internationale nées des changements des significations partagées entre les agents (acteurs) principaux.

   1.3 Le cadre conceptuel

   Voir *Concepts clés du constructivisme* aux pages 267-268.

   1.4 Le(s) thèse(s) principale(s)

   Tout aspect des relations internationales est façonné par l'interaction entre les pratiques représentationnelles à travers lesquelles les agents (acteurs) se dotent d'une image partagée de soi en fonction d'une image de l'« Autre ». L'analyse du processus de construction des *identités sociales* des acteurs (agents) de la politique mondiale est essentielle pour comprendre leurs intérêts et leurs actions.

   - **Variante conventionnelle** (**Wendt**) : « L'anarchie est ce que les États en font ». Trois formes différentes de l'anarchie (hobbesienne, lockienne et kantienne) façonnent les rapports entre les États.
   - **Variante axée sur les règles** (**Onuf**) : toute action et tout comportement se comprennent en fonction des règles et des pratiques linguistiques qui les sous-tendent.
   - **Variante critique** : les pratiques du savoir (modes de raisonnement) accordent une légitimité aux divers rôles de pouvoir (Weldes) et aux intérêts qui les sous-tendent (McSweeney).

2. **Le contexte de l'émergence et de l'évolution de l'approche (les conditions géologiques du terrain)**

   2.1 La conjoncture historique

   La fin de la « détente » et la période dite de la « guerre fraîche » (1980-1987) ; l'effritement du projet de société « libérale » aux États-Unis et la montée de la droite ; la fin de la guerre froide ; la consolidation de l'Union européenne.

   2.2 Le contexte intellectuel

   2.2.1 Racines

   - **Wendt** : Weber ; l'approche symbolique interactionnelle dans la sociologie américaine, la phénoménologie ; Kuhn, Bashkar, Giddens.
   - **Onuf et le constructivisme axé sur les règles** : Wittgenstein, Weber et Ayers.
   - **Constructivisme critique** : Wittgenstein, Weber, Habermas, Foucault.

   2.2.2 Débats et réseaux

   Les débats en philosophie et en sociologie du savoir issus de la théorie de Thomas Kuhn ; la théorie de la structuration de Giddens ; le « réalisme scientifique » de Bashkar ; l'avènement des approches critiques (la contribution de Cox et de Ashley) devant l'apparition du néoréalisme et l'émergence du débat néo-néo ; l'élaboration du côté « sociologique » du transnationalisme.

3. **L'intégrité théorique interne (cohérence et intégrité des fondements et des aspects porteurs de la charge structurelle)**

   3.1 Cohérence ontologique

   3.1.1 Fondements ontologiques de la science sociale : matérialiste ou idéaliste ?

   Idéaliste. Toutefois, Wendt insiste sur un matérialisme résiduel (*rump materialism*).

3.1.2 L'ontologie en tant que champ conceptuel

3.1.2.1 En quoi consistent les relations internationales?

Des pratiques intersubjectives, des structures idéationnelles, des normes et des règles, des pratiques représentationnelles.

3.1.2.2 Quelles sont les unités de base de ce champ? Quelle est la nature de ces unités et quelles en sont les propriétés?

- Unités: deux grandes catégories d'unités sont soumises à l'analyse: a) **les actes de langage, les normes et les règles** sont vus par la majorité des constructivistes comme les éléments de base qui, ensemble, constituent les relations internationales en tant que champ d'action; b) **les agents du savoir** dont la gamme va de l'individu jusqu'aux organisations internationales. Ce qui confère un statut d'«agent» à une personne ou à une instance est uniquement sa capacité d'exercer des pratiques du savoir.

- Nature et propriétés: à analyser empiriquement. Les trois types d'actes de langage – déclaratoire, directif et engageant – sont susceptibles d'entraîner la mise en place de règles équivalentes.

3.1.2.3 Quelle est la dynamique de l'action réciproque de ces unités?

Un processus continu qui peut conduire à la consolidation, au maintien, à la modification ou même à la transformation de la structure. La structure est toujours en processus et n'est qu'un ensemble de valeurs, de normes et de règles partagées. Le contenu et le fonctionnement de la structure sont *toujours* à analyser empiriquement.

3.1.3 Individualiste ou holiste?

Aucune présomption préalable, même si Wendt tend à privilégier l'holisme.

3.1.4 Agence/structure

Toute variante du constructivisme insiste sur la co-constitution de l'agent et de la structure. L'un est la condition d'existence de l'autre; ces deux éléments se déterminent mutuellement.

3.2 Cohérence épistémologique

3.2.1 Explicative ou constitutive?

Constitutive et explicitement interprétative.

3.2.2 Fondationnaliste ou antifondationnaliste?

Antifondationnaliste. Cependant, le «positivisme» affiché dans les récents travaux de Wendt courtise le fondationnalisme.

3.2.3 Niveau d'analyse: «première image» (acteurs individuels), «deuxième image» (l'État) ou «troisième image» (le système)?

Wendt insiste sur la «troisième image» et prône le structuralisme mais, en principe, le constructivisme ne se limite pas à une seule image.

3.2.4 Preuve ou mode de démonstration?

Interprétation des diverses formes du sens partagé (intersubjectivité).

3.2.5 Méthodologie et cadre de référence

L'analyse des jeux de langage et des pratiques représentationnelles. Aucun cadre de référence prédéterminé.

3.3 La normativité (qui paie les coûts – prévus, imprévus et cachés – de la construction?)

3.3.1 Implicite, explicite ou à problématiser?

Explicite et à problématiser. Le constructivisme est largement axé sur l'analyse de la normativité.

3.3.2 Quelle(s) valeur(s)?

Celles dont font preuve les agents qui sont l'objet d'étude; les valeurs qui façonnent les normes prévalentes.

3.3.3   Qui compose la communauté ? Quels acteurs, quel(s) type(s) de comportement ?

Les agents socialement dotés de l'autorité de prononcer des actes de langage ; tout comportement qui contribue à la construction du sens partagé.

3.3.4   La méthode de qui ? Pluralisme théorique ou théorie en tant que parti unique ?

Méthodologie pluraliste. L'objet principal d'analyse reste toujours le sens partagé.

3.3.5   *Statu quo*, ouverte au changement ou en faveur d'une transformation ?

Va d'un savoir ouvert au changement (Wendt) aux pratiques de savoir se voulant transformatives (Weldes et McSweeney).

3.3.6   Effets disciplinaires ?

Le pluralisme et l'ouverture méthodologique.

4.   L'assemblage des éléments – la synergie théorique

La plupart des constructivistes prônent la primauté de l'ontologie et ne s'interrogent pas sur leur épistémologie interprétative.

9. Le néogramscisme

1. Le projet intellectuel (la fonction et la forme)

1.1 L'objet d'analyse

- Les processus, les structures, les institutions, les dynamiques, les phénomènes, les théories et les concepts de la politique internationale et globale ainsi que de leurs conditions d'émergence historiques qui, ensemble, donnent au monde social l'apparence de permanence ; les relations entre les États, les relations sociales de production et les ordres mondiaux au sein d'une structure historique donnée ; les différents cycles hégémoniques depuis la révolution industrielle.

1.2 Le programme de recherche

- Les structures historiques ; analyse de l'hégémonie au sein d'un ordre mondial à partir des idées, des institutions et des capacités matérielles de diffuser les idées ; la manière dont des coalitions de forces transnationales forment des blocs historiques à travers lesquels le pouvoir d'un État dominant reproduit son pouvoir au sein d'une structure d'accumulation intra-étatique et mondiale.

1.3 Le cadre conceptuel

Voir *Concepts clés de la théorie néogramscienne* aux pages 289-291.

1.4 Le(s) thèse(s) principale(s)

- « Les institutions et les pratiques doivent ainsi être comprises à travers le changement des processus mentaux de ceux qui les construisent. Il y a, dans cette perspective, une identité du sujet et de l'objet. La réalité objective qui intéresse cette approche – l'État, les classes sociales, les groupes en conflit – [...] est constituée d'idées intersubjectives » (Cox dans Cox et Sinclair, 1996 : 52).

2. Le contexte de l'émergence et de l'évolution de l'approche (les conditions géologiques du terrain)

2.1 La conjoncture historique

- L'Eurocommunisme ; l'échec du système fordiste (keynésien) pendant les années 1970 ; l'internationalisation, voire la transnationalisation du capitalisme ; la remontée d'une vision économique néolibérale ultraconservatrice ; les efforts des Thatcher et Reagan pour démanteler l'État-providence en Occident et de faire obstacle au projet d'un Nouvel ordre économique international (NOEI) lancé par le Groupe des 77 (coalition d'États du Tiers monde).

2.2 Le contexte intellectuel

2.2.1 Racines

Gramsci

2.2.2 Débats et réseaux

- Les débats au sein de la « nouvelle gauche » marxiste dans les années 1960 et 1970 et surtout les discussions autour des « grands classiques », qui avaient été négligés pendant l'ère stalinienne (Boukharine, Luxemburg et Gramsci).

3. L'intégrité théorique interne (cohérence et intégrité des fondements et des aspects porteurs de la charge structurelle)

3.1 Cohérence ontologique

3.1.1 Fondements ontologiques de la science sociale : matérialiste ou idéaliste ?

- Dualisme entre le monde naturel et le monde social. On prône le matérialisme historique tout en admettant que le monde est socialement construit par l'intersubjectivité des forces matérielles.

3.1.2 L'ontologie en tant que champ conceptuel

3.1.2.1 En quoi consistent les relations internationales ?

- Les diverses structures historiques consistent en l'action réciproque des forces sociales, des formes de l'État et des ordres mondiaux.

3.1.2.2 Quelles sont les unités de base de ce champ ? Quelle est la nature de ces unités et quelles en sont les propriétés ?

- Classes et forces sociales (nationales et transnationales), blocs historiques, institutions, organisations, idées, États. Idéologies, théories.

3.1.2.3 Quelle est la dynamique de l'action réciproque de ces unités?

L'action réciproque des forces sociales, des idées, des institutions et des capacités matérielles façonne l'ordre mondial chacun des trois composants de la structure historique.

3.1.3 Individualiste ou holiste?

Holisme nuancé par une analyse de la spécificité de chaque cas historique.

3.1.4 Agence/structure

Co-constitution, vue d'un angle relationel.

3.2 Cohérence épistémologique

3.2.1 Explicative ou constitutive?

Ambigue. On insiste sur le matérialisme historique (épistémologie explicative), mais on souligne la construction sociale de la réalité en fonction des idées propagées par un bloc hégémonique.

3.2.2 Fondationnaliste ou antifondationnaliste?

Principalement fondationnaliste.

3.2.3 Niveau d'analyse: «première image» (les acteurs individuels), «deuxième image» (l'État) ou «troisième image» (le système)?

Le niveau global c'est le point de départ, mais on insiste sur la nécessité d'une analyse qui intègre tous les niveaux d'analyse.

3.2.4 Preuve ou mode de démonstration?

Explications multicausales (surdéterminées) comprenant le rôle des idées, des capacités matérielles et des institutions dans le façonnement de chacun des trois composants des structures historiques (forces sociales, formes de l'État et ordre mondial).

3.2.5 Méthodologie et cadre de référence

Analyse dialectique de tous les niveaux d'analyse.

3.3 La normativité (qui paie les coûts – prévus, imprévus et cachés – de construction?)

3.3.1 Implicite, explicite ou à problématiser?

Explicite. On insiste sur la nécessité de problématiser la normativité de la théorie. Le but de la théorie doit être de transformer les sujets dominés en sujets autonomes.

3.3.2 Quelle(s) valeur(s)?

On critique les valeurs véhiculées par les approches dominantes (réalisme, néoréalisme, libéralisme) comme autant d'instruments d'oppression pour la majeure partie de l'humanité. Les néogramsciens s'identifient aux exclus, aux exploités et aux marginalisés.

3.3.3 Qui compose la communauté? quels acteurs, quel(s) type(s) de comportement?

Les opprimés et les dominés. Les comportements contre-hégémoniques qui favorisent la mise en place d'un nouveau bloc historique plus représentatif des intérêts de l'ensemble de l'humanité.

3.3.4 La méthode de qui? Pluralisme théorique ou théorie en tant que parti unique?

La nécessité d'une attitude critique plaide, en soi, en faveur d'une approche pluraliste.

3.3.5 *Statu quo*, ouverte au changement ou en faveur d'une transformation?

On prône la transformation du système actuel, qualifié d'oppressif et d'exploiteur.

3.3.6 Effets disciplinaires?

Le refus de la notion de «vérité» et la nécessité d'une analyse critique de la discipline elle-même.

4. L'assemblage des éléments – la synergie théorique

On n'a jamais pu expliquer comment il est possible de réconcilier, d'un côté, un monde que l'on dit socialement construit par l'intersubjectivité et, de l'autre, la prétention d'appliquer l'épistémologie du matérialisme historique.

10. La Théorie critique

1. **Le projet intellectuel (la fonction et la forme)**

   1.1 L'objet d'analyse

   L'ensemble des enjeux relatifs à la construction d'une communauté humaine. Analyser et critiquer les principes, les valeurs et les normes incarnés dans les pratiques juridiques, politiques et culturelles de l'ordre existant afin de mesurer l'écart entre, d'une part, ces principes, ces valeurs et ces normes et, d'autre part, l'ordre existant, cela dans le but d'ouvrir des pistes «émancipatrices» (la critique immanente).

   1.2 Le programme de recherche

   Relever, au sein de l'ordre globalisé, les contradictions qui offrent des possibilités d'action pour transcender les pathologies et les formes de domination et d'exclusion inhérentes à cet ordre. Repérer les structures sociales (y compris les modes de penser) qui empêchent la construction d'une communauté mondiale démocratique et pacifique.

   Analyser comment les formes d'exclusion et de domination émergent du modèle de communauté imposé par l'État souverain. Repenser la communauté politique. Critiquer toute notion qui rend l'identité dépendante d'un espace (national, communautaire) exclusif. Identifier les tendances dans l'ordre mondial actuel qui visent à limiter la participation, de même que les tendances qui se prêtent à un élargissement de l'espace public et à la mise en place d'une communication dialogique.

   1.3 Le cadre conceptuel

   Voir *Concepts clés de la Théorie critique* aux pages 313-314.

   1.4 Le(s) thèse(s) principale(s)

   Toute théorie est forcément imprégnée de valeurs, de normes et de conséquences politiques, ce qui devrait amener les théoriciens à reconnaître que d'autres visions du monde sont aussi valables que la leur. La réification de l'État dans la plupart des théories des relations internationales est une des clés de voûte pour le maintien des rapports de domination et d'exclusion. La possibilité de l'émancipation humaine repose sur l'effritement de la souveraineté exclusive de l'État en tant qu'entité morale.

2. **Le contexte de l'émergence et de l'évolution de l'approche (les conditions géologiques du terrain)**

   2.1 La conjoncture historique

   Le gel théorique au sein du marxisme orthodoxe à partir des années 1920; la montée du fascisme; la Deuxième Guerre mondiale; la guerre froide; la montée et l'échec de la «nouvelle gauche»; le projet de construction de l'Union européenne.

   2.2 Le contexte intellectuel

   2.2.1 Racines

   Kant, Hegel, Marx, Lukács, Korsch, Horkheimer, Adorno, Marcuse, Benjamin, Habermas.

   2.2.2 Débats et réseaux

   L'émergence d'un marxisme néo-hégélien (Lukács, Korsch) au début des années 1930; les débats au sein de l'École de Francfort et ceux de la «nouvelle gauche» dans les années 1950-1970.

3. **L'intégrité théorique interne (cohérence et intégrité des fondements et des aspects porteurs de la charge structurelle)**

   3.1 Cohérence ontologique

   3.1.1 Fondements ontologiques de la science sociale : matérialiste ou idéaliste ?

   Principalement idéaliste. Les êtres humains construisent les modes de domination et d'exclusion par leurs formes de penser. Les héritiers de l'École de Francfort semblent avoir totalement abandonné le matérialisme historique qui inspirait les fondateurs de cette approche.

3.1.2 L'ontologie en tant que champ conceptuel

    3.1.2.1 En quoi consistent les relations internationales ?

        Des structures de domination et d'exclusion – l'action réciproque de quatre «processus de rationalisation»: la construction de l'État, la concurrence géopolitique, l'industrialisation capitaliste et l'apprentissage morale-pratique (Linklater, 1998: 147-157).

    3.1.2.2 Quelles sont les unités de base de ce champ ? Quelle est la nature de ces unités et quelles en sont les propriétés ?

        Les pratiques culturelles liées aux identités infra-étatiques qui amènent à l'exclusion et à la marginalisation.

    3.1.2.3 Quelle est la dynamique de l'action réciproque de ces unités ?

        Une dynamique à double tendance: d'un côté, l'aspect principal circonscrit la communauté morale à la frontière étatique (tout en renforçant les pratiques d'exclusion et de marginalisation) et, de l'autre, des possibilités d'action se dessinent pour élargir cette communauté.

3.1.3 Individualiste ou holiste ?

    Principalement holiste. On cherche à découvrir les structures qui empêchent la réalisation de la liberté universelle.

3.1.4 Agence/structure

    Les effets des structures priment sur les agents, mais le sort des êtres humains demeure dans leurs propresmains – on cherche à valoriser l'agence.

3.2 Cohérence épistémologique

    3.2.1 Explicative ou constitutive ?

        On insiste sur les deux.

    3.2.2 Fondationnaliste ou antifondationnaliste ?

        Ambiguë: antifondationnaliste dans la critique de la raison instrumentale et de l'idée qu'aucun critère transcendant ou objectif ne fonde la connaissance; cependant, Habermas insiste sur le fait que toute prétention à la validité morale soit évaluée en fonction de la raison – une position fondationnaliste.

    3.2.3 Niveau d'analyse: «première image» (les acteurs individuels), «deuxième image» (l'État) ou «troisième image» (le système) ?

        Les trois images. L'École de Francfort a été fondée sur un projet multidisciplinaire qui visait tous les niveaux de la vie sociale.

    3.2.4 Preuve ou mode de démonstration ?

        L'intégration de la philosophie critique et de l'ensemble des sciences humaines dans une même analyse empirique et dialectique.

    3.2.5 Méthodologie et cadre de référence

        La critique immanente et dialectique.

3.3 La normativité (qui paie les coûts – prévus, imprévus et cachés – de construction ?)

    3.3.1 Implicite, explicite ou à problématiser ?

        Explicitement «utopiste» et problématisée. L'étude des relations internationales devrait être axée sur une politique «émancipatrice». Le but de la critique est la transformation: la théorie doit viser la mise en place d'un ordre rationnel, juste et démocratique à l'échelle mondiale.

    3.3.2 Quelle(s) valeur(s) ?

        Celles de l'ensemble de l'humanité, surtout celles des dominés et des exclus. Une éthique discursive qui favorise un vrai dialogue sur la question de l'exercice planétaire du pouvoir et de l'autorité, auquel participent

– sur un pied d'égalité – les mouvements sociaux, les acteurs non étatiques, les citoyens mondiaux, les États et les organisations internationales.

3.3.3 Qui compose la communauté ? Quels acteurs, quel(s) type(s) de comportement ?

L'humanité entière. On insiste sur une attitude *cosmopolitique*, c'est-à-dire que tout être humain – qu'il soit citoyen ou non citoyen d'un État – jouit des mêmes droits et des mêmes obligations, peu importe la juridiction étatique où il se trouve. Le projet « émancipateur » exige l'élargissement des frontières morales de toute communauté politique.

3.3.4 La méthode de qui ? Pluralisme théorique ou théorie en tant que parti unique ?

La critique de la raison instrumentale et l'insistance sur une critique immanente sont des méthodes réservées à ceux qui voient la nécessité de l'établissement de la liberté universelle. Le pluralisme est, en soi, une valeur à promouvoir, et ce, à tous les niveaux sociaux.

3.3.5 *Statu quo*, ouverte au changement ou en faveur d'une transformation ?

La transformation. Le but de la théorie est de servir d'instrument aux êtres humains pour leur permettre de s'émanciper de toutes les structures et les modes de penser menant à la domination et à l'exclusion sociales.

3.3.6 Effets disciplinaires ?

On valorise le rôle direct du chercheur dans les débats sur l'éthique et sur la pratique des relations internationales.

La notion de communication dialogique implique une ouverture maximale de la discipline.

4.   L'assemblage des éléments – la synergie théorique

- La préoccupation ontologique relative à l'élargissement des frontières étatiques comme mode principal de création d'un espace public tend à légitimer la nécessité des frontières ainsi que certains impératifs de la globalisation. Cela semble contredire le principe de l'émancipation de l'humanité défendu par cette approche.

- L'universalisme critique et la rationalité communicationnelle prônés par la Théorie critique semblent véhiculer deux préjugés occidentaux : la primauté de l'individu en tant qu'agent social, et une définition de la liberté axée sur l'individu, ce qui rend la Théorie critique moins apte à théoriser l'altérité.

- Difficulté d'identifier empiriquement des lieux publics d'échange et de dialogue qui correspondraient aux impératifs de la bonne communication habermassienne.

11. Le poststructuralisme

1. Le projet intellectuel (la fonction et la forme)

1.1 L'objet d'analyse

Le rôle du langage et des mots dans la construction discursive du «monde réel»; les rapports savoir-pouvoir; les dichotomies binaires qui sous-tendent le discours en Relations internationales; les voix oubliées et négligées par les relations savoir-pouvoir en politique internationale.

1.2 Le programme de recherche

Revisiter le canon des Relations internationales pour interroger les liens entre «les mots et les choses», surtout les dichotomies binaires qui sous-tendent le sens commun et l'expertise (interne/externe; souveraineté/anarchie; sécurité/insécurité; soi/l'Autre, etc.) et les exclusions qui en découlent; l'analyse de l'intertextualité des discours de «différance» (voir p. 354n7) dans la construction (le récit) du «réel»; enquêter sur le processus discursif de production du sujet humain; déconstruire les jeux de langage et, ainsi, déterminer comment le caractère non réflexif de la discipline des Relations internationales naturalise les rapports de pouvoir; l'interprétation des réalités plurielles présentées sous la forme de textes.

1.3 Le cadre conceptuel

Voir *Concepts clés du poststructuralisme* aux pages 336-338.

1.4 Le(s) thèse(s) principale(s)

La théorie *est* la pratique; toute réalité est construite par les textes et par la «performativité». La clé pour comprendre le pouvoir est de saisir comment le savoir permet la construction de la réalité. C'est par le discours que l'ordre mondial sera établi. Toute stabilisation (naturalisation) de la signification identitaire est arbitraire et artificielle; elle découle des stratégies discursives et repose sur les structures de savoir-pouvoir.

2. Le contexte de l'émergence et de l'évolution de l'approche (les conditions géologiques du terrain)

2.1 La conjoncture historique

L'épuisement de la gauche «soixante-huitarde»; les révélations sur le goulag soviétique; le terrorisme politique des années 1970 et 1980.

2.2 Le contexte intellectuel

2.2.1 Racines

Nietzsche, Heidegger, Husserl et la phénoménologie, Saussure.

2.2.2 Débats et réseaux

Les débats de la gauche française autour du marxisme structurel (Althusser et consorts); l'anthropologie structurelle (Lévi-Strauss) et les linguistes structurels (Saussure); le groupe dit des «nouveaux philosophes»; les débats avec l'École de Francfort (surtout Habermas); la critique du néoréalisme en Relations internationales.

3. L'intégrité théorique interne (cohérence et intégrité des fondements et des aspects porteurs de la charge structurelle)

3.1 Cohérence ontologique

3.1.1 Fondements ontologiques de la science sociale: matérialiste ou idéaliste?

Radicalement idéaliste. Il n'y a rien au-delà du texte ni au-delà du discours (même si on admet l'existence d'un monde matériel en dehors de notre pensée): la réalité n'est que «performée» discursivement.

3.1.2 L'ontologie en tant que champ conceptuel

3.1.2.1 En quoi consistent les relations internationales?

Les «performances» des jeux de savoir-pouvoir; les discours de «différance» (voir p. 354n7) en tant que matérialisation «performative»; le discours crée les conditions de la connaissance et forge un monde particulier; les modes de représentation «performatifs».

3.1.2.2 Quelles sont les unités de base de ce champ? Quelle est la nature de ces unités et quelles en sont les propriétés?

Le langage (qui est antérieur à notre connaissance du monde), tel qu'il opère dans les textes; le discours; la «performativité».

3.1.2.3 Quelle est la dynamique de l'action réciproque de ces unités?

Tant la discipline des Relations internationales que la politique internationale sont basées sur les métarécits qui représentent l'altérité d'une façon unique; toute la lecture d'un texte devient la signification de ce texte.

3.1.3 Individualiste ou holiste?

Holiste. La primauté des structures du langage.

3.1.4 Agence/structure

Structuraliste. Les sujets (décentrés) sont construits par les structures externes du langage, du savoir et du discours. La «mort» du sujet (le sujet est vu comme étant constitué par des conditions de langage extérieures à lui-même; il ne peut être rendu intelligible qu'en référence au contexte théorique qui le «performe»).

3.2 Cohérence épistémologique

3.2.1 Explicative ou constitutive?

Radicalement constitutive et autoréflexive.

3.2.2 Fondationnaliste ou antifondationnaliste?

Radicalement antifondationnaliste. Il n'y a pas de vérité, seulement des régimes concurrentiels de vérité; le caractère «situé» de la connaissance.

3.2.3 Niveau d'analyse: «première image» (les acteurs individuels), «deuxième image» (l'État) ou «troisième image» (le système)?

Troisième image. Le texte et le discours comme éléments structurants de toute réalité et donc de tout comportement humain.

3.2.4 Preuve ou mode de démonstration?

La déconstruction du lien entre la raison, le pouvoir et la critique est la clé qui révèle les vrais rapports de pouvoir.

3.2.5 Méthodologie et cadre de référence

L'analyse du discours et l'étude de textes s'appuient sur la double lecture, la généalogie et l'intertextualité.

3.3 La normativité (qui paie les coûts – prévus, imprévus et cachés – de construction?)

3.3.1 Implicite, explicite ou à problématiser?

Explicite et problématisée. En prônant la résistance critique, le poststructuralisme s'affiche comme *la* pensée de la dissidence en Relations internationales.

3.3.2 Quelle(s) valeur(s)?

Celles de toutes les formes de subjectivité écartées par les récits orthodoxes.

3.3.3 Qui compose la communauté? Quels acteurs, quel(s) type(s) de comportement?

Ceux qui sont bâillonnés (*silenced*) ou négligés ou marginalisés par les récits orthodoxes de la politique internationale. Toute forme de comportement qui conteste la vision de l'altérité véhiculée par les récits orthodoxes.

3.3.4 La méthode de qui? pluralisme théorique ou théorie en tant que parti unique?

En postulant que ce que nous savons et comment nous le savons dépend des structures de pouvoir sous-jacentes au discours, le «perspectivisme» du poststructuralisme est considéré comme la méthode des sujets négligés par le savoir-pouvoir incarné par les dichotomies binaires qui sous-tendent les approches et les récits orthodoxes.

3.3.5 *Statu quo*, ouverte au changement ou en faveur d'une transformation?

En cherchant à «défaire le sens», le poststructuralisme se dote d'un projet ouvertement subversif qui vise les formes du savoir et du pouvoir incarnées dans le discours des «experts».

3.3.6 Effets disciplinaires?

Le pluralisme et l'ouverture méthodologique.

4. L'assemblage des éléments – la synergie théorique

- Contradiction entre l'épistémologie et la normativité. Tout en voulant valoriser la voix des exclus et des marginalisés, le projet de subvertir le sens crée un langage postmoderne particulièrement (et délibérément) obscur, ce qui limite l'accessibilité à la pensée poststructuraliste. Seuls y ont accès les intellectuels rompus aux jeux du savoir-pouvoir. Cela se traduit donc par une autre forme d'exclusion des marginalisés.

- Le «discours» est tout à la fois un concept, la catégorie ontologique primordiale et «la réalité». Il s'agit ici d'un argument circulaire qui ne permet ni point d'entrée ni réfutation.

- Le danger du relativisme: toute interprétation, toute lecture d'un texte est valable.

- On critique le métarécit moderniste du progrès tout en le remplaçant par un autre métarécit: celui de la «différance».

12. Le féminisme

1. Le projet intellectuel (la fonction et la forme)

1.1 L'objet d'analyse

Les rapports de genre en tant que constructions sociales ; la dénaturalisation du pouvoir masculiniste et les hiérarchies basées sur le genre.

1.2 Le programme de recherche

Exposer comment la naturalisation de l'oppression des femmes sert de modèle à la dépolitisation de l'exploitation de manière plus générale. Les raisons pour lesquelles les approches orthodoxes rendent les femmes invisibles, et les conséquences qui en découlent.

1.3 Le cadre conceptuel

Voir *Concepts clés du féminisme* à la page 363-364.

1.4 Le(s) thèse(s) principale(s)

En tant que construction sociale, les rapports de genre ont des effets structurants sur les diverses sources du pouvoir dans l'organisation de l'ordre social et politique. Le pouvoir masculiniste et les hiérarchies sociales reposent sur la naturalisation de ces rapports. Le contrôle du corps de la femme devient crucial pour marquer les limites de la nation et assurer la pérennité de celle-ci. La domination des hommes sur les femmes, les inégalités dans les relations de genre et l'usage de moyens coercitifs sont partie intégrante de l'État moderne. Ces pratiques sont légitimées par l'État et directement liées à la formation et à la consolidation de celui-ci.

- **Féminisme libéral** : la femme est un individu rationnel égal à l'homme. L'exclusion des femmes de l'espace public entraîne un déséquilibre institutionnel ; et tout obstacle qui empêche l'accès des femmes aux mêmes droits et aux mêmes postes de pouvoir que ceux des hommes est à éliminer.

- **Féminisme matérialiste/marxiste/socialiste** : « le privé est politique », la sphère privée sous-tend la sphère publique en tant que sa condition d'existence ; la subordination sociale des femmes repose sur les rapports de production et de reproduction capitalistes, et le fondement de l'oppression des femmes s'appuie, pour l'essentiel, sur le contrôle que les hommes exercent sur le produit du travail des femmes à travers le patriarcat.

- **Féminisme *standpoint*** : la subjectivité marquée par le genre, c'est-à-dire que la construction sociale de la masculinité et de la féminité façonne des savoirs spécifiquement féminins et masculins (les femmes raisonnent et pensent différemment des hommes). Tout savoir reflète les intérêts et les valeurs de groupes sociaux particuliers. La construction de tout savoir est conditionnée par le contexte social, politique, idéologique et historique qui a cours au moment de sa production.

- **Féminisme postmoderne** : les structures discursives du savoir et du pouvoir marginalisent la voix des femmes, et façonnent le genre et le féminin. La naturalisation de la masculinité est la principale source du pouvoir et de la hiérarchisation de toute société. Le genre est un spectacle « performé » sur soi par les autres et « performé » sur les autres par soi-même.

- **Féminisme postcolonial** : le genre n'est jamais exempt des effets structurants du racisme, du colonialisme et du néocolonialisme. Le féminisme occidental fait preuve d'ethnocentrisme en négligeant les perspectives et les expériences des « femmes de couleur » en tant que charnière structurelle au sein de l'économie politique mondiale.

2. Le contexte de l'émergence et de l'évolution de l'approche (les conditions géologiques du terrain)

2.1 La conjoncture historique

Le phénomène de contestations culturelle, politique et sociale des années 1960 et l'éclatement de l'autorité traditionnelle en Occident.

2.2 Le contexte intellectuel

2.2.1 Racines

Wollonstonecraft, Mill (Harriet), Engels, de Beauvoir, Foucault, Derrida, Bhabha.

2.2.2   Débats et réseaux

Prolifération des analyses féministes à compter des années 1960, avènement des approches critiques et post-positivistes en Relations internationales (surtout l'approche postmoderne), la théorie postcoloniale en études littéraires.

3.   L'intégrité théorique interne (cohérence et intégrité des fondements et des aspects porteurs de la charge structurelle)

3.1   Cohérence ontologique

3.1.1   Fondements ontologiques de la science sociale : matérialiste ou idéaliste ?

Idéaliste.

3.1.2   L'ontologie en tant que champ conceptuel

3.1.2.1   En quoi consistent les relations internationales ?

Toute activité qui contribue à la naturalisation des rapports de genre et à la construction du pouvoir masculiniste.

3.1.2.2   Quelles sont les unités de base de ce champ ? Quelle est la nature de ces unités et quelles en sont les propriétés ?

• Unités : le genre et les dichotomies binaires sur lesquelles sa construction discursive repose (par exemple : la catégorie privée/dépendante/émotive de « femmes et enfants », opposée à l'« homme citoyen » public/indépendant/rationnel). Les groupes de femmes et de leurs expériences en tant que sujets des relations internationales.

• Nature et propriétés : issu de la construction sociale, le genre est à la base de tous les rapports de pouvoir et de hiérarchie.

3.1.2.3   Quelle est la dynamique de l'action réciproque de ces unités ?

Ces dichotomies binaires se constituent mutuellement et génèrent la naturalisation du pouvoir masculiniste.

3.1.3   Individualiste ou holiste ?

Holiste : on analyse les structures qui naturalisent les rapports de genre.

3.1.4   Agence/structure

Principalement structuraliste. L'action humaine est contrainte par la naturalisation des rapports de genre.

3.2   Cohérence épistémologique

3.2.1   Explicative ou constitutive ?

Constitutive.

3.2.2   Fondationnaliste ou antifondationnaliste ?

Les variantes du féminisme semblent être partagées sur cette question. Le féminisme libéral, le féminisme matérialiste et le féminisme *standpoint* sont plutôt fondationnalistes. Le féminisme postmoderne et le féminisme postcolonial sont antifondationnalistes.

3.2.3   Niveau d'analyse – « première image » (les acteurs individuels), « deuxième image » (l'État) ou « troisième image » (le système) ?

Les trois niveaux.

3.2.4   Preuve ou mode de démonstration ?

Les relations sociales comme porte d'entrée de la connaissance, on procède à la déconstruction de la « performativité » et du discours.

3.2.5   Méthodologie et cadre de référence

• **Postmoderne** : analyse du discours à travers la généalogie, la double lecture et l'intertextualité.

- **Standpoint**: analyse d'un nouveau «savoir féminin» dans lequel le «vécu féminin» serait à la base d'une épistémologie féministe.

3.3 La normativité (qui paie les coûts – prévus, imprévus et cachés – de la construction?)

    3.3.1 Implicite, explicite ou à problématiser?

    Explicite et problématisée.

    3.3.2 Quelle(s) valeur(s)?

    Celles des groupes de femmes marginalisées par les discours orthodoxes en Relations internationales.

    3.3.3 Qui compose la communauté? Quels acteurs, quel(s) type(s) de comportement?

    Les communautés opprimées par le discours masculiniste (la gamme complexe des communautés de femmes à l'échelle planétaire). Tout comportement qui valorise le rôle des femmes.

    3.3.4 La méthode de qui? pluralisme théorique ou théorie en tant que parti unique?

    Le point de vue des femmes, pour des femmes.

    3.3.5 *Statu quo,* ouverte au changement ou en faveur d'une transformation?

    Insistance sur la nécessité de transformer les rôles de genre.

    3.3.6 Effets disciplinaires?

    La contestation radicale des pratiques du savoir qui naturalisent les hiérarchies sociales conduit à une marginalisation disciplinaire de toutes les variantes du féminisme, à l'exception de la variante libérale.

4. L'assemblage des éléments – la synergie théorique

- Certaines variantes du féminisme prônent une ontologie essentialiste (soit le vécu de *la* femme, soit une notion transhistorique du patriarcat).

- La prétention d'avoir élaboré une épistémologie (ou des épistémologies) féministe(s).

13. La sociologie historique néowébérienne

1. Le projet intellectuel (la fonction et la forme)

1.1 L'objet d'analyse

Problématiser et historiciser la théorie des relations internationales en en soulignant les contextes, les processus historiques et les structures sous-jacentes qui ont façonné les institutions et les principales pratiques qui composent aujourd'hui les relations internationales et la discipline des Relations internationales.

1.2 Le programme de recherche

L'analyse de l'interaction entre les structures sociales et les actions des différentes formes d'agents sociaux (États, formations politiques, groupes sociaux, forces sociales, individus, etc.), et ce, dans divers temps et espaces historiques. L'émergence et la transformation de ces interactions historiques issues de la multiplicité des agents et des structures vus comme parties constituantes de la modernité (le système international, l'État, le capitalisme, la guerre, la science, etc.). La spécificité historique des différentes formes de ces agents et structures et leur co-constitution. L'interrogation de la relation entre l'interne et l'externe dans le façonnement historique de l'ordre mondial actuel. Les structures de classes ; les mouvements sociaux ; le nationalisme ; les révolutions ; la transformation de l'organisation sociale de la violence collective.

1.3 Le cadre conceptuel

Voir *Concepts clés de la sociologie historique néowébérienne* aux pages 400-401.

1.4 Le(s) thèse(s) principale(s)

Les structures, les institutions, les acteurs et les pratiques de la politique internationale qui semblent être « naturels » viennent des processus historiques de forces sociales complexes, contradictoires et contestées. Le résultat de ces processus n'a jamais été prédéterminé.

- **Première vague** : dans un contexte anarchique (modèle westphalien), la spécificité de l'État moderne en tant qu'agent (son autonomie relative) réside dans sa capacité (pouvoir) d'agir contre les contraintes provenant de sa propre société et en fonction des exigences de la logique anarchique externe.

- **Deuxième vague** : l'État moderne n'est pas une simple courroie de transmission des impératifs structurels du système anarchique. Il faut décortiquer l'État (rejet de la notion d'un acteur rationnel personnifié) en fonction des différentes sources de son pouvoir – tant à l'interne qu'à l'externe : idéologique, économique, militaire et politique. L'interne façonne l'externe et vice versa, conduisant ainsi à la re-théorisation de l'État.

2. Le contexte de l'émergence et de l'évolution de l'approche (les conditions géologiques du terrain)

2.1 La conjoncture historique

Les grands bouleversements politiques et culturels des années 1970 (défaite américaine en Indochine ; la fin des dictatures en Europe occidentale – Portugal, Grèce et Espagne —, en Afrique, en Amérique latine et en Asie ; l'échec du système de Bretton Woods ; les chocs pétroliers de 1973 et de 1979).

2.2 Le contexte intellectuel

2.2.1 Racines

Smith, Marx, Weber, Hintze, Braudel, Moore.

2.2.2 Débats et réseaux

- **Première vague** : le « virage sociologique » des années 1960 et 1970 ; la rupture avec la théorie système-monde et d'autres formes d'économicisme d'inspiration marxiste.

- **Deuxième vague** : l'attaque menée par les théories critiques contre les approches qui réifient l'État et le système international.

3. **L'intégrité théorique interne (cohérence et intégrité des fondements et des aspects porteurs de la charge structurelle)**

   3.1 Cohérence ontologique

      3.1.1 Fondements ontologiques de la science sociale : matérialiste ou idéaliste ?

          Idéaliste, dans le sens où la question de la construction de catégories d'analyse est posée.

      3.1.2 L'ontologie en tant que champ conceptuel

          3.1.2.1 En quoi consistent les relations internationales ?

              On souligne la nécessité de problématiser l'émergence de catégories ontologiques des Relations internationales.

              • **Première vague** : tendance à réifier l'État dans ses activités « externes », ce qui rapproche cette ontologie de celle du réalisme.

              • **Deuxième vague** : un processus historique de co-détermination des formations sociales, des formes de pouvoir et des systèmes internationaux.

          3.1.2.2 Quelles sont les unités de base de ce champ ? Quelle est la nature de ces unités et quelles en sont les propriétés ?

              Les forces sociales de divers types, qui changent à travers l'histoire.

              • **Première vague** : on accepte cependant le découpage de la réalité en sphères d'activité distinctes (politique, économique, sociale, internationale, etc.), en insistant sur l'autonomie du politique par rapport à l'économique. D'où cette tendance à la réification du système international en tant que modèle de compétition géopolitique « westphalien » (l'anarchie).

              • **Deuxième vague** : plusieurs sources de pouvoir et plusieurs agents faisant preuve d'une autonomie relative ; diverses dimensions spatiales imbriquées et interdépendantes.

          3.1.2.3 Quelle est la dynamique de l'action réciproque de ces unités ?

              • **Première vague** : on applique la présumée logique de l'anarchie à d'autres contextes sociohistoriques ; et la politique internationale est dépeinte comme une lutte entre élites politiques étatiques pour affirmer et défendre leur souveraineté auprès d'élites d'autres États.

              • **Deuxième vague** : la dynamique ne peut être prédéterminée, mais reste l'objet d'une analyse sociohistorique.

      3.1.3 Individualiste ou holiste ?

          • **Première vague** : principalement holiste.

          • **Deuxième vague** : de façon générale, on ne privilégie ni l'individualisme ni l'holisme.

      3.1.4 Agence/structure

          • **Première vague** : on accepte la logique structurelle du modèle westphalien de compétition géopolitique, c'est-à-dire la logique d'anarchie.

          • **Deuxième vague** : on analyse empiriquement la co-constitution d'agents et de structures.

   3.2 Cohérence épistémologique

      3.2.1 Explicative ou constitutive ?

          Explicative, tout en faisant état de la relation causale entre plusieurs variables. On fait cependant place à un élément constitutif tout en soulignant *comment* les processus historiques se sont déroulés.

      3.2.2 Fondationnaliste ou antifondationnaliste ?

          Principalement fondationnaliste. L'analyse historique révèle la nature de la réalité.

3.2.3 Niveau d'analyse : « première image » (les acteurs individuels), « deuxième image » (l'État) ou « troisième image » (le système) ?

- **Première vague** : analyse davantage axée sur la « troisième image » – comment l'externe façonne l'interne.

- **Deuxième vague** : la multicausalité entraîne l'imbrication des trois niveaux.

3.2.4 Preuve ou mode de démonstration ?

L'interrogation sociologique (quelles forces sociales ?) et historique (quel processus ?) de la construction des catégories d'analyse de la discipline des Relations internationales.

3.2.5 Méthodologie et cadre de référence

- **Première vague** : l'utilisation d'idéaux-types d'inspiration wébérienne compatibles avec une approche hypothético déductive.

- **Deuxième vague** : méthode comparative qui met l'accent sur la multicausalité.

3.3 La normativité (qui paie les coûts – prévus, imprévus et cachés – de construction ?)

3.3.1 Implicite, explicite ou à problématiser ?

Explicite, dans le sens où on souligne le rôle de la normativité et la nécessité de la problématiser.

3.3.2 Quelle(s) valeur(s) ?

On explore les valeurs portées par les forces sociales et les normes qui ont façonné la modernité. Même si la sociologie historique n'affiche pas ouvertement de valeurs, la problématisation sociologique et historique de toute catégorie d'analyse implique, en soi, une attitude potentiellement critique par rapport à l'ordre existant.

3.3.3 Qui compose la communauté ? Quels acteurs, quel(s) type(s) de comportement ?

- **Première vague** : les élites de diverses sphères d'activité (économique, politique, militaire, etc.) et les formes de comportement qui leur sont imposées par la présumée logique de leur sphère respective.

- **Deuxième vague** : toute force sociale qui détient le pouvoir d'agir sur d'autres.

3.3.4 La méthode de qui ? Pluralisme théorique ou théorie en tant que parti unique ?

Pluralisme sociologique et historique.

3.3.5 *Statu quo*, ouverte au changement ou en faveur d'une transformation ?

L'accent mis sur les périodes de rupture de même que la critique des approches qui tiennent pour acquis la continuité des structures des relations internationales ont pour effet de sensibiliser les chercheurs à la permanence du changement et des transformations.

3.3.6 Effets disciplinaires ?

Ouverture et questionnement.

4. L'assemblage des éléments – la synergie théorique

Les deux vagues font montre d'une certaine ambiguïté dans leur analyse. D'une part, elles cherchent à comprendre les processus et les structures des relations internationales dans leurs particularités historiques et, d'autre part, elles tentent d'élaborer une explication théorique généralisable de ces processus et structures.

- **Première vague** : la réification ontologique du politique, de l'international, de l'État est en contradiction avec la volonté d'analyser et de problématiser l'évolution sociohistorique des grandes structures et institutions des relations internationales.

- **Deuxième vague** : la notion d'autonomie des sources du pouvoir ne débarrasse pas l'approche d'un certain stato-centrisme, c'est-à-dire qu'on ne s'interroge toujours pas sur la structure hiérarchique des sociétés.

14. La sociologie historique néomarxiste

1. Le projet intellectuel (la fonction et la forme)

1.1 L'objet d'analyse

Des conditions historiques d'émergence des processus, structures et dynamiques de la politique internationale et mondiale. Problématiser et reconstruire les variations entre les formes d'État, les formes de souveraineté et les dynamiques géopolitiques à partir de l'étude des relations sociales de propriété.

1.2 Le programme de recherche

La chute des empires historiques ; l'émergence de la souveraineté territoriale moderne ; l'émergence du capitalisme ; la reconstruction des variations entre les formes d'État, les formes de souveraineté et les dynamiques géopolitiques à partir de l'étude des relations sociales de propriété. Identification des agents et des processus centraux qui permettent de contextualiser la rationalité propre à chaque système géopolitique et les conditions de leur possible transformation.

1.3 Le cadre conceptuel

Voir *Concepts clés de la sociologie historique néomarxiste* à la page 420.

1.4 Le(s) thèse(s) principale(s)

Les phénomènes, souvent décrits comme « nouveaux » ou « émergents » (p. ex.: la mondialisation), s'inscrivent dans les structures sociohistoriques profondes. Les diverses dynamiques géopolitiques ont leurs origines dans la forme historique respective qu'a prise l'institutionnalisation des relations sociales de propriété. Seule la prise en compte des régimes de propriété et de la forme historique concrète que prennent les relations de classes permet d'expliquer les variations qui surviennent au chapitre du développement étatique, de l'urbanisation, de la démographie, des dynamiques impérialistes, etc.

2. Le contexte de l'émergence et de l'évolution de l'approche (les conditions géologiques du terrain)

2.1 La conjoncture historique

La turbulence politique des années 1970 en Occident (voir l'annexe sur le néoréalisme, p. 543) ; la grande popularité de la théorie marxiste dans les milieux intellectuels occidentaux.

2.2 Le contexte intellectuel

2.2.1 Racines

Marx, Lénine, Trotsky, Braudel, Brenner.

2.2.2 Débats et réseaux

Le marxisme structurel d'Althusser ; la théorie de la dépendance ; la théorie du « système-monde » ; et le débat des historiens marxistes anglais et français au sujet de la transition du féodalisme au capitalisme.

3. L'intégrité théorique interne (cohérence et intégrité des fondements et des aspects porteurs de la charge structurelle)

3.1 Cohérence ontologique

3.1.1 Fondements ontologiques de la science sociale : matérialiste ou idéaliste ?

Dualisme entre le monde naturel et le monde social, ce dernier est conçu comme le produit des rapports de force historiques.

3.1.2 L'ontologie en tant que champ conceptuel

3.1.2.1 En quoi consistent les relations internationales ?

Les régimes de relations stratégiques et géopolitiques qui ont leurs origines dans les relations sociales de propriété.

3.1.2.2 Quelles sont les unités de base de ce champ ? Quelle est la nature de ces unités et quelles en sont les propriétés ?

Relations sociales de propriété.

3.1.2.3 Quelle est la dynamique de l'action réciproque de ces unités?

La rationalité sociale des acteurs (classes) en interaction réciproque et avec la nature façonne les variations dans les formes de pouvoir et de rapports géopolitiques.

3.1.3 Individualiste ou holiste?

Un holisme nuancé par une analyse de la spécificité de chaque cas historique.

3.1.4 Agence/structure

Co-constitution, vue d'un angle relationel.

3.2 Cohérence épistémologique

3.2.1 Explicative ou constitutive?

Explicative dans un double sens: a) certains (p. ex., Wood, 2003) prennent la notion de Marx de la « coercition extra-économique » comme une vérité établie qui explique l'émergence du capitalisme; b) on trace les processus historiques qui ont donné lieu aux formes de pouvoir et aux institutions qui dominent actuellement les rapports globaux.

3.2.2 Fondationnaliste ou antifondationnaliste?

Principalement fondationnaliste.

3.2.3 Niveau d'analyse: « première image » (les acteurs individuels), « deuxième image » (l'État) ou « troisième image » (le système)?

Première et seconde image. On demande comment les dynamiques et les structures géopolitiques tirent leurs origines des relations sociales particulières à chaque cas.

3.2.4 Preuve ou mode de démonstration?

La rationalité sociale des acteurs dans des relations sociales particulières.

3.2.5 Méthodologie et cadre de référence

Analyse comparative (synchronique et diachronique).

3.3 La normativité (qui paie les coûts – prévus, imprévus et cachés – de construction?)

3.3.1 Implicite, explicite ou à problématiser?

Explicite. On défend que la théorie oriente normativement l'analyse empirique et on insiste sur la nécessité de problématiser la normativité de toute théorie. Le but de la théorie doit être de transformer les sujets dominés en sujets autonomes.

3.3.2 Quelle(s) valeur(s)?

On critique les valeurs véhiculées par les approches dominantes (réalisme, néoréalisme, libéralisme) comme autant d'instruments d'oppression pour la majeure partie de l'humanité. Les néomarxistes s'identifient aux exclus, aux exploités et aux marginalisés.

3.3.3 Qui compose la communauté? quels acteurs, quel(s) type(s) de comportement?

Aspect moins détaillé de l'approche, mais on vise à transformer les sujets dominés en sujets autonomes.

3.3.4 La méthode de qui? Pluralisme théorique ou théorie en tant que parti unique?

La nécessité d'une attitude critique plaide, en soi, en faveur d'une approche pluraliste.

3.3.5 *Statu quo*, ouverte au changement ou en faveur d'une transformation?

Prône la transformation du système actuel, qualifié d'oppressif et d'exploiteur.

3.3.6 Effets disciplinaires?

Le refus de la notion de « vérité » et la nécessité d'une analyse critique de la discipline elle-même.

4. L'assemblage des éléments – la synergie théorique

Bien qu'ayant produit des études historiques qui ont enrichi notre connaissance du monde, la sociologie historique néomarxiste n'est toujours pas parvenue à une théorisations rigoureuse du champ des relations internationales; et certains auteurs s'appuient encore sur des aspects de l'œuvre de Marx pour asseoir l'objectivitié de leurs démarches.

Bibliographie

Abrahamsen, R., 1997, «The Victory of Popular Forces or Passive Revolution ? A Neo-Gramscian Perspective on Democratisation», *Journal of Modern African Studies*, 35, 1, 129-152.

Abrahamsen, R. et M. C. Williams, 2009, «Security Beyond the State : Global Security Assemblages in International Politics», *International Political Sociology*, 3, 1, p. 1-17.

Ackerly, B.A., 2008, «Feminist Methodological Reflection», dans A. Klotz et D. Prakash (dir.) 2008, *Qualitative Methods in International Relations : A Pluralist Guide*, Basingstoke : Palgrave Macmillan, p. 28-42.

Ackerly, B.A., M. Stern et J. True, 2006, *Feminist Methodologies for International Relations*, Cambridge / New York : Cambridge University Press

Ackerly, B. et J. True, 2008, «An Intersectional Analysis of International Relations : Recasting the Discipline», *Politics and Gender*, 4, 1, p. 156-173.

Adey, P., 2008, «Mobilities and Modulations : The Airport as a Difference Machine», dans M. B. Salter (dir), *Politics at the Airport*, Minneapolis : University of Minnesota Press.

Adey, P., 2010, *Aerial Life : Spaces, Mobilities, Affects*, Malden : Wiley-Blackwell.

Adler, E. et M. Barnett (dir.), 1998a, *Security Communities*, Cambridge : Cambridge University Press.

Adler, E. et M. Barnett, 1998b, «Security communities in theoretical perspective», dans E. Adler et M. Barnett (dir.), *Security Communities*, Cambridge : Cambridge University Press, p. 3-28.

Adler, E. et M. Barnett, 1998c, «A framework for the study of security communities», dans E. Adler et M. Barnett (dir.), *Security Communities*, Cambridge : Cambridge University Press, p. 29-65.

Adler, E. et P. M. Haas, 1992, «Conclusion : Epistemic Communities, World Order, and the Creation of a Reflexive Research Program», *International Organization*, 46, 1, p. 369-390.

Adler, E., 1997, «Seizing the Middle Ground : Constructivism in World Politics», *European Journal of International Relations*, 3, 3, p. 319-363.

Adler, E., 2002, «Constructivism and International Relations», dans W. Carlsnaës, T. Risse et B. A. Simmons (dir.), *Handbook of International Relations*, Londres : Sage Publications, p. 95-118.

Adler-Nissen, R., 2008, «The Diplomacy of Opting Out : A Bourdieusian Approach to National Integration Strategies», *Journal of Common Market Studies*, 46, 3, p. 663-684.

Adorno, T. W. et M. Horkeimer, 1974 [1947], *La Dialectique de la raison*, Paris : Gallimard, Adorno, T. W., 1980 [1951], *Minima Moralia. Réflexion sur la vie mutilée*, Paris : Payot.

Agamben, G., 1998, *Homo Sacer : Sovereign Power and Bare Life*, trad. par Daniel Heller-Roazen, Stanford : Stanford University Press.

Agamben, G., 2003, *État d'exception : Homo Sacer*, II, 1, trad. Par Joël Gayraud, Paris : Le Seuil.

Agathangelou, A. et L. H. M. Ling, 2004, «Power, Borders, Security, Wealth : Lessons of Violence and Desire from September 11», *International Studies Quarterly*, 48, 3, p. 518-538.

Agathangelou, A., 2002, «Sexing Globalization in International relations : Migrant Sex and Domestic Workers in Cyprus, Greece, and Turkey», dans G. Chowdry et S. Nair (dir.) *Power, Postcolonialism and International Relations : Reading Race, Gender and Class,* Routledge : Londres, p. 142-169.

Agathangelou, A. et L. H. M Ling, 2004, «Power, Borders, Security, Wealth : Lessons of Violence and Desire from September 11», *International Studies Quarterly*, 48, 3, p. 517-38.

Agathangelou, A. et L. H. M. Ling, 2003, «Desire Industries : Sex Trafficking, UN Peacekeeping, and the Neo-Liberal World Order», *Brown Journal of World Affairs*, 10, 1, p. 133-148.

Agathangelou, A. et L. H. M. Ling, 2009, *Transforming World Politics : From Empire to Multiple Worlds*, Londres et New York : Routledge.

Aglietta, M., 1976, *Régulation et crises du capitalisme*, Paris : Calmann-Lévy.

Agnew, J., 2004, «American Hegemony into American Empire ? Lessons from the Invasion of Iraq», *Antipode : A Radical Jounal of Geography* , 35, 5, p. 871-875.

Agnew, J., 2005, *Hegemony : The New Shape of Global Power*, Philadelphie : Temple University

Agnew, J. et S. Corbridge, 1995, *Mastering space : hegemony, territory and international political economy*, Londres / New York : Routledge Press.

Ahmad, A., 2004, «Imperialism of Our Time», dans L. Panitch et C. Leys (dir.), *Socialist Register 2004*, New York : Monthly Review Books, p. 43-62.

Alexander, M. J. et C. Talpade Mohanty (dir.), 1997, *Feminist Genealogies, Colonial Legacies, Democratic Futures*, New York / Londres : Routledge.

Alison, M., 2004, «Women as Agents of Political Violence : Gendering Security», *Security Dialogue*, 35, 4, p. 447-63.

Alison, M., 2009, «Women and Political Violence : Female Combatants in Ethno-National Conflict», New York et Londres : Routledge.

Allison, G. T. et P. Zelikow, 1999, *The Essence of Decision : Explaining the Cuban Missile Crisis*, 2ᵉ éd., New York : Addison Wesley Longman.

Bibliographie

Allison, G. T., 1969, « Conceptual Models and the Cuban Missile Crisis », *American Political Science Review*, 63, 3, p. 689-718.

Allison, G. T., 1971, *Essence of Decision : Explaining the Cuban Missile Crisis*, Boston : Little Brown.

Allison, G. T., 2000, « The Impact of Globalization on National and International Security », dans J. S. Nye Jr. et J. D. Donahue (dir.), *Governance in a Globalizing World*, Washington : Brookings Institution, p. 72-85.

Allott, P., 1990, *Eunomia : New Order for a New World*, Oxford : Oxford University Press.

Althusser, L., 1965, *Pour Marx*, Paris : La Découverte.

Althusser, L., 1974, *Éléments d'autocritique*, Paris : Hachette littérature.

Althusser, L., J. Rancière et P. Macherey, 1965, *Lire le Capital*, Paris : Maspero.

Amdur, R., 1977, « Rawls' Theory of Justice : Domestic and International Perspectives », *World Politics*, 29, 3, p. 438-461.

Amin, S., 1970, *L'accumulation à l'échelle mondiale ; critique de la théorie du sous-développement*, Dakar : IFAN.

Amin, S., 1973, *L'échange inégal et la loi de la valeur : la fin d'un débat*, Paris : Anthropos-IDEP.

Amin, S., 1986, *La déconnexion : pour sortir du système mondial*, Paris : La Découverte. Amoore, L., 2007, « Vigilant Visualities : The Watchful Politics of the War on Terror », *Security Dialogue*, 38, 2, p. 215-232.

Amoore, L. et M. de Goede, 2005, « Governance, Risk and Dataveillance in the War on Terror », *Crime, Law and Social Change*, 43, p. 149-173.

Amoore, L. et M. de Goede (dir.), 2008, *Risk and the War on Terror*, New York et Londres : Routledge.

Amsden, A., 1989, *Asia's Next Giant : South Korea and Late Industrialization*, New York : Oxford University Press.

Amselle, J., 2008, L'Occident décroché : enquête sur les postcolonialismes, Paris : Stock.

Andersen, L. E. et J. Aagaard, 2005, *In the Name of God*, Odense : University Press of Southern Denmark, 2005.

Anderson, B., 1991, *Imagined Communities : Reflections on the Origin and Spread of Nationalism*, éd. rév., Londres : Verso.

Anderson, P., 1976a, *Considerations of Western Marxism*, Londres : Verso.

Anderson, P., 1979, *Lineages of the Absolutist State*, Londres/New York : Verso.

Anderson, P., 1998, *The Origins of Postmodernity*, Londres/New York : Verso.

Anderson, P., 2002a, « Force and Consent – Aspects of US Hegemony », *New Left Review*, 17, p. 5-30.

Anderson, P., 2002b, « Internationalism : A Breviary », *New Left Review*, 14, p. 5-25.

Anderson, P., 2005, « Arms and Rights : Rawls, Habermas and Bobbio in an Age of War », *New Left Review*, 31, p. 5-40.

Andrews, C., P. Armstrong, H. Armstrong, W. Clement et L. F. Vosko, 2003, *Studies in Political Economy : Developments in Feminism*, Toronto : Women's Press, Toronto.

Angell, N., 1910, *La grande illusion*, Paris : Nelson.

Angus, I., 2004, « Empire, Border, Place : A Critique of Hardt and Negri's Concept of Empire », *Theory and Event*, 7, 3, p. 1-21.

Appadurai, A., 2007, *Géographie de la colère : la violence à l'âge de la globalisation*, Paris : Payot.

Apter, D. E., 1965, *The Politics of Modernization*, Chicago : University of Chicago Press.

Aradau, C., 2004, « Security and the Democratic Scene : Desecuritization and Emancipation », *Journal of International Relations & Development*, 7, 4, p. 388-413.

Aradau, C., 2008, *Rethinking Trafficking in Women : Politics Out of Security*, Basingstoke et New York : Palgrave Macmillan.

Aradau, C. et R. van Munster, 2007, « Governing Terrorism through Risk : Taking Precautions, (Un)Knowing the Future », *European Journal of International Relations*, 13, 1, p. 89-115.

Aron, R., 1962, *Paix et guerre entre les nations*, Paris : Calmann-Lévy.

Aron, R., 1967, « Qu'est qu'une théorie des relations internationales ? », *Revue française de science politique*, 17, 5, p. 837-861.

Aron, R., 1972, « L'ordre anarchique de la puissance », dans R. Aron, *Les désillusions du progrès*, Paris : Calmann-Lévy, p. 196-221.

Aron, R., 1983, *Mémoires. 50 ans de réflexion politique*, Paris : Julliard.

Aron, R., 1984, *Paix et guerre entre les nations*, 8ᵉ éd., Paris : Calmann-Lévy.

Aronowitz, S., 2007, « Considerations on the Origins of Neoconservatism », dans M. Thompson (dir.), *Confronting the New Conservatism : The Rise of the Right in America*, New York : New York University Press.

Arrighi, G., 1993, « The three hegemonies of historical capitalism », dans S. Gill (dir.), *Gramsci, Historical Materialism and International Relations*, Cambridge : Cambridge University Press, p. 148-185.

Arrighi, G., 1994, *The Long Twentieth Century : Money, Power and the Origins of Our Times*, New York : Verso.

Arrighi, G., 2002, « Lineages of Empire », *Historical Materialism*, 10, 3, p. 3-16.

Arrighi, G. et B. Silver, 1999, *Chaos and governance in the modern world system*, Minneapolis : University of Minnesota Press.

Arrighi, G., 2005, « Hegemony Unravelling – I », *New Left Review*, 32, p. 74-80.

Art, R. J. et K. N. Waltz (dir.), 1983, *The Use of Force*, 2ᵉ éd., Lanham : University Press of America, p. 1-25.

Ashley, R. K., 1981, « Political Realism and Human Interest », *International Studies Quarterly*, 25, 2, p. 204-236.

Ashley, R. K., 1984, « The Poverty of Neorealism », *International Organization*, 38, 2, p. 225-286.

Bibliographie

Ashley, R. K., 1987, « The Geopolitics of Geopolitical Space : Toward a Critical Social Theory of International Politics », *Alternatives*, 12, 4, p. 403-434.

Ashley, R. K., 1988, « Untying the Sovereign State : A Double Reading of the Anarchy Problematique », *Millennium*, 17, 2, p. 227-262.

Ashley, R. K., 1989, « Living on Border Lines : Man, Poststructuralism, and War », dans J. Der Derian et M. J. Shapiro (dir.), *International / Intertextual Relations : Postmodern Readings in World Politics*, Lexington / Toronto : Lexington Books, p. 259-321.

Ashley, R. K. et R. B. J. Walker, 1990a, « Introduction : Speaking the Language of Exile : Dissident Thought in International Studies », *International Studies Quarterly*, 34, 3, p. 259-268.

Ashley, R. K. et R. B. J. Walker, 1990b, « Conclusion : Reading Dissidence / Writing the Discipline : Crisis and the Question of Sovereignty », *International Studies*, 34, 3, p. 367-416.

Ashworth, L. M., 2002, « Did the Realist-Idealist Great Debate Really Happen ? a Revisionist History of International Relations » *International Relations*, 16, 1, p. 33-51.

Assoun, P., 1987, *L'École de Francfort*, Paris : PUF.

Aston, T. H. et C. H. E. Philpin (dir.), 1995, *The Brenner Debate*, Cambridge : Cambridge University Press.

Augelli, E. et C. N. Murphy, 1993, « Gramsci and International Relations : a general perspective with examples from recent US policy towards the Third World », dans S. Gill (dir.), *Gramsci, Historical Materialism and International Relations*, Cambridge : Cambridge University Press, p. 127-147.

Axelrod, R., 1984, *The Evolution of Cooperation*, New York : Basic Books.

Axelrod, R. et R. O. Keohane 1986, « Achieving Cooperation under Anarchy : Strategies and Institutions », dans K. A. Oye (dir.), *Cooperation under Anarchy*, Princeton : Princeton University Press, p. 226-254.

Axelrod, R. et R. O. Keohane, 1993, « Achieving Cooperation under Anarchy : Strategies and Institutions », dans D. A. Baldwin (dir.), *Neorealism and Neoliberalism : The Contemporary Debate*, New York : Columbia University Press, p. 85-115.

Axman, R. 2006 « The Myth of 1648 : Some Musings of a Skeptical Weberian », *International Politics*, 43, 5, p. 519-525.

Ayers, A. J., 2008a, « Introduction », dans *Gramsci, Political Economy and International Relations Theory*, Basingstoke / New York : Palgrave Macmillan, p. 1-20.

Ayers, A. J. (dir.), 2008b, *Gramsci, Political Economy and International Relations Theory*, Basingstoke / New York : Palgrave Macmillan.

Ayoob, M., 1998, « Subaltern Realism : International Relations Theory Meets the Third World », dans S. Newman (dir.), *International Relations Theory and the Third World*, New York : St. Martin's Press, p. 31-54.

Babst, D., 1964, « A Force for Peace », *The Wisconsin Sociologist*, 3, 1, p. 9-14.

Badie, B., 1995, *La fin des territoires*, Paris : Fayard.

Badie, B., 1999, *Un monde sans souveraineté*, Paris : Fayard

Badie, B. et M.-C. Smouts, 1999, *Le retournement du monde*, 3ᵉ éd., Paris : Presses de la fondation des sciences politiques et Dalloz.

Baggini, J. et P. S. Fosi, 2003, *The Philosopher's Toolkit : A Compendium of Philosophical Concepts and Methods*, Oxford : Blackwell Publishing.

Bakker, I. 2007, « Social Reproduction and the Constitution of a Gendered Political Economy », *New Political Economy*, 12, 4, p. 541-556.

Bakker, I. et S. Gill, 2003, *Power, Production and Social Reproduction*, Basingstoke / New York : Palgrave Macmillan.

Bakker, I. et R. Silvey, 2008, *Beyond States and Market : The Challenges of Social Reproduction*, New York et Londres : Routledge.

Baldwin, D. A., 1993, « Neoliberalism, Neorealism and World Politics », dans D. A. Baldwin (dir.), *Neorealism and Neoliberalism : The Contemporary Debate*, New York : Columbia University Press, p. 3-25.

Baldwin, D. A., 1995, « Security Studies and the End of the Cold War », *World Politics*, 48, 1, p. 117-141.

Balzacq, T., 2003-2004, « Qu'est-ce que la sécurité nationale ? », *La revue internationale et stratégique*, 52, p. 33-50.

Balzacq, T., 2005, « The Three Faces of Securitization : Political Agency, Audience and Context », *European Journal of International Relations*, 11, 2, p. 171-201.

Banks, M., 1985, « The Inter-Paradigm Debate », dans M. Light et A. J. R. Groom (dir.), *International Relations : A Current Handbook of Current Theory*, Londres : Frances Pinter, p. 3-21.

Baran, P. A. et P. M. Sweezy, 1966, *Monopoly Capitalism*, New York : Monthly Review Press.

Baran, P. A. et P. M. Sweezy, 1971, « Notes on the Theory of Imperialism », dans K. T. Fann et D. C. Hodges (dir.), *Readings in U. S. Imperialism*, Boston : Porter Sargent Publisher, p. 69-84.

Baran, P. A., 1957, *A Political Economy of Growth*, New York : Monthly Review.

Barbieri, K., 2002, *The Liberal Illusion : Does Trade Promote Peace ?*, Ann Arbor : University of Michigan Press.

Barkawi, T., 1998, « Strategy as a vocation : Weber, Morgenthau and modern strategic studies », *Review of International Studies*, 24, 2, p. 159-184.

Barkawi, T., 2004, « On the Pedagogy of 'Small Wars' », *International Affairs*, 80, 1, p. 19-37.

Barkawi, T. et M. Laffey M., 1999, « The Imperial Peace : Democracy, Force and Globalization », *European Journal of International Relations*, 5, 4, p. 403–434.

Barkawi, T. et M. Laffey, 2006, « The Postcolonial Moment in Security Studies », *Review of International Studies*, 32, p. 329-352.

Barkin, J. S., 2003, « Realist Constructivism », *International Studies Review*, 5, 3, p. 325-332.

Bibliographie

Barkin, J. S., 2004, « Realist Constructivism and Realist-Constructivisms », *International Studies Review*, 6, 2, p. 349-351.

Barkin, J. S 2008, « 'Qualitative' Methods ? », dans A. Klotz et D. Prakash (dir.) 2008, *Qualitative Methods in International Relations : A Pluralist Guide*, Basingstoke : Palgrave Macmillan, p. 211-220.

Barkin, J. S., 2010, *Realist Constructivism : Rethinking International Relations Theory*, Cambridge : Cambridge University Press.

Barnett, M., 2005, « Social Constructivism », dans J. Baylis et S. Smith (dir.), *The Globalization of World Politics : An Introduction to International Relations*, 3ᵉ éd., Oxford / New York : Oxford University Press, p. 251-270.

Baron, M. W, P. Pettit et M. Slote, 1997, *Three Methods of Ethics*, Oxford : Blackwell Publishing.

Barry, B., 1973, *The Liberal Theory of Justice*, Oxford : Clarendon Press.

Bartelson, J., 1995, *A Genealogy of Sovereignty*, Cambridge : Cambridge University Press.

Bartelson, J., 2000, « Three Concepts of Globalization », *International Sociology*, 15, 2, p. 180-196.

Battistella, D., 2003, *Théorie des relations internationales*, Paris : Presses de Science Po.

Battistella, D., 2006, *Théories des Relations internationales*, 2ᵉéd., Paris : Presses de Sciences Po.

Battistella, D., 2009, *Théories des Relations internationales*, 3ᵉéd., Paris : Presses de Sciences Po.

Bauer, O., 1987 [1907], *La question des nationalités et la social-démocratie*, Montréal : Guérin.

Bauman, Z., 1993, *Postmodern Ethics*, Oxford : Blackwell.

Bauman, Z., 1997, *Postmodernity and its Discontents*, New York : New York University Press.

Bauman, Z., 2002, *Society Under Siege*, Cambridge : Polity Press.

Baylis, J. et S. Smith (dir.), 2005, *The Globalization of World Politics : An Introduction to International Relations*, 3ᵉ éd., Oxford / New York : Oxford University Press.

Baylis, J., J. Wirtz, et C. S. Gray, 2010, *Strategy in the Contemporary World : An Introduction to Strategic Studies*, 3ᵉ éd., Oxford : Oxford University Press.

Beck, U., 2003, *Pouvoir et contre-pouvoir à l'heure de la mondialisation*, Paris : Flammarion.

Beck, U., 1992, *Risk Society : Towards a New Modernity*, Londres : Sage.

Beck, U., 2001 [1986], *La société du risque. Sur la voie d'une autre modernité*, traduit par Laure Bernardi, Flammarion : Paris

Beck, U., 2003, *Pouvoir et contre-pouvoir*, Paris : Aubier.

Behnke, A., 2006, « The Re-Enchantment of War in Popular Culture », *Millennium*, 34, 3, p. 793-818.

Beier, J, 2005, *International Relations in Uncommon Places : Indigeneity, Cosmology, and the Limits of International Theory*, Basingstoke / New York : Palgrave Macmillan.

Beier, J. M. et S. L. Arnold, 2005, « Becoming Undisciplined : Toward the Supradisciplinary Study of Security », *International Studies Review*, 7, 1, p. 41-61.

Beier, J. M., 2007, « Grave Misgivings : Allegory, Catharsis, Composition », *Security Dialogue*, 38, 2, p. 251-69.

Beitz, C. R., 1979, *Political Theory and International Relations*, Princeton : Princeton University Press.

Beitz, C. R., 1983, « Cosmopolitan Ideals and National Sentiments », *Journal of Philosophy*, 80, 10, p. 591-600.

Beitz, C. R., 1994, « Cosmopolitan Liberalism and the States System », dans C. Brown (dir.), *Political Restructuring in Europe : Ethical Perspectives*, Londres : Routledge, p. 123-136.

Beitz, C. R., 2000, « Rawls's Law of Peoples », *Ethics*, 110, 4, p. 669-696.

Bell, C., 2006, « Surveillance Strategies and Populations at Risk : Biopolitical Governance in Canada's National Security Policy », *Security Dialogue*, 37, 2, p. 147-165.

Bell, D., 1973, *The Coming of Post-Industrial Society*, New York : Basic Books.

Bell, D. S. A., 2002, « Anarchy, power and death : contemporary political realism as ideology », *Journal of Political Ideologies*, 7, 2, p. 223-239.

Ben Ze'ev, A., 1995, « Is there a problem in explaining cognitive process ? », dans K. F. Goodman et W. R. Fisher (dir.), *Rethinking Knowledge : Reflections Across the Disciplines*, New York : SUNY Press.

Benhabib, S., 1992, *Situating the Self : Gender, Community and Postmodernism in Contemporary Ethics*, New York : Routledge.

Benhabib, S., 1995, « Feminism and Postmodernism », dans S. Benhabib, J. Butler, D. Cornell et N. Fraser (dir.), *Feminist Contentions : A Philosophical Exchange*, New York : Routledge, p. 17-34.

Benhabib, S., 2008, *Another Cosmopolitanism*, Oxford : Oxford University Press.

Bennett, A., 2004, « Case Study Methods : Design, Use and Comparative Advantage », dans D. F. Sprinz et Y. Wolinsky-Nahmias, (dir.), *Models, Numbers & Cases : Methods for Studying International Relations*, Ann Arbor : University of Michigan Press, p. 19-55.

Bennett, A. et J. Lepgold, 1993, « Reinventing Collective Security after the Cold War and the Gulf Conflict », *Political Science Quarterly*, 108, 2, p. 213-237.

Benoit, K., 1996, « Democracies Really Are More Pacific (in General) », *Journal of Conflict Resolution*, 40, 4, p. 636-657.

Bentham, J., 1962 [1789], « Principles of International Law », dans *The Works of Jeremy Bentham, published under the superintendence of John Bowring*, New York : Russell & Russell, p. 535-571.

Berger, P. L. et T. Luckman, 1966, *The social construction of reality : A treatise in the sociology of knowledge*, Garden City : Doubleday.

Berger, S. et R. Dore, 1996, *National Diversity and Global Capitalism*, Ithaca : Cornell University Press.

Bibliographie

Berger, T. U., 1996, « Norms, Identity, and National Security in Germany and Japan », dans P. J. Katzenstein (dir.), *The Culture of National Security. Norms and Identity in World Politics,* New York : Columbia University Press, p. 317-356.

Bernstein, J. M., 1995, *Recovering Ethical Life : Jürgen Habermas and the Future of Critical Theory,* Londres : Routledge.

Bernstein, R. J., 1976, *The Restructuring of Social and Political Theory,* Philadelphie : University of Pennsylvania Press.

Berten, A., P. da Silveira et H. Pourtois (dir.), 1997, *Libéraux et communautariens,* Paris : PUF.

Betts, R. K., 1997, « Should Strategic Studies Survive ? », *World Politics,* 50, 1, p. 7-33.

Betts, R. K., 2000, « Is Strategy an Illusion ? », *International Security,* 25, 2, p. 5-50.

Bhabha, H., 2009 [1994] *Les Lieux de la Culture : Une théorie postcoloniale,* Paris : Payot.

Bhagwati, J., 2004, *In Defense of Globalization,* Oxford : Oxford University Press.

Bhaskar, R., 1975, *A Realist Theory of Science,* Leeds : Leeds Books.

Bhaskar, R., 1979, *The possibility of naturalism : A philosophical critique of contemporary human science,* Brighton : Harvester Press.

Bhaskar, R., 1991, « Dialectics », dans T. Bottomore, L. Harris, V. G. Kiernan et R. Miliband (dir.), *A Dictionary of Marxist Thought : Second Edition,* Oxford : Blackwell Publishing, p. 143-150.

Bialasiewicz, Luiza *et al.*, 2007, « Performing Security : The Imaginative Geographies of Current U.S. Strategy », *Political Geography,* 26, p. 405-22.

Bially Mattern, J., 2004, « Power in Realist-Constructivist Research », *International Studies Review,* 6, 2, p. 343-346.

Bially Mattern, J., 2005, « Why "Soft Power" Isn't So Soft : Representational Force and the Sociolinguistic Construction of Attraction in World Politics », *Millennium,* 33, 3, p. 583-612.

Bieler, A. et A. D. Morton, 2001, « The Gordian Knot of Agency-Structure in International Relations : A Neo-Gramscian Perspective », *European Journal of International Relations,* 7, 1, p. 5-35.

Bieler, A. et A. D. Morton, 2003a, « Globalisation, the State, and Class Struggle : A "Critical Economy" Engagement with Open Marxism », *British Journal of Politics and International Relations,* 5, 4, p. 467-500.

Bieler, A. et A. D. Morton, 2004a, « A Critical Theory Route to Hegemony, World Order and Historical Change : neo-Gramscian Perspectives in International Relations », *Capital and Class,* 82, p. 85-113.

Bieler, A. et A. D. Morton, 2004b, « Unthinking Materialism ? », *British Journal of Politics and International Relations,* 6, 2, p. 238-241.

Bieler, A., 2002, « The struggle over EU anlargement : a historical materialist analysis of European integration », *Journal of European Public Policy,* 9, 4, 575-597.

Bieler, A., 2006, « Class Struggle Over the EU Model of Capitalism : Neo-Gramscian Perspectives and the Analysis of European Integration », dans A. Bieler et A.D. Morton (dir.), 2006, *Images of Gramsci : Connections and Contentions in Political Theory and International Relations,* Londres / New York : Routledge, p. 119-132.

Bieler, A. et A. D. Morton, 2003b, « Theoretical and Methodological Challenges of neo-Gramscian Perspectives in International Political Economy », *International Gramsci Society Online Article,* www.internationalgramscisociety.org / resources / online_articles / articles / bieler_morton.shtml

Bieler, A. et A.D. Morton (dir.), 2006a, *Images of Gramsci : Connections and Contentions in Political Theory and International Relations,* Londres / New York : Routledge.

Bieler, A. et A.D. Morton (dir.), 2006b, « Introduction : International Relations as Political Theory », *Images of Gramsci : Connections and Contentions in Political Theory and International Relations,* Londres / New York : Routledge, p. 1-25.

Biersteker, T. J. et C. Weber (dir.), 1996, *State Sovereignty as Social Construct,* Cambridge : Cambridge University Press.

Biersteker, T. J., 1989, « Critical Reflections on Post-Positivism in International Relations », *International Studies Quarterly,* 33, 3, p. 263-267.

Biersteker, T. J., 2009, « The parochialism of hegemony : Challenges for "American" International Relations », dans A. B. Tickner et O. Wæver (dir.), *International Relations Scholarship Around the World,* New York : Routledge, p. 308-327.

Bigo D., 1998a, « L'Europe de la sécurité intérieure : penser autrement la sécurité », dans A.-M. Le Gloannec (dir.), *Entre union et nations. L'État en Europe,* Paris : Presses de Sciences-Po, p. 55-90.

Bigo D., 1998b, « Sécurité et immigration : vers une gouvernementalité par l'inquiétude ? », *Cultures & Conflits,* 31-32, p. 13-38.

Bigo D., 2000, « When two become one : Internal and external securitisations in Europe », dans M. Kelstrup et M. C. Williams (dir.), *International Relations and the Politics of European Integration : Power, Security and Community,* Londres : Routlege, p. 171-204.

Bigo, D., 2002, « Genre et relations internationales », colloque AFSP « Genre et politique », 30 et 31 mai 2002 [www.afsp. msh-paris.fr / archives / 2002 / genretxt / bigo.pdf].

Bigo, D., 2005a, « La mondialisation de l'(in)sécurité ? Réflexions sur le champ des professionnels de la gestion des inquiétudes et analytique de la transnationalisation des processus d'(in)sécurisation », *Cultures & conflits,* 58, p. 53-100.

Bigo, D., 2005b, « Gérer les transhumances : La surveillance à distance dans le champ transnational de la sécurité », dans M.-C. Granjon (dir.), *Penser avec Michel Foucault : Théorie critique et pratiques politiques,* Paris : Karthala, p. 129-60.

Bigo, D., 2007, « Detention of Foreigners, States of Exception and the Social Practices of Control of the Banopticon », dans P. K. Rajaram et C. Grundy-Warr (dir.), *Borderscapes : Hidden Geographies and the Politics at Territory's Edge,* Minnesota, University of Minnesota Press, p. 3-33.

Bibliographie

Bigo, D., 2008a, « Security : A Field Left Fallow », dans Michael Dillon et Andrew W. Neal (dir.), *Foucault on Politics, Security and War*, New York : Palgrave MacMillan, p. 93-114.

Bigo, D., 2008b, « Sociologie politique de l'international : une alternative », *Cultures & Conflits*, http://conflits.revues.org/index1175.html.

Bigo, D. et E. Guild, 2005, *Controlling Frontiers : Free Movement into and within Europe*, Aldershot : Ashgate.

Bigo, D. et R. B. J. Walker, 2008, « Le régime de contre-terrorisme global », dans D. Bigo, L. Bonelli et T. Deltombe (dir.), *Au nom du 11 septembre. Les démocraties à l'épreuve de l'antiterrorisme*, Paris : La Découverte, p. 13-35.

Bigo, D. et R. B. J. Walker, 2007, « Political Sociology and the Problem of the International », *Millennium*, 35, 3, p. 725-739.

Bilgin, P., 2004, « International Politics of Women's (In)Security : Rejoinder to Mary Caprioli », *Security Dialogue*, 35, 4, p. 499-504.

Blair, A., 1999, « Doctrine of International Community » Communication au Chicago Economic Club, le 23 avril [www.pm.gov.uk].

Bleiker, R., 2001, « The Aesthetic Turn in International Political Theory », *Millennium*. 30, 3, p. 509-33.

Bleiker, R., 2003a, « Aestheticising Terrorism : Alternative Approaches to 11 September », *Australian Journal of Politics and History*, 49, 3, p. 430-45.

Bleiker, R., 2003b, « Learning from Art : A Reply to Holden's "World Literature and World Politics" », *Global Society*, 17, 4, p. 415-428.

Bleiker, R., 2004, « Art, Emotions and Global Terrorism », *Social Alternatives*, 23, 2, p. 48-53.

Bleiker, R., 2006, « Art After 9/11 », *Alternatives*, 31, 1, p. 77-99.

Bleiker, R., 2009, *Aesthetics and World Politics*, New York, Palgrave Macmillan.

Blin, A., 2001, *Géopolitique de la paix démocratique*, Paris : Descartes et Cie.

Blin, A., 2004, *Le désarroi de la puissance : Les États-Unis vers la « guerre permanente » ?*, Paris : Lignes et Repères.

Bluth, C., 2004, « The British Road to War : Blair, Bush and the Decision to Invade Iraq », *International Affairs*, 80, 5, p. 871-892.

Boggs, C. et T. Pollard, 2007, *The Hollywood War Machine : U.S. Militarism and Popular Culture*, Boulder : Paradigm Publishers.

Bohman, J., 2007, *Democracy across Borders. From Dêmos to Dêmoi*, Cambridge : MIT Press.

Bois, G., 1995, « Against the Neo-Malthusian Orthodoxy », dans T. H. Aston et C. H. E. Philpin (dir.), *The Brenner Debate. Agrarian Class Structure and Economic Development in Pre-Industrial Europe*, Cambridge : Cambridge University Press, p. 107-118.

Boisvert, Y. (dir.), 1998, *Postmodernité et sciences humaines : une notion pour comprendre notre temps*, Montréal : Éditions Liber.

Bonditti, P., 2005, « Biométrie et maîtrise des flux : vers une "géo-technopolis du *vivant-en-mobilité*" ? », *Cultures & conflits*, 58, p. 131-154.

Bonney, R., 1991, *The European Dynastic States, 1494-1660*, Oxford : Oxford University Press.

Boot, M., 2004, « Myths about Neoconservatism », dans I. Stelzer (dir.), *The Neocon Reader*, New York : Grove Press, p. 45-52.

Booth K., 1991a, « Security and emancipation », *Review of International Relations*, 17, 4, 1991, p. 313-326.

Booth, K., 1991b, « Security in Anarchy : Utopian Realism in Theory and Practice », *International Affairs*, 63, 3, p. 527-545.

Booth, K., 1998, « The Cold Wars of the Mind », dans K. Booth (dir.), *Statecraft and Security : The Cold War and Beyond*, Cambridge : Cambridge University Press, p. 29-55.

Booth, K., 2005, « Emancipation », dans K. Booth (dir.), *Critical Security Studies and World Politics*, Boulder/Londres : Lynne Rienner Publishers, p. 181-187.

Booth, K., 2007, *Theory of World Security*, Cambridge : Cambridge University Press.

Booth, K. et S. Smith (dir.), 1995, *International Relations Theory Today*, Cambridge : Polity Press.

Bottomore, T., L. Harris, V. G. Kiernan et R. Miliband (dir.), 1991, *A Dictionary of Marxist Thought : Second Edition*, Oxford : Blackwell Publishing.

Boucher, D., 2009, *The Limits of Ethics in International Relations. Natural Law, Natural Rights, and Human Rights in Transition*, Oxford : Oxford University Press.

Bourdieu, P. et J.-C. Passeron, 1970, *La reproduction. Éléments pour une théorie du système d'enseignement*, Paris : Minuit.

Bourdieu, P. et L. Wacquant, 1992, « The Purpose of Reflexive Sociology (The Chicago Workshop) », dans P. Bourdieu et L. Wacquant, *An Invitation to Reflexive Sociology*, Chicago : University of Chicago Press.

Bourdieu, P. et L. Wacquant, 1998, « Sur les ruses de la raison impérialiste ». *Actes de la recherche en sciences sociales*, 121-122, p. 109-118.

Bourdieu, P., 1979, *La distinction. Critique sociale du jugement*, Paris : Minuit.

Bourdieu, P., 1980, *Questions de sociologie,* Paris : Minuit.

Bourdieu, P., 1984, *Homo academicus*, Paris : Minuit.

Bourdieu, P., 1987, *Choses dites,* Paris : Minuit.

Bourdieu, P., 1989, *La noblesse d'État. Grandes écoles et esprit de corps*, Paris : Minuit.

Bourdieu, P., 1994, *Raisons pratiques. Sur la théorie de l'action*, Paris : Seuil.

Bourdieu, P., 1997, *Méditations pascaliennes*, Paris : Seuil.

Bourdieu, P., 1998, *Contre-feux*, Paris : Liber.

Bourdieu, P., 2000a [1973], *Esquisse d'une théorie de la pratique (précédé de trois études d'ethnologie kabyle)*, Paris : Seuil.

Bourdieu, P., 2000b, *Les structures sociales de l'économie*, Paris : Seuil.

Bibliographie

Bourdieu, P., 2001a, *Science de la science et réflexivité*, Paris : Raisons d'agir.

Bourdieu, P., 2001b, *Langage et pouvoir symbolique*, Paris : Seuil.

Bourdieu, P., 2002, « Les conditions de la circulation internationale des idées », *Actes de la recherche en sciences sociales*, 145, p. 3-8.

Bourdieu, P., J.-C. Passeron et J.-C. Chamboredon, 1983, *Le métier de sociologue. Préalables épistémologiques*, 4ᵉ éd., Paris : Mouton.

Boyer, R., 1986, *La théorie de la régulation : une analyse critique*, Paris : Agalma et La Découverte.

Boyle, J., 2006, « Traditional Just War Theory and Humanitarian Intervention », dans T. Nardin et M. S. Williams (dir.), *Humanitarian Intervention*, NOMOS XLVII, New York : New York University Press, p. 31-57.

Braudel, F., 1979, *Civilisation matérielle, économie et capitalisme. XV-XVIIIᵉ siècle. 3 volumes*, Paris : Librairie Armand Colin.

Braudel, F., 1979a, *Civilisation matérielle, économie et capitalisme. XV-XVIIIᵉ siècle. Tome 2. Les jeux de l'échange*, Paris : Librairie Armand Colin.

Braudel, F., 1979c, *Civilisation matérielle, économie et capitalisme XV-XVIIIᵉ siècle. Tome 3, Le temps du monde*, Paris : Armand Colin.

Braudel, F., 1982, *Civilization and Capitalism, 15th-18th Centuries. Vol. II : The Wheels of Commerce*, New York : Fontana Press.

Braumoeller B. et A. E. Sartori, 2004, « The Promise and Perils of Statistics in International Relations », dans D. F . Sprinz et Y. Wolinsky-Nahmias, (dir.), *Models, Numbers & Cases : Methods for Studying International Relations*, Ann Arbor : University of Michigan Press, p. 129-151.

Brawley, M. R., 2009, « Neoclassical realism and strategic calculations : explaining divergent French, and Soviet strategies toward Germany between the world wars (1919-1939) » dans S. E. Lobell,, N. M. Ripsman et J. W. Taliaferro (dir.), *Neoclassical Realism, the State and Foreign Policy*, Cambridge : Cambridge University Press, p. 75-98.

Brennan, T., 2001, « Antonio Gramsci and Postcolonial Theory : "Southernism" », *Diaspora*, 10, 2, p. 143-187.

Brenner, R., 1977, « The Origins of Capitalist Development : a Critique of Neo-Smithian Marxism », *New Left Review*, 104, p. 25-92.

Brenner, R., 1990a, « La base sociale du développement économique », *Actuel Marx*, 7, p. 65-93.

Brenner, R., 1990b, « Feudalism », dans J. Eatwell, M. Milgate et P. Newman (dir.), *Marxian Economics*, New York / Londres : W. W. Norton, p. 170-185.

Brenner, R., 1991, « Economic Backwardness in Eastern Europe in Light of Developments in the West », dans D. Chirot (dir.), *The Origins of Backwardness in Eastern Europe*, Berkeley : University of California Press.

Brenner, R., 1995a, « Agrarian Class Structures and Economic Development in Pre-Industrial Europe », dans T. H. Aston et C. H. E. Philpin (dir.), *The Brenner Debate. Agrarian Class Structure and Economic Development in Pre-Industrial Europe*, Cambridge : Cambridge University Press, p. 10-63.

Brenner, R., 1995b, « The Agrarian Roots of European Capitalism », dans T. H. Aston et C. H. E. Philpin (dir.), 1995, *The Brenner Debate. Agrarian Class Structure and Economic Development in Pre-Industrial Europe*, Cambridge : Cambridge University Press, p. 213-327.

Brenner, R., 2003, *Merchants and Revolution*, Londres / New York : Verso.

Brenner, R. 2006, « From Theory to History : "The European Dynamic" or Feudalism to Capitalism ? », dans J. A. Hall et R. Schroeder (dir.), *An Anatomy of Power : The Social Theory of Michael Mann*, Cambridge, Cambridge University Press : 189-232.

Breslin, S., C. Hughes, N. Phillips et B. Rosamond, 2002, *New Regionalisms in the Global Political Economy : Theories and Cases*, Londres : Routledge.

Breuning, M., J. Bredehoft et E. Walton, 2005, « Promise and Performance : An Evaluation of Journals in International Relations », *International Studies Perspectives*, 6, 4, p. 447-461.

Bromley, S., 2003, « Reflection on Empire, Imperialism and United States Hegemony », *Historical Materialism*, 11, 3, p. 17-68.

Brooks, S. G., 1997, « Dueling Realisms », *International Organization*, 51, 3, p. 445-477.

Brooks, S. G. et W. C. Wohlforth, 2002, « American Primacy in Perspective », *Foreign Affairs*, 81, 4, p. 20-33.

Brooks, S. G. et W. C. Wohlforth, 2005a, « Hard Times for Soft Balancing », *International Security*, 30, 1, p. 72-108.

Brooks, S. G. et W. C. Wohlforth, 2005b, « International Relations Theory and the Case against Unilateralism », *Perspectives on Politics*, 3, 3, p. 509-524.

Brooks, S. G. et W. C. Wohlforth, 2008, *World Out of Balance : International Relations and the Challenge of American Primacy*, Princeton et Oxford : Princeton University Press.

Brown, C., 1992, *International Relations Theory. New Normative Approaches*, New York : Columbia University Press.

Brown, C., 2000a « "Turtles All the Way Down" : Anti-foundationalism, Critical Theory and International Relations », dans A. Linklater (dir.), *International Relations : Critical Concepts in Political Science*, vol. IV, Londres / New York : Routledge, p. 1655-1678.

Brown, C., 2000b, « Toward a Neo-Aristotelian Resolution of the Cosmopolitan-Communitarian Debate », dans M. Lensu et J.-S. Fritz (dir.), *Value Pluralism, Normative Theory and International Relations*, New York : St. Martin's Press, p. 76-99.

Brown, C., 2001a, « Ethics, Interests and Foreign Policy », dans K. E. Smith et M. Light (dir.), *Ethics and Foreign Policy*, Cambridge : Cambridge University Press, p. 15-32.

Brown, C., 2001b, « Fog in the Channel : Continental International Relations Theory Isolated (Or an essay on the Paradoxes of Diversity and Parochialism in IR Theory) », dans R. M. Crawford et D. S. L. Jarvis (dir.), *International Relations – Still an American Science? Toward Diversity in International Thought*, Albany : State University of New York Press, p. 203-219.

Brown, M. E., O. R. Côté Jr., S. M. Lynn-Jones et S. E. Miller (dir.), 2004, *Offense, Defense, and War*, Cambridge : MIT Press.

Brubaker, R., 1985, « Rethinking Social Theory : The Sociological Vision of Pierre Bourdieu », *Theory and Society*, 14, 6, p. 745-775.

Brubaker, R., 1996, *Nationalism Reframed : Nationhood and the National Question in the New Europe*, Cambridge : Cambridge University Press.

Brunner, C., 2005, « Female Suicide Bombers – Male Suicide Bombing ? Looking for Gender in Reporting the Suicide Bombings of the Israeli-Palestinian Conflict », *Global Society*, 19, 1, 29-48.

Brzezinski, Z., 2002, « If We Must Fight … », *Washington Post*, 18 août.

Buchanan, A. et R. O. Keohane, 2004, « The Preventive Use of Force : A Cosmopolitan Institutional Proposal », *Ethics and International Affairs*, 18, 1, p. 1-22.

Buchanan, A., 2000, « Rawls' Law of Peoples : Rules for a Vanished Westphalian World », *Ethics*, 110, 4, p. 697-721.

Buchet de Neuilly, Y., 2005, *L'Europe de la politique étrangère*, Paris : Economica.

Büger, C. et T. Villumsen, 2007, « Beyond the Gap : Relevance, Fields of Practice and the Securitizing Consequences or (Democratic Peace) Research », *Journal of International Relations and Development*, 10, 4, p. 417-448.

Bukharin [Boukharine], N., 1977 [1915], *L'impérialisme et l'accumulation du capital : réponse à Rosa Luxemburg*, Paris : Études et documentation internationale.

Bull, H. et A. Watson (dir.), 1984, *The Expansion of International Society*, Oxford : Clarendon Press.

Bull, H., 1966a, « International Theory : The Case for a Classical Approach », *World Politics*, 18, 3 p. 361-377.

Bull, H., 1966b, « Society and Anarchy in International Relations », dans H. Butterfield et M. Wight (dir.), *Diplomatic Investigations. Essays in the Theory of International Politics*, Londres : Allen & Unwin, p. 35-50.

Bull, H., 1966c, « The Grotian Conception of International Society », dans H. Butterfield et M. Wight (dir.), *Diplomatic Investigations. Essays in the Theory of International Politics*, Londres : Allen & Unwin, p. 51-74.

Bull, H., 1977, *The Anarchical Society : A Study of Order in World Politics*, New York : Columbia University Press.

Bull, H., 1982, « The West and South Africa », *Dædalus*, 111, 2, p. 255-270.

Bull, H., 1984, « The Emergence of a Universal International Society », dans A. Bull et A. Watson (dir.), *The Expansion of International Society*, Oxford : Clarendon Press, p. 117-126.

Burbach, R et W. I. Robinson, 1999, « The Fin De Siècle Debate : Globalisation as Epochal Shift », *Science and Society*, 63, 1, p. 10-39.

Burch, K. et R. A. Denemark (dir.), 1997, *Constituting International Political Economy*, Boulder / Londres : Lynne Rienner Publishers.

Burchill, S., 1996, « Introduction », dans S. Burchill et A. Linklater (dir.), *Theories of International Relations*, New York : St. Martin's Press, p. 1-27.

Burchill, S., 2001a, « Introduction », dans S. Burchill *et al.*, *Theories of International Relations*, 2ᵉ éd., New York : St. Martin's Press, p. 1-28.

Burchill, S., 2001b, « Realism and Neorealism », dans S. Burchill *et al.*, *Theories of International Relations*, 2ᵉ éd., New York : St. Martin's Press, p. 70-102.

Burchill, S., 2005, « Liberalism », dans S. Burchill *et al.*, *Theories of International Relations*, 3ᵉ éd., Basingstoke : Palgrave, p. 55-83.

Burchill, S. et A. Linklater, 2005, « Introduction », dans S. Burchill *et al.*, *Theories of International Relations*, Basingstoke : Palgrave, p. 1-28.

Burchill, S., A. Linklater, R. Devetak, M. Paterson, C. Reus-Smit et J. True, 2001, *Theories of International Relations*, 2ᵉ éd., New York : St. Martin's Press.

Burchill, S., A. Linklater, R. Devetak, J. Donnelly, M. Paterson, C. Reus-Smit et J. True, 2005, *Theories of International Relations*, 3ᵉ éd., Basingstoke : Palgrave.

Burdeau, G., 1979, *Le libéralisme*, Paris : Seuil.

Burke, A., 2002, « Aporias of Security », *Alternatives*, 27, 1, p. 1-28.

Burke, A., 2007, *Beyond Security, Ethics, and Violence*, Londres et New York : Routledge.

Burlamaqui, L., A. C. Castro et H. J. Chang, 2000, *Institutions and the Role of the State*, Cheltenham : Edward Elgar.

Burley, A.-M., 1993, « Regulating the World : Multilateralism, International Law, and the Projection of the New Deal Regulatory State », dans J. G. Ruggie (dir.), *Multilateralism Matters*, New York : Columbia University Press, p. 125-156.

Burnham, P., 1991, « Neo-Gramscian Hegemony and the International Order », *Capital and Class*, 45, p. 73-93.

Bush, G. W., 2005, « There Is No Justice Without Freedom », *Washington Post*, 21 janvier, p. A24.

Butler, J., 1990, *Gender Trouble : Feminism and the Subversion of Identity*, New York : Routledge.

Butler, J., 1993, *Bodies that Matter : On the Discursive Limits of « Sex »*, New York : Routledge.

Butler, J., 1995, « Contingent Foundations : Feminism and the Question of "Postmodernism" », dans L. Nicholson (dir.), *Feminist Contentions : A Philosophical Exchange*, New York : Routledge, p. 35-58.

Butler, J., 1999 [1990], *Gender Trouble : Feminism and the Subversion of Identity*, 2ᵉ éd., New York : Routledge.

Bibliographie

Butler, J., 2003, « Values of Difficulty », dans *Just Being Difficult ? Academic Writing in the Public Arena*, dans J. Culler et K. Lamb, (dir.), Stanford : Stanford University Press, p. 199-215.

Butler, J., 2004a, *Undoing Gender*, New York : Routledge.

Butler, J., 2004b, *Precarious Life*, Londres : Verso.

Butler, J., 2005, *Trouble dans le genre : pour un féminisme de la subversion*, trad. de l'anglais par Cynthia Kraus, Paris : La Découverte.

Butler, J., 2009, *Frames of War*, Londres : Verso.

Butterfield, H. et M. Wight (dir.), 1966, *Diplomatic Investigations. Essays in the Theory of International Politics*, Londres : Allen & Unwin.

Buzan, B., 1981, « Change and Insecurity : A Critique of Strategic Studies », dans B. Buzan et R. J. B. Jones (dir.), *Change and the Study of International Relations : The Evaded Dimension*, Londres : Pinter, p. 155-172.

Buzan, B., 1991, *People, States and Fear : An Agenda for International Security Studies in the Post-Cold War Era*, 2ᵉ éd., Boulder : Lynne Rienner Publishers.

Buzan, B., 1993, « From International System to International Society : Structural Realism and Regime Theory Meet the English School », *International Organization*, 47, 3, p. 327-352.

Buzan, B., 1996a, « International Society and International Security », dans R. Fawn et J. Larkins, *International Society After the Cold War. Anarchy and Order Reconsidered*, Londres/New York : Macmillan Press et St. Martin's Press, p. 261-287.

Buzan, B., 1996b, « The timeless wisdom of realism ? », dans S. Smith, K. Booth et M. Zalewski (dir.), *International theory : positivism and beyond*, Cambridge : Cambridge University Press, p. 47-65.

Buzan, B., 2001, « The English School : an underexploited resource in IR », *Review of International Studies*, 27, 3, p. 471-88.

Buzan, B., 2004, *From International to World Society ? English School Theory and the Social Structure of Globalisation*, Cambridge : Cambridge University Press.

Buzan, B., C. Jones et R. Little, 1993, *The Logic of Anarchy : Neorealism to Structural Realism*, New York : Columbia University Press.

Buzan, B., O. Wæver et J. de Wilde, 1998, *Security : A New Framework for Analysis*, Londres/Boulder : Lynne Rienner Publishers.

Buzan, B. et R. Little, 2000, *International Systems in World History. Remaking the Study of International Relations*, Oxford : Oxford University Press.

Buzan B. et O. Wæver, 2004, *Regions and Powers : The Structure of International Society*, Cambridge : Cambridge University Press.

Byrne, A., 1992, « Women, Feminism, and International Human Rights Law – Methodological Myopia, Fundamental Flaws, or Meaningful Marginalisation ? Some Current Issues », *The Australian Year Book of International Law*, 12, p. 205-216.

Callinicos, A., 2002, « The Actuality of Imperialism », *Millennium*, 31, 2, p. 319-326.

Campbell, D., 1993, *Politics Without Principle : Sovereignty, Ethics and the Narratives of the Gulf War*, Boulder : Lynne Rienner.

Campbell, D., 1998a, *Writing Security : United States Foreign Policy and the Politics of Identity*, 2ᵉ éd., Minneapolis : University of Minnesota Press.

Campbell, D., 1998b, *National Deconstruction : Violence, Identity, and Justice in Bosnia*, Minneapolis/Londres : University of Minnesota Press.

Campbell, D. 2003, « Cultural Governance and Pictorial Resistance », *Review of International Studies*, 29, 1, p. 57-73.

Campbell, D. et M. Dillon, 1993, « The End of Philosophy and the End of International Relations », dans D. Campbell et M. Dillon (dir.), *The Political Subject of Violence*, Manchester : Manchester University Press, p. 1-47.

Campbell, D. et M. J. Shapiro (dir.), 1999, *Moral Spaces. Rethinking Ethics and World Politics*, Minneapolis : University of Minnesota Press.

Canaday, M., 2009, *The Straight State : Sexuality and Citizenship in Twentieth-Century America*, Princeton : Princeton University Press.

Canto-Sperber, M., 2005, *Le bien, la guerre et la terreur*, Paris : Plon.

Caprioli M., 2003, « Gender Equality and State Aggression : The Impact of Domestic Gender Equality on State First Use of Force », *International Interactions*, 29, 3, p. 195-214.

Caprioli, M., 2004a, « Feminist IR Theory et Quantative Methodology : A Critical Analysis », *International Studies Review*, 6, p. 653-259.

Caprioli, M., 2004b, « Democracy and Human Rights Versus Women's Security : A Contradiction ? », *Security Dialogue*, 35, 4, p. 411-428.

Caprioli, M., 2005, « Primed for Violence : The Role of Gender Equality in Predicting Internal Conflicts », *International Studies Quarterly*, 49, 2, p. 161-178.

Caprioli, M. et M. A. Boyer, 2001, « Gender, Violence, and International Crises », *Journal of Conflict Resolution*, 45, 4, p. 503-518.

Cardoso, F. H. et E. Faletto, 1979, *Dependency and Development in Latin America*, Berkeley : University of California Press.

Carothers, T., 1999/2000, « Civil Society », *Foreign Policy*, 117, p. 18-29

Carpenter, R. C., 2002a, « Gender Theory in World Politics : Contributions of a Non-Feminist Standpoint », *International Studies Review*, 4, 3, p. 153-165.

Carpenter, R. C, 2002b, « Beyond "Gendercide" : Incorporating Gender into Comparative Genocide Studies », *The International Journal of Human Rights*, 6, 4, p. 77-101.

Carpenter, R.C., 2002c, « Gender Theory in World Politics : Contributions of a Nonfeminist Standpoint ? », *International Studies Review*, 4, 3, p. 153–165.

Bibliographie

Carpenter, R.C., 2003, « Stirring Gender into the Mainstream : Constructivism, Feminism and the Uses of IR Theory », *International Studies Review*, 5, 2, p. 287-302.

Carpenter, R.C., 2006, *Innocent Women and Children : Gender, Norms, and the Protection of Civilians*. Londres : Ashgate.

Carr, E. H., 1946 [1939], *The Twenty Years' Crisis : An Introduction to the Study of International Relations*, 2ᵉ éd., Londres : Macmillan.

Carr, E. H., 1949, « The Moral Foundations for World Order », dans E. L. Woodward *et al., Foundations for World Order*, Denver : The University of Denver Press, p. 55-75.

Carver, T., 1996, *Gender is Not a Synonym for Women*, Boulder : Lynne Rienner Publishers.

Carver, T., 2003, « Gender / Feminisms / IR », *International Studies Review*, 5, 2, p. 288-290.

Carver, T., M. Cochran et J. Squires, 1998, « Gendering Jones : Feminisms, IRs, Masculinities », *Review of International Studies*, 24, 2, p. 283-297.

Cassis, Y., 1984, *Les banquiers de la City à l'époque Edouardienne, 1890-1914*, Genève : Librairie Droz.

Centre for Civil Society, 2004, « What is civil society ? », London School of Economics. *www.lse.ac.uk/collections/CCS/what_is_civil_society.htm*

Cerny, P., 1994, « The Infrastructure of the Infrastructure ? Towards "Embedded Financial Orthodoxy" in the International Political Economy », dans R. Palan et B. Gills (dir.), *Transcending the State-Global Divide : A Neostructuralist Agenda in International Relations*, Boulder : Lynne Rienner Publishers, p. 223-249.

Chafetz, G., M. Spirtas et B. Frankel (dir.), 1999, *The Origins of National Interests*, Londres / Portland : Frank Cass.

Chakrabarty, D., 2000, « A Small History of Subaltern Studies », dans H. Schwartz et R. Sangeeta (dir.), *A Companion to Postcolonial Studies*, Oxford : Blackwell, p. 467-485.

Chakrabarty, D., 2008, *Provincializing Europe,* Princeton : Princeton University Press.

Chandler, D. et N. Hynek, 2010, *Critical Perspectives on Human Security : Discourses of Emancipation and Regimes of Power*, New York et Londres : Routledge.

Chandler, D., 2007, « The Security-development Nexus and the Rise of "Anti-foreign Policy" », *Journal of International Relations and Development*, 10, 4, p. 362–386.

Chandler, D., 2008, « Human Security : The Dog That Didn't Bark », *Security Dialogue*, 39, 4, p. 427-438.

Chang, H.-J., 2002, *Kicking away the Ladder : Development Strategy in Historical Perspective*, Londres : Anthem.

Charvet, J., 1994, « Contractarianism and International Political Theory », dans D. Boucher et P. Kelly (dir.), *The Social Contract From Hobbes to Rawls*, Londres : Routledge, p. 175-190.

Chatterjee, P., 1993, *The Nation and Its Fragments : Colonial and Postcolonial Histories,* New Jersey : Princeton University Press.

Chauvier, S., 1999, *Justice internationale et solidarité*, Paris : Éditions Jacqueline Chambon.

Cheah, P., 1998, « The Cosmopolitcal – Today », dans P. Cheah et B. Robbins (dir.), *Cosmopolitics : Thinking and Feeling Beyond the Nation*, Minneapolis : University of Minnesota Press, p. 20-41.

Checkel, J. T., 1998, « The Constructivist Turn in International Relations Theory », *World Politics*, 50, 2, p. 324-348.

Chernoff, F., 2004, « The Study of Democratic Peace and Progress in International Relations », *International Studies Review*, 6, 1, p. 49-77.

Chernoff, F., 2007, « Critical Realism, Scientific Realism and International Relations Theory », *Millennium*, 35, 2, p. 399-407.

Chilton, P., 1996, « The Meaning of Security », dans F. Beer et R. Hariman (dir.), *Post-Realism : The Rhetorical Turn in International Relations*, East Lansing : Michigan State University Press.

Chivallon, C., 2008, « La quête pathétique des postcolonial studies ou la révolution manquée », *Mouvements*, 51, 3, p. 32-39.

Choi, A., 2003, « The Power of Democratic Cooperation », *International Security*, 28, 1, p. 142-153.

Chouala, Y.-A., 2002, « Le paradigme du champ à l'épreuve de l'analyse internationaliste » *Revue internationale de sociologie*, 12, 3, p. 521-544.

Chowdry, G., 2002, « Postcolonial Interrogations of Child Labor : Human Rights, Carpet Trade, and Rugmark in India », dans G. Chowdry et S. Nair, (dir.), *Power, Postcolonialism and International Relations : Reading Race, Gender and Class,* Routledge : Londres, p. 225-253.

Chowdry, G. et S. Nair, (dir.), 2002, *Power, Postcolonialism and International Relations : Reading Race, Gender and Class*, Londres : Routledge.

Christensen, T. J., 1996, *Useful Adversaries : Grand Strategy, Domestic Mobilization, and Sino-American Conflict, 1947-1958*, Princeton : Princeton University Press.

Christiansen, T., K. E. Jørgensen et A. Wiener, 2001, « Introduction », dans T. Christiansen, K. E. Jørgensen et A. Wiener (dir.), *The Social Construction of Europe*, Londres : Sage Publications, p. 1-19.

CIISE, 2001, *La responsabilité de protéger*, Rapport de la Commission internationale de l'intervention et de la souveraineté des États, Ottawa : Centre de recherche pour le développement international.

Clarke, J., 2009 (9 février), « The End of Neo-Cons », BBC : *http://news.bbc.co.uk/2/hi/americas/7825039.stm*

Clarke, R., 2004, « Richard Clarke's testimony before the 9/11 Commission », *CBC News Online*, April 8, 2004 [www.cbc.ca/news/background/sep11/clarke.html].

Clarke, S., 1991, *Marx, Marginalism and Modern Sociology*, 2ᵉ éd., Londres : Macmillan.

Claude, I., L., 1956, *Swords into Plowshares. The Problem and Progress of International Organization,* New York : Random House.

Bibliographie

Claude, I., L., 1962, *Power and International Relations*, New York : Random House.

Clausewitz, C. von, 2006 [1831], *De la guerre*, édition abrégée, Paris : Perrin.

Coaffee, J. et D. M. Wood, 2006, « Security is Coming Home : Rethinking Scale and Constructing Resilience in the Global Urban Response to Terrorist Risk », *International Relations*, 20, 4, p. 503-517.

Cochran, M., 1999, *Normative Theory in International Relations. A Pragmatic Approach*, Cambridge : Cambridge University Press.

Cockburn, C., 2007, *From Where We Stand : War, Women's Activism, and Feminist Analysis*, Londres : Zed Books.

Cockburn, C., 2010, « Gender Relations as Causal in Militarization and War », *International Feminist Journal of Politics*, 12, 2, p. 129-157.

Cohen, G. A., 1978, *Karl Marx's Theory of History : A Defence*, Oxford : Oxford University Press.

Cohen, M., 1984, « Moral Skepticism and International Relations », *Philosophy and Public Affairs*, 13, 4, p. 299-346.

Cohen, M., T. Nagel et T. Scanlon (dir.), 1974, *War and Moral Responsibility*, Princeton : Princeton University Press.

Cohn, C., 1987, « Sex and Death in the Rational World of Defense Intellectuals », *Signs*, 12, 4, p. 687-718.

Cohn, C., 1998, « Gays in the Military : Texts and Subtexts », dans M. Zalewski et J. Parpart (dir.), 1998, *The « Man » Question in International Relations*, Boulder : Westview Press, p. 129-149.

Coicaud, J.-M. et D. Warner, 2001, « Introduction : Reflections on the Extent and Limits of Contemporary International Ethics », dans J.-M. Coicaud et D. Warner (dir.), *Ethics and International Affairs*, New York : United Nations University Press, p. 1-13.

Coker, C., 2002, *Waging War Without Warriors : The Changing Culture of Military Conflict*, Boulder : Lynne Rienner.

Coker, C., 2007, *The Warrior Ethos : Military Culture and the War on Terror*, Londres et New York : Routledge.

Coker, C., 2008, *Ethics and War in the 21st Century*, Londres : Routledge.

Coker, C., 2009, *War in an Age of Risk*, Malden, Polity.

Coleman, M., 2003, « The Naming of "Terrorism" and Evil "Outlaws" : Geopolitical Place-Making after September 11 », *Geopolitics*, 8, 3, p. 87-104.

Coleman, W. et G. Underhill (dir.), 1998, *Regionalism and Global Economic Integration : Europe, Asia and the Americas*, Londres : Routledge.

Collignon, B., 2007, « Note sur les fondements des Postcolonial Studies », *EchoGéo*, 1. (aussi disponible à wwww.echogeo.revues.org/index2089.html, consulté le 28 juillet 2009) Collins, R., 1986, *Weberian Sociological Theory*, New York : Cambridge University Press.

Collins, A., 2007, *Contemporary Security Studies*, Oxford, Oxford University Press.

Commons, J., 1959, *Legal Foundations of Capitalism*, Madison : University of Wisconsin Press.

Comninel, G. C., 1990, *Rethinking the French Revolution*, Londres / New York : Verso.

Comninel, G. C., 2000, « English Feudalism and the Origins of Capitalism », *The Journal of Peasant Studies*, 27, 4, p. 1-53.

Connolly, W. E., 1991, *Identity / Difference : Democratic Negociations of Political Paradox*, Ithaca : Cornell University Press.

Connolly, W. E., 1995, *The Ethos of Pluralization*, Minneapolis : University of Minnesota Press.

Connolly, W. E., 2005, *Pluralism*, Durham, Duke University Press.

Cooley, A. et H. Spruyt, 2009, *Contracting States : Sovereign Transfers and International Relations*, Princeton, Princeton University Press.

Copeland, D. C., 2000, « The Constructivist Challenge to Structural Realism », *International Security*, 25, 2, p. 187-212.

Courtois, S., 2006, « La guerre en Irak peut-elle être justifiée comme un cas d'intervention humanitaire ? », *Les ateliers de l'éthique*, 1, 1, p. 4-20.

Cox, M., 2003, « The Empire's Back in Town : Or America's Imperial Temptation – Again », *Millennium*, 32, 1, p. 1-28.

Cox, R. W, 1977, « Labor and Hegemony » *International Organization*, 31, 3, p. 385-42.

Cox, R. W., 1981, « Social Forces, States and World Order : Beyond International Relations Theory », *Millennium*, 10, 2, p. 126-155.

Cox, R. W., 1983, « Gramsci, Hegemony and International Relations : An Essay in Method », *Millennium*, 12, 2, p. 162-175.

Cox, R. W., 1986 [1981], « Social Forces, States and World Orders : Beyond International Relations Theory », dans R. O. Keohane (dir.), *Neorealism and its Critics*, New York : Columbia University Press, p. 204-254.

Cox, R. W., 1987, *Production, Power and World Order, Social Forces in the Making of History*, New York : Columbia University Press.

Cox, R. W., 1992, « Global Perestroika », dans R. Miliband et L. Panitch (dir.), *The Socialist Register : New World Order*, Londres : Merlin, p. 26-43.

Cox, R. W., 1993a, « Gramsci, Hegemony and International Relations : An Essay in Method », dans S. Gill (dir.), *Gramsci, Historical Materialism and International Relations*, Cambridge : Cambridge University Press.

Cox, R. W., 1993b, « Production and Security », dans D. Dewitt, D. Haglund et J. Kirton (dir.), *Building a New Global Order : Emerging Trends in International Security*, Toronto : Oxford University Press.

Cox, R. W., 1996, « Social Forces, States and World Orders : Beyond International Relations Theory », dans R. W. Cox et T. J. Sinclair (dir.), *Approaches to World Order*, Cambridge : Cambridge University Press, p. 85-123.

Cox, R. W., 1999, « Civil Society at the Turn of the Millennium », *Review of International Studies*, 25, p. 3-28.

Cox, R. W., 2001, « Structures sociales et autorité politique », dans D. Mercure (dir.), *Une société-monde ? Les dynamiques sociales de la mondialisation*, Québec : Les Presses de l'Université Laval.

Cox, R. W. et M. G. Schechter, 2002, *The Political Economy of a Plural World. Critical Reflections on Power, Morals and Civilization*, Londres / New York : Routledge.

Cox, R. W. et T. J. Sinclair, 1996, *Approaches to World Order*, Cambridge : Cambridge University Press.

Cox, W. S. et K. R. Nossal, 2009, « The "crimson world" : the Anglo core, the post-Imperial non-core, and the hegemony of American IR », dans A. B. Tickner et O. Wæver (dir.), *International Relations Scholarship Around the World*, New York : Routledge, p. 287-307.

Cozette, M., 2008, « Reclaiming the critical dimension of realism : Hans J. Morgenthau on the ethics of scholarship », *Review of International Studies*, 28, 1, p. 5-27.

Crawford, R. M. A. et D. S. L. Jarvis (dir.), 2001, *International Relations — Still an American Science ? Toward Diversity in International Thought*, Albany : State University of New York Press.

Crenshaw, K., 1989, « Demarginalizing the Intersection of Race and Sex : A Black Feminist Critique of Antidiscrimination Doctrine, Feminist Theory, and Antiracist Politics », *University of Chicago Legal Forum*, 14, p. 538-554.

Croft, S., 2006, *Culture, Crisis and America's War on Terror*, Cambridge : Cambridge University Press.

Croser, C., 2007, « Networking Security in the Space of the City : Event-ful Battlespaces and the Contingency of the Encounter », *Theory & Event*, 10, 2, http : / / muse.jhu.edu / login?-uri=/journals/theory_and_event/v010/10.2croser.html.

Croxton, D., 1998, « A Territorial Imperative ? The Military Revolution, Strategy and Peacemaking in the Thirty Years War », *War in History*, 5, p. 253-279.

Cudworth, E. et S. Hobden, 2009, « More than a Metaphor ? Complexity in the Social Sciences », *International Journal of Interdisciplinary Social Sciences*, 4, 4, p. 59-70.

Cutler, A. C., 2002, « Critical Historical Materialism and International Law : Imagining International Law as Practice », dans S. Hobden et J. M. Hobson (dir.), *Historical Sociology of International Relations*, Cambridge : Cambridge University Press, p. 181-199.

D'Aoust, A.-M., 2004, « Un dilemme de sexualité / sécurité : la logique identitaire américaine face à la menace épidémique en Afrique », *Cultures & Conflits*, 54, p. 11-40.

D'Aoust, A.-M., 2005, *L'« ABC » d'une économie politique de la sécurité : pour une analyse féministe des politiques américaines de lutte contre le VIH / sida en Afrique subsaharienne sous l'administration de George W. Bush*, mémoire, Université du Québec à Montréal.

D'Aoust, A-M, 2010, « Circulation of Desire : The Security Governance of the International « Mail-Order Brides X Industry », dans M. de Larringa et M. Doucet (dir.), *Security and Global Governmentality*, Londres : Routlege, p. 113-131.

D'Costa, B. et K. Lee-Koo (dir.), 2009, *Gender and Global Politics in the Asia-Pacific*, New York : Palgrave Macmillan.

Daase, C. et O. Kessler, 2007, « Knowns and Unknowns in the "War on Terror" : Uncertainty and the Political Construction of Danger », *Security Dialogue*, 38, 1, p. 411-434.

Dalby, S., 1998, « Environmental Geopolitics : Nature, Security and the Democratic Peace », communication présentée à la 39ᵉ réunion de l'*International Studies Association*, Minneapolis.

Dalby, S., 2002, *Environmental Security*, Minneapolis : University of Minnesota Press.

Dalby, S., 2009, *Security and Environmental Change* : Cambridge, Polity.

Dallmayr, F., 1997, « The Politics of Nonidentity, Adorno, Postmodernism — And Edward Saïd », *Political Theory*, 25, 1, p. 3-56.

Daly, M., 1990, *Gyn / Ecology : The Metaethics of Radical Feminism*, Boston : Beacon Press.

Daly, M., 1993, *Beyond God the Father : Toward a Philosophy of Women's Liberation*, Boston : Beacon Press.

Danielson, P., 1973, « Theories, Intuitions and the Problem of World-Wide Distributive Justice », *Philosophy of the Social Sciences*, 3, 4, p. 331-340.

Darby, P., 2006, *Postcolonizing the international : working to change the way we are*, Honolulu : University of Hawaii Press.

Dartnell, M., 2005, « The Dynamics of Televisual Power in the 2003 Iraq War : Global Presence and Communicative Practice », texte présenté dans le cadre de la 46ᵉ rencontre annuelle de l'*International Studies Association* (ISA), Honolulu, Hawaï, 1-5 mars [http : / / convention2.allacademic.com / one / isa / isa05 / index.php ?cmd=isa05].

Dauphinée, E., 2007, « The Politics of the Body in Pain : Reading the Ethics of Imagery », *Security Dialogue*, 38, 2, p. 139-155.

Davies, M., 2005, « The Public Sphere of Unprotected Workers », *Global Society*, 19, 2, p. 131-154.

Davis, K., 2008, « Intersectionality as Buzzword : A Sociology of Science Perspective on what Makes a Feminist Theory Successful », *Feminist Theory*, 9, 1, p. 67-85.

Davis, R. M., 2009, *A Politics of Understanding : The International Thought of Raymond Aron*, Baton Rouge : Louisiana State University Press.

de Carvalho, B., 2006, « War Hurts : Vietnam Movies and the Memory of a Lost War », *Millennium*, 34, 3, p. 951-962.

de Goede, M., 2005, *Virtue, Fortune, and Faith : A Geneaology of Finance*, Minneapolis : University of Minnesota Press.

de Goede, M., 2008, « Beyond Risk : Premediation and the Post-9/11 Security Imaginar », *Security Dialogue*, 39, 2-3, p. 155-176.

De Groot, J., 2004, « Brothers of the Iranian Race : Manhood, Nationhood, and Modernity in Iran c. 1870-1914 », dans S. Dudnik, K. Hagemann et J. Tosh (dir.), *Masculinities in Politics and War*, Manchester : Manchester University Press, p. 137-156

Bibliographie

de Nevers, R., 2004, «The Sovereignty Norm and the War on Terror : A Hegemon Meets International Society» Communication présentée au congrès de l'*International Studies Association*, Montréal, mars.

Debrix, F. (dir.), 2003, *Language, Agency, and Politics in a Constructed World*, Armonk et Londres : M.E. Sharpe.

Debrix, F., 2005, «Kill Bill, Volume I and Volume II», *Millennium, 34*, 2, p. 553-557.

Debrix, F., 2006, «The Sublime Spectatorship of War : The Erasure of the Event in America's Politics of Terror and Aesthetics of Violence», *Millennium, 34* 3, p. 767-791.

Debrix, F., 2008, *Tabloid Terror : War, Culture, and Geopolitics*, New York : Routledge.

Debrix, F. et A. Barder, 2009, «Nothing to Fear but Fear : Governmentality and the Biopolitical Production of Terror», *International Political Sociology*, 3, 4, p. 398-413.

Debrix, F. et M. Lacy (dir.), 2009, *Geopolitics of American Insecurity : Terror, Power, and Foreign Policy*, Londres : Routledge.

Deitelhoff, N. et H. Müller, 2005, «Theoretical paradise – empirically lost ? Arguing with Habermas», *Review of International Studies*, 31, p. 167-179.

Delanty, G., 1997, *Social Science : Beyond Constructivism and Realism*, Minneapolis : University of Minnesota Press.

Delphy, C., 1981, «For a Materialist Feminism», *Feminist Issues*, 1, 2, p. 69-76.

Deng Xiao-Ping, 1985 [1974], «La théorie des trois mondes», dans C. Zorgbibe (dir.), *Textes de politique internationale depuis 1945*, Paris : PUF, coll. «Que sais-je ?», p. 87-95.

Denis, H., 1966, *Histoire de la pensée économique*, Paris : PUF.

Denzin, N. K. et Y. S. Lincoln (dir.), 1994, *Handbook of Qualitative Research* Thousand Oaks : Sage

Der Derian, J., 1987, *On Dipomacy : A Genealogy of Western Estrangement*, Oxford : Basil Blackwell.

Der Derian, J., 1993, «The Value of Security : Hobbes, Marx, Nietzsche, and Baudrillard», dans D. Campbell et M. Dillon (dir.), *The Political Subject of Violence*, Manchester / New York : Manchester University Press, 1993, p. 94-113.

Der Derian, J., 1995, «The value of security : Hobbes, Marx, Nietsche, and Baudillard», dans R. D. Lipschutz (dir.), *On Security*, New York : Columbia University Press, p. 24-45.

Der Derian, J., 1997, «Post-Theory : The Eternal Return of Ethics in International Relations», dans M. W. Doyle et G. J. Ikenberry (dir.), *New Thinking in International Relations Theory*, Boulder : Westview Press, p. 54-76.

Der Derian, J., 2003, «The Question of Information Technology in International Relations», *Millennium*, 32, 3, p. 441-456.

Der Derian, J., 2008, «The Desert of the Real and the Simulacrum of War», *International Affairs*, 84, 5, p. 931-948.

Der Derian, J., 2009, *Virtuous War : Mapping the Military-Industrial-Media-Entertainment Network*, 2ᵉ éd., Londres et New York : Routledge.

Der Derian, J. et M. J. Shapiro (dir.), 1989, *International / Intertextual Relations : Postmodern Readings in World Politics*, Lexington et Toronto : Lexington Books.

Derrida, J., 1994, *Force de loi*, Paris : Galilée.

Derrida, J. et J. Habermas, 2004, *Le « concept » du 11 septembre. Dialogues à New York (octobre-décembre 2001) avec Giovanna Borradori*, Paris : Galilée.

Desch, M. C., 1998, «Culture Clash : Assessing the Importance of Ideas in Security Studies», *International Security*, 23, 1, p. 141-170.

Desch, M. C., 1999, «The Author Replies», *International Security*, 24, 1, p. 172-180.

Desch, M. C., 2002, «Democracy and Victory : Why Regime Type Hardly Matters», *International Security*, 27, 2, p. 5-47.

Detraz, Nicole, 2009, «Environmental Security and Gender : Necessary Shifts in an Evolving Debate», *Security Studies*, 18, 2, p. 345-369.

Deutsch, K. W., 1961, «Social Mobilization and Political Devlopment», *American Political Science Review*, LV, 3, p. 493-514.

Deutsch, K. W., 1966, *Nationalism and Social Communication*, 2ᵉ éd., Cambridge : MIT Press.

Deutsch, K. W., 1968, *The Analysis of International Relations*, Englewood Cliffs : Prenctice-Hall.

Deutsch, K. W., S. A. Burrell, R. A. Kann, M. Lee Jr., M. Lichterman, R. E. Lindgren, F. L. Loewenheim et R. W. Van Wagenen, 1957, *Political Community and the North Atlantic Area : International Organization in the Light of Historial Experience*, Princeton : Princeton University Press.

Devetak, R., 1996, «Postmodernism», dans S. Burchill et A. Linklater (dir.), *Theories of International Relations*, New York : St. Martin's Press, p. 179-209.

Devetak, R., 2001, «Critical Theory», dans S. Burchill *et al.*, *Theories of International Relations*, 2ᵉ éd., Londres : Palgrave, p. 155-180.

Devetak, R., 2005a, «The Gothic Scene of International Relations : Ghosts, Monsters, Terror and the Sublime After September 11», *Review of International Studies*, 31, 4, p. 621-643.

Devetak, R., 2005b, «Critical Theory», dans S. Burchill *et al.*, *Theories of International Relations*, 3ᵉ éd., Basingstoke : Palgrave, p. 137-160.

Devetak, R., 2005c, «Postmodernism», dans S. Burchill *et al.*, *Theories of International Relations*, 3ᵉ éd., Basingstoke : Palgrave, p. 161-187.

Devetak, R., 2007, «Between Kant and Pufendorf : Humanitarian Intervention, Statist anti-cosmopolitanism and Critical International Theory», *Review of International Studies*, 33, p. 151-174.

Devine, F, 2002, «Qualitative Methods», dans D. Marsh et G. Stoker (dir.), *Theory and Methods in Political Science*, 2ᵉ édition, Basingstoke / New York : Palgrave Macmillan, p. 197-215.

Devlen, B. et Ö. Özdamar, «Neoclassical Realism and Foreign Policy Crises», dans A. Freyberg-Inan, E. Harrison et P. James (dir.), *Rethinking Realism in International Relations : Between Tradition and Innovation*, Baltimore : The Johns Hopkins University Press, p.136-163.

Dexter, H., 2008, «The "New War on Terror", Cosmopolitanism and the "Just War" Revival », *Government and Opposition*, 43, 1, p. 55-78.

Dezalay, Y., 2007, « De la défense de l'environnement au développement durable. L'émergence d'un champ d'expertise des politiques européennes», *Actes de la recherche en sciences sociales*, 166-167, p. 66-79.

Dezalay, Y. et B. G. Garth, 2002, *La mondialisation des guerres de palais*, Paris : Seuil.

Deziel, P.-L., 2008, «La naissance de la biosécurité», *Raisons politiques*, 32, 4, p. 77-93.

Diez, T. et J. Steans, 2005, «A Useful Dialogue ? Habermas and International Relations», *Review of International Studies*, 31, p. 127-140.

Dillon, M., 1996, *Politics of Security : Towards a Political Philosophy of Continental Thought*, Londres : Routledge.

Dillon, M., 2007, « Governing Terror : The State of Emergency of Biopolitical Emergence», *International Political Sociology*, 1, 1, p. 7-28.

Dillon, M., 2008, « Underwriting Security », *Security Dialogue*, 39, 3, p. 309-332.

Dillon, M. et L. Lobo-Guerrero, 2008, «Biopolitics of Security in the 21ˢᵗ Century : An Introduction», *Review of International Studies*, 34, 2, p. 265-292.

Dirlik, A., 1999, «How the Grinch Hijacked Radicalism : Further Thoughts on the Postcolonial», *Postcolonial Studies*, 2, 2, p. 149-163.

Dittmer, J., 2005, «Captain America' Empire : Reflections on Identity, Popular Culture, and Post-9/11 Geopolitics», *Annals of the Association of American Geographers*, 95, 3, p. 626-643.

Dittmer, J., 2010, *Popular Culture, Geopolitics, and Identity*, Lanham : Rowman & Littlefield Publishers.

Dixon, W. J., 1993, «Democracy and the Management of International Conflict», *Journal of Conflict Resolution*, 37, 1, p. 42-68.

Dixon, W. J., 1994, «Democracy and the Peace Settlement of International Conflict», *American Political Science Review*, 88, p. 14-32.

Dodds, K., 2007, «Steve Bell's Eye : Cartoons, Geopolitics and the Visualization of the "War on Terror"», *Security Dialogue*, 38, 2, p. 157-77.

Dodds, K., 2008a, «"Have You Seen Any Good Films Lately ?" Geopolitics, International Relations and Film», *Geography Compass*, 2, 2, p. 476-494.

Dodds, K., 2008b, « Screening Terror : Hollywood, the United States and the Construction of Dange », *Critical Studies on Terrorism*, 1, 2, p. 227-243.

Donnelly, J., 1992, «Twentieth-Century Realism», dans T. Nardin et D. R. Mapel (dir.), *Traditions of International Ethics*, Cambridge : Cambridge University Press, p. 85-111.

Donnelly, J., 2000, *Realism and International Relations*, Cambridge : Cambridge University Press.

Dos Santos, T., 1971, «The Structure of Dependence», dans K. T. Fann et D. C. Hodges (dir.), *Readings in U. S. Imperialism*, Boston : Porter Sargent Publisher, p. 225-236.

Dosse, F., 1992, *Histoire du structuralisme. Tome 1 : Le champ du signe, 1945-1966*, Paris : La Découverte, 1992.

Doucet, M., 2005, «Child's Play : The Political Imaginary of International Relations and Contemporary Popular Children's Film», *Global Society*, 19, 3, p. 289-306.

Dougherty, J. E. et R. L. Pfaltzgraff, 2001, *Contending Theories of International Relations*, 5ᵉ éd., New York : Longman.

Downing, B. M., 1988, «Constitutionalism, Warfare, and Political Change in Early Modern Europe», *Theory and Society*, 17, 1, p. 7-56.

Downing, B. M., 1992, *The Military Revolution and Political Change*, Princeton : Princeton University Press.

Doyle, M. W., 1983, «Kant, Liberal Legacies and Foreign Affairs», *Philosophy and Public Affairs*, 12, 3 et 4, p. 205-235 et 323-353.

Doyle, M. W., 1986, «Liberalism and World Politics», *American Political Science Review*, 80, 4, p. 1151-1169.

Doyle, M. W., 1997, *Ways of War and Peace*, New York : Norton.

Doyle, M. W., 1999, «A Liberal View : Preserving and Expanding the Liberal Pacific Union», dans T. V. Paul et J. A. Hall (dir.), *International Order and the Future of World Politics*, Cambridge : Cambridge University Press, p. 41-66.

Doyle, M. W., 2000, «A More Perfect Union ? The Liberal Peace and the Challenge of Globalization», *Review of International Studies*, 26, p. 81-94.

Drainville, A., 1994, «International Political Economy in the Age of Open Marxism», *Review of International Political Economy* 1, 1, p. 105-132.

Drainville, A., 2002, «Quebec City 2001 and the Making of Transnational Subjects», dans L. Panitch et C. Leys (dir.), *Socialist Register 2002 – A World of Contradictions*, Londres : Merlin.

Dray, W., 1957, *Laws and Explanation in History*, Oxford : Oxford University Press.

Dueck, C., 2009, «Neoclassical realism and the national interest : presidents, domestic politics, and major military interventions», dans S. E. Lobell,, N. M. Ripsman et J. W. Taliaferro (dir.), *Neoclassical Realism, the State and Foreign Policy*, Cambridge : Cambridge University Press, p. 139-169.

Duffield, M., 2007, «Development, Territories, and People : Consolidating the External Sovereign Frontier», *Alternatives*, 32, 2, p. 225-46.

Dufour, F. G. et S. Rioux, 2008, «La sociologie historique de la théorie des relations sociales de propriété», *Actuel Marx*, 43, p. 110-139.

Dufour, F. G. et É. Pineault, 2009, « Quelle théorie du capitalisme pour quelle théorie de la reconnaissance ? », *Politique et sociétés*, 28, 3, p. 75-99.

Duncanson, C. et C. Eschle, 2008, « Gender and the Nuclear Weapon State : A Feminist Critique of the UK Government's White Paper on Trident », *New Political Science*, 30, 4, p. 545-563.

Dunn, K. C., 2008, « Never Mind the Bollocks : The Punk Rock Politics of Global Communication », *Review of International Studies*, 34, 1, p. 193-210.

Dunne, T., 1995, «The Social Construction of International Society », *European Journal of International Relations*, 1, 3, p. 367-389.

Dunne, T., 1998, *Inventing International Society. A History of the English School*, Londres/Oxford : Macmillan et St Antony's College.

Dunne, T., 2000, «Theories as Weapons : E. H. Carr and International relations », dans M. Cox, (dir.), *E. H. Carr : A Critical Appraisal*, Londres : Palgrave MacMillan, p. 217-233.

Dunne, T., 2005, « Liberalism », dans J. Baylis et S. Smith (dir.), *The Globalization of World Politics*, 3ᵉ éd., Oxford : Oxford University Press, p. 185-203.

Dunne, T., 2007, «The English School », dans T. Dunne, M. Kurki et S. Smith (dir.), *International Theories : Discipline and Diversity*, Oxford : Oxford University Press, p. 127-147.

Dunne, T., M. Kurki et S. Smith (dir.), 2007, *International Theories : Discipline and Diversity*, Oxford : Oxford University Press.

Dunne, T. et B. C. Schmidt, 2005, « Realism », dans J. Bayliss et S. Smith (dir.), *The Globalization of World Politics : An Introduction to International Relations*, 3ᵉ éd., Oxford : Oxford University Press, p. 161-183

Dunne, T. et N. J. Wheeler, 1996, « Hedley Bull's pluralism of the intellect and solidarism of the will », *International Affairs*, 72, 1, p. 91-107.

Durkheim, E., 1988 [1894] « Qu'est ce qu'un fait social ? », dans E. Durkheim, *Les règles de la méthode sociologique*, Paris : Flammarion, p. 18-23..

Eber, Nicolas, 2006, *Le dilemme du prisonnier*, Paris : La Découverte.

Editors, 1997, « Special Issue : Ethics and International Relations », *Millennium*, 27, 3, p. iv.

Edkins, J. et V. Pin-Fat, 2005, «Through the Wire : Relations of Power and Relations of Violence », *Millennium*, 34, 1, p. 1-24.

Edkins, J. V., 1999, *Poststructuralism and International Relations. Bringing the Political Back In*, Boulder : Lynne Rienner Publishers.

Edkins, J. V., 2002, «After the Subject of International Security », dans A. Finlayson et J. Valentine (dir.), *Politics and Post-Structuralism : An Introduction*, Édimbourg : Edinburgh University Press, p. 66-68.

Edkins, J. V., N. Persram et V. Pin-Fat (dir.), 1999, *Sovereignty and Subjectivity*, Boulder/Londres : Lynne Rienner Publishers, p. 117-40.

Edkins, J., V. Pin-Fat et M. J. Shapiro, 2004, *Sovereign Lives : Power in Global Politics*, New York/Londres : Routledge.

Egan, D., 2001, «The Limits of Internationalization : A Neo-Gramscian Analysis of the Multilateral Agreement on Investment », *Critical Sociology*, 27, 3, p. 74-97.

Ehrenreich, B. et A.R. Hochschield (dir.), 2004, *Global Woman : Nannies, Maids, and Sex Workers in the New Economy*, New York : Metropolitan/Owl Books.

Ehrman, J., 1995, *The Rise of Neoconservatism : Intellectuals and Foreign Affairs (1945-1994)*, New Haven : Yale University Press.

Eichengreen, B., 2003, *Capital Flows and Crises*, Londres : MIT Press.

EJRI, 2010, «The 50 Most Widely-Read Articles », *European Journal of International Relations*, http://ejt.sagepub.com/reports/mfr1.dtl

Elbe, S., 2008, « Risking Lives : AIDS, Security and Three Concepts of Risks », *Security Dialogue*, 39, 2-3, p. 177-198.

Elhefnawy, N., 2004, « Societal Complexity and Diminishing Returns in Security », *International Security*, 29, 1, p. 152-174.

Elias, J., 2008, « Introduction : Hegemonic Masculinities in International Politics », *Men and Masculinities*, 10, 4, p. 383-388.

Elias, N., 1997, «Toward a Theory of Social Process : an Introduction », *British Journal of Sociology*, 48, 3, p. 355-383.

Elman, C., 1996, « Horses for Courses : Why *Not* Neorealist Theories of Foreign Policy ? », *Security Studies*, 6, 1, p. 7-53.

Elman, C. et M. F. Elman (dir.), 2003a, *Progress in International Theory : Appraising the Field*, Cambridge/Londres : MIT Press.

Elman, C. et M. F. Elman, 2003b, « Lessons from Lakatos », dans C. Elman et M. F. Elman (dir.), *Progress in International Theory : Appraising the Field*, Cambridge/Londres : MIT Press, p. 21-68.

Elshtain, J. B., 1987, *Women and War*, New York : Basic Books.

Elshtain, J. B., 1992, « Sovereignty, Identity, Sacrifice », dans V. S. Peterson (dir.), *Gendered States : Feminist (Re)Visions of International Relations Theory*, Boulder/Londres : Lynne Rienner Publishers, p. 141-154.

Elshtain, J. B., 1993, *Public Man, Private Woman : Women in Social and Political Thought*, 2ᵉ éd., Princeton : Princeton University Press.

Elster, J., 1982, « Marxism, Functionalism and Game Theory : The Case for Methodological Individualism », *Theory and Society*, 11, 4, p. 453-482.

Elster, J. 1986, « Marxist Methodology », dans J. Elster., *An Introduction to Karl Marx*, Cambridge : Cambridge University Press, p. 21-40

Eltis, D., 1995, *The Military Revolution in Sixteenth-Century Europe*, Londres/New York : I. B. Tauris.

Bibliographie

Emmanuel, A., 1969, *L'échange inégal : essai sur les antagonismes dans les rapports économiques internationaux*, Paris : Maspero, 1969.

Engels, F., 1976a [1883], «Discours sur la tombe de Karl Marx», dans K. Marx et F. Engels, *Œuvres choisies en trois volumes. Tome III*, Moscou : Éditions du Progrès, p. 167-169.

Engels, F., 1976b [1884], *L'origine de la famille, de la propriété privée et de l'État*, dans K. Marx et F. Engels, *Œuvres choisies en trois volumes. Tome III*, Moscou : Éditions du Progrès, p. 1, 198-348.

Engels, F., 1976c [1890], «Lettre à Joseph Bloch», dans K. Marx et F. Engels, *Œuvres choisies en trois volumes. Tome III*, Moscou : Éditions du Progrès, p. 509-511.

Enloe, C., 1983, *Does Khaki Become You ? : The Militarisation of Women's Lives*, Boston : South End Press.

Enloe, C., 1989, *Bananas, Beaches and Bases*, Berkeley : California University Press.

Enloe, C., 1996, «Margins, Silences, and Bottom Rungs : How to overcome the Underestimation of Power in the Study of International Relations», dans S. Smith, K. Booth et M. Zalewski (dir.), *International Theory : Positivism and Beyond*, Cambridge : Cambridge University Press, p. 186-202.

Enloe, C., 2000, *Maneuvers : The International Politics of Militarizing Women's Lives*, Berkeley : University of California Press.

Enloe, C., 2004, *The Curious Feminist : Searching for Women in a New Age of Empire*, Berkeley/Los Angeles : University of California Press.

Epp, R., 1998, «The English School on the Frontiers or International Society : A Hermeneutic Recollection», *Review of International Studies*, 24, p. 47-63.

Epstein, C., 2007, «Guilty Bodies, Productive Bodies, Destructive Bodies : Crossing the Biometric Borders», *International Political Sociology*, 1, 2, p. 149-164.

Ertman, T., 1997, *Birth of the Leviathan : Building States and Regimes in Medieval and Early Modern Europe*, Cambridge : Cambridge University Press.

Escobar, A., 1992, *Encountering Development*, Boulder : Westview Press.

États-Unis, 2002, *The National Security Strategy of the United States of America*, Washington : National Security Council.

Evans, P. B., D. Rueschemeyer et T. Skocpol, 1985, *Bringing the State Back In*, New York : Cambridge University Press.

Evans, T. et P. Wilson, 1992, «Regime Theory and the English School of International Relations : A Comparison», *Millennium*, 21, 3, p. 329-351.

Fanon, F., 1990 [1952], *Peau noire, masques blancs*, Paris : Seuil.

Fanon, F., 2004 [1961], *Les damnés de la terre*, Paris : La Découverte.

Farber, H. S. et J. Gowa, 1995, «Polities and Peace», *International Security*, 20, 2, p. 123-146.

Farrell, T., 2002, «Constructivist Security Studies : Portrait of a Research Program», *International Studies Review*, 4, 1, p. 49-72.

Fawn, R. et J. Larkins, 1996, «International Society After the Cold War : Theoretical Interpretations and Practical Implications», dans R. Fawn et J. Larkins, *International Society After the Cold War. Anarchy and Order Reconsidered*, Londres/New York : Macmillan Press et St. Martin's Press, p. 1-28.

Fearon, J. et A. Wendt, 2002, «Rationalism vs. Constructivism : A Skeptical View», dans W. Carlsnaes, T. Risse et B. A. Simmons (dir.), *Handbook of International Relations*, Londres : Sage Publications.

Feaver, P. D., G. Hellmann, R. L. Schweller, J. W. Taliaferro, W. C. Wohlforth, J. W. Legro et A. Moravcsik, 2000, «Brother, Can You Spare a Paradigm ? (Or Was Anybody Ever a Realist ?)», *International Security*, 25, 1, p. 165-193.

Femia, J., 2005, «Gramsci, Machiavelli and International Relations», *Political Quarterly*, 76, 3, p. 341-349.

Ferguson, M. L. et L. J. Marso, 2007, *W Stands For Women : How The George W. Bush Presidency Shaped a New Politics of Gender*, Durham : Duke University Press.

Ferguson, N., 2004, *Colossus : The Rise and Fall of the American Empire*, Londres : Penguin Books.

Feyerabend, P., 1988 [1975], *Contre la méthode, Esquisse d'une théorie anarchiste de la connaissance*, Paris : Seuil.

Fichte, J. G., 1980 [1800], *L'état commercial fermé*, Lausanne : L'Age d'homme.

Fierke, K. M., 2001, «Critical Methodology and Constructivism», dans K. M. Fierke et K. E. Jørgensen (dir.), *Constructing International Relations : the next generation*, Armonk/Londres : M. E. Sharpe, p. 115-135.

Fierke, K. M., 2007, «Constructivism», dans T. Dunne, M. Kurki et S. Smith (dir.), *International Relations Theories : Discipline and Diversity*, Oxford/New York : Oxford University Press, p. 166-184.

Finnemore, M., 1996, *National Interests in International Society*, Ithaca : Cornell University Press.

Finnemore, M. et K. Sikkink, 1998, «International Norm Dynamics and Political Change», *International Organization*, 52, 4, p. 887-917.

Finocchiaro, M. A., 2006, «Gramsci, the First World War, and the Problem of Politics vs Religion vs Economic in War», dans Bieler, A. et A. D. Morton (dir.), *Images of Gramsci : Connections and Contentions in Political Theory and International Relations*, Londres/New York : Routledge, p. 13-25.

Fish, S., 1980, *Is There a Text in This Class ? The Authority of Interpretive Communities*, Cambridge/Londres : Harvard University Press.

Fishkin, J., 1986, «Theories of Justice and International Relations : The Limits of Liberal Theory», dans A. Ellis (dir.), *Ethics and International Relations*, Manchester : Manchester University Press, p. 1-11.

Bibliographie

Floyd, R., 2007, «Towards a Consequentialist Evaluation of Security : Bringing together the Copenhagen School of Security Studies and the Welsh School of Security Studies», *Review of International Studies*, 33, 2, p. 327-50.

Fordham, B. O. et T. C. Walker, 2005, «Kantian Liberalism, Regime Type, and Military Resource Allocation : Do Democracies Spend Less ?», *International Studies Quarterly*, 49, 1, p. 141-157.

Fortmann, M., 2000, «À l'Ouest rien de nouveau ? Les théories sur l'avenir de la guerre au seuil du XXIᵉ siècle», *Études Internationales*, XXXI, 1, p. 57-90.

Foucault, M., 1977 [2001], «Entretien avec Michel Foucault», dans *Dits et écrits II, 1976-1988*, Paris : Quarto Gallimard, p. 140-60.

Foucault, M., 1997 [1976], *Il faut défendre la société*, Paris : Seuil / Gallimard.

Fowlkes, D., 1987, «Feminist Epistemology is Political Action», dans M. Falco (dir.), *Feminism and Epistemology : Approaches to Research in Women and Politics*, New York : Haworth Press.

Fox, M.-J., 2004, «Girl Soldiers : Human Security and Gendered Insecurity», *Security Dialogue*, 35, 4, p. 465-479.

Fox, A. B, A. Baker, O. Hero et J. S. Nye Jr. (dir.), 1976, *Canada and the United States : Transnational and Transgovernmental Relations*, New York : Columbia University Press.

Frachon, A. et D. Vernet, 2004, *L'Amérique messianique : Les guerres des néo-conservateurs*, Paris : Seuil.

Franceschet, A. et D. Long, 2000, «Taking Liberalism Seriously : Liberal International Theory in an Age of Globalization», Communication présentée à la 41ᵉ Réunion de l'International Studies Association, Los Angeles, 1ᵉʳ au 8 mars.

Frank, A. G., 1966, «The Development of Underdevelopment», *Monthly Review*, 18, p. 17-31.

Frank, A. G., 1969, *Capitalism and Underdevelopment in Latin America*, New York : Monthly Review Press.

Frank, A. G. et B. K. Gills (dir.), 1996, *The World System : Five Hundred Years or Five Thousand ?*, Londres : Routledge.

Frankel, B., 1996, «Restating the Realist Case», dans B. Frankel (dir.), *Realism : Restatements and Renewal*, Londres / Portland : Frank Cass, p. ix-xx.

Freedman, L., 1998, «International Security : Changing Targets», *Foreign Policy*, 110, p. 48-63.

Freedman, L., 2005, «The Politics of Warning : Terrorism and Risk Communication», *Intelligence and National Security*, 20, p. 379-418.

Frei, C., 2001, *Hans J. Morgenthau : An Intellectual Biography*, Baton Rouge : Louisana State University Press.

Freyberg-Inan, A., 2004, *What Moves Man : The Realist Theory of International Relations and Its Judgement of Human Nature*, New York : State of New York University Press.

Freyberg-Inan, A., E. Harrison et P. James, 2009, «What Way Forward for Contemporary Realism ?», dans A. Freyberg-Inan, E. Harrison et P. James (dir.), *Rethinking Realism in International Relations : Between Tradition and Innovation*, Baltimore : The Johns Hopkins University Press, p. 1-18.

Frieden, J., 2006, *Global Capitalism : Its Fall and Rise in the Twentieth Century*, New York : Norton & Company.

Friedrichs, J., 2004, *European Approaches to International Relations Theory : A House with Many Mansions*, Londres : Routledge.

Friedrichs, J. et O. Wæver, 2009, «Western Europe : structure and strategy at the national and regional levels», dans A. B. Tickner et O. Wæver (dir.), *International Relations Scholarship Around the World*, New York : Routledge, p. 261-286.

Frost, B.-P., 1997, «Resurrecting a neglected theorist : the philosophical foundations of Raymond Aron's theory of international relations», *Review of International Studies*, 23, 2, p. 143-166

Frost, B.-P., 2006, «Better Late Than Never : Raymond Aron's Theory of International Relations and Its Prospects in the Twenty-First Century», *Policy and Politics*, 34, 3, 506-531.

Frost, M., 1986, *Towards a Normative Theory of International Relations*, Cambridge : Cambridge University Press.

Frost, M., 1996, *Ethics in International Relations : A Constitutive Theory*, Cambridge : Cambridge University Press.

Frum, D. et R. Perle, 2003, *An End of Evil : How to Win the War on Terror*, New York : Random House.

Fukuyama, F., 1992, *La fin de l'histoire et le dernier homme*, Paris : Flammarion.

Fukuyama, F., 2005, State Building – Gouvernance et ordre du monde au XXIᵉ siècle, Paris : La table ronde.

Fukuyama, F., 2006a, *America at the Crossroads : Democracy and the Neoconservative Legacy*, New Haven : Yale University Press.

Fukuyama, F., 2006b, «After Neoconservatism», *The New York Times* : www.nytimes.com/2006/02/19/magazine/neo.html?ei=5090&en=4126fa38fefd80de&ex=1298005200&partner=rssuserland&emc=rss&pagewanted=all

Fukuyama, F. et A. Garfinkle, 2006, «A Better Idea», *Wall Street Journal* : www.opinionjournal.com/editorial/feature.html?id=110008147

G. Brown et G. Yule, 1983, *Discourse analysis*, Cambridge : Cambridge University Press.

Gaddis, J. L., 1992/1993, «International Relations Theory and the End of the Cold War», *International Security*, 17, 3, p. 5-58.

Gaddis, J. L., 2005, *The Cold War : A New History*, New York : Penguin.

Gagnon, M. et D. Hébert, 2000, *En quête de science. Introduction à l'épistémologie*, Montréal : Fides.

Gaon, S., 2004, «Judging Justice : The Strange Responsibility of Deconstruction», *Philosophy & Social Criticism*, 30, 1, p. 97-114.

Geertz, C., 1973, «Thick Description : Toward an Interpretive Theory of Culture», *The Interpretation of Cultures : Selected Essays*, New York : Basic Books : 3-30.

Gellner, E., 1997, *Nationalism*, New York : New York University Press.

George, J, 1994, *Discourses of Global Politics : A Critical (Re)Introduction to International Relations*, Boulder : Lynne Rienner Publishers.

George, J. et D. Campbell, 1990, « Patterns of Dissent and the Celebration of Difference : Critical Social Theory and International Relations », *International Studies Quarterly*, 34, 3, p. 269-293.

George, J., 2005, « Leo Strauss, Neoconservatism and US Foreign Policy : Esoteric Nihilism and the Bush Doctrine », *International Politics*, 42, 2, p. 174-202.

George, L. N., 2005, « Pharmacotic War and the Ethical Dilemmas of Engagement », *International Relations*, 19, 1, p. 115-125.

George, A. L et A. Bennett, 2005, *Case Studies Research and Theory Development in the Social Sciences,* Cambridge : MIT Press.

George, A. L. et T. McKeown, 1985, « Case Studies and Theories of Organizational Decision-Making », dans R. Coulam et R. Smith (dir.), *Advances in Information Processing in Organizations,* Tome 2, Greenwich : JAI Press, p. 21-58.

Germain, R. D. et M. Kenny, 1998, « Engaging Gramci : international relations theory and the new Gramscians », *Review of International Studies*, 24, 3, p. 3-21.

Gerschenkron, A., 1962, *Economic Backwardness in Historical Perspective*, Cambridge : Harvard University Press.

Gerson, M. (dir.), 1996, *The Essential Neoconservative Reader*, Reading : Perseus Books.

Gerson, M., 1997, *The Neoconservative Vision : from the Cold War to the Culture Wars*, Lanham : Madison Books.

Gerstenberger, H., 2007, *Impersonal Power : History and Theory of the Bourgeois State*, Leiden : Brill.

Gheciu, A., 2005, *NATO in the « New Europe » : The Politics of International Socialization After the Cold War*, Stanford, Stanford University Press.

Gibbons, M., 1987, *Interpreting Politics*, New York : New York University Press.

Giddens, A., 1979, *Central Problems in Social Theory : Agency, Structure and Contradiction in Social Analysis*, Londres, Macmillan.

Giddens, A., 1981, *A Contemporary Critique of Historical Materialism*, Berkeley : University of California Press.

Giddens, A., 1987 [1984], *La constitution de la société*, Paris : Presses universitaires de France.

Giddens, A., 1987, *A Contemporary Critique of Historical Materialism. Vol. 2 : The Nation-State and Violence*, Berkeley : University of California Press.

Giesen, K.-G., 1992, *L'éthique des relations internationales. Les théories anglo-américaines contemporaines*, Bruxelles : Bruylant.

Gilbert, E. O. et D. Cowen (dir.), 2007, *War, Territory, Citizenship*, Londres et New York : Routledge.

Gill, S., 1986, « Hegemony, Consensus and Trilateralism », *Review of International Studies*, 12, 3, p. 205-221.

Gill, S., 1990, *American Hegemony and the Trilateral Commission*, Cambridge : Cambridge University Press.

Gill, S., 1992, « The Emerging World Order and European Change : The Political Economy of European Union », dans R. Miliband et L. Panitch (dir.), *The Socialist Register : New World Order ?* Londres : Merlin Press.

Gill, S. (dir.), 1993a, *Gramsci, Historical Materialism and International Relations*, Cambridge : Cambridge University Press.

Gill, S., 1993b, « Gramsci and Global Politics : Towards a Post-Hegemonic Research Agenda », dans S. Gill (dir.), *Gramsci, Historical Materialism and International Relations*, Cambridge : Cambridge University Press, p. 1-18.

Gill, S., 1993c, « Epistemology, Ontology and the "Italian School"' », dans S. Gill (dir.), *Gramsci, Historical Materialism and International Relations*, Cambridge : Cambridge University Press, p. 21-48.

Gill, S., 1995a, « Globalisation, Market Civilisation, and Disciplinary Neoliberalism », *Millennium*, 24, 3, p. 399-423.

Gill, S., 1995b, « Theorizing the Interregnum : The Double Movement and Global Politics in the 1990s », dans R. W. Cox et B. Hettne (dir.), *International Political Economy : Understanding Global Disorder*, Londres : Zed Books, p. 65-99.

Gill, S., 1995c, « The Global Panopticon ? The Neoliberal State, Economic Life, and Democratic Surveillance », *Alternatives,* 20, 1, p. 1-50.

Gill, S., 1998, « New Constitutionalism, Democratisation and Global Political Economy », *Pacifica Review*, 10, 1, p. 23-38.

Gill, S., 2000a, « Toward a Postmodern Prince ? The Battle in Seattle as a Moment in the New Politics of Globalisation », *Millennium*, 29, 1, p. 131-140.

Gill, S. 2000b, « The Constitution of Global Capitalism », Paper presented to a Panel : *The Capitalist World, Past and Present*, 41st Annual Convention, International Studies

Gill, S., 2003a, *Power and Resistance in the New World Order*, Basingstoke : Palgrave Macmillan.

Gill, S. 2003b, « Gramsci, Modernity and Globalization », *International Gramsci Society Online Articles*, [www.internationalgramscisociety.org/resources/online_articles/articles/gill01.shtml]

Gill, S. et I. Bakker (dir.), 2003, *Power, Production and Social Reproduction*, New York : Palgrave Macmillan.

Gill, S., et I. Bakker, 2006, « New Constitutionalism and the Social Reproduction of Caring Institutions », *Theoretical Medicine and Bioethics*, 27, 1, 35-57.

Gill, S. et D. Law, 1987, « Reflections on Military-Industrial Rivalry in the Global Political Economy », *Millennium*, 16, p. 73-85.

Gill, S. et J. Mittelman. (dir.), 1997, *Innovation and Transformation in International Relations*, Cambridge : Cambridge University Press.

Bibliographie

Gills, B. et R. Palan, 1994, « Introduction : The Neostructuralist Agenda in International Relations », dans Gills, B. et R. Palan (dir.), *Transcending the State-Global Divide*, Boulder/Londres, Lynne Rienner, p. 1-13.

Gilpin, R. G., 1975, *U. S. Power and the Multinational Corporation : The Political Economy of Direct Investment*, New York : Basic Books.

Gilpin, R. G., 1981, *War and Change in International Politics*, Cambridge : Cambridge University Press.

Gilpin, R. G., 1986, « The Richness of the Tradition of Political Realism », dans R. O. Keohane (dir.), *Neorealism and Its Critics*, p. 301-321.

Gilpin, R. G., 1987, *The Political Economy of International Relations*, Princeton : Princeton University Press.

Gilpin, R. G., 1988, « The Theory of Hegemonic War », *Journal of Interdisciplinary History*, 18, 4, p. 591-613.

Gilpin, R. G., 1996, « No One Loves a Political Realist », dans B. Frankel (dir.), *Realism : Restatements and Renewal*, Londres/Portland : Frank Cass, p. 3-26.

Gilroy, P., 1995, *The Black Atlantic : Modernity and Double Consciousness*, Cambridge : Harvard University Press.

Gindin, S. 2001, « Turning Points and Starting Points : Brenner, Left Turbulence and Class Politics », *Socialist Register* 2001, Londres, Merlin, p. 291-314.

Giroux, H. A., 2006, « Breaking Into the Movies : Film as Cultural Politic », dans *America on the Edge : Henry Giroux on Politics, Culture, and Education*, New York : Palgrave Macmillan, p. 117-128.

Giroux, H. A., 2008, « The Militarization of US Higher Education after 9/11 », *Theory, Culture & Society*, 25, 5, p. 56-82.

Glaser C. L. et C. Kaufmann, C., 1998, « What Is the Offense-Defense Balance and Can We Measure It ? », *International Security*, 22, 4, p. 44-82.

Glaser, C. L., 1997, « The Security Dilemma Revisited », *World Politics*, 50, 1, p. 371-400.

Glaser, C. L., 2003a, « The Necessary and Natural Evolution of Structural Realism », dans J. A. Vasqez et C. Elman (dir.), *Realism and the Balancing of Power : A New Debate*, Upper Saddler River : Prentice Hall, p. 266-279.

Glaser, C. L., 2003b, « Structural Realism in a more complex world », *Review of International Studies*, 29, 3, p. 403-414.

Gleditsch, N. P., 1997, « Environmental Conflict and the Democratic Peace », dans N. P. Gleditsch (dir.), *Conflict and Environment*, Dordrecht : Kluwer Academic Publishers, p. 91-106.

Gleditsch, N. P. et H. Hegre, 1997, « Peace and Democracy : Three Levels of Analysis », *The Journal of Conflict Resolution*, 41, 2, p. 283-310.

Goertz, G., 2006, *Social Science Concepts : A User's Guide*, Princeton : Princeton University Press.

Goetze, C., 2006, « Sameness and Distinction : Understanding Democratic Peace in a Bourdieusian Perspective », dans A. Geis, L. Brock et H. Mueller (dir.), *Democratic Wars : Looking at the Dark Side of Democratic Peace*, New York : Palgrave Macmillan.

Golakrishnan, G. (dir.), 2003, *Debating Empire*, Londres : Verso.

Goldberg, J., 2005, « Breaking Ranks : What Turned Brent Scowcroft against the Bush Administration ? », *The New Yorker*, 90, 34, p. 55-69.

Goldberg, S., 2003, « The Neoconservative Invention », *National Review : http://article.nationalreview.com/268875/the-neoconservative-invention/jonah-goldberg*

Goldstein, J. S., 2001, *War and Gender : How Gender Shapes the War System and Vice Versa*, Cambridge/New York : Cambridge University Press.

Goldstein, L., 1980, « Mill, Marx, and Women's Liberation », *History of Philosophy*, 18, 3, p. 319-334.

Goldstein, J. L. et R. O. Keohane, 1993, « Ideas and Foreign Policy : An Analytical Framework », dans J. L. Goldstein et R. O. Keohane (dir.), *Ideas and Foreign Policy : Beliefs, Institutions and Political Change*, Ithaca/Londres : Cornell University Press, p. 3-30.

Goldstein, J. L., M. Kahler, R. O. Keohane et A.-M. Slaughter (dir.), 2001, *Legalization and World Politics*, Cambridge : MIT Press.

Goodman, J. B. et L. W. Pauly, 1993, « The Obsolescence of Capital Controls ? Economic Management in an Age of Global Markets », *World Politics*, 46, 4, p. 50-82.

Goodwin, G. (dir.), 1982, *Ethics and Nuclear Deterrence*, New York : St. Martin's Press.

Gordon, P. et J. Shapiro, 2004, *Allies at War : America, Europe, and the Crisis Over Iraq*, New York : McGraw-Hill.

Gould, H. D., 1998, « What *Is* at Stake in the Agent-Structure Debate ? », dans V. Kubálková, N. Onuf et P. Kowert (dir.), *International Relations in a Constructed World*, Armonk/Londres : M. E. Sharpe, p. 79-98.

Gourevitch, P., 1978, « The second image reversed : the international sources of domestic politics », *International Organization*, 32, 4, p. 881-912.

Graham, G., 1997, *Ethics and International Relations*, Oxford : Blackwell.

Graham, S., 2007, « Imagining Urban Warfare : Urbanization and U.S. Military Technoscience », dans E. O. Gilbert et D. Cowen (dir.), *War, Citizenship, Territory*, Londres et New York : Routledge, p. 33-56.

Gramsci, A. 1971, *Selections from the Prison Notebooks*, Q. Hoare et G. Nowell-Smith (dir.), Londres : Lawrence et Wishardt.

Gramsci, A. 1977, *Cahiers de prison*, 5 volumes, Paris : Gallimard.

Gramsci, A., 1977 [1932-1933], *Gramsci dans le texte*, F. Ricci et J. Bramant (dir.), Paris : Éditions sociales. Disponible en ligne http://classiques.uqac.ca/classiques/gramsci_antonio/dans_le_texte/dans_le_texte.html

Grant, R. W. et R. O. Keohane, 2005, « Accountability and Abuses of Power in World Politics », *American Political Science Review*, 99, 1, p. 29-43.

Gray, C. H., 1997, *Postmodern War : The New Politics of Conflict*, New York : Guildford Press.

Gray, C. H., 2005, *Peace, War, and Computers*, New York et Londres ; Routledge

Gray, C. S., 1977, « Across the Nuclear Divide – Strategic Studies Past and Present », *International Security*, 2, 1, p. 24-46.

Grayson, K., 2008, « Human Security as Power-Knowledge : The Biopolitics of a Definitional Debate », *Cambridge Review of International Affairs*, 21, 3, p. 383-401.

Grayson, K. M. Davies et S. Philpott, 2009, « Pop goes IR ? Researching the Popular Culture–World Politics Continuum », *Politics*, 29, 3, p. 155-163.

Gregory, D. et A. Pred (dir.), 2007, *Violent Geographies : Fear, Terror, and Political Violence*, Londres et New York : Routledge.

Gregory, D., 1989, « Foreword », dans J. Der Derian et M. J. Shapiro (dir.), *International / Intertextual Relations : Postmodern Readings in World Politics*, Lexington / Toronto : Lexington Books : p. xiii-xxi.

Gregory, D., 2004, *The Colonial Present : Afghanistan, Palestine, Iraq*, Malden : Blackwell.

Gregory, D., 2006, « The Death of the Civilian ? », *Environment & Planning D : Society and Space*, 24, 5, p. 633-638.

Grieco, J. M., 1988, « Anarchy and the limits of cooperation : a realist critique of the newest liberal institutionalism », *International Organization*, 42, 3, p. 485-507.

Grieco, J. M., 1990, *Cooperation Among Nations : Europe, America, and Non-Tariff Barriers to Trade*, Ithaca : Cornell University Press.

Grieco, J. M., 1993, « Understanding the Problem of International Cooperation : The Limits of Neoliberal Institutionalism and the Future of Realist Theory », dans D. A. Baldwin (dir.), *Neorealism and Neoliberalism : The Contemporary Debate*, New York : Columbia University Press, p. 301-338.

Griffiths, M., 1992, *Realism, Idealism and International Politics : A Reinterpretation*, Londres / New York : Routledge.

Griffiths, M. et T. O'Callaghan, 2001, « The End of International Relations ? », dans R. M. A. Crawford et D. S. L. Jarvis (dir.), *International Relations – Still an American Science ? Toward Diversity in International Thought,* Albany : State University of New York Press, p. 187-201.

Grillier, R, 1996 « The Return of the Subject : The methodology of Pierre Bourdieu », *Critical Sociology*, 22, 1, p. 3-28.

Grondin, D., 2008, *La généalogie de l'Espace comme « champ de bataille » dans le discours astropolitique américain : la stratégie de construction identitaire des États-Unis comme puissance stratégique globale*, Thèse de doctorat, Montréal : Université du Québec à Montréal, département de science politique.

Groom, A. J. R. et P. Mandaville, 2001, « Hegemony and Autonomy in International Relations : The Continental Experience », dans R. M. A. Crawford et D. S. L. Jarvis (dir.), *International Relations – Still an American Science ? Toward Diversity in International Thought,* Albany : State University of New York Press, p. 151-165.

Groom, A. J. R. et P. Taylor (dir.), 1975. *Functionalism. Theory and Practice in International Relations*, Londres : University of London Press.

Grotius, H., 1999 [1625], *Le droit de la guerre et de la paix*, Paris : PUF.

Guba, E. G. et Y. S. Lincoln, 1994, « Competing Paradigms in Qualitative Research », dans N. K. Denzin et Y. S. Lincoln (dir.), *Handbook of Qualitative Research* Thousand Oaks : Sage, p. 105-117.

Guilhaumou, J., 2002, « Le corpus en analyse du discours : perspective historique », *Corpus*, 1, http : / / corpus.revues.org / index8.html

Gunning, J., 2007, « A Case for Critical Terrorism Studies ? », *Government and Opposition*, 42, 3, p. 363-393.

Guzzini, S., 1997, « Maintenir les dilemmes de la modernité en suspens : analyse et éthique poststructuralistes en relations internationales », dans K.-G. Giesen (dir.), *L'éthique de l'espace politique mondiale. Métissages disciplinaires*, Bruxelles : Bruylant, p. 247-285.

Guzzini, S., 1998, *Realism in International Relations and International Political Economy : The Continuing Story of a Death Foretold*, Londres : Routledge.

Guzzini, S., 2000, « A Reconstruction of Constructivism in International Relations », *European Journal of International Relations*, 6, 2, p. 147-182.

Haas, E. B., 1964, *Beyond the Nation State*, Palo Alto : Stanford University Press.

Haas, E. B., 1967, « The Uniting of Europe and the Uniting of Latin America », *Journal of Common Market Studies*, 5, 4, p. 315-343.

Haas, E. B., 1968, *The Uniting of Europe. Political, Social and Economic Forces 1950-1957*, 2ᵉ éd., Stanford : Stanford University Press.

Haas, E. B., 1975, *The Obsolescence of Regional Integration Theory*, Berkeley : Institute of International Studies.

Haas, P. M. 1989, « Do Regimes Matter ? Epistemic Communities and Mediterranean Pollution Control », *International Organization*, 43, 3, p. 377-404.

Haas, P. M., 1992, « Introduction : Epistemic Communities and International Policy Cooperation », *International Organization*, 46, 1, p. 369-390.

Haas, P. M., R. O. Keohane et M. Levy (dir.), 1993, *Institutions for the Earth : Sources of Effective International Environmental Action*, Londres : MIT Press.

Habermas, J., 1976 [1968], *Connaissance et intérêt*, Paris : Gallimard.

Habermas, J., 1978 [1971], *L'Espace public*, Paris : Payot.

Habermas, J., 1979, *Communication and the Evolution of Society*, Londres : Heinemann.

Habermas, J., 1986, *Autonomy and Solidarity : Interviews*, Londres : Verso.

Bibliographie

Habermas, J., 1987 [1981], *Théorie de l'agir communicationnel*, Paris : Fayard.

Habermas, J., 1996, *Between Facts and Norms : Contributions to a Discourse Theory of Law and Democracy,* Cambridge : The MIT Press.

Habermas, J., 1997 [1994], *Droit et démocratie : entre faits et normes*, Paris : Gallimard.

Habermas, J., 1997, *Après Marx*, Paris : Hachette.

Habermas, J., 1998, *L'intégration républicaine : essais de théorie politique*, Paris : Fayard.

Habermas, J., 1999, « Bestiality and Humanity : A War on the Border between Legality and Morality », *Constellations*, 6, 3, p. 263-272.

Habermas, J., 2000, *Après l'État-nation : une nouvelle constellation politique*, Paris : Fayard.

Habermas, J., 2003, « La statue et les révolutionnaires », *Le Monde*, 3 mai.

Habermas, J., 2005, *La paix perpétuelle : Le bicentenaire d'une idée kantienne*, Paris : Les éditions du Cerf.

Habermas, J., 2006, *Time of Transitions*, Cambridge : Polity Press.

Habermas, J., 2007, *The Divided West*, Cambridge : Polity Press.

Haftendorn, H., 1991, « The Security Puzzle : Theory-Building and Discipline-Building in International Security », *International Studies Quarterly*, 35, 1, p. 3-17.

Haggerty, K. D. et R. Ericson, 2000, « The Surveillant Assemblage », *British Journal of Sociology*, 51, 4, p. 605-622.

Haggerty, K. D. et R. Ericson (dir.), 2006, *The New Politics of Surveillance and Visibility*, Toronto : University of Toronto Press.

Haggerty, K. D. et A. Gazso, 2005, « Seeing Beyond the Ruins : Surveillance as a Response to Terrorist Threats », *Canadian Journal of Sociology*, 30, 2, p. 169-187.

Hall, P. A., 2000, « Aligning Ontology and Methodology in Comparative Politics », Annual Meeting of the American Political Science Association, Washington D.C.

Hall, S., 1988, « The Toad in the Garden : Thatcherism among the Theorists », dans C. Nelson et L. Grossberg (dir.), *Marxism and the Interpretation of Culture*, Urbana : University of Illinois Press.

Hall, P. A. et D. Soskice (dir.), 2001, *Varieties of Capitalism : the Institutional Foundations of Comparative Advantage*, New York : Oxford University Press.

Halliday, F. et J. Rosenberg, 1998, « Interview with Ken Waltz », *Review of International Studies*, 24, 3, p. 371-386.

Halper, S. et J. Clarke, 2004, *America Alone : the Neo-Conservatives and the Global Order*, New York : Cambridge University Press.

Halperin S., 1997, *In the Mirror of the Third World : Capitalist Development in Modern Europe*, Ithaca : Cornell University Press.

Halperin S., 1998, « Shadowboxing : Weberian Historical Sociology vs State Centric International Relations theory », *Review of International Political Economy*, 5, p. 327-339.

Hamel, J., 1997, « La socio-anthropologie, un nouveau lien entre la sociologie et l'anthropologie », *Socio-anthropologie*, 1, *http : / / socio-anthropologie.revues.org / index73.html*

Hansen, L., 2001, « Gender, Nation, Rape : Bosnia and the Construction of Security », *International Feminist Journal of Politics* 3, 1, p. 55-75.

Hansen, L., 2006, *Security as Practice : Discourse Analysis and the Bosnian War*, Londres / New York : Routledge.

Harding, S., 1998, *Is Science Multicultural ? Postcolonialisms, Feminisms and Epistemologies,* Bloomington / Indianapolis : Indiana University Press.

Harding. S., 2001, « Multiculturalism and Postcolonialism : What Difference Do They Make to Western Scientific Epistemology ? », *Science Studies*, 14, 1, p. 45-54.

Harding, S. (dir.), 2004, *The Feminist Standpoint Theory Reader*, New York / Londres : Routledge.

Hardt, M. et A. Negri, 2000, *Empire*, Paris : Exils.

Harrod, J. et R. O'Brien, 2002, *Global Unions ? Theory and Strategies of Organized Labour in the Global Political Economy*, Londres : Routledge.

Hartsock, N., 1998, *The Feminist Standpoint Revisited and Other Essays*, Boulder : Westview Press.

Hartsock, N., 2004 [1983], « The Feminist Standpoint : Developing the Ground for a Specifically Historical Materialism », dans S. Harding, S. (dir.), *The Feminist Standpoint Theory Reader*, New York / Londres : Routledge, p. 35-53.

Harvey, D., 1990, *The Condition of Postmodernity : An Enquiry Into the Origins of Cultural Change*, Cambridge / Oxford : Blackwell.

Harvey, D., 2003a, *The New Imperialism*, Oxford : Oxford University Press.

Harvey, D., 2003b, « The New, Imperialism : Accumulation by Dispossession », dans L. Panitch et C. Leys (dir.), *The New Imperial Challenge : Socialist Register 2004*, New York : Monthly Review Press, p. 63-87.

Harvey, F. P. et M. Brecher (dir.), 2002, *Evaluating Methodology in International Studies* », Ann Arbor : University of Michigan Press.

Hasenclever, A., P. Mayer et V. Rittberger, 1997, *Theories of International Regimes*, Cambridge : Cambridge University Press.

Haver, G. et M. Meyer, 2007, « Vol d'images, images en vol : L'intermédialité et l'imitation au secours des superhéros », *Sociétés*,. 95, p. 89-96.

Hay, C., 2000, « Contemporary Capitalism, Globalization, Regionalization and the Persistence of National Variation », *Review of International Studies*, 26, p. 509-531.

Hayden, P. (dir.), 2009, *The Ashgate Research Companion to Ethics and International Relations*, Aldershot : Ashgate.

Hegel, G. W. F., 1989 [1821], *Principes de la philosophie du droit*, Paris : Gallimard.

Heilbrunn, J., 2008, *They Knew They Were Right. The Rise of the Neocons*, New York, Doubleday.

Bibliographie

Held, D. (dir.) 1993, *Prospects for Democracy : North, South, East, West*, Palo Alto : Stanford University Press.

Held, D., 2005, *Un nouveau contrat mondial. Pour une gouvernance sociale-démocrate*, Mayenne : Presses de Sciences Po.

Held, D., A. McGrew, D. Goldblatt et J. Perraton, 1999, *Global Transformation : Politics, Economics, and Culture*, Cambridge : Polity Press.

Henderson, E. A., 2002, *Democracy and War : The End of an Illusion ?*, Boulder : Lynne Rienner Publishers.

Heng, Y.-K. et K. McDonagh, 2009, *Risk, Global Governance and Security : The Other War on Terror*, Londres : Routledge.

Hennessy, R. et C. Ingraham (dir.), 1997, *Materialist Feminism : A Reader in Class, Difference, and Women's Lives*, New York / Londres : Routledge.

Henwood, D., 1987, *Wall Street : How it Works and for Whom*, Londres : Verso.

Herman, K. G., 1996, « Identity, Norms and National Security : The Soviet Foreign Policy Revolution and the End of the Cold War », dans P. J. Katzenstein (dir.), *The Culture of National Security. Norms and Identity in World Politics*, New York : Columbia University Press, 271-316.

Herz, J., 1950, « Idealist Internationalism and the Security Dilemma », *World Politics*, 2, 2, 157-180.

Hilferding, R., 1970 [1910], *Le capital financier : étude sur le développement récent du capitalisme*, Paris : Éditions de Minuit.

Hill Collins, P., 2000, « It's All in the Family : Intersections of Gender, Race, and Nation », dans U. Narayan et S. Harding (dir.), *Decentering the Center : Philosophy for a Multicultural, Postcolonial and Feminist World*, Bloomington et Indianapolis : Indiana University Press, p. 156-176.

Hindness, B. et P. Hirst, 1975, *Pre-Capitalist Modes of Production*, Londres : Routledge et Kegan Paul.

Hintze, O., 1975, *The Historical Essays of Otto Hintze*, New York : Oxford University Press.

Hobbes, T., 1971 [1651], *Léviathan*, Paris : Sirey.

Hobbes, T., 1981 [1651], *Léviathan*, Paris : Sirey.

Hobden, S., 1998, *International Relations and Historical Sociology*, New York : Routledge.

Hobden, S., 1999, « Theorising the international system : perspectives from Historical Sociology », *Review of International Studies*, 25, p. 257-271.

Hobden, S. et J. M. Hobson (dir.), 2002, *Historical Sociology of International Relations*, Cambridge : Cambridge University Press.

Hobsbawm, E. J., 1989, *Nations and Nationalism in Europe since 1780, Programme, Myth, Reality*, Cambridge : Cambridge University Press.

Hobsbawm, E. J., 1999 [1996], *L'Âge des extrêmes. Histoire du court XXe siècle*, Paris : Complexe.

Hobson, J. A., 1965 [1902], *Imperialism – a Study*, Ann Arbor : University of Michigan Press.

Hobson J. M., 1998a, « The Historical Sociology of the State and the State of Historical Sociology in International Relations », *Review of International Political Economy*, 5, p. 284-320.

Hobson J. M., 1998b, « For a "Second Wave" of Weberian Historical Sociology in International Relations », *Review of International Political Economy*, 5, p. 354-361.

Hobson J. M., 2001, « The "Second State Debate" in International Relations : Theory Turned Upside-Down », *Review of International Studies*, 27, p. 395-414.

Hobson J. M., 2002b, « Two Waves of Neo-Weberian Historical Sociology », dans S. Hobden et J. M. Hobson (dir.), *Historical Sociology of International Relations*, Cambridge : Cambridge University Press, p. 63-81.

Hobson, J. M. et L. Seabrooke (dir.), 2007, *Everyday Politics of the World Economy*, Cambridge : Cambridge University Press.

Hobson, J. M., 1997, *The Wealth of States : A Comparative Sociology of International Economic and Political Change*, Cambridge / New York : Cambridge University Press.

Hobson, J. M., 2000, *The State and International Relations*, Cambridge : Cambridge University Press.

Hobson, J. M., 2002, « What's at Stake in "Bringing Historical Sociology *Back* into International Relations"? Transcending "Chronofetishism" and "Tempocentrism" in International Relations », dans S. Hobden et J. M. Hobson (dir.), *Historical Sociology of International Relations*, Cambridge : Cambridge University Press p. 3-41.

Hobson, J. M., 2004, *The Eastern Origins of Western Civilisation*, Cambridge : Cambridge University Press.

Hobson, J. M., 2006a, « The Cosmopolitan Side of Europe's Development : Eastern Origins of European Civilization », dans G. Delanty (dir.), *Europe and Asia : Towards a New Cosmopolitanism*, Londres : Routledge, p. 107-119.

Hobson, J. M., 2006b, « East and West in Global History », *Theory, Culture and Society* 23, 2-3, p. 408-410.

Hobson, J. M., 2006c, « Mann, the State and War », dans J. A. Hall et R. Schroeder (dir.), *The Anatomy of Power : Essays on the Work of Michael Mann*, Cambridge, Cambridge University Press, p. 150-166.

Hobson, J. M., 2006d, « Civilizing the Global Economy : Racism and the continuity of Anglo-Saxon Imperialism », dans B. Bowden et L. Seabrooke (dir.), *Global Standards of Market Civilization*, New York, Palgrave, p. 60-76.

Hobson, J. M., 2007a, « Back to the Future of "One Logic Or Two ?" : Forward to the Past of 'Anarchy versus Racist Hierarchy ?" », *Cambridge Review of International Affairs*, 20, 4, p. 581-597.

Hobson, J. M., 2007b, « Is Critical Theory Always For the White West and For Western Imperialism ? Beyond Westphilian, Towards a Post-Racist, International Relations », *Review of International Studies*, 33, 2, p. 91-116.

Hobson, J. M., 2007c, « Reconstructing International Relations through World History : Oriental Globalisation and the Global Dialogic Conception of Inter-Civilizational Relations », *International Politics*, 44, 4, p. 414-430

Hobson, J. M., 2008, « Deconstructing the Eurocentric Clash of Civilizations : De-Westernizing the West by acknowledging the Dialogue of Civilizations », dans M. Hall et P. T. Jackson (dir.), *Civilizational Identity : The Production and Reproduction of "Civilizations"in International Relations*, New York : Palgrave, p. 149-166.

Hobson, J. M., 2009, « Provincializing Westphalia : the Eastern origins of sovereignty », *International Politics*, 46, 6, p. 671-690.

Hodgson, G. M., 1993, *Economics and Institutions : a Manifesto for a Modern Institutional Economics*, Cambridge : Polity Press.

Hodgson, G. M., 1996, « Varieties of Capitalism and Varieties of Economic Theory », *Review of International Political Economy*, 3, 3, p. 380-433.

Hoffman, J., 2001, *Gender and Sovereignty*, Houndmills : Palgrave Macmillan.

Hoffmann, C. 2008, « The Balkanization of Ottoman Rule. Premodern Origins of the Modern International System in Southeastern Europe », *Cooperation and Conflict*, 43, 4, p. 373-396.

Hoffmann, S., 1977, « An American Social Science : International Relations », *Dædelus*, 106, 3, p. 41-60.

Holden, G., 2003a, « World Literature and World Politics : In Search of a Research Agenda », *Global Society*, 17, 3, p. 229-252.

Holden, G., 2003b, « A Reply to Bleiker's Reply », *Global Society*, 17, 4, p. 429-430.

Holden, G., 2008, « World Cricket as a Postcolonial International Society : IR Meets the History of Sport », *Global Society*, 22, 2, p. 337-368.

Hollis, M. et S. Smith 1990, *Understanding and Explaining International Relations*, Oxford : Clarendon Press.

Hollis, M. et S. Smith, 1991, « Beware of gurus : structure and action in international relations », *Review of International Studies*, 17, 4, p. 393-410.

Hollis, M. et S. Smith, 1992, « Structure and action : further comment », *Review of International Studies*, 18, 2, p. 187-188.

Holmstrom, N. (dir.), 2002, *The Socialist Feminist Project : A Contemporary Reader in Theory and Politics*, New York : Monthly Review Press.

Holsti, K. J., 1990, « L'État et l'état de la guerre », *Études internationales*, XXI, 4, p. 705-717.

Holsti, K. J., 2001, « Along the Road of International Theory in the Next Millennium : Four Travelogues », dans R. M. A. Crawford et D. S. L. Jarvis (dir.), *International Relations — Still an American Science ? Toward Diversity in International Thought*, Albany : State University of New York Press, p. 73-99.

Honneth, A., 1996a, « Reconnaissance », dans M. Canto (dir.), *Dictionnaire d'éthique et de philosophie morale*, Paris : PUF.

Honneth, A., 1996b, « La dynamique sociale du mépris », dans C. Bouchindhomme et R. Rochlitz (dir.), *Habermas, la raison, la critique*, Paris : Cerf.

Hood, C., 2002, « The Risk Game and the Blame Game », *Government and Opposition*, 37, 1, p. 15-37.

Hoogenson, G. et K. Stuvøy, 2006, « Gender, Resistance, and Human Security », *Security Dialogue*, 37, 2, p. 207-228.

Hoogensen, G. et S. Vigeland Rottem, 2004, « Gender Identity and the Subject of Security », *Security Dialogue*, 35, 2, p. 155-171.

hooks, b., 1981, *Ain't I a Woman ? : Black Women and Feminism*. Boston : South End Press.

Hooper, C., 2001, *Manly States : Masculinities, International Relations and Gender Politics*, New York : Columbia University Press.

Hopkins, T., I. M. Wallerstein, R. Bach, C. Chase-Dunn et R. Mukherjee, 1982, *World-systems analysis : Theory and methodology*, Beverley-Hills : Sage.

Horkheimer, M., 1974a [1937], *Théorie traditionnelle et théorie critique*, Paris : Gallimard.

Horkheimer, M., 1974b [1947], *Éclipse de la raison*, Paris : Payot.

Howe, P., 1994, « The utopian realism of E. H. Carr », *Review of International Studies*, 20, 3, p. 277-297.

Hoy, D. C., 2004, *Critical Resistance : From Poststructuralism to Post-Critique*, Cambridge / Londres : MIT Press.

Hroch, M., 1985, *Social Preconditions of National Revival in Europe*, Cambridge : Cambridge University Press.

Hudson, H., 2005, « "Doing" Security as Though Humans Matter : A Feminist Perspective on Gender and the Politics of Human Security », *Security Dialogue*, 36, 2, p. 155-174.

Hudson, H., 2009, « Peacebuilding Through a Gender Lens and the Challenges of Implementation in Rwanda and Cote d'Ivoire », *Security Studies*, 18, 2, p. 287-218.

Hudson, M., 2003, *Super Imperialism : The Origin and Fundamentals of U. S. World Dominance*, Londres : Pluto Press.

Hughes, R., 2007, « Through the Looking Blast : Geopolitics and Visual Culture », *Geography Compass*, 1, 5, p. 976-94.

Hülsse, R. et A. Spencer, 2008, « The Metaphor of Terror : Terrorism Studies and the Constructivist Turn », *Security Dialogue*, 39, 6, p. 571-592.

Human Rights Watch, 2009, *Afghanistan : Law Curbing Women's Rights Takes Effect*, [www.hrw.org / en / news / 2009 / 08 / 13 / afghanistan-law-curbing-women-s-rights-takes-effect].

Hung Cam Thai, 2008, *For Better or For Worse : Vietnamese International Marriages in the New Global Economy*, Piscataway : Ruggers University Press.

Hunt, K. et K. Rygiel, 2006, « (En)Gendered War Stories and Camouflaged Politics », dans K. Hunt et K. Rygiel (dir.), *(En) Gendering the War on Terror : War Stories and Camouflaged Politics*, Aldershot et Burlington : Ashgate, p. 1-26.

Huntington, S. P., 1999, « The Lonely Superpower », *Foreign Affairs*, 78, 2, p. 35-49.

Huntzinger, J., 1987, *Introduction aux relations internationales*, Paris : Seuil.

603

Hurrell, A., 1993, « International Society and the Study of Regimes », dans V. Rittberger (dir.), *Regime Theory and International Relations*, Oxford : Clarendon Press, p. 49-72.

Hurrell, A., 1998, « Society and Anarchy in International Relations », dans B. A. Robertson (dir.), *International Society and the Development of International Relations Theory*, Londres : Pinter, p. 17-42.

Hurrell, A., 2005, « Norms and Ethics in International Relations », dans W. Carlsnaes, T. Risse et B. A. Simmons (dir.), *Handbook of International Relations*, Thousand Oaks : Sage Publications, p. 137-154.

Hutchings, K, 1999, *International Political Theory : Rethinking Ethics in a Global Era*, Londres : Sage Publications.

Hutchings, K., 2008, « 1988 and 1998 : Contrast and Continuity in Feminist International Relations », *Millenium*, 37, 1, p. 97-105.

Huysmans, J., 1998, « Dire et écrire la sécurité : le dilemme normatif des études de sécurité », *Cultures & Conflits*, 31-32 [www.conflits.org/article.php3 ?id_article=330].

Huysmans J., 2002a, « Defining Social Constructivism in Security Studies : The Normative Dilemma of Writing Security », *Alternatives*, 27, p. 41-62.

Huysmans, J., 2002b, « Shape-shifting NATO : Humanitarian Action and the Kosovo Refugee Crisis », *Review of International Studies*, 28, 3, p. 599-618.

Huysmans, J., 2006, *The Politics of Insecurity : Fear, Migration and Asylum in the EU*. Londres : Routledge.

Ignatieff, M., 2004, « The Year of Living Dangerously », *The New York Times*, 14 mars.

Ikenberry, G. J. (dir.), 2002, *America Unrivaled : The Future of the Balance of Power*, Ithaca et Londres : Cornell University Press.

International Studies Perspectives, 9, 3, p. 290-299.

Iseri, E., 2007, « Neo-Gramscian Analysis of US Hegemony Today », [www.in-spire.org/articles/ei02062007_Neo-Gramscian_US_Hegemony.pdf]

Jabri, V., 2006, « War, Security and the Liberal State », *Security Dialogue*, 37, 1, p. 47-64.

Oxford University Press. Jackson, P. T. (dir.), 2004, « Bridging the Gap : Toward a Realist-Constructivist Dialogue », *International Studies Review*, 6, 2, p. 337-352.

Jackson, P. T., 2008, « Pierre Bourdieu, the "Cultural Turn" and the Practice of International History », *Review of International Studies*, 34, 1, p. 155-184

Jackson, R., 2005, *Writing the War on Terrorism : Language, Politics and Counter-Terrorism*, Manchester, Manchester University Press.

Jackson, R. H., 1990, *Quasi-states : Sovereignty, International Relations and the Thirld World*, Cambridge : Cambridge University Press.

Jackson, R. H., 1995, « The Political Theory of International Society », dans K. Booth et S. Smith (dir.), *International Relations Theory Today*, Cambridge : Polity Press, p. 110-128.

Jackson, R. H., 2000, *The Global Covenant. Human Conduct in a World of States*, Oxford : Oxford University Press.

Jackson, P. T. et D. H. Nexon, 2004, « Constructivist Realism or Realist Constructivism », *International Studies Review*, 6, 2, p. 337-341.

James, P., 2002, *International Relations and Scientific Progress : Structural Realism Reconsidered*, Columbus : Ohio State University Press.

James, P., 2009, « Elaborating on Offensive Realism », dans A. Freyberg-Inan, E. Harrison et P. James (dir.), *Rethinking Realism in International Relations : Between Tradition and Innovation*, Baltimore : The Johns Hopkins University Press, p. 45-62.

Jameson, F., 1984, « Postmodernism, Or, The Cultural Logic of Late Capitalism », *New Left Review*, 146, p. 59-92.

Jameson, F., 1991, *Postmodernism, or, The Cultural Logic of Capitalism*, Durham : Duke University Press.

Jawara, F. et A. Kwa, 2003, *Behind the Scenes at the WTO : The Real World of International Trade Negotiations*, Londres : Zed Books.

Jdanov, A. A., 1947, « Rapport sur la situation internationale – PC(b) de l'URSS : Rapport présenté par Andreï Jdanov, membre du Bureau politique du Parti communiste (bolchevik) de l'U. R. S. S., le 22 septembre 1947, devant la Conférence d'information des Partis communistes (réunion constitutive du Kominform), à Szklarska Poreba (Pologne) » [www.geocities.com/komintern_doc/komintern064.htm].

Jeffreys, S., 2009, *The Industrial Vagina : The Political Economy of the Global Sex Trade*, Londres et New York : Routledge.

Jepperson, R. L., A. Wendt et P. J. Katzenstein, 1996, « Norms, Identity and Culture in National Security », dans P. J. Katzenstein (dir.), *The Culture of National Security. Norms and Identity in World Politics*, New York : Columbia University Press, p. 33-75.

Jervis, R., 1976, *Perception and Misperception in International Politics*, Princeton : Princeton University Press.

Jervis, R., 1978, « Cooperation under the Security Dilemma », *World Politics*, 30, 2, p. 167-214.

Jervis, R., 1983, « Security Regimes », dans S. D. Krasner (dir.), *International Regimes*, Ithaca : Cornell University Press, p. 173-194.

Jervis, R., 1999, « Realism, Neoliberalism, and Cooperation : Understanding the Debate », *International Security*, 24, 1, p. 42-63.

Jessop, B., 2006, « Gramsci as a Spatial Theoriest », dans Bieler, A. et A. D. Morton (dir.), *Images of Gramsci : Connections and Contentions in Political Theory and International Relations*, Londres/New York : Routledge, p. 27-43.

Jessop. B., 1990, *State theory : putting the Capitalist state in its place*, University Park : University of Pennsylvania State Press.

Jessop, B. et N.-G. Sum, 2001, « Pre-disciplinary and Post-disciplinary Perspectives », *New Political Economy*, 6, 1, p. 89-101.

John, P., 2002, « Quantative Methods », dans D. Marsh et G. Stoker (dir.), *Theory and Methods in Political Science*, 2ᵉ édition, Basingstoke/New York : Palgrave Macmillan, p. 216-230.

Bibliographie

Johnson, P., 2010, « Displacing Palestine : Palestinian House-holding in an Era of Asymmetrical War », *Politics and Gender*, 6, 2, p. 295-304.

Jones, A., 1998, « Does "Gender" Make the World Go Round ? Feminist Critiques of International Relations », *Review of International Studies*, 22, 4, p. 405-429.

Jones, A., 2000, « Gendercide and Genocide », *Journal of Genocide Research*, 2, 2, p. 185-211.

Jones, C., 1998, *E. H. Carr and International Relations : A Duty to Lie*, Cambridge : Cambridge University Press.

Jones, C., 1999, *Global Justice. Defending Cosmopolitanism*, Oxford : Oxford University Press.

Jones, L. F. et E. C. Olsen, 1996, *Political Science Research : A Handbook of Scope and Method*, New York : Addison Wesley Longman.

Jones, R. E., 1981, « The English School of International Relations : A Case for Closure », *Review of International Studies*, 7, p. 1-13.

Jones, S. H. et D. B. Clarke, 2006, « Waging Terror : The Geopolitics of the Real », *Political Geography*, 25, p. 298-314.

Jordan, R., D. Malniak, A. Oakes, et S. Peterson, 2009, *One Discipline or Many ? TRIP Survey of International Relations Faculty*, Williamsburg : Institute for the Theory and Practice of Internationals Relations, College of William and Mary.

Jørgensen, K. E., 1997, « Introduction : Approaching European Governance », dans K. E. Jørgensen (dir.), *Reflective Approaches to European Governance*, Houndmills : Macmillan, p. 1-12.

Joseph, J., 2007, « Philosophy in International Relations : A Scientific Realist Approach », *Millennium*, 35, 2, p. 345-359.

Juneau, T. et M. Sucharov, 2010, « Narratives in Pencil : Using Graphic Novels to Teach Israeli-Palestinian Relations », *International Studies Perspectives*, 11, 2, 172-183.

Kagan, R., 1998, « The Benevolent Empire », *Foreign Policy*, p. 24-35.

Kagan, R., 2003, *Of Paradise and Power : America and Europe in the New World Order*, New York : Alfred A. Knopf.

Kagan, R., 2008, *The Return of History and the End of Dreams*, New York : Alfred A. Knopf.

Kagan, R., et W. Kristol (dir.), 2000, *Present Dangers : Crisis and Opportunity in American Foreign and Defense Policy*, New York : Encounter.

Kahler, M., 1999, « Rationality in International Relations », dans P. J. Katzenstein, R. O. Keohane et S. D. Krasner (dir.), *Exploration and Contestation in the Study of World Politics*, Cambridge / Londres : The MIT Press, p. 279-301.

Kai, H. E., 2008, « Institutional Balancing and International Relations Theory : Economic Interdependence and Balance of Power Strategies in Southeast Asia », *European Journal of International Relations*, 14, 3, p. 489-518.

Kaldor, M., 2005, « Old Wars, Cold Wars, New Wars, and the War on Terror », *International Politics*, 42, 4, p. 491-498.

Kangas, A., 2009, « From Interfaces to Interpretants : A Pragmatist Exploration into Popular Culture as International Relations », *Millennium*, 38, 2, p. 317-343.

Kant, E., 1990 [1784], « Idée d'une histoire universelle au point de vue cosmopolitique », dans P. Raynaud (dir.), *Opuscules sur l'histoire*, Paris : Garnier Flammarion.

Kant, E., 2002 [1795], *Projet de paix perpétuelle : Esquisse philosophique*, Édition bilingue, Paris : Librarie Philosophique J. Vrin.

Kaplan, M. A. (dir.), 1973, *Strategic Thinking and Its Moral Implications*, Chicago : Chicago University Press.

Kaplan, M. A., 1966, « The New Great Debate : Traditionalism and Science in International Relations », *World Politics*, 19, 1, p. 1-20.

Kaplan, L. et W. Kristol, 2003, *The War Over Iraq : Saddam's Tyranny and America's Mission*. San Francisco : Encounter Books, 2003.

Kapstein, E. B., 1995, « Is Realism Dead ? The Domestic Sources of International Politics », *International Organization*, 49, 4, p. 751-774.

Kapstein, E. B. et M. Mastanduno, 1999, « Realism and State Strategies After the Cold War », dans E. B. Kapstein et M. Mastanduno (dir.), *Unipolar Politics : Realism and State Strategies After the Cold War*, New York : Columbia University Press, p. 1-27.

Katz, C., 2007, « Banal Terrorism : Spatial Fetishism and Everyday Insecurity », dans D. Gregory et A. Pred (dir), *Violent Geographies : Fear, Terror and Political Violence*, New York : Routledge, p. 349-361.

Katzenstein, P. J. (dir.), 1978, *Between Power and Plenty : Foreign Economic Policies of Advanced Industrial States*, Madison : University of Wisconsin Press.

Katzenstein, P. J. (dir.), 1996a, *The Culture of National Security : Norms and Identity in World Politics*, New York : Columbia University Press.

Katzenstein, P. J., 1996b, « Introduction : Alternative Perspectives on National Security », dans P. J. Katzenstein (dir.), *The Culture of National Security, Norms and Identity in World Politics*, New York : Columbia University Press, p. 1-32.

Katzenstein P. J., 1996c « Conclusion : National Security in A Changing World », dans P. J. Katzenstein (dir.), *The Culture of National Security*, New York : Columbia University Press, p. 498-537.

Katzenstein, P. J. (dir.), 1997, *Tamed Power : Germany in Europe*, Ithaca : Cornell University Press.

Katzenstein, P. J., R. O. Keohane et S. D. Krasner, 1998a, « *International Organization* and Its Golden Anniversary », *International Organization*, 52, 4, p. xv-xviii.

Katzenstein, P. J., R. O. Keohane et S. D. Krasner, 1998b, « *International Organization* and the Study of World Politics », *International Organization*, 52, 4, p. 645-685.

Kaufman, M., 1999, « Men, Feminism and Men's Contradictory Experiences of Power », dans J. A. Kuypers (dir.), *Men and Power*, Halifax : Fernwood Books, 1999, p. 59-83.

Kauppi, N., 2003, « Bourdieu's Political Sociology and the Politics of European Integration », *Theory and Society,* 32, 5-6, p. 775-789.

Kautsky, K., 1914, *Ultra-imperialism* [www.marxists.org/archive/kautsky/1914/09/ultra-imp.htm].

Kebabjian, G., 1999, *Les théories de l'économie politique internationale*, Paris : Seuil.

Keegan, J., 1989, *The Second World War,* Londres : Hutchinson.

Keene, E., 2002, *Beyond the Anarchical Society : Grotius, Colonialism and Order in World Politics*, Cambridge : Cambridge University Press.

Kegley, C. W. Jr. (dir.), 1995, *Controversies in International Relations Theory : Realism and the Neoliberal Challenge*, New York : St. Martin's.

Kegley, C. W. Jr. et M. G. Hermann, 1995, « Military Intervention and the Democratic Peace », *International Interactions*, 21, p. 1-21.

Kellner, D., 2010, *Cinema Wars : Hollywood Film and Politics in the Bush-Cheney Era*, Malden : Wiley-Blackwell.

Kelstrup, M. et M. C. Williams (dir.), 2000, *International Relations and the Politics of European Integration : Power, Security and Community*, Londres/New York : Routledge.

Kennan, G. F., 1951, *American Diplomacy 1900-1950*, Chicago : Chicago University Press.

Kennedy, D., 2006, *Of War and Law*, Princeton : Princeton University Press.

Kennedy, P., 1991, *Naissance et déclin des grandes puissances*, Paris : Petite Bibliothèque Payot.

Keohane, R. O., 1984. *After Hegemony : Cooperation and discord in the world political economy*, Princeton : Princeton University Press.

Keohane, R. O. (dir.), 1986a, *Neorealism and its Critics*, New York : Columbia University Press.

Keohane, R. O., 1986b, « Theory of World Politics : Structural Realism and Beyond », dans R. O. Keohane (dir.), *Neorealism and its Critics*, New York : Columbia University Press, p. 158-203.

Keohane, R. O., 1988, « International Institutions : Two Approaches », *International Studies Quarterly*, 32, 4, p. 379-396

Keohane, K. O., 1989a, *International Institutions and State Power : Essays in International Relations Theory*, Boulder : Westview.

Keohane, R. O., 1989b, « Neoliberal Institutionalism : A Perspective on World Politics », dans R. O. Keohane, *International Institutions and State Power : Essays in International Relations Theory*, Boulder : Westview, p. 1-20.

Keohane, R. O., 1989c, « Theory of World Politics : Structural Realism and Beyond », dans R. O. Keohane, *International Institutions and State Power : Essays in International Relations Theory*, Boulder : Westview, p. 35-73.

Keohane, R. O., 1989d, « Closing the Fairness-Practice Gap », *Ethics and International Affairs*, 3, p. 101-116.

Keohane, R. O., 1990a, « Multilateralism : An Agenda for Research », *International Journal*, 45, 4, p. 731-764.

Keohane, R. O., 1990b, « International Liberalism Reconsidered », dans J. Dunn (dir.), *The Economic Limits to Modern Politics*, Cambridge : Cambridge University Press, p. 165-194.

Keohane, R. O., 1992, « The Demand for International Regimes », *International Organization*, 36, 2, p. 325-355.

Keohane, R. O., 1993, « International Theory and the Realist Challenge After the Cold War », dans D. A. Baldwin (dir.), *Neorealism and Neoliberalism : The Contemporary Debate*, New York : Columbia University Press, p. 269-300.

Keohane, R. O., 1998, « Beyond Dichotomy : Conversations between International Relations and Feminist Theory », *International Studies Quarterly*, 42, 1, p. 193-198.

Keohane, R. O., 2000, « Ideas Part Way Down », *Review of International Studies*, 26, 1, p. 125-130.

Keohane, R. O., 2002, « The Public Delegitimation of Terrorism and Coalitional Politics », dans K. Booth et T. Dunne (dir.), *Worlds in Collision : Terror and the Future of Global Order*, Londres : Palgrave Macmillan, p. 141-151.

Keohane, R. O. et L. L. Martin, 1995, « The Promise of Institutionalist Theory », *International Security*, 20, 1, p. 39-51.

Keohane, R. O. et L. L. Martin, 2003, « Institutional Theory as a Research Program », dans C. Elman et M. F. Elman (dir.), *Progress in International Relations Theory : Appraising the Field*, Cambridge : MIT Press, p. 71-106.

Keohane, R. O. et J. S. Nye Jr. (dir.), 1972, *Transnational Relations and World Politics*, Cambridge : Cambridge University Press.

Keohane, R. O. et J. S. Nye Jr., 1974, « Transgovernemental Relations and International Organizations », *World Politics*, XXVII, 1, p. 39-62.

Keohane, R. O. et J. S. Nye Jr., 1977, *Power and Interdependence. World Politics in Transition*, Boston : Little Brown.

Keohane, R. O. et J. S. Nye Jr., 1987, « Power and Interdependence Revisited », *International Organization*, 41, 4, p. 725-753.

Keohane, R. O. et J. S. Nye Jr., 1989, *Power and Interdependence*, 2e éd., New York : HarperCollins.

Keohane, R. O. et J. S. Nye Jr., 1993, « Introduction », dans R. O. Keohane, J. S. Nye Jr. et S. Hoffmann (dir.), *After the Cold War. International Institutions and States Strategies in Europe, 1989-1991*, Cambridge : Harvard University Press.

Keohane, R. O. et J. S. Nye Jr., 2001, *Power and Interdependence*, 3e éd., New York : Longman.

Kienitz, S., 2002, « Body Damage : War Disability and Constructions Masculinity in Weimar Germany », dans K. Hagemann et S. Schueler-Springorum (dir.), *Home / Front : The Military, War, and Gender in Twentieth-Century Germany*, Oxford et New York : Berg, p. 181-204.

Bibliographie

Kim, M., 2010, « Gender Politics and Global Householding in International Students/Scholar Families », *Politics and Gender*, 6, 2, p. 288-295.

Kincheloe, J. L. et P. L. McLaren, « Rethinking Critical Theory and Qualitative Research », dans N. K. Denzin et Y. S. Lincoln (dir.), *Handbook of Qualitative Research*, Thousand Oaks : Sage, p. 118-137.

Kindleberger, C. P., 1973, *The World in Depression, 1929-1939*, Berkeley : California University Press.

Kindleberger, C. P., 1976, « Systems of International Economic Organization », dans D. P. Calleo (dir.), *Money and the Coming World Order*, New York : New York University Press, p. 15-39.

King, G., R. O. Keohane et S. Verba, 1994, *Designing Social Inquiry : Scientific Inference in Qualitative Research*, Princeton : Princeton University Press.

Kingma, N., 2006, *Nurses on the Move : Migration and the Global Health Care Economy*, Ithaca : IRL Press.

Kingsbury, B. et A. Roberts, 1990, « Introduction : Grotian Thought in International Relations », dans H. Bull, B. Kingsbury et A. Roberts (dir.), *Hugo Grotius and International Relations*, Oxford : Clarendon Press.

Kinsella, H., 2003, « For A Careful Reading : The Conservatism of Gender Constructivism », *International Studies Review*, 5, 2, p. 294-296.

Kirkpatrick, J., 1979, « Dictatorships & Double Standards », *Commentary* : *www.commentarymagazine.com/viewarticle.cfm/dictatorships--double-standards-6189*

Kirkpatrick, J., 2004, « Neoconservatism as a Response to the Counter-Culture », dans I. Stelzer (dir.), *The Neocon Reader*, New York : Grove Press, p. 233-240.

Kissinger, H., 1957, *A World Restored : Metternich, Castlereagh and the Problems of Peace, 1812-22*, Boston : Houghton Mifflin.

Kissinger, H., 1996, *Diplomatie*, Paris : Fayard.

Kissolewski, J., 2000, *Norms in International Society. English School Meets Constructivism*, Communication présentée à la 25ᵉ Conférence annuelle de la British International Studies Association, Bradford, décembre.

Klare, M. T., 2003 « For Oil and Empire ? Rethinking War with Iraq », *Current History* 102, 662, p. 129-135.

Klein, B. S., 1994, *Strategic Studies and World Order : The Global Politics of Deterrence*, Cambridge : Cambridge University Press.

Klen, M., 2004, « La privatisation de la guerre », *Études*, 401, 3, p. 181-191.

Klotz, A., 1995, *Norms in International Relations : The Struggle Against Apartheid*, Ithaca : Cornell University Press.

Klotz, A., 2001, « Can We Speak a Common Constructivist Language », dans K. M. Fierke et K. E. Jørgensen (dir.), *Constructing International Relations : the Next Generation*, Armonk/Londres : M. E. Sharpe, p. 223-235.

Klotz, A., et C. Lynch, 2007, *Strategies for Research in Constructivist International Relations*, Armonk/Londres, M.E. Sharpe.

Klotz, A., et D. Prakash (dir.), 2008, *Qualitative Methods in International Relations : A Pluralist Guide*, Basingstoke : Palgrave Macmillan.

Knudsen, T. B., 1997, « European Approaches to Humanitarian Intervention : From Just War to Assistance and Back Again ? », dans K. E. Jørgensen (dir.), *European Approaches to Crisis Management*, La Haye/Londres/Boston : Kluwer Law International, p. 171-199.

Knutsen, T. L., 1997, *A History of International Relations Theory*, 3ᵉ éd., Manchester : Manchester University Press.

Kofman, E. *et al.*, 2000, *Gender and International Migration in Europe : Employment, Welfare, and Politics*, Londres et New York : Routledge.

Kolodziej, E. A., 1992, « Renaissance in Security Studies ? Caveat Lector », *International Studies Quarterly*, 36, 4, p. 421-438.

Kolodziej, E. A., 2005, *Security and International Relations*, Cambridge : Cambridge University Press.

Kondratieff, N. D., 1984 [1925], *The Long Wave Cycle*, New York : Richardson and Snyder.

Koo, H. (dir.), 1993, *State and Society in Contemporary Korea*, Ithaca : Cornell University Press.

Koslowski, R., 2001, « Understanding the European Union as a Federal Polity », dans T. Christiansen, K. E. Jørgensen et A. Wiener (dir.), *The Social Construction of Europe*, Londres : Sage Publications, p. 32-49.

Koslowski, R. et F. Kratochwil, 1995 « Understanding Change in International Politics : The Soviet Empire's Demise and the International System », dans R. N. Lebow et T. Risse-Kappen (dir.), *International relations theory and the end of the Cold War*, New York : Columbia University Press, p. 127-166.

Krasner, S. D., 1976, « State Power and the Structure of International Trade », *World politics*, 28, 3, p. 317-347.

Krasner, S. D. (dir.), 1983a, *International Regimes*, Ithaca : Cornell University Press.

Krasner, S. D., 1983b, « Structural Causes and Regime Consequences : Regimes as Intervening Variables », dans S. D. Krasner (dir.), *International Regimes*, Ithaca : Cornell University Press, p. 1-21.

Krasner, S. D., 1996, « The Accomplishments of International Political Economy », dans S. Smith, K. Booth et M. Zalewski (dir.), *International Theory : Positivism and Beyond*, Cambridge : Cambridge University Press, p. 108-127.

Kratochwil, F., 1989, *Rules, Norms and Decisions*, Cambridge : Cambridge University Press.

Kratochwil, F., 2003, « The Monologue of "Science" », *International Studies Review*, 5, 1, p. 124-128.

Kratochwil, F. et J. G. Ruggie, 1986, « International Organization : A State of the Art on the Art of the State », *International Organization*, 40, 4, p. 763-786.

Krause K. et M. C. Williams 1997b, « Preface : Toward Critical Security Studies », dans K. Krause et M. C. William (dir.), *Critical Security Studies*, Minneapolis : University of Minnesota Press, p. vii-xxi.

Krause, K. et M. C. Williams (dir.), 1997a, *Critical Security Studies*, Minneapolis : University of Minnesota Press.

Krauthammer, C., 1990/1991, « The Unipolar Moment », *Foreign Affairs*, 70, 1, p. 23-33.

Krauthammer, C., 2005, « The Truth about Torture », *The Weekly Standard*, 11, 12 : *www.weeklystandard.com/Content/Public/Articles/000/000/006/400rhqav.asp?page=2*

Kristol, I., 1983, *Reflections of a Neoconservative : Looking Back, Looking Ahead*, New York : Basic Books.

Kristol, I., 1995, *Neoconservatism – The Autobiography of an Idea*, New York : The Free Press.

Kristol, I., 1995, *Neoconservatism – The Autobiography of an Idea*, New York : The Free Press.

Kristol, I., 2004, « The Neoconservative Persuasion », dans I. Stelzer (dir.), *The Neocon Reader*, New York : Grove Press, p. 33-37.

Kristol, W. et R. Kagan, 1996, « Toward a Neo-Reaganite Foreign Policy », *Foreign Affairs*, 75, 4, p. 18-32.

Kristol, W. et R. Kagan (dir.), 2000, *Present Dangers : Crisis and Opportunities in American Foreign and Defense Policy*, San Francisco : Encounter Books.

Kristol, W. et R. Kagan, 2004, « National Interest and Global Responsibility », dans I. Stelzer (dir.), *The Neocon Reader*, New York : Grove Press, p. 57-74.

Kristol, W., 2004, « The Defense Secretary We Have », *The Washington Post* : *www.washingtonpost.com/wp-dyn/articles/A132-2004Dec14.html*

Krushchev, N., 1976 [1956], *The « secret » speech : delivered to the closed session of the Twentieth Congress of the Communist Party of the Soviet Union*, Nottingham : Spokesman Books.

Kubálková, V., 1998, « Reconstructing the Discipline : Scholars as Agents », dans V. Kubálková, N. Onuf et P. Kowert (dir.), *International Relations in a Constructed World*, Armonk/Londres : M. E. Sharpe, p. 193-201.

Kubálková, V., 2001, « A Constructivist Primer », dans V. Kubálková (dir.), *Foreign Policy in a Constructed World*, Armonk/Londres : M. E. Sharpe, p. 4-76.

Kubálková, V. et A. A. Cruickshank, 1989, *Marxism and International Relations*, 2ᵉ éd., Oxford : Oxford University Press.

Kubálková, V., N. Onuf et P. Kowert, 1998, « Constructing Constructivism », dans V. Kubálková, N. Onuf et P. Kowert (dir.), *International Relations in a Constructed World*, Armonk/Londres : M. E. Sharpe, p. 3-21.

Kuhn, T. S., 1983 [1970], *La structure des révolutions scientifiques*, Paris : Flammarion.

Kupchan, C. A. et C. A. Kupchan, 1991, « Concerts, Collective Security, and the Future of Europe », *International Security*, 16, 1, p. 114-161.

Kurki, M., 2007, « Critical Realism and Causal Analysis in International Relations », *Millennium*, 35, 2, p. 361-378.

Kurki, M. et C. Wight, 2007, « International Relations and Social Science », dans T. Dunne, M. Kurki et S. Smith (dir.), *International Relations Theories : Discipline and Diversity*, Oxford/New York : Oxford University Press, p. 13-33.

Labica, G. et G. Bensussan, 1999, *Dictionnaire critique du marxisme*, 3ᵉ éd., Paris : Quadrige et PUF.

Lacher, H., 1999, « "Embedded Liberalism", Dissembed Markets : Conceptualizing the Pax Americana », *New Political Economy*, 4, 3, p. 343-360.

Lacher, H., 2003, « Putting the State in its Place : The Critique of State-Centrism and its Limits », *Review of International Studies*, 29, 4, p. 521-541.

Lacher, H., 2005, « International Transformation and the Persistence of Territoriality : Towards a New Political Geography of Capitalism », *Review of International Political Economy*, 12, 1, p. 26-52.

Lacher, H. 2007, *Beyond Globalization. Capitalism, Territoriality and the International Relations of Modernity*, Londres : Routledge.

Lachmann, R., 1989, « Origins of Capitalism in Western Europe : Economic and Political Aspects », *Annual Review of Sociology*, 15, p. 47-72.

Laclau, E. et C. Mouffe, 2001 [1985], *Hegemony and Socialist Strategy : Towards a Radical Democratic Politics*, 2ᵉ éd., Londres : Verso.

Lacy, M. J., 2001, « Cinema and Ecopolitics : Existence in the Jurassic Park », *Millennium*, 30, 3, p. 635-645.

Lacy, M. J., 2003, « War, Cinema, and Moral Anxiety », *Alternatives*, 28, 5, p. 611-36.

Laïdi, Z., 2005, « Nous sommes-nous trompés ? », *Le Devoir*, Montréal, 10 avril.

Lakatos, I., 1970, « Falsification and the Methodology of Scientific Research Programmes », dans I. Lakatos et A. Musgrave (dir.), *Criticism and the Growth of Knowledge*, Cambridge : Cambridge University Press, p. 91-196.

Lamy, S. L., 2001, « Contemporary Mainstream Approaches : Neo-realism and Neo-liberalism », dans J. Baylis et S. Smith (dir.), *The Globalization of World Politics. An introduction to international relations*, 2ᵉ éd., New York : Oxford University Press, p. 182-189.

Lamy, S. L., 2005, « Contemporary mainstream approaches : neo-realism and neo-liberalism », dans J. Bayliss et S. Smith (dir.), *The Globalization of World Politics : An Introduction to International Relations*, 3ᵉ éd., Oxford : Oxford University Press, p. 205-224.

Lang, A. (dir.), 2004, *Political Theory and International Affairs : Hans J. Morgenthau on Aristotle's Politics*, Westport : Praeger.

Bibliographie

Lang, A., 2007, « Morgenthau, agency, and Aristotle », dans M. C. Williams (dir.), *Realism Reconsidered : The Legacy of Hans J. Morgenthau in International Relations*, Oxford : Oxford University Press, p. 18-41

Lapid, Y., 1989, « The Third Debate : On the Prospects of International Theory in a Post-positivist Era », *International Studies Quarterly*, 33, 3, p. 235-254.

Lapid, Y. et F. Kratochvil, 1996, *The Return of Culture and Identity in IR Theory*, Boulder/Londres : Lynne Rienner

Lapointe, T. et I. Masson, 2004, « Les relations entre le "politique" et l'"économique" dans le discours et les pratiques de la "guerre au terrorisme" », *Cultures & conflits*, 54, p. 81-103.

Latham, A., 1999, « Constructing National Security : Culture and Identity in Indian Arms Control and Disarmament Practices », dans K. R. Krause (dir.), *Culture and Security : Multilateralism, Arms Control and Security Building*, Londres : Frank Cass, p. 129-158.

Lawler, P., 2008, « The Ethics of Postmodernism », dans C. Reus-Smit et D. Snidal (dir.), *The Oxford Handbook of International Relations*, Oxford : Oxford University Press, p. 378-390.

Lawson, G. 2006, « The Promise of Historical Sociology in International Relations », *International Studies Review*, 8, 3, p. 397-423.

Layne, C, 2009, « The Influence of Theory on Grand Strategy : The United States and a Rising China », dans A. Freyberg-Inan, E. Harrison et P. James (dir.), *Rethinking Realism in International Relations : Between Tradition and Innovation*, Baltimore : The Johns Hopkins University Press, p. 103-135.

Layne, C., 1993, « The Unipolar Illusion : Why New Great Powers Will Rise », *International Security*, 17, 4, p. 5-51.

Layne, C., 1994, « Kant or Cant : The Myth of the Democratic Peace », *International Security*, 19, 2, p. 5-49.

Layne, C., 2006a, *The Peace of Illusions : American Grand Strategy from 1940 to the Present*, Ithaca/Londres : Cornell University Press.

Layne, C., 2006b, « The Unipolar Illusion Revisted : The Coming End of the United States's Unipolar Moment », *International Security*, 31, 2, p. 7-41.

Lazarus, N., 1999, *Nationalism and Cultural Practice in the Postcolonial World*, Cambridge : Cambridge University Press.

Le Blanc, O., 2004, *La politique étrangère de l'Australie et le cas de l'intervention au Timor-Oriental en 1999 dans le cadre d'INTERFRET*, Série Mémoires 3, Centre d'études des politiques étrangères et de sécurité, Université du Québec à Montréal.

Le Prestre, P. (dir.), 1997, *Role Quests in the Post-Cold-War Era. Foreign Policies in Transition*, Montréal et Kingston : McGill-Queen's University Press.

Leander, A., 2001, « Pierre Bourdieu on Economics », *Review of International Political Economy*, 8, 2, 344-353.

Leander, A., 2005, « The Power to Construct International Security : On the Significance of Private Military Companies », *Millennium*, 33, 3, p. 803-826.

Leander, A., 2008, « Thinking Tools », dans A. Klotz et D. Prakash (dir.), *Qualitative Methods of International Relations : A Pluralist Guide*, New York : Palgrave Macmillan, p. 11-27.

Leander, A. et R. van Munster, 2007, « Private Security Contractors in the Debate about Darfur : Reflecting and Reinforcing Neo-Liberal Governmentality », *International Relations*, 21, 2, p. 201-216.

Lebow, R. N., 1994, « The Long Peace, The End of the Cold War, and the Failure of Realism », *International Organization*, 48, p. 2, 249-277.

Lebow, R. N., 2003, *The Tragic Vision of Politics : Ethics, Interests and Orders*, Cambridge : Cambridge University Press.

Ledeen, M., 2003, *The War Against the Terror Masters : Why it Happened. Where we Are Now. How We'll Win*, New York : St. Martin's Press.

Leffler, M. P., 1991, « National Security », dans M. J. Hogan et T. G. Paterson (dir.), *Explaining the History of American Foreign Relations*, Cambridge : Cambridge University Press, p. 202-213.

Leffler, M. P., 1992, *A Preponderance of Power : National Security, the Truman Administration and the Cold War*, Stanford : Stanford University Press.

Legaré-Tremblay, J.-F., 2005, « L'idéologie néoconservatrice et la politique étrangère américaine sous George W. Bush », Montréal : Étude Raoul-Dandurand publiée par la Chaire Raoul-Dandurand en études stratégiques et diplomatiques.

Legro, J. et A. Moravscik, 1999, « Is Anybody Still a Realist ? », *International Security*, 24, 2, p. 5-55.

Lejbowicz, A., 1999, *Philosophie du droit international. L'impossible capture de l'humanité*, Paris : PUF.

Lénine, V. I., 1966 [1902], *Que faire ?* Paris : Seuil.

Lenine, V. I., 1979 [1916], *L'impérialisme, stade suprême du capitalisme*, Paris : Éditions sociales.

Lévinas, E., 1971, *Totalité et infini*, Paris : Le livre de poche.

Levy, J. S., 1988, « Domestic Politics and War », *Journal of Interdisciplinary History*, 18, p. 653-673.

Leymarie, M. et S, Bernstein, 1998, *La postérité de l'affaire Dreyfus*, Villeneuve d'Ascq : Presses Universitaires du Septentrion.

Lieber, K. A. et G. Alexander, 2005, « Waiting for Balancing : Why the World Is Not Pushing Back », *International Security*, 30, 1, p. 109-139.

Linklater, A., 1981, « Men and Citizens in International Relations », *The Review of International Studies*, 7, p. 23-37.

Linklater, A., 1990a, *Men and Citizens in the Theory of International Relations*, Londres : Macmillan.

Linklater, A., 1990b, *Beyond Realism and Marxism : Critical Theory and International Relations*, Londres : Macmillan.

Linklater, A., 1990c, «The Problem of Community in International Relations», *Alternatives*, 15, p. 135-153.

Linklater, A., 1992a, «The Question of the Next Stage in International Relations Theory : A Critical Theoretic Point of View», *Millennium*, 21, 1, p. 77-98.

Linklater, A., 1992b, «What is a Good International Citizen ?», dans P. Keal (dir.), *Ethics and Foreign Policy*, Sydney : Allen and Unwin, p. 21-43.

Linklater, A., 1995, «Rationalism», dans S. Burchill et A. Linklater (dir.)., *Theories of International Relations*, Londres : Macmillan, p. 93-118.

Linklater, A., 1996a, «The Achievements of Critical Theory», dans S. Smith, K. Booth et M. Zalewski (dir.), *International Theory : Positivism and Beyond*, Cambridge : Cambridge University Press, p. 279-298.

Linklater, A., 1996b, «Citizenship and Sovereignty in the Post-Westphalian Age», *European Journal of International Relations*, 2, 1, p. 77-103.

Linklater, A., 1997, «The transformation of political community : E. H. Carr, critical theory and international relations», *Review of International Studies*, 23, 3, p. 321-328.

Linklater, A., 1998, *The Transformation of Political Community : Ethical Foundations of the Post-Westphalian Era*, Cambridge : Polity Press.

Linklater, A., 2000a, «E.H. Carr, Nationalism and the Future of the Sovereign State», dans M. Cox, (dir.), *E. H. Carr : A Critical Appraisal*, Londres : Palgrave MacMillan, p. 234-257.

Linklater, A., 2000b, «The Good International Citizen and the Kosovo Crisis», dans A. Schnabel et R. Thakur (dir.), *Kosovo and the Challenge of Humanitarian Intervention*, Tokyo : United Nations University Press.

Linklater, A., 2001, «Citizenship, Humanity and Cosmopolitan Harm Conventions», *International Political Science Review*, 22, 3, p. 261-277.

Linklater, A., 2002a, «The Problem of Harm in World Politics : Implications for the Sociology of States-systems», *International Affairs*, 78, 2, p. 319-338.

Linklater, A., 2002b, «Cosmopolitan Citizenship», dans E.F. Isin et B. S Turner (dir.), *Handbook of Citizenship Studies*, Londres : Sage.

Linklater, A., 2004, «Norbert Elias, the Civilizing Process and International Relations», *International Politics*, 41, 1, p. 3-35.

Linklater, A., 2007, *Critical Theory and World Politics. Citizenship, Sovereignty and Humanity*, New York : Routledge.

Linklater, A. et J. MacMillan, 1995. «Introduction : Boundaries in Question», dans J. Macmillan et A. Linklater (dir.), *Boundaries in Question : New Directions in International Theory*, Londres : F. Pinter, p. 1-16.

Linklater, A. et H. Suganami, 2006, *The English School of International Relations : A Contemporary Reassessment*, Cambridge : Cambridge University Press.

Lipietz, A., 1983, *Le monde enchanté : de la valeur à l'envol inflationniste*, Paris : La Découverte et Maspero.

Lipset, S., 2006, *American Exceptionalism : A Double-Edged Sword*, New York : W. W. Norton.

Lipson, C., 1993, «International Cooperation in Economic and Security Affairs», dans D. A. Baldwin (dir.), *Neorealism and Neoliberalism : The Contemporary Debate*, New York : Columbia University Press, p. 60-84.

Lisse, M., 2002, «Déconstructions», *Études françaises*, 38, 1-2, numéro spécial *Derrida Lecteur*, p. 59-76.

List, F., 1857 [1841], *Système national d'économie politique*, Paris : Capelle.

Little, D., s.d, «Marxism and Method», *www-personal.umd. umich.edu / ~delittle / Marxism%20and%20Method%203.htm*.

Little, R., 1995, «Neorealism and the English School : A Methodological, Ontological and Theoretical Reassessment», *European Journal of International Relations*, 1, 1, p. 9-34.

Little, R., 1996, «The Growing Relevance of Pluralism ?», dans S. Smith, K. Booth et M. Zalewski (dir.), *International Theory : Positivism and Beyond*, Cambridge : Cambridge University Press, p. 66-86.

Little, R., 2000, «The English School's Contribution to the Study of International Relations», *European Journal of International Relations*, 6, 3, p. 395-422.

Little, R., 2001, «International Regimes», dans J. Baylis et S. Smith (dir.), *The Globalization of World Politics. An Introduction to International Relations*, 2ᵉ éd., New York : Oxford University Press, p. 369-386.

Loader, I. et Walker N., 2007, *Civilizing Security*, Cambridge : Cambridge University Press.

Lobasz, J., 2009, «Beyond Border Security : Feminist Approaches to Human Trafficking», *Security Studies*, 18, 2, p. 319-344.

Lobell, S. E., N. M. Ripsman et J. W. Taliaferro (dir.), 2009, *Neoclassical Realism, the State and Foreign Policy*, Cambridge : Cambridge University Press.

Long, D., 1995, «The Harvard School of Liberal International Theory : A Case for Closure», *Millennium*, 24, 3, p. 489-505.

Lucarelli, S. et R. Menotti, 2002, «No-Constructivists' Land : International Relations in Italy in the 1990s», *Journal of International Relations and Development*, 5, 2, p. 114-142.

Luibhéid, E., 2002, *Entry Denied : Controlling Sexuality at the Border*, Minneapolis et Londres : University of Minnesota Press.

Lupovici, A., 2009, «Constructivist methods : a plea and manifesto for pluralism», *Review of International Studies*, 35, p.195-218.

Luxemburg, R., 1969 [1913], *L'accumulation du capital : contribution à l'explication économique de l'impérialisme*, Paris : Maspero.

Luxemburg, R., 1973 [1913], *Introduction à l'économie politique*, Paris : Anthropos.

Bibliographie

Luxemburg, R., 2003 [1913], *The Accumulation of Capital*, Londres : Routledge Classics.

Lynch, M., 2005, « Critical Theory : Dialogue, Legitimacy, and Justifications for War », dans J. Sterling-Folker (dir.), *Making Sense of International Relations Theory*, Boulder : Lynne Rienner.

Lynn-Jones, S. M., 1998, « Realism and America's Rise : A Review Essay », *International Security*, 23, 2, p. 157-182.

Lynn-Jones, S. M., 2004, « Preface », dans M. E. Brown, O. R. Coté, S. M. Lynn-Jones et S. E. Miller (dir.), 2004, *Offense, Defense and War*, Cambridge : MIT Press, p. xi-xxxvii.

Lyon, D. (dir.), 2006, *Theorizing Surveillance : The Panopticon and Beyond*, Portland, OR : Willan.

Lyon, D., 2004, « Globalizing Surveillance », *International Sociology*, 19, 2, p. 135-149.

Lyon, D., 2007, *Surveillance Studies : An Overview*, Malden, Polity Press.

Lyotard, J.-F., 1979, *La condition postmoderne*, Paris : Éditions de Minuit.

MacFarquhar, L., 2007, « Two Heads : A Marriage Devoted to the Mind-Body Problem », *The New Yorker*, 82, 59, p. 58-69.

Machiavel, N., 1980 [1513], *Le Prince*, Paris : Flammarion.

MacKenzie, I., 2003, « Poststructuralism and Postmodernism », dans A. Finlayson (dir.), *Contemporary Political Thought : Reader and Guide*, New York : New York University Press, p. 438-472.

Macleod, A., 2008, « Is Neoconservatism a Theory of International Relations ? », communication présentée à la conférence annuelle de la section Nord-Est de l'International Studies Association, Baltimore, les 3-4 octobre.

Macleod, A., E. Dufault et G. F. Dufour, 2004, *Relations Internationales, Théories et Concepts*, 2e éd., Montréal : Athéna éditions / Cepes.

Madsen, M. R. 2007. « From Cold War Instrument to Supreme European Court : The European Court of Human Rights at the Crossroads of International and National Law and Politics », *Law and Social Inquiry* 32, 1, p. 137-159.

Mahoney, J. et G. Goertz, 2006, « A Tale of Two Cultures : Contrasting Quantitative and Qualitative Research, *Political Analysis*, 14, 3, p. 227-229.

Maier, C., 1988, *Recasting Bourgeois Europe. Stabilization in France, Germany, and Italy in the Decade After World War I. With a New Preface*, Princeton : Princeton University Press.

Maiguashca, B., 2000, « Theorising Politics in "No Man's Land" : Feminist Theory and the Fourth Debate », dans M. Ebata et B. Neufeld (dir.), *Confronting the Political in International Relations*, New York : St. Martin's Press, p. 123-250.

Maiguashca, B., 2005, « Theorizing Knowledge from Women's Political Practices : The Case of the Women's Reproductive Rights Movement », *International Feminist Journal of Politics*, 7, 2, p. 207-232.

Mairet, G., 1997, *Le principe de souveraineté. Histoires et fondements du pouvoir moderne*, Paris : Gallimard.

Maliniak, D., A. Oakes, S. Peterson et M. J. Tierney, 2007, *The View from the Ivory Tower : TRIP Survey of International Relations Faculty in the United States and Canada*, Williamsburg : Program in Theory and Practice of Internationals Relations, College of William and Mary.

Maliniak, D., A. Oakes, S. Peterson et M. J. Tierney, 2008, « Women in International Relations », *Politics and Gender*, 4, 1, p. 122-141.

Mandel, E., 1969, *The Marxist Theory of the State,* New York : Pathfinder Press.

Mandel, E., 1983, *Initiation à la théorie économique marxiste*, 3e éd., Paris : Études et documentation internationale.

Mann, M., 1986, *The Sources of Social Power*, Cambridge : Cambridge University Press.

Mann, M., 1988, *States, War and Capitalism*, Oxford : Basil Blackwell.

Mann, M., 1993, *The Sources of Social Power*, vol. II, Cambridge : Cambridge University Press.

Mann, M., 1996, « Authoritarian and Liberal Militarism : A Contribution from Comparative and Historical Sociology », dans S. Smith, K. Booth et M. Zalewski (dir.), *International Theory : Postivism and Beyond*, Cambridge : Cambridge University Press, p. 221-239.

Mann, M., 2003, *Incoherent Empire*, Londres / New York : Verso.

Mann, M., 2004a, « Can the New Imperialism Triumph in the Age of Nation-States ? », *History and Theory*, 43, p. 226.

Mann, M., 2004b, *Fascists*, Cambridge : Cambridge University Press.

Mann, M., 2005, *The Dark Side of Democracy. Explaining Ethnic Cleansing*, Cambridge : Cambridge University Press.

Mansfield, E. D. et B. M. Pollins (dir.), 2003, *Economic Interdependence and International Conflict : New Perspectives on an Enduring Debate*, Ann Harbor : University of Michigan Press.

Mansfield, E. D. et J. Snyder, 1995, « Democratization and the Danger of War », *International Security,* 20, 1, p. 5-38.

Mansfield, E. D. et J. Snyder, 2002, « Incomplete Democratization and the Outbreak of Military Disputes », *International Studies Quarterly*, 46, 4, p. 529-549.

Maoz, Z., A. Mintz, T. C. Morgan, G. Palmer et R. J. Stoll (dir.), 2004, *Multiple Paths to Knowledge in International Relations*, Lanham : Lexington Press.

March, J. G. et J. P. Olsen. 1998. « The Institutional Dynamics of International Political Order », *International Organization*, 52, 4, p. 943-969.

Marchand, M., 1998, « Different Communities / Different Realities / Different Encounters : A Reply to J. Ann Tickner », *International Studies Quarterly*, 42, 1, p. 199-204.

Marsh, D., et P. Furlong, 2002, « A Skin Not a Sweater : Ontology and Epistemology in Political Science », dans D. Marsh,

D., et G. Stoker (dir.), *Theory and Methods in Political Science*, 2ᵉ éd., Basingstoke/New York : Palgrave Macmillan, p. 17-42.

Marsh, D., et P. Furlong, 2010, « A Skin Not a Sweater : Ontology and Epistemology in Political Science », dans D. Marsh, D., et G. Stoker (dir.), *Theory and Methods in Political Science*, 3ᵉ éd., Basingstoke/New York : Palgrave Macmillan, p. 184-211.

Marsh, D., et G. Stoker (dir.), 2002, *Theory and Methods in Political Science*, 2ᵉ édition, Basingstoke/New York : Palgrave Macmillan.

Marsh, D., et G. Stoker (dir.), 2010, *Theory and Methods in Political Science*, 3ᵉ éd., Basingstoke/New York : Palgrave Macmillan.

Marso, L. J., 2007, « Feminism and the Complications of Freeing the Women of Afghanistan and Iraq », dans M. L. Ferguson et L. J. Marso (dir.) *W Stands for Women : How The George W. Bush Presidency Shaped a New Politics of Gender*, Durham : Duke University Press, p. 221-244.

Martin, J., 2002a, « The State and Sovereign Subjectivity », dans A. Finlayson et J. Valentine (dir.), *Politics and Post-Structuralism : An Introduction*, Édimbourg : Edimburgh University Press, p. 52-65.

Martin, J., 2002b, « The political logic of discourse : a neo-Gramscian view », *History of European Ideas, 28*, p. 21-31.

Martin, R. et D. A. Reidy (dir.), 2006, *The Law of Peoples. A Realistic Utopia*, Oxford : Blackwell.

Martin, R., 2007, « War, by All Means », *Social Text, 25*, 2, p. 13-22.

Marx, K. et F. Engels, 1973[1848]. *Manifeste du Parti communiste*, Paris, Librairie générale française.

Marx, K. et F. Engels, 1976 [1848], « Manifeste du Parti communiste », dans K. Marx et F. Engels, *Œuvres choisies en trois volumes. Tome premier*, Moscou : Éditions du Progrès, p. 100-142.

Marx, K., 1972 [1844], *Manuscrits de 1844*, Paris : Éditions sociales.

Marx, K., 1976a [1845], « Thèses sur Feuerbach », dans K. Marx et F. Engels, *Œuvres choisies en trois volumes. Tome premier*, Moscou : Éditions du Progrès, p. 7-9.

Marx, K., 1976b [1852], *Le 18-Brumaire de Louis Bonaparte*, dans K. Marx et F. Engels, *Œuvres choisies en trois volumes. Tome premier*, Moscou : Éditions du Progrès, p. 410-507.

Marx, K., 1976c [1859], « Préface à la critique de l'économie politique », dans K. Marx et F. Engels, *Œuvres choisies en trois volumes. Tome premier*, Moscou : Éditions du Progrès, p. 523-527.

Marx, K., 1976d [1864], « Adresse inaugurale de l'Association internationale des travailleurs », dans K. Marx et F. Engels, *Œuvres choisies en trois volumes. Tome II*, Moscou : Éditions du Progrès, p. 5-13.

Marx, K., 1976e [1867], *Le Capital : Critique de l'économie politique — Livre premier : Le développement de la production capitaliste*, Paris : Éditions sociales.

Marx, K., 1976f [1885], *Le Capital : Critique de l'économie politique — Livre II : Le procès de circulation du capital*, Paris : Éditions sociales.

Marx, K., 1976g [1894], *Le Capital : Critique de l'économie politique — Livre III : Le procès de l'ensemble de la production capitaliste*, Paris : Éditions sociales.

Marx, K., 1977[1852], *The Eighteenth Brumaire of Louis Bonaparte*, dans D. McLellan (dir.), *Karl Marx : Selected Writings*, Oxford : Oxford University Press.

Marx, K., 1984 [1852], *Le Dix-Huit Brumaire de Louis Bonaparte*, Paris : Messidor et Éditions sociales.

Marx, K., 1985[1867], *Le Capital : Critique de l'économie politique — Livre premier : Le développement de la production capitaliste*, Paris, Champs/Flammarion.

Maspoli, G., 2001, « Aron's Historical Sociology and the Theory of International Relations », communication présentée à la 4ᵉ conference du Standing Group on International Relations, Canterbury, 8-10 septembre.

Masson, I., 2001, *La restructuration du champ de la sécurité sud-africaine : les luttes, les discours et les stratégies de légitimation à l'origine de la nouvelle politique de défense et de sécurité post-apartheid*, mémoire de maîtrise, Université du Québec à Montréal.

Mastanduno, M., 1999, « Preserving the Unipolar Moment : Realist Theories and U.S. Grand Strategy After the Cold War », dans E. B. Kapstein et M. Mastanduno (dir.), *Unipolar Politics : Realism and State Strategies After the Cold War*, Columbia University Press : New York, p. 138-181.

Masters, C., 2005, « Gendered Defences, Gendered Offences : What is at Stakes in the Politics of Missile Defence », *Canadian Foreign Policy, 12*, 1, p. 105-119.

Mathews, J. T., 1989, « Redefining Security », *Foreign Affairs, 68*, 2, p. 162-177.

May, L., 2007, *War Crimes and Just War*, Cambridge : Cambridge University Press.

Mayall, J., 2000, *World Politics : Progress and its Limits*, Cambridge : Polity Press.

Mazière, F. 2005, *Analyse du Discours*, Paris : PUF, coll. « Que sais-je ? ».

Mazurana, D. A., R. Roberts et J. Parpart (dir.), 2005. *Gender, Conflict, and Peacekeeping*, Oxford : Rowman and Littlefield.

Mbembe, A., 2006, « Qu'est-ce que la pensée postcoloniale ? », *Esprit, 330*, p. 117-133.

McClintock, A., 1997, « No Longer in a Future Heaven : Gender, Race and Nationalism », dans L. McDowell et J. P. Sharp (dir.), *Space, Gender, Knowledge : Feminist Readings*, Londres : Arnold.

McGrew, T., 1999, « The World Trade Organization : Technocracy or Banana Republic ? », dans A. Taylor et C. Thomas (dir.), *Global Trade and Global Social Issues*, Londres : Routledge, p. 197-216.

Bibliographie

McLaughlin Mitchell, S. et P. Hensel, 2007, « International Institutions and Compliance with Agreements », *American Journal of Political Science*, 51, 4, p. 721-737.

McNally, D., 1988, *Political Economy and the Rise of Capitalism : A Reinterpretation*, Berkeley : California University Press.

McNally, D., 2006, *Another World is Possible*, Winnipeg : Arbeiter Ring.

McSweeney, B., 1996, « Identity and Security : Buzan and the Copenhagen School », *Review of International Studies*, 22, 1, p. 81-93.

McSweeney, B., 1999, *Security, Identity and Interests : A Sociology of International Relations*, Cambridge : Cambridge University Press.

Mead, W. R., 2002, *Special Providence*, New York : Routledge.

Mearsheimer J. J., 1990, « Back to the Future. Instability in Europe After the Cold War », *International Security*, 15, 1, p. 5-56.

Mearsheimer, J. J., 1994/95 « The False Promise of International Institutions », *International Security*, 19, 3, p. 5-49.

Mearsheimer, J. J., 2001, *The Tragedy of Great Power Politics*, New York : Norton.

Mearsheimer, J. J., 2002, « Realism, the Real World, and the Academy », dans M. Brecher et F. P. Harvey (dir.), *Realism and Institutionalism in International Studies*, Ann Arbor : The University of Michigan Press, p. 23-33.

Mearsheimer, J. J., 2004, « E. H. Carr vs. Idealism : The Battle Rages On », *International Relations*, 19, 2, p. 139-152.

Mearsheimer, J. J., 2005, « Hans Morgenthau and the Iraq War : Realism versus Neo-Conservatism », *Open Democracy* [www.opendemocracy.net/debates/article.jsp ?id-=3& debateId=77&articleId=2522].

Mearsheimer, J., P. Rogers, .R. Little, C. Hill, C. Brown et K. Booth, 2005, « Roundtable : The Battle Rages On », *International Relations*, 19, 3, p. 337-360.

Medovoi, L., 2007, « Global Society Must be Defended : Biopolitics Without Boundaries », *Social Text*, 25, 2, p. 53-79.

Meillassoux, C., 1974, *Anthropologie économique des Gouro de Côte d'Ivoire : de l'économie de subsistance à l'agriculture commerciale*, Paris : Mouton.

Mérand, F., 2006, « Social Representations in the European Security and Defence Policy ». *Cooperation and Conflict,* 41, 3, p. 131-152.

Mérand, F., 2008, *European Defence Policy : Beyond the Nation State,* Oxford : Oxford University Press.

Mérand, F., 2010, « Pierre Bourdieu and the Birth of European Security and Defense Policy », *Security Studies,* à paraître.

Mercer, J., 1995, « Anarchy and Identity », *International Organization*, 49, 1, p. 229-252.

Merle, M., 1974, *Sociologie des relations internationales*, Paris : Dalloz.

Merle, M., 1985, *Forces et enjeux en relations internationales*, Paris : Economica.

Merton, R. K., 1967, *On Theoretical Sociology : Five Essays, Old and New*, New York : The Free Press.

Mesquita, B. d B. et D. Lalman, 1992, *War and Reason : Domestic and International Imperative*, New Haven : Yale University Press. Classic text on rational choice methodology.

Mesquita, B. de B., 1985, « Towards a Scientific Understanding of International Conflict », *International Studies Quarterly*, 29, 121-136.

Meyer, K. E., 2003, « Weighing Iraq in Morgenthau's Scale », *World Policy Journal*, XX, 3 [www.worldpolicy.org/journal/articles/wpj03-3/coda. html].

Millennium, 2007, « Forum : Scientific and Critical Realism in International Relations », *Millennium*, 35, 2, p. 344-416.

Millennium, 2010, « The 50 Most Widely-Read Articles », *Millennium*, http://mil.sagepub.com/reports/mfr1.dtl

Miller, A. J., 1980, « The Functional Principle in Canada's External Relations », *International Journal*, 35, 2, p. 309-328.

Miller, B., 2004, « The Rise (and Decline ?) of Offensive Liberalism », Communication présentée à 45ᵉ rencontre annuelle de l'International Studies Association (ISA), Montréal.

Miller, J. B. D., 1991, « E.H. Carr : The Realist's Realist », *The National Interest*, 25, p. 65-71.

Miller, S. E., 2001, « *International Security* at Twenty-five : From One World to Another », *International Security*, 26, 1, p. 5-39.

Milliken, J., 1999, « The Study of Discourse in International Relations : A Critique of Research and Methods », *European Journal of International Relations,* 5, 2, p. 225-254.

Milner, H., 1993, « The Assumption of Anarchy in International Relations Theory : A Critique », dans D. A. Baldwin (dir.), *Neorealism and Neoliberalism : The Contemporary Debate*, New York : Columbia University, p. 143-169.

Milner, H., 1997, *Interests, Institutions and Information : Domestic Politics and International Relations*, Princeton : University of Princeton Press.

Mitrany, D., 1943, *A Working Peace System*, Londres : Royal Institute of International Affairs.

Mohanty, C., 1991[1984], « Under Western Eyes : Feminist Scholarship and Colonial Discourse », dans C. T. Mohanty *et al.*, (dir.) *Third World Women and the Politics of Feminism*, Bloomington : Indiana University Press, p. 51-80.

Mohanty, C., 2003, *Feminism without Borders : Decolonizing Theory, Practicing Solidarity*, Durham : Duke University Press.

Molloy, P., 2000, « Theatrical Release : Catharsis and Spectacle in *Welcome to Sarajevo* », *Alternatives*, 25, 1, p. 75-80.

Monasta, A., 1993, « Antonio Gramsci (1891-1937) », *Prospects : the quarterly review of comparative education*, 23, 3/4, p. 597-612.

Molloy, S., 2006, *The Hidden History of Realism*, Londres : Palgrave, MacMillan.

Monahan, T. (dir.), 2006, *Surveillance and Security : Technological Politics and Power in Everyday Life*, New York et Londres : Routledge.

Moodie, T. D., 1977, «The Rise of Afrikanerdom as an immanent critique of Marxist theory of social class », dans P. Bonner (dir.), *Working Papers in Southern African Studies*, Johannesbourg : African Studies Institute.

Moon, K., 2007, « Resurrecting Prostitutes and Overturning Treaties : Gender Politics in the "Anti-American" Movement in South Korea », *The Journal of Asian Studies*, 66, 1, p. 129-157.

Moore, B. Jr., 1966, *Social Origins of Dictatorship and Democracy*, Boston : Beacon Press.

Moore, C. et C. Farrands (dir.), 2010, *International Relations Theory and Philosophy : Interpretive Dialogues*, Londres : Routledge.

Moravcsik, A., 1997, «Taking Preferences Seriously : A Liberal Theory of International Politics », *International Organization*, 51, 4, p. 513-533.

Moravcsik, A., 2003, «Theory Synthesis in International Relations : Real not Metaphysical », *International Studies Review*, 5, 1, p. 131-136.

Morgan, P. M., 2000, « Liberalist and Realist Security Studies at 2000 : Two Decades of Progress ? », dans S. Croft et T. Terry (dir.), *Critical Reflections on Security and Change*, Londres/Portland : Frank Cass Publishers, p. 39-71.

Morgan, T. C. et S. H. Campbell, 1991, « Domestic Structure, Decisional Constraints, and War », *Journal of Conflict Resolution*, 35, 2, p. 187-211.

Morgan, T. C. et V. L. Schwebach, 1992, «Take Two Democraties and Call Me in the Morning : A Prescription for Peace ? », *International Interaction*, 17, 4, p. 305-320.

Morgenthau, H. J., 1933, *La notion du « politique » et la théorie des différends internationaux*, Paris : Sirey.

Morgenthau, H. J., 1946, *Scientific Man Vs. Power Politics*, Chicago : University of Chicago Press.

Morgenthau, H. J., 1948, «The Political Science of E. H. Carr », *World Politics*, 1, 1, p. 127-134.

Morgenthau, H. J., 1951, *In Defense of the National Interest. A Critical Examination of American Foreign Policy*, New York : Alfred A. Knopf.

Morgenthau, H. J., 1960 [1948], *Politics among Nations : The Struggle for Power and Peace*, 3ᵉ éd., New York : Alfred A. Knopf Publisher.

Morgenthau, H. J., 1965, *Vietnam and the United States*, Washington : Public Affairs Press.

Morgenthau, H. J., 1967 [1948], *Politics Among Nations : The Struggle for Power and Peace*, 4ᵉ éd., New York : Knopf.

Morgenthau, H. J., 1969, *A New Foreign Policy for the United States*, New York : Washington/Londres : Federick A. Praeger.

Morgenthau, H. J., 1973 [1948], *Politics Among Nations : The Struggle for Power and Peace*, 5ᵉ éd., New York : Alfred A. Knopf.

Morgenthau, H. J., 1978 [1948], *Politics Among Nations. The Struggle for Power and Peace*, 5ᵉ éd. révisée, New York : Alfred A. Knopf.

Morone, J. A., 2003, *Hellfire Nation : The Politics of Sin in American History*, New Haven/Londres : Yale University Press.

Morton, A. D., 1999, « On Gramsci », *Politics*, 19, 1, p. 1-8.

Morton, A. D., 2003a, « Historicizing Gramsci : Situating Ideas in and Beyond Their Context », *Review of International Political Economy*, 10, 1, p. 118-146.

Morton, A. D., 2003b, « Structural Change and Neoliberalism in Mexico : "Passive Revolution" in the Global Political Economy », *Third World Quarterly*, 24, 4, p. 631-654.

Morton, A. D., 2003c, « Social Forces in the Struggle over Hegemony : Neo-Gramscian Perspectives in International Political Economy », *Rethinking Marxism*, 15, 2, p. 153-179.

Morton, A. D. 2005, «The Age of Absolutism : capitalism, the modern states-system and international relations », *Review of International Studies* 31, p. 495-517.

Morton, S. et S. Bygrave (dir.), 2008, *Foucault in an Age of Terror : Essays on Biopolitics and the Defence of Society*, New York, Palgrave MacMillan.

Mouritzen, H., 1997, « Kenneth Waltz : a critical rationalist between international politics and foregn policy », dans I. B. Neumann et O. Wæver (dir.), *The Future of International Relations. Masters in the Making*, Londres : Routledge, p. 66-89.

Mouritzen, H., 2009, « Past versus Present Geopolitics : Cautiously Opening the Realist Door to the Past », dans A. Freyberg-Inan, E. Harrison et P. James (dir.), *Rethinking Realism in International Relations : Between Tradition and Innovation*, Baltimore : The Johns Hopkins University Press, p. 164-188.

Mowitt, J., 1999, « In/Security and the Politics of Disciplinarity », dans Jutta Weldes *et al.* (dir.), *Cultures of Insecurity : States, Communities, and the Production of Danger*, Minneapolis, University of Minnesota Press, p. 347-362.

Muller, B. J., 2004, « (Dis)Qualified Bodies : Securitization, Citizenship and Identity Management », *Citizenship Studies*, 8, 3, p. 279-294.

Muller, B. J., 2008a, « Securing the Political Imagination : Popular Culture, the Security *Dispositif* and the Biometric State », *Security Dialogue*, 39, 2-3, p. 199-220.

Muller, B. J., 2008b, «Travelers, Borders, Dangers : Locating the Political at the Biometric Border », dans M. B. Salter (dir.), *Politics at the Airport*, Minneapolis : University of Minnesota Press, p. 127-144.

Mueller, J., 1989, *Retreat from Doomsday. The Obsolescence of Major War*, New York : Basic Books.

Münch, R., 1998, *Globale Dynamik – Lokale Lebenswelten*, Francfort-sur-le-Main : Suhrkamp.

Murphy, C. N., 1994a, *International Organization and Industrial Changes. Global Governance since 1850*, Cambridge : Polity Press.

Murphy, C. N., 1994b, « Review Essay », *Review of International Political Economy*, 1, 1, p. 193-197.

Murphy, C. N., 2005, Global Institutions, Marginalization And Development, Londres : Routledge.

Murray, A. J. H., 1996, «The Moral Politics of Hans Morgenthau », *The Review of Politics*, 58, 1, p. 81-102.

Mutimer, D., 2007, « Critical Security Studies : A Schismatic History », dans A. Collins (dir.), *Contemporary Security Studies*, Oxford : Oxford University Press, p. 67-72.

Mutimer, D., 2009, « My Critique is Bigger Than Yours : Constituting Exclusions in Security Studies », *Studies in Social Justice*, 3, 1, p. 9-22.

Mythen, G. et S. Walklate, 2008, «Terrorism, Risk and International Security : The Perils of Asking "What if ?"», *Security Dialogue*, 39, 2-3, p. 221-242.

Nabudere, D. W., 1978, *The Political Economy of Imperialism : Its Theoretical and Polemical Treatment From Mercantilist to Multilateral Imperialism*, Londres : Zed Books.

Nadeau, R., 2000, *Vocabulaire technique et analytique de l'épistémologie*, Paris : PUF.

Nagel, T., 1977, « Poverty and Food : Why Charity is not Enough », dans P. G. Brown et H. Shue (dir.), *Food Policy. The Responsibility of the United States in the Life and Death Choices*, New York : The Free Press, p. 54-61.

Nairn, T., 1997, *Faces of Nationalism. Janus Revisited,* Londres / New York : Verso.

Narayan, U., 1989, «The Project of Feminist Epistemology : Perspectives from a Non-Western Feminist », dans S. Bordo et A. Jaggar (dir.), *Gender / Body / Knowledge*, New Brunswick : Rutgers University Press, p. 256-269.

Narayan, U., 1997, *Dis/locating Cultures/Identities, Traditions, and Third World Feminism*, New York : Routledge.

Nardin, T., 1983, *Law, Morality, and the Relations of States*, Princeton : Princeton University Press.

Nardin, T., 1992, « Ethical Traditions in International Affairs », dans T. Nardin et D. R. Mapel (dir.), *Traditions of International Ethics*, Cambridge : Cambridge University Press, p. 1-22.

Nardin, T., 2005, « Humanitarian Imperialism : Response to "Ending Tyrany in Irak"», *Ethics and International Affairs*, 19, 2, p. 21-26.

Nardin, T. et D. R. Mapel (dir.), 1992, *Traditions of International Ethics*, Cambridge : Cambridge University Press

National Security Archive, 2008, *Prevent the Emergence of a New Rival : The Making of the Cheney Regional Defense Strategy, 1991-1992*, Washington D.C. : National Security Archive : *www. gwu.edu/~nsarchiv/nukevault/ebb245/index.htm*

Neal, A. W., 2010, « Rethinking Foucault in International Relations : Promiscuity and Unfaithfulness », dans N. Kiersey et D. Stokes (dir.), *Foucault and International Relations : New Critical Engagements*, Londres : Routledge.

Neocleous, M., 2006, « From Social to National Security : On the Fabrication of Economic Order », *Security Dialogue*, 37, 3, p. 363-384.

Neocleous, M., 2008, *Critique of Security*, Montréal et Kingston, McGill-Queen's University Press.

Neufeld, M. A., 1993, « Reflexivity and International Relations Theory », *Millennium*, 2, 1, p. 53-76.

Neufeld, M. A., 1995, *The Restructuring of International Relations Theory*, Cambridge : Cambridge University Press.

Neumann, I. B., 2002, « Returning Practice to the Linguistic Turn : The Case of Diplomacy », *Millennium*, 31, 3, p. 627-51.

Neumann, I. B. et O. Wæver (dir.), 1997, *The Future of International Relations : Masters in the Making*, Londres / New York : Routledge.

Newman, S., 2005, *Power and Politics in Poststructuralist Thought : New Theories of the Political*, Londres : Routledge.

Nexon, D. H. et I. B. Neumann (dir.), 2006, *Harry Potter and International Relations*, Lanham: Rowman & Littlefield.

Nicholson, M., 1992, « Imaginary Paradigms : A Sceptical View of the Inter-Paradigm Debate in International Relations », *Kent Papers in Politics and International Relations*, 1, 7,, University of Kent at Canterbury.

Niebuhr, R., 1932, *Moral Man and Immoral Society : A Study in Ethics and Politics*, New York : Charles Scribner's Sons.

Nitzan, J., 1998, « Differential Accumulation : Towards a New Political Economy of Capital », *Review of International Political Economy*, 5, 2, p. 169-216.

Nkrumah, K., 1968, *Neo-colonialism : The Last Stage of Imperialism*, Londres : Heineman.

North, G., 2003, « An Introduction to Neoconservatism », LewRockwell.com : *www.lewrockwell.com/north/north180.html*

Nossal, K. R., 2001, «Tales that Textbooks Tell : Ethnocentrism and Diversity in American Introductions to International Relations », dans R. M. A. Crawford et D. S. L. Jarvis (dir.), *International Relations – Still an American Science? Toward Diversity in International Thought,* Albany : State University of New York Press, p. 167-186.

Nowak, L, 1976, « On some interpretation of the marxist methodology », *Journal for the General Philosophy of Science*, 7, 1, p. 141-183.

Nye, J. S. Jr. et S. M. Lynn-Jones, 1988, « International Security Studies : A Report of a Conference on the State of the Field », *International Security*, 12, 4, p. 5-27.

Nye, J. S. Jr., 1965, *Pan Africanism and East African Integration*, Cambridge : Harvard University Press.

Nye, J. S. Jr., 1970, « Comparing Common Markets : A Neo-Functionalist Model », *International Organization*, 24, 4, p. 796-835.

Nye, J. S. Jr., 1986, *Nuclear Ethics*, New York : The Free Press.

Nye, J. S. Jr., 1988, « Neorealism and Neoliberalism », *World Politics*, 55, 2, p. 235-251.

615

Nye, J. S. Jr., 1990, *Bound to Lead : the Changing Nature of American Power*, New York : Basic Books.

Nye, J. S. Jr., 2002, *The Paradox of American Power : Why the World's Only Superpower Can't Go it Alone*, New York : Oxford University Press.

Nye, J. S. Jr., 2002-2003, « Limits of American Power », *Political Science Quarterly*, 117, 4, p. 545-559.

Nye, J. S. Jr., 2003, « The Velvet Hegemon », *Foreign Policy*, mai/juin, p. 74-75.

Nye, J. S. Jr., 2004, *Soft Power : The Means to Success in World Politics*, New York : Public Affairs.

Nye, J. S. Jr., Y. Sato et P. Wilkinson, 2003, *Addressing the New International Terrorism : Prevention, Intervention, and Multilateral Cooperation*, Washington : The Trilateral Commission.

Ó Tuathail, G., 1996, *Critical Geopolitics : The Politics of Writing Global Space*, Minneapolis : University of Minnesota Press.

O'Brien, M., 2002, « Morality in asymmetric warfare and intervention operations » [www.fco.gov.uk].

O'Brien, R., 1992, *Global Financial Integration : The End of Geography*, Londres : Pinter Publishers.

O'Meara, D., 1997, « Thinking Theoretically ? Afrikaner nationalism and the comparative theory of the politics of identity. A tribute to Harold Wolpe », Paper presented to the Inaugural Conference of the Harold Wolpe Memorial Trust, *The Political Economy of Social Change in South Africa*. Université Western Cape, 1er au 2 avril [http://web.uct. ac.za/misc/wolpe/meara.htm].

O'Meara, D., 2006, « "American Empire" and "US Imperialism" after the War in Iraq ? : The American State in the Contemporary Global Order », *Labour, Capital and Society*, 39, 1, p. 4-33.

O'Meara, D., 2010, « Hegemony, Militarism and Identity : Locating the U.S. as the global power », dans B. Charbonneau et W. Cox (dir.) *Locating Global Order : Canadian Security into the 21st Century*, Vancouver : University of British Columbia Press, p. 34-66.

O'Meara, D. et V. Sobhee, 2004, « Grande-Bretagne : La (re) construction d'une relation priviligiée », *Études Internationales*, XXXV, 1, p. 97-124.

O'Neill, O., 2000, *Bounds of Justice*, Cambridge : Cambridge University Press.

Odysseos, L., 2001, « Laughing Matters : Peace, Democracy and the Challenge of the Comic Narrative' », *Millennium*, 30, 3, p. 709-732.

Odysseos, L., 2002, « Dangerous Ontologies : The Ethos of Survival and Ethics Theorizing in International Relations », *Review of International Studies*, 28, 2, p. 403-418.

Offen, K., 1988, « Defining Feminism Versus Post-Structuralism : A Comparative Historical Approach », *Signs*, 14, 1, p. 119-157.

Ogien, R. et C. Tappolet, *Les concepts de l'éthique. Faut-il être conséquentialiste ?*, Paris : Hermann.

Ohmae, K., 1991, *The Borderless World : Power and Strategy in the Interlinked Economy*, Londres : Fontana.

Olivier, J., 2007, « US Foreign Policy after 9/11 : Context and Prospect », dans M. Miller et B. Stefanova (dir.), *The War on Terror in Comparative Perspective : US Security and Foreign Policy after 9/11*, New York : Palgrave Macmillan, p. 19-46.

Ollman, B., 2003, *Dance of the Dialectic : Steps in Marx's Method*, Urbana et Chicago : University of Illinois Press.

Olson, W. et A. J. R. Groom, 1992, *International Relations Then and Now*, Londres : Routledge.

Oneal, J. R. et B. M. Russett, 2005, « À la recherche de la paix dans un monde d'après-guerre froide caractérisé par l'Hégémonie et le terrorisme », *Études internationales*, XXXV, 4, p. 641-665.

Oneal, J. R., B. M. Russett et M. L. Berbaum, 2003, « Causes of Peace : Democracy, Interdependence, and International Organizations, 1885-1992 », *International Studies Quarterly*, 47, 3, p. 371-393.

Onuf, N. G., 1989, *World of Our Making : Rules and Rule in Social Theory and International Relations*, Columbia : University of South Carolina Press.

Onuf, N. G., 1997, « A Constructivist Manifesto », dans K. Busch et K. Denemark (dir.), *Constituting International Political Economy*, Boulder : Lynne Rienner Publishers, p. 7-17.

Onuf, N. G., 1998, « Constructivism : A User's Manual », dans V. Kubálková, N. Onuf et P. Kowert (dir.), *International Relations in a Constructed World*, Armonk/Londres : M. E. Sharpe, p. 58-77.

Onuf, N. G., 2001, « The Politics of Constructivism », dans K. M. Fierke et K. E. Jørgensen (dir.), *Constructing International Relations : the Next Generation*, Armonk/Londres : M. E. Sharpe, p. 236-254.

Organisation mondiale du commerce 2003, *10 avantages du système commercial de l'OMC*, Genève [www.wto.org].

Organski, A. F. K., 1958, *World Politics*, New York : Alfred Knopf.

Orlikowski, W. J. et J. J. Baroudi, 1991, « Studying Information Technology in Organizations : Research Approaches and Assumptions », *Information Systems Research*, 2, 1, p. 1-28.

Osgood, R. E. et R. W. Tucker 1967, *Force, Order and Justice*, Baltimore : Johns Hopkins University Press.

Osiander, A., 1998, « Rereading Early Twentieth-Century IR Theory : Idealism Revisited », *International Studies Quarterly*, 42, 3, p. 409-432.

Overbeek, H., 1990, *Global Capitalism and National Decline : The Thatcher Decade in Perspective*, Londres : Unwin Hyman.

Overbeek, H. (dir.), 1992, *Restructuring Hegemony in the Global Political Economy : The Rise of Transnational Liberalism in the 1980s*, Londres/New York, Routledge.

Bibliographie

Owen, J. M., 1997, *Liberal Peace, Liberal War. American Politics and International Security*, Ithaca : Cornell University Press.

Owen, P., 2005, « Hannah Arendt, Violence, and the Inescapable Fact of Humanity », dans A. Lang Jr. and J. Williams (dir.), *Hannah Arendt and International Relations : Readings Acrosss the Line*, Londres : Palgrave, p. 41-65.

Palan, R. (dir.) 2000, *Global Political Economy : Contemporary Theories*, Londres : Routledge.

Palan, R. et B. Blair, 1993, « On the Idealist Origins of the Realist Theory of International Relations », *Review of International Studies*, 19, 4, p. 385-399.

Palan, R. et B. Gills (dir.), 1994, *Transcending the State-Global Divide : A Neostructuralist Agenda in International Relations*, Boulder / Londres : Lynne Rienner Publishers.

Palti, E., 2004, « The "Return of the Subject" as a Historico-Intellectual Problem », *History and Theory*, 43, p. 57-82.

Pangle, T., 1976, « The Moral Basis of National Security : Four Historical Perspectives », dans K. Knorr (dir.), *Historical Dimensions of National Security Problems*, Lawrence : University Press of Kansas, p. 307-372.

Panitch, L., 1994, « Globalization and the State », dans L. Panitch, C. Leys, A. Zuege et M. Konings (dir.), 2004, *The Globalization Decade, A Critical Reader*, Londres : Merlin Press, p. 9-43.

Panitch, L. et C. Leys (dir.), 2003, *The New Imperial Challenge : Socialist Register 2004*, New York : Monthly Review Press.

Panitch, L. et S. Gindin, 2002, « Gems and Baubles in Empire », *Historical Materialism*, 10, 2, p. 17-43.

Panitch, L. et, S. Gindin, 2003, « Global Capitalism and American Empire », dans L. Panitch et S. Gindin (dir.), *Socialist Register 2004*, Londres : Merlin Press, p. 1-42.

Panitch, L., C. Leys, A. Zuege et M. Konings (dir.), 2004, *The Globalization Decade : A Critical Reader*, Londres : Merlin Press.

Panke, D. et T. Risse, 2007, « Liberalism » dans T. Dunne, M. Kurke et S. Smith, International Relation Theories : Discipline and Diversity, Oxford et New York : Oxford University Press, p. 89-108.

Paolini, A. J., 1999, *Navigating Modernity : Postcolonialism, Identity and International Relations*, Boulder / Londres : Lynne Rienner.

Pape, R. A., 2005, « Soft Balancing against the United States », *International Security*, 30, 1, p. 7-45.

Parker G., 1996, *The Military Revolution : Military Innovation and the Rise of the West, 1500-1800*, Cambridge : Cambridge University Press.

Parreñas, R. S., 2001, *Servants of Globalization : Women, Migration, and Domestic Work*, Stanford : Stanford University Press.

Parreñas, R. S., 2008, *Force of Domesticity : Filipina Migrants and Globalization*, New York : New York University Press.

Parsons, T., 1949, *The Structure of Social Action*, Glencoe : Free Press.

Pasha, M. K, 2006, « Islam, "Soft" Orientalism and Hegemony : A Gramscian Rereading », dans A. Bieler et A. D. Morton (dir.), *Images of Gramsci : Connections and Contentions in Political Theory and International Relations*, Londres / New York : Routledge, p. 149-164.

Pasha, M. K, 2008, « Return to the Source : Gramsci, Culture and International Relations », dans A. J, Ayers (dir.), *Gramsci, Political Economy and International Relations Theory*, Basingstoke / New York : Palgrave Macmillan, p. 153-168.

Patomäki, H, 2002, *After international relations : Critical realism and the (Re)construction of World Politics*, New York : Routledge.

Patomäki, H. et C. Wight, 2002, « After Post-Positivism ? The Promise of Critical Realism », *International Studies Quarterly*, 44, 2, 213-237.

Paul, D. E., 2007, « The Siren Song of Geopolitics : Towards a Gramscian Account of the Iraq War », *Millennium*, 36, 51, p. 51-76.

Paul, T. V., 2004, « Introduction : The Enduring Axioms of Balance of Power theory and Their Contemporary Relevance », dans T. V. Paul, J. J. Wirtz et M. Fortmann, *Balance of Power : Theory and Practice in the 21st Century*, Stanford : Stanford University Press, p. 1-25.

Paul, T. V., 2005, « Soft Blancing in the Age of U.S. Primacy », *International Security*, 30, 1, p. 46-71.

Paul, T. V., J. J. Wirtz et M. Fortmann, 2004, *Balance of Power : Theory and Practice in the 21st Century*, Stanford : Stanford University Press.

Peceny, M., 1997, « A Constructivist Interpretation of the Liberal Peace », *Journal of Peace Research*, 34, 4, p. 415-430.

Peker, E., 2006, *Following 9 / 11 : George W. Bush's Discursive Re-Articulation of American Social Identity*, Masters of International and European Relations, Linköping : Linköpings Universitet.

Pellerin, H., 2003, « Crisis ? What crisis ? The politics of migration regulation in the era of globalization », dans G. Young et E. Kaufmann (dir.), *Globalization : Theory and Practice*, Londres : Continuum.

Pellerin, H. (dir.), 2010, *La perspective en Relations internationales*, Montréal : Athéna éditions.

Pellerin, H. et H. Overbeek, 2001, « Neoliberal regionalism and the management of people's mobility », dans A. Bieler et A. D. Morton (dir.), *Social Forces in the Making of the New Europe*, Londres : Palgrave, p. 137-157.

Pentland, C., 1990, « Integration, Interdependence, and Institutions : Approaches to International Order », dans D. G. Haglund et M. K. Hawes (dir.), *World Politics. Power, Interdependence and Dependence*, Toronto : Harcourt Brace Jovanovich, p. 173-196.

Peterson, S., M. J. Tierney et D. Maliniak, 2005, « Inside the Ivory Tower », *Foreign Policy*, 151, p. 58-64.

Peterson, V. S. (dir.), 1992b, *Gendered States : Feminist (Re)Visions of International Relations Theory*, Boulder / Londres : Lynne Rienner Publishers.

Peterson, V. S. et A. S. Runyan, 1999, *Global Gender Issues: Dilemmas in World Politics*, 2ᵉ éd., Boulder : Westview Press.

Peterson, V. S., 1992a, « Transgressing Boundaries : Theories of Knowledge, Gender, and International Relations », *Millennium*, 21, 2, p. 183-206.

Peterson, V. S., 1992c, « Security and Sovereign States : What is at Stake in Taking Feminism Seriously ? », dans V. S. Peterson (dir.), *Gendered States : Feminist (Re)Visions of International Relations Theory*, Boulder : Lynne Rienner Publishers, p. 31-64.

Peterson, V. S., 1999, « Sexing Political Identities/Nationalism as Heterosexism », *International Feminist Journal of Politics*, 1, 1, p. 34-65.

Peterson, V. S., 2003, *A Critical Rewriting of Global Political Economy*, Londres/New York : Routledge.

Peterson, V. S., 2004, « Feminist Theories Within, Invisible To, and Beyond IR », *Brown Journal of World Affairs*, 10, 2, p. 35-46.

Peterson, V.S., 2010, « Global Householding Amid Global Crises », *Politics and Gender*, 6, 2, p. 271-304.

Peterson, V.S. et A.S. Runyan, 2010, *Global Gender Issues in the New Millennium*, 3ᵉ éd., Boulder : Westview Press.

Petroni, A. M, 2001, « L'individualisme méthodologique », *Journal des Économistes et des Études Humaines*, 2, 1, www.libres.org/francais/articles/method/petroni21c.htm

Pettman, J. J., 2005, « Gender Issues », dans J. Baylis et S. Smith (dir.), *The Globalization of World Politics : An Introduction to International Relations*, 3ᵉ éd., Oxford : Oxford University Press.

Pettman, R., 2000, *Commonsense constructivism or the making of world affairs*, Armonk/Londres : M. E. Sharpe.

Picciotto, S., 2003, « Private rights vs public standards in the WTO », *Review of International Political Economy*, 10, 3, p. 377-405.

Pichler, H.-K., 1998, « The godfathers of "truth" : Max Weber and Carl Schmitt in Morgenthau's theory of power politics », *Review of International Studies*, 24, 2, p. 185-200.

Pin-Fat, V. et M. Stern, 2005, « The Scripting of Private Jessica Lynch : Biopolitics, Gender, and the "Feminization" of the US Military », *Alternatives : Global, Local, Political*, 30, p. 25-53.

Piotte, J.-M., 1970. *La pensée politique de Gramsci*, Paris : Anthropos.

Podhoretz, N., 2007, *World War IV : The Long Struggle Against Islamofascism*, New York : Doubleday.

Pogge, T., 1989, *Realizing Rawls*, Ithaca : Cornell University Press.

Pogge, T., 2001, « Rawls on International Justice », *The Philosophical Quarterly*, 51, p. 246-253.

Pogge, T., 2002, *World Poverty and Human Rights*, Cambridge : Polity Press.

Poggi, G., 1990, *The State. Its Nature, Development and Prospects*, Stanford : Stanford University Press.

Polanyi, K., 1957 [1944], *The Great Transformation : The Political and Economic Origins of Our Time*, Boston : Beacon.

Pollins, B. M. et R. L. Schweller, 1999, « Linking the Levels : The Long Wave and Shifts in U. S. Foreign Policy, 1790-1993 », *American Journal of Political Science*, 42, 2, p. 431-464.

Pop, L., 2007, « Time and Crisis : Framing Success and Failure in Romania's Post-communist Transformations », *Review of International Studies* 33, 3, 395-413.

Popke, E. J., 2003, « Poststructuralist Ethics : Subjectivity, Responsibility and the Space of Community », *Progress in Human Geography*, 27, 3, p. 298-316.

Popper, K., 1973 [1934], *La logique de la découverte scientifique*, Paris : Payot.

Popper, K., 1992 [1937], « What is Dialectic ? », dans K. Popper, *Conjectures and Refutations : The Growth of Scientific Knowledge*, Londres : Routledge, p. 312-335.

Popper, K. R., 1959 [1934], *The Logic of Scientific Discovery*, Londres : Hutchinson.

Pouchepadass, J., 2007, « Le projet critique des Postcolonial Studies entre hier et demain », dans M.-C. Smouts (dir.), *La situation postcoloniale : les Postcolonial Studies dans le débat français*, Paris : Science Po, p. 173-227.

Poulantzas, N., 1968, *Pouvoir politique et classes sociales de l'État capitaliste*, Paris : Maspero.

Poulantzas, N., 1974, *Fascisme et dictature*, Paris : Seuil.

Poulantzas, N., 1981, *L'État, le pouvoir, le socialisme*, Paris : PUF.

Pouliot, V., 2004, « The Essence of Constructivism », *Journal of International Relations and Development*, 7, 3, p. 319-336.

Pouliot, V., 2007, « "Sobjectivism" : Toward a Constructivist Methodology », *International Studies Quarterly*, 51, 2, p. 359-384.

Pouliot, V., 2008, « The Logic of Practicality : A Theory of Practice of Security Communitie », *International Organization*, 62, 2, p. 257-88.

Pouliot, V., 2010a, « Teaching International Political Sociology », dans Robert A. Denemark, dir., *The International Studies Encyclopedia*, Hoboken NJ : Blackwell.

Pouliot, V., 2010b, *International Security in Practice : The Politics of NATO-Russia Diplomacy*, New York : Cambridge University Press

Poundstone, W., 1992, *Prisoner's Dilemma* : New York : Doubleday.

Powell, R., 1994, « Anarchy in International Relations Theory : The Neorealist-Neoliberal Debate », *International Organization*, 48, 2, p. 313-344.

Power, M. et A. Crampton, 2005, « Reel Geopolitics : Cinematographing Political Space », *Geopolitics*, 10, 2, p. 193-203.

Power, M., 2007, « Digitized Virtuosity : Video War Games and Post-9/11 Cyber-Deterrence », *Security Dialogue*, 38, 2, p. 271-288.

Prebisch, R., 1948. « Desarrollo Económico de América Latina y sus Principales Problemas », Santiago : CEPAL, E/CN. 12/0089.

Bibliographie

Press-Barnathan, G., 2004, «The War Against Iraq and International Order : From Bull to Bush», *International Studies Review*, 6, 2, p. 195-212.

Press-Barnathan, G., 2006, «Managing the Hegemon : NATO under Unipolarity», *Security Studies*, 15, 2, p. 271-309.

Price, R., 1995, «A Genealogy of the Chemical Weapons Taboo», *International Organization*, 49, 1, p. 73-103.

Price, R., 2008, «Moral Limits and Possibility in World Politics», *International Organization*, 62, 2, p. 191-220.

Price, R. et C. Reus-Smit, 1997, «Dangerous Liaisons ? Critical International Theory and Constructivism», *European Journal of International Relations*, 4, 3, p. 259-294.

Project for the New American Century, 1997, «Statement of Principles» : *www.newamericancentury.org/statementofprinciples.htm*

Project for the New American Century, 1998, «Letter to President Clinton on Iraq» : *www.newamericancentury.org/iraqclintonletter.htm*

Puchala, D. J., 1981, «Integration Theory and the Study of International Relations», dans R. Merrit et B. Russet (dir.), *From Development to Global Community*, New York : Allen and Unwin, p. 145-164.

Puchala, D. J., 2003, *Theory and History in International Relations*, New York : Routledge.

Pufendorf, S., 1987 [1672], *Le droit de la nature et des gens*, 2 volumes, Caen : Centre de philosophie politique et juridique, Université de Caen.

Putnam, R. D., 1988, «Diplomacy and domestic politics : the logic of two-level games», *International Organization*, 42, 3, p. 427-460.

Quero, G. P., 2001, «Thus Spoke Franco : The Place of History in the Making of Foreign Policy», dans V. Kubálková (dir.), *Foreign Policy in a Constructed World*, Armonk : M. E. Sharpe, p. 146-172.

Quester, G. H., 1977, *Offense and Defense in the International System*, New York : John Wiley and Sons.

Ragin, C. C., 1989, *The Comparative Method. Moving Beyond Qualitative and Quantitative Strategies*, Los Angeles : University of California Press.

Ragin, C. C., 1994, *Constructing Social Research : the Unity and Diversity of Method*, Thousand Oaks : Pine Forge Press.

Ralph, J., 2009, «The Laws of War and the State of the American Exception», *Review of International Studies*, 35, 3, p. 631-49.

Ramsey, P., 1968, *The Just War : Force and Political Responsability*, New York : Charles Scribner's Sons.

Ranchod-Nilsson, S. et M. A. Tétreault (dir.), 2000, *Women, States and Nationalism*, Londres/New York : Routledge.

Rapoport, A., 1974. *Fights, Games, and Debates*. Ann Arbor : University of Michigan Press.

Rapport, A., 2008, «Unexpected Affinities ? Neoconservatism's Place in IR Theory», *Security Studies*, 17, 2, p. 257-293.

Rasmussen, M. V., 2004, «"It Sounds Like a Riddle" : Security Studies, the War on Terror and Risk», *Millennium*, 33, 2, p. 381-395.

Rasmussen, M. V., 2006, *Risk Society at War : Terror, Technology and Strategy in the Twenty-First Century*, Cambridge, CUP.

Rathbun, B., 2008, «A Rose by Any Other Name : Neoclassical Realism as the Logical and Necessary Extension of Structural Realism», *Security Studies*, 17, p. 294-321.

Rawls, J., 1987 [1971], *Théorie de la justice*, Paris : Seuil.

Rawls, J., 1993, *Justice et démocratie*, Paris : Seuil.

Rawls, J., 2006 [1999], *Paix et démocratie. Le droit des peuples et la raison publique*, Montréal : Boréal.

Regan, P. M., et A. Paskeviciute, 2003, «Women's Access to Politics and Peaceful States», *Journal of Peace Research*, 40, 3, p. 287–302.

Reid, J., 2008, «Life Struggles : War, Discipline and Biopolitics in the Thought of Michel Foucault», dans M. Dillon et A. W. Neal (dir.), *Foucault on Politics, Security and War*, New York : Palgrave MacMillan, p. 93-114.

Renault, E. et Y. Sintomer, 2003, «Introduction», dans E. Renault et Y. Sintomer (dir.), *Où en est la théorie critique ?*, Paris : La Découverte, p. 7-30.

Rengger, N. J., 1988, «Going Critical ? A Response to Hoffman», *Millennium*, 17, 1, p. 81-89.

Rengger, N. J., 1992, «Culture, Society, and Order in World Politics», dans J. Baylis et N. J. Rengger (dir.), *Dilemmas of World Politics,* Oxford : Oxford University Press, p. 85-103.

Rengger, N. J., 2000, *International Relations, Political Theory and the Problem of Order. Beyond International Relations Theory ?*, Londres/New York : Routledge.

Rengger, N. J. et B. Thirkell-White, 2007, «Still Critical After All these Years : The Past, Present and Future of Critical Theory in International Relations», *Review of International Studies*, 33, 1, p. 3-24.

Reus-Smit, C., 2002, «Imagining Society : Constructivism and the English School», *British Journal of Politics and International Relations,* 4, 3, p. 487-509.

Reus-Smit, C., 2005, «Constructivism», dans S. Burchill *et al.*, *Theories of International Relations,* 3e éd., Basingstoke : Palgrave, p. 188-212.

Ricardo, D., 1977 [1817], *Des principes de l'économie politique et de l'impôt*, Paris : Flammarion.

Rice, C., 2005, «The Promise of Democratic Peace : Why Promoting Freedom Is the Only Realistic Path to Security», *The Washington Post*, 11 décembre.

Rich, P., 2000, «E.H. Carr and the Quest for Moral Revolution in International Relations», dans M. Cox, (dir.), *E. H. Carr : A Critical Appraisal*, Londres : Palgrave MacMillan, p. 198-216

Richardson, J. L., 2001, *Contending Liberalisms in World Politics : Ideology & Power*, Londres : Lynne Rienner Publishers.

Ricks, T. E., 2006, *Fiasco : The American Military Adventure in Iraq*, New York : Penguin Press.

Rioux, J.-S., 1998, «A Crisis-Based Evaluation of the Democratic Peace Hypothesis», *Revue canadienne de science politique*, 31, 2, p. 263-283.

Rioux, J.-S., 1999, «Crisis Negotiation Outcomes Among Equals and Unequals, Democracies and Non-democracies», *International Politics*, 36, 1, p. 25-44.

Rioux, J.-F., E. Keenes et G. Légaré, 1988, «Le néo-réalisme ou la reformulation du paradigme hégémonique en relations internationales», *Études internationales*, XIX, 1, p. 57-80.

Ripsman, N. M., 2009, «Neoclassical realism and domestic interest groups», dans S.E. Lobell,, N. M. Ripsman et J. W. Taliaferro (dir.), *Neoclassical Realism, the State and Foreign Policy*, Cambridge : Cambridge University Press, p. 170-193.

Risse, T., 2000, «Let's Argue : Communicative Action in World Politics», *International Organization*, 54, 1, 1-39.

Risse, T., 2001, «The Social Construction of Social Constructivism», dans T. Christiansen, K. E. Jørgensen et A. Wiener (dir.), *The Social Construction of Europe*, Londres : Sage Publications, p. 199-205.

Risse-Kappen, T., 1995a, *Cooperation Among Democracies. The European Influence on U. S. Foreign Policy*, Princeton : Princeton University Press.

Risse-Kappen, T., 1995b, «Democratic Peace-Warlike Democraties ? A Social Constructivist Interpretation of the Liberal Argument», *European Journal of International Relations*, 1, 4, p. 491-517.

Risse-Kappen, T., 1996, «Collective Identity in a Democratic Community : The Case of NATO», dans P. J. Katzenstein, (dir.), *The Culture of National Security : Norms and Identity in World Politics*, New York : Columbia, p. 357-399.

Robertson, G., 1999, *Crimes Against Humanity – The Struggle for Global Justice*, Londres : Alan Lane.

Rodney, W., 1986 [1972], *Et l'Europe sous-developpa l'Afrique : analyse historique et politique du sous-développement*, Paris : Éditions Caribéennes.

Rodrik, D., 1997, *Has Globalization Gone too Far ?*, Washington : Institute for International Economics.

Rokkan, S., 1975, «Dimension of State Formation and Nation Building : A Possible Paradigm for Research on Variations within Europe», dans C. Tilly (dir.), *The Formation of National States in Western Europe*, Princeton : Princeton University Press, p. 562-600.

Rorty, R., 1991, *Objectivity, Relativsm and Truth : Philosophical Papers Volume 1*, Cambridge : Cambridge University Press.

Rorty, R., 1993, «Human Rights, Rationality, and Sentimentality», dans S. Shute et S. Hurley (dir.), *On Human Rights : The Oxford Amnesty Lectures*, New York : Basic Books, p. 112-134.

Rorty, R., 2001 [1979], *Philosophy and the Mirror of Nature*, Princeton : Princeton University Press.

Rose, G., 1998, «Neoclassical Realism and Theories of Foreign Policy», *World Politics*, 51, 1, p. 144-172.

Rosecrance, R., 1986, *The Rise of the Trading State : Commerce and Conquest in the Modern World*, New York : Basic Books.

Rosen, F., 2008, «Commercial Security : Conditions of Growth», *Security Dialogue*, 39, 1, p. 77-97.

Rosenau, P., 1988, «Post-Structural, Post-Modern Political Science : Toward Global Paradigm Change ?», communication présentée dans le cadre du 14e Congrès mondial de l'International Political Science Association, Washington D. C.

Rosenau, J. N. et E. O. Czempiel (dir.), 1992, *Governance without Government : Order and Change in World Politics*, Cambridge : Cambridge University Press.

Rosenberg, J., 1994, *The Empire of Civil Society. A Critique of the Realist Theory of International Relations*, Londres : Verso.

Rosenberg, J., 1996, «Isaac Deutscher and the Lost History of International Relations», *New Left Review*, 19, p. 3-15.

Rosenberg, J., 2000, *Follies of Globalization Theory*, Londres/New York : Verso.

Rosenberg, J., 2005, «Globalization Theory : A Post-Mortem», *International Politics*, 42, 1, p. 2-74.

Rosenberg, J., 2006, «Why There is No International Sociology ?», *European Journal of International Relations*, 12, 3, p. 307-340.

Rosenthal, J. H., 1991, *Righteous Realist : Political Realism, Responsible Power, and American Culture in the Nuclear Age*, Baton Rouge/Londres : Louisiana University State Press.

Rosenthal, S. B., 1992, «Pragmatism and the Reconstruction of Metaphysics : Toward a New Understanding of Foundations», dans T. Rockmore et B. J. Singer, *Antifoundationalism Old and New*, Philadelphie : Temple University Press, p. 165-188.

Ross, B., 2007, «Who Named the Neocons ?», *Dissent : www.dissentmagazine.org / article / ?article=867*

Rostow, W. W., 1960, *Stages of Economic Growth : A Non-Communist Manifesto*, Cambridge : Cambridge University Press.

Roth, K., 2004, «War in Irak : Not an Humanitarian Intervention», dans *Human Rights Watch World Report 2004 : Human Rights and Armed Conflict*, New York : Human Rights Watch, p. 13-33.

Rothkopf, D., 2005, *Running the World : The Inside Story of the National Security Council and the Architects of American Power*, New York : Public Affairs.

Rousseau, J.-J., 1964 [1756-1757], «L'état de guerre», dans B. Gagnebin et M. Raymond (dir.), *Œuvres complètes*, vol. 3, Paris : Gallimard, p. 601-612.

Roussel, S., 2004, *The North American Democratic Peace : Absence of War and Security Institution-Building in Canada-US Relations, 1867-1958*, Montréal/Kingston : McGill-Queen's University Press.

Roussel, V. 2007. «Occupational Logics and Political Commitment : American Artists Against the Iraq War», *International Political Sociology* 1, 4, p. 373-390.

Ruane, A. E., 2006, «"Real Men" and Diplomats : Intercultural Diplomatic Negotiation and Masculinities in China and the United States». *International Studies Perspectives*, 7, 4, p. 342-359.

Ruggie, J. G., 1982. «International Regimes, Transactions, and Change : Embedded Liberalism in the Postwar Economic Order», *International Organization*, 36, 2, p. 379-415.

Ruggie, J. G., 1983, «Continuity and Transformation in the World Polity : Towards a Neo-realist Synthesis», *World Politics*, 47, 1, p. 261-285.

Ruggie, J. G., 1993, «Territoriality and Beyond : Problematizing Modernity in International Relations», *International Organization*, 47, 1, p. 139-174.

Ruggie, J. G., 1998a, «What Makes the World Hang Together ? Neo-Utilitarism and the Social Constructivist Challenge», *International Organization,* 52, 4, p. 855-885.

Ruggie, J. G., 1998b, *Constructing the World Polity : Essays on International Organization*, Londres / New York : Routledge.

Rummel, R. J., 1983 «Libertarianism and International Violence», *Journal of Conflict Resolution*, 27, p. 27-71.

Rummel, R. J., 1995, «Democracies are More Peaceful Than Other Countries», *European Journal of International Relations*, 1, p. 457-479.

Rupert, M., 1990, «Producing Hegemony : State / Society Relations and the Politics of Productivity in the United States», 34, 4, p. 427-456.

Rupert, M., 1993, «Alienation, Capitalism and the Inter-State System : Towards a Marxian / Gramscian Critique», dans S. Gill (dir.), *Gramsci, historical materialism and international relations*, Cambridge : Cambridge University Press, p. 67-92.

Rupert, M., 1995, *Producing Hegemony : The Politics of Mass Production and American,* Cambridge : Cambridge University Press.

Rupert, M., 2000, *Ideologies of Globalization : Contending Visions of a New World Order*, Londres / New York : Routledge.

Rupert, M., 2003, «Globalising Common Sense : A Marxian-Gramscian (Re)vision of the Politics of Governance / Resistance», *Review of International Studies*, 29, 1, p. 181-198.

Russett, B. M. et J. R. Oneal, 2000, *Triangulating Peace : Democracy, Interdependence, and International Organization,* New York : Norton.

Russett, B. M., 1989, «Democracy and Peace», dans B. Russett (dir.), *Choices in World Politics*, New York : W. H. Freeman, p. 245-260.

Russett, B. M., 1990, *Controlling the Sword : The Democratic Governance of National Security*, Cambridge : Harvard University Press.

Russett, B. M., 1993, *Grasping the Democratic Peace : Principles for a Post-Cold War World*, Princeton : Princeton University Press.

Salam, R., 2009, «The Death of Macho», *Foreign Policy*, 173, p. 65-66.

Saleh, N., 2009, «Philosophical Pitfall : The Methods Debate in American Political Science», *Journal of Integrated Social Science*, 1, 1, p. 141-176.

Salter, M. B., 2007, «Governmentalities of an Airport : Heterotopia and Confession» *International Political Sociology*, 1, 1, p. 49-67.

Salter, M. B., 2008a, «Securitization and Desecuritization : A Dramaturgical Analysis of the Canadian Air Transport Security Authority», *Journal of International Relations and Development*, 11, 4, p. 321–349.

Salter, M., B., 2008b, «Imagining Numbers : Risk, Quantification, and Aviation Security», *Security Dialogue*, 39, 2-3, p. 243-266.

Sandel, M., 1982, *Liberalism and the Limits of Justice*, Cambridge : Cambridge University Press.

Sassoon, A.S., 1987, *Gramsci's Politics*, 2ᵉ édition, Londres : HarperCollins.

Sassoon, A. S., 2006, «Gramsci and the Secret of Father Brown», dans A. Bieler et A. D. Morton (dir.), *Images of Gramsci : Connections and Contentions in Political Theory and International Relations,* Londres / New York : Routledge, p. 1-10.

Saurin, J., 2008, «The Formation of Neo-Gramscians in International Relations and International Political Economy : Neither Gramsci nor Marx», dans, A. J. Ayers, (dir.), *Gramsci, Political Economy and International Relations Theory*, Basingstoke / New York : Palgrave Macmillan, p. 23-44.

Sayer, A., 1992, *Method in social science : A realist approach*, Londres : Routledge.

Schatzki, T. R., 1993, «Theory at Bay : Foucault, Lyotard, and Politics of the Local», dans J. P. Jones III, N. Wolfgang et T. R. Schatzki (dir.), *Postmodern Contentions : Epochs, Politics, Space*, New York : The Guilford Press, p. 39-64.

Schatzki, T. R., K. Knorr Cetina et E. Von Savigny (dir.), 2001, *The Practice Turn in Contemporary Theory*, New York : Routledge.

Schechter, M. G., 2002 «Critiques of Coxian Theory : Background to a Conversation», dans R. W. Cox et M.G. Schechter, *The Political Economy of a Plural World : Critical Reflections on Power, Morals and Civilization*, Londres : Routledge

Scheuerman, W. E., 1999, *Carl Schmitt : The End of Law*, Lanham / Oxford : Rowman et Littlefield.

Scheuerman, W. E., 2007a, «Carl Schmitt and Hans Morgenthau : Realism and Beyond», dans M. C. Williams, *Realism Reconsidered : The Legacy of Hans J. Morgenthau in International Relations*, Oxford : Oxford University Press, p. 62-92

Scheuerman, W. E., 2007b, «Was Morgenthau a Realist ? Revisiting *Scientific Man Vs. Power Politics*», *Constellations*, 14, 4, p. 506-530.

Scheuerman, W. E., 2008, «Realism and the Left : the case of Hans J. Morgenthau», *Review of International Studies*, 34, 1, p. 29-51.

Bibliographie

Scheuerman, W. E., 2009, *Hans Morgenthau : Realism and Beyond*, Cambridge : Polity Press.

Schmidt, B. C., 2002, «Together again : reuniting political theory and international relations theory», *British Journal of Politics and International Relations*, 4, 1, p. 115-140.

Schmidt, B. C., 2005, «Competing Realist Conceptions of Power», *Millennium*, 33, 3, p. 523-549.

Schmidt, B. C., 2008, «International Relations Theory : Hegemony or Pluralism ?», *Millennium*, 36, 2, p. 295-311.

Schmidt, B. et M. Williams, 2008, «The Bush Doctrine and the Iraq War : Neoconservatism Versus Realists», *Security Studies*, 17, 2, p. 191-220.

Schuman, F. L., 1941 [1933], *International Politics : The Western State System in Transition*, New York : McGraw-Hill.

Schwandt, T. A., 1994. «Constructivist, Interpretivist Approaches to Human Inquiry», dans N. K. Denzin et Y. S. Lincoln (dir.), *Handbook of Qualitative Research*, Thousand Oaks : Sage, p. 138-157.

Schwartz, H., 2010, *States Versus Markets : The Emergence of a Global Economy*, New York : Palgrave.

Schwartz-Shea, P. et Yanow, D., 2002 «"Reading", "Methods" "Texts" : How Research Methods Texts Construct Political Sience», *Political Science Quarterly,* 55, 2, 457-486.

Schweller, R. L., 1993, «Tripolarity and the Second World War», *International Studies Quarterly*, 37, 1, p. 73-103.

Schweller, R. L., 1994, «Bandwaggoning for Profit : Bringing the Revisionist State Back In», *International Security*, 19, 1, p. 72-107.

Schweller, R. L., 1996, «Neorealism's Status Quo Bias : What Security Dilemma ?», dans B. Frankel (dir.), *Realism : Restatements and Renewal*, Londres/Portland : Frank Cass, p. 90-121.

Schweller, R. L., 1997, «New realist research on alliances : Refining not refuting Walt's balancing proposition», *American Political Science Review*, 91, 4, p. 927-930.

Schweller, R. L., 1998, *Deadly Imbalances : Tripolarity and Hitler's Strategy of World Conquest*, New York : Columbia University Press.

Schweller, R. L., 2003 «The Progressiveness of Neoclassical Realism», dans C. Elman et M. F. Elman (dir.), *Progress in International Relations Theory : Appraising the Field*, Cambridge : MIT Press, p. 311-348.

Schweller, R. L., 2004, «Unanswered Threats : A Neoclassical Realist Theory of Underbalancing», *International Security*, 29, 2, p. 159-201.

Schweller, R. L., 2006, *Unanswered Threats : Political Constraints on the Balance of Power*, Princeton/Oxford : Princeton University Press.

Schweller, R. L., 2009, «Neoclassical realism and state mobilization : expansionist ideology in the age of mass politics», dans S.E. Lobell,, N. M. Ripsman et J. W. Taliaferro (dir.), *Neoclassical Realism, the State and Foreign Policy*, Cambridge : Cambridge University Press, p. 227-250.

Schweller, R. L. et D. Priess, 1997, «A Tale of Two Realisms : Expanding the Institutions Debate», *Mershon International Studies Review*, 41, p. 1-32.

Searle, J., 1995, *The Construction of Social Reality*, New York : Free Press.

Selby, J., 2007, «Engaging Foucault : Discourse, Liberal Governance and the Limits of Foucauldian IR», *International Relations*, 21, 3, p. 324-345.

Seth, S., L. Gandhi et M. Dutton, 1998, «Postcolonial Studies : A Beginning...», *Postcolonial Studies*, 1, 1, p. 7-11.

Seymour, M., 1999, «Rawls et le droit des peuples», *Philosophiques*, 26, 1, p. 109-137.

Shapcott, R., 2001, *Justice, Community, and Dialogue in International Relations*, Cambridge : Cambridge University Press.

Shapiro M. J., 1999, *Cinematic Political Thought : Narrating Race, Nation and Gender*, Edinburgh : Edinburgh University Press.

Shapiro M. J., 2005, «The Demise of "International Relations" : America's Western Palimpsest», *Geopolitics*, 10, 2, p. 222-243.

Shapiro, M. J., 2007, «The New Violent Cartography», *Security Dialogue*, 38, 3, p. 291-313.

Shapiro, M. J., 2009, *Cinematic Geopolitics*, New York : Routledge.

Shaw, D. G., 2001, «Happy in Our Chains ? Agency and Language in the Postmodern Age», *History and Theory*, 40, p. 1-9.

Shaw, M., 1992, «Global Society and Global Responsibility : The Theoretical, Historical and Political Limits of "International Society"», *Millennium*, 21, 3, p. 421-434.

Sheehan, M., 2005, *International Security : An Analytical Survey*, Boulder : Lynne Rienner.

Shepherd, L. J., 2008, *Gender, Violence, and Security : Discourse as Practice*, Londres : Zed Books.

Shepherd, L. J., 2009, «Gender, Violence, and Global Politics : Contemporary Debates in Feminist Security Studies», *Political Studies Review*, 7, 2, p. 208-219.

Shepherd, L. J. (dir.), 2010, *Gender Matters in Global Politics : A feminist Introduction to International Relations*, Londres/New York : Routledge.

Shilliam, R., 2004, «Hegemony and the Unfashionable Problematic of "Primitive Accumulation"», *Millennium*, 33, 1.

Shilliam, R., 2007, «Morgenthau in Context : German Backwardness, German Intellectuals and the Rise and Fall of a Liberal Project», *European Journal of International Politics*, 13, 3, p. 299-327.

Shoat, E., 1992, «Notes on the Post-colonial», *Social Text,* 31, p. 99-113.

Simpson, E., 1999, «The principles of liberal internationalism according to Lester Pearson», *Journal of Canadian Studies*, 34, 1, p. 75-92.

Singer, H. J., 1950, «Gains and Losses from Trade and Investment in Under-Developed Countries», *American Economic Review*, 11, 2, p. 473-485.

Bibliographie

Singer, J. D., 1961, «The Level-of-Analysis Problem in International Relations», dans K. Knor et S. Verba (dir.), *The International System: Theoretical Essays*, Princeton: Princeton University Press, p. 77-92.

Singer, J. D., 1969, «The Incompleat Theorist: Insight without Evidence», K. Knorr et J. N. Rosenau, (dir.), *Contending Approaches to International Politics*, Princeton: Princeton University Press.

Singer, J. D., 1987, «Vers une science de la politique internationale: perspectives, promesses et résultats», dans B. Korany (dir.), *Analyse des relations internationales: approches, concepts et données*, Montréal: Gaëtan Morin, p. 267-294.

Singer, P., 1972, «Famine, Afluence and Morality», *Philosophy and Public Affairs*, 1, 3, p. 229-243.

Singleton, R. A. et B. C. Straits, 1999, *Approaches to Social Research*, Oxford: Oxford University Press.

Siverson, R. M. et J. Emmons, 1991, «Birds of a Feather: Democratic Political Systems and Alliance Choices in the Twentieth Century», *Journal of Conflict Resolution*, 35, p. 285-306.

Sjoberg, L., 2006, «Gendered Realities of the Immunity Principle: Why Gender Analysis Needs Feminism», *International Studies Quarterly*, 50, 4, p. 889-910.

Sjoberg, L., 2008, «Why Just War Needs Feminism Now More Than Ever», *International Politics*, 45, 1, p. 1-18.

Sjoberg, L. (dir.), 2009, *Gender and International Security: Feminist Perspectives*, New York: Routledge.

Sjoberg, L. et C. Cohn, 2010, *Women and Wars: Contested Histories, Uncertain Futures*, Londres: Polity Press.

Sjoberg, L. et C. E. Gentry (dir.), 2007, *Mothers, Monsters, and Whores: Women's Violence in Global Politics*, Londres/New York: Zed Books.

Sjoberg, L. et J. A. Tickner, 2011, *Conversations in Feminist International Relations*, New York: Routledge.

Skocpol, T., 1979, *States and Social Revolutions*, Cambridge: Cambridge University Press.

Skocpol, T. (dir.), 1984, *Vision and Method in Historical Sociology*, Cambridge: Cambridge University Press.

Skocpol, T., 1985 [1979], *États et révolutions sociales: la révolution en France, en Russie et en Chine*, Paris: Fayard.

Skocpol, T., 1987, «Social History and Historical Sociology: Contrasts and Complementarities», *Social Science History*, 11, p. 17-30.

Skocpol, T. et Somers, M., 1980, «The Uses of Comparative History in Macrosocial Inquiry», *Comparative Studies in Society and History*, 22, 2, p. 174-179.

Slaughter, A. M., 2004, *A New World Order*, Princeton: Princeton University Press.

Smith, A., 1991 [1976], *Recherches sur la nature et les causes de la richesse des nations*, Paris: Garnier Flammarion.

Smith, S. et P. Owens, 2005, «Alternative Approaches to International Theory», dans J. Baylis et S. Smith (dir.), *The Globalization of World Politics*, 3ᵉ éd., Oxford: Oxford University Press, p. 271-293.

Smith, S., 1992, «The Forty Years Detour: The Resurgence of Normative Theory in International Relations», *Millennium*, 21, 3, p. 489-508.

Smith, S., 1995, «Self-images of a Discipline: A Genealogy of International Relations Theory», dans K. Booth et S. Smith (dir.), *International Relations Theory Today*, Cambridge: Polity Press, p. 1-37.

Smith, S., 1996, «Positivism and beyond», dans S. Smith, K. Booth et M. Zalewski (dir.), *International theory: positivism and beyond*, Cambridge: Cambridge University Press, p. 11-44.

Smith, S., 2000, «Wendt's World», *Review of International Studies*, 26, 1, p. 151-163.

Smith, S., 2001a, «Foreign Policy Is What States Make of It: Social Construction and International Relations Theory», dans V. Kubálková (dir.), *Foreign Policy in a Constructed World*, Armonk/Londres: M. E. Sharpe, p. 38-53.

Smith, S., 2001b, «Reflectivist and constructivist approaches to international theory», dans J. Baylis et S. Smith (dir.), *The Globalization of World Politics: An Introduction to International Relations*, 2ᵉ éd., Oxford/New York: Oxford University Press, p. 224-249.

Smith, S., 2001c, «Social Constructivisms and European Studies», dans T. Christiansen, K. E. Jørgensen et A. Wiener (dir.), *The Social Construction of Europe*, Londres: Sage Publications, p. 189-198.

Smith, S., 2002, «The United States and the Discipline of International Relations: "Hegemonic Country, Hegemonic Discipline"», *International Studies Review*, 4, 2, p. 67-85.

Smith, S., 2004, «Singing our World into Existence: International Relations Theory and September 11», *International Studies Quarterly*, 48, 3, p. 499-515.

Smith, S., 2005, «The Contested Concept of Security», dans Booth, K. (dir.), *Critical Security Studies and World Politics*, Boulder: Lynne Rienner Publishers, p. 27-62.

Smith, S., 2008, «Debating Schmidt: Theoretical Pluralism in IR», *Millennium*, 36, 2, p. 305-310.

Smouts, M.-C., 1987, «L'organisation internationale: Nouvel acteur sur la scène mondiale?», dans B. Korany (dir.), *Analyse des relations internationales. Approches, concepts et données*, Montréal: Gaëtan Morin, p. 147-166.

Smouts, M.-C. (dir.), 1998, *Les nouvelles relations internationales: Pratiques et théories*, Paris: Presses de la Fondation des sciences politiques.

Snel, A., 2003, «Male (and Female) Rape in the Military: Male Sex Abuse Revealed in Ranks, Thousands of Male Veterans Report Enduring Sexual trauma during their Military Careers», *Florida Today Special Report*, [www.refusingtokill.net/rape/malerapinthearmy.htm].

Snidal, D., 2002, «Rational Choice and International Relations», dans W. Carlsnaes, T. Risse et Handbook of International Relations, Londres: Sage, p. 73-94.

Snyder, J., 1991, *Myths of Empire : Domestic Politics and Internatio-nal Ambition*, Ithaca : Cornell University Press.

Snyder, J., 2004, « One World, Rival Theories », *Foreign Policy*, 145, p. 52-62.

Sokolsky, J., 2002, « Exporting the "Gap"? The American Influence », dans A. Legault et J. Sokolsky (dir.), *The Soldier And The State In The Post ColdWar Era*, Kingston : Royal Military College, p. 211-236.

Sparke, M., 2005, *In the Space of Theory : Postfoundational Geographies of the Nation-State*, Minneapolis : University of Minnesota Press.

Spiegel, G. M., 1990, « History, Historicism, and the Social Logic of the Text in the Middle Ages », *Speculum*, 65, p. 59-86.

Spiro, D. E., 1994, « The Insignificance of the Liberal Peace », *International Security*, 19, 2, p. 50-86.

Spivak, G., D. Landry et G. Maclean (dir.), 1996 [1985], *The Spivak Reader : SelectedWorks of Gayatri Chakravorty Spivak*, New York : Routledge.

Spivak, G. C., 1995 [1983], « Can the Subaltern Speak ? », dans B. Ashcroft, G. Griffiths et H. Triffin (dir.), *The Postcolonial Studies Reader*, Londres : Routledge, p. 24-28.

Sprinz, D. F. et Y. Wolinsky-Nahmias (dir.), 2004, *Models, num-bers, and cases : methods for studying international relations*, Ann Arbor : University of Michigan Press.

Spruyt H., 1998, « Historical Sociology and Systems Theory in International Relations », *Review of International Political Eco-nomy*, 5, p. 340-353.

Spruyt, H., 1994a, « Institutional Selection in International Relations : State Anarchy as Order », *International Organiza-tion*, 48, 4, p. 527-557.

Spruyt, H., 1994b, *The Sovereign State and its Competitors : an Ana-lysis of Systems Change*, Princeton : Princeton University Press.

Spruyt, H., 2005, *Ending Empire : Contested Sovereignty and Terri-torial Partition*, Ithaca : Cornell University Press.

Spruyt, H., 2008, « "American empire" as an analytic question or a rhetorical move ? », *International Studies Perspectives*, 9, 3, p. 290-299.

Spykman, N. J., 1933, « Methods and Approach to the Study of International Relations », dans *Proceedings of the Fifth Conference of Teachers of International Law and Related Subjects*, Washington : Carnegie Endowment for International Peace, p. 60-69.

Squires, J. et J. Weldes, 2007, « Beyond Being Marginal : Gen-der and International Relations in Britain », *British Journal of Politics and International Relations*, 9, 2, p. 185-203.

Stahl, R., 2006, « Have you Played the War on Terror ? », *Criti-cal Studies in Media Communication*, 23, 2, p. 112-130.

Staline, J., 1974 [1916], *Le marxisme et la question nationale et coloniale*, Paris : N. Bethune.

Steans, J. et D. Tepe, 2008, « Gender in the Theory and Practice of International Political Economy : The Promise and Limita-tions of Neo-Gramscian Approaches », dans A. J. Ayers (dir.), *Gramsci, Political Economy and International Relations Theory*, Basingstoke/New York : Palgrave Macmillan, p. 133-152.

Steans, J., 1998, *Gender and International Relations : An Introduc-tion*, New Brunswick : Rutgers University Press.

Steele, B. J., 2007, « "Eavesdropping on honored ghosts" : From Classical to Reflexive Realism », *Journal of International Rela-tions and Development*, 10, 3, 272-300.

Stein, A., 1993, « Coordination and Collaboration : Regimes in an Anarchic World », dans D. A. Baldwin (dir.), *Neorealism and Neoliberalism : The Contemporary Debate*, New York : Columbia University Press, p. 29-59.

Stelzer, I., (dir.), 2004, *The Neocon Reader*, New York : Grove Press.

Stephanson, Anders, 1995, *Manifest Destiny : American Expansion and the Empire of Right*, New York : Hill and Wang.

Sterling-Folker, J., 1997, « Realist Environment, Liberal Pro-cess, and Domestic-Level Variables », *International Studies Quarterly*, 41, 1, p. 1-25.

Sterling-Folker, J., 2000, « Competing Paradigms or Birds of a Feather ? Constructivism and Neoliberal Institutionalism Compared », *International Studies Quarterly*, 44, 1, p. 97-119.

Sterling-Folker, J., 2002a, *Theories of International Cooperation and the Pimacy of Anarchy : Explaining U. S. Intenational Mone-tary Policy after BrettonWoods*, Albany : State University of New York Press.

Sterling-Folker, J., 2002b, « Realism and the Constructivist Challenge : Rejecting, Reconstructing or Rereading », *Inter-national Studies Review*, 4, 1, p. 73-97.

Sterling-Folker, J., 2004a, « Realist Constructivism and Mora-lity », *International Studies Review*, 6, 2, p. 341-343.

Sterling-Folker, J., 2004b, « Organizing the Inter-National : Neoclassical Realism and the Third Image Reversed », com-munication présentée à la 5ᵉ rencontre du European Consor-tium for Political Research et Standing Group on Internatio-nal Relations, La Haye, 9-11 septembre.

Sterling-Folker, J., 2005, *Making Sense of International Relations Theory*, Boulder/Londres : Lynne Rienner Publishers.

Sterling-Folker, J., 2009a, « Neoclassical realism and identity : peril despite profit across the Taiwan Strait », dans Lobell, S.E., N. M. Ripsman et J. W. Taliaferro (dir.), 2009, *Neoclas-sical Realism, the State and Foreign Policy*, Cambridge : Cam-bridge University Press, p. 99-138

Sterling-Folker, J., 2009b, « Forward Is as Forward Does : Assessing Neoclassical Realism from a Traditions Perspec-tive », dans Freyberg-Inan A., E. Harrison et P. James (dir.), *Rethinking Realism in International Relations : Between Tradition and Innovation*, Baltimore : The Johns Hopkins University Press, p. 191-218.

Sterling-Folker, J. et R. E. Shinko, 2005, « Discourses of Power : Traversing the Realist-Postmodern Divide », *Millennium*, 33, 1, p. 637-664.

Stiehm, J., 1999, « United Nations Peacekeeping : Men's Work and Women's Work », dans M. Meyer et E. Prügl (dir.), *Gen-*

Bibliographie

der Politics in Global Governance, Lanham : Rowman and Little-field, p. 41-57.

Stiglitz, J., 2002, *Globalization and its Discontents,* Londres : Penguin Books.

Strange, S., 1985, « Protectionism and World Politics », *International Organization,* 39, 2, p. 233-259.

Strange, S., 1994, *States and Markets,* Londres : Pinter.

Strange, S., 1996, *The Retreat of the State. The Diffusion of Power in the World Economy,* New York : Cambridge University Press.

Strauss, L., 1965, *Natural Right and History,* Chicago : The University of Chicago Press.

Strauss, L., 1978, *The City and Man,* Chicago : The University of Chicago Press.

Strauss, L., 2000, On Tyranny, Chicago : The University of Chicago Press.

Streeck, W. et K. Yamamura, 2001, *The Origins of Nonliberal Capitalism : Germany and Japan in Comparison,* Ithaca : Cornell University Press.

Streit, C. K., 1939, *Union Now. A Proposal for a Federal Union of the Democracies of the North Atlantic,* New York : Harper.

Stritzel, H., 2007, « Towards a Theory of Securitization : Copenhagen and Beyond », *European Journal of International Relations,* 13, 3, p. 357-83.

Suarez, F., 2003 [1612], *Des lois et du dieu législateur,* Paris : Dalloz.

Suganami, H., 1978, « The "Peace Through Law" Approach : A Critical Examination of Its Ideas », dans T. Taylor (dir.), *Approaches and Theory in International Relations,* Londres : Longman, p. 100-121.

Suganami, H., 1989, *The Domestic Analogy and World Order Proposals,* Cambridge : Cambridge University Press.

Suganami, H., 2003, « British Institutionalists, or the English School, 20 Years On », *International Relations,* 17, 3, p. 253-271.

Suhr, M., 1997, « Robert O. Keohane : A Contemporary Classic », dans I. B. Neumann et O. Weaver (dir.), *The Future of International Relations. Masters in the Making,* New York : Routledge, p. 90-120.

Sum, N.-L., 2005, « From "Integral State" to "Integral World Economic Order" : Towards a Neo-Gramscian Cultural International Political Economy », *Cultural Political Economy Working Paper Series,* Working Paper no. 7, Institute for Advanced Studies in Social and Management Sciences, University of Lancaster, [disponible en ligne] *www.lancs.ac.uk/ias/researchgroups/polecon/index.htm*

Sundquist, E. J. (dir.), 1996, *The Oxford W. E. B. Du Bois Reader,* New York : Oxford University Press.

Sylvester, C., 1994, *Feminist Theory and International Relations in a Postmodern Era,* Cambridge : Cambridge University Press.

Sylvester, C., 1996, « The Contributions of Feminist Theory to International Relations », dans S. Smith, K. Booth et M. Zalewski (dir.), *International Theory : Positivism and Beyond,* Cambridge : Cambridge University Press, p. 254-278.

Sylvester, C., 1999, « In-between and in Evasion of So Much : Third World Literatures, International Relations and Postcolonial Analysis », *Postcolonial Studies,* 2, 2, p. 249-261.

Taliaferro, J. W., 2000/01, « Seeking Security under Anarchy : Defensive Realism Revisited », *International Security,* 25, 3, p. 128-161.

Taliaferro, J. W., 2005, « Neoclassical Realism : The Psychology of Great Power Intervention », dans Sterling-Folker, J., 2005, *Making Sense of International Relations Theory,* Boulder/Londres : Lynne Rienner Publishers, p. 38-53.

Taliaferro, J. W., 2006, « State Building for Future Wars : Neoclassical Realism and the Resource Extractive State », *Security Studies,* 15, 3 : 464-495

Taliaferro, J. W., 2009, « Neoclassical realism and resource extraction : State building for future war », dans S.E. Lobell,, N. M. Ripsman et J. W. Taliaferro (dir.), *Neoclassical Realism, the State and Foreign Policy,* Cambridge : Cambridge University Press, p. 194-226.

Taliaferro, J. W., S. E. Lobell et N. M. Ripsman, 2009, « Introduction : Neoclassical realism, the state, and foreign policy », dans Lobell S.E., N. M. Ripsman et J. W. Taliaferro (dir.)., *Neoclassical Realism, the State and Foreign Policy,* Cambridge : Cambridge University Press, p. 1-41.

Tan, K.-C., 2000, *Toleration, Diversity, and Global Justice,* University Park : The Pennsylvania State University Press.

Tasioulas, J., 2002, « From Utopia to Kazanistan : John Rawls and the Law of Peoples », *Oxford Journal of Legal Studies,* 22, 2, p. 367-396.

Taylor, C., 1988, « Le juste et le bien », *Revue de métaphysique et de morale,* 93, 1, p. 33-56.

Taylor, P., 1990, « Functionalism : the Approach of David Mitrany », dans A. J. R. Groom et P. Taylor (dir.), *Frameworks for Co-operation,* Londres : Pinter, p. 125-138.

Taylor, P., 1995, « World Cities and Territorial States : the Rise and Fall of their Mutuality », dans P. Knox et P. Taylor (dir.), *World Cities in a World-System,* New York : Cambridge University Press, p. 48-62.

Terray, E. et C. Meillassoux, 1969, *Le Marxisme devant les sociétés primitives, deux études,* Paris : Maspero.

Teschke, B., 2002, « Theorizing the Westphalian System of States : International Relations from Absolutism to Capitalism », *European Journal of International Relations,* 8, 1, p. 5-48.

Teschke, B., 2003, *The Myth of 1648. Class, Geopolitics and the Making of Modern International Relations,* Londres/New York : Verso.

Teschke, B., 2005, « Bourgeois Revolution, State Formation and the Absence of the International », *Historical Materialism,* 13, 2, p. 3-26.

Teschke, B., 2006, « Debating "The Myth of 1648" : State Formation, the Interstate System and the Emergence of Capitalism in Europe — A Rejoinder », *International Politics,* 43, p. 531-573.

Tesón, F. R., 1992, «The Kantian Theory of International Law», *Columbia Law Review*, 92, 1, p. 53-102.

Tesón, F. R., 2005a, « Ending Tyranny in Irak », *Ethics and International Affairs*, 19, 2, p. 1-20.

Tesón, F. R., 2005b, « Reply to Terry Nardin : Of Tyrants and Empires», *Ethics and International Affairs*, 19, 2, p. 27-30.

Thai, H. C., 2008, *For Better or for Worse : Vietnamese International Marriages in the New Global Economy*, New Brunswick : Rutgers University Press.

Therborn, G., 1976, *Science, Class and Society : On the Formation of Sociology and Historical Materialism*, Londres : New Left Books.

Thibault, J.-F., 1997, «H. J. Morgenthau, le débat entre idéalistes et réalistes et l'horizon politique de la théorie des relations internationales : une interprétation critique», *Études internationales*, XXVIII, 3, p. 569-591.

Thibault, J.-F., 2005, « La mondialisation et l'horizon d'attente de la justice mondiale », *Horizons philosophiques*, 15, 2, p. 87-100.

Thomas, F., M. Haour-Knipe et P. Aggleton (dir.), 2010, *Mobility, Sexuality, and AIDS*, Londres et New York : Routledge.

Thomas, K., 2005, «Politics : Looking for Liberty », *New York Review of Books*, 52, 9 [www.nybooks.com/articles/articlepreview ?article_id=18003].

Thompson, F., s.d., « Fordism, Post-Fordism And The Flexible System Of Production » *www.willamette.edu/~fthompso/MgmtCon/Fordism_&_Postfordism.html*

Thompson, J., 1992, *Justice and World Order. A Philosophical Inquiry*, Londres : Routledge.

Thompson, W. R., 1996, «Democracy and Peace : Putting the Cart Before the Horse ? », *International Organization*, 50, 1, p. 141-174.

Thorpe, J. H. et H. Itaki, 1982, «Verification versus Falsification of Existing Theory », *Journal of Chemical Ecology*, 8, 8, 1073-1077.

Thucydide, 1966, *Histoire de la guerre du Péloponnèse*, Paris : Garnier-Flammarion.

Thucydide, 1990, *Histoire de la guerre du Péloponnèse*, Paris : Robert Laffont.

Tickner, A. B., 2003, « Seing IR Differently : Notes From the Third World », *Millennium*, 32, 2, p. 295-324.

Tickner, A. B., et O. Weaver, (dir.), 2009, *International Relations Scholarship Around the World*, New York : Routledge.

Tickner, J. A., 1988, « Hans Morgenthau's Principles of Political Realism : A Feminist Reformulation », *Millennium*, 17, 3, p. 429-440.

Tickner, J. A., 1992, *Gender in International Relations : Feminist Perspectives on Achieving Global Security*, New York : Columbia University Press.

Tickner, J. A., 1997, «You Just Don't Understand : Troubled Engagements Between Feminists and IR Theorists », *International Studies Quarterly*, 41, 4, p. 611-632.

Tickner, J. A., 2001, *Gendering World Politics,* New York : Columbia University Press.

Tickner, J. A., 2005, «What is your Research Program ? Some Feminist Answers to International Relations Methodological Questions », *International Studies Quarterly*, 49, 1, p. 1-21.

Tilly, C. 1999, *Durable Inequality*, Berkeley : California University Press.

Tilly, C., 1981, *As Sociology Meets History*, Orlando : Academic Press.

Tilly, C., 1984, *Big Structures, Large Processes, Huge Comparison*, New York : Russel Sage Foundation.

Tilly, C., 1985, «War-making and State-making as Organized Crime », dans P. Evans, D. Rueschemeyer et T. Skocpol (dir.), *Bringing the State Back In,* Cambridge : Cambridge University Press.

Tilly, C., 1992 [1990], *Contrainte et capital dans la formation de l'Europe*, Paris : Aubier.

Tilly, C., 1993, *European Revolutions, 1492-1992*, Oxford/Cambridge : Blackwell.

Tilly, C., 2002, *The Politics of Collective Violence*, Cambridge : Cambridge University Press.

Trachtenberg, M., 1989, «Strategic Thought in America, 1952-1966», *Political Science Quarterly*, 104, 2, p. 301-334.

True, J., 2001, «Feminism», dans S. Burchill *et al.*, *Theories of International Relations*, 2e éd., New York : St. Martin's Press, p. 231-276.

True, J., 2005, «Feminism», dans S. Burchill *et al.*, *Theories of International Relations*, 3e éd., Basinstoke : Palgrave, p. 212-234.

Tucker R. et D. Hendrickson, 2004, «The Sources of American Legitimacy », *Foreign Affairs*, 83, 6, p. 18-32.

Tures, J. A., 2002, «The Dearth of Jointly Dyadic Democratic Interventions », *International Studies Quarterly*, 46, 4, p. 579-589.

Turner, S. et G. Mazur, 2009, « Morgenthau as a Weberian Methodologist », *European Journal of International Relations*, 15, 3, p. 477-504.

Udehn, L., 2001, *Methodological Individualism : Background, history and meaning*. Londres : Routledge.

Ullman, R. H., 1983, «Redefining Security», *International Security*, 8, 1, p. 129-153.

United States, 2002, *The National Security Strategy of the United States of America*, Washington D. C. : The White House.

Vaïsse, J., 2008, *Histoire du néoconservatisme aux États-Unis : le triomphe d'une idéologie*, Paris : Odile Jacob.

Valentine, J., 2002, «The Theoretical Link Between Politics and the Subject», dans A. Finlayson et J. Valentine (dir.), *Politics and Post-Structuralism : An Introduction*, Edimbourg, Edinburgh University Press, p. 36-51.

Van der Pijl, K., 1984, *The Making of the Atlantic Ruling Class*, Londres : Verso.

Van der Pijl, K., 1998, *Transnational Classes and International Relations*, Londres : Routledge.

626
▼

Van der Pijl, K., 2001-2002, « Globalization or Class Society in Transition ? », *Science and Society*, 65, 4, p. 492-500.

Van Evera, S., 1997, *Guide to Methods for Students of Political Science*, Ithaca : Cornell University Press.

Van Evera, S., 1998, « Offense, Defense, and the Causes of War », *International Security,* 22, 4, p. 5-43.

van Munster, R., 2004, «The War on Terrorism : When the Exception Becomes the Rule», *International Journal for the Semiotics of Law*, 17, 2, p. 141-153.

van Munster, R., 2007, «Security on a Shoestring : A Hitchhiker's Guide to Critical Schools of Security in Europe», *Cooperation and Conflict*, 42, 2, p. 235-243.

Varikas, E., 1993, « Féminisme, modernité, postmodernisme : pour un dialogue des deux côtés de l'océan », dans *Féminismes au présent*, Futur antérieur, Supplément, Paris [http: //multitudes.samizdat.net/-Avril-93-Feminismes-au-present-.html].

Vasquez, J. A., 1998, *The Power of Power Politics : From Classical Realism to Neotraditionalism*, Cambridge : Cambridge University Press.

Vaughan-Williams, N., 2007, «Beyond a Cosmopolitan Ideal : The Politics of Singularity», *International Politics*, 44, 1, p. 107-124.

Vaughn-Williams, N., 2009, *Border Politics : The Limits of Sovereign Power*, Edimbourg : Edinburgh University Press.

Veblen, T., 1964 [1923], *Absentee Ownership and Business Enterprise in Recent Times : the Case of America*, New York : A. M. Kelley.

Vincent, R. J., 1986, *Human Rights and International Relations : Issues and Responses*, Cambridge : Cambridge University Press.

Vincent, R. J., 1990, « Order in International Politics », dans J. D. B. Miller et R. J. Vincent, *Order and Violence. Hedley Bull and International Relations*, Oxford : Clarendon Press, p. 38-64.

Viotti, P. R. et M. V. Kauppi (dir.), 1987, *International Relations Theory*, Boston : Allyn & Bacon.

Viotti, P. R. et M. V. Kauppi (dir.), 1999, *International Relations Theory : Realism, Pluralism Globalism, and Beyond*, 3ᵉ éd., Boston : Allyn & Bacon.

Viotti, P. R. et M. V. Kauppi (dir.), 2005, *International Relations Theory*, 5ᵉ éd., Boston : Allyn et Bacon.

Virilio, P., 1984, *Guerre et cinéma : logistique de la perception*, tome 1, Paris : Éditions de l'Étoile.

Virilio, P., 1996, *Un paysage d'événements*, Paris : Galilée.

Vitalis, R., 2000, «The Graceful and Generous Liberal Gesture : Making Racism Invisible in American International Relations », *Millennium*, 29, 2, p. 331-356.

Vromen, A., 2010, « Debating Methods : Redicovering Qualitative Approaches », dans D. Marsh et G. Stoker (dir.), 2010, *Theory and Methods in Political Science*, 3ᵉ édition, Basingstoke/New York : Palgrave Macmillan, p. 249-267.

Vucetic, Sjrjan, 2010, « Genealogy as a Research Tool in International Relations », *Review of International Studies*, [à paraître].

Wade, R., 2003, «What Strategies are Viable for Developing Countries Today ? The World Trade Organization and the Shrinking of "Developmental Space"», *Review of International Political Economy*, 10, 4, p. 621-644.

Wæver, O et A. B. Tickner, 2009, « Introduction : Geocultural epistemologies », dans A. B. Tickner et O. Wæver (dir.), *International Relations Scholarship Around the World*, New York : Routledge, p. 1-31.

Wæver, O., 1995, « Securitization and Desecuritization », dans R. D. Lipschutz (dir.), *On Security*, New York : Columbia University Press, p. 46-86.

Wæver, O., 1996a, «Europe's Three Empires : A Watsonian Interpretation of Post-Wall European Security, dans R. Fawn et J. Larkin (dir.), *International Society After the Cold War : Anarchy Reconsidered*, Londres : Macmillan, p. 220-260.

Wæver, O., 1996b, «The rise and fall of the inter-paradigm debate», dans S. Smith, K. Booth et M. Zalewski (dir.), *International theory : positivism and beyond,* Cambridge : Cambridge University Press, p. 149-185.

Wæver, O., 1997a, « Figures of international thought : Introducing persons instead of paradigms », dans I. B. Neumann et O. Wæver (dir.), *The Future of International Relations : Masters in the Making,* Londres/New York : Routledge, p. 1-37.

Wæver, O., 1997b, «John G. Ruggie : Transformation and Institutionalization», dans I. B. Neumann et O. Wæver, *The Future of International Relations. Masters in the Making*, New York : Routledge, p. 170-204.

Wæver, O., 1998a, «Insécurité, identité : une dialectique sans fin», dans A.-M. Le Gloannec (dir.), *Entre union et nations. L'État en Europe*, Paris : Presses de Sciences-Po, p. 91-138.

Wæver, O., 1998b, «Societal Security : The Concept», dans B. Buzan, O. Wæver et J. de Wilde (dir.), 1998, *Security : A New Framework for Analysi*s, Londres/Boulder : Lynne Rienner Publishers, p. 19-40.

Wæver, O., 1999a, «The Sociology of a Not So International Discipline : American and European Developments in International Relations », dans P. J. Katzenstein, R. O. Keohane et S. D. Krasner (dir.), *Exploration and Contestation in the Study of World Politics*, Cambridge : MIT Press, p. 47-87.

Wæver, O., 1999b, «The English School's Contribution to the Study of International Relations», Communication présentée à la 24ᵉ conférence annuelle de la British International Studies Association, Manchester, décembre.

Wæver, O., 2000, «The EU as a security actor : Reflections from a pessimistic constructivist on post-sovereign security actors », dans M. Kelstrup et M. C. Williams (dir.), *International Relations and the Politics of European Integration : Power, Security and Community*, Londres/New York : Routledge :

Wæver, O., 2004, «Aberystwyth, Paris, Copenhagen : "New Schools" in Security Theory and their Origins between Core and Periphery », communication présentée au 45ᵉ congrès annuel de l'International Studies Association, Montréal.

Bibliographie

Wæver, O., 2007, « Still a Discipline After All These Debates ? », dans T. Dunne, M. Kurki. M. et S. Smith (dir.), *International Theories : Discipline and Diversity*, Oxford : Oxford University Press, p. 288-308.

Wæver, O., B. Buzan, M. Kelstrup et P. Lemaître, 1993, *Identity, Migration and the New Security Agenda in Europe*, New York : St. Martin's Press.

Walker, R. B. J., 1990, « Sovereignty, Security, and the Challenge of World Politics », *Alternatives*, 15, 1, p. 3-27.

Walker, R. B. J., 1993, *Inside / Outside : International Relations as Political Theory*, Cambridge : Cambridge University Press.

Walker, R. B. J., 1997, « The Subject of Security », dans K. Krause et M. Williams (dir.), *Critical Security Studies,* Minneapolis : University of Minnesota Press, p. 62-81.

Walker, T. C. et J. S. Morton, 2005, « Re-Assessing the "Power of Power Politics"Thesis : Is Realism Still Dominant ? », *International Studies Review*, 7, 2, p. 341-356.

Wallerstein, I, 1984, « The Three Instances of Hegemony in the Capitalist World-Economy », dans G. Linski (dir.), *Current issues and research in macrosociology*, Leiden : Brill.

Wallerstein, I. M., 1974a, *The Modern World-System. Vol. 1 : Capitalist Agriculture and the Origins of the European World-Economy in the Sixteenth Century*, New York / Londres : Academic Press.

Wallerstein, I. M., 1974b, « The Rise and Future Demise of the World Capitalist System : Concepts for Comparative Analysis », *Comparative Studies in Society and History*, 16, 4, p. 387-415.

Wallerstein, I. M., 1979, *The capitalist world-economy : essays*, Cambridge / New York : Cambridge University Press.

Wallerstein, I. M., 1980, *The Modern World-System. Vol. II : Mercantilism and Consolidation of the European World-Economy, 1600-1750*, San Diego et Toronto : Academic Press.

Wallerstein, I. M., 1982, « World-System Analysis : Theoretical and Interpretative Issues », dans T. Hopkins, I. M. Wallerstein, R. Bach, C. Chase-Dunn et R. Mukherjee, *World-System Analysis : Theory and Methodology*, Beverley-Hills : Sage, p. 91-103.

Wallerstein, I. M., 1993, « Le système-monde et son devenir : thèses sur sa structure et sa trajectoire propres », extraits de la conférence. *Analyse du système monde et de l'économie mondiale*, 4 et 5 février 1993, Paris : GEMDEV, cahier nº 20, *Points de vue sur le système monde*, p. 173-183.

Wallerstein, I. M., 2006, *Apprendre le monde – Introduction à l'analyse des systèmes-monde,* Paris : La Découverte.

Walt, S. M., 1987, *The Origins of Alliances*, Ithaca : Cornell University Press.

Walt, S. M., 1991, « The Renaissance of Security Studies », *International Studies Quarterly*, 35, 2, p. 211-239.

Walt, S. M., 1997, « The Progressive Power of Realism », *American Political Science Review*, 91, 4, p. 931-935.

Walt, S. M., 1998, « International Relations : One World, Many Theories », *Foreign Policy*, 110, p. 29-46.

Walt, S. M., 2002, « Keeping the World "Off-Balance" : Self-Restraint and U. S. Foreign Policy », dans G. J. Ikenberry (dir.), *America Unrivaled : The Future of the Balance of Power*, Ithaca / Londres : Cornell University Press, p. 121-154.

Walt, S. M., 2005, *Taming American Power : The Global Response to U. S. Primacy*, New York : W. W. Norton.

Walters, W., 2004a, « Secure Borders, Safe Haven, Domopolitics », *Citizenship Studies*, 8, 3, p. 237-60.

Walters, W., 2004b, « The Frontiers of the European Union : A Geostrategic Perspective », *Geopolitics*, 9, 3, p. 674-698.

Waltz, K. N., 1959, *Man, State and War : A Theoratical Analysis*, New York, Columbia University Press.

Waltz, K. N., 1964, « The Stability of a Bipolar World », *Daedalus*, 93, 3, p. 881-909.

Waltz, K. N., 1970, « The Myth of National Interdependence », dans C. P. Kindleberger (dir.), *International Cooperation*, Cambridge : MIT Press, p. 205-220.

Waltz, K. N., 1975, « Theory of International Relations », dans F. Greenstein et N. Polsby (dir.), *International Politics. The Handbook of Political Science*, tome 8, Reading : Addison-Wesley, p. 1-85.

Waltz, K. N., 1979, *Theory of International Politics*, Reading : Addison-Wesley

Waltz, K. N., 1986, « Reflections on *Theory of International Politics* : A Response to My Critics », dans R. O. Keohane (dir.), *Neorealism and its Critics*, New York : Columbia University Press, p. 322-345.

Waltz, K. N., 1988, « The Origins of War in Neorealist Theory », *Journal of Interdisciplinary History,* 18, 4, p. 615-628.

Waltz, K. N., 1990a, « Realist Thought and Neorealist Theory », *Journal of International Affairs*, 44, 1, p. 21-37.

Waltz, K. N., 1990b, « Nuclear Myths and Political Realities », *American Political Science Review*, 84, 3, p. 731-745.

Waltz, K. N., 1991, « America as a Model for the World ? A Foreign Policy Perspective », *Political Science and Politics*, 24, 4, p. 667-670.

Waltz, K. N., 1993, « The Emerging Structure of International Politics », *International Security*, 18, 2, p. 44-79.

Waltz, K. N., 1995, « Realist Thought and Neorealist Theory », dans C. W. Kegley (dir.), *Controversies in International Relations Theory*, New York : St. Martin's Press, p. 67-106.

Waltz, K. N., 1996, « International Politics is *Not* Foreign Policy », *Security Studies*, 6, 1, p. 54-57.

Waltz, K. N., 1997, « Evaluating Theories », *American Political Science Review*, 91, 4, p. 913-917.

Waltz, K. N., 1999, « Globalization and Governance », *PS : Political Science and Politics*, 32, 4, p. 693-700.

Waltz, K. N., 2000, « Globalization and American Power », *The National Interest*, 59 [www.nationalinterest.org General. aspx ?id=92&id2=12662].

Bibliographie

Waltz, K. N., 2002, « Structural Realism after the Cold War », dans Ikenberry, G. J. (dir.), *America Unrivaled : The Future of the Balance of Power*, Ithaca / Londres : Cornell University Press, p. 29-67.

Walzer, M., 1980, « The Moral Standing of States : A Response to Four Critics », *Philosophy and Public Affairs*, 9, 3, p. 209-229.

Walzer, M., 1994, *Thick and Thin : Moral Argument at Home and Abroad*, Notre Dame : University of Notre Dame.

Walzer, M., 1997, « La critique communautarienne du libéralisme », dans M. Walzer, *Pluralisme et démocratie*, Paris : Éditions Esprit, p. 53-82.

Walzer, M., 1999 [1977], *Guerres justes et injustes. Argumentation morale avec exemples historiques*, Paris : Belin.

Wasserstrom, R. (dir.), 1970, *War and Morality*, Belmont : Wadsworth.

Watson, A., 1984, « European International Society and its Expansion », dans H. Bull et A. Watson (dir.), *The Expansion of International Society*, Oxford : Clarendon Press, p. 13-32.

Watson, R., 2005, « Bush Deploys Hawk as New Envoy », *TimesOnline : www.timesonline.co.uk/tol/news/world/us_and_americas/article421888.ece*

Weber, C., 1994, « "Good Girls, Bad Girls and Little Girls" : Male Paranoia in Robert Keohane's Critique of Feminist International Relations », *Millennium*, 23, 2, 1994, p. 337-349.

Weber, C., 1995, *Simulating Sovereignty : Intervention, the State and Symbolic Exchange*, Cambridge : Cambridge University Press.

Weber, C., 1999, « IR : The Resurrection or New Frontiers of Incorporation », *European Journal of International Relations*, 5, 4, p. 435-50.

Weber, C., 2001, *International Relations Theory : A Critical Introduction*, Londres / New York : Routledge, p. 81-102.

Weber, C., 2006, *Imagining America at War : Morality, Politics, and Film*, Londres et New York : Routledge.

Weber, M., 1963 [1919], « Le métier et la vocation de l'homme politique », dans M. Weber, *Le savant et la politique*, Préface de Raymond Aron, Paris : Éditions 10/18, p. 123-222.

Weber, M., 1995 [1922], *Économie et Société*, Paris : Plon.

Weber, M., 2003, *Le savant et le politique*, Paris : La Découverte.

Weinstein, K., 2004, « Philosophic Roots, the Role of Leo Strauss, and the War in Iraq », dans I. Stelzer (dir.), *The Neocon Reader*, New York : Grove Press, p. 201-212.

Weiss, L., 1998, *The Myth of the Powerless State*, Londres : Polity Press.

Welch, D., 1994, « Can We Think Systematically About Ethics and Statecraft ? », *Ethics and International Affairs*, 8, p. 23-37.

Weldes J., M. Laffey, H. Gusterson et R. Duvall, 1999, « Introduction : Constructing Insecurity », dans J. Weldes, M. Laffey, H. Gusterson et R. Duvall, *Cultures of Insecurity : States, Communities and the Production of Danger*, Minneapolis : University of Minneapolis Press, p. 1-33.

Weldes, J., 1998, « Bureaucratic Politics : A Critical Constructivist Assessment », *Mershon International Studies Review*, 42, 2, p. 216-225.

Weldes, J., 1999a, *Constructing National Interests : The United States and the Cuban Missile Crisis*, Minneapolis : Minnesota University Press.

Weldes, J., 1999b, « Going Cultural : Star Trek, State Action, and Popular Culture », *Millennium*, 28, 1, p. 117-134.

Weldes, J., 2001, « Globalisation Is Science Fiction », *Millennium*, 30, 3, p. 647-667.

Weldes, J., 2003, « Popular Culture, Science Fiction, and World Politics : Exploring Intertextual Relations », dans J. Weldes (dir.), *To Seek Out New Worlds : Exploring Links Between Science Fiction and World Politics*, New York : Palgrave, p. 1-27.

Weldes, J., 2006, « High Politics and Low Data : Globalization Discourses and Popular Culture », dans D. Yanow et P. Schwartz-Shea (dir.), *Interpretation and Method*, Armonk : M.E. Sharpe.

Wendt, A., 1987, « The Agent-Structure Problem in International Relations », *International Organization*, 41, 3, p. 336-370.

Wendt, A., 1991, « Bridging the theory / meta-theory gap in international relations », *Review of International Studies*, 17, 4, p. 383-392.

Wendt, A., 1992a, « Level of analysis vs. agents and structures : part III », *Review of International Studies*, 18, 2, p. 181-185.

Wendt, A., 1992b, « Anarchy is What State's Make of It : The social construction of power politics », *International Organization*, 46, 2, p. 391-425.

Wendt, A., 1994, « Collective Identity Formation and the International State », *American Political Science Review*, 88, 2, p. 384-396.

Wendt, A., 1995, « Constructing International Politics », *International Security*, 20, 1, p. 71-81.

Wendt, A., 1996, « Identities and Structural Change in International Politics », dans Y. Lapid et F. Kratochwil (dir.), *The Return of Culture and Identity in IR Theory*, Boulder : Lynne Rienner Publishers, p. 47-64.

Wendt, A., 1998, « On Constitution and Causation in International Relations », *Review of International Studies*, 24, p. 101-107.

Wendt, A., 1999, *Social Theory of International Politics*, Cambridge : Cambridge University Press.

Wendt, A., 2003, « Why a World State is Inevitable », *European Journal of International Relations*, 9, 4, p. 491-542.

Wheeler, N. J. et Dunne, T., 1996, « Hedley Bull's Pluralism of the Intellect and Solidarism of the Will », *International Affairs*, 72, 1, p. 91-107.

Wheeler, N. J., 1992, « Pluralist or Solidarist Conceptions of International Society : Bull and Vincent on Humanitarian Intervention », *Millennium*, 21, 3, p. 463-487.

Wheeler, N. J., 2000, *Saving Strangers. Humanitarian Intervention in International Society*, Oxford : Oxford University Press.

Bibliographie

White House, 2002, *The National Security Strategy of the United States*, Washington D.C.

White House, 2004, « President and Prime Minister Blair Discussed Iraq, Middle East », Office of the Press Secretary, 12 novembre, [www.whitehouse.gov/news/releases/2004/11/20041112-5. html].

White, S. K., 1991, *Political Theory and Postmodernism*, Cambridge : Cambridge University Press.

Whitworth, S., 1998, « Gender, Race, and the Politics of Peacekeeping », dans E. Moxon-Browne (dir.), *A Future for Peacekeeping ?*, Basingstoke : Macmillan Press, p. 176-191.

Wight, C., 2007, « A Manifesto for Scientific Realism in IR : Assuming the Can-Opener Won't Work », *Millennium*, 35, 2, p. 379-398.

Wight, M., 1966a, « Why Is There No International Theory ? », dans H. Butterfield et M. Wight (dir.), *Diplomatic Investigations : Essays in the Theory of International Politics*, Londres : George Allen & Unwin, p. 17-34.

Wight, M., 1966b, « Western Values in International Relations », dans H. Butterfield et M. Wight (dir.), *Diplomatic Investigations. Essays in the Theory of International Politics*, Londres : George Allen & Unwin, p. 89-131.

Wight, M., 1977, *System of States*, Leicester : Leicester University Press.

Wight, M., 1991, *International Theory. The Three Traditions*, Leicester : Leicester University Press.

Wilcox, L., 2008, « Gendering the Cult of the Offensive », *Security Studies*, 18, 2, p. 214-240.

Wilkinson, C., 2007, « The Copenhagen School on Tour in Kyrgyzstan : Is Securitization Theory Useable Outside Europe ? », *Security Dialogue*, 38, 1, p. 2-25.

Williams, B., 1990 [1985], *L'éthique et les limites de la philosophie*, Paris : Gallimard.

Williams, C., 2002, « The Subject and Subjectivity », dans A. Finlayson et J. Valentine (dir.), *Politics and Post-Structuralism : An Introduction*, Edimbourg : Edinburgh University Press, p. 23-35.

Williams, J., 2005, « Pluralism, Solidarism and the Emergence of World Society in English School Theory », *International Relations*, 19, 1, p. 19-38.

Williams, M. C., 2004, « Why Ideas Matter in International Relations : Hans Morgenthau, Classical Realism, and the Moral Construction of Power Politics », *International Organization*, 58, 4, p. 633-665.

Williams, M. C., 2005, *The Realist Tradition and the Limits of International Relations*, Cambridge : Cambridge University Press.

Williams, M. C., 2007, *Culture and Security : Symbolic Power and the Politics of International Security*, New York : Routledge.

Wilson, P., 1998, « The Myth of the "First Great Debate" », *Review of International Studies*, 24, 5, p. 1-15.

Wohlforth, W. C., 1993, *The Elusive Balance : Power and Perceptions During the Cold War*, Ithaca : Cornell University Press.

Wohlforth, W. C., 1994/95, « Realism and the End of the Cold War », *International Security*, 19, 3, p. 91-129.

Wohlforth, W. C., 1999, « The Stability of a Unipolar World », *International Security*, 24, 1, p. 5-41.

Wohlforth, W. C., 2002, « U. S. Strategy In a Unipolar World », dans G. J. Ikenberry (dir.), *America Unrivaled : The Future of the Balance of Power*, Ithaca/Londres : Cornell University Press, p. 98-118.

Wohlforth, W. C., 2009, « Unipolarity, Status Competition, and Great Power War », *World Politics*, 61, 1, 28-57.

Wolf, R., E. Weede, A. J. Enterline, E. D. Mansfield et J. Snyder, 1996, « Correspondence. Democratization and the Danger of War », *International Security*, 20, 4, p. 176-207.

Wolfers, A., 1952, « "National Security" as an Ambiguous Symbol », *Political Science Quarterly*, 67, 4, p. 481-502.

Wong, B., 2000, « Hans Morgenthau's Anti-Machiavellian Machiavellianism », *Millennium*, 29, 2, p. 389-409.

Wood, E. M., 1991, *The Pristine Culture of Capitalism : An Essay on Old Regimes and Modern States*, Londres/New York : Verso.

Wood, E. M., 1995, *Democracy against Capitalism : Renewing Historical Materialism*, Cambridge : Cambridge University Press.

Wood, E. M., 2002a, *The Origins of Capitalism. A Longer View*, Londres/New York : Verso.

Wood, E. M., 2002b, « Infinite War », *Historical Materialism*, 10, 1, p. 7-27.

Wood, E. M., 2003, *Empire of Capital*, Londres : Verso.

Wooldridge, A. et J. Micklethwait, 2004, *The Right Nation : Conservative Power in America*, New York : The Penguin Press.

Wright, E. O., 1995, « What is Analytical Marxism ? », dans T. Carver et P. Thomas (dir.), *Rational Choice Marxism*, University Park : The Pennsylvania University Press, p. 11-30.

Wright, Q., 1942, *A Study of War*, Chicago : Chicago University Press.

Wyn Jones, R., 1999, *Security, Strategy, and Critical Theory*. Boulder/Londres : Lynne Rienner Publishers.

Wyn Jones, R., 2001, « Introduction : Locating Critical International Relations Theory », dans R. Wyn Jones, *Critical Theory and World Politics*, Londres : Lynne Rienner Publishers, p. 1-19.

Wyn Jones, R., 2005, « On Emancipation : Necessity, Capacity, and Concrete Utopias », dans K. Booth (dir.), *Critical Security Studies and World Politics*, Boulder : Lynne Rienner Publishers, p. 215-235.

Yergin, D., 1977, *The Shattered Peace : The Origins of the Cold War and the National Security State*, Boston : Houghton Mifflin.

Yeung, H. W., 1997, « Critical realism and realist research in human geography : a method or a philosophy in search of a method », *Progress in Human Geography*, 21, 1, p. 51-74.

Yew, L., 2003, *The Disjunctive Empire of International Relations*, Aldershot : Ashgate.

Bibliographie

Young, I. M., 2003, «The Logic of Masculinist Protection : Reflections on the Current Security State», *Signs*, 29, 1, p. 1-26.

Young, I. M., 2008, *Global Challenges. War, Self-Determination and Responsibility*, Cambridge : Polity Press.

Young, R. J. C., 2003, *Postcolonialism : A Very Short Introduction*, Oxford : Oxford University Press.

Youngs, G., 2000, «The Reality of American Idealism», dans D. Slater et P. J. Taylor (dir.), *The American Century : Consensus and Coercion in the Projection of American Power*, Oxford : Blackwell, p. 210-221.

Youngs, G., 2004, «Feminist International Relations : A Contradiction in Terms ? Or : Why Women and Gender are Essential to Understanding the World "We" Live In», *International Affairs*, 80, 1, p. 75-87.

Yuval-David, N. et F. Anthias (dir.), 1989, *Woman-Nation-State*, Londres : Macmillan.

Zacher, M. W. et R. A. Matthew, 1994, «Liberal International Theory : Common Threads, Divergent Strands», dans C. Kegley (dir.), *Realism and the Neoliberal Challenge. Controversies in International Relations*, New York : St-Martin's Press, p. 107-150.

Zack, N., 2007, «Can Third Wave Feminism Be Inclusive ? Intersectionality, its Problems, and New Directions», dans L. M. Alcoff et E. F. Kittay (dir.), *Feminist Philosophy*, Oxford : Blackwell Publishing, p. 193-207.

Zakaria, F., 1992, «Realism and Domestic Politics : A Review Essay», *International Security*, 17, 1, p. 177-188.

Zakaria, F., 1998, *From Wealth to Power : The Unusual Origins of America's World Role* Princeton : Princeton University Press.

Zalewski, M., 2000, *Feminism After Postmodernism : Theorising Through Practice*, Londres / New York : Routledge.

Zalewski, M., 2003, «"Women's Troubles" Again in IR», *International Studies Review*, 5, 2, p. 291-293.

Zalewski, M. et J. Parpart, 2008, *Rethinking the Man Question : Sex, Gender and Violence in International Relations*, Londres et New York : Zed Books.

Zarkov, D. (dir.), 2008, *Gender, Violent Conflict, and Development*, New Delhi : Zubaan.

Zehfuss, M, 2009, «Poststructuralism», dans P. Hayden (dir.), *The Ashgate Research Companion to Ethics and International Relations*, Aldershot : Ashgate, p. 97-111.

Zizek, S., 2002, *Welcome to the Desert of the Real! : Five Essays on September 11 and Related Dates*, Londres et New York, Verso.

Zuckert, C. et M. Zuckert, 2006, *The Truth about Leo Strauss : Political Philosophy and American Democracy*, Chicago : Chicago University Press.

Index onomastique

Index onomastique

Index onomastique

Walt, S. M., 88, 96, 104, 105, 106, 114, 463, 464, 466, 467

Walters, W., 484

Waltz, K. N., 3, 5, 21, 28, 38, 49, 63, 64, 65, 73, 80, 81, 87-113, 116, 117, 123, 124, 154, 157, 161, 166, 172, 177, 184, 246, 247, 249, 256, 258, 260, 271, 297, 317, 386, 387, 408, 422, 451, 464, 473, 474, 511, 513, 521, 525, 529, 530, 537

Walzer, M., 498

Watson, A., 222, 228, 233, 234

Wattenberg, B., 180

Weber, M., 73, 79, 81, 188, 244, 294, 379, 380, 381, 382, 384, 385, 386, 389, 395, 398, 400, 404, 405, 411, 412, 422, 433, 494, 519, 521

Weiss, L., 455

Weldes, J., 252, 259, 261

Wendt, A., 27, 28, 42, 147, 167, 170, 231, 249, 250, 251, 253, 255, 256, 258, 259, 260, 261, 262, 422, 425, 426, 471, 480, 518, 525, 539

Wheeler, N. J., 222

Wight, M., 222, 223, 224, 228, 230, 231, 232, 234, 235, 305

Williams, M. C., 78, 480, 481

Wilson, W., 139, 183

Williams, M. C., 259, 423

Wittgenstein, L., 244, 518

Wohlforth, W. C., 103, 104, 116, 123

Wohlstetter, A., 521

Wolfers, A., 124, 463

Wolfowitz, P., 179, 180, 181, 192

Wolinsky-Nahmias, Y, 58-59

Wollenstonecraft, M., 345

Wood, E. M., 405, 414, 417, 419, 456

Wooldridge, A., 177

Wright, Q., 143, 462

Wyn Jones, R., 480

Y

Young, I. M., 311

Young, R.C., 366, 376

Yuval-David., N., 346

Z

Zakaria, F., 106, 116, 121

Index thématique

Index thématique

Index thématique

Les auteurs

Afef Benessaieh est professeure à la Télé-Université de l'Université du Québec à Montréal et chercheure associée à la Chaire de recherche en immigration, ethnicité et citoyenneté (CRIEC-Sociologie UQAM), au Centre d'études sur l'intégration et la mondialisation (CEIM-Science politique UQAM) et au Groupe interdisciplinaire de recherche sur les Amériques (GIRA-Institut national de recherche scientifique Urbanisation, culture et société). Elle a dirigé l'ouvrage *Amériques transculturelles/Transcultural Americas* (Presses de l'Université d'Ottawa, 2009).

Anne-Marie D'Aoust est étudiante au doctorat à la University of Pennsylvania. Elle est l'auteure de « Circulation of Desire: The Security Governance of the International "Mail-Order Brides" Industry », dans Miguel de Larrinagua et Marc Doucet (dir.), *Security and Global Governmentality: Globalization, Governance and the State* (Routledge, 2010).

Marie-Eve Desrosiers est professeure adjointe à l'École de développement international et mondialisation de l'Université d'Ottawa. Elle est également codirectrice du Laboratoire d'études et de recherches sur l'Afrique (Sciences sociales, Université d'Ottawa). Ses publications récentes incluent *L'aide canadienne au développement: bilan, défis et perspectives* (Presses de l'Université de Montréal, 2008), un ouvrage qu'elle a codirigé avec Stéphane Roussel et François Audet, ainsi que des contributions sur les thèmes de la fragilité étatique et du Rwanda.

Evelyne Dufault est docteure en science politique de l'Université du Québec à Montréal et conseillère en politiques à Pêches et Océans Canada. Elle est codirectrice de l'ouvrage *Relations internationales. Théories et concepts* (Athéna éditions, 3ᵉ édition, 2008).

Frédérick Guillaume Dufour est professeur au département de sociologie de l'Université du Québec à Montréal, directeur de recherche au Centre d'études des politiques étrangères et de sécurité (UQAM-

Université Concordia) et travaille depuis plusieurs années en collaboration avec la Chaire d'études sur la Mondialisation, la Citoyenneté et la Démocratie et le Centre d'étude sur le droit international et la mondialisation de l'UQAM. Il a publié notamment « Social-property Regimes and the Uneven and Combined Development of Nationalist Practices », *European Journal of International Relations*, 13, 4, 2007, et « Le retour du juridique comme dimension constitutive des théories critiques des relations internationales? », *Études internationales*, 39, 1, 2008.

Frédérick Gagnon est professeur au département de science politique à l'Université du Québec à Montréal et directeur de l'Observatoire sur les États-Unis de la Chaire Raoul-Dandurand en études stratégiques et diplomatiques (UQAM). Il est l'auteur de « Quelle guerre culturelle? Les médias américains et québécois et le mythe de la polarisation de la société américaine », *Études internationales*, 40, 3, 2009 et de « The United States versus Terrorism: From the Embassy Bombings in Tanzania and Kenya to the Surge in Afghanistan » (en collaboration avec Ryan Hendrickson), dans Ralph Carter (dir.), *Contemporary Cases in U.S. Foreign Policy* (CQ Press, 2010).

Frantz Gheller est étudiant de doctorat au département de science politique de l'Université York. Sa thèse explore les liens entre la guerre et le capitalisme. Il est l'auteur de « L'éthique de la société des identités et l'altermondialisme: une illustration », dans Jacques Beauchemin et Mathieu Bock-Côté (dir.), *La Cité identitaire* (Athéna éditions/Chaire MCD, 2007).

David Grondin est professeur adjoint en Relations internationales et en études américaines à l'École d'études politiques de l'Université d'Ottawa. Il est membre de l'Observatoire des nouvelles pratiques symboliques (Onoups), un laboratoire d'études et de recherche de la Faculté des sciences sociales. Il a dirigé un numéro spécial sur *War beyond the Battlefield: The Other*

Spaces of War pour la revue *Geopolitics*, 16, 2, 2011, et est l'auteur de « The New Frontiers of the National Security State : The US Global Governmentality of Contingency », dans Marc Doucet et Miguel de Larrinaga (dir.), *Security and Global Governmentality* (Routledge, 2010).

Samuel Knafo est professeur à l'Université de Sussex où il enseigne l'économie politique internationale. Il est l'auteur de « Y a-t-il une voie au-delà du positivisme ? Les approches critiques et le débat épistémologique en relations internationales », *Études internationales*, 39, 3, 2008 et « The state and the rise of speculative finance in England », *Economy and Society*, 37, 2, 2008.

Thierry Lapointe est professeur adjoint au Collège Universitaire de Saint-Boniface, Winnipeg. Il est l'auteur, avec Rémi Bachand, de « Introduction : le décloisonnement du droit international et des relations internationales : l'apport des approches critiques », *Études Internationales*, 39, 2008, et de « Beyond Presentism : Rethinking the Enduring Co-Constitutive Relationships Between International Law and International Relations », *International Political Sociology*, 4, 2010.

Alex Macleod est professeur au département de science politique à l'Université du Québec à Montréal et directeur du Centre d'études des politiques étrangères et de sécurité (UQAM-Université Concordia). Il a publié « The Neoconservative Challenge to Realist Thinking in American Foreign Policy », dans Bruno Charbonneau et Wayne Cox (dir.), *Locating Global Order : Canadian Security into the 21st Century* (University of British Columbia Press, 2010), et a dirigé l'ouvrage collectif *Les défis à la sécurité internationale à l'aube de la pluripolarité* (Bruylant, à paraître).

Guillaume Mascotto poursuit présentement des études de maîtrise en droit et en diplomatie (MALD) à la Fletcher School à Boston. Il est titulaire d'un baccalauréat et d'une maîtrise en science politique de l'Université du Québec à Montréal. Ses recherches portent sur les politiques étrangère et commerciale des États-Unis, sur les politiques étrangère et énergé-

tique de la Russie ainsi que sur les questions de sécurité économique en Eurasie.

Justin Massie est professeur adjoint à l'École supérieure d'affaires publiques et internationales de l'Université d'Ottawa et chercheur associé à la Chaire de recherche du Canada en politiques étrangère et de défense canadiennes de l'Université du Québec à Montréal. Ses publications les plus récentes comprennent : « Making Sense of Canada's "Irrational" International Security Policy : A Tale of Three Strategic Cultures », *International Journal*, 64, 3, 2009 et « United West, Divided Canada ? Transatlantic (Dis)unity and Canada's Atlanticist Strategic Culture », *Journal of Transatlantic Studies*, 8, 2, 2010.

Frédéric Mérand est professeur agrégé de science politique à l'Université de Montréal et professeur invité d'études européennes à l'Université Guido Carli de Rome. Il a publié *European Defence Policy : Beyond the Nation State* (Oxford University Press, 2008) et, avec Martial Foucault et Bastien Irondelle, *European Security Since the Fall of the Berlin Wall* (Toronto, University of Toronto Press, 2010).

Dan O'Meara est professeur titulaire de Relations internationales à l'Université du Québec à Montréal et directeur de recherche au Centre d'études des politiques étrangères et de sécurité (UQAM-Université Concordia). Il est l'auteur de « Hegemony, Militarism and Identity : Locating the U.S. As the Global power », dans Bruno Charbonneau et Wayne Cox (dir.), *Locating Global Order : Canadian Security into the 21st Century* (University of British Columbia Press, 2010) et « Quelles sont les leçons du "miracle sud-africain" pour le conflit israélo-palestinien ? », dans Josiane Tercinet (dir.), *Proche-Orient et sécurité internationale* (Bruylant, à paraître).

Vincent Pouliot est professeur adjoint au département de science politique de l'Université McGill et directeur associé du Centre d'études sur la paix et la sécurité internationale (McGill-Université de Montréal). Il est l'auteur de *International Security in Practice : The Politics of NATO-Russia Diplomacy* (Cambridge University Press, 2010) et le codirecteur, avec Emanuel

Adler, de *International Practices* (Cambridge University Press, à paraître).

Stéphane Roussel est professeur au département de science politique de l'Université du Québec à Montréal, titulaire de la Chaire de recherche du Canada en politiques étrangère et de défense canadiennes et directeur de recherche au Centre d'études des politiques étrangères et de sécurité (UQAM-Université Concordia). Il est coauteur, avec Kim Nossal et Stéphane Paquin, de *Politique internationale et défense au Canada et au Québec* (Les Presses de l'Université de Montréal, 2007) et codirecteur, avec Marie-Eve Desrosiers et François Audet, de *L'aide canadienne au développement : bilan, défis et perspectives* (Presses de l'Université de Montréal, 2008).

Jean-François Thibault est professeur agrégé au département de science politique de l'Université de Moncton, professeur associé à l'Institut québécois des hautes études internationales et chercheur au Réseau francophone de recherche sur les opérations de maintien de la paix (CÉRIUM, Université de Montréal). Il a récemment publié *Entre intériorité et extériorité : l'aporie constitutive de la pensée politique moderne* (Presses de l'Université Laval, 2009) ainsi que «L'intervention humanitaire armée. Du Kosovo à la responsabilité de protéger : le défi des critères», *Annuaire français de relations internationales*, 10, 2009.

Table des matières

Table des matières

Table des matières

Table des matières

Table des matières

Chapitre 19

Chapitre 20

Chapitre 21

Chapitre 22

Encadrés, tableaux, schéma et figures

Table des matières

Athéna
ÉDITIONS
2010